Great Perfection and Buddha Nature:
Contributions to the Study of the Figures,
Doctrine and History of rNying-ma-pa

大圆满如来藏

宁玛派人物、教法和历史研究

上册

沈卫荣 杨杰 主编

中国藏学出版社
China Tibetology Publishing House

本书为清华大学文科建设“双高”计划——跨学科人文学术体系下
汉藏佛教语文学学科建设（2021TSG08201）
中国人民大学国家社会科学基金重大项目“西域历史语言研究”（10&ZD086）
阶段性研究成果

大圓滿如來藏

談錫永署

宁玛派传人、北美汉藏佛学研究会创办人、
中国人民大学国学院客座教授谈锡永上师题

宁玛派大德贡却巴仁波切题

目　录

Contents

序　言

谈锡永

一

汉藏二地佛学宗派林立，然而各宗宗义与如来藏的关联，可以说是无一派系能与大圆满相比。简单地说，大圆满就是直接修如来藏的道，其余修习只能视为大圆满道的前行。

正因为这样，许多研究西藏密宗的学者便容易生一误解，以为研究如来藏，只需研究无上瑜伽（Atiyoga），余外的瑜伽跟如来藏的关系便比较少，因为唯有无上瑜伽才是观修大圆满的法门。为了澄清这个问题，笔者须先一说宁玛派三法门的关系，作为本文的开端。

二

宁玛派的观修可摄集为三法门，即大瑜伽（Mahāyoga）、无比瑜伽（Anuyoga）与无上瑜伽（Atiyoga），依次第分别观修生起法、圆满法、大圆满法。莲花生大士的《口诀见鬘》（*Man ngag lta ba'i phreng ba*）对这三法门作出解释，说云——

“生起法”者，〔行者〕依三等持次第生起庄严坛城以作修证而得成就。

“圆满法”者，于胜义，佛父佛母无生无灭，无分别义，不离中观法界；于世俗则亦明修圣者之色身，且以平等不杂之修证而得成就。

“大圆满法”者，证悟世间、出世间无分别诸法，无始以来即身、语、意坛城之自性而作修证。[1]

此三法门虽如莲花生大士所说，但在实际观修时，则可分为九支分，此如吉美林巴（'Jigs med gling pa, 1729—1798）于《龙青宁提三瑜伽总纲·大吉祥言教》（*Klong chen snying thig le las / Yoga gsum gyi spyi chings dpal chen zhal lung*）之所说——

三内密中每一部　若再加以细区分
则说共有九支分

于此九支分分别述说如下——

（1）大瑜伽之大瑜伽：修坛城渐次生起。

（2）大瑜伽之无比瑜伽：坛城法尔圆成。

〔1〕 依沈卫荣译，见《宁玛派四部宗义释》附录，台北：全佛文化，2008 年，页 193。

（3）大瑜伽之无上瑜伽：证无生胜义法界。

（4）无比瑜伽之大瑜伽：修刹那而成之坛城。

（5）无比瑜伽之无比瑜伽：于本尊事相坛城，圆成胜义法界。

（6）无比瑜伽之无上瑜伽：本尊自证智无二。

（7）无上瑜伽之大瑜伽：证悟轮涅二界即坛城。

（8）无上瑜伽之无比瑜伽：心识法尔成本尊。

（9）无上瑜伽之无上瑜伽：心即法界无体性，离一切非真实论。

由于三法门可分为九部，所以对一些密续的判别，便非单一而判，于观修上常需交替判别，这已成为宁玛派的观修传统。例如《幻化网秘密藏续》（*dPal gsang ba'i snying po de kho na nyid rnam par nges pa rgyud chen po*），若依教传派，可判别为大瑜伽，岩传派则依绒宋·曲吉桑布（Rong zom Chos kyi bzang po）将之判别为无上瑜伽的大瑜伽，二者观修生起法貌似相同，然而所持以作抉择与决定的见地则有不同。还不只这样，在敏珠林传规中，虽依绒宋·曲吉桑布，但在观修时亦有将之判为大瑜伽的无上瑜伽，这便是三法门交替修习的例子。

以此之故，在说大圆满与如来藏时，便不宜只依无上瑜伽密续，实应同时依无比瑜伽与大瑜伽来研究，否则许多时便不能依观修来说，只能高高立一见地，虽然亦说得过去，但却不切实际。

三

由《秘密藏续》观察，观修分两系坛城，即寂静尊坛城与忿怒尊坛城，各有其基、道、果续，实在已跟如来藏有所关联，这在笔者为《幻化网秘密藏续》[1]作导论时已经详述。现在且简说如下——

寂静尊基续由色、声、香、味、触境来建立越量宫，这是识境，同时与智

〔1〕 沈卫荣译，《幻化网秘密藏续》，台北：全佛文化，2010年。下同。

境“无上本智坛城”共存，这便已经是如来藏的智识双运义理，所以视之为无上瑜伽的大瑜伽，一点也不牵强，若视之为大瑜伽的无上瑜伽亦很合理。

密续接着建立菩提心，说本智自显现为胜义，如来藏由业力显现为身器界，是即世俗，二者实皆无非普贤佛母“以一切无余诸佛自然姿态之金刚真实确立一切法”[1]。若视之为大瑜伽的生起法，那便只是由坛城建立菩提心，但若视之为无上瑜伽（包括大瑜伽之无上瑜伽、无上瑜伽之大瑜伽），那么这“金刚真实”便显然是法界的本来面目，这即是如来藏的自显现。所以如来藏即是大圆满道的胜义、世俗菩提心双运。

随后密续超越三时来建立蕴处界，这可以说为生起，但若留意到超越三时的“一时”，便当知此即为无上瑜伽的意趣，所以密续亦说“若依清净无上乘，说为无上清净事”。

米庞总括而说，即云：“所谓无上，乃一切法体性究竟清净大平等性真实无二大法身。”是即谓此等识境事生起而能说为无上与清净，实以其体性即是法身本性。由此即知《秘密藏续》的观修虽可说为大瑜伽的生起，然而却是如来藏的生起、大圆满道上清净大平等性的一切法生起。

寂静尊的道续说修三种坛城，即方便大乐普贤佛父坛城、法界空性佛母坛城及二者无分别之佛子坛城，这便分别是由智境显现的识境坛城、方便现为识境的智境坛城、识境与智境双运的如来藏坛城，此亦可说为无二坛城、法身与法身功德双运坛城、大圆满坛城。三种坛城显现为“幻化网”，由第四品至第十三品，共用十品来次第建立，实即由生起来建立大圆满道，从而现证如来藏果。

密续第十四品为果续，生动地用六种乐音依六首赞歌来唱赞如来藏，前五首歌赞如来藏境界，即如来法身与法身功德双运的境界，此中显现为佛的身、语、意、功德、事业，最后一颂即为结颂。颂云——

oṃ

坛城皆佛身语意

---

〔1〕 依沈卫荣译。

佛身语意大本住

周遍诸界身语意

佛身语意大明点

hoḥ

赞歌中所说的“佛身语意大明点”，可以说是大圆满道所现证的清净大平等性本觉坛城，亦即有情本具的如来藏，亦为有情的阿赖耶，即之在观修时建立的水晶噶底脉，同时亦显现为有情杂染的阿赖耶识。忿怒坛城即依此大明点而建立。

忿怒坛城的基续，主旨在于对有情作调伏，因为调伏，所以才显现为忿怒相，由忿怒尊九种舞姿建立三支分，依身、语、意来作调伏，即可知此调伏的意趣。

九种舞姿是——

身三支者，以妩媚调伏贪、以勇猛调伏嗔、以厌恶调伏痴。

语三支者，以嬉笑调伏贪、以威猛调伏嗔、以怖畏调伏痴。

意三支者，以悲悯调伏贪、以威武调伏嗔、以寂静调伏痴。

由观修作调伏，生起的觉受说为“乐空”。此中“乐”是世俗，“空”是胜义，二者双运便是大圆满道现证的乐空智，此智法尔，本来具存，并非新得。这觉受“乐空”的境界，便亦即是现证如来法身与如来法身功德双运的境界。所以由大圆满道忿怒尊的修习，便可以次第现证如来藏。这时行者即已认知，五毒的自性本为大乐，若不认知，则转化为五毒，若认知时，便只是如来身、语、意、功德、事业的力用，或者可说此为五智。

忿怒坛城的道续，由种子字生起坛城，不舍色、声、香、味、触；不舍贪、嗔、痴、妒、慢，且用之以供养坛城，所以有五妙欲供和无上双运供，供养的意趣即在于转化，所以说“是等有缘瑜伽士，圆满成就大手印”。这里说的“大手印”，是阿赖耶识融入阿赖耶，让阿赖耶识转回本初阿赖耶的状态，由是对色、声、香、味、触境的执著，对贪、嗔、痴、妒、慢毒的污染，即由本初心识自然调伏。于此可举一例。颂云：“彼于无贪实有贪，于彼贪中却无贪，如是即为胜贪王，是为无上大贪欲。”这便是乐空双运的意趣，“无贪实有贪”是乐，“贪中却无贪”是空，二者双运说为“胜贪王”“无上大贪欲”。这便是将世俗的贪归入本初阿赖耶，如果用《密严经》的说法，那便是瑜伽士入密严的境界（不是十地菩萨入密严的境界）。

为此，便建立五根本誓句与十支分誓句，且依誓句供养坛城，这些供养是现证清净大平等性的观修，当能现证时，阿赖耶便归入法性。这亦即是识境与智境双运，要点在于须决定此为本初识与本初智的境界双运，是为究竟证入本初双运境，如是即便证入如来藏，也即是证悟文殊师利不二法门，文殊是《秘密藏续》的主尊。

接着便说果续。着重说忿怒尊的内自光明，那是生起与圆满的双运相，也可以说是大圆满道的证果相，用共道名言来说，便是乐空自相，用不共道名言来说，那是大圆满相，实在亦是如来藏相，亦即释迦在《密严经》中所说的密严刹土相。如赞歌言——

hūṃ
忿怒分别智光明
照耀一切智坛城
燃智摧伏诸烦恼
种智现于大明点
hoḥ

其后更有赞歌说——

hūṃ
一切魔中之大魔
魔之魔者伏众魔
作怖畏怖怖畏众
大明点现大忿尊
hoḥ

此赞歌是清净大平等性的表义，由于现证清净大平等性，才能说大明点现为大忿怒尊，这已经是智境识境究竟无分别的双运境界。

由上所述，便知道《秘密藏续》是宁玛派用以观修大圆满道的基础，亦即现证如来藏的基础，由《秘密藏续》可以开展出许多法门，归纳为《秘密心髓》一系列观修。下来即说此观修的史实，主要依据敦珠仁波切所著的《胜利天鼓雷音——金刚乘教法史》[1]。

四

藏土的《秘密藏续》观修，主要由无垢友（Vimalamitra）传授，他先传出大瑜伽续部传承，名为《幻化八部》，根本续为《金刚萨埵幻化网秘密藏续》。莲花生大士及佛密阿阇梨亦曾作此传授。主要传人为聂·阇那古摩罗（gNyags Jñānakumāra）及努·桑杰益西（gNubs Sangs rgyas ye shes）。

至于大瑜伽的修部，除《金刚甘露》由无垢友传授外，其余多由莲花生传授，有二十一大弟子，如南开宁波、努·桑杰益西、贝吉僧格、毗卢遮那等，此中值得一提的是卓班·车琼译师（'Brog ban Khye'u chung Lotsāwa），是敦珠仁波切的第六世化身。此外尚有许多女众，如益西措嘉（Ye shes mtsho rgyal）、泽囊萨·桑杰措（Tshe nam bza' Sangs rgyas mtsho）等。此部传承有一百零八众得虹光身，包括二十五空行。可见由观修大瑜伽亦可得大圆满的成就，因为他们虽然观修大瑜伽，但已能现证大瑜伽的无上瑜伽，由此直入直指教授。

无比瑜伽圆满次第由郑·达摩菩提（'Dzeng Dharmabodhi）、世持（Vasudhara）、切赞杰（Che bTsan skyes）三人传授与努·桑杰益西，后者复依止世持的上师光庄严阿阇梨（Prakāśālaṃkāra），得到无比瑜伽的全部灌顶及《密意总集经》的窍诀，且将之广传西藏。

---

〔1〕 此书全名《依旧译派——雪域一切佛法来源而开显：金刚乘宝贵教法史·帝释天遍胜大战鼓雷音》，已由许锡恩译出，笔者校订，2017 年 1 月已由台北全佛文化出版社出版。

无上瑜伽的传承分为三部：心部、界部、口诀部。

心部及界部传承以毗卢遮那（Vairocana）为主，彼承莲师及赤松德赞赞普之命，往印度向吉祥狮子（Śrīsiṃha）求法，行至富藏旃檀林，向一正在汲水之妇人问讯，妇人袒露其胸，出现金刚界坛城，毗卢遮那始知其为空行母，于是依空行母为伴，得见吉祥狮子。毗卢遮那用黄金坛城供养，吉祥狮子问其欲求何法，毗卢遮那答云："愿得无功用乘教授。"吉祥狮子说此事尚需考虑，因当地王者禁止教授甚深法，违者处以极刑。最后折衷，毗卢遮那日间向其他上师闻受因果法，夜间始受吉祥狮子教法。此事至今仍成一传规，凡大圆满灌顶，必于夜间举行，教授深法，亦必在夜间。

毗卢遮那得传法后，吉祥狮子命其用羊奶于白绢上抄录《心部十八续口诀》，指示其携回西藏后，用烟熏之，字迹即当出现，然而毗卢遮那心未餍足，吉祥狮子即赐以六十续灌顶口诀，开示界部三支分，即白、黑、杂三色，由是毗卢遮那即穷尽一切法深处。

毗卢遮那回藏后，因受厌恶佛法之大臣及妃后施压，赞普赤松德赞便流放毗卢遮那至察瓦绒（Tsha ba rong），毗卢遮那即于此地摄受弟子，传玉扎宁波（g.Yu sgra snying po）、旁根·桑杰贡波（sPang rgan Sangs rgyas mgon po）及聂·阇那古摩罗（gNyags Jñānakumāra）等五人。

聂·阇那古摩罗传承最为广远，约可分为三支，一支传扎·贝吉宁波（Gra dPal gyi snying po）；一支传索波·贝吉益西（Sog po dPal gyi ye shes），再传与努·桑杰益西；一支传藏·萨多（rTsangs Shāk rdor），经数传至著名上师宿·卓普巴（Zur sGro phug pa）。由是大圆满心部在康藏等地广传以至今日，其间出现了许多著名的上师，如郑·达摩菩提，其传承至今不绝。

无上瑜伽口诀部分两派传规，一为莲花生大阿阇梨，一为无垢友大阿阇梨。

莲师所传主要亦分为两支，一支传与益西措嘉，益西措嘉将之封印岩藏，后代便成为伏藏传承。另一支传承则有一个故事——

由藏王后仲萨·绛曲曼（'Brom bza' Byang chub sman）所生之公主拉姜·班玛萨（lHa lcam Padma gsal），于八岁时夭折，赞普悲痛不已，于是莲师即用朱砂写一藏文之 ni 字于公主胸口，公主随即苏醒，于是莲师即纳公主为弟子，传授以《空行心髓》，此即后世由班玛勒哲匝上师（Padma Las 'brel rtsal）所广传之空行教法，此教法亦有伏藏。

此等教法之后世传承者，最重要的上师便是遍知龙青巴（Klong chen rab 'byams pa）。

无垢友的传承，主要弟子为娘·定增桑布（Nyang Ting 'dzin bzang po）及吉尊·僧格旺秋（lCe btsun Seng ge dbang phyug）。吉尊所受实为岩传，但却得到无垢友亲授。无垢友晚年往汉地五台山，并于此地入涅槃。

娘·定增桑布亦将许多教法岩藏，所以是伏藏上师，传弟子甚众，至今法系仍然广弘，凡得虹光身的成就者，多出于娘·定增桑布这个法系。敦珠仁波切亦得到这个法系的教法，所以往生时亦化虹光身。

吉尊·僧格旺秋的法系，现在已成为极秘密的传授。吉尊得法亦极其秘密，他得伏藏后于梦中见一阿阇梨，唱赞歌言："吾即善妙智者无垢友"云云，并指示其往俄玉赤岗作七载观修。吉尊至赤岗后，无垢友现前，于一个半月内，赐予灌顶、导引、指授，然后返回五台山。

这两系口诀部教法，后来合并成为一系，亦即行者两系兼收，出现了许多著名的上师，不能一一胜数，值得一提的是第三世大宝法王让炯多杰（Karmapa Rang byung rdo rje），他以噶举派领袖的身份向古玛热匝上师（Kumārādza，译言童王）求授《秘密心髓》，古玛热匝授以完整口诀，所以属于让炯多杰法系列的噶举派行人，便以红白二派双修为宗旨，在汉地最著名的便是诺那活佛传入的教法。

于代代传承中，龙青巴可以说是无比的上师。他随阿阇梨丹帕巴（Slob dpon Dan 'phags pa）、循努顿珠（gZhon nu don grub）及聂丁玛瓦·桑杰扎巴（Myos mThing ma ba Sangs rgyas grags pa）等阿阇梨修学《经、幻、心三部》及《宁玛十万续》；又随阿阇梨循嘉（Slob dpon gZhon rgyal）修学圣龙树的完整传规，及阿底峡的教法，于密乘又修学《时轮六支》及《那若六法》，所以他除宁玛派教法外，尚兼通其他教派的教法。

龙青巴的主要上师可以说是第三代大宝法王让炯多杰，另外还追随过希解派传承三位著名上师（玛、苏、刚）之弟子名为休色里之循多（Shug gseb ri gZhon rdor），由此可见其修学之广，不过龙青巴主要修习的还是宁玛派教法，对莲师及无垢友所传的两种心髓极为通达，他复对这两种心髓作出诠释，于是成为后世著名的《四部心髓》，至今已成为宁玛派的主要教法。

传至近代，依敦珠仁波切所说，教传以敏珠林传承为主。由嘉色仁钦南杰（rGyal sras Rin chen rnam rgyal）及邬金・丹增多杰（O rgyan bsTan 'dzin rdo rje）传至康区之噶陀、白玉、协庆、竹庆，复弘播至安多果洛（A mdo mGo log gi yul），至今传承仍广大不断。

此外尚有《十万续》传承、噶陀（Kaḥ thog）传承、竹庆（rDzogs chen）传承、白玉（dPal yul）传承等，不能一一尽述。

以上所述，即为宁玛派大圆满教法传承简略，由此可知大圆满道与《秘密藏续》的密切关系，亦即与如来藏果的关联。下来即依此关联而说。

五

说大圆满道与如来藏果关联实在无需解释，因为道必与果关联，这关联的细节可先由如来藏说起。

如来藏的究竟见是无上的建立，因为如来藏是如来法身与如来法身功德双运的境界，以此境界为如来藏，当然更无比它更上的建立。但依宁玛派传统，必须将究竟见地层层向下建立，用以方便行者观修，当观修层层向上时，便层层将见地提高。

如来藏的观修，通常建立三重（每重之中又有层次，那是次要的建立）。最低的建立，也可以说是最基本的建立，是如此定义如来藏：凡夫的自我分别心，是阿赖耶识的境界，此心具有杂染，是故受惑、业、苦果。如来藏心既离自我，亦离分别，那是本初的清净心，可以将它称为如来法身，也可以称之为佛种性，这便即是如来藏。

这基本建立，便即是马鸣菩萨《大乘起信论》的主旨。马鸣将凡夫心名为

“心生灭门”，将如来藏心（有时又称之为“心法性”“庵摩罗识”）名为“心真如门”。假如我们将问题简化，知道“心生灭门”所指，无非是心识受污染时的状态；“心真如门”所指，无非是心识不受污染时的状态，那么就不会引起诤论。可是，唯识宗的学人却作出许多质疑，牵涉到有漏种子、无漏种子、熏习等等问题，于是将此论否定，认为是伪造，这是附和日本学者的说法。若平实地体会受染不受染两种状态，问题便会简单得多，这意趣，于《大集大虚空藏菩萨所问经》中说得很清楚。经云——

> 夫心者是缘生法，譬如染缬，或处受色或处不受。有情心所（有情的心识状态）亦复如是，或起烦恼或复不起。……菩萨由证此法门，不为一切诸烦恼之所污染，亦不思惟此清净法，以不思故，则灭一切寻伺缘虑，证清净性；由证清净，则超魔境；以超魔境，则安住佛境；以住佛境，则超有情境入不动法界；以入不动清净法界，则入平等无差别境，则名获得一切智智。〔1〕

经文所云，便是由受染不受染为基础，层层向上建立观修，既佛亦有此建立，那还需要用什么种子熏习来质疑呢？经文建立的次第，即是——

> 污染心→灭污染证清净心→不思惟清净心证清净性→超越魔境→安住佛境

如果要质疑污染心与灭污染心两个过程的唯识机理，那么，每一步观修都可以受到质疑，连如何成佛都要用种子与熏习来解释，那便是将行者局限在唯识的范围内，不得超越。马鸣菩萨明明是说“大乘起信”，“起信”者，即令初学的行人对如来藏得以理解，所以才依佛说，将一心分为受染不受染二门，这样的施设很合理，可是时至今日，依然有人拿着当年唯识学人的质疑来否定如来藏，

〔1〕《大正藏》第13册，no. 404，页643。

那便是否定如来藏的基础教法，这样一来，学人故然无从起信，连建立大圆满道都没有可能。

大圆满道藉观修来清除心识的杂染，便是将“心生灭门”转依为“心真如门”的道法。由前行法清净心识、调伏心识，进入加行，生起坛城自成本尊等等，这一系列的生起次第的修法，便即是莲花生大士所说的“依三等持次第生起庄严坛城以作修证而得成就”，在观修时行者得以现证无有我与我所，因为一切生起都只是法界的庄严，假如说本尊是法界的中心，由于本尊可以周遍法界，光明可以周遍法界，所以整个法界便是一个大我，如是去除我与我所的执著，得到的证量便是离能所、离分别，这证量的境界，亦即马鸣菩萨所说的“心真如门”。

接下来的观修已经超越马鸣菩萨之所说，因为已进入圆满次第的范围，那便即是证清净心的清净性，次第观修光明，便由佛父佛母的双运得证如来法身功德。此时，即以此法身功德为胜义，以世间为世俗。于胜义中，由于功德周遍，是故无分别平等；由于此功德为佛父母双运光明，是故智慧与方便无有分别，这便是莲花生大士所说之“于胜义，佛父佛母无生无灭，无分别义，不离中观法界”。至于世俗，由于是由如来法身功德生起，所以轮回界与涅槃界无分别平等，世间一切显现即是胜者色身显现，这便是莲花生大士所说之“于世俗则亦明修圣者之色身，且以平等不杂之修证而得成就”。

经文说的“超越魔境”与“安住佛境”，是大圆满次第，所谓“安住佛境”，便即是安住如来藏境界。

然则何谓“魔境”，凡有分别、凡落戏论、凡有能所、凡住名言句义，一切都是魔境，这便须用大圆满法调治，其调治法门于此不能细说，然而此便即是莲花生大士所说之“证悟世间、出世间无分别诸法，无始以来即身、语、意坛城之自性而作修证”。

六

笔者将《大集经》用来解释宁玛派大圆满道的次第，是有意而为，因为若用密续来解释，有些人便以为这只是密乘一家之意，现在引用经典，是希望这些人知道，密乘的修证完全同于释迦经典所说之修证，希望因此清除门户之见。由此门户之见已经为如来藏教法造成许多障碍，例如不许龙树说密乘，更不许龙树传如来藏教法，对他层层说如来藏法身境界的《赞歌集》不予理会，那么便不但矮化了龙树，同时亦损害了行人对如来藏的正知见。

影响学人对如来藏误解的，是因为有乐、净、我、常四德，所以便以为这只是释迦的权宜方便，目的是开引外道，由是判为“真常”。其实这四德是说如来法身，亦即佛内自证境。既说法身当然亦连同其法身功德，因有法身功德的“现分”，“现分”即是生机，有生机，世间一切法才能生起，这便是“乐”。如果一定要执著“离苦得乐”来说“乐”，那只是落于名言句义的概念而自缚。如来法身当然清净（当然离一切世间名言句义），那便是“净”。如来法身与如来法身功德周遍一切界（周遍任何时空的情器世间），这便是“我”。如来法身及其功德当然是“常”，若不“常”，佛便有灭。所以持着世法的“真常”来判如来藏，那便是将如来法身等同世法来理解。大圆满道观修大乐（乐）、无作意而观修（净）、观修光明周遍法界（我）、行者现证法尔本觉（常），所以如来藏的四德得以同时现证，其现证的便自然是如来藏果。

笔者在《心经颂释》[1]中判如来藏为“乐空唯一”，便是依此四德而判，此中“乐空”的“空”，已包含“净”与“常”二义，“唯一”即是法身大我，因为周遍法界世间的有情，心识都具有佛种性，是故“大我”可以成立。这样判定，亦是依循大圆满道而判。大圆满道前行修乐、明、无念，乐当然就是四德之“乐”、明以周遍故而成为“我”、无念当然尽离戏论句义，那便是“净”，现证乐、明、无念的觉性则是“常”，因为究竟证觉即与佛证觉无二，无有二觉，故

〔1〕收《心经内义与究竟义》第四章，台北：全佛文化，2005年。

以唯一为常。学人必须依大圆满道的观修来理解如来藏才能究竟，倘若仍持识境的名言概念来推度，必对如来藏茫无所知，无所知而自以为知，那便会诽谤佛说，学人对此必须郑重。

七

以上拉杂而谈，目的是用通俗的语言，来令本书读者容易理解大圆满道与如来藏果的关联，必须依此关联来读书中的论文，然后才能容易理解，所以这并不是一篇学术论文，只是依自宗来说见修。这样说，并不是否定依其他宗义建立的见修，因为这里所说的只依现证如来藏而说，若其见修与如来藏不成关联，那就不在本文所说范围之内，或只能视之为观修如来藏的前行。

依这样的原则来评定，汉土的禅宗便比其他宗派与如来藏的关联更密切，所以藏密宁玛派的教法跟禅宗教法便可以沟通，区别只在于汉土禅宗的南禅并不建立观修，所以宁玛派的教法更与北禅相近，二者都可由捷道现证如来藏。当年印度佛法初入藏地，便有北宗的禅师摩诃衍入西藏传法，其时对西藏的佛学颇有影响，宁玛派并不将北禅看成是错误的教法，在很多宁玛派祖师的著作中，其实都可以看到北禅的影子，那就正是因为北禅的观修实可供宁玛派行人参考。

如来藏是释迦三转法轮的了义教法，释迦说这教法非诤论立足处。至于大圆满道，则是持明维摩诘所得的传承。二者皆传承古远，希望行人能对之珍重。

一

如来藏决定

谈锡永

前　言

“如来藏”（tathāgatagarbha）思想为佛家甚深教法，如来藏系列经论一直强调其难以认知，且一再警告诽拨如来藏过失甚大，然而近数十年，如来藏果然受到否定与批判，可以说是符合了佛家对末法时代如来藏际遇的预言。

事情的发端，可以说是由对《大乘起信论》的怀疑开始，由于《起信》以“一心二门”说如来藏，是故遂由疑其为伪作，以致波及如来藏引起质疑。在汉土，具体表现为对华严天台两宗的否定。即使在近年，此否定依然成为一家之言。

此如韩镜清先生在《慈氏学九种译著》的“内容提要”，一发端即指责云——

时届末法，邪说蜂起，主要将清净法界等流之甘露搀杂我见毒素，使之依旧成为迷信神我或本体之世间颠倒轮转戏论，远隔于出离，沉沦于生死。[1]

这是很严重的指责。他随即针对华严宗的“真如缘起”说道——

例如真如本是无为法，却令之可以“受熏”、可以“缘起”愚夫恶浊世界；把真如混同于无明，混同阿赖耶识而不以为怪。

此指责即是由否定如来藏的“一心二门”，牵涉到华严宗的基于如来藏而成立的教法。

他的观点，跟同属唯识今学的支那内学院不同。内学院的学者虽然否定《起信》，可是却推崇如来藏思想。此如吕澂说道——

如来藏义，非《楞伽》独倡，自佛说法以来，无处不说，无经不载，但以异门立说，所谓空、无生、无二，以及无自性相，如是等名与如来藏义原无差别。[2]

然则何以由吕澂这一代学者发展到韩镜清这一代，观点上竟会出现如此重大的差距呢？这即是由于吕澂这一代尚能客观理解如来藏，可是其后继者因《起信》的辨伪，根本对如来藏已失去信心。

同样的情形出现在近代中观学者身上，此如活跃于台湾的印顺法师，他在三系判教中，判如来藏为“真常唯心”，由是对如来藏作出他自己的定义——

“真常唯心论”以真、常、净为一切之本体，而立相对之二元。一、清净真心；二、杂染妄习。真常净乃一切法之实体，一切依之

〔1〕 中国佛教文化研究所编，《慈氏学九种译著》，香港：中国佛教文化，1998年，页7。

〔2〕 吕澂，《入楞伽经讲记》，收《吕澂佛学论著选集》，济南：齐鲁书社，1991年，卷二，页126。

而成立。[1]

依照他自己的定义，于是他便断言——

> 如来藏 tathāgata-garbha 是 tathāgata 与 garbha 的结合语，渊源于印度神教的神学，是不容怀疑的。[2]

依着这思路引申，印顺并彻底否定天台宗的“三谛”（天台智者大师所倡的“即空、即假、即中”），且随文说华严家穿凿附会，并指责天台宗为“真是欺尽天下人”[3]。

后来牟宗三先生虽有驳论，说“天台家并不欺人，乃印顺欺人也”[4]，可惜他的说法却不受台湾、香港两地的学人重视；港台两地的台严二宗道场亦尊印顺法师为耆宿，此真可谓依人而不依法。由是如来藏即深受中观学人的否定，认定其为具神我色彩的外道思想，非佛教法。

至于近年来风起云涌地批判如来藏，受到国际重视，则为日本两位教授的观点。[5]他们的主要论据，是视如来藏与缘起对立，意即二者之中仅能肯定一个，若肯定缘起即非否定如来藏不可。这个论断，层面其实还不如印顺之深，但对国际年轻学人却影响甚大，笔者对此不想讨论，因为觉得若能说明龙树“四重缘起”的甚深义，以及其跟如来藏的关系，则其说法已不能成立。[6]

本文谈如来藏之“决定”，乃依佛家观修系统而言。观修系统可成立一次第——

〔1〕印顺，《印度之佛教》，台北：正闻出版社，1985 年，页 273。

〔2〕印顺，《如来藏之研究》，台北：正闻出版社，1992 年，页 270。

〔3〕印顺，《中观论颂讲记》，台北：正闻出版社，1989 年，页 474-475。

〔4〕牟宗三，《现象与物自身》，台北：学生书局，1975 年，页 377-378。

〔5〕有关由袴谷宪昭与松本史朗发起批判如来藏思想的“批判佛教”，以及他们所持的批判论点，参 Jamie Hubbard & Paul L. Swanson, eds., *Pruning the Bodhi Tree: The Storm Over Critical Buddhism*, Honolulu: University of Hawaii Press, 1997。

〔6〕参拙《四重缘起深般若》，台北：全佛文化，2005 年增订版。

抉择 → 观修 → 决定 → 现证

此即依闻思作抉择，然后依上师所传的仪轨及教授作观修，于观修时如理抉择，配合观修境界即可得一决定，然后再依决定而得现证。

此云“决定”，若依四重缘起为抉择作四重观修，则可得四重决定，本文所谈，依究竟决定为主，因为只有究竟决定始能如实通达如来藏的究竟义。当读者能知唯此究竟义始能成立如来藏缘起、法界无尽缘起之时，即当不更否定华严、不视之为邪说；当读者能知此究竟义实依智识双运而成立之时，即当信服天台智者所施设的“三谛”，而不致认为其违背佛所说的二谛。

下来所言，先从智识双运境说起。

一、智与识双运

《入楞伽经》(*Laṅkāvatāra-sūtra*) 说夜叉王罗婆那 (Rāvaṇa) 颂佛，即有颂言——

过去诸佛曾称誉　入楞伽经所自证
此为内自证智境　不见其余教法中[1]

此即明过去诸佛曾说“内自证圣智”(pratyātma-ārya-jñāna)，悉名《入楞伽经》。以此之故，释迦此次入楞伽城，所说亦为“内自证法”(pratyātma-dharma)，其结集自然亦名为《入楞伽经》。

何谓“内自证圣智”？释迦于经中说言——

〔1〕 依拙《入楞伽经梵本新译》，台北：全佛文化，2005年。引颂见页15，偈颂梵文：deśanānayanirmuktaṃ pratyātmagatigocaram / laṅkāvatārasūtraṃ vai pūrvabuddhānuvarṇitam //

此离外道量智，及声闻与缘觉识境。[1]

这句话，重要的是指出离识所分别，此即量智与识境。亦可引申而言，凡未离识者，无论是能分别识抑或所分别境，皆不得称为圣智境界。

在这前提下，释迦演说《入楞伽经》，施设“如来藏藏识”，实在是施设仍属于识境的名言，用以方便表达本离于识的内自证圣智。此则说为“内自证趣境”(pratyātma-gati-gocara)。

是故罗婆那请大慧菩萨问佛，即有颂言——

汝为向佛请法者　请说内自证趣境

我与夜叉及佛子　以此向汝作劝请[2]

这个“内自证趣境”，便即是智与识双运的境界，亦即如来藏境界。此即如龙树(Nāgārjuna)于《法界赞》(*Dharmadhātustava*)所云——

试观心识有二面　世间以及出世间

执为我法成轮回　为自证智则为如[3]

又云——

烦恼所缠本觉智　于一身中同得见

---

〔1〕依拙《入楞伽经梵本新译》，页12。偈颂梵文：svapratyātmāryajñānatarkadṛṣṭitīrthyaśrāvaka-pratyekabuddhāryaviṣaye tadbhāvito dharmo deśitaḥ

〔2〕依拙《入楞伽经梵本新译》，页17，颂29。此颂梵文：tvaṃ praṣṭā sarvabuddhānāṃ pratyātmagatigocaram / ahaṃ hi śrotā yakṣāśca jinaputrāśca sanniha / adhyeṣayāmi tvāṃ yakṣā jinaputrāśca paṇḍitāḥ //

〔3〕依拙译，见《四重缘起深般若》，第四章附录，页440，颂46。藏文：sems nyid rnam pa gnyis su mthong / ji ltar 'jig rten 'jig rten 'das / bdag tu 'dzin las 'khor ba ste / so sor rig na de nyid do //

瑜伽行者唯取智　而留无明于其外[1]

所谓心识有二面，非谓其截然可分为二，实即指心识具存本觉智与烦恼缠，二者双运，方便而言，则说为二面。《大乘起信论》之建立“一心二门”，实同龙树，如果责《起信》将真如与无明混同，亦应当同时指责龙树，且否定他的《法界赞》以及有关论典。

此与烦恼缠“于一身中同得见”的本觉智，即佛内自证智，亦名为法身。龙树说——

长久以来无明法　成三恶趣世间果
一切有情决定住　于此法界我赞礼
以成一切轮回因　由道次第得清净
所谓清净即涅槃　此亦恰恰为法身[2]

此即谓能清净一切轮回因即为涅槃，涅槃由证本觉智而成就，故知本觉智即可名为法身，是亦谓身智无别。

一切有情相续中具足法身，但此周遍法身并非孤立的存在，因为佛于证本觉智时，必无间而起后得智。本觉智与后得智恒时双运，此境界便即是如来藏，所以如来藏并非一个本体，纯然是一个境界。[3]

我们也可以这样来理解如来藏——佛的法身（内自证智境界）不可思议，不能用世间的思维与言诠来加以表达，因为一加表达，此智境便立刻成为世间名言，是即成为识境，失去智境的实相。因此说，智境唯藉识境而成显现，这就是佛内

〔1〕同上，页442，颂63。藏文：de bzhin nyon mongs kyis g.yogs nas / ye shes lus ’dir gcig gnas kyang / rnal ’byor pa yis ye shes len / mi shes pa ni ’dor bar byed //

〔2〕依拙译，收《四重缘起深般若》，页435，颂1与2。藏文：gang zhig kun tu ma shes pa / srid pa gsum du rnam ’khor ba / sems can kun la nges gnas pa’i / chos kyi dbyings la phyag ’tshal lo // gang zhig ’khor ba’i rgyur gyur pa / de nyid sbyang ba byas pa las / dag pa de nyid myang na ’das / chos kyi sku yang de nyid do //

〔3〕今时有唯识今学学者，于多伦多说法，谓佛证根本智后，须经“深入”始能证后得智。此说违反经教，但却可能由于其持反对如来藏而来，故不许根本与后得二智同时证得，否则即非“唯识”。

证趣境（六趣境），亦施设名言为如来藏，意即为如来种性。其与佛内证智境的不同，可以说为：智境不成显现，但不落名言；趣境则成显现，唯却落于名言。

佛与凡夫同样见到情器世间的显现，所不同者则在于凡夫因显现而起人我、法我的执着，将之建立为真实，而佛则如见镜中的影像，知一切显现并非如其显现而成真实，其所以不实，则由于它不但须依缘起始能成显现，且实未离异于智境，如镜影未离于镜，故不能说之为具足独立自成的本体。

于甚深缘起法（相碍缘起），一切法能成识境显现时，最重要的缘即是法界具足生机，此即名为阿陀那（ādāna）。一般解释阿陀那，都据《解深密经》（*Saṃdhinirmocana-sūtra*）的一首著名偈颂，说言——

> 阿陀那识甚深细　我于凡愚不开演
>
> 一切种子如瀑流　恐彼分别执为我〔1〕

此所谓"深细"，不是因为它"一切种子如瀑流"，只因为它即是别别有情各所自具的生命力，亦因如此，才会易被凡愚将之执为自我，而不理解生命力并非个体，只是周遍法界无所不在的生机〔2〕，此生机不单只存在于我们的情器世间，抑且存在于我们不能知见、不可思议的其他世间。于宁玛派的道名言，即将之称为"现分"（snang cha）。

此现分，就佛而言可以说为大悲功德，亦即谓法界具足大悲故，情器世间始成生起；就有情而言，则施设名言为大乐，此以生存、存在为根本大乐。此乃自然而起的功能，虽为缘起，却非由作意。如《入楞伽经》云——

> 日光月光与灯光　四大种及摩尼宝
>
> 各起功能无分别　佛性亦然自起用〔3〕

---

〔1〕《解深密经》五卷，玄奘译。《大正藏》第16册，no. 676，页692。

〔2〕"生机"的相对梵文为 jīvita，古汉译佛典一般译之为"身命""命"或"寿"。

〔3〕依拙《入楞伽经梵本新译》，页240，颂78。此颂梵文：sombhāskaradpārcirbhūtāni maṇayastathā / nirvikalpāḥ pravartante tathā buddhasya buddhatā //

识境虽然因佛的功德（具足现分）而能随缘自显现，但因其实不离法身，是故即可名之为“现空”。此即佛内证智（法身）与后得智（识境自显现）的双运。

云何双运？

此谓智境虽含藏识境自显现，唯却未因之而成污染；识境自显现虽落于生灭、有无之能所二取边际，唯却实未离法身，是即无离无合，谓为双运。此如手有手掌与手背，二者即为无离无合的双运。

近代宁玛派大学者米庞嘉措（Mi pham rgya mtsho, 1846—1912）于《决定宝灯》中有颂云——

是故显现与空性　不能相离而偏袒

此二实为无分别　如是即名为双运[1]

是即知在名言上，“法身”与“如来藏”于定义上的差别。当唯说佛内证智时，此境界称为法身；当说法身及其功德双运时，此境则称为如来藏，以其非是如来，而为如来种性故。

依此即可知如来藏实非如印顺所说，为“清净真心”与“杂染妄习”的二元对立，此中无有二元，以法身与法身功德不可建立为对立，一如人不得说为与其事功对立而成二元。

龙树于《法界赞》有颂云——

此如人于净水盆　日月星辰现倒影

如是其形及体性　是皆圆满成投射[2]

此即喻识境以智境为基成自显现，一切显现无不圆满（圆成），然而却不能

〔1〕 拙择《决定宝灯》，香港：密乘出版社，2002年，页66。藏文：de phyir snang dang stong pa dag / so so'i char ni shes na yang / don du nam yang dbye ba med / de phyir zung 'jug ces brjod de //

〔2〕 依拙译，颂34。藏文：ji ltar nyi zla skar ma'i gzugs / dwang ba'i snod kyi chu nang du / gzugs brnyan mthong bar 'gyur ba ltar / mtshan nyid rdzogs pa'ang de dang 'dra //

说圆满的倒影与净水对立。

依此亦知“真如缘起”（如来藏缘起）之理。说一切法以如来藏为缘起，非如韩镜清先生所说，是以“真如混同于无明、混同阿赖耶识”，如来法身与其功德并非混同，净水与其倒影亦非混同。

识境自显现无非依法身为基，以法身功德为因，如是随缘而成自显现，是即如来藏缘起之理，此亦即龙树《中论·观四谛品》所云——

以有空义故　一切法得成

若无空义者　一切法不成〔1〕

此即一切法依于空性基而成自显现，此亦非将空与无明混同。不但不是混同，而且正因如此，才能说一切法为空性。由是如来法身与法身功德双运，始能说一切法无性，是故无生。龙树于《中论·观如来品》有颂云——

如来所有性　即是世间性

如来无有性　世间亦无性〔2〕

此言世间性即如来性（识境性即佛内自证智性），如来性不可依世间名言施设，是无有性，世间由是亦不得依名言取义而说之为自性。

如上所言，故知唯能通达智与识之双运境（现空），始能通达如来藏根本义。若不知此，将法身与世间分裂，视为净染分别，视为净染对立，则唯能将“现”说之为“空”，且以之为胜义，于是以名言有为世俗，遂以此为二谛，是不但不解如来藏义，且亦不解龙树的缘起。

---

〔1〕依鸠摩罗什译《中论》。《大正藏》第30册，no. 1564，页33。此颂梵文：sarvaṃ ca yujyate tasya śūnyatā yasya yujyate / sarvaṃ na yujyate tasya śūnyaṃ yasya na yujyate //

〔2〕依鸠摩罗什译。此颂梵文：tathāgatao yat svabhāvas tat svabhāvam idaṃ jagat / tathāgato niḥsvabhāvo niḥsvabhāvam idaṃ jagat //

二、如来藏与缘起

一切识境自显现（一切法自显现）依于法身功德，亦可说为依于智法身，亦可说为依于本初清净的本始基，此即身智界三无分别。

然而法身功德等非为生因，彼仅为含藏因。此如米庞于《狮子吼广说如来藏》中所云[1]——

> 一切种智，于全部轮涅法与〔智〕身成一味之平等境界中，无作任运而知。于其自见不离一切法大清净见之同时，亦正见六趣有情之现相，彼等〔现相〕即如是各别显现，此盖由灭尽能所二取显现一切障碍之力，令一切有法，依受含藏于法性界为根本，得于无杂相中圆满成事。于时远离生灭、平等一味之智即能自然照见〔此一切有法〕。

此说根本智无间而起后得智，是谓一切种智，于中关键，即以“一切有法依受含藏于法性界为根本”，即云法界为一切有法生起之基，但此生起，非如由木生火之成为生因，仅以“含藏”为因。

倘若落于我们的识境来说，即可以说地球为人类及一切动植物的含藏因，故地球亦可方便说为生因（当然，亦可说为生缘）。此含藏因即基于现空双运而成立。

顺便澄清一点，于无上密续乘的观修时，为观修方便，可建立童瓶身宝或唯一明点为含藏因，此时即以童瓶身为智法身、唯一明点为法界，并非另外建立含藏因。

具含藏因，诸法能自显现而成识境，即以此含藏因为根本，然后始得随缘自显现。此处所谓随缘，指相碍缘起，是为四重缘起中的甚深秘密缘起。于此略

〔1〕 见前文《狮子吼广说如来藏》（*bDe gshegs snying po'i stong thun chen mo seng ge'i nga ro*）。引文依拙译。

作解说，其详见于余处。[1]

相碍缘起为四重决定，称为外、内、密、密密。

初，外相碍缘起说外境受相碍而圆成，此云相碍，即其局限。此如光受碍必只能为光而不成声；声受碍必只能为声而不成光等。这重相碍，于古代甚难解说，如龙树于《法界赞》中只能这样说——

若于一切见与闻　嗅味触等以及想

瑜伽行者如实知　诸妙功德即圆满[2]

此云“如实知”，即云如实知六识所缘外境之相碍。但若于现代，理解这重相碍即不为难，我们都知道声、光、热无非都是具能量的波，其自显现为声而不为光、或为光而不为热，无非皆缘于其波幅与频率的差别，所以我们所见的色光，于犬类则成为气味与热力；犬类所闻的声，或于人类毫无作用，由此相碍，即可理解缘生无自性道理。

次，内相碍缘起则说内分别受相碍而圆成，如眼识只能缘色、耳识只能缘声等。

于《法界赞》有颂云——

当耳正缘于声时　离其生处而觉知

此三即为法界性　落戏论则说闻声[3]

此即以耳识、声、处三者皆落于相碍缘起而成立，故为“法界性”，亦即于法界中，有能缘于相碍而成立为有法之性，是即为缘起，其有法即成就随缘而起

〔1〕可参考《大中观系列》所收诸书，台北：全佛文化。

〔2〕依拙译，颂 44。藏文：mthong dang thos dang bsnams pa dang / myangs dang reg par gyur pa dang / chos rnams de ltar rnal 'byor pas / shes nas mtshan nyid rdzogs pa yin //

〔3〕藏文：sgra dang rna ba la brten nas / rnam par dag pa'i shes pa gsum / mtshan nyid med pa chos kyi dbyings / rtog dang bcas pas thos par 'gyur //

的相（心识分别相）。

复次，密相碍缘起，此说智境与识境的相对。智境中有识境自显现，识境依于智境而成就，本来二者不一不异，然而未能离识觉者，则视此为对立。故《法界赞》云——

庄严住者具力尊　及宏丽色究竟天
连同心识此三者　可合为一我敢说[1]

未熟唯依于识觉　圣者故为说异门
此于长寿具力者　成为劫算长程因[2]

守护有情外界者　亦持寿量无数劫
使其如是而为生　于中持诸有情故[3]

即此为因知无终　故如是果亦无终
此微妙性若现证　涅槃破晓缘般若[4]

此四颂，即云佛身智界与有情的根境识不一不异，故智境的佛身（庄严具力尊）、非识境（非吾人识境）的色究竟天，以及完全落于识境的心识，可合无一、无有分别。然而对唯依于识觉者来说，佛则以法异门立说，有佛的身智界、有报土（非识境）的身智界、有化土（识境）的身智界（根境识），由是落于时

〔1〕藏文：dbang phyug chen bo'i gnas mchog dang / 'og min nyid de rnam mdzes pa / shes pa gsum po gcig nyid du / 'dres par gyur la bdag smra'o //

〔2〕藏文：byis pa'i nang na kun mkhyen dang / 'phags pa'i nang na sna tshogs nyid / dbang phyug chen po tshe dpag med / bskal pa tshe yi rgyu gang yin //

〔3〕藏文：phyi rol sems can mkhas kyi yang / dpag tu med pa'i bskal par ni / tshe yang gang gis bsrungs gyur cing / srog chags kun gyi srog gnas pa'i //

〔4〕藏文：rgyu yang mi zad pa de nyid / gang gis 'bras bu mi zad gang / snang ba med pa'i bye brag gis / shes rab don du rab tu 'jig //

空的分别，依识觉者以时分衡量法身，成为劫算；以空间衡量法身，成为长程。不但如此，若依识觉以衡量“守护有情外界者”（如梵天等），亦依时分视之为恒常（持寿量无数劫），且以其能持诸有情，遂视之为有情的生因（如造物主）。若能通达智境与识境的不一不异，通达一切有法实依于智境的生机（法身功德）而成自显现，即知因果无始无终，由是现证般若而得涅槃，犹如破晓。

最后，为密密相碍，此说时间与方分（时空）。佛依一切种智，正见周遍一切时空的自显现，故说无时方（时方无自性），此理于古代甚难解说，龙树于《七十空性论》亦只能这样说——

不住及相依　变易及无体

无性故三时　非有唯分别[1]

此以五重观察用以成立“三时非有，唯是分别”。此即观察时间之不住、相依、变易、无体、无性。

于现代，由量子力学与广义相对论的理论，很容易证成时空的相碍，像我们，即碍于三度空间而成立体、碍于一度时间而有老死，但法身的功德绝非我们所独有，彼周遍一切界而存在，是故有不同时空的识境自显现，由于周遍而无偏袒，故说为大平等性。

上来所说，为观修行人的四重决定，于抉择，则依四重缘起，说为业因缘起、相依缘起、相对缘起、相碍缘起，此亦即四大正因，今于此未能细说。然由此即知，真如缘起（如来藏缘起）实有其成立之正理，不得说如来藏与缘起对立。彼持此论点者，唯依于识觉以观察识境，认为如来藏不能成为生因，故与缘起对立，是未知龙树的学说，当然更未知一切如来藏经论的深义。

更者，识境（一切有法）自显现以相碍（受局限）为缘，其成就即名为圆

〔1〕依法尊译，颂 29。可参拙《七十空性论疏》，收《四重缘起深般若》，页 202。此颂藏译：mi gnas phan tshun grub phyir dang / 'chol phyir bdag nyid ma grub phyir / dngos po med phyir dus gsum ni / yod pa ma yin rtog pa tsam //

成（圆满所受局限而成立）或任运（能适应所受局限而成立），此即《密严经》之所说——

如来以因缘　庄严其果体
随世之所应　种种皆明现[1]

此明说一切有法（法界庄严）依因缘而自显现，而且是随缘（“随世之所应”）自显现（“种种皆明现”）。此即说如来藏缘起，何得将之分裂为违反因缘的“如来藏”，以及随顺因缘的“缘起”耶？今时此种说法得以流行，其故有三：一者，说法之学人未通达自宗义理，故易断章取义依一己之理解以立说。二者，说法之学人喜标奇立异以耸人听闻，由是得成一己之新意；三者，闻法之学人已不作观修，故一闻立异，即怂然动容，不识依经论作抉择，寻且盲从，以为能赶上潮流。彼说者听者各得其所，而大乘佛教之根本即受动摇。

三、如来藏与十二有支

十二有支（十二缘起）为释迦所说，用以说明有情之生死流程，环环相扣，有如轮回之锁键。若依如来藏不能建立此等有支，则可说如来藏与缘起对立，今则不然，以如来藏为根本之大中观，其实早已建立三正理，依之即可说如来藏与十二有支之关系。

此三正理广见于藏密旧译了义大中观之论典，今唯依近代学者米庞之论典而说[2]，以明十二有支之破立。

三正理者，一为“真如无差别”之法性理（chos nyid kyi rigs pa）；二为“由果立因”之相依理（ltos pa'i rigs pa）；三为“由因生果”之作用理（bya ba byed

〔1〕依不空译，《大正藏》第16册，no. 682，页750。
〔2〕见前文《狮子吼广说如来藏》。引文依拙译。

pa'i rigs pa)。

一、"法性理"简明，即谓如来法身周遍，故轮回涅槃界都成一味。此即如来藏"现空双运"境界[1]。亦即智境不受识境污染而无变易、识境不离智境而无异离之境界。法性理即用以成立此境界。依此即可理解《解深密经》之所言——

> 云何诸法圆成实相？谓一切法平等真如。[2]

以"平等真如"而一切法圆成故，始得如《不增不减经》之所言——

> 不离众生界有法身、不离法身有众生界；众生界即法身、法身即众生界。[3]

成立如来藏缘起之根本，即是此理；依如来藏成立十二有支，亦依此理。

二、"相依理"说为"由果立因"，龙树于《七十空性论》中喻为"有子始有父"，此为名言量的建立，由此建立始得成名言显现。

法身中的识境自显现即等如譬喻中的"子"、法身境界即等如譬喻中的"父"，由于法身不可见闻思，故须藉识境而始成显现，此即等如"有子始有父"。此现空双运境即由是而得成立，经中常将此双运境称为"一界"。

如《不增不减经》言——

> 一切愚痴凡夫不如实知彼一界故，不如实见彼一界故，起于极恶

---

〔1〕若细分，此应说为"觉空双运"境界，今不细说。

〔2〕依玄奘译，《大正藏》第16册，no. 676，页693。

〔3〕依菩提流支译，《大正藏》第16册，no. 668，页466。《宝性论》引有此段经文。今存《宝性论》梵本，所引此句的梵文为：tasmāc chāriputra nānyaḥ sattvadhātur nānyo dharmakāyaḥ / sattvadhātur eva dharmakāyaḥ / dharmakāya eva sattvadhātuḥ。藏译本作：shā ri'i bu de'i phyir na sems can gyi khams kyang gzhan la / chos kyi sku yang gzhan pa ni ma yin te / sems can gyi khams nyid chos kyi sku / chos kyi sku nyid kyang sems can gyi khams te //

大邪见心，谓众生界增、众生界减。

然而此理甚为深密（故须经四重缘起于十地道作观修），是故经言——

尔时世尊告慧命舍利弗言，此（一界）甚深义乃是如来智慧境界，亦是如来心所行处。[1]

言“智慧境界”、言“心所行处”，即等如说现空双运之如来藏。故经续言——

甚深义者即第一义谛；第一义谛即众生界；众生界者即如来藏；如来藏者即是法身。

舍利弗，如我所说法身义者，过于恒沙不离、不脱、不断、不异不思议佛法，如来功德智慧。[2]

此“不离、不脱、不断、不异”者有二：一为不思议佛法、一为如来功德智慧。前者即说自显现的识境；后者即说现空双运境。

或有人疑，何以说“不思议佛法”为识境？此则于经中亦有喻以明之。经云——

舍利弗，如世间灯，有明、色及触不离不脱；又如摩尼宝珠所有

〔1〕《宝性论》梵本此句作：tathāgataviṣayo hi śāriputrāyam arthas tathāgatagocaraḥ。藏译本作：shā ri'i bu don 'di ni de bzhin gshegs pa'i yul te / de bzhin gshegs pa'i spyod yul lo /

〔2〕《宝性论》梵本此句作：śāriputra paramārthaḥ / paramārtha iti śāriputra sattvadhātor etad adhivacanam / sattvadhātur iti śāriputra tathāgatagarbhasyaitad adhivacanam / tathāgatagarbha iti śāriputra dharmkāyasyaitad adhivacanam / 藏译本作：shā ri'i bu don dam pa ni dad pas rtogs par bya ba yin no / shā ri'i bu don dam pa zhes bya ba 'di ni sems can gyi khams kyi tshig bla dwags so / shā ri'i bu sems can gyi khams zhes bya ba 'di ni de bzhin gshegs pa'i snying po'i tshig bla dwags so //

明、色、形相不离不脱。[1]

明、色等即喻识境，灯及宝珠之自身即喻为法身，故知此喻，即喻识境不离智境。至于“如来功德智慧”之为现空双运，此前已说，今不更赘。

由是即知有情界于识境中成立十二有支，遂成轮回生死，实依如来藏而成缘起，只不过由于是“由果立因”，故人便只知其果不知其因；于是由不知相依理，遂割裂此因果，且视之为对立。

三、“作用理”为“由因生果”。法身功德为含藏因此前已说，依此亦有“生”义（前已举喻，如谓地球生起人类），由此即可观察“由果立因”之相依理。此如《七十空性论》颂云——

父子不相即　彼二不能离
亦复非同时　有支亦如是[2]

论长行言——

父非是子、子亦非父，〔唯却〕非能相离而有。复非同时〔然而父子却非同时有〕，知父子不成。十二缘起当知亦尔。[3]

盖凡相依而成有者，必须成立二决定。一为不异离；二为须同时。仍以父子

〔1〕《宝性论》梵本此句作：tad yathā śāriputra pradpaḥ / avinirbhāgadharmā / avinirmuktaguṇaḥ / yad uta ālokoṣṇavarṇatābhiḥ / maṇir vālokavarṇasaṃsthānaiḥ / 藏译本作：gang gā'i klung gi bye ma snyed 'das pa'i de bzhin gshegs pa'i chos rnams kyis rnam par dbyer med pa'i chos dang ldan pa ma bral pa'i ye shes kyi yon dan can no /

〔2〕依法尊译，颂 13。第三句，应译为“但亦非同时”较佳。藏译本作：pha bu ma yin bu pha min / de gnyis phan tshun med min la / de gnyis cig car yang min ltar / yan lag bcu gnyis de bzhin no //

〔3〕依法尊译，括号中字句为笔者补入，俾其义明显。藏译：re zhig pha yang bu ma yin la bu yang pha ma yin no / de gnyis ni phan tshun med par yang med la / de gnyis cig car yang ma yin no / ji ltar rim pa 'dis pha dang bu dag ma grub pa ltar rten cing 'brel par 'byung ba yan lag bcu gnyis kyang de dang 'dra'o //

为例，父子之名即不能异离，而且同时而成立。此二决定若不能于观察中加以否定，则“相依有”便成为有实自性的存在。今则不然，以其实非同时故，由是可说“相依有”不能成立实自性。

父子非同时生起，此乃世间常识，依缘起作用，必须以父为因，以子为果，由是父子二人即成因果之相对。由此相对作用，即可依其“非同时”而否定名言之相依有具实自性。

此种否定，龙树说之为“相互为因”。如颂言——

离行无无明　离无明无行
彼二互为因　是即无自性[1]

今说如来藏，当以法身功德为因，随缘自显现之识境为果，盖若无周遍法界之法身起作用，则识境不能成自显现，以此之故，即由“相互为因”可说二者皆无实自性。识境即无实自性，落于识境而施设之十二有支当然亦无实自性。

由上来所说，即知欲说“缘生性空”，实非依此三理不可。倘但说相依理，即不能说为性空、但说作用理，即不能说为缘生（只能说为一因生）。此二理则以法性理为基而成立，故三正理缺一不可，否则即违反龙树教法。由是知依如来藏义理以建立此三理，实即对“缘生性空”之正知见，何得反谓其与缘起对立。

今且依龙青巴（Klong chen rab ’byams pa, 1308—1363）之《妙乘藏》(*Theg mchog rin po che’i mdzod*) 一说十二有支，俾明旧译无上续部（宁玛派）之说因缘[2]。然为省篇幅，只说“无明”与“行”二支以为例。

于无明，说为三无明，此即——

一者，若心识不能了知本始清净之本觉自性，是为“一因无明”（rgyu bdag

〔1〕 藏译：ma rig ’du byed med mi ’byung / de med ’bu byed mi ’byung bas / de gnyis phan tshun rgyu phyir yang / rang bzhin gyis ni ma grub yin //

〔2〕 可参考 Tulku Thondup Rinpoche, *The Practice of Dzogchen*, Ithaca: Snow Lion Publications, 1989，及许锡恩译，《九乘次第论集》，香港：密乘佛学会，1997 年。

nyid gcig pa'i ma rig pa)[1]。

二者，于观察外境法尔所成显现时，不能证悟其为无自性之自显现，是为“俱生无明”(lhan skyes kyi ma rig pa)。

三者，于“有”，若不能证悟其为法身之力用（功德），即堕入能所二边，遍计“我为彼生”“彼为我生”，是为“遍计无明”(kun btags kyi ma rig pa)。

以三无明生起故，即不能认知如来藏、不能认知如来法身功德、更不能认知法身。唯虽不能认知，无明依然以如来藏为基，以二者恒不相离（识境与智境无异离），故可依由果立因相依理，成立无明为“相依有”。以其有故，即可说为缘生他法，此即说为“无明缘行”（缘无明而有行）。

然却须知，无明实依行而生起，故木石虽未证智亦不能说之为无明，此亦即正由于行之作用，始能说无明生起，倘无世间颠倒行，焉可说其为无明，故由作用理，说无明与行二者相互为因，故无自性。

此即十二有支之顺逆观察。此观察即依于如来藏教法。

更说行支。大中观以“行”即是成立轮回之四缘，此即——

一者，因缘。此即不能证悟无自性自显现之俱生无明。

二者，所缘缘。此即智境五智光华外显现而为识境。

三者，增上缘。此即对如来功德起寻伺（对大悲之力用起寻伺，如说为有为无等）。是即遍计无明。

四者，等无间缘。于寻伺起时，无间而堕入能所二边，由是遂成异熟习气。

由此即知无明与行二支之关系。行以无明为缘而成因缘及增上缘；无明则以行为缘而成所缘缘与等无间缘。此即相互为因之观修。若不依如来藏义，此观修如何能成抉择，更不必说其决定。

故知谓如来藏与缘起对立，实为离观修之浮词，抑且更多依言取义的曲解。

---

〔1〕相对“一因无明”者为“一因证悟”，详见于莲花生大士之《口诀见鬘》(*Man ngag lta ba'i phreng ba*)。此有沈卫荣译，见同译《幻化网秘密藏续》附录，香港：密乘佛学会，2001年，页134-143。

四、如来藏与空性

关于如来藏与空性，学人有两种偏差。一者视如来藏违反空性，故说之为“真常”；一者视如来藏唯有空性，故视之为断灭。

其实此二种偏差皆由“唯空见”而起，其分别只在于否定或认许如来藏。

持一切法唯空者，于认许如来藏时，即说如来藏亦唯空性，故实破坏法身功德而成断灭。但若持否定态度者，即说如来藏实建立本体为实有，而且恒常，故带有神我色彩，是外道见。以具此二偏差，故不得不于此一说如来藏与空性。

如何建立“空性”？

佛家诸宗无不承许“无自性空”。然则如何“无自性”？如今通途皆以为“缘生”是故“无自性”。然而此却只是笼统之见，龙树与瑜伽行派皆非如是说。今但说龙树的空与中道。

龙树于《法界赞》之所说，同于如来藏。法身与烦恼缠俱存，喻如瓶中酥油灯，灯光为瓶所掩，是故法身不见。有颂云[1]——

此如瓶中酥油灯　即少分光亦不见

法界置于烦恼瓶　是亦长时无所现[2]

若于瓶壁破一孔　何处有孔何处见

光华恰穿此孔道　此乃自性之本然[3]

由此即知，以为龙树只说“缘生性空”，于是以为说如来藏即是违反龙树，

〔1〕下引六颂依拙译，见《法界赞》颂 5, 6, 18, 19, 21, 22。

〔2〕藏文：ji ltar mar me bum nang gnas / cung zhig snang bar mi ’gyur ba / de bzhin nyon mongs bum nang gnas / chos kyi dbyings kyang mi mthong ngo //

〔3〕藏文：phyogs ni gang dang gang dag nas / bum pa bug gtod gyur pa / de dang de yi phyogs nyid nas / ’od kyi rang bzhin ’byung bar ’gyur //

那实在是很大的误会。

那么，龙树如何说证空呢？

并非证空，只是除去障碍，当尽除障碍时，见“心性净光明”，此即可说为空性。颂云——

日月虽然无瑕垢　五重迷雾能障彼
如云如雾复如烟　如罗睺面亦如尘[1]

是故心性净光明　亦具五障而为障
贪欲怠惰与邪见　以及种种虑与疑[2]

此说障心性净光明者，为贪欲、怠惰等。至其净除，则云——

此如心性净光明　蒙受贪等诸垢染
本觉智火烧烦恼　净光明却非所烧[3]

此种除障，异门即说为空，颂云——

故于导师经教中　由法异门说空性
凡说皆除烦恼门　无人能减其力用[4]

---

〔1〕藏文：dri med nyi ma zla ba yang / sprin dang du ba khug rna dang / sgra gcan gdong dang rdul la sogs / sgrib pa lnga yis bsgribs par 'gyur //

〔2〕藏文：de bzhin 'od gsal ba yi sems / 'dod dang gnod sems le lo dang / rgod pa dang ni the tshom ste / sgrib pa lnga yis bsgribs par 'gyur //

〔3〕藏文：de bzhin 'od gsal ba'i sems / 'dod chags la sogs dri ma can / ye shes me yis dri ma sreg / de nyid 'od gsal ma yin no //

〔4〕藏文：stong pa nyid ni ston pa'i mdo / rgyal bas ji snyed gsungs pa gang / de dag kun gyis nyon mongs ldog / khams de nyams par byed ma yin //

这是很有趣的情形，在龙树年代，他要郑重地说，空性即是心性净光明的法异门，说此异门，同样是除烦恼门，那是维护缘起与空的学说地位。不料时至今日，反而变成有人用龙树的缘起与空来否定“心性净光明”如来藏。那就等如龙树当时拿着一根麦秆，要对人说：“麦也是粮食，它跟稻米一样，只是异门。”可是时至今日，却有人因为龙树拿出来的是麦，便否定稻米为粮食，甚至视之为毒药。

龙树其实很重视如何现证心性中的法身及其功德（是即如来藏），他说[1]——

无常与苦以及空　是清净心三法印
然于修心至究竟　佛说无复有自性[2]

于修心未究竟时，可用三法印来印定清净心的自性，具无常性、苦性及空性，然而及至究竟，则不能说尚具此三种自性，此亦即更不能说清净心为空性。

要这样说，是龙树为了提防学人永远落于边际，以无常、苦、空来定义心性，是则永远不能现证法身，因此他接着说——

是如婴儿于母腹　彼虽在而不得见
故当烦恼覆障时　法界是亦不能见[3]

由思于我及我所　由思名言及其基
即由大种和合等　施设四种戏论义[4]

〔1〕下引依拙译，《法界赞》颂 26-29。

〔2〕藏文：mi rtag sdug bsngal stong pa zhes / bya ba gsum pos sems sbyong byed / mchog tu sems ni sbyong byed pa'i / chos ni rang bzhin med pa yin //

〔3〕藏文：ji ltar sbrum ma'i lto na bu / yod kyang mthong ba ma yin pa / de bzhin nyon mongs kyis g.yogs pa'i / chos kyi dbyings kyang mthong ma yin //

〔4〕藏文：bdag dang bdag gi rnam rtog dang / ming gi 'du shes rgyu mtshan gyi / rnam rtog bzhi po 'byung ba yang / 'byung dang 'byung las gyur pas so //

法身在心性中而不得见，如婴儿之在母腹，此有四种戏论成烦恼障。我、我所、名言及名言基（二取）、大种和合（物质现象），人若落于此四种思维范畴来思量心性，一定不能见法身（不能见心性净光明）。

他接着又说——

于彼猛烈发心者　佛陀不见其体性
佛智自性即佛陀　眷属恒常且清净[1]

龙树时代虽然已有如来藏教法，所以在他的《大智度论》中，已能应用后来被结集为《入楞伽经》的一些偈颂，但他所弘的法门却非如来藏，因此他这一首关于如来藏的偈颂，便说得概括一些，故须诠解。

菩提心即是如来藏，如来藏的法身（佛内自证智境）可名为胜义菩提心、如来藏的法身功德（现分、明分等；或说为大悲、十力等），可名世俗菩提心。此即觉者心性（菩提心）的二面。

故于猛烈发菩提心的行人，即能离上述四种思维范限来见佛陀，而不见佛陀具任何体性可说为有，“佛智自性即佛陀”，这就恰恰是如来藏学说之所说。法身、佛智、法界三无分别，一切周遍法界的生命都是佛陀的眷属，彼恒常（生机不断），而且清净（以法性为基故不离法性）。

这就是龙树于《法界赞》中所说的缘起与空性。可以说，正是如来藏缘起，以及如来藏所说的现空双运（非唯空性）。

龙树接着讨论识境中的有法（佛陀眷属），即便用缘起来说其非有。他用《入楞伽经》所强调的兔角牛角喻，来说“缘生性空”的中道。此有四颂——

兔头上角为譬喻　除妄想外无所有

---

〔1〕藏文：sang rgyas rnams kyi smon lam yang / snang ba med cing mtshan nyid med / so sor rang rig sbyor ldan nyid / sangs rgyas rtag pa'i chos nyid can //

见一切法皆如是　唯妄想而非为有[1]

非由实有极微成　是故牛角亦不见
以极微既无所有　极微成者焉成有[2]

以其由缘起而生　以其由缘起而灭
故无一法可为有　童蒙妄想焉成有[3]

以兔角喻牛角喻　此为如来所现证
是故于彼一切法　除中道外无所有[4]

对此四颂，须稍为说得详细一点。

首先，我们常误解一切法的无所有，是因为其自性空。龙树却不这样说，他说“除中道外无所有”。此所谓“中道”，便即是《入楞伽经》所说的“非有非非有”。

《入楞伽经》说兔角牛角的经文言——

兔角非是非非是（nāsty-asti-vinivṛttam），故对此不应分别。由是大慧，于一切法，可准而知其非有非非有，于彼不应作分别。

复次，大慧，离于有与非有者，更不作兔无角想。以相对故，彼不想兔无角。亦不作牛有角想，以观察牛角，至极微亦不可得，故无

[1] 藏文：ji ltar ri bong mgo bo'i rwa / btags pa nyid de med pa ltar / de bzhin chos rnams thams cad kyang / btags pa nyid de yod ma yin //

[2] 藏文：phra rab rdul gyi ngo bo yis / glang gi rwa yang yod ma yin / ji ltar sngon bzhin phyis de bzhin / de la ci zhig brtag par bya //

[3] 藏文：brten nas 'byung bar 'gyur ba dang / brten nas 'gag par 'gyur bas na / gcig kyang yod ba ma yin no / byis pas ji ltar rtogs par bye //

[4] 藏文：ri bong ba lang rwa yi dpes / ji ltar bde gshegs chos rnams nyid / dbu ma nyid du sgrub par byed //

究竟实法。如是即是圣智现证境界，离有与无。[1]

此中所说“非有非非有”，不同于“无”与“有”。实为“非有”及非“非有”，是对非有概念的辩证，除“非有”外，尚须同时建立非“非有”。为何如是？下来即有说及。此处但言不可依二取而说有无，此如兔角，加以二取分别可说为非有，但若于牛角时，依二取分别则可说为有，然而两者皆属分别，若于圣者现证境界，则不如是（此即谓“实相”不同于“现相”）。

故经文续云——

尔时大慧菩萨摩诃萨白世尊言：非如是耶，世尊。若见不依分别而起之相，于是比度，以不生分别而说〔兔角〕为无。[2]

此处借大慧之问，用以澄清“中道”为何。大慧以为圣者自证境界为“不依分别”，于是即以为“说兔角为无”可依无分别而说。此问误解“无分别”即见实相。以其仍落于有无二边，故未解实相与现相之义。于是经云——

世尊言：非是，大慧。〔角〕不以不生起分别即成为无有。何以故？以有角想即有分别故。

依于角想，大慧，分别即生。由分别与角想之相依，大慧，即以其相依而远离异不异，故说兔角为无有，非由相对〔牛角〕故。

大慧，若分别异于兔角〔想〕者，则当不由角为量而成分别；若说不异，则分别实由角为量而成。

〔1〕 依拙《入楞伽经梵本新译》，页56-57。今存梵本，此句为：ye punarmahāmate nāstyativinivṛttā nāsti śaśaśṛṇgaṃ na kalpayanti / tairanyonyāpekṣahetutvānnāsti śaśaviṣāṇamiti na kalpayitavyam / āparamāṇupravicayādvastvanupalabdhabhāvānmahāmate āryajñānagocaravinivṛttamasti gośṛṇgamiti na kalpayitavyam //

〔2〕 梵文：atha khalu mahāmatirbodhisattvo mahāsattvo bhagavantametadavocatnanu bhagavan vikalpasyāpravṛttilakṣaṇaṃ dṛṣṭvā anumimīmahe vikalpāpravṛttyapekṣaṃ tasya māstitvam /

> 分析极微而观察，无角〔实体〕可得，如是角之概念即为非理〔不正因 viṣama-hetu〕，故彼等〔牛角与兔角〕皆为无有，更何须说〔兔角〕为无耶。是故大慧，相对于牛而说兔无角之理不成，于此更不应作分别。[1]

此言关键在于“角想”（有“角”此概念），并不在于牛角与兔角。“角想”与分别相依（如父与子），此即落于相依缘起而成有无分别。世间一切名言量悉皆如是，本来先由分别生起名言，然而名言一旦生起，人即执名言而作分别。故分别如父，名言如子，有名言然后有分别之名。

故名言与分别，当由其相依而不说二者为异、为不异。当知“角想”此名言为非理时，即知分别亦为非理，是即所无者为“角想”与分别，而非兔角或牛角。

说兔角为“非有”，依现相而说，此落于角想与分别；同时说为“非非有”者为实相，离于分别，故即非此“非有”。由是“非有”与“非非有”双运，亦即现相与实相双运，是即中道，盖此亦即佛内自证智境（离分别）与识境（分别）之双运。于此并不侧重智境或识境，亦不侧重实相或现相。

回头再看龙树的论颂，彼以执兔角为有者是“妄想”，执牛角为有者是“童蒙”，故由缘起而说：“童蒙妄想焉成有”。此处以“童蒙”说二取、以“妄想”说名言。由是成立“非有非非有”的中道，且说之为“此为如来所现证”。由是可知，龙树绝非以“缘起故空，空故缘起”为中道。印顺法师标榜“世俗中无自性的缘起”与“胜义中缘起的性空”，以为即是中道，实与龙树的说法不顺。龙树依实相与现相建立中道，实相已离缘起，以圣内自证智必离识境故；印顺则胜

〔1〕 梵文：bhagavānāha na hi mahāmate vikalpāpravṛttyapekṣaṃ tasya nāstitvam / tatkasya hetoḥ / vikalpasya tatpravṛttihetutvāt / tadviṣāṇāśrayapravṛtto hi mahāmate vikalpaḥ / yasmādviṣāṇāśrayapravṛtto mahāmate vikalpaḥ / tasmādāśrayahetutvādanyānanyavivarjitatvānna hi tadapekṣaṃ nāstitvaṃ śaśaviṣāṇasya / yadi punarmahāmate vikalpo'nyaḥ syācchaśaviṣāṇādaviṣāṇahetukaḥ syāt / athānanyaḥ syāt / taddhetukatvādāparamā ṇupravicayānupalabdherviṣāṇādananyatvāttadabhāvaḥ syāt / tadubhayabhāvābhāvātkasyakimapekṣya nāstitvaṃ bhavati / atha na bhavati mahāmate apekṣya nāstitvaṃ śaśaviṣāṇasya astitvamapekṣya nāstitvaṃ śaśaviṣāṇaṃ na kalpayitavyaṃ viṣamahetutvānmahāmate nāstyastitvam siddhirna bhavati nāstyastitvavādinām //

义与世俗皆落缘起，实则全为世俗，何能说为中道。

由龙树所说如来现证之中道，即知由缘起而说空性，仅为世俗，非是胜义。此亦即仅依识境自显现之迷乱相而说。识境自显现相本属客观的存在，本非迷乱，唯人一旦落于二取与名言，即成分别，由是成迷乱相，缘起学说所对治者即为此迷乱，说其自性为空，即谓迷乱相不成、分别不成而已，非以空为实相。

如是即知如来藏学说不但非与龙树的性空相违，抑且可说，龙树正以如来藏为中道，而以“缘生性空”成立此中道。

五、如来藏与二谛

如来藏学说不立二谛，然而并非不能安立，只是认为无须安立。

无须安立的原因，是因为自宗对“境”（yul）与“有境”（yul can）的定义范限不同于他宗。

所谓境，即是心识之所缘，此亦即由心识作分别的对象；所谓有境，即依何而成立此境，如唯识宗有认为依于八识，亦有认为依于阿赖耶识缘含藏于其内的种子；中观自续派则认为依于意识。除此之外，即是立量的方式，因为须依现量与比量判别所缘境，如何立量，亦便成为各宗派建立有境的差别。

主如来藏学说的大中观宗派，属他空见者尚可建立境与有境，属离边见者以及了义见者，则认为有境无可安立，因为无论如何安立，总不能离开五蕴与八识等，此等皆为识境范围内的事，以之认识世俗尚可，断不能用之以认识智境；复次，以立量以言，人仅能据识觉以立量，此亦落于识境，不能用以范限智境，说何者为现量、何者为比量。

正由于此，大中观即主张可不立二谛。然而为随顺世俗，亦可为方便而立二谛。

于说大中观宗立二谛之先，可综述他宗之二谛。为免诤论，此处唯依西藏格鲁派贡却・吉美旺波（dKon mchog 'Jigs med dbang po）之《宗义宝鬘》（*Grub mtha'i rnam bzhag rin chen phreng ba*）而说，此书素来受到推许，应非诤论立足处。

于唯识宗，彼言——

> 所知分为两类：世俗谛、胜义谛。
>
> 以观察思择名言的理智量缘得之境，就是世俗谛的定义。“虚假的事物”、“世俗谛”、“名言谛”都是同义词。
>
> 以观察思择胜义的理智量缘得之境，就是胜义谛的定义。“空性”、“法性”、“圆成实”、“胜义谛”、“真际”、“真如”都是同义词。[1]

这二谛的安立，为中观应成派所否定。因为其立量为“观察思择”的“理智量”，此即“自证现量”（rang rig mngon sum），中观应成派不承许心识有自证分（rang rig），当然不许有自证现量。

于中观自续派，彼言——

> 所知分成两类，胜义谛和世俗谛。
>
> 在二显（gnyis snang）[2]消失的情况下，直观现量所通达的对象，就是胜义谛的定义。
>
> 在带有二显的情况下，直观现量所通达的对象，就是世俗谛的定义。
>
> 例如：“瓶非真实存在”就是胜义谛；“瓶”就是世俗谛。

中观应成派亦不承许此二谛，因为“直观现量所通达的对象”，即是事物的相状，或心识的行相（心理状态），应成派不许一切法有自相（自相亦无自性），是故就不能承许由自相安立的二谛。

于中观应成派，彼言——

---

〔1〕 依陈玉蛟（释如石）译，台北：法尔出版社，1988 年，下引同。

〔2〕 二显即能所相对之境。此如心识依外境而起用、外境依心识而变现，即是二显。

以观择名言之量所量得的任何事物、而此“观择名言之量”〔是因为〕对应于其所量得之事物而成为“观择名言之量”；这就是世俗谛的定义。例如“瓶”。

以观择究竟之量所量得的任何事物、而此“观择究竟之量”〔是因为〕观待于其所量之事物，而成为“能观择究竟之量”；这就是胜义谛的定义。例如“瓶无自体”。

此中已不牵涉自证分与自相的问题，因为只是“观择名言之量”（tha snyad dpyod byed kyi tshad ma）以及“观择究竟之量”（mthar thug dpyod byed kyi tshad ma），此已可说为认知的意现量（yid kyi mngon sum）。应成派不承许根现量（dbang po'i mngon sum），认为凡根识所认知者唯是错误，而意现量则可承许。《宗义宝鬘》所定义之二谛，即至此而止。

米庞说如来藏，则认为大中观宗的他空派，其二谛超越中观应成派。这对应成派来说是一个极大挑战，因为应成派视他空见为邪说。他说——

欲抉择“他空宗”，应先依怙主龙树之〔六〕理聚论，抉择“无自性”义。若不了知此义，则不能了知“世俗自空、胜义他空”之理。以是之故，应先抉择离戏论之内自证义。[1]

此即如上来说龙树之“缘生性空”时所说义理。龙树强调离四种戏论之现证（“佛智自性即佛陀、眷属恒常且清净”），是即胜义、余外即为世俗。故他空派的二谛，米庞即说之为——

既如是依有境之无分别智以证悟离戏论胜义已，于实相与现相相同之境与有境，即名为胜义；于实相与现相不相同之境与有境，即名为世俗。

〔1〕 见前文《狮子吼开许他空》（*gZhan stong khas len seng ge'i nga ro*）。邵颂雄译。

依名言量作观察，彼“世俗”与“胜义”即颠倒与无颠倒、迷乱与无迷乱之差别。是故，无颠倒与无迷乱者即是“胜义”，余者则安立为“世俗”。

此二谛不须立量，唯依“无分别智”所现证者为量，亦即，唯许无分别智为有境，是即超越于应成派之“观择究竟之量”“观择名言之量”，彼二量皆未离分别，故未离戏论，因此所见者唯是颠倒、迷乱之现相，与无分别智所见之实相不同。

亦唯依如来藏始可立此二谛，因其安立，即等如以佛内自证智境（实相）为胜义，以智境中之识境自显现（现相）为世俗。皆由“无分别”而证悟。

如是立量，亦同尊者阿底峡（Atīśa, Dīpaṃkaraśrījñāna，燃灯吉祥智，982—1054）于《入二谛》(*Satyadvayāvatāra*) 之所说——

于彼空性中　丝毫无有异
无分别而悟　名言谓见空〔1〕

又云——

现量与比量　佛徒纳彼二
短视愚人说　以二量悟空〔2〕

是即谓唯住于无分别中始得见空，依二量则不能见。所以依“缘生”不能立量为空性，只能立量为世俗显现。颂云——

---

〔1〕 此中所引《入二谛》四颂，依释如石译，见《菩提道灯抉微》，台北：法鼓文化，1997年，页247-266。释如石之翻译乃依藏译本。此可比较梵本原颂：śūnyatāyāṃ vibhedastu kiñcinmātraṃ na vidyate / nirvikalpatayā bodhe śūnyatādṛṣṭirucyate //

〔2〕 梵本原颂：pratyakṣamanumānañca taddvayaṃ bauddhasammatam / ubhābhyāṃ śūnyatā gamyetyarvāgdṛṅmohabhāṣitam //

因缘所生故　世俗显现成
若不能成立　水月由谁生〔1〕

西藏之中观应成派虽云依从阿底峡，可是在安立二谛上则究竟与阿底峡有差别。若辩言，我“观择究竟之量”即是无分别智，然则，何以又须另立“观择名言之量”来量世俗？是否行者于修胜观时，须先用一名言量来观察抉择，然后又再用一究竟量来观察抉择，始能说其为世俗或胜义。若如是，行者即须先住于名言境（识境）作观择，然后住于无分别（内自证境）再作抉择。此不应理，因为阿底峡主张唯观择世俗，于观择而无所得时即是胜义。彼有颂云——

此世俗所显　理观无所得
不得即胜义　本住之法性〔2〕

应成派与阿底峡之差别，归根究底，为对如来藏的态度。应成派不依如来藏，阿底峡则依从，是故阿底峡就可以在修胜观时，以因缘所生的世俗显现（缘生有）为对境，以内自证的无分别智为有境，依理观察（此如由缘起超越缘起），如是无所得而入胜义。

或难言：依理观察岂非分别？答言：非是。此如龙树于《法界赞》中有颂云——

是故喻此器世间　恰如芭蕉空无实
然而其果却有实　食时口舌能触及〔3〕

〔1〕 梵本原颂：hetupratyayajanyatvāt saṃvṛtirbhāsavanmatā / ayuktaṃ śodhitum cet kairjalacandrādivinirmitam //

〔2〕 梵本原颂：yathā’yaṃ saṃvṛterbhāso yuktyā kiñcinna labhyate / paramārthastvalabdhatvam ādisaṃsthitadharmatā //

〔3〕 藏文：chu shing snying po med do zhes / ’jig rten na ni dber byed kyang / de yi ’bras bu snying po nyid / mngar po za bar byed pa ltar //

持明妙吉祥称（Mañjuśrīkīrti）有一颂与此颂堪相互发明，颂云——

观察诸蕴之空性　犹如芭蕉无有实
空性具足胜功德　此非如彼空无物[1]

由是即知行者唯观察缘生之世俗显现，无分别而作如理观察，则世俗与胜义同时可得。所谓如理观察，即如前引《入楞伽经》释迦所言，离“角想”即离分别，由是即可住无分别而观察牛角兔角，于胜义与世俗之决定同时，证入中道。倘世俗与胜义分别观察，二者如何双运？

于四重缘起之观修中，如观择“业因有”（依业因缘起而成有，此如说“因缘和合”而成有），依对境如实观察，以心识为有境，行者即可无分别而悟入心识与外境相依[2]，由是成立所缘境为“相依有”（“世俗显现成”），于是同时证悟对境不能依业因缘起而成立，是即同时证“业因有”为空性（“无分别而悟，名言谓见空”）。

由此即知胜义与世俗非分别观察，由是始成双运。如上述，行者所证即是：“业因有”为空，“相依有”成显现之双运境。

了义大中观之二谛建立，较他空大中观更为深密，此处不赘，见余处可知。然由他空大中观之施设二谛，当已知如来藏学者实依观修而说，非为架空而谈之理论。故不能依文字语言谓其为违反佛说。如他空之二谛，但以迷乱颠倒与否而安立，未施设空有，然而却亦不得谓其否定空性，更不得谓其不依缘起。

结　语

上来谈如来藏，乃针对今时对如来藏之误解而作。今人研究佛学，唯对缘

〔1〕依《狮子吼开许他空》所引。
〔2〕此有观修仪轨作为观择的指引。

起与空性加以赞叹、或唯珍重玄奘三藏传入之唯识今学，未通盘理解佛法之系统，故即成一偏之见。殊不知，若不识如来藏教法，则对“缘生性空”及唯识今学亦只能片面理解，由是对彼之所宗亦有损失。

大中观立“现空”而不唯说空性，此“现空”之“现”已由缘起施设；此“现空”之“空”亦由抉择缘起而证，是知如来藏正由缘起与空性双运而施设，此始为合理之观修境与有境。若分裂现空而唯持空性，反而违背缘起，此际虽自以为我之空由缘起而空，但其实现空已不成双运，盖当一建立观择境时，已即将此境说为“缘起故空”，是则尚焉能现空双运耶。而且，若不说现空，则法身境界将成一死寂境，正由于此，释迦当日始沉痛而言：宁见持我见者大如须弥山，不愿见唯空者。此即以唯空者其实否定缘起，彼不过借“缘起”之名以成立一己之唯空已，于唯空中无一缘起法可以假立，因假立之同时已被说之为空，故法身功德实已被遮拨。

唯识亦如是。学唯识今学而否定如来藏，亦如否定转依。非灭尽八识而新得一“圆成实性”即为转依，转依者，正以八识不须灭，但行者之有境已起转变，始能名之为转依，若不许此转依为如来藏果，不许智与识双运，则除非谓突然能生起一新的智体，否则八识恒时支配行者之有境，此八识如何能成转变得依于智？

故知研究如来藏，更能有助于空性与唯识之修学，本文所言，望能触发读者之思考。

原载于谈锡永、邵颂雄著译，《如来藏二谛见——不败尊者说如来藏》，北京：中国藏学出版社，2007年，页158-188。

二

《秘密藏续》与旧译无上密法于西藏的传播

沈卫荣　杨杰

《秘密藏续》是藏传佛教旧译密咒的根本经典，也是所有佛法之心要、诸乘之绝顶、密法中最为殊胜秘密之金刚乘究竟见地自生大圆满法的根本所依。近年来于东西方日渐流传开来的中有法门，即以供养与观想一百寂忿本尊坛城为主要内容的《寂忿密意自解脱甚深法》(*Zab chos zhi khro dgongs pa rang grol*)，追本溯源也必以《秘密藏续》为其最直接的根源。自8世纪开始，《秘密藏续》就已经在雪域蕃地流传，虽毁誉不一，但其传承仍不绝如缕，日见广泛。

一、《秘密藏续》之名称

《秘密藏续》于藏文典籍中以各种繁略不同的名称出现，最常见的名称是：*dPal gsang ba'i snying po de kho na nyid rnam par nges pa'i rgyud chen po*，汉译作《吉祥秘密藏真实决定大续》，相应的梵文名称是：*Śrīguhyagarbhatattvaviniścaya-mahātantranāma*。其他的名称则有：《秘密藏续》(*rGyud gsang ba snying po*)、《幻化根本续》(*sGyu 'phrul rtsa rgyud*)、《幻化秘密藏》(*sGyu 'phrul gsang ba snying po*）、《秘密藏》（*gSang ba snying po*）、《根本续秘密藏》（*rTsa rgyud gsang ba snying po*）及《秘密幻化》（*gSang ba sgyu phrul*）等等。甚至只需略称为《藏》（*sNying po*）或《藏续》（*sNying po'i rgyud*）[1]，亦已代表此续，由是可见其重要性与代表性。

二、《秘密藏续》于藏传佛教中的位置

简言之，《秘密藏续》乃藏传佛教宁玛派（rNying ma ba）或称旧译密咒（gSang sngags snga 'gyur）幻化部的一部根本经典，是该派摩诃瑜伽（Mahāyoga，大瑜伽）修习之根本所依。该续说生圆无二，心智自显现坛城，于智自显现本性中成佛。包括《秘密藏续》在内的幻化部续典绝大部分都收录于《宁玛十万续》（*rNying ma rgyud 'bum*），而《秘密藏续》的释论则主要收录于《宁玛教传广集》（*rNying ma bka' ma rgyas pa*），[2]有些也见于藏文大藏经之《丹珠尔》（*bsTan 'gyur*）部。[3]

《秘密藏续》对于宁玛派之重要，或可于该派著名大德龙青巴上师（Klong chen rab 'byams pa, 1308—1363）与米庞蒋扬南杰嘉措（Mi pham 'Jam dbyangs rnam rgyal rgya mtsho, 1846—1912）对它的评价中知其梗概。龙青巴上师于其名著《幻化网秘密藏续释论·十方除暗》（*Phyogs bcu mun sel*）中说：

---

〔1〕 Dudjom Rinpoche, *The Nyingma School of Tibetan Buddhism, Its Fundamentals and History*, translated and edited by Gyurme Dorje with the collaboration of Matthew Kapstein, Boston: Wisdom Publications, 1991, Vol. II, pp. 262, 275.

〔2〕 Dudjom Rinpoche, *rNying ma bka' ma rgyas pa: A Collection of Teachings and Initiations of the Rñin-ma-pa Tradition Passed Through Continuous and Unbroken Oral Lineages from the Ancient Masters*, Kalimpong: Dudjung Lama, 1982-1987, Vol. 23-36, 48, 49.

〔3〕 见于《丹珠尔》的释论有：《大续王吉祥秘密藏疏》（*rGyud kyi rgyal po chen po dpal gsang ba'i snying po'i 'grel*）；《吉祥秘密藏唯一真实大疏》（*dPal gsang ba'i snying po de kho na nyid nges pa'i rgya cher bshad pa'i 'grel pa*）；《吉祥秘密藏略义疏》（*dPal gsang ba'i snying po'i don bsdus 'grel piṇḍārtha*）；《吉祥秘密藏二次第义》（*dPal gsang ba'i snying po'i rim pa gnyis kyi don*）。

此殊胜吉祥秘密藏续真实决定，乃诸乘之绝顶，一切经教传承之根源，三世诸佛法乘之捷径，一切秘密之秘密。

而米庞则于《秘密藏续》之另一部重要释论《秘密藏续释·十方除暗总义·光明藏》(*gSang 'grel phyogs bcu'i mun sel gyi spyi don 'od gsal snying po*)[1]中说：

此大续无隐藏显示无上密咒见与修之末摩（marman），如理抉择一切金刚乘密意，是故乃三界唯一如意宝、一切续之王、一切乘之绝顶、一切法之源头、一切圣言之总释、一切觉者之大捷道、一切佛密意之究竟。此续具微妙稀有大功德。故若无此（《秘密藏续》）所说末摩，仅各各凭自心（分别）力，将密咒乘金刚语引入推理（分别）境，如是随意所造诸论，乃如离命之尸身，当知其为无精要者也。

于金刚乘具增上信念之诸有缘众，当为授受如是之续，不惜身命而精进。

藏传佛教密乘部按译经时间的先后分成新、旧两派，一般说来以弥底尊者（Smṛtijñānakīrti）入藏以前所译续部经典为旧译密咒，是即宁玛派，而以大译师仁钦桑布（Rin chen bzang po, 958—1055）以后所译续部经典为新译密咒。[2]

---

〔1〕该释论汉译见沈卫荣译、谈锡永释，《幻化网秘密藏续释·光明藏》，台北：全佛文化，2010年。

〔2〕详见循努贝（gZhon nu dpal），《青史》(*Deb ther sngon po*)；土观洛桑曲吉尼玛（Thu'u bkwan Blo bzang chos kyi nyi ma），《土观宗派源流》(*Thu'u bkwan grub mtha'*)，兰州：甘肃民族出版社，1985年，页55-56。对新、旧密法的区分有种种不同的说法，或以在金刚座译出的为新密法，在邬仗那译出的为旧密法；或以空行母所传为新密，持明所传为旧密；还有人力主以四无量或七无量来区分，译因位金刚持至果位金刚持之间内容者为新密法，译果位金刚持之圆满修行法者为旧密法；金刚持所说为新密法，普贤王如来所说乃旧密法。而15世纪藏族杰出史家班觉桑布（dPal 'byor bzang po）则以为上述种种说法均不可靠，划分新、旧密法的标准只能是译经时间的先后。他以拉喇嘛·益西沃（lHa bla ma ye shes 'od）之前所译密典为旧译密咒，以大译师仁钦桑布以后所译密典为新译密咒。详见班觉桑布，《汉藏史集》(*rGya bod yig tshang*)，成都：四川民族出版社，1985年，页447-449。近年来，学界对新旧两译密咒划分问题的讨论，见 Kadri Raudsepp, "rNying ma and gSar ma: First Appearances of the Terms during the Early Phyi dar (Later Spread of the Doctrine)", *Revue d'Etudes Tibetaines*, 22, 2011, pp. 25-46。

宁玛派教法传统有“九乘次第”（theg pa rim pa dgu）之说，简言之，声闻、缘觉、菩萨为共通三乘，乃化身佛释迦牟尼所说；事部、行部、瑜伽部为密咒外三乘，乃报身佛金刚萨埵所说；生起摩诃瑜伽、圆满阿努瑜伽、大圆满阿底瑜伽为无上内三乘，乃法身佛普贤王如来所说。共通三乘即通常所说之显宗三乘，而后六乘则是所谓甚深密咒（gsang sngags zab mo），亦即是密乘，也称金刚乘。

密乘经典，或称“续”（rgyud）、“怛特罗”（tantra），指分别表示本性、方便及身、智的基续（gzhi'i rgyud）、道续（lam gyi rgyud）及果续（'bras bu'i rgyud），以及说明这三续的事部、行部、瑜伽部及无上瑜伽部等四部之密典。事部、行部和瑜伽部三部为外续，由见（lta ba）而成为“外”者，因彼等不能通达诸法自性无别，更不能宣说自生智；由修（sgom pa）而成为“外”者，因彼等不能观修誓句尊与智慧尊无贤劣差别；其灌顶（dbang）而成为“外”者，因彼等不能教示甚深三灌顶，所以被称为外续。无上瑜伽部又分成摩诃瑜伽（Mahāyoga，大瑜伽）、阿努瑜伽（Anuyoga，无比瑜伽）和阿底瑜伽（Atiyoga，无上瑜伽）三部，因为见地、果位都胜于外续，故被称为内续。说其见地殊胜，是因为外续不能通达二谛无别，许胜义谛为清净空性之一边，或离八边戏论，世俗谛被分成三种、四种或五种；而内续许胜义为离戏论边之本觉，世俗为身与智之显现，二者于心间无差别，亦即所谓之胜义谛与世俗谛无别。说其果位殊胜，是因为外续认为人当经过七世或五世修持，得三部、四部或五部的金刚持悉地。内续认为经灌顶、开示教诫即可登初地，由修习生起次第，可登第八地，由修习圆满次第可登第九地，由修习光明可登第十地，由修习双运可登第十三地，亦即金刚持地，最终生起身、语、意、功德、事业共二十五种，从而利益无边有情。〔1〕

摩诃瑜伽、阿努瑜伽及阿底瑜伽合称内续三瑜伽，也称方便瑜伽。摩诃瑜伽如诸法之基，重金刚乘地或本性，属生起次第，以“三等持”（ting 'dzin gsum）渐次生起本尊，证知一切法乃心性“现空无二”之幻化；阿努瑜伽乃诸法之道，属圆满次第，证知一切法乃心性“界智无二”之力用；阿底瑜伽是诸法之果，是

〔1〕《汉藏史集》，页438-439。

大圆满，为无生，因已超越生起及圆满二次第故，证知一切法乃心性自显现，即无始以来无生无灭之自生本智。龙青巴于其名著《大圆满心性休息》（*rDzogs pa chen po sems nyid ngal gso*）中对此三方便内续总结如下：

> 大瑜伽续修生起次第
> 修风为主是即方便道
> 无比瑜伽修圆满次第
> 修乐为主且空乐双运
> 无上瑜伽主修无二智
> 三者皆知诸法本一如
> 如是了知而修习行持〔1〕

藏文大藏经《甘珠尔》之旧译续部（rNying rgyud）及藏传佛教宁玛派之内续经典总集《宁玛十万续》收录了摩诃瑜伽、阿努瑜伽及阿底瑜伽三内续的主要经典。虽然《秘密藏续》归类于摩诃瑜伽部，但其内容涉及所有三部方便内续。

三、摩诃瑜伽续部与修部之经典

摩诃瑜伽的经典被分成“续部”（rgyud sde）和“修部”（sgrub sde），前者是经典的外示主体，后者出于前者，主密修。而所有摩诃瑜伽密续之根本续乃《幻化网秘密藏续》。与五大本尊相应，摩诃瑜伽之“修部”经典分成五大部：

1.《文殊阎摩敌续部》（*'Jam dpal gshin rje gshed pa'i rgyud skor*，文殊阎摩敌身，如来部）

2.《吉祥马头明王莲花语自在胜马游戏续部》（*dPal rta mgrin padma dbang*

〔1〕 龙青巴造论、谈锡永译释，《大圆满心性休息导引》，台北：全佛文化，2010 年，页 158-159。

chen rta mchog rol pa'i rgyud sde rnams，莲花马头语，莲花部）

3.《吉祥真实意续部》（*dPal yang dag thugs kyi rgyud sde rnams*，真实嘿噜嘎，不动部）

4.《无死甘露功德续部》（*'Chi med bdud rtsi yon tan gyi rgyud sde rnams*，殊胜甘露功德，宝生部）

5.《出有坏吉祥金刚橛续部》（*bCom ldan 'das dpal rdo rje phur pa'i rgyud sde rnams*，金刚橛事业，不空成就部）

这五部被称为出世间五部，此外还有世间三部：

1.《非人世间持母成就大续部和非人十万根本续》（*Ma mo srid pa'i rdzong lung chen mo yum bzung ma'i dngos grub chen mo'i rgyud rnams dang ma mo rtsa rgyud 'bum tig gi skor*，差遣非人）

2.《供赞世间》（*'Jig rten mchod bstod*）

3.《猛咒诅詈》（*dMod pa drag sngags*）

旧译密法之法要有三种传承，即远传佛语（ring brgyud bka' ma），近传伏藏（nye brgyud gter ma），以及甚深净相（zab mo dag snang）。远传佛语复分为幻（sgyu 'phrul）、经（'dus pa mdo）、心（sems phyogs）三部。《秘密藏续》即是幻化部最重要的一部经典，故被称该部的根本续（rtsa ba'i rgyud）。

摩诃瑜伽部"续部"经典有所谓十八部大续（tantra chen po bco brgyad），[1]传统上被认为是从《十万品幻化网续》（*sGyu 'phrul drwa ba le'u stong phrag brgya pa'i rgyud*）中划分出来的。其中属身续者有三：

1.《诸佛平等和合续》（*Sangs rgyas mnyam sbyor*）

2.《大象渡涉续》（*Glang po che rab 'bog*）

3.《大象入水续》（*Glang po che chur zhugs*）

属语续者有三：

1.《月密明点续》（*Zla gsang thig le*）

---

〔1〕关于这十八部大续名目的研究见 Orna Almogi, "The Eighteen Mahāyoga Tantric Cycles: A Real Canon or the Mere Notion of One?", *Revue d'Etudes Tibétaines*, no. 30, 2014, pp. 47-110.

2.《从一放射续》(*gCig las 'phros pa*)

3.《从多放射续》(*Du ma las 'phros pa*)

属意续者有三：

1.《密集续》(*gSang ba 'dus pa*)

2.《山王连绵续》(*Ri bo brtsegs pa*)

3.《聚于一顶续》(*rTse gcig 'dus pa*)

属功德续者有三：

1.《最胜吉祥续》(*dPal mchog dang po*)

2.《最胜甘露续》(*bDud rtsi'i mchog dang po*)

3.《如意宝续》(*Yid bzhin nor bu'i rgyud*)

属事业续者有三：

1.《羯磨磨勒续》(*Karma mā le*)

2.《燃灯续》(*sGron me 'bar ba*)

3.《金刚橛十二字续》(*Kī la ya yig 'bru bcu gnyis kyi rgyud*)

属总续者有三：

1.《幻化网续》(*sGyu 'phrul drwa ba'i rgyud*)

2.《三昧耶十万部庄严续》(*Dam tshig sa ma ya 'bum sde bkod pa'i rgyud*)

3.《金刚方便羂索续》(*rDo rje thabs kyi zhags pa'i rgyud*)[1]

另按《汉藏史集》的说法，旧译经典幻化部共有八部经典，称为幻变八部(*sGyu 'phrul sde brgyad*)，它们是：

1.《幻化根本续秘密藏续》(*sGyu 'phrul rtsa ba'i rgyud gsang ba'i snying po*)，说心智自显现。[2]

2.《天女幻化续》(*lHa mo sgyu 'phrul*)，明说庄严。

3.《八幻化续》(*sGyu phrul brgyad pa*)，示现圆满坛城。

---

〔1〕《汉藏史集》，页 443。关于十八部大续的划分，历史上众说纷纭，莫衷一是。

〔2〕于桑杰林巴（Sangs rgyas gling pa, 1340—1396）之《遗教金鬘》(*bKa' thang gser phreng*) 中，此续被称为《幻化秘密金刚续》(*sGyu 'phrul rdo rje gsang ba*)。

4.《四十幻化续》(*sGyu 'phrul bzhi bcu pa*)，示现圆满事业。

5.《无上幻化续》(*sGyu'phrul bla ma*)，主示灌顶。

6.《八十幻化续》(*sGyu 'phrul brgyad bcu pa*)，说究竟功德。

7.《文殊大幻网续》(*'Jam dpal sgyu phrul drwa ba chen mo*)，说遍布一切根器。

8.《支分幻化续》(*sGyu 'phrul le lag*)，说殊胜三昧耶。

复有解释《幻化秘密藏续》之所谓《四部释续》(*bShad rgyud sde bzhi*)，它们是：

1.《智慧藏续》(*Ye shes snying po*)

2.《金刚镜续》(*rDo rje me long*)

3.《幻化尘续》(*sGyu 'phrul thal ba*)

4.《幻化海续》(*sGyu 'phrul rgya mtsho*)

前两部总说解脱道次第，后两部总说方便道次第。[1]

四、《秘密藏续》之科判

《秘密藏续》共分二十二品。依宁玛派的教传（bka' ma）传统，此二十二品分别与基、道、果三续相应：

甲：寂静坛城

基续

第一：缘起品

第二：发胜义及世俗菩提心本智品

---

〔1〕《汉藏史集》，页 449-450。关于宁玛派九乘次第的解说参见 S. G. Karmay, *The Great Perfection (rdzogs chen): A Philosophical and Meditative Teaching of Tibetan Buddhism*, Leiden: E. J. Brill, 2007。另见杨杰，《论藏传佛教四续部分类之形成及其印度源流》，《中国哲学史》2015 年第 4 期，页 56-61。

第三：抉择一切法品

道续

第四：字鬘轮庄严品

第五：幻网成就三昧品

第六：坛城之幻化品

第七：坛城摄入及密咒品

第八：一切支分坛城加持幻化手印品

第九；金刚庄严秘密三昧耶品

第十：施灌顶品

第十一：会供坛城品

第十二：会供修持品

第十三：甚密诀窍藏品

果续

第十四：大乐赞品

乙：忿怒坛城

基续

第十五：忿怒尊自性坛城如云化现品

道续

第十六：大忿怒尊众语坛城化现品

第十七：示现忿怒尊坛城品

第十八：示现净妙供施品

第十九：三昧耶品

第二十：任运成就加持品

果续

第二十一：忿怒尊赞品

结续

第二十二：欢喜与护持品

五、关于《秘密藏续》之真伪的争论

佛教密法于公元8世纪经莲花生大师传入雪域，其主要典籍即由莲花生（Padmasambhava）、无垢友（Vimalamitra）等印度上师和毗卢遮那（Vairocana）、娘班·定增桑布（Nyang ban Ting 'dzin bzang po）等西藏译师翻译传承下来。由于他们传译的密法典籍都是秘密传授，禁止公开宣扬，再加上密法的传承遭到了热巴巾等吐蕃赞普的限制，密法的经典只有在得到王室的许可后才准许翻译，故而不像显乘经论那样流行广泛，以致于后世对诸如《秘密藏续》这样的密法经典是否真的源于圣地印度也产生怀疑。但当末代吐蕃赞普朗达玛灭法、王权衰败以后，显乘损失惨重，一时难以为继，而密法则大行于世，引起了残存之吐蕃宗室子弟的反对。其中，最早对《秘密藏续》等密法经典提出质疑，并对当时流行的密宗修法提出尖锐批评的是被人尊称为上师菩萨的拉喇嘛·益西沃（lHa bla ma Ye shes 'od，译言智光）。益西沃是10世纪末、11世纪初积极倡导佛教复兴的吐蕃宗室子弟中的杰出代表，为振兴佛法而不惜舍弃生命。他对佛法于雪域弘传的贡献主要在于派大译师仁钦桑布（Rin chen bzang po, 958—1055）等人往迦湿弥罗（Kashmir）寻求正法之宗，开启了新译密咒的新时代。而其动机则在于他对旧译密法之真伪的怀疑，以及对交合、诛杀（sbyor sgrol）等密宗修法的反感。由于《秘密藏续》之十一品专门解释交合、诛杀，故特别为益西沃垢病，被其视为伪经。在保存至今的一份诏诰中，益西沃用极端刻薄的语言对《秘密藏续》所描述的交合、诛杀等法严加谴责，说宁玛派教徒是借修法之名，行杀生、淫欲之实，并断言谁若将《秘密藏续》当作经典来奉行，则来世定将转生为罗刹。[1]

益西沃对宁玛派大圆满法——特别是对交合、药修、尸修、诛杀等修法的批评，在当时影响巨大，这一时期其他藏传佛教教派之僧人很少有人相信《秘密

〔1〕 Samten G. Karmay, "The Ordinance of Lha Bla-ma Ye-shes-'od", *Tibetan Studies in Honour of Hugh Richardson, Proceedings of the International Seminar on Tibetan Studies Oxford 1979*, edited by M. Aris, and San Suu Kyi Aung, Warminster, 1979, pp. 150-162. 该文汉译见卡尔迈，《天喇嘛益西沃的〈文告〉》，严申村译，《国外藏学研究译文集》第3辑，拉萨：西藏人民出版社，1987年，页106-118。

藏续》的真实性。根据土观洛桑曲吉尼玛尊者（Thu'u bkwan Blo bzang chos kyi nyi ma）所著《土观宗派源流》的记载，在大译师仁钦桑布所造《辨法与非法》（*Chos dang chos min rnam 'byed*）一书和益西沃、希瓦沃（Zhi ba 'od）、咱米译师（Tsa mi Lotsāwa）、恰译师（Chag Lotsāwa）等人的书简，以及俄译师（rNgog Lotsāwa）之《蒺藜论》（*gZe ma ra mgo*）、萨迦班智达之《三律仪判别》（*sDom gsum rab dbye*）等著作中虽未明说宁玛派之过失，但在对藏地所传宗派凡有不纯正者均加驳斥，隐约中也有一二语暗刺宁玛派之处。此外，如噶当派的廓库巴拉孜（'Gos Khug pa lhas btsas）、止贡噶举派的止贡巴增（'Bri gung dpal 'dzin）也提出许多论点，证明宁玛派之教法之不纯正；附和其说的还有萨迦派的释迦确丹（Śākya mchog ldan）、噶玛噶举派的米觉多杰（Mi bskyod rdo rje）等。然而支持宁玛派的各派大德也还不少，例如五世达赖喇嘛、衮邦图杰尊追（Kun spangs Thugs rje brtsun 'grus）、三世噶玛巴让炯多杰（Rang byung rdo rje）、邬金珠确（O rgyan grub mchog）、迥丹日贝热支（bCom ldan rig pa'i ral gri）、塔译师尼玛坚赞（Thar lo Nyi ma rgyal mtshan）、竹巴噶举派上师白玛噶波（Padma dkar po, 1527—1592）及藏族大史学家巴沃·祖拉成瓦（dPa' bo gtsug lag 'phreng ba, 1504—1566）等，以及宁玛派本派大师如昆敦·班觉伦珠（'Khon ston dPal 'byor lhun grub）及绒宋·曲吉桑布（Rong zom Chos kyi bzang po）等，皆曰宁玛派教法乃纯正之法。[1]

事实上，到13世纪噶当派上师迥丹日贝热支在桑耶发现了《秘密藏续》的梵文原本，这场争论已基本上告一段落。按照《青史》的说法，最早迦湿弥罗班智达释迦师利（Śākyaśrī, 1127—1225）来到桑耶时，发现了《秘密藏续》之梵本，后落入达敦·斯吉（rTa ston gzi brjid）之手，后者复将此原本献给侠格译师（Sha ge Lotsāwa），侠格译师将其转给迥丹日贝热支上师，后者据此梵本造《秘密藏论证·庄严花》（*gSang snying sgrub pa rgyan gyi me tog*）。最终，这个珍贵的梵本落到了《青史》的作者廓译师·循努贝（'Gos Lotsāwa gZhon nu dpal, 1392—

〔1〕土观洛桑曲吉尼玛，《土观宗派源流》（*Thu'u bkwan grub mtha'*），藏文版，兰州：甘肃民族出版社，1984年，页73-74。

1481）手中，于是，这场争论终于烟尘落定。廓译师本人深信《秘密藏续》之真实性，作为例证，他还引述了布顿大师所编藏论目录中收录的许多引用《秘密藏续》之论著。[1]像《秘密藏续》这样真实性受到他派上师怀疑的宁玛派典籍还有许多，例如宁玛派行人所坚信的由莲花生大士所传之《普巴本续片段》（*Phur pa rtsa ba'i dum bu*）也一直被疑为伪经，最后萨迦班智达贡嘎坚赞（Sa paṇ Kun dga' rgyal mtshan, 1182—1251）于香曲河谷塞兴地方古寺中发现了此续之梵文原本，别人才不得不信其真实。[2]

廓库巴拉孜也是11世纪时人，是噶当派祖师阿底峡的弟子，因向宁玛派上师宿钦氏（Zur chen po）求法不果而心生怨恨，当其自参拜圣地归回雪域后即宣称宁玛派所传经典不见于印度，故是伪经。对宁玛派之根本大续《秘密藏续》则更提出有所谓四大缺点（邪误）(skyon bzhi)，并缺乏导师、眷属、处、法及时共五种圆满。他指责《秘密藏续》与其他续不同，没有出现菩萨为眷属，故犯界之错误；它不像其他经续通常说三时，而独说有四时，故犯时之错误；《秘密藏续》之坛城不以毗卢遮那佛为主尊，却以金刚萨埵为主尊，故犯坛城之错误；在表明修行之良辰吉日时，《秘密藏续》援引其他续部经文，故犯续文之错误。[3]

对于这些对宁玛派、特别是对《秘密藏续》的批评，宁玛巴给予了有力的

---

〔1〕 廓译师循努贝，《青史》(*The Blue Annals*)，New Delhi: Motilal Banarsidass, 1979。

〔2〕 19世纪不分派运动（ris med）著名上师工珠·罗珠塔耶（Kong sprul Blo gros mtha' yas）曾为该续造释论《吉祥普巴金刚根本续片段摄要释·大吉祥欢喜言教》(*dPal rdo rje phur pa rtsa ba'i rgyud kyi dum bu'i 'grel pa snying po bsdus pa dpal chen dgyes pa'i zhal lung*)，其开篇偈颂中即提及萨班据梵本重译该续从而令争论得以平息一事。有关包括该续在内的一系列普巴续典真实性问题的探讨，见 Robert Mayer, *A Scripture of the Ancient Tantra Collection: The Phur-pa-bcu-gnyis*, Oxford: Kiscadale Publications, 1996。

〔3〕 值得注意的是，以廓库巴拉孜为代表的这一批新译密咒上师往往被学界视为反感宁玛派交合、诛杀修习的宗教改革家，然而从廓库巴拉孜针对宁玛派教法所写的《破除邪密咒》(*sNgags log sum 'byin*)一文来看，其中根本只字未提交合与诛杀修习，只是质疑宁玛派教法来源的可靠性与真实性。事实上，与交合与诛杀有关的修法也广见于新译密咒，因此，这些修法并不足以成为新译密咒攻击旧译密咒的把柄，有关这方面的论述，见 Christian K. Wedemeyer, "Sex, Death, and 'Reform' in Eleventh-century Tibetan Buddhist Esoterism: 'Gos Khug pa Lhas btsas, spyod pa (caryā), and mngon par spyod pa (abhicāra)'", in Todd Lewis and Bruce McCoy Owens (eds.), *Sucāruvādadeśika: A Festschrift Honoring Professor Theodore Riccardi, Kathmandu: Himal Books*, 2014, pp. 240-260。

回击。龙青巴在其《秘密藏续释·十方除暗》及《龙青教法源流》[1]中都为此花了不少笔墨。此外，像前面提到的迥丹日贝热支，以及西藏著名史家、《贤者喜筵》（*mKhas pa'i dga' ston*）的作者巴沃·祖拉成瓦以及索多巴·罗珠坚赞（Sog bzlog pa Blo gros rgyal mtshan, 1552—1664）等，也都对此作出过激烈的反应。索多巴在其《问答·教理雷音》（*Dris lan lung dang rigs pa'i 'brug sgra*）中对益西沃的说法逐条予以批驳，特别是对受到批评的一些特殊的密宗修法作出了说明和辨正。例如，他申辩说，宁玛派之双修与世俗的男女交媾不是一回事，药修、尸修并不是宁玛派的独有之法，新密咒中也有诛杀法，诛杀和供修之法有差别，因诛杀和尸供而杀生，不是直接的杀生等等。[2]从今天的眼光来看，索多巴的辩解实在不够有力，相反在很大程度上，他实际上接受了益西沃的非难，承认在益西沃的时代确有人借修法之名，行种种恶行。

与此相比，迥丹日贝热支对廓库巴拉孜关于《秘密藏续》有四大缺点的反驳则有力得多。他对《秘密藏续》的注疏题为《秘密藏论证·庄严花》，全书已不再单独存世，但从嘉色图确匝（rGyal sras Thugs mchog rtsal）之《教法源流大宝藏论》（*Chos 'byung rin po che'i gter mdzod*）、五世达赖喇嘛之《恒河水流》（*Gang gā'i chu rgyun*）、《索多巴全集》、龙青·扎西南杰（Klong chen bKra shis rnam rgyal）之《善说无垢恒河之水流》（*Legs bshad dri med gang gā'i chu rgyun*）以及巴沃·祖拉成瓦之《贤者喜筵》对其的大段引述中，尚可基本见其全貌。

迥丹日贝热支尊者先以众友上师所著《吉祥密集大疏》（*dPal gsang ba 'dus pa 'grel chen*）等名著中曾引述《秘密藏续》为由，证明其非伪经。因为像《密集》部的这些著名的印度续部经典是不可能直接在西藏写成的，因而若在这些续部文献中援引了《秘密藏续》中的段落，则无疑再没有理由将《秘密藏续》归结

〔1〕此书原名为《教法源流大宝藏论·阐明圣教之日光》（*Chos 'byung rin po che'i gter mdzod bstan pa gsal bar byed pa'i nyi ma 'od*），习称《龙青教法源流》。此书之藏文原版由西藏藏文古籍出版社于1991年重新刊印。此书中有一章专论旧译密咒是否存在于印度（gSang sngags rnying ma rgya gar yul du bzhugs min sogs kyi skor），参见该书页430-451。值得一提的是，有关此书是否确为龙青巴所著，学界尚有争议。

〔2〕对于尸修，新译密咒有《空行起尸法》（*Ro langs mkha' spyod sgrub pa*）和《修尸起尸金法》（*Bam sgrub ro langs gser sgrub*）等。关于供修（mchod sgrub）有伯希和敦煌藏文写卷840号专述其修法。

到直接在西藏写成的伪经行列中去了。

迥丹日贝热支尊者写道：

解说此续（《秘密藏续》）为真经之理由如下：

阿阇梨众友（Viśvamitra）于其《吉祥密集大疏》（*dPal gsang ba 'dus pa'i 'grel chen*）中疏解《密集续》（*Guhyasamāja*）中“智慧勇识触何处”一句时，引证《秘密藏续》所云：“于离边离中之密严刹土，无量根本智周遍光明坛城，有智宝炽燃之越量宫，十方虚空遍满无间缺。”以及“于一切不可思议之（有情世界），普现种种身、语、意。”

又，当他在疏解《密集续》中“当知此塔乃诸佛之天宫”句时，引证《秘密藏续》所云：

“无上本智居一切之中央，其间所有一切十方四时正觉坛城各各不可分别，都成一味。”

他在疏解“无自性之因”一句时，同样又引证《秘密藏续》所云如下：

如是稀有奇妙法

一切圆觉之秘密

由无生而生一切

生者本来是无生

随后，当众友上师解释“秘密”之含义时，他又提到《秘密藏续》所说自性、隐、密、不显示之秘密，以及《秘密藏续》所说五灌顶。复援引其（第一品）如下：

“所有行相颜色各异，或深蓝、或白、或黄、或赤、或绿，皆光辉灿烂。有最上王后，或为幻界、或为坚硬界、或为柔软界、或为温界、或为动界，如是王后聚悉皆无二，无边无际，周遍法界。如是，若芝麻剖荚盈满。”

他又说：“据《秘密藏续》有三种真实。”在所有这些和其他同类的例子中，众友上师都提到了《秘密藏续》。

紧接着，迥丹日贝热支又对廓库巴拉孜所提出的《秘密藏续》之所谓四大缺点一一反驳。

第一，若经文以“如是我闻”为开场白，通常则表明这些经、续乃由诸佛编纂而成，因为即使是已登十地之菩萨也不可能编集所有佛陀之教法。就如阿阇梨萨如儒诃（Saroruha）在其所著《密集续》之释论《吉祥秘密悉地》（*Śrīguhyasiddhi*）中所说：“大多数阿阇梨皆言，具德大光明《密集续》之结集者乃名为世间自在之勇者。大恩上师云：‘具德《密集续》之结集者非是他人，而是宣说此续者。”按照这种解释，宣说者本人即是结集者乃属传统。

第二，至于越量基者，阿毗达磨亦说色究竟天广大无量。

第三，至于所谓四时，众友于《吉祥密集大疏》中云：“如是，当知四时平等。”另外，“一切十方四时之怙主”这样的说法也见于新译密咒中。佛密上师解释说，此四时乃指四劫。

第四，至于何以金刚萨埵居于坛城之中央，新译密咒也说坛城之主尊可改变位置。

至于“尾点（tig）说为智慧名”句，在《秘密藏续》之梵文原本中读作：sūtrī prajñātiṣyati。窣都利（sūtrī），梵文原意为线条，与藏文字 thig 正好相对等。日光狮子上师在《幻网秘密藏续真实疏》（*Guhyagarbhatattvanirṇayavyākhyānatīkā*）中解释说：tig 实际上等同于 thig，tig 是一种古代的写法。

至于说在《秘密藏续》中提到了其他一些秘密续，则是因为所有后来传播的续典，都会提到比其先问世的其他续典；如《喜金刚续》等就提到过比其先传出的《摄真实续》（*Tattvasaṃgraha*）。

通过以上这些论据，迥丹日贝热支为宁玛派之根本大续《秘密藏续》重新树立起了真经的权威。如前所述，这场关于《秘密藏续》是真是伪的讨论，以14世纪廓译师亲自得到该续之梵文原本而告终。接着，索多巴在其所著《第二佛阿阇梨莲花生传·除意之暗》（*Slob dpon sangs rgyas gnyis pa padma ’byung gnas kyi rnam par thar pa yid kyi mun sel*）中宣称，幻化网八部之梵文原本由莲花生大士亲自从印度那烂陀（Nālandā）寺带到桑耶寺，并在桑耶南边一个叫做伽噶札举岭（rGya dkar sgra bsgyur gling）的地方，以其神变将其译成藏文。所以，这些梵文原本即收藏于桑耶之岩洞（Ke'u tshang），而不存于印度。

经过这一关于《秘密藏续》等宁玛派所传教法之真伪的讨论，宁玛派作为藏传佛教之一派的合法地位得到了肯定。以后，宁玛派当不再需要为证明其所持经续之真实性而大费笔墨。后来的宁玛派上师如吉美林巴（'Jigs med gling pa, 1729—1798）等人即拒绝再对像廓库巴那样的人提出的批评逐一予以批驳，认为迥丹日贝热支和索多巴等上师所作的响应已无法再予置喙。对此，就连新密咒派的译师如萨迦派大班智达释迦确丹（Śākya mchog ldan, 1428—1507）也出来主持公道，支持宁玛派，他提出没有必要劳神费力地去证明宁玛派的教法确是译自印度之梵文原本，若能证明它们是莲花生大士的教法，便足已证明其真经的地位了。尽管他们或与后来译自印度原本的密咒和表义语不完全一致，但他们的共与不共成就无可置喙地证明了其真实性。他们或可与那些并没有在印度被单卷单卷地译解，而由一些高僧大德自不同的地区获取的教法相比较。据云，经金刚萨埵同意，那些编集流传教法者本身也获准在不同的地方、用不同的语言来传播这些教法。宁玛派的教法传统传译自印度，这当然不需要作任何证明。若深文周纳，处心积虑地构想证据，人们或可证明一种不确定的经书是真经，而从前来到西藏的大师们发现这是一条人为假设的道路，为避免在这条道路上行走，他们便自己开始说法。

敦珠仁波切也说：

> 一般说来，一种教法并不是仅仅因为它源自印度就异常重要。以其出自哪个地区来作为分辨经书好坏之标准，此为学界所不齿。若一个作者乃得地之大德，那么，他所著作的经书就应当是真实可靠的。所以事实证明它们是来自印度或者西藏并不说明任何区别。西藏本土的经书有时甚至好过印度的经书。人们应当相信那些由藏地显现本智的成道者所编集的经书较之印度那些由只懂语法、因明的平庸学者所写的经书要可靠得多。〔1〕

〔1〕 Dudjom Rinpoche, 1991, Vol.I, p. 917.

六、《秘密藏续》在印度的历史传承

关于无上密咒乘摩诃瑜伽在人间瞻部洲传播的历史，佛经曾作过种种授记。《佛说教诫传授王经》有云：释迦牟尼佛行年八十，心知己身行将涅槃，遂于三月上旬告众弟子曰："吾将入于涅槃，汝等当召三界众天人至此，听吾为其析疑解惑，转最后一次法轮。"目犍连遂召集众弟子来会。释迦曰："吾之利他事业至此已告圆满，旋将入于涅槃。汝等几有疑惑，吾今当为汝等解之。"众弟子当即请求世尊不要入寂，有弟子持明王贡罗阇者，自座位起立，趋赴释迦牟尼佛身前曰："世尊！汝功德虽或圆满，惜尚未开示正法精要、甚深道大乘无上密法。"释迦答曰："吾离人世一百一十二年后，有教法心要之圣人，自色究竟天及须弥山顶四方城楼等天界三处降世，于瞻部洲之东方向人间之具福者、名字中有札（Tsa）字之国王开示此法。"《幻化授记》亦云："释迦牟尼佛入灭后百十二载，内传之乘以咒语出现，传布于邬金等地，有名札者，及文殊、阎罗等无数持明师出现。此后，在印度传播，有无数获成就者出现。"根据这些授记，大乘无上密法，即所谓摩诃瑜伽在瞻部洲的传播，首先当从名字中有札字的那位国王算起。

这位带有传奇色彩的国王到底是谁？对此，众说纷纭，莫衷一是。或云即大因陀罗菩提（Indrabhūti），亦云乃大因陀罗菩提之子，抑或为较晚的一位与古古罗阇（Kukkurāja, 犬王）、钦婆罗波陀（Kambalapāda）、萨如儒诃（Saroruha）、阇烂达利巴（Jālandharipā）等人同时代的因陀罗菩提。[1]关于他的事迹，在藏文史籍中记载甚详，其云：

> 释迦牟尼入灭后百十二载，玛拉雅山东南有止香阿输罗（Triśam-asura）岩洞，乃诸种珍宝所成。有具福国王名札者，在洞中修外续密法，七次梦见秘密部主降临玛拉雅山顶，转动内续密法之法轮，并为

〔1〕 Samten G. Karmay 有专文讨论有关国王札的传说，" King Tsa/Dza and Vajrayāna"（国王札和金刚乘），*The Arrow and the Spindle: Studies in History, Myths, Rituals and Beliefs in Tibet*, Kathmandu: Mandala Book Point, 1998, pp. 76-93.

他加持赐福。于最后一次梦中，空中有无身形之本尊发声授记曰："汝乃具善缘与大福德之人，即是化身佛所作授记之人，佛陀授记所言集正法精要之圣者，即具福之汝。"国王自梦中醒来，即刻爬上山顶，见一尊紫色珍宝所成之秘密主金刚手身像，高约一肘。他即向此像顶礼三次，绕行三匝，并作赞颂曰：

呜呼汝身甚希有
殊胜导师具善德
往昔我以敬信意
修汝殊胜之本尊
遂得结成此业缘
愿于百劫长时中
终不弃舍汝胜尊

尔后，他即以此佛像为观想本尊，修行达七月之久，乃有种种经典于其梦中显现，并现前降临。藉此加持，一切境相皆显现为经书。国王札虽能通达此等经典之真义，然为了调伏愚鲁凶暴之所化，故而佯装不解，而后遂四处打听，当今世间，谁最博学？人云于萨霍尔国之邬巴罗阇（Uparāja）最为博学。国王札遂遣人迎请，不料邬巴罗阇担心不能消除国王札心中的疑问，所以没有应允，于是将经典归还，顺便捎话说："若依阿阇梨昔日之授记，是等经典该当由大王自己解读。"国王札复遣佛宝等诸多菩萨化身，前往有大学识之比丘古古罗阇（Kukkurāja）处求教，请其解读这些经典。古古罗阇曰："此乃《十万品幻化网续》之金刚萨埵意成就品，或面见金刚萨埵品。若照此修习七月，于禅定中，可见金刚萨埵迅即降临。善男子，尔可随愿而得悉地。"国王札再请赐予领会正法及诸乘之悉地，比丘古古罗阇答曰："此等悉地均在金刚手之授记中。"言毕即隐没不见。国王札照此修习七月，金刚手果然亲临，三次点燃金刚杵，说道："今以善德赐汝断取禁戒行灌顶，愿汝远离诸罪。"又说："汝当舍弃具勤作之性相乘，实修无勤作之密咒乘，吾已圆满授汝义之教法及诸乘之灌顶，至于言词开示，当求诸善知识离车子维摩诘。”古古罗阇依秘密主之吩咐而行，将十万品幻化网续分为十八大续部，而后为具缘国王札宣讲。[1]

古古罗阇乃著名的“犬王”，因其时常于白天扮作犬相向成千菩萨与瑜伽士传法，而于晚间带他们去墓地行会供及其他一些仪轨。他曾往邬金详细讲述摩诃瑜伽之五内续续典，包括《诸佛平等和合续》(*Buddhasamāyoga*)，并为该续造《密意六庄严》(*Ṣaḍguhyārthadharavyūha*)、《一切坛城之五重仪轨》(*Sarvamaṇḍalānuvartipañcavidhi*) 等释论。他将摩诃瑜伽十八续传给了沙克罗普特罗（Śakraputra）或国王札之子小因陀罗普提，后者传给僧哥罗阇（Siṃharāja），僧哥罗阇传给沙克剌普提（Śakrabhūti），沙克剌普提传给邬帕罗阇，最后传给公主果玛德妃（Gomadevī）。

《幻化网道次第》(*Māyājālapathakrama*) 云：“在瞻部洲之东，依靠金刚座，有一众宝所成之宫，宫内有一吉祥殊胜之室，古古罗阇、因陀罗菩提与僧哥罗阇、邬帕罗阇及公主果玛德妃等人，同受幻化网之灌顶。他们以会众形式受幻化网坛城，并荣登金刚持地。”

按照藏文史书《汉藏史集》的记载，印度共有五百名班智达得到摩诃瑜伽部教法，通达密咒之内、外二续，并获成就。《法藏日光疏》(*Chos mdzod rnam bshad nyi ma'i 'od zer*) 云：释迦能仁入寂后百十二年，有具福国王札出，五百年时，有妙吉祥友（Mañjuśrīmitra）出，一千年时，有后妙吉祥友出，千五百年时，有阿阇梨莲花生出，两千年时，有吉祥狮子（Śrīsiṃha）出；在这段时间内，密咒内外续寺院中有学者五百名，最善巧之学者二十一名，得成就者十八名。[2] 其中有不同的传承系统，自具缘国王札与古古罗阇而下，最著名的一支传承由游戏金刚（Līlāvajra）及佛密（Buddhaguhya）二位上师继承。

游戏金刚乃桑萨剌国（Ṣaṃṣara）人，幼时于邬金剃度出家，并于此学习三藏及大小五明，学有所成，尤擅无著上师（Asaṅga）所造大乘论典及

〔1〕节译自《龙钦教史》，拉萨：西藏藏文古籍出版社，1991 年，页 183-185。

〔2〕《汉藏史集》，页 443-444。

幻化网部续典。后于邬金一名为玛底玛之岛上，修习《妙吉祥真实名经》（*Mañjuśrīnāmasaṃgīti*），并获成就。复住那烂陀寺十年，造论无数，其中关于幻化网续者有：据无上瑜伽续之解释所作《妙吉祥真实名经释》（*'Jam dpal mtshan brjod kyi 'grel pa*）、《吉祥秘密藏续巴甲疏》（*Śrīguhyagarbhaṭika*）、《心明点》（*Cittabindu*）、《六次第》（*Kramaṣaṭka*）、《誓句明释》（*Samayacitraprakāṣa*）和《誓句随眠》（*Samayānuśayanirdeśa*）等。于其众多弟子中，以佛密及佛智足（Buddhajñānapāda）习《幻化网续》最精、最著名。

佛密上师乃中天竺人，于那烂陀寺出家，与佛寂（Buddhaśānti）上师一起同为佛智足上师之弟子。因修文殊菩萨而得道，后往邬仗那，遇游戏金刚上师，随其学瑜伽续与五部无上内续，特别是幻化网续。其著作甚丰，著名者有：《秘密藏续判别疏》（*gSang ba'i snying po la 'grel ba rnam bshad / rnam dbye kyi 'grel*）、《幻化网金刚业次第》（*Māyājālavajrakarmakrama*）、《法坛城经》（*Dharmamaṇḍalasūtra*）、《圣庄严经》（*Tattvālokaparamālaṃkāra*）、《幻化网续简疏》（*Sūkṣmajāla*）、《幻化网续大网疏》（*Drwa chen*）、《幻化网道次第》（*Māyājālapathakrama*）和《幻化网道小疏》（*sGyu 'phrul lam gyi rnam bshad chung ba*）。

摩诃瑜伽的另一脉传承也传自国王札和古古罗阇，他们的传人先是嘎饶多杰（Sukhasidhi, dGa' rab rdo rje），嘎饶多杰先传金刚笑（Vajrahāsya），再传萨霍尔之光象尊者（Prabhāhasti），后者复从佛密上师获幻化网续部之口传。光象尊者即是莲花生大士之主要师尊。莲花生大士著有《秘密藏续广释》（*rNam bshad chen mo*），于西藏时曾给吐蕃赞普及其具福弟子讲述其名作《口诀见鬘》（*Man ngag lta phreng*），专门解释《秘密藏续》之第十三品。

《秘密藏续》于印度传承中的另一位重要祖师无垢友（Vimalamitra），乃西天竺之哈思提瓦那（Hastivana）人，幼随佛密等上师学法：通大小五明与显密二乘之经典，尤擅幻化网续。他于解释、弘扬摩诃瑜伽密法——特别是幻化网续有特殊贡献，曾将以《秘密藏续》为根本、与金刚萨埵幻化网有关的经典归结为幻化网八部而总说之。无垢友上师造论甚多，其中有关幻化网续者有：《幻化口诀明灯》（*sGyu 'phrul man ngag gsal ba'i sgron me*)、《无上幻化网续注疏·除暗》(*sGyu 'phrul bla ma'i 'grel ba mun sel*)、《金刚萨埵幻化网吉祥秘密藏续开眼疏》(*Vajrasattvamāyājālatantra-śrīguhyagarbhanāma-cakṣuṣṭikā*)、《第八十品略释》(*brGyad bcu pa'i bsdus grel*)、《入摩诃瑜伽慧眼口诀》(*Mahāyogaprajñāpraveśa-cakṣurupadeśanāma*)、《幻化网口诀三次第》(*Māyājālopadeśakramatraya*)、《幻化火供次第摄略》(*Māyājālahomasaṃkṣiptakrama*)、《幻化手印禅定》(*Māyājālamudrādhyāna*)、《幻化火烧仪轨》(*Māyājālaghudṛṣṭāntasvāśrayakrama*)、《明点次第》(*Thig rim*)和《秘密藏续简疏》(*Guhyagarbhapiṇḍārtha*)等。

现存印度上师所造关于幻化网续部经典之注疏，包括以上所列诸论在内，均收集于北京版藏文大藏经丹珠尔部卷八十二至卷八十三中。据达摩师利译师之《秘密主言教》(*gSang bdag zhal lung*)，这些注疏大致可分为总义释(spyi'i don bshad pa)与普通释论('grel pa)两类。前者以游戏金刚的《心明点》(*Thugs thig*)和无垢友之《内典明灯》(*Khog gzhung gsal sgron*)为代表。后者包括本注(rtsa 'grel)与释注(bshad 'grel)两类，本注包括印度上师所造解释《秘密藏续》本续之大论，如游戏金刚所造《巴甲疏》、日光狮子所造《广注》(*rGyal chen 'grel pa*)、佛密所造之《判别疏》、莲花生所造《广疏》(*rNam bshad chen mo*)、无垢友所造《秘密藏续简疏》等；释注则是对幻化网续部其他经典的注疏，如无垢友所造《无上幻化网续注疏·除暗》、《支分眼疏》(*Le lag gi spyan 'grel*)和《第八十略释》等。

此外，组成续部经典主题之所谓密咒十事(mantradaśatattva)的每一部，各有其自身的注释传统。

1. 见部(lta ba)

嘎饶多杰(dGa' rab rdo rje)之《判别见之灯》(*La shan lta ba'i sgron ma*)、莲花生(Padmasambhava)之《口诀见鬘》(*Man ngag lta phreng*)、龙树(Nāgārjuna)之《碧玉散布九平原》(*g·Yu'i thang ma kras dgu*)、噶瓦译师拜则

(sKa ba dPal brtsegs)之《见次第十七明相》(*lTa rim snang ba bcu bdun pa*)。[1]

2. 行部(spyod pa)

《摄行明灯论》(*sPyod bsdus sgron ma*)与《金刚文殊怙主》(*rDo rje 'jam mgon*)。

3. 坛城部(dkyil 'khor)

佛密(Buddhaguhya)造《二金刚业次第上部》(*rDo rje las rim gnyis kyi stod*)及无垢友(Vimalamitra)造《三明点胜》(*Thig sum par rgyal*)。

4. 灌顶部(dbang)

佛密造《二金刚业次第下部》(*rDo rje las rim kyi smad*)、《要论》(*Gal po*)、《大小抉择》(*Nges 'byed che chung*)、《三滴》(*Thig pa gsum*)。

5. 誓句部(dam tshig)

游戏金刚造《誓句明示》(*Dam tshig gsal bkra*)、《誓句细增》(*Dam tshig phra rgyas*)。

6. 事业部(phrin las)

无垢友造《火供》(*sByin sreg*)、《烧尸》(*Ro sreg*)、《舍利业鬘》(*sKu gdung las phreng*)、《喜乐寒林之小喻本位》(*Dur khrod bde ba'i dpe chung rang gnas*)。

7. 修证部(sgrub pa)

因陀罗菩提造《道庄严》(*Lam rnam bkod*)、《二次第》(*Rim pa gnyis pa*),

〔1〕拜则为吐蕃王朝赤松德赞时著名的噶、焦、祥三大译师(sKa cog zhang gsum)之一。该论汉译参见许明银,《吉祥积的〈见次第说示〉藏文本试译》,《圆光佛学学报》创刊号,1983年,页165-180。另见《宁玛派四部宗义释》,页255-279。

佛密造《大小道次第》(*Lam rim che chung*)，游戏金刚造《六次第》(*Rim drug*)，无垢友造《三次第》(*Rim gsum*)、《光次第》(*'Od rim*)，《大网》(*Drwa chen*) 及佛密造《小网》(*Drwa chung*)、《妙庄严》(*Dam pa rgyan*) 等。

8. 等持部（ting nge 'dzin）

无垢友造《手印禅定》(*Phyag rgya bsam gtan*)、《忿怒一手印》(*Khro bo phyag rgya gcig pa*)、《专一四手印禅定》(*rTse gcig bsdus pa phyag rgya bzhi pa'i bsam gtan*)。

9. 供养部（mchod pa）

莲花生造《食会供》(*Za tshogs*)、《寒林》(*Dur khrod*)、《喜乐小食子》(*bDe ba gtor chung*)、《大火供》(*Ho chen*)、《小火供》(*Ho chung*)、《大小食谱》(*g.Yos yig che chung*)，以及无垢友上师造《无量妙法》(*Thabs mchog dpag gis mi lang ba*)、《宝灯》(*dByig gi sgron ma*)。

10. 密咒与手印部（sngags dang phyag rgya）

《八掌事业》(*Phrin las sbar ba brgyad*)。

七、以幻化网续部为中心之摩诃瑜伽教法于西藏的传译

对于无上密咒乘摩诃瑜伽部的教法于何时、怎样传入西藏，藏文史书中有种种不同的说法。最普通的一种说法是，无上密主要分三次传入西藏，第一次是莲花生之弘传，第二次是毗卢遮那（Vairocana）之弘传，第三次是努·桑杰益西（gNubs Sangs rgyas ye shes）之弘传。若细述之，则更分八次传入。

早在吐蕃赞普赤松德赞在位时，为修建吉祥桑耶任运神殿而首先要降伏地魔，故特从西方邬金国请来莲花生，莲花生在桑耶寺说圆满八教（*bKa' brgyad yongs rdzogs*）等，是为密咒在雪域传播之始。随后，于桑耶寺开光时，有名辛底噶巴（Śāntigarbha）者来临，讲说事续部经典，是为密法第二次传入；此后，有译师藏提烂陀（gTsang thig lenta）、波烂伽目底（Brankamukti）、妙吉祥铠甲（'Jam dpal go cha）三人赴冈底斯山，从师阿阇梨佛密学法，得《毗卢遮那现证菩提续》，弘传讲论，是为密法在西藏的第三次传入。此后，则有俄译师（rNgog lotsāwa）及所谓六试人出，他们去印度随阿阇梨吽迦罗（Hūṃkara）学《真实意》部，并大作弘扬，是为密法在西藏的第四次传入。此后，有学者毗卢遮那出，翻译无数文殊身部经典，是为密法之第五次传入；于赞普赤德松赞在位时，迎请迦湿弥罗译师胜友（Jinamitra）、法光（Dharmakara）、戒主觉（Śīlendrabodhi）等，由噶、焦、祥三译师厘订，丹玛泽芒（lDan ma rtse mangs）等传译，翻译了密咒身、语、意续之大部分经典，是为密法之第六次传入；于法王赤祖德赞在位时，迎请无垢友上师，由称为六学者译师的玉扎宁波（g.Yu sgra snying po）、占巴·南喀仁钦确（Dran pa Nam mkha' rin chen mchog）、占巴·益西嘉绛（Dran pa Ye shes rgyal byang）等，将以前所译的所有经典按梵文原本重译，以前所译不完整者则予补足，并厘订新译语，凡属心部、界部、幻化部、经部教授等众多大小续典均被译出，是为密法第七次传入西藏；最后，继末代赞普朗达玛灭法，正法后弘时，有玛（rMa）、聂（gNyags）二位译师之再传弟子努·桑杰益西上师出，值年五十又四，因不满雪域先前所有密咒，遂往尼婆罗，见国王跋苏达罗（Vasudhara），又赴印度，遇阿罗牙瑟坚（Ārya gsal rgyan）、戎博咱牙咎特罗（Rom po Juyacandra）等，译出内、外、密三部密咒护法，是为密咒在西藏的第八次传入。据说，努·桑杰益西上师还自印度往勃律，与当地译师班智达答剌那乞悉答（Dhanarakṣita）、切赞结（Che btsan skyes）、康巴达喀（'Khams pa dar mkhar）等一起，将《诸佛密意总集经》译成勃律语，而后译为梵语，再从梵语译成藏文。他前后七次往尼婆罗、印度等地求法，获内外密咒之一切续典，并作弘扬，故其于密咒在西藏传播之功德尤其巨大。

八、《秘密藏续》的藏文翻译

以上是无上密咒在西藏传播的一般情况，具体到摩诃瑜伽部之根本大续《秘密藏续》何时何地由何人译成藏文，也有种种不同的说法。吉美林巴上师在其《宁玛派续部典籍目录》中谓《秘密藏续》无疑是由无垢友上师及聂·阇那古摩罗（gNyags Jñānakumāra）、玛译师仁钦确（rMa Rin chen mchog）等一起翻译成藏文的。不过在此以前，佛密与毗卢遮那二位上师也已曾将此续译成藏文，而且莲花生及聂·阇那古摩罗译师于这两个译本之间的某个时期也曾翻译过这部续典。故通常以为，佛密曾在冈底斯山（Kailash）向贝·绛班（sBas 'Jam dpal）及瞻伽目提（Bran ka mukti）讲述属于《秘密藏续》部之其他法要，包括《口诀妙庄严》（*Man ngag rnam par bkod pa*），他在毗卢遮那的协助下翻译了《秘密藏续》，是为《秘密藏续》的第一个藏文译本。其后，莲花生将《秘密藏续》及其本人所造的《口诀见鬘》传授给聂·阇那古摩罗译师，他们二人合作翻译了《秘密藏续》，是为《秘密藏续》的第二个藏文译本。聂·阇那古摩罗将此传授给索波·贝吉益西（Sog po dPal gyi ye shes）；贝吉益西与尚·嘉维云丹（Zhang rGyal ba'i yon tan）一起将此教法传予努钦·桑杰益西（gNubs chen Sangs rgyas ye shes）。

随后，无垢友在桑耶寺讲授《金刚萨埵幻化八部》（*sGyu 'phrul sde brgyad*），其中即包括作为十八部续部经典之根本的《秘密藏续》。无垢友乃由吐蕃赞普赤热巴巾派堪布鲁依旺波（mKhan po Klu'i dbang po）、属庐·鲁依坚赞（Cog ro Klu'i rgyal mtshan）、娘索·鲁依旺秋（Nyang so Klu'i dbang phyug）等人专程从印度迎亲至桑耶寺，于此住一年之久，在玛仁钦确译师及聂·阇那古摩罗协助下，也将《秘密藏续》等幻化部续典翻译成藏文，此为《秘密藏续》的第三个藏文译本。聂译师翻译了经部和心部，玛译师翻译了性相部和幻化部。以上这三种译本被称为本译。

此后，塔译师尼玛坚赞（Thar lo Nyi ma rgyal mtshan）及廓译师循努贝合作，根据新发现的梵文原本又重新翻译，由于他们没有大班智达为其翻译作监督，故其译本被人称为技译（rtsal 'gyur）。此外，于该译本中，塔译师根据其新发现的梵文原本，补译了该续之二十三及二十四品。

龙青巴曾对现存《秘密藏续》之各种藏文译本作了详细的比较、研究，此后得出结论，认为《秘密藏续》于印度本身就存在不同的版本，故这三种不同的藏译本不只是简单重复劳动，而是根据三种不同的原本所作的三种不同的翻译。对此他在其名著《十方除暗》中特别就《秘密藏续》各种译本中或有附加偈语或无附加偈语一事作出如下评论，他说：

> 或以为此类附加偈语于根本续中本不存在，乃玛译师仁钦确自幻网部其他续典中抽出，分别添加于根本续各品之中。以徒，又有祖茹·仁钦循努（gTsug ru Rin chen gzhon nu）将这些不同的译本分成有附加偈语本及无附加偈语本两种。复次，或以为没有附加偈语之译本乃聂·阇那古摩罗译师所译，有附加偈语之译本乃玛仁钦确译师所译。甚至，或以为玛译师出于对喇宋·嘉瓦降秋（La gsum rGyal ba byang chub）[1]的嫉妒而故意将这些译本隐藏了起来。事实是，这些附加的偈语既不见于佛密及毗卢遮那合译的第一个译本，也不见于莲花生与聂·阇那古摩罗完成的第二个译本，它们只见于由无垢友上师与聂·阇那古摩罗、玛·仁钦确译师等合作完成的第三个译本。因而，显然梵文原本即有许多不同的版本。此或可于其他续典中见到同样的例子，如《般若八千颂》本身有许多梵文原本，其中就有般利伐罗句迦（Parivrājikā, gZo sbyangs）、具鬘（'Phreng can）和具众（sDe can）三种不同的版本存世。同样，像《白伞盖经》（*Sitātapatrā*）这样的经典，也已发现有许多不同的版本。因此，我们无法肯定这些不一致的段落是否为藏人所添加。当知此续各种译本之间的不一致之处即已出现于其各种梵文原本。因于这些译本中有达意及不达意之别，故出现有各

〔1〕 喇宋·嘉瓦降秋乃著名的吐蕃最早受剃度的"预试七人"之一，与玛译师同为当时著名的八大译师之一，曾在昌珠受莲花生大士灌顶，故能在空中打坐修禅。

种不同的梵文原本版本。[1]

以上所述《秘密藏续》之三种不同的译本，及其幻网部其他续典的藏译本，即组成所谓旧译密咒的主要内容。

九、教传经典传承

旧译密咒于西藏的传承系统极为复杂，说法不一。或说有诸佛密意传承（rgyal ba'i dgongs pa'i brgyud pa）、持明表示传承（rig 'dzin brda'i brgyud pa）、补特伽罗口耳传承（gang zag snyan khung gi brgyud pa）三种，又有奉教授记传承（bka' babs lung bstan gyi brgyud pa）、祈愿灌顶传承（smon lam dbang bskur ba'i brgyud pa）、空行付印传承（mkha' 'gro gtad rgya'i brgyud pa）三种，此即名为"具六传承"（brgyud pa drug ldan）。或曰旧译密咒之法要，总分三类，远传佛语传承（bka' ma ring brgyud）、近传伏藏传承（gter ma nye brgyud）以及甚深净相传承（dag snang zab brgyud）。教传佛语以《幻化网秘密藏续》《遍集明经》和《菩提心遍作王续》三大本续为基，分为经、幻、心三部（mdo sgyu sems gsum）。其中《幻化网秘密藏续》由无垢友传玛译师仁钦确，玛译师复传于祖茹·仁钦循努及吉热·确迥（Gye re mchog skyongs），此二师再传予达吉·贝吉扎巴（Dar rje dPal gyi grags pa）及尚·嘉维云丹（Zhang rGyal ba'i yon tan）二师，其中达吉·贝吉扎巴学识过人，提出"即便吾师亦乃有漏众生，故对其所传教法也当加以观察"。但其所传以普传教典传承著称，对众生利益不大。达吉在康、卫、藏各地弘传，其传人后分为卫派和康派二支。尚·嘉维云丹则仅按上师所传授徒，世称"青浦教传"（bka' 'chims phu ba），对众生利益甚大。

也有人说，旧译密咒依止三大传承，第一传承由聂·阇那古摩罗所传教传

〔1〕《十方除暗》，收《宁玛教传广集》（*bKa' ma rgyas pa*），Kalimpong: Dupjung Lama, 1982-1987, Vol. 26, ff. 247-248。

生起、圆满、大圆满三部之四河；第二传承由努·桑杰益西传出；第三传承由宿波切·释迦迥乃（Zur po che Śākya 'byung gnas）所传教传四大河（bka'i chu bo chen po bzhi）。所谓教传四大河指的是莲花生、无垢友、毗卢遮那和玉扎宁波四位上师之教法，分别是：一、具注疏及大纲之共通经典河；二、具要点与直指导引之耳传教授河；三、具赐授（灌顶）方便之加持灌顶河；四、具护法忿怒密咒之实修与事业成就河。[1]

在西藏被称为"远传佛语"（ring brgyud bka' ma）的传承系统包括所有自印度传入西藏，并渐次以口耳或文字相传下来的属于摩诃瑜伽、阿努瑜伽及阿底瑜伽之续典和经教，它与所谓的"近传伏藏"（nye brgyud gter ma）形成鲜明对比，后者指后世渐次新发现的密法部类。远传系统通常以其综合摩诃、阿努及阿底三瑜伽著称，它以经、幻、心三部为名，即取旧派密咒生起、圆满、大圆满三部之主要续典——幻化部《秘密藏续》、经部《遍集明经》和心部《菩提心遍作王续》之首字。这一西藏宁玛派传统的共同遗产首先传至聂·阇那古摩罗，再传至努·桑杰益西，最后传至宿氏家族。

聂·阇那古摩罗由寂护（Śāntarakṣita）剃度出家，精通甘露功德及普巴金刚之修习。他追随印度诸位最博学、最有成就的大师学法，得通大小五明，尤擅内外密续，汇聚教传四大教河。阇那古摩罗专精经、幻、心三部，通过他的阐幽发微，将《幻化网续》传予许多弟子，特别是通达普巴的"八大吉祥行者"。这八大吉祥行者指的是他的前期弟子索波·贝吉益西（Sog po dPal gyi ye shes）、俄瞻·贝吉循努（'O bran dPal gyi gzhon nu）、念庆·白央（gNyan chen dPal dbyangs）及塔桑·贝吉多杰（Thag bzang dPal gyi rdo rje）四人，和其后期弟子朗确·贝吉多杰（Lam mchog dPal gyi rdo rje）、达吉·贝吉扎巴（Dar rje dPal gyi grags pa）、扎·贝吉宁波（Gra dPal gyi snying po）及拉隆·贝吉多杰（Lha lung dPal gyi rdo rje）四人。

努·桑杰益西于妙吉祥坛城中得灌顶并获成就。他曾随莲花生、无垢友、吉祥狮子、持世（Vasudhara）及莲花戒（Kamalaśīla）等印度上师，以及聂·阇那

〔1〕《敦珠教法史》，成都：四川民族出版社，1996年，页226。

古摩罗、索波・贝吉益西及尚嘉维云丹等藏土大德学习包括《秘密藏续》在内的内外密咒及其口诀。他留下了很多著作，主要有：

1.《密意总集经广注・御暗铠甲》(*mDo'i grel chen mun pa'i go cha*)

2.《幻化网八十品现证疏》(*sGyu'phrul brgyad bcu pa'i mngon rtogs 'grel*)

3.《大圆满口诀・禅定目炬》(*rDzogs chen gyi man ngag bsam gtan mig sgron*)

4.《断难・语剑》(*dKa' bcod smra ba'i mtshon cha*)

努上师最嫡传的弟子是库隆・云丹嘉措（Khu lung Yon tan rgya mtsho），他将所有灌顶、密续及口诀悉数传予这位高足，后者复将其所得传授给了益西加措（Ye shes rgya mtsho）、班玛旺嘉（Padma dbang rgyal）、拉杰吽穹（Lha rje Hūṃ chung）、娘・喜饶却（Nyang Shes rab mchog）、娘・益西迥乃（Nyang Ye shes 'byung gnas）、拉杰宿波切（lHa rje Zur po che）等弟子。这一传承系统根据其传承者之部族名通常被称为绒派（Rong）传承，或者娘派（Nyang）传承。

绒宋班智达・曲吉桑布（Rong zom paṇḍita Chos kyi bzang po）[1]是11世纪宁玛派著名的大班智达，后藏茹拉（Ru lag）那隆戎（sNar lung rong）人。因获得了莲花生的口诀传承而名闻一时。这系传承自莲花生经那囊・多吉堆迥（sNa nam rDo rje bdud 'joms）、喀庆・贝吉旺秋（mKhar chen dPal gyi dbang phyug）、扎・多杰循努（sGra rDo rje gzhon nu）、尚尚・云丹扎（Zhang zhang Yon tan grags）、绒班・云丹仁钦（Rong ban Yon tan rin chen）、绒班・仁钦崔臣（Rong ban Rin chen tshul khrims）等上师一脉相传。而名列此系传承之末的绒班・仁钦崔臣即是绒宋・曲吉桑布之父。据说，曲吉桑布从十三岁起，即以通达经典、学识优异著名。他通因明、吠陀及非宗教典籍；会梵文，善译经，除译有密教典籍以外，还著有若干关于密教典籍的注疏及论著。他亦曾为弥底译师所著《语门利器》(*sMra sgo mtshon cha*）作过注释，自己也写过几部藏文文法书，因此得享班智达之雅号。曲吉桑布年轻时曾随一法师朵敦僧格（mDo ston Seng ge）学习旧

〔1〕针对绒宋班智达生平与著作相关材料的研究，见 Orna Almogi, "Sources on the Life and Works of the Eleventh-Century Tibetan Scholar Rong zom Chos kyi bzang po: A Brief Survey," in Henk Blezer (ed.), *Tibet: Past and Present*, Leiden: Brill, 2002, pp. 67-80。

译密咒，一天他梦见自己正在吃他自己用《秘密藏续》熬成的稀粥，喝用《秘密藏续》烧成的菜汤。惊异之余，他将此梦中之情景告诉了上师。不料上师当即连呼："善哉！善哉！此乃汝已圆满领会此等教法之征兆。尔当为《秘密藏续》与《诸佛平等和合续》各撰一疏。"于是，绒宋班智达留下了西藏历史上第一部重要的《秘密藏续》的藏文注疏。因三宝之自性乃菩提心故，他特将此书命名为《宝疏》(*dKon cog 'grel*)。

绒宋班智达的这部注疏与后来龙青巴所造《十方除暗》被认为是从阿底瑜伽的观点出发解释《秘密藏续》的两部最重要的藏文注疏，与教传派所强调的《秘密藏续》属摩诃瑜伽的观点形成对比。[1]对此敦珠仁波切曾说：

> 大遍知者龙青巴所著释论《十方除暗》乃依诸乘之王（阿底瑜伽）阐发（《秘密藏续》）；而遍知绒宋巴之释论则为法界之广注，显现如密封之大匣。若知此二释论乃《秘密藏续》乃最主要之藏文释论，即可令智慧具大力。[2]

绒宋班智达作为第一位评注《秘密藏续》的藏土学者，遭到了众多其他教派的上师，包括宁玛派的著名批判者廓库巴等人的尖锐批评。绒宋班智达所传宁玛派密法以"心品"（sems phyogs）为主，在那些甚至不承认宁玛派为佛教之一派的他派上师们看来，尤其不像是来自印度的传统佛教，故不惜用相当激烈的语言对其作猛烈的批判。事实上，绒宋班智达的贡献在于他复兴了在西藏佛教后弘期以前由噶瓦·拜则（sKa ba Pal brtsegs）、念·白央（gNyan dPal dbyangs）及努·桑杰益西等人创立的注疏传统。尽管在11世纪时，西藏本土上师造论者尚属凤毛麟角，故易遭非议，但即使是他的批评者也都承认，绒宋班智达所作忠实于原续经文之权威，经得起量理考察，既不违因明三式，又不背离上师之教法。

〔1〕宁玛派教法分外、内、密三层意趣来解释一切经、续、论，是故可以视为《宝疏》及《十方除暗》所说者为《秘密藏续》之密意。

〔2〕《敦珠教法史》，页372。另见 Dudjom Rinpoche 上揭书，页707。

绒宋班智达一系所传内容以心品为主，与其同时的宿氏家族传承则以集经及幻化网为主。自绒宋班智达至14世纪宁玛派大师龙青巴之间的传承系统史载不详。

大圆满教法分为心部（sems sde）、界部（klong sde）和口诀部（man ngag sde，或称要门部）三个系统。这三个系统各有师承，又彼此相互影响。心部说随现何境，皆为心性自然智，除此自然智之外，更无余法。界部说法性不出普贤界，遮破从法性界外之别处有他法出现，此部着重于光明。凭借离所缘之甚深关要，安住于离勤作之境界，藉甚深光明之双运智成就虹体金刚身。口诀部说藉离取舍之双运无二智，将轮回涅槃一切法归入离空执之法性境界，由此要点，令轮涅无别之本觉现前显现法性境，遂于本觉金刚链身中成熟解脱。至于大圆满之名，则说轮涅万有所摄一切法于觉空中圆满，故曰“圆满”，再无较此更为超胜之解脱轮回法，故曰“大”。[1]继绒宋班智达之后真正承前启后、建立起大圆满法之见地、实修传统的是14世纪西藏佛学大师、被人称为宁玛派掌教学者之巅峰（mkhas pa'i rtse mo）的龙青巴。[2]

龙青巴通常被人称为遍智龙青饶绛巴智美沃色（Kun mkhyen Klong chen rab 'byams pa Dri med 'od zer），乃宁玛派之大阿阇梨，大圆满法在雪域传播的中流砥柱。该师于藏历第五胜生周之土猴年（1308年）生于乌思藏四茹之一夭茹（Yo ru）西部名札恰堆仲（Grwa'i cha stod grong）的地方。父名阿美拉松（A mes lha srung），又称阿阇梨丹巴松（Slob dpon bsTan pa srung），乃莲花生大士亲炙弟子吉祥胜马游戏之证果者确央（dPal rta mchog rol pa'i grub thob mchog dbyangs）之第二十五代孙，其母仲萨·索南坚（'Brom bza' bSod nams rgyan）乃噶当派祖

〔1〕参见土观·洛桑却吉尼玛，《宗教源流史》，兰州：甘肃民族出版社，1984年，页70-71。对应汉译见刘立千译，《土观宗派源流》，北京：民族出版社，2000年，页40。

〔2〕1996年四川人民出版社出版了藏文版《遍智龙青饶绛传（*Kun mkhyen klong chen rab 'byams kyi rnam thar*）一书，将索南曲珠确（bSod nams chos 'grub mchog）所著《遍智龙青饶绛传·三种信之津梁》（*Dad pa gsum gyi 'jug ngogs*）与曲扎桑布之子当巴（Chos grags bzang po pha yi bu mchog dam pa）所著《遍智无垢光传·见即具利》（*Kun mkhyen dri med 'od zer gyi rnam thar mthong ba don ldan*）两种传记合成一书出版。这是目前所能见到的最详细的龙青巴传。目前《三信津梁》已有汉译本，见李学愚译，《发现雪山的全知法王：贡钦·龙钦饶绛巴全传》，台北：大千出版社，2008年。另可参见Dudjom Rinpoche上揭书，页238-277。

师仲敦巴·嘉维迥乃（'Brom ston pa rGyal ba'i 'byung gnas）之后裔。

龙青巴自幼聪颖，五岁即能读、写无碍，七岁失怙，九岁能背诵《般若二万颂》及《般若八千颂》。以闻、思、修博通经律论三藏，融会内外五明，除障增益。年十二，于桑耶寺随亲教师桑珠仁钦（bSam grub rin chen）、屏教师贡嘎沃色（Kun dga' 'od zer）出家，取法名崔臣罗珠（Tshul khrims blo gros）。因擅习正法毗奈耶，年甫十四即能说法。年十六，随阿阇梨扎西仁钦（bKra shis rin chen）学《道果》（*Lam 'bras*）、《两系六法》（*Chos drug gnyis*）、《亥母六法》（*Phag mo'i chos drug*）、《铃派胜乐》（*bDe mchog dril bu lugs*）、《大轮金刚手》（*Phyag rdor 'khor chen*）等许多灌顶、口传和导引。复随阿阇梨旺益西（dBang ye shes）与上师楚普巴（sTon Khro phu pa）等学《金刚帐》（*rDo rje gur*）、《时轮》（*Dus 'khor*）等密法，随萨龙巴上师（Za lung pa）等听闻蔡巴噶举派始祖尚贡唐上师尊追扎巴（Zhang Gung thang bla ma brTson 'grus grags pa, 1122—1193）之教授、竹巴噶举派上师郭仓巴·贡波多吉（rGod tshang pa mGon po rdo rje, 1189—1528）之导引及前、后、中三部希解教法（*Zhi byed snga phyi bar gsum*）等。年十九，居前藏噶当派名刹桑普内乌托寺（gSang phu ne'u thog gi chos grwa），先后随该寺上院第十五代住持阿阇梨赞贡巴（bTsan dgon pa）和第十六代住持曲班坚赞（Chos dpal rgyal mtshan），以及著名的邦译师罗珠丹巴（dPang lo Blo gros brtan pa）学法。

此外，龙青巴曾遍礼雪域无数名刹大寺，一时名贤若噶玛噶举派黑帽系第三世活佛让炯多杰（Rang byung rdo rje, 1284—1339）、萨迦派座主圣上师索南坚赞（Bla ma dam pa bSod nams rgyal mtshan, 1312—1375）、萨迦派大德雅德大班智达（g.Yag sde paṇ chen）等都曾与他结下师生之缘，故龙青巴对量学、般若、中观、《慈氏五论》等性相乘教法，以及声明、修辞、声律、戏剧等所有大小明处皆有听闻，并达究竟，获无碍辩才。龙青巴通雪域各大教派之殊胜教法，对各路密法不存门户之见，对智者三事——讲、辩、著生无碍之心。于是，他于雪域巡回辩经，无往而不胜。人称其为"桑耶龙芒瓦"（bSam yas lung mang ba，意为桑耶通众经教者），或称“龙青饶绛巴”，意为“大界无央”。[1]

作为宁玛派上师，龙青巴对旧译密咒自然用心最多，成就最大。他曾随胆八巴（Dan bag pa）、阿阇梨循努顿珠（gZhon nu don grub）、纽巴亭玛瓦·桑杰扎巴（Myos pa'i mthing ma ba Sangs rgyas grags pa）等上师听闻经、幻、心三部及《宁玛十万续》等教授，其用心之专一若幼蜂沉醉于蜂蜜醍醐之中。年二十九，得遇宁玛巴大圆满法祖师仁增·古摩罗阇（Rig 'dzin Kumārāja, 1266—1343），于其座前学法两年，受赐《大圆满秘密心髓》（*rDzogs pa chen po gsang ba snying thig*）之灌顶、口传及导引，以及大圆满三部密续（*rDzogs chen sde gsum gyi rgyud*）之教授，成为其当之无愧的衣钵传人。年三十一，龙青巴往涅普休瑟（sNye phu'i shug gseb）广转法轮，说秘密心髓法。年三十二，复往白顶雪山乌仗那宗之光云乐园（Gang ri thod dkar O rgyan rdzong 'od zer sprin gyi skyed mos tshal）建阿兰若。随后，又往门苯塘（Mon bum tang）建立僧伽，造寺院解脱洲（Thar pa gling）。一时为高僧大德、王公贵族所重，故佛事隆盛、供养无算，是为宁玛派教法在今不丹境内弘传之始。

龙青巴在达到闻、思之极顶后，常遁迹山林、幽禁独修，最后得证光明身，达到大圆满心髓见地之究竟。据称他于三十二岁时，修大圆满入甚深止观，定中面见莲花生与益西措嘉，获授灌顶及口诀传承，即《空行心要》（*mKha' 'gro yang tig*）之教授，遂尽得宁玛派大圆满两部心髓之传承。龙青巴修行处遍布雪域，无远弗届，著名的有：桑耶青普、乌仗那宗、神山岩（lHa ri brag）、爪普（Gra phu）、休瑟、白顶雪山、雪堆提珠（gZhu stod ti sgro）、耶尔巴（Yer pa）、雅拉香波、苯塘、绛布班吉格定（sKyam bu dpal gyi dge sdings）、贡布山之拉瓦陇（Gong po ri'i gla ba lung）、工布扎贡噶普（Kong po rtsa gong gi phu）等等。此外，像洛卓（lHo 'brog）、乌夭（dBu g.yor）、门域等边荒之地也成了他修行、布道之场所。

---

〔1〕按照土观上师的说法，饶绛巴作为一个称号是萨迦派上师强钦饶绛巴·桑杰培（Byams chen rab 'byams pa Sangs rgyas 'phel）在世时创立并立为制度的。《土观宗派源流》，页 187。饶绛巴后为格鲁派寺院所赠格西学位之第一等者的称号。

尽管龙青巴淡泊功名，但其令誉若“圣识一切法主”“语自在”“无垢光”等仍不胫而走，传遍雪域。

龙青巴一生著述宏富，[1]造显密二乘之共与不共论著达九十八部之多，另有专门的内论百二十八部，秘密了义论二百六十三部。其中最著名的有《龙青七宝藏》（*Klong chen mdzod bdun*）、《四部心髓》（*sNying thig ya bzhi*）、《三休息》（*Ngal gso skor gsum*）、《三自解脱》（*Rang grol skor gsum*）等。其中《龙青七宝藏》指的是：《宗轮藏》（*Grub mtha' mdzod*）、《妙乘藏》（*Theg mchog mdzod*）、《如意藏》（*Yid bzhin mdzod*）、《口诀藏》（*Man ngag mdzod*）、《法界藏》（*Chos dbyings mdzod*）、《实相藏》（*gNas lugs mdzod*）及《句义藏》（*Tshig don mdzod*）；[2]《四部心要》指的是《空行心髓》（*mKha' 'gro snying thig*）、《无垢心髓》（*Bi ma snying thig*）、《上师心要》（*Bla ma yang tig*）、《空行心要》（*mKha' 'gro yang tig*）及《甚

〔1〕Dorji Wangchuk 曾依据龙青巴的传记、其各部著作的跋尾以及这些著作之间互相提及的线索，按时间先后整理出了龙青巴著作的一个列表，见 Dorji Wangchuk, “Cross-Referential Clues for a Relative Chronology of Klong chen pa’s Works,” in Orna Almogi (ed.), *Contributions to Tibetan Buddhist Literature* (PIATS 2006: Tibetan Studies: Proceedings of the Eleventh Seminar of the International Association for Tibetan Studies, Königswinter 2006), Beiträge zur Zentralasienforschung 14, ed. Peter Schwieger, Halle: IITBS, 2008, pp. 195-244。

〔2〕《七宝藏》中的一部分近年来已有 Richard Barron 陆续英译出版，《宗轮藏》英译见 Richard Barron (trans.), *The Precious Treasury of Philosophical Systems: A Treatise Elucidating the Meaning of the Entire Range of Spiritual Approaches*, Junction City: Padma Publishing, 2007；《口诀藏》英译见 *The Precious Treasury of Pith Instructions*（同上，2006）；《法界藏》根本颂英译见 *The Precious Treasury of the Basic Space of Phenomena*（同上，2001），其自释英译见论 *A Treasure Trove of Scriptural Transmission: A Commentary on the Precious Treasure of the Basic Space of Phenomena*（同上，2001）；《实相藏》英译见 *The Precious Treasury of the Way of Abiding and the Exposition of the Quintessential Meaning of Three Categories*（同上，1998）；有关《宗轮藏》的英译及研究可见 Albion Moonlight Butters, *The Doxographical Genius of Kun mkhyen Klong chen rab 'byams pa*, PhD thesis, Columbia University, 2006。《句义藏》的英译及研究可见 David Germano, *Poetic Thought, the Intelligent Universe, and the Mystery of Self: The Tantric Synthesis of rDzogs Chen in Fourteenth Century Tibet*, PhD thesis, The University of Wisconsin, 1992。《七宝藏》中有两部已由刘立千翻译完成，见刘立千译，《实相宝藏论详释》，北京：民族出版社，2007 年；同译者，《句意宝藏论广讲》，2009 年。

深心要》(*Zab mo yang tig*);《三休息》是《心性休息》(*Sems nyid ngal gso*)[1]、《禅定休息》(*bSam gtan ngal gso*)、《虚幻休息》(*sGyu ma ngal gso*)[2]及其自释论;《三自解脱》指《心性自解脱》(*Sems nyid rang grol*)、《法性自解脱》(*Chos nyid rang grol*)、《平等性自解脱》(*mNyam nyid rang grol*)。[3]

龙青巴是从阿底瑜伽之观点出发来解释《秘密藏续》的，他一共留下了三部专门解释《秘密藏续》的注疏，命名为《除暗三部》(*Mun sel skor gsum*)，分别是：

1.《略义无明除暗》(*bsDus don ma rig mun sel ba*)，长 14 页，分析《秘密藏续》之科判；

2.《总义意语除暗》(*sPyi don yid bka' mun pa sel ba*)，长 89 页，分析佛教与非佛教教义的范围及结构；

3.《文义十方除暗》(*gZhung don phyogs bcu mun pa sel ba*)，长 313 页，先介绍《秘密藏续》各品内容，然后对其金刚偈作详细的笺注。通常所言龙青巴所造的《秘密藏续》释论即是指他的这部《文义十方除暗》。

此外，龙青巴尚有《教法源流大宝藏论·阐明圣教之日光》(*Chos 'byung rin po che'i gter mdzod bstan pa gsal bar byed pa'i nyi 'od*)、《法行道次第》(*Chos spyod lam gyi rim pa*)、《回向宝鬘》(*bsNgo ba rin po che'i phreng ba*)等名著传世。《教法源流宝藏》是继夏鲁派大师布顿·仁钦竹(Bu ston Rin chen grub, 1290—1364)之名著《善逝教法源流大宝藏论》之后又一部著名的教法源流类史著，通

---

〔1〕《心性休息》的英译由 Guenther 完成并分三卷出版，见 Herbert V. Gurnther, *Kindly Bent to Ease Us (Part One: Mind)*, Emeryville: Dharma Publishing, 1975; *Kindly Bent to Ease Us* (*Part Two: Meditation*), 同上, 1976; *Kindly Bent to Ease Us (Part Three: Wonderment)*, 同上, 1976。该论汉文节译见谈锡永译释，《大圆满心性休息导引》，台北：全佛文化，2010 年。

〔2〕《禅定休息》英译见 Herbert V. Gurnther, *Mind in Comfort and Ease: The Vision of Enlightenment in the Great Perfection*, Boston: Wisdom Publications, 2007;《虚幻休息》英译见 Keith Dowman, *Maya Yoga: Longchenpa's Finding Comfort and Ease in Enchantment*, Kathmandu: Vajra Publications, 2010。《禅定休息》与《虚幻休息》二论汉译合编本见刘立千译，《大圆满虚幻休息妙车释 / 大圆满禅定休息清净车释 / 深法寂静忿怒尊密意自解之直指觉性赤见自解(合编)》，北京：民族出版社，2000 年。

〔3〕 汉译见法护译，《大圆满三自解脱论》，台北：大藏文化，2002 年。

常被译名为《龙青教法源流》。书中的主要内容是印度佛教史及佛教于西藏传播、特别是前弘期佛教各种显、密教法于西藏传播的历史。对吐蕃王朝时期，西藏佛经翻译的历史记载尤详。书中有一章专门讨论旧派密咒是否存在于印度，对有人提出《秘密藏续》有四条邪误故为伪经的说法逐条予以驳斥。

十、宿氏派传承与宁玛派僧伽的建立

宁玛派旧译密咒最初的传播乃父子相承、口耳相传，虽有若干法门分散的传承，但不仅没有寺院僧伽组织，也没有形成为一套成高度体系化的密教教义。直到 11 世纪有所谓三宿氏出，宁玛派才建立寺庙，并有较大规模的活动。这三宿氏乃指三位来自宿氏（Zur）家族的宁玛派上师。第一位宿氏被人称为宿波切（Zur po che，意为大宿氏），本名释迦迴乃（Śākya 'byung gnas, 1002—1062），又称邬巴龙巴（'U pa lung pa），来自康区之亚宗（Yar rdzong）或萨摩（gSar mo）。幼时从朗达玛灭佛后于西藏东南部维系戒律传承的大上师贡巴绕赛（Bla chen dGong pa rab gsal）出家。后随其祖父仁钦嘉措（Rin chen rgya mtsho）学习显密经续，包括幻化网部诸续。随后，复从曲龙（Chos lung）之娘·益西迴乃（Nyang Ye shes 'byung gnas）上师处获幻化网及心部之要门，从南喀德（Nam mkha' sde）上师处获《密意总集经》（*mDo dgongs pa 'dus pa*）、《巴甲疏》（*sPar khab*）及大圆满口诀；又从娘·哲卓琼（Nyang 'Bre Khro chung）上师处得《幻化网道次第》之口诀。宿波切善于融合本续与释续、根本文及其注疏、续典及其成就法仪，且施之于行。从他开始，宁玛派始有教派规模。他曾多年住于香地之邬巴龙（'Ug pa lung）地方，于此亲见四十二寂静本尊与五十八饮血忿怒本尊，并于此建庙。他曾说："邬巴龙之土、石、山、岩于我皆是寂忿本尊之居处；而于温瑟摩（dBen ser mo）之南峰，我常见五部佛。是故，我欲于此建寂静尊庙。"并许以按密宗传统造五部佛像，像之右画以幻网之寂相本尊像，像之左画以幻化网之忿怒尊像。

宿波切建邬巴龙寺时已有很多弟子，常随左右者有一百零八位大修行人，其中以所谓“四顶峰”（rtse mo bzhi）为最胜，他们是：见地与密意之顶峰宿琼·喜饶扎（Zur chung Shes rab grags）、解释《幻化网续》之顶峰梅聂·琼扎（Me nyags Khyungs grags）、博学之顶峰尚·廓琼（Zhang ’Gos chung）及修行之顶峰桑贡·喜饶嘉波（bZang sgom Shes rab rgyal po）。此四顶峰中又以宿波切的养子宿琼巴（小宿氏，1014—1074）最有名。

宿琼巴又称嘉沃巴（rGyal bo pa），本是行乞僧塔巴贡钦（Thags pa sgom chen）之子，父子二人行乞至宿波切处，遂为后者收养。宿琼巴随其养父学法多年，得益甚厚，但终因贫困而不能得到密法传授。宿波切遂令其与一富家寡母之女婚配，用他们的钱来学密法，学成之后，母女二人资粮圆满，宿琼巴也遵师教敕而舍离二人。宿波切又令其讲经，曾有弟子三百人听其讲《遍集明经》。此后，他继其养父之后住持邬龙巴寺，广传包括《秘密藏续》在内的宁玛派远传佛语传承诸法。此后，他将邬龙巴寺托付于他人管理，自己到有九峰、九泉及九草坪之嘉沃地方静修十三年，故人称其为嘉沃巴。他于此地证得一切法皆金刚萨埵本性，达大圆满境界。他亦曾谒见廓库巴拉孜上师，听他讲喜金刚法。后复于娘如（Nyang ru）地方与四名显教上师辩论，四人同时向他问难，依然辩他不倒，结果四人都成了他的弟子。宿琼巴之名声随之响亮起来。随其学密法者日众，他也因此而变得十分富有，据称为当时一般佛教徒中最富有之人。

宿琼巴之弟子有四柱（ka ba bzhi）、八梁（gdung ma brgyad）、十六椽（phyam bcu drug）、三十二桷（dral ma sum cu rtsa gnyis）等，其中最著名的是四柱，他们是：心部之柱贡布之鸠敦·释迦叶（Gung bu sKyo ston Śākya ye）、《密意总集经》之柱迥隆·阳铿喇嘛（sKyong lung Yang kheng bla ma）、《幻化网》之柱曲巴之朗·释迦桑布（Chu bar gyi Glang Śākya bzang po）上师以及仪轨、事业修习之柱纳摩若之丹底觉释（Nag mo re’i mDa’ tig jo śāk）。

宿琼巴有子三人，女数人，均修宁玛派密法，且有成就。其中最著名且继承其衣钵者为宿卓浦巴（Zur sGro phug pa, 1074—1134）。卓浦巴，名释迦僧格，是宿琼巴尊者之幼子。出生之年，其父示寂，故由母舅抚养成人。年十五开始师从朗·释迦桑布上师学《秘密藏续》；年十九，因需管理众多的家财而无暇外出求学，遂将其父之号称四柱的四大弟子请回家中，请授宁玛派之经、幻、心三部密法之灌顶、口传、导引等，获宿氏家族传承的《秘密藏续》之完整的注疏传统。此后，卓浦巴又师从其他上师，获大圆满教法，遂成为名重一时之宁玛派上师。他于《秘密藏续》之成就从以下例子可见一斑：一次，当他于卓浦说法时，坐于一四周无靠背之法座上，众弟子从四方将其团团围住，而他恰似面向所有方向之听众。人们遂信其为金刚萨埵幻化网坛城主尊之化身。从此他便成了一位著名的化身佛。

尽管卓浦巴住世时，宁玛派的教法正受到拉喇嘛益西沃、廓库巴拉孜等人的激烈批评，但卓浦巴尊者依然能传法收徒，招收弟子达千余人之多。他在卓浦地方建新寺，据传冬、夏随其学法的弟子有五百余众，春、秋随其学法者也有三百余众。因卓浦巴精熟《秘密藏续》，从他又衍传出两支主流，一支在卫藏流传，另一支则在康区流传。

十一、宿氏派于卫藏的传承

在卫藏地区，卓浦巴的主要弟子有所谓四黑（nag po bzhi）、四师（ston pa bzhi）及四祖（mes bzhi）等十二人。四黑中最胜者是节敦·伽那（lCe ston rGya nag），他精中观、量学等显宗经典，曾来卓浦与卓浦巴辩经获胜，卓浦巴遂将其所有教授悉数授之，成为上部宿氏传承系统之主要掌门。伽那自三十岁起随卓浦巴学法十一年，因其根器不凡，卓浦巴即赐其以摩诃瑜伽、阿努瑜伽及阿底瑜伽之根本续与修行要门。伽那的弟子中著名的有来自前藏的敦夏（sTon śāk）及锡波（Zhig po），以及伽那的侄儿云丹松（Yon tan gzungs）等。

该支传承之次第为：

节敦·伽那（lCe ston rGya nag）

云丹松（Yon tan gzungs）以及卫巴希波（dBus pa Zhig po）

希波堆孜（Zhig po bDud rtsi）

达敦・觉耶（rTa ston Jo ye）

达敦・斯吉（rTa ston gZi brjid）

达敦斯吉曾造《秘密藏续广注》，并编撰了此派传承上师的传记。

此外，云敦・多杰贝（g·Yung ston pa rDo rje dpal）于其所造《秘密藏续云师疏》（*g·Yung 'grel*）中，基于《秘密藏续巴甲疏》，提出了一条不同的传承系统，其传承之上师先后为：[1]

卓浦巴（sGro phug pa）

后藏人金敦（Bying ston）及贡真涅敦・曲吉僧格（sGong drings Nye ston Chos kyi seng ge）

藏那・沃巴（gTsang nag 'od 'bar）

梅敦・贡波（Mes ston mGon po）

喇嘛宋（Bla ma Srong）

巴希・释迦沃（Pakshi Śākya 'od）

达那・敦都（rTa nag bdul 'dul）

达・释迦培（mDa' Śākya 'phel）

宿・强巴僧格（Zur Byams pa seng ge）

云敦巴・多杰贝（g.Yung ston pa rDo rje dpal）

云敦巴乃学、修皆优之大德，其行传为新、旧两派所共许。其师尊宿・强巴僧格（Zur Byams pa Seng ge）乃宿・尼玛僧格（Zur Nyi ma seng ge）之子、巴希・释迦沃（Pakshi Śākya 'od）法师之曾孙。宿・强巴僧格十五岁时，在邬巴龙寺随达释迦培（mDa' Śākya 'phel）学《秘密藏续》，两年后即自造《密续建立》（*rGyud kyi rnam bzhag*）。他先后从节敦竹巴蚌（Grub pa 'bum）领受大圆满法及

[1] 这支传承系统也记载于《土观宗派源流》（藏文版），页 63-64。

幻化网续部密法，复从拉堆（La stod）之达敦斯吉（rTa ston gzi brid）获宿氏派传承之幻化网利益、能力及甚深三种灌顶及其他教法。强巴僧格自己也有众多弟子，其中有十六人精《幻化网道次第》（*Māyājālapathakrama*）、《秘密藏续》及《秘密藏续巴甲疏》；他最著名的弟子是云敦·多杰贝及达那卓玛瓦·桑珠多吉（rTa nag sGrol ma ba bSam grub rdo rje）。

云敦·多杰贝（1284—1365）乃朗族（glan）人，通显、密经教，为第三世噶玛巴让炯多杰（Rang byung rdo rje）之亲传弟子。但他亦习宁玛派教法，自宿·强巴僧格处获其远传经、幻、心三部教法，造释论《吉祥秘密藏续义能显明镜》（*dPal gsang ba snying po'i rgyud don gsal byed me long*）。此论于藏土甚受欢迎，其流行程度盖过早于它问世的其他各种《秘密藏续》释论。他于其所造释论中重新排列了《秘密藏续》第五品之次序，这成为后出大师如宿·秋英让卓（Zur Chos dbyings rang grol）等人参究的焦点。以后造《秘密藏续》释论的大师如南喀仁钦（Nam mkha' rin chen）、噶陀·格泽班智达（Kaḥ thog dGe rtse Paṇḍita）及久美·潘德沃色（'Gyur med Phan bde 'od zer）等皆深受其影响。

值得一提的是，这支宿氏传承的掌门中有多人曾往中原传法，并与元朝王室发生了关系。例如，释迦沃曾托元朝的使者将他掘藏所得之关于长寿水仪轨的经书献给元世祖忽必烈。作为回报，忽必烈赐给他一个“八哈失”（Baγši，意为法师）的称号。这个称号虽比不上萨迦派大师八思巴所获的帝师称号，但在当时也只有少数几位来自西藏的高僧得享此殊荣。另一位著名的八哈失是第二世噶玛巴噶玛八哈失。[1]以后，云敦·多杰贝上师又因其善咒术、精《时轮》而受元成宗之邀进京，在元廷献金刚舞，受赐丰厚。随后，又奉成宗命赴内地求雨。另外，还有一位名桑杰扎（Sangs rgyas grags）的宁玛派上师也曾进京谒见元帝，获赐大量土地。[2]

〔1〕参见 Leonard W. J. van der Kuijp, "'Baγši' and Baγši-s in Tibetan Historical, Biographical and Lexicographical Texts"（在藏文历史、传记、字书类文献中的八哈失），*CAJ* 39/2, 1995, pp. 275-299。

〔2〕参见格西班玛次仁（Pema Tsering），" rNying ma pa Lamas am Yüan Kaiserhof"（《在元廷的宁玛派上师》），in L. Ligeti (ed.), *Proceedings of the Csoma de Körös Memorial Symposium*, Budapest, 1978, pp. 511-517。

达那卓玛瓦·桑珠多吉（rTa nag sGrol ma ba bSam grub rDo rje, 1295—1376）来自达那新寺（rTa nag gnas gsar），师从宿·强巴僧格学法，专擅幻化网。亦曾于朗·聂蔡巴·索南贡波（Glang Nya tshal pa bSod nams mgon po）处获灌顶。在其弟子中以宿航·释迦迥乃（Zur haṃ Śākya ’byung gnas）、桑杰仁钦（Sangs rgyas rin chen）父子为最胜，所谓“宿氏传规”（zur brgyud）和“子传规”（sras brgyud）即分别出自此父子二人。

宿·宏释迦迥乃乃前面提到过的宿·桑布扎西之子。五岁时，即不可思议地写出了一部解释《秘密藏续》的论典。他师从著名的梵文专家大班智达萨桑·玛底班钦（Sa bzang Mati Paṇ chen）、云敦巴、蒋扬·桑珠多杰（’Jam dbyangs bSam grub rdo rje）等学显、密教法，包括《幻化网道次第》《吉祥秘密藏续》《秘密藏续巴甲疏》等。他有得其所传宁玛派经、幻、心三部教法之徒众甚多，其中有名者有桑杰仁钦（Sangs rgyas rin chen）及涅巴·德勒巴（gNyel pa bDe legs pa）。

桑杰仁钦，全名桑杰仁钦·坚赞班桑布（Sangs rgyas rin chen rGyal mtshan dPal bzang po, 1350—1431），乃卓玛瓦桑珠多吉之子，师从乃父及宿·宏释迦迥乃学法，专精包括《秘密藏续》在内的幻化网部续典。年仅十四即能为他人灌顶，年四十，造《秘密藏续大疏》(*gSang snying ’grel chen*）及《幻化网道庄安立》（*Lam bkod rnam bzhag*）。此外，他还著有《忿怒尊现证广论》(*Khro bo mngon par rtogs pa rgyas pa*）、《超度仪轨广释》(*gNas lung cho ga rgyas pa*）。年七十，收藏土著名史家、《青史》作者廓译师循努贝为徒，授其以《幻化网寂忿尊灌顶》（*sGyu ’phrul zhi khro’i dbang*）、《幻化网长寿灌顶》(*sGyu ’phrul gyi tshe dbang*)，并为其讲解《秘密藏续》及各种释论，根据其自造释论而对《幻化网道庄严》作详细疏解。他还赐循努贝以《内典明灯》(*Khog gzhung gsal sgron*）、《四十品幻化网》(*sGyu ’phrul bzhi bcu pa*）、《八十品幻化网》(*sGyu ’phrul brgyad cu pa*）和《无上幻化网》(*sGyu ’phrul bla ma*）之传规。

廓译师·循努贝（’Gos Lotsāwa gZhon nu dpal, 1392—1481）是五世噶玛巴、明封大宝法王德兴协巴（De bzhin gshegs pa）、俄·蒋秋班（rNgog Byang chub dpal）及大班智达伐那若答那（Vanaratna）的弟子，他订正、重译了《妙吉祥真

实名经》(*Mañjuśrīnāmasaṃgīti*)及《秘密藏续》等其他续典。他于桑杰仁钦大师处获得远传佛语之传规，成为宁玛派远传系之传人。他自称对旧译密咒宁玛派的传统有特殊的热忱，尚未为拒受正法之毒沾染。他的主要弟子是噶玛噶举黑帽系的第七世活佛曲扎嘉措（Chos grags rgya mtsho）及噶玛噶举红帽系第四世活佛曲吉扎巴（Zhwa dmar bzhi pa Chos kyi grags pa），后者是此派传承之掌门。

曲吉扎巴（Chos kyi grags pa, 1453—1525）乃哲雪康玛（Tre shod khang dmar）人，随廓译师循努贝学新、旧密咒，然后将学得之教法悉数传予止贡派的宿巴·仁钦彭措（Zur pa Rin chen phun tshogs）。仁钦彭措不仅精通以经、幻、心三部续典为主的远传佛语经典，而且也博闻与《修部八教》(*bKa' brgyad*)[1]、《四部心髓》(*sNying thig ya bzhi*)[2]、《上下伏藏》(*gTer kha gong 'og*)[3]等相关的伏藏。他依止阿里班钦班玛旺嘉（Padma dbang rgyal, 1487—1543）[4]之传规，以教传法布局，复以伏藏口诀加以庄严。自止贡仁钦彭措以下之传承为：

让卓·尼达桑杰（Rang grol Nyi z1a sangs rgyas）

泽旺诺杰（Tshe dbang nor rgyas，萨迦昆氏家族之上师）

昆敦·班觉伦珠（'Khon ston dPal 'byor lhun grub，前者之子）

---

〔1〕宁玛派摩诃瑜伽修部主要以八位忿怒尊为观修所依，此八者分别为文殊身（'jam dpal sku）、莲花语（padma gsung）、真实意（yang dag thugs）、甘露功德（bdud rtsi yon tan）、普巴事业（phur pa phrin las）、差遣非人（ma mo rbod gtong）、世间供赞（'jigs rten mchod bstod）、猛咒诅詈（dmod pa drag sngags），是即名为修部八教，有关这一教法体系的历史源流及其宗教内涵的全面论述，见杨杰，《宁玛派修部八教研究》，博士论文，中国人民大学，2015年。

〔2〕《四部心髓》共十三卷，属大圆满口诀部（man ngag sde）修习法要，由龙青巴编纂而成，包括他领受的伏藏教法《空行心髓》(*mKha' 'gro snying thig*)和《无垢心髓》(*Bi ma snying thig*)，以及他本人的伏藏《上师心要》(*Bla ma yang tig*)、《空行心要》(*mKha' 'gro yang tig*)及《甚深心要》(*Zab mo yang tig*)。

〔3〕上下伏藏指分别由著名掘藏师娘热·尼玛沃色（Nyang ral Nyi ma 'od zer, 1136—1204）和古茹曲旺（Gu ru Chos dbang, 1212—1270）所发现的伏藏。

〔4〕阿里班钦是教传传承的重要传人，也是一位著名的伏藏师，相传伏藏《后部佛语集持明总集祈请法部七品成就法》(*bKa' 'dus phyi ma rig 'dzin yongs 'dus kyi chos skor gsol 'debs le'u bdun ma'i sgrub thabs*)即为其所发现，他自造之大论《三律仪决定论》(*sDom gsum rnam par nges pa'i bstan bcos*)，在宁玛派传统中影响甚巨。

昆敦·班觉伦珠（'Khon ston dPal 'byor lhun grub, 1561—1637）早年随其父学习《秘密藏续》、幻化网部其他各种续典及其释论，特别是云敦巴的著作及龙青巴尊者的《十方除暗》等。因其专擅幻化网续故，被人视为卓浦巴之化身。在其弟子中以扎那·邬金丹增（Brag na O rgyan bstan 'dzin）及宿钦·秋英让卓（Zur chen Chos dbyings rang grol）为主。前者曾根据云敦所著《秘密藏续》释论为该续前五品作注。昆敦晚年，曾给在帕邦喀（Pha wang kha）闭关的第五世达赖喇嘛授法。

宿钦·秋英让卓（Zur chen Chos dbyings rang grol, 1604—1669）乃宿钦·循努顿珠（Zur chen gZhon nu don grub）之子，宿氏家族的直系传人。于昆敦·班觉伦珠上师处，获得了结合《秘密藏续》《秘密藏续巴甲疏》及云敦所作藏文释论之要门。他曾将班觉伦珠所讲《秘密藏续》前五品教法记录成文。1622年，他专学龙青巴上师之《十方除暗》。1624年，他在泽塘寺（rTses thang）为金刚岩持明三世阿格旺波（rDor brag rig 'dzin III Ngag gi dBang po）及其他弟子讲述《秘密藏续》，建立起他自己的解释体系。其后，他又在噶陀寺给达拉·班玛玛底（sTag bla Padmamati）讲述龙青巴上师的《十方除暗》。班玛玛底复将此口传经教传给了洛扎松珠（lHo brag gsungs sprul），以保证此系传承弘传不绝。秋英让卓晚年住贡塘（Gung thang），授桑达·呈列伦珠（gSang bdag Phrin las lhun grub）以《秘密藏续》之口传经教。第五世达赖喇嘛也曾授呈列伦珠以与《秘密藏续》之《巴甲疏》及与云敦巴之释论一致之口传。因此，远传佛语系这支传承之次第如下：

宿钦·秋英让卓及第五世达赖喇嘛

桑达·呈列伦珠

洛钦·曲嘉丹增（Lo chen Chos rgyal bstan 'dzin）

从这个时期开始，此远传佛语系注释传统得以毫无减缺地在卫藏流传下来，此当首先归功由桑达·呈列伦珠的两位儿子持明德达林巴（Rig 'dzin gTer bdag gling pa, 即久美多杰 'Gyur med rdo rje, 1646—1714）和大译师达摩师利（Lo chen Dharmaśrī，1654—1717）。自达摩师利译师又传出几大支，强调经、幻、心三部。

十二、噶陀康区传承

宿氏远传佛语传承于康区的传播或可推毗卢遮那大师于奥尔朵（’O rdu）之大慈寺（Byams chen）翻译、宣讲日光狮子所造《吉祥秘密藏续广释》（*Śrīguhyagarbhatattvaviniścayavyākhyānaṭīkā*）为其开端。但真正使旧译密咒之教法在康区得到广泛传播的是噶陀巴·当巴德协（Kaḥ thog pa Dam pa bde gshegs, 1122—1192）。

噶陀巴本名喜饶僧格（Shes rab seng ge），又名博巴塔耶（sPobs pa mtha’ yas），乃噶举派帕木竹巴（Phag mo gru pa）大师的姨表兄弟，来自朵甘思六岗之一的博波岗（Bu ’bur sgang）。早年随宿·卓浦巴之弟子赞敦·卓维贡波（’Dzam ston ’Gro ba’i mgon po）学《秘密藏续》及心部诸续等，故当为卓浦巴之再传弟子。但五世达赖喇嘛在其《闻法录·恒河水流》（*gSan yig gang gā’i chu rgyun*）中说，噶陀巴曾亲遇卓浦巴大师，是其亲炙弟子。噶陀巴也曾随贝吉旺秋（dPal gyi dbang phyug）学《内典明灯》（*Khog gzhung gsal sgron*）之释义。1159 年，噶陀巴在其家乡位于金沙江畔的博波岗，今甘孜州德格南部地区和云南西部一带，一地形酷似梵文“噶”字的地方，建噶陀寺。此后便于此说法授受，向来自朵甘思、朵思麻各个地区的弟子按宿氏派传统讲授大圆满法、《秘密藏续》及其大小各种注疏，以及《文殊幻化网》（*’Jam dpal sgyu ’phrul drwa ba*）等，为密咒教法在康区的传播打下了坚实的基础。此寺受历代德格土司支持，寺主以转世相承。

宿氏派远传佛语传承在康区的授受次第为：

噶陀巴·当巴德协

藏敦巴（gTsang ston pa）

强巴蚌（Byams pa ’bum）

金厄芒普瓦·索南蚌巴（sPyan snga Mang phu ba bSod nams ’bum pa）

邬沃·益西蚌（dBu ’od Ye shes ’bum）

蒋秋贝瓦（Byang chub dpal ba）

索南桑布（bSod nams bzang po）

贡嘎蚌巴（Kun dga’ ’bum pa）

旺秋贝瓦（dBang phyug dpal ba）

罗珠蚌巴（Blo gros ’bum pa）

罗珠僧格（Blo gros seng ge）

蒋秋罗珠（Byang chub blo gros）

蒋秋僧格（Byang chub seng ge）

蒋秋坚赞（Byang chub rgyal mtshan）

克珠・益西坚赞（mKhas grub Ye shes rgyal mtshan）

经、幻、心三部之远传系统在噶陀的传播发生于14至16世纪之间，即介乎邬巴龙寺昌盛与卫藏地区寺院中心兴起之间。在上述传人中特别值得一提的是德证兼具的益西坚赞（Ye shes rgyal mtshan）。他是博波岗之土著，为蒋秋坚赞（Byang chub rgyal mtshan）与扎沃曲蚌（Bra’o chos ’bum）之弟子。他对无上密法于康区传播之主要贡献在于他重新整理了《秘密藏续》根本续及其诸种注疏。他有多种著述存世，著名的有：

《寂忿本尊释》(*Zhi khro’i ’grel pa*)

《秘密藏续之注疏、科判及略义》(*gSang ba’i spying po la ’grel pa / sa bcad / bsdus don*)

《幻化网道庄严之释论及笺注》(*Lam rnam bkod la ṭīkā dang mchan bu*)

《巴甲疏与心明点笺注》(*sPar khab dang thugs thig la mchan bu*)

《誓句明释疏・明镜》(*Dam tshig gsal bkra la ’grel pa gsal ba’i me long*)

《持寂忿本尊手印方便文》(*Zhi khro’i phyag rgya bcings thabs kyi yi ge*)

《当巴仁波切之〈诸乘总义〉疏》(*Dam pa rin po che’i theg pa spyi bcing gi ’grel pa*)

《会供轮释》(*Tshogs kyi ’khor lo’i rnam bshad*)

在克珠·益西坚赞的弟子中有名喀瓦噶波瓦·南喀嘉措（Kha ba dkar po ba Nam mkha' rgya mtsho）者，也曾造《秘密藏续》与《幻化网道庄严》之释论。

十三、宿氏派远传佛语传承于卫藏的复兴

17、18世纪，正当宁玛派远传佛语传承于康区得到迅速发展时，它于卫藏地区的传播却渐趋式微。此时，有德达林巴及其兄弟大译师达摩师利出，挑起了在卫藏地区重振远传佛语传承之重任。

持明德达林巴（Rig 'dzin gTer bdag gling pa, 1646—1713）本名班玛噶旺久美多杰（Padma gar dbang 'Gyur med rdo rje），乃桑达·呈列伦珠之子，生于今西藏扎囊县（Gra nang）达结曲林（Dar rgyas chos gling）。他所习教法涵盖包括幻化网续部在内的所有现存的旧译密咒所传经典。据传，他十三岁时，即能背诵《秘密藏续》，并从其父亲那儿获得口传。其后，他不仅精通宿氏派传规，而且也通努、绒等派传规，对迥丹日贝热支所著《续部总建立》（*bCom ldan ral gri'i spyi rnam*）也有独到的研究。尤因对龙青巴所造诸论有独到的解悟，故获得了无碍辩智。

德达林巴于1676年于扎囊建敏珠林寺（sMin grol gling），在此弘传三宿氏以来所传承之经典，重建起以经、幻、心三部为主的远传佛语派传承。敏珠林寺与多吉扎寺齐名，是宁玛派在卫藏的两所主寺；多吉扎寺以弘传北伏藏（byang gter）为主，兼弘三宿氏以来所传经典，寺主以转世相承；敏珠林寺则以弘传南藏（lho gter）为主，也兼传三宿氏以来所传经典，寺主以父子或翁婿相承。[1]

〔1〕关于敏珠林寺的历史晚近有藏族学者丹贝仲美（bsTan pa'i sgron me）著《敏珠林寺志》（*O rgyan smin grol gling gi dkar chag*）可供参考，北京：中国藏学出版社，1992年，页1-387。有关敏珠林寺在宁玛派传承的重振上发挥的重要作用，参 Jacob Dalton, "Recreating the rNying ma School: the mDo dbang Tradition of sMin grol gling", in Bryan J. Cuevas & Kurtis R. Schaeffer (eds.), *Power, Politics, and the Reinvention of Tradition: Tibet in the Seventeenth and Eighteenth Centuries*, Leiden: Brill, 2006, pp. 91-101。

远传佛语派得以作为一个活的传统继续存在下去，与德达林巴及其传人的努力密不可分。他曾传《宁玛十万续》之教授予第五世达赖喇嘛、其摄政桑杰嘉措（Sangs rgyas rgya mtsho）及多吉扎寺第四世持明活佛班玛呈列（Padma phrin las）、佐钦班玛仁增·久美特确丹增（rDzogs chen Padma rig 'dzin 'Gyur med theg mchog bstan 'dzin）、噶陀嘉色·索南德赞（Kaḥ thog rGyal sras bSod nams lde'u btsan）及其他众多来自康区与卫藏的弟子。他最亲近的弟子是他的弟弟大译师达摩师利及他的儿子班玛久美嘉措（Padma 'gyur med rgya mtsho）、沙布隆·益新勒珠（Zhabs drung Yid bzhin legs grub）、珍钦·仁钦南杰（Drin chen Rin chen rnam rgyal），以及他的女儿杰尊·米久班准（rJe btsun Mi 'gyur dpal sgron）。

大译师达摩师利（Dharmaśrī，1654—1718）由五世达赖喇嘛剃度出家。随其兄长德达林巴学习龙青巴、绒宋班智达及其他宿氏派传承上师的著作，获经、幻、心三部及《宁玛十万续》之完整教授。随后，他于敏珠林寺为该寺僧伽之六十名学僧讲说《秘密藏续》，先后八次授《幻化网续寂忿尊》之灌顶。为了使远传佛语久为流传，达摩师利译师勤于造论，其全集达十八卷之多，其中有对《密意总集经》及《幻化网》的多部注疏。特别是当他听其兄长结合《巴甲疏》及云敦上师所作之释论，口述其自己对《秘密藏续》之解释时，对《秘密藏续》之甚深精义有了透彻的理解，遂造论多卷，通称《幻化部文书》（*sGyu phrul skor gyi yig cha*）。其中有两部即是根据远传佛语派传承所造的对《秘密藏续》之权威注疏，二者分别是：《由总义抉择吉祥秘密藏真实决定续王之善说·秘密主言教》（*dPal gsang ba'i snying po de kho na nyid nges pa'i rgyud kyi rgyal po sgyu 'phrul drwa ba spyi don gyi sgo nas gtan la 'babs par byed pa'i legs bshad gsang bdag zhal lung*）与《吉祥秘密藏续真实决定续释·秘密主密意庄严》（*dPal gsang ba'i*

（接上页）十五六世纪时，有伏藏师热那林巴（Ratna gling pa）把前述“上部伏藏”和“下部伏藏”，加上他自己所掘伏藏汇刻在一起，是即所谓“南伏藏”；16世纪初，另有一位伏藏师名仁增·果吉登楚坚（Rig 'dzin rgod kyi ldem 'phrul can），乃后藏北部拉堆绛王室子弟，他曾将其所掘伏藏汇刻在一起，被称为“北伏藏”，参见 Peter Schwieger, “Collecting and Arranging the gTer ma Tradition: Kong sprul's Great Treasury of the Hidden Teachings”, in Anne Chayet, Cristina Scherrer-Schaub, Françoise Robin and Jean-Luc Achard (eds.), *Edition, éditions: l'écrit au Tibet, évolution et devenir*, München: Indus Verlag, 2010, pp. 321-335。

snying po de kho na nyid nges pa'i rgyud kyi 'grel pa gsang bdag dgongs rgyan），前者称颂《秘密藏续》于整个宁玛派传统中的地位，后者则提供了对该续原偈文之解读。对其后一部著作现有其弟子邬金曲培（O rgyan chos 'phel）所造两部注疏存世，它们是:《吉祥秘密主密意庄严总义零散讲授笔录·上师口诀宝鬘》（*dPal gsang bdag dgongs rgyan gyi spyi don yan gyi bshad pa'i zin bris bla ma'i man ngag rin chen phreng ba*）和《吉祥秘密藏真实决定续王秘密主密意庄严之略义及科判·摩尼鬘》（*dPal gsang ba'i snying po de kho na nyid nges pa'i rgyud kyi rgyal po gsang bdag dgongs rgyan gyi bsdus don sa bcad nor bu'i phreng ba*）。

敏珠林寺远传佛语派传承之次第如下：

大译师达摩师利
嘉色·仁钦南杰（rGyal sras Rin chen rnam rgyal）
堪钦·邬金丹增多杰（mKhan chen O rgyan bstan 'dzin rdo rje）
赤钦·呈列南杰（Khri chen Phrin las rnam rgyal）
赤钦·班玛旺嘉（Khri chen Padma dbang rgyal）
赤钦·桑杰贡嘎（Khri chen Sangs rgyas kun dga'）
多昂丹增诺布（mDo sngags bsTan 'dzin nor bu）
久美潘德沃色（'Gyur med Phan bde'i 'od zer）
敦珠·吉扎益西多杰（bDud joms 'Jigs bral ye shes rdo rje）

其中，久美潘德沃色之《秘密藏续》释论，题为《开启百门甚深义之钥匙》（*Zab don sgo brgya 'byed pa'i lde'u mig*）。久美潘德沃色是20世纪著名宁玛派上师敦珠仁波切吉扎益西多杰之上师，也是该传承系列中晚近之重要人物。

十四、远传佛语传承于康区的广泛传播

自五世达赖喇嘛时代起，远传佛语派传承之教法于整个康区得到广大传播。于平定准噶尔（Jun gar pa）入侵之后，及于吉美林巴（’Jigs med gling pa）时代，宁玛派之主要活动中心事实上已东移至康区，源出于嘉色·仁钦南杰及堪钦邬金丹增的敏珠林系传承不仅于康区的噶陀寺（Kaḥ thog）、白玉寺（dPal yul）、协庆寺（Zhe chen）、竹庆寺（rDzogs chen）等地，而且也于康区东部之嘉绒（rGyal mo rong）及安多（A mdo）的果洛（mGo log）等地得到广泛传播。于上述地区，经、幻、心三部之远传一直持续不衰，及至晚近。

噶陀金刚座寺自 12 世纪开始就是宁玛派教法于康区的大本营，至 16 世纪又为仁增·敦都多杰（Rig ’dzin bDud ’dul rdo rje）及龙萨宁波（Klong gsal snying po）两位大师开展。龙萨宁波的弟子索南德赞（bSod nams lde’u btsan）于敏珠林寺的德达林巴处得卫藏之传承，遂于噶陀寺重振注疏传统。经由直美信雄贡布（Dri med zhing skyong mgon po）等索南德赞之历辈转世，以及仁增·泽旺诺布（Rig ’dzin Tshe dbang nor bu, 1698—1755）及格泽班智达·久美泽旺确珠（dGe rtse paṇḍita ’Gyur med tshe dbang mchog grub）等上师的努力，这一传承系统一直流传到晚近之二世噶陀司徒活佛衮斯·曲吉嘉措（Kun gzigs Chos kyi rgya mtsho, 1880—1925）、大堪布仁增·阿旺贝桑（Rig ’dzin Ngag dbang dpal bzang, 1879—1941）、堪布努丹（mKhan po Nus ldan）、堪布觉丹（mKhan po ’Byor ldan）及夏扎·桑杰多杰（Bya bral Sangs rgyas rdo rje）等上师。于这些传人中，格泽班智达曾为宁玛派续部经典编目，并于 1764 年为《秘密藏续》作疏，题为《内密咒之道次第广释·第二佛陀之密意庄严》（*gSang sngags nang gi lam rim rgya cher ’grel pa sangs rgyas gnyis pa’i dgongs rgyan*）。

竹庆寺，全称竹庆邬金禅定法洲（rDzogs chen dgon pa O rgyan bsam gtan chos gling），是宁玛派在四川甘孜藏族自治州德格县境内的著名寺庙之一。1685 年，高僧班玛仁增（Padma rig ’dzin, 1625—1697）经五世达赖喇嘛授意来到康区一个名为茹丹吉昌（Ru dam skyid khram）的地方，在德格土司阿旺扎西（Ngag dbang bkra shis）支持下，建造了一个禅修中心，后世称竹庆寺。班玛仁增在该寺首创依据梵本释论教学十三部大论之例，讲修显宗密乘以及其他学问之风，极一时之盛。各地宁玛派僧人纷纷来此求学，许多通人证士如著名的米庞等均由此出身，其声望甚至超过了前藏的多吉扎寺及敏珠林寺。

该寺之住持位先由班玛仁增上师之弟子大伏藏师尼玛扎巴（gTer chen Nyi ma grags pa）、本乐·南喀沃色（dPon slob Nam mkha' 'od gsal）及协庆饶绛·丹贝坚赞（Zhe chen rab 'byams bsTan pa'i rgyal mtshan）继承，此后则由尼玛扎巴之历辈转世，即二世竹庆活佛久美·特确丹增（'Gyur med Theg mchog bstan 'dzin, 1699—1785）、三世竹庆活佛俄顿·丹增桑布（Nges don bsTan 'dzin bzang po, 1759—1792）、四世竹庆活佛米久·南喀多杰（Mi 'gyur Nam mkha' rdo rje, 1793—1870）、五世竹庆活佛图丹·曲吉多杰（Thub bstan Chos kyi rdo rje, 1872—1935）及六世竹庆活佛吉扎·蒋秋多杰（'Jigs bral Byang chub rdo rje, 1935—1959）继承。在南印度新建的竹庆寺由七世竹庆活佛吉美·罗萨旺波（'Jigs med Blo gsal dbang po, 1964—　）住持。

于四世竹庆活佛在世时，有高僧名嘉色·仙潘塔耶（rGyal sras gZhan phan mtha' yas），或称格芒尊者（sKu zhabs dge mang）于竹庆寺建吉祥狮子（Śrīsiṃha）佛学院，并因敏林赤钦·桑杰贡嘎（sMin gling khri chen Sangs rgyas kun dga'）及巴珠·班玛旺嘉（dPal sprul Padma dbang rgyal）的请求，造包括幻网部在内的远传佛语传承之纲要，长达十卷。其转世甲贡堪布·仙潘曲吉囊瓦（rGya kong mkhan po gZhan phan chos kyi snang ba），即堪布贤嘎（mKhan po gZhan dga', 1871—1927），曾为印度的十三部显乘大论作疏，[1]他为《秘密藏续》所造释论题为《幻化网续之笺注·日月藏》（*sGyu phrul drwa ba'i rgyud kyi mchan 'grel nyi zla snying po*），虽通常被认为是龙青巴上师所造《十方除暗》之夹注部分的重述，但于竹庆寺仍深受重视。

〔1〕 有关堪布贤嘎“十三部大论注疏”的写作背景及其在藏土的影响，见 George Dreyfus, “Where Do Commentarial Schools Come From? Reflections on the History of Tibetan Scholasticism,” in *Journal of the International Association of Buddhist Studies* 28, no. 2, 2005, p. 293。

协庆寺，全称协庆二教兴盛洲（Zhe chen bsTan gnyis dar rgyas gling），为竹庆寺僧、二世协庆饶绛活佛久美·衮桑南杰（'Gyur med Kun bzang rnam rgyal）于1735年所建，位于竹庆寺东不远处。此寺规模远比不上竹庆寺，至20世纪50年代有寺僧约百人，而竹庆寺有五六百人。寺主以转世相承，有三世协庆饶绛活佛仁增·班觉嘉措（Rig 'dzin dPal 'byor rgya mtsho, 1771—1809）、四世协庆饶绛活佛久美·图朵南杰（'Gyur med mThu stobs rnam rgyal）、五世协庆饶绛活佛桑昂丹增（gSang sngags bstan 'dzin）及嘉察·久美班玛南杰（rGyal tshab 'Gyur med padma rnam rgyal，1871—1927）等。[1]

白玉寺，全称白玉尊胜菩提洲（dPal yul rNam rgyal byang chub gling），位于今四川省白玉县，创始人是仁增·衮桑喜饶（Rig 'dzin Kun bzang shes rab），建于公元1665年。该寺所传教法由宁玛派及帕竹噶举派之玛仓支派（sMar tshang bka' brgyud）合流而成，[2]在显密教法传习方面与宁玛派其他寺院不同，以热那林巴（Ratna gling pa）之伏藏法为重。寺主也以转世相承，称噶玛再世（Karma yang srid），历代噶玛再世活佛均去德格噶玛噶举派司徒活佛之根本道场八邦寺受戒。值得一提的是，著名的蒋扬钦哲旺波（'Jam dbyangs mKhyen brtse'i dbang po）及秋吉林巴（mChog gyur gling pa）曾在白玉寺鼓励甲珠活佛·班玛多昂丹增（rGya sprul Padma mdo sngags bstan 'dzin）举办与远传佛语派传承之现存二十七坛城有关的年度大修法会（sgrub chen），后者于1857年在今青海省久治县白玉乡建白玉寺子寺达塘显密讲修院（Dar thang mdo sngags bshad sgrub gling）。该寺在当地也以白玉寺著称，百年来发展迅速，乃川甘青边界地区一座规模宏大、影响很广的宁玛派寺院。

白玉寺的传承系统现于印度南部由白玉贝玛诺布·绛班竹贝罗珠（dPal yul Padma nor bu 'jam dpal grub pa'i blo gros）之转世维持。现存远传佛语派所传承之经论先由邬金·多昂曲吉尼玛（O rgyan mDo sngags chos kyi nyi ma）结集，由白

〔1〕参见蒲文成主编，《甘青藏传佛教寺院》，西宁：青海人民出版社，1990年，页294-295。

〔2〕E. Gene Smith, *Among Tibetan Texts: History and Literature of the Himalayan Plateau*, Boston: Wisdom Publications, 2001, p. 45.

玉寺以影印方式重印，约二十卷；后又由敦珠仁波切在印度重印。敦珠仁波切刊本共有五十八卷，题为《宁玛教传广集》（*rNying ma bka' ma rgyas pa*），其中前二十卷乃保持白玉寺影印版之内容和结构，后面部分则为新编排进原典的注疏类文献，最新的版本乃是历时九年搜集整理并于2010年于成都发行的《古译文献宝典》，其藏文标题为《旧译宁玛教传极广集》（*sNga 'gyur snying ma bka' ma shin tu rgyas pa*），该版本补充了众多重要的注疏论典，共计一百三十三卷，规模较敦珠仁波切版扩增了一倍多，这是迄今为止最为全面的宁玛派教传文献汇编集。

蒋扬钦哲旺波（1820—1892），本名班玛沃色·多昂林巴（Padma 'od gsal mDo sngags gling pa），因出生于德格之德隆顶果（gTer lung Dil mgo），故又以宗萨钦哲或顶果钦哲知称。平生修学不断，所有教传、地伏藏、再伏藏、意伏藏、随念、净相、耳传七种应机，皆得具备；著有阐述宁玛、噶当、萨迦道果、噶举之四大八小、香巴噶举、希解、时轮六支瑜伽、三金刚近修等八派修习教法，以及声明、诗韵、医方之书甚多。与蒋贡工珠活佛（'Jam mgon Kong sprul）及秋吉林巴（mChog gyur gling pa）一样，蒋扬钦哲旺波上师也是远传佛语派传承于康区再次兴盛的主要推动者。他于二十一岁时，受敏珠林寺上师仁增桑布（Rig 'dzin bzang po）剃度，正式出家为僧，并在萨迦派上师多吉仁钦（rDo rje rin chen）处受菩萨戒。其后三十余年间修学包括《秘密藏续》在内的一切显密经论及其注疏，得《甘珠尔》《丹珠尔》及《宁玛十万续》之传承。特别是，他从协庆寺久美·图朵南杰处获得有关《幻化网寂忿尊》之教授。

蒋扬钦哲旺波上师最主要的弟子是局·米庞南杰（'Ju Mi pham rnam rgyal）上师、二世噶陀司徒活佛曲吉嘉措（Kaḥ thog Si tu II Chos kyi rgya mtsho, 1880—1925）、阿宗珠巴（A 'dzom 'brug pa, 1842—1924）、三世多智钦活佛吉美丹贝尼玛（rDo grub chen 'Jigs med bstan pa'i nyi ma, 1865—1926）、伏藏师索甲（gTer ston bSod rgyal, 1856—1926）、堪布衮桑班丹（Kun bzang dpal ldan）、白玉寺贝玛诺布绛班竹贝罗珠、五世竹庆活佛土丹·曲吉多吉（Thub bstan Chos kyi rdo rje）等。其中三世多智钦活佛曾为《秘密藏续》作疏，题为《吉祥秘密藏续总义略释·宝藏钥匙》（*dPal gsang ba'i snying po'i rgyud kyi spyi don nyung ngu'i ngag gis rnam par 'byed pa rin chen mdzod kyi lde mig*）。此书乃由多智钦活佛口授、伏

藏师索甲笔录而成，侧重讨论《秘密藏续》之观修要诀。于多智钦寺之秘密藏殿中，每逢冬季法会即有上师按远传佛语系传承之注疏传统开讲《秘密藏续》。

米庞（1846—1912）是继龙青巴之后，宁玛派远传佛语派中的另一位极富盛名的大德。米庞全名蒋扬南杰嘉措（'Jam dbyangs rnam rgyal rgya mtsho），他出生于德格土司所辖雅砻江畔之定琼（Ya chu'i ding chung），幼时随其父学习书写诵读，十二岁入宁玛派寺院密咒法洲（gSang sngags chos gling）为僧，后赴拉萨入甘丹寺游学，一年后回德格，皈依蒋扬钦哲旺波上师为根本上师，随该师及旺钦·杰绕多吉（dBang chen dGyes rab rdo rje）、巴珠活佛吉美曲旺（'Jigs med chos dbang）等大德学法，遂通大小五明及显密教法，特别是对工巧、医方与历算尤有慧解。随后，即以讲经、辩论和著述三途利益正法、有情。其常修处有噶摩达仓寺（dKar mo stag tshang dgon）、局地之山居（'Ju Ri khrod）、邓柯顶果山居（lDan khog ding mgo ri khrod）等。年六十七，于局地山居圆寂，故后世习称其为局·米庞大师。他留下著述共三十二卷，由其弟子噶陀司徒曲吉嘉措及巴珠活佛等整理、编排，于德格印经院木刻印行。其著作中有一部《十方除暗总义·光明藏》（*sPyi don 'od gsal snying po*），是对龙青巴上师之名著《十方除暗》的注疏，该论依绒宋班智达与龙青巴二位上师之无上密意，从见地、等持、行为、坛城、灌顶、誓句、修证、供养、事业及手印等“密续十事”（rgyud kyi dngos po bcu）来解释《秘密藏续》之甚深义。据传，当米庞造此论圆满时，密主护法阿松玛（sNgags srung ma，即一髻佛母 Ekajaṭī）于光明梦境中示现，以身供养，发誓怙佑。次日，米庞造内外祈供密主护法仪轨时，复有格萨尔王亲现，发誓与米庞如影随身，不相分离。

十五、《秘密藏续》之近传伏藏传承

除了远传佛语传承外，旧译密咒法要之传承还有近传伏藏传承。按宁玛派的传统，莲花生大士及其他少数具德大师，为了教化未来众生，将很多修证共与不共两种悉地的教授作为伏藏埋藏，大力加持，令不失坏，付于守藏护法掌管，并发净愿，愿此法得遇有宿缘之化机。若到取藏之时，则先示现取藏之预兆，由谁得此藏，则应将掘藏者的名号氏族、容貌等记在取藏的简札上。若时、地与掘藏师一切因缘具备，则可将此藏取出，以之普传有缘，称为伏藏法（gter ma）。伏藏之法，印度自古有之，[1]藏地其他宗派中也屡见不鲜。伏藏法存在之理论根据可见诸许多正法经典中，其主要理由在于远传佛语传承之活力必然会随时间的流逝而衰退，因此，旧译经典之纯洁性只有在近传之伏藏中重新获得。每一代人只有在其重新发现的伏藏中得到更直接的影响。因为伏藏是在近传中获得，其发现者比任何旧密大师更接近教法之源头，所以由他们传播的伏藏法比师徒相承的远传教法更为殊胜。

伏藏法按其被发现的不同方式分成地伏藏（sa gter）、密意藏（dgongs gter）、净相藏（dag snang）及随念藏（rje dran gyi gter），或称再伏藏（yang gter）。[2]地伏藏通常指的是由后世掘藏师在地下、佛像内或院墙中发现的文献，而密意藏则指被隐埋在某人心识相续中被发现之伏藏。由于宿愿，菩萨或可在野兽之声音中，或在五大中听到法音。佛与菩萨也常常在得道者之梦境及净相中示现，并授之以特殊的教法。所谓净相藏与随念藏，亦被称为甚深净相传承，即是指已得道者在入定时面见本尊或上师，由本尊或上师亲口宣说教授，无间相承之伏藏法。这类传承虽也见于他派，但以旧密传承中最为普遍。它甚至被藏族宗教史家单列为区别于远传之经典传承、近传之伏藏传承之外的第三种传承。[3]

---

〔1〕关于伏藏传统在印度的先例，见 Robert Mayer, “Scriptural Revelation in India and Tibet: Indian Precursors of the gTer-ma Tradtion,” in Per Kvaerne (ed.), *Tibetan Studies: Proceedings of the 6th Seminar of the International Association for Tibetan Studies*, vol. I, Oslo: Institute for Comparative Research in Human Culture, 1994, pp. 533-544。

〔2〕关于伏藏类文献的历史、内容、种类及其教法意义参见 Janet B. Gyatso, “Drawn from the Tibetan Treasury: The gTer ma Literature”, *Tibetan Literature, Studies in Genre*, Edited by Jose Ignacio Cabezon and Roger R. Jackson, Ithaca: Snow Lion, 1996, pp. 147-169。另见 Andreas Doctor, *Tibetan Treasure Literature: Revelation, Tradition, and Accomplishment in Visionary Buddhism*, Ithaca: Snow Lion Publications, 2005。

〔3〕参见《土观宗派源流》，页 62、69。

西藏之伏藏法的根源通常主要归结于莲花生。虽然除了莲花生外，还有赤松德赞、无垢友、毗卢遮那、努·桑杰益西、南喀宁波、聂·阇那古摩罗、纳囊·多吉堆迥、娘班·定增桑波等上师也都被认为是伏藏的掩埋者，后世的掘藏师也分别是他们的转世，但到著名的掘藏师娘热·尼玛沃色（Nyang ral Nyi ma ’od zer, 1124—1192）时，莲花生与他的藏土明妃益西措嘉佛母（Ye shes mtsho rgyal）则已被认为是西藏伏藏法之主要来源。据传莲花生将众多摩诃瑜伽、阿努瑜伽及阿底瑜伽的教法传给了益西措嘉佛母，后者将它们重新编排成象征五部佛的五种黄卷，隐藏在不同的伏藏库中，留待被后世发现。当然严格说来，莲花生在此扮演的也不过是一个中间人角色，因为伏藏本身最初是诸佛密意传承（rgyal ba’i dgongs brgyud），是由本初佛于本初刹土中传承的；其次是所谓持明表示传承（rig ’dzin brda brgyud），是持明——即宁玛派之印度先师们以表义相传的。旧密所有不共之特殊口诀的传承只由上师以象征性符号、标帜进行直指教授。再其次才是由莲花生大士于 8 世纪的吐蕃王室用语言传授，此即被称为补特迦罗口耳传承（gang zag snyan khung du brgyud）。

具体说来，诸佛密意传承又经三传，即由法身佛普贤王如来父母于色究竟天之法界宫中将所有密意传于第六大金刚持，加持佛法大净瓶；第六大金刚持又亲将密意授予金刚萨埵，并赐加持；金刚萨埵将密意加持后传授给大持明嘎饶多杰（dGa’ rab rdo rje）。大持明嘎饶多杰乃印度金刚座西一邦国国王邬波罗阇（Uparāja）与王妃显明具光（Ālokabhāsvatī）之女妙法（Sudharmā）公主之子，传说公主于一茅蓬修法时夜梦一白人将五轮种子字（oṃ āḥ hūṃ svāhā）所饰宝瓶安其顶，于是受孕从左肋间生下一子。此小儿七岁时，即能难倒邬波罗阇国王及国内著名的五百学者，故受众敬仰，得名嘎饶多杰。后去日光遍照山修禅三十二年，显种种神通，挫败外道无算。其后，复赴金刚座东北大寒林中修行，向诸空行母说法，并于此将佛说所有法藏、要诀传予弟子妙吉祥友（Mañjuśrīmitra）。妙吉祥友随嘎饶多杰修习七十五载，获证菩提，并将大圆满六百四十万颂分为心部、界部、口诀部。妙吉祥友复将密乘所有修持，及清净解脱之灌顶，尤其是所有自性大圆满阿底瑜伽等之修持法要作为具相宝瓶，赐予弟子无垢友、佛智足及莲花生三位大师，是为持明表示传承。所谓补特伽罗口耳传承者，乃指吐蕃赞普赤松德赞父子与大译师属庐·鲁依坚赞等于莲花生座前听得普贤王如来密意之六百四十部大圆满续。因如是之法，小乘种性无福享受，非但不悟，反遭毁谤，是故莲花生只能将其藏之名山，以利益未来浊世之众。[1]为准备隐埋伏藏又在一祈愿灌顶仪轨中传授伏藏法，在此期间特别委任某位弟子由其将来的转世在某个特定的时间重新发现这些伏藏。为此他特作所谓奉教授记（bka' 'babs lung bstan），以确保这些伏藏由合适的人在合适的时间地点被重新发现。然后，他任命护法去隐藏这些伏藏文书，保证在合适的时间、人物出现以前不为人发现。

宁玛派发现之伏藏不仅数量惊人，而且内容广泛、形式多样，包罗万象。19世纪时，工珠罗珠塔耶（Kong sprul Blo gros mtha' yas）曾将其所见之佛教伏藏法汇编成集，名之为《大宝伏藏》(*Rin chen gter mdzod chen mo*)，共一百一十一卷。其中尚不包括像《玛尼全集》《五部遗教》等伏藏法中属于历史类的著作，以及那些已经收录进《宁玛十万续》中的伏藏及被归入口诀部之阿底瑜伽类续典，可见伏藏数量之多。[2]

若对伏藏作粗略的分类的话，则主要可分两大类：一是历史类，主要内容是雅隆王朝时佛教传入西藏的历史；二是宗教类，包括教法和实修。第一类作品出现于12至14世纪，以前面提到的《玛尼全集》和《五部遗教》为典型代表。虽然书中保留有许多今已失传的古代文献中的一些段落，但主体部分则为神话、幻想的成分所充斥，以致无法将它们当作第一手的历史材料使用。这些伏藏的主要内容就是粉饰、神化雅隆王朝的历史，特别是对松赞干布等吐蕃赞普如何将佛法引入，并加以大力扶植的历史浪漫化、教条化。《玛尼全集》实际上就是记载松赞干布之种种弘化的传记，它用大量笔墨来证明松赞干布是观

---

〔1〕 详见《深法寂忿密意自解脱传承简史·摩尼宝鬘》(*Zab chos zhi khri dgongs pa rang grol gyi brgyud pa'i lo rgyus mdor bsdus pa nor bu'i phreng ba*)，收《寂忿密意自解脱法汇》(*Zhi khro dgongs pa rang grol gyi chos skor*)，Delhi: Sherab Lama, 1975-1976, Vol.1, f. 27。

〔2〕 德国波恩大学中亚语言文化研究所 Peter Schwieger 博士多年来从事对德国柏林国家图书馆所藏楚布寺版《大宝伏藏》之编目、整理工作，至今已出版目录三册：*Tibetische Handschriften und Blockdrucke, Teil 10, 11, 12, Die mTshur-phu-Ausgabe der Sammlung Rin-chen gter-mdzod chen-mo, nach dem Exemplar der Orientabteilung, Staatsbibliothek zu Berlin-Preussischer Kulturbesitz*. Beschrieben von Peter Schwieger, Franz Steiner Verlag Stuttgart, 1990, 1995, 1999。

音菩萨的转世。[1]

第二类宗教类作品之主题包括教义、修法和仪轨。这类作品占所有伏藏之大部。除了莲花生及一些伏藏师的传记以外，卷帙浩繁的《大宝伏藏》汇集的主要就是成就法（grub thabs, sādhana）。与远传佛语之经、幻、心三部相应，伏藏法则主要是关于莲花生上师、大圆满及大悲观音（bla rdzogs thugs gsum）三类的修习，其中最核心的部分是《修部八教》《密意总集经》及《金刚橛》部（bKa' dgongs phur gsum）之文本。《大宝伏藏》之主要组织原则是旧译法藏之内续三部，即摩诃瑜伽、阿努瑜伽及阿底瑜伽。其中摩诃瑜伽在三部中占绝对主导地位，包括《大宝伏藏》之第三至第八十五卷；阿努瑜伽仅占八十五卷和八十六卷中的部分，阿底瑜伽则占第八十六至第九十一卷。摩诃瑜伽部诸尊被划分为上师、本尊和空行三组，合称为三根本（rtsa gsum）。上师修法在《大宝伏藏》中占去十四卷，本尊修法占三十二卷，主要即是摩诃瑜伽之修部八教，空行修法占五卷，其中包括一些母尊之修法。阿底瑜伽在实修时也用一些同样的本尊，但更重那些直指心性一类的修行方法。

在众多的掘藏师中，有噶玛林巴等掘藏大师发现了与寂忿百尊（即四十二寂静尊和五十八忿怒尊）之坛城有关的伏藏法。而寂忿百尊坛城即《秘密藏续》及幻化网部续典之坛城，所以《秘密藏续》乃《深法寂忿密意自解脱》之主要源头。于是，修供寂忿本尊坛城法的传承也就与《秘密藏续》之传承息息相关。[2]

---

〔1〕参 Matthew Kapstein, “Remarks on the Maṇi Bka' 'bum and the Cult of Avalokiteśvara in Tibet”, in Ronald M. Davidson and Steven D. Goodman (eds.), *Tibetan Buddhism: Reason and Revelation*, Albany: State University of New York Press, 1991, pp. 79-94。

〔2〕参 Henk Blezer, *Kar gling Zhi khro: A Tantric Buddhist Concept*, Leiden: Research School CNWS, School of Asian, African, and Amerindian Studies, 1997, pp. 39-93。

十六、伏藏师略传

为说明伏藏传承的历史，兹据工珠仁波切《大宝伏藏》中所收《百名掘藏师传·大宝琉璃美鬘》（*gTer ston brgya rtsa'i rnam thar rin chen vaidūrya 'phreng mdzes*）一书的记载，对与《秘密藏续》有关的几位最著名的掘藏师之生平及其所掘伏藏作简单介绍。

1. 雅尔结·邬金林巴（Yar rje O rgyal gling pa, 1329—1367）

邬金林巴传说为拉色·曲珠嘉波（lHa sras mChog grub rgyal po，天子·胜成王）之第七辈转世，藏历第五胜生周阴水猪年（1323 年）生于今西藏自治区扎囊县名雅尔结的地方。家中素有密续渊源，故尤擅咒术、医方、历算等。年二十三，于桑耶寺之红塔发现伏藏法之标牌授记（kha byang），并于雅隆协扎（Shel brag）背后一个由莲花岩堆砌而成的稀有水晶洞中发现了大量伏藏。此岩洞本为莲花生大士作甘露药修仪轨之处，洞中有众寂忿本尊之天然石像，一尊大遍入护法[1]像为其守卫。[2]邬金林巴从这尊护法像的头部及身体的其他部位中，抽出了许多伏藏经典。其中自其头顶获属上师、大圆满、大悲观音三部的《寂忿上师生起次第二教三部》（*bsKyed rim bla ma bstan gnyis skor gsum zhi drag*）、《大悲莲花心髓》（*Thugs rje chen po padma snying thig*）、《大圆满长寿修习》（*rDzogs chen tshe sgrub*）、《阿底、吉底、仰底》（*A ti spyi ti yang ti*）等。复于此像下部

〔1〕 即宁玛派三大护法之一喇呼拉（Rāhula）。

〔2〕 据蒋扬钦哲旺波上师《卫藏圣迹志》记载："（于雅隆）北部山岭上有最驰名的雅隆协吉扎浦（yar lung shel gyi brag phug，水晶岩洞）等大修道圣地的中心岩洞内，有莲花生的真身替代像，是开口显过圣的神像，还有为数不少的其他天然生成的佛像。协扎山下面不远的地方有村吉拉康（mTshan brgyad lha khang，八相神殿）、乃提拉章宫（gNas mthil bla brang，中央宫）等，内中有莲师的替身像、日光法衣，还有禅杖等内供佛宝甚多。在巧策拉喀山口（Phyag 'tshal la kha，礼拜山口）有特别殊胜的弃尸场和大宝塔，离尸场不远处有耶协措杰（智慧胜海）的秘密修道岩窟（mtsho rgyal gsang phug）。山左边的背后有邬坚林巴（邬金洲）取伏藏的地方，名白马协浦（Padma shel phug，莲花水晶洞），但距离比较远。"见钦则旺布著，刘立千译注，《卫藏道场胜迹志》，北京：民族出版社，2000 年，页 15-16。另参 Alfonsa Ferrari, *mK'yen Brtse's Guide to the Holy Places of Central Tibet*, Roma, IsMEO, 1958, pp. 271-277。

三首中，获《本尊教集大法海》（*Yi dam bka' 'dus chos kyi rgya mtsho chen po*），百三十二节；自其喉部，获《寂忿教集》（*Zhi khro bka' 'dus*）、《黑忿怒空行母》（*mKha' 'gro khros nag*）、《黄门怙主部》（*mGon pa ma ning gi skor*）；自其心间获《大莲花遗教》（*Padma bka'yi thang yig chen mo*）；自其下部蛇尾中，获《本智怙主暨众本尊》（*Ye shes mgon pa lha mang*）之密续、修法及事业集、医术、甚深护法教授；自手部与蛇尾余部，获《损益事业方便》（*Phan gnod kyi las thabs*）及《工巧花饰》（*bZo rig pa tra*）[1]。

此外，邬金林巴还在扎玉工札（Gra'i g.yu gong brag）获《密咒道次第广论》（*gSang sngags lam rim chen mo*）[2]、《莲花生略传》（*Padma'i rnam thar chung ba*）、《希解遗教明义》（*Zhi byed bka' chems don gsal*）、《缘起精粹集》（*rTen 'brel yang snying 'dus pa*）等伏藏法；又在桑耶寺之另一伏藏库获《五部遗教》，于宿喀（Zur mkhar）[3]石塔中获《大悲本智殊胜光》（*Thugs rje chen po ye shes 'od mchog*）、《吉祥骑虎怙主》（*dPal mgon stag zhon*），于温普达仓（'On phug stag tshang）获《忿怒上师与护法类》（*Guru drag po dang bstan srung skor*），于扎其之扎波且（Gra phyi Brag po che）获《阎罗寿主类》（*gShin rje tshe bdag gi skor*）等伏藏法逾百卷，其中仅《教集》部就约有三十卷。但因邬金林巴无法将它们定于黄卷之上，故不得不将其再次作为伏藏重新封藏，遂成再伏藏（yang gter）。在他发现的伏藏中与《秘密藏续》有最直接关联的是《寂忿教集》。

2. 噶玛林巴（Karma gling pa, 1376/7—1394/5）[4]

噶玛林巴乃吐蕃王朝时三大著名译师之一属庐·鲁依坚赞（Cog ro Klu'i

---

〔1〕此经已佚，但在蒋扬钦哲旺波之《教集总摄部》（*bKa' 'dus snying po mdor bsdud skor*）中仍可见其全貌。见《大宝伏藏》，卷 23，页 209-429。

〔2〕此论乃莲花生所造。

〔3〕宿喀位于桑耶寺附近，自桑耶逆雅鲁藏布江往上游走便到宿喀。此地最稀有的圣迹是象征五部如来的大佛塔。见刘立千译《卫藏道场胜迹志》，页 10；另见 Ferrari 上揭书，p. 46。

〔4〕迄今为止，未有噶玛林巴之传记面世，仅在《深法寂忿密意自解脱题记》（*Zab chos zhi khro dgongs pa rang grol gyi them byang*）中有关于噶玛林巴之出处、授记、所掘伏藏及其传承的简略记载。噶玛林巴之简传另见 Dudjom Rinpoche 上揭书，页 800-801。关于噶玛林巴的生平，特别是生卒年代的考证

rgyal mtshan）之化身。约于藏历第六胜生周（1327—1387）中降生于达波[1]上部名克珠（Dwags po'i stod khyer grub）的地方，父名尼达桑杰（Nyi zla sangs rgyas），享百二十五之高寿。噶玛林巴善密咒，具无量功德，乃事业、神通无碍之大圣者。年十五，因授记与缘起圆满和合，遂于达波之形若山神起舞的岗波达山[2]中获《寂忿密意自解脱》（*Zhi khro dgongs pa rang grol*）与《大悲莲花寂忿》（*Thugs rje chen po padma zhi khro*）及其他岩藏法宝。他将《大悲莲花寂忿》传给了他的所有十四位弟子，使其成为此法之传承上师。但仅将《寂忿密意自解脱》单传给他唯一的儿子尼达曲杰（Nyi zla chos rje），并要求在三代以内必须是秘密单传。三代之后，才准由其第三代传人广为传播。由于与授记之妙印母缘起不合，噶玛林巴于掘藏后不久即示寂。

噶玛林巴的第三代传人南喀·曲吉嘉措（Nam mkha' Chos kyi rgya mtsho）即按其授记所言，将《寂忿密意自解脱》之法在卫、藏、康三区，特别是在南北康区，广为传播，其灌顶、口授及导引系统一直延续至今。《寂忿密意自解脱》中的一部分，即《中有大闻解脱》（*Bar do thos grol chen mo*）被译成英文，以所谓《西藏死亡书》（*The Tibetan Book of the Dead*）闻名于西方。[3]

3. 喜饶沃色（Shes rab 'od zer，1518—1584）

喜饶沃色习称为称波掘藏师（'Phreng po gter ston），乃大译师毗卢遮那之转世。他发现了《莲花教诫》（*Padma'i zhal gdams*）及《解脱滴密意自解脱》（*Grol*

（接上页）见谈锡永为《寂静忿怒密意自解脱·六中有圆满次第导引》所撰导论，收莲花生大士岩藏，事业洲尊者岩传，谈锡永译注，《事业洲岩传法——六中有自解脱导引》，北京：华夏出版社，2011 年，页 3-24；沈卫荣，《幻想与现实：〈西藏死亡书〉在西方世界》，同上，页 173-239。

〔1〕关于达波之地参见《卫藏道场胜迹志》，页 12；据译注者言，达波指今西藏自治区桑日县以东的雅鲁藏布江流经的沿岸一带地区，包括今加查、古如朗加、朗、金东等县。

〔2〕此 sGam po gdar gyi ri 疑即为位于沃卡达孜与达波之间的圣山达拉岗波山（Dwags la sgam po）。达拉山在今加查县境内，岗波又为寺庙名，乃噶举派达布系的最大道场，由冈波巴上师建成于 1121 年。

〔3〕关于《西藏死亡书》及其在西方的流布和影响，见 Donald S. Lopez, Jr., *Prisoners of Shangri-La*, Chicago: The University of Chicago Press, 1998, pp. 46-87; David Germano, "Dying, Death, and Other Opportunities", in *Religions of Tibet in Practice*, Donald S. Lopez, Jr. (ed.), Princeton: Princeton University Press, 1997, pp. 458-493。

tig dgongs pa rang grol）。后一伏藏与《秘密藏续》相关，其修法在喜饶沃色之本寺琼结白日寺（'Phyong rgyas dpal ri, 吉祥山寺）尤为流行。该寺位于琼结藏王墓后方，日窝德庆（Ri bo bde chen, 大乐山）寺之河东，全名吉祥山大乘洲，与多吉扎寺、敏珠林寺合称“多、敏、白三寺”（rDor smin dpal gsum）。该寺原是宁玛派大寺，乃当地土司索南多嘉（bSod nams stobs rgyal）所建。但至蒋扬钦哲旺波上师于19世纪中后期造访此庙时，它已成为一座小庙。庙内尚有莲花生大士的替身像和其他佛宝。[1]

4. 持明嘉村宁波（'Ja' tshon snying po, 1585—1656）

持明嘉村宁波又名掘藏师勒绰林巴（Las 'phrog gling pa），或持咒尊者吽那美巴（Hūṃ nag me 'bar），被誉为一身兼三名之大金刚持比丘。传说他是得莲花生大士嫡传、并得证无漏光明身的一百零八位弟子中之娘班·定增桑波（Nyang ban Ting 'dzin bzang po）的化身。他出生于藏历第十胜生周之阴木鸡年（1585年），出生地是工布的瓦茹南泽（Wa ru gnam tshal），父名曲迥贡布（Chos skyong mgon po），母名南朗普赤（Nam langs bu khrid）。自幼为教法熏习，三岁即能识字念咒，自十二至二十岁，习一般之科目，尤擅医方明，达贤者之顶。是时常在日常、净相与梦境中遇莲花生，遂决意脱离火宅，潜心佛法，在曲杰·米庞扎西罗珠（Chos rje Mi pham bkra shis blo gros）座前出家，受赐法名阿旺·曲嘉旺波（Ngag dbang Chos rgyal dbang po）。随上师听闻一切密咒灌顶、口传、导引等无数教授，且时时潜修。后又随沙布隆·诺布坚巴（Zhabs drung Nor bu rgyan pa）、竹巴·汤杰钦巴（'Brug pa Thams cad mkhyen pa）和娘美拉泽瓦（mNyam med lha rtse ba）等上师学法，通显密新旧一切教法。并随无比拉泽瓦上师受近圆戒。

嘉村宁波曾在一泥封之隐舍修行十七年，虽获许多有关伏藏之授记，但他不曾理会。当他念诵金刚手仪轨达一亿遍时，再次出现令其掘藏之授记，遂在扎西罗珠上师鼓励下，于阳铁猴年（1620年）正月初十开始掘藏，最初于一座

[1]《卫藏道场胜迹志》，页17-18。

铁合金所铸金翅鸟像内掘出佛母益西措嘉亲手写下的伏藏标牌授记。按此授记所示，他在扎陇虹帐（Brag lung hom 'phrang）之铁门内，掘出《极深（三）宝总集》（*Yang zab dkon mchog spyi 'dus*）等秘密伏藏，他的伏藏修行及秘密手印与之完全相合。随后，他渐次在工布布楚（Kong po bu chu）、称作绛真泽（Byang 'phreng mdzes）的大林地的入口、聂木神山（sNye mo lha ri）、工帐根敦乃（Kong 'phrang dGe 'dun gnas）和乌茹夏拉康（dBu ru zhwa'i lha khang）等地，掘出《大悲观音》（*Thugs rje chen mo*）、《马头金刚与亥母·如意宝》（*rTa phag yid bzhin nor bu*）、《寂忿了义藏》（*Zhi khro nges don snying po*）、《长寿修习·霹雳金刚》（*Tshe sgrub gnam lcags rdo rje*）、《金刚卓洛》（*rDo rje gro lod*）、《吉祥怙主黄门法类》（*dPal mgon ma ning skor*）、《莲花岗圣地指南》（*Padma dkod kyi gnas kyi lam yig*）许多甚深伏藏法。其中有些如《（三）宝总集》等为秘密伏藏法，而大部分则是当众发掘的伏藏。

嘉村宁波享世寿七十又二，后人将其所掘伏藏汇编成集，名《彩虹六卷》（*'Ja' tshon pod drug*）。其中《寂忿了义藏》与《秘密藏续》之传统最有关联。

5. 敦都多杰（bDud 'dul rdo rje, 1615—1672）

持明敦都多杰据传乃大译师卓班车琼（'Brog ban Khye'u chung）之化身，于藏历第十胜生周之阴木兔年（1615 年）出生于康区德格名额普囊（dNgul phu nang）谷之山阴，父亲属岭氏家族（Gling gi rigs），名龙树（Klu sgrub），行医为业；母亲名柏绿玛（Bo lu ma）。自幼随父从学，识文断字，兼习医道。六岁时，即显现许多净相，居吉祥任运顶法苑（dPal lHun grub steng gi chos grwa），顶礼仁增果登之化身、德格成道者贡嘎嘉措（Kun dga' rgya mtsho），得法号贡嘎·索南曲帕（Kun dga' bSod nams chos 'phags）。先闻思修萨迦派教法，后随导师贡却坚赞（dKon mchog rgyal mtshan）习大圆满法，得开证悟之门。复赴前藏学法，于娘布（Nyang po）遇大德扎西才旦（bKra shis tshe brtan），听闻许多解脱之教授。后于扎噶拉曲（Brag dkar lha chu）行禁食，仅以辟谷术为生，于甚深道之脉、气、明点瑜伽得究竟。其后，往后藏萨迦鄂尔派（Ngor）寺院学道果法，回程过邦日（Bang ri）顶礼嘉村宁波，圆满听闻以后者自家甚深伏藏法为主之灌顶、导引及口诀。后往波密，于玉海宫（Pho brang g.yu mtsho）精进于修习《热林极密无上金刚橛》（*Rat gling phur pa yang gsang bla med*）时，梦中被诸空行母引往莲花生大士的净土铜色吉祥山，居此二十八日。莲师赐其圆满成熟灌顶及有关伏藏之授记。后往晋见吉祥邬金丹增上师，请其释梦。后者大喜，献其以丰盛之供养，并封其为金刚阿阇梨。

敦都多杰最初发掘之甚深伏藏，与所得之伏藏标牌授记相合。年二十九，他以具种性之班玛吉（Padma skyid）为其业印，在玉海宝岩（g.Yu mtsho rin chen brag）取出标牌授记，于波密东河大乐秘密洞中，取出《正法密意遍总集法类》（*Dam chos dgongs pa yongs 'dus kyi skor*）。按敦都多杰自己的说法，此藏是他所有掘藏中最为重要的一部，以后所掘伏藏不过是它的支分而已。随后，他渐次在擦瓦卓扎（Tsha ba sgro brag）掘出《正法化身心髓》（*Dam chos sprul sku'i snying thig*）及其护法刹土神之仪轨，于普日达宗（sPu ri dwags rdzong）取出《甚深义秘密心髓》（*Zab don gsang ba snying thig*）、《吉祥胜乐四臂护法类》（*dPal bde mchog dka' srung phyag bzhi pa'i skor*）等，于普日协结央仲（sPu ri shel gyi yang sgrom）掘出《心髓——无量寿、真实忿怒尊、普巴金刚三部及护法一髻佛母自生佛母类》（*sNying thig tshe yang phur gsum dang srung ma ekajaṭī rang byung rgyal mo'i skor*），复于彼密东河北岸岩石中掘出《莲花岗秘境胜迹志》（*sBas yul pad mo bkod pa'i gnas yig*），复于康区德格境内掘得《红、黑阎摩敌与大威德三本尊类》（*Yi dam dmar nag 'jigs gsum gyi skor*）；但除了《寂静文殊修习类》（*'Jam dpal zhi sgrub kyi skor*）外，他似乎并未建立其他伏藏法。

此外，经敦都多杰之手在西藏各地掘出的伏藏还有《吉祥四面怙主及大天修习类》（*dPal mgon gdong bzhi pa dang lha chen sgrub skor*）、《上师持明总集》（*Bla ma rig 'dzin 'dus pa*）、《长寿修习・炙热红霞》（*Tshe sgrub tsha ba dmar thag*）、《娘舅护法与庞若类》（*bKa' srung zhang blon dang spom ra'i skor*）、《耳传顶严・如意宝类》（*sNyan brgyud gtsug rgyan yid bzhin nor bu'i skor*），对这些伏藏法他同样未作安立。

特别值得一提的是，有行者名冬呈坚（Dung phreng can）在波密之南迦巴瓦山（gNam lcags 'bar ba, 天铁炽燃）中取出《幻化网寂忿尊》《修部八教》及其护法类，于若扎（Ra tsag）的石塔中取出《吉祥骑虎怙主类》（*dPal mgon stag zhon skor*）等伏藏，并将它们交到了敦都多杰的手中。这部名为《幻化网寂忿尊》的伏藏于藏地《秘密藏续》之传承意义重大。

敦都多杰晚年以位于波密西部之德庆塘（bDe chen thang）及玉日岗果（g.Yu ri sgang 'go）二寺为根本道场，并在康区各宁玛派丛林巡游示教，广弘密法。藏历阳水鼠年（1672 年）往生莲花光明大宫，享世寿五十八。

6. 南确・米久多杰（gNam chos Mi 'gyur rdo rje, 1645—1667）

米久多杰发现的伏藏达二十三卷之多，多为净相传承。据说自十二岁至其二十四岁时圆寂为止，他于净相中共得到十五卷伏藏法，被称为《天法》（*gNam chos*），该法已成为白玉寺之主修传统之一，其中著名的有《寂忿天法》（*gNam chos zhi khro*）。

7. 秋吉林巴（mChog gyur gling pa, 1829—1870）

秋吉林巴全名秋吉德钦希波林巴（mChog gyur bde chen zhig po gling pa），传说为吉祥天子木迪赞普、亦名益西若巴匝（Ye shes rol pa rtsal）之化身。藏历第十四胜生周阴土牛年（1829 年）出生于西康南部与叶尔堆（Yer stod）相连的一个名宫德扎囊（sGom sde grwa nang）的地方。其父名班玛旺秋（Padma dbang phyug），其母名泽仁央措（Tshe ring g.yang mtsho）。自幼灵异，显现稀有正行，识文作颂，了无碍难，人称罗布丹增（Nor bu bstan 'dzin）。后随八世巴沃・祖拉曲吉嘉布（dPa' bo gTsug lag chos kyi rgyal po）、止贡派诸殊胜化身、八邦寺堪布司徒・班玛宁杰旺波（Si tu Padma nyin byed dbang po）等著名大师学习各派教法。自蒋贡工珠仁波切处获得了宁玛派之大部分教法传统，包括幻化网之寂忿本尊修法。他与蒋扬钦哲旺波二人都兼具关于经、幻、心三部之教传和伏藏、净相传承之七种传承（bka' babs bdun）。他所发现的众多伏藏如《秋吉林巴伏藏法》（*mChog gling gter chos*）等，共达三十卷之多。其中，《甚深七幻化》（*Zab bcun sgyu 'phrul*）以及在十万空行宗（mKha' 'gro 'bum rdzong）发现的《大悲莲花幻化网》（*Thugs rje chen po padma sgyu 'phrul drwa ba*），皆依远传佛语传承之名相及义理结构。

8. 蒋扬钦哲旺波（'Jam dbyangs mkhyen brtse'i dbang po, 1820—1892）

蒋扬钦哲旺波，又名班玛沃色多昂林巴，为大班智达无垢友与法王赤松德赞之双运幻变、嘉色拉杰伏藏师降巴（rGyal sras lha rje gter ston rkyang pa，即赤松德赞）的第十三辈转世。藏历十四胜生周之铁龙年（1820 年）出生于西康德格，父为仲钦·仁钦旺嘉（Drung chen Rin chen dbang rgyal），母是索萨·索南措（Sog bza' bSod nams mtsho）。幼年时，其大乘种性已然觉醒，时以出家为念。年二十一，由邬金敏珠林寺堪布仁增桑布（Rig 'dzin bzang po）上师授近圆戒，随后十三年间，他师从萨迦派上师多吉仁钦（rDo rje rin chen）等一百五十位上师修习大、小乘及显、密教法，遂通大小五明，精各派教法要义。对《幻化秘密藏》和《时轮》《胜乐》《密集》等续典及其释论，如《甘珠尔》《宁玛十万续》《丹珠尔》等都毫无偏见地通习无余。

蒋扬钦哲旺波具经、幻、心三部之佛语远传及伏藏、净相传承之七种传承，曾掘出众多伏藏法，其中与《秘密藏续》直接相关的有在司峨韵措湖（Si ngu g.yu mtsho）发现的《三根本幻化网类》（*rTsa gsum sgyu 'phrul drwa ba'i skor*）。此外，当他在宗雪德协度巴（rDzong shod bde gshegs 'dus pa）时，曾在净相中游商羯罗矩陀（Śaṇkarakūṭa）塔，受到莲师及其八位化身的灌顶及关于《修部八教》《幻化寂忿尊》等成熟解脱之心要。

十七、对《秘密藏续》之摩诃瑜伽和阿底瑜伽的诠释

粗略言之，与《秘密藏续》相关的藏文释论可分成两类：一类将在远传佛语系传承中的《秘密藏续》解释为摩诃瑜伽的典型代表；而另一类则将它当作果乘、阿底瑜伽、大圆满法来解释。如米庞在《光明藏》中所言，用于疏解此本续大义之法有两大传规，即共通广大说与不共甚深说。共通广大说即是持明之王、

具德宿氏家族之稀有传承，此派将《秘密藏续》按照摩诃瑜伽自宗之传统来解释；而不共甚深说即指绒宋班智达与龙青巴二位上师之无上意趣，他们将《秘密藏续》解释为“摩诃瑜伽中的阿底部”，即最高部；从其根本言之，它与大圆满法三个分支中“阿底瑜伽的摩诃部”的密意相同。秘密大圆满中有三类教法：一说生圆无二，心智自现坛城；二说不依生圆，心性即本初佛自性；三说于智自显现本性中成佛。米庞认为《秘密藏续》所取为其中第一种说法。虽然这两种传规之究竟密意并无二致，但米庞在其自己的著作中取第二种传规，因为它具有甚深口诀之精要。

虽然这两种传规相互间并不对立、矛盾，但依然明确表明二者各自之侧重有细微的差别。用大译师达摩师利在《秘密主事业善说教授》中的话说，摩诃瑜伽证知一切法乃心性之幻化，阿努瑜伽证知一切法乃心性之力用，而心性中之法界与本智无二无别，而阿底瑜伽则证知一切法乃心性自显现，此心性即无始以来法尔具存之本觉智，无生无灭。尽管标准的摩诃瑜伽修习强调基之自性以及生起次第之渐修，但《秘密藏续》已然平等地显示了生起、圆满次第，以及为阿底瑜伽所重之心智自显现。事实上，《秘密藏续》的修习包罗了生圆二次第，以及大圆满之种子，这就表明在这些不同的解释传规之间并不存在根本性的矛盾。

在《秘密藏续》诸释论中，属共通广大传规者，以出自远传佛语系之论典为代表，其名目如下：

1. 游戏金刚（Līlāvajra）造，《大续王吉祥秘密藏疏》（*Mahārājatantraśrīguhyagarbhanāmaṭīkā*），简称《巴甲疏》

2. 佛密（Buddhaguhya）造，《秘密藏续判别疏》（*rNam dbye 'grel*）

3. 云敦 · 多杰贝（g.Yung ston rDo rje dpal）造，《吉祥秘密藏续义能显明镜》（*dPal gsang ba snying po'i rgyud don gsal byed me long*）

4. 达那 · 卓玛桑珠多吉（rTa nag sGrol ma ba bsam grub rdo rje）造，《秘密藏续纲要》（*Khog dbub*）

5. 南开仁钦（Nam mkha'i rin chen）造，《秘密藏真实决定续疏 · 能显续义之如意宝灯》（*gSang ba'i snying po de kho na nyid nges pa'i rgyud kyi 'grel bshad rgyud don gsal bar byed pa'i sgron ma yid bzhin gyi nor bu*）

6. 曼陇巴·米觉多杰（sMan lung pa Mi bskyod rdo rje）造，《秘密藏疏及总义》（*gSang snying 'grel pa dang spyi don*）

7. 大译师达摩师利（Lo chen Dharmaśrī）造，《由总义抉择吉祥秘密藏真实决定续王之善说·秘密主言教》（*dPal gsang ba'i snying po de kho na nyid nges pa'i rgyud kyi rgyal po sgyu 'phrul drwa ba spyi don gyi sgo nas gtan la 'babs par byed pa'i legs bshad gsang bdag zhal lung*）

8. 大译师达摩师利造，《秘密主密意庄严》（*gSang bdag dgongs rgyan*）

9. 班玛·久美嘉措（Padma 'Gyur med rgya mtsho）造，《总义·见即证义》（*sPyi don mthong bas don rtogs*）

10. 噶陀·久美泽旺确珠（Kaḥ thog 'Gyur med tshe dbang mchog grub）造，《内密咒之道次第广释·第二佛陀之密意庄严》（*gSang sngags nang gi lam rim rgya cher 'grel pa sangs rgyas gnyis pa'i dgongs rgyan*）

11. 三世多智钦·吉美丹贝尼玛（rDo grub III 'Jigs med bstan pa'i nyi ma）造，《吉祥秘密藏续总义略释·宝藏钥匙》（*dPal gsang ba'i snying po'i rgyud kyi spyi don nyung ngu'i ngag gis rnam par 'byed pa rin chen mdzod kyi lde mig*）

12. 久美·潘德沃色（'Gyur med Phan bde'i 'od zer）造，《开启百门甚深义之钥匙》（*Zab don sgo brgya 'byed pa'i lde'u mig*）

属第二类不共甚深传规之释论有：

1. 日光狮子（Sūryaprabhasiṃha）造，《吉祥秘密藏广释》（*dPal gsang ba'i snying po rgya cher 'grel pa*）

2. 莲花生（Padmasambhava）造，《口诀见鬘》（*Man ngag lta phreng*）

3. 莲花生造，《广疏》（*rNam bshad chen mo*）

4. 绒宋班智达（Rong zom paṇḍita Chos kyi bzang po）造，《续王秘密藏宝疏》（*rGyud rgyal gsang ba'i snying po'i 'grel pa dkon mchog 'grel*）

5. 龙青巴（Klong chen pa）造，《除暗三部》（*Mun sel skor gsum*）

6. 局·米庞南杰（'Ju Mi pham rnam rgyal）造，《光明藏》（*sPyi don 'od gsal snying po*）

7. 仙潘·曲吉囊瓦（gZhan phan Chos kyi snang ba）造，《幻化网续笺注·日

月藏》(*sGyu 'phrul drwa ba'i rgyud kyi mchan 'grel nyi zla'i snying po*)

不管是将《秘密藏续》依主流解释为摩诃瑜伽之教法，还是依阿底瑜伽对其加以诠释，在宁玛派传统中,《秘密藏续》均被视为其最根本之大续。

十八、有关《秘密藏续》的翻译与研究

随着国际藏学研究的迅猛发展，对于藏传佛教宁玛派的历史与教法的研究层出不穷，作为宁玛派教法的根本性文本,《秘密藏续》及其相关的释论、传承史录等自然备受学术界的关注与重视。以下分别就围绕《秘密藏续》所展开的翻译与研究作一简要的回顾与评述。

《秘密藏续》根本续的藏译本本身就有广、中、略三个版本，广本共八十二品，中本共四十六品，略本共二十二品，而迄今为止所有的英译与汉译本都是依据无垢友、聂·阇那古摩罗、玛·仁钦确合译之略本而译。最早的英译当见于 Hubert Guenther 于 1984 年出版的 *Matrix of Mystery: Scientific and Humanistic Aspects of rDzogs-chen Thought*(Boulder & London: Shambhala)，此书严格说来只是《秘密藏续》的节译本，作者的写作意图在于借助《秘密藏续》的文本阐发其中蕴含的大圆满法义，[1]其针对的受众却非一般读者，因为书中大量借助了传统西方哲学以及现代物理学乃至人工智能等专业性极强的理论工具，并以作者独有的一套创造性的英文翻译体系来表达相关的藏文名相，故而对于书中所涉专业领域及 Guenther 本人的理论与写作风格不熟悉的读者而言，此书确显晦涩，阅读实非易事。尽管如此，全书仍然体现了作者对《秘密藏续》相当深刻而独到的见解，它将这一古老的东方宗教文本置于西方哲学与自然科学的语境中加以释读，

〔1〕 有学者指出,《秘密藏续》从根本上而言仍属于摩诃瑜伽部，然而 Guenther 并未对该续在摩诃瑜伽层面的法义作出应有的解读。参 A. W. Hanson-Barber, "Review of *Matrix and Mystery: Scientific and Humanistic Aspects of rDzogs-chen Thought*", in *The Journal of the International Association of Buddhist Studies*, 1985, Volume 8, no. 2, pp. 138-140。

为我们展示了迥异于藏土注疏传统的另一种阐释窗口。

此后,《秘密藏续》的完整英译首见于 Gyurme Dorje 至今仍未正式发表的博士论文 *The Guhyagarbhatantra and its XIVth Century Tibetan Commentary phyogs-bcu mun-sel*(University of London, 1987),作者在导论中详细介绍了《秘密藏续》在印度与西藏的弘传史,继而整理了该续的精校本,最后作者对根本续及龙青巴的释论《十方除暗》作了完整翻译,然而作者对于《秘密藏续》的法义及其于修习上的重要,并未作出深入探讨。

2011 年,《秘密藏续》的第二个完整英译本由毗卢遮那光明翻译组(The Light of Berotsana Translation Group)的 Lama Chönam 和 Sangye Khandro 合作完成,二人将根本续的翻译及其所译龙青巴之《十方除暗》合并出版,书名为 *The Guhyagarha Tantra: Secret Essence Definitive Nature Just as It Is with Commentary by Longchen Rabjam*(Ithaca: Snow Lion Publications),书中为重要的名相提供了较为详细的注释。二位译者在翻译过程中得到了印度南卓林寺(rNam grol gling)的领衔堪布、当代宁玛派内以教授《秘密藏续》闻名的南卓次仁(rNam grol tshe ring, 1953—)的亲力指导,二人致力于与《秘密藏续》相关的文本的整理与翻译,已有数部译著出版(余者详见下文)。

《秘密藏续》最为晚近的英译当属德雄仁波切(sDe gzhung rin po che, 1906—1987)的弟子 Christopher Wilkinson 的译本,Wilkinson 将《秘密藏续》与阿底瑜伽心部的续典《乐无央》(*bDe ba rab 'byams*)的翻译合为一书,于 2015 年出版,题名为 *The Tantra of Great Bliss: The Guhyagarbha Transmission of Vajrasattva's Magnificent Sky*(North Charleston: Create Space Independent Publishing Platform),译者认为这两部续分别代表了摩诃瑜伽的阿底瑜伽、阿底瑜伽的摩诃瑜伽,在法义上可彼此融通、交相辉映,故而译之以供读者合参,与此同时,作者基于此二续讨论了早期大手印与大圆满之间的关系。

《秘密藏续》根本续的汉译本仅有一种,乃沈卫荣依据敦珠仁波切所编《宁玛教传广集》中所收的版本而译,于 2001 年由香港密乘佛学会出版,本文之初版即以导论形式附于书中,该书还收录了莲花生所造《口诀见鬘》的汉译以助读者理解本续，[1]此论乃由沈卫荣依据 Samten G. Karmay 先生于其名著 *The Great Perfection: A Philosophical and Meditative Teaching in Tibetan Buddhism*（Leiden: E.J. Brill, 1988）中提供的转写校勘本而译。全书于 2010 年由台北全佛文化出版社再版发行。

就《秘密藏续》的释论而言，最早正式出版的英译本乃 Dharmachakra Translation Committee 所翻译的米庞所造之《光明藏》，题名为 *Luminous Essence: A Guide to the Guhyagarbha Tantra*（Ithaca: Snow Lion Publications, 2009），该译本并未在必要的地方提供相应的注释，也未对原文征引的文献的出处加以说明。

其后，于 2010 年，Lama Chönam 和 Sangye Khandro 连续出版了两部《秘密藏续》释论的英译，亦即米庞之《光明藏》以及第三世多智钦之《吉祥秘密藏续总义略释·宝藏钥匙》，分别题为 *Essence of Clear Light: An Overview of the Secret Commentary through Dispelling Darkness throughout the Ten Directions*（Ithaca: Snow Lion Publications）和 *Key to the Precious Treasury: A Concise Commentary on the General Meaning of the Glorious Secret Esence Tantra*（同前），二者皆为藏英双语对照版。迄今为止，实际上仅有龙青巴、米庞、第三世多智钦三人所造《秘密藏续》释论有完整英译，而绒宋班智达的《宝疏》目前仅有一篇幅不长的节译。[2]至于《秘密藏续》释论之汉译，目前正式公开出版者仅有一种，乃沈卫荣所译米庞之《光明藏》，题名为《幻化网秘密藏续释·光明藏》，书中对重要名相均加以注释，同时对所有引文都作了考订，谈锡永先生对译文作了逐段疏解，以显明米庞之甚深密意，该书 2001 年由香港密乘佛学会出版，2010 年由台北全佛文化出版社再版发行。

---

〔1〕《口诀见鬘》从根本上源出《秘密藏续》，依绒宋班智达的观点，它是为《秘密藏续》第十三品《开示诸法无始以来于大圆满中任运成就相之口诀品》所作之补充。参 Karmay 上揭书，页 139。

〔2〕见 Orna Almogi, *Rong-zom-pa's Discourses on Buddhology: A Study of Various Conceptions of Buddhahood in Indian Sources with Special Reference to the Controversy Surrounding the Existence of Gnosis (jñāna: ye shes) as Presented by the Eleventh-Century Tibetan Scholar Rong-zom Chos-kyi-bzang-po*, Tokyo: The International Institute for Buddhist Studies, 2009, pp. 277-297。

与《秘密藏续》相关的研究最早可见于Kenneth Eastman于1983年在*Bulletin of Buddhist Institute of Cultural Studies*第22期上发表的文章“Mahāyoga Texts at Tun-huang”（Ryukoku University, pp. 42-60），[1] 作者注意到了敦煌所出的摩诃瑜伽文本中，一些成就法（sādhana）征引了《秘密藏续》的内容，例如IOL Tib J 540即罗列了《秘密藏续》所说四十二寂静尊之密咒与名号，Pelliot tibétain 849则提到了该续的标题，这些细节或可视为《秘密藏续》在10世纪末以前于藏土弘传的见证。此后，Dan Martin于1987年发表了题名为“Illusion Web: Locating the Guhyagarbha Tantra in Buddhist Intellectual History”（in Christopher I. Beckwith (ed.), *Silver on Lapis: Tibetan Literary Culture and History*, Bloomington: The Tibet Society, pp. 175-220）的文章，该文以整个印度佛教传统为依托，结合小乘《巴利三藏·长部》所收之《梵网经》以及大乘《华严经》等，梳理了“网”“法界”“越量宫”等名相的演变历程，从而追溯了“幻化网”这一理念的历史渊源，并考量了《秘密藏续》在佛教思想史的地位。2002年，汉堡大学教授Dorji Wangchuk发表了题为“An Eleventh-Century Defence of the Authenticity of the Guhyagarbha Tantra”（in Helmut Eimer & David Germano (eds.), *The Many Canons of Tibetan Buddhism*, Leiden: Brill, pp. 265-291）的文章，[2] 作者首先介绍了《秘密藏续》在宁玛派传统中的地位及其于新译密咒初期在真实性问题上遭受的批评，继而以11世纪绒宋班智达的《秘密藏续宝疏》为考察依据，着重分析了绒宋巴在当时梵本尚未找到的情况下，如何以教证与理证对批评者所指出的种种过失逐一回应。此后，Nathaniel De Witt Garson于2004年发表了博士论文*Penetrating the Secret Essence Tantra: Context and Philosophy in*

---

〔1〕 最早注意到《秘密藏续》的欧洲学者当属Alexander Csoma de Kőrös。在20世纪80年代以前，几乎没有单独对《秘密藏续》所作的研究，仅有散见的零星论述，例见David S. Ruegg, *The Life of Bu-ston Rin-po-che*, Roma: Istituto Italiano per il Medio ed Estremo Oriente, 1996, p. 68; Samten G. Karmay, “A Discussion of the Doctrinal Position of Rdzogs-chen from the 10th to the 13th Centuries,” in *Journal Asiatique*, 1975, p. 148.

〔2〕 该文汉译见李梦妍译，《11世纪关于〈秘密藏续〉真实性的一个辩护》，收沈卫荣主编，《大喜乐与大圆满：庆祝谈锡永先生八十华诞汉藏佛学研究论集》，北京：中国藏学出版社，2014年，页580-599。

the Mahāyoga System of rNying-ma Tantra（PhD Thesis, Department of Religious Studies, University of Virginia），这是继 Gyurme Dorje 博士论文之后又一部较为全面的关于《秘密藏续》的研究，本文在结构安排上与后者近似，然而不同的是，本文选择了以宿氏传规为代表的教传佛语（bka' ma）传统的诠释为研究对象，重点考察了《秘密藏续》的教传传承史，并依据达摩师利译师的《秘密主言教》分析了摩诃瑜伽在宁玛派九乘次第中扮演的角色，最后通过翻译第三世多智钦所造《宝藏钥匙》的前半部分，比较了宿氏教传传规与绒宋巴、龙青巴一系传规在《秘密藏续》的诠释上的不同，并尝试性地探讨了该续在印度的源流，本文相对于 Gyurme Dorje 论文而言，对法义上的挖掘更为深入。在此之后的很长一段时期内，学界未见有关《秘密藏续》的集中研究，仅有零星的短篇讨论见于部分学术博客，其中比较有代表性的是 2007 年 Sam van Schaik 于 Early Tibet 博客上发布的博文"In Search of the Guhyagarbha Tantra"（2007 年 8 月 27 日），[1]其中基于 Eastman 此前关于敦煌摩诃瑜伽文本的研究和作者本人近年来对敦煌文本的分析，发现这些文本对同属摩诃瑜伽部的《密集续》的征引，从频率和内容的完整性上都超过《秘密藏续》，由此指出 11 世纪以前《密集续》在藏土的影响可能胜于《秘密藏续》。针对此文，Robert Mayer 的补充回复也提供了重要的信息，亦即萨迦派之所以在历史上对《秘密藏续》的真实性鲜有批评，其原因除了传统上认为的迦湿弥罗班智达释迦师利跋陀罗（Śākyaśrībhadra，萨迦班智达的上师之一）在桑耶寺发现了《秘密藏续》梵本外，甚至可以追溯至萨迦三祖扎巴坚赞（Grags pa rgyal mtshan, 1147—1216）在其所编《续部目录》中收录了《秘密藏续》，而后来的八思巴（'Phags pa Blo gros rgyal mtshan, 1235—1280）在为续部编目时也同样收录了《秘密藏续》。最为晚近的有关《秘密藏续》的研究应属 2014 年汉堡大学 Orna Almogi 发表的文章" The Eighteen Mahāyoga Tantric Cycles: A Real Canon or the Mere Notion of One?"（*Revue d'Etudes Tibétaines*, no.

〔1〕 https://earlytibet.com/2007/08/27/in-search-of-the-guhyagarbha-tantra/ 此外，有关以《秘密藏续》为根本的摩诃瑜伽部誓句（samaya）的研究，见 Sam van Schaik, "The Limits of Transgression: The Samaya Vows of Mahāyoga", in Matthew T. Kapstein and Sam van Schaik (eds.), *Esoteric Buddhism at Dunhuang: Rites and Teachings for This Life and Beyond*, Leiden: Brill, 2010, pp. 61-83。

30, pp. 47-110），文中集中讨论了以《秘密藏续》为根本的摩诃瑜伽十八主续，通过比较藏文文献中有关这十八主续名目列表的不同版本，作者认为“十八大续”（tantra chen po bco brgyad）这一概念起源甚早，然而具体的续典名目则为后世的填充，这些续典标题绝大部分可见于敦煌文献，其流通年代早至 10 世纪，不少续典甚至早至 9 世纪。

十九、结语

《秘密藏续》作为宁玛派的根本大续，其弘传史实际上就是旧译密咒在西藏传播的核心主干，由其辐射出的文本、人物、教法几乎涵盖了宁玛派传统的方方面面。通过上文的讨论，笔者初步厘清了《秘密藏续》的续名、文本源流、内容架构及基本法义，呈现了该续典及附属文献之间的相互关系，并梳理出该续及其代表的摩诃瑜伽教法在印度与西藏的传承脉络，从而明确了该续在藏传佛教史上的地位，也为读者大致勾勒出了旧译密咒教法在西藏传播的宏观图景。最后，笔者简要介绍了国际学界有关《秘密藏续》的翻译与研究概况，通过比较不难发现，国内迄今为止对该续典相关的历史与教法研究、文本的整理翻译均明显匮乏，这无疑阻碍了我们深入了解宁玛派密教传统、澄清对“交合”“诛杀”等密教修习的误解，此外，鉴于敦煌密教文献中与摩诃瑜伽部仪轨、义理相关者占有相当大的比重，如果不能对作为摩诃瑜伽之根本所依的《秘密藏续》作出全面而深入的研究，我们实难对这些敦煌文献作出正确的释读。在此，笔者谨以本文作抛砖引玉之用，期望有更多的学界同仁能致力于该续释论的翻译、相关文献的整理，以及对其甚深法义的挖掘与比较研究工作。

原载于恭特朗·哈佐德（Guntram Hazod）、沈卫荣主编，《西藏宗谱：纪念古格·次仁加布藏学研究文集》，北京：中国藏学出版社，2018 年，页 451-510。

三

十一世纪关于《秘密藏续》真实性的一个辩护*

多吉旺秋 著，李梦妍 译

导 言

尽管密乘佛教最终在整个藏传佛教圈盛行，但其最初传入西藏的情况依然存在疑问。早在8世纪末，对于“交合”（sbyor ba）与“诛杀”（sgrol ba）等最高的瑜伽修习是否应依其字面意思来理解，以及包含这些修习的密续是否应该译为藏文，已经有了诸多的怀疑。[1]因此，吐蕃赞普赤热巴坚（Khri ral pa

* 我要感谢我所有的老师，他们对这篇文章提供了直接或间接的帮助。我尤其要感谢大卫·杰克逊（David Jackson），他对本文的一个早期版本提出了珍贵的建议；我也十分感谢春永（Harunaga Isaacson），他通览了最终版并且给出了宝贵的建议。我还要感谢安尼·麦克唐纳（Anne MacDonald）细致的校对和对我的英文的修改。我最要感谢的是我的妻子奥娜（Orna），感谢她有价值的批评和长期的支持。

〔1〕 西方学术界对于佛教密续的接受也并不十分顺利。19世纪的西方学者例如奥斯丁·瓦德尔（L. Austine Waddel）、塞西尔·本多尔（Cecil Bendall）、瓦莱·普森（de La Valée Poussin）、温特尼茨（M. Winternitz）、莱斯·大卫（T.W. Rhys David）等认为金刚乘的教法是令人厌恶的。今天的西方学者可能不再会持这样的观点。可参纽曼（Newman），1987，页27-41。

can，805—838）[1]颁布王令禁止随意翻译、修习密续。然而，根据后来一些藏族史家所言，吐蕃王朝及其权力的瓦解为密教瑜伽行者在无视密续内涵的情况下错误地修习交合与诛杀留下了余地。[2]

10世纪晚期，即前弘期（snga dar）之末与后弘期（phyi dar）之初，藏西普兰王益西沃（Ye shes 'od）虽然相信经（sūtra）的真实性，却因当时交合、诛杀的密教修习方式而质疑密乘教法，于是他发起了一次批判运动。包括仁钦桑布（Rin chen bzang po, 958—1055）在内的21名藏人被派到迦湿弥罗（Kashmir）鉴定这些修习与密续是否可靠。[3]这场批判运动由益西沃的侄孙降曲沃（Byang chub 'od）、颇章·希瓦沃（Pho brang Zhi ba 'od）以及11世纪的译师廓库巴拉孜（'Gos khug pa lHas btsas）等其他新译派学者延续到11世纪晚期。

在后弘期之初这一重要的转折期，有一位最先抵制此次批判运动的西藏学者和译师，他就是11世纪的宁玛派学者绒宋·曲吉桑布（Rong zom Chos kyi bzang po），他不但积极翻译新的梵文文本，而且传播、教授、注释他的前辈传给他的古老文本。[4]资料显示他已察觉到了一些同时代人的怀疑，尽管这些资料并未确切指出他当时接触到了哪些书面著作。他是第一位以书面形式捍卫《秘密

〔1〕《声明要领二卷》，页4：gsang sngags kyi rgyud rnams gzhung gis gsang bar bya ba yin te/ snod du ma gyur pa rnams la bshad cing bstan du yang mi rung la / bar du bsgyur zhing spyod du gnang gis kyang ldem po dag tu bshad pa ma khrol nas sgra ji bzhin du 'dzin cing log par spyod pa dag kyang byung / sngags kyi rgyud kyi nang nas thu zhing bod skad du bsgyur ba dag kyang byung zhes gdags kyi / phyin chad gzungs sngags dang rgyud bla nas bka' stsal te sgyur du bcug pa ma gtogs pa / sngags kyi rgyud dang sngags kyi tshig thu zhing bsgyur du mi gnang ngo //（此处未重标不同的版本）。

〔2〕见塞福特·鲁埃格，1981和1984。

〔3〕见《布顿教法史》b，页84：[ye shes 'od] des mtshan nyid kyi theg pa bkar shes kyang sngags pa rnams kyis sbyor sgrol la sogs spyod log gis bka' yin min the tshom du gyur te / rin chen bzang po la sogs pa khye'u nyi shu rtsa gcig brdzangs nas /。罗伯特·维塔利（Roberto Vitali）基于象雄的文化状态等外在证据，以及《阿里王统记》（*mNga' ris rgyal rabs*）中的相关段落等内在证据，证明益西沃和阿里地区的知识阶层发起了一场运动，以消灭他们所认为的异端教法。见维塔利，1996，页226。

〔4〕关于绒宋巴传记的分析和对他著作的简要讨论，见艾默吉（Almogi），即将发表。对他的著作的详细讨论和他的文本传统的复兴，见艾默吉，1997。

藏续》(*Guhyagarbha)[1]和大圆满（rdzogs chen）等前弘期教法的学者。[2]

宁玛派的“教传”（bka’ ma）和“伏藏”（gter ma）文献范围之广难以估量，而支持与反对这些文献真实性的诤论著作在几个世纪中又不断积累，这使得详尽的研究十分困难。我既不打算从总体上讨论宁玛派密续的真实性，也不会去翻阅所有关于该问题的诤论著作，[3]但是会初步讨论一个重要的宁玛派密续《秘密藏续》，笔者将透过其倡导者绒宋巴的视角，并考虑10世纪早期至11世纪的批评者。在研究历史上西藏对《秘密藏续》的早期批判以及绒宋巴为其辩护的过程中，我要指出的是一些批评与《秘密藏续》的文献传统问题有关，这些问题确实为质疑提供了依据。

---

〔1〕尽管《秘密藏续》通常指含有24品的本续（mūlatantra, Otani 455），但是在更广泛的意义上，也指含有80品的更大的集子（Otani 457）。通过对比两个版本中前24品，可知它们相似但绝不相同。此外，据说24品的本续似乎抽取自更大的未知或者无法得到的合集，该合集有十万品（《宝疏》，页4: rdo rje sems dpa’ sgyu ’phrul drwa ba le’u stong phrag bryga pa las...gsang ba snying po de kho na nyid nges pa las…）。据春永（讲座）所言，在印度佛教密宗的传统中也有说某续从更长的续中抽取出来，而后者往往已不可得。密续的名称在不同的版本中也有略微的区别，一些有dpal，一些没有，一些有前缀rnam par，一些没有，有些写作gsang ba或gsang ba’i。《秘密藏续》最长的名称出现在《宝疏》（页33和页248）中：*’Phags pa’i rtog pa’i rgyal po rdo rje sems dpa’ sgyu ’phrul drwa ba gsang ba snying po de kho na nyid nges pa’i rgyud*（**Āryakalparājavajrasattvamāyājālaguhyagarbhatattvaviniścayatantra*）。绒宋巴的根据可能是无垢友为《秘密藏续》（Otani 4755）所写的总义（piṇḍārtha），其跋尾中出现了同样的标题。埃力克斯·桑德森（Alexis Sanderson）根据他在婆伐婆吒（Bhavabhaṭa）和游戏金刚（Vilāsavajra）为《妙吉祥真实名经》（*Nāmasaṃgīti*）所造的梵文释论中发现的引文，指出其原始标题可能是Guhyakośa（Gsang ba/’i mdzod）。见迈尔（Mayer），1996，页122，注13。

星号（*）表示重构的梵文标题或名称。本文中星号只用在标题或名称第一次出现时。

〔2〕卡尔梅（Karmay）首先暗示了绒宋巴对大圆满的辩护，但是没有明确指出他在《宝疏》中对《秘密藏续》的辩护。见卡尔梅，1988，页13。

〔3〕关于几个世纪以来在反对者背景下的宁玛传统的总体论述，见史密斯（Smith），1969，页2-15和1970，页1-52。有关围绕真实性的辩论文献的详细讨论，见凯普斯坦（Kapstein），1989，页217-244。罗伯特·迈尔（Robert Mayer）以《十二普巴续》（*Phur pa bcu gnyis kyi rgyud*）为例，讨论关于宁玛派密续的真实性问题，见迈尔，1997。

一、《秘密藏续》在宁玛派传统中的重要性

就围绕《秘密藏续》真实性的诤论而言，不能不考虑《秘密藏续》对于宁玛派密教义理与实修的重要性。如同图齐已经指出的那样，《秘密藏续》可能是宁玛派传统中释论最多的著作，且一直对宁玛派密教哲学系统起着至关重要的作用。[1] 包括绒宋巴在内的绝大多数宁玛派学者都认为《秘密藏续》是大瑜伽（Mahāyoga）的“根本续”（rtsa rgyud）。[2] 绒宋巴将《秘密藏续》描述为“一切性相乘与密乘教授之总纲”（mshan nyid dang rgyud thams cad kyi lung gi spyi）和“一切如来之秘密”（de bzhin gshegs pa thams cad kyi gsang ba）。他还进一步将它描述为一切宗义（grub mtha'）之“究竟”（mthar thug）。[3]

二、早期批评

尽管（或者由于）《秘密藏续》对宁玛派至关重要，却成为众多诤论的焦点。

〔1〕 图齐（Tucci）1980，页 258，注 202。该密续也是一些西方学者研究的焦点，其中最重要的是：岗瑟（Guenther），1984，这部著作旨在从现象学角度研究《秘密藏续》，避开了岗瑟所称的“任何语文学还原论”（any philological reductionism）（页 vii）；但・马丁，1987。久美多杰（Gyurme Dorje）（1987）所翻译的龙青巴的巨著《十方除暗》（*Phyogs bcu mun sel*）。

〔2〕 绒宋巴说（《宝疏》，页 79）：“在这些［密教系统］中，《秘密藏续》属于大瑜伽续［部］。其中亦称其为主修圆满法之本续。”（de las gsang ba snying po'i rgyud 'di ni rnal 'byor chen po'i rgyud du gtogs so // de'i tshul las kyang rdzogs pa'i tshul gtso bor sgrub par byed pa rtsa ba'i rgyud du grags so //）。

〔3〕 见《宝疏》，页 43。另外，《秘密藏续》已经被赋予“八种优越”（che ba brgyad）而得到美化，即：（1）诸续之王（rgyud thams cad kyi rgyal po），（2）诸乘之极顶（theg pa thams cad kyi yang rtse），（3）一切教法之渊源（bstan pa thams cad kyi 'byung khungs），（4）一切经教之总释（lung thams cad kyi spyi 'grel），（5）诸佛密意之最妙究竟（rgyal ba thams cad kyi dgongs pa'i zhe phugs dam pa），（6）一切果之究竟（'bras bu thams cad kyi mthar thug），（7）一切如来之行迹（de bzhin gshegs pa thams cad kyi gshegs pa'i shul），（8）一切瑜伽士之通衢大道（rnal 'byor pa thams cad kyi lam po che）。无垢友的《内典明灯》（*Khog gzhung gsal sgron*，Otani 4739）常被认为是这八种属性的来源。（《宝藏之钥》（*mDzod kyi lde mig*），页 16）。

虽然宁玛派的支持者把它视为佛“语（bka'）”，但是批评者却质疑它的真实性。在下文中，我会研究绒宋巴著作中所暗示的那些批评存在的证据，以及最早关于这些批评的记载，即所谓的“破除邪密咒”（sngags log sun 'byin）。

（一）绒宋巴辩护中所体现或暗示的批评

关于对《秘密藏续》的批评，最重要的资料之一就是绒宋巴自己的著作。他对于《秘密藏续》中难点的注释（dka' 'grel）[1]——通常称作《宝疏论》（*dKon mchog 'grel*），是第一个由西藏学者为该续所造的全面释论。[2]其中，在反驳论敌对《秘密藏续》真实性的批评前，他将他们的观点总结如下：[3]

复次，有人言道：于此等声称是密咒续典之（著作）中，有诸多

---

〔1〕 bka' 'grel 这个词是梵文术语 pañjikā 的标准翻译，这一点已被《翻译名义大集》（*Mahāvyutpatti*, no.1451）证实。事实上，绒宋巴为《秘密藏续》和《诸佛平等和合续》（*Buddhasamāyoga*）所写的释论都被视为 pañjikā。绒宋巴本人就说过（《宝疏》，页 596）他对《秘密藏续》的注疏是“释难”。然而，尽管《诸佛平等和合续》释论的标题（*Sangs rgyas thams cad dang mnyan par sbyor ba mkha' 'gro ma sgyu ma bde ba'i mchog ces bya ba'i rgyud kyi dka' 'grel*）点明其为 dka' 'grel，但是我在该释论中未见此词。

〔2〕 先于绒宋巴《宝疏》的《秘密藏续》完整释论可能只有印度的两个重要释论，一个是游戏金刚（Vilāsavajra）所造之《大续王吉祥秘密藏疏》（*rGyud kyi rgyal po chen po dpal gsang ba snying po'i 'grel ba*, Otani 4718），如其跋尾所示，该释论通常被称作《巴甲疏》（*sPar khab*）或《大宝巴甲》（*Rin po che'i spar khab*）；另一个是日光狮子（Sūryasiṃha）所造之《吉祥秘密藏广释》（*dPal gsang ba snying po'i rgya cher 'grel pa*, Otani 4719），常被称为《广释》（*rGya cher 'grel*）。

〔3〕《宝疏》，页 83：gzhan yang kha cig 'di skad zer te / gsang sngags kyi rgyud du grags pa 'di dag la yang / ldab bu dang zlos bur bstan pa mang du bstan te / de bas ba 'di dag rgyud yin khungs phyung [/] yang kha cig sngon gyi mkhan po rnams kyis gzhung las bsdus pa la sogs pa rang gi sbyar ba yin par the tshom za ste / de bas na dad pa'i yul du mi 'gyur ba dang / las (zhi ba'i las?) dang dngos grub kyi rgyur yang mi rung ngo snyam du the tshom za ba ste / 'di lta gsang ba bsdus pa las gsungs pa'i byang chub sems kyi le'u dang / rigs kyi yum dang khro bo bcu'i sngags dang / las dang drag po'i las kyi brtul zhugs dang / phur pa byin gyis brlab pa'i cho ga lta bu / sgyu 'phrul drwa ba'i rgyud las kyang / de bzhin du zlos bur gsungs pa dang / gsang ba snying po dang brgyad bcu pa lta bu mang nyung zlos bur gsungs pa dang / de bzhin du rdo rje gdan bzhi che chung dang / kriṣṇayamari che chung la sogs pa 'di dag ston pas de bzhin du gsungs so zhe bya ba ni / zlos bur bshad pa don med par 'gyur la / gal te gang zag gcig gis sdebs pa zhig yin na yang / gong du bstan pa lta bu'i skyon du 'gyur la / gang zag gi dpang po yang med de / de bas na 'di lta bu 'brel pa bsgrub par mi nus so zhe na /。

重复与冗余[1]，是故其真实性受动摇[2]。此外，有人[3]怀疑（此等著作）乃昔日之堪布通过摘集诸论等方式拼合而成，彼等不堪作为信心之对象，亦不堪作为事业[4]与悉地之因。如是，《密集本续》(*Guhyasamāja*)中所宣之"菩提心品"、种性母以及十忿怒尊之密咒、（寂静）事业与威猛事业之禁戒、加持橛之仪轨等同样于（《秘密藏续》等）幻化网续典中重复宣说，《秘密藏续》和《八十幻化》(*brGyad bcu pa*)[5]亦有长短不同之重复宣说。同此，《金刚四座续》(*Vajracatuṣpīṭha*)[6]和《黑阎魔敌续》(*Kṛṣṇayamāri*)[7]等亦有或多或少之宣说，并声称导师如是宣说，此等重复冗余之语毫无意义，若（此等著作）皆由一人所造，则有上文所言之过失。此外，证人亦不存在，故而以如此方式不能成立（经典之）关联。

---

〔1〕 据春永所言，重复和冗余是印度密教文献的常见特征。

〔2〕 理解 khungs phyung 这一单词对于把握作者的本意至关重要。khungs（有"来源"或"起源"之意），比 khung（"洞"或"坑"）更合适，尽管这两个单词也许有历史学和词源学上的联系。而且 phyung 这一拼写至少在当今是比 phyungs 要好，前者是 'byin（提取，拔出）的过去式和命令式。笔者将该词译为"破坏、削弱"，然而学人也可将其译为"挑战"或"质疑"。也可设想 khungs phyung 和 sun phyung（"破斥"或"批驳"）之间的联系，khungs phyung 可能是一种特定的 sun phyung。khungs phyung 一词也用于作者的跋尾中（《宝疏》，页 249）：yul dus gang zag dman bzhin bdag gis ni // dam pas mdzad ces khungs phyung ma byas pas //，其中的 dam pas mdzad ces khungs phyung ma byas pas 或可译为"因为（我）并不挑战（《秘密藏续》为圣者所造之说法……"，然而在《入大乘论》有如下一段话：gal te bsam gyis mi khyab pa'i chos yin no zhe na ni / nan gyis kun brtags pa thams cad kyang bsam gyis mi khyab pa yin par khungs dbyung du rung bar 'gyur ro，其中 khungs dbyung du rung ba 或可译为"可质疑的"或"可挑战的"，参拉孜的《破除邪密咒》（页 21）：gnub sangs rgyas rin chen gyis rgya gar nas khungs byung / rmad du byung ba'i chos brtsams /。此中 rgya gar nas khungs byung 似乎意为"摘取自印度材料"。

〔3〕 我能得到的所有藏文文献版本中，垂符（shad）在 yang 之后，写作 khungs phyung yang，可以被翻译成"尽管削弱了……"，若结合上下文，则讲不通。因此，我建议读为：khungs phyung / yang kha cig...

〔4〕"事业"一词在这里也许并不是指密法中的事业本身，而应指为世间或出世间的目的而执行这些事业的能力和力量。

〔5〕《八十幻化》(*rGyad bcu pa*, Tōh. 98/ Otani 457)，属于幻化部（Māyā）密续，在希瓦沃的法令中被视为杂糅之作（'dres ma）。见卡尔梅 1998b，页 31（英译本）和页 38（藏文本）。

〔6〕《吉祥四座大瑜伽母续王》(*Śrīcatuṣpīṭhamahāyoginītantrarāja*, Otani 67)。

〔7〕《黑阎魔敌续》(*Kṛṣṇayamāri*)(Tōh. 469, 473)；另见桑东仁波切（Samdhong Rinpoche），德维韦迪（Vrajvallabha Dwivedi）等编，《黑阎魔敌续》(*Kṛṣṇayamāri tantra*)，"稀见佛教文本丛书 9"(Rare Buddhist Texts Series 9)，萨尔纳特（Sarnath），1992。

（二）早期批评的其他记载

宁玛派密续的批评者们写了很多“破除邪密咒”之文。然而，在本文中，笔者主要考虑的是最早的一些著作，也就是那些造于或据说造于绒宋巴之前或与绒宋巴同时者，换言之，就是益西沃、仁钦桑布、希瓦沃、拉孜的著作，并据《秘密藏续》对他们进行研究。[1]

1. 拉喇嘛·益西沃的法令（bka' shog）[2]

益西沃的法令是颁布给西藏中部的密教修行者，主要是为了纠正并整顿他们的见地。最早提及该法令的人是布顿·仁钦竹（Bu ston rin chen grub, 1290—1364）。索多巴·罗珠坚赞（Sog zlog pa blo gros rgyal mtshan, 1552—1624）引用、解释并回应了这部法令。[3] 由益西沃所作的两页《破除邪密咒之信》（*sNgags log spring yig*）被列在阿库钦（A khu chin）的《目录》（*Tho yig*）中。[4] 益西沃很可能只颁布了这一条法令，鉴于阿库钦目录中暗示的篇幅长度，索多巴引用的法令和该目录中提到的似应为同一部。现阶段，该信件唯一的资料是索多巴的《了义雷音》（*Nges don 'brug sgra*）[5]。卡尔梅·桑木丹（Samten Karmay）从中摘取出该法令并且进行编辑、翻译和注释。[6] 虽然该法令没有明确提到《秘密藏续》或者任何其他文献，但卡尔梅“读出了言外之意”，认为除了其他文献以外，《秘密藏续》也是批评的对象。《秘密藏续》确实有教授交合和诛杀的修习，但我认

---

〔1〕《布顿佛教史》（*Bu ston chos 'byung*，页 266，313）中提到益西沃、仁钦桑布、希瓦沃和拉孜都认为宁玛派密续非真实（yang dag ma yin pa）。

〔2〕益西沃的法令和其他该类文献一样，没有标题。《布顿佛教史》（页 313）中不提任何“法令”，而称“破除邪密咒”（sngags log sun 'byin pa）。索多巴（页 179，187）客气地称之为“法令”（bka' shog 或 chab shog），在阿库钦的目录（no. 15802）中，它被命名为“书信”（springs yig），该信可能是以以下这句开头：“普兰王拉喇嘛要求西藏中部之密咒行人对治并纠正见地”（pu hrangs kyi rgyal po lha bla ma'i zhal snga las bod dbus kyi sngags pa rnams la brdzang pa / gnyen po mdzad cing lta ba bsrang bar zhu'o //）。

〔3〕《了义雷音》，页 181-183（法令的引文），页 183-187（索多巴的解释）和页 187-203（他的回应）。

〔4〕《目录》，页 673，注 15802。

〔5〕遗憾的是，廷布出版的名为《破除邪密咒集》（*sNgags log sun 'byin gyi skor*）的文集中没有收录益西沃的法令。这里我要感谢格雷戈里·希利斯（Gregory Hillis）给我提供该文本的复印件。

〔6〕卡尔梅，1998a。关于这份法令的日期问题，见维塔利（Vitali），1996，页 239。

为，对这些修习（甚至是不当的修习）的批评并不意味着所有教授这种修习的密续都是（或能够成为）批评的对象。

2. 仁钦桑布的《广本破除邪密咒》(*sNgags log sun 'byin rgyas pa*)

萨班·贡嘎坚赞（Sa paṇ kun dga' rgyal mtshan，庆喜幢，1182—1251）提到一部仁钦桑布的著作，名为《法与非法辨别论》(*Chos dang chos min rnam par byed pa'i bstan bcos*)[1]，而布顿又提到这位著名译师的一部《广本破除邪密咒》(*sNgags log sun 'byin rgyas pa*)。[2] 了解仁钦桑布的立场会非常有意思。尽管这部著作记录于阿库钦的稀缺文献目录中，但是现在尚无法找到。[3] 关于仁钦桑布对宁玛派密续的态度，我们唯一知道的是他总体上认为这些密续是不可靠的（yang dag ma yin pa)。[4] 既然我们无法得到仁钦桑布的《广本破除邪密咒》，我们就无法知道他是否评价过《秘密藏续》以及如何评价它。

3. 希瓦沃的法令

另一份重要的早期材料是希瓦沃的法令。布顿不仅将希瓦沃视为旧译密咒[5]的批评者，而且提到一部由他所作的《破除邪密咒》。[6] 然而萨班似乎怀疑这部著作的存在。[7] 索多巴在《了义雷音》中完整引用了希瓦沃的这部论辩作品，且

---

〔1〕《三律仪判别》，页 94。

〔2〕《布顿佛教史》，页 313。布顿把宝贤的“破除邪密咒”说为“广本”，可能因为它篇幅相对较大，共四十八对开（见下面的脚注）。关于这个主题的大多数早期著作十分简略。在其他著作中，也有引用宝贤的著作。在恰译师（Chag lo tsā ba）的《破除邪密咒——智慧之剑》(*sNgags log sun 'byin shes rab ral gri*) 中，在作者可疑的跋前有：sun 'byin 'di dang mthun par rin chen bzang po'i sngags log sun 'byin dang 'gos dang pho brang zhi ba 'od dang tsa mi la sogs pa'i springs yig dang paṇḍita shākyashrī'i zhus lan dang lho brag gi gze ma ra mgo dang / dpag med kyi springs yig yod do // chag lo chen pos mdzad pa dge legs 'phel // 见《破除邪密咒集》，页 17 及其后。

〔3〕《目录》，页 673，注 15802：([vol.] ka) pa la rin chen bzang po'i sngags log sun 'byin la zhe brgyad.

〔4〕《布顿佛教史》，页 266。

〔5〕 同上，页 266。

〔6〕 同上，页 313。

〔7〕《三律仪判别》，页 95：de yi slob ma zhi ba 'od // des kyang sngas log sun 'byin pa // zhes bya'i bstan bcos mdzad ces zer//

称其为法令（bka' shog）。[1]阿库钦提到该作者的这样一部两对开页的著作，并称其为书信（springs yig）。[2]二人所指可能是同一个文本。卡尔梅基于索多巴的引文，对该作品进行了为编辑、翻译与分析。[3]与其父益西沃的法令不同，希瓦沃的法令在细节方面更加具体，包括《秘密藏续》所属部类在内的大量密续都被视为不纯（'dres ma），其中也没有明确提到《秘密藏续》本身。在这里，或许应该区分指责密续为不纯和全盘否定其真实性。有人可能会假定"等等（la sogs pa rnams）"[4]这一指涉其他幻化网密续的用语意在囊括《秘密藏续》。然而我相信，《秘密藏续》应该不属于这类混杂的文本。如果希瓦沃认为《秘密藏续》是伪造或是混杂不纯的，他理应提及此续，尤其因为他确曾提及《巴甲疏》（*sPar khab*）[5]，宁玛派认为这部作品是由印度学者游戏金刚（Vilāsavajra，sGeg pa'i rdo rje）为《秘密藏续》所写的释论，而希瓦沃则声称它是由宿钦·释迦迥乃（Zur chen Shākya 'byung gnas, 1002—1062）和其他人所造的一部本土论著。[6]该

〔1〕《了义雷音》，页 204-217。

〔2〕《目录》，页 473，注 15801：de'i sras chung ba [即益西沃的小儿子] pho brang zhi ba 'od kyi springs yig la gnyis /。

〔3〕卡尔梅，1980b。

〔4〕《了义雷音》，页 205：nang pa la sgyu 'phrul gyi rgyud la bcu gsum pa dang / bcu dgu pa dang / bzhi bcu pa dang / brgyad bcu pa dang le'u lag la sogs pa rnams ni 'dres mar snang /。

〔5〕 spar khab 一词在我参阅的所有辞典和字典中都没有得到确认。因为目前我还无法在任何注疏文献中找出任何对其意思的讨论，所以这个词语的意思暂时仍不明确。

〔6〕《巴甲疏》的地位（Otani 4718）是复杂的。甚至龙青巴（《十方除暗》，页 74）也认为它是"西藏的"（bod ma），故而是"不可靠的"（yid rten du mi rung ba）。《青史》除了提到龙青巴对绒宋巴给《巴甲疏》所写注释的偏爱，还说宿钦跟随一个名为托噶南喀德（Thod dkar nam mkha' sde）的上师学习该著作。见罗列赫（Roerich）1988，页 110，157。总之，尽管宿钦似乎确实与该文献有关，但他是否是其作者仍值得怀疑。另一方面，索多巴（《了义雷音》，页 210）说："至于《巴甲疏》，可确定其为祇多梨（Jetāri）的弟子游戏金刚所造，该师获白文殊成就。以其词美义深，故绝非藏人写作之风格。"（spar bkab ni jetāri'i slob ma 'jam dkar gyi sgrub thob slob dpon sgeg pa'i rdo rje zhes pa des mdzad pa nges pa ste / tshig bzang zhing brling bas bod rtsom gyi nyams gtan nas med //）。另见卡尔梅 1998b，页 32，注 78 和罗塞列（Loseries）1989，页 218，注 35。关于龙青巴对《巴甲疏》的评论，堪布南卓才仁（mKhan po rnam grol tshe ring）（b. 1953）提出了两个解释：（a）这部文献中确实有错误，因为在文本传承的过程中，"评注渗入（shor ba 字面意思义为：'丢失'或'倒下'）到原文中"（mchan gzhung la shor ba）。（b）一些上师认为所讨论的是两部文献：由印度上师所造的《巴甲疏》和另一部名为《西藏巴甲疏》的文本，后者才是龙青巴所指的。然而，对此我无法给出确切的结论。

列表没有包含《秘密藏续》这一事实无疑令索多巴相信希瓦沃认为它是可靠的密续。[1]

4. 廓库巴拉孜（'Gos khug pa lHas btsas）的《破除邪密咒》（*Sngags log sun 'byin*）

拉孜的《破除邪密咒》对《秘密藏续》的历史以及与之相关的争论而言是非常有意思的，因为拉孜不仅与《秘密藏续》的重要拥护者宿钦·释迦迥乃、宿琼·喜饶扎巴（Zur chung Shes rab grag pa, 1014—1074）和绒宋巴属于同一时代，而且据说他曾当面见过这三位学者。[2]尽管萨班提到过拉孜的《破除邪密咒》，[3]然而布顿虽将拉孜视为旧译密续的批评者，但却并未提到他写过这样一个著作。[4]阿库钦提到一个由拉孜所写的四对开的信件。[5]索多巴说拉孜有三个文告存世，也就是广本（rgyas）、中本（'bring）和略本（bsdus）。[6]当他在写《了义雷音》时，只看到了其中两部，因此他认为第三部已经根本不存在。[7]

尽管如此，基于其内容以及其他一些风格特征，索多巴同意某些学者（mkhas pa kha cig）的观点，认为这些手册似乎不是拉孜所造。他说，如果它们确系拉孜所造，那么应该将其视为“具密意”（dgongs pa can）的。[8]然而，他

---

〔1〕《了义雷音》，注 217，299。

〔2〕 据说拉孜去找宿钦学习，但却被命令去劳作。拉孜不高兴，去找以密修指导换取黄金的卓弥。他离开卓弥，前往印度，随后成为新译时期著作最多的译师之一。见罗列赫，1988，页 360。又比较《娘氏宗教源流》（*Nyang ral chos 'byung*），页 475。关于他与宿琼和绒宋巴的会面，分别见罗列赫，1988，页 121、165。

〔3〕《三律仪判别》，页 95：lhas btsas zhes bya'i lo tsā ba // des kyang chos log sun 'byin pa // zhes bya'i bstan bcos mdzad nas ni // chos dang chos min rnam par phye //

〔4〕《布顿佛教史》，页 266。

〔5〕《目录》，页 673，注 15805：（[vol.] kha pa la）...rta nag 'gos khug pa lhas btsas kyi spring yig la bzhi /。

〔6〕《了义雷音》，页 217。

〔7〕 索多巴见到了这三部手册中的哪两部并不清楚。

〔8〕《了义雷音》，页 229：bka' shog 'di mkhas pa kha cig gis / brjod bya bzang po gcig kyang mi snang la rjod byed kun kyang grong tshig kho nar snang / de'i phyir 'gos kyis mdzad pa min pa 'dra / zhes gsungs pa bzhin du snang /。在册子的开篇和类似于跋的总结性段落中都提到拉孜是作者，这有些可疑，可能是后来插入的。

还是作了引用和回应，引用的内容看起来像是两个手册当中的一个。[1] 1979年于廷布出版的拉孜的《破除邪密咒》与索多巴讨论的是同一个文本。无论其作者是谁，该手册的确接受了一些密续（新译和旧译共同承认的续典）的真实性，例如《密集》（*Guhyasamāja*，Otani 81）[2]、《月密明点》（*Candraguhyatilaka* 或 *Guhyendutilaka*，Otani 111）或《诸佛平等和合续》（*Sarvabuddhasamāyoga*，Otani 8-9），但却宣称《秘密藏续》是由玛译师仁钦确（rMa rin chen mchog）所造。[3] 根据索多巴所言，《秘密藏续》也被一些他没具体指明的学者归为毗卢遮那（Vairocana，即遍照护）所造。[4]

（接上页）其开篇（《破除邪密咒集》，页18）有云：gsang sngags mtha' dag la mkhas pa / mkhas pa'i dbang phyug 'gos khug pa lhas btsas kyis gdams pa /。结尾段落（如前引：页25）有云：brtse ba'i dbang gis lo tsā ba mkhas pa chen po 'gos khug pa lhas btsas kyis sngags pa dang rab 'byung chos nor ba la zhugs pa rnams la phan pa'i phyir du 'di bsgyur (?!) ba yin no // 最后一段的动词 bsgyur 的出现也是有问题的。因此，除非找到一个更加可信的写本并且精校，否则没有什么可确定。另外，现在可得到的手册的版本充满了文本问题，廷布版的出版者写到："尽管恰译师和廓译师信件底本中的拼写不太令人满意，然为有助于[进一步]的研究，故仍将其付梓"（chag lo dang 'gos kyi springs yi 'di gnyis ma dpe dag cha thon pa mi 'dug kyang dpyod pa 'jug phyir par du bkod pa lags）。

〔1〕虽然索多巴没有指明他引用的是两部手册中的哪一部，但是可以推测他选择了两部中较大的那一部，以其可以提供更多的细节以供讨论。鉴于索多巴《了义雷音》中的所用文本的结构，我认为他不太可能结合两部手册并且同时引用。

〔2〕《密集本续》的梵文版本见松长（Matsunaga），1978。

〔3〕《破除邪密咒集》（页20及其后）：dus phyis rin chen mchog gis gsang ba snying po brtsams /。另见《了义雷音》，页220。玛译师仁钦确是寂护最早试度的七个僧人之一，因此被称作"预试七人"（sad mi bdun）。见欧伯密勒（Obermiller），1986，页190。他也是莲花生的25位弟子之一，且曾通过吞咽巨石作为食物（pha bong zas su za）来示现其成就相（《娘氏宗教源流》，页342）。他进一步被说成邀请无垢友进藏的人，而且据说他是翻译了很多包括《秘密藏续》在内的幻化部密续作品（如前引用：页422，435）的译师。据娘热所言，朗达玛在西藏灭佛时，仁钦确伪装成妇女藏身于乌隅（'U yu）九个月。他被栽诬（snyad btags）利用妇女进行密教修行，一天晚上，他在一条河边（chu kha gcig tu）被刺杀（如前引用，页437）。然而，拉孜所作的《破除邪密咒》说，由于仁钦确写作了《秘密藏续》及其补遗（kha skong）而遭到严厉惩罚（bka' bcad dam po byas），最后死于藏地的娘绒（《破除邪密咒集》，页21）。

〔4〕《了义雷音》，页212："一些人声称《秘密藏续》由毗卢遮那所作，但是似乎没有人有正确的理由"（yang kha gcig gsang [ba] snying po bai ros byas so zer te gtan tshigs yang dag pa ni su la yang smra rgyu mi 'dug go //）。

三、批评[1]

正如我们所见，上面提到的大多数批评资料中，除了拉孜的《破除邪密咒》外，都没有明确说明《秘密藏续》是一部伪续。[2]根据绒宋巴对这些批评的暗示，他所处的时代的确已经确有人声称《秘密藏续》是由早期的西藏堪布编纂或创作。拉孜的《破除邪密咒》并未给出该声明的理由，而绒宋巴则不同，他在提及论敌的立场时解释了该密续的真实性何以蒙受质疑，这在下文将予以显示。

四、绒宋巴的辩护

我们只有将绒宋巴的辩护策略置于其总体阐释方法这一更广的背景下，才能对其策略有全面的理解。限于本文的范围和篇幅，我只能在这里对其进行简要叙述。他应用到论证中的一个基本信条是：公平心（blo gzu bo）对于任何讨论

〔1〕《秘密藏续》也斥为包含“四颠倒之过失”（log pa'i skyon bzhi）。参见，例如云敦·多杰贝（g.Yung ston Rdo rje dpal, 1284—1365）《能显续义明镜》（*rGyud don gsal byed me long*）写作（页 44）：kha cig na re / gsang ba snying po 'di la log pa'i skyon bzhi yod de / rgyud gzhan na 'di skad thos bya ba yod pa la / 'dir 'di skad bshad bya ba byung bas gleng gzhi log go // gzhan na dus gsum yod pa las / 'dir dus bzhi byung ba dus log / rgyud kyi bdag po kun tu bzang po yin pa la dkyil 'khor gyi gtso bo rdo rje sems dpa' byung bas dkyil 'khor log / sgrub pa'i zhag dang tshe grangs ni // rgyud las smos pa bzhin du bshad // ces kha 'phangs pas rgyud log go zhe na /。然而，我不会在此讨论这些主张，因为我所参考的《破除邪密咒》和绒宋巴似乎都没有注意到这些，至少没有注意到云敦等后期学者所知的形式。

〔2〕恰译师·曲吉贝（Chag lo tsā ba Chos rje dpal, 1197—1246）的《破除邪密咒》（《破除邪密咒集》，页 1-8）也没有明确提到《秘密藏续》。恰译师提给萨班的问题之一（no.15）是关于鉴别藏人所造的旧译和新译密续。萨班在其回复中只提到了某些续名，但未包括《秘密藏续》。他不想明说（gsal kha ston），因为担心这会伤害（phog thug）那些相关人物。见《答恰译师问》（*Chag lo'i zhus lan*），页 545 及其后。《秘密藏续》会是他认为是伪续却不敢明说的密续之一吗？另一方面，鉴于他总体上对宁玛派密法的相对偏爱，如其于《三律仪判别》中所说，《秘密藏续》是一部非常重要的宁玛派密续，可能他不认为该续是伪续。

都是无可或缺的。[1]伴随其罕见的公平意识而来的是，他随时准备运用不受过失所制（skyon gyis mi brdzi ba）的正理，选择决定（thog tu phab pa）真实的经典，巧妙运用前辈的口诀、声明论典（sgra'i bstan bcos）和因明论典（rigs pa'i bstan bcos），从而予以还击。另外，他的阐释具有鲜明的譬喻及简短的趣闻，从而强有力地增加了教学效果。通过运用这些方法，他力求以劝导的方式令其批判者信服，而不是以攻击作为回应。

绒宋巴为《秘密藏续》辩护的目的是为了在总体上将其成立为佛语（bka'）[2]，并对具体的批评作出回应。为了达到第一个目的，他"请出"三个证据（dpang po gsum）——即授记证据（lung bstan'i dpang po）、人物证据（gang zag gi dpang po）和经典关联证据（lung 'brel ba'i dpang po）走上"证人席"。[3]

---

〔1〕《杂集》(*gSung thor bu*)，页 129："纵然有人见到［我的著作中之］错误，亦应先搁置自他宗义，以公平心作决定思择，详细观察其是否有误。若确有与教、理相悖之错误，应于文后写下驳斥之文字（以防他人接受予之）见地。如是即可利益未来之人"（gal te gang zag gis nyes pa'i skyon mthong na yang / dang po rang dang gzhan gyi grub pa'i mtha' btang ste / gzu bos blos nges par rtogs la / skyon du 'gyur ba'am mi 'byur ba legs par dpyad par gyis shig / nges par lung dang rigs pa gnyis(s) ka dang 'gal ba'i skyon mthong bar 'gyur na / lta ba de nyid las rab tu bzlog pa'i yi ge dag kyang 'di'i rjes su bris shig / ma 'ongs pa'i gang zag rnams la phan par 'gyur ro //）。

〔2〕《宝疏》，页 76："对于彼等怀疑此经典乃遍知者所宣说者，当成立（该经典）与共通经典之关联"（gzhung nyid thams cad mkhyen pas gsungs pa'i bka' yin nam ma yin the tshom bza' ba rnams la ni / gzhung spyi'i brel ba bsgrub par bya ba yin no //）。同上引，页 78。在他将金刚乘合法化后，他以下面的方式（《宝疏》，页 82）重复其目的："是故，诸佛世尊皆不离证人而示现色身及开示正法，彼等不开示令人怀疑之（法）。凡彼起疑者，皆因我慢，纵对非凡之补特伽罗亦不能生起信心，出于愚痴，故亦不生寻找证人之心念。孤陋寡闻，佛陀所安立之三证据亦未曾听闻，实为无知卑劣之辈。由于存在彼等（怀疑），故如是成立其关联"（de lta bas na sangs rgyas bcom ldan 'das rnams ni dpang po dang bral bar gzugs kyi sku mi ston shing / dam pa'i chos mi ston te / the tshom gyi gnas mi ston no // gang dag the tshom bza' ba rnams ni nga rgyal gyi dbang gis gang zag kyad par can la yang mos pa mi skyed la / gti mug gis dpang po tshol ba'i blo yang mi skyed / thos pa chung bas rgyal ba'i dpang po gsum bzhag pa yang ma thos pa'i blun po ma rabs rnams yin te / 'brel ba bsgrub pa 'di lta bu yang de lta bu dag srid pa'i phyir yin no //）。

〔3〕关于"证人"一词，在《宝疏》（页 78）中解释如下："总体而言，证人是指值得信任之人，然而称其他值得信任之因（gtan tshigs）为证人亦无有过失。彼等证人对论敌而言亦能成立，故堪作为信任之因由"（de la spyi dpang po zhes bya ba ni yid ches pa'i gang zag gi sgo nas brjod pa yin mod kyi / 'on kyang gtan tshigs gzhan yang yid ches par byed nus pa dpang po'i sgras brjod pa la nyes pa med do // dpang po de dag kyang rgol ba nyid la grub pa yin te / de bas na yid ches pa'i rgyur rung ba nyid do //）。

授记证据指的是反对者视为权威的某人所作的关于某些教法和个人的授记，人物证据是反对者承认的权威人物，而所论文本的关键思想在一部共许的著作中的佐证即为经典关联证据。他首先用这三个证据向印度的非佛教徒婆罗门证明释迦牟尼佛的遍知，之后向声闻行人证明大乘教法的合法性，然后向大乘波罗蜜多教法的支持者证明金刚乘的合法性。对于后者，他所辩护的金刚乘要点实际上主要是前弘期内密，而不是总体上的金刚乘。

这里，我将关于金刚乘可靠性的部分翻译如下：[1]

复次，持大乘波罗蜜多教法者宣称："无法确定密咒乘是否为遍知者之语教。"对此当依前文（论证方法）而作阐说：

〔1〕《宝疏》，页 80-82：yang theg pa chen po pha rol tu phyin pa ’dzin pa rnams na re / gsang sngags kyi theg pa thams cad mkhyen pa’i bka’ yin pa’i nges pa med do zhes zer ro // de la snga ma bzhin du brjod par bya ste / da la lung bstan pa’i dpang po ni khyed nyid la grub pa’i mdo sde gdams ngag ’bog pa’i rgyal po las / nga ni ’di nas mi snang nas // lo ni brgya dang bcu gnyis na / bstan pa’i snying po dam pa zhig // ’dzam gling lho yi phyogs ngos kyi / rgyal po dza zhes bya ba la // thugs rje mthun pa’i byin rlabs kyis // lag na rdo rje snang bar byed // ces lung bstan pa yin te / lung bstan pa dang mthun par thun mong du grags pa ni / gsang sngags kyi theg pa yin pa’i phyir lung bstan pa’i dpang po dang bcas pa’o // gang zag gi spang po ni byang chub sems dpa’ phyag na rdo rje rtag tu bcom ldan ’das kyi mdun du ’gro zhing / theg pa chen po thams cad kyi sdud pa po yin par mdo sde nyid la grags la / de yang lho phyogs gyad kyi yul lha ma srin sde brgyad dang bcas pa’i ’khor gyi dkyil ’khor du / bcom ldan ’das shākya thub pas dbang bskur bar thung mong du grags pa yin no // byang chub sems dpa’ phyag na rdo rjes gsang sngags thams cad bsdus nas / mkhan po ku ku la sogs pa skal ba dang ldan pa rnams la bshad pas gang zag gi dpang po dang bcas pa’o // phyag na rdo rje mthong ba’i skal ba dang mi ldan pa rnams la mkhan po ku ku yang gsang sngags thun mong du ma grags pa’i gong du sde snod gsum po ’dzam bu gling na shes nyen (nyan?) che bar thun mong du grags pa ste / des dpal phyag na rdo rje’i zhal mthong nas dngos grub chen po phul du byung ba brnyes pa yang thun mong du grags pa yin no // de’i phyir gang zag gi dpang po dang bcas pa’o // lung ’brel ba’i dpang po yang yod de / de yang pha rol tu phyin pa’i mdo sde nyid las / bdag dang sangs rgyas rang bzhin mnyam par gnas pa dang / phung po lnga grangs med pa’i de bzhin bshegs pa yin pa dang / nyon mongs pa de bzhin bshegs pa’i rigs yin pa dang / nyon mongs pa rang bzhin rnam par grol ba yin pa dang / sems can gyi sems rang byung gi ye shes kyi snying po can yin pa dang / chos thams cad rnam par bsgrub pa nye bar gzhag pa’i mtshan nyid can yin pa dang / bcom ldan ’das shākya thub pa’i zhing khams yongs su ma dag par snang ba ’di nyid kyang yongs su dag pa’i zhing khams yin pa dang / ’jug pa dam pa gnyis su med pa’i tshul la ’jug pa yin pa dang / de bzhin gshegs pa mchod pa’i dam pa bud med kyi mnyes par byas pa la sogs pa yin pa ni khyed kyi lung pha rol tu phyin pa’i tshul gyi mdo sde kyis gsungs pa yin la / gsang sngags kyi tshul las kyang / don de dag nyid ji ltar bsgrub pa’i thabs legs par gtan la phab pa tsam du zad pas lung ’brel pa’i dpang po grub pa yin no //

（1）至于授记证据，尔等成立（为权威）之经[1]《教诫传授王》（*gDams ngag 'bog pa'i rgyal po*）有授记[2]云："予从此处消逝后，年过一百又十二，于彼瞻部洲南面，将有国王名札（Dza）者，尔时菩萨金刚持，随其大悲作加持，最上教法之精华，悉皆付与国王札。"被共许为与此授记相符者，即为密咒乘，故而此乃授记之证据。

（2）人物证据为金刚手菩萨，彼常住佛前，且为一切大乘（教法）之结集者，此为诸经共许。复次，彼于南方力士境（gyad kyi yul）中具非人等八部眷属之坛城内，受世尊释迦牟尼灌顶，此为共许。金刚手菩萨集结一切密咒已，复向堪布咕咕拉渣（Kukurāja）等具缘之士宣说，故而具足人物之证据。密咒遍闻于世之前，于诸无缘亲见金刚持者中，堪布咕咕拉渣已被共许为瞻部洲最精通三藏者，于亲见金刚手之后，获非凡卓越之悉地，此亦为共许。故而具足人物证据。

（3）经典关联之证据亦存在。般若诸经（Pāramitā sūtras）[3]有云：（a）我等与佛自性平等；（b）五蕴即无量如来（tathāgata），（c）烦恼即如来种，（d）烦恼自性即解脱；（e）有情心识具足自生智之精藏；（f）诸法具足帮助[4]成就（究竟果）之性相；（g）显现为完全不净之释迦刹土实亦为圆满清净刹土；（h）最上悟入乃悟入不二之道；（i）如来之最上供养即令女性欢喜。如此等等于尔等之波罗蜜多系经典中皆有宣说。密咒乘无非是对如何修习彼等法义作善妙抉择而已，故此为经典关联证据。

---

〔1〕我通篇都将藏文 mdo sde 译为"经"（sūtra），而不是"经藏"（sūtrapiṭaka），后者恰当的藏文翻译应是 mdo sde'i sde snod。《翻译名义大集》中，词语 mdo sde 是 sūtrānta 或仅仅是 sūtra 的翻译。

〔2〕为令实金刚乘合法化，不同的作者从不同的资料中引用该授记的不同版本。见卡尔梅 1998c。又见《杂集》，页 49：gdam ngags 'phogs pa'i mdo zhes bya ba gsang ba lung ston pa'i mdo...；参前引，页 36。

〔3〕"般若诸经（Pāramitā sūtras）"显然不是单指《般若经》（*Prajñāpāramitā*），而是作者视为了义（nges don）的大乘诸经。关于对这些经典的单独引用，见《宝疏》中接下来的段落，页 82。

〔4〕本段中 nye bar gzhag pa 一词以及下文中的一词（此处未引用）的意思显然不同于其在别的术语中的意思，例如"念住"（dran pa nye bar gzhag pa, smṛtyupasthāna）。见《翻译名义大集》，编号 952-956。也许 nye bar gzhag pa 的一个意思"侍奉""服务""帮助"（upasthāna）更符合语境。见爱哲顿（Edgerton）1985。

对特定的语文学或文本问题的回应

绒宋巴对那些与特定的语文学或文本问题相关的主张的回应可能会令一些人吃惊。对于西藏学者编纂或创作密续以及密续中言辞重复的可能性，他并未作全盘否定，而是从精神道德立场向其论敌解释，试图劝说他们：尽管有这样的可能性，人们也应基于其经典上的关联性而以理性和尊重对待该文本：[1]

> 诸如来依加持而于化机之相续中显现，于利益彼等并开示教法时，如来非唯局限于殊胜色身之显现，无论共通抑或殊胜、下劣抑或最上皆能显现。盖因有情为四魔与八万（四千）烦恼所染，故而诸佛无有任何不能示现之宏化事业。因此，如来示现加持时，亦与分别相相杂而示现。职是之故，不可对诸补特伽罗生恶念，若有善知识具足信心、智慧、禅定以及作为彼等助伴之律仪，则其与诸佛无异。此如经中所说阿阇梨与佛陀相似[2]者。若有（阿阇梨）具足如是功德（，却诬之以伪造密续之名），则于佛前造下无间（恶）业，犹如出佛身血。是故，若有经典之关联，纵令无有证人，亦不可怀疑，更何况直接谤拨。如是等极为难忍。

---

〔1〕《宝疏》，页 83 及其后：de bzhin bshegs pa rnams kyi byin gyis brlabs gdul bya rnams kyi rgyud la snang ste / phan pa dang chos nyid ston pa na / gzugs kyi sku khyad par can snang ba 'ba' zhig tu ris su chad pa med de / 'di ltar du thun mong dang khyad par du snang yang rung / dman pa dang dam par yang rung / tha na bdud bzhi po dag dang nyon mongs pa stong phrag brgyad cu po dag gis sems can rnams nyon mongs par byed pa dag gis sangs rgyas rnams sangs rgyas kyi mdzad pa mi byed pa gang yang med do // de bas na de bzhin bshegs pa byin gyis brlabs 'byung ba yang rnam par rtog pa'i snang ba dang 'dres nas byung ste / de'i phyir gang zag la ngan sems mi bskyed do / dad pa dang shes rab dang ting nge 'dzin dang de'i grogs su gyur pa'i sdom pa dang ldan na dge ba'i bshes gnyen yang sangs rgyas nyid dang 'dra ste / mdo sde'i gzhung las slob dpon brtags pa'i sangs rgyas su gsungs pa bzhin no / de lta bu'i yon tan dang ldan na sangs rgyas la brten nas mtshams med pa'i las gsog pa de bzhin bshegs pa la ngan sems kyi[s] phrag phyung ba bzhin no // de bas na lung 'brel ba yod na da lta gang zag gi dpang po med kyang the tshom gyi gnas su bya ba yang ma yin na / dngos su skur pa gdab pa lta ci smos ste / 'di lta bu la sogs pa ni shin tu bzod par dka'o //

〔2〕 我不确定文本是否应该读作 btags 而不是 brtags，因此译为："上师是一个'被认定的'（或'有标记的'）佛陀"。brtags 这个词也可以是 rtog（意为"计度"或"分别"）的过去式，但是这个意思在这里似乎不合适。另见《宝疏》，页 224。

如我们所见，有问题的密续是被怀疑的，怀疑者认为它们不能成为密乘事业与悉地之因。对此，绒宋巴指出密续的真实性不是获得悉地的唯一前提：[1]

> 至于（有问题之密续）不堪成为事业与悉地之因者，若有经典集传承自三昧耶失坏、应受惩罚之阿阇梨之手，或有口诀传承自此等阿阇梨之口，纵其乃佛陀之正教，亦不堪成为事业与悉地之因，除非（行者）是具足福缘、信心、禅定且极为卓越、罕见之人。是故，对于无倒宣说一切所知者而言，仅凭经典关联之理证足矣。

〔1〕《宝疏》，页 84 及其后：las dang dngos grub kyi rgyur mi rung ba ni / rgyal ba'i bka' dam pa nyid yin du zin kyang / slob dpon dam tshig nyams par gyur pa dang / bka' chad kyi gnas su gyur pa rnams kyi lag nas brgyud pa'i gzhung gi tshogs dang / kha las brgyud pa'i man ngag gis tshogs kyi las dang dngos grub 'grub par 'gyur ba ni / skal ba dang dad pa dang mnyam par bzhag pa rnams shin tu phul du gyur pa 'ga' zhig las ma gtogs pa / gzhan rgyur rung ba ma yin no / de bas na shes bya la phyin ci ma log par smra ba rnams kyi ched du ni gzhung 'brel pa'i rigs pa grub pa kho nas chog par bya'o // las dang dngos grub myur du thob par bya ba la ni bla ma dam pa rnams kyi bka' thob pa kho na bdag po'i rkyen yin te / 'di dag tsam gyis gang zag gi bya ba yongs su rdzogs par 'gyur ro // gzhan du rgyud kyi gzhung la gang zag gis bslad pa la sogs par the tshom za bas ni skyon gyi gzhi mang po 'gyur te / dad pa tsam gyis rab tu 'jug bya'i phyir // rnam par dpyad pa 'di ni ming tsam ste // gang zhig sgom pa de ni yang dag bral // zhes gsungs pa lta bu ste / bka' spong len byed pa theg pa chen po'i spyi'i dam tshig nyams pa'i rgyur bshad do / gzhan yang chos la brten nas las kyi sgrib pa gsog pa'i rgyur 'gyur ba dang / gang zag la brten nas de bzhin du 'gyur ba ni sangs rgyas la brten nas las kyi sgrib pa gsog pa nyid dang 'dra'o // de bas na rgyud kyi gzhung ldab bu la sogs par ston pa dang / gal te mkhan po rnams kyis bsdus shing sbyar ba srid na yang / de bzhin bshegs pa'i byin gyis rlabs byung ba la tshul nges pa med pa yin pas the tshom gyi yul du bya ba ma yin no // yang gal te lta ba mtho dman la rtsod pa 'di ni sems can gyi don du gyur ba yin pas rgyal bas kyang gnang ba yin la / sngon gyi mkhan po rnams kyis kyang bshad pas / lta ba dman la smad pa 'di la nyes skyon med do zhe na / 'di lta bu ni gong du lung spyi'i 'brel pa bsgrub pa dang 'dra ste / mu stegs can gyis legs par bshad pa'i gzhung yang sangs rgyas rnams kyis byin gyis brlabs pa dang sprul pas bshad pa yin pa / sangs rgyas nyid kyis lung bstan pa yin na / de bzhin gshegs pa nyid du snang bas gsungs pa'i lung lta smos kyang ci dgos te / rgyal ba rnams kyis 'gro ba'i don du gsungs pa 'dra bas / theg pa chung ngu rnams la yang spang zhing sun dbyung bar mi bya'o // lta ba mtho dman dang thabs che chung yang yod pa yin pas theg pa gong ma pa la yang skur pa gdab tu ga la rung ste / rang rang gi skal ba dang mos pa ji ltar mtshams pa bzhin so sor spyad par bya'o // rgyud 'di nyid las kyang / sa rnams kyad par bkod pa yang / gsang ba'i snying por 'gro ba'i lam // ye shes ngo mtshar rab 'byams kyis // don du mi 'gyur yongs ma gsungs // zhes gsung pa lta bu'o // de bas na sangs rgyas kyi bstan pa rnams ni 'gro ba chud mi gson pa la so so rang bden pa yin pas / lta ba mtho dman rtsod pa'i skabs su yang gcig la gcig smad cing rstod pa'i phyir skur pa mi bya'i / nges pa'i don gang nye ba'i rigs pa 'gran pa tsam la nyes skyon med do // 另见《宝疏》，页 245。

对于迅速获得事业与悉地而言，仅需获得诸最胜上师之言教即成为增上缘，藉此可圆满补特伽罗之一切所作。此外，若怀疑密续中有人为之掺杂等，则将产生众多过失。如云：

仅依信心而悟入
故而分辨实唯名
修士于此当远离[1]

于佛语行取舍者，即说为失坏大乘共三昧耶。复次，于法上积集业障之因，以及对人亦积集（业障）之因者，与对佛陀积集业障者相同。是故，密续中即便有重复之开示，且存在（藏土）诸堪布纂集拼合之情况，然因如来加持出现之方式无有拘泥，故（此等密续）不应视为怀疑之对象。

若诤言：对见地之高低起诤者，乃为利益有情故。对此，佛陀亦曾开许，往昔之亲教师亦曾宣说，故而贬斥下劣之见地并无过失。

（答言）：该（问题）之证成方式亦同于上文共通经典之关联。若佛陀曾授记外道所善说之论典亦为诸佛之加持与化现，更何需说由如来亲自显现而宣说之教典？彼等皆同为诸佛为有情所作之宣说，即使对小乘亦不应舍弃、谤拨。见地有高低，方便有大小，岂可对上乘作诽谤？唯应依各自之福缘与信解而行。该续（指《秘密藏续》）有云：[2]

分别无非地庄严
由此道入秘密藏
本智稀有实无边
若非利生永不说

〔1〕我无法确定这一颂的来源。
〔2〕关于这一颂的注释，见《宝疏》，页245。

因此，佛之教法皆为不失坏众生（界）而说，其本身为真实[1]，故而于争辩见地之高低时，不应据其一贬而另一，从而行诽拨。然而仅仅比较何种理更接近了义，则无有过失。

五、可能的怀疑理由

鉴于《秘密藏续》文本历史的复杂性，对于该续是否由西藏人编纂或创作的问题，很难给出确切的说法。[2]包括《秘密藏续》中出现的“’phyong”这一异常现象在内的不同因素都可能导致其真实性遭受质疑。’phyong 一词的含义并不明确，它两次出现在《娘氏宗教源流》中，但是遗憾的是，两处的文本都很模糊。[3]绒宋巴说，有人宣称玛译师仁钦确（无垢友的亲传弟子，曾在《秘密藏续》的翻译、教授和传播中发挥作用）从其他幻化网密续中抽取某些段落并将其分散地插入《秘密藏续》中。后来，祖茹·仁钦循努（gTsug ru Rin chen gzhon nu, 仁钦确的弟子）将其作整理，最终《秘密藏续》有两个校订本流传下来，一个有 ’phyong（即有据说插入其中的偈颂），另一个没有。[4]因此，就目前的讨

〔1〕参考萨班的批评（《三律仪判别》，页 74）：“有人向所有人声称：一切乘与其本位上都为真实”(kha cig theg pa rang sa na / bden pa yin zhes kun la sgrogs //)。人们不禁怀疑是否萨班考虑到了绒宋巴。然而，在评判绒宋巴在这一点上的立场之前，应该通盘考察绒宋巴对不同宗义及其理论的异同的广泛涉猎，从而避免断章取义地理解他的言说。

〔2〕关于《秘密藏续》的某个写本被寄存在桑耶护法院一事，《娘氏宗教源流》（页 308）已有记录。其梵文写本于 12/13 世纪的某个时间在桑耶寺被发现的记录，见罗列赫（1988，页 103 及其后）和《塔译师译跋》(*Thar lo’i gyur byang*，页 121-127)。

〔3〕见《娘氏宗教源流》a，页 422 及其后和《娘氏教法源流》，plate 316（叶 70b）–plate 315（叶 71a1）和 plate 305（叶 56a）。

〔4〕《宝疏》，页 149：sku yi phyag rgya che mchog ni // zhes bya ba la sogs pa ni phyong du grags pa ste // slob dpon rin chen mchog gis sgyu ’phrul gzhan nas phyung ste / skabs skabs su bcug pa las gtsug ru rin chen gzhon nus phong yod pa dang med pa’i dpe ris gnyis su phye ste de bzhin du grags so zhes zer ro // 另见前引，页 161。

论而言，我建议将这个词理解成“[分散的]插入”。[1]如前所提，拉孜的文告声称仁钦确是《秘密藏续》的作者，这不禁令人怀疑仁钦确插入 'phyong 是不是他被批评者们怀疑为该续作者的真正原因。塔译师尼玛坚赞（Thar lo Nyi ma rgyal mtshan, 布顿的上师）在他的《秘密藏续》译跋中谈到，他使用的梵文写本有六个 'chongs（也就是 'phyongs），但是印度的释论却一个也没有，比如日光狮子（Sūryasiṃha）的释论。因此，对他来说显然两个梵本（一个有 'phyong，一个没有）都存在，而且声称写本的某些部分（即含有 'phyongs 的部分）在西藏被隐藏这一点是不真实的。[2]龙青巴也在一些段落中讨论这个问题，他也区分并解释了不同种类的 'phyongs。[3]我认为，尽管这个问题为后来有关伪造的指控提供了充分依据，但是，如果对这一问题进行恰当的研究，也会为《秘密藏续》的争议性文本历史提供线索。无论如何，据我所知，现代学者中还没有人联系《秘密藏续》的文本问题而作出这样的研究。

---

〔1〕 'phyong 这个字很少出现在藏文佛教文献中，而似乎经常见于苯教文献，其义与“章节”相近。《藏汉大辞典》(*Bod rgya tshig mdzod chen mo*) 给出的意思是 zur（“角”或“边”）。

〔2〕《塔译师译跋》，页 121-127：'chong drug kyang rgya dpe 'di nas tshang bar byung zhing / rgya 'grel nyi 'od la sogs par ma byung bas / rgya dpe la yang rgyas bsdud gnyis su yod par gsal zhing / bod du dpe mkhyud byas zhes pa mi bden cing / gzhung rgyas bsdus bstan pa yin no // 一些人声称 'phyong 是插入的，因此破坏了该密续，另一些人声称 'phyong 本是该密续正当的部分，后被移除、隐藏。参考下一个关于龙青巴讨论 'phyong 的脚注。

〔3〕 龙青巴展示了一些与 'phyong 这个现象有关的理论：他引用的第一个理论似乎是对绒宋巴已经提到的一个理论的逐字逐句的复述。第二个理论是聂·阇那古摩罗（gNyags Jñānakumāra）翻译的《秘密藏续》没有 'phyong，而玛译师仁钦确翻译的则有 'phyong，这是他加进去的。第三个是仁钦确出于嫉妒（ser sna byas nas）隐藏了它们（'phyong）。第四个是龙青巴自己的：佛密（Buddhaguhya）和毗卢遮那的前译本（snga 'gyur）以及莲花生（Padmasambhava）和聂·阇那古摩罗的中期译本（bar 'gyur）包含 'phyong，而无垢友、聂·阇那古摩罗和仁钦确翻译的后译本（phyi 'gyur）则没有。据龙青巴所言，《秘密藏续》的译本是否包含 'phyong 取决于译者使用的原始梵文写本的长度，因此表明 'phyong 不是藏人加入的。见《十方除暗》，页 864-866。

六、结论

在讨论绒宋巴为《秘密藏续》的真实性及其教义所作的辩护时，如果忽视他总体上的“包容主义（inclucivism)”策略，则既不公正也不恰当。从教义的观点来看，他认为大圆满（他阐释《秘密藏续》的依据）不但是放射（phros）诸乘之源，也是将一切宗轮融为佛法之一味的领域，正如下面这段值得注意的话所示：[1]

> 一切佛法悉同一味，同一理趣。如是，究竟而言，于大平等性中，无远弗届，无所不包。恰如一切小溪归大川，一切大川入大海，一切皆成咸味。同此，下乘之一切微小法门中，证悟人无我之“水流”渐次遣除实事见（dngos por lta ba）之渣滓，继而汇入诸大乘，最终注入大圆满之大海。于大平等性中，绝无些许微尘不成一味。于诸佛乘中，对于下下乘之见地，上上乘不会依是否断除戏论之差别而对其断除（戏论之程度）作（1）拔高或（2）遮遣。（上上乘）虽能断除（下下乘）未断之戏论，然其不会（3）轻蔑、遮遣（4）（下下乘）之根本（见）。依此四种方式，当知佛所说之一切法悉成一味，然而（同时）

〔1〕《见地备忘》（*lTa ba'i brjed byang*），页 12 及其后：sangs rgyas kyi chos thams cad ni ro gcig pa tshul gcig pa ste / ’di ltar mnyam pa chen po’i ngang du mthar mi ’jug cing mi ’du ba med de / ji ltar chu phran thams cad chu chen po rnams dang ’grogs te / rgya mtsho chen por phyin pa na thams cad lan tsha’i ro gcig pa bzhin du theg pa ’og ma pa’i sgo phra mo thams cad kyang gang zag gi bdag med par rtogs pa’i chus / dngos por lta ba’i ljan ljin rnams rims gyis ded de / theg pa chen po rnams dang bsdongs nas / mthar rdzogs pa chen po’i rgya mtsho chen por bab pa na / mnyam pa chen po’i ngang du ro mi gcig pa’i mtshan nyid rdul phra mo tsam yang med do // ’di ltar sangs rgyas pa’i theg pa rnams las gong ma gong mas ’og ’og ma rnams kyi lta ba la / spros pa chod pa dang ma chod pa’i bye brag las chod pa rnams las ’bogs mi ’byin pa dang / phyir mi zlog pa gnyis / spros pa ma gcod pa rnams las gcod par byed kyang / gzhi khyad du mi gsod pa dang / gzhi phyir mi zlog pa gnyis te / de ltar tshul bzhi’i sgo nas / sangs rgyas kyi gsung gi chos thams cad ro gcig par shes par bya ba dang / lta ba mtho dman gyi bye brag kyang shes par bya ba ’di ni / lta ba’i bye brag mdor bsdus pa phyogs gcig yin te / tshul ’di ni lta ba’i bye brag thams cad kyi nang na snying po’i mchog tu zung shig //

亦当了知见地之高下，此乃对见地差别之简要总结。于一切见地差别中，当视此（解说）方式为最胜之精华！

由此，绒宋巴画了一个［包容主义的］圈，这个圈既包容多种多样的佛教见地，也包容了外道之善说。他奉劝他的论敌停止于己于人皆不利的诤论，并鼓励他们在尊重和接受的原则基础上，以宽容的方式来作客观和建设性的讨论。

参考文献

A. 原始藏文资料

- 《布顿佛教史》[a]（*Bu ston chos 'byung*），布顿·仁钦竹（Bu ston rin chen grub），《能显如来教法之源流·经典大宝藏》（*bDe bar bshegs pa'i bstan pa'i gsal byed chos kyi 'byung gnas gsung rab rin po che'i mdzod*），中国藏学出版社（Krung go'i bod kyi shes rig dpe skrun khang），1991。
- 《布顿佛教史》[b]（*Bu ston chos 'byung*），色布（Szerb, J.）编，《布顿的西藏佛教史》（*Bu ston's History Buddhism in Tibet*），奥地利科学院出版社（Verlag der österreichischen Akademie der Wissenschaften），维也纳，1990。
- 《答恰译师问》（*Chag lo'i zhus lan*），萨迦班智达贡嘎坚赞（Sa skya paṇḍita kun dga' rgyal mtshan），*Chag lo tsā ba'i zhus lan*，收于《萨班贡嘎坚赞全集》（*Sa paṇ kun dga' rgyal mtshan gyi gsung 'bum*），雪域文库（*Gangs can rig mdzod*）系列 25，西藏藏文古籍出版社（Bod ljongs bod yig dpe rnying dpe skrun khang），1992，第 3 册，页 535-557。
- 《三昧耶略释与广释》（*Dam tshig mdo rgyas*），绒宋·曲吉桑布（Rong zom chos kyi bzang po），《三昧耶略释与广释》（*Dam tshig mdo rgyas chen mo*），收于《绒桑曲松文集》（*Rong zom chos bzang gi gsung 'bum*），四川民族出版社（Si khron mi rigs dpe skrung khang），成都，1999，卷 2，页 241-389。
- 《宝疏》（*dKon mchog 'grel*），绒宋·曲吉桑布，《续王秘密藏续宝疏》（*rGyud rgyal gsang

ba snying po dkon mchog 'grel)，收于《绒桑曲松文集》，四川民族出版社，成都，1999，卷 2，页 33-250。

- 《杂集》(*gSung thor bu*)，绒宋・曲吉桑布，收于《绒桑曲松文集》，四川民族出版社，成都，1999，卷 2，页 29-130。
- 《见地备忘》(*lTa ba'i brjed byang*)，绒宋・曲吉桑布，《法贤所造〈见地备忘〉》(*Dharma bha dras mdzad pa'i lta ba'i brjed byang chen mo*)，收于《绒桑曲松文集》，四川民族出版社，成都，1999，卷 2，页 3-26。
- 《宝藏之钥》(*mDzod kyi lde mig*)，多智丹贝尼玛（rDo grub bstan pa'i nyi ma），《吉祥秘密藏续总义略解・宝藏之钥》(*dPal gsang ba'i snying pa'i rgyud kyi spyi don nyung ngu'i ngag gis rnam par 'byed pa rin chen mdzod kyi lde mig*)，日期不明，出版社不明。
- 《了义雷音》(*Nges don 'brug sgra*)，索多巴・罗珠坚赞（Sog zlog pa blo gros rgyal mtshan），《答关于前弘期密乘的争论》(*gSang sngags snga 'gyur la bod du rtsod pa snga phyir byung ba rnams kyi lan du brjod pa nges pa don gyi 'brug sgra*)，四川民族出版社，成都，1998。
- 《娘氏宗教源流》[a]，娘热・尼玛沃色（Nyang ral nyi ma 'od zer），《教法源流・华藏蜜粹》(*Chos 'byung med tog snying po sbrang rtsi'i bcud*)，西藏人民出版社（Bod ljong mi dmang dpe skrun khang），拉萨，1988。
- 《娘氏教法源流》[b]，梅塞泽尔（Meisezahl，R.O.），*Die große Geschichte des tibetischen Buddhismus nach der alten Tradition*，[《娘氏教法源流》重印版]，《西藏历史学志》(*Monumenta Tibetica Historica*)，第 1 辑，第 3 卷，国家科学出版社（VGH Wissenschaftenverlag），圣奥古斯丁（Sankt Augustin），1985。
- 《十方除暗》(*Phyogs bcu mun sel*)，龙青饶绛巴・直美沃色（Klong chen rab 'byams pa dri med 'od zer），《吉祥秘密藏真实决定续释・除十方一切暗》(*dPal gsang ba snying po de kho na nyid nges pa'i rgyud kyi 'grel pa phyogs bcu'i mun pa thams cad rnam par sel ba*)，收于《宁玛教传广集》(*rNying ma bka' ma rgyas pa*)，La 函，德里，1982。
- 《能显续义明镜》(*rGyud don gsal byed me long*)，云敦・多杰贝（g.Yung ston rdo rje dpal），《能显续义明镜》，《宁玛教传广集》，Sa 函，德里，1982。
- 《三律仪判别》(*sDom gsum rab dbye*)，萨迦班智达贡嘎坚赞，收于《萨班贡嘎坚赞全集》，雪域文库系列 25，西藏藏文古籍出版社，拉萨，1992，第 3 册。

- 《声明要领二卷》(*sGra sbyor bam po gnyis pa*)，石川美惠（M. Ishikawa）编，《声明要领二卷精校本：〈翻译名义大集〉的一个古老而基本的注释》，《西藏研究》第 18 期，《藏蒙辞典材料》，卷 2，东洋文库（The Toyo Bunko），1990。
- 《破除邪密咒集》(*sNgags log sun 'byin skor*)，廓库巴拉孜（'Gos khug pa lhas btsas）、恰译师（Chag lo tsā ba）等，《破除邪密咒集：恰译师与廓库巴拉孜等造》(*sNgags log sun 'byin skor: Chag lo tsā ba dang 'gos khug pa lhas btsas sogs kyis mdzad pa*)，班丹珠迅、衮桑多嘉以及玛尼多吉（dPal ldan 'brug gzhung, Kunsang Tobgyel & Mani Dorji），廷布（Thimphu），1979。
- 《塔译师译跋》(*Thar lo'i 'gyur byang*)，塔译师尼玛坚赞（Thar lo nyi ma rgyal mtshan），《〈秘密藏续〉梵本译跋》(*gSang snying rgya dpe'i 'gyur byang*)，收于《吉祥秘密藏真实决定广续》(*dPal gsang ba snying po'i de kho na nyid rnam par nges pa'i rgyud chen po*)，达磨出版社（Dharma Publishers），加利福尼亚（California），日期不明，页 113-128。
- 《入大乘论》(*Theg chen tshul 'jug*)，绒宋·曲吉桑布，《入大乘论》(*Theg pa chen po'i tshul la 'jug pa zhes bya ba'i bstan bcos*)，收于《绒桑曲松文集》，四川民族出版社，成都，1999，卷 1，页 417-555。
- 《目录》(*Tho yig*)，阿库喜饶嘉措（A khu Shes rab rgya mtsho），《部分稀见书籍目录》(*dPe rgyun dkon pa 'ga' zhig gi tho yig*)，收于《西藏文献史资料》(*Materials for a History of Tibetan Literature*)，百藏丛书（Śatapitaka Series），卷 30，新德里（New Delhi），1963，页 673-674。

B. 二手资料

- 奥娜·艾默吉（Almogi, Orna）1997，《绒宋班智达曲吉桑布的生平与著作》(*The Life and Works of Rong-zom Paṇḍita Chos-kyi-bzang-po*)，硕士论文，汉堡大学。
- ——《有关十一世纪西藏学者绒宋曲吉桑布生平与著作之资料：简述》(Sources on the Life and Works of the Eleventh Century Tibetan Scholar Rong zom Chos kyi bzang po: A Brief Survey)，国际藏学研究会（IATS）会议论文集，博睿（E.J. Brill），莱顿（Leiden），即将出版。（译注：该文现已发表，收《西藏今昔》[*Tibet: Past and Present*]，布雷泽 [H.

Blezer] 编，莱顿：博睿，2002 年，页 67-80。）

- 久美多杰（Gyurme Dorje），《〈秘密藏续〉及其释论》（*The Guhyagarbha-tantra and its Commentary*），未出版博士论文，伦敦大学亚非学院（SOAS）。
- 埃哲顿（Edgerton F.）1985，《佛教混合梵语语法与辞典》（*Buddhist Hybrid Sanskrit Grammar and Dictionary*），临川书店（Rinsen Book Co.），京都（1953 年重印），卷 2。
- 赫伯特・岗瑟（Guenther, Herbert V.）1984，《秘密藏：大圆满思想的科学与人文面向》（*Matrix of Mystery: Scientific and Humanistic Aspects of rDzogs-chen Thought*），香巴拉（Shambhala），博尔德和伦敦（Boulder & London）。
- 凯普斯坦（Kapstein, M.）1989，《澄水宝珠及其净化：晚近西藏对伪书的讨论》（The Purificatory Gem and Its Cleansing: A Late Tibetan Polemical Discussion of Apocryphal Texts），《宗教史》（*History of Religions*），芝加哥大学出版社（University of Chicago Press），芝加哥（Chicago），卷 28/3，页 217-244。
- 卡尔梅（Karmay, S. G.）1988，《大圆满：藏传佛教的一种哲学与修习教法》（*The Great Perfection: A Philosophical and Meditative Teaching of Tibetan Buddhism*），博睿，莱顿。
- ——1998a，《拉喇嘛益西沃的法令》（The Ordinance of lHa Bla ma Ye shes ’od），收于《箭与纺锤：西藏的历史、神话、仪式和信仰研究》（*The Arrow and the Spindle: Studies in History, Myths, Rituals and Beliefs in Tibet*），曼荼罗书店（Mandala Book Point），加德满都（Kathmandu），1980 年重印，页 3-40。
- ——1998b，《颇章希瓦沃的公开信》（An Open Letter Pho-brang Zhi-ba-’od），收于《箭与纺锤：西藏的历史、神话、仪式和信仰研究》，曼荼罗书店，加德满都，1980 年重印，页 17-40。
- ——1998c，《札王与金刚乘》（King Tsa/Dza and Vajrayāna），收于《箭与纺锤：西藏的历史、神话、仪式和信仰研究》，曼荼罗书店，加德满都，1980 年重印，页 76-93。
- 罗塞列（Loseries，U.）1989，《莲花生上师之〈口诀见鬘〉》（*Guru Padmasambhavas "Instruktion, die Kette der Anschauungen"*），波恩大学（University of Bonn）。
- 但・马丁（Martin, Daniel）1987，《幻化网：在佛教思想史中定位〈秘密藏续〉》（Illusion Web – Locating the Guhyagarbha Tantra in Buddhist Intellectual History），收于《青金石上的白银：西藏文献文化与历史》（*Silver on Lapis: Tibetan Literary Culture and History*），克里

斯朵夫·白桂思（Christopher I. Beckwith）编，布卢明顿（Bloomington）：西藏学会（The Tibet Society），页 175-220。

- 松长有庆（Matsunaga, Y）编 1978，《密集本续》（*Guhyasamājatantra*），大阪（Osaka）。
- 迈尔（Mayer, R.）1996，《〈宁玛十万续〉中的一部经典：十二普巴续》（*A Scripture of the Ancient Tantra Collection: Phur pa bcu gnyis kyi rgyud*），基士可岱尔出版社（Kiscadale Publication），牛津（Oxford）。
- ——1997，《新译派诤论者有理由驳斥宁玛派密续吗？》（Were the Gsar-ma-pa Polemicists Justified in Rejecting Some Rnying-ma-pa Tantras?），收于《西藏研究》（*Tibetan Studies*），克拉塞尔（H. Krasser）、穆赫（M. T. Much）、斯坦因凯尔勒（Steinkellner）、陶舍（H. Tauscher）编，奥地利科学院出版社，维也纳（Wien），卷 2，页 619-632。
- 纽曼（Newman, J.）1987，《外时轮》（*The Outer Wheel of Time*），博士论文，威斯康辛大学（University of Wisconsin），麦迪逊（Madison），页 27-41。
- 欧伯密勒（Obermiller, E.）1986，《布顿的印藏佛教史》（*The History of Buddhism in India and Tibet by Buston*），斯里萨特古如出版社（Sri Satguru Publication），德里（Delhi），1932 年重印。
- 罗列赫（Roerich, G. N.）译 1988，《青史》（*The Blue Annals*），莫提拉尔·巴纳斯达斯（Motilal Banarsidass），德里，1949 年重印。
- 塞福特·鲁埃格（Seyfort Ruegg, D.）1984，《公元 1000 年金刚乘佛教在西喜马拉雅传播的几个问题》（Problems in the Transmission of Vajrayāna Buddhism in the Western Himalaya about Year 1000），收于《神秘主义研究——纪念空海大师圆寂 1150 年》（*Studies of Mysticism in Honor of the 1150th Anniversary of Kobo-Daishi'is Nirvāṇam*），古印度研究（*Acta Indologica*），成田山新胜寺（Naritasan Shinshoji），成田（Narita），卷 6，页 369–381。
- ——1981，《密续阐释与修习的两个问题》（Deux Problèmes d'Exégèse et de Pratique Tantriques: selon Dīpaṃkaraśrījñāna et le Paiṇḍapātika de Yavadvīpa / Suvarṇadvīpa），《密宗与道教研究：石泰安纪念文集》（*Tantric and Taoist Studies in Honour of R.A. Stein*），《汉学与佛教学研究文集》（Mélange Chinois et Bouddhiques, vol.20），司马虚（M. Strickmann）编，比利时汉学研究所（Institut Belge de Hautes Études Chinoises），布鲁塞尔，卷 1，页 212-226。
- 史密斯（Smith, G.）1969，《阿旺班桑的自传回忆录：近代噶陀寺的一位堪布》（*The*

Autobiographical Reminiscences of Ngag-dbang-dpal-bzang: Late Abbot of Kaḥ-thog Monastery)，索南卡兹（Sonam T. Kazi），甘托克（Gangtok），页 2-15。

- ——1970，《引言》（Introduction），《工珠的印藏文化百科全书》（*Kongrul's Encyclopaedia of Indo-Tibetan Culture*），1–3 部，洛克什 · 钱德拉（Lokesh Candra）编，国际印度文化研究院（International Academy of Indian Culture），新德里，页 1-52。
- 图齐（Tucci, G）1980，《西藏画卷》（*Tibetan Painted Scrolls*），临川书店（Rinsen Book Co.），东京（1949 年重印）。
- 维塔利（Vitali, R.）1996，《古格普兰王国：根据古格大堪布阿旺扎巴的〈阿里王统记〉》（*The Kingdoms of Gu.ge Pu.hrang: According to mNga'.ris rgyal.rabs by Gu.ge Mkha. chen Ngag.dbang grags.pa*），托林寺建寺一千周年纪念庆典筹备小组（Tho.ling gtsug. lag.khang lo.gcig.stong.'khor.ba'i rjes.dran.mdzad sgo'i go.sgrig tshogs.chung），达兰萨拉（Dharamsala）。

原载于赫尔穆特 · 艾默（Helmut Eimer）和大卫 · 杰玛诺（David Germano）主编，《藏传佛教之诸多经典》（*The Many Canons of Tibetan Buddhism*），莱顿（Leiden）、波士顿（Boston）、科隆（Köln）：博睿（Brill），2002 年，页 265-291。

四

大圆满学说及其起源

卡尔梅·桑木丹 著，袁雅瑄 译

大圆满与许多宗教哲学一样，首重观心（sems），心正是佛教的核心问题。心（遍作王 Kun byed rgyal po）[1]生起世界之幻相，而心的活动则从无始以来障蔽了心性（sems nyid）。心之自性（sems kyi rang bzhin）离垢（dri bral）、光明（'od gsal ba），本来清净（ye nas dag pa）。然而，大圆满并不提供任何方便，令心从其自身之如幻造作中解脱出来，因为这样会让心充满分别（rtog pa），从而增益其自身的迷乱（'khrul ba）。尽管如此，心如果有机会重归并直观其自身，且令一切分别皆得寂息，它就有可能辨识出它偏离、遗忘已久的心法性（sems kyi chos nyid）或本觉（rang gi rig pa）。

[1] “遍作王”是教授大圆满的佛的名号（*KG* 叶 6）；亦作“觉王”（Rig pa'i rgyal po）（*IOL* 597）；“本觉王”（Rang shes rig gi rgyal po）（*ZhNy* 卷 Nga，页 46）。参看原书第 52 页，注 45，48。

本始基（gdod ma'i gzhi）

在藏传佛教诸多派别中，心之自性（sems kyi rang bzhin)(的定义）影响着对“基”（gzhi）所作的种种建立。大圆满中的基称为本始基（gdod ma'i gzhi），它究竟圆满（rdzogs pa），别无所需，故名大圆满（rdzogs pa chen po）。以其本具之内涵极为丰富，故有多种称谓。它常被称为“大共祖”(spyi mes chen po)〔1〕或“一切胜者之共祖”（rgyal ba ril gyi spyi mes）〔2〕，也被称为“本母”（ye phyi mo）〔3〕或“一切胜者之母”（rgyal ba ril gyi yum）〔4〕。与此相类，本始基为母，心识为其失散之子，心与心性重逢之时，即为行者证悟之时，这种情况有时被描述为子母相会（ma bu 'phrad pa）〔5〕。同样，也有称基为共基（spyi gzhi 或 spyi sa）〔6〕或直言根基（gzhi ma）者。就其功德而言，也可冠之以其他名相：本净（ka dag）〔7〕，本来任运成就（ye nas lhun gyis grub pa）〔8〕，本来如是（ye ji bzhin pa）〔9〕，或如如之基（gzhi ji bzhin pa）〔10〕。关于以菩提心（bodhicitta）和自生智（rang byung ye shes）等密教名相指涉该基者，前文已有讨论〔11〕，在此，我们可以说，其基本理论已可见于九世纪或更早的一些早期作品，例如《觉性杜鹃》(*Rig pa'i khu*

〔1〕见原书页108。

〔2〕*SM*，页332。

〔3〕同上，页305：本母（ye phyi ma）。它也是一篇苯教大圆满文本的标题，今已亡佚。见*BS*，页251，256。

〔4〕见原书页108。

〔5〕参见ZhNy卷Ca，页171；卷Pha，页274；卷Ba，页323；卷Ma，页367。

〔6〕《大界无央续》(*Klong chen rab 'byams kyi rgyud*)（金子版《宁玛十万续》，卷50），页200；《宝轮续》(*Rin chen 'khor lo zhes bya ba'i rgyud*)，（金子版《宁玛十万续》，卷57），页24，26。

〔7〕参见原书页181。

〔8〕*SM*，页323。

〔9〕同上，页390。

〔10〕同上，页380，388。

〔11〕见原书页119。

byug）[1] 和《隐秘小粒》（*sBas pa'i rgum chung*）[2]，然而这一理论直到 10 世纪的《禅定目炬》和 11 世纪的《入大乘论》等文献中才得到发展，并以更加明确的形式呈现。尽管如此，藏传佛教哲学论著中常见之基（gzhi）道（lam）果（'bras bu）三重轴心结构在以上文献中仍未出现，直至 14 世纪的龙青饶绛（Klong chen rab 'byams）等造论者所撰写的大圆满论著中才被采用。[3]

本始基被视为离诸分别（rtog pa），无造作（ma bcos pa）亦无生（ma skyes pa）[4]。它不能被描述成两个相对边统一的状态，例如超越与本具的调和、能所不二的现证、轮回（saṃsāra）与涅槃（nirvāṇa）的相融等，因为它是二元心念恒时不生、恒时不起之清净境界，无始以来即清净、无尽，始终究竟圆满，因此它离诸破立之言说。然而为了方便表达，只能以相互对立的名言加以施设，例如虽常亦无常（rtag la mi rtag pa），虽无常亦为常（mi rtag la rtag pa），虽断亦非断（chad la ma chad pa），虽可言诠亦无可言诠（brjod du yod la med pa）[5]。由是得知："无论言说何其深，亦难尽合真实义。"[6] 然而对于此体性，我们不应将其仅仅视为一僵化而绝对的概念。它与中观宗所说的空性（śūnyatā）有很大的分别。从根本上说，无为且离诸观待的空性可视为一行境（spyod yul），不同的宗派对其有各种否定式的见解，而大圆满中的本始基在根本上是属于肯定性的，且可被视为有境（yul can）。它是心的超越位（亦即心性），但也能通过其有相的一面（亦即心）发挥生起之功用。[7]

在大圆满中，很少提及作为佛教核心教义的无我（bdag med = anātma），但

---

〔1〕见原书页 56。

〔2〕见原书页 74。

〔3〕如，《心智答问》（*Sems dang ye shes kyi dris lan*），《龙青巴杂集》（*gSung thor bu*），页 377，392，以及他所有主要著作，如《句义藏》（*Tshig don mdzod*），叶 3a 及以下。

〔4〕*SM* 页 309。

〔5〕*SM* 页 381，参见页 388-389，可见"基"（gzhi）首先被说成是"离十七名言"（tha snyad bcu bdun las grol ba），页 389-391 中是"离五十名言"（tha snyad cha lnga bcu las grol ba）。

〔6〕见原书页 72，11.7-8。

〔7〕参见本章注 1。

也没有出现非佛教的教法实例——尽管向其借鉴之处并不少。[1]

1. 大圆满中的“法身（chos sku，*dharmakāya*）”理念

本始基之基位功德（gzhi'i yon tan）有三。其体性（ngang）本净，且具“身”（sku）；自相任运成就（lhun gyis grub pa）而光明（'od gsal ba）；其自性（bdag nyid）为周遍（kun khyab）[2]之本智（ye nas shes pa = ye shes）。此即法身（chos sku），亦即对心之超越，其名为普贤王如来（Kun tu bzang po）。将这一表义性的名相施设给本始基的说法，在《觉性杜鹃》[3]和《隐秘小粒》[4]中已得到证实。既然将本始基施设为普贤王如来，即应承认其圆满具足脸、手（zhal phyag rdzogs pa），由是即以一位开示教法之佛陀形象呈现。因此，我们在许多大圆满密续中见到普贤王如来承担着导师的角色，不过其名号不尽不同。[5]我们已留意到，普贤王如来在这个层面上比金刚萨埵（Vajrasattva）还重要。[6]在某些文本中，本始基被描述为法界（dbyings）普贤王，其光明说为普贤王之光（zer），其力用（rtsal）则说为普贤王之化现（sprul ba）。[7]由是即可见本始基中对三身（sku gsum）之暗示。当此基（gzhi）被称为共祖（spyi mes）时，即名普贤佛父（Kun tu bzang po），当被称为本母（ye phyi mo）时，即名普贤佛母（Kun tu bzang mo）。由于该基被施设为普贤王，一种见行也随之而兴起，其名为“普贤见行（Kun tu bzang po'i lta spyod）”。此处的普贤见是指基，而普贤行则是其法义的解脱层面，其中特别强调见行并重（lta spyod ya ma bral ba）。[8]

---

〔1〕参见原书页 152 及以下。

〔2〕*SM* 似乎是最早提出“基”的这三分的著作，其序分第 2 页有云：gdod nas lhun gyis grub pa'i ngang / rang bzhin ngang las ma g.yos kyang / ma mthong rang bzhin gnyis su snang / de nyid ngang gyur bdag phyag 'tshal /，另参见《句义藏》(*Tshig don mdzod*)，叶 10a 及以下。

〔3〕见原书页 56。

〔4〕见原书页 74。

〔5〕参见原书注 1。不过，对该名相的运用不尽相同。龙青巴曾提到过五种不同的普贤王如来，见《句义藏》，叶 4b，6。

〔6〕见原书页 52。

〔7〕*RK*，页 121-2-6。

〔8〕见原书页 55，143-144。

2. 大圆满中的“阿赖耶”（kun gzhi）

佛家各宗派对阿赖耶识（kun gzhi rnam shes，*ālayavijñāna*）的接受是藏土学者们的争论一个主题。觉囊派认为，不只是唯识宗（Vijñānavāda），中观宗与密宗也承许阿赖耶识。[1]而格鲁派则认为只有唯识宗才承许阿赖耶识。[2]无论如何，在大圆满著作中，“阿赖耶”（kun gzhi）一词本身是指本始基。在敦煌文献《隐秘小粒》的导言中，它被用来指涉菩提心（bodhicitta），并被描述为清净虚空界（mkha' dbyings rnam par dag pa）。[3]在《禅定目炬》中，该词仅被提到一次，但却与基密切相关，其出现的形式为“阿赖耶（普基）菩提心”（kun gzhi byang chub kyi sems）。在这些文本中，阿赖耶的这种带有限制性的用法或可说明，该词在早期并不完全具备“阿赖耶识”学说的全部内涵，而只是用“kun gzhi”一词本身的字面意思，亦即“一切之基”，因为若用阿赖耶识指代本始基，则与以基为本净（ka dag）的见地相违。必须指出的是，《禅定目炬》的作者在某种程度上，似乎对大圆满与唯识宗教义之间的关联持保守态度，因为他曾略带贬义地将顿门派（Cig car ba）与唯识宗联系在一起。[4]

在《入大乘论》中，绒宋·曲吉桑布（Rong zom Chos kyi bzang po）试图说明本始基是否等同于阿赖耶识的问题，这就进一步证实该问题早已存在。他说：“依下乘之理趣，则说‘阿赖耶之性相安住并成熟于一切有漏法之因果体性中，故而如果实（逐渐）成熟，以其唯是诸无漏法之所依与住处，故如盛于毒瓶中之良药’。依上乘之理趣，阿赖耶之性相本来即菩提藏之清净自性，故名‘阿赖耶菩提心’，烦恼与取恶趣之习气（vāsanā）乃客尘垢染，（阿赖耶）即如为污垢所覆之黄金、陷入污泥之宝珠，无非是其功德未得显现而已，其自性并无失坏。”（theg pa 'og ma ba'i tshul gyis / kun gzhi'i mtshan nyid ni zag pa dang bcas pa'i

---

〔1〕*RCh*，叶 109a，4；111，5。

〔2〕*BNy*，页 516：印度四部宗义中，许阿赖耶者唯有唯识宗印度四大派中主张阿赖耶的唯有唯识宗（rgya gar grub mtha' bzhi'i nang nas kun gzhi 'dod mkhan sems tsam kho na yin la /）。参见 *ShT*，页 553。

〔3〕见原书页 70。

〔4〕然而，有些正统宗派认为大圆满与唯识宗有关联，如萨迦班智达贡嘎坚赞（Sa Paṇ Kun dga' rgyal mtshan），见 *RS* 页 83：“心品主说者，即唯识宗见”（sems phyogs phal cher sems tsam gyi / lta bar 'chad po de dag gis /...）。

chos thams cad kyi rgyu dang ’bras bu’i ngo bor gnas shing smin pa yin pas / shing thog smin pa dang ’dra la / zag pa med pa rnams kyi ni rten dang gnas tsam yin te / dug gi bum pa’i nang na sman gnas pa lta bu’o / zhes bshad / theg pa gong ma’i tshul las ni / kun gzhi’i mtshan nyid ni gdod ma nas byang chub kyi snying po’i rang bzhin du dag pa yin pas kun gzhi’i byang chub kyi sems zhes bya la / nyon mongs pa dang gnas ngan len gyi bag chags ni blo (glo) bur gyi dri ma ste gser g.yas g.yogs pa’am / nor bu rin po che ’dam du bsubs pa bzhin yon tan cung zad mi snang bar zad de / rang bzhin nyams par byas pa med do /)〔1〕

绒宋的解说确证了大圆满的一个事实，亦即唯识宗所许之阿赖耶识并不同于本始基。如上所言，尽管“阿赖耶”一词无疑借自唯识宗的学说，但其用法却与唯识宗不同。〔2〕朵波巴・喜饶坚赞（Dol bu pa Shes rab rgyal mtshan，1292—1361）也持类似观点。据他所言，觉囊派认为阿赖耶有两个不同的层面：其一为智（ye shes），其二为识（rnam shes）。〔3〕

然而，在讨论阿赖耶和法身二者的差别时，龙青巴说：“某些经和密续中，

〔1〕 *ThCh*，叶 137b，6-38a，4。

〔2〕 其借用的主要文献可能是《入楞伽经》（*Laṇkāvatāra*，K，卷 29，编号 775，页 62-2-3 及以后）及《密严经》（*Ghaṇavyūha*，编号 778，页 157-2-1）等经。此二经皆将阿赖耶识等同于如来藏（tathāgatagarbha），但二者都未被视为大圆满所主要依止的权威经典。而另一方面，大圆满在某种程度上却接受了如来藏的学说，不过也只是后来的革新。关于这个问题的详细的讨论，见鲁埃格（D.S. Ruegg）1969，页 404 及以下。

〔3〕 *RCh*，叶 84b，3；199b，2，“阿赖耶可分为智与识（两分）……”（kun gzhi la ye shes dang rnam shes su ’byed pa... /）；班钦・释迦确丹（Paṇ chen Śākya mchog ldan）也认为阿赖耶分为“异熟分”（rnam smin kyi cha）和“本智分”（ye shes kyi cha）。他认为宁玛派所说大圆满就是阿赖耶智（kun gzhi ye shes）：“产生轮回者，除阿赖耶识外别无其他，产生涅槃者，则为阿赖耶智，该智即施设为‘开显隐秘’及‘大圆满’。”（’khor ba byed po kun gzhi yi / rnam shes nyid las gzhan du med / myang ’das byed po kun gzhi yi / ye shes nyid yin de yi mtshon / gab pa mngon pa phyung ba dang / rdzogs pa chen po zhes su btags /）见 *RS*，页 78，280。米觉多杰（Mi bskyod rdo rje, 1507—1554）：“就至尊叶桑泽瓦（译师循努班）尊者之三秘密续与班钦・释迦确丹之胜乐释论二者而言，观察究竟果——基位之实相，以及道位之诸瑜伽，即为甘露妙香。”（rje ye bzang rtse ba’i rgyud gsum gsang ba dang paṇ chen śākya mchog ldan gyi sde(bde) mchog rnam bshad gnyis kyi mthar thug gi ’bras bu gzhi dus kyi gnas lugs / lam dus kyi rnal ’byor rnams la dpyad pa bdud rtsi’i dri mchog）《瑜伽续释》（*rNal ’byor rgyud kyi rnam bshad*），卷 3，页 321，328。见同作者之《实相甘露精华》（*gNas lugs bdud rtsi’i nying khu*），同卷，页 346。

将基施设为阿赖耶，有等人不解其密意，遂将（法身与阿赖耶）二者混为一谈，此实大谬，且有众多过失，由于阿赖耶具习气，故而法身亦应具习气，（此实非理）。”（mdo rgyud kha cig tu gzhi'i cha la kun gzhir ming btags pa dgongs pa ma long pa kha cig de gnyis gcig tu 'dod pa yod de shin tu nor sa kham po che yin pas skyon du ma yod de / kun gzhi bag chags dang bcas pa'i phyir chos sku bag chags dang bcas par thal ba dang ... /)[1]

在谈到果（'bras bu）时，龙青巴进一步着重否定了自生智（rang byung ye shes）与唯识宗能所无二智（gzung 'dzin gnyis med kyi ye shes）之间的关联。[2]

由是即有两个确定大圆满与唯识宗在教法与哲学上毫无关系的例子，一者是就基位而言，另一者是就果位而言。尽管如此，仍有足够的证据表明，即便阿赖耶学说不是本始基理念发展的真正来源，它也应该很早就在大圆满中建立起来了。对阿赖耶理念的借鉴在苯教大圆满中体现得尤为明显。在《顶生王》（*rTse mo byung rgyal*）等文本中，“阿赖耶（kun gzhi）”甚至“阿赖耶识（kun gzhi rnam shes）”本身也已频繁出现在大圆满语境中。[3]在之后的文本中，大圆满对唯识宗教义的借重愈发明显。在大圆满哲学著作中，吉美林巴（'Jigs med gling pa，1729—1798）的《普贤智界续》（*Kun tu bzang po ye shes klong gi rgyud*）也许是融合唯识宗教义与大圆满的最佳例证，其中的阐释最为典型。[4]

由是便有这样的问题：尽管早期材料中已用阿赖耶指涉本始基，可为何像龙青巴这样的大圆满学者却不愿意承认二者本质上相同呢？此问题在第八世噶玛巴米觉多杰（Mi bskyod rdo rje, 1507—1554）的质疑和索多巴 · 罗珠坚赞 (Sog bzlog pa Blo gros rgyal mtshan, 1552—1664）的回应中或能得到很好的解释。米觉

---

〔1〕《句义藏》，叶 52b，3；《胜乘藏》（*Theg mchog mdzod*），叶 299a5 及以下；《摄心性灯》（*Sems nyid bsdus pa'i sgron ma*），《无垢心要》（*Bi ma snying thig*）[德里，1971]，卷 7，第一部分，页 606-607。

〔2〕《法界藏》（*Chos dbyings mdzod*），叶 76a，5；《宗轮藏》（*Grub mtha' mdzod*），叶 167b，3；*BNy*，页 275-276。

〔3〕 页 436，438。此为心部十八续之一，见原书页 24。

〔4〕《龙青宁提》（*Klong chen snying thig*），卷三（岗瑟 [H.V. Guenther]，《西藏视角下的印度佛教思想》（*Indian Buddhist Thought in Tibetan Perspective*），《宗教史》（*History of Riligions*），卷 3，编号 1，1963）。

多杰难言：

“汝宗许基为本净、本来解脱（ye grol）。[1]于汝宗中，本净与阿赖耶为一为异？若为同一，则阿赖耶即成轮回涅槃二者之共基，以其所具之俱生无明为一切无明之根本，故而不满足本净与本来解脱之义。若阿赖耶与本净相异，则本净与阿赖耶何者在前？若本净在前，则本净随灭后，方现阿赖耶之实相，此于教于理皆不成立，以阿赖耶为不偏堕轮涅二边之本初实相，无任何法先其而出故。若阿赖耶在前，即不成本净与本来解脱，因此，所谓‘本净’，即苯教经典中所许之先有本无，而后由其生起些许本有，汝不解此说，遂将其命名为轮回之迷乱基。”（khyed rnams kyi lugs la gzhi ka dag dang ye grol du ’dod zer ba / khyed rang gi lugs la ka dag dang kun gzhi gcig gam tha dad / gcig na kun gzhi ’khor ’das nyis kyi spyi gzhi yin pa’i don gyi (s) lhan cig skyes pa’i ma rig pa yod la / de ma rig pa thams cad kyi rtsa ba yin pas ka nas dag dang ye grol gyi don ma tshang / kun gzhi dang ka dag gnyis mi gcig tha dad na / ka dag kun gzhi thog mar gang snga / ka dag snga na / dang po ka dag la rjes zhig nas kun gzhi’i gnas lugs su byung ba ni lung rig gi ngos nas kyang mi ’thad de / kun gzhi ni ’khor ’das kyi phyogs su ma lhung ba’i gdod ma’i gnas lugs yin la / de’i gong na gang med pas so / kun gzhi snga na ka dag dang ye grol du mi ’gyur bas / de bas na ka dag ces pa ni bon gyi gzhung na / dang po ye med du ’dod pa ka dag dang de las ye yod cung zad srid pa la ma rtogs pa ’khor ba’i ’khrul gzhi zhes ming ’dogs bsgyur ba yin mod /）[2]

索多巴答言：

“阿赖耶之体性乃无为，离言说，自生，不落任何一边。称其为‘本净与本来解脱之基’者，乃因胜者普贤王如来于此基上自解脱，而非说阿赖耶为本净与本来解脱。因此，所谓‘本净’乃指本初即不受迷乱，‘普贤’之词义乃指于一切（kun tu）时中皆不为迷乱所染，故曰‘贤’（bzang po），此为我宗所说。‘本来解脱’亦与其同义，故而不应将其视为相异。因此，此处所说之‘本净与本来

[1] *LB*，页 189。

[2] 同上，页 79-80。

解脱之基’乃指‘解脱基’（grol gzhi），而非指阿赖耶，盖因阿赖耶为心识，而解脱基则为本觉。阿赖耶与本净二者实不一不异。”（kun gzhi zhes pa’i ngo bo ni / ’dus ma byas brjod du med pa’i rang byung phyogs gang gi yang ma lhung ba yin la / de la gzhi ka dag dang ye grol ces pa rgyal ba kun tu bzang po gzhi de nyid kyi thog tu rang grol ba la zer ba yin gyi / kun gzhi nyid ka dag dang ye grol du ’dod pa ma yin no / de’i phyir ka nas dag pa zhes bya ba gdod ma nas ’khrul ma myong ba’i dag pa de ka zer la / kun tu bzang po zhes bya ba / ’di’i lugs la ’chad pa yin zhing / ye grol zhes pa yang de dang don gcig pa yin pas na gzhan du mi bsam mo / de’i ghyir ka dag dang ye grol zhes gsungs pa grol gzhi la ngos ’dzin pa yin pa de’i phyir / kun gzhi dang ka dag gnyis gcig dang tha dad gang yang ma yin no /）[1]

从索多巴的回应可以明显看出，他和米觉多杰一样，承认阿赖耶等同于阿赖耶识，但他和龙青巴都不承认本始基等同于阿赖耶，因此阿赖耶为不净。索多巴的回应反映出宁玛派面临的困境，这种困境也明显体现在他的同一篇回应中：“本净与阿赖耶无有先后，同时生起，故如鸟与蛋，若无鸟，则蛋不出，若无蛋，则鸟不生，是即法尔俱生。”（ka dag dang kun gzhi la snga phyi med de lhan cig skyes pa yin pas na bya dang sgong nga lta bu ste / bya med na sgong nga mi ’byung zhing / sgong nga med na bya mi ’byung bas rang bzhin gyi lhan cig skyes pa yin no /）[2]

索多巴的回应就像一个谜语，它并没有在解答第八世噶玛巴的根本问难上发挥多少实际作用。简而言之，（米觉多杰的问题）就是：阿赖耶是否自无始以来即为清净？对米觉多杰而言，正如除觉囊派以外的新译密咒各派所许，阿赖耶和阿赖耶识没有分别。因此，阿赖耶无法脱离作为习气（bag chags）积累之基的阿赖耶识。阿赖耶识这一概念直接关系到佛教的相关教义，即轮回无初始点，由此而不得承许有清净无垢之初始境。贡却・丹贝仲美（dKon mchog bstan pa’i sgron me）等一些格鲁派上师，虽然完全接受大圆满的某些教法，但也委婉地表

〔1〕*LB*，页 80-81。

〔2〕同上，页 83。

示“无法理解”如何证明宁玛派所主张的大圆满本来清净说。[1]对于宁玛派及其论敌而言，这一问题始终悬而未决。然而，这个被争论了数个世纪的焦点问题却似乎在一个苯教著作中找到了合理的答案。

“有等人思惟并质疑道：若阿赖耶为本净，则不应为积累习气之基。

答言：阿赖耶之体性于三时中皆不为习气所染，故为本净。

或有人认为（阿赖耶）并非积累习气之基。然则，习气实积于八识聚联合而成之垢染上。复次，阿赖耶无非为习气积聚之基而已，譬如储藏室……此如一切万有虽形成并安住于虚空界中，然虚空之体性却丝毫不为万有之垢障所染。”（gang zag ’gas kun gzhi ye nas ka dag yin na / bag chags sog gzhi yin par mi ’thad snyam nas the tshom za ba la / kun gzhi ngo bo la dus gsum du bag chags kyis dri mas gos ma myong bas ka dag yin no / ’o na bag chags sog gzhi ma yin snyam na / bag chags ni rnam par shes pa tshogs brgyad zung du ’brel ba’i bag la sog pa yin no / de yang kun gzhi ni bag chags sog pa’i gzhi tsam yin te dper na mdzod khang dang ’dra /... nam mkha’i klong du snang srid ji snyad cig chags shing gnas kyang / nam mkha’i ngo bo la snang srid kyi dri mas rdul tsam yang ma gos pa bzhin no /）[2]

此论证体提出了两点：首先，阿赖耶在积聚习气前都始终保持清净，而这种积聚只有在八识聚“联合”作用下才会发生，就像一个储藏室，在宝藏放进去之前它都保持着空的状态。其次，即便阿赖耶已积聚习气，它也仍然保持清净，犹如虚空虽然含藏万物，却不为万物所染。

因此，对苯教而言，阿赖耶自无始以来即为清净，且可以作为积聚习气之基。佛教认为阿赖耶本具无明，苯教则认为，无明只有在诸识开始联合运作时才

[1] *ZhL*，页 582：“大圆满者，乃离诸垢障之无造作心，朗然而澄明，于一切万有轮涅中‘圆满’，除此之外，别无其他能解脱之方便，故说为‘大’，然却不知其离诸垢障之方式。”（rdzogs chen zhes pa dri ma thams cad dang bral ba’i sems ma bcos gsal la hrig ge ba ’di yin zhing / snang srid ’khor ’das thams cad ’di’i nang du rdzogs pa dang ’di las gzhan du grol byed kyi thabs med pas na chen po bshad ’dug kyang dri ma thams cad dang bral lugs ji ltar yin ma shes /）另见华芒·贡却坚赞（dBal mang dKon mchog rgyal mtshan），《上师供相关之大手印导引笔记·除念之苦》（*Bla ma mchod pa dang ’brel ba phyag chen khrid kyi zin bris dran pa’i gdung sel*），《文集》（*The Collected Works*），卷 5，页 284。

[2] 《阿赖耶亲训·明灯》（*Kun gzhi zhal shes gsal ba’i sgron ma*），*ZhNy*，卷 Tsa，页 427。

会出现，而这种联合运作一旦开始，阿赖耶即变成阿赖耶识，亦即真正的轮回之基。虽然整个学说借自佛教已不言而喻，但这种借用发生的时间至少可以上溯至11世纪，因为苯教的说法在某种程度上与早期大圆满论师所言相合，如上所说，这些大圆满论师在阿赖耶和阿赖耶识之间作出了区分，由此避免后世宁玛派及其敌论者争论时的恶性循环。

此外，苯教似乎更进一步发展了阿赖耶的概念。他们以“安住真实阿赖耶”（gnas pa don gyi kun gzhi）指涉周遍一切界之本初境，以“识觉相续阿赖耶”（shes rig rgyud kyi kun gzhi）指涉别别存在于有情相续中之本始基，由此而成区别。[1]前者与《隐秘九部》（*Gab pa dgu skor*）之“共心”（spyi sems）相对应。[2]

3. 大圆满中的如来藏（bde shegs snying po）[3]

在一些敦煌文书等早期大圆满文本中，并没有将如来藏与本始基联系起来。然而，在《禅定目炬》中则有提及，不过只是在引用《命轮续》（*Srog gi 'khor lo*）时提到一次，此外在《菩提心乐芽续》（*Byang sems bde ba'i myu gu*）中也提到过，后两者都属于心部（Sems sde）十八续。[4]绒宋·曲吉桑布在他的《宝疏》中也用它（如来藏）来指代基（gzhi），但在他的《入大乘论》中则没有提及。（将如来藏与本始基联系起来的说法）在若·喜饶沃（Rog Shes rab 'od，译言般若光，1166—1244）[5]的著作中得到了确证，且成为后世的一个主导性的论题，这在龙青巴的大圆满著作中体现得尤为明显。再后来，苯教也用它来指代基（gzhi）。[6]正如人们所认为的那样，龙青巴对如来藏（tathāgatagarbha）学说的观点与朵波巴

---

〔1〕乌日·索南坚赞（U ri bSod nams rgyal mtshan），《明灯疏·日月光庄严》（*sGron ma'i 'grel ba nyi 'od rgyan*），*ZhNy*，卷Ba，页305。

〔2〕叶76a（卡尔梅 [Karmay]，1977，编号52）。

〔3〕通常的梵文对应词为sugatagarbha，但是这一名相在梵文佛教文本中并未得到确证。（鲁埃格，1973，页68，注2）。

〔4〕见页24。第二个文本见金子版《宁玛十万续》，编号10,6。

〔5〕*TG*，叶113b，1，2。

〔6〕夏扎·扎西坚赞（Shar rdza bKra shis rgyal mtshan），《界觉藏》（*dByings rig mdzod*），卡尔梅1977，编号94，页11-18。

（Dol bu pa）一致。[1]他认为宣说（如来藏）教法的十经[2]皆属三转法轮（chos ’khor）。此外，对于那些批评如来藏周遍一切有情且具足佛功德之说者，他也作出了反驳。[3]然而，有关龙青巴与朵波巴的不同，简单而言，即体现在前者于基（gzhi）、道（lam）、果（’bras bu）三位的框架中对大圆满教法所作的阐释。[4]他在作为基的如来藏和作为果的如来藏之间作出了明确的区分，而朵波巴坚持“基果无别”（gzhi ’bras dbyer med）之说。[5]

4. 具有物质形相的本始基

在早期的大圆满文本中，本始基除了前面所说之“普贤王如来”这一表义性名称外，不具有任何形式的物质形相。但是，在一些准确年代大多难以断定（其年代较晚）的大圆满密续中，对“心法性”（sems kyi chos nyid，亦即“法身”[chos sku]）的描述却似乎是一个真实的人。不过，以如来藏遍住一切有情且具足佛之相好（mtshan dpe）的说法，以及有关开示大圆满密续的普贤王如来的说法，都预先假定了基有一个物质形相。因此，在一些主要与大圆满相关的密续中，基被视为一瓶状的形相，其智喻如瓶中之油灯，其光明则喻如油灯之光辉。身、智、光明三者之整体形相说为“光团”（’od kyi gong bu），三者层层相叠（gsum brtsegs）。[6]此光明身无有衰老，故名“童瓶身”（gzhon nu bum sku）。[7]后面还会讨论这个问题。

依觉囊派的如来藏学说，此身亦具足佛之一切相好。正如迦楼罗（garuḍa）

---

〔1〕 参见鲁埃格 1969，页 2-6。

〔2〕 关于这些经可以参考鲁埃格 1969，页 4，注 1。

〔3〕《句义藏》，叶 40a，6-44a；《宗轮藏》，叶 185a，6。

〔4〕《心智答问》，页 390；*BNy*，页 287。

〔5〕 *RCh*，叶 23a，3-4；113b，4。

〔6〕 多杰林巴（rDo rje gling pa），《广见续》（*lTa ba klong yangs*），（金子版《宁玛十万续》，编号 65）：rig pa’i sku ni bum sku ’dra / ye shes bum nang mar me ’dra / ’od zer mar me（’i）’od dang ’dra / gnas tshul ’od kyi gong bu bzhugs / sku dang ye shes ’od dang gsum / gsum brtsegs su bzhugs /（页 262）。

〔7〕《大普明明点续》（*Thig le kun gsal chen po’i rgyud*）（金子版《宁玛十万续》，编号 81）：snying po sku lnga nang nas gsal bas bum pa’i sku / bgres pa mi mnga’ bas gzhon nu’o /（页 133）。另见《广见续》，页 191。

在卵内时，就已长出双翼及身体其他部位，我们身中的法身亦如是。[1] 在大圆满中，法身（dharmakāya）并非始终被描述为绝对的无相、不可触及。

心与本智两概念间有巨大差别。与其他佛教宗派不同，大圆满主张心与本智据有不同功能。心之性相，乃由不同心分构成，且具二取分别（gnyis 'dzin gyi rtog pa can），最重要的是，它是现象界之根基。而本智则无为而本具，本净且光明，不见一切迷乱境，远离二显之戏论（gnyis snang gi spros pa dang bral ba）。该词的字面具有的含义即"本初之智"（ye nas shes pa）。心住于阿赖耶内，而本智住于法身内。龙青巴强调，在大圆满中，分清（心与本智）二者就与分清阿赖耶与法身二者一样重要。[2]

一些后期的宁玛派密续甚至进一步在身体中定位心与本智。本智住于心（心脏）中，而心（心识）则住于肺中。[3] 这一观点尤为大圆满之批评者所诟病。华芒·贡却坚赞（dBal mang dKon mchog rgyal mtshan）认为有情（sems can）在人肺中，而佛在人心脏中的见地比觉囊派的他空见（gzhan stong）还要糟糕。[4]

---

〔1〕《甚深见智圆满续》（*lTa ba ye shes gting rdzogs kyi rgyud*）（金子版《宁玛十万续》，编号 43）：sangs rgyas yon tan mtshan dang dpe byad ste /...dus ni da lta byung ba lus kyi(s) sgribs / dper na khyung chen sgong nga'i nang na gshog rgyas kyang / sgo nga ma chag 'phur mi nus pa bzhin /（页 52）。

〔2〕《胜乘藏》，叶 304b，3；《句义藏》，叶 55b，6-59b，1。

〔3〕《广见续》，页 221，256-257；参见 *NgD*，页 324；*GLZ*，叶 25b，3。

〔4〕《甚深义耳传断法论典・甚深断法口诀・开慧眼》（*Zab don snyan rgyud kyi gcod gzhung zab mo gcod kyi man ngag blo gros mig 'byed*），页 517。

他空学说主要由朵波巴在他的《山法了义海论》（尤其叶 96a 及以下）中提出，根据他的说法，此乃《宝性论》（*Mahāyānottaratantra*，T，卷 T108，编号 5525）所宣之核心教义。该学说与觉囊派的如来藏学密切相关。觉囊派认为，如来藏是"他法空"（chos gzhan gyis stong pa），即空掉一切外法，而本身不空。参见果然巴・索南僧格（Go rams pa bSod nams seng ge, 1429—1489），《见辨别论——胜乘要义月光》(*lTa ba'i shan 'byed theg mchog gnad kyi zla zer*)，SK，卷 13，编号 47，页 1-4-4；阿旺曲扎（Ngag dbang chos grags, 1572—1641），《宗义辨别》（*Grub mtha' shan 'byed*）（叶 117a，4）：don dam bden pa'i bde gshegs snying po ni gzhan kun rdzob kyi chos kyis stong gi / don dam rang gi ngo bos mi stong ste /...rgyu mtshan 'di la brten nas gzhan stong pa'i ming 'dogs byung /。

与他空相对者即自空（rang stong），在觉囊派上师和恰巴・曲吉僧格（Phya pa Chos kyi seng ge）等一些噶当派上师看来，中观应成派（Prāsaṅgika）之空性见只是断见。（d.1169，BA，页 334）。然而，他空见被认为是体现了外道的影响，尤其是数论派（Sāṃkhya），因而受到很多人的诟病，尤其是仁达瓦・循努罗珠（Red mda' ba gZhon nu blo gros, 15 世纪）（见释迦确丹，《中观源流释・如意须弥》[*dBu ma'i*

他怀疑这种见地来自苯教，因为土观·曲吉尼玛（Thu kwan Chos kyi nyi ma）认为苯教与大圆满二者的教义“有密切关系”（thugs snang gshin pa yod pa）。〔1〕尽管二者关系密切，在迄今为止可以接触到的苯教大圆满文献中，却并未发现这一观点的例证。而根据另外一些宁玛派密续，〔2〕心识不在肺中，而在心肺之间。龙青巴在其《句义藏》(*Tshig don mdzod*)〔3〕中就提到这一说法。

关于身、智和光三者组成基的观点，进一步的阐释将三者别别分布如下：童瓶身住于心间，智住于螺室（dung khang），其光从双目向前放出。童瓶身细如芥子，住于心间五色光中，形如嘎乌盒。其眼之大小与其身“相称”（phul thag）。〔4〕与此学说直接相关的就是初学大圆满者所习之“黑关”（mun mtshams）和“光明”（’od gsal）之修法。在修习时，前者是在黑暗中进行长时间闭关，后者是以各种复杂的姿势观日光，二者都是为了现见本智光明。而“虹光身”（’ja’ lus）的理论则与童瓶身光明之说密切相关，后文将对此加以讨论。

虽然“光明身”（’od lus）之说可能源自相当早的一些佛教文献中“心性光净”（sems kyi rang bzhin ’od gsal ba）之说，且与唯识宗的教义关系尤为密切，〔5〕但大圆满的批判者仍对大圆满思想的纯正性抱以高度的怀疑。诚然，在敦煌遗书

（接上页）*byung tshul rnam par bshad pa’i gtam yid bzhin lhun po*]，页 234-235）及其弟子宗喀巴之《辨了不了义善说藏》(*Drang nges legs bshad snying po*，卷 T153，编号 6142）。宗喀巴以自空见为其主要宗见，因此，格鲁派极力反对他空见。参见 *ShT*，页 477 及以下；龙朵喇嘛·阿旺洛桑（Klong rdol bla ma Ngag dbang blo bzang, 1719—1850)，《雪域见地宗义简要明示》(*Bod gangs can gyi lta ba’i grub mtha’ rags rim ngo sprod*，《文集》，*SPS*，卷 100）。参见鲁埃格（D.S. Ruegg)，1973，页 325 及以下。

〔1〕《开慧眼》(*Blo gros mig ’byed*)，页 518；《宗教源流晶镜史》(*Grub mtha’ thams cad kyi khung dang ’dod tshul ston pa shel gyi me long*)，第一部，页 265。

〔2〕《明觉自现续》(*Rig pa rang shar gyi rgyud*)，金子版《宁玛十万续》，编号 153，页 98；《金刚萨埵心镜续》(*rDo rje sems dpa’ snying gi me long gi rgyud*)，金子版《宁玛十万续》，编号 156，页 544。

〔3〕 叶 60b。

〔4〕《金刚萨埵心镜续》，金子版《宁玛十万续》，编号 156，页 542-543。sku yangs ’bru tsam la spyan phul thag tsam 中的 phul thag 意义不明。有说法认为“眼比身大，根细而顶粗”（sku bas spyan che ste rtsa ba phra yang rtse mo yangs pa)，龙青巴不赞同此说，他认为这是一种古方言（yul skad rnying pa)，通常作 phul thag tsam，即“相当、相称”（’tshams pa）之意。因此，鉴于身如芥子许大小，与之相应，眼即应比发端还细。(yungs ’bru la ’tshams pa’i spyan de skra rtse bas kyang chung dgos)，《句义藏》，叶 52a，2；64a，4-6。

〔5〕 对此概念的概述见鲁埃格，1969，页 411 及以下。

和《禅定目炬》等早期文本中，并没有详细讨论基的物质形相的实例。大多数含有此类描述的密续都有伏藏渊源，它们属于吉尊·僧格旺秋（lCe btsun Seng ge dbang phyug，11 世纪后半叶）的“再伏藏”（译按：藏文即“ yang gter”）。与同一主题相关的其他密续年代更晚，例如由多杰林巴（rDo rje gling pa）“再次发掘”的《广见续》（*lTa ba klong yangs*）即属于 14 世纪。该伏藏师与苯教大圆满传统也密切相关，且常以其苯教名字而为人所知，亦即苯依·雍仲林巴（Bon zhig g.Yung drung gling pa）。有大量证据表明（宁玛派大圆满与苯教大圆满）二者之间的相互借鉴十分频繁，这也很正常，因为二者都有大圆满教法，尽管他们有时不太愿意承认彼此之间的相互借鉴。[1]

因此，大圆满的批评者总是怀疑，上述修法以及有情具足光明微细身之说源自一种非佛教的教义（如果不是苯教的话）。故而米觉多杰即认为，宁玛派许“心性”（sems nyid）以五色光之形相住于心间，故彼等皆观日光，常见论（rtag lta ba）许“我”（ātman）以光之形式住于心间，或大如鸡蛋，或小如芥子，此二者无有差别。[2] 他还认为，苯教有很多观光明的教授，宁玛派的修习与之几无差

---

〔1〕 参见原书页 219。

〔2〕 事实上，并非所有常见论者（śāśvatavāda）都持同样的“我”（ātman）见，因此这种指涉并不是特别确切。苯教作者噶敦·喜饶沃色（sGa ston Shes rab ’od zer，15 世纪）在其《说破外道因滴理经释·锋利正理大霹雳》（*Mu stegs kyi grub mtha’ tshar gcod gtan tshigs thigs pa’i rig pa smra ba’i mdo ’grel rno ngar rig pa’i thog chen*）中描述了所谓的“九部常见”（rtag lta sde dgu），其中的大我部（bDag nyid che btsun）也有类似于我见的观点（叶 17b，1）。“自我安住于何处？彼安住于一切有情之心间。其名为何？名为‘常我’。其大小有几许？身体大时，其尺寸即变大，如小指大小；身体小时，其尺寸即小如白芥子。以上即显示其尺寸大小。其颜色洁白而光耀，自性光泽，如清净无瑕之水晶球。”（nga’am bdag de gnas gang na yod na / sems can thams cad kyi snying gi dkyil na yod do / ming gang yin na / bdag rtag pa zhes bya’o / che chung bong tshad ci tsam yod ce na / lus che ba len pa’i gnas skabs ’ga’ zhig tu che ste / che bar ’gyur ba’i tshe na theb chung tsam mo / lus chung ba len pa’i gnas skabs ’ga’ zhig tu chung ste / chung ba’i dus na yungs kar (dkar) tsam zhig yod de / ’di ni che chung gu tshad bstan to / kha dog bstan pa ni / kha dog ji lta bu zhig yod na / dkar la ’tsher ba zhig yod de / rang bzhin ji lta bu zhig yod na / snum la ’dril ba shel sgong yongs su dag pa’i rang bzhin lta bu zhig yod do /)

阿旺曲扎认为，持我见者为裸形外道 (gCer bu pa, *Nirgrantha*)：“ mu stegs gcer bu pa sems can gyi snying gi dkyil na bdag shes rig gi skyes bu dkar la ’tshor (’tsher) ba snum la ’dril ba yod par ’dod pa... /”（*BT*，页 120b，6)。而龙青巴则认为持我见者为数论派（Grangs can pa, *Sāṃkhya*)（《宗轮藏》[*Grub mtha’ mdzod*]，44a，4）。吠檀多（Vedānta）和耆那教（Jaina）也有类似观点，参见嘉木样协巴（’Jam dbyangs bzhad pa, 1648—1722），

别。”（snying nang na sems nyid ’od lnga’i rnam pa ’dzin pa ’di dang / rtag lta ba bdag lta ba bza’ ba po byed pa po rang dbang can gyi sems zhig rnam pa snying nang na ’od che sgo nga tsam / chung ste yung ’bru tsam zhig yod par ’dzin pa ni khyad par kyang ma mchis /... des na ’di dag ni bon chos rnams na ’od la lta ba’i gdams pa mang po zhig ... khyad cung zad kyang ma mchis so /）[1]

5. 作为“解脱基”（grol gzhi）和“迷乱基”（’khrul gzhi）的本始基[2]

在《禅定目炬》关于基的理论中可以看到对解脱基（grol gzhi）和迷乱基（’khrul gzhi）观念的暗示，不过还没有用这两个名相。“解脱基”指向基的解脱层面：行者若必须返还至某处，则其返还之处正是此基；换言之，即当且仅当行者返还至其本来解脱（ye grol）处才能证得菩提。[3]“本初佛”（thog ma’i sangs rgyas = ādibuddha）的理念最早也是源自解脱基的学说。该佛无需像其他佛一样为通过努力才能证觉，只需体认“自证”（rang rig）境。大圆满中的自证指的是前文所说之本智。该词也借自唯识宗，是 rang gis rang rig pa 的缩写，其字面意义为“自己体证自己”。[4]所证者唯解脱基自身，此外别无其他。这种证悟即表示为本初佛（Ādi-buddha）。然而，如果该内证不能自证（rang gis rang rig pa），而将其自身境界视为他者，则会生起二取显现（gnyis ’dzin gyi snang ba），继而偏离其自身之本净境界。此即轮回之始，相关描述如下：

（接上页）《大宗义》（*Grub mtha’ chen mo*），卷 Ka，叶 38a，7，62b，1；以及贡却・吉美旺波（dKon mchog ’Jigs med dbang po, 1728—1791）之《宗义宝鬘》（*Grub mtha’i rnam bzhag rin chen phreng ba*，御牧，1977，页 73）。

〔1〕*LB*，页 85。

〔2〕《句义藏》，叶 17a，6。

〔3〕同上，叶 13b，1。其中所用的类似名相还有：自解脱（rang grol）/ 赤裸解脱（gcer grol）/ 边际解脱（mtha’ grol）。这些名相曾遭受批评，见阿旺曲珠（Ngag dbang chos grub），《中观法界辨别疏・摧破纷纭邪说论・天铁火雨》（*dBu ma chos kyi dbyings rnam par ’byed pa’i rab tu byed pa’i ’grel ba smra ba ngan pa’i tshang tshing ’joms par byed pa’i bstan bcos gnam lcags kyi me char*），页 48 及以下。

〔4〕关于自证（rang rig），见原书页 107，注 4。

彼不动者微微动
彼不移者轻轻移
基中虽无有动摇
觉性力则生动摇
动摇者即名为意
彼乃任运大悲力
犹如勇士取黄金
犹如雏鸟吐风息
待生雄鸡壳内动
如马尾之百分一
本觉亦转成心意
此即俱生之无明
（g.yo mi g.yo bag tsam g.yo /
’gyu mi ’gyu bag tsam ’gyu /
gzhi la g.yo ’gul med mod kyang /
rig pa’i rtsal la(s) g.yo ’gul byung /
’gyu ba de la yid ces zer /
de yang lhun grub thugs rje’i rtsal /
dpa’ bo gser gyi blangs pa’am /[1]
bye’u rlung gi kha rlangs sam /
bya pho skyed med ’gul ba ’am /
rta rnga rgya(brgya) bshags cha tsam gcig /
rig pa nyid kyang yid du ’gyus /
lhan cig skyes pa’i ma rig zer /)[2]

〔1〕 笔者承认未能理解这一句，故而未译。（译按：对应中文为汉译者补译。）
〔2〕《广见续》，叶 201。

对基的偏离或言迷乱基（'khrul gzhi）称作“上迷乱”（yas 'khrul）[1]。这一理念常发展为转生。在苯教大圆满中，它与宇宙起源论有关。心向本始基的回归称作“下回返”（mas ldog），[2]而本始基这一清净境界即称作“虹光身”，是大圆满教法的究竟目标。

6. 虹光身（'ja 'lus）学说

“虹光身”学说与许多通过精神修习而获得最终成就的理念有关，但同时主要是关于大圆满成就者死后的身体变化，尤其与“即生即身”（tshe gcig lus gcig）成佛的说法相关。此处不拟对涅槃（nirvāṇa）的总体概念及其暗涵的身体变化问题加以讨论，[3]然而，在不过多花费笔墨追溯其经教源流的情况下，举出一部早期著作中对该问题的论述实例，或许比较有用。一般而言，涅槃有两种，《声明要领二卷》对其解释如下：[4]

“所谓‘sopadhi-śeṣa-nirvāṇa’，指断除三界一切烦恼后，唯蕴不舍，如阿罗汉，故名‘有余依涅槃’。”（sopadhi-śeṣa-nirvāṇa zhes bya ba dgra bcom pa lta bu khams gsum gyi nyon mongs pa thams cad spangs nas / phung po tsam ma bor ba'i ming ste / phung po lhag ma dang bcas pa'i mya ngan las 'das pa zhes bya /）

“所谓‘nirupadhi-śeṣa-nirvāṇa’，指断除一切烦恼后，五蕴之苦火亦得以寂息，故名‘无余依涅槃’。”（nirupadhi-śeṣa-nirvāṇa zhes bya ba nyon mongs pa thams cad spangs la phung po lnga'i sdug bsngal gyi me yang zhi bar byed pa'i ming

---

〔1〕*KG*，叶6；《胜乘藏》，叶231b，4及以下；《句义藏》，叶20b，2。

〔2〕《宝净轮》（*Rin po che rtsod pa'i 'kror lo*），*T*，卷144，编号5841，页118-5-2。还有其他类似的说法——尤其是在苯教文献中：“自上而下之见”（lta ba yas 'bub），“自下而上之行”（spyod pa mas 'dzegs）（《钉孔》[*gZer mig*]，卷Kha，叶216a，216b2）。

〔3〕关于涅槃的概述，请参见舍尔巴茨基（Th. Stcherbatsky），《佛教的涅槃概念》（*The Conception of Buddhist Nirvāṇa*），列宁格勒（Leningrad），1927，页45及以下；穆帝（T. R. Murti），《佛教的核心思想》（*The Central Philosophy of Buddhism*），伦敦，1980，页47，页271-275；施耐尔格罗夫（D.L.Snellgrove），《佛教圆满觉悟目标之神学思考》（*Theological Reflection on the Buddhist Goal of Perfect Enlightment*），1971，页83及以下；《传统及教义对成佛的阐释》（*Traditional and Doctrinal Interpretations of Buddhahood*），1970，页17及以下。

〔4〕页86-5-5。

ste / phung po lhag ma med pa'i mya ngan las 'das pa zhes bya /)

这一解释的真正含义即：第一种涅槃意味着死亡时不完全灭尽诸蕴（upadhi，藏文直接译为 phung po，该词实际上是被定义为“日常生活得以延续的基础”），而第二种涅槃则完全灭尽诸蕴。此处，lhag ma 一词指前世的小部分残余。“phung po lhag ma med pa”或“ma lus pa”本来的哲学含义应该是“无前世残余之蕴”（即“无余蕴”）。然而，在之后的数个世纪中，不同的作者却对其作出了不同理解。一种通行说法是“无余身而成佛”（phung po lhag ma med par sangs rgyas pa）。此处的“phung po”是用其字面意义，亦即“身体”。即生成佛的理念很有趣，因此必须加以厘清。此问题在敦煌文献中的一段问答中或可得到说明：

“何谓即生成佛？即藉有余之身，证得寿自在持明（Vidyādhāra）。”（sangs rgyas sku tshe gcig gis 'grub don ci lta bu / lhag mar bcas pa'i lus nyid kyis / tshe la dbang ba'i rigs (rig) 'dzin thob /）[1]《禅定目炬》的作者在阐释大瑜伽（Mahāyoga）密续之法义时指出，“蕴漏尽”（phung po'i zag pa zad pa）者可在“余身”（lhag ma'i lus）中成就持明，住世时间之长短可随心所欲，或者“不舍此身”（lus 'di ma bral bar）而趣往净土。为了阐明他的解释，他列举了一系列据说已获得此成就的人物。例如，在印度上师中，无垢友（Vimalamitra）于西藏示现（tshul bstan pa）圆寂，但仍活在印度。莲花生（Padmasambhava）为调伏罗刹（rākṣara）而圆寂。而在藏土上师中，玛译师·仁钦确（Lo tsā ba rMa Rin chen mchog）带肉身前往净土；觉沃·南开宁波（Jo bo Nam mkha'i snying po）和念·白央堪布（mKhan po gNyan dPal dbyangs）皆在空行母（ḍākinī）护送下离世。

《禅定目炬》的作者对此问题进一步讨论如下：“若能舍弃身蕴，则应知（大瑜伽续所宣教法）中，（佛果）并不遥远。经教中说有两种涅槃方式。即便是无余依涅槃，亦能如大鹏与狮子，一旦身之网或结得以开解，瑜伽士即可无疑而（涅槃）。”（gal te phung po bor srid na'ang de la thag ring bar ma lta zhig / mya ngan las 'das pa'i tshul gnyis ni bka' nyid las bzhugs pas / phung po lhag ma med pa

〔1〕 PT 937，117 行。（与其相一致者为 *IOL* 470 以及《金刚萨埵问答》[*rDo rje sems dpa'i zhus lan*]，*T*，卷 87，编号 5082，页 165-4-6），见页 67。

mya ngan las ’das na’ang / khyung dang seng ge dpe ltar lus kyi dra (drwa) ba’am rgya mdud bral ma thag pa la rnal ’byor bas gdon mi za’o /) [1]

显然，《禅定目炬》的作者对无余蕴（phung po lhag med）所作的这段阐释与《声明要领二卷》所说相合。如前文所言，upadhi 被翻译成 phung po，然而该词在第一种涅槃（有余依涅槃）的语境下是指异熟余身（rnam par smin pa lhag ma’i lus），而《禅定目炬》的作者则是依循 upadhi 的本义，亦即转生时所依附之轮回元素。因此，在 10 世纪后期，《声明要领二卷》中所解释的涅槃概念已有了不同的解读。在一份敦煌文献中，提出了无余蕴的类似观点，其中也证实了这一点。该文献列举了一些据说已获得这种成就的人，但是在对无余蕴真正含义的理解上却有不同。它解释说，只要心识中不再有二取习气，即名为“ phung po lhag ma ma lus pa”（无余蕴）。[2]

《禅定目炬》的作者认为，大瑜伽续的行者既可带肉身而涅槃，亦可舍肉身而涅槃，但必须指出的是，他在讨论这一点的时候，并没有牵涉到大圆满。大圆满中的无余蕴概念主要与界部（klong sde）口诀部（man ngag gi sde）有关，尤其是口诀部。上述的论著中，这一概念呈现的形式在实质上异于其前代先例，而这些论著大多数只属于 11 世纪：

“至于无余蕴之义者，依此（口诀部）修习，即可令五大还归本位，对身体之执著自然止息，血肉（之躯）不再显现。由息灭外五大，土石之粗相即不显现，故无有残余。无有可携血肉色身前往之去处。”（phung po lhag med ces bya ba’i go ba ni / ’di ltar nyams su blangs bas ’byung ba lnga rang sar dengs nas / lus kyi ’dzin pa rang ’gags te sha khrag rang dgar mi snang / phyi’i ’byung ba lnga ’gags pas sa rdo’i snang ba rags pa mi snang ba las lhag ma med pa’o / sha khrag rang ga ma’i

〔1〕*SM*，页 276-277。据说迦楼罗（garuḍa）与狮子一生下来就具有完满成熟的身体。

〔2〕PT 699，3a，7：phung po lhag ma ma lus pa ni / gnubs nam ki(mkha’i) snying po dang / rlang su ga ta go ca(cha) dang / (3b) ’brom za ti dang / mar kong za rin chen dang / grub pa po de rnams kyang phung pi(po) lhag ma ma lus pa yin na / don gyis na ci srid rnam par shes pa’i sems la / gzung ’dzin gi(gyi) bag chags myi gnas pa ni / phung po ma lus pa zhes bya ba yin no /

gzugs dang bcas te song zhing 'gro ba'i sa yod pa ma yin no /)[1]

从这段阐述中可以很明显地看出，大圆满中的无余蕴代表身体逐渐消融，终止人身之显现，而以其他形相存在，由此即成“光明身”（'od lus）。这一理念从 11 世纪开始便非常常见。龙青巴用类似的名相对此理念加以解释：“于本净立断之义达至究竟后，即可穷尽大种；任运顿超达至究竟后，即可清净大种。此二者虽于清净内外实质方面相同，然而（立断）（khregs chod）乃令（大种）别别散为无分微尘，行者刹那间于本净中解脱，不显现光明身，而顿超（thod rgal）则依光明身成就大迁转，二者由是否有光明身而具差别，于本净地上解脱之方式则无差别。”（khregs chod ka dag gi don mthar phyin nas 'byung ba zad pa dang / thod rgal lhun grub mthar phyin pas 'byung ba dag pa gnyis / phyi nang gi rdos bcas dag par tsam du 'dra yang / 'di nyid rdul phran cha med so sor dengs nas skad cig la ka dag tu grol bas 'od lus mi snang la / thod rgal 'od lus des 'pho ba chen mo 'grub pa'i cha tsam ste / 'od lus yod med kyi khyad yod do / ka dag gi sar grol lugs la khyad med do /)[2]

这种身体消融为彩色光明的现象或许是虹光身（'ja' lus）一词的由来，但虹光身的概念本身并非大圆满所独有。不过，在大圆满中，行者需要返还至本初境，而此境被视为以光明相呈现，故而行者需预先设定可以证得虹光身。大圆满的虹光身概念与《密集》（*Guhyasamāja*）五次第（pañcakrama）中的幻身（sgyu ma'i sku）以及那若巴（Nāropa）六法的幻身（sgyu lus）相对应。[3]密续中的幻身是后世藏土学者争论的话题，根据宗喀巴的说法，它是指“原始基位身”（gnyug ma'i gzhi lus），然而这一短语并无梵文词源。他认为，当证得此“身”时，行者将舍离其身，如蛇蜕皮。[4]因此，这种解释与《声明要领二卷》中所说之无余依

〔1〕《铜字作明灯》（*Zangs yig can snang byed sgron ma*）（《无垢心要》[*Bi ma snying thig*]，卷 7，第一部），页 558。

〔2〕《实相藏》（*gNas lugs mdzod*），叶 85b，2。

〔3〕 参见释迦确丹，《幻化道次第明示 · 宝梯》（*sGyu ma'i lam rim gyi gsal byed nor bu'i them skas*），《一百零八部法》（*Chos tshan brgya dang brgyad pa*），页 342。

〔4〕 同上，344；参宗喀巴（Tsong kha pa Blo bzang grags pa），《五次第明灯》（*Rim lnga gsal ba'i sgron ma*，*T*，卷 158，编号 6168），页 52-4-3，57-3-7。

涅槃（lhag med myang ’das）的概念相符，且被格鲁派视为正解。[1]然而，对宗喀巴的不共说——“世俗量所成”（kun rdzob tshad grub）提出尖锐批评的萨迦派大学者班钦·释迦确丹（Paṇ chen Śākya mchog ldan，1428—1507）则认为，幻身乃依身之消融而证得。他指出：“诸母续云，藉点金之液可将铁转为黄金，同此，瑜伽士色身之大种穷尽后，即可成就智慧身。近来有说法者（宗喀巴）贪执外境，遂说证得原始基位身而成佛时，将留下色身之残余。”（ma rgyud pa rnams gser ’gyur gyi rtsi las lcags la gser bzo ba ltar / rnal ’byor lus kyi bem po’i khams / zad nas ye shes sku byed gsungs / ’di nas gsar byung chos smra ba / phyi rol don la zhen chags pas / gnyug ma gzhi lus sangs rgyas tshe / bem lus lhag mar bzhag ces zer /）[2]

前文已简略提到，大圆满中观日光的修法引起了很多批评。它与光明身的理念紧密相关。事实上，它是被视为现证光明身的方便。然而，第八世噶玛巴米觉多杰认为，大圆满中的这种修法和光明身的理念本身实际上都来自苯教：“苯教教法中有诸多观日光之教授，彼等认为，若自身融入光中，则可得‘无余依恒常身’，若光融入自身，则可得‘有余依恒常身’。”（bon chos rnams na ’od la lta ba’i gdams pa mang po zhig dang / rang lus ’od la phar zhugs na lhag med g.yung drung gi sku thob la / ’od rang la tshur zhugs na lhag bcas g.yung drung gi sku thob par bzhed pa’i lugs snang ba la khyad cung zad kyang ma mchis so /）[3]

此处的有余依（lhag bcas）和无余依（lhag med）说明苯教也遵循《声明要

〔1〕 参见嘉木样协巴，《大宗义》，卷 Kha，叶 15b。

〔2〕 此段出于释迦确丹一佚名文章，该文另收于文集《一百零八部法》（*Chos tshan brgya dang brgyad pa*，页 285）。另见同作者同文集，《遣除对幻身修习基之邪分别·追随先贤说法之庄严》（*sGyu ma’i sku sgrub pa’i gzhi la log par rtog pa sel byed gong ma rnams kyi rjes ’jug smra ba’i rgyan*），页 341。以炼金术作喻进一步详释身体消融的另一篇短论题名为：《驳凡夫与圣者显现相同·金刚捷径》（*sKye ’phags snang ba mthun pa la brtsad pa rdo rje’i gseng lam*），同文集，页 409：“此即犹如水银滴，点铁即令铁成金，异熟色身消尽后，即证虹光金刚身。（dngul chu’i thig(s) pas gser dag ni / lcags la zhugs pa ji bzhin du / rnam smin bem po’i khams zad nas / ’ja’ tshon rdo rje’i sku yang ’grub /）”绒宋班智达的《密续总事明示》（*rGyud spyi’i dgnos po gsal bar byed pa’i yi ge*，绒宋文集 [*Rong zom bka’ ’bum*]，页 510）中就曾引用此譬喻，该喻可能借自关于炼金术的文本，如《炼金液论》（*gSer ’gyur rtsi’i bstan bcos*，*T*，卷 143，编号 5803），但是并没有用在大圆满文本中。

〔3〕 *LB*，页 88。

领二卷》中的原始解释，不过，与他们的宁玛派同道者一样，他们采用的是“phung po”的字面意义，亦即色身，而非 upadhi。米觉多杰说苯教中有许多观光明的教法，这固然属实，但光明入身与身入光明的理念并不见于现存的苯教大圆满著作。尽管如此，可以肯定的是，在（宁玛派与苯教）两个传统中，无余蕴（phung po lhag med）——或者说色身融入光明的理念都很常见。[1]

另外还有些批评大圆满的人认为，色身融入光明的理念完全是非佛教的。例如华芒·贡却坚赞就曾作出如下评论：“（宁玛派行人）一再声称，若修习宁玛之教诫，即可令身体无余消散。据说，苯教兴盛时，诸藏王经由‘木氏天绳’登天后，无有身体残余。[2]显然，迁转为虹光身、消散为光明身、无余蕴而离（世）等说法皆相似。”（rnying ma’i gdams ngag nyams su blangs na phung po lhag med du yal ’gro ba yang yang bshad do / bon dar dus su bod kyi rgyal po rnams lha’i dmu thag la brten nas gnam du gshegs pas sku gdung med par bshad pa dang / ’di dag gis ’ja’ lus su ’phos pa dang / ’od skur yal dang / phung po lhag med du song bar bshad pa rnams cha ’dra bar snang ngo /）

该批评进一步强调，没有任何一个佛教宗派承许这一教义。佛教各派都认为身体是“过去世之业杂染所引生且终将舍弃之蕴”（snga ma’i las nyon gyis ’phang ba’i phung po dor ba）。父续中说，“幻身”（sgyu lus）会“趣入旧身”（phung po rnying pa la ’jug pa），而母续中则说，不舍身而趣往持明地（ma rgyud las lus ma spangs bar rigs (sic) ’dzin gyi sar gshegs pa），行者依此身而被引导前往

---

〔1〕然而，对苯教而言，虹光身的理念并不局限于大圆满教义，而是一个常见的理念，且可见于一些著作，例如《威光》（*gZi brjid*，卡尔梅 1977，编号 3），卷 Nga，第 17 品，《宣说各变音之苯》（*sKad ’gyur so so’i bon bstan pa*），页 427：phung po nam mkha’ la phra rab kyis(kyi) rdul du lhags te / gzha’ mtshon(tshon) gyi ’od du ’phos nas sangs rgyas.../。

〔2〕琼波·罗珠坚赞（Khyung po Blo gros rgyal mtshan）（《苯教王统源流》（*rGyal rabs bon gyi ’byung gnas*），德里，1974，编号 1，页 79）：“有一状若白光之木氏登天绳降至（赞普）头顶，死时，其身从足底开始消散，并融入头顶之木氏天绳，最终木氏天绳亦融入虚空。”（spyi gtsug tu ’od kyi dmu thag rgyang thag skya na re yod pas ’das pa’i dus su sku yi zhabs nas yal te spyi gtsug gi dmu thag la thim / ’od kyi dmu thag kyang dgungs(dgung la) thim nas ’gro bas... /）另见 *MNy*，叶 181。

天界（lus de nyid kyis mkha’ spyod du ’khrid pa）。[1]

格鲁派对此问题的看法与《禅定目炬》一致，因而二者在某种程度上都继承了《声明要领二卷》对有余依涅槃（lhag bcas myang ’das）和无余依涅槃（lhag med myang ’das）的解释。而在 11 世纪的宁玛派和苯教大圆满著作中，对无余蕴的解释在很大程度上反映出早期吐蕃赞普登天的理念，这一理念尤为苯教所重，但是，正如我们在释迦确丹的例子中所见，某些萨迦派学者也承许与大圆满相类的虹光身理念。不过，对新派密续中虹光身理念的诠释却是格鲁派与萨迦派之间争论的一个主题。因此，我们可以搁置这两派间的解释学分歧，因为这实际上与大圆满中虹光身概念的早期发展并没有直接关系。

7. 大圆满法与大手印法

冈波巴・索南仁钦（sGam po pa bSod nams rin chen，1079—1153）被视为噶举派（bKa’ brgyud pa）大手印（Phyag rgya chen po，Mahāmudrā）的主要弘扬者。阐释大手印的文献主要是《妙善法汇》[2]等短篇著作，而这些著作的主要理论来源则是《究竟一乘宝性论》（*Mahāyānottara-tantra*）和萨罗诃（Saraha）的道歌（*Dohā*）[3]等印度佛典。该学说的核心思想与大圆满及后来的觉囊派他空（gzhan stong）学说一样，即体证“心性光净”（sems kyi rang bzhin ’od gsal ba），冈波巴将其命名为大手印（简称 Phyag chen）。[4]他主张该学说与当时藏土已有的所有佛教教法都无关，尤其是“三大法”（chen po gsum gyis ma reg pa），亦即作为显乘学说中最精深的大中观（dBu ma chen po），作为金刚乘修习中最深密部分的圆满次第（saṃpannakrama）之大手印（Phyag rgya chen po），以及作为“九乘”（theg pa dgu）中最高一乘的大圆满（rDzogs pa chen po）——据冈波巴所言，此三者实际

〔1〕 *BNy*，页 293-294。

〔2〕《冈波巴文集》（*Collected Works of sGam-po-pa bSod-nams-rin-chen*），德里，1975，卷 1，编号 5，页 220。

〔3〕 释迦确丹，《梵轮》（*Tshangs pa’i ’khor lo*，《释迦确丹文集》卷 17），页 335。

〔4〕 同上，页 335；*GCh*，卷 Kha，页 178。

上都是分别心之对境，而大手印则超越心识（blo las 'das pa）。[1]

因此，冈波巴否认了他的大手印法与大圆满——甚至是密乘的大手印都没有任何关系。这就引起了萨迦班智达贡嘎坚赞（Sa paṇ Kun dga' rgyal mtshan，译言庆喜幢，1182—1251）的批评，他指出，如果冈波巴的大手印与金刚乘修习没有任何关系，那就没有了经教基础，因为经教中并未开示过这一教义。[2]这表明萨迦班智达并不接受所谓的“显教大手印”（mdo lugs kyi phyag chen），而之后的藏土论师——尤其格鲁派上师则将之与“密教大手印”（sngags lugs kyi phyags chen）区分开来。[3]

冈波巴大手印的喻称是“万应白莲”（dKar po chig thub）[4]，亦即无需任何其他教法就可以断除作为轮回根本的无明，正如药草“dKar po chig thub”一样，据说此药能够独立治愈某些疾病。[5]冈波巴以此命名他的学说不足为奇，因为他本人就是一个著名医师，且常被称为达波拉杰（Dwags po lha rje），并有一个医家名字叫拉杰·措杰循努（lHa rje 'Tsho byed gzhon nu）。因此，大手印学说被称为万应白莲见（dKar po chig thub gi lta ba）。

“万应”（chig thub）这一概念可见于米拉日巴（Mi la ras pa）的道歌：“知一即遍知（gcig shes kun la mkhas pa yin）。”[6]这种“一通百通”（gcig shes kun grol）的概念后来被一些宁玛派上师用来指涉大圆满中相似的说法，如古茹曲旺（Guru Chos dbang，1212—1270）就撰写了一些以“一通百通”命名的大圆

〔1〕温波·喜饶迥乃（dBon po Shes rab 'byung gnas, 1187—1241），《正法唯一密意大疏》（*Dam chos dgongs pa gcig pa'i 'grel chen*），比尔（Bir）1975，卷2，文本编号15，页403-404；《梵轮》，页347-364。

〔2〕*DR*，页309-2-2，309-3-5。

〔3〕*ZhL*，页577-580；五世达赖喇嘛，《依黑白历算所作答问·日王光辉》（*rTsis dkar nag las brtsams pa'i dris lan nyin byed dbang po'i snang ba*），页39b。

〔4〕《都松钦巴答问》（*Dus gsum mkhyen pa'i zhu lan*），编号10，页376；《帕木竹巴尊者答问》（*rJe phag mo gru pa'i zhu lan*），编号11，页472，《释迦确丹文集》；《梵轮》，页347。

〔5〕“dkar po chig thub dug sdud gnyan srin 'joms /”，（《四部医典》[*rGyud bzhi*]，达兰萨拉1971，《释续》[*bShad rgyud*]部，第10品，页209）。万应白莲也是一种药用石的名称，同上引，页196。

〔6〕藏宁嘿噜嘎（gTsang smyon Heruka，1452—1507），《米拉日巴广传与道歌集》（*rJe btsun mi la ras pa'i rnam thar rgyas par phye ba mgur 'bum*），瓦拉纳西，1971，页204。

满论著。[1]

萨班进一步指出，冈波巴的大手印实际上只是和尚摩诃衍（Hwa shang Mahāyāna）教法的伪装别名。因此，他将其视为“汉传法统”（rgya nag chos lugs），属于“汉传大圆满”（rgya nag lugs kyi rdzogs chen）。[2] 而“下降”（yas ’babs）和“上升”（mas ’dzegs）只是“渐门派”（Rim gyis pa）和“顿门派”（Cig car ba）的另一种说法。简而言之，萨迦班智达认为“下降”（yas ’babs）的学说与摩诃衍的顿悟法是一样的。[3]

“下降”（yas ’babs）就是“自上而下”（yas nas ’babs pa），亦即从最高次第开始进行禅定的修习。它体现了摩诃衍的观点（见下文），据说他将他的顿悟法比作“迦楼罗鸟从天空降落至树巅”（khyung nam mkha’ las shing rtser ’bab pa ltar）。[4] 相反，“上升”（mas ’dzegs），则是“自下而上”，指的是渐门派的主张，亦即从最低次第开始循序渐进地进行佛教修习，犹如“猴子爬树”（sprel bu shing la ’dzegs pa ltar）。然而，这两个名相并未见于冈波巴大手印学说的根本论著，例如《解脱道庄严论》(*Thar rgyan*)。

另一方面，这两个名相却出现在苯教文献中，这些文献至少可以上溯至12世纪，不过，两个名相在这些文献里并不代表两种截然对立的观点。对苯教而言，同一个人只能采取两种不同的修习。行者的见地从最高次第往下（lta ba yas ’babs），而其行则从最低次第往上（spyod pa mas ’dzegs）。[5]

虽然萨班对冈波巴大手印的长期质疑对后世的藏传佛教论师影响深远，但他的批评从未被真正地奉为圭臬。相反，他的观点甚至遭到萨迦派杰出学者们

---

〔1〕例如《由观察而一通百通之胜乘心要》(*brTags pas cig shes kun grol gyi theg mchog yang tig*，征引信息见参考书目)。

〔2〕*DR*，页309-3-4：“da lta’i phyag chen po ni / phal cher rgya nag chos lugs yin /”

〔3〕*DR*，页309-2-5：“da lta’i phyag rgya chen po dang / rgya nag lugs kyi rdzogs chen la / yas ’bab dang ni mas ’dzegs gnyis / rim gyis pa dang cig char ba / ming ’dogs bsgyur ba ma gtogs pa / don la khyad par dbye ba med /”另见石泰安1971，页9。

〔4〕参考注114。

〔5〕《钉孔》，卡尔梅1977，卷Kha，叶216a，216b；《威光》，卡尔梅1977，卷Kha，第7品，《王法颁布》(*rGyal pos bka’ khrims bstsal ba*)，页521。

的反驳——例如释迦确丹[1]，更不用说噶举派本身。根据白玛噶波（Padma dkar po，译言白莲花，1572—1592）的说法，萨班对大手印的批评只能算是“疯人疯语”（smyon pa'i tshig）。白玛噶波认为，萨班并未真正见到（摩诃衍与莲花戒）那场辩论的历史记载，据白玛噶波所言，这些记载见于莲花戒（Kamalaśīla）的“弟子”为《修习次第论》(*Bhavanakrama*) 所写的开场部分。[2]

萨班将寂护（Śāntarakṣita）的“遗教”（zhal chems）作为依据，由此而证明冈波巴的大手印就是遗教中提到的“万应白莲”。[3]事实上，寂护在遗教中仅仅是预见了他在藏土的后辈学人有关教义的争论，也就是 8 世纪著名的“吐蕃僧诤”。下文将会指出，萨班为说明“万应白莲”以及两个譬喻性名相所用的材料，实际上只是记述这场辩论的一个特殊的版本。

首先，在法国版的《巴协》中，关于这场辩论的记载既未提及“万应白莲”，亦未提及两个术语。[4]同样，在布顿·仁钦竹（Bu ston Rin chen grub）的《布顿教法史》[5]以及大部分承袭他传统的教法史（chos 'byung）中也未提及。[6]而在巴沃·祖拉成瓦（dPa' bo gTsug lag phreng ba）的《贤者喜宴》中，他将含有“万应白莲”这一说法的版本和其他版本一并引出，并明确指出这是一个特殊的版本（yang lugs gcig la），经过一番分析，他最终将其视为纯粹的篡改而加以拒斥。[7]

---

〔1〕《梵轮》，页 333-365。

〔2〕 白玛噶波，《大手印口诀合编·胜者库》（*Phyag rgya chen po'i man ngag gi bshad sbyar rgyal ba'i gan mdzod*），叶 162-a-65a。白玛噶波详细征引了这一故事，但该故事不见于北京版《藏文大藏经》中莲花戒的三篇《修习次第论》，*T*，卷 102，编号 5310-12。

〔3〕 *DR*，页 309-3-2：“rgya nag dge slong byung nas ni / dkar po chig thub ces bya ba / cig char pa yi lam ston 'gyur /”

〔4〕 页 56-62。

〔5〕 *DS*，886-890。

〔6〕 如索南坚赞（bSod nams rgyal mtshan, 1312—1375）《王统世系明鉴》（*rGyal rabs gsal ba'i me long*），页 221-223；五世达赖喇嘛，《西藏王臣记》（*Bod kyi deb ther dpyid kyi rgyal mo glu dbyangs*），页 66。

〔7〕 *KhG*，112a：“ de dag ni phyis kyi rtog ge pa zab don la sdang ba chos spong la mkhas nyams dang phra dog la khyad nor re ba rnams kyis bcug par go sla'o /”

最近在中国出版了一个依据数种写本整理而成的《巴协》，这一版本与法国版大致相同，唯缺法国版的第二部分，并且同《贤者喜宴》所作的引用一样，在万应白莲的版本后注明了“另一版本”（yang lugs gcig la）[1]。因此，无论听起来多么有误导性，这一版的辩论记载中包含的万应白莲和两个名相，正是萨班对大手印所作批评的依据。尽管如此，这个老版本的年代应早于 12 世纪，因为它是迄今为止年代最早的教法史——娘热·尼玛沃色（Nyang ral Nyi ma 'od zer，1136—1204）的《娘氏宗教源流》[2]中所提供的唯一一个版本。无论是《禅定目炬》还是敦煌文献中与大圆满和顿门派相关的文献都没有用上文所涉及的名相。因此，牵涉到万应白莲的辩论记载是在 11 世纪时产生的，而且很可能早于冈波巴对其大手印学说的阐释。

缩写及参考文献

缩写

- *BA* = 乔治·罗列赫（G. N. Roerich），《青史》（*The Blue Annals*），加尔各答（Calcutta）：孟加拉亚洲学会（Asiatic Society of Bengal），1949 年。
- *BNy* = 华芒·贡却坚赞（dBal mang dKon mchog rgyal mtshan），《避世述言》（*Bya gtong snyan sgron*），《华芒·贡却坚赞文集》（*The Collected Works of dBal-mang dKon-mchog-rgyal-mtshan*），德里（Delhi），1974 年，卷 6，编号 II。
- *BS* = 则敦·坚赞班，(Tre ston rGyal mtshan dpal)，《苯教明示》(*Bon sgo gsal byed*)，德里，1978 年，文献编号 1。
- *BT* = 堪布阿旺曲扎（Ngag dbang chos grags mKhan po)，《六卷随笔》(*Pod chen drug gi 'bel gtam*)，廷布（Thimphu)，1979 年。
- *BZh* = 石泰安（Stein, R.A.)，《桑耶古代编年史：拔协》（*Une chronique ancienne de bSam-*

〔1〕《拔协》(*sBa bzhed ces bya ba sba gsal snang gi bzhed pa*)，民族出版社，1980 年，页 72-75。
〔2〕 页 464，470。

yas: sBa bzhed)，巴黎，1961 年。

- *DR* = 萨迦班智达·贡嘎坚赞（Sa paṇ Kun dga' rgyal mtshan），《三律仪判别》（*sDom gsum rab dbye*），收《萨迦全集》（*Sa skya bka' 'bum*），东京，1968 年，卷 4，编号 132。
- *DS* = 布顿·仁钦竹（Bu ston Rin chen grub），《布顿教法史》（*bDe bar gshegs pa bstan pa'i gsal byed chos kyi 'byung gnas gsung rab rin po che'i mdzod*），《布顿文集》（*The Collected Works of Bu-ston*），百藏丛书，卷 64，德里，1971 年，页 633-1055。
- *IOL* = 印度事务部图书馆（India Office Library），路易斯·瓦莱·普森（Louis de la Vallée Poussin），《英伦印度事务部图书馆藏敦煌西藏写本目录》（*Catalogue of the Tibetan Manuscripts from Tun-huang in the India Office Library*），伦敦，1962 年。
- *GB* =《声明要领二卷》（*sGra sbyor bam po gnyis pa*），收《丹珠尔》（*bsTan 'gyur*），东京，1957 年，卷 144，编号 5833。
- *GCh* = 五世达赖阿旺洛桑嘉措（Ngag dbang Blo bzang rgya mtho），《恒河水流》（*Gang gā'i chu rgyun*），德里，1971 年。
- *GLZ* = 衮钦阿格旺波（Kun mkhyen Ngag gi dbang po），《破恶辩邪分别论》（*rGol ngan log rtog bzlog pa'i bstan bcos*），列城（Leh），1977 年。
- *K* =《甘珠尔》（*bka' 'gyur*）东京，1957 年。
- *KC* = 绒宋·曲吉桑布（Rong zom Chos kyi bzang po），《宝疏》（*dKon mchog 'grel*），德里，1976 年。
- *KG* =《遍作王》（*Kun byed rgyal po*），收《甘珠尔》，东京，1957 年，卷 9，编号 451（金子 [Kaneko] 版《宁玛十万续》，编号 1）。
- *KhG* = 祖拉成瓦（gTsug lag phreng ba），《贤者喜宴》（*mKhas pa'i dga' ston*），德里，1962 年。
- LB = 索多巴·罗珠坚赞（Sog zlog pa Blo gros rgyal mtshan），《教理雷音》（*Lung dang rig pa'i 'brug sgra*），旧译宁玛经典丛书（*Ngagyur Nyingmay Sungrab Series*）卷 2，甘托克，1971 年，页 1-173。
- *MNy* = 娘热·尼玛沃色（Nyang ral Nyi ma 'od zer），《娘氏宗教源流》（*Chos 'byung me tog snying po sbrang rtsi'i bcud*），收《大宝伏藏支撑性法要》（*Rin chen gter mdzod chen po'i rgyab chos*）卷 6，帕罗（Paro），1979 年。

- *NgD* = 索多巴・罗珠坚赞（Sog zlog pa Blo gros rgyal mtshan),《了义雷音》(*Nges don 'brug sgra*)，收《索多巴・罗珠坚赞文集》(*The Collected Works of Sog-zlog-pa Blo-gros-rgyal-mtshan*)，德里，1975 年，卷 1，编号 5。
- *RK* =《宝诤轮》(*Rin po che rtsod pa'i 'khor lo*)，收《丹珠尔》，卷 144，编号 5841，
- RCh = 朵波巴・喜饶坚赞（Dol bu pa Shes rab rgyal mtshan),《山法了义海论》(*Ri chos nges don rgya mtsho*)，出版地点与日期不明。
- *RS* = 班钦・释迦确丹（Paṇ chen Śākya mchog ldan),《显示自宗之明镜》(*Rang gzhung gsal ba'i me long*)，收《色朵班钦・释迦确丹文集》(*The Collected Works of gSer-mdog Paṇ-chen Śākya-mchog-ldan*)，廷布，1978 年，卷 2，页 78-104。
- *SK* =《萨迦全集》(*Sa skya bka' 'bum*)，东京，1968 年。
- *SM* = 努钦・桑杰益西（gNubs chen Sangs rgyas ye shes),《禅定目炬》(*bSam gtan mig sgron*)，医药历算明藏丛书（*Smanrtsis shesrig spendzod Series*)，卷 74，列城，1974 年。
- *ShT* = 班钦・释迦确丹，《二轨辙判别》(*Shing rta chen po'i srol gnyis*)，收《色朵班钦・释迦确丹文集》，卷 2，页 471-619。
- *SPS* = 百藏丛书（*Satapiṭaka Series*)
- *ThCh* = 绒宋・曲吉桑布，《入大乘论》(*Theg pa chen po'i tshul la jug pa*)，收《绒宋文集》(*Rong zom bka' 'bum*)，出版地点与日期不明，页 41-336。
- *TG* = 若班德・喜饶沃（Rog ban dhe Shes rab 'od),《教法明灯》(*bsTan pa'i sgron me*)，列城，1977 年。
- *ZhL* = 贡唐・贡却丹贝仲美（Gung thang dKon mchog bstan pa'i sgron me),《教言甘露珠鬘》(*Zhal lung bdud rtsi'i thigs phreng*)，收《贡唐・贡却丹贝仲美文集》(*The Collected Works of Gung-thang dKon-mchog-bstan-pa'i-sgron-me*)，新德里，1972 年，卷 3，编号 XIV。
- *ZhNy* =《象雄耳传》(*Zhang zhung snyan brgyud*)，出版地点与日期不明。

藏文文献

- 阿旺曲扎（Ngag dbang chos grags),《宗义辨别》(*Grub mtha' shan 'byed*)，廷布，1979 年。
- 阿旺曲珠（Ngag dbang chos grub),《中观法界辨别疏・摧破纷纭邪说论・天铁火雨》(*dBu ma chos kyi dbyings rnam par 'byed pa'i rab tu byed pa'i 'grel ba smra ba ngan*

pa'i tshang tshing 'joms par byed pa'i bstan bcos gnam lcags kyi me char)，瓦拉纳西（Varanasi），1969 年。

- 白玛噶波，《大手印口诀合编 · 胜者库》（*Phyag rgya chen po'i man ngag gi bshad sbyar rgyal ba'i gan mdzod*），收《竹巴白玛噶波文集》（*Collected Works of 'Brug-pa Padma-dkar-po*），大吉岭（Darjeeling），1973 年，卷 31，文献编号 II。
- 噶敦 · 喜饶沃色（sGa ston Shes rab 'od zer），《说破外道因滴理经释 · 锋利正理大霹雳》（*Mu stegs kyi grub mtha' tshar gcod gtan tshigs thigs pa'i rig pa smra ba'i mdo 'grel rno ngar rig pa'i thog chen*），收卡尔梅 1977，编号 76。
- 冈波巴 · 索南仁钦（sGam po pa bSod nams rin chen），《冈波巴 · 索南仁钦文集》（*The Collected Works of sGam-po-pa bSod-nams-rin-chen*），德里，1975 年。
- 古茹曲旺（Guru Chos dbang），《由观察而一通百通之胜乘心要》（*brTags pas cig shes kun grol gyi theg mchog yang tig*），收《大宝伏藏支撑性法要》，帕罗，1980 年，卷 11，页 251-302。
- 华芒 · 贡却坚赞，《甚深义耳传断法论典 · 甚深断法口诀 · 开慧眼》（*Zad don snyan rgyud kyi gcod gzhung zab mo gcod kyi man ngag blo gros mig 'byed*），《华芒 · 贡却坚赞文集》，卷 3，文献编号 XVI。
- 嘉木样协巴（'Jam dbyangs bzhad pa），《大宗义》（*Grub mtha' chen mo*），瓦拉纳西，出版日期不明。
- 龙朵喇嘛 · 阿旺洛桑（Klong rdol bla ma Ngag dbang blo bzang），《雪域见地宗义简要明示》（*Bod gangs can gyi lta ba'i grub mtha' rags rim ngo sprod*），《龙朵喇嘛文集》（*The Collected Works of Lungdol Lama*），德里，1973 年，文献编号 9，页 430-438。
- 龙青巴（Klong chen rab 'byams），《龙青巴杂集》（*gSung thor bu*），德里（Delhi），1973 年。

——《法界藏》（*Chos dbyings mdzod*），甘托克（Gangtok），出版日期不明。

——《宗轮藏》（*Grub mtha' mdzod*），甘托克，出版日期不明。

——《实相藏》（*gNas lugs mdzod*），甘托克，出版日期不明。

——《胜乘藏》（*Theg mchog mdzod*），甘托克，出版日期不明。

——《句义藏》（*Tshig don mdzod*），甘托克，出版日期不明。

- 米觉多杰（Mi bskyod rdo rje），《实相甘露精华》（*gNas lugs bdud rtsi'i snying khu*），廷布，1979 年，页 337-408。

  ——《瑜伽续释》（*rNal 'byor rgyud kyi rnam bshad*），廷布，1979 年，卷 3，页 249-355。
- 绒宋·曲吉桑布，《绒宋文集》（*Rong zom bka' 'bum*），廷布，1976 年。
- 释迦确丹，《一百零八部法》（*Chos tshan brgya dang brgyad pa*），收《色朵班钦·释迦确丹文集》，卷 3，页 159-461。

  ——《中观源流释·如意须弥》（*dBu ma'i byung tshul rnam par bshad pa'i gtam yid bzhin lhun po*），收《色朵班钦·释迦确丹文集》，卷 4，页 209-248。
- 索南坚赞（bSod nams rgyal mtshan），《王统世系明鉴》（*rGyal rabs gsal ba'i me long*），德里，1979 年。
- 土观·曲吉尼玛（Thu kwan Chos kyi nyi ma），《宗教源流晶镜史》（*Grub mtha' thams cad kyi khung dang 'dod tshul ston pa shel gyi me long*），瓦拉纳西，1963 年。
- 五世达赖阿旺洛桑嘉措，《西藏王臣记》（*Bod kyi deb ther dpyid kyi rgyal mo glu dbyangs*），北京：民族出版社，1981 年。

  ——《依黑白历算所作答问·日王光辉》（*rTsis dkar nag las brtsams pa'i dris lan nyin byed dbang po'i snang ba*），拉萨木刻版，东北大学编号 5670。

非藏文文献

- 卡尔梅（Karmay, S.G.）1977，《苯教出版物目录》（*A Catalogue of Bonpo Publications*），东京。
- 御牧克己（Mimaki, K.）1977，《贡却·吉美旺波（1728—1791）之〈宗义宝鬘〉》（Grub mtha'i rnam bzhag rin chen phreng ba de dKon mchog 'jigs med dbang po [1728–1791]），《人文：人文研究所纪要》（*Zinbun: Memoirs of the Research Institute of Humanistic Studies*），京都大学，编号 14，页 55-112。
- 鲁埃格（Ruegg, D.S.）1969，《如来藏与种性理论》（La théorie du Tathāgatagarbha et du gotra），《法国远东学院学报》（*Bulletin de l'École française d'Extrême-Orient, BEFEO*），卷 LXX，巴黎。
- 石泰安 1971，《顿悟或者顿然领会：有关汉语和藏语术语的说明》（Illumination subite ou

simultanée, note sur la terminologie chinoise et tibétaine)，《吉美博物馆年鉴》(*Annales du Musée Guimet*)，《宗教历史评论》(*Revue de l'histoire des religions*) CLXXX，页 3-30。

原载于卡尔梅·桑木丹（Samten Gyaltsen Karmay)，《大圆满：藏传佛教的一种哲学与修习教法》(*The Great Perfection: A Philosophical and Meditative Teaching of Tibetan Buddhism*)（第 2 版），莱顿、波士顿：博睿，2007 年，页 175-200。

五

十世纪大圆满教义的发展及其文献

卡尔梅·桑木丹 著，杨杰 译

在前面的章节中，我们已简要地考察了西藏的顿门派（cig car ba）传统。《禅定目炬》关于大圆满的一品包含了对大圆满教义非常详尽的阐释。[1]因此，对该品的分析也许有助于我们了解顿门派是否曾为大圆满教义的发展作出过贡献。我们已研究了大圆满与大瑜伽（Mahāyoga）密续的密切关系。[2]大圆满这一品的框架是一个想象中的对话，可以说是带有一系列的问题和答复。品首的简介概括了大圆满最主要的教义——“本始基”，因此，在分析该品余下的内容之前摘译这一段落会有助益。

> 兹说最胜之乘、瑜伽之极顶、诸佛之本母——无上瑜伽（Atiyoga）之义，其名为“大圆满”（rdzogs pa chen po），何以故？以其详细开示一切不可思议之法无作而任运圆成之义，以令（行者）通达赤裸解脱（gcer grol）故。此任运之本性乃一切乘之极密藏、大共祖（spyi mes

〔1〕《禅定目炬》，页290-494。

〔2〕 参原书页86，134及以下。

chen po）[1]，依自证（rang rig pa）而现量通达后，不应将其置于心识（blo）中，而应令其显明于自证中。此当如何了知？于此极瑜伽（shin tu rnal 'byor）之乘中，依据密续（rgyud）、教授（lung）、口诀（man ngag）之经典，以别别自证[2]慧无可对一所量之法作考量。何以故？一切名为法者，无始以来其特征[3]、颜色皆无变易，其本性乃自生智，于大明点界[4]中成佛。何人能见其为所量之实事？何人能显示其因（gtan tshigs）？可付之以何宗义？以何能量（'jal byed）考量之？彼等之体性各各皆无，故不可得。（theg pa'i mchog rnal 'byor gyi phul yang tog / rgyal ba ril gyi yum a ti yo ga'i don btsan pa ni / mtshan rdzogs pa (p. 291) chen po zhes bya ste / ci'i phyir zhe na / bsam gyis mi khyab pa'i chos thams cad ma brtsal lhun rdzogs pa'i don / gcer grol[5] go bar bya ba'i phyir zhib tu bstan te / de lta bu'i theg pa thams cad kyi yang mdzod spyi mes chen po 'di'i ngo bo lhun gyis grub[6] pa'i ngang nyid kyi don / rang rig pas[7]

---

〔1〕 spyi myes "共祖"也作 spyi gzhi "共基"。从主体角度而言，该词所指为"本始基"，相较而言，该词亦可解作"诸佛之母"，参原书页 176。

〔2〕 rang rig 一词借自唯识宗（vijñānavāda），为梵文 svasaṃvedana 的对译，其指涉的对象是包括认知在内的知觉整体，而不是独立的认知，参舍尔巴茨基（Stcherbatsky, Th.），《佛教逻辑》（*Buddhist Logic*），重印版，1930，卷 II，页 29。与之相反的是他证（gzhan rig），即向外而观之识（kha phyi lta'i shes pa），而自证则"向内"（kha nang phyogs pa），参《山法了义海论》（*Ri chos nges don rgya mtsho*），叶 79a1, 157a4, 192a7, 198a2；《令一切贤哲欢喜之论》（*dPyod ldan mtha' dag dga' bar byed pa*），页 50。该词常见于 so sor rang gis rig pa'i ye shes（别别自证智）这一短语中，《山法了义海论》叶 157a4；《二轨辙判别》（*Shing rta chen po'i srol gnyis*），页 478 及以下；释迦确丹（Śākya mchog ldan）《一百零八部法》（*Chos tshan brgya dang brgyad pa*），页 187。在大圆满中，这一觉知被说为是对文中所言的"本始基"的体证，且与自生智（rang byung ye shes）密切相关（参原书页 180）。然而，自证这一概念和阿赖耶（kun gzhi）一样，佛教各派对其作为觉知的实有性颇有争议。参《一百零八部法》，页 234-235。对米觉多杰（Mi bskyod rdo rje）而言，自证等同于无明（ma rig pa），见《实相甘露妙香·瑜伽续释》（*gNas lugs bdud rtsi'i dri mchog rnal 'byor rgyud kyi rnam bshad*），卷 3，叶 352。

〔3〕 spu ma brjes 这一表达法有先例：gzhi bdag rang lugs，其义尚不明确。

〔4〕 参原书页 118。

〔5〕 gcer grol 一词字面意义即"赤裸解脱"。

〔6〕 原文写作 lhun gyis pa'i…

〔7〕 原文写作 rig pa'i…

mngon sum khong du chud nas blor bzhag par byar yang med pa'i don chen po rang gi rig pa la gsal bar bya ba yang / ji ltar shes par bya zhe na / shin tu rnal 'byor gyi theg pa 'di la / rgyud lung man ngag gi gzhung ltar / dang po gzhal bya'i chos gcig la / rang gi so sor rtogs pa'i shes rab kyis gzhal bar byar yang med pa ste / de ci'i phyir zhe na / chos so cog tu grags pa thams cad / ye gdod ma nyid nas spu ma brjes mdog ma bsgyur bar rang byung gi ye shes thig le chen po'i klong du sangs rgyas pa'i rang bzhin la / dngos po gzhal byar su yis mthong / gtan tshigs su (p. 292) yis bstan / grub pa'i mtha' ci zhig chol / 'jal byed gang gis byas te / de dag gi ngo bo so so ba med pa'i phyir ma dmigs so /)[1]

这段介绍重点强调了“基”（gzhi）的理论，其中将本始基说为“大共祖”，以其从未“蜕变或变色”故。此后，更将其说为“大明点”。需要指出的是，这一理论在顿门派传统中毫无立足之地，“心”才在其中占据主导地位。另一方面，顿门派还认为，能量（'jal byed）与所量（gzhal bya）皆为“无生”，且应以“无作”（brtsol med）来理解该原则。此中还说，本始基不可由“别别自证慧”来现证，但须以“自证”来体证。

在这段阐释之后，《禅定目炬》列出了六个可能会提出的问题，这些问题与大圆满的法义相关。针对每一个问题，论主都以基于一些材料的详细讨论作答。接下来便是论主阐释的摘要，如前所说，他的诠释在这里比他引用的文本论据更有意思。虽然他的解说往往非常模糊，但的确代表了 10 世纪一些人对大圆满法义的理解。因此，笔者只摘录其阐释，而不摘录其每个回答后所给出的引文。问题 I 由一个引文起头，问题 III 以一段引文作答，除此两处之外，其余部分全用《禅定目炬》论主本人的解说。

[1]《禅定目炬》，页 290-292。

问题 1

《命轮续》(*Srog gi 'khor lo*)[1]云：

> 不断不修安住虚空性　若观三界则知无轮涅
> 偏重一分则非善逝藏[2]

既云“若观三界……”，此中亦有所量乎？(srog gi 'khor lo las / ma spangs ma sgrubs nam mkha'i ngang du gnas / khams gsum brtags na 'khor ba mya ngan med / phyogs char gtses na bde gshegs snying po min /[3] ces 'byung / 'o na khams gsum brtags na ces pa nyid kyis / 'dir yang gzhal bya (p. 293) ni yod dam . . . /)[4]

答：(此问) 实不明真如 (tathatā)，“不断不修”之义乃指一切 (法) 显明于任运成就之本性中，且为无二，所谓“观照”并非指以独立之异体作考量。以其依自证而直趣一无所思、无计度与伺察 (之境界)，故为中正之道，许为最上之考量。(de kho na nyid kyi don ma rig ste / ma spangs ma bsgrubs zhes pa'i don gyis / thams cad lhun gyis grub pa'i ngang du gsal ba la gnyis med la brtags na zhes pa'i sgra yang tha dad pas 'jal ba ni ma yin te / rang rig pas ci yang ma bsams la ma brtags[5] ma dpyad pa nyid thog tu phebs pas drang po'i lam ste de ni gzhal ba dam pa 'dod do /)[6]

---

〔1〕 心部 (sems sde) 十八续之一，参原书页 23。

〔2〕 bde gshegs snying po 明显为 sugatagarbha 的对译，但这一梵文词本身在佛教梵文文本中并未得到证实，见鲁埃格 (Ruegg, D.S.)，1973，页 68，注 2；另参原书页 184。

〔3〕 该文在《宁玛十万续》中的版本 (金子版《宁玛十万续》，编号 7/8, 叶 446) 写作：phyogs char brtses na bde gshegs snying po yin /。动词 brtses pa / gtses pa 在该语境中意义不太明确。

〔4〕《禅定目炬》，页 292-293。

〔5〕 原文于此有一注：sems bsgom rgyud las / la lar ma brtags pa las rgyal ba 'byung gi brtags pa 'khrul zhes 'byung phyir /《修心续》云：“有等 (经典) 认为，佛由无计度而生，而计度则为迷乱。”

〔6〕《禅定目炬》，页 293。

问题 2

若不作任何计度与伺察，心可解脱否？('o na cir yang ma brtags ma dpyad na sems grol du btub bam /) [1]

答：此实以无所解脱而解脱，何以故？以其超越计度与伺察，而系缚本身实不可得，故而仅于名言中（施设）解脱。(grol bar byar med pa nyid kyis grol ba ste / ci'i phyir zhe na / rtog dpyod las 'das pa la bcings pa nyid ma dmigs pa'i phyir tha snyad tsam du grol zhes bya'o /) [2]

问题 3

然则，何以表示彼义？('o na don de nyid re zhig gang gis mtshon zhe na /) [3]

答：《总义》(*sPyi bcings*) [4] 有云：

若夫譬喻与正量　以及因与比量智
此等悉皆不能证　浩瀚密咒汪洋海
是故密咒大本性　具足密集大悉地
以其广大无边际　幽邃渊深难测量
得诸教授口诀者　方能于彼获成就

(gsang sngags rgya mtsho chen po ni / dpe dang tshad ma gtan tshigs dang / rjes su dpag pa'i shes rab kyis / rtogs par nus pa ma yin te / de bas gsang sngags bdag nyid

〔1〕《禅定目炬》，页 295。
〔2〕《禅定目炬》，页 295。
〔3〕《禅定目炬》，页 295。
〔4〕《禅定目炬》，页 295-296。

che / dngos grub rlabs chen ’phrigs pa can / bsam yas gting ni dpag dka’ bas / lung dang man ngag thob pas ’grub / ces so /)〔1〕

问题 4

若彼等为迷乱，无谬之义则应如何？（’o na de dag ’khrul na don ma nor ba de nyid ji lta bu yin ce na /）〔2〕

答：以其本来即无二，故无名言。彼法尔离勤作，于诸执受离勤作，且无有增益。无始以来即任运成就，故无名称，大圆满本来即离心识假立之“大圆满”名言。（ye nas gnyis su med pa’i（pas）tha snyad med pa / ngang gis brtsal ba dang bral zin pa la rtsal ba bral bar yang sgro gdags su med pa / gdod nas lhun gyis grub pa’i（pas）ming med pa / ye nyid rdzogs pa chen po la rdzogs pa chen po’i blo gdags bral …/）〔3〕

问题 5

如是，言“以无所计度之法得见无倒义之真实”者，其意云何？（de ltar cir yang ma brtags pa’i thabs kyis〔4〕yang dag pa’i don gyi bden pa mthong ngo zhes bgyi ba ji lta bu lags /）〔5〕

答：一切法自他无二，所知能知无二，是故一无所见、一无所观，但（假）

〔1〕 该文本为心部十八续之一（参页 23），但不见于《宁玛十万续》。该文本的其他抄本尚未找到。（译者注：此文本全名为《圆满总义》[*rDzogs pa spyi chings*]）

〔2〕《禅定目炬》，页 304-305。

〔3〕《禅定目炬》，页 305。

〔4〕《禅定目炬》，页 307：kyi。

〔5〕《禅定目炬》，页 307。

名为“见”，究竟而言，绝无独立之所见。(chos thams cad la bdag gzhan gnyis med / shes bya shes byed gnyis med pas / cir yang ma mthong ma gzigs pa nyid la bla dwags tsam du mthong zhes bya'i / nges par gud nas mthong ba ci yang med de /)〔1〕

此回答以一讨论结束，其中，论主比较了大圆满与顿门派对上述“见真实”(bden pa mthong ba) 这一问题的见解，其文如下：

若着意而见，则已偏离密续与教授，且生不识本性之过失。于此大法统(chos lugs chen po) 中，不着意以见为标的，一切皆（住于）广大本性，无可寻觅，亦无所见，唯有自明 (rang gsal ba)，此为最胜之眼目 (spyan gyi mchog)，此义仅为现前之胜者密意。有等补特伽罗于此不明，见地上无有确信，无传承可靠之口诀，仅仅熟悉下（乘）便言：“法性之本性为无生、空性、真如，自证不执其为所缘，不作分别。本智无（所取）境，作观缘 (dmigs pa) 时，实无二（取），仅此即为大圆满，于中无有所作，亦无所见。”彼等自认为此即大圆满，然此实际（仅）停留于中观 (dbu ma)〔2〕之禅定。《总义》有云：

彼等自诩无上大圆满　实停留于顿门〔3〕之禅定
犹如王子被贬为庶民　是故与诸教授成相违

(mthong ba ched bu byed na / rgyud lung gnyis su gol te / bdag nyid du ma shes pa'i skyon yod pas chos lugs chen po 'dir don mthong ba ched du byar med pa nyid kyi phyir / thams cad bdag nyid chen po pas / ma btsal yang mthong ba med par rang gsal ba nyid spyan gyi mchog yin pas / don de ni rgyal ba'i dgongs pa mngon du phyung

---

〔1〕《禅定目炬》，页 307。绒宋班智达 (Rong zom Paṇḍita) 认为 (《入大乘论》，叶 126a3)，所谓“见真实”(bden pa mthong ba, *satyadarśana*) 实为表示“不见任何法”之名言 (bden pa mthong ba zhes bya 'di 'ang / chos gang yang ma mthong ba'i tshig bla dwags te /)。但在其《佛地广论》(*Sangs rgyas kyi sa chen po*，叶 80b1) 中，绒宋巴则以另一种方式解释该词：遮止所取与能取分别之现行，即许名为“见真实”(gzung ba dang 'dzin pa'i rtog pa mngon du rgyu ba log pa la ni bden pa mthong zhes 'dod la /)。类似的解说也见于《入大乘论》(叶 135a2)。

〔2〕 中观 (dbu ma) 在这里指自诩为中观派之顿门派，参 PT 117 和 PT 812。

〔3〕 有关该词的讨论，见原书页 88，注 13。

ba kho na'o / de lta bu ni ma shes / lta ba'i gdengs ni bral / khungs su brgyud pa'i man ngag ni med / 'og ma la lce sbyangs pa'i gang zag kha cig / rang rig pas chos nyid kyi ngo bo ma skyes stong pa de bzhin nyid bya ba la dmigs 'dzin med la mi rtogs pas / ye shes kyi yul yang med / dmigs pa'i dus na gnyis su med de / de kho na rdzogs pa chen po yin te / de la ni bya ba dang mthong ba ni med do / zhes smra ba'i gang zag ni / rdzogs chen du khas 'ches nas dbu ma'i bsam gtan la rten 'cha' ba yin / spyi bcings las kyang / rdzogs chen bla na med par khas 'ches nas / ston men bsam gtan tsam la rten 'cha' ba / rgyal po'i sras 'bangs babs pa lung dang 'gal / zhes 'byung /)〔1〕

问题 6

于大圆满——离所作之乘中，有何密意？（'o na rdzogs pa chen po bya ba dang bral ba'i theg pa la dgongs pa'i don ci yod ces dris na /)〔2〕

答：（大圆满）乃诸佛之生母〔3〕，一切勤作业（rtsol ba'i las）之对治。无论修习何法何道，不证此（大圆满）即不能成佛。（'di ni rgyal ba thams cad bskyed pa'i yum / rtsol ba'i las thams cad kyi gnyen po yin te / thabs dang lam gang nas bsgrubs kyang / 'di ma rtogs par sangs mi rgya /)〔4〕

接下来，论主引用了一些文本来阐释该问题，并最终给出了印藏上师的九种不同的大圆满见，现摘录如下：

总体而言，此中只有唯一，别无其他，超越思量。于此且展示一些善知识之见解，无论如何显示其传规之不同，其本性实一致。（de ni spyir gcig las kyang med / bsam las kyang 'das na / re zhig dge ba'i bshes gnyen gyi bzhed gzhung 'ga' 'dir

〔1〕《禅定目炬》，页 310-311。

〔2〕《禅定目炬》，页 312。

〔3〕 参原书页 107。

〔4〕《禅定目炬》，页 312。

bstan te / lugs mi mthun pa ni / ji skad bstan kyang ngo bo ’dra ba la /)[1]

（1）“离所缘执著之见”。[2]（定义）：佛与有情、轮回与涅槃皆唯名言施设，其体性显现为种种，然彼实无所住，自生智之行境无可遣除，离诸所取。不执著于从别处寻求菩提，亦不为求取一目标而执其为觉知所明之对象。此唯一自性何来所缘之执著？此非由显明一所缘标的而生。本来即无所缘之执著，即便其名言亦不可得，其目标即其本身，故而不可着意寻求，譬如太阳无需寻求萤火虫之光。（gza’ gtad dang bral ba’i lta ba… / sangs rgyas sems can ’khor ba dang mya ngan las ’das pa ril kyang tha snyad kyi bla dwags tsam ste / ngo bo sna tshogs snang la gnas pa med pa / rang byung ba’i ye shes kyi spyod yul thams cad ngang nyid kyis ma bsal bral ba la / byang chub logs shig nas gnyer bar bya ba’i bza’ ba dang / don rig pas gsal byar ’dod pa’i gza’ ba’ang med pas / gcig gi rang bzhin la dmigs gtad ga la yod de med do / ’di ni gza’ gtad gsal ba las byung ba ma yin te / ye nyid gza’ gtad med de zhes bya ba’i ming tsam du yang bsnyad du med pa la don de nyid kyang bdag yin pas / ched du gnyer du med de / dper na nyi mas srin bu’i ’od mi tshol ba dang ’dra’o /)[3]

（2）“任运成就之大本性见……”[4]（定义）：佛、有情及其行境之自性即本性，于无始无终任运成就之法性大本性自性中，无余而成佛。（lhun gyis grub pa’i ngang chen por（lta）ba ni /…sangs rgyas dang sems can dang / de’i spyod yul ril gyi rang bzhin ni[5] yong ye gdod ma med pa nas tha ma med par lhun gyis grub pa’i chos nyid ngang chen po’i rang bzhin du lhag ma med par sangs rgyas so /)[6]

（3）“大我之见”。[7]（定义）：自他所摄一切法，一切我与我所之显现，悉

［1］《禅定目炬》，页315。

［2］据其注释所言，该见地为乌仗那国之大王（Mahārāja）与无垢友（Vimalamitra）所许（o rgyan ma ha ra tsa dang bi ma mi tra’i bzhed，《禅定目炬》，页316）。此二人见于23位印度大圆满上师的传承谱系，参原书页19-20。

［3］《禅定目炬》，页316-317。

［4］据其注释所言，该见地为极喜金刚所许。

［5］《禅定目炬》（页320）写作：rang bzhin nyid ni ngo bo nyid ni yong…

［6］《禅定目炬》，页320。

［7］此处的一个注释指出，该见地为毗卢遮那（Vairocana，即遍照护）所许。

皆无所转变无所断除。无始以来，即于自证—无住本智之自性中自明（rang gsal ba），是名“大我”[1]，不为名言所碍，超越语言文字之诠说。（bdag nyid chen por lta ba…/ bdag dang gzhan gyis bsdus pa'i chos ma lus pa dang / bdag dang bdag tu snang ba thams cad / ma bsgyur ma slad par ye nas rang rig pa mi gnas pa'i ye shes kyi bdag nyid du rang gsal ba la bdag nyid chen po zhes bya ba'i tha snyad kyis kyang mi thogs te / tshig dang yi ges brjod pa'i tha snyad las 'das so /）[2]

（4）“自生智之见”。[3]（定义）：由生灭所摄之一切法本来即为自生智，于法尔离因缘之体性中成正觉，无有内外，如虚空光明，于大本智中自然显明。

---

〔1〕 接下来，说“大我”（bdag nyig chen po）具五种优越（che ba lnga）：

（1）现证佛果之优越（mngon du sangs rgyas pa'i che ba）；（2）于大我中成佛之优越（bdag nyid chen por sangs rgyas pa'i che ba）；（3）自证我之优越（rang rig pa bdag nyid che ba）（《入大乘论》叶 27 说为：于法界中成佛之优越 [chos kyi dbyings su sangs rgyas pa'i che ba]）；（4）现证本性而成佛之优越（de yin pa'i sangs rgyas pa'i che ba）；（5）全无任何证觉之优越（thams cad nas thams cad du sangs rgyas pa med pa'i che ba）。

《入大乘论》（叶 216）中，将此五种优越说为菩提心（bodhicitta）的功德，且名为“大”，因为这五者能各自胜伏一个对象，即“劣见”（lta ba dman pa）、“断见”（chad par lta ba）、“常见”（rtag par lta ba）、“犹疑”（the tshom）以及“勤力”（rtsol sgrub）。

〔2〕《禅定目炬》，页 328-329。

〔3〕 据注释所言，此见地为比丘尼庆喜母（dGe slong ma Kun dga' mo）所许，此人为大圆满 23 位祖师之一，参原书页 110。rang byung ye shes 一词对应的梵文为 svayambhūjñāna（鲁埃格 1973，页 29）。绒宋对该词意义的理解如下：能所二取之相显现时，此二者实为空，唯可成立自证，此自证即名为“智”，以其于境无倒故（gzung ba dang 'dzin pa'i rnam par snang ba de'i tshe nyid na gnyis pos stong pa'i rang rig pa tsam nyid yin par grub pa'o / rang rig pa de nyid ye shes zhes bya ste / don la phyin ci log pa'i phyir /）（《视大自生智为展现果位之坛城文》（*Rang byung ye shes chen po 'bras bu rol ba'i dkyil 'khor du blta ba'i yi ge*），《绒宋全集》（*Rong zom bka' 'bum*）叶 559）。绒宋在另一篇论中更为详细地定义了自生智（《绒宋全集》，叶 144）：自生智自证之心，以诸他证皆为迷乱故（rang byung ye shes kyang sems rang rig pa tsam yin pa dang / gzhan rig pa rnams kyang 'khrul ba yin pa'i phyir /）。对绒宋而言，自生智为自证的同义词，然而仍需参考原书页 107 所说。

他生智（gzhan byung ye shes）与自生智相反，该智由他证（gzhan rig）所生（参本书页 186，注 2）。朵波巴·喜饶坚赞（Dol bu pa Shes rab rgyal mtshan）对此二词的解释如下：无始以来即以自力了证法性之证悟即为自生智，由修甚深道而生之证悟则为他生智（gdod nas chos nyid rang gis rang rig pa'i rtogs pa rang byung ye shes dang / lam zab mo bsgoms pa las skyes pa'i rtogs pa gzhan byung ye shes so /）（《山法了义海论》，叶 78b6-79a1）。正如“他空”（gzhan stong）一样（原书页 186），他生智也是觉囊派的特殊名相。

（rang byung gi ye shes su lta ba'i lugs ni / skye 'jig gis bsdud pa'i chos thams cad kyang gdod ma nas rang byung gi ye shes rgyu rkyen ngang gis bral ba'i ngo bor sangs rgyas pa'i phyi nang med par nam mkha'i 'od bzhin ye shes chen por rang gsal lo /）[1]

（5）“离所作之见”。[2]（定义）：依殊胜大瑜伽传规，器世间为无改作之越量宫，情世间之六趣以自生金刚光明而成佛，三界为身语意之自性，烦恼悉皆度入法性，苦任运成就为乐，障自然光显为智，生死者转为永恒之寿命，衰老者本来即于无变迁之体性中成佛。此中有何可求？（bya btsal dang bral bar 'dod pa 'ang 'di ltar bzhed de / lhag pa'i rnal 'byor chen po'i lugs kyis / snod kyi 'jig rten ma bcos pa'i gzhal yas khang / bcud kyi 'jig rten 'gro drug rang byung rdo rje 'od kyis sangs rgyas / khams gsum sku gsung thugs kyi bdag nyid la / nyon mongs pa chos nyid du bskyal btab / sdug bsngal bde ba chen por lhun gyis grub / sgrib pa ye shes su rang 'bar / skye shi[3] g.yung drung tsher gyur / rgas rgud 'pho 'gyur med pa'i ngo bor ye sangs rgyas pa la / de 'phral du btsal du ji yod /）[4]

论主接下来继续详列了二十种行为，针对其阐释，他征引了一些著作，其中就有《觉性杜鹃》（*Rig pa'i khu byug*）的第五行：zin pas rtsol ba'i nad spang te /[5]。

正如我们所见，“离所作”（bya bral）被视为大圆满法义的一个重要方面，但与此同时，顿门派也持一平行的见地，这就难以将大圆满说成是有别于顿门派的传统。论主非常清楚这一问题，因此，他在接下来的段落中力图消除该问题：

一方面，离所作义之根本建立如下：纵使以三千（大千世界）作供养，亦不能令圣者欢喜。纵使历经长劫，亦不能登（菩萨）地。无论如何作三门之善（业），亦不能成佛。纵于四时中探求，亦不能觅得佛果。纵然长久修习，亦不能明了其真义。纵使翻滚、倒栽、腾挪，亦不能超越此精要义，此广大义为自明。或问：然则，此中一无所作耶？答言：善与精勤之所作亦有过失，此中无舍

[1]《禅定目炬》，页 340。

[2] 据此处注释所言，该见地为佛密（Buddhgupta）所许。

[3] 关于 skye shi 一词的来源，参石泰安（Stein）1983，页 174。

[4]《禅定目炬》，页 344-345。

[5] 参原书页 56。

离，不应舍，何以故？大传规之离所作者，并非舍离，亦非刻意勤作，不离宗旨，无有勤作。若能如是了知，则对一切所作皆不作遮止，亦无所作之因。此外，旧时大传规之行持，一无所舍，一无所取，甚至于离所作之义亦无所求、无所离，后世能受用此法统之具缘者亦当如是了知。此即名为“眠于大义之法”（don chen nyal mo'i tshul），（行者）于法界本性中不舍本觉之王而眠。[1]

明了此等义理之智慧已然沉寂，而有等人被勤作之河流携往他方，以致迷失，彼等恰似盲人，虽然承许大圆满，却于内心着意追求勤作。实际上，（着意）寻求无所作之义者，恰似欲以跳舞博取欢心之女人。

（rnam pa gcig tu bya ba dang bral ba'i don gyi gting tshugs pa ni / stong gsum mchod par phul kyang 'phags pa mi mnyes / bskal par bgrod kyang sa mi gnon / sgo gsum gyi dge ba ci byas kyang sangs mi rgya / dus bzhir btsal yang sangs rgyas mi rnyed / yun tu bsgom kyang don gsal bar byar med / 'gre log spyi tshugs gar 'gre kyang[2] snying po'i don las 'da' ba med de / don chen po rang la gsal lo / 'o na ci yang mi bya bar mchis sam zhe na / lan du dge ba dang rtsol ba'i bya ba'ang skyon no zhes bya na / yal bar 'dor bar 'ang ga la srid de mi 'dor ro / de ci'i phyir zhe na / lugs chen po bya ba dang bral ba ni / yal bar bor ba min/ ched du rtsol ba yang min / don dang bral ba med par / brtsol ba med pa'o / de ltar shes na ci byas kyang mi 'gog ste bya brtsal gyi rgyu yang med do / 'on tang gna'i mi lugs chen po spyod pa ni / gang la yang 'dor ba'ang med / len pa'ang med / tha na bya bral gyi don nyid gnyer ba'ang mi byed / bral ba'ang mi byed do / de bzhin phyi nas chos lugs spyod pa'i skal ldan rnams kyang byos shig / de ni don chen nyal mo'i tshul zhes bya ste / chos kyi dbyings kyi ngang la rig pa'i rgyal po mi 'dor bar mnal ba'o / de dag gi don rig pa'i ye shes ni nub / rtsol ba'i chu bo rgyun phyogs su khyer te g.yengs pa yi / mun long dang 'dra ba'i gang zag / rdzogs chen khas len pa'i rab gcig / rtsol med kyi tshig smra zhing khong rtsol ba ched du gnyer zhing / don gyis byar med kyi don bya bas tshol ba ni / bro brdungs

〔1〕 don chen nya mo'i tshul一语令人想起一部被视为和尚摩诃衍著作的文本——《禅定卧轮》（*bSam gtan nyal ba'i 'khor lo*），参卡尔梅1975，页153；R. 基穆拉，《大乘以后古代西藏的汉传禅法》（Le Dhyāna chinois au Tibet ancien après Mahāyāna），《亚洲学报》卷CCLXIX，1981年，页185。

〔2〕《禅定目炬》，页351：'gro log spyid tshugs su gang 'dres kyang…，参原书页53，注51。

pas thugs zin du re ba'i mi mo dang 'dra'o /)[1]

（6）"大乐见之传规"。[2]（定义）：一切由业、杂染及苦果所摄法之能受者，其自性一经观察，则知为无，若置之任之，则一切皆可由其生起。菩提心之体性本来即无，是为清净大乐界，不断除痛苦，而大乐自然显现，故名"大乐"，无有止灭，无可言诠，本来即不为心识所执持。（一切）显现无非如是，无可于他处求之。（de la bden（bde）ba chen por lugs kyis ni / las dang nyon mongs pa dang 'bras bu sdug bsngal gyis bsdus pa'i chos ji snyed / byed cing myong ba'i rang bzhin nyid / brtags na med la bzhag na cir yang 'byung ba'i phyir / de la ngo bo ye med pas byang chub kyi sems bde ba chen po'i klong dag pa / zug rngu ma spangs bde ba chen po rang shar ba la / bde ba chen po zhes brjod pa ma 'gags brjod du med pa / blos kyang bde ba chen po zhes par gzung ba ye bral ba ni 'di ltar snang ba nyid de / gzhan du btsal du med do /)[3]

（7）"殊胜大瑜伽之无二见"。[4]（定义）：本住之菩提心乃离勤作之大乐，意即一切共许之边皆为无二。（lhag pa'i rnal 'byor chen po pas gnyis su med par lta ba ni / ye nas gnas pa'i byang chub sems bde ba chen po rtsol ba dang bral ba'i don ni mtha' ji snyed du grags pa thams cad gnyis med de /...）[5]

（8）"唯一大明点之自性见"。[6]（定义）：戏论为一切法之自性，彼仅对具

---

〔1〕《禅定目炬》，页 350-352。

〔2〕 据此处注释所言，该见地为犬王（Kukkurāja）和吉祥狮子（Śrīsiṃha）所许。关于此二师之介绍，见原书页 20。

〔3〕《禅定目炬》，页 352-353。

〔4〕 据此处注释所言，该见地为妙吉祥友（'Jam dpal bshes gnyen）所许，参原书页 19。

〔5〕《禅定目炬》，页 356。

〔6〕 据其注释所言，该见地为长子象王（lngas thu bo ra rtsa nyas sti = Sras thu bo ra tsa hasti）所许，此为大圆满 23 位祖师之一，见原书页 19。"明点"（thig le）之义通常说为 spros pa dang bral ba 或 spros bral（aprapañca），字面意思即"离戏论"或"无可展示"，参《入大乘论》，叶 217。大明点（thig le chen po）显然与"唯一明点"（thig le nyag cig）同义，亦即"虚空明点"（nam mkha'i thig le）（见原书页 70）。在这一表述中，明点无疑是指"本始基"。笔者将 thig le 译为"圆"（circle），这是因为该词在这里并没有梵文中 bindu（滴）的意思，而 bindu 在密教意义上是指菩提心。有关该问题，参斯内尔格罗夫（D.L. Snellgrove），《喜金刚续》（*The Hevajratantra*），"伦敦东方丛书"（London Oriental Series），卷 6，伦敦，1959，卷 I，页 135。

邪分别者及（住于）道（lam）者作不同显现。而自证菩提心则法尔尽离一切戏论，于大明点之自性中证觉，于一切具二取戏论之法，既不作断除，亦不作缘取。于名言中，彼无与伦比，故将其说为“唯一”，就本性而言，彼实离诸名言。（thig le chen po gcig gi rang bzhin du lta ba'i lugs ni … / log rtog[1] dang lam pa la tha dad par snang tsam nyid na / rang rig pa byang chub kyi sems spros pa thams cad dang ngang gis bral ba thig le chen po'i rang bzhin du sangs rgyas pa la gnyis spros kyi chos thams cad ma spangs ma dmigs pa'i phyir / tha snyad tsam du zla med pas gcig ces brjod du zad kyi / ngo bo byid dang bral lo /)[2]

（9）“如实（证悟）诸法根基之见”。[3]（定义）：此（见）尤为正确，何以故？诸法之真如不为言说所改作、不受染污，故为无上瑜伽（Atiyoga）大圆满。（chos thams cad gzhi ji bzhin par lta ba ni / khyad par du'ang ma nor ba ste / de ci'i phyir zhe na / dngos po rnams kyi de kho na nyid kha na ma bcos ma bslad pa nyid pas a ti yo ga rdzogs pa chen po'o /)[4]

在这九个关于“本始基”的见地中，从第六个问题后，《禅定目炬》继续详细阐释大圆满系统的修习方法。此中分为两个部分，第一个是关于“身安住法”（lus kyi bzhag thabs），但论主旋即指出大圆满与顿门派等传统不同，它不许任何身安住法。[5]论主在继续详释该主题时，主要征引了《隐秘小粒》(*sBas pa'i*

（接上页）大明点具有六种明点（thig le chen po ni thig le drug par (dang) ldan par bzhugs te）：（1）界明点（dbyings kyi thig le），（2）清净界之明点（dbyings rnam par dag pa'i thig le），（3）法性明点（chos nyid thig le），（4）本智明点（ye shes thig le），（5）普贤明点（kun tu bzang po'i thig le），（6）任运成就之明点（lhun gyi(s) grub pa'i thig le）(《禅定目炬》，页 375）。

更为详细的阐释参见《入大乘论》，叶 218-219。心部十八主续中也有一篇名为《第六明点》（*Thig le drug pa*），见原书页 23。在禅宗内，胜义以一黑明点作表示，世俗则以一白明点作表示，参迪穆林（H. Dumoulin），《禅宗史》（*A History of Zen Buddhism*），纽约：众神殿图书（Pantheon Books），1963，页 112-118。

〔1〕《禅定目炬》，页 369：rtogs。

〔2〕《禅定目炬》，页 369。

〔3〕 此处注释指出，该见地为极喜金刚、达诃那塔罗王（rGyal po Dha he na ta lo）与论主本人所许（dga' rab rdo rje dang rgyal po 'da' he na ta lo'i bzhed / ban chung rang gi 'dod byang kyang yin /）。

〔4〕《禅定目炬》，页 375-376。

〔5〕《禅定目炬》，页 403-405。

rgum chung)[1]，其中指出，任何身安住法都意味着对身的执著。第二部分是关于与身安住法相对的“心之趣入法”（sems kyi ’jug thabs），依大圆满，根本不可能着意令心趣入（’jug pa）任何界域。换言之，心之本体境界以无所入而入（’jug pa med par ’jug pa）。该部分对歧路（gol sa）与盖障（sgrib pa）[2]（略作 gol sgrib）作了详尽的分析，我们此前曾就《隐秘小粒》讨论过该话题，在这里，论主认为，依大圆满见，其余一切佛法皆是歧路，但同时也指出，一个下乘相对于任何比它高的乘而言都是歧路，例如在九乘次第中，若依后乘或上乘，其前面的乘即为歧路。这部分关于“心之趣入法”的内容占据了《禅定目炬》大圆满品的绝大部分篇幅。[3]

此中最重要的一点是，公元10世纪时，大圆满的主要学说“本始基”（gdod ma’i gzhi）已得到完善的确立。《禅定目炬》的作者进一步阐释它时，为其施设了某些共通的密教名相，在这方面，作者并未遇到明显的困难。确证无疑的是，大我（bdag nyid chen po, *mahātman*）[4]、自生智（rang byung ye shes, *svayambhūjñāna*）以及大乐（bde ba chen po, *mahāsukha*）主要传达的是密乘理念，但它们也被用在往往带有本净观念的学说上。其他诸如离所缘执著（gza’ gtad dang bral ba）、任运（an-ābhoga）以及大明点（thig le chen po）等词或可视为大圆满的不共名言，因此，用它们来描述大圆满理念时就不会有太大问题。学人或将“如实之基”（gzhi ji bzhin pa）也视为大圆满的不共名言之一，但该词也以“本来如如”（ye ji bzhin pa）的形式出现在无比瑜伽（Anuyoga）的密续中，尤其是《密意总集经》（*dGongs ’dus*）。[5]这不足为奇，因为大圆满本身只是密乘大瑜伽续部圆满次第（saṃpannakrama）修习的一个发展。此外，《密意总集经》以“殊胜本觉之教授”（Rig pa mchog gi lung）为题，在《禅定目炬》中充当主要的材料。“无二”（gnyis med, advaya）通常是指一种超越性的境界，此中，现象界消融于

---

〔1〕关于该文本，见原书页 74。

〔2〕《禅定目炬》，页 428-444。

〔3〕《禅定目炬》，页 405-444。

〔4〕参《禅定目炬》，页 200-201。

〔5〕金子版《宁玛十万续》，编号 160。

心之本然境界，二取皆不可得。在这个意义上，它是大多数印度哲学系统所共有的形而上名言。然而，当用到“任运成就”（lhun grub）的同义词“离所作”（bya brtsal dang bral ba）时，一些问题就出现了。首先，该词为顿门派和大圆满所共有，“离所作”的含义涵盖了身体与心识的活动，其中着重针对心识的探求。大圆满强调不着意于遵循“离所作”的理念，而顿门派则以“离所作”为目标。这一微妙的差别绝非在任何情况下都这么明显。一方面，该词在《禅定目炬》关于顿门派的一品中只出现过一次，而且在目前为止所参考的任何一篇关于禅定（Dhyāna）的敦煌文献中似乎从未出现过。另一方面，尽管该词并不见于《觉性杜鹃》等早期大圆满文本，但其所传达的理念已暗含在《觉性杜鹃》的第五行中：“诸法自圆满，离作意过失”（zin pas rtsol ba'i nad spangs te /）[1]。此外，值得注意的是，该理念与《隐秘小粒》的作者佛密有关联，该词同样不见于《隐秘小粒》文本的主体部分，但见于其中阐明12-15颂的一条夹注。[2]因此，《禅定目炬》将这一学说归属于佛密是有其古老渊源的。这一证据也证实了IOL 597开篇的说法，亦即佛密的确是《隐秘小粒》的作者。

参考文献

藏文文献

- 朵波巴·喜饶坚赞（Dol po ba Shes rab rgyal mtshan），《山法了义海论》（*Ri chos nges don rgya mtsho*），出版日期与地点不明。
- 米觉多杰（Mi bskyod rdo rje），《实相甘露妙香·瑜伽续释》（*gNas lugs bdud rtsi'i dri mchog rnal 'byor rgyud kyi rnam bshad*），廷布，1979，卷3，页249-355。
- 努钦·桑杰益西（gNubs chen Sangs rgyas ye shes），《禅定目炬》（*bSam gtan mig sgron*，又

〔1〕见原书页50（译者注：依谈锡永译，参谈锡永，《大中观论集》，下册，香港：密乘佛学会，1998年，页2）。

〔2〕见原书页72-73。

名《明辨观修要点・禅定目炬》(*sGom gyi gnad gsal bar phye ba bsam gtan mig sgron*)或《瑜伽目之禅定》(*rNal 'byor mig gi bsam gtan*)),医药历算明藏丛书(*Smanrtsis shesrig spendzod Series*),卷 74,列城(Leh),1974。

- 绒宋・曲吉桑布(Rong zom Chos kyi bzang po),《入大乘论》(*Theg pa chen po'i tshul la 'jug pa*),收《绒宋全集》(*Rong zom bka' 'bum*),无日期,页 41-336。

——《佛地广论》(*Sangs rgyas kyi sa chen po*),收《绒宋全集》,页 453-489。

- 色朵班钦・释迦确丹(gSer mdog Paṇ chen Śākya mchog ldan),《二轨辙判别》(*Shing rta chen po'i srol gnyis kyi rnam par dbye ba bshad nas nges don gcig tu bsgrub pa'i bstan bcos kyi rgyan*),收《色朵班钦・释迦确丹全集》(*The Collected Works of gSer-mdog paṇ-chen Śākya-mchog-ldan*),廷布,1978,卷 2,页 471-619。

——《一百零八部法》(*Chos tshan brgya dang brgyad pa*),同上,卷 3。

非藏文文献

- 卡尔梅(Karmay, S.G.)1975,《关于十至十三世纪大圆满教义立场的讨论》(A Discussion on the Doctrinal Position of rDzogs chen from the 10th to the 13th Centuries),《亚洲学报》(*Journal Asiatique*),卷 263,页 147-156。
- 基穆拉(Kimura, R.)1981,《大乘以后古代西藏的汉传禅法》(Le Dhyāna chinois au Tibet ancien après Mahāyāna),《亚洲学报》,卷 CCLXIX。
- 鲁埃格(Ruegg, D.S.),《布顿・仁钦竹论如来藏》(Le traite du Tathàgatagarbha du Bu ston Rin chen grub),《法国远东学院学报》(*BEFEO*),Vol. LXXXVIII,巴黎,1973。
- 斯内尔格罗夫(Snellgrove, D.L.)1959,《喜金刚续》(*The Hevajratantra*),"伦敦东方丛书"(London Oriental Series),卷 6,伦敦。
- 石泰安(Stein, R.A.)1983,《西藏古代文献汇编》(*Tibetica Antiqua*)I,《法国远东学院学报》,Vol. LXXII,页 149-236。

原载于卡尔梅・桑木丹,《大圆满:藏传佛教的一种哲学与修习教法》,(*The Great Perfection: A Philosophical and Meditative Teaching of Tibetan Buddhism*)(第 2 版),莱顿、波士顿:博睿,2007 年,页 107-120。

六

早期大圆满

沙木·冯·谢克 著，陆辰叶 译

一、大圆满的起源

大圆满运动在西藏后期传统中十分重要，但事实证明现代学界很难构建其起源。早期文本本来像一个巨大的拼图，而学者们能接触到的可靠部分却只是其中极少数的片段。探究大圆满的早期历史，必然如同将这些片段有序地组合起来，这一组合仅能暗示更大的整体。由于片段的稀缺，组合中就会带有一定的猜测。于此，笔者希望为该难题添补一些遗失的片段，对已有的片段稍加重组，并构建出一个原始整体的印象。当有更多碎片被发现时，这一组合的改进甚或全盘重组也将无可避免。[1]

在西藏，最早被翻译并加以流通的大圆满文本即如今所说之“心部”（sems

〔1〕 我想感谢雅各布·道尔顿（Jacob Dalton）、马修·凯普斯坦（Matthew Kapstein）和武内绍人，他们与我分享了未出版的作品，对本文的进展贡献巨大。春永（Harunaga Isaacson）提供了一些对印度密教文献非常有用的参考资料，雅各布·道尔顿指明了许多重要的藏文资料。

sde）。大圆满后续的发展带来了更多复杂的教义与修习，但早期的心部文本仍然保持紧扣一个核心主题：菩提心现前，以及（菩提心现前）之后一切以生起、长养、开显觉性境界为目的之修习皆无用。大卫·杰玛诺（David Germano）发明了一个有用的短语“原始大圆满”（pristine Great Perfection），用以指称这种论述。在这些文本中，篇幅最大且最为著名者即《遍作王》（*Kun byed rgyal po'i mdo*），读者可以见到其中对相关密续的复杂描述与修习的驳斥。

早在 9 世纪，就有一种可辨识的大圆满形式，该形式与心部有诸多共通处。11 世纪初期被封闭的敦煌藏经洞中发现的某些藏文写本证明了这一点。在英国国家图书馆的这批写本藏品中，卡尔梅·桑木丹发现了两个看起来非常像心部文献的文本：ITJ 594 和 647。[1] 文本中第一篇题名为《隐秘小粒》（*sBas pa'i rgum chung*）；它包括一篇序，根据序文可认定作者为佛密（Buddhagupta），而文本类别则为无上瑜伽。第二个文本《觉性杜鹃》（*Rig pa'i khu byug*）使用了早期大圆满常用的名相。[2] 这两个发现似乎确证了一点：现今为我们所知的心部就是对 9、10 世纪所说的大圆满（rdzogs chen）的直接呈现。

然而，卡尔梅怀疑，早期大圆满可能与专注于本尊与坛城的禅修术以及双运修习的关系更为密切，前者被称为生起次第，后者被称为圆满次第，换言之，亦即被该传统视为大瑜伽的文本与修习的整个背景。卡尔梅着眼于一个出自《丹珠尔》（*bsTan 'gyur*）的文本，名为《口诀见鬘》（*Man ngag lta ba'i phreng ba*），归属于莲花生（Padmasambhava），其中从大圆满的立场讨论了本尊瑜伽的修习。[3] 大卫·杰玛诺也主张早期大圆满部分源于大瑜伽，另一部分源于早期心部文本所宣的一系思想。他引用了大瑜伽基本经典之一《秘密藏续》（*Guhyagarbha tantra*）

---

〔1〕 英国国家图书馆斯坦因藏品（Stein collection）中敦煌藏文写本有前标 IOL Tib J（一个随着年代略有变化的标识，学者们大多忽视了它，他们通常更喜欢用前标“斯坦因藏文”[Stein Tibetan] 来指称写本）。法国国家图书馆（Bibliothèque nationale de France）伯希和藏品（Pelliot collection）中的相对应的写本有“伯希和藏文”（Pelliot tibétain）的前标。这里，笔者将前者缩写为 ITJ，后者则为 PT。

〔2〕 卡尔梅 1988，第二章。ITJ 647 文本在十八续的列表中第一个出现，其名即《觉性杜鹃》。在《遍作王续》中，该文本题为《六金刚句》（*rDo rje tshig drug*）。如卡尔梅所示，根本文的六句偈也散见于无上瑜伽文集的其他经典中。

〔3〕 卡尔梅 1988，第六章。

的段落，以之作为大瑜伽影响的证据，这些段落中使用了“大圆满”这一名相来联系现证菩提的理念。[1]

因此，卡尔梅与杰玛诺都提出，大圆满是由融合两个传统的文献发展而来。其中的第一个是那些原始而无仪轨的著述，它们出自最早的心部文本的作者——亦即成就者型（*siddha-style*）瑜伽士之手。第二个是大瑜伽续的注疏家关于大圆满作为仪轨修习之究竟位的阐述。事实上，正如我下面将要论证的，虽然我们的确发现了大圆满初期的这两种文献，但这并不意味着有两个独立的传统。

在以下数页中，我追溯了“大圆满”这一名相本身的演变，以及“无上瑜伽”的平行演变，后者即后来与大圆满同义的经典部类及所谓的“乘”（theg pa）。该讨论所用的大多数材料来自敦煌藏经洞的文本，其年代可追溯至11世纪初洞口被封之前。虽然学者们接触它们的时间已长达一个世纪，但此前对其中的绝大部分仍未加以研究。针对与大圆满在藏土的创立相关的两位学者——9世纪的念·白央（gNyan dPal dbyangs）与10世纪的教理修订者努钦·桑杰益西（gNubs chen Sangs rgyas ye shes），笔者也检视了他们的著作。通过这些调查，笔者希望在一定程度上阐明产生大圆满经典的模糊区域。[2]

二、何为大圆满?

（一）作为仪轨时位的“大圆满”

就我们所注意到的来说，最早以类似大圆满文献中的用法使用“大圆满”这一名相者，是《秘密藏续》。在该续中，“大圆满”一词的使用似乎是与一个

〔1〕 杰玛诺1998，页212-218。

〔2〕 在后文中，我用短语大圆满（Great Perfection）来指涉该传统，而藏文“大圆满”（rdzogs chen）则用来指涉该名相本身。此外，我将大圆满早期文本称为“心部”（sems sde的翻译）。尽管这种用法是犯时代错误的，因为“心部”本身没有出现在任何一部11世纪前的文本中（在有些早期文本中，相应的分类是“心品”[sems phyogs]，但该名相亦不见于任何11世纪前的文本），但我还是使用“心部”作为这组文本及其所包含的早期的大圆满论述形式的有用标识。

特定的仪轨时位有关联，亦即圆满次第双运瑜伽的究竟位，紧随其后者即以明点或菩提心作加持。[1]在这个语境中，"大圆满"一词无疑可被解释为具有圆满（rdzogs）次第的大（chen）巅峰的语义内涵。此用法出现在该续的第十三品，由处于双运位之如来（Tathāgata）宣说，在第十四品中，还有对这一状态的诗意化的深入论述。此外，在讨论与圆满次第瑜伽相关的三昧耶（samaya）的第十九品中，也用到了"大圆满"一词。在第十六品中，该术语的使用更为宽泛，其中论及已现证大圆满的瑜伽士；然而，鉴于该名相出现在他处的证据，这里的现证应该被理解为圆满次第修习所产生的结果。

考虑到在《秘密藏续》中，"大圆满"与圆满次第瑜伽之仪轨究竟位密切相关，其所指为何者仍是个问题。总体而言，其意义似乎与后来的大圆满传统并无太大不同：佛教修行者的目标——一切功德（yon tan）与事业（'phrin las）本来（ye nas）即圆满（rdzogs）。用密续中另一个更常使用的短语来说，即诸法皆任运成就（lhun gyis grub）。[2]进一步而言，此中还强调不可思议境界（bsam gyis mi khyab）中对分别的超越。尽管"大圆满"与这些在后期大圆满文本中常见的理念有关，但该短语本身在该续中仅出现了四次，且肯定不是它后来所演变成的这些理念复合体的定义性名相。

敦煌藏品中保存的某些文本确证了这点："大圆满"这一名相实际上用于加持仪轨时位语境下的修习。[3]例如 PT 321，这是基于一个忿怒尊坛城的成就法（sādhana），该文本在自加持、向本尊坛城献供菩提心后，提到了与诸法之清净有关的秘密大圆满坛城（rdzogs pa chen po gsang ba'i dkyil 'khor）。[4]

有关该时期"大圆满"这一名相与《秘密藏续》关联的证据可见于敦煌写

〔1〕 道尔顿 2004。

〔2〕 关于此处所涉段落的翻译，见杰玛诺 1994，页 214-215。

〔3〕 道尔顿 2004。

〔4〕 PT 321, 叶 16r。另有一写本 ITJ 437，这是一部关于生起次第和圆满次第的论，其中融合了《密集续》和《金刚甘露续》（*Vajrāmṛta tantra*）的材料，该论将菩提心的实质说为"大圆满、大我、意精华"（叶 14r: rdzogs cen [*sic*] bdag nyid chen po thugs kyi bcud）。

本 PT 322B 中的一首无题诗。[1] 该文本在以前未被注意到，其中以“大圆满”作为主题，同时保留了对参照《秘密藏续》与“幻化网”（Māyājāla）诸续典框架的参照。[2] 在阅读它时，读者能感觉到“大圆满”一词已经开始代表围绕它的概念复合体，正如其在后来的传统中那样。然而，对作者而言，这些概念的背景明显是“幻化网”诸续典的总体，正如以下偈颂所示：

本来任运大圆满之法　殊胜智慧最上所行境
为将口诀赐予具慧众　如是礼赞言说之了义
无边无中离一复离多　离言绝思金刚之坛城
朗朗明照本觉智心意　顶礼赞颂大金刚萨埵
无边虚空如幻万有中　俱胝化现周遍一切处
智慧网罩绕平等性界　我今向汝幻化网顶礼
十方四时大圆满密性　真如精藏决定之真实
本来任运因果无差别　我今礼赞殊胜秘密藏[3]

（二）作为一切密教修习框架的“大圆满”

就我们所知，最早的《秘密藏续》释论为印度上师游戏金刚（Vilāsavajra）

〔1〕 该写本的手迹与敦煌藏品中的其他一些写本一致。有一组同出一手的四个写本是对禅宗与大瑜伽观修的融合性解说（见冯·谢克与道尔顿 2004）。因此，PT 322B 的抄写者必定也使用了禅宗文本，尽管这在 PT 322B 里体现得并不明显。

〔2〕 “幻化网续”可以用来专指标题中带有“幻化网”的续典，诸如《金刚萨埵幻化网续》（*Vajrasattva māyājāla tantra*），或者一个包括《秘密藏续》在内的更为宽泛的群组。此处考察的文本使用的是该名相的后一种意义。

〔3〕 PT 322B, 叶 1r: ye nas lhun grub rdzogs pa chen po'i chos // shes rab mchog gi spyod yul dam pa de // blo ldan rnams la man ngag sbyin pa'i phyir // gros kyi nges don 'di skad phyag 'tshal bstod // mtha' dang dbus myed gcig dang du mar bral // bsam 'das brjod myed rdo rje dkyil 'khor ni // rang rig ye shes mkhyen pa'i thugs la gsal // rdo rje sems dpa' che la phyag 'tshal bstod // nam ka'i mthas klags snang srid sgyu ma las // sprul pa' bye ba mang po ci yang gda' // shes rab dra bas mnyam nyid dbyings su 'khril // sgyu 'phrul dra ba khyod la phyag tshal bstod // phyogs bcu dus bzhi rdzogs chen rang bzhin gsang // de nyid snying po nges pa'i de kho na // ye nas lhun grub rgyu 'bras dbyer myed pa'i // gsang ba'i snying po mchog la phyag 'tshal bstod //

所造之《大宝巴甲》（*Rin po che spar khab*），该论可能写作于 8 世纪 70 年代。[1] 该释论没有赋予“大圆满”一词任何优越地位，而且在对该词的使用上并没有任何特别的专有意义。[2] 相比之下，在我们所知的另一部完整注释该续的印度释论，即日光狮子（Sūryaprabhāsasiṃha）的《秘密藏续广释》（*rGya cher 'grel ba*）中，则给予了“大圆满”更多的重视，且更加频繁地使用它。[3] 由于作者身份的模糊，该释论的地位非常不确定，但我们有理由稍后再回过来谈日光狮子，因为事实上他可能与 9 世纪初大圆满的发展密切相关。

《口诀见鬘》是莲花生为《秘密藏续》第十三品所造的论。如果这一归属正确，那么该文本可能要追溯到 8 世纪 70 年代莲花生驻留藏地期间或之前。[4] 续文间接地涉及了实修，而注释则主要发展了任运成就与本来清净的概念，并将其视为修习的究竟觉受。作者明确指出，“大圆满”是内瑜伽修习三法（tshul）的究竟位：生起（bskyed）法、圆满（rdzogs）法与大圆满（rdzogs chen）法。[5] 此三法为内瑜伽（rnal 'byor nang ba）乘的支分，而且并未被视为独立的乘。因此，“大圆满”植根于密续中规定的修习：本尊的观想与双运瑜伽的喜乐觉受。其首要功能是作为这些觉受的解释性框架：

---

〔1〕 该文本（P. 4718）在《大藏经》中只是题名为《秘密藏续释》（*gSang ba'i snying po'i 'grel*）；《大宝巴甲》之名出现在题跋中，宁玛派传统中只是将该文本称为《巴甲疏》（*sPar khab*）。见戴维森（Davidson）1981，页 6-7，其中讨论了游戏金刚（Vilāsavajra，藏文 sGeg pa'i rdo rje）的名字与年代。现代学界经常把游戏金刚视为 Līlavajra（译注：两者意义类同）。

〔2〕 例见 P. 4718: 272-5-8。

〔3〕 该文本是《吉祥秘密藏续广释》（*dPal gsang ba'i snying po'i rgya cher bshad pa'i 'grel pa*），P. 4719（卷 83）。如果比较这两部释论中对《秘密藏续》第十三品的解说，就可以明显看出该文本与《巴甲》在“大圆满”的使用上的差别。

〔4〕 该文本见于《丹珠尔》（P. 4726），题为《口诀王见鬘》（*Man ngag gi rgyal po lta ba'i 'phreng ba*）。如卡尔梅所示，该文本至少可以追溯至绒宋（活跃于公元 12 世纪）的时代，绒宋曾为其造一释论（卡尔梅 1988，页 137-138）。卡尔梅 1988 的转写取自于此，而非《大藏经》的版本。

〔5〕 由佛智足（Buddhajñānapāda）对该《密集续》的注释（P. 2716，卷 65，10-1-2）可知，这种将“大圆满”视为生起与圆满次第究竟位的用法，亦见于该续的注疏传统：

若不证此不变证悟义
则不应称其为大瑜伽
如是究竟圆满了知者
方为大圆满智之共相

> “大圆满法”者，证悟世间、出世间无分别诸法无始以来即是身、语、意坛城之自性，而作修证。[1]

在阅读这些文本时，读者会感觉到其中有些未能解决的矛盾——如果本尊与坛城已是法尔显现，究竟为何还要修习本尊瑜伽？恰好有一部早期的藏文论著解说了这些问题，它的存在证明这些教法的藏土接受者感觉到了解决这种矛盾的必要。这部论的标题为《金刚萨埵问答》(*rDo rje sems dpa' zhus lan*)，其作者为藏土大瑜伽传承中的一个早期人物——念·白央。我们可以暂且认定《问答》的写作年代为 9 世纪初期。[2]

《问答》采用一问一答的形式，明晰地解释了在大瑜伽修习中应用大圆满式见地的疑难问题。例如，其中就作了如下的大圆满式陈述：

（接上页）'di ni rtogs par mi 'gyur 'di don ma rtogs na / rnal 'byor chen po zhes bya de la mi bya'o / de ltar rab tu shes par byas nas su / rdzogs pa chen po ye shes spyi yi gzugs /

然而，由于“大圆满”一词不见于《密集续》，它在此处的出现可能体现了来自当时《秘密藏续》注疏传统的侵染。

〔1〕《口诀见鬘》，页 7：rdzogs pa chen po'i tshul ni / 'jig rten dang 'jig rten las 'das pa'i chos thams cad dbyer med par sku gsung thugs kyi dkyil 'khor gyi rang bzhin ye nas yin par rtogs nas sgom pa ste /（译注：依沈卫荣译《口诀见鬘》，见敦珠法王等《宁玛派四部宗义释》，谈锡永、沈卫荣、邵颂雄、许锡恩译，北京：中国藏学出版社，2012 年，页 149）。

〔2〕《问答》的几个版本见于《丹珠尔》和三个不同的敦煌写本。该文本的三个写本存于敦煌写本的斯坦因与伯希和藏品中。PT 837 与 ITJ 470 几乎一致，后者看起来像是前者的复本。第三个写本 PT 819 是不完整的，与前两者不同，总体上与《丹珠尔》中所见的版本（P. 5082，纳塘版，卷 ru，页 121a-127a）更接近。《大藏经》中的版本中通篇标有夹注（mchan 'grel），这些夹注不见于 PT 819，且与 PT 837 和 ITJ 470 的注释完全不同。写本的正字特征表明 PT 837 与 ITJ 470 的年代始于后吐蕃时期（9 世纪中期至 10 世纪后期），而 PT 819 可能稍早一些。以下事实也可以暗示 PT 837 与 ITJ 470 的年代较晚：该版本与 PT 819 版本的不同处通常是偈颂中多出来的音节，这些音节常用以阐明或解释诗句的含义，但却使音节过于冗长。因此，它们可能是在某一时间被合并到主要文本中的解释性批注。无论如何，10 世纪时该文本两种不同版本的存在，说明该文本在此阶段流通过一段时间。在 PT 819 与 ITJ 470 中见的《问答》题跋中，白央说，他的这篇大瑜伽释论是为那囊（sNa nam）氏与董（lDong）氏而造。这个陈述尽管很有意思，但对于确定其年代没有直接的帮助。《问答》受到努钦·桑杰益西的高度重视，他屡次在《禅定目炬》(*bSam gtan mig sgron*) 中对其加以引用：页 30.3、21.6、219.3、255.6 以及 277.3。

无根心性如虚空
非由洗濯而清净
以彼菩提离生故
菩提无一切因果[1]

很容易理解的是，接下来的问题自然是本尊的加持如何产生？以喻答之：

水中渣滓悉得澄清时
无需费力即现日月影
自心经由瑜伽变清净
无需修证即现佛加持[2]

此处的议题看起来与《口诀见鬘》非常相似，但却有了拓展，以便将大圆满法应用于一切瑜伽修习，而非仅将其局限于圆满次第之究竟位。《问答》也是按照《口诀见鬘》中的次第层层向上，因为它处理了强加此框架所引生的矛盾与问题。作者热衷于传达以下信息，他强调本尊瑜伽不可舍弃，但任何以该修习为菩提之因，或以本尊异于行者自己的本始菩提心之分别，皆应舍弃。

《问答》常涉及无二、离勤作以及菩提心之本初任运显现，并使用了大圆满心部的核心名相，例如明觉（rig pa）、菩提心（byang chub sems）与任运成就（lhun gyis grub）。"大圆满"一词本身仅出现过一次，具体是在一个问题的回答中——若无因果，瑜伽行者如何获得成就？此处即以另一比喻作答：

譬如国王任命于大臣

〔1〕 ITJ 470，第 7 部分：/ gzhi rtsa myed pa'i sems nyid ni // bkrus pas myi dag nam ka bzhin // skyed dang bral ba'i byang chub la // byang chub rgyu 'bras yongs kyis myed /。

〔2〕 ITJ 470，第 12 部分：/ ci ltar chu la rnyog pa dangs par 'gyur na // gnyi zla'i gzugs brnyan 'byung ba brtsal myi dgos pa bzhin // rang sems rnal 'byor dag par sgyur pa na // rgyal ba'i byin brlabs 'byung ba bsgrub mi dgos /。

成就自上而来为外法

民众献供国政得统治

自生大圆满乃无上法[1]

这个政治性的比喻本身很吸引人，但该偈颂最重要的地方就在于，它暗示其受众应该在修习大瑜伽的同时，应将其本身所依循者视为大圆满法。于此，如《口诀见鬘》所言，“大圆满”是一种“法”（tshul），该词暗示了一种修习模式，而非一套独立的修习。它当然不被视为一个乘（见下文第六部分）。根据这一颂，没有因果分别、没有从他处获得成就之想的本尊瑜伽，便是“大圆满”法。因此，“大圆满”本质上当然不能脱离本尊瑜伽。

《问答》并非孤例，我们还有另一个敦煌藏品中的文本，尽管其中没有使用“大圆满”这一名相，但将该大圆满式的框架应用到了密续的修习中。写本（ITJ 454）没有标题和跋尾，但有一个相当长的部分，长达十卷版面，其中处理了各种由本尊瑜伽引生的话题。其中包括对不同种类的瑜伽、瑜伽修习之果、本尊观想的实相、轮回（saṃsāra）与涅槃（nirvāṇa）的心与法、净观以及世俗与胜义一味的讨论。写本的开篇清楚地显示了大圆满式论述对该论的影响：

> 心与心所现之一切法，或杂染与清净之一切法，无论是否证悟，顿时间，不依道而修证，不为对治所改作，本来即成佛，身语意任运成就而住。[2]

对本尊瑜伽修习的解说即从这个角度展开。因此，行者的本尊仅仅是其自身菩提心（byang chub sems）之觉性（rig pa）。就佛而言，这一理念的解释即如下：

---

〔1〕 ITJ 470，第 9 部分：/ dper na rgyal pos blon por bskos pa ltar na // grub pa gong nas byin ba phyi'i tshul lo // 'bangs kyis rgyal ba'i srid phul nas dbang bsgyur ltar // rang 'byung rdzogs chen bla na med pa'i tshul /。

〔2〕 ITJ 454，第 1 部分：/ sems dang sems snang ba'i chos thams cad dam // kun nas nyon mongs pa dang / rnam par byang ba'i chos thams cad rtogs kyang rung ma rtogs kyang rung / 'phral la lam gyis ma bsgrub gnyen po ma bcos te / ye nas sangs rgyas pa sku gsung thugs lhun kyis [sic] grub par gnas pa la bya /。

复次，自心本来清净且证觉，证悟心为本净且证觉者，即已成佛，或持佛（果）于掌中。〔1〕

这样的表述反复出现，而对观修本身的实际情况则鲜有论及。不过此处所涉及的范围当然是诸密续，而不仅仅是《秘密藏续》。其中引用的七个续均见于后来的大瑜伽十八续的名目（在某些情况下，这是目前所见最早提及这些密续的文本）。〔2〕因此，在该文本中，我们见到了密教修习中大圆满法的延展，它的依止对象从单一的一种密教传统（“幻化网”），转向了大瑜伽一切密教修习的更为广泛的框架。

（三）脱离瑜伽修习的“大圆满”

在某些情况下，“大圆满”一词从大瑜伽修习中独立出来。当我们着眼于心部文本时，这一点就很清楚，其中的大多数文本没有包含生起次第与圆满次第修习相关的内容，或者仅有声明大圆满超越这些修习的否定性内容。敦煌文书中的ITJ 647，是这些心部文本之一——《觉性杜鹃》的一个释论。我们只需看一下该文本的两个方面，卡尔梅曾对其详加讨论。首先，它的确在结论部分用了“大圆满”一词，且再次将其视为“法”（tshul），此中的主题内容是“瑜伽见行之大

〔1〕 ITJ 454，第4部分：yang na rang gyi sems ye nas rnam par dag cing sangs rgyas pa yin dang / sems ye nas rnam par dag cing sangs rgyas pa yin pa'i don rtogs pa ni sangs rgyas su grub pa 'am / sangs rgyas kyi zhal mthong ba'am / sangs rgyas lag tu 'ongs zin pa yin /。

〔2〕 引用的密续是：

1.《诸佛平等和合续》（*Sangs rgyas thams cad dang mnyam par sbyor ba'i rgyud*，梵文 *Sarvabhuddhasamāyoga tantra*）：P. 8、P. 9、Tb.402-404。

2.《大自在略续》（*dBang chen bsdus pa'i rgyud*）：Tb.595。

3.《最胜吉祥续》（*dPal mchog dang po'i rgyud*）：Tb.412。

4.《密集续》（*gSang ba 'dus pa'i rgyud*，梵文 *Guhyasamāja tantra*）：P. 81、Tb.409。

5.《山王连绵续》（*Ri bo'i [rtsegs pa'i] rgyud*）：Tb.411。

6.《从一放射续》（*gCig las phrin pa'i rgyud [=gCig las 'phros pa'i rgyud]*）：参见P. 2032。

7.《方便羂索续》（*U pa ya pa sha*，梵文 *Upayapaśa tantra*）：P. 458、Tb.416。

（此中包含马丁[Martin]1987，页178-182所列十八续名目中的编号3、4、12、9、7、5和16。）

圆满法”。[1] 其次，我们在这里开始看到了远离前两部分所涉文本的转变，其中有脱离生圆二次第而独立的声明：

> 离言说之菩提心任运成就，无需生起与圆满，坛城法尔安住，无有造作。[2]

在该文本中，有些地方仍然涉及对密教修习的诠释——它提供了大圆满式框架中诛杀（sgrol ba）与交合（sbyor ba）仪轨修习的一个诠释，其依据点为无分别。因此，尽管该文本竭力处理密教的名相问题，它还是主张一种原始形式的“无修”。但是，写本最后一叶有一些出自他手的潦草笔注（卡尔梅在其研究中未提及这一点），其中暗示了“无修”更可能是出于修辞，而非现实。这些笔注褪色严重，有些地方甚至是完全空白，它们提供了文本的名字（《觉性杜鹃》），且称其为“教授”（lung），紧随文本名之后，有文云：“汝若欲闻此等妙语……”其后为“百字明”，其书写方式与藏土后世的传统不尽相同。关于得此教授者需念诵该咒的问题，文中只是作了暗示，并没有直说。此外还包含一句“应朝夕精进”的劝诫。[3] 关于围绕大圆满式修辞的实际修习，敦煌写本或许可为我们提供更多的信息。一个归为妙吉祥友（Mañjuśrīmitra, ITJ 331/1）所造的简要成就法只包含种子字 hūṃ 的观想，这与后来发展的大圆满宁提（心髓）（snying thig）派中的观修有些相似之处。[4]

就该写本中对密教修习的弃置而言，无论其抄写者和读者是将其视为一种修辞，还是取其字面意义，毫无疑问，整个对修习的讨论都已隐藏在拒斥修习的言说背后。正是这一点，使得“大圆满”有了被视为独立法门的可能性，而非仅

---

〔1〕ITJ 647, 叶 5r: rnal 'byor gyi lta spyod rdzogs pa chen po'i tshul /。

〔2〕ITJ 647, 叶 5r: brjod pa dang bral ba'i byang chub sems lhun gyis grub pas / bskyed rdzogs bya mi dgos par dkyil 'khor gdod [gdon] pa lhun gyis gnas pa la ma bcos par gnas pa'o /。

〔3〕ITJ 647, 叶 5v: // nang nub brtson par bya'o / snyan thos pa 'dod na //（随后为百字明）。

〔4〕伊士曼（Eastman）1983 中简要讨论了该文本，页 52-53，其中伊士曼提出了一个问题，即该文本是否可被视为一个无上瑜伽的成就法。

作为圆满次第的究竟位，或者所有瑜伽修习的一个框架。

（四）作为文本类别的“大圆满”

在上述所有例子中，“大圆满”是一种修习瑜伽之“法”。甚至在《觉性杜鹃》的释论中，也没有迹象表明其作者认为有大圆满文本这种东西。作者没有以续或经——甚至是稍欠知名度的“教授”（lung）或“口诀”（man ngag）之名来对根本文进行归类。因此，该文本的地位就比较模糊，而我们并不知道它是否被视为经典。

这种情形因另一敦煌文本而改变，该文本之前未被注意，其中提到了“大圆满诸经”。写本分藏于伦敦的斯坦因藏品与巴黎的伯希和藏品中（前两页是PT 353，其余九页是ITJ 507）。文本的大部分是关于两种不同坛城的描述，坛城的安住者主要为女性本尊。一髻佛母（Ekajaṭī）在两个坛城中都居于主尊之位，考虑到该本尊对后期大圆满传统的重要性，这一点非常有意思。

文本的引言指出，此中的教法源自“密咒之续及大圆满之经”。[1]这的确表明，对该文本的作者而言，“大圆满”指涉的是一种具有经典地位的文本类别。关于将大圆满文本称为“经”的说法，肯定并非无人知晓，即使在后期传统中也是如此：尽管大多数后期传统中的大圆满经典被称为密续，包括《遍作王》在内的一些心部文本仍然由其标题而被判定为经。[2]就我所知，在努钦·桑杰益西的《禅定目炬》（*bSam gtan mig sgron*）中，没有提到这些文本中的任何一部，所以它们可能代表了一脉大圆满，这一脉不为努氏所知，或者说是《禅定目炬》写完之后才发展起来。

PT 353 / ITJ 507的主体部分是相当直接的坛城观想，对大圆满式元素的呈

---

〔1〕 PT 353, 叶 1r: zhi cing rgya cher ni gsang ba'i sngags tan tra rdzogs pa chen po'i mdo las zhib tu 'chad de /。

〔2〕《宁玛十万续》（*rNying ma rgyud 'bum*）中，除了《遍作王》外，还包括十个冠以“经”名的大圆满文本（Tb.7-16）。当然，这些文本不一定是PT 353中提到的文本。

现只局限于以下几句对观修的简要引言中：[1]

诸法皆摄于法身，法身复摄于智身。智身之大悲令一切有情皆为大悲所周遍，且于各自心中显现（大悲）。彼法身周遍三界，于平等性中以广大密意作加持，（行者）遂得离因而行。[2]

（五）作为乘的“大圆满”

“大圆满”一词发展的下一阶段是转化成一个成熟的“乘”（theg pa），在这一点上，它看起来非常像它在后期传统中的情形。关于大圆满不只被视为经典类别，还被视为乘，其最早的证据见于努钦·桑杰益西的《禅定目炬》，该作品可能写于10世纪的前二十五年内。[3]努氏提到“大圆满——离所作之乘”。[4]在《禅定目炬》中，大圆满成为无上瑜伽的同义词，且不再适用于大瑜伽的语境。尽管努氏处理大瑜伽修习的方式吸收了许多上文讨论的注疏传统，诸如《问答》，但他并没有将术语“大圆满”应用到该语境中。在对《觉性杜鹃》释论的一个复述中，努氏指出大圆满脱离了生起与圆满次第。[5]

简而言之，我们首先看到“大圆满”这一名相零星地出现在《秘密藏续》中，而该续被认为在8世纪中叶就已流通于印度。该名相被用来指涉圆满次第双

---

〔1〕 文本的这一部分似乎是依标准的大瑜伽三等持而铺排结构：真如等持（de bzhin nyid kyi ting nge ’dzin），（2）现位等持（kun tu snang gi ting nge ’dzin），与（3）因位等持（rgyu’i ting nge ’dzin）。第一个一般涉及将一切显现融入空性；第二是生起一个月轮，表征对一切有情的大悲；第三是月轮上生起一个种子字，代表本尊。在该文本中，将大悲说为周遍三界一切有情，这也许只不过是一种普通的大乘祈愿。然而，这在后期大圆满的“宁提”（snying thig）文本中有了呼应，其中的“基”（gzhi）是依“体性”（ngo bo）、“自相”（rang bzhin）和“大悲”（thugs rje）来定义的。最后一个名相——大悲，往往以“周遍”（kun khyab）为特征。

〔2〕 PT 353, 叶 2r: chos thams cad ni chos kyi sku ’dus // chos kyi sku yang ye shes kyi skur ’dus // ye shes kyi sku’i thugs rjes // sems cam mtha’ dag la thugs rje des khyab par rang rang gyi sems la shar te // chos kyi sku des khams gsum khyab ste mnyam pa nyid du / dgongs pa chen pos byin kyis brlabs nas // rgyu dang bral bar mdzad do /。

〔3〕 关于努氏的年代以及《禅定目炬》创作年代的讨论，见维塔利（Vitali）1996，页 546-547。

〔4〕《禅定目炬》，页 312：rdzogs pa chen po bya ba dang bral ba’i theg pa。

〔5〕《禅定目炬》，页 360。

运瑜伽所产生的高级证悟。敦煌的仪轨文本可以支持这一点，它们在这些修习的语境下使用了该名相。尽管最早的年代可考的释论对此名相略有使用，但是直到8世纪后期，它才被莲花生等《秘密藏续》的注疏者赋予了更为详细的解说。在这些作品中，“大圆满”是生起和圆满次第的究竟位，以及对诸法恒为本尊与坛城清净境界的现证。

后来，在9世纪初，藏人开始写作密教修习的释论。在《金刚萨埵问答》中，念·白央总体上将莲花生作品中的观念运用到了密教修习中，且在该语境下继续使用“大圆满”这一名相。正如我们将在下文所看到的，同一时期的文本写法看起来非常像早期的心部文本。在某一时期——可能与密教论典的写作同时，也可能直到9世纪末，这些文本采用了“大圆满”一词，其运用方式非常类似于《口诀见鬘》和《问答》，所不同的是，它们并未迁就生起与圆满次第的实修。在10世纪初，出现了大量与“大圆满”这一名相有关的文本，正如我们在《禅定目炬》以及PT 353中对“大圆满经”的精辟引述中所见。大约在PT 353写作的同一时期，甚或更早，我们已见到努氏将“大圆满”作为乘来加以论述。可辨识的大圆满文献经典集的出现，以及大圆满被赋予乘的地位，二者很可能是同时发生。下文中，笔者将回到关于努氏参与这一过程的问题。

三、无上瑜伽的发展

（一）作为瑜伽修习中一个次第的无上瑜伽

就无上瑜伽一词的运用而言，其发展的初期阶段可见于某些印度密续。此中最早的可能是《诸佛平等和合续》(*Sarvabuddhasamāyoga tantra*)，这是最早的所谓的瑜伽母续之一，其年代可能属于8世纪。[1]在该续第二品的一颂（此颂既

〔1〕首次提到有一些文本构成该续、与该续相关者，见于戴维森1981，页58、页75注43。在理解这些文本之间的关联方面，一个重大的进步见于魏因伯格（Weinberger）2003，页260-268。我的引文出自《甘珠尔》(*bKa' 'gyur*)版本，它在里面被归为“后续”(phyi ma'i rgyud)。根本续的存在很难确定，参见魏因伯格的分析。

见于一个梵文本的引用，也见于藏文本）中，对无上瑜伽和无比瑜伽作了比较：

以随瑜伽作供养　得一切瑜伽喜乐

体证一切自性时　依极瑜伽而成就[1]

此处，在无比瑜伽和双运修习的喜乐、无上瑜伽和真如法性的证悟间，出现了一些关联。该颂的语境是关于仪轨修习次第的讨论，这一次第始于瑜伽，而后历经无比瑜伽和无上瑜伽。因此，这里就有了后期传统中“无上瑜伽”一词使用方式的基础。[2]

被认为晚于《诸佛平等和合续》的《黑阎魔敌续》（*Kṛṣṇayamāri tantra*）讨论了一个四重架构，即瑜伽、无比瑜伽、无上瑜伽与大瑜伽，以此作为瑜伽修习的四个次第。尽管该续进一步将无上瑜伽定义为一切坛城的圆满，但它只作为倒数第二个次第出现，低于大瑜伽。[3]事实上，这一系统可能与《诸佛平等和合

---

〔1〕 P. 8（卷 1）188-4-7: rjes su sbyor bas mchod byed cing / rnal ’byor kun gyi bde ba dag / bdag nyid kun tu myang byed na / shin tu sbyor bas ’grub par ’gyur。

这句偈颂的梵文本见于圣天（Āryadeva）的《摄行明灯论》（*Caryāmelāpakapradīpa*）第九品，春永热心地提醒了我这一点：pūjyate ’nuyogena sarbayogasukhānī tu / samāsvādayamānas tu atiyogena siddhyati //

（译注：“无比瑜伽”与“无上瑜伽”二词在此颂之藏文原文中分别对应 rjes su sbyor ba 和 shin tu sbyor ba，今以“随瑜伽”和“极瑜伽”作直译。）

〔2〕 该续中其他一些地方也出现了这一藏文词（shin tu rnal ’byor ba），上文中将其译为无上瑜伽，但在没有梵文的情况下，我们必须记住其他名相也有可能被翻译成这样。一个与上面的引文非常相似的偈颂出现在该续的第三品（185-1-5）。第三品中，也有一个偈颂并提无上瑜伽与大瑜伽，此中与殊胜三昧耶（dam tshig mchog）相关。

P. 8（卷 1）184-5-7: de yi dam tshig de byung ba / sdug pa’i dam tshig bdag rjes ’brang / shin tu sbyor dang sbyor chen po / thams cad bdag nyid dam tshig mchog /。

在第六品中，提到一个无上瑜伽（shin tu rnal ’byor pa）的行者；该段落很难解释，似乎是关乎双运瑜伽的修习。

P. 8（卷 1）188-5-8: gzhan yang shin tu rnal ’byor pa / ma lus pad mo rnam sbyang phyir / skal bzang dam pa mi ’gyur pa / pad me sgyu ma ’byung bar gyur /。

〔3〕《黑阎魔敌续》17.8，页 123：bhāvayed yogam anuyogaṃ dvitīyakam / atiyogam tṛtīyam tu mahāyogam caturthakam //

藏文在 P. 103（卷 4）叶 16-4-1：dang por sgom pa rnal ’byor te / gnyis pa rjes kyi rnal ’byor yin / gsum pa shin tu rnal ’byor te / bzhi pa rnal ’byor chen po’o /。

续》所意指者相同（见于上文讨论的该续第二品），其中暗示了无上瑜伽之上还有一个次第，在一释论中将其明确定义为大瑜伽。[1]无论如何，二续都使用了各层次瑜伽的名字来指涉密教修习中的不同方法。总体而言，《诸佛平等和合续》处理无上瑜伽的方式看起来与藏土后期对无上瑜伽的使用更为一致，而且可能是这种用法的其中一个直接来源。

《秘密藏续》没有使用无上瑜伽这一名相，但是上文提到的该续的早期释论——游戏金刚的《巴甲》则将无上瑜伽视为一切密教修习中的最高方便：

> 即便是二内（瑜伽，此处即指瑜伽与大瑜伽），以及以一切实有法之自性住于果中者，无上瑜伽亦开示彼等无非为种种计度之贪执所障而已。[2]

在所有这些文本中，不同的瑜伽代表密教修习的不同次第或不同方式。无上瑜伽的重要性并不十分清楚，但此中似乎有一个连贯的主题，亦即将无上瑜伽视为直入真实义的证悟，该主题始于8世纪的《诸佛平等和合续》，后由《巴甲》所承袭。

如果我们再次回到敦煌写本来探寻无上瑜伽在藏土的早期面貌，我们会发现这些材料相当靠后。该名相出现在《金刚萨埵问答》根本文的一个行间小注中。然而这些注释只出现在一个年代可能为10世纪后期的版本中。这里所涉及的注释随附于根本文的一处，其后的回答即针对行者如何作本尊之念修（bsnyen bsgrub）的问题：

> 于胜义念修中，所作与能作皆不可得；以其无有困难与精勤，故

〔1〕 嘉钦东波（rGya sbyin ldong po）著《吉祥诸佛平等和合空行母网律仪续释》（*Śrīsarvabuddhasamayoga-ḍākiṇījālasaṃvaratantrārthīkā* [303b.6-304a.3]）。感谢雅各布·道尔顿指出这个资料。

〔2〕 该段落在释论的第十三品中，见北京版《丹珠尔》，释续部186b：nang pa gnyis po dang / dngos po thams cad kyi rang bzhin ’bras bur gnas kyang / brtags pa la zhen pa’i rim pa sna tshogs kyi bsgrib pa tsam du ston pa’i a ti yo ga’o /

为念修之最上者。[1]

该注释指出，“无困难与精勤”是“无上瑜伽之见地”（a ti yo ga'i lta ba'i bzhed）。此中所言甚少，我们不足以据此推测无上瑜伽除了指一个可运用于本尊瑜伽修习的见地之外，是否还指涉别的东西。

（二）作为独特法门的无上瑜伽

九乘次第后来成为宁玛派传统的标准系统，而一些敦煌文本就是其原型或变体，它们当中只有一部被研究过。这些文本中的其中一篇——PT 849 就包含了一个九乘次第的列表，这一点已为人们所熟知。[2]然而，无上瑜伽在这里只是作为瑜伽乘的一个支分（顺序依次为瑜伽、大瑜伽、无比瑜伽、无上瑜伽），而非自成一乘。该写本年代被定为 10 世纪后期甚或是 11 世纪初，但是相比于印度对无上瑜伽的早期运用而言，这里的运用几乎没有进一步的发展。奇怪的是，一个实实在在地描述了宁玛派九乘次第架构的敦煌文本此前却被忽视了。在该文本（ITJ 644）中，九者当中没有一个被称为“乘”，这就意味着与前一个写本一样，无上瑜伽虽然存在，但并不是一个乘。此中依据各自的本尊传承（lha rgyud）来对九者加以讨论，这暗示了每个都是一种不同的本尊瑜伽修习方式。无上瑜伽的本尊传承被说为与无上瑜伽的见一致，其定义几同无比瑜伽。无上瑜伽的修习（同样与无比瑜伽共享）被定义为任运。尽管“乘”一词在这里明显缺失，但九者的铺排形式与后期确定的九乘架构一致，这一点是引人注目的。[3]

---

〔1〕 ITJ 470，第 13 部分：/ bsnyen pa don dam par bya ba dang byed pa myi dmyigs na / tshegs dang 'bad pa myed pas bsnyen pa'i mchog go /。

〔2〕 哈金（Hackin）1924 对该文本作了转写，将其译为法语并加以讨论。卡尔梅，1988，页 148-149（其中将其错认成 PT 489）中对其也有讨论。有关将文本的年代定于 10 世纪的问题，武内绍人的未刊稿中讨论过。

〔3〕 ITJ 644 的断代无法如此肯定，但鉴于其古文字的特征，以及它原本位于一批几乎都来自这一时期的文本中，它应该属于后吐蕃时期。与无比瑜伽和无上瑜伽相关的语句如下（ITJ 644，叶 1v）：/ a nu yo ga'i lta ba dang lha rgyud ni gcig ste / khyad par myed do / grub tshad ni / yong nas lhun kyis grub par 'dod do / a ti yo ga'i lta ba dang lha rgyud gcig ste khyad par myed / grub tshad ni / lhun gyis grub par lta'o /。

就我们的目的而言，最有意思的敦煌文本是另一个被忽视的珍宝，其名为《开示七大总教各自之见与行》（*sPyi'i lung chen po bdun so so'i lta spyod pa bstan pa*: PT 656）。正如其标题所示，该文本列出七种门径：即从后期传统的九乘中去掉缘觉和与方便瑜伽次第。每个次第都是一个“总教”（spyi'i lung）系统，而不是一个乘。在第七者——无上瑜伽之前，每个门径都依次以见地、等持、行持、誓句来定义，而无上瑜伽的定义则如下：

> 密咒无上瑜伽者，乃视（诸法）为身语意无尽庄严轮。复次，具佛陀、世尊、遍知之智者，自地狱有情以上之具心识者，以及无心识之器世间外境色法，此等一切显现中，显现为色与形者为身，其无生为语，无二涅槃为意。誓句为唯一、平等，何以平等？以其任运成就，故非谓“若作守护则成就，不作守护则不成就”。[1]

在这种处理方式中，无上瑜伽构成了一种独特的法门，它基于无二与任运成就的理念，但仍然以大瑜伽之名相为基，亦即其“坛城”与“誓句”。[2]这一点也可见于该文本后面的一个段落，其中与大瑜伽续相关的交合与诛杀（sbyor sgrol）两个名相被赋予了无上瑜伽的诠释：

> 密咒无上瑜伽之交合者，即令界与智和合。我之识者，即为智，

---

〔1〕 PT 656, 叶 1.33: gsang sngags a ti yo ga ni // sku gsang [*sic*] thugs myi zad rgyan gi 'khor lor lta ba ste // de yang sangs rgyas bcom ldan 'das thams cad khyen pa'i ye shes can dang/ sems can dmyal ba yan cad sems yod pa dang / sems myed pa snod gyi 'jig rten phyi'i yul bems por snang ba thams cad / la / kha dog dang sbyibs su snang ba ni / sku // de nyid ma skyes pa ni gsung // // gnyi ga mye ngan las 'das pa ni thugs so / [...] // dam tshig ni gcig ste phyal lo // [...] ci'i phyir phyal zhes na / lhun gyis grub pa'i phyir na bsrungs pas / grub la ma srungs pas myi grubs ces bya ba myed pas //

〔2〕 关于无上瑜伽对三昧耶的诠释的讨论，也见于一位可能是印度人的勇金刚（*Vīravajra，dPa' bo rdo rje）所造《喜金刚续》释论：《一切续之因缘与大密吉祥遍至口合本续王广释宝鬘》（*rGyud thams cad kyi gleng gzhi dang gsang chen dpal kun tu kha sbyor zhes bya ba'i rgyud kyi rgyal po'i rgya cher bshad pa rin chen phreng ba zhes bya* [P. 2329]）。该诠释是就离分别、离“漏”（zag）而言。见 277-2-6ff。“无上瑜伽”这一名相在印度密续后期发展中的延续可能是个有意思的话题，这里我没有机会加以研究。

彼智所决断之一切境，即为界。诛杀者，乃藉大平等作诛杀。……纵是“有情”之名亦无。无论是否真实行（交合与诛杀），皆无不可。[1]

在这里，我们发现无上瑜伽与包括大瑜伽和无比瑜伽在内的其他法门不同，其定义是依据于彻底的无分别、无二、无所作。尽管它仍然被称为“密咒无上瑜伽”，由此而被牢牢置于金刚乘（Vajrayāna）中，但其定义使得它自身有明确的自我完善的见地、等持、行持与誓句。在后面的例子中，可以很明显地看到它从其前面法门的誓句中独立出来。因此，我们可以看到，这里已完全实现了将无上瑜伽定义为一个独立的法门（如果在本质上还不是一个乘）。

至于将无上瑜伽与大瑜伽区别开来而加以定义，是否意味着二者在修习上无共通处，还难以断定，但是另一个敦煌文本 PT 44 则暗示了在某些范围中，它们被认为彼此非常兼容。该文本包含了一个难懂却很有趣的段落，主要关于将无上瑜伽法门应用于大瑜伽修习，在该例中就是金刚橛（Vajrakīlaya）。[2] 在这一段中，莲花生在弟子们显示了普巴金刚的成就相后，给他们开示了一些口诀，其文如下：

（莲花生）开示秘密菩提心属于无上瑜伽，并依大瑜伽教典开示橛之成就法。彼明示橛之观修即为法界后，（诸弟子）遂于生起菩提心之前……依《最上明觉续》（梵语云 *Byi to da ma la*，藏语云 *Rig pa chog gi rgyud*），于成就法中，行者于秘密菩提心上作观修[3]，事业之命令语名为“金刚童”（rdo rje gzhon nu），其依据说为无上瑜伽。诛杀后之

---

〔1〕 PT 656, 叶 1.56: sngags a ti yo ga'i sbyor ba ni / dbyings dang ye shes su sbyor ba'o / bdag kyis rnam par shes pa ni / ye shes des bcad pa'i yul thams cad na dbyings so // bsgrol ba ni mnyam pa chen pos bsgrol ba'o // […] sems can zhes bya ba'i mying yang myed pa la bya // dngos su na spyod kyang rung/ ma spyad kyang rung ngo //

〔2〕 比肖夫（Bischoff）与哈特曼（Hartman）1971 曾翻译过该文本，但不太令人满意。此处的翻译是我个人的尝试。有关该文本的讨论，及其前半部分的一个改进的翻译，见凯普斯坦 2000。

〔3〕 这是对《最上明觉续》（*Rig pa mchog gi rgyud*，梵文 **Vidyottama tantra*）的一个参考，P. 402。见比肖夫与哈特曼 1971，页 12-13。

> 安住位说为仪轨之标的，行者需观菩提心不离大乐。如是，依此口诀，遂开示四大教授。虽可依（四者之）特征而各对彼等加以判别，然一切真实之教授则说为无上瑜伽。[1]

该写本大约晚到一个敦煌文本能够晚到的年代：武内绍人最近断定该文本的写作年代在978年到大约1010年之间，亦即洞口封闭之时。[2]尽管其段落难懂，而且上面的翻译中有些元素还不太确定，但我们能够看到，无上瑜伽在这里指涉的是关于心性的教法，其中将心性视为智，并将其说为菩提心。[3]因此，此无上瑜伽极类心部文本中的无上瑜伽。该写本中，大瑜伽与无上瑜伽似乎高度兼容，无上瑜伽的观修同样适用于像普巴金刚这样的大瑜伽本尊修习。此外，无上瑜伽与大瑜伽的关键仪轨“诛杀”（sgrol ba）密切相关。尽管此处没有提到双运修习的名相“交合”（sbyor ba），但对“大乐”的提及则明显暗示了一种双运瑜伽修习。正如上引《七大总教》（*sPyi'i lung chen po bdun*）中的段落，无上瑜伽与这些大瑜伽的关键仪轨理念紧密结合。这是将平等与无分别的观念置于“诛杀”与“交合”上来理解，在PT 44中，至少有一处暗示了大瑜伽行人将其仪轨修习与无上瑜伽的无二与无分别界相结合的方式。

该文本显示，在10世纪后期，虽然在被称为“正教”（khungs lung）[4]的无上瑜伽文本与大瑜伽文本之间存在区别，但兼容性肯定存在，甚至在大瑜伽修习

---

〔1〕 PT 44, 叶13-19: gsang ba'i byang cub kyis sems a ti yo gar gtogs pa dang // phur bu'i bsgrub thabs ma ha yo ga'i gzhung bzhin bstan pa phur ba'i bsgom pa chos kyis dbyings su gsal nas // byang cub kyis sems bskyed par ma byas kyis bar du // [...] rgya gar skad du byi to da ma la'o // bo skad du rig pa mchog kyi rgyud to / bsgrub thabs su byang cub kyis sems gsang bar bsgom mo // las kyi skul tshig du rdo rje gzhon nu zhes bya'o // khungs lung a ti yo gar bstan pa dang // bsgral nas gnas kyis cho ga'i gza gtad gang yin bar bstan pa dang // byang chub kyis sems bde ba chen po las myi dams par bsgom mo / de ltar man ngag kyis don du lung chen po bzhir bstan no // khyad bar gyis so sor phye nas kyang // yang dag pa'i lung thams cad kyang a ti yo gar bstan to // rdzogs sto // || //

〔2〕 武内绍人2004。

〔3〕 尽管在PT 44中，无上瑜伽的教法是由莲花生传与其弟子的，但此中并没有试图像后期的伏藏（gter ma）传统经常做的那样将他认定为创始人。

〔4〕 四种教授（lung）之间的区别很有趣，但很难将其与后期传统中对无上瑜伽的划分联系起来。

与无上瑜伽心法性的观修之间存在着相互依赖关系。

（三）作为文本类别的无上瑜伽

只有一个敦煌文本将自身判归于无上瑜伽部（phyogs），亦即《隐秘小粒》（ITJ 594），它是卡尔梅研究过的大圆满文本中看起来像是早期心部文本的一部——尽管它不见于任何一部现存的藏品。将该文本本身判归为无上瑜伽部的词句出现在序分中，此序分写于文本正式开始的前一页。与 PT 44 的语言类似，序分中也指出，该文本源自“菩提心教授”（byang chub sems kyi lung）。此序分可能是写本的作者后来所作的增补，而写本本身的拼写方式再次暗示了它的年代属于 10 世纪。

该文本将自身归于佛密（Sangs rgyas sbas pa）名下。此人的身份及其与《丹珠尔》中的作者 Buddhaguhya 或 Buddhagupta 的关系尚不确定，而令问题变得复杂的是，Buddhaguhya 与 Buddhagupta 的名字（及其对应的藏文 Sangs rgyas sbas pa 和 Sangs rgyas gsang ba）似乎是互相通用。[1] 关于瑜伽续释论的作者 Buddhaguhya / Buddhagupta 的存在，是十分确定的，而且有早期证据表明作为大瑜伽续释论作者的佛密的确存在。《禅定目炬》中提到了一位与大瑜伽和无上瑜伽都有关联的佛密。[2] 一个此前未被注意到的敦煌文本将佛密的名字与金刚乘之无上心要教法联系起来，同时旁及吉祥妙（Śrīmañju，妙吉祥友 Mañjuśrīmitra?）与吽迦罗（Huṃkāra）之名，二者都与大瑜伽传统密切相关。[3] 后期的宁玛派史书认为只有一位佛密，他同时是瑜伽续、大瑜伽和无上瑜伽释论的作者。根据传统历史，他是佛智足（Buddhajñānapāda）与游戏金刚的弟子，如前所见，后二者熟知“大圆满”这一名相。[4]

---

〔1〕该身份问题在卡尔梅 1988，页 61-63 中有讨论。关于写作瑜伽续释论的 Buddhaguhya / Buddhagupta 的讨论，见戴维森 2002，页 153-159；霍奇（Hodge）2003，页 22-24。

〔2〕《禅定目炬》，页 204、223、344、414。

〔3〕 ITJ 1774: slob pon ni ’bu ta kub ta dang / shi ri man ’ju dang / hung ka ra.

〔4〕 见《郭扎佛教史》（*Gu bkra’i chos byung*），页 100-101，及敦珠（Dudjom）1991，卷一，页 465-466。

因此，我们有充分的理由相信《隐秘小粒》的作者确为大瑜伽论师佛密（可能与同名的瑜伽续论师为同一人）。但无论谁是该文本的真正作者，ITJ 594 已证明，到 10 世纪时，无上瑜伽一词已开始指涉对一种论述类型的文本分类，这一类型与藏土后期传统保存下来的心部文本非常相似。[1]

（四）作为乘的无上瑜伽

我们已见到，最早可考的将“大圆满”作为乘（theg pa）的使用是在《禅定目炬》中，对于“无上瑜伽”而言也是如此。事实上，如我们所见，这两个名相的发展依循着平行而独立的轨道，但在《禅定目炬》中，二者则彻底变为同义词。[2] 在宁玛派传统的九乘次第架构中，无上瑜伽变得与乘的地位联系最为密切。《禅定目炬》的作者努钦·桑杰益西是知道九乘次第架构的，因为他在为《密意总集经》（*dGongs pa 'dus pa'i mdo*）所写的释论《御暗铠甲》（*Mun pa'i go cha*）中对其有过讨论。[3] 努氏与该文本在藏土的传播密切相关，他可能是最早详细描述九乘次第系统的作者之一。

尽管如我们之前所见，某些敦煌文本看起来像是九乘次第系统的早期例证，但它们当中没有一个真正将无上瑜伽视为乘。就此定义而言，它们与之最为接近的点即在于将无上瑜伽作为一系列“教授”（lung）的一支。因此，努氏仍然是已知的最早将九乘次第作为乘本身来加以阐述的人。这就将无上瑜伽首次作为乘的出现置于努氏在世期间，亦即 9 世纪末至 10 世纪初。[4]

这里我们应该注意的是，《丹珠尔》中有一个被归于噶瓦·拜则（sKa ba dPal brtsegs）名下的文本，题为《见次第口诀 / 说示》（*lTa ba rim pa'i man ngag*

---

〔1〕另一个使用无上瑜伽这一名相的例子见于 PT 699，这是为归属于菩提达摩的一个禅宗文本所写的注疏。该注疏以对经师、密续师、无上瑜伽师的特征的讨论作结。该段落的翻译及对其注疏（其中将大瑜伽的架构引入了该禅宗文本）的研究，见于沙木与道尔顿 2004。根本文具存于另两个敦煌写本中，即 ITJ 689/1 与 ITJ 1774。有趣的是，在 ITJ 1774 中，这个禅宗的根本文后面紧跟了一个残片，这一残片是关于密咒教法的，其中包含有佛密的名字。

〔2〕例见页 376。

〔3〕道尔顿 2002。

〔4〕关于努氏著作的年代，见维塔利 1996。

或 *lTa ba rim pa'i bshad pa*）。[1]该文本将大瑜伽、无比瑜伽与无上瑜伽称为乘，并大致描述了无上瑜伽法门的一些细节。虽然将大瑜伽、无比瑜伽与无上瑜伽说为乘的情况未必就不能见于一个8世纪的文本，而是到10世纪初才出现，但是，我还是倾向于对该文本归属拜则及其作为8世纪文本的地位问题表示怀疑。努氏在《禅定目炬》中数次引用了拜则，但这些段落（包括一个提及无上瑜伽的段落）并非出自《见次第口诀》。[2]我们不能认为，努氏主张无上瑜伽是一个乘时，却忽略了一个著名论师所写的材料，而该材料正好为其主张提供了珍贵的传统。此外，正如卡尔梅所注意到的，尽管布顿（Bu ston）将该文本连同其他归属于拜则的文本一起收入《丹珠尔》，但他却怀疑该文本的可靠性。[3]

综上所述，无上瑜伽这一名相首先出现在某些印度密续中，其中最早的一部可能是《诸佛平等和合续》。无上瑜伽的出现与大瑜伽和无比瑜伽有关；三者在密续中都被描述为本尊观想和双运瑜伽的修习方式。在藏土，直到10世纪初才有无上瑜伽的迹象。也许在中间间隔的年代中，“大圆满”一词被用来指涉幻化网诸续中瑜伽修习的最高次第，而该词的流行使得“无上瑜伽”一词显得多余。无上瑜伽在敦煌文本中的最早出现可能晚于努氏的著作（10世纪初），在其著作中，无上瑜伽被赋予了乘的完整地位。尽管如此，上面讨论的无上瑜伽在敦煌文本中的各种使用表明，它在《禅定目炬》中的位置（作为乘和文本类别）只是它在整个10世纪期间拥有的多种含义中的一种。

在藏土传统中，关于无上瑜伽本身是否应该被视为一个乘一直是个问题，晚至13世纪时，它作为乘的地位仍然在萨迦班智达（Sa skya Paṇḍita，1182—1251）的《三律仪判别》（*sDom gsum rab dbye*）中遭受质疑。当时，无上瑜伽在宁玛派系统中已被完善地确立为一个经典类别，但萨班似乎认为这是一个不可靠的创新。

〔1〕 P. 4728与5843。

〔2〕《禅定目炬》132、151、153、406。无上瑜伽部分中的引文实际上指的是廓多译师·拜则（sKol mdo lo tsa ba dPal brtsegs），这可能是完全不同的另一个人（《禅定目炬》，页406）。

〔3〕 卡尔梅1988，页149。

是故新派密咒中
于彼大瑜伽之上[1]
无有续部胜于彼
至于观修之所缘
大瑜伽上亦无他
由彼所生之智慧
绝诸戏论离言说
不可许为乘次第
若能善知此传规
则知无上瑜伽见
亦应为智而非乘
若欲诠说离言者
则非智者之密意[2]

萨班认为，大瑜伽是生圆二次第修习中生起的智慧，而不是一个乘，尽管它或可被视为一种见地。最后的几行看起来像是将无上瑜伽视作论典的特殊主题，正如我们在敦煌写本中检视过的教授与口诀。萨班接受无上瑜伽在密续中的应用，例如萨迦派承许为真实的《诸佛平等和合续》，但反对后来将一些文本单独发展为无上瑜伽，以及为这些文本而将无上瑜伽发展为一个乘。萨班可能认为这些是藏人的创造，基于上文论述过的证据，他很可能是对的。

---

〔1〕 萨班也许是为了令大瑜伽（Mahāyoga，rnal 'byor chen po）与无上瑜伽（*Anuttarayoga，rnal 'byor bla na med pa）之间的相似性更加明显，故而在此将后者称为“大瑜伽”（rnal 'byor chen po）。虽然如此，这里所指的显然是新派密咒的高层次密续。

〔2〕《三律仪判别》，《萨迦全集》（*Sa skya bka' 'bum*），卷五，312-1-2：/ des na gsang sngas gsar ma la // rnal 'byor chen po'i lhag na ni // de bas lhag pa'i rgyud sde med // bsgom pa'i dmigs pa nyid kyang ni // rnal 'byor chen po'i gong na med // de las skyes pa'i ye shes ni // spros pa med cing brjod bral bas // theg pa rim pa mi bzhed do // lugs 'di legs par shes gyur na // a ti yo ga'i lta ba yang // ye shes yin gyi theg pa min // brjod bral brjod byar byas pa ni // mkhas pa'i dgongs pa min zhes bya /。

四、念·白央、努氏与大圆满经典

（一）白央与六灯

既然我们已看到“大圆满”与“无上瑜伽”两个名相最初在藏土是如何发展的，下面我想提供一个关于大圆满文本自身形成方式的理论。该理论的中心即一位模糊的人物——念·白央，我们已经遇到过这位《金刚萨埵问答》的作者。我会把白央视为早期大圆满文本初创者的典型代表。这种方法当然有其局限性，因为我们只是在处理一个单一的人物，他可能是个例外，而不是个典型，但正如我们将要看到的，从白央的案例得出的结论至少与上文论述的材料一致。

白央举足轻重，因为他是9世纪初期有名有姓的人物，曾写过看起来像早期心部文本的著作，由于这些著作没有提到任何大圆满经典或无上瑜伽乘，故而像是与早期心部文本来自相同的时期和背景。《丹珠尔》中有六个文本被归属于白央，传统上称为“六灯”（sgron ma drug）。它们是：

1.《心灯》（*Thugs kyi sgron ma*，P. 5918）

2.《如实观修瑜伽行传规了义之方便灯》或《口诀小粒》（*rNal 'byor spyod pa'i lugs nges pa'i don la ji bzhin sgom thabs kyi sgron ma* 或 *Man ngag rgum chung*，P. 5922）

3.《除边暗灯》或《见地小粒》（*mTha'i mun sel sgron ma* 或 *lTa ba rgum chung*，P. 5920）

4.《正见灯》（*lTa ba yang dag sgron ma*，P. 5919）

5.《方便智慧灯》（*Thabs dang shes rab sgron ma*，P. 5921）

6.《见地宝灯》（*lTa ba rin po che sgron ma*，P. 5923）[1]

这些文本的重要性已被朱塞佩·图齐（Guiseppe Tucci）与卡尔梅意识到，但

〔1〕 第1、2与4号亦出现在《教传极广集》（*bKa' ma shin tu rgyas pa*），卷86，页283-340。

是它们的存在意味着什么，目前尚未完全弄清楚。[1]这组文本的第一部——《心灯》的篇幅最长，而且与其他五个文本不同，因为它是一篇关于大瑜伽（尤其是《幻化网》系列的密续）的论，而且与其他一些修习模式有关。然而，其中除了论及断除实修在分别念上的根基外，对实修本身几乎没有讨论，总体而言，其重点在于无二与本智之任运。[2]因此，就该文本将无二与任运的教义应用于生起与圆满次第瑜伽修习而言，它在方法理路上近似于《金刚萨埵问答》。

其余五部文本的篇幅都在两叶之内，它们都是早期心部文本风格的论述。[3]"大圆满"这一名相本身没有出现在它们当中，尽管我们知道白央熟悉该名相，他在《问答》中就曾使用过。这些文本的教义的表述使用的是其他名相，例如"自心瑜伽"（rang sems rnal 'byor）。[4]

如果白央的著作写作于具有经典地位的大圆满文本流通之时，我们理应看到其中某些地方提及这些文本，但这种情况并不存在。唯一提到的文本传统是《正见灯》第三颂中未加以明确的一组教授与口诀：

无分别胜义自性明觉
心若能观缘其广大相
依觉决断教授与口诀
于法真实自性具信心[5]

而后，白央继续给出了一个大圆满式见地的导言。他将该文本置于教授与口诀的传统中，这是一个由具体作者撰写的文本传统，而非经典传统。因此，六灯可能充当了早期大圆满经典形成方式的一个范例。这当然取决于其他一些因

[1] 图齐 1958，页 141-150；卡尔梅 1988，页 59-69。

[2] 例如，231-4-4 中对愿（smon）的讨论。

[3] 卡尔梅 1988，页 66 中指出，除了第 2 和第 3 号，余者都是关于《秘密藏续》的教法，这一说法并不正确。

[4]《见地大宝灯》，1.53。

[5]《正见灯》，ll.9-16：rnam pa mi rtog don dam rang bzhin gyi / rig pa'i tshul chen sems kyis dmigs ba na / lung dang man ngag rig pas thag gcod te / chos kyi rang bzhin yang dag yid ches bya /。

素，包括它们的创作年代、它们与早期大圆满传统中的其他人物与文本的关系，以及它们在创作后几个世纪中的历史。所以，我们首先需要更进一步地考察一下白央本人。

卡尔梅曾涉猎过关于该人物的几乎所有可获得的稀有材料。[1]在后期宁玛派传统中，他很少被记得，仅仅作为聂·阇那古摩罗（gNyags Jñānakumāra）的弟子之一出现，而后者据说是莲花生的追随者。[2]更早的材料几乎无法提供更多信息，尽管他们确实置白央于大圆满传承中。娘热·尼玛沃色（Nyang ral Nyi ma 'od zer）的佛教史中，念·白央出现在某些列有毗卢遮那（Vairocana，遍照护）与聂·阇那古摩罗等阿阇梨（a tsa rya）的名目中。《青史》中稍微多一些信息：就“心品”（sems phyogs）而言，该文本指出其教法来源是佛密（Buddhagupta，sangs rgyas gsang ba），亦即无垢友（Vimalamitra）之师。文中继续讲述了聂·阇那古摩罗从无垢友、毗卢遮那及玉扎宁波（g.Yu sgra snying po）处获得教法的经过，以及聂·阇那古摩罗的其中一个弟子就是念·白央。[3]此外，《青史》也提到了“六灯”在12世纪的传播。[4]

归属于佛密的敦煌文本《隐秘小粒》中的数行语句见于“六灯”中的其中两篇（第2与第3号，标题被更换，也以《小粒》[*rgum chung*]结尾）以及《问答》。因此，白央似乎是在他自己写的偈颂中融入了一部著作，他将这部著作视为其教法传承中一位早期人物——佛密的教授与口诀。[5]

然而，对白央影响最为直接的事实上是一位迄今未知的印度密教论师。与该人物的名字有关的信息就出现在“六灯”中的其中一篇。在《正见灯》开篇的偈颂中，白央陈述了他的造论因由，并向其上师顶礼：

---

〔1〕卡尔梅1988，页66-69。卡尔梅表示，念·白央显然不是巴·白央（sBa' dPal dbyangs），后者是桑耶寺（bSam yas）第二任住持。

〔2〕见敦珠仁波切1991，卷一，页601-605。

〔3〕《青史》，页170。

〔4〕《青史》，页659。

〔5〕理论上，这一合并也可能是反方向的，因为该敦煌写本可能不早于10世纪末。但由于我们之前回顾的涉及大瑜伽的佛密存在的早期证据十分有力，该人物可能影响了白央的著作。

仗彼具德意之坛城日光师
令吾心之暗处生起炽燃光
超越曲词超越虚空之性相
于此略显自心无生甚深义[1]

尽管 ston 一词除了“师”以外还有别的意思，但敬语“具德”（dpal ldan，梵文 śrī）强烈地暗示了这的确是指一个人。最符合白央在此处所指上师之身份者应为日光狮子（Nyi ma'i 'od kyi seng ge，*Sūryaprabhāsiṃha），他在某些历史记载中只作为次要人物出现。之前提到的《秘密藏续》的一个长篇释论就归于这位日光狮子名下。该释论被认为是由毗卢遮那译为藏文，不过这一点尚存疑问。[2]日光狮子的弟子们据说包括聂·阇那古摩罗以及聂·阇那古摩罗本人的弟子索波·贝吉益西（Sog po dPal gyi ye shes）。[3]这就与白央作为聂·阇那古摩罗弟子的身份非常一致。如果聂·阇那古摩罗的其中一个弟子能够获得来自日光狮子的教法，那么作为另一位弟子的白央也能有机会这么做。

将《秘密藏续》的那部长篇释论归于日光狮子名下的问题还需要进一步分析，但是比较该文本与我们已经检视过的文本是很有意思的。相比于另一部仅有的《秘密藏续》早期释论《巴甲》而言，这部长释论与白央的理路要相近得多。任运成就、无二、菩提心以及诸法本性的理念贯穿了整部文本。正如白央在《问答》中那样，日光狮子关注的是在大瑜伽修习中应用这些理路时所产生的问题。[4]

---

〔1〕《正见灯》ll.1-8：dpal ldan thugs kyi dkyil 'khor nyi ma'i 'od ston gis / shin tu 'bar ba'i zer tsam bdag blo mun bar byung / dbyangs dangs tshig 'das nam kha'i mtshan nyid las 'das pa'i / rang sems skyed med zab mo'i don 'di phyogs tsam snang /。

〔2〕敦珠仁波切将该事件作为宁玛派在康区传承的起始点（敦珠仁波切 1991，卷一，页 687）。然而，大藏经版的跋尾并没有将译者说为毗卢遮那，而是一个名为贝玛茹泽（Padma ru tshe）的人物。对该释论的讨论以及第一品的概要见马丁 1987。

〔3〕《青史》，页 108、158。

〔4〕例如，日光狮子关于悉地（siddhi）如何显现的讨论，显示了对在无二、任运与共通成就之间寻求一个调和性位置的关注，这与《问答》第 12 部分相类（见《吉祥秘密藏续广释》，P. 4719[卷 83]，叶 27-4-3）。

遗憾的是，关于该师的记载来自很晚的史料，不过白央与日光狮子的著作将相似的理路应用在了大瑜伽材料上，这一事实在某种程度上支撑了传统的记载，亦即日光狮子的生活与写作年代处于8世纪末至9世纪初之间。尽管上文引用的偈颂没有提供明确的指涉关系，我们至少可以接受日光狮子是白央之上师的可能性。[1]

基于白央以及《隐秘小粒》与佛密的归属关系，我在这里想要指出的情形是，到8世纪时，在某些密教的注疏传承——尤其是那些专注于《秘密藏续》的注疏传承中，以教授和口诀形式呈现的文本写作成了一种惯例，这些文本阐释的是无二、任运、本净等理念，并没有直接提及源自密续的瑜伽实修。心部传承中的另一个人物——妙吉祥友似乎印证了这一情形，因为我们知道他曾为《妙吉祥真实名经》(*Mañjuśrīnāmasaṃgīti*) 写作了最重要的一部大瑜伽释论。[2]

因此，早期或第一批大圆满文本是出自给密续写作较为传统而直接的释论的同一批人之手。此中显然有两种不同的文本，但是，将这两种论述置入大瑜伽和无上瑜伽两种不同文本类别的传统还没有发展起来。这种书面产物的双重模式的模型可能就是《秘密藏续》本身，正如前面提到的，其中第十三品在从交合之喜乐中生起证悟的语境下使用了“大圆满”这一名相，而第十四品则是在一首关于究竟证悟的更为宽泛的瑜伽赞歌中使用了该名相。

---

〔1〕如果日光狮子与传说中的大圆满上师吉祥狮子（Śrī Siṃha，该师与早期心部文献相关）是同一人的话，这就将与我们在佛密与白央的著作中所见的模式相符，在该模式中，作者既写作大瑜伽的密教释论，也写作简短、“原始”的大圆满文本。然而，遗憾的是，这种认定还没有根据。

〔2〕杰玛诺（2002，页247）指出，三位影响深远的大圆满人物都曾为《妙吉祥真实名经》写作释论，此三人为：极喜金刚、妙吉祥友与无垢友。在该文中，杰玛诺富有洞见地论述了大瑜伽与大圆满的早期关系（页240）：

然而，大圆满在大瑜伽中的起源指向了它们的共生关系。前者提供了一种对后者自身系统化的教义与仪轨复合体的内在解构，并对后者在本尊的观想逻辑、调伏的忿怒逻辑上的强调，起了缓和化的影响。反过来，对大瑜伽而言，大圆满又为其激进的否定式修辞和对本具佛性的强调提供了一个背景，一张令其能表演“空中特技”的安全网，以及给它自身的否定赋予实质的语义学场域——即使是在对其否定的抹除之下。

（二）努氏与《禅定目炬》

如我们所见，最早年代可考、毫不含糊地将无上瑜伽作为乘来使用的例子见于努钦·桑杰益西的著作，时间上属于9世纪末至10世纪初。在他的《禅定目炬》中，努氏在大瑜伽乘和无上瑜伽乘之间作了有力的区分。他分两个不同的章节处理它们，并引用了大量材料。大瑜伽的材料并非无上瑜伽的材料，反之亦然。在无上瑜伽品中引用的文本包括许多被后期传统归为心部前译十八部的作品，以及其他许多见于《宁玛十万续》（*rNying ma rgyud 'bum*）或《毗卢十万续》（*Bai ro rgyud 'bum*）的文本。《禅定目炬》从这些文本中征引的任何一个段落都没有在无上瑜伽和大瑜伽之间作出明确区分。我们知道，《遍作王续》与《大鹏续》（*Khyung chen gi rgyud*）等众多心部文本确实在毫不含糊的情况下作出过这样的区分。如果他当时能接触到这些段落，他应该有可能会用到它们。因此，它们看起来是出现在《禅定目炬》之后的某个时间，也许在一定程度上是为了解决其关注的问题，早期心部文本的作者们并不关心无上瑜伽乘与余乘的区分。

尽管《禅定目炬》无上瑜伽品引用的大部分文本能在后来的文集中被辨认出来，但许多引用的文本仍未被找出。这样的文本中，有一个被努氏称作《小粒》（*rGum chung*），它实际上就是白央的《口诀小粒》（*Man ngag rgum chung*）。尽管努氏在《禅定目炬》的无上瑜伽品中四次引用《小粒》，但他从未点出作者身份。[1]这与《禅定目炬》的其他品形成对比，在这些品中，努氏引用《问答》与《正见灯》时，就提到它们的作者是白央。[2]这可能暗示了《禅定目炬》中的一种模式。实际上，无上瑜伽品中只有两处引用是交代了作者的，一处是译师拜则的教法，另一处是无垢友的一篇名为《界释》（*Klong 'grel*）的文本。[3]在其他一些例子中，只给出了短标题，例如《乐无央》（*bDe 'byams*）和《圆满总义》

〔1〕《禅定目炬》，页382、404-405、440。在第一例中，标题为 *sBum chung*。

〔2〕对《问答》的引用见页30、201、219、255与277。对《正见灯》的引用见页49，此中将其作为堪布白央（mKhan po dPal dbyangs）的“观修教授”（sgom lung）。

〔3〕对拜则的文本的引用见页406。对无垢友文本的引用见页9与页276。这也许是《菩提心海九界续》（*mTsho klong*，*Byang chub kyi sems rgya mtsho klong dgu'i rgyud*，Tb.69）的一个释论，它在无上瑜伽品中被引用了两次。《教传极广集》（*bKa' ma shin tu rgyas pa*，卷100）中有被归为无垢友所造的对《六界续》

（*sPyi chings*）等一些为人熟知的心部文本，其他文本则难以在后来的文集中辨识出来。可识别的文本可见于经典中较短的心部文本中，而它们几乎都不属于密续体例。[1]有可能的是，这些文本与《口诀小粒》一样，此前是作为某些特定上师的教授与口诀而传播的。《禅定目炬》中无上瑜伽的部分在引文的作者归属问题上几乎全都付之阙如，这就暗示了努氏本人可能参与了将有具体作者的文本转化为经典的活动。

事实上，无上瑜伽品非常频繁地提及上师们的名字，尽管主要是在文中的夹注内。这些显然是努氏所写，除非夹注中提到他自己名字的部分是后来伪造的。[2]上师们与教授大圆满的不同法门有关，而不是与特定的文本有关。他们的名字如下：

极喜金刚（dGa' rab rdo rje）

妙吉祥友（'Jam dpal bshes gnyen）

达赫纳塔罗王（rGyal po 'Da' he na ta lo）

诃多王（Rā tsa ha ta）

邬金大王（O rgyan ma ha rā tsa）

咕咕罗渣 / 狗王（Ku ku ra dza）

佛密（'Bu ta kug ta）

吉祥狮子（Shri seng nga / sing ha）

比丘尼庆喜母（dGe slong ma Kun dga' ma）

（接上页）（*Klong drug rgyud*）的一部释论，但由于根本续是宁提类密续之一，这些密续最早到 11 世纪才开始流通，因此这是此处最不可能涉及的文本。最后一点，《禅定目炬》中还提到一个神秘的文本，它来自三位阿阇梨的传承（页 424、434）。

〔1〕它们是《心修习续》（*Sems sgom pa'i rgyud*，可能是《石中熔金》[*Sems bsgom rdo la gser zhun*]，《禅定目炬》中曾多次引用）、《大鹏翱翔续》（*Khyung chen lding ba'i rgyud*）、《希有续》（*rMad du byung ba'i rgyud*）、《遍入境续》（*Yul kun la 'jug pa'i rgyud*）、《口诀耳续》（*Man ngag rna ba rgyud*）（但最后一个可能是《耳传口诀》（*rNa brgyud kyi man ngag*）的变体，《禅定目炬》中有引用）。

〔2〕《禅定目炬》，页 375、419。注释的作者将自己称为“小僧”（ban chung），这是努氏在正文中用来称呼自己的别名。

无垢友（Bi ma la mi tra）

毗卢遮那（Bai ro tsā na）

阿阇梨赛瓦嘉（A tsa ra gSal ba rgyal）

其中十一个名字出现在《毗卢十万续》中所见的早期心部传承名录。剩下的那个名字——阿阇梨赛瓦嘉（Acārya gSal ba rgyal）可以与努氏的上师之一赛维坚（gSal ba'i rgyan）同定，他是依据《密意总集经》（*dGongs pa 'dus pa'i mdo*）造论的早期论师。[1]《密意总集经》后来归入无比瑜伽，在《禅定目炬》中却被明确视为无上瑜伽文本，因为在无上瑜伽的部分，它被引用的频率比其他任何一部文本都高。因此，努氏肯定是将赛维坚视为无上瑜伽上师。赛瓦嘉的出现使我们更有理由相信夹注是努氏所作。

大圆满的不同法门被归属于这些人物，这本身已暗示了他们可能参与了一些文本上的写作，而且这些人名本身就是努氏所引的大圆满文本最初附上的作者名。佛密之名在 ITJ 597 中的出现，可能是作者名仍附于文本的传统在延续的一个例子，如"教授"（lung）被视为有具体名字的上师的著作。《禅定目炬》夹注中的这些人名，是作为一些特殊的大圆满法门的阐释者而出现的，这或许是努氏在把他们的名字从他们所创作的文本剥离出来后，为了对他们的贡献表示认可而采用的策略。

这些无上瑜伽上师没有出现在《禅定目炬》中的任何一种传承或谱系内，很有可能的是，其他文本中所见的将这些人名置入心部传承的安排是后来的发展。到 12 世纪时，这些人名和很多目前为止来源未知的其他人名，都被编排到一个传承中。这种情况可见于《毗卢十万续》中的两个文本，《毗卢十万续》是

〔1〕 该人物通常不是被称为赛维坚（gSal ba'i rgyan），就是被称为德瓦赛泽（bDe ba gsal mdzad）。他基于《密意总集经》所写的成就法（sādhana）和灌顶的文本为努氏所集。见道尔顿 2002，页 145，注 227。

与宿氏（Zur）有关的一个心部文本集，而宿氏即被视为努氏传规的继承者。[1]《毗卢十万续》中所见传承内置入了早期大圆满上师，这是个棘手的问题，在大圆满传统中处理它时往往很困难。[2]这些文本中有一篇为《毗卢遮那传·大面具》（*Bai ro'i 'dra 'bag chen mo*），其作者就指出传承次第不确定（go rims ma nges pa）。[3]后期的大圆满宁提（snying thig）传统剔除了许多人名，从而精简了这个名录。

造成《毗卢十万续》中这个传承名录冗杂特质的原因也许是，这些人名在传承中并非连贯的人物，而是中间间隔不超过两到三代的作者。努氏为这些人名留出了空间，使他们作为大圆满不同法门的上师出现，而《毗卢十万续》文本的作者，或者他所复述的传统，也通过把这些人名置于历时而非共时的编排罗列中，从而完成了同一件事。虽然难题随之而来，但这种传承编排却成为保留早期大圆满论师名字的一种方式，尽管其中的许多人名还是被后世传统遗忘了。

由于材料的匮乏，我们也许无法确定努氏是在复述他所承接的一个传统，还是他本人在试图建立一个传统。然而，我们有理由相信努氏是在试图围绕大圆满与无上瑜伽之名去定义一个传统。首先，如我们所见，努氏的著作是我们见到的将无上瑜伽明确定义为乘（theg pa）的最早的可靠可考的例子。如果努氏参与了为建立一个传统所作的早期尝试，那么就非常值得赋予该传统以乘的地位。

此外，《禅定目炬》的无上瑜伽部分引用的文本范围之广，表明努氏可能汇集了这些文本，使它们都成为无上瑜伽标签下一个组合的组成部分，然而它们原本是来自许多传承的彼此无关的文本。这些文本本身尽管有许多相似之处，但绝不属于同类组。努氏可能遇到了我们在检视敦煌文本时所遇到的相同难题：尽管这些文本与我们在后期传统中所知的大圆满有某些相似之处，但它们之间的差异

〔1〕 见凯普斯坦 2010，页 6、9。两个文本中较早是《诸学者及成就者之意精华·心日》（*Paṇ sgrub rnams kyi thugs bcud snying gi nyi ma*）（卷一，页 1-172），而较晚的是《毗卢遮那传·大面具》（*Bai ro 'dra bag chen mo*）（卷八，页 442-489），这是毗卢遮那的一个传记。凯普斯坦主张前者的年代起始于 12 世纪，而后者是后来才添加到文集中的。

〔2〕 见凯普斯坦 2010，页 5-6。

〔3〕 见卡尔梅 1988，页 20。

也非常大。努氏对无上瑜伽见地的不同法门的罗列，暗示了一个从整体上统一一组不太相关的教法的尝试。他在《禅定目炬》的无上瑜伽品中将这些文本集合起来，这本身即可被视为将连贯性和统一性赋予这些文本的行为。但这一品与后期传统所接受的文本之间的差异——例如他对《密意总集经》和其他一些未被收入后来的大藏经的文本的收录，以及《遍作王续》的明显缺失，都暗示了一个仍在发展中的运动，这一运动尚未形成一个稳定的经典系统。因此，即便努氏不是第一个集结这些文本并将它们归入其自身所属之乘的人，那他无疑也是最早这么做的人之一。

五、结论

回到我在本文开头介绍的比喻中来，我现在要拿起已经单独检视过的各种拼图碎片，试着将它们放入一个可以呈现最具说服力的完整画面的组合中。我们必须从《秘密藏续》开始，因为似乎“大圆满”这一名相与该文本的关系比其他任何一个文本都要密切。该名相本身指涉的是双运瑜伽修习的究竟位生起的证悟。此续与其他被称为《幻化网》部的一组特定密续在 8 世纪中期以某种形式流通，到 8 世纪 70 年代时，出现了它们的释论。到 8 世纪 90 年代时，某些注疏与论著开始阐发本净、任运以及无二的理念，这些理念在《秘密藏续》中扮演着重要角色（正如它们在大多数大瑜伽续中一样）。

8 世纪末与 9 世纪初，在《秘密藏续》及其同类密续的传承过程中，出现了一个趋势，亦即在这些密续的仪轨框架外，以短篇文本来阐发其理念。这些文本的写作活动并未被视为与密续本身的释论写作相悖。因此，这些大圆满文本之最早先驱的写作目的可能是为了给《幻化网》部密续的生圆二次第修习提供一个诠释框架。我们可以比较一下它们和后来的成就者（siddha）类文献，例如那若巴（Nāropa）传承的大手印（mahāmudrā）教授，以及来自毕瓦巴（Virūpa）传承的道果法（*mārgaphala，lam ’bras）系统。所有这些系统都将自身的基本教义视为本初菩提心，所有这些密教传承似乎都需要一个诠释框架，以便将对密续的论说置于其中。

到大手印法与道果法传入藏土时，还尚未有大圆满文本先驱的痕迹，这就导致后来对它们的印度传承有所怀疑。大圆满经典集中的大部分文本都出自藏土，这一点基本上没有什么疑问，但其印度原型可能一度存在过。如果印度的大圆满式文本与《秘密藏续》的传承密切相关，那么在 11 世纪从印度带回文本的藏人没有发现这些文本中的任何一部，和他们未能发现《秘密藏续》本身应该是出于同样的原因——随着 11 世纪时这些传承在印度的消亡，二者（印度的大圆满式文本以及《秘密藏续》本身）都未能保存下来。

在藏土，时至 9 世纪初，一些文本的创作正在进行，它们在后来被归类为心部。念·白央可能依循了他的上师日光狮子的模式，写作了一些关于大瑜伽仪轨的释论，其中尤其强调无二与任运，同时也写了一些阐发无二与任运理念的短论，其中对大瑜伽续的仪轨体系没有作任何参考。后一种文本的模型可能就是《秘密藏续》第十四品，但是随着越来越多的此类文本被写作出来，许多文本似乎除了声称大瑜伽仪轨没有必要之外，都在有意地回避提及大瑜伽仪轨。

敦煌写本显示了一种变化，亦即这些文本选择在多大程度上承认《秘密藏续》的仪轨体系。与《遍作王续》等后期心部文本不同的是，这些早期文本没有被说成是出自普贤王如来王（Samantabhadra）之口。相反，它们是简短而精辟的指导。与此相一致的是，它们被称为教授（lung）或口诀（man ngag），而非经或续。因此，没必要认为两股文本创作的潮流一同出现在早期大圆满文献中。相反，两种类型的创作似乎是出现在《幻化网》的注疏传统中。

这些早期文本的多样化特性经由努钦·桑杰益西而得以展示，努氏试图将它们集合起来，归并为一个连贯一致的组合，亦即无上瑜伽。无上瑜伽这一名相最初见于某些密续，其中最重要的可能就是《诸佛平等和合续》，可能从 10 世纪开始，它作为瑜伽修习的一个次第，出现在一些敦煌写本里面对不同密教修习系统的众多罗列中。尽管这些写本没有一个明确地将无上瑜伽说为乘，但大多数都让它具有了和大瑜伽一样的地位，从而使它具有经典的内容。由于所有这些写本看起来与《禅定目炬》同出一时（10 世纪初），或者略晚，故而努氏似乎是最早把无上瑜伽指定为乘，并将其与一组经典联系起来的人之一。因此，努氏很可能是将大圆满凝聚为一个传统的核心人物。为了让这些大圆满文本被视为经典，就有必要移除它们和作者之间的所有关联。无上瑜伽品中的上师人名一般只在行间注中被提到，而且与之挂钩的是趣入教法的门径，而非特定的文本。

大圆满上师们的名字和《禅定目炬》无上瑜伽品中引用的文本，与早期心部文本集《毗卢十万续》中所见的文本与传承相比，虽非完全一致，但也高度吻合。该文集中所见的大圆满上师传承的年代可能是12世纪，它看起来像是一个建构，其中的上师名字被努氏（当然还有其他一些佚失的文本）保留了下来，而这些上师都被置于一个历时性的名录中，尽管如此，这一传承还是被认为是站不住脚的，而且被后来的传统大大删节了。

关于大圆满的早期阶段，还有很多问题有待确定。但是如果敦煌文本有为我们提供一些信息，那就是我们不能在9世纪和10世纪中确立一个大圆满传统的存在。在不同程度上承认或脱离自身在《幻化网》密续中的根基的文本，并非《禅定目炬》中所呈现的那个同质的群组。因此，大圆满作为独立传统的发展开始变得像是某些确定的个人的成果。进一步的研究会发现这些人是谁，尤其是年代处于努氏与宿氏家族传承之间的人。另一个值得深入研究的领域是心部文献的发展，亦即从最早的文本（见于《禅定目炬》的引文和敦煌写本）到后来的经和续，《遍作王续》只是后者众多文本当中的一部。它们的来源尚不清楚，但是这些后期的文本似乎进一步支撑了一个原始大圆满的存在，它完全有别于大瑜伽，因此这些文本接续了努氏的工作。

此外，在距离这些敦煌写本中最晚的一批后不久，伴随着“宁提”的兴起，我们见到了11世纪大圆满文献中出现的新趋势。宁提类文献呈现出一个原始的修辞，其中交织着对实际禅修的指导，这些指导吸收并转化了大瑜伽修习和后来的印度传统。[1]所以，大圆满的“原始”形式似乎只是作为大圆满话语的其中一脉而存在过，它从未在该领域中占据主导地位。此中并没有一个从原始状态到仪轨化的时序型发展，原始话语首先是以大瑜伽的形式出现，继而出现在宁提的专门化密教观修中。

〔1〕杰玛诺1994详细记述了这一过程。

参考文献

藏文与梵文材料

- **P.**《甘珠尔》(*bKa' 'gyur*) 与《丹珠尔》(bsTan 'gyur)，北京版。
- **Tb.**《宁玛十万续》(*rNying ma rgyud 'bum*)，禅扎 (mTshams brag) 版。

古茹扎西 (Gu ru bkra shis)

《郭扎佛教史》(*Gu bkra'i chos byung*)，中国藏学出版社，1990。

念 · 白央 (gNyan dPal dbyangs)

- 《正见灯》(*lTa ba yang dag sgron ma*)：P. 5919
- 《见地大宝灯》(*lTa ba rin po che sgron ma*)：P. 5923
- 《方便智慧灯》(*Thabs dang shes rab sgron ma*)：P. 5921
- 《心灯》(*Thugs kyi sgron ma*)：P. 5918
- 《除边暗灯》(*mTha'i mun sel sgron ma*)：P. 5920
- 《金刚萨埵问答》(*rDo rje sems dpa' zhus lan*)：P. 5082
- 《如实观修瑜伽行传规了义之方便灯》(*rNal 'byor spyod pa'i lugs nges pa'i don la ji bzhin sgom thabs kyi sgron ma*)：P. 5922

努钦 · 桑杰益西 (gNubs chen Sangs rgyas ye shes)

- 《密意总集经释 · 御暗铠甲》(*mDo 'grel mun pa'i go cha*)，收敦珠 · 吉扎益西多杰 (bDud 'joms 'Jigs bral Ye shes Rdo rje) 编 (1982)，《宁玛教传广集》(*rNying ma bka' ma rgyas pa*)，噶伦堡 (Kalimpong, W.B.)：敦珠上师 (Dupjung Lama)，卷 50-51。
- 《瑜伽目之禅定》(*rNal 'byor mig gi bsam gtan*)，拉达克：扎西岗巴 (S.W. Tashigangpa)，1974。

莲花生 (Padmasambhava)

- 《口诀见鬘》(*Man ngag lta ba'i phreng ba*)，P. 4726 [转写与翻译见卡尔梅 1988，页 152-171]。

萨迦班智达（Sa skya Paṇḍtia）

- 《三律仪判别》（*sDom gsum rab dbye*），收《萨迦全集》（*Sa skya bka' 'bum*，卷 5），东京：东洋文库，1968。

日光狮子（Sūryaprabhāsasiṃha）

- 《吉祥秘密藏续广释》（*dPal gsang ba'i snying po'i rgya cher bshad pa'i 'grel pa*）：P. 4719。

游戏金刚（Vilāsavajra）

- 《大续王吉祥秘密藏疏（大宝巴甲）》（*rGyud kyi rgyal po chen po dpal gsang ba'i snying po'i 'grel pa (rin po che'i spar khab)*）：P. 4718。

无作者名的著作与文集

- 《遍作王》（*Kun byed rgyal po'i mdo*）：Tb.1。
- 《〈黑阎魔敌续〉及童月之〈宝鬘释〉》（*Kṛṣṇayamāri-tantra with Ratnāvali Pañjikā of Kumāracandra*），桑东仁波切（Rinpoche, Samdhong）与德维韦迪（Dwivedi, Vrajvallabh）编《稀见佛教文本丛书 9》（Rare Buddhist Text Series-9），萨尔纳特（Sarnath）：西藏研究中央大学，1992。
- 《秘密藏续》（*Guhyagarbha Tantra*）：TB.417。
- 《毗卢十万续：古代密续与密宗导引文集》（*The rGyud 'bum of Vairocana: a Collection of Ancient Tantras and Esoteric Instructions*），拉达克：扎西岗巴，1971。
- 《诸佛平等和合续》（*Sarvabhuddhasāmayoga tantra*）：P. 8。

敦煌写本材料

- **ITJ** IOL Tib J 英国国家图书馆原印度事务部图书馆藏敦煌藏文文献
- **PT** Pelliot tibétain 伯希和敦煌藏文写本
- ITJ 331/1：归属于妙吉祥友的短篇成就法。
- ITJ 437：关于大瑜伽的短篇释论。
- ITJ 454：关于大瑜伽的长篇不完整释论。

- ITJ 470，PT 819，PT 837：《金刚萨埵问答》(*rDo rje sems dpa' zhus lan*)，归属于念・白央。
- ITJ 594：《隐秘小粒》(*sBas pa'i rgum chung*)，归属于佛密。
- ITJ 647：《觉性杜鹃》(*Rig pa'i khu byug*)，有匿名注释。
- PT 44：关于莲花生将普巴金刚（Vajrakīlaya）修习引入藏土的故事，作者未知，年代：约978年至约1010年。
- PT 321：忿怒尊成就法（Heruka *sādhana*）。
- PT 322B：对大圆满与《幻化网》(*Māyājāla*) 密续的赞颂。
- PT 353，ITJ 507：《具方便慧自性之坛城之性相》(*Thabs dang shes rab tu ldan pa'i rang bzhin gyi dkyil 'khor mtshan nyid*)，这是对两个坛城的描述。
- PT 644：关于九乘（虽然没有"乘"这一名相）与持明（vidyādhara）地的论述。
- PT 656：《开示七大总教各自之见与行》(*sPyi'i lung chen po bdun so so'i lta dang spyod pa bstan pa gsungs pa'i don man ngag*)，关于七部宗义体系的说明。
- PT 849：杂集，其中包括佛教的乘、续与王的名录及其他，年代：10世纪后期至11世纪初期。

二手资料

- 比肖夫（Bischoff, F.A.）与哈特曼（Hartman, C.）1971，《莲花生对橛的创造：伯希和藏文写本44》(Padmasabhava's Invention of the phur-bu Ms. Pelliot tibétian 44)，《拉露纪念文集》(*Études tibétains dédiées à la mémoire de Marcelle Lalou*)，巴黎：亚德里安・麦松奈文美洲和东方书店（Librairie d'amérique et d'orient Adrien Maisonneuve）。
- 雅各布・道尔顿（Dalton, J.）2002，《藏传佛教宁玛派发展中对〈密意总集经〉的运用》(*The Uses of the Dgongs pa 'dus pa'i mdo in the Development of the Rnying-ma school of Tibetan Buddhism*)，密歇根大学博士论文。

  ——2004，《圆满的发展：八、九世纪佛教仪轨的内化》(The Development of Perfection: The Interiorization of Buddhist Ritual in the Eighth and Ninth Centuries)，《印度哲学杂志》(*The Journal of Indian Philosophy*) 32，页1-30。

- 罗纳德·戴维森（Davidson, R.M.）1981,《妙吉祥真实名诵》(The Litany of the Names of Mañjuśrī)，收《密教与道教研究：石泰安纪念文集》(*Tantric and Taoist Studies in Honour of R.A. Stein*)(司马虚 [Michael Strickman] 编)，布鲁塞尔：比利时高等汉学研究院。
  ——2002,《印度密乘佛教：密教运动的社会史》(*Indian Esoteric Buddhism: A Social History of the Tantric Movement*)，纽约：哥伦比亚大学。
- 敦珠仁波切（Dudjom Rinpoche, Jigdrel Yeshe Dorje）1991,《藏传佛教宁玛派：根本教义与历史》(*The Nyingma School of Tibetan Buddhism : Its Fundamentals and History*)(两卷)，久美多杰（Gyurme Dorje）与马修·凯普斯坦（Matthew Kapstein）编译，波士顿：智慧出版社（Wisdom Publications）。
- 肯尼思·伊士曼（Eastman, K.W.）1983,《敦煌的大瑜伽文本》(Mahāyoga Texts at Dunhuang),《龙谷大学文化研究所纪要》(*Bulletin of the Institute of Cultural Studies, Ryukoku University*) 22，页 42-60。
- 大卫·杰玛诺（Germano, D.）1994,《大圆满密教史中的构建与缺失》(Architecture and Absence in the Secret Tantric History of the Great Perfection [*rdzogs chen*]),《国际佛教研究协会期刊》(*JIABS*) 17.2，页 203-335。
  ——2002,《七系付法与宁玛派传播的早期历史》(The Seven Descents and the Early History of rNying ma transmissions)，收《藏传佛教诸多经典》(*The Many Canons of Tibetan Buddhism*)(赫尔穆特·艾默 [Helmut Eimer] 与大卫·杰玛诺编)，莱顿：博睿（Brill）。
- 哈金（Hackin）1924,《十世纪之梵藏汇典》(*Formulaire sanscrit-tibétain du Xe siécle*)，巴黎：保尔·古特纳（Paul Geuthner）东方学书店。
- 史蒂芬·霍奇（Hodge, S.）2003,《〈大毗卢遮那现证菩提续〉及佛密注》(*The Mahā-Vairocana-Abhisaṃbodhi Tantra With Buddhaguhya's Commentary*)，伦敦：路特雷奇·柯曾（Routledge Curzon）。
- 卡尔梅·桑木丹（Karmay, S.）1988,《大圆满》(*The Great Perfection*)，莱顿：博睿。
- 但·马丁（Martin, D.）1987,《幻化网：在佛教思想史上定位〈秘密藏续〉》(Illusion Web — Locating the *Guhyagarbha Tantra* in Buddhist Intellectual History)，见《青金石上的白银：西藏文献文化与历史》(*Silver on Lapis: Tibetan Literary Culture and Histroy*)(白桂思 [C.I. Beckwith] 编)，布鲁明顿（Bloomington）：西藏学会（The Tibet Society）。

- 马修·凯普斯坦（Matthew T. Kapstein）2010，《[心日]与[毗卢十万续]》（The Sun of the Heart and Bai-ro-rgyud-'bum），收《卡尔梅·桑木丹颂寿文集》（*Tibetan Studies in Honor of Samten Karmay*），达兰萨拉（Dharamshala）：阿尼玛卿研究所（Amnye Machen Institute），页275-288。
- 梅开梦（Meinert, C.）2002，《汉土禅宗与藏土大圆满：关于两份敦煌藏文写本的初步讨论》（Chinese *Chan* and Tibetan *rDogs chen*: Preliminary Remarks on Two Tibetan Dunhuang Manuscripts），收《西藏的宗教与世俗文化》（*Religion and Secular Culture in Tibet*）（亨克·布雷泽 [Henk Blezer] 编），莱顿：博睿。
- 罗列赫（Roerich, G.N.）1976，《青史》（*The Blue Annals*），德里：莫提拉尔·巴纳斯达斯（Motilal Banarsidass）。
- 沙木·冯·谢克（van Schaik, Sam）与雅各布·道尔顿（Jacob Dalton）2004，《敦煌藏文文献中的禅密交融》（Where Chan and Tantra Meet: Tibetan Syncretism in Dunhuang），收《丝绸之路：贸易、旅行、战争与信仰》（*The Silk Road: Trade, Travel, War and Faith*），伦敦：英国国家图书馆出版社。（译注：汉译见魏建东译，收沈卫荣主编《大喜乐与大圆满：庆祝谈锡永先生八十华诞汉藏佛学研究论集》，北京：中国藏学出版社，2014年，页627-641。）
- 武内绍人2004，《后吐蕃时代藏语文在西域河西西夏的行用与影响》（Sociolinguistic Implications of the use of Tibetan in East Turkestan from the end of Tibetan Domination through the Tangut Period [9th-12th c.]），收《重访吐鲁番：丝绸之路艺术与文化的百年研究》（*Turfan Revisited: The First Century of Research into the Arts and Cultures of the Silk Road*）（德斯蒙德·德金-迈斯特恩斯特 [Desmond Durkin-Meisterernst]、西蒙娜·克里斯蒂娜·拉施曼 [Simone-Christiane Raschmann]、延斯·威尔肯斯 [Jens Wilkens]、玛丽安·雅尔迪兹 [Marianne Yaldiz]、彼得·茨默 [Peter Zimme] 编），柏林：迪特里希·雷蒙出版社（Dietrich Reimer Verlag），页341-348。（译注：汉译见《敦煌研究》2011年第5期，页106-114。）
- 朱塞佩·图齐（Tucci, G.）1958，《小部佛典2》（*Minor Buddhist Text II*），罗马：意大利中远东研究所（Is.M.E.O）。
- 罗伯特·维塔利（Vitali, R.）1996，《古格普兰王国》（*The Kingdoms of Gu.ge Pu.hrang*），达兰萨拉（Dharamsala）：托林寺建寺一千周年纪念庆典筹备小组（Tho.ling gtsug.lag.khang

lo.gcig.stong ’khor.ba’i rjes.dran mdzad sgo’i go.sgrig tshogs.chung）。

- 史蒂文·魏因伯格（Weinberger, S.）2003，《瑜伽续以及〈摄真实续〉在印藏密乘佛教中的重要性》（*The Significance of Yoga Tantra and the Compendium of Principles [Tattvasaṃgraha Tantra] within Tantric Buddhism in India and Tibet*），密歇根大学博士论文。

原载于《国际佛教研究协会期刊》（*Journal of the International Asscoiation of Buddhist Studies*）第 27 期，2004 年，页 165-207。

七

宁玛派对如来藏学说的诠释 *

多吉旺秋 著，杨杰 译

一、导言

"佛性"或如来藏（tathāgatagarbha）[1]学说形成了大乘佛教中一个重要的流派，尽管有些学者将其视为非佛教思想而摈弃一旁[2]，但它仍然在某些范围内

* 本文是笔者于牛津第十届国际藏学研讨会（2003 年 9 月 6 日至 12 日）上发表的文章的修订与扩充版。笔者对诸多以各种方式为本文出力的个人表示诚挚的感谢。感谢我的妻子奥娜·艾默吉（Orna Almogi，汉堡大学）在本文写作的各阶段对本文所作的精细检查。我也感谢卡琳·普雷森丹茨（Karin Preisendanz）教授（维亚纳大学）以及安妮·麦克唐纳（Anne MacDonald）博士（维也纳大学）提出的宝贵意见。感谢大卫·杰克逊（David Jackson）教授（汉堡大学）对本文的初稿所作的检查，也感谢加纳和雄（汉堡大学）为此终稿所作的校对。当然，笔者对本文的内容负全责。

〔1〕 参见迈克尔·齐默尔曼（Michael Zimmermann）最近关于印度最早阐释如来藏的经典《如来藏经》（*Tathāgatagarbhasūtra*）的研究，于该研究中，他对"如来藏"（tathāgatagarbha）一词作了详细的讨论（齐默尔曼 2002，页 39-50）。请注意笔者将"《如来藏经》"作为专有名词来指涉这个特定的经典，而将"如来藏经"作为一个普通名词来指涉主要解释如来藏教义的经典。

〔2〕 一些日本的现代学者曾公开将如来藏学说斥为非佛教，该话题非本文讨论范围所及。关于一些细节，可参齐默尔曼 2002，页 82-84。

盛行不衰，时至今日亦是如此。该学说引起了一些学者的注意，在藏土方面，大卫·塞福特·鲁埃格（David Seyfort Ruegg）曾出版一系列专著，为学界理解如来藏学——尤其是格鲁派传规的如来藏学做出了很大的贡献，近年来也出现了许多从他空（gzhan stong）[1]角度解释如来藏学说的研究[2]，然而诸多不同传统、不同时代的藏土论师的著作还尚待研究。

迄今为止，有一系关于如来藏的重要的藏土诠释为人所忽略，那便是宁玛派的诠释，其所获之微薄关注仅局限于与西藏中观和大圆满法义研究相关的范围

---

〔1〕 有个传统可能会出于辩论原因而将对方的传统视为“他空”（gzhan stong）或“自空”（rang stong）的支持者。然而，正如凯普斯坦（Kapstein）2000，页 21 所说，就方法论的角度而言，除非一个特定的传统的确倾向于使用二者中的其中一个来描述其自宗的空性见，我们应当避免使用“他空”与“自空”二词。此外，由于我们已经过多地使用“自空”与“他空”，因此我想从根源上厘清宁玛派学者是如何理解这两个词的。对他们而言，一个特定的“x”（无论其为何者）若不堪受（bzod pa）中观量理之考察，则其为自空。若一个特定的“x”堪受此考察（这对他们而言是不可能的），则其为“实有”（true or hypostatic existence, *bden par grub pa*）。请注意笔者对 bden par grub pa 或 bden grub 的翻译乃依据鲁埃格 1989，页 37，其中将该词解释为“一个在‘真实’——亦即在本质上成立（bden par grub pa）的恒常实体”，另参鲁埃格 2000，页 320 和鲁埃格 2002，页 296, 索引，词条 bden grub。因此，若将中观的量理考察施加于一头奶牛或如来藏，二者皆不堪受其考察。只要存在一个“实有”法，就足以令整个中观系统崩溃。故而从该考察的角度来看，一个特定的“x”一定是自空。另外，如果一个特定的“x”中没有一个数值上与其相异的“y”，那么“x”就称为他空。在这个意义上，一个特定的“x”中始终没有“y”，故其恒为他空。例如，一头奶牛上始终空无一头公牛，因此如来藏上空无轮回之客尘垢染。另一方面，对他空学说的创始人朵波巴·喜饶坚赞（Dol po pa Shes rab rgyal mtshan, 1292—1361）而言，“x”是自空还是他空取决于“x”是世俗还是胜义。若“x”为世俗法，则其为自空；若“x”为胜义，则其为他空。因此，朵波巴用了“世俗自空”（kun rdzob rang stong）或“世俗空性”（kun rdzob stong nyid）和“胜义他空”（don dam gzhan stong）或“胜义空性”（don dam stong nyid）（《山法了义海论》，页 305.8）来进行表述，且称《入楞伽经》（*Laṇkāvatārasūtra*）中所贬斥之劣等（tha shal）空（亦即“相对空”，itaretaraśūnyatā）并非上述二者中任何一者（同上引，页 154.15-155.15）。大体而言，朵波巴或已将此“相对空”定性为与“世俗自空”和“胜义他空”相反的“世俗他空”，但他显然出于策略需要而避免了这样做。如果将“相对空”定性为“世俗他空”，结果会是自我拆台，因为他将不得不承认至少存在一种依据他本人的标准也不能接受的他空。因此，他坚称只有胜义才是他空，只有他空才是胜义（同上引，页 308.12-15），从而巩固其他空学说。

〔2〕 可参鲁埃格 1963；布洛伊多（Broido）1989；胡卡姆（Hookham）1991 和 1992；斯特恩斯（Stearns）1999；马特斯（Mathes）1998, 2000 和 2002。然需留意，我们不应不顾时代演变而假定在藏土存在一个无论何时何地都保持连贯一如的他空见（关于这一点，可参考《司徒自传》[*Si tu'i rang rnam*]，页 266.7-267.2；史密斯 [Smith] 2001，页 265）。事实上，比较和对照不同的他空诠释可令这一思想的历史更加明朗，且有助于更好地理解这些思想的演变、延续以及接受。

内。[1]然而，我们是否可以讨论宁玛派对如来藏的一个单一诠释，而不至于过度简化呢？无可否认的是，并非所有的宁玛派学者都以相同的方式阐释如来藏，他们的博学程度和阐释风格会有不同，各自的侧重点也会根据他们所处的时间和地点而各有差异。即便是同一个作者也可能在不同的著作、或在同一部著作的不同篇章中给出不同的诠释。无论如何，尽管藏传佛教各派之间存在细节上的差异，但我认为他们每个宗派（包括宁玛派在内）都有自宗的少数几个典型的学者人物，他们塑造、引导并代表着各自的传统，他们的立场虽不至于每个细节都完全一致，但大致互相吻合。因此，后世宁玛派行人皆视绒宋巴（Rong zom pa，11世纪）、龙青巴（Klong chen pa，1308—1363）和米庞（Mi pham，1846—1912）为他们的典型代表模范，并奉三人对相关法义的阐释为宁玛之圭臬。[2]

在考察他们的观点之前，我想先简要地讨论一些二手文献是如何描述某些重要的宁玛派学者（他们对如来藏法义的阐释被宁玛派视为权威）的。乔治斯・德莱弗斯（Georges Dreyfus）曾明确指出，在主要的宁玛派学者中，绒宋巴倾向于瑜伽行中观（Yogācāra-Madhyamaka）[3]，他显然是循从约翰・佩蒂特的说法，但后者只是说绒宋巴在其《宗义备忘》（*Grub mtha'i brjed byang*）中提示

〔1〕 杰玛诺（Germano）1992：页 77-82 对龙青巴在其《句义藏》（*Tshig don mdzod*）的第七品中有关如来藏的讨论作出了评价；约翰・佩蒂特（John Pettit）发表了米庞所造《决定宝灯》（*Nges shes sgron me*）以及绰休・江白多杰（Khro shul 'Jam dpal rdo rje）的释论之翻译（佩蒂特 1999a），其中还收入了米庞《狮子吼开许他空》（*gZhan stong seng ge'i nga ro*）的翻译（页 359-378.4）参《狮子吼开许他空》（The Lion's Roar Proclaiming Extrinsic Emptiness），见佩蒂特 1999a，页 415-427。最近由噶玛彭措（Karma Phuntsho）所写的博士论文也讨论了米庞关于如来藏学说的立场（彭措 2003）。

〔2〕 读者也许会问：对过去和当代的宁玛派而言，绒宋巴、龙青巴以及米庞究竟有多么权威、多么具有代表性？米庞本人视绒宋巴和龙青巴为宁玛派教义最权威的阐释者，且视自己为此二位之追随者。参《遣除当秋疑惑论》（*Dam chos dogs sel*，页 378.5-379.2）、《中观庄严论释》（*dBu ma rgyan 'grel*，页 42.5）、《决定宝灯》（*Nges shes sgron me*，页 121.1-2）。亦可参其《绒宋上师瑜伽》（*Rong zom bla rnal*，页 61.6）之篇末题记：予自许为无比大班智达之追随者，米庞南杰于吉祥之日写就，善哉。（mtshungs med ma hā paṇḍi ta chen po'i rjes su 'jug par khas 'che ba mi pham rnam par rgyal bas zla tshe bzang po la bris pa dge'o //）米庞是最晚近的一位对宁玛派教义进行系统化整理者，他所主要依据的对象则是绒宋巴和龙青巴，这一事实在笔者看来已足以令我们将他们三人视为代表人物和权威，而当今宁玛派的观点也的确如此。参史密斯 2001，页 16。

〔3〕 见德莱弗斯 2003，页 331。

瑜伽行中观"更重要"（don che ba）。[1]绒宋巴在这一论述的最后实际上是这样说的："瑜伽行中观之论典看起来更为重要。"[2]该论述的确呈现了绒宋巴关于当时流行的两系中观（自续中观和瑜伽行中观）的观点，但并不代表他本人的宗义归属。[3]龙青巴和米庞曾被认为是他空见的支持者，例如卡尔梅·桑木丹（Samten Karmay）就认为龙青巴的如来藏学立场和朵波巴（Dol po pa）相同。[4]同样，大卫·杰玛诺（David Germano）（他明显是循从胡卡姆的观点）称龙青巴关于空性和如来藏的论述是藏土"非常典型"的他空见。[5]这些学者的印象并非毫无根据，因为龙青巴对如来藏的评说乍看起来的确非常正面，以至于学人可能以为他的见地与朵波巴相同。甚至在传统的藏土学者中，也有诸如工珠（Kong sprul）的一些人倾向于将龙青巴和噶玛巴·让炯多杰（Rang byung rdo rje, 1284—1339）定性为他空见的支持者。[6]当今在世的藏土他空见支持者仍在延续这一宗义观点。一些现代学者也把米庞视为他空见的支持者，然而仔细的研究告诉我们，在大多数情况下，往往是由于术语的问题导致他们下此论断。也就是说，这些学者不一定是在严格的学术意义上使用"他空"一词，有位似乎在不断地寻求

〔1〕 佩蒂特 1999a：页 90-91, 485, 注 315。

〔2〕《见地备忘》（*lTa ba'i brjed byang*，页 11.11-14）：dbu ma rnam gnyis kun rdzob kyi tshul mi mthun pa la / lung dang rigs pa gang che ba ni rgyud dang mdo sde spyi'i gzhung dang / rigs pa spyi'i tshul dang / dbu ma'i mkhan po gzhung phyi mo mdzad pa'i slob dpon klu sgrub dang / ārya de ba'i gzhung ltar na yang / rnal 'byor spyod pa'i dbu ma'i gzhung don che bar snang no //

〔3〕 若要谈绒宋巴的宗义归属，我们可以首先保险地说他归属于大圆满，其次，无论他是否接触过应成派文献或者他曾接触过多少，他建立空性的方法都更接近于中观应成派而非其他。这一点在其《入大乘论》（*Theg chen tshul 'jug*）中体现得尤为明显，传统的藏土学者诸如米庞（例如其《决定宝灯》页 75.3-4，《中观庄严论释》页 309.6-310.1，以及《遣除当秋疑惑论》页 378.6）和洛桑·多昂曲吉嘉措（Blo bzang mDo sngags chos kyi rgya mtsho, 1903—1957）对其印象也是如此，其中后者是一位康区格鲁兼宁玛的学者，他甚至不断地证明绒宋巴的见地是应成见（见《见地答问》[*lTa ba'i dris lan*]，页 70-71）。至于应成派中观见在佛教于西藏传播的早期是否已经以某些形式呈现，或许取决于寂天（Śāntideva）是否如西藏传统所认为的那样是位应成派中观师。

〔4〕 见卡尔梅 1988，页 184-185；另参凯普斯坦 1992，页 23，注 1。

〔5〕 见杰玛诺 1992，页 78。另见胡卡姆 1991，页 136，150。

〔6〕《所知海》（*Shes bya rgya mtsho*），页 567.8-10；史密斯 2001：338，注 888。

证明米庞是他空见支持者的学者就是保罗·威廉姆斯（Paul Williams）[1]。一些近代宁玛派的重要上师也被认为是他空见的倡导者。塞勒斯·斯特恩斯（Cyrus Stearns）的《来自朵波的佛陀》（*The Buddha from Dolpo*）一书虽为理解朵波巴的生平和思想做出了很大贡献，但斯特恩斯却过度简化了宁玛派对如来藏的解释，比如，他仅仅依靠和德雄仁波切（sDe gzhung Rin po che, 1906—1987）的口头交流就坚称敦珠仁波切（bDud 'joms Rin po che, 1904—1987）和顶果钦哲仁波切（Dil mgo mKhyen brtse, 1910—1991）等宁玛上师都是他空见的倡导者[2]。我未曾见到有任何文献证据表明这些上师是他空见（至少是朵波巴所定义的他空见）的倡导者，事实上，敦珠仁波切和顶果钦哲仁波切都主张空性与显现二者的双运

〔1〕见威廉姆斯 1998（尤其是页 199-216）。关于威廉姆斯 1998 的书评，可参凯普斯坦 2000，塔兹（Tatz）2001，页 78-79。关于保罗·威廉姆斯对“自证分”（rang rig, *svasaṃvedana / svasaṃvitti*）的研究和他将自证分与争议性的他空见相联系起来的尝试，有几点需要说明。同意米庞对自证分的理解或阐释与准确理解他的立场是两码事。我认为威廉姆斯似已失去争议性的自证分——尤其是米庞对自证分的立场之要领，如果他曾研究过米庞对“量学”（pramāṇa）的阐释，他就应该理解为何自证分的理论对米庞而言如此关键。威廉姆斯认为，如果没有自证分的理论，由陈那和法称发展出来的现量与比量的学说架构就会崩溃。米庞认为，只要接受名言量（tha snyad tshad ma），就必须接受自证分，至少在世俗层面应该如此，正如接受他证（gzhan rig）一样。因此，如果对米庞的背景和他关于量学的见地没有清晰的认识，任何关于米庞对自证分的看法的研究都注定难以成功。对米庞的中观见的正确评估可以显示，对米庞而言，无有一法堪受（bzod）中观之量理考察，其中就包括自证分。应成派中观师（比如月称和寂天）的确反对瑜伽行的自证分，但对米庞而言，他们只是在建立胜义谛或“离戏论”（niṣprapañca）时才这样做。他认为，即便是应成派中观师也不会对在世俗层面开许自证分持有异议，正如他们开许他证一样。对米庞来说，任何能依名言量而建立的法皆能在世俗层面得到开许。若有一法在世俗层面亦不能成立，那它就应该是与“常声”（sgra rtag pa）或“兔角”（ri bong gi rwa）相类之事。他认为，自证分与“常声”不同，而且月称和寂天也不认为二者相同，但宗喀巴却相信月称和寂天都认为自证分在世俗层面也站不住脚，这才是该问题以及发生在量学与中观语境框架下的争论的出发点，米庞认为量学与中观是相辅相成、互相增盛，而不是彼此排斥、互相拆台。因此，把大圆满和他空引入这个语境是没有根据的。如果威廉姆斯研究过大圆满或宁玛派对如来藏的阐释，他就应当意识到，对宁玛派行人（包括米庞）而言，识（sems）与智（ye shes）之间有严格的区分。so sor rang gis rig par bya ba (*pratyātmavedanīya*) 意为“内自证”或“内现证”，这一理念也为月称和寂天所接受，但也被威廉姆斯做了断章取义式的解读。如果我们不理解米庞所系统化的诠释方法，我们将永远不能完全明白他处理量学、中观、如来藏、大圆满的方式，或者他关于它们相互之间复杂关系的观点。此外，如果我们对米庞在这些系统内对自证分的理解没有明晰的认识，我们将只是片面而歪曲地解读他关于自证分的立场。

〔2〕见斯特恩斯 1999，页 215，注 137-138。

或者二转法轮与三转法轮的相融性[1]。

我们注意到当今学者有一个普遍的趋势，他们除了将上述宁玛派上师与他空教法联系起来以外，也将宁玛派教义与他空教法挂钩。[2]此等学者可分为三组：(a）明显倾向于他空学说者；(b）反对他空教义者；(c）在他空一词的使用上过于大方者。[3]宁玛派对如来藏的立场有些难以捉摸，其中一个原因或许是该问题本身的复杂性，它不允许学人简单化地将其判为自空或他空。于下来数段中，

〔1〕 敦珠仁波切曾明确指出："因此，若偏执于现空任何一方，则不能扭转边执之邪见，故应将现空双运之法界、究竟离异门胜义抉择为有寂平等性。"（des na snang stong gang rung re'i phyogs su zhen cing bzung bas ni mthar 'dzin gyi lta ba ngan pa bzlog mi nus pas / chos dbyings snang stong zung 'jug mthar thug rnam grangs ma yin pa'i don dam srid zhi mnyam nyid du legs par gtan la 'bebs dgos shing /）同样，顶果钦哲也认为二转与三转法轮为互补，因为他将胜义谛解释为"中转与末转法轮之密意唯一，依此唯一密意所作之究竟抉择即显密宗义大海之终极旨归。"（《甘露光辉》[*bDud rtsi'i snang ba*]，页 71a6：'khor lo bar mtha' dgongs pa gcig dril gyis gtan la dbab bya mthar thug pa mdo sngags grub mtha' rgya mtsho'i skyel so yin la）。另参《显明胜伏成就之密意》(*Zil gnon dgongs gsal*，页 178a6-b2），此中顶果钦哲谈到了"本净"（ka dag）与"任运"（lhun grub）之身（sku）智（ye shes）双运（zung 'jug），其中本净等同于"超越八戏论边"（spros pa'i mtha' brgyad las 'das pa），身智二者构成如来藏。在其《文殊密意庄严》（*'Jam dpal dgongs rgyan*，页 239a2-b5）中，暗示（置身于其他名言中的）如来藏为中转法轮所宣空性之同义词。另见其《解金刚结》(*rDo rje mdud grol*，页 136a5-b4 和 150a3-4），此中他解说应成中观见的方式与米庞相同。

〔2〕 卡尔梅依据意大利文版的《西藏宗教史》(1973）指出，图齐（Tucci）认为大圆满和觉囊派的教法是从和尚（即摩诃衍，译者注）的如来藏学说发展而来（见卡尔梅 1988，页 87）。然而后来在该书的英译本中，则未见这一论断。胡卡姆将大圆满描述为他空式的教法，并声称当今的达赖喇嘛为其作自空式的解释，其意图是为了"减轻长期以来（对大圆满）的敌意"，并令其免遭"'排他性的自空师'的破斥"（胡卡姆 1991，页 16；另参胡卡姆 1992，页 151-152, 注 4）。关于胡卡姆 1991 的书评，见艾哈德（Ehrhard）1993 和格里菲思（Griffiths）1993。另参鲁埃格 2000，页 87。

〔3〕 关于这方面的例子，可见史密斯 2001，页 231，其中说道"米庞对他空的公开支持则是另一个红斗篷，公牛们也迅速发起猛攻"，同书 327 页注 788 也将《狮子吼广说如来藏》(*sTong thun seng ge'i nga ro*, 页 563-606.5）和《狮子吼开许他空》(*gZhan stong seng ge'i nga ro*）视为他空论著。诚然，米庞曾论及他空，甚至为他空辩护，故堪称为"他空的同情者"，但他并不自认为是一个他空师（《遣除当秋疑惑论》，页 378.5-379.1: nyams mtshar tsam du bris pa yin na yang / rang bzos bde gshegs dam chos bslad mi rung / 'chal ngag song na rgyal ba rnams la bshags / rang bzos bshad na ci yang zad mtha' med / bdag la gzhan stong sgrub pa'i khur khyang med / rong klong rnams gnyis klu sgrub gzhung dang mthun / dman pa bdag kyang rtse gcig der 'dun kyang / ma bris dbang med pha rol tshig gis bskul //）。令人惊讶的是，尽管就宁玛派对待自空他空问题的立场而言，《决定宝灯》是常被引用的论典，但约翰·佩蒂特在对该论的研究中却似乎不太确定米庞的立场（佩蒂特 1999a，页 114-124），不过在 1999b 中，这一情况已不存在。

笔者将介绍（a）如来藏学说的早期西藏背景，（b）其简要的历史概况，（c）宁玛派对如来藏法义之阐释的大致轮廓，（d）最后笔者将评价宁玛派关于印藏如来藏学说的立场〔1〕，由此显示宁玛派对如来藏之阐释的复杂性和独特性。尽管我将尽量准确地描述他们的阐释，但我的一些评论仍留有商榷余地，另外我也不拟在此讨论宁玛派的阐释是否与印度原初的如来藏学说保持一致。

二、如来藏学说的早期西藏背景

尽管一些重要的印度文献（尤其是《宝性论》[*Ratnagotravibhāga* 或 *Uttaratantra*] 等论 [śāstra]）直到 11 世纪新译密咒时代才被翻译，但与如来藏教义相关的经（sūtra）在旧译密咒时代就已翻译〔2〕，故而如来藏教义于藏传佛教前弘期即为藏人所了知。此外，“如来藏”或其同义词“善逝藏”（sugatagarbha）〔3〕可见于一些宁玛派的大瑜伽（Mahāyoga）〔4〕、无比瑜伽（Anuyoga）〔5〕和无上瑜

〔1〕 鉴于篇幅所限，笔者并未翻译所有引文，此外需要注意的是笔者的目标并非详尽无遗地标出所有的一手和二手资料。

〔2〕 见鲁埃格 1973，页 23-26，其中罗列了印度如来藏文献的名目，其中绝大部分在《丹噶目录》（*lDan dkar ma*）中都有记录。

〔3〕 据说 sugatagarbha 一词在梵文中查无所据（鲁埃格 1973，页 6，注 2; 卡尔梅 1988，页 184，注 47），但是 bde gshegs snying po 一词的确出现在藏译本《央掘魔罗经》（*Aṅgulimālīyasūtra*, P 页 174a5; D 页 166b2: bde gshegs snying po theg pa che las skyes //）和《密严经》（*Ghanavyūhasūtra*, P 页 62b1; D 页 55b1: bde gshegs snying po dge ba’ang de //；另见大正 747a7），其对应之梵本已无（感谢加纳和雄提供这些参考资料）。这也许体现了其文本翻译过程中所作的“纠正”。bde bar gshegs pa 和 de bzhin gshegs pa 二词容易混淆，尤其是各自缩写成 bde gshegs 和 de gshegs 时。鉴于此，不难想象在这些文本中后者可能被纠正为前者。另一方面，sugata 也有可能就是本来的写法，出于格律的考虑而以之代替 tathāgata，因为汉译本《央掘魔罗经》（大正 531a7）中也以“佛”字来代替通常的“如来”。

〔4〕 例如《秘密藏续》（*Guhyagarbha*）页 159.1 ；348.4 ：e ma’o bde gshegs snying po las / rang gi rnam rtog las kyis sprul /。另参《大象渡涉续》（*Glang chen rab ’bog*）页 257.4-5；260.1-6；283.7-284.5。

〔5〕 属于无比瑜伽部的《遍集明经》（*Kun ’dus*）也提到“善逝藏”一词（页 31.1-2）：skye med ye shes nyid kyi dbyings / gdod nas bder gshegs snying po las / rnam rtog glo bur las kyis bsgribs / de nyid ’gro mgon skyabs chen yin /。另参同文页 146.1-2。

伽（Atiyoga）[1]部的续典，尽管其出现的频率并不高。该词还出现在益西德（Ye shes sde）的《见差别》（*lTa ba'i khyad par*）[2]、白央（dPal dbyangs）的《方便智慧灯》（*Thabs shes sgron ma*）[3]和努钦・桑杰益西（gNubs chen Sangs rgyas ye shes）的《禅定目炬》（*bSam gtan mig sgron*）[4]等早期西藏本土论著中。虽然如来藏学说的确出现在早期宁玛派文献中，但其扮演的角色却似乎无足轻重，且未获得《如来藏经》中所描述的重要性或独立地位。实际上，宁玛派是将如来藏融入中观系统，而中观在吐蕃王朝时期就已占据主导地位，比如在王室法令的记载中已指出唯遵寂护（Śāntarakṣita）和莲花戒（Kamalaśīla）所弘之龙树（Nāgārjuna）见地[5]。尽管如此，虽然宁玛对中观见"离戏论"的接受从未衰减，但如来藏却逐渐受其重视，且在接下来的几个世纪中对该派思想产生了与

〔1〕"如来藏"或"善逝藏"也出现在无上瑜伽或大圆满的续典中，如《金刚萨埵心镜续》（*rDor sems me long*）有云：'jig rten gyi khams kyi sems can thams cad la / de bzhin gshegs pa'i snying po rang chas su til 'bru la mar gyis khyab pa bzhin du gnas so /。另可参《命轮续》（*Srog gi 'khro lo*），页 599.2-3（《禅定目炬》[*bSam gtan mig sgron*] 页 292 也引用了此段）；《乐芽续》（*bDe ba'i myu gu*），页 630.6-7；《智慧秘密续》（*Ye shes gsang rgyud*），页 760.2。

〔2〕《见差别》（P 页 258a7-b3; D 页 218b4-7）：'phags pa [='phags P] dung phreng gi mdo las kyang / de bzhin gshegs pa'i snying po gsal bar ma gyur pa'i [=ba'i P] tshe ni kun gzhi zhes bya'o / gsal bar [=par P] gyur pa de'i tshe ni chos sku zhes bya ba gsungs so // … don bsdus pa zhes bya'i bstan bcos las kyang chos sku zhes bya ba la / chos ni thog ma med pa nas rigs su gyur pa de bzhin gshegs pa'i snying po la bya ste / sems can thams cad kyi rang bzhin no / de ni yang dag pa ma yin pas bsgribs pas dri ma can du gyur te / gang gi tshe sbyor ba sngon du btang nas 'khrul pa dang bral ba de'i tshe rang bzhin du 'gyur ro / rang bzhin du gyur pa de ni chos kyi sku bzhes bshad do /。

〔3〕《方便智慧灯》（P 页 286b8-287a1；D 页 385a1）：bde gshegs snying po sems kyi rang bzhin la / yun ring dus nas rmongs pa'i sems can rnams / bdag tu 'dzin pa'i sems rgyud so sor snang / rang bzhin nyid ni rgyal ba'i chos skur gcig /。

〔4〕参《禅定目炬》，页 292，然而正如卡尔梅 1988，页 184 中所言，"善逝藏"一词仅见于其中引自《命轮续》的一段。需要注意的是，《禅定目炬》引用了《如来藏经》（*Tathāgatagarbhasūtra*）的一段，但其中并没有"如来藏"一词。另外，《翻译名义大集》（*Mahāvyutpatti*）中也记录了"如来藏"一词，其只是一位菩萨的名号，不过却记录了与如来藏学说相关的五种性（pañcagotra）（《翻译名义大集》no. 1261-1265）。

〔5〕参《巴协》（*dBa' bzhed*），页 88；《娘氏教法源流》（*Nyang ral chos 'byung*），页 407.1-3；鲁埃格 2000，页 2-3，注 2。一些敦煌文献（《敦煌文献》[*Thun hong shog dril*]，页 200，伯希和藏文文书 112.1）也称中观见被视为了义（nītārtha）。需要注意的是，在宁玛派的宗义文献中，从未将中观系统置于密乘系统之上，而且也从未将大圆满视为印度中观的替代品。有趣的是，华芒・贡却坚赞

日俱增的影响，而如来藏在宁玛派中重要性的转变与《宝性论》的日趋流行不无关系。

三、宁玛派如来藏学说的历史概况

在此，笔者将尝试对一些宁玛派学者作一概述，这些学者的论著可以清晰地显示宁玛派在各个时期对如来藏教法的理解方式。益西德、白央、努钦·桑杰益西对如来藏法义的间接暗示可为我们了解如来藏在吐蕃王朝时期的接受过程提供一些信息。阿若·益西迥乃（A ro Ye shes 'byung gnas, 10 世纪？）所造《入大乘瑜伽论》（*Theg pa chen po rnal 'byor gyi tshul la 'jug pa*）如今只剩下一个内嵌于近代释论（写于公元 1934 年）的版本，其中并未提到“如来藏”一词，但阿若对空性或胜义谛的见地与绒宋巴的见地即便谈不上完全一致，也非常相似。值得注意是他的轮涅平等性见[1]，以及他通过遣尽诸边（甚至包括“中”）而建立“离戏论”的方式。[2]绒宋巴现存的著作可令我们得以瞥见一位 11 世纪的宁玛派学者对如来藏的理解，娘热·尼玛沃色（Nyang ral Nyi ma 'od zer, 1136—1204）的著作或可向我们展示他本人及其同时代的人对如来藏的理解，但他的《教法源流》并未透露太多，其中只是简单提到佛涅槃（parinirvāṇa）后九百年，无著（Asaṅga）与其弟（世亲，Vasubandhu）出世，二人将三转法轮释为了义。[3]不过他的一段敬礼偈颂则暗示他对胜义与世俗二谛的观点与“离戏论”中观见相顺。[4]

（接上页）（dPal mang dKon mchog rgyal mtshan, 1764—1853）称莲花生所持者“无疑”是应成中观（鲁埃格 2000，页 22-23，注 41），而释迦确丹（Śākya mchog ldan）则将莲花生所造之《口诀见鬘》（*Man ngag lta 'phreng*）判为“密咒中观”（sngags kyi dbu ma）著作（鲁埃格 2000，页 55-56，注 117）。不过笔者尚未能在宁玛派文献中找到这样的判定。

〔1〕《入大乘瑜伽论释》（*Theg rnal 'grel pa*），页 133.3-134.5；156.3-159.2。

〔2〕同上，页 135.1-140.4。

〔3〕《娘氏教法源流》（*Nyang ral chos 'byung*），页 87.3-5。

〔4〕同上，页 1.9-10: don dam spros bral mkha' ltar dag pa la // kun rdzob rten 'byung tshogs snang sgyu ma ltar //

12世纪的噶陀·当巴德协（Kaḥ thog Dam pa bde gshegs, 1122—1192）所造《诸乘总义》（*Theg pa spyi bcings*）中未提“如来藏”一词，但在对“原初真实阿赖耶”（rnal ma don gyi kun gzhi）、“般若波罗蜜多”（Prajñāpāramitā）[1]和“（二）谛无别”（bden pa dbyer med）等词的使用上并无差别。[2]在12 / 13世纪，若·喜饶沃（Rog Shes rab ’od, 1166—1244）造有一部名为《教法灯》（*bsTan pa’i sgron me*）[3]的宗义学论著，其中将如来藏与大圆满法义挂钩，[4]且明确将三转法轮（通常是那些与如来藏学说相关的教法）与瑜伽行联系起来，将二转法轮（与般若波罗蜜多相关者）与“离戏论”教法联系起来。[5]此外，贤者第吾（mKhas pa lDe’u, 晚于1261年）复以“善逝藏”为其顶礼对象，[6]并将如来藏描述为“明空无二”（gsal stong gnyis med）。[7]

时至14世纪，龙青巴为西藏的如来藏学说提供了最为详备完善的诠释，后世的宁玛派诠释皆以之为准绳。虽然他对如来藏的评说非常正面，但他并未偏离大圆满的离边空性见。龙青巴以后的宁玛派行人中，有一些偏重于三转法轮（与如来藏相关），而另一些则倾向于在二、三转法轮间寻求平衡。然就笔者所知，没有一位宁玛派学者独尊二、三转法轮中之其中一者为了义，而将另一者彻底视为不了义。17和18世纪宁玛派对如来藏的诠释可见于大译师达摩师利（Lo chen Dharmaśrī, 1654—1717）（尤其是其《如意穗》[*dPag bsam snye ma*]）、噶陀·泽旺诺布（Kaḥ thog Tshe dbang nor bu, 1698—1755）和吉美林巴（’Jigs med gling pa）等人的著作，19世纪的诠释则载于巴珠仁波切（dPal sprul Rin po che, 1808—

---

〔1〕《诸乘总义》，页27.12。

〔2〕同上，页29.4-7: bden gnyis dbyer med ces kyang bya // byang sems dbyer med ces kyang bya // dbyer med lhun grub ces kyang bya // zung ’jug chen po ces kyang bya // mnyam rdzogs chen po ces kyang bya //

〔3〕对《教法灯》的描述见于马丁（Martin）1997，页38，注40。

〔4〕《教法灯》，页226.6-227.6；卡尔梅1988，页184, 注49。

〔5〕同上，页18.3-19.1。

〔6〕《第吾教法源流》（*lDe’u chos ’byung*），页182.3-4。有关《第吾教法源流》的描述，参对《教法灯》的描述，见于马丁1997，页44，注55。

〔7〕《第吾教法源流》，页182.12-13: sangs rgyas ’byung ba’i rang gi sems bde bar gshegs pa’i snying po can /；页183.9-10: bde gshegs snying po skad pa / rang gi sems sangs rgyas su rtogs pa la bya’o // gsal stong gnyis med dam / bde ba gsal ba mi rtogs [= rtog] pa gsum du shes pa de / bde bar gshegs pa’i snying po’o //

1887）、嘉色·仙潘塔耶（rGyal sras gZhan phan mtha' yas, 生于 1800 年）和佐钦堪布白玛班扎（rDzogs chen mKhan po Padma badzra, 1806?—1884）[1] 的著作中。

米庞对如来藏的诠释可谓宁玛派历史上的里程碑，他的诠释理路由其亲传弟子及隔代弟子承继，其中著名的有堪布贡桑班丹（mKhan po Kun bzang dpal ldan, 1872—1943）、协庆嘉察·班玛南杰（Zhe chen rgyal tshab Padma rnam rgyal, 1871—1926）、噶陀堪布努丹钦哲罗珠（Kaḥ thog mKhan po Nus ldan mkhyen brtse'i blo gros）[2]、博珠·多昂丹贝尼玛（Bod sprul mDo sngags bstan pa'i nyi ma, 1900/1907—1959）和喇拉·索南曲珠（Glag bla bSod nams chos 'grub, 1862—1944）。宁玛派对如来藏最为晚近的诠释可见于敦珠吉扎益西多杰所造之（bDud 'joms 'Jigs bral ye shes rdo rje）《教法安立简论》（*bsTan pa'i rnam gzhag*）以及顶果钦哲的一些著作。

四、概说宁玛派对如来藏教义之诠释

宁玛派内部可能的确在如来藏学上存在异于常规的诠释，这些诠释需要仔细的研究。就此问题而言，一些宁玛派学者的诠释尤其值得注意，例如噶陀·仁增泽旺诺布（该师重振了他空教法[3]，且令司徒·曲吉迥乃 [Si tu Chos kyi 'byung gnas, 1699—1776][4] 转变为他空的倡导者）和达摩师利译师。笔者尚未能

〔1〕 堪布白玛班扎的生卒年与旺庆达吉（dBang chen dar rgyas）所著之《略传》（*rNam thar nyung ngu*, 页 8.17-13.8）中所说相符。

〔2〕《噶陀寺志》（*Kaḥ thog lo rgyus*），页 151.1-20；参见《善说富饶》（*Legs bshad 'byor ldan*），同上引，页 149.19-150.21。

〔3〕 参史密斯 2001，页 20-21。

〔4〕《司徒自传》（*Si tu rang rnam*），页 266.7-267.2；《遗教传记》（*'Das rjes rnam thar*），页 726.7-727.2；史密斯 2001，页 20, 90。然而，需作比较的是司徒所造之《甘珠尔目录》（*bKa' 'gyur dkar chag*, 页 68.8-75.2）中关于了义与不了义的讨论。

研究泽旺诺布在此问题上的立场[1]，至于达摩师利对如来藏的评价则非常正面，以至于可能给人留下一个他空师的印象。[2]

总体而言，对空性（或者“离戏论”）的理解似乎直接影响了对如来藏的理解方式。例如，笔者发现宁玛派学者中，将二转法轮的“离戏论”理解为“二谛无别”者是以持平的眼光对待二、三转法轮，而将二转法轮的“空性”理解为“唯空”者则明显偏重于三转法轮，故而看起来有接近朵波巴诠释的倾向，因此，宁玛派学者对二转或三转法轮的强调取决于他们理解空性的方式。有些学者着力于平衡对三转法轮日趋偏重的趋势，米庞即是其中一员，他强调“二谛无别”，并指出这也是应成派中观师所强调的对象。可以说，大体上宁玛派历史上的学者似乎不是在二、三转法轮间持平，就是倾重于三转法轮——尽管其程度鲜有匹及朵波巴者，当然他们也几乎从来不唯重二转法轮而完全摈弃三转法轮。

宁玛派对如来藏的评说虽然日趋正面，但其主流学人从未将其谛实（bden par grub pa），他们对如来藏的诠释皆与莲花生所造《口诀见鬘》中的以下文句相顺符，这些文句可能提炼自各种大乘经典：[3]

诸法本性空（svabhāvaśūnya）

〔1〕参史密斯 2001，页 265，其中对工珠和噶陀・泽旺诺布二人对他空教法的见解作了比较。至于泽旺诺布对如来藏的诠释是否与朵波巴相同，尚待考察。

〔2〕然而与朵波巴不同的是，达摩师利将三转法轮视为了义的同时亦视二转法轮为了义（虽然是“了义与不了义参半”或者是“权宜之了义”）（《如意穗》，页 138a4-6: bar tha gnyis drang nges gang yin la bzhed pa mi mthun pa mang yang / bar pa nges don dang phyi ma drang don du gsal bar ston pa'i mdo sde'i lung med cing / nad pa'i sman dang yi ge slob pa'i dpe'i dgongs don dang yang 'gal bas / rang lugs ni bar pa drang nges phyed ma'am gnas skabs pa'i nges don dang / tha ma nyid nges don du 'dod de /）。尤须注意的是，龙青巴一方面以应成中观为显乘之究竟见，另一方面又给予三转法轮之如来藏思想积极的评价和强调，达摩师利试图调和此间的紧张关系，遂将二者说为不同之分位，亦即（a）“依听闻而认识所抉择之位”（thos pas gtan la dbab bya ngos 'dzin pa'i skabs）和（b）“依实际观修而作抉择之位”（sgom pa nyams myong gyis gtan la 'bebs pa'i skabs）（《如意穗》，页 184b2-185a2）。有些后期的宁玛派学者——例如倾向于米庞持平式观点的博珠——则对那些（依自空师的观点来看）有接近朵波巴观点之嫌的宁玛派诠释感到不安（《妙音密意庄严》[*'Jam dbyangs dgongs rgyan*]，页 93.4-7）。

〔3〕这些引文看起来并非准确的征引，而是改述。绒宋巴（《口诀见鬘释》，页 340.6）认为这些引文“出自零散的经教”（lung thor bu rnams nas 'byung ba）。

诸法本清净

诸法皆光明

诸法自涅槃

诸法本圆觉[1]

这段文字整合了各种见地，并引导宁玛派学者（尤其是龙青巴和米庞）接受了一个非常正面的如来藏学说，该学说甚至视应成派中观为显乘之究竟[2]，且视“离戏论”见与大圆满的“本净”（ka dag）见相同[3]。绒宋巴认为中观宗的“胜义谛”也同样为金刚乘所许，他说道：[4]

---

〔1〕《口诀见鬘》，页 416a8-417a2: chos thams cad ni ngo bo nyid kyis stong pa'o / chos thams cad ni gzod ma nas rnam par dag pa'o / chos thams cad ni yongs kyis 'od gsal ba'o / chos thams cad ni rang bzhin gyis mya ngan las 'das pa'o / chos thams cad ni ye nas mngon par rdzogs par sangs rgyas pa'o zhes gsungs so // 另参《入大乘论》，页 450. 11-13。

〔2〕 参《如意藏》(*Yid bzhin mdzod*)，页 55.3；《如意藏释》(*Yid bzhin mdzod 'grel*)，waṃ 函，页 634.2-4；《胜乘藏》(*Theg mchog mdzod*)，e 函，页 64b1-2、64b4-5 以及《宗轮藏》(*Grub mtha' mdzod*)，页 108.4-5。米庞也视应成派中观见为显乘之究竟（参《修部八教释》[*bKa' brgyad rnam bshad*]，页 35.4-5;《如意藏宗轮要义》[*Yid bzhin grub bsdus*]，页 483.3）。

〔3〕 龙青巴认为，大圆满建立“离边”之方式在很大程度上与应成派中观相同（《法界藏释》[*Chos dbyings mdzod 'grel*]，页 76b1-2: rang bzhin rdzogs pa chen po 'di'i lugs kyis mtha' bral la sogs pa'i mjal tshul phal cher dbu ma thal 'gyur dang mtshungs pa las / dbu mar stong stong po nam mkha' 'dra ba rtsis gzhir byed pa ste / 'dir ni rig pa ka nas dag pa rjen zang nge ba ma grub la mi 'gag pa tsam de la gzhir byas nas / de dang de'i ngang las shar ba'i chos rnams mtha' grol nam mkha' ltar 'jal ba ste /）。同样，米庞也未区别应成派中观建立的“离戏论”和大圆满系统建立的“本净”（见《决定宝灯》，页 88.6-89.1: ka dag bdar sha chod pa la / thal 'gyur lta ba mthar phyin dgos / spros bral tsam gyi cha nas ni / de gnyis khyad par med do gsung /；《中观庄严论释》，页 46.3-4）。另参《决定宝灯》，页 119.6: spros bral dbu ma chen po dang / 'od gsal rdzogs pa chen po gnyis / don gcig ming gi rnam grangs te / de las lhag pa'i lta ba med /（该颂的英译见佩蒂特 1999a: 页 237）。亦可参《决定宝灯》，页 84.6: rdzogs chen yod min med min ni / mtha' bzhi'i spros dang bral ba yin /（佩蒂特 1999a，页 205）。

〔4〕《见地备忘》，页 9.21-24: dbu ma pa ni yid kyang don dam par rdzas su med de yang dag par na chos thams cad gdod ma nas ma skyes pa ngo bo nyid med pa / spros pa thams cad nye bar zhi ba'i mtshan nyid du 'dod do / gsang sngags kyi gzhung yang don dam pa'i mtshan nyid de dang mthun par 'dod de /。另见《见地备忘》，页 20.22-21.2 及《口诀见鬘释》，页 321.7-9: dbu ma pas rten cing 'brel te 'byung ba'i tshul rtogs pas ni / rang rig pa' de nyid kyang / rgyu dang 'bras bu'i dngos po'i bdag nyid thob pa' myed par rtogs te / spros pa thams cad las yongs su 'das par rtogs so /。亦可见同文，页 20.16-18。

中观师认为，于胜义中意亦无有实体，诸法无生、无自性，具足寂息一切戏论之性相。密咒论典所许之胜义性相亦与此相同。[1]

五、绒宋巴、龙青巴和米庞著作中的如来藏

在评价宁玛派对印度和西藏的如来藏教义的立场之前，我们先简单看看笔者所依据的三位学者对如来藏涉足多少。绒宋巴著作的标题中并未出现如来藏一词[2]，但在其《宝疏》(*dKon mchog 'grel*)、《三昧耶略释与广释》(*Dam tshig mdo rgyas*) 和《入大乘论》(*Theg chen tshul 'jug*) 等现存著作中确曾讨论该词及其思想内涵[3]。他在《宝疏》中以如下方式解说善逝藏（= 如来藏）[4]：

所谓善逝藏，意即诸有情皆具菩提因或无漏种子，此为共许。若依甚深（见），则说心之自性为菩提，故为菩提藏。[5]

---

〔1〕不过绒宋巴认为中观的"离戏论"见是其优胜之处，但它不能断除"正世俗"(tathyasaṃvṛti)，此为其不足，以至令倡导该见地者难以建立诸法平等性 (mnyam pa nyid)(《入大乘论》，页 476.17-21)。

〔2〕参见艾默吉 1997，页 242-248（附录 A）和艾默吉 2002，页 75-80 中绒巴美奔所造之绒宋巴著作列表。

〔3〕绒宋巴的一些著作中曾明确提到"如来藏"一词或其语义上的对等词，例如，《宝疏》，页 81.17-18（sems can gyi sems rang byung gi ye shes kyi snying po can yin pa）；同文，页 127.13（bde bar gshegs pa'i snying po）；《三昧耶略释与广释》，页 370.10（de bzhin gshegs pa'i snying po can）；同文，页 382.12（byang chub kyi snying po can）；《杂集》(*gSung thor bu*)，页 107.1（sems can thams cad byang chub kyi snying po can）；同文，页 111.22-23（so so skye bo'i tha mal pa'i shes pa rang byung gi ye shes can du ston pa）；《宗义备忘》，页 220.8（ye nas byang chub kyi snying po can）；《入大乘论》，页 545.1-14；《开光仪轨》(*Rab gnas cho ga*)，页 181.19-20（'gro ba ris drug tha mal pa thams cad ni / byang chub kyi snying po can gyi rang bzhin yin la /）。

〔4〕《宝疏》，页 127.13-15: de la bde bar gshegs pa'i snying po zhes bya ni / thun mong du grags pa sems can rnams byang chub kyi rgyu can zag med kyi sa bon dang ldan pa'o / zhes 'dod do / zab mo ltar na sems kyi rang bzhin nyid byang chub yin pas byang chub kyi snying po'o /。

〔5〕类似的解释也见于其《入大乘论》，页 545.1-14，其中依共与不共大乘对阿赖耶 (kun gzhi, *ālaya*) 一词做了解释（卡尔梅 1988，页 179；施密特豪森 [Schmithausen] 1995，叶 335）。

特别是其所造之《自生智》(*Rang byung ye shes*)，至少在内容上可依密乘观点视为如来藏论典[1]。正如《宝性论》成立有情皆具如来藏，《自生智》也力图“开示凡夫之凡庸识具足自生智”(so so skye bo'i tha mal pa'i shes pa rang byung gi ye shes can du ston pa)[2]。绒宋巴称他专门写作该论之目的在于“令(学人)将(自生智之教法)持为了义”(nges pa'i don du bzung bar bya ba'i phyir)[3]。如前所说，“善逝藏”(=如来藏)一词的确出现在宁玛派大瑜伽、无比瑜伽和无上瑜伽的续典中，不过其频率并不高。然而在宁玛派早期的文献中，“自生智”(rang byung gi ye shes, *svayaṃbhūjñāna*)或“菩提心”(bodhicitta，此处所指为其胜义层面)等其他术语则更为普遍、更受青睐。我们注意到，绒宋巴的兴趣点并未直接针对如来藏，而是主要集中于密乘——尤其是大圆满意义上的“自生智”。例如，如果绒宋巴要征引如来藏经典，他都似乎只是考虑到其中包含有“自生智”一词或其理念，而并不是因为该经宣说如来藏，这或许能解释他为何几乎从未征引如来藏系列经典或者含有“如来藏”一词的段落。因此，笔者的印象是他试图依据“自生智”来解释如来藏理论，而不是像朵波巴那样依据如来藏来解释自生智。

据说龙青巴曾为慈氏五论造一总释论，名为《大宝梯》(*Rin chen thems skas*)(其中包含根本颂与原注)，然而该论已不幸佚失[4]。龙青巴的著作目录中并未列举《宝性论》的释论，但最近发现一部《宝性论》的释论，作者署名为罗珠聪美(Blo gros mtshungs med)，标题为《能显〈大乘无上续论〉了义之宝灯》(*Theg pa chen po rgyud bla ma'i bstan bcos kyi nges don gsal bar byed pa'i rin po che'i sgron me = Rin chen sgron me*)，自从发现该论以来，有些藏土学者即认为罗珠聪美就是龙青巴。笔者尚未见到有任何论证证明《宝灯》为龙青巴所造，且证明罗珠聪美(据说当时名为罗珠聪美的作者不止一人)与龙青巴确为一人。《宝灯》

---

〔1〕见《杂集》，页 111.21-130.6。

〔2〕同上，页 111.22-23,113.13。

〔3〕同上，页 119.6-8,129.8-9。

〔4〕见《三信津梁》(*Dad gsum 'jug ngos*)，页 101.18-20 以及《见即具利》(*mThong ba don ldan*)，页 214.7-9。

可能不是龙青巴所造[1]，尽管如此，龙青巴对如来藏的阐释仍可见于其现存著作的各种细节中，尤其是《宗轮藏》(*Grub mtha' mdzod*)[2]、《大车疏》(*Shing rta chen po*)[3]、《如意藏释》(*Yid bzhin mdzod 'grel*)[4]、《辨察心与智之口诀》(*Sems dang ye shes brtag pa'i man ngag*)以及《句义藏》(*Tshig don mdzod*)[5]，他的其他一些著作中也有提及如来藏或善逝藏以及与其密切相关的问题[6]。

---

〔1〕 将《宝灯》的作者归为龙青巴这一论断似乎是基于以下几个细微的相似点：(1)就宗义而言，罗珠聪美（该释论的作者）与龙青巴一样明确将如来藏释为了义，这一点明显体现于其标题和跋尾的以下评论："是故予依了义教，不辞劳倦释此论（即《宝性论》)"(《宝灯》，页 678.1-2: de slad gzhung 'di nges don gsung rab bzhin / rnam par bkrol ba'i ngal ba 'di byas so /)；(2)就年代而言，龙青巴和罗珠聪美可以处于同一时期。如果与罗珠聪美的讨论促使布顿于 1359 年写下其《能显明、美饰如来藏之庄严》(*De bzhin gshegs pa'i snying po gsal zhing mdzes par byed pa'i rgyan*)(鲁埃格 1966：页 152；1973：页 4-5，注 3，页 149，注 2)，而且罗珠聪美与龙青巴为同一人，这在年代上不会有问题，因为龙青巴（1308—1363）为布顿（1290—1364）同时代之人。(3)罗珠聪美所造释论之标题为《宝灯》，已佚失之龙青巴为"慈氏五论"(byams chos sde lnga)所造"总义"(spyi don)标题为《宝梯》，二者之间有模糊的相似性；(4)罗珠聪美和崔臣罗珠（Tshul khrims blo gros，龙青巴的名号之一）二名亦有一定的相似性；(5)罗珠聪美和龙青巴都曾在桑浦内乌托寺（gSang phu Ne'u thog）学习过。基于以上因素，加上寻找龙青巴著作的热忱愿望，故而导致这部《宝性论》的释论被归在龙青巴名下。另一方面，也有一些因素暗示罗珠聪美和龙青巴并非同一人：(1)龙青巴在其不同的著作中以不同的名字自称，他的诸多名号皆载于其传记（《三信津梁》，页 110.5-21）中，他个人曾提到他的诸多名字，并给出了在某部著作中用某个名字的理由（《法界藏释》，页 209b1-6)。如果罗珠聪美确为龙青巴名号之一，那么至少应在上述其中一个记载中提及此名，事实并非如此，当然也可能他的所有名字并未全部被记录下来。(2)已佚失的龙青巴所造《宝梯》被明确指出是对"慈氏五论"的总释，而罗珠聪美的《宝灯》只是阐释《宝性论》之了义，且龙青巴之著作目录中并未提及《宝性论》之释论，但也不能排除某些著作未被列入该目录的可能性。(3)笔者未能在罗珠聪美的《宝灯》中发现具有龙青巴特殊风格的用词特征，当然一位作者的风格并不一定始终不变，并且我们也缺少一部确证为龙青巴所造的印度论典（śāstra）的释论来和罗珠聪美的释论作比较。(4)该释论在其礼赞（mchod brjod）的偈颂、结尾的赞颂（mjug rtsom）以及正文部分中皆未提及任何西藏上师或著作的名字，故而未能就其作者是否属于宁玛派给出任何提示。虽然现阶段尚不能下一定论，但笔者的印象是该释论很可能非龙青巴所造。

〔2〕 见《宗轮藏》，页 161.3-190.2。

〔3〕 见《大车疏》，页 310.3-350.2。

〔4〕《如意藏释》，e 函，页 9.1-23.2（第一品），waṃ 函，页 151b1-155b5（第十八品）。另见《如意藏》，页 3.2-5.6, 70.5-75.1。

〔5〕《句义藏》，第二品（如来藏周遍之方式 sangs rgyas kyi snying pos khyab tshul)，页 40a6-45a3。参杰玛诺 1992，x & 78。

〔6〕 例如，《十方除暗》(*Phyogs bcu'i mun sel*，页 57b5-58b2 和 316b3-318a6)；《大车疏》(尤其是页 50.4-54.2)；《法界藏释》、《虚幻休息》(*sGyu ma ngal gso*)、《问让炯多杰》(*Rang byung rdo rjer dri ba*)。

米庞关于如来藏的最重要的著作包括他为《宝性论》所写夹注[1]、《狮子吼广说如来藏》《狮子吼开许他空》以及《决定宝灯》。《狮子吼广说如来藏》实际上是对《宝性论》第1品第28颂所作的阐释，其中依三正理成立一切有情皆具佛性，可以说，该论道出了宁玛派对如来藏的"官方立场"[2]。《狮子吼开许他空》[3]是关于他空学说的一部略论，这篇论应该是米庞计划中另一部大论的底本，但他除了作一些准备性的笔记以外，并未将之付诸笔端。该论既无论主之跋，亦未提及造论时间，首尾的偈颂（thog tha'i tshig su bcad pa rnams）皆由协庆嘉察（Zhe chen rgyal tshab, 1871—1926）撰写并添加[4]，其中对本论标题未置一词，"狮子吼开许他空"这一标题可能也是协庆嘉察所加，而非米庞所加[5]。尽管米庞并非如此看待他空见，但他仍在《遣除当秋疑惑论》中继续为他空辩护。[6]我们在他的中观、般若以及大圆满的著作中也能发现对如来藏的进一步论述。米庞所造之《决定宝灯》乃宁玛派之经典著作，其中对宁玛

〔1〕 夹注（mchan 'grel）通常不会涉及具体的义理问题，然而米庞的弟子之一贡桑班丹堪布在米庞圆寂后将其《宝性论夹注》（*rGyud bla'i mchan 'grel*）付梓时（跋尾题记，页556.6-557.1），点明米庞的夹注已经鲜明地展示了他的立场，尽管米庞参考了《宝性论》的印土释论（无著造）以及藏土朵波巴（Dol po pa, 1292—1361）、陀美桑波（Thogs med bzang po, 1295—1369）、仁达瓦（Red mda' ba, 1349—1412）和绒敦（Rong ston, 1367—1449）的释论，但他并未落"现""空"任何一边。参其编辑者题记，页554.5-555.3: de la spyir phyag mchan yod rigs rnams gang la gzigs pa'i rgya bod kyi 'grel pa rnams rang rang gi mjug tu gsal ba las 'dir yang / 'phags pa thogs med dang / dol po / rgyal sras thogs med / red mda' ba / rong ston rnams kyi 'grel pa phyag mchan du gsal na yang / dngos don du rang gar thad ka'i 'grel bar [=par] gang yod mchan du btab pa lta bu ma yin par rgyal tshab chen po nyid kyi dgongs par gang 'byor gyis / gnad don snying po snang stong phyogs su ma lhung ba'i rang lugs gsal por bkod 'dug par gzur gnas dpyod ldan rnams kyis 'grel pa de dag la zhib par gzigs rtog mdzod dang gsal par [=bar] rtogs nges yod pa lags so //

〔2〕《狮子吼广说如来藏》，页563-606.5。与米庞的其他论著不同的是，《狮子吼广说如来藏》乃由其本人亲自修订，该论修订于1891年（铁兔年），即造论后第二十四年（lo skor tshar gnyis）（见《狮子吼广说如来藏》论主跋，页359-378.4）。

〔3〕《狮子吼开许他空》，页359-378.4。

〔4〕 蒋扬罗珠坚赞（'Jam dbyangs Blo gros rgya mtsho）又名协庆嘉察班玛南杰（Zhe chen rgyal tshab Padma rnam rgyal, 1871—1926），米庞的著作主要由他汇编整理，他在《狮子吼开许他空》的跋（页378.2）中提到："（显然，米庞）造此略（稿）以为（正式）论著之种子（或）底本"（rtsom gzhi'i sa bon tsam mdor bsdus gnang 'dug pa）。参佩蒂特1999a，页427。

〔5〕 该论已被译为英文。见佩蒂特1999a，页415-427。

〔6〕 见《遣除当秋疑惑论》，页369.3-375.2。

派关于自空他空等问题之理论与实修的立场都做了明晰的阐释[1]。

六、对宁玛派如来藏立场的评价

路易斯·瓦莱·普森（Louis de La Vallé Poussin）应该是第一个指出在巴利文献中就已存在“理性主义者”和“神秘主义者”立场的西方学者，这两种立场的拥护者之间存在诤论，但也有文献试图调和二者[2]。兰伯特·施密特豪森（Lambert Schmithausen）也类似地对早期佛教经典中解脱与觉悟两个概念做了区分，他将二者分别定性为“肯定性的神秘主义者”（positive-mystical）和“否定性的理智主义者”（negative-intellectualist）[3]。就藏文语境而言，鲁埃格常用“否定法所得的、遮遣的”和“肯定法所得的、开许的”两组术语来分别描述自空（rang stong）与他空（gzhan stong）理论[4]。若依施密特豪森的用词，则西藏传统所认为的属于中转法轮的印度大乘经典——包括般若波罗蜜诸经和龙树的中

〔1〕《决定宝灯》，页 71.1-123.5。至于《决定宝灯》的重要性，可以从迄今为止其释论的数量上见其一斑。（1）《决定宝灯》最早的释论应该是贡桑班丹堪布（1872—1943）所造之《开启慧光》（*Blo snang sgo 'byed*），参佩蒂特 1999a，页 462，注 12。（2）第二个释论是由噶陀堪布努丹钦哲罗珠（Kaḥ thog mkhan po Nus ldan mkhyen brtse'i blo gros）所造（《噶陀寺志》[*Kaḥ thog lo rgyus*]，页 151.15；佩蒂特 1999a，页 8），遗憾的是笔者尚未见到此释论。（3）第三个释论名为《决定宝灯释·无垢光》（*Nges shes rin po che'i sgron me'i rnam bshad 'od zer dri med*），由绰修江白多吉（Khro shul 'Jam dpal rdo rje, 或简称 'Jam rdor）造，该释论由迈索尔（Mysore）郎卓林寺（rNam grol gling）出版，其译文可见于佩蒂特 1999a，页 241-413。（4）第四个释论是由宗萨寺（rDzong gsar）的康玛尔仁钦多杰（Khang dmar Rin chen rdo rje）造，该师为宗萨康协讲经院（Khams bye bShad grwa）的第六任院长（1940 年至 1943 年），（《宗萨寺志》[*rDzong gsar lo rgyus*]，页 199.2：ljags rtsom / tshad ma rigs gter gsal byed dang mi pham nges shes sgron me'i 'grel pa sogs yod do //），笔者也未能见到此释论。（5）第五部——也是最晚近的一部释论是由洛本特确（Slob dpon Theg mchog）造，该师现为甘托克多智寺（rDo grub）的一位不丹籍学者，这部释论题名为《决定宝灯比照释·天鼓之音》（*Nges sgron shan sbyar lha rnga'i sgra*）（佩蒂特 1999a，页 8，页 462，注 11），其内容主要是对教典（lung）的征引，而不是理（rigs pa）的辨析。

〔2〕见瓦莱·普森 1936—1937，叶 189。另见施密特豪森 1981，页 214。

〔3〕施密特豪森 1981，页 223-224，247；鲁埃格 1989，页 8-9，注 6 和 9。

〔4〕例如鲁埃格 1989，页 10。

观“理聚论”(rigs tshogs)——皆为“否定性的理智主义”，而如来藏经典与藏人所认为的同一龙树所造之“赞颂集”(bstod tshogs)则为“肯定性的神秘主义”。然而藏人是如何看待印度经典中的这两系思想呢？他们是将二者视为水火不容、互相排斥，由是择其一而拒另一？还是在施密特豪森定义的保罗·哈克(Paul Hacker)之“包容主义”(inclusivism)[1]意义上择其一，而将另一放在次等的位置？亦或视两个趋势为互补，从而调和折中二者？[2]

我们或可说觉囊派依循的是“肯定性的神秘主义”趋势，主流的萨迦派依循的是“否定性的理智主义”趋势，二者都采取了保罗·哈克所说的“包容式”方式。也就是说，觉囊派虽然承许二转法轮所宣之“自空”，但却将其置于次要的地位，且视之为不了义[3]；同此，萨迦派虽然承许三转法轮所宣之“如来藏”，但却将其置于次要地位，且视之为不了义——至少在依显教确立见地方面的确如此[4]。此外，代表格鲁派主流的克主杰(mKhas grub rje)则试图调和这

〔1〕笔者无论何时谈到哈克的“包容主义”，都是指施密特豪森为其理论所作之定义，亦即“思想辩论的一种方法，在辩论中承许对方的教义，但却将其降级于一较次的地位，或者给其作出一个合适的重新诠释，其目的并非调和折中，而是要压倒其他教义及其倡导者。”(施密特豪森 1981，页223)。鲁埃格(1989，页9，注9)也引用了这个定义。关于“包容主义”的更多细节，见欧巴汉马(Oberhammer) 1983 和哈尔布法斯(Halbfass) 1995，页 10-12。

〔2〕依照施密特豪森为哈克的“包容主义”学说所作的定义，笔者将“包容式”的方法与“折中式”或“调和式”的方法区别开来，并视二者完全相反。由是，试图通过将自空与他空视为平等互补从而调和二者的传统可视为依循“折中式”或“调和式”的方法，而贬低其中一方并视其为不了义者，则可视为依循“包容式”的方法。

〔3〕朵波巴以两种方式降低二转法轮自空教法的地位：(a)二转法轮中被视为自空的无常世俗诸法(包括道上诸法)皆住于真实(don la gnas)，但他认为此自空为世俗自空(或世俗空性)，且不符合他所说的胜义他空(或胜义空性)之标准(《山法了义海论》页 155.10-12)，因为唯有胜义可称他空，唯有他空可称胜义(同上引，页 308.12-15)。(b)恒常胜义之法实为他空，故为了义。由是，应将二转法轮所说之“法界以法界空”(chos kyi dbyings ni chos kyi dbyings kyis stong)释为不了义(《山法了义海论》。页 279.6-9: 'khor lo bar ba'i [=pa'i] gzhung gzhan dang gzhan du yang / rang stong ma yin pa la rang stong du gsungs pa thams cad drang don dgongs pa can nyid du khong du chud par bya ste / legs par rnams par phye ba'i man ngag thun mong ma yin pa'i sgron me la brten nas so //)。另见同书，页 284.9-16。参斯特恩斯 1999，页 3。

〔4〕《三律仪判别》(*sDom gsum rab dbye*)，颂 1.138-142，见罗顿(Rhoton) 2002，页 58(翻译)，页 285(文本)。另见斯特恩斯 1999，页 269-270，注 129，以及杰克森(Jackson) 1987，页 267，336。

两种潮流，但他真正寻求的是空掉如来藏本具的佛功德、充之以心识之无实有，且仍保留其如来藏之名，从而重新给如来藏作还原论式的（reductionistic）诠释。克主杰的确没有否定或者贬低如来藏教法，他甚至视《如来藏经》等大乘经典与二转法轮的经典（比如般若波罗蜜多一系的经典）为同分（phyogs mthun），且为了义。在他看来，主说《如来藏经》等大乘经典意趣的《宝性论》之密意为应成见（dgongs pa thal ’gyur du gnas）[1]。然而，他认为如来藏只是成佛的一个特定的因（rgyu），而佛果是“（心识之）空性，亦即心识之无实有”（sems bden par grub pas stong pa’i stong nyid）[2]。因此，笔者不像鲁埃格那样将其视为对两种趋势的调和[3]，而是相信克主杰的观点符合“包容主义”之定义，因为他虽未在字面上贬低如来藏，但是在思想内涵上却仅将其视为心识之无实有。是故，萨迦派主流、觉囊派以及格鲁派主流事实上都在试图采用一种包容式的方法，从而解决印度佛教中“肯定性的神秘主义”和“否定性的理智主义”两个对立面之间的紧张关系，但三者的方式都各不相同。

宁玛派又是如何处理印度的“肯定性的神秘主义”和“否定性的理智主义”以及藏土的自空与他空的呢？对此，他们以两种方式来处理，其一与“肯定性的神秘主义”和“否定性的理智主义”趋向有关，其二与自空和他空问题有关。针对第一个问题，他们试图调和印度的“否定性的理智主义”和“肯定性的神秘主义”，前者以般若诸经与中观“理聚论”为代表，后者以如来藏经典、“赞颂集”以及弥勒—无著一系的《宝性论》与《宝性论释》等论著为代表。他们并未重新阐释印度佛教中这两种趋向的内容，没有贬低其中一者并将其判为不了义，也未将如来藏之功德仅视为非实有，而是如实地认许其教法。对他们而言，两种趋向的差别在于

〔1〕《密续部总建立》（*rGyud sde spyi rnam*），页 96.13-23: rgyud bla ma … rang lugs la rje rin po che’i bzhed pas / bka’ bar pa’i phyogs mthun gyi mdo / bde gshegs snying po’i mdo … la sogs pa’i dgongs pa gtso bor ’grel la / dgongs pa thal ’gyur du gnas shing / ’phags pa thogs med kyis kyang thal ’gyur du bkral bar bzhed … /。

〔2〕《密续部总建立》，页 52.1-8: bde bar gshegs pa’i snying po ni / … sems bden par grub pas stong pa’i stong nyid de la sems kyi chos nyid rang bzhin rnam dag ces bya ste / de yang glo bur gyi dri ma dang ma bral ba’i gnas skabs kyi sems kyi chos nyid rang bzhin rnam dag de la bde par gshegs pa’i snying po’am / rang bzhin du gnas pa’i rigs / zhes bya’o //

〔3〕 见鲁埃格 1968，页 506；鲁埃格 2000，页 81。

各自的侧重点，也就是说“否定性的理智主义”趋向强调空分（stong pa'i cha），而“肯定性的神秘主义”趋向强调明分（gsal ba'i cha）。作为唯一实相的两个层面[1]，空性与光明之教法皆可视为了义[2]。例如，绒宋巴在注释《秘密藏续》长标题中的“秘密藏”（gsang ba snying po）、“真实”（de kho na nyid）以及“决定”（nges pa）时，从本体论和认识论两个方面对“真实”作了解说，且认为本体论和认识论上的“真实”都是“决定”和“了义”的[3]。此外，常被说为“自生智”的

〔1〕一基（gzhi）、一乘、一道（lam）以及一果（'bras bu）之说似乎都基于唯一胜义谛之说，这一教义前提亦为宁玛派所接受，因此他们不能也未曾对大乘诸宗（无论是如来藏系统、应成中观系统，还是大圆满系统）中阐释和主张“二谛无别”之胜义谛作定量或定性的判别。因此，就本体论而言，无论将不共大乘之真实了义（nītārtha）施设为何种名言（例如“如来藏”或“离戏论”），它都是指“二谛无别”。绒宋巴显然是将“二谛无别”等同于“如来藏”（《杂集》，页 30.5-7）：“是故，将二谛无差别之方式以及别别承许二谛之方式皆为清净法界（dharmadhātuviśuddhi），应将其视为如来藏，亦即诸法之自性”（de bas na bden pa gnyis dbyer med pa'i tshul dang / bden pa gnyis su 'dod pa'i tshul nyid kyang / chos kyi dbyings rnam par dag pa gang yin pa de nyid / de bzhin gshegs pa'i snying po chos thams cad kyi rang bzhin yin par gzung dgos so //）。龙青巴（《如意藏》，页 74.1-3）视“如来藏”和般若与中观所说之“离戏论”为异门（ming gi rnam grangs）。与此相似，米庞与其《澄水宝珠》（*Ketaka*，页 30.4）中明确地将如来藏等同于二谛无别：don du khams bde gshegs snying po'am yang dag pa'i mtha' chos dbyings snang stong zung du 'jug pa'i de bzhin nyid。米庞认为应成见之不共性在于其从一开始就建立二谛无别（《如意藏难点明释》[*dKa' gnad ci rigs*]，页 550.3：thal 'gyur bas bden gnyis dbyer med kyi chos dbyings tha snyad kun bral nyid dang po nas gtan la 'beb par byed do //）。

〔2〕关于龙青巴的阐述，参《大车疏》，nya 函，页 685.6-688.2。米庞曾提出“依清净所见名言量”（dag pa'i gzigs pa la brten pa'i kun tu tha snyad pa'i tshad ma）的学说，该学说可追溯至绒宋巴的一些独创性理念，就解决二、三转法轮之间的紧张关系以及将观察智视为了义的困难而言，该学说实不可或缺，然而这些问题实非本文之所及。

〔3〕《宝疏》，页 57.5-8: chos thams cad kyi de bzhin nyid ni rtag tu ji ltar [= lta] ba bzhin nyid de / 'di la 'gyur ba med pas de kho na nyid ces bya'o // de rtogs pa'i ye shes kyang don mthun par skye ste / 'di la bslu ba med pas de kho na nyid ces bya'o //；同上引，页 57.21-24: nges pa zhes bya nges pa'i don te / 'di ltar rgyal ba rnams kyi dgongs pa brgyud de drang ba'i tshul gyis 'gro ba chud mi gson pa'i thabs su gsungs pa lta bu tsam ma yin gyi / nyid kyis ji ltar thugs su chud pa'i don skal ba ldan pa rnams la tshig gzugs por bstan pa yin pas nges pa zhes bya'o //

胜义谛也被视为了义[1]。由此，两个趋向即被视为互补[2]，尽管如此，虽然这一方法在总体上可说为宁玛派的特色，但笔者的印象是绒宋巴倾向于“否定性的理智主义”[3]，龙青巴倾向于“肯定性的神秘主义”[4]，而米庞则力求平衡印度

〔1〕 见《杂集》，页 119.5-7，其中有云：“因此，凡夫之凡庸心识亦具自生智（svayaṃbhūjñāna），此说法并非具密意（abhiprāya）之语（亦即为不了义），而是直接之明说，是故当知此义为真实”（de ltar na so so skye bo tha mal pa'i shes pa'ang rang byung gi ye shes can no // zhes gsungs pa 'di'ang dgongs pa'i tshig ma yin te / gzugs por gsungs pa nyid yin pas / don 'di yang mtshan nyid pa yin par shes par bya'o //）。另见同文，页 123.21-124.3。

〔2〕 米庞常常力图于龙树论典以及弥勒—无著一系论典的见地之间寻求平衡，龙树被视为佛法之甚深分（zab pa'i cha）的阐释者，无著则被视为广大分（rgya che ba'i cha）的阐释者。参《中观庄严论释》，页 13.6-14.1, 48.3-4；《决定宝灯》，页 82.5: klu sgrub lugs dang byams pa'i gzhung // phan tshun bu ram sbrang rtsi bzhin // 另见《狮子吼广说如来藏》，页 564.4-565.3: de yang ston pa bde bar gshegs pas gsung gi skabs la lar stong pa nyid bstan pa'i sgo nas bde gshegs snying po'i ngo bo gsal bar mdzad /la lar stobs sogs kyi yon tan ye ldan du bstan pa'i cha nas bde gshegs snying po'i rang bzhin gsal bar mdzad de / de gnyis 'gal med zung du 'jug pa dgos kyang / bden gnyis dbyer med pa'i gnad zab pa las shing tu zab pa la yid ches rnyed pa'i dbang gis la las bde gshegs snying po ngo bos mi stong pa'i rtag par blta / la las ni stong rkyang tsam la bzung nas sku dang ye shes kyi yon tan 'bral med ye ltan du bzhag tu med pa'i chad lta skur 'debs kyi phyogs stong pa nyid dang / tha mar bstan pa'i sku dang ye shes dag snang stong zung du chud par bya dgos pas / 'khor lo bar pa dang tha ma'i nges don gyi skor rnams dbye gsal [= bsal] med par gnyis ka nges don du kun mkhyen klong chen rab 'byams kyis bzhed pa 'di kho na ltar gzung bar bya ste / de gnyis gcig nges don byas na gcig drang don bya dgos pa'i 'gal ba med pa ma zad /zung du tshogs par byas nas bde gshegs snying po de lta bu la rgyu rgyud kyi don du byas nas rdo rje theg pa'i man ngag gi gnad 'byung bas sangs rgyas kyi bstan pa de dag gnad gcig tu 'bab par shes par bya dgos shing / mthar thug gi don 'di la klu thogs rnam gnyis sogs 'phags pa rnams dgongs pa gcig ste chos dbyings bstod pa dang sems 'grel la sogs pa dang / rgyud bla ma'i 'grel pa sogs kyis gsal bar rtogs pa'i phyir ro // 此外，可参《宝性论夹注》，页 371.5-372.4, 381.2-382.5；《莲师七句祈请文释》，页 321.6-323.5。

〔3〕 虽然绒宋巴明确地寻求证明凡夫之凡庸识本具“自生智”，而且他的大圆满著作中也明确具备如来藏学的核心宗义特征，但他却几乎未曾提及基位法尔本具之功德。不过，他在大圆满意义上将“自生智”等同于如来藏或菩提心，且在基（gzhi）、道（lam）、果（'bras bu）中皆无变易，因此他对于究竟果的观点（关于这一点有充足的材料）也可以帮助我们理解他对如来藏的观点。关于这一点，艾默吉正在研究绒宋巴对于佛地上是否存在智的立场，该研究很有价值。

〔4〕 龙青巴对如来藏的阐释总体上非常正面，而且表明他主要是与减损如来藏的阐释作辩诤，他的“肯定性的神秘主义”倾向或许正是他常被认为和朵波巴站在一条线上的原因（参页 248，注 1）。

佛教文献中的两种趋势以及绒、龙二尊者的见地，从而做出调和与折中[1]。

宁玛派处理藏土的自空与他空问题的方法则在很大程度上属于（保罗·哈克所定义的）“包容式”，该派认为以如来藏为“实有”或自性不空（ngo bo mi stong pa）的见地和视如来藏为断灭空（stong pa phyang chad）或否定其功德的见地都站不住脚[2]。对该派学者而言，马上无牛和如来藏上无客尘垢染诚然皆为“他空”，但这样一种空性观实在太过浅显平庸，且与般若与中观的“离戏论”见毫无关系。因此，他们认为这样的他空见并不符合空性（亦即中观见的空性）的标准（stong go mi chod），对这样一种空性的证悟没有解脱学上的关联和价值[3]。例如，绒宋巴在解释《秘密藏续》中的“自性甚秘密”（ngo bo nyid kyis rab tu gsang ba）一语时，指出诸法自性空（ngo bo nyid kyis stong pa），但因学人误将其视为他空（gzhan gyis stong pa），遂成秘密。虽然绒宋巴对“他空”的解释并非基于术语学，但却表明他认为这样一种空性观是迷乱而有缺陷的[4]。同

[1] 关于对佛地（sangs rgyas kyi sa）的理解，康区贡觉县（Go ’jo）然果寺（Rag mgo）当代第十二任法主然果秋珠（Rag mgo mchog sprul）也认为米庞调和了绒宋巴的体性（ngo bo）“离戏论”理念和龙青巴的自相（rang bzhin）光明理念。参《经教海》（*Lung gi rgya mtsho*），页 376.4-6，其中有云：rang [= rong] zom chos kyi bzang pos ngo bo spros bral ka dag gi gnad bshad pa dang / kun mkhyen chen pos rang bzhin ’od gsal lhun grub kyi gnad bshad pa dang / mi pham ’jam dpal dbyangs kyis de gnyis kyi gdongs gnad gcig tu dril te ’chad tshul lo //

[2]《狮子吼广说如来藏》，页 567.2-4: bde gshegs snying po ngo bo mi stong pa’i bden grub brtag [= rtag ?] pa dang / yon tan med pa’i stong pa phyang chad du ’dod pa gnyis ka sgrub byed med la gnod mthong zhing / ngo bo stong pa dang rang bzhin yon tan ye ldan gyi snying po ’gro ba’i khams na yod pa la / gnod byed med cing sgrub byed yang dag yod par mthong ngo //

[3] 然而，从朵波巴的立场看待这个问题也很重要，朵波巴认为自空并不符合真实空性的标准（《山法了义海论》，页 155.10-12），正如（对他的论敌而言）他空并不符合真实空性的标准。

[4]《宝疏》，页 127.5-7: chos thams cad ngo bo nyid kyis stong pa yin pa la / gzhan gyis stong par mthong pas ji ltar snang ba rang gi ngo bo nyid kyis stongs par ma rtogs pas ngo bo nyid kyis rab tu gsang ngo // 参《决定宝灯》，页 77.1: spyir na gzhan gyis stong pa de // stong go nges par mi chod de // rta la ba lang ma grub kyang // rta de stong bar [= par] ga la nges //（另参佩蒂特 1999a: 197-198）。亦可参《狮子吼广说如来藏》，页 590.3: rang gi ngo bo ma stong na chos gzhan gyis stong pa yod kyang stong go mi chod de /。欲明其详，参同文，页 589.4-591.4 以及《佛语总集大宝箧》（*gSung sgros*），页 437.6-438.1: chos rang ngos nas ma stong pa chos gzhan gyis stong pa ni ’jig rten pa’i stong tshul yin gyi don dam rnal ’byor pa’i spyod yul ga la yin ste / bum pa yod pa dang / de la snam bu med pa / gnag gi rwa yod dang / de steng ri bong gi rwa med pa lta bus / kun rdzob tu yod pa’i chos rnams stong pa’i go ga la chod /。

样，宁玛派认为“无实有”意义上的自空是唯空（stong rkyang），故非中观师[1]所建立的究竟空性，亦不能等同于如来藏[2]。对他们而言，自空和他空本来只是两种考察的模式，亦即“无遮”（med dgag）、“非遮”（ma yin dgag）或“破立”（dgag sgrub），彼等唯能于识境中成立，而本初真如则离自空与他空之相对、离开遮、离破立、离遮遣与安立（bsal gzhag）[3]，由是，宁玛派将自空与他空双双置于次要地位。故而从这个角度而言，既不可将他们判为他空师，也不可将他们判为自空师。然而米庞认为，宁玛派在考察的方式上倾向于带有自空色彩的“无遮”，因此就方法论而言，可视其主张为自空见[4]。

---

〔1〕 米庞认为，月称等应成派中观师力图通过遣除对二谛的最后一分微细执著以及对二谛的分别，从而建立“离戏论”或“二谛无别”（《中观庄严论释》，页 62.6）。对米庞而言，唯将“无实有”视为究竟空者，即如将林中猿猴视为天人（《狮子吼广说如来藏》，页 570.5-571.2）。龙青巴也并不将唯空或无我视为究竟空性（《大车疏》，nya 函，页 330.6-331.1: khyed kyi bdag med pa dang / stong pa nyid la zhen pa'ang bdag dang mi stong pa'i gnyen po tsam yin gyi nges pa'i don ni ma yin te / ；同书，页 332.6-333.2: 'di ltar stong pa nyid kyang snang ba'i chos can snang dus nyid nas gcig dang du mar 'dzin pa'i spros pas stong pa dang / rang rang gi ngo bos stong pa me long gi gzugs brnyan lta bu la brjod kyi / mthar thams cad ci yang med pa dang dang po dang da lta med pa nyid 'khrul par snang ba ltar ma yin te /）。

〔2〕《狮子吼广说如来藏》，页 567.5-572.2, 591.4-593.4。此外，对米庞而言，无常或有为之如来藏是无法接受的。参同文，页 593.4-600.3。

〔3〕 见《决定宝灯》，页 75.2-3: de gnyis blo yis brtag [= btags?] pa tsam // don la gnyis kar [= ka?] khas mi len // dgag sgrub gnyis dang bral ba yi // blo 'das gdod ma'i chos nyid yin //，同文，页 119.2: med dgag ma yin dgag sogs dang // tha dad dang ni snang stong sogs // ris su chad pa med pa ste /。参见同文，页 111.3-4: dgag sgrub spros kun bral bas na // gnas lugs don bzhin chos kun kyang // khas blang rigs pas min [= mi?] grub phyir // gang du khas ni len mi byed //（佩蒂特 1999a，页 196）；《中观庄严论释》，页 271.2-3。

〔4〕 绒宋巴（《入大乘论》，页 458.19 及以后）在讨论大圆满关于“迷乱显现”（'khrul snang）的观点时，指出大圆满系统既不遮破本然之“显现”（snang ba），亦不承许彼具有任何性相（mtshan nyid）。对他而言，任何人皆不能辩破直观而明确的“显现”，故而显现本身非诤论立足处。（同文，页 459.1-2: thun mong gi dbang po'i mthun snang 'di la snang mi snang ni su'ang mi rtsod do）。诤论点在于此显现之表面下是否另有他法，若有，其为何者？换言之，诤论点在于“显现”之“性相”的“是”（yin pa）和“有”（yod pa）（同文，页 461.2: de'i mtshan nyid ji ltar yin pa dang ji ltar yod pa la rtsod do）。而后，他阐释了不同的宗义系统如何运用“破立四法”（dgag sgrub bzhi'i tshul）来成立自宗并破遣他宗。在讨论中观的破立方式时，他指出中观师并不主张非遮（ma yin dgag pa）。见同文，页 465.2-5: de la dbu ma'i tshul las / ji ltar rnal 'byor spyod pa rnams kyis don dam pa'i mtshan nyid du yod pa dang yin par lta ba de dag ni / kun du [= tu] brtags [= btags?] pa ste gtan myed do zhes myed par 'gegs par byed / ma yin par dgag par [= pa?] bsgrub par bya ba'i don dam pa ni dbu ma pa mi sgrub bo // 另见《决定宝灯》，页 75.3: stong tshul kho nar bsams nas ni // dri ma med dgag nyid yin te //（英译见佩蒂特 1999a，页 196）。

不过，宁玛派处理藏土自空他空问题的方法并非始终是“包容式”，在有限的程度上也可将其视为调和式。龙青巴和米庞一样常常论及藏土诸宗[1]间的相融性，尽管米庞知道觉囊派和格鲁派的见地都非常激进，但他仍然试图调和这两个看似水火不容的见地[2]，对他而言，觉囊派和格鲁派是殊途同归。觉囊派强调肯定的一面，格鲁派强调否定的一面，他认为此二者之差别只是前者为建立（sgrub）涅槃之方便（thabs, *upāya*），后者为摧破（'joms）轮回之方便[3]。施密特豪森和鲁埃格等现代学者将这两种方式分别称为“卓越法”（via eminentiae）和“否定法”（via negationis），二者皆可于印度大乘佛教中见其发端[4]。笔者不认为米庞的调和式处理只是模糊或消除既有差异的策略方便，尽管双方（指觉囊派和格鲁派——译者注）都常常忽视掉一个彼此皆承许的共通点，但米庞却发现了这一点，他认为朵波巴承认根本定中所觉之真实离诸戏论[5]，因此，如果根本定中所觉乃究竟真实，那么即便对朵波巴而言，究竟真实亦为“离戏论”。朵波巴的确曾明确指出行人在等引位（mnyam bzhag）依二转法轮安住于“离戏

〔1〕 见胡卡姆 1991，页 136。

〔2〕 米庞调和这两个看似截然不同的观点之意图也曾被德莱弗斯恰当地点出，见德莱弗斯 2003，页 321。

〔3〕《中观庄严论释》，页 72.2-4: 'on kyang med pa dang yod pa'i phyogs re re rtsal du bton pa'i gzhung rnams kyang kun nyon phyogs 'joms pa dang / rnam byang phyogs sgrub pa'i thabs mkhas khyad par ba yin kyang / mthar thug gi gnas lugs la de kho na ltar sgrub pa ni ma yin te / dper na / srid pa'i sdug bsngal la 'jigs pa'i yid dang / zhi ba la dga' ba'i yid gnyis / las dang po pas bskyed dgos pa yin kyang / byang sems bdag nyid chen po rnams kyis srid zhi mnyam pa nyid du gzigs pa'i skabs na / 'khor 'das la 'jigs sred kyang spang dgos pa bzhin no // 早期佛教试图在解脱慧的内容与结果之间建立心理上的合理联系，对此问题的考察，见施密特豪森 1981，页 214：“因为明显主要有两种可能性（当然应承认结合此二者之可能性）：在一个合乎心理的过程中，对贪的寂息可经由两种方式，要么证悟世俗界的负面与可厌（亦即证悟苦谛 [duḥkhasatya]），要么证悟世俗界息灭后的寂静与安乐（亦即涅槃，事实上很容易将其视为灭谛 [nirodhasatya] 之义），实际上我们在经典中还可以发现另外两种关于解脱慧的描述或理论的模式，每一种分别与上述两种可能性相对应。”

〔4〕 见鲁埃格 1989，页 42-43。

〔5〕《中观庄严论释》，页 71.5-6: rtogs pa'i dbang phyug dol po pas kyang / rjes thob shan byed pa'i shes rab kyis dpyad tshe / mthar 'bras sku dang ye shes kyi rang bzhin bde gshegs snying po nyid rtag brtan zhi ba g.yung drung gi bdag nyid mi bslu ba'i bden pa dam pa yin cing / mnyam gzhag [= bzhag?] la zlo ba'i tshe na spros pa kun bral bsgom par gsungs pa'ang shing tu gnad zab cing /。

论”境界，在后得位（rjes thob）则依三转法轮及金刚乘而行了别[1]。与此相类，宗喀巴认为只要行人将“缘起（法之）显现”（snang ba rten ’byung）与其空性（stong pa）割裂开来，其见地就未达究竟。只有同时现见（诸法之）显现与其空性，方能圆满其见地。米庞曾用宗喀巴的这一观点来证明宗喀巴视究竟实相为“现空双运”（snang stong zung ’jug），而非宗喀巴著作的阐释者们所强调的唯空、无实有[2]。对米庞而言，“现空双运”同于“离戏论”，因此他认为朵波巴和宗喀巴二者与诸多印藏学者和圣者一样承许同一个胜义谛，讽刺的是，激烈的净论与调和都基于此胜义谛[3]。

〔1〕《山法了义海论》，页 138.20-139.1: de’i phyir ’khor lo tha ma gnyis dang / rdo rje theg pa’i don gcig mod kyi nyams su len pa na / la zlo ba chos nyid zab mo la ’khor lo bar ba [= pa] dang mthun par rtog med spros bral du mnyam par bzhag nas / rjes thob shan ’byed pa’i tshe chos rnams la yang dag par so sor rtog pa na ’khor lo tha ma dang rdo rje theg pa las gsungs pa bzhin du legs par rnam par phye ste ngo sprad na theg pa chen po’i gsung rab thams cad kyi don zab mo nyams su len pa tshang [= tshang la] ma nor zhing yongs su dag pa nyid du ’gyur ro // 参同文，页 255.8-13, 259.20-261.21, 337.21-24。

〔2〕米庞对宗喀巴的态度是矛盾和调和相杂的。米庞常常声称宗喀巴的究竟见是“离戏论”或“空性与缘起（pratītyasamutpāda）显现双运”。《极明辩答》（*Rab gsal brgal lan*），页 289.6-290.1，416.5-418.6，420.2-421.4。然而仍需注意的是，米庞对宗喀巴见地的态度比对大部分格鲁派论师见地的态度更充满调和性，少数的几个例外中有一位即章嘉若必多吉（lCang skya Rol pa’i rdo rje, 1717—1786）。参《见地道歌释》（*lTa ba mgur ’grel pa*），页 838.6-849.5；《佛语总集大宝箧》，页 541.3-4: bdag pa ’di dag rje bla ma la brjod do snyam du bsam par mi bya ste / de’i dgongs pa zab pas nged cag gi yang bla mar ’dzin pa’i phyir ro // 另见同文，页 546.3-547.2。有关宗喀巴“空性与缘起显现双运”的见地，其常被引用的论著即《三主要道论》（*Lam gtso rnam gsum*），米庞即常引此论。另可见米庞之《中观庄严论释》，页 71.2-4。

〔3〕绒宋巴也论及佛陀教法之唯一一味；见旺秋 2002，页 287-288 和佩蒂特 1999a，页 90。这种趋向也可见于龙青巴的一些著作，例如《禅定休息》（*bSam gtan ngal gso*）页，23.6-24.1，及其释论《清净车疏》（*Shing rta rnam dag*），页 119.3-5，其中将般若、中观、希解、大手印、大圆满等而视之。另见《如意藏释》，waṃ 函，页 840.2-3。此外，还可参米庞之《中观庄严论释》，页 69.5-72.2 和《决定宝灯》，页 931.1-5。在此“调和”的语境下，尤须注意的是米庞对“佛与得成就者密意同一”（sangs rgyas dang grub thob dgongs pa gcig）一语的运用，该语可追溯至萨迦班智达的《显明能仁密意》（*Thub pa dgongs gsal*），页 59a5。参《见地道歌释》，页 851.4-854.1。

七、结论

接下来，笔者将用几句话指出宁玛派对如来藏学说的阐释与藏土他宗之异同，以此总结其立场。宁玛派对“离戏论”的理解几乎完全同于萨迦派〔1〕；在视如来藏之功德为了义方面，其与觉囊派相类〔2〕；在承许法尔空性和如来藏为了义方面〔3〕，其与格鲁派相类。虽然后期宁玛派阐释如来藏的立场与主流格鲁派近似，其内质实为主流萨迦派和觉囊派的结合。不过与萨迦派不同的是，宁玛派并不以如来藏教法为不了义；与觉囊派不同的是，他们既不以二转法轮为不了义，也不将如来藏谛实为一个实体〔4〕；与格鲁派不同的是，他们并不将如来藏唯视作心识之无实有。尽管他们在方法论上倾向于自空，从而自判为自空师，但

---

〔1〕 例如，可以将萨迦班智达的《三律仪判别》（*sDom gsum rab dbye*）中颂 3.255 所说：pha rol phyin pa'i spro bral las // lhag pa'i lta ba yod na ni // lta de spros pa can du 'gyur // spros bral yin na khyad par med //（罗顿 2002，页 129 和 308）与米庞于其《决定宝灯》（页 88.6-89.1）中相似的解说作比较。

〔2〕《山法了义海论》，页 157.20-158.1；鲁埃格 1969，页 503。

〔3〕 鲁埃格 1968，页 506。

〔4〕 我们可以发现绒宋巴承许如来藏、“自生智”或“二谛无别”皆为了义，但是如果将如来藏甚或“离戏论”置于中观之下进行考察，在绒宋巴看来，彼等皆不堪受“正理之力”（rigs pa'i dpung）。见《杂集》，页 124.6-7: ye shes de'ang rang 'byung [= byung] yin la / rang 'byung [= byung] gi ye shes de nyid kyang yang dag par ma grub na / 'di'i rol pa'i dkyil 'khor lta ga la grub / ces kyang rtogs shing goms par byas nas / ;《入大乘论》，页 521.8-10: spros nye bar zhig bsgrub du [= tu] 'ang myed pas / myed pa'i myed pa'ang myed ces smos so // de ltar mtha' myed na dbus kyang mi 'grub la dbus la gnas pa'ang mi 'grub bo // 笔者不太清楚觉囊派自身是否视如来藏为实体或实有之真实，也不清楚这是否是他们的论敌给他们定的“过失”（thal ba），笔者认为这一点对我们理解觉囊派的立场起着决定性的作用，如果该过失是因承许如来藏为常（nitya）、坚（dhruva）、乐（śiva）、不变（śāśvata）甚至是我（ātman）而产生，那么我们就应该仔细研究觉囊派的解释。笔者认为朵波巴对如来藏无坏性的承许及其“如来藏之功德不空”的声明并不就意味着他视如来藏为“实有”。如果朵波巴对如来藏无坏性的承许就表明他承许如来藏之“实有”，那么就没有理由否认任何承许“法性”（dharmatā）的无坏性者也承许了法性之“实有”。例如，克主杰也承许如来藏的无变易性（《密续部总建立》，页 52.16-18: rang lugs la yang bde gshegs snying po dang ngo bo nyid sku'i rnam grangs de dag / 'dus ma byas shing dngos po med pa / rtag brtan ther zug yin gyi / bden par grub pa ni ma yin no //）。同样，朵波巴关于“如来藏之功德不空”的承许也并不意味着他以如来藏为“实有”，因为他所理解的“空”（śūnya）只是“无有”（devoid），而非中观意义上的空，换言之，他所要阐明的只是“如来藏具足功德”而不是如来藏之“实有”。就笔者的印象而言，朵波巴承许“根本定中离戏论”实际上表明朵波巴并不以如来藏为实体或“实有”的真实。然而这一问题尚待进一步的研究。

他们视如来藏（他们将如来藏等同于大圆满意义上的“自生智”或基 [gzhi]）超越自空他空的名言相对，其体性为空（ngo bo stong pa），自相为明（rang bzhin gsal ba），且任运成就大悲周遍（thugs rje kun khyab）[1]。

缩写及征引书目

缩写

D　《宁玛版德格〈甘珠尔〉和〈丹珠尔〉》（*The Nyingma Edition of the sDe dge bKa' 'gyur and bsTan 'gyur*），奥克兰：正法出版社（Oakland: Dharma Publication），1981 年。

DK　《顶果钦哲全集》（*The Collected Writings (bka' 'bum) of Dil mgo mKhyen brtse*），德里：协庆出版社（She chen Publications），1994 年【引用时使用其长条页的阿拉伯数字页码】。

DzD　《龙青七宝藏》（*mDzod bdun by Klong chen pa*），锡金（Sikkim）甘托克（Gangtok）：多智钦仁波切（Dodrup Chen Rinpoche）[重印于廷布（Thimphu）：不丹国家图书馆（National Library of Bhutan）]。

MK　《米庞全集》（*Mi pham bKa' 'bum*），德格版。

NG　《宁玛十万续》（*rNying ma rGyud 'bum*），禅扎（mTshams brag）版。

NK　《龙青巴之三休息论》（*Ngal gso skor gsum by Klong chen pa*），锡金甘托克：多智钦仁波切（重印于廷布：不丹国家图书馆）。

P　铃木大拙（Daisetz T. Suzuki）编，《西藏大藏经》（北京版），东京－京都（Tokyo-Kyoto）：西藏大藏经研究会（Tibetan Tripitaka Research Institute），1955—1961。

---

〔1〕 例如，龙青巴之《大车疏》，nya 函，页 342.1-4 有云：gdod ma'i sems nyid 'od gsal ba stong gsal rang byung ye shes ngo bo stong pa'am nam mkha' lta bu / rang bzhin gsal ba nyi zla lta bu / thugs rje'i mdangs 'char tshul ma 'gags pa me long g.ya' dag pa'i ngos lta bu / chos sku longs sku sprul gsum gyi rang bzhin / bde bar gshegs pa'i snying po 'khor 'das gang du'ang rgya chad dang phyogs lhung med pa'i ngang nas / ngo bos stong pas 'char sgo phye / rang bzhin gsal bas rang byung gi 'od lnga yul du snang / thugs rje rig pa ye shes dpyod byed shes par skyes pa las 'khrul par 'dod de / gsang snying las / e ma'o bde gshegs snying po las // rang gi rnam rtog las kyis 'khrul // zhes so //

RS　《绒桑曲松文集》(*Rong zom chos bzang gi gsung 'bum*)，1-2 册，成都：四川民族出版社，1999 年。

Taishō 戴密微（Paul Demiéville）等编，《中日佛教经典全目・大正新修大藏经》(*Répertoire du Canon Bouddhique Sino-Japonais. Taishō Shinshū Daizōkyō*)，法宝义林（Hōbōgirin）别册，巴黎－东京（Paris-Tokyo）：亚德里安・麦松奈文美洲和东方书店——日法会馆（Librairie d'Amérique et d'Orient Adrien-Maisonnneuve – Maison Franco-Japonaise），1978 年。

原文献

- 《央掘魔罗经》(*Aṅgulimālīyasūtra*) P 879; D 213; 大正 . 120 。
- 《乐芽续》(*bDe ba'i myu gu*) 《菩提心乐芽续》(*Byang chub kyi sems bde ba'i my gu*)，收 NG，ka 函，页 628-634。
- 《甘露光明》(*bDud rtsi'i snang ba*) 顶果钦哲，《度母心髓支分——无垢友上师修习加持精要道之圆满导引文・加持甘露光明》(*'Phags ma'i snying thig gi cha lag bi ma la'i bla sgrub byin rlabs bdud rtsi'i snang ba*)，收 DK，pha 函，页 1-104。
- 《修部八教释》(*bKa' brgyad rnam bshad*) 米庞，《吉祥修部八教总义释・悉地藏》，收 MK，第 21 函，页 1-205。
- 《甘珠尔目录》(*bKa' 'gyur dkar chag*) 司徒・曲吉迥乃，《德格甘珠尔目录》(*sDe dge'i bka' 'gyur dkar chag*) =《大藏经〈甘珠尔〉总目录》(*bDe bar gshegs pa'i bka' gangs can pa'i brdas drangs pa'i phyi mo'i tshogs ji snyed pa par du bsgrubs pa'i tshul las nye bar brtsams pa'i gtam bzang po blo ldan mos pa'i kunda yongs su kha bye ba'i zla 'od gzhon nu'i 'khri shing*)，成都：四川民族出版社，1988 年。
- 《开启慧光》(*Blo snang sgo 'byed*) 贡桑班丹（Kun bzang dpal ldan），《〈决定宝灯〉词义简明释・开启慧光》(*Nges shes rin po che'i sgron me'i tshig gi don gsal ba'i 'grel chung blo gros snang ba'i sgo 'byed*)，收《〈决定宝灯〉根本颂及释论》(*Nges shes sgron me'i rtsa 'grel*)，成都：四川民族出版社，1997 年，页 1-54。
- 《禅定目炬》(*bSam gtan mig sgron*) 努钦・桑杰益西（gNubs chen Sangs rgyas ye shes），《瑜伽目之禅定》(*rNal 'byor mig gi bsam gtan*) 或《禅定目炬》(*bSam gtan mig sgron*)，列城（Leh）：柯罗洞伏藏师齐美仁增活佛（'Khor-gdoṅ gTer-sprul chi-med-rig-'dzin），1974 年。

- 《禅定休息》（*bSam gtan ngal gso*） 龙青巴（Klong chen pa），《大圆满禅定休息》（*rDzogs pa chen po bsam gtan ngal gso*），收 NK，za 函，页 1-25。
- 《教法安立》（*bsTan pa'i rnam gzhag*） 敦珠仁波切（bDud 'joms Rin po che），《旧译密咒教法安立简论 · 善说显现喜宴》（*gSang sngags snga 'gyur rnying ma'i bstan pa'i rnam gzhag mdo tsam brjod pa legs bshad snang ba'i dga' ston*），噶伦堡（Kalimpong）：铜色吉祥山寺（Zangs mdod dpal ris Monastery），无日期。
- 《法界宝藏论释》（*Chos dbyings mdzod 'grel*） 龙青巴，《法界宝藏论释 · 教言宝藏》（*Chos dbyings rin po che'i mdzod kyi 'grel pa lung gi gter mdzod*），DzD，ga 函。
- 《三信津梁》（*Dad gsum 'jug ngogs*）拉喇 · 索朗曲珠（Glag bla bSod nams chos grub），《遍智法王持明龙青饶绛巴传 · 三信津梁》（*Kun mkhyen chos kyi rgyal po rig 'dzin klong chen rab 'byams kyi rnam thar dad pa gsum gyi 'jug ngogs*），收《遍智龙青饶绛传》（*Kun mkhyen klong chen rab 'byams kyi rnam thar*），成都：四川民族出版社，1996，页 4-166。
- 《遣除当秋疑惑论》（*Dam chos dogs sel*） 米庞，《多智巴当秋拾人牙慧而欲充智者，为揭露其废话之不智，故应请所请而批其荒谬》（*rDo grub pa dam chos zhes pas gzhan gyi zer sgros bsdus nas mkhas su re ba'i 'khyal ngag de dag mi mkhas mtshang phud du kho rang nas bskul ba bzhin nyams mtshar du bkod pa*），收 MK，nya 函，页 360-415。
- 《三昧耶略释与广释》（*Dam tshig mdo rgyas*） 绒宋巴，《三昧耶略释与广释》（*Dam tshig mdo rgyas chen mo*），收 RS，第 2 卷，页 241-389。
- 《遗教传记》（*'Das rjes rnam thar*）《遗教传记》（*'Das rje kyi rnam par thar pa*），《司徒班钦之自传与日记》（*The Autobiography and Diaries of Si-tu Paṇ-chen*）（金 · 史密斯 [E. Gene Smith] 作序），百藏丛书，印度－亚洲文献（*Śata-piṭaka Series, Indo-Asian Literatures*）77，新德里（New Delhi）：国际印度文化研究院（Academy of Indian Culture），1968，页 726-741。
- 《巴协》（*dBa' bzhed*）巴桑旺堆与海德噶 · 丁伯格（Hildegard Diemberger），《巴协 · 关于佛法入藏的王室叙述》（*dBa' bzhed. The Royal Narrative Concerning the Bringing of Buddha's Doctrine to Tibet*）（翻译与藏文原稿之摹本），维也纳（Wien）：奥地利科学院出版社（Verlag der österreichischen Akademie der Wissenschaften），2000。
- 《中观庄严论释》（*dBu ma rgyan 'grel*） 米庞，《中观庄严论释 · 文殊上师欢喜教言》（*dBu ma rgyan gi rnam bshad 'jam dbyangs bla ma dgyes pa'i zhal lung*），收 MK，nya 函，页 1-359。

- 《如意藏释难》(*dKa' gnad ci rigs*) 米庞,《如意宝藏论难点明释》(*Yid bzhin rin po che'i mdzod kyi dka' gnad ci rigs gsal bar byed pa*),收 MK,第 21 函,页 501-563。
- 《宝疏》(*dKon mchog 'grel*) 绒宋巴,《秘密藏续王宝疏》(*rGyud rgyal gsang ba snying po dkon cog 'grel*),收 RS,第 1 卷,页 31-250。
- 《如意穗》(*dPag bsam snye ma*) 大译师达摩师利(Lo chen Dharmaśrī),《三律仪判别释 · 希有善说如意穗》(*sDom pa gsum rnam par nges pa'i 'grel pa legs bshad ngo mtshar dpag bsam gyi snye ma*),《敏林大译师全集》(*sMin gling Lo chen gsung 'bum*),cha 函,德拉顿(Dehradun):邬金敏珠林(O rgyan smin grol gling),2000。
- 《密严经》(*Ghanavyūhasūtra*) P 778;D110;大正 681。
- 《大象渡涉》(*Glang chen rab 'bog*)《大象渡涉续》(*Glang chen rab 'bog kyi rgyud*),收 NG,tsha 函,页 250-357。
- 《宗轮藏》(*Grub mtha' mdzod*) 龙青巴,《能显一切乘义之宗轮宝藏论》(*Theg pa mtha' dag gi don gsal bar byed pa grub mtha' rin po che'i mdzod*),DzD,ja 函。
- 《宗义备忘》(*Grub mtha'i brjed byang*) 绒宋巴,《种种见地与宗义之备忘》(*lTa ba dang grub mtha' sna tshogs pa brjed byang du bgyis pa*),收 RS,第 2 卷,页 197-231。
- 《佛语总集大宝箧》(*gSung sgros*) 米庞,《中观等论典之共通难点总集 · 大宝箧》(*dBu ma sogs gzhung spyi'i dka' gnad skor gyi gsung sgros phyogs gcig tu bsdus pa rin po che za ma tog*),收 MK,第 22 函,页 427-673。
- 《杂集》(*gSung thor bu*) 绒宋巴,《杂集》,收 RS,第 2 卷,页 26-130。
- 《秘密藏续》(*Guhyagarbha*)《秘密藏真实决定续》(*gSang ba'i snying po de kho na nyid nges pa*),收 NG,wa 函,页 152.6-218.6。
- 《狮子吼开许他空》(*gZhan stong seng ge'i nga ro*) 米庞,《狮子吼开许他空》(*gZhan stong khas len seng ge'i nga ro*),收 MK,ga 函,页 359-378。
- 《妙音密意庄严》(*'Jam dbyangs dgongs rgyan*) 博珠,《见地宗义辨别关要灯词义释 · 文殊密意庄严》(*lTa grub shan 'byed gnad kyi sgron me'i tshig don rnam par bshad 'jam dbyangs dgongs rgyan*),收《见地宗义辨别关要灯根本颂及释论》(*lTa grub shan 'byed gnad kyi sgron me'i rtsa 'grel*),成都:四川民族出版社,1996,页 62-300。
- 《文殊密意庄严》(*'Jam dpal dgongs rgyan*) 顶果钦哲,《耳传文殊阎摩敌之心滴略明释 · 文殊成就密意庄严》(*sNyan brgyud 'jam dpal gshin rje'i thugs tig gi rnam bshad nyung ngu rnam gsal 'jam dpal grub pa'i dgongs rgyan*)，收 DK，pha 函，页 235-273。

- 《噶陀寺志》(*Kaḥ thog lo rgyus*) 江阳吉泽（'Jam dbyangs rgyal mtshan），《噶妥寺志》(*rGyal ba kaḥ thog pa'i lo rgyus mdor bsdus = gSang chen bstan pa'i chos 'go rgyal ba kaḥ thog pa'i lo rgyus mdor bsdus rjod pa 'chi med lha'i rnga sgra ngo mtshar rna ba'i dga' ston*)，成都：四川民族出版社，1996。
- 《澄水宝珠》(*Ketaka*) 米庞，《智慧品词义易明疏·澄水宝珠》(*Shes rab kyi le'u'i tshig don go sla bar rnam par bshad pa nor bu ke ta ka*)，收 MK，ca 函，页 1-85。
- 《遍集明经》(*Kun 'dus*)《遍集明经》(*Kun 'dus rig pa'i mdo = Sangs rgyas thams cad kyi dgongs pa 'dus pa'i mdo*)，收 NG，ma 函，页 2-617。
- 《第吾教法源流》(*lDe'u chos 'byung*) 智者第吾，《第吾宗教源流》(*mKhas pa lde'us mdzad pa'i rgya bod kyi chos 'byung rgyas pa*)，拉萨：西藏人民出版社，1987。
- 《见地备忘》(*lTa ba'i brjed byang*) 绒宋巴，《见地备忘详录》(*lTa ba'i brjed byang chen mo*)，收 RS，第 2 卷，页 1-26。
- 《见地答问》(*lTa ba'i dris lan*) 洛桑·多昂曲吉嘉措，《大手印、大圆满、大中观三者见地之答问》(*Phyag rdzogs dbu gsum gyi lta ba'i dris lan*)，收《宋热文集》(*sNyan dgon sprul sku gsung rab pa'i gsung rtsom gces bsgrigs*)，西宁：青海民族出版社，1996，页 67-81。
- 《见差别》(*lTa ba'i khyad par*) 益西德，《见差别》，P 5847；D 4360。
- 《见地道歌释》(*lTa mgur 'grel pa*) 米庞，《章嘉若必多吉之见地道歌释》(*lCang skya rol pa'i rdo rje'i lta mgur gyu 'grel pa*)，收 MK，pa 函，页 826-866。
- 《口诀见鬘释》(*lTa 'phreng 'grel pa*) 绒宋巴，《口诀见鬘释》(*Man ngag lta phreng gi 'grel pa*)，收 RS，第 1 卷，页 301-351。
- 《经教海》(*Lung gi rgya mtsho*) 然果秋珠土登协竹先潘赤列衮恰（*Rag mgo mchog sprul Thub bstan bshad sgrub gzhan phan phrin las kun khyab*），《现观庄严论释难·善说经教海》(*Phar phyin bka' 'grel legs bśad lung gi rgya mtsho* 或 *Shes rab kyi pha rol tu phyin pa'i man ngag gyi bstan bcos mngon par rtogs pa'i rgyan gyi dka' 'grel legs bshad lung gi rgya mtsho*)，北京：民族出版社，1997。
- 《翻译名义大集》(*Mahāvyutpatti*) 榊亮三郎（Sakaki Ryōzaburō）编，飜訳名義大集

(*Honyaku myōgi taishū = Mahā-vyutpatti*)，京都：真言宗京都学园（Shingonshu Kyoto Daigaku），1916 [重印版，东京：国书刊行会（Tokyo: Kokusho Kankōkai），1981]。

- 《口诀见鬘》(*Man ngag lta 'phreng*) 莲花生（Padmasambhava），《口诀王见鬘》(*Man ngag gi rgyal po lta ba'i 'phreng ba*)，P 4726。
- 《见即具利》(*mThong ba don ldan*) 曲扎桑布（Chos grags bzang po），《遍知无垢光传·见即具利》(*Kun mkhyen dri med 'od zer gyi rnam thar mthong ba don ldan*)，收《遍智龙青饶绛传》(*Kun mkhyen klong chen rab 'byams kyi rnam thar*)，成都：四川民族出版社，1996，页 167-232。
- 《娘氏教法源流》(*Nyang ral chos 'byung*) 娘热·尼玛沃色，《娘氏宗教源流》(*Chos byung med tog snying po sbrang rtsi'i bcud*)，拉萨：西藏人民出版社，1988。
- 《决定宝灯》(*Nges shes sgron me*) 米庞，《决定宝灯》(*Nges shes rin po che'i sgron me*)，收 MK，śrī 函，页 71-123。
- 《十方除暗》(*Phyogs bcu'i mun sel*) 龙青巴，《吉祥秘密藏真实决定续释·十方除暗》(*dPal gsang ba snying po de kho na nyid nges pa'i rgyud kyi 'grel pa phyogs bcu'i mun pa thams cad sel ba*)，收《宁玛教传广集》(*rNying ma bka' ma rgyas pa*)，la 函，噶伦堡：杜炯喇嘛（Dupjung Lama），1982。
- 《开光仪轨》(*Rab gnas cho ga*) 绒宋巴，《开光仪轨》(*Rab tu gnas pa'i cho ga*)，收 RS，第 2 卷，页 171-196。
- 《极明辩答》(*Rab gsal brgal lan*) 米庞，《总摄答复他人之辩诤·极明理路之真实日光》(*gZhan gyis brtsad pa'i lan mdor bsdus pa rigs lam rab gsal de nyid snang phyed* [= *byed*])，收 MK，ca 函，页 191-463。
- 《问让炯多杰》(*Rang bung rdo rjer dri ba*) 龙青巴，《问胜者让炯多杰品》(*rGyal ba rang byung rdo rje la dris tshig le'ur byas pa = Chos kyi rje dpal rang byung rdo rje'i spyan sngar dri ba'i tshig le'ur bcad pa*)，收《遍知龙青巴无垢光著作杂集》(*Miscellaneous Writings (gSung thor bu) of Kun mkhyen Klong chen pa Dri med 'od zer*)，德里（Delhi）：桑杰多吉（Sangje Dorje），1973，第 1 函，页 371-377。
- 《解金刚结》(*rDo rje mdud grol*) 顶果钦哲，《大成就者心滴之具五敕令口诀·金刚句之导引次第精华集·解深密金刚结》(*Grub thob chen po'i thugs tig las bka' bab lnga ldan gyi man ngag rdo rje tshig rkang gi khrid rim bcabsdus* [= *bcud bsdus*] *zab gsang rdo rje'i mdud grol*)，

收 pha 函，页 128-171。

- 《金刚萨埵心镜续》（*rDor sems me long*）《金刚萨埵心镜续》（*rDo rje sems dpa' snying gi me long gi rgyud*），收 NG，na 函，页 193-245。
- 《宗萨寺志》（*rDzong gsar lo rgyus*） 罗珠彭措（Blo gros phun tshogs），《宗萨扎西拉孜史・希有春莲苑》（*rDzong gsar bkra śis lha rtse'i sngon gyi lo rgyus gtam du gleng ba ngo mtshar dpyid kyi pad tshal*），无出版地，无出版日期，页 1-141。
- 《宝性论夹注》（*rGyud bla'i mchan 'grel*） 米庞，《大乘无上续论夹注・弥勒言教》（*Theg pa chen po rgyud bla'i bstan bcos kyi mchan 'grel ma pham zhal lung*），收 MK，pa 函，页 349-562。
- 《密续部总建立》（*rGyud sde spyi rnam*） 克主杰，《密续部总建立广释》（*rGyud sde spyi'i rnam par gzhag pa rgyas pa brjod pa*），收莱辛（F.D. Lessing）和亚历克斯・韦曼（Alex Wayman）译，《克主杰〈密续部总建立广释〉之原文及注释——佛教密宗导论》（*Mkhas-grub-rje's Rgyud sde spyiḥi rnam par gźag pa rgyas par brjod pa with Original Text and Annotation. Introduction to the Buddhist Tantric Systems*），印度—伊朗专著丛书（*Indo-Iranian Monographs*）8，海牙－巴黎（The Hague-Paris）：木桐（Mouton），1968（重印于德里：莫提拉尔・巴纳斯达斯 [Motilal Banarsidass]，1993）。
- 《山法了义海论》（*Ri chos*） 朵波巴，《觉囊山法了义海论》（*Jo nang ri chos nges don rgya mtsho*），北京：民族出版社，1998。
- 《宝灯》（*Rin chen sgron me*） 罗珠聪美，《能显〈大乘无上续论〉了义之宝灯》（*Theg pa chen po rgyud bla ma'i bstan bcos kyi nges don gsal bar byed pa'i rin po che'i sgron me*），罗珠聪美所造《宝性论》详注，由泽登多杰（Tseten Dorji）复制自贝玛谷类乌齐杰仲仁波切（Rje drung Rin po che）图书馆之古代写本，"阿鲁纳恰尔邦"（Arunachal Pradesh）：西藏宁玛寺（Tibetan Nyingma Monastery），第 5 营，1974。
- 《略传》（*rNam thar nyung ngu*） 旺庆达吉，《大堪布班玛班扎历世略传・牵引信心太阳之曙光》（*mKhan chen padma badzra rim byon gyi rnam thar nyung ngu'i ngag gis brjod pa dad pa'i nyin byed 'dren pa'i skya rengs gsar pa*），收《佐钦大堪布班玛班扎著作杂集》（*rDzogs chen mkhan chen padm badzra'i gsung thor bu*），成都：四川民族出版社，2001，页 1-20。
- 《绒宋上师瑜伽》（*Rong zom bla rnal*） 米庞，《吉祥绒宋大班智达之上师瑜伽・加持雨降》（*dPal rong zom paṇḍita chen po'i bla ma'i rnal 'byor byin rlabs char 'bebs*），收 MK，第 27

函，页 58.5-61.6。

- 《三律仪判别》(*sDom gsum rab dbye*) 萨班贡嘎坚赞 (Sa paṇ Kun dga' rgyal mtshan),《三律仪判别》(*sDom gsum rab tu dbye ba*)，收罗顿 2002: 277-329 (附录 B：藏文《三律仪判别》转写)。
- 《辨察心与智》(*Sems ye brtag pa*)《辨察心与智之口诀》(*Sems dang ye shes brtag pa'i man ngag*)，收《遍知龙青巴无垢光著作杂集》，德里：桑杰多吉，1973，第 1 函，页 377-393。
- 《所知海》(*Shes bya rgya mtsho*) 工珠·云丹嘉措 (Kong sprul Yon tan rgya mtsho),《简释周遍一切所知之经典·遍集善说无边海》(*Shes bya kun la khyab pa'i gzhung lugs nyung ngu'i tshig gis rnam par 'grol ba legs bshad yongs 'du shes bya mtha' yas pa'i rgya mtsho*)，收《知识总汇》(*Shes bya kun khyab*)，北京：民族出版社，2002，页 85-1027。
- 《声明要领二卷》(*sGra sbyor bam gnyis*) 石川美惠 (编),《一份古代对〈翻译名义大集〉的基础释论〈声明要领二卷〉精校版》(*A Critical Edition of the Sgra sbyor bam po gnyis pa*, An Old and Basic Commentary on the Mahāvyutpatti)，西藏学 18，藏蒙辞典材料 2，东京：东洋文库 (The Toyo Bunko)，1990。
- 《虚幻休息》(*sGyu ma ngal gso*) 龙青巴,《大圆满虚幻休息》(*rDzogs pa chen po sgyu ma ngal gso*)，收 NK，nya 函，页 1-33。
- 《司徒自传》(*Si tu'i rang rnam*)《大司徒自传·无垢水晶镜》(*Tā'i si tur 'bod pa karma bstan pa'i nyin byed kyi rang tshul drangs* [= *drang*] *por brjod pa dri bral shel gyi me long*)，收《司徒班钦自传》(金·史密斯作序)，百藏丛书，印度－亚洲文献 77，新德里：国际印度文化学会，1968，页 1-726。
- 《妙车疏》(*Shing rta bzang po*) 龙青巴,《大圆满虚幻休息妙车疏》(*rDzogs pa chen po sgyu ma ngal gso'i 'grel pa shin rta bzang po*)，收 NK，tha 函，页 47-215。
- 《大车疏》(*Shing rta chen po*) 龙青巴,《大圆满心性休息大车疏》(*rDzogs pa chen po sems nyid ngal gso'i 'grel pa shing rta chen po*)，收 NK，nya 函，页 113-729，ta 函，页 731-1169。
- 《清净车疏》(*Shing rta rnam dag*) 龙青巴,《大圆满禅定休息清净车疏》(*rDzogs pa chen po bsam gtan ngal gso'i 'grel pa shing rta rnam par dag pa*)，收 NK，tha 函，页 35-129。
- 《命轮续》(*Srog gi 'khor lo*)《命轮续》，收 NG，ka 函，页 598.2-601.4。
- 《狮子吼广说如来藏》(*sTong thun seng ge'i nga ro*) 米庞,《狮子吼广说如来藏》(*bDe*

gshegs snying po stong thun chen mo seng ge'i nga ro），收 MK，pa 函，页 563-606。

- 《方便智慧灯》（*Thabs shes sgron ma*） 白央，《方便智慧灯》，P 5921; D 4449。
- 《入大乘论》（*Theg chen tshul 'jug*） 绒宋巴，《入大乘论》（*Theg pa chen po'i tshul la 'jug pa*），收 RS，第 1 卷，页 415-555。
- 《胜乘藏》（*Theg mchog mdzod*） 龙青巴，《胜乘宝藏论》（*Theg pa'i mchog rin po che'i mdzod*）（e 与 waṃ 函），收 DzD，ca 函。
- 《诸乘总义》（*Theg pa spyi bcings*） 噶陀・当巴德协（Kaḥ thog Dam pa bde gshegs），《乘道总论》（*Theg pa spyi bcings kyi dbu phyogs*），收《乘道总论及注疏》，成都：四川民族出版社，1997，页 1-32。
- 《入大乘瑜伽论释》（*Theg rnal 'grel pa*） 喇拉・索朗曲珠（Glag-bla bSod-nams-chos-'grub），《入大乘瑜伽口诀释・佛子妙道》（*Theg pa chen po'i rnal 'byor gyi tshul la 'jug pa'i man ngag gi 'grel pa rgyal sras lam bzang*），收《喇拉・索朗曲珠文集》（*The Collected Writings of Glag-bla bSod-nams-chos-'grub*），1991 年甘孜（dKar mdzes）版，德里：贡确拉折巴（Koncchog Lhadrepa），1997，ga 函，页 1-239。
- 《显明能仁密意》（*Thub pa dgongs gsal*） 萨班贡噶坚赞，《极明能仁密意》（*Thub pa'i dgongs pa rab tu gsal ba*），收《萨迦全集》（*Sa skya bka' 'bum*），东京：东洋文库，1968，第 5 卷，页 1-50。
- 《莲师七句祈请文释》（*Tshig bdun rnam bshad*） 米庞，《莲师七句祈请文释・白莲花》（*Gu ru'i tshig bdun gsol 'debs kyi rnam bshad padma dkar po*），收 MK，第 19 函，页 277-367。
- 《句义藏》（*Tshig don mdzod*） 龙青巴，《能显无上秘密光明金刚藏实相之句义宝藏论》（*gSang ba bla na med pa 'od gsal rdo rje snying po'i gnas gsum gsal bar byed pa'i tshig don rin po che'i mdzod*），收 DzD，nya 函。
- 《敦煌文献》（*Thun hong shog dril*） 陈践、王尧，《敦煌本藏文文献》（*Tun hong nas thon pa'i gna' bo'i bod yig shog dril*），北京：民族出版社，1983。
- 《智慧秘密续》（*Ye shes gsang rgyud*）《智慧秘密续》（*Ye shes gsang ba'i rgyud*），收 NG，ka 函，页 727-783。
- 《如意藏宗轮要义》（*Yid bzhin grub bsdus*） 米庞，《如意藏宗轮要义》（*Yid bzhin mdzod kyi grub mtha' bsdus pa*），第 21 函，页 439-500。

- 《如意藏》(*Yid bzhi mdzod*) 龙青巴,《大乘口诀如意宝藏论》(*Theg pa chen po'i bstan bcos yid bzhin rin po che'i mdzod*),收 DzD,e 函,页 1-88[独立页码]。
- 《如意藏释》(*Yid bzhin mdzod 'grel*) 龙青巴,《大乘口诀如意宝藏论释·白莲花》(*Theg pa chen po'i bstan bcos yid bzhin rin po che'i mdzod kyi 'grel pa padma dkar po*),收 DzD,e 函,页 1-503,waṃ 函,页 504-893。
- 《显明胜伏成就之密意》(*Zil gnon dgongs gsal*) 顶果钦哲,《耳传文殊阎摩敌心滴释精华集·显明胜伏成就之密意》(*sNyan rgyud 'jam dpal gshin rje'i thugs tig gi rnam bshad snying por dril ba zil gnon grub pa'i dgongs gsal*),收 DK,pha 函,页 172-234。

二手文献

- 奥娜·艾默吉(Orna Almogi)1997,《绒宋班智达曲吉桑布的生平与著作》(*The Life and Works of Rong zom Paṇḍita Chos-kyi-bzang-po*),硕士论文,汉堡大学(University of Hamburg)。

  ——2002,《有关十一世纪西藏学者绒宋曲吉桑布生平与著作之资料:简述》(Sources on the Life and Works of the Eleventh Century Tibetan Scholar Rong zom Chos kyi bzang po: A Brief Survey),收亨克·布雷泽(Henk Blezer)主编,阿贝尔·扎多克斯(Abel Zadoks)助理编辑,《西藏今昔》(*Tibet: Past and Present*),第九届国际藏学研讨会,莱顿(Leiden)2000,藏学(Tibetan Studies I),博睿藏学文库 2/1(Brill's Tibetan Studies Library),莱顿等:博睿,2002,页 67-80。
- 迈克尔·布洛伊多(Michael Broido)1989,《觉囊派对中观之论述:概要》(The Jo nang pas on Madhyamaka: A Sketch),《西藏学刊》(*The Tibet Journal*)14.1(1989),页 86-90。
- 乔治斯·德莱弗斯(Georges B. J. Dreyfus)2003,《真正的应成派可以站出来吗?米庞之案例与见地》(Would the True Prāsaṅgika Please Stand? The Case and View of 'Ju Mi pham),收入乔治斯·德莱弗斯与萨拉·麦克林托克(Sara L. McClintok)编,《自续派与应成派之差别:差异何为?》(*The Svātantrika Prāsaṅgika Distinction. What Difference Does a Difference Make?*),印藏佛学研究(Studies in Indian and Tibetan Buddhism),波士顿(Boston):智慧出版社(Wisdom Publications),页 317-347。
- 弗朗茨·卡尔·艾哈德(Franz Karl Ehrhard)1993,《评胡卡姆之〈佛性〉》(Review of *The*

Buddha Within by S. Hookham)，《德国东方学会杂志》(*ZDMG*) 144（1994），页 415-419。

- 大卫・杰玛诺（David Germano）1992,《诗思、智慧之宇宙及自我之奥秘：十四世纪西藏对大圆满之密教整合》(*Poetic Thought, the Intelligent Universe, and the Mystery of Self: The Tantric Synthesis of rDzogs chen in Fourteenth Century Tibet*)，博士论文，威斯康星麦迪逊大学（University of Wisconsin-Madison），密歇根（Michigan）。
- 保罗・格里菲斯（Paul J. Griffiths）1993,《评胡卡姆之〈佛性〉》(Review of *The Buddha Within* by S. Hookham)，《美国东方学会期刊》(*JAOS* 113)（1993），317-319。
- 威廉・哈尔布法斯（Wilhelm Halbfass）1995 编，《语文学与冲突：保罗・哈克论传统与现代之吠檀多》(*Philology and Confrontation: Paul Hacker on Tradition and Modern Vedānta*)，奥尔巴尼（Albany）：纽约州立大学出版社（SUNY Press）。
- 胡卡姆（S. K. Hookham）1991,《佛性》(*The Buddha Within*)，奥尔巴尼：纽约州立大学出版社。

  ——1992,《如来藏教义之实践内涵》(The Practical Implications of the Doctrine of Buddha Nature)，收入斯科鲁普斯基（T. Skorupski）编，《佛学论坛》(*The Buddhist Forum*)，第 2 卷，新德里：遗产出版社（Heritage Publishers），页 149-161。
- 大卫・杰克逊（David Jackson）1987,《智者入门（第三部分）：萨迦班智达论印藏之因明与宗义论辩传统》(*The Entrance Gate for the Wise (Section III). Sa skya Paṇḍita on Indian and Tibetan Traditions of Pramāṇa and Philosophical Debate*)，维也纳藏学佛教学研究 17，1-2（Wiener Studien zur Tibetologie und Buddhismuskunde），维也纳（Vienna）：维也纳大学藏学与佛教学研究所（Arbeitskreis für tibetische und buddhistische Studien Universität Wien）。
- 马修・凯普斯坦（Matthew Kapstein）1992,《壤塘版遍知朵波巴喜饶坚赞文集：导论与目录》(*The 'Dzam thang Edition of the Collected Works of Kun mkhyen Dol po pa Shes rab rGyal mtshan.* Introduction and Catalogue)，新德里：协竹出版社（Shedrup Books）。

  ——2000,《我们都是他空派吗？关于保罗・威廉姆斯〈自证分：西藏中观的辩护〉的反思》(Are we all gZhan stong pas? Reflections on The Reflexive Nature of Awareness: A Tibetan Madhyamaka Defence. By Paul Williams)，《佛教伦理学期刊》(*Journal of Buddhist Ethics*) 7（2000），页 105-125。
- 卡尔梅・桑木丹（S.G. Karmay）1988,《大圆满：藏传佛教的一种哲学与修习教法》(*The*

Great Perfection. A Philosophical and Meditative Teaching of Tibetan Buddhism)，莱顿：E. J. 博睿（E. J. Brill）。

- 瓦莱·普森（de La Vallée Poussin）1936—1937，路易斯·瓦莱·普森（Louis de La Vallée Poussin），《茂师罗与那罗》（Musīla et Nārada），《汉学与佛学丛刊》（*Mélanges Chinois et Bouddhiques*）6（1936-1937），页 189-222。
- 但·马丁（Dan Martin，与耶尔·班托 [Yael Bentor] 合作）1997，《西藏史：藏文史料书目》（*Tibetan Histories: A Bibliography of the Tibetan-Language Historical Works*），伦敦（London）：西域出版社（Serindia Publications）。
- 克劳斯·迪特·马特斯（Klaus-Dieter Mathes）1998，《他空中观的世俗谛与胜义谛》（Vordergründe und höchste Wahrheit im gŹan stoṅ Madhyamaka），收《接近陌生者》（*Annäherung an das Fremde*），《德国东方学会杂志》增刊，II，斯图加特：弗兰茨·斯坦纳出版社（Franz Steiner Verlag），页 457-468。

  ——2000，《多罗那他〈他空精要论〉中对三自性的阐释》（Tāranātha's Presentation of trisvabhāva in the gŹan stoṅ sñiṅ po），《国际佛教研究协会期刊》（*Journal of the International Association of Buddhist Studies*）23.2（2000），页 195-223。

  ——2002，《廓译师循努贝关于〈宝性论释〉之广疏》（'Gos lo tsā ba gZhon nu dpal's extensive commentary on the Study of the Ratnagotravibhāgavyākhyā），收亨克·布雷泽主编，亚伯·扎多克助理编辑，《西藏的宗教与世俗文化》（*Religion and Secular Culture in Tibet*），第九届国际藏学研讨会，莱顿 2000，《藏学》（*Tibetan Studies*）II，博睿藏学文库 2/2，莱顿等：博睿，页 79-93。
- 格哈德·欧巴汉马（Gerhard Oberhammer）编 1983，《包容主义：一种印度的思维方式》（*Inklusivismus: Eine indische Denkform*），维也纳：维也纳大学印度学研究所（Institut für Indologie der Universität Wien）。
- 约翰·佩蒂特（John W. Pettit）1999a，《米庞的〈决定宝灯〉：明示大圆满见》（*Mipham's Beacon of Certainty: Illuminating the View of Dzogchen, the Great Perfection*），波士顿：智慧出版社。

  ——1999b，《评保罗·威廉姆斯的〈利他与真实："入行论"哲学研究〉》（Review of Paul Williams' *Altruism and Reality: Studies in the Philosophy of the Bodhicaryāvatāra*），《佛教伦

理学刊》6（1999），页 1-13。

- 噶玛彭措（Karma Phuntsho）2003，《米庞在印藏有关空性诤论上的立场》（*The Position of Mipham in the Indo-Tibetan Debate on Emptiness*），博士学位论文，牛津大学东方学系（the Faculty of Oriental Studies, University of Oxford）。
- 贾里德·道格拉斯·罗顿（Jared Douglas Rhoton）译 2002，《〈三律仪判别〉：别解脱、大乘及密乘之根本区别》（*A Clear Differentiation of the Three Codes: Essential Distinctions among the Individual Liberation, Great Vehicle and Tantric Systems*），维多利亚·斯科特（Victoria R.M. Scott）编，奥尔巴尼：纽约州立大学出版社。
- 兰伯特·施密特豪森（Lambert Schmithausen）1981，《早期佛教中对"解脱智"与"菩提"的描述与理论的几个方面》（On some aspects of descriptions or theories of 'liberating insight' and 'enlightenment' in Early Buddhism），收《耆那教与佛教研究：路德维希·阿尔斯多夫颂寿文集》（*Studien zum Jainismus und Buddhismus: Gedenkschrift für Ludwig Alsdorf*），《古代与现代印度研究》（*Alt- und Neu-Indische Studien* 23），斯图加特：弗兰茨·斯坦纳出版社，页 199-250。

  ——1995，《评卡尔梅〈大圆满：藏传佛教的一种哲学与修习教法〉》（Review of S.G. Karmay, *The Great Perfection: A Philosophical and Meditative Teaching of Tibetan Buddhism*），《东方学文献报》（*Orientalistische Literaturzeitung*）90.3（1995），页 334-336。
- 大卫·塞福特·鲁埃格（David Seyfort Ruegg）1963，《觉囊派：一个佛教本体论者的教派——基于〈宗义水晶镜〉》（The Jo naṅ pas: A School of Buddhist Ontologists according to the *Grub mtha' šel gyi me loṅ*），《美国东方学会期刊》83（1963），页 73-91。

  ——1966，《布顿仁波切之生平（附藏文本〈 Bu ston rNam thar 〉）》（*The Life of Bu ston Rin po che.* With the Tibetan Text of Bu ston rNam thar），罗马东方学丛书（Serie Orientale Roma）34，罗马（Roma）：意大利中东远东学院（Istituto Italiano per il Medio ed Estremo Oriente）。

  ——1968，《论格鲁派的如来藏学说》（On the dGe lugs pa Theory of the *tathāgatagarbha*），收希斯特曼（J.C. Heesterman）等编，《回报：印度、伊朗及印欧研究——献给凯珀六十华诞》（*Pratidānam: Indian, Iranian and Indo European Studies presented to F.B.J. Kuiper on his Sixtieth birthday*），海牙：木桐，页 500-509。

——1973,《布顿仁钦竹的如来藏论:〈如来藏明饰庄严〉翻译》(*La traité du Tathāgatagarbha de Bu ston Rin chen grub: Traduction du De bžin gšegs pa'i sñin po gsal žin mdzes par byed pa'i rgyan*),巴黎:法国远东学院(École Française d' Éxtrême Orient)。

——1989,《比较视角下的如来藏、心识与渐悟问题:论佛教在印度与西藏的传播与接受》(*Buddha Nature, Mind and the Problem of Gradualism in a Comparative Perspective: On the Transmission and Reception of Buddhism in India and Tibet*),伦敦:伦敦大学亚非学院(School of Oriental and African Studies, University of London)。

——2000,《有关印藏中观哲学的三份研究》(印藏中观思想研究第一部分)(*Three Studies in the History of Indian and Tibetan Madhyamaka Philosophy*. Studies in Indian and Tibetan Madhyamaka Thought Part 1),维也纳藏学与佛教学研究 50,维也纳:维也纳大学藏学与佛教学研究所。

——2002,《关于中观哲学的两个导论:月称的〈中论〉释论〈中观明句论〉以及宗喀巴和贾曹杰的〈难点笔录〉(译注)》(*Two Prolegomena to Madhyamaka Philosophy. Candrakīrti's Prasannapadā Madhyamakavṛttiḥ* on *Madhyamakakārikā* I.1 and Tsoṅ kha pa Blo bzaṅ grags pa / rGyal tshab Dar ma rin chen's *dKa' gnad/gnas brgyad kyi zin bris*. Annotated Translations)(印藏中观思想研究第二部分),维也纳藏学与佛教学研究 54,维也纳:维也纳大学藏学与佛教学研究所。

- 金・史密斯(Gene E. Smith)2001,《置身于藏文文本:喜马拉雅高原的历史与文献》(*Among Tibetan Texts: History and Literature of the Himalayan Plateau*),波士顿:智慧出版社。
- 塞勒斯・斯特恩斯(Cyrus Stearns)1999,《来自朵波的佛陀:西藏上师朵波巴喜饶坚赞之生平与思想研究》(*The Buddha from Dolpo: A Study of the Life and Thought of the Tibetan Master Dolpopa Sherab Gyaltsen*),奥尔巴尼:纽约州立大学出版社。
- 马克・塔兹(Mark Tatz)2001,《评保罗・威廉姆斯的〈自证分:西藏中观的辩护〉》(Review of *The Reflexive Nature of Awareness: A Tibetan Madhyamaka Defence* by Paul Williams),《西藏学刊》(*The Tibet Journal*)26.2(2001),页 78-79。
- 多吉旺秋(Dorji Wangchuk)2002,《十一世纪对〈秘密藏续〉的一个辩护》(An Eleventh century Defence of the Authenticity of the *Guhyagarbha Tantra*),收赫尔穆特・艾默(Helmut Eimer)和大卫・杰玛诺(David Germano)编,《藏传佛教之诸多经典》(*The Many Canons*

of Tibetan Buddhism)，第九届国际藏学研讨会论文集，莱顿 2000，《藏学》I，博睿藏学文库 2/10，莱顿等：博睿，页 265-291。

• 保罗·威廉姆斯（Paul Williams）1998，《自证分：西藏中观的辩护》（*The Reflexive Nature of Awareness: A Tibetan Madhyamaka Defence*），柯曾佛学批评研究（*Curzon Critical Studies in Buddhism*），萨里（Surrey）：柯曾出版社（Curzon Press）。

• 迈克尔·齐默尔曼（Michael Zimmermann）2002，《佛性：〈如来藏经〉（印度最早对如来藏教义的阐释）》（*A Buddha Within:* The Tathāgatagarbhasūtra (*The Earliest Exposition of the Buddha Nature Teaching in India*)），佛教文献学/哲学研究丛书（*Bibliotheca Philologica et Philosophica Buddhica*），东京：创价大学国际佛教学高等研究所（The International Research Institute for Advanced Buddhology, Soka University）。

原载于《维也纳南亚学杂志》（*Wiener Zeitschrift für die Kunde Südasiens*）第 48 期，2004 年，页 171-213。

八

如来藏思想与西藏宗义书二谛建立之发展

邵颂雄

于宁玛派（rNying ma）教法史上，米庞蒋扬南杰嘉措（Mi pham 'Jam dbyangs rnam rgyal rgyo mtsho, 1846—1912）被视为与绒宋班智达（Rong zom Paṇḍita，约 12 世纪）和龙青巴（Klong chen rab 'byams pa，1308—1364/9）鼎立的三大学者之一。

自 1985 年至 1993 年间，由顶果钦哲仁波切（Dil mgo mKhyen brtse, 1910—1991）倡令收集、整理及印行的《局 · 米庞全集》（*The Complete Works of 'Ju Mi-pham Series*），凡 27 函，共 725 篇著作。[1] 其中，以"狮子吼"（seng ge'i nga ro）为题的论著，唯有两篇，是即《狮子吼开许他空》（*gZhan stong khas len seng ge'i nga ro*）及《狮子吼广说如来藏》（*bDe gshegs snying po'i stong thun*

〔1〕日本东洋文库曾于 2002 年的 Seminar on Tibet，整理及发表 " A list of 'jam mgon mi pham's works"，详列米庞《全集》所收的论著，并以光碟发行（The Toyo Bunko Multilingual Database CD release II）。其他米庞的论著结集，尚有 sDe dge mGon chen 版的《米庞尊者论集》、Sonam T. Kazi 编的 *Ngagyur Nyingma Sungrab Series* 中的 *The Collected Works of 'Jam-mgon 'Ju Mipham rgya-mtsho* 等。参 Steven D. Goodman, "Mi-pham rgya mtsho: An Account of His Life, the Structure of his Treatise Entitled mKhas-pa'i tshul la 'jug-pa'i sgo," in Ronald M. Davidson ed., *Wind Horse: Proceedings of the North American Tibetological Society*, Vol. 1, Asian Humanities Press, 1981, pp. 58-78。

chen mo seng ge'i nga ro）。此二狮子吼所演，都是甚深如来藏（tathāgatagarbha）教法。然而，此二论却又自成一道次第：米庞于《开许他空》一篇中，以大中观（dbu ma chen po）的“他空见”（gzhan stong gi lta ba）抉择格鲁派（dGe lugs）的“中观应成见”（dbu ma thal 'gyur ba）；于《广说如来藏》一篇，则以自宗“了义大中观”（nges don la dbu ma chen po）见地抉择“他空见”及“应成见”。两篇狮子吼论的论义甚深，导引学人由“粗品外中观”，依次第抉择而悟入“细品内中观”的甚深如来藏见。本文主要由“智识双运界”“诸中观家二谛安立”“三正理”等三方面详论对如来藏的“抉择”（nges pa），辅以对如来藏的“观修”（bsgom pa）及“决定”（nges shes）的论说，因佛家教法中，“抉择”“观修”与“决定”三者，实无可割裂；复须由“决定”而得“现证”（rtogs pa），始为“基、道、果”（gzhi lam 'bras bu）修学的圆成。

一、智识双运界

云何说为“狮子吼”？此可见于《思益梵天所问经》（*Brahmaviśeṣacintī-paripṛcchā-sūtra*）：

> 师子吼者为何谓耶？答言：若行者说法无所贪著，是名师子吼；若行者贪著所见而有所说，是野干鸣，不名师子吼，起诸邪见故。……有所说法乃至如来尚不贪著，何况余法，是名师子吼。……
>
> 如说修行名师子吼；决定说法名师子吼；说法无畏名师子吼。……
>
> 若行者为不生不灭不出故说法，名师子吼；若为无垢无净无合无散故说法，名师子吼。……[1]

由此可见，名为“狮子吼”所演的教法，不落法执（“乃至如来尚不贪

〔1〕 依鸠摩罗什译，《大正藏》第15册，no. 586，页56。

著”)、亦不落概念的取著(不起邪见);既“如说修行”、亦“决定”所修证者为“不生不灭(不来)不出”“无垢无净无合无散”。由是,专说如来藏与一乘(ekayāna)教法的《胜鬘夫人狮子吼经》(*Śrīmālādevi-siṃha-nāda-sūtra*),即有谓:

> 是故世尊,以师子吼依于了义,一向记说。……
>
> 佛言:此经叹如来真实第一义功德,如是受持;不思议大受,如是受持;一切愿摄大愿,如是受持;说不思议摄受正法,如是受持;说入一乘,如是受持;说无边圣谛,如是受持;说如来藏,如是受持;说法身,如是受持;说空义隐覆真实,如是受持;说一谛,如是受持;说常住安隐一依,如是受持;说颠倒真实,如是受持;说自性清净心隐覆,如是受持;说如来真子,如是受持;说胜鬘夫人师子吼,如是受持。复次,憍尸迦,此经所说断一切疑、决定了义、入一乘道。[1]

经中“抉择”如来藏“是如来境界,非一切声闻缘觉所知,如来藏处,说圣谛义,如来藏处甚深故;说圣谛亦甚深,微细难知,非思量境界,是智者所知,一切世间所不能信”[2],是即抉择不应依具二取及名言的识境来认识如来藏,以其为“非思量境界”;若对如来藏妄加定义,说之为“真常”“本体”“一元论”“梵我思想”,如是等等,“不名师子吼,起诸邪见故”。经中复抉择如来藏境界超越声闻缘觉二乘的教法,故可说为“常、乐、我、净”;是狮子吼,而非“野干鸣”所谓“常、乐、我、净”,亦非如来藏教法所独倡,而实广见于《般若》(*Prajñāpāramita-sūtra*)教法,如《大般若经》卷332所言:

> 我为如是诸有情故,应趣无上正等菩提,修诸菩萨摩诃萨行,证得无上正等觉时,为诸有情说无倒法,谓说生死无常无乐无我无净,唯有涅槃微妙寂静、具足种种常乐我净真实功德。[3]

---

〔1〕 依求那跋陀罗译《胜鬘师子吼一乘大方便方广经》,《大正藏》第12册,no. 353,页220、223。

〔2〕《大正藏》第12册,no. 353,页222。

〔3〕 依玄奘译,《大正藏》第6册,no. 220,页701。

落缘起的生死轮回为无常、苦、无我、不净，不可妄执为常、乐、我、净；然而不落缘起的法身涅槃，则法尔具足常、乐、我、净真实功德，不可执为无常、苦、无我、不净。故《胜鬘经》乃有下来所说：

> 或有众生信佛语故，起常想、乐想、我想、净想，非颠倒见，是名正见，何以故？如来法身，是常波罗蜜、乐波罗蜜、我波罗蜜、净波罗蜜。于佛法身作是见者，是名正见。[1]

即使一些近代学者所认为龙树（Nāgārjuna）专说“空性”（śūnyatā）义的《中论》（*Mūlamadhyamakakārikā*），其实亦有说离缘起、常乐我净的涅槃界。嘉祥大师《中观论疏》即有引述罗睺罗贤（Rahulabhadra）阐释《中论》“八不”的观点，谓“罗睺罗法师是龙树同时人，释八不乃作常乐我净四德明之”[2]。真谛译罗睺罗贤的《中论释》虽已佚失，但罗睺罗贤另造有《般若赞》（*Prajñāpāramitāstotra*），其梵本仍流传至今，当中我们亦可见到赞颂“般若”的不来不去、无垢清净、轮回涅槃的周遍显现等。龙青巴于其《大圆满虚幻休息·妙车疏》（*rDzogs pa chen po sgyu ma ngal gso'i 'grel pa shing rta bzang po*）开首，即引用罗睺罗此论：

> 各各自觉智、菩提心、如来藏者，为轮回涅槃诸法之法界、或至上本源。《楞伽经》云：无始时来界，是诸法本源，有此有众生，及得涅槃者。然其体性，自相无生、平等性、无为法，离断常等故，此乃无分别智，不可思议，各之自觉，是属于胜义谛。如罗睺罗《般若佛母赞》云：不可言思般若波罗蜜，不生不灭如虚空体性，各各自觉本

[1]《大正藏》第12册，no. 353，页222。
[2]《大正藏》第42册，no. 1842，页40。

智之行境，敬礼三世如来之佛母。[1]

由此我们可反思近代佛学研究的一些偏颇，例如凡《般若》、中观者，即以之唯说空性，而每见“常乐我净”的教法时，则判为真常思想、认为是外思想的附庸。印顺法师于其《印度之佛教》中，总括如来藏思想为“真常唯心论”如下：

> 一切名言思惟所不及，而体为常、乐、我、净之妙有。以此为依，流转门立相待之二本，还灭门归于绝待之一实。此与吠陀以来之梵我论，其差别究何在耶？差别诚不易，然亦有可说者。“楞伽经”以外道之真常不思议，但由推论比观得之，即观生灭无常而推论想象有真常超越之本体，为大梵，为小我。佛教之真常妙觉，则以圣智现证得之。“涅槃经”以外道常、乐、我、净之大我，系远闻古佛真常大我而误解者，彼实未尝见我。然就印度思潮观之，则佛梵综合之形势已成。在佛教，将不但融摄三明之哲理，且将融摄阿闼婆吠陀之秘咒；吠檀多之学者，亦将融佛于梵，以释迦为神之化身矣！[2]

此中所说，固为印顺法师“三系判教”中对如来藏思想的定论，以如来藏几同“梵我论”，或说之为“佛梵综合”思潮中的产合，依本体论而阐释“常、乐、我、净之妙有”。然而如来藏既非本体，“常乐我净”亦非外道梵我思想之融摄，而是无为、离缘起、法尔法性的本具功德。佛陀的教法绝非但说轮回界有为法的无常、苦、空、无我，而不说涅槃界无为境界的常恒清净。此如《杂阿

---

〔1〕依刘立千译略作改动。见《大圆满虚幻休息论妙车释等合编》，北京：民族出版社，2000年，页2。所引《般若赞》之梵文原颂为：nirvikalpe namastubhyaṃ prajñāpāramite'mite / yā tvaṃ sarvānavadyāṅgi niravadyairnirīkṣyase / ākāśamiva nirlepāṃ niṣprapañcāṃ nirakṣarām / yastvāṃ paśyati bhāvena sa paśyati thatāgatam // 见 Etienne Lamotte, ed., *Le traité de la grande vertu de sagesse* (Louvain: Institut Orientaliste, 1949-1980): 1061-1065; Rajendralal Mitra, *The Sanskrit Buddhist Literature of Nepal*, Calcutta: Asiatic Society of Bengal, 1882, pp. 190-192。

〔2〕印顺，《印度之佛教》，台北：正闻出版社，1992年（第3版），页284-285。

含》二九六经，即有云：

若佛出世、若未出世，此法常住，法住法界，彼如来自所觉知，成正等觉，为人演说、开示、显发，谓缘无明有行，乃至缘生有老死。……[1]

《入楞伽经》（*Laṅkāvatāra-sūtra*）中说“自内证法性”（pratyātma-dharmatā）及“本住法性”（paurāṇa-sthiti-dharmatā）一段，即隐括《杂阿含》此段经文：

云何自内证法性为密意？诸如来所现证，即我现证，无增无减。内自证境界离诸文字与分别，不落于相对名言。

云何本住法性？法性（先圣）古道，常时在此，大慧，此如金、银、珍珠常在藏处。无论如来出世不出世，法界常住。诸法法性（本）住，法住（dharma-sthititā）与法决定（dharma-niyāmatā）。[2]

经中复言：

一切声闻缘觉与佛所得之现证，其性相有二。一者宗趣法相，二者言说法相。

今者，大慧，宗趣法相者谓内所得境界，其性相面貌为离语言、离分别、离文字，由是导入无漏境界。此为内自证境地自性相，远离哲理思维与魔众。以摧毁哲理思维及魔众故，所得之内自光明即发光

〔1〕 依求那跋陀罗译，《大正藏》第2册，no. 99，页84。

〔2〕 依谈锡永译，见《入楞伽经梵本新译》，台北：全佛出版社，2005年，页128。梵文原文：tatra svapratyātmadharmatānusaṃdhiḥ katamaḥ / yattaistathāgatairadhigataṃ tanmayāpyadhigatamanūnamana dhikaṃ svapratyātmagatigocaraṃ vāgvikalparahitamakāaragatidvayavinirmuktam / tatra paurāṇasthitidharmatā katamā / yaduta paurāṇamidaṃ mahāmate dharmatāvanme hiraṇyarajatamuktākaravanmahāmate dharmadhātusthititā-utpādādvā tathāgatānāmanutpādādvā tathāgatānāṃ sthitaivaiṣāṃ dharmṇāṃ dharmatā dharmasthititā dharmaniyāmatā //

辉。大慧，此即宗趣法相。

今者，大慧，云何言说法相？此即九部教法中之种种，此令人离有无二见，离于一异。先以善巧方便，导有情得知觉，由是凡倾向彼者，皆得受教。大慧，此即言说法相。[1]

诸佛内自证的智境，离诸能所与名言分别，不落于有为法之无常、苦等性相，以其自性相为无为、无漏境界之内自光明，寂息一切戏论。此智境无上正等正觉（anuttara-samyaksambodhi），亦即佛之法身（dharmakāya），又或名为根本智、无分别智、心真如（citta-tathatā）、法性心（dharmatā-cittam）、自性清净心、自内证法性、宗趣法相等，是皆形容此离言思分别、如如清净内自证境界的法异门。此内自与如如法性已超越凡庸识境中“能证”“所证”之相对，故佛典中亦有说此智境为“唯一”，离诸相对故。上引《楞伽》经文之第一段，即说此中义理。

然而，此“唯一”的智境绝非茕然独存。此同于《般若经》中“色空相即”之理，亦即非可离诸法而别有法性、非离色身（rūpakāya）而另有法身（dharmakāya）；于大乘观修中，亦必强调菩提心（bodhicitta）的智悲双运；至于现证境界，亦说为不住轮回、不住涅槃的“无住涅槃”，而于密乘，更强调为“乐空无二”“明空无二”“现空无二”为现证境。梵本《心经》中，言“三世诸佛，依般若波罗蜜多故，证得无上正等觉，现起平等觉”[2]，即是说明诸佛的内自证智境（无上正等觉），法尔具足大悲而有后得智同时生起，亦即诸佛现证离诸戏论分别的“唯一”无上正等觉的同时，现起后得智，此后得智如实“平等”

〔1〕依谈锡永译，页132。梵文原文：bhagavāṃstasyaitadavocat-dvividhaṃ mahāmate siddhāntanayalakṣaṇaṃ sarvaśrāvakapratyekabuddhabodhisattvānāṃ yaduta siddhāntanayaśca deśanānayaśca / tatra siddhāntanayo mahāmate yaduta pratyātmādhigamaviśeṣalakṣaṇaṃ vāgvikalpākṣararahitamanāsravadhātugatiprāpakaṃ pratyātmagatibhūmigatisvalakṣaṇaṃ sarvatarkatīrthyamāravarjitam / vinihatya ca tāṃstrthyamārān pratyātmagatirvirājate / etanmahāmate siddhāntanayalakṣaṇam / tatra deśanānayaḥ katamaḥ / yaduta navāṅgaśāsanavicitropadeśo'nyānanyasadasatpakāavarjitaḥ upāyakuśalavidhiprvakaḥ sattveṣu darśanāvatāraḥ / yadyenādhimucyate tattasya deśayet / etanmahāmate deśanānayalakṣaṇam //

〔2〕梵文：sarvabuddhāḥ prajñāpāramitāmśritya anuttarāṃ samyaksaṃbodhimabhisaṃbuddhāḥ //

观照一切识境之性相为“圆成”而“无有”[1]。此如《佛说法身经》言：

是法身者，纯一无二，无漏无为，应当修证诸有为法从无为生，如是真实无净无染、无念无作。[2]

《幻化网秘密藏续》(*Guhyagarbha-tantra*）第二品《发胜义及世俗菩提心本智》中亦同样有云：

E ma ho
如是希有奇妙法　一切圆觉之秘密
由无生而生一切　生者本来是无生
……
由无碍而碍一切　碍者本来是无碍
……
由无住而一切住　住者本来是无住
……
由无所缘皆所缘　所缘本是无所缘
……
无有去来去又来　去来本是无去来[3]

上述两段经文，即说明无漏无为、无生、无碍、无住、无所缘、无去来的智境，法尔自显现成有为、有生灭、有碍、有所住、有所缘、有去来的识境。此智境自显现为识境之“法尔”，于瑜伽行派（Yogācāra）的论典中，比喻为大日

〔1〕参龙青巴（Klong chen pa Dri med ’od zer）的《实相宝藏论》(*gNas lugs rin po che’i mdzod*）及其自释论。此有郭元兴的汉译（油印本），及 Richard Barron（Chökyi Nyima）的英译：*The Precious Treasury of the Way of Abiding*, Junction City: Padma Publishing, 1998。

〔2〕依法贤译，《大正藏》第 17 册，no. 766，页 699。

〔3〕依沈卫荣译，《幻化网秘密藏续》，香港：密乘佛学会，2001 年，页 34-35。

自然发出其日光，复喻为如意宝珠自然能作种种变现，以及天鼓之无须敲击而能自然发出鼓音。此如《宝性论》(*Ratnagotravibhāga*) 云：

> 如（经）所说，佛体性不生不灭，是即无为；然则仍以具无为、不起用性相（aparavṛtti-lakṣaṇa）之佛体性，能无功用、无休息于世间无分别作事业？
>
> 为令彼于佛之庄严法性（mahātymya-dharmatā）有疑虑困惑之众，对佛之不可思议境界生信解，故以下来偈颂说此自在性——
>
> 如来如帝释天鼓　如云复如梵天王
>
> 如日亦如摩尼宝　如响如空如大地[1]

后如《大乘经庄严论》(*Mahāyānasūtrālaṃkāra*) 所言：

> 意珠及天鼓　自然成自事
>
> 佛化及佛说　无思亦如是[2]

其释论言：

> 此偈显示佛事无功用。譬如如意宝珠，虽复无心，自然能作种种变现，如来亦尔，虽无功用心，自然能起种种变化；譬如天鼓，虽复无心，自然能出种种音声，如来亦尔，虽无功用心，自然能说种种妙法。

---

〔1〕依谈锡永译，见《宝性论梵本新译》，台北：全佛出版社，2005年，页160。梵本原文：yadanutpādānirodhaprabhāvitaṃ buddhatvamityuktaṃ tatkathamihāsaṃskṇt ādapravṛttilakṣaṇādbuddhatvā danābhogāpratipraśrabdhamā lokādavikalpaṃ buddhakārya pravartata iti / buddhamāhātmyadharmatāmārabhya vimatisaṃdehajātānāmacintyabuddhaviṣayādhimuktisaṃjananārtha tasya māhātmye ślokaḥ / śakradundubhivan meghabrahmārkamaṇiratnavat / pratiśrutirivākāśapṅthivvat tathāgataḥ //

〔2〕依波罗颇蜜多罗译，《大正藏》第31册，no.1604，页603。下引同。此颂梵文：aghaṭitebhyastūryebhyo yathā syācchabdasaṃbhavaḥ / tathā jiṇe vinābhogaṃ deśanāyāḥ samudbhavaḥ //

离勤作、离功用行之佛体性（智境），自然成就落于缘起、无常生灭与名言之如幻世间显现，说为诸佛之功德事业、大悲化现。米庞于《广说如来藏》中乃云：

> 如是由胜义观察，得建立观察果为究竟二谛无分别之如金刚义。此为识智无可分别之界，于胜义中，无过失安立处。

此智境识境双运界，始为诸佛现证之“法界”（dharmadhātu）、真如（tathatā）、实际（bhūtakoṭi）、不可思议境界、佛之庄严法性、一界（ekadhātu）等。《不增不减经》（*Anūnatvāpūrṇatva-nirdeśa*）云：

> 一切愚痴凡夫，不如实知彼一界故、不如实见彼一界故，起于极恶大邪见心，谓众生界增、谓众生界减。……此甚深义乃是如来智慧境界，亦是如来心所行处。……甚深义者即是第一义谛；第一义谛者即是众生界；众生界者即是如来藏；如来藏者即是法身。[1]

此名为“一界”之智识双运界，乃如来智慧境界，含藏轮回与涅槃而不落任一边际，在凡不减、在圣不增。如来有所觉知之法界常住（dharmadhāta-sthititā），非待众缘和合而有，亦非依行者观修之力而新得；如来若出世、若不出世，凡夫若现证、若不现证，法界常住，法住法决定，法不离如、法不异如。此本住法界之内自证智境本身即名为“法身”，而于智识双运界而言，则名为“如来藏”。《如来藏经》（*Tathāgatagarbha-sūtra*）：

> 善男子，一切众生虽在诸趣烦恼身中，有如来藏常无污染，德相备足，如我无异。……善男子，诸佛亦尔。若佛出世、若不出世，一切众生如来之藏常住不变。[2]

〔1〕依菩提流支译，《大正藏》第 16 册，no. 668，页 466-467。

〔2〕依佛陀跋陀罗译《大方等如来藏经》，《大正藏》第 16 册，no. 666，页 457。

“如来藏”者，但为名相施设，所指实为“一界”，亦即现证如如法界的智识双运界。此为诸佛现证无上正等觉的同时，现起平等觉的“唯一”境界，是故为一切教法之密意、诸部经论之心要。经论中不论依此名相施设而说法与否，实皆发扬此“如来藏”义。龙青巴结集《无垢心髓》（*Bi ma snying thig*）的《依黑物上金字显出大圆满最胜心中心引导略要名趋入光明道》（*rDzogs chen yang ti nag po gser gyi gcig pa'i khrid yig mdor bsdus pa 'od gsal lam 'jug*）亦云：

> 法性圆成、真如胜义、如来藏、自性界清净、离边、双融、越心、唯一明点、法性、智慧、空性、寂静、秘密、明照自在、本觉智、本来清净，虽有如是多名，皆为离心戏论之法身也。如明照无著，名为报身。显现种种，本来不灭，名为化身。[1]

米庞遂于《狮子吼广说如来藏》篇首，即明言：

> 如是，三世诸胜利者所说心要（snying po，藏）、所说根本意趣（dgong pa'i mthil），以及一切经续教法之唯一心髓，实只说周遍一切之如来藏。

诸佛内自证根本智与后得智之双运境极为深密，以其超越凡夫落于识境中名言二取范限的思议故；由是，佛乃以诸“异门”说此甚深法，而不落于“空性”“缘起”等说法的窠臼。因此米庞继言：

> 复次，善逝导师说法，有时依说空分以阐明如来藏之体性；有时则依本来具足之十力等功德，由说现分以阐明如来藏之自相。此二者须无违双运，唯以受彼等对“二谛无分别”此深而极深之要义未能生信意者之影响，故有人视如来藏为自性不空之常法；亦有人持如来藏为唯空，住断见减损边，未能建立（佛）智别别功德本来具足。获得上师窍诀之

〔1〕《仰兑》，香港：密乘出版社，1985年，页42。

具缘者，对空性界及光明智之无违双运义，心生信意，其心即能安住于殊胜甘露精华，亦即安住于消除现与空之任一边执（境界）。

米庞即依法界之体性与其本具功德之无违双运义来抉择如来藏义理，说为现空双运、空性界与光明智双运、如来藏之体性与其自相双运、胜义谛与世俗谛双运等，故言：

所以，二谛双运之法界义，即缘（行者）别别内自证境寂灭一切戏论网而始得知。是名为“自性清净法界”与“空性”。……

轮回因缘之本初清净，与现为法尔自性光明之无漏显现，二者无离无合，如来藏之无倒相，即须如是认知。

由此“无离无合”之双运义，法界始可建立为非染非不染、非净非不净，以“净”“染”“非净”“非染”等皆落于边见故。此如《辨中边论》（*Madhyāntavibhāga*）所云：

非染非不染　非净非不净
心性本净故　由客尘所染[1]

世亲论师（Vasubandhu）释此颂言：

云何“非染非不染”？以心性本净故；云何“非净非不净”？由客尘所染故。是名成立空差别义。

米庞释同一颂云：

---

〔1〕依玄奘译，《大正藏》第31册，no. 1600，页466。下引同。此颂梵文：na kliṣṭā nā'pi va'ākliṣṭa śuddhā'śuddhā na caiva sā / prabhāsvaratvāccittasya kleśasyāgantukatvataḥ //

以真如体性自相光明，故实相（gnas tshul）非为杂染；以具客尘垢障而显现之现相（snang tshul），故非不染。以是之故，不可一向说法界为净或不净。[1]

如是净染双边俱遣、离诸边执戏论的现证境界，即是唯一法界，即是智识双运界。复由此智识双运之一界，说佛菩萨现见世间诸法如梦、如幻、如电、如谷响、如镜中像、如阳焰、如水月、如乾闼婆城。智者现见世法如见镜上平等而无分别自现之镜像，非如其显现而执为实有；凡夫之无明，则有如见同样的镜像之时，却加上能所二执、名言分别等，而缘取镜像为实有，由是乃有种种爱恶、贪嗔、取舍等转起。此如《杂阿含》第二六一经所言：

譬如士夫手执明镜及净水镜，自见面生；生故见，非不生。是故，阿难，色生，生故计是我，非不生；如是受想行识生，生故计是我，非不生。……色若过去、若未来、若现在，若内、若外，若粗、若细，若好、若丑，若远、若近，彼一切非我、不异我、不相在。[2]

法界中有诸色如幻自显现，如明镜中有镜像生起；生故，凡夫计为我与我所，非不生。智者则不受诸幻现所染，远离对识境中一切法的分别计执，以识境与智境恒时双运故。由是，乃说佛菩萨于诸法“无分别”（nirvikalpa）、“无所得”（na upalabhate）或“不见”（na samanupaśyati）。《般若经》中，复抉择诸法“色即是空、空即是色；色不异空、空不异色”。从“智识双运界”而言，亦可说为“智境即识境、识境即智境；智境不异识境、识境不异智境”。依龙树的抉择，则说为：

涅槃与世间　无有少分别

〔1〕见米庞，《辨中边论释·光鬘》（*dBus dang mtha' rnam par 'byed pa'i bstan bcos kyi 'grel ba 'od zer phreng ba*），收 *The Complete Works of 'Ju Mi-pham Series* 第四函，页 659-785。

〔2〕依求那跋陀罗译，《大正藏》第 2 册，no. 99，页 66。

世间与涅槃　亦无有分别
涅槃之实际　及与世间际
如是二际者　无毫厘差别〔1〕

大乘佛法的中道义，绝非落于识境而说诸心识相对概念之“中”，如有无、常断等；佛说中道义，不住轮回或涅槃边、不执现相或实相边、不持智或识边、不落法身或色身边、亦不单取菩提心之智或悲任一分。是故《诸法无行经》云：

一切诸佛皆入贪欲平等法中故，远离诤讼，通达贪欲性故。世尊，贪欲即是菩提。何以故？知贪欲实性，说名菩提，是故一切诸佛皆成就贪欲。〔2〕

《法净毗尼方广经》亦说：

不断于欲，不为欲热；不断于瞋，不为瞋热；不断于痴，不为痴热。于一切法离诸暗障，不断烦恼，勤行精进。〔3〕

是即不断于识境而现证智境，平等入于诸识境中而现证菩提。凡夫唯着于识境，此取着即喻为尘垢，障碍心性。然而所谓“尘垢”，无非是识境中之遍计，非有实性，故说为“客尘”，而心性则本来清净。由是，上述《辨中边论》颂，谓法界“非染非不染、非净非不净”，即是“心性本净、客尘所染”之义；此亦无疑即如来藏义。是故，“如来藏”者，实无非指智识双运界中，恒时随缘而有诸识境自显现之智境分。此建立，亦恰是大乘教法的要义，具如上来所述。因此，米庞于《广说如来藏》指出：

〔1〕 依鸠摩罗什译，《大正藏》第30册，no. 1564，页36。此颂梵文：na saṃsārasya nirvāṇātkiṃcidasti viśeṣaṇam / na nirvāṇasya saṃsārātkiṃcidasti viśeṣaṇam // nirvāṇasya ca yā koṭiḥ koṭiḥ saṃsaraṇasya ca / na tayorantaraṃ kiṃcitsuṃkāmamapi vidyate //

〔2〕 依鸠摩罗什译，《大正藏》第15册，no. 650，页757。

〔3〕 依鸠摩罗什译，《大正藏》第24册，no. 1489，页1077。

是故，依理成立一切有情具有如来藏，是即成立究竟解脱无差别；如来与一切法胜义实相无差别。更者，由理解如来藏始能成立究竟一乘。否则，即可能歪曲大乘传规，将建立究竟一乘之理支离，此如说如来藏非有情基；成佛时亦无（如来藏）；于因位时无功德、于果位时是新得。是故渴求于此胜乘者，须对此智慧圆熟。

米庞于两篇“狮子吼”论中，根本即是依据法界中智境与识境法尔双运之理来抉择“如来藏”。此智识双运境不落于识境中“有为”与“无为”之分别，故于《广说如来藏》一篇中，亦名之为“大无为”（'dus ma byas chen po）；复以其不落于空有二边，故名之为“大中道”（dbu ma chen po）。

由此甚深之法界义，遂有“二谛”之重重建立。米庞于二论中，以不同次第的二谛说抉择他空见与应成见，且配合“相依理”“作用理”及“法性理”等三理抉择了义大中观之如来藏见地。

二、中观宗二谛建立

《大集大虚空藏菩萨所问经》云：

如世尊说，若知杂染是则清净，不断杂染亦自清净。何以故？烦恼自性本清净故。如此二法名施设句。所谓杂染及以清净，依胜义际所建立故。胜义际中杂染清净皆不可得。胜义际者名为无际，即彼无际名为实际，是实际即空际，是空际即我际，是我际即一切法际。若知一切法际、空际、寂静际、极寂静际所有际门，则于一切诸法无所取着，获无碍智。[1]

〔1〕 依不空译，《大正藏》第13册，no. 404，页631。

诸佛之现证，即杂染清净诸分别皆不可得的胜义际，此亦假名为“离言胜义”或“真胜义”，以此已非落于“胜义”“世俗”相对二边之真实现证，是即如上来所说之“大无为”“大中观”，皆形容现证超越有为与无为、中与边等相对戏论的“一界”。《大乘理趣六波罗蜜多经》即有云：

如来清净藏　永离诸分别
体具恒沙德　诸佛之法身
住真无漏界　法净解脱身
寂灭等虚空　法性无来去
佛现三界中　不生亦不灭
此界及他方　湛然常不动
平等真法界　佛与众生如
非断亦非常　大悲恒不尽
诸佛法性身　本觉自然智
是真胜义谛　唯佛方证知
……
犹如摩尼珠　随色皆能现
譬如工画师　能画种种相
所现诸境界　皆是识心变
众生诸性欲　如来悉能知
法身恒不动　愿力随缘现〔1〕

如来法身（智境）湛然不动、不生不灭。此“如来清净藏”法尔具足如恒沙数无量功德，依如来本具愿力而作随缘自显现，是为恒常不尽而平等之大悲示现，其所现境界，“皆是识心变”（识境）。清净无漏的智境，恒时于诸世间（“此界及他方”）随缘自显现种种识境，此无分别智与后得智双运之法尔境界，方许

〔1〕 依般若译，《大正藏》第 8 册，no. 261，页 912。

为“真胜义谛”“本觉自然智”，宁玛派则形容它为“清净大平等性”。此境界甚深难知，唯佛能证。以其难知故，佛遂依“二谛”方便以明之。此如《大般涅槃经》所言：

（佛言：）善男子，世谛者即第一义谛。

（文殊师利菩萨摩诃萨白佛言：）世尊，若尔者则无二谛。

佛言：善男子，有善方便随顺众生，说有二谛。善男子，若随言说，则有二种，一者世法，二者出世法。[1]

凡言说（vyavahāra）必属识境范围内之言诠，而凡落识境者，亦必具分别（vikalpa）。即使佛所说法，其言说本身亦不可执为“真实”（tattva）。但为引导行者抉择诸佛内自证境界，遂随顺众生言说分别，依“胜义”“世俗”二分说此甚深境界，引导行者由世俗入胜义，而究竟现证胜义世俗无分别双运，又或可说为由识境入智境而究竟现证智识双运之一法界。“二谛”之安立，如《分别缘起初胜法门经》云：

若法住智所行境界，是世俗谛；若自内证最胜义智所行境界、非安立智所行境界，名胜义谛。[2]

此“法住智所行境界”，即现于三界的随缘大悲示现，亦可说为诸佛的后得智境界，具体则表现为佛的言教，依其大悲随顺众生根器而说解脱法门。此如《大方广曼殊室利童真菩萨华严本教赞阎曼德迦忿怒王真言阿毗遮噜迦仪轨品》所言：

复次佛子，法非法，净非净，善非善，感应化有情善巧，诸佛菩萨从法界流出修行教法，即以此教于有情，方便说成熟有情，故应如

〔1〕依昙无谶译,《大正藏》第12册，no. 374，页443。

〔2〕依玄奘译,《大正藏》第16册，no. 717，页843。

是正住。[1]

复如《摄大乘论》(*Mahāyānasaṃgraha*)所言：

为因能起出世间心，是故说言从最清净法界所流正闻熏习种子所生。[2]

此所谓"清净法界所流"者，即指由无分别智境所流出的教法。虽为言说而具分别，但此"分别"却实为"法身等流"——无分别智境的自流露。是故，由智境中流出的种种"分别"，实为"无分别的分别"；此不同于凡夫不能现证常时本具的智境，唯由识境生起诸分别，亦即唯落于分别而建立且执实种种分别。瑜伽行派辨别二者为"法性"(dharmatā)与"法"(dharmaḥ)："法"的性相为虚妄分别，落于能所的似二显现及种种概念的名言执实，而"法性"的性相则离诸能取所取、能诠所诠等差别；法所显现者为轮回，法性所显现为涅槃。由是可见，法界中一切自显现，悉为法性的自流露，唯对此等自显现外加种种我与我所以及名言概念的虚妄分别，遂成种种依识境概念而起的分别，是即轮回境界；能现证法性能相及自流露的等流境界，始为涅槃境界。

因此，二谛的安立，实非从哲学的角度机械地建立两种真理，而是导引修行人抉择"真实胜义"的方便。是故龙树于《中论》云：佛为说明"胜义"，必须依于言说(vyavahāra)；若不解"胜义"则不能证涅槃[3]。由此而解释何以佛安立二谛、何以不了知二谛之差别即不能知佛陀教法(śāsana)中之

〔1〕失译，《大正藏》第21册，no. 1216，页79。

〔2〕依玄奘译，《大正藏》第31册，no. 1597，页333。

〔3〕此中所引，即《中论》二十四品第十颂。梵文原为：vyavahāram anāśritya paramārtho na deśyate / paramārtham anāgamya nirvāṇaṃ nādhigamyate //

鸠摩罗什译作：若不依俗谛　不得第一义　不得第一义　则不得涅槃。

比较梵文原论，可见鸠摩罗什所取为意译，并未严谨扣准原意。波罗颇蜜多罗译《般若灯论释》以及瞿昙般若流支译《顺中论》所引此句，大致亦同于什公。

甚深（gambhiraṃ）真实（tattva）[1]。所需“了知二谛”者，除了知“胜义谛”（paramārtha-satya）及“世俗谛”（samvṛtti-satya）的性相外，还须了知二谛之关联。此如《大般若经》所云：

> 天王当知，凡有言说名世俗谛，此非真实。若无世俗即不可说有胜义谛。是诸菩萨通达世俗谛不违胜义谛，由通达故知一切法无生无灭无成无坏无此无彼，远离语言文字戏论。天王当知，胜义谛者离言寂静，圣智境界无变易法，若佛出世、若不出世，性相常住，是名菩萨通达胜义。[2]

复如《入楞伽经》所云：

> 大慧言：复次，世尊，语言为第一义，抑语言所说为第一义？
>
> 世尊答言：大慧，即非语言、亦非所说为第一义。何以故？第一义是大乐胜境，非仅由言说即可得入，故语言非第一义，大慧，由圣智内自证始入第一义，此非语言分别境界，故分别不能说出第一义。[3]

结合上来所引两段经文而言，凡有言说悉为世俗谛，而言说本身及言说所表，俱非胜义，亦非仅由言说即可得入胜义；至于胜义，实非言说分别境界，为离言寂静的圣智境。此即谓不可以具分别戏论的世俗为胜义，亦非仅由世俗即可得入胜义。此亦即如《金刚经》所云：“若以色见我，以音声求我，是人行邪道，

---

〔1〕见《中论》二十四品第九颂。梵文原为：ye ’nayor na vijānanti vibhāgaṃ satyayadrayoḥ / te tattvaṃ na vijānanti gambhiraṃ buddha-śāsane //

鸠摩罗什译此颂为：若人不能知　分别于二谛　则于深佛法　不知真实义。

〔2〕依玄奘译，《大正藏》第 7 册，no. 220，页 938。

〔3〕依谈锡永译，页 84。梵文原文：bhagavānāha-na mahāmate vacanaṃ paramārthaḥ na ca yadvacanenābhilapyate sa paramārthaḥ / tatkasya hetoḥ / yaduta paramārthāryasukhābhilāpapraveśitvā tparamārthasya vacanaṃ na paramārthaḥ / paramārthasyu mahāmate āryajñānapratyātmagatigamyo na vāgvikalpabuddhigocaraḥ / tena vikalpo nodbhāvayati paramārtham //

不能见如来”[1]，佛的法身与色身本非异离，然若耽着于色身即不能见如来；佛的现证唯一境界中，其离诸言说戏论分别的智境与其随缘自显现的后得智分别境，本亦非异，唯若执于此后得境的大悲言说，以“音声”求佛，是落于世俗而不能见如来现证的“真实胜义”。因此，上引《中论》二颂，在于引导行者抉择佛内自证境界，其无分别“自内证最胜义智所行境界”一分名为“胜义谛”、其“法住智所行境界”一分名为“世俗谛”；若不能知此二谛分别，则于深佛法（佛之自证境界），不能知其真实义。然而由“自内证智所行境界”所流出的“法住智所行境界”，具体即示现为种种言说教法，此等言说悉皆落于世俗分别，是故下半颂即指出若行者不能同时抉择胜义（即上一颂所说义），则不能证涅槃。由是，“二谛”的安立即如禅宗的指月喻，行者依佛的言教证入不即言说亦不离言说的无住涅槃境、由世俗而证入胜义世俗双运之“真实胜义”、由识境证入智识双运的法界境界。是故米庞于《佛语总集大宝箧》(*dBu ma sogs gzhung spyi'i dka' gnad skor gyi gsung sgros sna tshogs phyogs gcig tu bsdus pa rin po che'i za ma tog*)中，即以智与识来定义二谛。[2]依此抉择，可见“二谛”实非脱离佛内自证境界而凭空堆砌的理论建立，亦非只有《般若经》或中观宗的产物，于上引《杂阿含》二九六经所说，其实已明此二谛义。

谈锡永上师于《如来藏决定》一文，即有明确指出：

> 一切有情相续中具足法身，但此周遍法身并非孤立的存在，因为佛于证本觉智时，必无间而起后得智。本觉智与后得智恒时双运，此境界便即是如来藏，所以如来藏并非一个本体，纯然是一个境界……
>
> 因此说，智境唯藉识境而成显现，这就是佛内证趣境（六趣境），亦施设名言为如来藏，意即为如来种性。

依此，抉择二谛其实亦即抉择如来藏，唯名言施设不同，义理实则无异。

---

〔1〕 依鸠摩罗什译，《大正藏》第8册，no. 235，页752。

〔2〕 藏文：gnas snang mthun par gyur pa'i yul can la ye shes zhes bya ste gzung 'dzin med pa'o / mi mthun par 'dzin pa la rnam shes zhes bya ste gzung 'dzin can no //

《胜鬘经》所说如来藏义，亦同此理，经言：

世尊，生死者依如来藏，以如来藏故，说本际不可知。世尊，有如来藏故说生死，是名善说。……死生者此二法是如来藏，世间言说故。有死有生，死者谓根坏、生者新诸根起，非如来藏有生有死。如来藏者离有为相，如来藏常住不变，是故如来藏，是依、是持、是建立。[1]

复言：

如来藏者，是法界藏、法身藏、出世间上上藏、自性清净藏，此性清净。如来藏而客尘烦恼上烦恼所染，不思议如来境界。

此中说为"生死"及"烦恼"者，于二谛说即施设为"世俗谛"；说为"本际"者，即"胜义谛"；说为"如来藏"者，即不可思议如来境界，是为"真实胜义"。

上来喋喋所言，应无违于米庞依自宗宁玛派了义大中观见所抉择的如来藏及二谛义。米庞于《广说如来藏》中云：

盖当施设无变易法界为佛种性时，首当认知何者为法界施设基。此（施设基）即是二谛大双运之离言胜义，亦即极无所住中道义。若未知此，唯施设（法界）为名言胜义，是即如见森林中群猴而误认其为三十三天之天人。……

如是由胜义观察，得建立观察果为究竟二谛无分别之如金刚义。此为识智无可分别之界，于胜义中，无过失安立处。

〔1〕 依求那跋陀罗译，《大正藏》第12册，no. 353，页222。

此中区别“离言胜义”与“名言胜义”。前者即上来讨论不落言说边的智识双运界，亦即所谓佛现证的“真实胜义”，故论中说之为“二谛大双运”“极无所住中道义”“识智无可分别之界”；后者则仍属识境边的言说境界。故米庞于《入中论释·月称言教无垢水晶鬘》（*dBu ma la 'jug pa'i 'grel ba zla ba'i zhal lung dri med shel phreng*）复云：

胜义谛落于名言，则仅为遮拨；如是而成真实建立之无有。此仍为心境、仍为言说境界。

离言（胜义）者则为现空双运，不落现边与空边。

于言说中，如说“二谛双运”“离诸戏论”“中道”等，仅为导引，实如以指指月（之指）。真实义则远离心与言说。[1]

所谓“极无所住”者，即不住有为或无为、不住轮回或涅槃、不住胜义或世俗、不住智境或识境，由是而名“中道”，是为“二谛双运”的“离言胜义”。米庞于《决定宝灯》（*Nges shes rin po che'i sgron me*）第五品中，解释“二谛以何为要义”时总结云：

依内证智真实力　见情器界净不净
如是现空无别基　证为二谛无分别
于汝如是修学时　见二佛身双运智[2]

“二佛身双运”，亦即佛法身与色身双运，是为“二谛双运”的现证果。

宁玛派的另一学者龙青巴于《心性自解脱》（*Sems nyid rang grol*）亦言：

建立二谛为防谛实执

---

〔1〕原论收 *The Complete Works of 'Ju Mi-pham Series* 第一函，页 497-837。

〔2〕依谈锡永译，《决定宝灯》，香港：密乘佛学会，2002 年，页 73。藏文：dag dang ma dag so sor mthong / de phyir snang stong dbyer med gzhi / bden gnyis dbyer med tshul gyis rtogs / lam de ji bzhin goms pa las / sku gnyis zung 'jug ye shes mthong //

真实义中无胜义世俗[1]

然而，言以二谛双运始为真实义之理，却非宁玛派的一家之言。《大宝积经·法界体性无分别会》即有云：

文殊师利言："大德，汝云何言心得解脱，第一义中都无有心系缚、解脱?"文殊师利言："大德舍利弗，汝欲令法界体性有于世谛、第一义谛耶?"舍利弗言："文殊师利，法界体性无有世谛、第一义谛。"[2]

《善思童子经》亦言：

诸法皆平等　无有得不得
希有佛善说　有漏及有为
无漏无为法　此经不分别
世尊善巧说　世间出世间
世谛第一义　二界无有异
此经如是说　佛所说诸行[3]

至11世纪时的阿底峡（Atīśa）所造《入二谛》（*bDen pa gnyis la 'jug pa*）亦持同一抉择：

胜义谛唯一　余许有二种
法性无所成　云何有二三
教言令释故　以无生灭显

〔1〕 藏文：bden pa gnyis don bden zhen dgag phyir te / rnal ma'i don la don dam kun rdzob med // 此论英译，见 Tulku Thondup, *The Practice of Dzogchen*, Itaca: Snow Lion Publications, 1989, pp. 316-354。

〔2〕 依曼陀罗译，《大正藏》第11册，no. 310，页143。

〔3〕 依阇那崛多译，《大正藏》第14册，no. 479，页613。

胜义无异故　无法无法性[1]

“离言胜义”中无有法与法性、世俗谛与胜义谛等分别，是为佛的自证境界。但为指示行者证入此“离言胜义”，遂有二谛的安立，依据此胜义境的双运性相，建立佛内自证的无生智境为“胜义谛”、复以此智境大悲示现的如幻识境为“世俗谛”。为便于下来讨论，此二建立可施设为“胜义的胜义”与“胜义的世俗”。如是依我们识境而作施设者，是为“名言胜义”。此亦为藏传佛教“了义大中观”的二谛观。米庞于《决定宝灯》故有颂言：

当说胜义实相时　于本初境无施设
于此岂能许安立　宗义立诸法自性
亦立之于辩说时　若然依据本初境
是于建立无所取　于后得中道与果
则其宗义可立为　尽所有与如所有
依此相对之安立　而作不杂之阐释[2]

故此“胜义的胜义”与“胜义的世俗”的安立，非宁玛派之创见，而实为印度大乘中观的学说。清辨论师（Bhāvaviveka）即曾将胜义谛区分为“胜义的胜义谛”（pāramārthika-paramārtha-satya）与“世俗的胜义谛”（sāṃketika-paramārtha-satya），并建立“胜义的胜义谛”的三种意义：其一，此既为“最胜”亦为“义”（artha，亦即境界），故名胜义；其二，此为无上的无分别智所缘的真实境，故名胜义；其三，此为不起有境与无境分别之无分别智，故名胜义。至于“世俗的胜义谛”，则名之为“假说胜义”，为依世间言说表达言语道断的

〔1〕释如石，《菩提道灯抉微》，台北：法鼓出版社，1997 年，页 249。

〔2〕依谈锡永译《决定宝灯》，页 94-95。藏文：don dam gnas lugs gzhal ba'i tshe / gshis la cir yang ma grub ltar / khas kyang ci zhig len par byed / de phyir grub mtha' gnas lugs kyi / khas len yin phyir rtsod sogs tshe / ghis gzhin khas len ci yang med / rjes thob lam 'bras grub pa'i mtha' / ji ltar ji snyed rnam bzhag rnams / ma 'dres so sor khas len 'dod //

“胜义的胜义谛”（亦即佛内自证的无漏根本智与其现观的真实境界）。[1] 此建立虽与宁玛派略有不同，但二者之意趣则无二。

至于“他空大中观”的建立则与此不同。“他空见”于藏土其实亦有不同的流派[2]，米庞则于《开许他空》一篇总摄“他空见”说二谛的要义如下：

> 既如是依有境之无分别智以证悟离戏论胜义已，于实相与现相相融之境与有境，即名为胜义；于实相与现相不相融之境与有境，即名为世俗。
>
> 依名言量作观察，彼“世俗”与“胜义”即颠倒与无颠倒、迷乱与无迷乱之差别。是故，无颠倒与无迷乱者即是“胜义”，余者则安立为“世俗”。

由是可见，“他空见”除谛实本来仅是作为方便分别的“胜义”“世俗”二者外，且为此“无颠倒”与“无迷乱”的“胜义”下一定义：于实相与现相相融之境（yul）与有境（yul can），是为“胜义”，否则即为“世俗”；复以此“胜义”本身为“不空”，所空者为“世俗”。所谓“境”与“有境”，即指所缘境及执持所缘境为有的能缘识，是即心识与识境之能所关系，以颠倒识为所缘境之能相（mtshan nyid）。是故，若依《辨法法性论》的名言施设，“境”与“有境”即为“法所显现”与“法能相”的关系。“他空见”说此为“世俗”；若乎“胜义”，则安立为“离境与有境二取显现之无分别智境界”。这“胜义”同时说为

---

〔1〕见野泽静证，《清辨の二谛说》，收《日本佛教学会年报》18，1953 年，页 26。

〔2〕参 Matthew T. Kapstein, “From Dol-po-pa to ’Ba’-mda’ Dge-legs: Three Jo-nang-pa Masters on the Interpretation of *Prajñāpāramitā*, ” in Helmut Krasser, et al., ed., *Tibetan Studies: Proceedings of the 7th Seminar of the International Association for Tibetan Studies*, vol.1, Wien, Verlag der Österreichischen Akademie der Wissenschaften, 1997, pp. 457-475; Cyrus Stearns, “Dol-po-pa Shes-rab rgyal-mtshan and the Genesis of the *Gzhan-stong* Position in Tibet,” *Asiatische Studien/Études Asiatiques*, vol. 49, no. 4, 1995, pp. 829-852; Lobsang Dargyay, “What Is Non-Existent and What Is Remanent in Śūnyatā,” *Journal of Indian Philosophy*, vol. 18, 1990, pp. 81-91; David Seyfort Ruegg, “The Jo naṅ pas: A School of Buddhist Ontologists according to the *Grub mtha' śel gyi me loṅ*,” *Journal of the American Oriental Society*, vol. 83, 1963, pp. 73-91。

“如来藏”，是故“他空见”许如来藏本身“不空”，而覆盖着如来藏的客尘污染则为“空”。于抉择“三自性”时，“他空见”以遍计自性为虚无，依他自性为世俗，圆成自性为胜义；并以圆成自性本身不空，而以遍计依他二自性为空[1]。多罗那他（Tāranātha）于《中观他空思想要论》说：

> 这里分遍计执、依他起和圆成实二种，其中的遍计执是指虚空等一切无为法和出现于分别的色境之有，以及义住名，乱义为名的义关系、内外边中、大小善恶等各方面心所增益所执的一切。
>
> 依他起者，是指能执所执法中的识，即成为无明习气的依他起，故为有。圆成实，指远离自证自明的一切戏论，即法性、法界、空性、胜义谛等名的差别。依他起和遍计执是等无谛实，“等”为幻有，“等”是世俗虚妄。又须各别分性者，世俗没有遍计执，世俗有依他起；世俗无圆成实，胜义有圆成实，故实有。若尔，遍计执是假有，依他起实有，圆成实既不是安立有，也非实有，而是无戏论有。进一步说，遍计执是无的空性，依他起是有的空性，圆成实是胜义空性。[2]

多罗那他对于“空”“有”的解说极为灵活，以抉择不同次第的修行境界，非如一些近代学者，对“空性”一律机械定义为“无自性”。由此引申“他空见”说“世俗自空、胜义他空”者，其实亦不应理解为“世俗无实性故空、胜义有实自性故他空”。若详觉囊派论说他空大中观诸论著，以及米庞《开许他空》一文，可见所谓“他空”“自空”者，不妨方便理解为“真实”与“虚妄”。由是“胜义”真实、“世俗”虚妄；“胜义”无颠倒、“世俗”颠倒；“胜义”中实相与现相相融、“世俗”中实相与现相不相融。对于“法”与“法性”亦安立同样

〔1〕见 Klaus-Dieter Mathes, “Tāranātha’s Presentation of Trisvabhāva in the *gŹan stoṅ sñiṅ po*,” *Journal of the International Association of Buddhist Studies*, vol. 23, no. 2 (2000): 195-223。

〔2〕引自许得存译《觉囊派教法史》附录，拉萨：西藏人民出版社，1992 年，页 297-298。另见 Jeffrey Hopkins 翻译的 *Mountain Doctrine: Tibet’s Fundamental Treatise on Other-Emptiness and the Buddha-Matrix* (Ithaca: Snow Lion Publications, 2006) 及 *The Essence of Other-Emptiness* (Ithaca: Snow Lion Publications, 2007)。

的相对关系。

米庞虽然于《开许他空》维护“他空见”以抉择“应成见”，但于其他论著中则每每指出不能以“他空见”为究竟的抉择见。此如他于《决定宝灯》所言：

总而言之他空者　实在无须简别空
纵然马不成立牛　焉能据此说马空
见马于牛无增损
是故不空涅槃界　与彼轮回界显现
不堪视为法法性　现空双运既不成
有寂平等亦不得〔1〕

于一法中建立另一法为空，是为“他空”，胜义本身不空，所空者仅为世俗。虽以“胜义”建立为“实相与现相相融之境与有境”，故无违于“现空双运”义，但“胜义”与“世俗”二者既建立为无可相融之相对边，是故轮回与涅槃的平等性即无可成立（“有寂平等亦不得”）；以离法界清净大平等性故，“他空见”的二谛安立自亦不成究竟的“现空双运”。

“了义大中观”与“他空大中观”的二谛安立，虽似截然不同，但若仔细比较二者的安立，却实亦可见彼此的关联——“他空大中观”建立的胜义谛，实无非是把“了义大中观”安立的“胜义的世俗”予以谛实而立为胜义。“了义大中观”以智识双运界为离言胜义，此为究竟的“现空双运”“二谛双运”；然为说明此“胜义”，则必须依于言说，遂有二谛的建立以抉择此离言胜义，由是以佛的本智境为“胜义的胜义”以与此智境同时现起的后得智境为“胜义的世俗”。此后得智境平等现观一切世间法，如如见一切法之实相，而非依彼现相而妄加种种二取、习气及名言等分别与执实，由是此后得智所现见者，亦可说为“实相与

〔1〕 依谈锡永译《决定宝灯》，页20-21。藏文：spyir na gzhan gyis stong pa des / stong go nges par mi chod de / rta la ba glang ma grub kyang / rta de stong par ga la nges / rta mthong de yis ba glang la / ci zhig phan te ci zhig gnod / de phyir mi stong myang 'das dang / 'khor ba'ang chos dang chos nyid du / mi rung snang stong zung 'jug dang / srid zhi mnyam nyid 'di la med //

现相相融之境与有境”——凡夫的识境，于一切现相如其显现而执为实有，而圣者则如其真实而见诸现相，是即“实相与现相相融”。因此，不应把“了义大中观”与“他空大中观”混淆。虽然二者皆许如来藏为了义教法，对如来藏的抉择，“他空大中观”立的胜义谛仅及“了义大中观”的世俗谛，然却加以谛实且简别为本身不空。

米庞于《决定宝灯》复言：

若于本初境界中　无论开遮皆不立
是故于此本初境　二谛实在无分别
其所安立都非实
若依二谛作安立　无非为说成事相
此已从来被立实　是故于此无相违
亦无观察堪成过
观察不堪成实有　亦不堪成非实有
于彼究竟观察中　二者同为假施设
极成为有而未察　此是事相非道理
若由正理智而见　观察许为无实者
始为诸法真实理
相对世俗为胜义　然而若相对究竟
则是名言胜义谛[1]

于后得境中安立二谛，无非为“事”而非“理”，为现相而非本质。是故对

〔1〕依谈锡永译《决定宝灯》，页 20-21。藏文：gshis la bden pa gnyis po yang / ris ma chad yod min pas / khas len gnyis po gang ltar yang / bden par grub pa med pa’i phyir / gnyis kar yang ni khas blangs kyang / snang tshul tsam gyi dbang phyir dang / gnas skabs gnyis ka so so la / bden de ’gal ba med pa’i phyir / dpyad bzod la sogs skyon mi ’bab / dngos po’ang dpyad par mi bzod de / dngos med kyang ni dpyad mi bzod / mthar thug gnyis ka mtshuns pa la / gnas skabs ltos te btags pa tsam / ma brtags grags pas yod tsam de / snang tshul yin gyi gnas tsul min / bden med dpyod pa’i rigs shes kyis / mthong ba gnas tshul don dam ’dod / de yang kun rdzob la ltos pa’i / don dam yin gyi mthar thug la / ltos na don dam rnam grags tsam //

于观察此“实相与现相相融”的后得境正量，即名为“观察名言净见之量”（dag gzigs tha snyad dpyod pa’i tshad ma），而“他空见”据此而立之“胜义”，亦名为“名言胜义”。至于“了义大中观”的“离言胜义”，米庞以水月喻以明之：

> 是故于我自宗中　若有人观水中月
> 此月毕竟不得成　亦非如是而成有
> 但于水月明现时　虽如是遮依旧现[1]

至于此喻所据之了义大中观见，米庞于《辨法法性论释·辨别本智显现》（*Chos dang chos nyid rnam par ’byed pa’i tshig le’ur byas pa’i ’grel ba ye shes snang ba rnam ’byed*）详明如下：

> 无分别智之自性，为超越分别识之智，以其不落“有为、无为”等任何界故。彼（无分别智）自性离此等显现之偏堕，法尔与法性无二而澄明。由恒常不动之如所有智境界，同时有尽所有智生起，平等而无颠倒以见一切显现，故二者可成立为双运而非相违。何以故？真如法性中，诸法平等不动、未曾离于一味之同时，具一切有法显现，二者无有相违。同理，现见法性之本智自显现，虽有显现无休止而现起，然以不立“彼”“此”为所缘之功德故，上来所说无显现之义理即已圆满，以此实超越凡庸二取等显现之自性故。此义极为殷重且甚为深密，故于此详说。[2]

米庞依这番郑重解说以明“无分别智相”，此亦即上来所说之“本初境界”。读者细味其说，当能更明“了义大中观”与“他空大中观”于抉择及安立

〔1〕 依谈锡永译《决定宝灯》，页 20-21。藏文：des na rang gi lugs la ni / chu zla brtags na chu zla nyid / cung zad mi rnyed med bzhin du / chu zla snang bar mngon sum tshe / med dgag yin kyang snang rung ba //

〔2〕 拙译，原论收 *The Complete Works of ’Ju Mi-pham Series* 第四函，页 609-657。

二谛、如来藏、无分别智、中道等差别。

至于萨迦派（Sa skya pa）的“离边大中观”（mtha’ bral dbu ma chen po），则非米庞两篇狮吼论中所讨论的范围所摄，是故本文亦不予研讨。唯应一提的是“离边大中观”的代表人物之一索南僧格（bSod nams seng ge，即果然巴 Go rams pa，1429—1489），判别“他空见”以胜义不空的说法，实无异于建立“胜义”为“常住、坚固、不变的有法”（rtag brtan ther zug pa mi ’gyur ba’i chos can），故说彼宗见为“以常边为中之说”（rtag mtha’ la dbu mar smra ba）；格鲁派的“应成见”，谓依“无遮”（med dgag）以遣除诸法为自性有，由是建立“胜义”唯此“无遮”之空性，故判之为“以断边为中之说”（chad mtha’ la dbu mar smra ba）。索南僧格把自宗萨迦派的“离边大中观”判定为“以离边为中之说”（mtha’ bral la dbu mar smra ba）。尊者于其《见辨别》（*lTa’i ba’i shan ’byed*）说自宗见如下：

> “中”者，离有无、是非等一切边，故务须舍离边执（mthar ’dzin pa）与相执（mtshan mar ’dzin pa）。……以是之故，应作“离一与多”（gcig dang du bral）等正理，抉择内外事物非真实。于此，所破者为粗分……然遮遣（诸法为真实）已，若耽于此（由遮遣）真实相关之空性（为胜义），即落于断边，犹如御马者或落于右、或落于左。由是，于此（空性之执实）亦应遮遣，遂应遮遣二俱与二俱非之执实，以四边之任一边皆非可成立为执实之所缘故。……执于“空”“不空”等皆为边执，而非“中”之（正）见。[1]

“离边大中观”以离四边、离一多等内自证智境界为“胜义”。若再与“了义大中观”的二谛安立比较，“离边大中观”的“胜义”仍只得“了义大中观”

〔1〕 见索南僧格（Go rams pa bSod nams seng ge），*lTa ba’i shan ’byed*，页 8。参 José Ignacio Cabezón and Geshe Lobsang Dargyay, *Freedom from Extremes: Gorampa’s “Distinguishing the Views” and the Polemics of Emptiness*, Boston: Wisdom Publications, 2007。

之“离言胜义”中之一分，亦即“智识双运”境中的“智”分。如前所说，大乘经典中虽在在可见不少篇幅皆如“离边大中观”的说法，如《大宝积经》第五十一卷所言：

世俗谛者，当知乃至世间所有语言文字音声假说，如是等相名世俗谛；胜义谛者，所谓若于是处尚非心行，况复文字而能陈说，如是等法名胜义谛。[1]

“于是处尚非心行”者，即言语道断、超越识心种种边见的圣智境界。然而此亦无非为方便建立，假立二分以明诸佛现证的“唯一”境，此如《大般若经》云：

何谓二谛？一世俗谛、二胜义谛。舍利子，虽二谛中有情施设俱不可得，而诸菩萨摩诃萨行深般若波罗蜜多时，方便善巧虽为诸有情宣说正法，令诸有情闻正法已，于现法中尚不得我，何况当得所求果证及能得者。如是舍利子，诸菩萨摩诃萨行深般若波罗蜜多时，方便善巧作为有情宣说正法，令修正行得所证果，而心于彼都无所得，达一切法不可得故。[2]

既说“心于彼都无所得”，抑且二谛建立无非为“方便善巧”之施设，是故于究竟义而言，应无复着于“胜义”“世俗”之相对而单取“胜义”为现证果。米庞于《决定宝灯》遂言：

是故无可立胜义　超越世俗且相对

〔1〕依玄奘译，《大正藏》第11册，no. 310，页301。

〔2〕依玄奘译，《大正藏》第7册，no. 220，页405。

然而此二则实为　方便以及方便生[1]

是故“离边大中观”所许之“胜义”，亦仅“言说胜义”，与“离言胜义”尚有一尘之隔。然而，此“言说胜义”之安立却为道上次第修证的重要阶梯。《决定宝灯》亦有颂云：

是故中观（分为二）　道中观为观察智
以此各量察二谛　　以及双运果中观
包容二谛成一味[2]

由“道中观”与“果中观”的差别，可总结上来讨论对三系与“现空双运”无违之“内品大中观”如下：

“二谛成一味”的“果中观”，亦即“了义大中观”，为成就佛果的不可思议现证，说为“无上”。依此现证，方便往下安立，乃有“胜义、世俗”二谛，分二分以表佛境界的性相，以内自证智境（法身）为“胜义”、以于诸识境中任运成就的后得智大悲功德（法身功德）为“世俗”。若持此“胜义”一分为究竟者，即“离边大中观”；若持此“世俗”一分为究竟者，即“他空大中观”。因此，此二种大中观，亦可说为“道中观”。由此再往下建立的“道中观”，即是“应成”（Prāsaṅgika）与“自续”（Svātantrika）两派“外中观”。

对于“外中观”与“内中观”的差别，敦珠仁波切（Dudjom Rinpoche, 1904—1987）于其《善说显现喜宴》详说如下：

于等持中平等住于无缘且离整治之法界，（内外）二品中观对断除二取诸显现，均不作任何分别；唯于后得，二者对彼（二取诸显现）

---

〔1〕依谈锡永译《决定宝灯》，页 62。藏文：kun rdzob spangs pa’i pha rol na / don dam ’ga’ yang mi grub ste / de gnyis thabs dang thabs byung nyid //

〔2〕依谈锡永译《决定宝灯》，页 116。藏文：de phyir dbu ma zhes pa yang / bden gnyis so sor dpyod pa yi / shes rab lam gyi dbu ma dang / des drangs bden gnyis ro gcig pa’i / zung ’jug ’bras bu’i dbu ma gnyis //

之分别为：前者（外品小中观）将空性归于胜义、显现归于世俗，由是判别二谛；后者（内品大中观）将二谛决定为实相与现相之同义。

复次，若非能安立前者，则后者亦不能安立。以是之故，仍首先依据《中观理聚五论》中应成派之意趣，建立无有异名之究竟胜义。此究竟胜义乃住于双运且殊胜之本智所行处。诸法于此中皆无生、无灭、本始寂静而离诸苦。当得此决定已，依于《慈氏（五）论》、《赞颂集》及其他经论之意趣，遮拨无染之显现乃自生与无为便属非理，盖彼等实与法界无异。此抉择二谛之胜理，证成法界乃现空无倒双运，否则应成派之见地便不如理。[1]

凡夫具戏论及二取名言的识境，以具虚妄分别故，不能如其真实而见诸法（yathabhūtadarśana），由是“实相与现相不同”；由是，佛的后得境虽亦同为“识境”，但由现观中实相与现相的同异，二者即成差别。米庞于《秘密藏续释·十方除暗总义·光明藏》（*gSang 'grel phyogs bcu'i mun sel gyi spyi don 'od gsal snying po*）乃言：

是故于净诸垢染之如来尽所有智面前，现见一切法清净相，更无能为其上者，由是可建立之为“世俗诸法名言究竟相”，至于彼世俗，则有迷乱者前之显现相，与世俗自（显现）实相两种。知此理实甚为重要。[2]

由是，观察二者之分别，即说为“世间现观名言量”及“清净所见名言量”。于“他空大中观”，此二者即判为“世俗”与“胜义”，以前者为空、后者为不空。正由于此，米庞方可于《开许他空》中以“他空见”抉择“应成见”。敦珠

〔1〕 依许锡恩译，《善说显现喜宴：宁玛派大圆满教法》，台北：全佛文化，2011 年，页 174。英译见 Gyurme Dorje & Matthew Kapstein, trans. *The Nyingma School of Tibetan Buddhism*, Boston: Wisdom Publications, 1991, pp. 206-207。

〔2〕 依沈卫荣译，《幻化网秘密藏续》，页 124。

仁波切于《善说显现喜宴》中遂可说若非能安立应成见，否则即不能安立内品大中观，其原因即在于应成见的二谛，建基于凡夫“实相与现相不相融”的识境，抉择识境中诸现相非如彼显现而成真实，所显现之种种色、受、想、行、识之真实体性实为“空性”，由是“将空性归于胜义、显现归于世俗，由是判别二谛”。这对诸法体性的观察，说为“观察究竟之量”。以此抉择为基础，行者方能渐次证入离识境伺察分别而直证入“实相与现相相融”的智境界。吉美丹贝尼玛（'Jigs med bstan pa'i nyi ma）于《大圆满》（*rDzogs chen*）一论中云：

（龙青巴所造）《法界藏》等称许中观应成派之见地。（大圆满）于介定所破境时，依应成派，然而（应成派）既将显现与空性区分，复认知无许而破之空性，云此即为显与空性之分别，或空性之遮拨。此实乃仍住戏论修之法。[1]

因此，依“他空见”抉择“应成见”，非欲启诤，而实为建立次第观修的必需，敦珠仁波切于《善说显现喜宴》故云：

若不首先安立此胜义之说法，则余后之说法亦不得成。但若如实了知此说法，则不难洞悉余说实乃次第安立而成。是故，明了此（关于胜义之）说法，实属至要。

如是而作详细抉择，则依于粗品外中观，可分别了知二谛之性相，此即般若之根本。复次，当察知“二无我”之实义，且生起离如暗疑虑之决定，行者遂渐次融入，及领受细品内中观广大无二智之真实。此实为等持中双运之果位。[2]

---

〔1〕依许锡恩译，《九乘次第论集》，香港：密乘佛学会，1997 年，页 167。

〔2〕《善说显现喜宴》，页 175。英译见 Gyurme Dorje & Matthew Kapstein, trans. *The Nyingma School of Tibetan Buddhism*, p. 208。

如是，此中所说“次第安立”者，可依上来讨论，由“了义大中观”的二谛无分别，往下安立“离边大中观”“他空大中观”，以及粗品外中观的应成派见地。此须留意，于此归纳三系大中观对“胜义”的安立，其实亦即如来藏的次第安立，以三系大中观皆许如来藏为胜义故。格鲁派复往下建立自续派的宗见及二谛说，此则为其自宗之安立，不涉本文讨论范围之内。兹可列表如下，以明此次第安立中，上上次第之“世俗”即为下下次第之“胜义”，如是环环相扣：

离言胜义：　佛内自证境界　〔了义大中观〕

↓世俗

名言胜义：　离四边、离言之智境　〔离边大中观〕

↓世俗

他空胜义：　实相与现相相融之清净境　〔他空大中观〕

↓世俗

实相与现相不相融之识境

空性　　显现

“离边中观”“他空中观”“应成中观”等，虽为西藏佛教学者方便施设的名相，但此等中观见之诠释，却都源自印度大乘佛教的教法传规。至于“小中观”与“大中观”的区别，亦可见于清辨（Bhāvaviveka）、智藏（Jñānagarbha）等印度中观论师的著作。日本学者松本史朗曾对“离边中观”与印度中观思想作比较研究，并总结说：

> “离边中观”说的基本观念，完全和智藏之说一致。……在规定胜义的真实，即“真的胜义”，为离边、离戏论的一点上，智藏的“离边中观”说也完全一致。
>
> 以上虽是简单的考察，但可以指出，果南巴（按：即索南僧格）所

代表的“离边中观说”，相当忠实地继承了印度智藏系统的中观思想。[1]

于索南僧格的《见辨别》中，应成中观所许的胜义谛，仅被视作“随顺胜义”（don dam rjes mthun pa），与离边中观见的“真实胜义”（don dam mtshan nyid pa）有次第上的区别，而这判别亦与上来讨论的“次第安立”无违。

然而，格鲁派却以应成中观为究竟，而把从属于“瑜伽行中观”系统的大中观，归纳于自续派之下。可是藏传佛教各教派中，宁玛、萨迦、噶举（bKa' brgyud）及觉囊诸派，都以自宗的抉择见依于“瑜伽行中观”，因此亦不可能接受格鲁派离开传统“宗义学”（grub mtha'）的判教，而另立自宗的宗义学，许应成派为了义、余宗所属之“瑜伽行中观”被纳于不了义的自续派。是故，自15世纪格鲁派成立以至19世纪“宗派融和运动”（ris med）兴起的数百年间，与藏传佛教其他教派的冲突与笔战不断[2]：

一、宗喀巴大士（Tsong kha pa, 1357—1419）不但抨击觉囊派所主的“他空见”落于常边，于《菩提道次第广论》（*Lam rim chen mo*）中判其为“不及”，且说之为“恶见”；于第五世达赖喇嘛（1617—1682）掌教之时，更于一夜间下令所有觉囊派寺院改宗格鲁派，从政治层面上对觉囊派的修行人多方压迫[3]；至18世纪末，土观·洛桑却吉尼玛（Thu'u bkwan Blo bzang chos kyi nyi ma, 1737—1802）造《显示一切宗派源流及教义·善说水晶镜》（*Grub mtha' thams cad kyi khungs dang 'dod tshul ston pa legs bshad shel gyi me long*），仍特笔指出觉囊派之见“将甚多了义经续意旨，颠倒解释”，说为“不可救药的最恶的邪见”“所以

---

〔1〕山口瑞凤等著、许洋主译，《西藏的佛教》，台北：法尔出版社，1991年，页251-252。

〔2〕参考 Ringu Tulku, "The Rime Movement of Jamgon Kongtrul the Great," in Helmut Krasser, et al., ed., *Tibetan Studies: Proceedings of the 7th Seminar of the International Association for Tibetan Studies*, vol. 2. Wien: Verlag der Österreichischen Akademie der Wissenschaften, 1997, pp. 817-822; Gene Smith, "'Jam mgon Kong sprul and the Nonsectarian Movement," *Among Tibetan Texts*, Boston: Wisdom Publications, 2001, pp. 235-272。

〔3〕Gruschke, A., "The Jonangpa Order: Causes for the Downfall, Conditions for the Survival and Current Situation of a Presumably Extinct Tibetan Buddhist School," in (German with English abstract). Presented at *The 9th Seminar of the International Association for Tibetan Studies*, Leiden University, 2000.

彼派之见，乃能断求得解脱的命根，败坏如来法身的善财”。[1]

二、宗喀巴同样对萨迦派的“离边见”作严厉批评，把“离边中观”许为“胜义”的无分别境界，等同摩诃衍教法中之“不思不观”，且说其“非有非非有”之离边见不合逻辑。萨迦派的索南僧格强烈反驳，不但指斥宗喀巴的见解陷于断边，且云“于分别究竟之理知许非有非无之见，就此见解而云‘（此）即汉地和尚之见解’，不作分辨而将已之言语抛于世间，此乃魔类为伤害佛法心要之离戏论而加于彼，令其言语而已”[2]。再加上宗喀巴原来亦曾师承萨迦派，因此萨迦派行人对于宗喀巴为改革噶当派（bKa' gdams pa）而许应成派中观为了义，由是批判“离边中观”的种种“纰漏”，乃直斥其为“魔说”。两派诤论，至土观仍对“离边中观”见不以为然，谓此“似尚未达中观应成之见，仅为中观唯识共同之见，此派似以道位之见安立为至高而超胜之见。吉祥萨迦派承认的生死涅槃无别的正见的立论大概便是如此”。[3]

三、格鲁派与宁玛派之间的论诤较晚，这可能是宗喀巴大士从未评破宁玛派的大圆满教法的原故，再加上自五世达赖喇嘛开始的历代达赖喇嘛，一直有修学大圆满的传统[4]。土观・洛桑却吉尼玛亦云：

> 觉丹・索南伦珠所造《宗喀巴大师广传》中说：“曾有人提出大圆满见是否纯正，请问于宗师。”师答说：“虽属纯正，但后来有一些学识浅薄的人，纯以己意掺杂其中。”……鲁拉噶居巴所造大师传亦有这些话，以上是听吾师汤吉勒巴所说的。因此我同意说：现在大圆满见所有说法，大多含有混杂。但不敢说此见即为邪见。不过这样高深之见，是莲花生大师等诸大师来藏时，正值时机很好，众生根基极高，

---

〔1〕引自刘立千译注，《土观宗派源流》，北京：民族出版社，2000 年，页 122。

〔2〕见褚俊杰译，松本史朗《宗喀巴中观思想研究》（原文载《岩波讲座东洋思想》第二卷《西藏佛教》），王尧、褚俊杰合著《宗喀巴评传》，南京：南京大学出版社，1995 年，页 214-215。

〔3〕刘立千译，《土观宗派源流》，页 113。

〔4〕见 Ian A. Baker, with Photographs by Thomas Laird, *The Dalai Lama's Secret Temple: Tantric Wall Paintings from Tibet*, New York: Thames & Hudson, 2000。

观察机宜，随顺而设。[1]

由此可见，格鲁派教法史上，直至18世纪中叶，对宁玛派教法予以相当尊重。但19世纪初开始，不少格鲁派的末流对其他藏传佛教教派作出肆意攻击，由是引发出“宗派融和运动”的浪潮，以德格（sDe dge）作为这场运动的中心地区，由宁玛、噶举、萨迦、觉囊等派的上师联合起来，提倡“公平无私”“不落派系纷争”的态度，以抗衡当时格鲁派末流在宗教、政治、经济等各方面的霸权及对其他宗派的排斥。在这场呼吁各佛家宗派间互相尊重及扶持的运动中，米庞造了《狮子吼广说他空》以维护当时遭格鲁派猛烈破斥为“邪见”的“他空见”以外，亦曾与贾巴朵阿（’Ja’ pa mdo sngags）、洛桑班丹丹增念扎（Blo bzang dpal ldan bstan ’dzin snyan grags）、十三世达赖喇嘛的副经师罗桑绕赛（Blo bzang rab gsal）、康玛尔巴（Khang dmar ba）等多位格鲁派重要经师展开了多番辩论与笔战，尤其就《入菩萨行》（*Bodhicaryāvatāra*）中第九“智慧品”有关理解“二谛”的分歧，最为激烈。米庞于此智慧品的释论《智慧品词义易明疏·澄水宝珠》（*Shes rab kyi le’u’i tshig don go sla rnam par bshad pa nor bu ke ta ka*）中，明说现证“现空双运”始可许为“胜义”、而唯以“空性”为“胜义”则落于识境中之边执。[2]由上来讨论可知，这辩论实为“大中观”与“小中观”之间的论诤；然而当时格鲁派的学人却牢牢恪守强化的应成派中观见，与米庞对峙，据说格鲁派于拉萨的三大寺竟曾因之集合僧众，修大威德金刚“六十铁城”及“心经回遮”等极猛厉诛灭回遮法，可见“宗派融和运动”与格鲁派之间隙缝之大，亦可说加

---

〔1〕刘立千译，《土观宗派源流》，页42-43。

〔2〕龙青巴尊者于《宗轮藏》（*Grub mtha’ mdzod*）中，亦同样说明不应唯以“空性”为胜义谛，以“空性”仅为教授未成熟有情之对治法：de’ang don dam pa’i bden pa dbyings yin la / ’di’i rang bzhin mthong bas don dam bden pa mthong zhes bya’i / cir yang med pa’i stong nyid kyang don dam bden pa ma yin no / de’ang byis pa so so skye bo dang / las dang po dag bdag tu zhen pa’i gnyen por bdag med pa la sogs pa bstan pa yin gyi / don la dbyings ’od gsal ba ’dus ma byas shing lhun grub tu yod pa shes par bya ste //

深了宁玛派与格鲁派之间的冲突[1]。此即米庞造两篇狮子吼论的背景。

米庞于《开许他空》中，以“他空见”层次的“现空双运”，来驳斥应成派中观见视“他空见”为邪见的说法。易言之，米庞于此论所陈，实指出格鲁派行者不可作凡夫识境中概念分别的分析，来否定佛的后得智境，“他空见”以佛后得境为“胜义”，仅为次第上的不究竟，故可开许为“名言胜义”，而不应判之为“邪说”，是故论中云：

由是，胜义之自相不空，此因：一、以胜义具足无迷乱之境与无迷乱之有境故；二、此“有”不能为正量违害而证成其相反；三、此乃于抉择空性理后而成立之量；四、依名言正量成立（此胜义），纵于天人等诸世间中，任谁皆无可如法反诘。

若把“胜义”安立于与识境之“世俗”同一层次，“胜义”亦不堪为胜义。由是，米庞乃说明：

概言之，于此（他空义），“胜义”与“世俗”之施设，其分别之基，为离迷乱之境，以及持分别以见诸境时所起之具迷乱有境。离迷乱之胜义为离迷乱心所缘境，其为真实，且以世俗之迷乱为空。于名言中，此（胜义）本身不空，以许其为圣者之清净现量故。然若清净本身亦（建立）为空，则无可建立（胜义）为世俗空性之基，亦无可建立清净现量境中“有”与“无有”之差别，由是胜义即非胜义，世

〔1〕 参 Gene Smith, “Mi pham and the Philosophical Controversies of the Nineteenth Century,” in *Among Tibetan Texts: History & Literature of the Himalayan Plateau*, Boston: Wisdom Publications, 2001, pp. 227-234; Paul Williams, *Reflections on the Reflexive Nature of Awareness: A Tibetan Madhyamaka Defense*, Surrey, England: Curzon Press, 1997; Paul Williams, *Altruism and Reality: Studies in the Philosophy of the Bodhicaryavatara*, Richmond: Curzon Press, 1998；沈卫荣，《近代西藏宗派融和派大师不败尊者传略》，收《幻化网秘密藏续释——光明藏》，页 282-323。Georges B.J. Dreyfus, “Would the True Prāsaṅgika Please Stand? The Case and View of 'Ju Mi pham,” in Georges B.J. Dreyfus & Sara L. McClintock, eds., *The Svātantrika-Prāsaṅgika Distinction: What Difference Dose a Difference Make?* Boston: Wisdom Publications, 2003, pp. 317-347。

俗亦非世俗，而与胜义同一层次。

因此，“他空见”之二谛安立，说为“以其一遮遣另一”（gcig la gcig bkag），而不同于应成派之二谛，把胜义、世俗安立为同一层次，成为“一体之不同反体”（ngo bo gcig dang ldog pa tha dad）。

格鲁派批判“他空见”所说“世俗自空、胜义他空”之理，以真如本体不空，而所空者仅为覆障真如的遍计分别，由是遮破未得周全，于遮遣后仍有“真如本体”遗留，故此只属“非遮”（ma yin dgag），而非诸中观师皆许为究竟遮遣的“无遮”（med dgag）。然而，对于格鲁派此批评，米庞认为不应理且不公平。其不应理者，在于以凡夫分别识之建立来否定圣者的清净现量境，如上来所说；其不公平者，在于格鲁派的遮遣其实亦犯上同一问题，米庞犹言：若“他空见”的遮遣为“非遮”，则格鲁派所许的遮遣，亦同样为“非遮”。格鲁派建立一切缘起法相为“破所依事”（dgag gzhi），而种种外加于彼之妄概念，如“自性”（svabhāva）、“恒常”“实有”等，悉为“应破分”（dgag bya），由是所谓“胜义空性”者，即是尽破此等“应破分”而成立离诸虚妄迷乱的“空性”。此以“瓶”为例，所遮遣者亦非“瓶”本身，而是外加于“瓶”上面之种种不实迷乱的概念。依此，米庞乃质疑：此所遮遣之“应破分”，究竟与“瓶”本身为“一”为“异”？若二者为“一”，则遮遣“瓶具实自性”之概念时，亦遮遣“瓶”本身，是即一切缘起法相亦予以否定，此不应理；若二者为“异”，则所空者仅为外加于“瓶”的概念，而非“瓶”本身，而此即陷于格鲁派批评“他空见”者相同：“瓶”不以本身为空，而以外加于“瓶”之概念为空。因此米庞于《开许他空》中乃说：

是故，若不开许此（他空）宗见，实全不应理。若于中有任何过失，此（过失）亦应同见于阐说空性为无实有及离戏论之宗见。……

汝等欲强遮拨此宗见者谛听！汝亦岂非尝谓瓶不以瓶为空，而以（瓶）之“实有”为空耶？如是，开许名言有之一切法非为自空，而为以“实有”空之他空。若此说如理，则汝宗亦当开许“胜义不以胜义为空”乃其如理性。

米庞遂于《决定宝灯》中说“他空见”为“实义他空”（don gyi gzhan stong），而格鲁派所许之应成见，亦同为“他空”，说为“名言他空”（tshig gi gzhan stong）。

米庞于《开许他空》即主要由上来的论点回护“他空见”于格鲁派的批判。该论的开端即指出：

> 此（他空见）虽能令入甚深了义大中观宗（教授）、具极深广之深意，然于今说法者，不论对此（教法）明了与否，便任意批判，彼等实极为迷乱。

米庞虽未许“他空见”为究竟，但亦说此教授“能令入甚深了义大中观”，故不可任意批判与否定。至于“甚深了义大中观”，米庞则于《广说如来藏》一论，详依“相依理”“法性理”及“作用理”来作抉择。本文下一节即讨论此“三理”的建立。兹可依米庞《中观庄严论释·文殊上师欢喜教言》（*dBu ma rgyan gyi rnam bshad 'jam dbyangs bla ma dgyes pa'i zhal lung*）总结此节之讨论：

> 总摄其要，根本位为超越名言分别境之所量，由是，若依究竟真实无分别而言，实不应分别二谛，以如是显现之一切法实本离“有”“无”“是”“非”等开遮，故应如（维摩居士的）默然之理为答始为清净。依此，由超越一切名言及戏论而成平等性，故可安立无有开许（之智境），而于后得位则为名言分别之境，依其显现乃可安立基道果等，以作抉择及为他人开示之须要。
>
> 由是，所言“二谛”即无非为开遮趣入（佛道）之理。由是，不应分别此（大中观）宗不同于应成派，以名言安立虽有不同，唯大车之究竟（意趣）则实为无分别密意之安立。若能如是了知，对于雪域中智者开许世俗量之安立（按，此即指“他空见”）而计为彼所不容

之邪见；及于德者智者之开许，不许为“真实应成见”之诽谤；以及于诸大车宗见之种种愚昧垢障，凡此种种（偏执），悉应从彼等中自解脱。[1]

三、相依理、法性理与作用理

米庞于《广说如来藏》，以“相依理”“法性理”“作用理”等三正理，来解说《宝性论》（*Ratnagotravibhāga*）颂“佛法身周遍，真如无差别，具佛性有情，说有如来藏”[2]，由是开示了义大中观见，抉择如来藏体性“远离有无、常断等戏论，为二谛无二唯一明点之平等（基）”。

此中，“相依理”（ltos pa'i rigs pa）、“法性理”（chos nyid kyi rigs pa）与“作用理”（bya ba byed pa'i rigs pa），若再加上“证成理”（'thad pa grub pa'i rigs pa），即名为“四理”（yukti-catuṣṭayam，或作 catasro yuktayaḥ）[3]。“四理”之说，见于《解深密经》（*Saṃdhinirmocana-sūtra*）及瑜伽行派的论典，如《大乘经庄严论》（*Mahāyānasūtrālaṃkāra*），无著（Asaṅga）的《显扬圣教论》（*Prakaraṇāryavāca*）、《瑜伽师地论》（*Yogācārabhūmi*）及《大乘阿毗达磨集论》（*Mahāyānābhidharma-samuccaya*），世亲（Vasubandhu）的《十地经论》

〔1〕 原论收 *The Complete Works of 'Ju Mi-pham Series* 第十三函，页 1-415。此有英译本：Thomas H. Doctor, trans., *Speech of Delight: Mipham's Commentary on Śāntarakṣita's Ornament of the Middle Way*, Ithaca: Snow Lion Publications, 2004。

〔2〕 梵文：saṃbuddhakāya-spharaṇnāt tathatā vyatibhedataḥ / gotrataś ca sadā sarve buddha-garbhāḥ śarīriṇaḥ //

〔3〕 于梵文，“四理”（yukti-catuṣṭayam）分别为：一、apekṣāyukti（相依理）；二、kāryakāraṇayukti（作用理）；三、upapattisādhanayukti（证成理）；四、dharmatāyukti（法性理）。汉土历代论师对此“四理”皆有不同的翻译，兹列举如下：

玄奘译：观待道理（或相待道理）、作用道理、证成道理、法尔道理。

波罗颇蜜多罗译：相待道理、因果道理、成就道理、法然道理。

真谛译：相待道理、因果道理、成就道理、如如道理。

菩提流支译：相待相应、能作所作相应、生相应、法体相应。

求那跋陀罗译：以有成、所作事成、助成、法成。

(*Daśabhūmiśāstra*)及《如实论》(*Tarkaśāstra*)〔1〕，和安慧(Sthiramati)的《大乘阿毗达磨杂集论》(*Mahāyānābhidharma-samuccaya-vyākhyā*)等〔2〕。由此等论典可见，"四理"是大乘瑜伽行古学中，依据《解深密经》所演的教法建立。

然则何以米庞以"四理"中之三理抉择如来藏的体性？此实可依《解深密经》中相关的经文而见其端倪。《解深密经》提及"四理"的章节，为经中最后一品《如来成所作事品》。本品开首，是由文殊师利(Mañjuśrī)向佛请问"如佛所说如来法身，如来法身有何等相?"佛答文殊师利言：

> 善男子，若于诸地波罗蜜多善修出离，转依成满，是名如来法身之相。当知此相二因缘故，不可思议：无戏论故、无所为故，而诸众生计著戏论，有所为故。〔3〕

复言：

---

〔1〕世亲(Vasubandhu)被誉为"百部论主"，但不少真谛(Paramārtha)的翻译，都被视为"伪论"，此包括《佛性论》及此《如实论》。有关《如实论》的造论者，宋、元、明三代的《大藏经》皆题为世亲所造，唯古经录则佚名，许地山于《陈那以前中观派与瑜伽派之因明》一文中有如下见解："《如实论》是世亲所造，本来没有什么问题，但因古经录所载是世亲的作品，致使少数学者起了疑问。文轨说《如实论》是世亲所造，梁朝真谛所译，在《高丽藏》里也明记为世亲的著作。大概在唐以前这论有为世亲所造的说法，在唐以后也有不说作者的。古经录每有不载著者的事，故不能因此而加以否定，真谛还著了一部《如实论疏》，现佚。"(《中华佛教百科全书》，页2029。)

〔2〕近代东西方的学术著作，都忽略对"四理"的研究。西方唯一一篇讨论"四理"的论文，是Matthew Kapstein的"Mi-pham's Theory of Interpretation"(收Donald Lopez Jr.编的*Buddhist Hermenentics*, Honolulu: University of Hawai'i Press, 1988, pp. 149-174)。Kapstein此文主要依据米庞的《义理抉择慧剑》(*Don rnam par nges pa shes rab ral gri*)来解述"四理"的内容。日本学者方面，有矢板秀臣《四种道理について —— 资料》(《大正大学综合佛教学研究所年报》11号[1989]：68-67)，吉水千鹤子《Saṃdhinirmocanasūtra Xにおける四种のyuktiについて》(《成田山仏教学研究所纪要》19号[1996]：123-168)；坂本幸男〈经典解释の方法论の研究〉上(《支那佛教史学》第1卷，第2号[1937]：44-49)。日本学者的研究偏重于梵文语源与文本分析(textual analysis)。汉土著作方面，则仅有林镇国的《初期大乘瑜伽行派"四种道理"析论》，发表于台湾政治大学哲学系"中国哲学与分析哲学"研讨会(2005年9月16-17日)。

〔3〕依玄奘译，《大正藏》第16册，no. 676，页708。下引同。

一切如来化身作业，如世界起一切种类，如来功德众所庄严住持为相，当知化身相有生起，法身之相无有生起。

经中所说，强调如来法身不可思议、离戏论、离功用，且谓法身之相“无有生起”，而同时亦强调如来之法身功德“众所庄严、住持为相”，“如世界起一切种类”之化身作业无量。此“如来法身”与“如来法身功德”恒时双运的境界，即是本文第一节讨论的“智识双运界”，亦即是了义大中观见所抉择的如来藏义。依《胜鬘经》所说，此即谓如来法身（智果）现证诸法实相，“若离若脱若异一切烦恼藏”，而如来法身功德（智功德）则随缘自显现，“过于恒沙不离不脱不异不思议佛法”。是故米庞于《广说如来藏》中，乃言：

至于说如来藏为空性（佛）身之显现与（佛内自证）智无离无合，此则为三转法轮诸了义经之密意。

至于如何能现证此“密意”，《解深密经·如来成所作事品》遂列举一系列教法，其中即包括“四理”。

然上来讨论“二谛”建立时已指出，凡有所说，若为假建立，此即为“言说法相”（deśanā-nayalakṣaṇa），而非离语言、分别与文字的内自证境界（宗趣法相 siddānta-nayalakṣaṇa）。于《大乘经庄严论·功德品》中，即有说及种种教法之假建立。颂言：

立法及立谛　立理亦立乘
五七四三种　建立假差别[1]

释论云：

---

〔1〕 依波罗颇蜜多罗译。《大正藏》第31册，no. 1604，页653。下引同。此颂梵文：punaḥ satvayavasthānaṃ saptadhā tathāśrayāt / caturdhā ca tridhā caiva yuktiyānavyavasthitiḥ //

四种假建立者：一、法假建立；二、谛（假）建立；三、道理（假）建立；四、乘（假）建立。

其中“道理假建立”复有四种差别，是即“四理”。释论云：

道理（假）建立有四种；一、相待道理；二、因果道理；三、成就道理；四、法然道理。

相待道理者，所谓正思，由待正思出世正见方始得起，离正思惟更无别方便故。

因果道理者，所谓正见及果。

成就道理者，所谓以现等量简择诸法。

法然理道者，所谓不可思议处，此法已成故如。问何故正思能起正见？此已成就，不应更思；何故正见能断烦恼及得于灭？山已成就不可更思。诸如是义悉是法然道理。

如是四种，名道理假建立。

此中所说，以“正思惟”与“正见”二者相依，为“相依理”；以“正见”为生起现证果之“作用理”；以现量等抉择为“证成理”；复以“法性理”为不可思议之法尔性相。

米庞对“四理”的解说，则发扬这教法的另一重义理，将之与瑜伽行古学的重要论典《宝性论》联系起来，阐释如何抉择如来藏体性。若比较上引《解深密经》的经文，可见米庞于《广说如来藏》中对“四理”的应用，其实亦为发扬《解深密经》的密意，以如来法身与如来法身功德之双运，亦为如来藏教法之密意也。

林镇国于其论文中，综述国际学界对“四理”的研究时，引述 Ernst Steinkellner 对 E. Lamotte、G. Tucci 及 MacDonald 等学者把“四理”视作无非为佛家逻辑的批评，由是总括出“四理”是“传法、说法时所用的解经法”，依此，日本学者吉水千鹤子亦称“四理”为“教义解释的一种方法论”[1]。由此观点来看米庞对“四理”的应用，“四理”即可视为米庞用以诠释及抉择如来藏体性的“一种方法论”，亦即一种假建立的工具。

于《广说如来藏》，米庞以“四理”中之三理诠释《宝性论》上引偈颂，以“相依理”解说“佛法身周遍”、以“法性理”解说“真如无差别”、以“作用理”解说“具佛性有情”。此偈颂实为释颂，乃无著菩萨诠释《宝性论》此根本颂：

佛智入诸有情众　以无垢性故无二
佛种性上现其果　有情故具如来藏[2]

无著解释此颂之长行云：

世尊说一切有情皆具如来藏，略说有三义：一者，如来法身周遍一切有情义（tathāgatadharmakāya-parispharaṇārtha）；二者，如来如如无有差别义（tathāgatatathatāvyatirekārtha）；三者，有情皆具如来藏种性义（tathāgata-gotrasambhavārtha）。[3]

无著并谓“如来藏以三种自性为心清净因（cittavyavadānahetu）”，复依《如来藏经》（*Thatāgatagarbhasūtra*）所说之九喻，作为此三句义之诠释。释论云：

法身及真如　及种性自性

---

〔1〕 吉水千鹤子，《*Saṃdhinirmocansūtra* X における四种の yukti について》，《成田山佛教研究所纪要》第 19 号，1996，页 124。

〔2〕 梵文：buddhajñānāntargamāt sattva-rāśes tan-nairmalyasyādvayatvāt prakṛtyā / bauddhe gotre tat-phalasyopacārād uktāḥ sarve dehino buddha-garbhāḥ //

〔3〕 梵文：samāsatas trividhenārthena sadā sarvasattvās tathāgatāgarbhā ity uktaṃ bhagavatā / yad uta sarvasattveṣu tathāgata-dharmakāya-parispharaṇārthena tathāgata-tathatā vyatibhedārthena tathāgatagotrasaṃbhavārthena ca /

以三喻一喻　及五喻作喻[1]

由此可见，《宝性论》的如来藏思想，其实是环绕着此三句义来建立“七金刚句”。依了义大中观所言，如来藏的体性亦即此三句义之无离无合。宁玛派所传抉择如来藏之“三句义”，亦与之相符：

体性本净（ngo bo ka dag）

自相任运（rang bzhin lhun grub）

大悲周遍（thugs rje kun khyab）

周遍的佛法身，其体性本来清净。此所谓“本净”（ka dag）者，离诸戏论不住有为无为边际，故施设名言说为“大无为”。虽有种种法身功德的示现，然平等周遍轮回涅槃的法身则无增无减，恒无变易，从未稍离其为无变易、无为之本性（rang bzhin）。由此遍诸有情相续而本净的佛法身体性，乃建立为“自性住种性”（rang bzhin gnas rigs）。此如《宝性论》颂言：

如藏如种芽　种性有二相

自性住种性　习所成种性

依此二种性　生出三身佛

初者第一身　次者为余二[2]

是故米庞于《智者入门》（*mKhas pa'i tshul la 'jug pa'i sgo*）中，即郑重指出自性住种性即是如来藏，其体性为无为之法界自生智，从本以来与佛之身、智

〔1〕 梵文：svabhāvo dharmakāyo 'sya tathatāgotram ity api / tribhir ekena sa jñeyaḥ pañcabhiś ca nidarśanaiḥ //

〔2〕 依谈锡永译，见《宝性论梵本新译》，页 119。梵文：gotraṃ tad dvi-vidhaṃ jñeyaṃ nidhāna-phala-vṛkṣvat / anādi-prakṛtisthaṃ ca samudānītam uttaram / buddhakāya-trayāvāptir asmād gotradvyān matā / prathamāt prathamaḥ dvitī yād dvau tu paścimau //

无异离。[1] 米庞亦于《广说如来藏》依此义抉择格鲁派末流以"唯空"（stong rkyang）为成佛之因不应理：

> 若此认许，为承认智与识无分别之无变易智，以之为无为法，由于依教依理皆能成立，故种性即可得成。然而若认为与空性双运之有法，即是刹那心识相，谓此（刹那心识相）可逐渐转变而成佛，是则不应道理。盖此即等如说种性具有为与无为二相。由是，无功能无力用之无为分将成为名言种性（rigs btags pa ba），能生果之有为分则成为真实种性（rigs mtshan nyid pa）。由于此故，一切大乘经典许自性住种性是无为法，是法界，此密意即受相违。

此义甚为重要，因此中所说即已简别于西藏两系解说《宝性论》的传规。格鲁派对如来藏的诠释，说如来藏仅为由"无遮"所得诸法无自性之"清净空性"而已，由是说"如来藏法尔具足佛身与智之清净功德"为"不了义说"。此即唯以"空性"为成佛之因。旧传瑜伽行中观派，则以如来藏为"自性清净智"（prakṛti viśuddha-jñāna, rang bzhin rnam dag gi ye shes），法尔具足"自性光明"（prakṛti prabhāsvara, rang bzhin gyi 'od gsal）。因此，米庞于论中亦指出：

> 若不依于污染之迷乱，则于自光明之自本性中，及于住为一切法实相之自生智中，以不离究竟功德是故不空。此即自体与体性不可分离，如日与日光。

---

〔1〕 藏文：rang bzhin du gnas pa'i rigs ni de bzhin gshegs pa'i snying po ste / de'i ngo bo ni gdod nas sku dang ye shes dang dbyer med pa'i chos kyi dbyings rig stong zung du 'jug pa rang byung gi ye shes 'dus ma byas pa // 可参 Leslie S. Kawamura 几篇有关《智者入门》的论文：" An Analysis of Mi-Pham's mKhas-'jug," in *Indogakku Bukkyogaku Ronshu* 29.1, 1981, pp. 956-961; "An Analysis of Yāna-Kauśālya in Mi-pham's mKhas-'jug," in *Bulletin of Institute of Buddhist Cultural Studies Ryukoku University* 20, 1982, pp. 1-19; "The Akṣayamatinirdeśasūtra and Mi-pham's mKhas-'jug," in Ernst Steinkellner and Helmut Tasuscher (eds.), *Contributions on Tibetan and Buddhist Philosophy*, Vienna: Studien zur Tibetologie und Buddhismuskunde, vol.2, 1983, pp. 131-145。

> 如是，自性住种性即建立为本具功德法身之无为体性。以堪能成佛故，无增无减之智法身必须住于一切有情相续中，由修道而成佛，此为事势成立。

由此故说“清净心如来藏则不变如虚空”。复由此法身本净义，乃可说于现证佛果时，建立法身之“明分”（gsal ba）为因，而于凡夫因位时，则可建立本具功德佛种性，由是依果而立因，二者相依，故称之为“相依理”。

米庞所引《宝性论》颂次句云：“真如无差别”，其义说法界大平等性，佛与有情胜义无差别，轮涅槃一切法都成一味。此依“觉分”立说，故说若心能住于真如，即如“湿性之住于水，则知轮回与涅槃之显现，仅为识与智之游戏，是故不须立为异体”。由是，真如与诸杂染显现非为“异体”，二者亦非体与用的关系，而仅为“识与智之游戏”。是故米庞云：

> 于真实义，我等着重于认许一切如是显现，皆与本觉之真如相无异离，且不逾越如来本相。

“如来本相”者，即指诸法之显现与真如无异离之相，亦即实相与现相之相融相，现见识境诸法本住于智境中，由是，论中乃继说心愈清净，所见愈接近实际（bhūtakoṭi）之理，此亦如《维摩经》（*Vimalakīrti-nirdeśa*）中螺髻梵王告舍利弗所言：

> 勿作是念，谓此佛土以为不净。所以者何？我见释迦牟尼佛土清净，譬如自在天宫。……仁者心有高下，不依佛慧，故见此土为不净耳。[1]

米庞于《光明藏》中亦言：

---

〔1〕依玄奘译，《大正藏》第 14 册，no. 475，页 538。

有境愈清净，所见愈可以为量，其所见亦愈可以成立为（如来本）相。……若有境垢得清净，则彼境当见为清净，彼境自性如实现前，即如灭彼持（白）海螺为黄之颠倒显现。[1]

由是，“真如无差别”乃就诸佛依其一切种智（sarvākāra-jñatā）无分别现见轮回涅槃诸法如其真实之平等展现。所展现诸法，现见为“自显现”（rang snang），其体性则为“智识双运”，是故《广说如来藏》复言：

一切种智，于全部轮回涅槃法与（智）自身成一味之平等境界中，无作任运而知。……此与法界无二之大智，周遍一切法，于寂息诸戏论之境界中，无作而遍见一切法，如群星现映于大海，此为法性住于自生光明智基，由灭尽一切障碍力，令（一切有法）如实现前。

因此，说“真如无差别”义，实亦同时说诸法与智境为一味的境界中，无作任运而平等自显现。是故宁玛派“三句义”之次句所云“自相任运”者，实无离于真如平等无差别义而说。此“有寂平等性”之无作任运，即说为“法性理”。

所引《宝性论》颂第三句云：“具佛性有情”，其义建立如来法身功德为一切有情所具，是故障蔽“自性住种性”之客尘必可净除，由此乃可建立一切有情皆具堪能成佛之种性。如来法身功德，亦即佛之大悲，是故宁玛派“三句义”末句，乃说“大悲周遍”。此亦即由“现分”（snang cha）立论，以“如来藏”为有情堪能成佛之因、“法身”为佛果之智境，而二者“无前后、优劣之差别”，以法身及法身功德非新得故。然而，由建立因位种性与果位法身，乃可说为“由因生果理”，是为“作用理”。

此引《宝性论》偈颂的末句为：“说有如来藏”，是故论中“三理”的解说，即在于依正理说有如来藏，建立如来藏为“具存于有情中而为法性，自性空而有本具功德”。在“三理”的基础上，米庞乃可分“心真如”“智识双运界”“安住

〔1〕沈卫荣译，《幻化网秘密藏续释——光明藏》，页122-123。

如来藏”三重意义，以更明如来藏的究竟义。

所谓“心真如”（cittatathatā），亦即“自性光明心”（prakṛtiprabhāsvaraṃ cittaṃ），或名“法性心”（dharmatā cittaṃ），此可见于《大乘经庄严论》偈颂，世亲释云：

> 譬如清水，垢来则浊，后时若清，唯除垢耳。清非外来，本性清故，心方便净，亦复如是。心性本净，客尘故染。后时清净，除客尘耳。净非外来，本性净故。是故不应怖畏。

《庄严论》复云：

> 已说心性净　而为客尘染
> 不离心真如　别有心性净

世亲释此颂言：

> 譬如水性自清而为客垢所浊，如是心性自净而为客尘所染，此义已成。由是义故，不离心之真如，别有异心谓依他相说为自性清净。此中应知，说心真如名之为心，即说此心为自性清净。此心即是阿摩罗识。

此说心性本净，是即名为“心真如”或“阿摩罗识”（amalavijñāna）；然此本净心却有客尘为染，是谓依他相之心，亦即落于识境缘起之“依他自性”（paratantra-svabhāva）。二者并无异离，亦非立为异体，非于心真如外别有识境妄心。是故米庞于《广说如来藏》中说：

> 虽然实相即真如义，现相则有迷乱，然而却不须认许，此以法性为体性之心真如，与有法之心为一为异，此非只无有相违，且若许为

一异时，即成无有解脱，或不成迷乱等过失。

此即与《辨法法性论》所说相同，若以心真如为“法性能相”、迷乱心为“法能相”，则二者的关系亦当抉择为“非一非异”，否则“不成迷乱非迷乱，杂染清净皆不成”。这亦与《般若经》中所说“是心即无心”（tac cittam acittam）同一义理，所谓“无心”者，经中说为无变易、离颠倒、无分别，是故《般若》亦许“心性本净”。由此迷乱心与法性心之关系，亦即心与无心、法与法性的关系，乃可建立“智识双运界”。此于本文第一节已予讨论。至于说如何“安住如来藏”则涉及观修，此于下来当说。

米庞依“三理”等正理，并广引经文，依圣言量抉择如来藏义已，复作三重遮遣。他先遮拨执如来藏为真常、自性不空，后遮遣曲解如来藏仅为由“无遮”而得的“空性”，而实无本具功德。前者落于常边，后者陷于断边；前者即觉囊派的“他空见”，而后者为格鲁派的应成见。对于此二边的遮遣，详见论文，于此不赘。唯可一提的是，近代汉土流行的以“缘起性空”为胜义，由是强判如来藏为“真常唯心”之梵我思想，不许如来藏恒常有本具功德，即无异于落入断边，同时曲解如来藏思想落于常边。“了义大中观”的如来藏义，实建立为“离边复离中”之“大中道”——不但离常断等边，且离作为“中”之“离边见”，不以单离边、离名言分别之智境为胜义，而说智境必同时任运自显现成后得境，二者恒时双运。

除常断二边外，米庞尚遮遣执世俗之量理以定义如来藏及一切种智，以“所谓量，即对‘实事’之如实计量”，故为落于识境之认知，所以不能执落于思议的识觉分析来决定不可思议的佛内自证境。亦正由于此，米庞并未作“证成理”来抉择如来藏，因为“证成理”乃由比量、现量、圣教量推理寻思而知的道理。此如《瑜伽师地论》所言：

云何名为证成道理？谓一切蕴皆是无常，众缘所生苦空无我，由三量故如实观察：谓由至教量故、由现量故、由比量故。[1]

因此，不少近代学者，如梶山雄一、Ernst Steinkellner 等，都说“证成理”为佛家因明学的萌芽。然而，如来藏无可依量理而得“证成”，唯可作二谛、三正理等抉择其体性，复由观修方能决定及现证如来藏境界。是故《广说如来藏》唯依“三理”抉择而不说“证成理”。有关米庞对“四理”的整体解说，可参见其《义理抉择慧剑及笺注》(*Don rnam par nges pa shes rab ral gri mchan bcas*)。

四、如来藏的观修与决定

佛家的观修，建基于见地的抉择。另一方面而言，佛家的见地亦非徒为哲学理论的创建而与佛家的修证无关。因此，依于如来藏的抉择，即有如来藏法门的次第修证。此如以说如来藏观修为宗旨的《入楞伽经》，即统摄此次第观修为“成大修行者法门之现观”如下：

世尊答问：此有四法，大慧，具足此者，菩萨即成大修行者。云何为四：此谓——

一者，观察自心所现；

二者，观离生住灭想；

三者，善见外境无有；

四者，求得内自证圣智相。[2]

---

〔1〕依玄奘译，《大正藏》第 30 册，no. 1579，页 419。

〔2〕依谈锡永译，见《入楞伽经梵本新译》，页 78。梵文原文：bhagavānāha-caturbhirmahāmate dharmaiḥ samanvāgatā bodhisattvā mahāyogayogino bhavanti / katamaiścaturbhiḥ yaduta svacittadṛśyavibhāvanatayā ca utpādasthitibhaṅgadṛṣṭivivarjanatayā ca bahyabhāvābhāvopalakṣaṇatayā ca svapratyātmāryajñānādhigamābhilakṣaṇatayā ca //

此观修次第同于《入无分别总持》(*Avikalparaveśa-dhāraṇī*)、《解深密经》、龙树《菩提心释》(*Bodhicittavivaraṇa*)、《大乘经庄严论》、《辨法法性论》等诸经论所说，于此不赘。

此等经论所说，为次第修证如来藏的理趣，而非实际的观行修习。于实修而言，法门甚多；若以“如来藏”为佛家究竟见地，则可说佛说八万四千法门，皆为引导行者现证一切有情本具的如来藏而说。此以《广说如来藏》中所举的《宝性论》的偈颂为例，偈颂所云“佛法身周遍，真如无差别，具佛性有情”，即开演出一系列的观修法门，如宁玛派修习中“生起次第”(bskyed rim)“三等持”(ting ’dzin gsum)：真如等持(de bzhin nyid kyi nge ’dzin)、现位等持(kun tu snang gi ting nge ’dzin)、因等持(rgyu’i ting nge ’dzin)；复以此为修证基础，可往上建立“圆满次第”(rdzogs rim)的佛母坛城、佛父坛城、佛子坛城，复由此基础建立者，则为“大圆满”(rdzogs chen)加行法(sbyor ba)的“心部”(sems sde)、“界部”(klong sde)、“口诀部”(man ngag sde)等修习，以至法、报、化三身的现证等，碍于篇幅关系，这里所说配合抉择见与观修之例，甚为粗疏，学人可参见米庞的《秘密藏续释论·十方除暗总义·光明藏》等广说次第观修及抉择理的论著。[1]

然而，一切次第修习始终不离如来藏义理，此如米庞《光明藏》所言：

> 若如理修习正见之义理，则于道上与修力次第相应，如冰之渐溶为水，迷乱相亦渐次减弱，清净见则渐次增上。唯此际尚具垢障，须于最后遮断迷乱微细种子，始如冰全溶成水，圆成唯一智力，彼(迷

---

〔1〕例如《决定宝灯》(见谈锡永译，页 54-55)，即有说及大圆满加行(sbyor ba)修习中，依观修立断(khreds chod)与顿超(thod rgal)而得的决定见，实无异于“智识双运界”的抉择：

是知此道之成立　实据无垢智正量　试思诸续与释续　及绒法贤之观察
即知此离魔边际　且能成熟不转智　教授见地之正行　说为心与心所境
现空偏执于一边　即将不可言诠者　成立而为可诠境　是与智者意相违
盖于无上瑜伽中　所证不可思议智　即是现空无分别　是唯超越不净心
于中说为立断见　即抉择本净空分　说为光明顿超见　即于内明童瓶身
抉择自生佛身智　此二本亦无分别　其实亦即是双运　本清净与自显现

乱显现）始不回转。[1]

当冰全溶成水之际，水并非新得；凡夫迷乱的识境融于“智识双运”之现证时，此境界亦非新得而为本具。米庞复于《本元心三部》（*gNyug sems skor gsum*）中之第二部，说智境本具之功德，如刀之能割、镜之能映及宝石之光辉，皆非新得。[2]

是故米庞于《广说如来藏》解释“法性如何于有情相续中安住”时说：

> 虽实相如是，唯若依客尘现分，即使轮回之界之身、心、境如是呈现，法性之自性亦不得见。此非法性不存在，法性依其自性存在且无少分偏离。……故虽依客尘说为三种行相：不净、染净、圆满清净，而法性之自体性则无差别。

因此，修道上由“不净”“染净”以至“圆满清净”，可喻为“冰之渐溶于水”的过程，以本具如来藏故。由是，一切法门悉为依如来藏而作的次第建立，故米庞继言：

> 若将如来藏依次第而说，则彼由下乘起修者，于其对离言大空性能生决定时，则彼当信受。
>
> 是故，若疑此虽为正道，但不能由理建立，故须由修量而知；又或疑此既非世见之道，是即非为正道，于彼则须对道成就之精要作修学，以去除其愚障。

米庞将如来藏观修的次第安立，说为“大中观瑜伽”（dbu ma chen po'i rnal

〔1〕 依沈卫荣译，《幻化网秘密藏续释——光明藏》，页68。

〔2〕 藏文：ji snyed pa'i don kun mkhyen pa'i yon tan mngon du snang ba ni dag pa gnyis ldan la yod kyi / rang bzhin rnam dag tsam la med kyang / de'i yon tan ye ldan du khas len dgos par ral gri'i dpe sogs bzhin no / des na gzhi'i dus na bde gshegs snying po la yon tan mngon du yod rung tsam du shes par bya'o //

’byor），亦说为“中观升现之四次第”（dbu ma’i ’char rim bzhi），此即“空”（stong）、“双运”（zung ’jug）、“离戏论”（spros bral）、“平等性”（mnyam pa nyid）四次第。详见米庞的《中观见甚深导引》（*dBu ma’i lta khrid zab mo*）、《中观庄严论释·文殊上师欢喜教言》、《光明藏》等。

由抉择及观修力，行者乃能依修量（而非理量）对本具的如来藏生起“决定”（nges shes）。此亦即对法身境界及法尔的法身功德生起决定。此如《胜鬘经》云：

> 若于无量烦恼藏所缠如来藏不疑惑者，于出无量烦恼藏法身亦无疑惑。于说如来藏、如来法身不思议佛境界及方便说，心得决定者，此则信解说二谛。……
>
> 如来藏智，是如来空智。……有二种如来藏空智。世尊，空如来藏，若离若脱若异一切烦恼藏；世尊，不空如来藏，过于恒沙不离不脱不异不思议佛法。[1]

此所决定者，同于《不增不减经》（*Anūnatvāpūrṇatva-nirdeśa*）：

> 如世间灯，所有明色及触，不离不脱，又如摩尼宝珠，所有明色形相，不离不脱，舍利弗，如来所说法身之义亦复如是，过于恒沙不离不脱不断不异不思议佛法、如来功德智慧。舍利弗，此法身者，是不生不灭法，非过去际、非未来际，离二边故。[2]

是即可知《胜鬘经》中决定之如来藏与法身，恰如篇首所引《思益经》所言，乃为不生不灭故说法。经中对如来藏的抉择、修行与决定，悉堪称“狮子吼”。《胜鬘》所说“空如来藏”者，即法身义；所说“不空如来藏”者，即法

---

〔1〕依求那跋陀罗译，《大正藏》第12册，no. 353，页220及223。

〔2〕依菩提流支译，《大正藏》第16册，no. 668，页467。

身功德义。由决定如来藏之双运体性，乃能如《广说如来藏》所言，“知实为实”“知不实为不实”“知无常为无常”“知常为常”“知无为无”“知有为有”，“知具有净、乐、常、我等殊胜功德”“知无变易善妙之究竟功德及其圆满，是即无住大涅槃”。由是米庞总陈如来藏体性为“远离有无、常断等戏论，为二谛无二唯一明点之平等（基）”。以此善说义，“即远离一切边际极无所住双运相之法界，是为狮子吼”。

五、结语

米庞两篇狮吼论所涉的宗义，包括“了义大中观”“他空大中观”及应成派中观。此中，应成派中观唯许二转法轮的经论为了义、三转法轮为不了义，由是依其自宗传规，定义“空性”为了义，“如来藏”思想为不了义。“他空大中观”以三转法轮为了义、二转法轮仅为三转法轮教法的基础，而且不但把三转法轮中的“如来藏”定义为胜义谛，更把此“胜义谛”谛实为“真实有”（bden par yod pa），由是说如来藏本身不空，所空者唯是障蔽如来藏的客尘垢染，亦即以离颠倒且离戏论的“胜义”为真实有、自性有，故说为“不空”，而落于戏论与迷乱的“世俗”则为自性空，是故乃倡“世俗自空、胜义他空”之理。

至于宁玛派的“了义大中观”，却不割裂二转、三转法轮之法义。米庞于《广说如来藏》中指出：

> 故二转法轮之空性教，与三转法轮之身智教，须结合而成现空双运。
>
> 遍智龙青巴认许二转三转法轮诸了义说皆为了义，不须（依二转或三转）而作取舍。
>
> 如是许此两轮皆为了义，非独谓其无违，不须必说一轮为不了义，且两轮融合，由是如来藏即可成为“因续”义。此即金刚乘教法之精要。

此“金刚乘教法之精要”，为宁玛派教法的重要传规，不但见于藏土龙青巴所演自8世纪无垢友（Vimalamitra）及莲花生（Padmasambhava）的“宁提”（snying thig）法门，以及至19世纪米庞的著作，于近年宁玛派的汉地上师无畏金刚谈锡永，亦极力提出二转法轮所说为般若波罗蜜多的体性、三转法轮所说为般若波罗蜜多的现证，以两轮说法无违且相融始为大乘教法圆满的修习。于近代汉土佛学，却每见学人肆意把大乘教法割裂。或唯许“唯识”学说为了义；或唯许二转法轮的“缘起性空”之说为了义，而视三转法轮的如来藏学说为梵我外道的思想。如是等等，悉为学者自立的一偏之说，实不合经教，更遑论说如何能依此等偏见而作观修及得现证。

米庞主要依“二谛”及“三理”来次第论说“他空”与“了义”的如来藏见。然而，此绝非企图以“二谛”等义理来证成如来藏说；相反，米庞的两篇论著即清楚开示，“二谛”“三理”等教法，实非哲学理论的建立，而是诸佛依其内自证境界所流露的大悲言说。因此，非可分离诸佛的内自证境界而论说“二谛”等教法，否则“二谛”等即无非是凡夫迷乱识境的戏论。若名言安立诸佛内自证“智识双运”的境界为“如来藏”，则亦可说“二谛”等为如来藏境界的大悲等流、为凡夫建立的次第教法，而凡夫则能依此等言说教法次第拾级而上，现证本具而为客尘所掩的如来藏。此以佛内自证境界为“胜义”，一切由此境界流露的大悲言说为“世俗”，此即如来法身与如来法身功德双运的方便建立。读者细味其义理，即可知如来藏教法实非与中观学说相违；若能如实了解如来藏的法义，则更可见二者非但不相违，而且中观学说实依如来藏思想而建立。

原载于谈锡永、邵颂雄著译，《如来藏二谛见——不败尊者说如来藏》，北京：中国藏学出版社，2007年，页9-64。

九

如来藏与大圆满之基

道格拉斯·达克沃斯 著，杨杰 译

导 论

米庞（Mi pham）在诠释佛法时，其贯穿整体的统一主题即为如来藏，它被建立为轮回与涅槃之共基、具有超越与本具（特征）之唯一原则。米庞以描述空性的方式将如来藏描述为唯一真如。虽然空性（现空双运）即为如来藏义，但本章要讨论的则是如来藏的现分。

我们将先讨论米庞如何将其如来藏见与其他的如来藏见区别开来，而后，我们将依据龙青巴（Klong chen pa）对大圆满之基的表述来评价米庞的如来藏说，并讨论他在区分显现与真实时，对如来藏的处理方式。藉此，我们将得知，米庞是以对如来藏的表述来阐释大圆满之基——本净（ka dag）与任运（lhun grub）之双运。

首先，我们要讨论的是米庞之《狮子吼广说如来藏》，该论之完整译文附于书后，本章所有讨论的核心即此论。在本论的一节中，米庞将他自己与他人的如来藏见作了比较，我们将检视他如何将自己的见地与以下见相较：（1）将如来藏谛实为不空；（2）以如来藏为唯空；（3）以如来藏为无常、有为。

他首先批评了将如来藏谛实为不空的诠释，此即如前面章节所示：

> 若依正理观察，如来藏之体性为空，故堪成心法性，周遍一切境、于一切时为恒常、不可思议、一切功德无偏而显现。若彼自体不空而谛实，则于任何情况下皆不可能成为他法之法性等，亦不堪成为依观察胜义量抉择所成立之果，盖不能于观察一切法无实有后，却成立一谛实（之果），此即如光中生暗，实不应理。
>
> 即便依观察名言量亦不能谛实，盖于彼（名言）层面虽可谛实，亦不能仅仅据此即成立彼法（即如来藏）于任何情况下皆不空故。
>
> 既然依二量皆不能成立（如来藏为实有），能立即如空花，其建立唯无义之徒劳而已。[1]

由此，他认为依两种量都不能将如来藏建立为非空，对正量的重视是米庞论述如来藏的特色。将如来藏谛实为本体不空者乃觉囊派的见地，[2]因笔者于前一章已讨论过米庞对本体实有的破斥，故此处不作拓展。

---

〔1〕 米庞，《狮子吼广说如来藏》，收《局・米庞文集》（*Collected Works of 'Ju Mi-pham*），加德满都（Kathmandu）：协庆寺（Zhe chen Monastery），1987年，卷4，590.6-591.4：rigs pas dpyad na yang bde gshegs snying po ngo bo stong pa yin pa'i gnad kyis sems kyi chos nyid du rung ba / yul thams cad khyab pa / dus ji srid du rtag pa / bsam gyis mi khyab pa / yon tan rnam pa thams cad par ris med du 'char ba yin gyi / rang gi ngo bo mi stong par bden par grub pa la chos gzhan gyi chos nyid du rung ba sogs rnam pa kun tu mi srid cing don dam dpyod pa'i tshad mas gtan la phab pa'i grub 'bras su yang mi btub ste chos thams cad bden med du dpyod pa'i lag rjes la bden grub gcig 'grub pa ni snang ba las mun pa ltar gnas ma yin pa'i phyir ro // tha snyad dpyod pa'i tshad mas kyang bden grub mi 'grub ste / de'i ngor bden par grub kyang de tsam gyis chos de mi stong par rnam pa kun tu 'grub mi nus pa'i phyir ro // tshad ma gnyis kyis sgrub ma nus par gyur pa la sgrub byed nam mkha'i me tog gi rjes su 'gro bas de sgrub pa don med kyi ngal par zad do //

〔2〕 参原书第3章。

米庞也反对将如来藏说为唯空，亦即心之无实有，[1] 此为宗喀巴、克主杰（mKhas grub rje, 1385—1438）以降的格鲁派行人所持之见。[2] 米庞认为，若心为实有，则无成佛之堪能。然而，因一切法——乃至土石等物体皆非实有，单凭无实有不足以成立这些事物堪能成佛：

> 建立依无实有即堪成佛者，亦属妄言，盖虽成立心为实有则不堪成佛，然而（成立心为）无实有亦不一定成佛。尽管土石等一切法皆无实有，然而任谁亦不能成立凡是无实有者皆堪成佛。[3]

米庞在其《本元心三部》（*gNyug sems skor gsum*）中也指出，如来藏义不能等同于单纯的无遮："一般而言，单凭真实空之无遮分不堪成立为如来藏，以其无认知分（mkhyen cha），故无如来藏之义。"[4] 他认为如来藏义并非只是无实

---

〔1〕 我们可以看到米庞如何通过对比他和觉囊、格鲁两派的如来藏见，从而建立起宁玛的独到见地。米庞在其《狮子吼广说如来藏》中的解释动机与果然巴（Go rams pa）的《见地辨别》（*lTa ba'i shan 'byed*）相似，果然巴在该论中将他本人的见地判为"离边中观"（mtha' bral la dbu mar smra ba），而与之相对的则是觉囊派的"常边中观"（rtag mtha' la dbu mar smra ba）和格鲁派的"断边中观"（chad mtha' la dbu mar smra ba）。参果然巴，《见地辨别》（*lTa ba'i shan 'byed*），萨尔纳特（Sarnath）：萨迦弟子联合会（Sakya Students' Union），1988 年，页 3。

〔2〕 参克主杰，《密续部总建立广释》（*rGyud sde spyi'i rnam par bzhag pa rgyas par bshad pa*），参费迪南德・莱辛（Ferdinand Lessing）与亚历克斯・韦曼（Alex Wayman），《克主杰的佛教密续部总建立》（*mKhas grub rje's Fundamentals of the Buddhist Tantras*，海牙：莫顿出版社 [The Hague: Mouton]），1968 年，页 52-53。另见大卫・塞福特・鲁埃格（David S. Ruegg），《论格鲁派的如来藏学说》（On the dGe Lugs pa Theory of the *tathāgatagarbha*），收《回报》（*Pratidānam*），希斯特曼（J.C. Heesterman）编，海牙：莫顿出版社，1968 年，页 505。更多关于格鲁派如来藏学说的讨论参鲁埃格，《印藏中观哲学史的三份研究》（*Three Studies in the History of Indian and Tibetan Madhyamaka Philosophy*），维也纳：维也纳大学藏学与佛教学研究室，2000 年，页 75-76，注 171。

〔3〕 米庞，《狮子吼广说如来藏》，页 568.4-569.1：bden stong yin pa'i gnad kyis sangs rgya rung yin par sgrub pa'ang bab col te / sems bden grub yin na sangs rgya mi rung ba tsam yin pa bden kyang / bden grub med pa yin na sangs rgya ba'i nges pa med de / sa rgo [应为 rdo] la sogs pa chos thams cad kyang bden med yin kyang / bden med yin tshad sangs rgya rung bar sus sgrub par nus //

〔4〕 米庞，《金刚宝鬘》（*rDo rje rin po che'i phreng ba*），收《局・米庞文集》卷 24，页 579.1–579.2: spyir bden stong med dgag gi cha tsam bde gshegs snying por mi rung ste / de la mkhyen cha med pas bde gshegs snying po'i don med //

有，因为无遮本身并无认知功能。对米庞而言，如来藏本具认知功能，这与前一章中朵波巴的描述相似。米庞于《狮子吼广说如来藏》中陈之如下：

将如是之无遮许为如来藏，实无意义，此即成与声闻缘觉相同之种性，而不可成立堪能成佛。仅凭此，实不能成立任何于断除所知障后生起一切种智之理由，以无遮之体性中，无认知分，成佛时亦不可能认知任何法故。[1]

此外，若种性[2]仅为无实有，则无法成立佛智为有；此智不可能凭空而生。单纯的无实有不能建立为佛种性，因为无实有本身并无认知功能。米庞还说，仅为无实有之种性实同声闻与缘觉之种性，而非一切有情所具、堪成圆觉之大乘种性。

更者，米庞认为将种性视为令有情转变成佛之潜势力者，实属非理。于名言中，转变之发生实依于一有为、具有功能之实事。然而，空分不能于名言中引发转变，此如芽之空分乃无为、不具有功能，彼永不能转变成芽：

仅凭异门空性，实无任何种性之义。据汝见地，则承许此种性如种子转变成芽，尽管现在无任何佛之功德，然若为道缘所摄，即可转成（佛）。彼实空无遮之反体乃无为法，不能有所作，故于（实）空中有如是差别者，无论如何亦不应理。此如名言中，有为法种子之（现）

〔1〕米庞，《狮子吼广说如来藏》，页 568.6-569.2：med dgag de ’dra la bde gshegs snying po zhes ’dod pa don med de / ’di nyan rang dang thun mongs pa’i rigs su ’gyur gyi / ’dis sangs rgya rung mi ’grub ste ’di tsam la shes sgrib spangs nas rnam pa thams cad mkhyen pa’i ye shes ’byung ba’i ’thad pa gang yang sgrub mi nus pa dang / med dgag rang gi ngo bo la mkhyen cha med pas sangs rgyas dus kyang des ci yang mkhyen mi srid pa’i phyir //

〔2〕米庞在此处所使用的“种性”（rigs）与“如来藏”（bde gshegs snying po）可互换。对米庞以及龙青巴而言，“种性”所指的范围较小，以其特指具障有情位之如来藏，而“如来藏”则可兼指佛位与有情位。

分可转变为芽，而种子之无实有（空）分永不可能转变为芽。[1]

此中，米庞再次提出单纯的无遮并非种性之义。彼不具任何功德，仅为无实有，不能起任何功用，故不可成立为佛种性。他在此处反击了格鲁派以如来藏为“无有”与“因”之诠释。[2]

此外，他还指出，与其视种性为单纯之无有，不如视其为一切有情皆具之有为种性。了知利害、对自子具慈爱等有为种性，可被视为逐渐发展成佛之智、悲、力。在将种性视为刹那实事的情况下，种性即具足功能，而非毫无力用之无遮：

若转依有为种性（gnas 'gyur 'dus byas kyi rigs）之理合汝心意，则一切有情心相续中无始以来即有智、悲、力三者之种子，此如野兽与罗刹等亦有怜爱其子、辨识利害等（功德），（彼等种子）若为道所摄持，则得离障而逐渐增长，由是即可具足无量智、悲、力而成佛，仅作如是承许亦较承许无遮为种性为佳。凡需成立能生（所生）之因

---

〔1〕米庞，《狮子吼广说如来藏》，页 568.2-568.4：stong pa rnam grangs pa tsam la rigs kyi don gang yang med de / khyod kyi bsam ngor rigs 'dis sa bon myur gu [应为 myu gur] go 'pho ba bzhin du da lta sangs rgyas kyi yon tan ci yang med kyang / lam rkyen gyis zin na gzod 'gyur rung yin par 'dod na / bden stong med dgag gi ldog cha de 'dus ma byas don byed nus pas stong pa la de 'dra'i khyad par gang yang 'thad pa med de / 'dus byas sa bon gyi cha ni tha snyad du myu gur gnas 'gyur rung gi sa bon gyi steng gi bden med kyi cha ni myu gur gnas 'gyur ba nam yang mi srid pa bzhin no //

〔2〕格鲁派学者阿旺班丹（Ngag dbang dpal ldan, 生于 1797 年）对以无有为因之解说如下：“法界者，因现观法界之禅定为生起微细功德之因，故而得名，彼为烦恼所染（心）性之前空，亦为（对治所生烦恼）之后空。”引自杰弗里·霍普金斯（Jeffery Hopkins），《甚深之地图》（*Maps of the Profound*），伊萨卡（Ithaca）：雪狮出版社（Snow Lion Publications），2003 年，页 513。对霍普金斯翻译的阿旺班丹之《大宗义之夹注：难处解疑·明慧珍宝》（*Grub mtha' chen mo'i mchan 'grel dka' gnad mdud grol blo gsal gces nor*），笔者稍作了修改。格鲁派这种以如来藏为因以及无遮空性之诠释，在俄·洛丹喜饶（rNgog blo ldan shes rab，1059—1109）的著作中即有先例，该师曾将《宝性论》（*Uttaratantra*）译为藏文，并为其撰写了第一部藏文释论。有关俄·洛丹喜饶对以如来藏为因与无遮的陈述，参加纳和雄（Kazuo Kano），《俄·洛丹喜饶的〈宝性论〉摄要》（rNgog Blo-ldan-shes-rab's Summary of the *Ratnagotravibhāga*），博士论文，汉堡大学，2006 年。

果时，舍弃作为能生因之刹那实事，而将非能生之无实无为法许为因者，真可谓稀奇。[1]

转变必然引出能生与所生之因果关系，对此，米庞认为与其以无遮为种性，不如以刹那实事为种性。然而，他不许诸佛功德在本质上为新生，故于究竟层面并无此因果关系。

有情本具诸佛功德乃米庞如来藏学说的一个核心部分，这一重要的见地是其诠释与觉囊派相通之处。[2]相反，格鲁派论师则认为，经教中将如来藏视为恒常身、且以有情本具佛功德者，实为不了义。在格鲁派的应成（Prāsaṅgika）传规中，如来藏之了义为空性，亦即心之无实有，此空性即如来藏之密意基（dgongs gzhi）。[3]米庞虽然也以空性为如来藏义，然而他对空性（现空双运）的诠释则

〔1〕 米庞，《狮子吼广说如来藏》，页 569.2-569.5: gnas 'gyur 'dus byas kyi rigs kyi tshul 'di yid la mdza' na / sems can thams cad kyi sems kyi rgyud na thog ma med pa nas yod pa'i mkhyen brtse nus gsum gyi sa bon / gcan gzan dang srin po sogs kyang rang gi bu la brtse ba dang / phan gnod ngo shes pa sogs yod pa de / lam gyis zin nas gegs bral te je 'phal du song ba na tshad med pa'i mkhyen brtse nus gsum mnga' ba sangs rgyas su 'gyur rung ba tsam la 'dod na med dgag la rigs su 'dod pa las de legs te / skyed byed kyi rgyu 'bras yin dgos phan chad / skad cig can dngos por gyur pa'i rgyu skyed byed yin pa bor nas / dngos med 'dus ma byas skyed byed min pa la rgyur 'dod pa ni ya mtshan pa'i gnas so //

〔2〕 觉囊派认为，有情之相续本具佛之十力等功德。例见堪布罗珠扎巴（mKhan po Blo gros grags pa）之《因果胜乘实相甚深义之决定：至尊大觉囊派传规・无畏狮吼》（*rGyu dang 'bras bu'i theg pa mchog gi gnas lugs zab mo'i don rnam par nges pa rje jo nang pa chen po'i ring lugs 'jigs med gdong lnga'i nga ro*），达兰萨拉（Dharamsala）：西藏档案文献图书馆（Library of Tibetan Works and Archives），1993 年，页 126.4-126.6。关于觉囊派对如来藏本具佛功德的讨论，参杰弗里・霍普金斯，《关于真实之反思》（*Reflections on Reality*），伯克利：加利福尼亚大学出版社，2002 年，页 274-285。

〔3〕 格鲁派学者贾曹杰（rGyal tshab rje dar ma rin chen，1364—1432）在其《宝性论》释论中指出，空性乃如来藏之密意基，此如来藏为离六识聚之阿赖耶，且不应以字面意思来理解此如来藏。参贾曹杰，《大乘无上续论释》（*Theg pa chen po rgyud bla ma'i ṭīka*），《贾曹杰全集》，亚洲经典录入项目（Asian Classics Input Project），第 4 期，S5434，卷 3，页 75.a-78.b。宗喀巴认为，以空性为如来藏之密意基者乃《入楞伽经》（*Laṅkāvatārasūtra*）之教授，且为《入中论》（*Madhyamakāvatāra*）所参引（VI.95），见宗喀巴，《辨了不了义善说藏》（*Drang nges legs bshad snying po*），《宗喀巴全集》，亚洲经典录入项目，第 4 期，S5396，卷 14，页 92a-95b；另见宗喀巴，《入中论善显密意疏》（*dGongs pa rab gsal*），萨尔纳特：西藏研究中央大学（Central Institute of Higher Tibetan Studies），1998 年，页 325-326。关于格鲁派如来藏见的一些重要方面，参杰弗里・霍普金斯，《关于真实之反思》，页 308-315。

不同于格鲁派之唯空，正如对空性的诠释一样，米庞对如来藏的解说也明显不同于格鲁派的见地。在讨论米庞本人的如来藏见之前，我们先继续了解他对他宗见地的破斥。

米庞反对萨迦派将种性视为空性与心（sems）之明分双运无别之实相。[1] 他承认，若将此心理解为与识（rnam shes）不同之智（ye shes），则他本人也同意这种见地。然而，他不同意将双运之任何一方说为无常之识，亦即可“逐渐转变”而成佛者：

> 或以为：（种性）非区分二谛而安立，而是承许有法（chos can）心之明分与法性（chos nyid）空性无分别之实相为种性。
>
> 若其所许乃识、智二者中之不变无为智，则依教、理均能成立，故为极（成）。然若承许与空性双运之有法——刹那心识分为种性，彼逐渐转变成佛，则（此承许）甚为低劣，此即导致种性具有为与无为

〔1〕 阿旺觉丹（Ngawang Jorden）在其《如来藏：透过十五世纪西藏的果然巴·索南僧格的视角》（*Buddha-nature: Through the Eyes of Go rams pa bsod rnams seng ge in Fifteenth-Century Tibet*，博士论文，哈佛大学，2003 年，页 125）中指出，以空性与心之明分无分别为如来藏者，乃萨迦派学者果然巴的见地。觉丹在论文页 124 注 252 中引用了萨迦派学者芒托·鲁珠嘉措（Mang thos klu sgrub rgya mtsho）的一个写本《宝鬘释》（*rNam bshad nor bu'i phreng ba*），这是为果然巴写的一篇释论，其中说道：“简言之，明空双运即建立为如来藏，此因轮回涅槃皆摄于心（sems），此心离诸戏论且无实有；是故，诸法实相本初即住于现空双运”（此为笔者的翻译）。另一位萨迦派学者释迦确丹（Śākya mchog ldan，1427—1508）将胜义（如来）藏（don dam pa'i snying po）说为无常。参释迦确丹，《宝性论之了义·空前之日》（*rGyud bla ma'i bstan bcos kyi nges don sngon med nyi ma*），《释迦确丹全集》，不丹廷布：衮桑朵给，卷 13，1975 年，页 117.6-117.7。释迦确丹以如来藏为非遮与究竟了义：“名为‘如来藏’者乃究竟了义，亦即心之自性光明；复次，彼乃非遮，而非无遮，以其说‘具足殊胜相之空性’义故。”释迦确丹，《中观决定法藏·教理海》（*dBu ma rnam par nges pa'i chos kyi bang mdzod lung dang rigs pa'i rgya mtsho*），《释迦确丹全集》，卷 14，页 393.5-393.7：nges don mthar thug pa ni bde bar gshegs pa'i snying po zhes bya ba'i ming can sems rang bzhin gyis 'od gsal ba de nyid yin la / 'dir yang ma yin dgag pa yin gyi / med par dgag pa ni ma yin te / rnam pa mchog dang ldan pa'i stong pa nyid ces bya ba'i don du bshad pa'i phyir // 关于释迦确丹如来藏见的更多讨论，参雅罗斯拉夫·科马罗夫斯基（Yaroslav Komarovski），《重埋宝藏，薪火相传——释迦确丹关于如来藏的两篇论书》（Reburying the Treasure, Maintaining the Continuity—Two Texts by Śākya Mchok Ldan on the Buddha-Essence），收《印度哲学杂志》（*Journal of Indian Philosophy*）34，no. 6，2006 年 12 月，页 521-570。

> 二分，若如是，则无必要、无力用之无为法即成假立种性，而能生果之有为法则成真实种性，由是即完全失去将自性住种性（rang bzhin gnas rigs）许为无为法界之一切大乘经典之密意。[1]

他指出，若将刹那心识许为种性之根本组成部分，且可逐渐转变成佛，则不应理。于此我们可见，米庞强调自性住种性为真实种性，与之相对者为随增性（rgyas 'gyur rigs），该种性即发展之表相。对于米庞的功德本具之见地而言，这一强调非常重要。

此外，智与识的辨别也是米庞对如来藏的论述中一个重要的方面。与持种性为识与空性双运之观点相反，米庞在其《智者入门》（*mKhas 'jug*）中许自性住种性为身智双运："自性住种性即如来藏，其体性本初即为身智无分别之法界、觉空双运之无为自生智。"[2] 自生智在其诠释中扮演着核心的角色，他对自生智的界定如下："本智既非他生，亦非因生，故施设为自生；然其并非从自身中生起，亦非新生，故为无生。"[3] 米庞在解说如来藏时，着重强调本智非为新生。接下来，我们将进一步考察他本人的如来藏见以及他对种性的论述。

〔1〕米庞，《狮子吼广说如来藏》，页 569.6-570.3: gal te bden gnyis so sor phye nas mi 'jog ste / chos can sems kyi gsal ba dang chos nyid stong pa nyid dbyer med pa'i gnas lugs rigs su 'dod do snyam na / 'di yang rnam shes ye shes kyi zla phye ba'i ye shes 'gyur med 'dus ma byas la 'dod na ni de ltar lung dang rigs pas grub pa'i phyir shin tu yin mod kyi / stong pa dang zung du 'jug rgyu'i chos can de rnam shes skad cig ma'i cha 'di zhe la bzhag nas 'di rim gyis sangs rgyas su go 'pho'o snyam pa ni gyi na ste / rigs la 'dus byas dang 'dus ma byas kyi cha gnyis yod par thal zhing / de lta na dgos nus med pa'i 'dus ma byas ni rigs btags pa ba dang / 'dus byas ni 'bras bu skyed nus kyi rigs mtshan nyid par 'gro bas rang bzhin gnas rigs 'dus ma byas chos kyi dbyings la bzhed pa'i theg chen gyi mdo sde kun gyi dgongs pa stong [应为 stor] par zad do //

〔2〕米庞，《智者入门》，西宁：青海民族出版社，1992 年，页 296：rang bzhin du gnas pa'i rigs ni de bzhin gshegs pa'i snying po ste / de'i ngo bo ni gdod nas sku dang ye shes dang dbyer med pa'i chos kyi dbyings rig stong zung du 'jug pa rang byung gi ye shes 'dus ma byas pa //

〔3〕米庞，《金刚宝鬘》（*rDo rje rin po che'i phreng ba*），页 741.2-741.3：ye shes yin la gzhan byung ngam rgyus byung min pa'i cha nas rang byung btags kyi / rang las rang skyes dang / gsar byung gnyis ka'i byung ba'am skyes pa min te ma skyes pas so //

二、作为种性与基之如来藏

我们首先讨论米庞如何描述种性安住于有情之方式，这将有助于我们更好地理解种性的本质。在《狮子吼广说如来藏》中，他将种性说为“藏”（snying po），且视种性为客尘所覆障之心法性，彼以精华或核心之方式安住：

> 若就实相之自体而言，一切法皆含藏于法性界中，法性自体中无生灭而住于平等性，无轮回涅槃等贤劣，无彼岸此岸、自他、大小及前际后际等差别，其乃法界不变唯一明点（thig le nyag gcig）。
>
> 实相虽如是，若依客生迷乱之现相而言，即便于三界轮回之身、心、境之明相显现而不见法性自性时，法性亦非无有，以其丝毫未曾偏离其自性故。
>
> 尽管如是之心法性为客尘所覆而不现，彼亦以精华或核心之方式安住，名曰“种性”或“藏”，此当依地下宝藏等九喻所示而了知。[1]

〔1〕 米庞，《狮子吼广说如来藏》，页 587.2-588.1：gnas lugs rang gi ngo bo'i dbang du byas na chos thams cad chos nyid de yi klong du chud cing chos nyid rang gi ngo bo la skye 'gag med par mnyam pa nyid du gnas la 'khor 'das la sogs pa'i bzang ngan dang / pha rol tshu rol bdag dang gzhan che dang chung ba sogs kyi cha dang / snga phyi'i dus kyi khyad par sogs med de chos dbyings thig le nyag gcig 'pho 'gyur med pa'o / gnas lugs la de ltar yin kyang 'khrul pa glo bur ba'i snang ngo dang bstun na 'di ltar khams gsum 'khor ba'i lus sems yul gyi snang ba shar nas chos nyid kyi rang bzhin mi mthong ba'i tshe na'ang / chos nyid ni med pa ma yin te rang gi rang bzhin las g.yo ba cung zad kyang med par yod pas na / sems kyi chos nyid de lta bu glo bur gyi dri mas sbubs su byas nas mi mngon yang bcud dam dbus na snying po'i tshul gyis gnas pa la rigs sam snying po zhes brjod de / dper na sa 'og gi gter la sogs pa'i dpe dgus mtshon nas shes par bya bar gsungs so //

米庞指出，种性可以《宝性论》中之九喻[1]作表示。他将种性视为尚未现证、未现前之心真如；彼以精华或核心之方式安住。他在《本元心三部》中也将此心真如说为“如来藏”：“以法性之方式具存于一切有情之心识中，而其上所覆之垢障可断除，此际，（心法性）即名为如来藏，以证悟心法性即能成佛故。”[2]此心之法性或真如即如来藏。自生智只能说为现证，而不能说为由某一因生起。米庞在其《狮子吼广说如来藏》中指出，尽管法身现为新生，然于诸障尽断时，彼即为离戏果：

> 自生智非由因生，于真实中，远离客尘垢障之法身乃离系果（bral ba'i 'bras bu），彼虽似显现为由因新生，然亦仅于未转依之现相中如是显现而已，于真实义中，法性自性、法身本性无生无灭，一切法本来即于平等性中成正觉，或本来即寂静涅槃、自性光明，此等乃诸甚深经典之究竟密意，纵是清净（地）之菩萨亦难思量，何况诸凡庸者。[3]

---

〔1〕 此九喻见于《宝性论》I. 96-97：萎华中佛，蜂腹中蜜，皮壳中实，粪中金，地中宝藏，种中芽，破朽衣中胜者像，贫丑女怀中轮王胎，泥模中宝像。《宝性论根本颂及释论》（*rGyud bla ma rtsa 'grel*），成都：四川民族出版社，1997 年，页 12-13。理查德・金（Richard King）指出，除了贫丑女怀中轮王胎与种中芽二喻将如来藏说为未圆熟之因以外，其余七喻皆将如来藏说为受覆藏之圆熟精华。参理查德・金，《早期吠檀多不二论与佛教》（*Early Advaita Vedānta and Buddhism*），奥尔巴尼：纽约州立大学出版社，1995 年，页 208。

〔2〕 米庞，《依胜者持明传承之教法释本元心光明义・金刚藏》（*gNyug sems 'od gsal ba'i don rgyal ba rig 'dzin brgyud pa'i lung bzhin brjod pa rdo rje snying po*），收《局・米庞文集》，卷 24，页 392.6-393.2: sems can thams cad kyi sems la chos nyid kyi tshul du yod cing sgrib pa spang rung du gnas pa'i skabs na bde gshegs snying po zhes bya ste / sems kyi chos nyid de rtogs pas sangs rgya bar byed pa'i phyir ro //

〔3〕 米庞，《狮子吼广说如来藏》，页 596.5-597.2: rang byung gi ye shes rgyu las skyes par mi 'gyur te / yang dag par glo bur dri bral gyi chos sku de bral ba'i 'bras bur song ba yin la / rgyu las gsar du skye ba ltar snang ba yang gnas ma gyur pa'i snang tshul la de ltar snang bar zad kyi / yang dag pa'i don du chos nyid kyi rang bzhin chos kyi sku'i ngo bo la skye 'jig med par chos thams cad gdod nas mnyam pa nyid du mngon par sangs rgyas pa'am / gzod ma nas zhi ba mya ngan las 'das pa / rang bzhin gyis 'od gsal ba sogs zab mo'i mdo sde rnams kyi dgongs pa mthar thug 'di dag pa'i sems dpa' rnams kyi kyang bsam par dka' ba'i gnas yin na phal pas lta ci smos //

他认为，法身虽似显现为新生，然其仅于尚未转依者前如是显现；究竟而言，诸法本来即于法身自性（即法性）中成正觉。

在《本元心三部》中，他认为如来藏之功德于基位（即有情位）仅有现前之潜能：

> 遍知一切境之功德乃具二清净者所具，而非唯自性清净者所具[1]，然应承许此功德为本具，如刀剑（本具切割功能）之喻。是故，当知于基位时，如来藏之功德仅为可以现前（亦即有现前之潜能）。[2]

因此，我们可见到两种潜势力之间的差别：（1）转变成一新生佛陀之潜势力；（2）可以现前之（本具）潜势力。米庞在阐述如来藏安住于有情时，破斥了前者而承许了后者。他指出，智所本具之功德已然存在，其为法尔——譬如刀之能割、镜之能照、宝石之能闪光：

> 十力等功德实为本具，譬如合格刀剑之切割功能、明镜显现影相之功能、（如意）宝珠能发光且满愿之功能虽皆为本来任运而有，然而剑入鞘、镜入箧、宝珠为污泥所染时，（其功能即不显现）。其障若除，

---

〔1〕 二清净为（1）自性清净（rang bzhin rnam dag），或本净；（2）客尘清净（glo bur rnam dag）。此二清净也可解释为“二障之清净”（sgrib pa gnyis dag pa）。《藏汉大辞典》（*Bod rgya tshig mdzod chen mo*）对“具二清净”（dag pa gnyis ldan）词条的解释为：所知、烦恼二障并净，意指佛果（nyon mongs pa dang shes bya'i sgrib pa gnyis dag pa ste sangs rgyas kyi go 'phang）。这种描述反映的是一个更为广泛通行的阐释，但不能引出米庞与龙青巴的宁玛论著中很重要的本净思想；它并未强调修道上与“发展模式”（developmental model）相对之“开显模式”（discovery model）。这一对比性的词组借自安妮·克莱因（Anne Klein）在其《与大乐母相遇》（*Meeting the Bliss Queen*，波士顿：火炬出版社，1995 年，页 63-76）中有关此二模式充满挑战意味的讨论。

〔2〕 米庞，《观察本元心之光明义：大圆满基道果判别·智慧光》（*gNyug sems 'od gsal ba'i don la dpyad pa rdzogs pa chen po gzhi lam 'gras bu'i shan 'byed blo gros snang ba*），收《局·米庞文集》，卷 24，页 538.5–539.1：ji snyed pa'i don kun mkhyen pa'i yon tan mngon du snang ba ni dag pa gnyis ldan la yod kyi / rang bzhin rnam dag tsam la med kyang / de'i yon tan ye ldan du khas len dgos par ral gri'i dpe sogs bzhin no / des na gzhi'i dus na bde gshegs snying po la yon tan mngon du yod rung tsam du shes par bya'o //

其功德虽非新生，（功德之）现前则似显现为新生。[1]

米庞认为，十力等诸佛功德无始以来即法尔具足。然而，犹如鞘中之剑，其功德受覆障而不得显现。因此，垢障断尽时，功德虽似显现为新生，然于究竟层面实非新生；彼等仅为现前而已。此外，他在《中观等经典之共通难处语教总集・大宝箧》（*dBu ma sogs gzhung spyi'i dka' gnad skor gyi gsung sgros sna tshogs phyogs gcig tu bsdus pa rin po che'i za ma tog*）中说道：

或问：然则，犬与猪等有情之心相续中亦有具十力之智乎？

答言：具十力之本智功德本来即存在于其相续之如来藏中，此为其法尔功德。因此，只要有佛性，则必有功德，然其尚未现前，此如剑虽有切割之功能，然若收入鞘中，则不能现前行切割之事，亦如明镜虽有显现影相之功能，然若收入箧中，则不能现前行显现之事。[2]

由此，米庞即成立种性为心真如，无始以来即具足十力等佛智功德。[3]

---

〔1〕米庞，《观察本元心之光明义：大圆满基道果判别・智慧光》，页 537.1-537.3: stobs sogs kyi yon tan ye ldan / ral gri tshad ldan la gcod pa'i yon tan / me long dwangs pa la gzugs snang ba'i yon tan / nor bu 'od dang dgos 'dod rtsol ba'i yon tan ye nas rang chas lhun grub tu yod kyang / ral gri shub dang me long sgrom du chud pa / nor bu 'dam gos bzhin no / de'i sgrib pa bsal na yon tan gsar bskyed min yang / mngon du snang ba gsar skye ltar snang ngo //

〔2〕米庞，《中观等经典之共通难处语教总集・大宝箧》，收《局・米庞文集》，卷 22，页 454.2-454.5: 'o na khyi dang phag sogs sems can rnams kyi sems kyi rgyud la stobs bcu'i ye shes yod dam zer na / stobs bcu'i ye shes kyi yon tan de'i rgyud kyi gshegs snying la ye nas yod de / kho rang gi chos nyid kyi yon tan yin pas khams yod na yon tan yod mod kyi mngon du mi 'gyur te / ral gri la gcod pa'i bya ba yod kyang / shub tu chud pa la gcod pa'i bya ba mngon gyur du med pa dang / me long la gzugs brnyan 'char rung gi yon tan yod kyang sgrom du bcug pa la mngon gyur du mi 'char ba dang 'dra ste //

〔3〕《内明辞典》（*Nang rig pa'i tshig mdzod*）提到了毗奈耶中列出的十力："（1）知处非处（gnas dang gnas ma yin）智力；（2）知业异熟智力；（3）知种种胜解（mos pa）智力；（4）知静虑解脱等持等至智力；（5）知根胜劣智力；（6）知遍趣行（thams cad 'gro ba'i lam）智力；（7）知种种界（khams sna tshogs）智力；（8）知宿住（sngon gyi gnas）随念智力；（9）知死生智力；（10）知漏（zag pa）尽智力"，普布次仁编，《内明辞典》，北京：民族出版社，1999 年，页 671。

米庞对如来藏的阐释需参照龙青巴的著作来理解，因此，我们将对龙青巴的相关著作作简要考察。龙青巴指出，佛并非新生之果。他在《宗轮藏》（*Grub mtha' mdzod*）中指出了两种果：（1）所生之果，（2）离戏果："佛亦为离系之因果（bral ba'i rgyu 'bras），而非由能生所生之因果（bskyed bya skyed byed kyi rgyu 'bras）成立，以其本来即任运成就故。"[1]

之所以龙青巴将佛视为离戏果，其原因乃佛无始以来即法尔存在。离戏果非为新生，只是于垢障断尽时得以现前而已——犹如离云之大日。相反，新生之果或异熟果则为一种转变——如种子转变为芽。此外，龙青巴于其《法界藏》（*Chos dbyings mdzod*）中还这样说道：

> 或问：（佛之身与智）乃福德与智慧资粮所生乎？
>
> 答言：二资粮者，无始以来即圆满显现与空性之功德，遂名为"任运成就"。其暂时之积聚仅为去除垢障之缘，唯可将其施设为"因位二资粮"，犹如以浴巾及除垢剂擦拭宝珠，（浴巾与除垢剂）即可说为现见宝珠之因。[2]

由此，佛身与智无始以来即任运遍住于诸有情；唯可在垢障断尽而身智现前的意义上施设身智为"生起"。龙青巴指出，有情之心法性就现分而言，具足色身功德，就空分而言，则具足法身功德。他在《心性休息大车疏》（*Sems nyid ngal so'i 'grel pa shing rta chen po*）中说道：

[1] 龙青巴，《宗轮藏》，收《七宝藏》（*mDzod bdun*），甘托克（Gangtok）：喜饶坚赞（Sherab Gyaltsen）和钦哲拉章（Khyentse Labrang），1983年，卷2，页877.4-877.5: sangs rgyas de'ang bral ba'i rgyu 'bras las / bskyed bya skyed byed kyi rgyu 'bras kyis bsgrubs pa ma yin te ye nas lhun gyis grub pa'i phyir //

[2] 龙青巴，《法界藏释·教授藏》（*Chos dbyings rin po che'i mdzod kyi 'grel ba lung gi gter mdzod*），收《七宝藏》，卷3，页117.1-117.4: bsod nams dang ye shes kyi tshogs las byung ba ma yin nam zhe na / smras pa tshogs gnyis ni ye nas snang ba dang / stong pa'i yon tan du rdzogs zin pa la lhun grub ces brjod de / glo bur du bsags pa de ni dri ma sel byed kyi rkyen gyi cha tsam la rgyu tshogs gnyis zhes btags pa tsam ste / nor bu dri mas gos pa khrus ras dang 'dag chal gyis phyi ba la / nor bu mthong ba'i rgyu brjod pa bzhin no //

> 于有情位，心法性就现分而言，圆满具足色身功德，就空分而言，则圆满具足法身功德，由于其上所覆之垢障尚未现量遣除，故施设为“界”或“种性”。于佛位，尽离一切垢障，故名为“菩提”。唯可说本体心性之力用是否圆满显现，除此之外则不能说有情位起初所不具备之功德后来得以新生，以其无变易故。[1]

龙青巴认为，烦恼垢障使得心法性不能现前，此时，可名之为“界”或“种性”，离烦恼垢障时，则名为“菩提”。在他看来，并没有起初不存在之心性功德后来于佛位上得以新生。此外，龙青巴在其《心智答问》(*Sems dang ye shes kyi dri lan*) 中说道：

> 如今，大多数善知识与一切大修行者皆同许一无所有之唯空为基，此实与精要义之密意相违。若观修一无所有之基，则不能得具一切功德之佛果，此因其已误会基道果，而且佛乃具无为任运功德之现前离戏果。是故，彼等（见地）即同于有顶（srid rtse）之见，而此处则许无为任运之光明为基。[2]

---

〔1〕 龙青巴，《心性休息大车疏》，收《大圆满三休息与三自解脱》(*rDzogs pa chen po ngal gso skor gsum dang rang grol skor gsum*)，安章寺印经院，1999 年，卷 1，页 312.4-312.6: sems can pa'i dus na sems kyi chos nyid la snang cha nas gzugs sku'i yon tan dang / stong cha nas chos sku'i yon tan rdzogs par ldan yang dri mas bsgribs pas mngon sum du mi bsal ba'i phyir khams sam rigs zhes btags shing / sangs rgyas pa'i tshe dri ma mtha' dag dang bral bas byang chub ces brjod kyang / ngo bo sems nyid kyi nus pa rdzogs par snang mi snang tsam las dang po sems can gyi dus na med pa'i yon tan phyis gsar du bskyed par 'dod pa ni ma yin te / 'pho 'gyur med pa'i phyir //

〔2〕 龙青巴，《心智答问》，收《遍知龙青饶绛巴著作杂集》(*Kun mkhyen klong chen rab 'byams kyi gsung thor bu*)，安章寺印经院，1973 年，卷 1，页 380.3-381.1: ding sang ni dge ba'i bshes gnyen phal dang / sgom chen kun mthun par / stong rkyang ci yang med pa la gzhi byed pa ni snying po'i don gyi dgongs pa dang mi mthun te / ci yang med pa'i gzhi nyams su blangs pas 'bras bu sangs rgyas yon tan thams cad dang ldan pa mi 'byung ste / gzhi lam 'bras bu gsum 'dzol ba'i phyir ro / sangs rgyas de ni 'dus ma byas shing lhun gyis grub pa'i yon tan can bral ba'i 'bras bu mngon du gyur pa zhig yin pa'i phyir ro / des na srid rtse'i lta ba dang de dag mthun par snang ngo / 'dir 'dus ma byas shing lhun gyis grub pa'i 'od gsal ba nyid gzhir 'dod pa yin no //

由此，龙青巴即否定以唯空为基，而承许无为任运之光明为基。他说：“有情位所本具之光明智即为基”。[1] 此外，他还指出：

> “基”之涵义解说如下：本来光明之法性无为且任运，就空分而言，一切实事与相皆不得成，且不落轮回涅槃等任何一边，离诸戏论，犹如虚空。就明分而言，身、智之自性为本具，任运且光明，犹如日月轮。此二者无离无合，无始以来即住于法性。[2]

通过以虚空喻其空分，以日光喻其明分，龙青巴即成立基为空性与光明之双运。他在《如意藏》（*Yid bzhin mdzod*）中对“真实阿赖耶”（don gyi kun gzhi）之解说为：“界者，与自性清净涅槃之无为功德共存，故名为‘真实阿赖耶’。”[3] 他认为阿赖耶为轮回与涅槃之共基，与如来藏同义：

> 以其住于身智无离合之法界，故为如来藏。轮回涅槃诸法皆以其为所依，故名为实相真实阿赖耶，无为且本住于大清净中。复次，业与烦恼等轮回法皆以无所依之方式（rten pa med pa'i tshul）依于（真实阿赖耶），犹如云团虽依于大日虚空，然实与基（虚空）无触无粘而住于彼（基）之体性中。于真实中，并无自性，故能依所依皆不得成，

---

〔1〕 龙青巴，《心智答问》，页379.2: sems can pa'i dus kyi 'od gsal ba'i ye shes rang la yod pa ni gzhi'o。

〔2〕 同上，页379.4-379.6: gzhi don bshad pa ni / ye nas 'od gsal ba chos nyid 'dus ma byas shing lhun gyis grub pa stong pa'i ngos nas dngos po dang mtshan ma gang du'ang ma grub cing 'khor ba dang mya ngan las 'das pa la sogs pa gang du'ang ma chad pas spros pa'i mtha' thams cad dang bral ba nam mkha' lta bu / gsal ba'i ngos nas sku dang ye shes kyi rang bzhin ye ldan du lhun gyis sgrub cing 'od gsal ba nyi zla'i dkyil 'khor lta bu / de gnyis ka'ang 'du 'bral med pa'i chos nyid du ye nas gnas pa //

〔3〕 龙青巴，《大乘口诀论典如意藏释·白莲花》（*Theg pa chen po'i man ngag gi bstan bcos yid bzhin rin po che'i mdzod kyi 'grel pa padma dkar po*），收《七宝藏》卷7，页1066.6-1067.1: khams ni rang bzhin gyis dag pa mya ngan las 'das pa 'dus ma byas pa'i yon tan dang lhan cig pas don gyi kun gzhi zhes bzhag pa yin no //

以其似显现为能依，故而作此施设。[1]

龙青巴指出，轮回涅槃一切法皆以“无所依之方式”依于此基，此基仅为施设（世俗），盖因无有自性，故能依所依皆不能成立（胜义）。

他认为智只是现前开显之基，从而与主张智为新生、真实转变所得者区别开来。他说，唯识宗许八识聚转依成智，而他本人则认为，智只是在识被遣除后得以现前而已（mngon pa tsam），唯此可施设为转依：

唯识宗许八识聚转依真如后即成为智，而此处施设之转依仅为遣除八识聚而令本智现前，此二者差别甚大。[2]

因此，他认为身、智之显现仅为心法性之现前。转诸识成智之说仅为假施设。

我们可以看到，米庞对如来藏的论述如何折射出龙青巴对基的论述。米庞在《中观等经典之共通难处语教总集·大宝箧》中还以如来藏为“本基”（ye thog gi gzhi）之实相：

〔1〕 龙青巴，《大乘口诀论典如意藏释·白莲花》，页 151.4-152.2: sku dang ye shes 'du 'bral med pa'i dbyings su gnas pas bde bar gshegs pa'i snying po / 'khor 'das kyi chos rnams brten pas gnas lugs don gyi kun gzhi zhes bya ste / 'dus ma byas shing ye nas rnam dag chen por gnas pa'o // de yang 'khor ba'i chos las dang nyon mongs pa rnams rten pa med pa'i tshul gyis brten pa ni / nyi mkha'i ngos na sprin phung brten pa ltar / gzhi la ma reg ma 'byar la de'i ngang la gnas pa ste / don la rang bzhin med pas rten dang brten par ma grub bzhin du brten par snang bas brtags pa ste // 接下来，龙青巴引用了《宝性论》I. 55-57：“地界依水住，水复依于风，风依于虚空，空不依地等。蕴界及诸根，依烦恼与业，诸烦恼与业，依非理作意。彼非理作意，依心清净性，然此心本性，不住彼诸法。”《宝性论根本颂及释论》，页 8：sa ni chu la chu rlung la // rlung ni mkha' la rab tu gnas // mkha' ni rlung dang chu dag dang // sa yi khams la gnas ma yin // de bzhin phung po khams dbang rnams // las dang nyon mongs dag la brten // las dang nyon mongs tshul bzhin min // yid la byed la rtag tu gnas // tshul bzhin ma yin yid byed ni // sems kyi dag pa la rab gnas // sems kyi rang bzhin chos rnams ni // thams cad la yang gnas ma yin // 见龙青巴，《心智答问》，页 384.2-384.4。

〔2〕 龙青巴，《大乘口诀论典如意藏释·白莲花》，页 1420.4-1420.5: sems tsam pas kun gzhi tshogs brgyad de nyid gnas 'gyur bas ye shes su 'dod la / 'dir de dag bsal bas rang byung gi ye shes mngon pa tsam la gnas 'gyur du btags pa gnyis khyad par shin tu che'o //

如来藏绝非唯空，而为空性光明，彼乃诸法本基之实相、（二）谛双运无别之实相、具诸胜妙之空性（rnam kun mchog ldan gyi stong nyid）。[1]

基之实相即如来藏，其非唯空，不离一切殊胜功德显现。米庞将本基视为究竟法性："本基之光明即本初实相，其乃诸法之究竟法性。"[2]

他以大圆满之道名言对基作了如下解说：

基者，从离一切戏论之角度而言，说为本净，彼非如虚空之唯空，自明（rang gsal）而无偏私，且任运圆成。以其为轮回涅槃一切显现之源头，故说为大悲周遍，依大圆满密续之法语则说为具安住于基之三智（gzhi gnas kyi ye shes gsum ldan）。[3]

所谓"具三"即具足（1）体性为空（ngo bo stong pa），（2）自相为明（rang bzhin gsal ba），（3）大悲周遍（thugs rje kun khyab）。

米庞对如来藏的解说已透出大圆满的意味，正如他在《狮子吼广说如来藏》中所言：

诸显现为生灭之有为法，非如其显现而成立，故未曾染污法界之本性。因此，轮回因果本来清净，彼与自性任运成就之光明——无漏

---

〔1〕米庞，《中观等经典之共通难处语教总集·大宝箧》，页 453.4-453.5: gshegs snying ni stong kyang tsam min te / stong nyid ’od gsal yin / de chos thams cad kyi ye thog gzhi yi gnas lugs yin / zung ’jug bden pa dbyer med kyi gnas lugs rnam kun mchog ldan gyi stong nyid yin la //

〔2〕米庞，《依胜者持明传承之教法释本元心光明义·金刚藏》，页 357.4: ye thog gzhi’i ’od gsal gdod ma’i gnas lugs de nyid ni chos kun gyi chos nyid mthar thug yin。

〔3〕同上，页 358.1-358.2: gzhi de nyid spros pa gang yang med pa’i cha nas ka dag dang / stong kyang nam mkha’ lta bu min par rang gsal ris med rgya chad phyogs lhung med par lhun gyis grub pa / ’khor ’das snang ba kun gyi ’byung gnas yin pas thugs rje kun khyab ces gsungs te / rdzogs chen gyi rgyud kyi chos skad la gzhi gnas kyi ye shes gsum ldan zhes gsungs //

之显现无离无合，当依此关要而认识如来藏之无倒相。[1]

他将如来藏与大圆满基——本净与任运双运之特征联系起来。由此，他对如来藏的解释即具足大圆满体性空、自相明两分。[2]

博珠·多昂丹贝尼玛（Bod sprul mdo sngags bstan pa'i nyi ma）也依循米庞，他对种性本质的阐释也体现出大圆满特色：

> 种性之本质为实相本净精华，具三差别法：体性为空，自相为明，大悲周遍。简言之，凡为实相本净精华、具三差别法者即许为种性之性相。[3]

与米庞相同的是，博珠也用大圆满道名言来阐释显乘教法。他指出，二转法轮之密意为体性空，三转法轮之密意为自相光明："体性为空乃中转法轮之密意，自相为明乃末转法轮之密意，中转法轮与末转法轮无违（双运）即显示大悲周遍。"[4]如是，二转法轮明说之空性即显示本净，三转法轮所宣之智即显示任运。二转法轮之体性为空与三转法轮之自相为明双运，即显示大悲周遍。米庞在阐释空性与如来藏时对此双运即有解说。

---

〔1〕 米庞，《狮子吼广说如来藏》，页 572.1-572.2: 'di ltar skye zhing 'gag par snang ba'i 'dus byas rnams ni snang ba ltar ma grub pa'i phyir dbyings kyi gshis la des gos pa yod ma myong bas / 'khor ba rgyu 'bras ye nas dag cing rang bzhin lhun gyis grub pa'i 'od gsal zag med kyi snang ba rnams dang 'du 'bral med pa'i gnad 'dis bde bar gshegs pa'i snying po'i tshul phyin ci ma log pa ngos zin par bya dgos so //

〔2〕 需要注意的是，在体性为空、自相为明、大悲周遍三支中，"体性"（ngo bo）与"自相"（rang bzhin）二词都是梵文 svabhāva 的翻译。因此，如果将自空师定义为以法性唯空者，就不能将米庞判为自空师，因为他同时承许了自相为明（rang bzhin gsal ba）。

〔3〕 博珠，《见地宗义辨别要点明灯之词义释·妙音密意庄严》（*lTa grub shan 'byed gnad kyi sgron me'i tshig don rnam bshad 'jam dbyangs dgongs rgyan*），收《博珠·多昂丹尼文集》（*Bod sprul mDo sngags bstan pa'i myi ma'i gsung 'bum*），成都：四川民族出版社，2004 年，卷 1，页 205: rigs kyi ngo bo ni gnas lugs ye dag snying po'i chos su gyur pa gang zhig ngo bo stong pa la rang bzhin gsal ba thugs rje kun khyab kyi rang bzhin ste / khyad chos gsum ldan gyi bdag nyid can du bzhed pa ste / mdor bsdus na / gnas lugs ye dag snying po'i chos su gyur pa gang zhig / khyad chos gsum dang ldan pa de rigs kyi mtshan nyid du 'dod do //

〔4〕 同上，页 205-206：ngo bo stong pa 'khor lo bar ba dang rang bzhin gsal ba tha ma'i dgongs don dang / thugs rjes kun khyab bar tha 'gal med bstan //

三、显现与空性

现在，我们将从以下两个方面讨论如来藏：（1）如来藏如何安住（实相），（2）如来藏如何显现（现相）。我们首先探讨米庞对如来藏体性的阐述。

在《狮子吼广说如来藏》中，米庞对如来藏体性解说如下："如来藏体性远离有无、常断等一切戏论，为二谛无别唯一明点平等性。"[1]

米庞认为，如来藏离诸戏论，这与上一章中他用以解说空性为究竟法性的措辞相同。与空性相类，如来藏实为诸法法性。他还以"二谛无二唯一明点"等名言描述如来藏，且在《狮子吼广说如来藏》中称如来藏为"大无为"：

> 了知对境之狭隘心识为无常所遍，而能知所知一味、具遍空空金刚（mkha' khyab mkha'i rdo rje can）之智则与之不同，盖不变无为法尔光明之境界中，已含摄轮回涅槃一切法，故其体性本来即无生灭，此依观察究竟之理智（rig shes）而成立。是故，如是之智乃不住有为无为任何一边之大无为，绝不同于单纯之无实有，有实无实二者皆是法，或依（因缘）而生，或观待而假立，故于真实中作观察时，彼等皆是有为、虚妄、不实、欺诳，而如来藏乃有实无实诸法之大无为法性，真实不虚。《中论》（*Mūlamadhyamakakārikā*）[XV.2] 颂云——
>
> 性名为无作　不待异法成
>
> [XXV.13] 又云——
>
> 涅槃名无为　有无是有为[2]

---

〔1〕 米庞，《狮子吼广说如来藏》，页 598.2-598.3: bde bar gshegs pa'i snying po rang gi ngo bo ni yod med rtag chad la sogs pa'i spros pa thams cad bral ba bden pa dbyer med thig le nyag gcig mnyam pa nyid de //

〔2〕 米庞，《狮子吼广说如来藏》，页 575.1-575.6: yul shes pa'i shes pa nye tsho [应作 nyi tshe] ba la mi rtag pas khyab kyang / shes dang shes bya ro gcig pa'i ye shes mkha' khyab mkha' yi rdo rje can ni de dang mi 'dra ste / 'dus ma byas pa'i rang gdangs 'od gsel [应作 gsal] mi 'gyur ba'i ngang der 'khor 'das kyi chos kun 'ub chub pas na de'i ngo bo la skye 'gags ye nas med par mthar thug dpyod pa'i rig shes kyis grub pa'i phyir ro /

米庞指出，狭隘心识认知之对境必为无常，而智则离无常实事与恒常无实事之对立。他视如来藏为“大无为”——一切实事非实事之法性。这一阐释与朵波巴对法性唯一地位的描述相似，朵波巴即认为法性既非实有，亦非非实有。

与朵波巴相似，米庞也视智为常。他指出，从有情角度而言，凡庸的名言量唯能观察具有功能、无常之实体。然而从智的角度而言，则说一切种智为常：

针对其余尚未转依之所化，经教中说一切种智为无常，其理即如《释量论》(*Pramāṇavārttika*) [II.8] 所言——

量非有常性 达有事量故

由所知无常 彼不坚性故

由发心及观修空性等道因（lam gyi rgyu）生起一切种智，若无因生则不应理，对于一切法而言，其乃现量，故彼量若为无欺智，则为无常，亦即如实对存在之实事作衡量之量。以其所知境为无常，故能量之量亦为无常，且依次生起。若为恒常，则不能起任何作用，以量成立故，由是决定无有衡量（所量）境等一切作用，故而一切种智为恒常极不应理，由是成立为无常。同此。一切实事皆为无常，无实者虽可施设为常，然以其无恒常之基，故无任何真实之常法可得。针对外道及自心尚未熟谙转依不可思议法性本性之共通乘，需如是成立，于现相上，无任何方便能令其他（情况）显现于识境中。然而，依究竟

（接上页）des na de ’dra ba’i ye shes de ni ’dus byas dang ’dus ma byas kyi mthar gang la’ang mi gnas pa’i ’dus ma byas chen po ste / dngos med rkyang pa dang gtan mi ’dra la / dngos dngos med gnyis ka chos yin zhing / de dag brten nas skyes pa’am brten nas btags pa’i phyir na yang dag par dpyad na ’dus byas dang gsog gsob rdzun pa bslu ba yin la / bde gshegs snying po ni dngos dngos med kyi chos nyid ’dus ma byas chen po yang dag par mi bslu ba yin te / rtsa ba shes rab las / rang bzhin dag ni bcos min dang / gzhan la ltos pa med pa yin/ zhes dang / dngos dang dngos med ’dus byas yin / mya ngan ’das pa ’dus ma byas / zhes gsungs pa bzhin no //

转依智所见（境界）而言，则成立一切种智为恒常。[1]

具功能之实事必为无常，此为法称所发展的量学（tshad ma, *pramāṇa*）的原则，量学视量为无常，此因（1）具功能之实事与（2）恒常而不具功能之非实事之间存在唯一的观待关系。然而，米庞只是有条件地开许智为无常；他认为，对于外道以及“自心未转依不可思议法性”者而言，无恒常法之说必然成立。他指出，只能在识境中成立智为无常，在智境中则不然。因此，他基于智与识而对显现与真实作了量学上的判别。

此外，米庞还说，于无变易而安住之本性中无有二取诸法之生灭。而此本性可说为“常”，以其（1）具存、（2）非刹那实事：

尽管依次显现刹那生灭、具变易、可异离之客尘，以及轮涅、贤劣等不平等（相），于未转依之具二显者而言，现为无欺、无诤论，然而于本性中，生灭及二法皆不成立，住于大平等，其境界中含摄一切方分与时分之变易，彼（境界）具存于诸圣者之别别自证智境中，不为三时变易所染，因此，何不为其施设“大恒常”之名言？以其已然

〔1〕 米庞，《狮子吼广说如来藏》，页 593.5-594.5: gnas yongs su ma gyur pa'i gdul bya gzhan gyi bsam ngo dang bstun te rnam mkhyen mi rtag ces lung las gsungs shing / rigs pa yang rnam 'grel las / tshad ma rtag pa nyid yod min // dngos yod rtogs pa tshad phyir dang // shes bya mi rtag pa nyid kyi // de mi rtag pa nyid phyir ro // zhes gsungs te // sems bskyed pa dang stong nyid goms pa la sogs lam gyi rgyu las rnam mkhyen 'byung gi rgyu med du 'byung ba mi rigs pa dang / de chos thams cad la mngon sum pa'i tshad ma yin pa'i phyir / tshad ma ste mi bslu ba'i blo yin na rtag pa zhig med de dngos po yod pa la de de bzhin 'jal ba'i tshad ma yin la / de'i yul shes bya ni mi rtag pa nyid kyi phyir 'jal byed tshad ma de yang mi rtag ste rim can du 'byung gi / rtag pa yin na don byed nus pas stong par tshad mas grub pa'i phyir yul 'jal ba la sogs pa'i byed pa mtha' dag gis stong par nges pas na rnam mkhyen ni rtag par shin tu mi rigs te mi rtag par 'grub la / de bzhin dngos po thams cad mi rtag pa dang / dngos med la rtag par btags kyang rtag rgyu'i gzhi med pas rtag pa mtshan nyid pa'i chos gang yang mi rnyed par 'gyur ro // tshul 'di ni phyi rol mu stegs can dang / bsam gyis mi khyab pa'i chos nyid kyi ngo bor gnas gyur pa'i tshul la blo ma sbyangs pa'i theg pa thun mongs pa'i ngor de ltar sgrub dgos te / rnam shes kyi ngor snang tshul la de las gzhan du 'char ba'i thabs ci yang med do // 'on kyang gnas yongs su gyur pa'i ye shes kyi gzigs pa'i dbang du byas na rnam mkhyen rtag par 'grub ste //

具存，且无刹那生灭故。[1]

米庞认为本性（如来藏）具存而无刹那生灭；因此，可依常之定义而名之为“常”。然而，他并不认为法性为一实事（dngos po）。若从法性自身角度而言，则不可将法性视为有为之实事或无为之非实事。他在《本元心三部》中有言：

> 若从法性自身角度作考量，则有为之实事与无为之非实事皆不可得，法性不住有为、无为二边，其乃别别自证境界……于现证本初法性之佛位，永不离法界，犹如金刚，此大常智身乃大无为，而非有为。然而，依现相而言，可从往昔修道之离戏果角度安立其为新生，亦可从逐渐趣入化机事业角度安立其为有为。若依共通经教所共许者对各各密意作辨别，则可离诸犹疑网。[2]

米庞指出，法性从自身角度而言既非有为亦非无为，其乃离边“大无为”。然就现相而言，可从其作为离戏果的角度将其安立为新生，也可从渐入化机事业的角度将其安立为有为。由此，米庞将不离大平等性之实相与诸法别别显现之现相区别开来。此外，他在《本元心三部》中还说道：

---

〔1〕 米庞，《狮子吼广说如来藏》，页 595.4-596.1: ’gyur bcas glo bur ’bral rung gi dri ma gang dag skad cig ma’i skye ’gag rim gyis ’byung ba dang / ’khor ’das dang bzang ngan la sogs pa’i mi mnyam pa ’di ni gnas ma gyur pa’i gnyis snang can la de ltar bslu med bsnyon med du snang yang / gshis la skye ’gag dang gnyis chos ma grub par mnyam pa chen por gnas pa / de’i ngang du phyogs kyi cha dang dus kyi ’gyur ba thams cad ’ub chub cing / de ni ’phags pa rnams kyi so so rang rig pa’i ye shes kyi yul du yod pa yin cing / dus gsum gyi ’gyur bas bslad med pas na de la rtag pa chen po’i tha snyad cis mi gtags te / yod pa gang zhig skad cig gi skye ’gag can min pa’i phyir ro //

〔2〕 米庞，《依胜者持明传承之教法释本元心光明义·金刚藏》，页 404.6-405.6: chos nyid rang ngos nas gzhal na / ’dus byas dngos po dang ’dus ma byas dngos med gnyis kar mi dmigs te / chos nyid ’dus byas dang ’dus ma byas kyi mtha’ la mi gnas pa so so rang rig par bya ba yin cing . . . gdod ma’i chos nyid mngon du gyur pa sangs rgyas kyi dus na / chos kyi dbyings de las nam yang mi g.yo ba’i rdo rje lta bu rtag pa chen po ye shes kyi sku ni ’dus ma byas chen po yin te ’dus byas ma yin mod / ’di la snang tshul gyi dbang du byas na sngar lam sgom pa’i bral ’bras yin pa’i cha nas gsar byung dang / gdul bya rnams phrin las rim can du ’jug pa’i cha nas ’dus byas lta bur ’jog pa sogs lung spyi la grags pa ltar so so’i dgongs don shan phyed na the tshom gyi drwa ba bral bar ’gyur ro //

虽然如此，其他大多数人许佛之身与智体性无常而相续恒常。许身与智为具诸胜妙之空性自性者则认为：身与智之本性虽为常，然于所化之现相中，其相续为无常，此即如《密意总集经》（*mDo dgongs 'dus*）中所说。如是，如实依照实相而言，三时所摄一切法于本性中皆无生灭，且不离平等性。自他、轮回与涅槃、有为与无为、过去法与未来现在法等一切法无有混杂而显现时，无需于此等二法中取其一而舍另一。与所谓具八甚深法〔1〕之证悟方式相同，对朗然〔2〕而见二谛无违义者而言，于大乘显密之密意极易生起无疑之决定。〔3〕

与许智为无常之其他学者（例如萨迦派学者释迦确丹）不同，〔4〕米庞许智之本性为常。他指出，就实相而言，一切法从不离无生灭之平等性。然就现相而言，一切法各各不相混杂而显现。此二见不应混淆，若依实相而见，则须摈弃现

〔1〕 八甚深法（zab mo brgyad）所指为：（1）生，（2）灭，（3）真如，（4）所知，（5）能知，（6）正行，（7）无二，（8）善巧方便。此八者见于《现观庄严论》（*Abhisamayālaṃkāra*）第四品“圆满一切相现观品”（rnam rdzogs sbyor ba），该品说修道相。参博珠，《般若现观庄严论词意释·弥勒言教》（*Sher phyin mngon par rtogs pa'i rgyan gyi tshig don rnam par bshad pa ma pham zhal lung*），《博珠·多昂丹尼文集》，卷 2，页 208-209。

〔2〕 此处，我用了“朗然”一词，因为我觉得这是对 legs（直译为“好”或“卓越”）的一个语气更强的翻译；我认为朗然是正面限定“出现、显现”（'char ba）的一个更好的修饰语，米庞此处所用的 'char ba 字面意义即“生起”“显现”“变得明朗”。

〔3〕 米庞，《依胜者持明传承之教法释本元心光明义·金刚藏》，页 405.6-406.6: de ltar yang gzhan phal mo ches sangs rgyas kyi sku dang ye shes ngo bo mi rtag la rgyun gyis rtag par 'dod / sku dang ye shes rnam kun mchog ldan 'bras bu'i stong nyid kyi rang bzhin du 'dod pa dag gis / sku dang ye shes rang gi ngo bos rtag kyang / gdul bya'i snang tshul la rgyun gyis mi rtag par 'dod de mdo dgongs 'dus las gsungs pa bzhin no // de ltar gnas lugs ji lta ba'i dbang du byas na dus gsum gyis bsdus pa'i chos gang yang gshis la skye 'gag med par mnyam pa nyid las ma g.yos bzhin du / bdag dang gzhan / 'khor ba dang myang 'das / 'dus byas dang 'dus ma byas / 'das dang da lta ma 'ongs pa'i chos sogs ji snyed pa'i chos kun ma 'dres par 'char ba 'di gnyis gcig gi phyogs bzung nas gcig spang mi dgos par / zab mo brgyad dang [read ldan] rtogs tshul gsungs pa dang mtshungs par bden gnyis 'gal med kyi go don legs par shar ba rnams la theg chen mdo rgyud kyi dgongs pa rnams la the tshom med pa'i nges shes bde blag tu skye ba yin no //

〔4〕 释迦确丹与米庞相反，他许智为无常，且称以智为常之说法是指一种“相续之恒常”（rgyun gyi rtag pa）。释迦确丹，《〈三律仪判别〉漫谈决定·善说金针》（*sDom gsum gyi rab tu dbye ba'i bstan bcos kyi 'bel gtam rnam par nges pa legs bshad gser gyi thur ma*），《释迦确丹全集》，卷 6，页 498.2-498.4。

相，反之亦然。他认为，胜义实相见与世俗现相见二者于各自范限下皆可成立，此外，理解二谛无违之义是理解显密见地的关键。

米庞指出，在显密二乘中，世俗显现可作如下判别：（1）于实相中，一切存在与显现本初即成佛；（2）于现相中，智似显现为新生：

> 若依胜义实相，则许万法本初即成佛，且需如是观修。然若依名言现相，可依般若判之成三：基为堪能成佛之种性，道为修习位，果为究竟清净，上至大圆满（之诸乘）皆开许此（判别）。[1]

米庞作了三重判别：（1）基，堪能成佛之种性；（2）道，修习位；（3）果，究竟清净。他指出，包括大圆满在内的一切佛教传统皆开许这一判别。在实修上，他主张依诸法本初即成佛之实相来观修。

米庞还依智与识来解说此三重判别。就现相而言，他描述了三个位：（1）不净位，只有识起功用；（2）净不净位，识与智相杂而起功用；（3）极清净位，只有智起功用：

> 法界本性无始以来即可成立为无垢障，因为实相建立成基果无别，故可抉择本初即成佛之密意；于现相中，修习力达致圆满时，实相与现相相融之相得以现前，故亦可说"再次成佛"（yang 'tshang rgya ba），此二者并不相违。一切戏论本来清净，自性为光明，（本净与光明）二者无分别之法性周遍轮回与涅槃，以此非是一切之法性中无所不现故。轮涅无别平等性于法身中任运圆成，是故，无论轮涅种种显现之幻变如何转易，皆无非为智与识之功用所生。现相可判为三位：仅有识起用时，即不净之基位；识智相杂而起用时，即净与不净二者兼具之位；

---

〔1〕 米庞，《观察本元心之光明义：大圆满基道果判别 · 智慧光》，页 449.3-449.5: gnas lugs don dam pa'i dbang du byas na snang srid ye sangs rgyas par khas len zhing de ltar bsgom dgos kyang / snang lugs tha snyad kyi dbang du byas na / gzhi sangs rgya rung gi rigs dang / lam nyams su len pa'i skabs dang / dag pa mthar phyin pa'i 'bras bu gsum du shes rab kyis shan 'byed du yod pa ni rdzogs pa chen po'i bar gyis 'dod de //

仅有智起用时，即极清净之果位。[1]

由此，米庞在承许实相为基果无别的同时，又将现相判为基、道、果三位。此不净、净不净、极清净三位见于《宝性论》，其中以（1）不净为“凡夫”，（2）净不净为“菩萨”，（3）极清净为“如来”，亦即佛。[2]

他指出，这是依现相所作之判别。然而，于观修实相时，则应依实相而作观，视诸法为平等：

> 若依现相，则许自性清净为基、离客尘之清净法界为果，故而（基果）并非无差别。然而，于究竟决定时（la zlo'i tshe），则需依实相作抉择，否则不能证悟轮回即涅槃。于辨别（shan 'byed）时，虽依现相作观，然亦不坏实相中轮回涅槃之平等性，以实相中无有不净故。[3]

米庞认为，虽依现相而作辨别，但此辨别并不能坏实相。在实相中，轮涅

---

〔1〕 米庞，《观察本元心之光明义：大圆满基道果判别·智慧光》，页 518.1-519.1: chos nyid dbyings kyi ngo bo la sgrib pa ye nas med par grub pas kyang / gnas tshul gzhi 'bras dbyer med du grub pas ye sangs rgyas pa'i dgongs pa gtan la phebs shing / snang tshul la goms rtsal rdzogs pa'i tshe na gnas snang mthun pa'i tshul gyis mngon du gyur pas yang 'tshang rgya ba'ang yin te/ de gnyis mi 'gal lo // spros kun ye nas sam ka nas dag pa dang / rang bzhin 'od gsal ba'i gdangs dbyer med pa'i chos nyid de ni 'khor 'das kun la khyab pas/ chos nyid ci yang ma yin las cir yang 'char rung ba'i phyir / 'khor 'das dbyer med mnyam pa nyid chos kyi skur lhun gyis grub pa'o // de'i phyir 'khor 'das kyi snang ba sna tshogs pa'i cho 'phrul tshad med pa ci bsgyur kyang / de dag rnam shes dang ye shes kyi byed pa kho na las byung ste / snang tshul du / rnam shes kho nas las byed pa ma dag gzhi yi skabs / rnam shes ye shes 'dre nas las byed pa ma dag dag pa gnyis ldan lam gyi skabs / ye shes kho nas las byed pa shin tu rnam dag pa'i 'bras bu'i skabs te gnas skabs gsum du dbyer yod //

〔2〕《宝性论》I.47："不净与染净，及圆满清净，次第相应者，凡夫菩萨佛。"《宝性论根本颂及释论》，页 8：ma dag ma dag dag pa dang // shin tu rnam dag go rim bzhin // sems can byang chub sems dpa' dang // de bzhin gshegs pa zhes brjod do //

〔3〕 米庞，《观察本元心之光明义：大圆满基道果判别·智慧光》，页 542.3-543.1: snang tshul gyi dbang du byas na / rang bzhin rnam dag gzhi dang / glo bur bral dag gi khyad par du byas pa'i dbyings 'bras bur 'dod pas khyad med pa min yang / la zlo'i tshe gnas tshul ltar gtan la 'bab dgos kyi / de ma phab na / 'khor ba nyid myang 'das su mi rtogs so // shan 'byed pa'i tshe snang tshul ltar yin yang / des gnas lugs la 'khor 'das mnyam nyid yin pa'ang mi khegs te / gnas tshul la ma dag pa med pas so //

平等，因为实相中并无不净。若在决定安住于实相时，仍然始终依现相而抉择，则不能证悟轮回本身即为涅槃——实相与现相即不相融。

由此，米庞区分了两种情境：（1）依于实相，离诸差别，二谛无别；（2）依于现相，显现无混杂而现起，一切差别由是得成。尽管智所见之实相中并无差别，然慧（般若）却可于名言中区别真实与虚妄。在《狮子吼广说如来藏》中，米庞有言：

> 以观察名言量善加辨别时——
>
> 知实为实，此如知圣道为无欺。
>
> 知不实为不实，此如知宣说由修自我而得解脱者为颠倒。
>
> 知无常为无常，（此如）知一切有为法皆为刹那性。
>
> 知常为常，（此如）知如来藏、自生智何时何地皆无变易。
>
> 知无为无，此如知显现为我及二取者自性皆不成立。
>
> 知有为有，（此如知）无欺之因果乃缘起之现相，以及法性如来藏任运成就之功德法尔安住于一切有情。此等皆是无倒慧对名言中诸法本性所持见解，故而如是了知并悟入后，即可得广大功德，以其乃无痴之善根故。[1]

米庞由名言正量区别有与无，尽管在实相中，诸佛与有情无差别，但在现

〔1〕 米庞，《狮子吼广说如来藏》，页 599.1-599.5: tha snyad dpyod pa’i tshad mas shan legs par ’byed pa’i skabs su bden pa la bden par shes pa ’phags pa’i lam mi bslu bar shes pa lta bu dang / mi bden pa la mi bden par shes pa bdag bsgoms pas grol bar smra ba la log par shes pa lta bu dang / mi rtag pa la mi rtag par shes pa ’dus byas kyi dngos po thams cad skad cig mar shes pa dang / rtag pa la rtag par shes pa bde gshegs snying po rang byung gi ye shes rnam pa thams cad pa mi ’gyur bar shes pa dang / med pa la med par shes pa bdag dang gzung ’dzin du snang ba rang bzhin ma grub par shes pa lta bu dang / yod pa la yod par ’dzin pa rgyu ’bras bslu med rten ’brel gyi snang tshul dang / sems can thams cad la chos nyid bde gshegs snying po lhun gyis grub pa’i yon tan rang bzhin gyis gnas par shes pa lta bu la sogs pa ni tha snyad du dngos po’i yin lugs la phyin ci ma log pa’i shes rab ’dzin stangs yin pas de ltar shes shing bzhugs pa las yon tan rgya chen po thob ste gti mug med pa’i dge ba’i rtsa ba yin pa’i phyir ro //

相中，有情的确显现为不同于佛。通过这样论述显现与真实，米庞即成立有情本具诸佛功德，同时不会引出一切有情必须现前显现为佛的谬论。

四、结语

与空性相类，如来藏乃法性真如、二谛之无分别。作为一切有情之种性，如来藏乃有情位受覆障之诸佛实相。米庞认为，诸佛功德非为新生，仅为遣除障蔽真实之垢染后，得以现前而已。他通过区分显现与真实，从而成立佛与有情于实相中无有差别，而一切权宜、定性的区分只是现相中事。

通过以上分析，我们见到了米庞如何以不同于西藏其他宗派的方式诠释如来藏。具体而言，他对如来藏的诠释方式不同于觉囊派、格鲁派以及萨迦派。因为他主张具佛功德之如来藏具存于有情位，所以他的阐释与觉囊派有重要的共通特色。从将如来藏等同为空性的角度而言，他的阐释也与格鲁派有相近之处。然而，米庞对如来藏与空性的整合绝大部分体现的是龙青巴对大圆满之基的描述，作为宁玛派所许的佛教诸乘之顶，大圆满则以如来藏为本净与任运双运。

原载于道格拉斯·达克沃斯（Douglas S. Duckworth），《米庞论如来藏》（*Mipam on Buddha-nature*），奥尔巴尼（Albany）：纽约州立大学出版社（State University of New York Press），2008 年，页 93-115。

十

印度与西藏的经典发掘[1]
——伏藏传统的印度先例

罗伯特·迈尔 著，张凌晖 译

尽管近几十年来人们对伏藏（gter ma）着墨甚多，伏藏与印度的经典发掘体系之间有趣的连续似乎至今仍未得到重视。故而笔者打算在本文中论证伏藏传统主要是藏人对印度佛教系统的阐发，这些系统在佛教传入藏土前数世纪就已在印度完善地确立，而非如一些学者所说，是由西藏本土宗教衍生出的融合性产物，或完全是藏土所独有的佛教创新。因此，伏藏与藏传佛教的其他部分非常一致，其显著特征就是接纳既有的印度佛教思想，而后在藏地继续发展。举例而言：藏人而非印度人，将菩萨的教义发展为活佛（sprul sku，译注：亦即化身）或者转世喇嘛的体系；将中观宗判别为自续派与应成派两支；将如来藏教义发展为全面的“大中观”（dbu ma chen po）体系。这些藏土发展的特点在于它们并不是融合性的；换言之，它们不涉及西藏本土信仰与外来佛教信仰的混合。它们也不全是藏土所独有的新鲜创造。相反，将其理解为佛教思想的佛教化发展则更为恰当，

〔1〕 伦敦英国国家学术院（British Academy）与奥斯陆人类文化比较研究所（Institute for Comparative Research in Human Culture）的资助使得这篇文章在国际藏学研究协会（IATS, Fagernes）上得以发表。在此也向校读本文初稿并提供帮助的凯西·坎特韦尔（Cathy Cantwell）致谢。

尽管它们发生在藏土。我想指出的是，这一点同样适用于伏藏传统，就像中观宗被系统地划分为自续、应成二派一样。

然而伏藏传统在印度的先例是什么呢？在这篇短文中，我将只着眼于两个这样的先例：其一，早期大乘经典《般舟三昧经》（*Pratyutpanna-buddha-saṃmukhāvasthita-samādhi-sūtra*，以下简称 PraS）中所描述的经典发掘与传承的系统；其二，印度教与佛教中关于发掘秘密伏藏（nidhi）的密教崇拜。再次，我无法讨论其他一些相关的主题，其中包括：龙树和无著等圣者的神秘掘藏之旅、其他描述经典发掘的大乘经以及发掘密教经典的方法。所有这些印度佛教的特征在藏土的伏藏传统中都有其类似者，并且在其中得到了保留或复兴。然而，由于篇幅所限，本文不得不限制讨论的范围。

《般舟三昧经》

保罗·哈里森（Paul Harrison）于 1978 年出版了藏文版 PraS 的精校本，[1]继而于 1990 年出版了英文译注，此后该经即受到西方学界越来越多的关注。1983 年我读完哈里森未发表的博士论文之后，保罗·威廉姆斯（Paul Williams）博士首次提醒我注意 PraS 这一藏土伏藏传统的先驱。与此类似，哈里森自己也解释说，《般舟三昧经》的第十三品“是后世藏土伏藏传统的一个有意思的先兆”。[2]哈里森认为，PraS 和《般若八千颂》（*Aṣṭasāhasrikā-prajñā-pāramitā*）都是最早年代可考的大乘经典。两部经的汉译本都由当时活跃于帝都洛阳的塞族（Indo-scythian）译师支娄迦谶在公元 179 年于同一天译出。[3]由于 PraS 被列入了丹嘎（lDan kar ma）目录，[4]故而该经也是首批被译成藏文的佛典之一。PraS 对远东地区的净

〔1〕见威廉姆斯 1989 对这一文本的详细关注。

〔2〕哈里森 1990，页 xvii。

〔3〕同上，页 vii。

〔4〕哈里森 1978，页 xi。

土宗而言十分重要，在出土了一份该经梵文残本的中亚地区可能也曾享有一定地位。[1]在印度，尽管 PraS 所开示的教法被广为接受，但没有铁证证实 PraS 本身非常流行，因为它仅在少数现存梵文材料中被隐晦提及。[2]现存的标准大乘经教目录中也不常提到它，只有一个引人注意的例外，即莲花戒所著《修习次第》（*Bhāvanākrama*）的第三部。[3]这可能具有重要的历史意义，因为《修习次第》是莲花戒在藏人首度皈依佛教之际专为他们写的，而且莲花戒的上师寂护与莲花生有密切的合作；[4]而处于藏传佛教伏藏传统核心地位的正是莲花生。故而，一些史实可以证明，对于藏文材料所认为的那些创造了伏藏传统的人物圈而言，PraS 中的类伏藏教法是不陌生的。

根据传统材料的说法，宁玛派将其经典的集结与传承分为三大体系：佛语（bka' ma）、伏藏（gter ma）和净相（dag snang）。传承佛语最无争议，其中只包含从上师到弟子的直系经典传承，很多情况下还可将其本源上溯至历史上的佛陀。另两大传承体系（尽管二者在概念上有重大差异，人们有时却倾向于将它们混为一谈）均具有争议性，并在 PraS 中都有大段的讨论。我们可以在 PraS 中看到伏藏与净相体系是如何在两千年前就引发了和今日相同的批评。例如，PraS 第十三品中，未来的掘藏者就哀叹他们在后世传播前所未闻的佛经时将面临的困难。同样，PraS 的第六品通篇都在为净相教法辩护。[5]然而，亚文本间的细微差异表明，PraS 和藏地的掘藏传统一样，都是试图从它们认为的不够宽容的人群所产生的愤懑中获取一定的倒置合法性。

PraS 标题中的“三昧”（sāmadhi）——诸佛现前之三昧，是 PraS 中的主要教法，主要收于第三品，其中描述了专注于净相传承的修习。但是在第十三品中，PraS 授记了它本身作为一部经典的传承史，而此中就描述了伏藏类型的传承。虽然本文主要关注伏藏传统，但我还是要先简要地介绍一下净相体系。

---

〔1〕哈里森 1990，页 xxv。

〔2〕同上，页 xxiii。

〔3〕同上，页 xxiii。

〔4〕斯内尔格罗夫，1987，页 430。

〔5〕哈里森 1990，页 xxi，54-60，100，104。

净相体系

PraS 的第三品描述了修习者如何用特定观修方式系统地观想诸佛（例如无量寿佛）现前。依此观修，他们能从诸佛处直接获得教法，然后将其作为新开显的经典来传播。[1] 保罗·威廉姆斯认为，关于这种在净相中亲见诸佛的教法，PraS 有生动的描写，其他经典也有提及，该教法“为理解至少一部分大乘佛经的来源提供了一个可信的基础”。[2] 但是在 PraS 中，此三昧具有一种出人意料的特质：不具神通之凡夫也可修习。[3] 这与宁玛派的净相（dag snang）传统十分的相近。义成活佛（Tulku Thondup）写道：

> 净相教法并非伏藏，只是诸佛、本尊及上师于境相中所授教法。发掘者无需具备高证量。[4]

然而，敦珠仁波切（Dudjom Rinpoche，1904—1987）似乎暗示过净相传统在实践中（即便不是在理论上）通常要求趣入净相者需具备高证量。可能是因为具证者所观境相可引生更大信心；也可能是不同经典之间略有差异。敦珠仁波切引《集一切福德三昧经》（*Ārya-sarva-puṇya-samuccaya-samādhi-sūtra*），描述了具证菩萨如何永住于清净境界以不断与诸佛本尊交流。由此，他们获得了无量净相教授，并择时授予具缘弟子。敦珠仁波切指出，这些就属于净相传承。[5] 无论是哪种情况，这些与纪元开始的最初几个世纪里大乘经典的生成方式相同或类似的方法，至今在藏地仍然被掘藏师用来生成当代的净相教法。

---

〔1〕哈里森 1990，页 31-44。

〔2〕威廉姆斯 1989，页 30。

〔3〕同上，页 221。

〔4〕义成活佛 1990，页 157。亦见东杜 1986，页 90-91。

〔5〕敦珠仁波切 1991，页 747-748。

法藏体系

法藏体系的结构在历时与共时方面都比净相体系复杂、独特。PraS 第十三品所描述的法藏体系与藏土的伏藏体系具有同样的基本结构与关键术语。二者如此的精确相互对应令人可以合理推断出藏土的体系至少部分源于 PraS 所描述的体系。

PraS 第十三品以跋陀和（Bhadrapāla，此处为佛的主要对话者）向佛问一重要问题开场。跋陀和在许多大乘佛经中以“十六开士”之首闻名，[1] 在 PraS 中则为佛所授教法的主要闻受者——八大在家菩萨之上首。随同此八大在家菩萨者还有由五百比丘、比丘尼、优婆塞和优婆夷组成的参与听法的从属听众。跋陀和的问题是：佛涅槃后，此番所说教法将会如何？

佛以一大授记答跋陀和之问。他预言道，其于 PraS 中所授之法在涅槃四十年后[2] 消失。而于此之前，由跋陀和所领之八大在家菩萨将抄录该经并封于匣（sgrom bu）内。这些小匣随后会被置于塔中、地下、岩石下和深山中，并受诸天（deva）与龙神（nāga）守护。跋陀和及其友伴命终后将转生于天界且享长寿。但是到将来之乱世，正法绝于人世之“末五百年”时，跋陀和及其友将转生人间，并重新开掘佛陀于 PraS 中首次传授并托付（gtad）给他们的教法。他们将从守护神处寻回前世封于匣中并藏于塔与岩石等处的教法，而后再次修习这些教法，并最终普传给遍知大悲佛陀恒时眷顾的末世有情。上文所描述 PraS 中的从属受众亦将同时转生于同地，协助重掘教法者，而且还会成为其教法的主要护持者。最后，仅见于藏文本中的一段古奥晦涩的偈颂讲道，八位比丘同“住于北方”的众多法喜充满者将出现，并接受此等重现之教法。[3]

PraS 中的法藏体系与藏土伏藏传统之间的相似性明确无误。通过分别比较两大体系中的各个部分，我们能更清楚地看到这些相似性：

---

〔1〕 Ṣoḍaśa satpuruṣāḥ，见哈里森 1990，页 6。

〔2〕 见哈里森 1990，页 96，注 2。他较好地解释了为何原文本说只有四十年而现存藏文本却说有四千年。

〔3〕 同上，页 104，注 14。藏文本写作 byang phyogs su，可能源自具有不同意义的独特梵文构词。

a. 正如我们所见，PraS 中两类弟子之间界限分明，各司其责。同样，在藏土伏藏传统中，最初接受莲花生传法的弟子也完全与之对应而分为两类：主要的受法者会成为未来的伏藏师（gter ston），而从属的受法者则将追随前者转生为其法主（chos bdag），协助其事业并成为这些伏藏法不可或缺的护持者。伏藏师与法主一样，都由莲花生本人作详细授记。〔1〕

b. 正如 PraS 中的跋陀和与其七位善友，藏土的伏藏师几乎都是在家菩萨。除去极少数是出家人，伏藏师通常在家修行，拥有妻儿财产。〔2〕事实上人们认为，如果伏藏师想要其掘藏事业顺利进行的话，明妃对其而言是十分重要的。

c. 同样，PraS 中的五百从属受众与对应的宁玛派的法主有着相似点。据我所知，二者的宗教身份相对而言并不重要。他们可以是优婆塞或优婆夷，也可以是比丘或比丘尼。关键在于他们与法藏及其发掘者之间的关系。〔3〕

d. 宁玛派体系与 PraS 在法藏的封藏方式上也极其相似。正如 PraS 中那样，据说莲花生的教法也是由其弟子付诸文字，〔4〕然后封于容器中。这些容器一律被称为匣（sgrom bu），这正是 PraS 中所用之语。与 PraS 中所说一样，这些匣子被藏于塔中、地下、岩石和深山中等，并托与诸天与龙神守护。

e. 宁玛派伏藏体系的一个关键名相是“付嘱”（gtad rgya），义成活佛将其译为“心意付嘱传承”（Mind mandate Transmission）。他解释道：

> 付嘱是封藏伏藏的主要手段。弟子凭借定力而令伏藏于其心性中得到传承与封藏。上师将其证悟融于弟子之觉性中，此融合即为伏藏之究竟传承与封藏。对表义文字的封藏是传承的基础。〔5〕

PraS 中出现了同样的名相，尽管其含义没有被说得很明确：五百属众祈请

---

〔1〕关于法主的讨论，见义成活佛 1986，页 162 中多智钦三世的解释，该师为吉美林巴（'Jigs med gling pa）之法主的第三代转世。

〔2〕义成活佛 1986，页 82。

〔3〕同上，页 88。

〔4〕书写内容通常是极为简略扼要的表符或密语，用以唤醒伏藏师对过去世印于心中的教法的记忆。

〔5〕义成活佛 1986，页 236。

佛陀将 PraS “付”（gtad）予八大在家菩萨，以便他们在后世重新发掘。

当然，PraS 与藏土伏藏传统之间有一大重要差异：PraS 中释迦牟尼佛是法藏的源头，而在宁玛派体系中，则是历史上的莲花生（少数情况下也包括其他一些同时代的上师）开启了伏藏传统。但是藏人为取代了佛陀的莲花生正了名，因为他们认为莲花生本人就是圆满证觉的佛，是阿弥陀佛、释迦牟尼及其他一些佛的化身（nirmāṇakāya）。[1]故而，他们与 PraS 中所描述的体系保持了形式上的对等。

PraS 这类佛经的存在引生了一个矛盾的结果，那就是在宗教正统形式与文本正统形式之间制造了潜在的紧张关系。从文本上来说，带有明确中观倾向的 PraS 无疑被所有大乘教派视为合法经典；但从宗教上来说，其中关于如何系统地开启新经典的教法又潜在地颠覆了另一系佛教思潮，亦即奉严格遵奉既有经典为正统。在藏传佛教中，对这一两难困境的两种典型回应即分别由格鲁派与宁玛派体现出来。相比于新经典的制造，格鲁派更重视现有经典的整合与义理的稳定性。据我所理解，他们认为由于禅修标准在近几百年内已经衰退得如此剧烈，以至于再无新的重要经典值得期待；由此，他们认为 PraS 中的教法主要适用于过去，而非当下。所以我们或可用“封闭的经典”（closed canon）这一不甚严格的概念来指称他们支持的对象。而另一方面，宁玛派却对新出经典如此地高度重视，以至于他们觉得已经做好了迎接风险的准备。然而，为了减少不稳定的危险，他们发展出了一套检验与平衡的完善体系。例如，他们以“伪伏藏”（gter rdzun）这一类别来指称那些未能完全符合已有传统而伪托成伏藏的典籍。这类文本很容易摒弃，方法通常是将其等同为特定邪魔为了蛊惑人心而伪造的伏藏。[2]

〔1〕见敦珠仁波切 1991，页 746。

〔2〕莲花生时代的奸臣发邪愿搅乱伏藏正法，并以伪伏藏误导后世众生。见义成活佛 1986，页 154-156。

秘　藏

本文要考察的第二个主题是印度教和佛教中寻找秘藏的密教崇拜。秘藏通常是物质的，其梵文为 nidhi。在佛教中，该崇拜在早期事续部（kriyā-tantra）文本中要比在后出的续典中体现得更为突出。这一事实支持了莲花生与秘藏相关这一传统观点。由此看来，秘藏传统与上述大乘佛教传统的元素在藏土结合在一起，从而形成了伏藏传统；这不仅是因为藏文 gter ma（伏藏）一语直接译自梵文 nidhi（秘藏），也因为藏土的伏藏传统与印度的秘藏传统在许多重要方面具有相似性。例如，伏藏传统将圣物与经书都归入伏藏的名目下。同样，它具有印度密教崇拜的一个核心特征，亦即高度强调龙与药叉（yakṣa）等威猛守护神的角色。此外，它还融入了一个印度密教的观念，亦即伏藏可以在受神力加持的同一地点（śrībila mukha 或 gter kha）被反复地掘出。

在印度教密教与神秘传统中，秘藏的发掘有其独特的学问。其自身包含了一套特殊的仪轨，而且不能被简单归到“勾召”（ākarṣaṇa，勾召女子或财富）这类标准化的门类之下。相反，“寻藏”（nidhidarśana 或 nidhānalābha）在印度教的密教与咒术著作中被列为一个独立的门类。[1] 由是，至少还有一部通篇都涉及该主题的梵文文本存世，亦即由 Rāma Vājapeyin 所著的《秘藏寻察》(*Nidhidarśana*)。[2] 当然，寻藏在其他众多的文献中也有提及。这些文献的范围涵盖了《摩诃婆罗多》(*Mahābhārata*) 和《胜车阎摩罗》(*Jayadrathayāmala*)，也包括《娑摩吠陀梵书》(*Sāmavidhāna Brāhmaṇa*)、《阿闼婆吠陀附录》(*Atharvavedapariśiṣṭāṇi*)、《力和合续》(*Śaktisaṃgama Tantra*)、《成道者龙树之腰布》(*Siddhanāgārjunakakṣapuṭa*) 和《欲宝》(*Kāmaratna*)。[3] 许多这样的文本都提供了寻藏的完整成就法仪轨；例如，《胜车阎摩罗》这一出自莲花生故土乌仗那（Uḍḍiyāna）的重要的湿婆密教大

〔1〕豪德里安 1978，页 294，307。

〔2〕豪德里安与古普塔 1981，页 124。

〔3〕豪德里安 1978，页 307。

部头文献就介绍了若干这样的成就法仪轨。[1]

这类印度教文本通常认为秘藏由威猛的龙神守护，有时也代之以药叉女（yakṣiṇī）或其他一些凶神。故而人们相信只有成就者（siddha）或由成就者协助的人才能获取这些秘藏，因为若有凡夫胆敢贸然取出护法神所守护的秘藏，他们必加以伤害甚至取其性命。所以取藏仪轨相当复杂，它们包括定位秘藏的仪轨；例如，成就者会请求据说是财神俱吠罗（Kubera）之母的湿婆教天女秘藏自在母（Nidhīśvarī）宽恕，因为人们相信她会在境相中揭示秘藏所藏之地。寻藏者亦需要十分强大的仪轨保护其自身免受护法神伤害，还需要各种油膏以令秘藏显现。[2]

人们通常相信秘藏被置于某一特殊的地点，该地点有时会被称为“库藏口”（śrībila-mukha），它可以长期被许多不同的寻藏成就者一再造访，且能持续向他们所有人提供秘藏；换言之，库藏被认为是超自然的，故而并不像普通的宝藏那样会枯竭。据说，秘藏本身常常包含了灵药与黄金，而所掘得的钱财中至少有一部分通常需要被直接用于宗教用途。[3]

早期佛教密续和我们将看到的藏土伏藏传统中包含了和印度教体系相近的信仰。《文殊师利根本仪轨经》（*Mañjuśrīmūlakalpa*，以下简称 MMK）是一部最为西方学者所熟知的事续部经典，因为它尚有一梵本传世。我们在该文本（以及许多其他类似的事续部文本）中找到了大量关于发掘秘藏的材料，内容包括召请龙神、药叉或象鼻天（Gaṇapati）以发显秘藏；其中也频繁提到“阿修罗洞”，显然可以大致对应印度教中的“库藏口”；然而二者之间存在显著差异，在佛教传统中，这些阿修罗洞不仅能提供秘藏，还可令瑜伽士的一切所欲得到满足，其中包括永生以及声色欲乐的秘术。我们在 MMK 还中发现了与印度教文献类似的诫令，亦即从秘藏中发掘出的一半财富须用于供养三宝。MMK 在一些地方强调寻藏者应于日月食之日诵咒启程。[4]但是吉日良辰并非一直都必要；在另

〔1〕感谢亚历克西斯·桑德森提供这一信息。

〔2〕感谢亚历克西斯·桑德森提供该信息的大部分。

〔3〕这一关于印度教秘藏崇拜的总结是基于前引豪德里安与古普塔 1981、豪德里安 1978，以及亚历克西斯·桑德森从其笔记中找出并慷慨提供的额外资料。

〔4〕感谢亚历克西斯·桑德森提供该信息的大部分。

一份早期印度事续部佛典《迦抳忿怒金刚童子菩萨成就仪轨经》（*Kani-krodha-vajrakumāra-bodhisattva-sādhanā-vidhi*，现仅存于汉文大藏经 T1222）中，我们找到了以下关于寻藏仪轨的描述：

又法欲取伏藏（nidhi），不应简择宿曜日时、不即斋戒，于彼伏藏边当翘一足立诵真言，右旋顾视遍于四方即成结界（sīma-bandha），专心翘足立诵真言一百八遍。其伏藏中守伏藏者若作障难，即便被烧成一火聚，哭泣来至持诵者前踟跪降伏。持诵者即告彼言："汝等开此伏藏，藏中所有皆悉与我。"彼等即开与持诵者。若彼等悭惜不与，即作是言："梵王、那罗延、摩酰首罗及斗战女神讷伽等来厌汝伏藏，汝等应速与我此物。若不然者，忿怒圣者金刚童子灭汝家族。"彼等若闻如此语已，皆悉顺伏，即作是言："尊者恣意往取物，我无所悋。"即告彼言："汝等可自开藏与我。"彼则开藏恭敬持与。[1]

同文云：

又法欲验伏藏，取黄牛酥、蛇皮、蛟鱼脂，断遏伽木取绵，以此等作灯炷，诵真言加持。夜然炷近伏藏处照，随焰大小即知伏藏大小。若辟除护伏藏神及作障者，取疆石或土块或芥子或水加持掷于伏藏，藏上障者退散，设有大龙亦皆退散。[2]

似乎在印度教与佛教密续传统中，秘藏主要被视为物质财富，灵药就属于这一类别。但是在一些更加显教层面的吠陀或者印度教文献中，"秘藏"与"护藏者"（nidhipā）二语所指略有不同。扬·贡达（Jan Gonda）通过引用《憍尸迦经》

〔1〕 引自史蒂芬·霍奇未发表的节译。（译注：此处依不空译，见《大正藏》第 21 册，no. 1222，页 102）。

〔2〕 史蒂芬·霍奇，同上。（译注：见《大正藏》第 25 册，no. 1222，页 107）。

（*Kauśikasūtra*）和《家庭经》（*Gṛhyasūtra*）指出，此中的秘藏意为被保存于精神领域且具有精神价值之物，由护藏者加以守卫。护藏者职在确保这些秘藏最终仅可由那些最初封藏它们或者获得授意的人取回。阿耆尼（Agni）、生主（Prajāpati）与祭主仙人（Bṛhaspati）常常担任“守藏者”。[1]以“秘藏”指代精神伏藏的经典用法在密教传统中似乎并未完全消失，因为从中掘出的宝物保留有精神层面的意味，亦即部分或全部的财富必须用于宗教目的，而服用灵药本来就是出于精神层面的目的。然而，尽管曾做过合理的检索，我仍未能在印度密教中找到任何以“秘藏”来指涉经典或文本发掘的用法，这种用法在宁玛派体系中却相当常见。

不过，上文提及的印度材料与藏土伏藏传统之间的相似性是明显的：

a. 藏土传统与印度密教崇拜一样将对财富、灵药与圣物的发掘置于“伏藏”这一名目下，令其与宗教文本与经书的发掘一样。例如，贝玛林巴（Padma gling pa）从护藏者（gter srung）喀日（Khari）处获得一颅碗的黄金，后者许诺逐步将藏王的宝藏全部交给贝玛林巴。[2]同样，敦珠仁波切也列举了由不同伏藏师（gter ston）发掘的长寿丸、珠宝、“长寿水”瓶、画像、舍利及其他宝物。[3]三世多智钦（Dodrupchen III）写道：“根据一些解释，尝解脱的甘露（amṛta）被赞为伏藏物中最殊胜者。”[4]这与印度密教传统对灵药的强调相呼应。这些不同类别的伏藏物似乎与经书伏藏一样广为流传。二者均被称为“伏藏”。

b. 藏土的伏藏师与其印度前辈一样，不时地重访同一个伏藏地点。纵跨数世纪的好几代伏藏师都可从中掘取伏藏。这些地点被称为“伏藏地”（gter gnas）或“伏藏口”（gter kha），而且通常位于极其险要或几不可及的地方。伏藏库中有“伏藏门”（gter sgo），这些神奇的门隐藏于岩石中，只有获得授记的伏藏师才可开启并从中寻得装有伏藏之秘匣。当伏藏被取出后，伏藏门又会奇迹般地重新封闭，仅在岩石上留下一道印记。伏藏库与伏藏门这种复合的确与梵文 śrībila-mukha 的概念十分相似。事实上，藏文 gter kha 一语甚至有可能就是直接

〔1〕贡达 1965，页 183-193。

〔2〕阿里斯 1989，页 57-58。

〔3〕敦珠仁波切 1991，卷二，页 319-327。

〔4〕义成活佛 1986，页 152。

译自该梵文术语。

c. 护藏神灵的矛盾属性为两个传统所共有。在印度秘藏传统与藏土伏藏传统中，护藏神都极为凶恶，尽管他们肩负着有益的事业。迈克尔·阿里斯（Michael Aris）在其关于贝玛林巴的研究中生动地描述了人和动物由于有意或无意冒犯伏藏主（gter bdag）而招致可怕灾祸的故事。所有这些灾祸都强调了向护藏神请求宽恕的重要性。[1] 三世多智钦十分清楚地阐述了护藏神灵的这一矛盾属性。他指出，许多护藏神都是莲花生从对抗佛法的各类魔头中特意挑选与任命的。这一理念密教中反复出现的伏魔主题："通过任命其首领为（伏藏）守护神，也就使得其属众也无法违犯其首领的敕令。"[2]

我们可以从以上段落中看到，宁玛派伏藏传统中那些不可追溯至 PraS 一类大乘经典的一些元素可以追溯至早期的事续部续典。（当然还有其他一些元素，例如大瑜伽文献中所见的空行母角色，本文完全没有分析。）然而细究起来，许多事续部密教文献本质上也是对显乘经典中某些方面的延展，因为 PraS 中就已包含了关于龙天护藏神和岩石山岭等埋藏地点的主题。因此，伏藏传统中最重要的基本结构理念显然是来自显经而非密续。只有在封藏与取藏的某些实际操作细节、关于被掘之伏藏物与灵药的观念方面，可追溯至早期的密教文献。

总而言之，我们可以看到，将伏藏与净相两大体系视为不同传统的杂糅，或是在本质上属于西藏本土的产物，都可能是错误的。相反，这两大传统似虽然兴于藏土，但仍然主要是对印度佛教思想的佛教化发展。贝玛林巴等伏藏师常常于境相中直接前往莲花生的刹土获取教法，这被一些西方学者当作伏藏传统属于萨满教而非佛教的有力证据[3]。在我看来，甚至这些净相之旅都可能具有迥然不同的内涵。诚然，我们在非佛教的西藏宗教中确实发现了萨满式神游的元素，而这些神游在大乘经典所定义的净相传统中也居于核心地位。故而似乎更有可能的是，贝玛林巴等人的净相之旅即便带有西藏本土特色，也仅仅是对印度佛教的

〔1〕 阿里斯 1989，页 44。

〔2〕 义成活佛 1986，页 114。

〔3〕 阿里斯 1989，页 53-63。

典型掘藏者龙树（般若一系经典的开启者）和无著（弥勒著名教法的开启者）等人的神奇掘藏之旅的忠实追随和有意效仿。

西方学界普遍试图通过影响了11世纪伏藏首现于藏土的历史条件来理解伏藏。所以人们在很大程度上是将伏藏视为旧译密续追随者的回应，其回应的对象就是由新译密续的传入与翻译带来的挑战。[1]我无意于挑战这一观点，但我认为如果我们从文本角度考虑伏藏的实际产生方式对更古老的印度主流经典传统的忠实度，这一社会学视角将会得到卓有成效的拓展。

这些材料倾向于证实一些人类学家的观点，例如莫里斯·布洛赫（Maurice Bloch），他认为仪轨性质的变化极其缓慢，又如杰克·古迪（Jack Goody），他认为拥有详细书写的经籍可以赋予一个传统在长期内对一个精确模板进行持续或重复再生产的力量。实际上很有可能的是，当我们考察当代藏土伏藏师高度系统化的作品时，事实上就是在考察过去两千年里著名佛教梵文经典发掘者之功业的唯一遗存，或者至少是与之极为相近的复制。

参考文献

- 迈克尔·阿里斯（M.V. Aris）1989，《伏藏与秘密人生》（*Hidden Treasures and Secret Lives*），伦敦与纽约：路特雷奇（Routledge）。
- 敦珠仁波切·吉扎益西多杰（Dudjom Rinpoche, Jikdrel Yeshe Dorje）1991，久美多杰（Gyurme Dorje）与马修·凯普斯坦（Matthew Kapstein）译，《藏传佛教宁玛派：根本教义与历史》（*The Nyingma School of Tibetan Buddhism: Its Fundamentals and History*），波士顿：智慧出版社（Wisdom Publications）。
- 扬·贡达（J. Gonda）1965，《祭供仪》（*The Savayajñas*），阿姆斯特丹：北荷兰省出版公司（North-Holland Publishing Company）。

〔1〕斯内尔格罗夫1987，页397。

- 托恩·豪德里安（T. Goudriaan）1978，《摩耶：神与人》（*Māyā Divine and Human*），德里。
- 托恩·豪德里安与桑珠克塔·古普塔（S. Gupta）1981，《印度教之密教与性力文献》（*Hindu Tantric and Śākta Literature*），威斯巴登：奥托·哈拉索威兹出版社（Otto Harrassowitz Verlag）。
- 保罗·哈里森（P. M. Harrison）1978，《〈般舟三昧经〉的藏文本》（*The Tibetan Text of the Pratyutpanna-Buddha-Saṃmukhāvasthita-Samādhi-Sūtra*），东京：灵友会图书馆（Reiyukai Library）。

  ——1979，《〈般舟三昧经〉》（The *Pratyutpanna-Buddha-Saṃmukhāvasthita-Samādhi-Sūtra*）（未出版博士论文），堪培拉：澳大利亚国立大学。

  ——1990，《般舟三昧》（*The Samādhi of Direct Encounter with the Buddhas of the Present*），东京：国际佛教学研究所（The International Institute for Buddhist Studies）。
- 大卫·斯内尔格罗夫（D. L. Snellgrove）1987，《印藏佛教》（*Indo-Tibetan Buddhism*）卷二，波士顿：香巴拉出版社（Shambhala）。
- 义成活佛（Thondup, Tulku）1986，《西藏的伏藏教法》（*Hidden Teachings of Tibet*），伦敦：智慧出版社。

  ——1990，《宁玛派的伏藏传统》（The Terma Tradition of the Nyingmapa School），《西藏学刊》（*The Tibet Journal*），卷 15（4），温特。
- 保罗·威廉姆斯（P. Williams）1989，《大乘佛教》（*Mahāyāna Buddhism*），伦敦：路特雷奇。

原载于《藏学研究：第六届国际藏学研讨会论文集》（*Tibetan Studies: Proceedings of the 6th Seminar of the International Association for Tibetan Studies*），奥斯陆（Oslo）：人类文化比较研究所（Institute for Comparative Research in Human Culture），1994 年，卷 2，页 533-544。

十一

《西藏的伏藏文献》导论

安德烈亚斯·多克托 著，索朗卓玛 译

一、何谓伏藏?

藏传佛教宁玛派有一种称为“伏藏传规”（gter lugs）的教法，它是一个独特的宗教系统，直到最近才在西方成为人们关注的焦点。[1]这一传统宣扬的是对

〔1〕此前，虽然伏藏传统只引起了西方学者的少量关注，但在过去的二十年中却出了不少研究成果。第一个重大研究是由达吉（Eva M. Dargyay, 1979）用英语完成的作品，他以对19世纪后期和20世纪西藏历史的调查为基础，研究了宁玛派的兴起和发展；在伏藏传统这一方面，嘉措（Gyatso）曾经是最多产的学者，她发表了一系列的专著与文章，广泛涵盖了与伏藏有关的历史和解释学主题（1981；1986；1992；1993；1994；1996；1998；1999；2000；日期不明）；义成活佛（Thondup）翻译了多智钦丹贝尼玛（rDo grub chen bsTan pa'i nyi ma, 1865—1926）写的一篇关于伏藏的研究（1986），探讨了传承和真实性的问题（1990）以及源自上师吉美林巴（'Jigs med gling pa, 1727—1798）的精神传统（1996）；古德曼（Steven D. Goodman）（1983；1992）和冯·谢克（van Schaik）（2004）对此传统也有一些研究。近期的其他作品包括阿里斯（Aris）对伏藏师贝玛林巴（Padma gling pa, 1450—1521）的研究（1989）；史卫国（Schwieger）对《大宝伏藏》的研究（1990）；迈尔（Mayer）关于西藏伏藏系统的印度哲学背景的研究（1996）；杰玛诺（Germano）关于西藏当代伏藏的研究（1998）；凯普斯坦（Kapstein）关于伏藏真实性的讨论（2000）；马丁（Martin）关于苯教伏藏及其对佛教伏藏传统的重要性的研究（2001）；

“伏藏”（gter ma）这一宗教物品的崇敬，其中包含被加持过的文字和圣物，据说它们源自诸佛菩萨的密意。从广义而言，伏藏包含于宁玛派定义的经典与口传三支系统，亦即“三大传承”，其中包括（a）佛语远传，（b）伏藏近传，（c）甚深净相。[1]根据宁玛派的说法，伏藏通常包括一些精神导引，并由证悟者加以封藏，以便日后在预定的某个时间被发掘，从而令佛法得以振兴，修行者的精神证悟得以深化。[2]在此过程中，伏藏师（gter ston）处于核心地位，他充当着让这些启示性的物件重现于人间的媒介。[3]于是，从 11 世纪直至今日，宁玛派陆续认定了一大批伏藏师，并为其所掘之物赋予了权威的地位。[4]

有一种观念认为宗教真谛隐藏于现象界，等待具有灵性禀赋者来开显，然而这种观念绝非宁玛派乃至整个藏传佛教所独有。纵观佛教文献，可见到有大量描述指出，教法本来就含藏于现象界，随时可以被具有高证量的人洞察到，于

（接上页）另见多克托（Doctor）关于秋吉林巴伏藏的研究（2002—2003）。除了这些材料，也有一些伏藏文献的译作出版（例如：道格拉斯 [Douglas] 1978；施密特 [Schmidt] 1989；措嘉 [Tsogyal] 1999）。有关藏土对伏藏传统的主要研究见嘉措（Gyatso）1994：284，注 10 和 1996：161，注 2。值得注意的是，藏土的苯教同样也有伏藏传承，它在许多方面与宁玛派的伏藏相似。关于苯教伏藏系统的一个出色研究，见马丁 2001。

〔1〕 三大传承（babs so chen po gsum）：（a）远传佛语（ring brgyud bka’ ma），（b）近传伏藏（nye brgyud gter ma），（c）甚深净相（zab mo dag snang）。这三种传承系统之间的界限并不固定，工珠（1976：650）解释说，就内容的性质而言，秋吉林巴的几个伏藏更应该被视为佛语。另见嘉措 1992：98；秋林 2001：6，9。

〔2〕 尽管大部分伏藏由精神上的教法组成，但还存在许多其他不同种类的伏藏，下文将对此加以讨论。另见嘉措 1994。

〔3〕 在伏藏师生平信息方面，资料最为丰富的是工珠为伏藏传统中主要人物的传记所作的概述，这一概述囊括了 10 至 19 世纪的大部分伏藏师（1976b）。有关伏藏师传记，最为全面的英文研究是敦珠（1991），其中提供了一些重要的伏藏师的生平信息。其他对个别的伏藏师加以探讨的英文著作有：嘉措 1981 对唐东杰布（Thang stong rgyal po, 1361—1485）的研究；阿里斯 1989 和哈丁（Harding）2003 对贝玛林巴的研究；古德曼 1983、1992，嘉措 1998 和冯・谢克 2004 对吉美林巴的研究。最后还有多嘉（Tobgyal）1988 和多克托 2002、2003 对秋吉林巴的研究。

〔4〕 大部分传统记载都把桑杰喇嘛（Sangs rgyas bla ma，他被视为第一位伏藏师）归为 11 世纪的人。普拉茨（Prats）1979：256 将他归为 10 世纪末的人，但具体年代仍不确定（史卫国 1990：XXIX，注 14）。

是，在整个佛教史中，精神性的发掘便频频出现在大量的场合。[1] 因此，宁玛派的独特之处并不在于它接受被发掘的真谛，而在于它对这种精神发掘的制度化，以及它在持续产出发掘成果方面的能力。[2] 印度佛教经典具有流动性，经典的产生和发掘在中世纪印度佛教的宗教生活中居于核心地位，此间，大乘和金刚乘传统都持续地适应、接受并承认启示性发掘的是真实的佛语，[3] 有鉴于此，矛盾之处就在于，藏人在吸收和保存印度佛教传统时，却抛弃了这种发掘的方法，并兴起一个根本不是大乘的关于封闭经典系统的理念。[4] 无论如何，藏人对这种封闭式经典的接受，意味着伏藏传承从其早期开始就处于真伪争议的漩涡中，面对批评和质疑，它一直在捍卫自身经典的合法性。下文将对此情况加以探讨，但是我们必须先更深入地了解伏藏，并看看它们是如何被其自身传统定义和理解的。

尽管宁玛派按照内容、性质和埋藏方式等方面发展出了许多关于伏藏的分类系统，但藏土的所有伏藏都共同宣称它们埋藏于雅隆王朝的黄金时期（7 至 9 世纪），而且是由具证上师考虑到未来追随者的需要和志趣而埋藏的。在这一时期，佛教传入吐蕃，并在所谓的法王（chos rgyal）的支持下成为官方宗教。法王拥护佛教，并支持其传播。[5] 此时的吐蕃非常繁荣昌盛，而且在国际上也拥有着政治财富。在其鼎盛时期，吐蕃沿着印度平原内的恒河拓展其南疆，在东边，汉土的大片区域已被其征服，吐蕃已经崛起为该地区的主导力量之一。

〔1〕 有关伏藏传统的释论通常是在回应批评时指出这个事实。见嘉措 1994：277；迈尔 1996：75-82；凯普斯坦 2000。

〔2〕 时至今日，伏藏传统还在不断掘出宗教物品。关于当代伏藏师的研究，见杰玛诺 1998 和汉纳（Hanna）1994。

〔3〕 有关印度佛教处理经典真实性的方法，见戴维森 1990。

〔4〕 提出这一论点的人是戴维森，他认为藏人对封闭性经典的创造在很大程度上是受汉土的影响（2002a）。

〔5〕 这一时期的西藏历史大体上是模糊不清的。传统的藏文文献对这一时期的记载大部分见于后来的伏藏经典（例如：娘热 1976；邬金林巴 1996；措嘉 [译] 1999；道格拉斯 1978）。然而，这些记载都是宗教叙事诗而非史书，它们作为信史的价值是有限的。因此，针对这些叙事诗以及基于它们的后续著作中的一些观点，现代历史学家们提出了质疑，质疑的具体对象包括印度上师莲花生的角色（杰玛诺 2002；凯普斯坦 2000；旺堆 2000）、这一时期汉传佛教的影响（达吉 1979；凯普斯坦 2000；黎惠伦 1983），以及赞普朗达玛的统治时期（马丁 2001）等等，此处仅举几例。

因此，后来的许多藏族史家把这段时期视为西藏的政治和宗教繁盛的缩影，这是可以理解的〔1〕。

随着藏土皈依佛教，通过战争的胜利得到的可观财富又被重新投入到佛教思想与文化的传播事业上。自 12 世纪以降，后期的传说都以伏藏的形式被发掘出来，其中对西藏这段历史的记载主要集中于印度密教上师莲花生（Padmasambhava，8/9 世纪）及其在西藏皈依佛教的过程中扮演的角色。我们从这些文本可知，当时邀请莲花生进藏的目的，是为了平息修建桑耶寺时所遇到的魔障，而该寺是西藏的第一座寺院。莲花生继续留在了西藏，并在密教传统传入西藏的过程中扮演了主导型角色〔2〕。尽管后来的藏文记载在谈及藏人皈依佛教的过程时，都赋予了莲花生核心而极为重要的角色，但鲜有史料能证实这些说法〔3〕。

无论如何，随着时间的推移，宁玛派的信徒们持续发掘出大量的伏藏文本，而这些文本都以莲花生在西藏的宗教功绩为中心，反过来，他的地位和重要性也内嵌于传说的叙事中，这一叙事在宁玛派的自我认识上发挥着轴心的作用。在这些文献里，莲花生大师被描述成这些伏藏的作者和埋藏者。〔4〕其中还详述了莲花生当时在赞普赤松德赞（740—798）的王室里教授一小部分弟子，后来又将这

---

〔1〕 比如巴沃 1986 和敦珠 1967。

〔2〕 莲花生的两个主要传记是娘热·尼玛沃色（Nyang ral Nyi ma 'od zer, 1124—1192）掘出的《赤铜洲》（1976，措嘉 [译] 1999）和邬金林巴（1323—？）掘出的《莲花遗教》（1996；道格拉斯 [译] 1978）。埃里克·施密特（Erik Schmidt）已在措嘉 1999 中准备了一份莲花生藏文传记的书目。另见布隆多（Blondeau）1980。传统文献里提到有大量的莲花生传记被封藏，例如在《莲花遗教》中提到有 10900 部（布隆多，1980：45），第十五世噶玛巴卡恰多杰（mKha' khyab rdo rje，1871—1922）提到有 1900 部（卡恰多杰，1981b：330）。

〔3〕 由于缺乏这一时期的相关史料，莲花生的实际影响就很难断定。正如达吉（1979：31-59）所指出的，没有史料能证实后期藏文文献中莲花生在藏土皈依佛教的过程中扮演的首要角色，尤其是他在大圆满（rdzogs chen）传承中的角色。然而，自从在一部敦煌经卷中发现有提到莲花生的名字后，他到过藏土这一事实便不再有人怀疑（比肖夫 [Bischoff] 1971；迈尔 1994）。关于莲花生在西藏停留的经过，另有其他记载可以参考，例如杰玛诺 2002，尤其是旺堆 2000。

〔4〕 然而，他并不是唯一一个埋藏伏藏的人。嘉措（1993：98）引用了巴沃·祖拉成瓦的著作，并给出了以下名单：益西措嘉（Ye shes mtsho rgyal）、赤松德赞（Khri srong lde'u btsan）、牟底赞普（Mu tig btsan po）、努·南凯宁波（gNubs Nam mkha'i snying po）、聂·阇那古摩罗（gNyags Jñānakumāra）、毗卢遮那（Vairocana）、那囊·敦珠（sNa nam bDud 'joms）和努·桑杰益西（gNubs Sangs rgyas ye shes）。

些教义的大部分埋藏下来，并授记它们日后会被这些弟子的转世者们发现。未来的伏藏师们将会把莲花生的教法授予那些由于宿缘需求和习气而需要这种教授的人。除了这种救赎性目的，在更世俗的层面上，伏藏对那些热衷新奇事物的普通人也有吸引力，而这无疑也有助于它们获得成功并受到欢迎。尽管如此，虽然伏藏盛行于其面世后不久，但具有讽刺意味的是，它们在当下的“黑暗年代”和辉煌的昔日之间建立了联系，这也是它们吸引藏人的一个原因。在那辉煌年代，佛教刚刚传入，而吐蕃正处于其顶峰。[1]

就伏藏传承而言，传统上是按六个事件或六个阶段来描述的。教法即（通过此六个事件或阶段）从法身界流出，继而传至当前的化机手中。[2]在这六个阶段中，前三者是宁玛派共许的密教传承：诸佛密意传承、持明（vidyādhara）表示传承和补特伽罗口耳传承。[3]余三者为伏藏的不共传承：灌顶祈愿、付法授记[4]和空行（ḍākinīs）付嘱[5]。据龙青巴（Klong chen pa，1308—1363）所言，这三种传承在“持明表示传承”中均有体现[6]。在这后三个阶段中，莲花生首先选择合适的弟子，并确保他或她的理解是真实而正确的。一旦该弟子如法地接受了这个教法，莲花生就会授记将来掘藏的场景，最后封藏这些教法，并托付给

（接上页）热那林巴（Ratna gLing pa）给出了一个名单，其中还包括：无垢友（Vimalamitra）、嘉瓦确央（rGyal ba mchog dbyangs）、卓弥・贝吉益西（’Brog mi dPal gyi ye shes）、朗・贝森（Glang dPal seng）和娘・定增桑布（Nyang Ting ’dzin bzang po）。另外，工珠（1976a：515.6）记述了噶举派上师冈波巴（sGam po pa bSod nams rin chen，1079—1153）和他的弟子杰吾・益西多杰（sKyes bu Ye shes rdo rje，12 世纪）所埋藏的伏藏后来被东措惹巴（Dung tsho ras pa）发掘而得（12/13 世纪）。据说《玛尼全集》（*Maṇi bKa’ ’bum*）是被赞普松赞干布埋藏的（凯普斯坦 2000：145）。

〔1〕 有关这一点的讨论见嘉措 1986；1993。

〔2〕 有关这些阶段的研究见嘉措 1986；义成活佛 1986：101-111；敦珠 1991：447-457。

〔3〕 藏文：（1）rgyal ba’i dgongs brgyud；（2）rig ’dzin brda brgyud；（3）gang zag snyan khung du brgyud。有关这三种传承的讨论见嘉措 1993：113-115。

〔4〕 在龙青巴的著作中，这一传承被写为“大悲加持传承”（thugs rje byin rlabs kyi brgyud pa）（例如，日期不明：447）。

〔5〕 藏文：（1）smon lam dbang bskur；（2）bka’ babs lung bstan；（3）mkha’ ’gro gtad rgya。关于这些内容，见义成活佛 1986：63-66，104-109。

〔6〕 龙青巴 1992b：16.5-121.2。敦珠（1996）和多智钦（1975）并没有说明这后三种传承在哪一点上与三大共通传承相关。嘉措把这三者归于“补特伽罗口耳传承”之内，然而其依据仍不清楚（1986：15-16；1993：114-115）。另见义成活佛（1986：105-109）对伏藏传承的其他讨论。

空行母加以守护，直至发掘之日到来。

由于西藏的掘藏历史可以追溯至将近1000年前，在此期间，伏藏传承发生显著的变化也就不足为奇。近来，西方学界的研究主要专注于晚近论著，例如蒋贡·工珠（1813—1899）、多智钦·吉美丹贝尼玛（1865—1926）和敦珠·吉扎益西多杰（1904—1987，即敦珠仁波切无畏智金刚）的著作，〔1〕他们是站在一种融汇性的立场来看待伏藏传承，这种顾及义理的明晰和传统的同质性的做法有时会忽略掉历史的发展〔2〕。由于这些最新的伏藏思想典范在当代藏传佛教圈中举足轻重，因此他们的观点往往被视为整个伏藏传统的标准，或者在分歧出现时被视为权威〔3〕。鉴于这些著作对当代藏传佛教的影响，上述现象可能已被正当化，但是很多历史细节却只能在这些晚期材料以外的材料中找到。〔4〕在下文中，我们将详论其中的一些，因为它们与伏藏的判定和分类有关。

在西藏的掘藏历史中，发展出了不同的伏藏分类系统。这些为数众多的分类系统尚待深入研究，这里我们只考察几个比较有影响力的分类系统，因为它们在法义上多样化，且记述了数个世纪的掘藏史，故而加以选择。为了确立一个初步的伏藏分类谱系，我们将对伏藏传统早期人物提出的分类进行研究，例如娘热·尼玛沃色（Nyang ral Nyi ma 'od zer, 1124—1192）、古茹·曲吉旺秋（Guru Chos kyi dbang phyug, 1212—1270）、邬金林巴（U rgyan gling pa，1323—?）、龙青巴·智美沃色（Klong chen pa Dri med 'od zer）和热那林巴·班桑布（Ratna gling pa dpal bzang po, 1403—1478）的伏藏分类，并将它们与后来19世纪著名的利美运动（ris med）的成员提出的观点加以比较，该运动的代表人物即蒋贡·工珠（'Jam mgon kong sprul）、蒋扬钦哲旺波（'Jam dbyangs mKhyen brtse'i dbang po, 1820—1892）和秋吉德钦林巴（mChog gyur bDe chen gling pa, 1829—

〔1〕工珠（1976b），多智钦（1975），敦珠（1996）。

〔2〕引用这些材料的研究有达吉（1979）；嘉措（1986）；义成活佛（1986）。

〔3〕例如嘉措（1992：97；1996：148）。

〔4〕例如，最近的研究中对所用材料的选取反映了作者个人的特殊立场及其宗教归属。这种主观性的一个例子就是工珠的《大宝伏藏》中排除了著名的伏藏师尼玛扎巴（Nyi ma grags pa, 1647—1710），这在后来引发了很多争议（见布隆多1988；马丁2001：138-140）。

1870)，学界对其研究还非常少。[1]此处调查的范围不够全面，结论也不够彻底，但是希望能为日后构建更为确定的伏藏判定与分类的谱系提供一个初步的思考。

尽管宁玛派在传统上将西藏的掘藏史源头追溯至桑杰喇嘛（Sangs rgyas bla ma，11世纪），但事实上，一个世纪以后的娘热·尼玛沃色的著作才首次体现出伏藏传统的自觉意识，其中有对该传统的直接描述，且具备了分类学的特征。其中主要的材料即颇具影响力的莲花生传记——《赤铜洲》(*Zangs gling ma*)，该传记以其发现于拉萨南部的桑耶寺（bSam yas）建筑群而得名。[2]在娘热所记载的有关莲花生在西藏的功绩的部分，有两个短的章节讨论了他对伏藏的埋藏。[3]它们将伏藏分为“法藏”（chos gter）和“宝藏”（nor gter）两大类[4]。这样，在娘热的时代，我们可以看到，伏藏的划分是基于其内容和总体属性，这与后来利美运动中的分法大不相同，正如我们将在下文中所见，后者是依据发掘方式来划分伏藏类别。至于“法藏”和“宝藏”，这两个名相并非娘热所造，二者普见于印度大乘经典的译文，但在娘热的著作中，二者专指莲花生在西藏埋藏的伏藏，由此而成为伏藏传统中长久延续的类别。

除了这两个重要的名相，《赤铜洲》还介绍了伏藏的一些子类别，这些子类别在后世注疏家的著作中得到了详尽的阐释。除了“法藏”和“宝藏”两个类别，娘热还提到了“魂藏”（bla gter）、“咒藏”（mthu gter）、“工巧藏”（bzo gter）、“药藏”（sman gyi gter）和“意藏”（thugs gter）。[5]然而，对其中的大部分类别而言，《赤铜洲》仅仅提到其名字，此外更无相应的描述，因此，对这些名词的任何决定性阐释都是有问题的。

不过，“意藏”这一类别尤为重要。《赤铜洲》似乎只是把它简单理解为佛或具证上师心意（thugs）中流露出的珍贵教法。其中有段落提到莲花生将其“意藏”埋藏于钦普（mChims phu）的一个隐修处和南喀（Namke）的一个洞穴等地

---

〔1〕有关利美传统的讨论，见史密斯（2001：227-272）。

〔2〕娘热（1976），埃里克·施密特的英译收于措嘉（1999）。

〔3〕娘热（1976：133.3-148.2）。

〔4〕同上：138.1。

〔5〕关于这些类别的讨论，见134.6-135.3；有关密意藏的部分见136.5，148.2。

方，这就明确了其所指为具体的物质形态，而非心识活动。[1]然而，在14世纪时，“意藏”这一理念似乎成了一个词源，它激发了“密意藏”（dgongs gter）这一概念的产生。尽管“密意藏”最初是“意藏”的一个语义上的同义词，但后世的蒋贡·工珠和蒋扬钦哲旺波等作者则将其发展为一个著名的伏藏类别，藉以指涉在伏藏师的密意中埋藏并发掘的伏藏。在继续深入这一讨论前，我们仍须首先考虑古茹·曲吉旺秋的伏藏，他晚于娘热一个世纪，是第二个对伏藏分类有重大贡献的人，而且是整个宁玛派历史中最具有影响力的伏藏诠释家之一。

关于仅将“意藏”视为一珍贵教法而非特定伏藏的诠释，在古茹·曲吉旺秋的《大伏藏史》（*gTer 'byung chen mo*）中得到了支持，该书同样还指出“意藏”是物质实体。[2]因此，当涉及“意藏”这个词时，需要注意其语境，无论如何，将“意藏”和后期对“密意藏”的理解在语义上等同起来的这种做法是值得怀疑的。《大伏藏编年史》写作于13世纪，它是迄今所知的最早关于伏藏传统的详细论著。在该著作中，曲吉旺秋用四种主要的类别来定义伏藏。第一种是“共通物藏”（thun mong rdzas kyi gter），该组包含了“殊胜物藏”（mchog gi rdzas gter）的支分类别，这些支分指的是佛教的仪轨器物，例如颅器和一个连续七世转生为婆罗门（Brahmin）的人的肉；[3]“殊胜物藏”（khyad par gyi rdzas gter）指珍宝；“共通物藏”（thun mong gi rdzas gter）指山谷、水、建筑材料和幻术等。[4]第二种是“殊胜功德藏”（khyad par yon tan gter），进一步又分为“苯化真实语藏”（bon 'phrul ngag bden pa'i gter）、“历算藏”（rtsis kyi gter）、“药藏”（sman gyi gter）、“工巧藏”（bzo'i gter）和“幻化藏”（'phrul gyi gter）。[5]第三种是“殊胜身语意藏”（mchog gyur sku gsung thugs kyi gter），其中“身”包括佛示现于世间之实体形象、自生身以及补特伽罗所现之身；“语”所指为全部的

〔1〕娘热（1976：135.3-136.5）。
〔2〕古茹·曲吉旺秋（1979），尤可参见89.2-5；98.2-99.1；另嘉措（1994）。
〔3〕这种肉之所以被视为珍贵，是因为食用它后可得佛果（热那林巴，1977：68.3）。
〔4〕古茹·曲吉旺秋（1979：81.5-82.6），另见嘉措（1994），其中谈到了这些伏藏类别中的一部分。
〔5〕同上：82.6-87.5。嘉措曾详细讨论曲吉旺秋对苯教伏藏的分类（1994：280-283）。

佛法；而“意”指佛意的化现，如塔与手帜（phyag mtshan）等。[1]最后一个主要的类别为“真实决定藏”（de kho na nyid nges pa'i gter），代表诸佛的密意。据说这种密意是自我隐秘的，有情无法了知。[2]

在介绍这些类别时，曲吉旺秋认为，伏藏不仅是莲花生及其弟子所埋藏的宗教文本和器物，而应该从更为广义的层面将其视为全部佛教文本的合集，甚或在更广的范围上将其视为整个世间。为了支撑这一观点，曲吉旺秋引用了《文殊师利游戏经》（*'Jam dpal rnam par rol pa*）：

> 文殊师利，四大皆从虚空藏中出，同此，一切法皆从佛意中出，故应受用“藏”之义。[3]

因此，曲吉旺秋力图将伏藏传统归根于共通大乘的哲学传统，其中“教授法”（lung gi chos）藉“证悟法”（rtogs kyi chos）的创造性潜力得以准确显示。作为对曲吉旺秋及其藏土伏藏传统通常展示出的伏藏的描述，这的确非常宽泛。因此，与其说曲吉旺秋是在做关于藏土伏藏发掘的现象学研究，不如说他是为在伏藏传统和离言法身（dharmakāya）之间建立联系而做一个哲学尝试。根据大乘佛教所说，有目的的事业都以可想象的形式从离言法身中无休止地展现出来。然而，这一点并非无足轻重，而且藏土伏藏的分析者也反复回归到这一点上，因为宁玛派的一些最具影响力的论师都采用了曲吉旺秋的分类方法。[4]

“密意藏”一词最早似见于14世纪龙青巴（尤其是他的《空行心要》[*mKha' 'gro yang tig*]）[5]和邬金林巴（他的著名的《莲花遗教》[*Padma bka' thang*]）[6]

〔1〕古茹·曲吉旺秋（1979：87.5-96.5）。

〔2〕同上：96.5-97.4。

〔3〕'jam dpal 'byung ba bzhi ni nam mkha'i gter nas 'byung gi / de bzhin tu chos thams cad rgyal ba'i thugs gter las 'byung bas gter gi don la longs spyod pa zhes par byos shig //（同上：82.5）。

〔4〕尤其是热那林巴和工珠。热那林巴（1977）反映出许多与曲吉旺秋著作中所见分类一样宽泛的分类法（见下文），而工珠则附和曲吉旺秋将整个佛法视为伏藏的说法（1976b：300.1；684.2）。

〔5〕龙青巴（1992a）。

〔6〕邬金林巴（1996）。

的著作——尽管该词在后者著作中的众多其他伏藏类别中仅出现过两次。[1]《莲花遗教》介绍了四种主要的伏藏类别："祖藏"（mes gter）、"子藏"（sras gter）、"大臣藏"（dpon gter）和"极密藏"（yang gter），每一类包含18种不同的伏藏（每个子类又细分为18类！）。[2]遗憾的是，《莲花遗教》中并未对这些词作进一步的解释，故而它们的含义实在难以捉摸。这里翻译成为"极密藏"的词与后来工珠所用的名称相同，该词在其文中或许最好翻译为"重新发掘的伏藏"（rediscovered Treasure）。然而在早期材料里并没有"重新发现的"（rediscovered）这一含义，该词似乎是指"精要的"或"特殊的"伏藏。[3]然而，"密意藏"在邬金洲的著作里并不是一个重要的类别。

另一方面，龙青巴在《空行心要》中对"密意藏"一词的使用更为频繁，其义似乎与较早的"意藏"同义。此中，龙青巴是依《空行心要》（他本人的著作）和《空行心髓》（*mKha' 'gro snying thig*）（已在流通的伏藏）来说解密意藏，[4]这表明他与工珠和多智钦等后期学者在该词的理解上大不相同。对后者而言，密意藏是一种非物质性的发掘物，故而完全没有任何被伏藏师篡改的可能性。[5]在敦珠仁波切的著作中可见到对龙青巴将其本人著作归为密意藏的说明，他指出《空行心要》是莲花生、益西措嘉（Ye shes mtsho rgyal）及护法玉珍玛（g.Yu sgron ma）亲授予龙青巴的，[6]这就暗示龙青巴的著作源出莲花生（尽管有人可能据此而将《空行心要》归为净相传承，而非伏藏传承）。但是，这并不能排除14世纪时"密意藏"这一概念的含义与"意藏"（亦即"珍贵教法"）相同或密切相关的可能性，也不排除只是在后来才发展出二者间真正区别的可能性。若如此，将《空行心髓》和《空行心要》二者都归为意藏也可视为无误。

---

〔1〕邬金林巴（1996：555-556）。

〔2〕同上：548。

〔3〕详情见下文。可以参较的是，龙青巴用这个词来指涉莲花生在西藏所埋藏的伏藏的全集（龙青巴 1992b：117.5）。笔者相信，"yang"（此处译为"极密"）这个字的重要性在于将这一特殊的伏藏和其他更为世间化的伏藏区别开来。不过，这一话题尚待更为深入的研究。

〔4〕有关这些不同用法的例子，见龙青巴 1992c：14.1-5；1992d：633.1-3；1992e：4.2-5。

〔5〕有关后一种用法，见下文。

〔6〕敦珠 1991：585-586。

尽管如此，这一段伏藏史仍需更为深入的研究，目前要想得出定论也不大可能。但是，我们应该注意到，工珠将龙青巴同时视为“地伏藏”（sa gter）和密意藏的掘藏师，故而他在判定龙青巴的伏藏时也显示出一定的模糊性。[1]将龙青巴判为地伏藏师的依据在于，尽管《空行心髓》早先已由仁钦崔臣多杰（Rin chen Tshul khrims rdo rje，译言宝戒金刚，13世纪）掘出，但有记载称龙青巴是从空行母辛巴·索珠玛（Shan pa srog sgrub ma）处获得《空行心髓》的。[2]他的密意藏即上文所说之《空行心要》。有意思的是，尽管工珠提到龙青巴的密意藏应被“抉择为论典”[3]（也就是说，它们的伏藏属性对普通人而言或许并不明显），但同时也称赞龙青巴是一切密意藏师之王。[4]不过，这种表面上的矛盾似乎并未给宁玛派的信徒带来任何困扰，他们很坦然地相信本智的示现究竟超越世俗的分别。因此，架构和分类就富于弹性，由此而为表面上看起来矛盾的分类理念提供了调和统一的余地。最后，我们可能会注意到，龙青巴似乎是第一个将伏藏与“身”（sku）、“语”（gsung）、“意”（thugs）、“功德”（yon tan）、“事业”（phrin las）五重经典分类挂钩的伏藏论师，由此进一步推动了伏藏诠释学在分类上的丰富性。[5]

自龙青巴之后的一个世纪里，我们发现了一部颇有影响力的伏藏论著，即热那林巴·班桑布之《大伏藏史·明灯》（*gTer 'byung chen mo gsal ba'i sgron me*），工珠称赞其为伏藏的辩护方面最重要的权威著作之一。[6]就像他之前的古茹·曲吉旺秋，热那林巴声称他撰写这一论著有两重目的：依宁玛派的观点阐

〔1〕 工珠 1976b：423.3-428.4；690.4-6。顺便提一句，龙青巴似乎也是第一个使用“地伏藏”（后来成了如此重要的伏藏类别）一词的作者（例如 1992b：103.2）。

〔2〕 工珠（1976b：426.5）。

〔3〕 dgongs gter bstan bcos kyi tshul du…gtan la phab /（工珠 1976b：426.6）。

〔4〕 14世纪时，热那林巴撰写了一份名录（1977：55.2-58.4），其中囊括了截止到热那林巴所处时代的24位最有影响力的伏藏师，但却没有龙青巴的名字，这就使得龙青巴在伏藏传统中的地位变得更为复杂。然而，后来我们在巴沃·祖拉成瓦所写的16世纪佛教史中有关伏藏的讨论部分（1986：628）见到龙青巴被列为主要的伏藏师之一。

〔5〕 龙青巴 1992b：117.5-119.2。

〔6〕 热那林巴 1977。工珠的评价见于工珠 1976b：302.3。

明伏藏哲学；回应外界的质疑者对伏藏的持续批评。在详细论述了伏藏的性质后，他指出：

> 如是……虽然教法可别别分判为内、外诸门类，然教传与伏藏实说为双运无二。为令具慧眼且居心正直者生起信心与欢喜，令具宿愿与清净宿缘、今生能敬信并追随伏藏、能如理修持而成就者增长欢喜之觉受，生起无量敬信，生起决定、出离心及精进等，故而撰写（本论）。复次，乐于推理之偏执者，孤陋寡闻而缺乏理解与心智，缺失出离心、净见及智慧，虽知些许名言，却愚钝而不解其义，彼为无明所蒙蔽，却自诩为智者，其所学所修无法利益自身，所说所示无法利益他人，为消除彼等，故而广说之。[1]

让我们回到对这些人的讨论，后面部分将主要针对他们。不过，首先让我们先考察一下热那林巴对伏藏所作分类中的区分要素。其文主要分为五品，并对以下五点作了解释：（1）一切佛法皆为伏藏；（2）印度的经典佛法如何作为伏藏被发掘出来；（3）西藏的掘藏方式；（4）热那林巴本人伏藏的发掘方式；（5）为掘藏所作的辩护。[2]第1品至第3品主要讨论了伏藏的定义。尽管古茹·曲吉旺秋的《大伏藏史》的灵感贯穿于前几品，各品的主题结构和侧重点仍然有显著的差别。

---

〔1〕 de ltar...rnam grangs phyi nang bye brag so sor phye ste bstan pa 'di rnam kyang / don bka' gter zung 'jug dbyer med du bstan pa dang / shes rab kyi spyan dang ldan pa dang / blo tshad ma gzu bor gnas pa rnams yid ches shing dang ba 'dren pa dang / sngon nas smon lam dang las 'phro dkar ba'i 'brel pas deng sang gter la mos shing rjes su 'jug pa tshul bzhin nyams su len cing bsgrub par nus pa rnams dga' spro'i nyams 'phel zhing / tshad med kyi mos gus skye ba dang / nges shes kyis thag chod dang nges 'byung brston 'grus la sogs skye ba'i phyir bkod pa yin cing / yang rtog ge ba phyogs 'dzin can / thos rgya dang go ba rik pa gsum gyis dbul ba / nges 'byung dang / dag snang shes rab gsum gyis bkren pa / tha snyad kyi tshig 'ga' re shes kyang / don gyi go ba rdug pa / ma rig rmongs bzhin du mkhas par rlom pa / bslabs shing bsgom pas rang la ma phan pa / bshad cing bstan pas gzhan la ma phan pa rnams tshar bcad pa'i phyir rgyas par bstan pa yin / （1977：73.6-74.6）。

〔2〕 热那林巴 1977：（1）3.1-42.6，（2）42.6-53.2，（3）53.2-75.1，（4）75.1-203.3，（5）203.3-238.5。

曲吉旺秋在他的著作中花了大量的篇幅来定义伏藏，而热那林巴则侧重于探讨伏藏的埋藏及其发掘的过程，他把伏藏特性的说明作为副主题，通篇中只是偶尔涉及。热那林巴主要依循的是数个世纪以前曲吉旺秋提出的伏藏分类，例如“身藏”“语藏”“意藏”（佛像、佛法和佛塔）以及“历算藏”“药藏”和“工巧藏”（值得注意的是，此中没有提到苯教伏藏）。然而，热那林巴也用他自己的名相重新命名了曲吉旺秋的四种主要的伏藏类别。因此，他提出了“外杂藏”（phyi sna tshogs pa’i gter）这一类别，其所指为大种、山谷和财富等；接下来，第二种是“内赐殊胜藏”（nang mchog stsol ba’i gter），此中专指佛教的“身藏”“语藏”和“意藏”；第三种为“秘密自生自隐自证藏”（gsang ba rang byung rang gab rang rtogs pa’i gter），热那林巴未对这一类别作出进一步的定义，但我们可以推断其所指为诸佛的证悟，亦即曲吉旺秋定义的“真实决定藏”；最后一种是“不定杂藏”（ma nges sna tshogs pa’i gter），所指为“药藏”“历算藏”“咒藏”和“工巧藏”。[1]由此，热那林巴还展示出一种创新性的精神，这一精神在掘藏活动的最初几个世纪中持续塑造并发展着宁玛派，在此期间，论师们都日趋将自身归入一个文本制度化的传统中（所以一定会倾向于既定的分类系统），即便如此，这些作者的创造性推动力仍然占据了上风，伏藏的分类也得以改造，与此同时，几乎每一个新的注释性经典也得以重塑。

几个世纪以后，工珠在《甚深伏藏及已得成就之伏藏师简史·大宝琉璃鬘》（*Zab mo’i gter dang gter ston grub thob ji ltar byon pa’i lo rgyus mdor bsdus bkod pa rin chen vaiḍūrya’i phreng ba*）这一关于伏藏师生平的里程碑式著作中，对利美传统的伏藏观念作了最为透彻的阐释，其中介绍了他著名的伏藏合集《大宝伏藏》（*Rin chen gter mdzod chen mo*）。[2]据该文本所言，伏藏主要有两类，即“地藏”

〔1〕 热那林巴 1977：40.5-41.1。尽管顺序不同，这一系统仍然反映了曲吉旺秋所区分的四种类别。曲吉旺秋的分类按如下顺序与热那林巴的系统相对应：（1）共通物藏；（2）身、语、意殊胜藏；（3）真实决定藏；（4）殊胜功德藏。热那林巴还提到了“特殊藏”（bye brag gi gter），但并不清楚它是一个独立的门类还是“不定杂藏”的一个支分（40.5）。然而，由于该词通常所指的伏藏即“不定杂藏”所包含的种类，因此笔者未将其单独列于此处。

〔2〕 工珠（1976b）。

和“意藏”。[1]正如我们所见，这些概念已见于龙青巴的著作，只是不具备工珠所赋予的重要性。实际上，这种将伏藏分为“地藏”和“意藏”两大类的分法在工珠所代表的利美传统之前（至少在18世纪吉美林巴 ['Jigs med gling pa] 的伏藏之前）就有根可寻[2]，但能准确上溯至何时并不确定。

无论如何，尽管伏藏系统的二分法作为伏藏分类法的一个组成部分至少有一个世纪之久，工珠及其同仁将其发展为四重子类的做法却是独一无二的，这种四分法是围绕着蒋扬钦哲旺波和秋吉林巴的净相事业而构建的。该系统以秋吉林巴发掘的授记为依据，其文如下：

教传传承无间断
甚深地藏密意藏
再伏藏与随念藏
净相藏与口耳传
如是七系付法河
降注具缘王父子
能于浊世护教法
深广大日更增辉[3]

与此相应，在这个分类法中，“地藏”分为“地伏藏本身”（sa gter dngos）和“再伏藏”（yang gter），而“密意藏”则分为“密意藏本身”（dgongs gter dngos）和“随念藏”（rjes dran gter）。“地伏藏”和“密意藏”这种基本划分构成了工珠著作的主要框架，而剩下的子类别则贯穿于他对各个伏藏师所掘伏藏的讨论中，尤其是钦哲旺波和秋吉林巴的部分。[4]继工珠之后，后续的学者们在处理伏藏文

〔1〕在该简史中，伏藏师分别被划分为地伏藏师（358.4-682.5）和密意藏师（682.5-759.2）。

〔2〕见嘉措 1998：58。

〔3〕bka' nas bkar brgyud bar ma cad / zab mo dngos dang dgongs pa'i gter / yang gter rjes su dran pa'i gter / dag snang snyan du brgyud pa yi / bka' babs bdun gyi chu bo ni / mnga' bdag yab sras skal bar babs / snyigs dus bstan pa'i btsas chen byed / zab rgyas nyi 'od lhag par brdal //（工珠 1976b：649.6-650.2）。

〔4〕有关工珠利用此处提及的分类，例见其为秋吉林巴所写之传记（工珠 1976b：643-658）。

献时就采用了这一系统。[1]

根据此中的介绍，地伏藏的发掘依赖于具体的物理位置，并且是唯一一种不完全是在精神领域传承和发掘的伏藏。顾名思义，这类伏藏被埋藏于地下、岩石或其他物理位置。它可以是一个具体的文本，也可以包括子类别中的物伏藏，例如金刚杵、金刚橛或佛像等宗教物品，以及财宝伏藏，例如珍宝和贵重金属。[2]再伏藏是此前已被发掘，但由于不具备成功发掘的因缘而重新封藏，后来又再次发掘出来的教法。密意藏是纯粹从伏藏师的心相续中发掘出来伏藏，据说它们最初是由莲花生埋藏在其心相续中的。随念藏是前世的回忆，伏藏师回忆起他们过去世作为上师时的情形，从而再次弘传他们前世的教法，这种掘藏形式的目的是为了重振那些业已失传或者传承已经中断的教法。这种独特的伏藏形式主要与钦哲旺波的伏藏有关，正如工珠一再提到的那样，钦哲旺波以这种形式重振了众多的伏藏传承。

最后，我们或可注意到，伏藏分类的多样性也部分反映在伏藏师本身的多元上。各释论中常常提到藏土出现的伏藏师为数已逾千，但其中重点聚焦的只有少数重要人物，对他们而言，最为完整的名录见于上述工珠有关伏藏师生平的论著。[3]从该传统的早期阶段开始，但凡被视为主要的伏藏师的人，需要发现足够多的材料以搭建通往觉悟的完整道路，在此情况下，这些材料就是指与莲花生、大圆满以及观自在菩萨（Avalokiteśvara）有关的教法。[4]在更大一些的大伏藏师

〔1〕 贡却久美（dKon mchog ’gyur med）1982：179-260；敦珠 1991：845-846。

〔2〕 需要注意的是，物伏藏和财宝伏藏的分类在伏藏传统的初期就已形成，且一直贯穿于该传统。此外，地伏藏经卷仅在极少数情况下才由真正的较长的文本组成。它们通常是一些短小的经文片断，即所谓的“黄卷”（shog gser），其中包含一些能唤起对莲花生教法的记忆的符号，而后这些教法即被书写下来。这对后期的伏藏而言更是如此，后期伏藏宣称的古代经卷原稿中，除了黄卷以外，其余都并无实物存在。伏藏传统中的一位晚近的伏藏师邬金活佛（Tulku Urgyen）评论道：“实际上，每个表义的字符都可以扩展到一整个山谷那么大，所有的著作都囊括于其中，而后可以把它们誊抄下来。一个人只能将所见如实地抄写下来，如果在誊抄过程中出错，例如漏写一个字或重写一个字，这个抄本就会一直悬而不决，直到有人来修正这些错误。”（邬金活佛 1995：39）。

〔3〕 工珠 1976b。达吉（1979）和义成活佛（1986）曾复制了这份名录。

〔4〕 缩写形式为 bla rdzogs thugs gsum。达吉 1979：69-70。另见古茹·曲吉旺秋 1979：116.5。

群体中，有许多次级分支，例如晚近的“五伏藏王”[1]“殊胜三化身”[2]“十一洲”[3]，以及最为普遍和通行的“一百零八大伏藏师”[4]群体。

在此，我们已看到伏藏分类和鉴定方面的复杂性，也看到了该传统随着时间的推移经历了怎样的分类学和哲学上的发展。基于此，有些令人意外的是，宁玛派竟能在伏藏的传播方面保持一个统一的立场，因为与日俱增的掘藏者都声称他们找到了所有伏藏中最为深邃的一个。虽然宁玛派内部的确有人对激增的伏藏持怀疑态度，但是值得注意的是，这样的人实在为数不多，该传统也有能力完全吸收并容纳过剩的教法。[5]宁玛派历史上的多传承格局无疑在很大程度上推动了这种哲学上的圆融，这些传承在长时间内避免了制度上的整齐划一，因为该派（不像萨迦派、噶举派和格鲁派）从未受到官方层面大赞助的刺激影响。

因此，即便伏藏的鉴别和分类方法随时间而发展，宁玛派根本的哲学立场却保持着惊人的连贯一如，它始终坚持伏藏发掘的必要条件就是法身界的无尽潜力。值得注意的是，宁玛派内部的质疑者从未批评这一持续掘藏的原则，而是针对真正的伏藏师群体中有人弄虚作假的潜在危险提出警告。讽刺的是，正是由于该传统的多元性和多样化，我们才看到它的凝聚力，它的主导性圆融力量能够将一大群各具特质的伏藏系统整合在一个相对同质且运作良好的统一体中。反过来，这一整体又从人格化的法身佛普贤王如来（Samantabhadra）身上获得了凝聚

---

〔1〕 gter ston rgyal po lnga。他们是娘热·尼玛沃色、古茹·曲吉旺秋、多杰林巴（rDo rje gling pa，译言金刚洲，1346—1405）、贝玛林巴和钦哲旺波（敦珠 1991）。

〔2〕 mchog gi sprul sku gsum。娘热·尼玛沃色、古茹·曲吉旺秋和仁增果登（Rig 'dzin rGod ldem，1337—1408）（敦珠 1991）。

〔3〕 gling pa bcu gcig。卡恰多杰 1981：343。我尚未见到有按名字将这 11 位上师标出。在工珠（1976b）中，以“洲”为名的伏藏师远不止 11 位。

〔4〕 gter chen brgya rtsa。例如，卡恰多杰 1981b：343。可以将这一伏藏师的数量与古茹·曲吉旺秋所列的伏藏相比较：一千万个“小伏藏（phran gter）；1100 个“王神藏”（rgyal po lha'i gter）；125 个“甚深藏”（zab gter）；5 个“莲花意藏”（padma'i thugs gter），最后是“总集一切莲花生心意再伏藏精华之意藏”（o rgyan thugs kyi yang gter kun gyi bcud 'dus pa thugs kyi gter）。不足为奇的是，最后一个伏藏就是曲吉旺秋自己发掘的伏藏（1979：98.5-7）。声称自己拥有最深邃的真理当然是几乎在任何宗教传统、制度和派别中都能遇到的一个现象，伏藏传统当然也不例外。

〔5〕 对于许多新伏藏而言，两个著名的批评家就是泽勒·那措让卓（泽勒 1979）和局·米庞（1846—1912）（米庞 1984）。下文将会进一步对二者加以讨论。

力，他是常被提到的伏藏的非历史性起源。至少从古茹·曲吉旺秋的时代开始，宁玛派内部就一直对伏藏有一个广泛的共识，也就是伏藏蕴含了佛的全部教法甚至是佛本身的存在。因此，在这个最根本的综合体中，一切皆含融于唯一之法身，而法身则流露出一切伏藏。

尽管这一观点曾被过去的宁玛派学者们反复提出，它在当代的伏藏研究中却常常被忽略或轻视。例如，最近一个有关古茹·曲吉旺秋的《大伏藏史》的研究将他在伏藏定义方面的包容性立场刻画成一种单一而怪异的观点，并认为这一观点是一个辩护工具，是针对外界对其伏藏的批评而发展出来的。〔1〕虽然古茹·曲吉旺秋的《大伏藏史》无疑在某种程度上是为了驳斥当时的质疑者，〔2〕该文本中对伏藏现象的包容性诠释却给后世的论师们带来了深远的影响，因为他们将曲吉旺秋的哲学观点运用到了宁玛派主导性的诠释立场中。〔3〕因此，曲吉旺秋的这种包容性的态度并不是为了辩护伏藏而提出的怪异之想，而是宁玛派关于伏藏的哲学观点的核心源泉。由此，如果一意专注于《大伏藏史》中所见的辩护“议题”和“策略”，就有可能忽略掉该文本的重要性，也就是在后续的五百多年内，作为一个决定性的哲学视域对宁玛派的影响。

尽管新的伏藏分类部分地依据于前面的分类方式，伏藏分类法的演变仍然逐渐牵涉进了哲学上的巨变，其范围是如此之广，以至于宁玛派晚近的伏藏论师的核心立场在早期的伏藏论著中很难辨识出来。这一发展的一个突出例子就是“密意藏”这个概念，它于14世纪时脱胎于“意藏”这一概念，最初，它似乎只是在大致上指涉一种珍贵的教法，然而在后期的伏藏释论中，它却演变成了最重要的伏藏类别之一。〔4〕作为能将多种多样的伏藏系统纳入其范围内的一种方法，

〔1〕嘉措 1994，尤可参见页 279-280。

〔2〕古茹·曲吉旺秋本人在其题记部分说明了这一点（1979：187.3）。

〔3〕热那林巴 1977：39.6-42.6；工珠 1976b：300.1。

〔4〕还要注意的是，巴沃·祖拉成瓦（1986）在16世纪并未提到“地伏藏”和“密意藏”之间的区别，这进一步说明了“密意藏”这一类别只是逐渐被重视的，甚至晚于龙青巴的著作。未来的研究可能会考察密意藏这一类别的重要性是否只达到了当前的高度，因为18世纪吉美林巴的密意藏使我们不得不重新思考伏藏的编纂，这种编纂显示出它在封藏和发掘模式上的敏感性要高于对伏藏本身性质的敏感性。

宁玛派采用了最初由曲吉旺秋提出的一种广义的伏藏诠释，该诠释与文本和类别的特质相并行，它含融了一切佛法甚至是佛本身。正是伏藏诠释学的这种并行方法使得该传统在大量史学新词持续改变其外相的情况下，能够作为一种同质的整体延续下去。然而，尽管伏藏得到了宁玛派的信徒们的热情接受，但它们常常会在别处遭人质疑，其正统性遭到摒弃，其传播者被斥责为欺世之徒、骗子，甚或比这更糟。在下一章中，我们将了解一下这些虔信者和质疑者的对立立场，并在藏土和西方之间追溯他们的关系。

二、伏藏真实可靠吗?

在 12 至 13 世纪第一个主要的伏藏被发掘后不久，各教派的质疑者们就开始质疑伏藏的真实性。[1] 伏藏的出现恰好与 10 至 14 世纪印度佛教第二次传入西藏的时间一致。在这一时期，新派（gsar ma）与较早的宁玛派在文本和修习上的比较日趋增多，相互间的关系常常高度紧张，因为要在政治和经济上获得支持，就必须以牺牲他者为代价来公开彰显自身宗教传统的至高无上，这二者被视为密切相关。新派主要力图通过强调其文本的印度来源而确立自身，而宁玛派在证明这一来源时却遭遇困境，部分原因在于其文本从 8、9 世纪从印度传入以后，已经历较大的时间跨度。因为在西藏，可证实的印度来源已成为衡量佛典真实性的核心标准，故而宁玛派的文本及修习就迅速被贬斥为藏人的伪造和篡改。尽管如此，新派所宣扬的证实方法却从未在其内部严格执行过，而且有时如果发现这种方法与其自身所传的文本集有冲突时，他们还会弃置该方法。[2] 然而，由于这一

〔1〕 桑杰喇嘛（Sangs rgyas bla ma）大约活跃于 11 世纪，传统上认为他是第一位伏藏师，但我们无法确定这种说法确系事实，抑或是体现了后期为了将该传统追溯至一个更为古老的根源而作的尝试。

〔2〕 正如戴维森所指出的那样，就连萨迦班智达（1182—1251）那样经常热衷于倡言印度材料权威性的人物，有时也会忽略那些与其自身文本传承相冲突的材料。戴维森还指出，现在已知一些被萨班及其同行的辩论者斥为假的、藏人创造的修习有可靠的印度背景（2002a：209）。

新确立的评判标准在西藏有关真实性的讨论中愈发被奉为圭臬，有关伏藏正当性的论战对决也就迅速爆发。

传统的论争

13 世纪之前，外部材料中并未提到过伏藏，这一事实告诉我们，从其拥护者和政治影响的方面来看，在 12 世纪后半叶的娘热·尼玛沃色之前，伏藏传统无疑一度是一种相对较小的活动。然而，在 13 世纪的上半叶，出现了抨击掘藏的辩论性著作，我们或可认为娘热·尼玛沃色和古茹·曲吉旺秋的伏藏推动了这一传统，娘热·尼玛沃色和古茹·曲吉旺秋是早期伏藏师中最为杰出的两位。迄今为止，我们所知的最早批判伏藏的是学者、辩论家恰译师曲杰贝（Chag lo tsā ba Chos rje dpal, 1197—1265），他对他所认为的流传于西藏的伪修法和伪经典持控诉态度，而他对伏藏的批评只是这种控诉的一部分。[1] 通过对宁玛派普遍的教法加以详尽批驳，他以对伏藏和古茹·曲吉旺秋的批评作为其文章的结尾，其评价如下：

> 兴建桑耶寺时，莲花生大士从印度来到（藏土），并制服了邪法，建立些许摄受之缘起后，又重新返回印度。而后，白哈尔王附体于一个名为“噶噶汝增”（ka ka ru 'dzin）的泥婆罗人身上，他头戴修行帽，在上面插上鸟羽，身披锦缎斗篷，并在桑耶寺声称自己是莲花生，宣说了无量邪法。其后，无数邪法大行其道。有（魔）王对一名为“古茹·曲吉旺秋”者说：“这些都是伏藏”，言毕即进入其心间。古茹·曲吉旺秋受（此魔）加持，拥无量邪法以为傲，他所造邪法被龙、魔与魔王（rgyal 'gong）围绕，其后麻风与疯癫晕厥之病爆发，而这些却被

〔1〕 恰译师 1979：2-18.2。另见马丁 2001：111-116。

视为其成就相。此等所掘之伏藏并非正法。[1]

这一时期还有其他一些思想家，诸如吉登贡布（’Jig rten mgon po, 1143—1217）[2]、萨迦班智达（Sa skya paṇḍita, 1182—1251），甚至可能还有布顿（Bu ston, 1290—1364），[3] 他们与恰译师一样，觉得应该针对伏藏提出警告。在一个被归于著名学者布顿·仁钦竹（Bu ston Rin chen grub）名下的一个文本里，作者似乎同意恰译师对古茹·曲吉旺秋的评价，并评论道：

名为曲旺之人依仗魔事业
伪装邪法成为莲师之语教
谎称其为伏藏造作诸邪法
将彼诸多众生引导入邪途[4]

他还说：

如是于彼各宗各派内
乃至各地皆有假伏藏

---

〔1〕 yang bsam yas bzhengs dus rgya gar nas gu ru padma ’byung gnas byon nas chos log tshar bcad / rjes su bzung ba’i rten ’brel ’ga’ brtsams nas slar rgya gar du gshegs so / de rjes su rgyal po pe kar bal po ka ka ru ’dzin bya ba’i spungs su zhugs nas mgo la sgom zhu byon / de la bya spu btsugs lus la za ber gyon nas / bsam yas su padma yin zhes bsgrags nas / chos log dpag med bshad / de’i rjes su chos log dpag med dar te gter yig yin zhes zer nas rā dza snying la zhugs nas byin gyi brlabs pa’i gu ru chos dbang bya cig gis / chos log dpag med brlams / des byas pa’i chos log la klu dang bdud dang rgyal ’gong ’khor nas / mdze dang smyo ’bogs la sogs pa ’ong ba yin te de la grub rtags su byed pa yin no / de la sogs pa’i gter nas byung ba rnams yang dag pa ma yin no //（恰译师 1979：13.2-14.2）。马丁（2001：114）也翻译了该段落。关于 kakarudzin 这一名字，见马丁 2000：114，注 16。

〔2〕 关于吉登贡布对伏藏的批评，见马丁 2001：157。另见下文。

〔3〕 一部被归属为布顿的辩论作品收于恰译师（1979：25.3-36.3）。凯普斯坦对这一归属表示反对（2000：253，注 35）。

〔4〕 de yi bka’ ltar bcos pa’i chos log rnams / chos dbang zhes bya bdud kyi ’phrin las bas / gter nas bton zhes chos log du ma sbyar / ’gro ba mang po log pa’i lam la ’khrid // 恰译师 1979：26.4-5。

掘出之后广传于十方

然于如此明显之诳语

藏人依旧执著为真实[1]

即便如此，早期争论中主要的批评似乎是针对伏藏是藏人的伪作，而并没有与印度佛教的精神相续性。萨迦班智达在其著作《三律仪判别》（*sDom gsum rab dbye*）中给出了如下评论：

出自伏藏之经函

他处所窃之法统

所著法及所梦法

以及所忆之法统

若将彼等各传承

悉皆溯至金刚持

或从他处得教授

遑论与法相违悖

与彼自宗亦相违[2]

尽管对伏藏的谴责往往是明确而坚定的，早期质疑者们的著作却一般不给出历史、哲学或语文学的推论来支持其批评。然而，这并没有阻止这些著作成为新派后来批判伏藏的标准模式。由是，在萨班和其他早期论辩者的两个世纪之后，伏藏的辩护者热那林巴就以以下这种方式总结了质疑者的观点：

---

〔1〕 de bzhin rang rang so so nas / lung pa re nas gter rdzun re / bton nas phyogs bcur rgyas par byas / ’di dra’i mngon sum rdzum tshig la’ang / kha ba can pa bden zhen byed // 恰译师 1979：27.1 -2。

〔2〕 gter nas byung ba’i glegs bam dang / gzhan nas brkus pa’i chos lugs dang / brtsam chos dang ni rmi lam chos / blo bzung ma yi chos lugs la / brgyud pa rdo rje ’chang la bsnyags / de la’ang gzhan dag lung len pa / chos dang ’gal ba lta ci smos / rang lugs dang yang ’gal ba yin // 萨迦班智达（2002：321）。萨迦班智达（2002：162-163）也翻译了该段。对吉登贡布与萨迦班智达的批评所作的进一步讨论，见马丁 2001，尤见于 111-116，156-157。另见卡尔梅 1988：152。

有些傲慢而偏执的补特伽罗……如是批评伏藏：所谓的“伏藏”是假的，并未被埋藏过，即便伏藏是真的，也会因为它们埋藏于地下、岩石中、树木中、水下等等而名其为地法、石法、木法。又有人说，伏藏是前弘期的莲花生时代埋藏的，至今早已化灰，因为没有腐烂，所以说是自己埋藏自己挖掘出来的。又有人说伏藏法有争议，如果广传，则对众生利益甚微。又有人说，伏藏并无佛语传承，所以其教传已中断，没有耳传、灌顶和教传，所以是突然冒出、没有根据的教法。〔1〕

热那林巴本身就是一名掘藏师，我们不应毫无批判地接受他对质疑者观点的表述，因为他所在意的是其必要性，而非其合理性。然而，他对批评的描述表明，到15世纪时，相比于前面所引的表述形式，对伏藏的批评只有轻微的发展变化。此外，这种诠释学状态似乎还在接下来的几个世纪中延续，因为论辩性的文献愈发僵化在早先的立场格局中。因此，18世纪的格鲁派学者松巴堪布（Sum pa mkhan po, 1704—1788）提出的论点大体上仍与早期的论点雷同。尽管掘藏师们不再被描绘成是恶魔附体，但是松巴堪布依然建议最好远离伏藏，因为他认为它们是由一群欺世之徒杜撰出来的。松巴堪布表明自己立场时毫不含糊，而且具有论辩性文献的两大特点——质疑性和辩护性，但却没有提供真正的论据来支撑自己的观点。〔2〕凯普斯坦已经注意到这点，并恰当地评论道：

我们不应该忽视这样一个事实：学术不只是下结论，还要有相应的论证。松巴堪布质疑《莲花遗教》和《玛尼全集》的真实性，但他从来没有对其质疑作出详细而审慎的说明。既然如此，他的观点也就

〔1〕 gang zag gi rigs dregs pa can / phyogs zhen can…gter ma la ’di skad du rtsod de / gter bya ba mi bden sbas pa med / gter bden na yang / sa brag shing / chu la sogs pa la sbas pas / sa chos rdo chos shing chos yin zer / yang ’ga na re / gter o rgyan pad ma’i dus / bstan pa snga dar dus sbas pa da rtsam song nas rdul song nas mi rul rang res sbas nas rang gis bton pa’i zog po yin zer / yang gter chos rtsod pa can yin dar rgyas ’gro don chung zer ba dang / yang gter ma bka’ brgyud med pas bka chad yin / snyan rgyud dang dbang bka’ med rdol chos yin zer ba sogs // 热那林巴 1977：219.4-220.4。

〔2〕 凯普斯坦 2000：131-132。

根本不能自圆其说。[1]

尽管这些质疑性的批评属于臆测假想，宁玛派仍然明显感到有必要捍卫其伏藏，而不是坦然地忽略掉这些批评，该派迅速撰写了一系列激烈而有力的反驳作品来回应这些批评。在宁玛派的各种辩护性著作中，与掘藏相关的最详细的两部著作是古茹·曲吉旺秋和热那林巴的伏藏史。[2] 由于上文已提及古茹·曲吉旺秋论点的主要原则，而且其他地方也有些许细节提到过它[3]，故而此处我们将集中探讨热那林巴对伏藏的辩护。乍一看，这两部伏藏史彼此相似，因为两个作者所关心的都是阐明伏藏和共许的印度大乘经典之间的共性——尽管热那林巴的伏藏史更长、更详细。贯穿这部著作的主题是力图使掘藏活动牢牢地定位于主流大乘佛教中。与曲吉旺秋一样，热那林巴也认为伏藏不仅仅是在西藏发掘出来的宗教文本和物品，它还包括以往埋藏的一些有意义的东西，从普通有情的角度看，这些东西既可以是实指的，也可以是象征性的。此中可以包括佛法，但也不限于佛法。热那林巴对伏藏的定义如下：

以其被封藏，故为伏藏；以其隐蔽，故为伏藏；以其无穷尽，故为伏藏；以其能满足希愿，故为伏藏。[4]

然而，这则宽泛定义的一个重要的方面不可避免地被定义成了佛法，根据上述两部伏藏史，佛法在印度一再被封藏和发掘，这就成了佛教伏藏的典型例子。将共许的佛教经典纳入伏藏现象的范畴后，热那林巴总结道：掘藏并不代表任何新的佛意传承形式，实际上，它只是延续了佛教内部已然确立的经典发掘的

〔1〕凯普斯坦 2000：132。

〔2〕曲吉旺秋 1979；热那林巴 1977。除了这两部作品以外，我们还在涉及对宁玛派文本与修习作总体辩护的著作中，零散地见到了一些较短的为伏藏作辩护的评论。例见索多巴 1988。

〔3〕嘉措 1994。

〔4〕gab pas gter / sbas pas gter / zad mi shes pas gter / dgos ’dod ’byung bas gter ro // 热那林巴 1977：220.4-232.1。

传统而已。在详细论述了共许的印度经典与宁玛派伏藏之间的同等性后，热那林巴在其著作的第五品和最后一品里逐条驳斥了那些专门针对伏藏的批评，针对以下说法作了辩护：伏藏是假的，它们源于外部大种，不可能保存到现在，不受信任，不受欢迎，利益微小，没有佛意传承，随意出现。[1]

第一种说法认为伏藏本质上是欺骗性的，所以本来就不值得尊重。针对这种说法，热那林巴反诘道：如果伏藏都不真实，那如何解释自显现的伏藏塑像的流行、隐秘的伏藏山谷、伏藏传承中众多的成就者以及伏藏带来的大量财富？[2]这种说法当然是可疑的，因为一个质疑者对这些现象的真实性的怀疑不会亚于对伏藏本身的怀疑。照此，热那林巴的这一反驳就与上文所见的质疑性论辩法非常雷同。[3]

鉴于伏藏普遍的真实性问题得到解决，热那林巴继续反驳伏藏源于五大种（’byung ba lnga）的批评。这一怪异批评的文本背景似乎是吉登贡布的《唯一密意书》（*dGongs gcig yig cha*），其中有云：

> 有等人认为无传承之法（chos）、地法（sa chos）、天法（gnam chos）和伏藏（gter ma）等皆为甚深希有，然我等则认为具有传承之法方为甚深希有。[4]

然而，正如我们所见，吉登贡布所关心的并非伏藏出自五大种这一问题，而是它们的出现并没有一个既定的传承。因此，如果将热那林巴的回应看成是针对吉登贡布的一个直接答复，那他的回应就在一定程度上误解了后者原本的论点。然而，我们不能排除热那林巴是在不以吉登贡布的诠释为基础的情况下，应

---

〔1〕热那林巴 1977：220.4-232.1。

〔2〕同上：220.4-221.2。

〔3〕鉴于藏文佛教文献的复杂性，这种验证文本的方法虽然确实会令人感到意外，但要记住的是，政治现实是如何阻止对辩论文书中过于武断之论调所做的重要缓和的，这些政治现实在很大程度上潜在地影响了辩论文书的写作。

〔4〕马丁 1997：157。

对一个贬低性的口头传统的可能性，这种传统将伏藏视为“地法”等等而加以摒弃。不管怎样，无论热那林巴是在应对一个真实的还是一个虚拟的批评，他都认为佛陀本身是由大种组成的，他的语言也一样。此外，他还指出，由于写作中用到的金、银、铜、青金石等各种珍贵物质都取自土地，这就使得任何书写出的文本都成为“地法”，使用墨水会使其成为“水法”，而手在空中自由移动则会使其成为“空法”。[1]

紧接着，热那林巴先以类似的方式回应了其他一些看起来不太重要的批评，而后再回应更为严重的指责，亦即认为伏藏缺乏一个无间断的心意传承，因此失去了它们的转化能力和关联性。[2]针对这一指责，热那林巴辩驳道，伏藏师们已经在过去世中从莲花生本人那里获得了完整的心意传承。从这种观点来看，莲花生来到西藏时已经是一位完全证悟的佛，并将所有相关的灌顶与口传都赐予其藏人弟子，这些弟子也就是伏藏师。也就在那时，他们遵照教敕把伏藏埋好，待到将来再掘出。在合适的时候，伏藏师们就依照重要的伏藏指南（kha byang，也是莲花生埋藏的）来确定伏藏的方位，伏藏指南为每一个伏藏的确切位置都作了标记。然而，纵然这些伏藏师已经得到相关伏藏的全部传承，为了唤醒过去的业力印记，他必须在一段时间内独自使用该伏藏，在此期间，他会在现实、净相或梦境中面见莲花生，这可以让他回忆起过去世所得的灌顶、授记及口传。在热那林巴看来，断言伏藏没有精神传承的说法也就毫无价值，通过引用莲花生的一个伏藏授记，他告诫他的读者们无需理睬那些质疑性的指责，犹如一只小鹿无需关心

〔1〕 热那林巴 1977：221.2-222.2。

〔2〕 第一，或认为伏藏从被莲花生埋藏之日起至今已历时长久，不可能完好无损地保存下来，对此，热那林巴强烈主张说，鉴于伏藏原来埋藏的方式，应该重新思考这样的指责。据他所说，伏藏并不是按“普通民众收藏萝卜和芜菁的方式”来埋藏的，而是放在石头做的特殊容器中，而后仔细密封，最后置于合适的储藏地点，例如悬崖、岩洞、佛塔及寺院（222.2-223.2）；第二，针对仅仅因为某些地区不信任伏藏就言其为假的说法，热那林巴指出，没有一个完全不受争议的佛法，因为佛教的所有乘和派都在不断地批评他乘和他派的见地、文本和修习。热那林巴说，甚至佛陀本人在世的时候也未能免于遭遇挑战（222.2-224.3）；第三，许多宁玛派上师的确通过伏藏教法获得了圆满成就，而后又将之普传于藏土，在此过程中，给许多有情带来了暂时和究竟的饶益，这就否定了认为伏藏从未利益任何人的指控（224.3-225.6）。

溪流的声音一样。[1]

最后，热那林巴驳斥了以下说法：伏藏是突然凭空出现的，是一种被贬称为“突然冒出的法”（rdol chos）。这一反驳令人联想起前一个反驳，二者关注的都是展示伏藏在精神上的连续性。此处，热那林巴认为佛法最初同样是从佛陀的证悟中突然产生，并依次传给历代祖师，在他们的心识中，证悟也同样是顿然而生的。因此，据热那林巴所说，整个佛法的传播过程与伏藏相同，都是突然出现的。[2]通过这样的方式，热那林巴认为对伏藏真实性的挑战已被成功遮破，至此，其伏藏史也告结束。

然而，我们几乎没有理由相信热那林巴的论证真正成功说服了多少质疑伏藏精神的正当性的人。相反，面对伏藏辩护者力图证明的观点——伏藏是主流佛教不可缺失的一部分（或者更确切地说，主流佛教本身就是伏藏），批评者们却置若罔闻，而且还以和早期大致相同的方式不断地加以破斥。[3]因此，观点之间的交流停在了解释学的层面上，晚至19世纪时，我们见到工珠基本上仍在用古茹·曲吉旺秋的论点来为伏藏辩护，其所针对的批评也与恰译师提出的那些并无二致。[4]

---

〔1〕 同上：225.6-231.2。

〔2〕 热那林巴 1977：231.2-232.1。

〔3〕 有趣的是，质疑者们从未通过指出宁玛派高度制度化的伏藏形式和正式化程度很低的印度伏藏之间差异，来驳斥宁玛派将共通大乘和金刚乘的经典与其伏藏等同起来的做法。

〔4〕 工珠首先征引经教（lung）来支持新发掘的伏藏，而后以因（gtan tshigs）来支撑伏藏的真实性。因为这些论点紧密地体现了曲吉旺秋和热那林巴的看法，所以工珠对这一主题只作了简述，对早期著作则讨论甚详。工珠首先认为所有的佛法都是伏藏，因为它们都经由三大传承系统流传下来；其次，所有大乘经典的教法都是伏藏，因为它们早前都是被隐藏于秘密地方或界域。由是，工珠总结道，大乘经典和伏藏经典之间没有实质的区别（工珠 1976b：297.3-302.4）。即使辩论双方的伏藏评论者都愿意依循昔日辩论者们的惯例，针对具体的话题时也存在些许例外。例如，可以参考宁玛派最热忱的卫士之一——索多巴·罗珠坚赞（1552—1624）对上文所引萨迦班智达对伏藏的批评所作的回应。一般而言，在伏藏的正当性方面，索多巴坚持传统的观点（索多巴 1998：149-152），但是在讨论萨班对伏藏的批评时，他则提出了新的观点。由于萨班在藏土学界地位崇高，很多受其激烈批评影响的传统似乎常常以沉默对待其抨击，假装这些抨击都不存在，只有少数几位学者迎头还击——不管他们会表现得多么令人反感。因此，不足为奇的是，在回应萨班对伏藏的批评时，索多巴在直接针对这位大学者上显得比较犹豫。相反，他还做了如下妥协：

“虽然有人说（萨班所作的）这一（批评）是针对宁玛派的，但并非如此，因为宁玛派行人并未将其传承追溯至金刚持，而是追溯至五方佛和普贤王如来，此（批评）所指实为‘六类一味’等噶举派共许之伏藏法。”（’di rnying ma la yin no zer kyang ma yin te / rnying ma bas rdo rje ’chang la brgyud pa mi

在此，我们看到了一些认为伏藏具有欺骗性质的传统论证，以及宁玛派信徒随后作出的回应。我们也注意到了质疑者和辩护者提出的许多没有说服力的论点惊人地做到了经久不变，而且在总体上都未能令分歧双方的任何一方的观点产生显著变化。当然，藏土学者认为需要依循既定的派系路线，并坚持由他们各自传承的创始人所确立的立场，这就大大限制了伏藏辩论的活力。不过，确定掘藏本身的正当性本来就困难，这无疑也促成了这种情况的发生。现在让我们进一步考察一下这个问题，并且尝试评估它对西方看待伏藏的方式的影响。

西方的接受

尽管藏人在弥合质疑者和信奉者之间鸿沟方面所作的努力总体上非常少，它们产生的影响却不容轻易忽视。宁玛派著名上师局·米庞（'Ju Mi pham，译言不败尊者，1846—1912）并不是第一个在传统的对错二分法之外寻求更广的视角来看待伏藏的作者，他对掘藏的看法将会在下文予以讨论。泽勒·那措让卓（rTse le sNa tshogs rang grol，译言众自解脱，生于1608年）就是较早的一个作者，他是噶举派和宁玛派的瑜伽士兼学者，在探讨邬金林巴的伏藏时，他承认了一些质疑性论点的价值。[1]尽管他基本上同意传统的观点，亦即对伏藏的认识应该联系到一个非时间的、超越性的领域，于其中，本觉可以展现为任何形与色。他还承认以假伏藏冒充真伏藏的情况是实有其事的，是可能发生的。他评论道：

（两个版本的《莲花遗教》）的主要部分无疑都是这位大上师的教

（接上页）bsnyags de'i gong na rigs lnga dang / kun tu bzang po yod pa la bsnyag / 'di ni ro snyoms skor drug la sogs pa bka' brgyud la grags pa'i gter chos rnams //）索多巴 1998：237。

由此，索多巴能在不公然批评萨班的情况下转移他的批评。“六类一味法”的修习者们如何接受这一举动当然又是另外一回事了。索多巴的辩护性著作见于索多巴 1998。这一合集分别处理了到16世纪为止的针对宁玛派的攻击，因此为我们提供了一个有关质疑性批评的有用概述。

〔1〕泽勒 1979。该文本的部分已由埃里克·施密特翻译，收于措嘉 1999。

> 言，但显然有一些愚蒙之辈以俗语及一己杜撰之语掺杂于其中。同样，《五部遗教》无疑为邬金林巴之（伏藏），然而，无论如何观察其措辞及文义，都不像真实的（伏藏）教法。例如，有关莲师（Gu ru rin po che）有一个儿子的断言，以及对后世出现的人的授记，我个人认为难以置信。就各种版本的（《莲花遗教》）而言，其内容绝大部分是莲师的教法，它们当然具有加持力，但我很难把它们视为可靠的历史材料。[1]

尽管泽勒对其主张并没有提供进一步的语文学阐释，但对于认为伏藏中某些记述的真实性可疑的说法，他显然表示赞同。

对宗教伏藏的批评要求伏藏有可信的来源，它不仅与伏藏的发掘有关，而且代表了从佛教内部的宗教与哲学分歧，这种分歧与佛教传统本身一样古老。在印度，许多早期的佛教群体似乎认为，仅将伏藏的真实性问题局限于历史性分析几乎没有意义，相反，他们看重的是基于解脱学价值的可靠经典，这种方法为宗教经典的问世和制度化创造了最为丰厚的条件。[2]而且，在这个非常自由的思想氛围里，有关新经典传统真实性问题的争议从未完全停止，这些传统频遭质疑，而质疑者们所提倡的是一个基于历史实证的更为保守的方法。[3]

宁玛派对其伏藏的辩护是基于一个在解脱学上验证其真实性的框架，而同时在伏藏的起源方面，对伏藏的传承作了复杂的描述，这看起来又像是在历史的时序中展开的。一方面为伏藏提出解脱学的辩护，另一方面在其起源叙事上依旧加入历史的元素，有人认为，这二者间的明显冲突体现了宁玛派在保持其伏藏的历史可信度上的考虑，而这种可信度正是西藏的宗教社会需要的。[4]这一解释无疑包含真实的成分，但它不能完全令人满意，因为起源叙事中的历史声明往往成

〔1〕措嘉 1999：14-15；比较泽勒 1979：426.5-427.6。

〔2〕拉莫特 1988：124-140，274-292；戴维森 1990。

〔3〕见威廉姆斯 2001：11-33。戴维森认为藏人所采用的一个封闭的佛教大藏经的理念并非来自印度，而是受汉土的影响（2002a：207）。矛盾的是，戴维森总结说，通过封闭大藏经来保护印度佛教，实际上最终只是那些置身于这一决定外的少数群体才能使“让印度产出世界上最庞大的经文集的佛教得以延续其活力与价值”（221）。有关对真实性与解脱学的历史学方法的讨论，见凯普斯坦 2000：123-126。

〔4〕例见嘉措 1993：105-106。

为专门批评的对象，这些声明不但没有提升伏藏的可信度，反而成为所有宁玛派文献的一部分最不可信的特征。[1]

展示某个经文传统的牢固历史身份当然涉及西藏所有的教派，照此标准汇编的藏文大藏经就是这方面的一个例证。然而，与其将伏藏的起源叙事视为用来说服外部群体中质疑者的工具，倒不如将其视为该传统内在的宗教元素。伏藏中提出的历史性声明会遭人质疑，尽管没有人会对此感到奇怪，但是伏藏师依然始终坚持将其伏藏植根于雅隆王朝的传说中。因此，合理的推断似乎应该是：伏藏文献中提出历史性声明，并不是指望圈外的质疑者放弃他们的不信任，从而成为伏藏的追随者，而是作为一种内部交流的方式，它能在内部共许的宗教权威基体中追溯伏藏的起源。[2]由此，宁玛派就把这些历史叙事当作向其内部信徒展示该传统的起源传说的一种方法，而信徒们也知道这些说法会被藏传佛教其他的竞争性教派视为眼中钉。[3]

如前所见，伏藏文献提出的历史声明或许从未能说服许多藏土的质疑者去接受这一传承，而在另外一方面，宁玛派的信徒则已倾向于先验地接受伏藏发掘的一般原则，甚至在没有这样的传说的情况下也会如此。反过来，这又表明赋予伏藏真实性的权威只能在这些历史叙事的外部来确定——即便是宁玛派内部。伏藏文献中频频指出，历史的声明为了令人对伏藏生起确信（nges shes skye pa）。然而，这种确信的生起并非发生在本来倾向于质疑伏藏价值的怀疑者身上，而是

〔1〕 在早期批评伏藏的辩论文书中，实际上并未直接质疑有关埋藏伏藏的历史声明。相反，恰译师、吉登贡布和萨迦班智达的核心批评主要聚焦在被他们视为精神传承中断的问题上（马丁 2001：111-113；156-157）。因此，伏藏被戏称为石法（rdo chos）、风法（rlung chos）、水法（chu chos）等（见古茹·曲吉旺秋 1979：105.1-5）。这一批评仍然含蓄地表达了对伏藏的历史合法性的怀疑。我们看到这一批评在后来的几个世纪里愈发成熟（凯普斯坦：132）。

〔2〕 然而，在伏藏发掘对历史传说的这种运用方面，有一些明显的例外；尤其是那些把伏藏视为对昔日吐蕃时代的准确历史记载的作品，例如娘热·尼玛沃色的《赤铜洲》和邬金林巴的《五部遗教》。不过，这些文本只代表伏藏文献中的一小部分，至于数量远超它们的那些记载，其目的即在特定传承的内部激发人们对特定的伏藏师和伏藏的信心。

〔3〕 假如伏藏师们希望其伏藏能获得更为广泛的接受，他们就会将其伏藏教法说成是在净相（dag snang）中由本尊或过去的权威人物向他们传授的证悟之理。如此一来，他们的伏藏就免于承担专属于伏藏传统的历史声明，这就不那么容易受到质疑与批评。

发生在已经从根本上接受了伏藏发掘之基本原则的信徒身上。由此，伏藏文献中的历史叙事在确立伏藏的真实性方面影响甚微，其影响远不及其他更为基础、哲学化程度更小的因素，例如当地的上层人物给予伏藏师的政治、经济和宗教的支持，与之相结合的，还有伏藏师自身通过个人魅力来吸引受众的能力。基于这些基本的因素，伏藏的真实性才能被更广大的受众群体认可。一个教法只有在基本的认证框架内获得认可，其历史叙事才能直面内部人士，并达到为其灌输对伏藏殊胜来源的尊崇之情的目的。

相关的一个问题就是，当没有真正的材料能让我们得出结论时，评价那些历史的声明就很困难。对绝大多数地伏藏而言，联结伏藏和古代的唯一现存物证就是所谓的“黄卷”（shog ser），伏藏能藉之展现于伏藏师的心识境界中。[1]然而，后来的密意藏却不存在任何的物证，因为整个发掘过程只发生在掘藏师的心中。[2]无论是哪种情况，真正的伏藏发掘都主要是一个记忆过程，它很少留下或根本不留下任何的历史材料以便让人从中判断其与8世纪的西藏之间的潜在关系。此外，重要的是，我们要记住宁玛派并不接受按照现实主义的历史阐释原则来建立伏藏与吐蕃时代的关系，但却持续强调时间和物质的无自性，这就为用一个抽象的哲学方法来处理此类传说留下了余地。[3]

尽管伏藏传承最终发现自己紧紧依附于一个“历史现实”，它的出现充满了

〔1〕 见嘉措1986。黄卷的地位非同一般，因为宁玛派认为这些黄卷肯定是8世纪或者9世纪时的实物（嘉措1993：106）。有趣的是，尽管质疑者和信徒们都能在黄卷上找到关于伏藏真实性的一个共通的平台，但据我所知，目前还没有人尝试确定这些黄卷的具体年代。然而，这并没有妨碍相当数量的针对这一主题的明确言论出现。洛佩兹甚至认为，尽管缺乏确凿的证据，有些学者仍然会勉强下定论，这会促成一个“吸引人的话题”以供研究（1998：243，注32）。关于对这种概括性结论的警告，见马丁2001：16-19。

〔2〕 义成活佛1986：164-166。

〔3〕 例如，纵然伏藏传统通常将伏藏师视为8、9世纪时莲花生最初的西藏弟子们的转世，这种关联也并不意味着会接受一个线性的历史意识，因为这些昔日的上师的身份是以高度抽象的方式设想的。例如，贡却久美是秋吉林巴的转世，他声称新派的所有重要上师——包括格鲁派的所有核心人物都是莲花生的化身（1982：150.5-151.6）。另请注意，宁玛派的密续是如何起源于诸佛密意传承的。例如后文第六章将要讨论的《四橛大义最上续》（*Phur bzhi don chen dam pa'i brgyud*），其中世尊金刚童（Vajrakumāra）就是从法界（dharmadhātu）中出现的，他于真如境界中为一群与其无二无别的眷属众作开示，这一真如境界明显不循从历史和地理的准确定位。

如此多诸佛密意传承的事件，以致于后来的任何一个历史声明都无法从这个本体的现实中割裂出去，而且不能停留在表面来看待。因此，如果断言伏藏传说的构建主要是为了给伏藏的伪造罪名一个反证，而一个主要的辩护策略就是将伏藏和印度佛教世界的佛联系起来，那就部分曲解了历史叙事背后的意图。〔1〕尽管伏藏的确在传承叙事中强调了莲花生及其藏人弟子所起的作用，这些历史描述的主要功能却是为伏藏教法的来源作一个说明，而非试图让外界的质疑者转变态度。伏藏教法一再强调其根源的超越性，起源记叙中的佛并不一定是一个在地理上跟印度相关联的佛，而是觉悟本身的原则。实际上，宁玛派通常不会强调其经典与印度之间的历史联系。我们可以参考敦珠仁波切（dDud 'joms rin po che）的评论：

> 尽管如此，仍然有一些心怀嫉妒者制造不和，例如声称某些旧译密续写作于西藏，因为它们在印度已无（梵本）存世。然而，那些密续不存在于印度并不能证明它们不可靠。即便是存在于印度的密续也并非源自（印度），它们是由大成就者从天界、龙界、药叉界、空行界等处带来的……后来才得以被介绍到印度。〔2〕

承认它们出自这一非历史的框架，我们就能充分领会伏藏中的历史声明，并且知道这样的叙事所达成的宗教目标是精神的纽带，这种纽带既不是全然世俗，也不是全然出世间，它联结的是伏藏的修行者和流出伏藏的超越性终极界域。

正如我们所见，虽然辩论文献的数量持续增长，但双方各自所持的基本观点却仍保持不变，伏藏要么一再被视为真实可靠，要么一再被视为欺骗性的诡计。如果我们考虑到在西藏被承认拥有经典的权威与具体的政治生存之间存在的关系，那就当然可以理解大多数评论者对于在验证伏藏方面寻求中立几乎没有兴趣。然而，令人意外的是，许多西方研究却倾向于照搬藏土传统用来衡量

---

〔1〕 例见嘉措 1998：149。

〔2〕 敦珠 1991：889。

的辨证因数。[1]例如，迈克尔·阿里斯（Michael Aris）在其研究伏藏师贝玛林巴的著名专著中反复拆穿这个人物，说他是一个精神上的骗子，但他对这一说法却几乎没有给出什么证据。[2]最后，他可能觉得读者不会完全信服，于是他提出如下劝告：

> 最重要的是，许多与贝玛林巴同时代的人都认为他基本上就是一个骗子，这些人当中就包括激进而英明的竹巴衮列（'Brug pa kun legs），如果他们（更不用说"革新的"格鲁派）都能够持那种观点，那么20世纪的理性而有批判性的学者们当然也能这样做。[3]

阿里斯从未说明为什么一个理性而有批判性的学者会接受竹巴衮列（1455—1529）及同属于15世纪的格鲁派人士的评价，并将其视为衡量贝玛林巴精神可靠性的证据。竹巴衮列被人看成是"疯子"（smyon pa），他的古怪观点和行为几乎向所有的权威人物和惯例发起了挑战，而15世纪的格鲁派人士也因质疑宁玛派而闻名。然而，似乎更明显的是他将一个政治化的西藏议题挪用到了声明个人信念上，而这个信念却并不令人信服。[4]

并不是每个人都在质疑宁玛派的伏藏，阿里斯实际上重视的是批判那些对伏藏提出友善观点的学者。[5]然而，此中涉及的段落一般是由不重要的评论构成，而且对伏藏的评价往往不具备足够的决定性。但就像质疑者的立场一样，它

---

〔1〕凯普斯坦（2000：135）已经指出这一点，他说：20世纪80年代中期，我本来期望在当代文本批评的方法论的催化下，我们能很快见到在处理这些问题的传统方法上有新的发展。然而，我却未能料到研究藏传佛教的欧美学者们会发现他们自己在捍卫或者谴责伏藏时，几乎仍在重走古代西藏辩论的两极路线。

〔2〕阿里斯1989。

〔3〕阿里斯1989：97。

〔4〕阿里斯的确因为他对贝玛林巴所作的研究而受到了不少批评（例如：马丁2001：16-17；哈丁2003：151，注53；贝玛拉：1995），他作为这种质疑性立场的代表，无疑是一个极端的例子。不过，他并不是唯一一个使用传统"经典/伪经"的文本框架来探讨伏藏传承的学者。参见嘉措1998：295，注64，其中列举了对伏藏持质疑态度的研究。还需要注意的是，史卫国将其界定为假的、具有欺骗性的（1990：XXIX—XXXI）。关于竹巴衮列，见道曼1998。

〔5〕阿里斯1989：96-97。

们一般很少会为其见解与判断方式提供理论依据。[1]

现在，考虑到对宁玛派而言，伏藏本身无视历史的准确性，有关真实性的问题显然需要一个比以前传统的辩论家们所用方法更为广泛的方法对策。我在前面已对此有过探讨，尽管有许多历史声明与伏藏发掘有关，它们最终的鉴定证明仍然取决于他们的接受程度，首先要获得宗教权威人士的认可，其次要更为被广大的信众群体接受。然而，充分认识这一伏藏验证方法需要我们搁置从纯历史的角度衡量真实性的观念，而要把伏藏当成一个启示性产物来对待。这就表明要把它们视为经文，而非文本。[2]

这种方法在佛学研究领域是少见的，但是在宗教研究的其他分支内，也有类似于这种在方法论上举棋不定的现象。坎特维尔·史密斯（Cantwell Smith）在他的一项富有洞见的研究中认为，经文（及其认证）产生于人相互交流的过程，而非历史的证实。[3] 史密斯认为学术上对史学方法的重视是学者们创造的一个策略，他们想借此回避由宗教的多样性和对信仰的各种诠释带来的解释学上的挑战。他把这些在学术上不愿意理会经文理念的现象归为“学术原教旨主义”，这种“学术原教旨主义”拒绝承认其他传统或诠释的价值。因此，为了鼓励以更广

〔1〕另需注意塞缪尔对阿里斯所作研究的评论：“在探讨伏藏真实性的方面，贝玛林巴或许并不是一个很好的例子，但阿里斯将伏藏判伪的做法可能太过了。贝玛林巴可能运用了他作为工匠所拥有的技巧，从而对其所发掘的文本进行精心的编排，但他的许多出神与入定的经历及其萨满式的语言，似乎是足够真实的”（1993：298）。确定萨满式出神的正当性本身就不是一件容易的事，要在萨满式语言的基础上验证一个伏藏似乎就更难了，因为大多数伏藏文本的书面风格都惊人地雷同，故而重复性高（可与下文米庞的评论相参较）。不过，塞缪尔的重点不在于确立伏藏是否可验证为真实，他的评论实际上是：“在最后的分析中，与伏藏师们的伏藏是否被接受、对于藏土持续进行的接受与拒斥的宗教生活意味着什么相比，伏藏师们到底有多大的诚意就没有那么重要了”（299）。也有许多学者试图避免站在传统争论中的任何一方。大部分学者都这样做，他们完全避开了有关真实性问题的讨论，而有一些学者则积极寻求别的方式去处理传统的“质疑—敬信”二元对立。例如，戴维森呼吁人们注意印度佛教中“共识性的鉴定”，这有助于塑造经典的开放性，这种开放性正是伏藏的特征（2002a）。另见凯普斯坦 2000：121-137；迈尔 1996：70-90。

〔2〕或者，如果历史批评的持续应用要与伏藏分析挂钩，那就应该运用真正的语文学、史学和艺术史的方法。如上所述，尽管大部分伏藏都不是以物质形式发掘出来的，某些文本和文物仍被说为具有真正的历史来源，由此也就存在接受历史分析的可能性。

〔3〕坎特维尔·史密斯 1993，尤可参见 15-18。

泛的途径来理解宗教著作，他给出了以下提议：

> 我们认为，就对经文的一种新的认识而言，其根本就在于认识到没有一个文本在本质上就是经文。人们——一个特定的群体——将一个文本做成经文，或者让其保持为经文：通过用一个特定的方法对待它。我认为：*经文就是人的活动*。[1]

就这样，史密斯道出了一个简单的真相：文本仅仅是通过一个信徒群体的认证过程才转变成经文的。就伏藏的认证而言，它表明仅仅利用历史这一衡量标准来验证其经文的真实性是徒劳无功的，因为经文是在一个超越衡量的境界中存在并发挥功用的。因此，史密斯的说法可以引导我们拓宽方法论的视野，同时在将伏藏视为经文而非纸卷时，能寻求探索伏藏的其他途径。虽然传统的和现代的伏藏研究往往会忽略掉这样的途径，但是如果宣称整个藏土的伏藏诠释学都陷入是非两极论战，那就为时过早了。实际上，在 19 世纪后期的一部精彩著作中就有不同的说法。

米庞的观点：一种新的解释学？

此处涉及的文本属于伏藏传统，其中所讨论的不是伏藏的特性，而是声称自己发掘了伏藏的伏藏师的特性。此前，学界对该领域鲜有问津者，而且关于伏藏师也几乎没有资料可用。该文本题为《观察伏藏师 · 澄水宝珠》(*gTer ston brtag ba chu dwangs nor bu*)[2]，是由 19 世纪宁玛派著名上师米庞写的。比起米

---

〔1〕 坎特维尔 · 史密斯 1993：18（斜体部分非笔者所写）。

〔2〕 米庞 1984。关于米庞的研究，见佩蒂特（Pettit）1999；舒（Schuh）1973b。有关他的文集的介绍，见笔者《藏文文本导论》(Introduction to the Tibetan Text）一文，收于局 · 米庞 2004。全论的完整翻译及其对应的藏文原文并置于原书第三章。有关藏文文本的技术说明，读者可参考多克托 2003。

庞的许多其他著作，这一篇简短很多，但是在伏藏师及其认证问题方面它不失为一个宝贵的资料。从一开始，米庞就承认他所属的伏藏传统中有一定的欺骗性元素，这是有人伪装成真正的伏藏师来利用信徒的善信。[1]由此，米庞将他自己置身于传统的是非争论框架中，他当然也希望通过写作来揭露那些冒充真正伏藏师的人。然而，在写作过程中，他也触及了伏藏传统研究固有的许多有意思的问题，这使得他的文本有别于圣者——伪徒二元对立的标准描述，这种描述在有关该话题的藏土辩论著作中非常常见。

米庞一改其通常的学术写作风格，转用一种兼具幽默与严肃的口吻，对那种以掘藏的名义进行精神欺骗的现象作了生动的批评。他在这一主题上的想法值得注意，其原因有几个：首先，最重要的是，与标准的争论性评价让我们相信的情况相比，它们所承认的真实性的问题更为复杂，所需要的方法论上的考虑也更为深入，而这是非常少见的；其次，作为伏藏传统内部对掘藏群体的批评，针对宁玛派在约束那些以掘藏名义行骗的普遍现象时所面临的挑战，它提供了重要的见解。这一内部人士挑战了某些所谓的掘藏师的真实性，这表明了宁玛派在公众眼里维护其清净名誉时经历的困难。米庞可能认为，这种挑战很难在传统的哲学话语中得到有效的解决，而通过采用一个比较口语化而直接的写作风格，他就能以简捷明了的方式更好地解决这个问题，而且普通人和学者都能理解。

由于承认了这一文本的论辩性质，米庞文集的编辑们就将该文本与其对格鲁派所作的著名答复放在一起，这一答复回应的是格鲁派对其《入菩萨行论》的争议性释论所作的批评。[2]据其简短的后记所言，该论是在“心中想起时立即”写下的，[3]其风格与语言传达出一种在古典藏文文献中少见的清新又直率的意味。该论开篇没有礼赞或祈请的偈颂，开门见山直奔主题，没有令人分心的繁琐哲学。它不是一个“寻常”的学术作品，这使得作为观察伏藏传统之窗的它格外有趣而吸引人，因为米庞是在直抒胸臆，直接地处理问题，与他出了名的优美偈

〔1〕 米庞是在圆寂后才被认定为密意藏的掘藏师的（敦珠 1991：880）。更重要的是，他是蒋扬钦哲旺波的首要弟子之一，后者一生都与伏藏的发掘密切相关。

〔2〕 衮桑班丹（Kun bzang dpal ldan）：67。

〔3〕 米庞 1984：487。

颂体风格相比，这种方式更能有效地击中要害。

米庞家乡所在的藏东地区普遍倾向于赞同伏藏传统，因此他并没有被迫去为该传统的基本前提作辩护。相反，他能够集中精力去剔除伏藏文化中的糟粕。在此过程中，他首先描述了伪伏藏师的特点，继而评价他们所带来的破坏。最后，针对如何识别这类骗子，他为信徒们提供了一些建议。米庞承认伏藏师队伍中存在骗子，这表明即使是在宁玛派的藏东腹地，公众也必须引起高度的重视，因为并不是所有的伏藏都是可信的。以往的研究多半认为对伏藏传统的批评源于宁玛派外部的学者，但米庞却明确说明宁玛派对真实性问题的关注与其他任何人一样。实际上，他是在力劝追随者们要对外界的批评上心，他将这些批评称为“甘露般的建言”。[1]

尽管米庞承认某些伏藏中存在伪造现象，但我们不应就此断定他认为伏藏普遍都是可疑或伪造的。相反，他的目的是为了揭露那些伪伏藏师，并将他们逐出该群体，以便真正的伏藏师的卓越人生能散发光芒，不会因为骗子与伪徒而失去公众的信任。显然，当时的公众对伏藏师有一定程度的批评。《大宝伏藏》[2]编集中的内部争议无疑促成了该传统形象的破坏，但是米庞在此要处理的疑虑似乎是已经根植于广大平民心中的一个更为根本而普遍的疑虑。他承认了这种不信任，并对骗子们说了下面的话：

> 呜呼！诸伏藏师！虽然雪域之人中无有胆敢不信莲师且言其为假者，然而彼等见伪装并自称伏藏师者，心中亦生烦恼，其中有些人对具量之伏藏师亦失去信心，是故，对于敬信胜利王莲花生大士之有情，

〔1〕 米庞 1984：476.1。米庞并不是第一个承认宁玛派圈外人士的批评有价值的人。例如，比米庞早两个世纪的泽勒·那措让卓就评论道：“旧译密咒教法甚深、广大、希有，然而其追随者为生计与暂时利益之追求所惑，而不思精进修行以求证悟。身为一家之主，彼等既非显乘行人亦非密乘行人，无非为旧译密咒之耻辱而已。此即新译密咒行人（无论贤愚）不仅将宁玛派之教法与行人逐出佛教界，而且见之如见一滩呕吐物之原因。”（措嘉 1999：14；参泽勒 1979：424.5-425.3）。

〔2〕 见于卡恰多杰 1981b；布隆多 1988。

切勿削减其法缘！[1]

后来，米庞通过引用邬金林巴的《莲花遗教》来支撑这一说法，其文云："伏藏中除了狗的尸体外，什么都能出现"[2]。在米庞看来，这句话是指厌烦骗子们随意将一些物品当作被昔日吐蕃时期的圣者加持过的宗教物品。宁玛派在学术上的确立似乎是带着一定的质疑来看待所谓的"新伏藏"（gter gsar），而对于"旧伏藏"（gter snying），则将其视为真实可信且值得修习。"往昔的事物总是更好的"——这种观念反映了所有的文化和地区在宗教问题上的一个普遍的关注。[3]然而，鉴于伏藏从一开始就体现出对精神与宗教革新的支持，米庞对这一原则的赞美就显得非常有意思。他在数个场合下都明确表示他个人更喜欢旧伏藏，并且称赞娘热·尼玛沃色、古茹·曲吉旺秋、仁增·果登（Rig 'dzin rGod ldem, 1337—1408）、热那林巴（1403—1478）和噶玛林巴（Karma gling pa, 1326—？）等早期人物为真正的伏藏师，人们可以具足信心去追随他们的伏藏。[4]

同样，宁玛派的很多上师都担心新兴的伏藏里会掺杂有一些骗子的作品。至于米庞，他是如何描述这些骗子的特征的呢？对那些谎称自己具足掘藏所需功德的人，他无意于掩盖心中的鄙视。他形容这些人是渴望权力的人，为了获得那些真正的伏藏师才当得起的名声和经济利益，他们会不择手段。他以偈颂和散文

〔1〕 kye gter ston pa dag gangs can pa dag gu ru padma la snying nas mi mos mi bden zer phod mkhan su mi 'dug kyang gter ston yin zer ba tshos rdzun sogs kyis zol mthong nas yid sun te … rgyal dbang padma la sems can mos pa'i skal pa chung ngur ma byed cig // 米庞 1984：476。

〔2〕 gter nas khyi ro min pa gang yang byung（米庞 1984：484）。原文见于邬金林巴 1996：57b。

〔3〕 德国哲学家伊曼努尔·康德（Immanuel Kant，1724—1804）提到过一个事实，他评论道："全世界都躺在邪恶手中"是一个与历史一样古老的悲叹……所有人都同意世界始于美好，无论是在黄金时代，在伊甸园中的生活，还是一个更快乐的有神灵居住的地方。但是他们都表明这种幸福就如同梦境一般消逝了，而且堕入了邪恶之中……如今，匆忙的人类每况愈下，加速堕落。因此当下（这个当下跟历史一样古老）我们生在末世，末日与世界的毁灭即将来临"（1960：15）。

〔4〕 再次注意泽勒·那措让卓的类似评论："在此黑暗岁月，似乎已无人讲、学、修无垢之旧（伏藏）……众导师将人生浪费于追求所谓之新（伏藏）或与（伏藏）类似者，此等（伏藏）如今已如夏日草场上之蘑菇般激增。目睹此种可悲情形，愚蒙老僧如我者唯能流泪，如之奈何。"（措嘉 1999：14，参泽勒 1979：425.6-426.3）。

结合的生动形式，揭露了这些人为了达成其目的而使用的众多伎俩。据米庞所言，主宰这些目的的是对名利及其令人垂涎的副产物的渴望。对这种欲望的盛行，他深表痛惜：

> 如果善加观察，可知那些宣称有伏藏法的人其实是为了追求名利与女人，故而将其希愿加诸伏藏，其贪欲如烈火般炽燃。没有作伪和欺骗的（伏藏）是何等罕见！[1]

对骗子的人生而言，这些当然算不上新奇的话题，但是在该文中提到它们就耐人寻味了，因为它能让读者一窥围绕伏藏传统及其掘藏产物的文化和政治。由米庞所介绍的假伏藏师的诡计，我们可以了知他们的种种行为，例如将有钱人的名字写入伏藏前面的授记标签（byang bu）上，说服那些精神上的权威人物对其加以认证，声称一些美貌女子是特别适合成为修道助伴的化身，声称藏土（可能是普遍的？）常见的谴责对手的行为是骗人的魔鬼。[2]可以预见，其结果就是群众的信心受到动摇而减弱。米庞对这种事态感到悲哀，他以直言不讳的方式向骗子发话，以求改变他们的歪门邪道。在处理假伏藏师这件事上，他采取了藏土常见的与制造障碍者沟通的策略：首先提出一个有礼貌的请求，而后以不服从所带来的不愉快后果对其发出严厉的警告。他首先在道德良知上呼吁假伏藏师，提醒他们如果让具信者质疑整个伏藏传统，就会引起动荡不安的结局，最终会切断他们与莲花生大士之解脱教授之间的关系。对于漠视这一请求的人，米庞警告说，可怕的业果在等着这些骗子，他们将会在来世受犁舌之果报。由此，米庞提醒了那些假伏藏师，若有人敢冒充真正的精神导师，其果报将非常严重。

尽管米庞生动地叙述了那些骗子及其对伏藏传统的不良影响，真正能决定这些人物真实性的问题仍未得到解决，人们仍然不清楚该如何对待这些伏藏师及

[1] legs par brtags na gter chos zer pa rnams / grags 'dod nor 'dod bud med 'dod pa'i phyir / gter la re zhing skam chags me ltar 'bar / rdzun dang zog po med pa dkon 'di ci //（米庞 1984：482）

[2] 米庞 1984：485.2-3。

其说法。由于西藏的宗教史充满了对圣者的记述，他们受人尊敬，且行为迥异于世俗，因此上述的不道德行为并不能构成鉴定骗子的终极准绳。虽然骗子的行为在任何标准下都应受到谴责，但仅靠观察行为来评价似乎又不够充分。不过，米庞在其文章的结尾提出了一个措施，在他看来，这个措施最终能解决真实性问题。该文的结颂部分建议如下：

心中对其产生怀疑时，应求具力之人除二心。[1]

这一简单的建议直接指向一个事实，亦即尽管伏藏群体为一群行为怪异的伪徒所扰，但最终还是没有一个确凿的证据能帮助信徒们区分理遭谴责的骗子和那些被米庞称赞的真正的大悲上师。可以预见的是，如果骗子在外相上与其仿效对象不一样，那么其（伏藏师式的）生活方式自然是短暂的，但是这两类人很难区分的真正原因是双方都将伏藏发掘的来源认定为伏藏师的精神界域，由此，可核实的证据便无从获得，而人们在评价有关来源的声明时，通常依赖的正是这样的证据。

米庞认为只有精神上具力的人才能断定伏藏师是否可靠，这就承认了只依据历史前提或者只观察行为而作出的评价无法给出一个最终的明确答案。米庞认为，最终只有权威领导人士的精神直觉（亦即“他心通”）才能验证伏藏师们的说法。他说话的依据是什么呢？为了回答这一问题，我们必须先了解传统上伏藏师在西藏成为成功智者的一些方式。

米庞生活在 19 世纪的藏东地区，该处的政教现实在很大程度上是被封建式的社会机制所支配，该社会中的重大决定一般都是由相对较小的，但在经济、政治和宗教上有专属权的精英来做。这样的社会当然不支持任何主张将权威授予大众的建议，即便是设想也不行。因此，一个有抱负的伏藏师通常只有依靠业已确立的地方政权的积极支持才能成名。[2]理论上（当然也在修辞上），这种支持可

〔1〕 de la the tshom za ba'i dus byung na / mthu ldan yod na yid gnyis sel bar rigs //（米庞 1984：487.4）。

〔2〕 马丁指出，和贵族之间的紧密关系对一个有潜力的伏藏师而言非常重要，并且还指出以娘热·尼玛沃色和仁增·果登为首的一些最成功的伏藏师本身都是贵族出身（2001：26-27）。

以基于认定伏藏师的某些功德而得以延伸，由此，他的伏藏也就被视为具足真正的伏藏所拥有的令人解脱的潜力。在现实中，这个过程当然存在精神或政治阴谋谈判的可能性，而且其结果并不都是一开始就能想到的。然而，虽然这样的社会和经济现实对伏藏传统的发展与繁荣方式有实在而持久的影响，我们还是必须考虑到与认证伏藏师有关的其他一些更为分散的因素，例如个人魅力及吸引力的影响，满足普通民众之现实需求和精神需求的能力。尽管政治和宗教的关系在推动一个特定伏藏师的事业上能走得更远，西藏历史上仍然有富于魅力的伏藏师名扬于世，他们凭借的是个人的吸引力，而后才是既定权威的援助，这样的例子比比皆是。后一个因素虽然比政治支持更为模糊、更难准确定位，但它似乎是伏藏传统获得成功的关键因素之一，有时候它还会提供一种能与宗教和政治权威相匹敌的验证能力。

无论伏藏师主要是靠政教势力的支持还是通过其个人富有魅力的功德而获得知名度的，最终他们都要使更广大的僧俗群众相信他们的伏藏的价值，这样他们才会被普遍的社会宗教体系所接受。考虑到传统的藏族宗教社会的阶层结构，很多这样的公众接纳当然几乎都是自动发生的，就像米庞指示的那样，它们只需通过与权威紧密结合即可。追随该传统的任何一个普通人是否会感觉到自己被授予真正的权力去确证宁玛派的精神领袖，这一点尚难确定，但是我们不应忽视集体的虔诚追随在认证伏藏师等宗教人物上的影响。不管是靠个人魅力还是靠政治支持，伏藏师们最后都必须通过他们的伏藏来维持和满足具信受众的需求。他们不仅要在短期内提供一个吸引人的新奇事物，而且要在长期内展示其伏藏是其信奉者精神成长与成就的可靠媒介，由此而向佛教修行人确立其伏藏的价值。

通过这一过程，伏藏传统的信徒可以对一个特定伏藏师的可信性得出最终结论，正如米庞指出的那样，该过程没有任何万全的清单用以囊括外在可见的特征。针对这一问题，米庞的解决方式是向权威人士请求支持，就传统佛教的语境而言，在依靠精神耆宿的成熟智慧这一实践上，该举措有着久远的先例。在寻求真实性的语境下，作为身处以掘藏活动为主导的传统的内部人士，米庞对验证真实性的建议既传统又实用。然而，他的建议中也暗含着一个更为严重的后果，若要赋予一个精神导师以全面的权威，每个信徒最终都不得不基于最大的信心来确证（导师本人的可靠性）。由于缺失经验上可以实证的评价模式，米庞认为持犹疑态度的人在真实性问题上应该仰仗一位“具力者”，然而认定这样的一种权威最终无疑也同样要基于信心来完成，就像最初评价伏藏师的时候一样。[1] 重要的是，这一验证任务就又回到了每个信徒身上，归根到底，他们是被要求对伏藏师作出个人的评价，而这种评价是基于信仰的力量，而不是其信仰对象的具体的、可核实的证据，或者政教精英的支持。

我们已认识到，伏藏最终的鉴定方法还是无法在客观上得到验证，因此坚持在非真即假的简单框架中辩论就似乎没有什么裨益。相反，超越“圣者—骗子”这一传统范式来看问题的话，或许可以让我们从其他更有价值的视角去研究这一富有吸引力的文献，由此而丰富我们对这一独特佛教传统的哲学和解释学价值的理解。承认群众（当然是由具足信心的个体所组成）在鉴定经文方面的影响力并不一定意味着无法批判性地检视伏藏传统的宗教声明，相反，这一点认识使得我们在对待伏藏师及其文本时不会受到被宗教政治影响的方法学的限制。由此，当宗教声明、卓越的圣者、虚伪的骗子以及西藏政治共同交织在掘藏这一复杂现象中时，我们就可以通过新的眼光来探究呈现在眼前的这出错综难解的戏。尽管米庞在抨击假伏藏师时立场坚定，但是今天我们在不放弃对伏藏经文进行仔细的语文学和历史学评价的同时，可以通过认识到使一个伏藏师成为一个圣者、使一个伏藏转变为经典的实际上是诸多因素之间复杂的相互作用，从而修正、缓和藏土和西方在评价伏藏时所常用的说辞，在这些因素中，虔诚群众的信心和直觉发挥着举足轻重的作用。

---

〔1〕 此处，我们可能会想起索伦·克尔凯郭尔（Søren Kierkegaard，1813—1855）曾鼓励“基于荒谬”而培养信心（例如 1985：79）。克尔凯郭尔在信仰上面的立场及其与宗教生活和道德相关的方面跟大乘佛教的传统有许多明显相似的地方。例如，在大乘佛教中，一个精神人物可以为了更为伟大和崇高的目的而不顾其外在的道德行为，其目的往往不能仅凭理性来鉴定，他这么做也被视为具有合法性。然而，在这种评价宗教权威的语境下，米庞可能赞成克尔凯郭尔著名的“伦理的目的论悬置”中的基本原则，这无疑会使他质疑他自己让人放弃传统制定的普世伦理的劝告。

参考文献

藏文文献

- 巴沃·祖拉陈瓦（dPa' bo gtsug lag 'phreng ba）1986，《贤者喜宴》（*Chos 'byung mkhas pa'i dga ston*），北京：民族出版社。
- 贡却久美（dKon mchog 'gyur med）1982，《大伏藏师秋吉德钦林巴传·能显吉祥音之支分》（*gTer chen mchog gyur bde chen gling pa'i rnam thar bkra shis dbyangs kyi yan lag gsal byed*），收秋吉林巴 1982a，卷 38，叶 1-629。
- 热那林巴（Ratna gling pa Rin chen dpal bzang po）1977，《开示教法源流之灯·回诤狮子吼》（*Chos 'byung bstan pa'i sgron me rtsod zlog seng ge'i nga ro*），帕拉姆普尔（Palampur）：经典抢救维护印经院（Sungrab Nyamso Gyunphel Parkhang）。
- 卡恰多杰（mKha' khyab rdo rje）1981a，《嘉旺卡恰多杰全集》（*rGyal dbang mkha' kyab rdo rje'i bka' 'bum*），巴若（Paro）：喇嘛俄珠（Lama Ngodmp）。

  ——1981b，《摧破论敌之语金刚火雨·击碎凶暴者头颅·真实光明喜宴》（*Pha rgol 'jom pa'i gtam rdo rje'i me char ma rungs klad 'gems yang dag snang ba'i dga' ston ces bya ba bi ha ra ti sma*），收卡恰多杰 1981a，卷 na，叶 323-409。
- 米庞嘉措（Mi pham rgya mtsho）1984，《观察伏藏师·澄水宝珠》（*gTer ston brtag ba chu dwangs nor bu*），收《雪域语狮子遍知大班智达米庞蒋扬南杰嘉措新版全集》（*Gangs ri'i khrod kyi smra ba'i seng ge tham cad mkhyen gzigs ma ha' pan di ta Mi pham 'jam dbyangs rnam rgyal rgya mtsho'i bka' 'bum spar gsar*），卷 14：475-487，巴若：喇嘛俄珠和喜饶智美（Sherab Drimey）。
- 多智钦·吉美丹贝尼玛（rDo grub chen 'Jigs med bstan pa'i nyi ma）1975，《遗业伏藏传承简明释·稀有海》（*Las 'phro gter kyi rnam bshad nyung gsal ngo mtshar rgya mtsho*），收《多智钦·吉美丹贝尼玛全集》（*The Collected Works of rDo Grub Chen Jigs Med Bstan Pa Nyima*），卷 4：177-447，甘托克：多智钦仁波切。
- 敦珠·吉扎益西多杰（bDud 'joms 'Jigs bral ye shes rdo rje）1996，《杜钧教史》（*bDud 'joms chos 'byung*），成都：四川民族出版社。

- 古茹·曲吉旺秋（Guru chos kyi dbang phyug）1979,《大伏藏史》(*gTer 'byung chen mo*)，收《古茹·曲吉旺秋之自传与教诫》(*The Autobiography and Instructions of Gu-ru chos-kyi-dbang-phyug*)，巴若：邬金丹贝坚赞（Ugyen Tempai Gyaltsen)，卷 2，页 75-193。
- 龙青巴（Klong chen pa 'Dri med 'od zer）1992a,《空行心要》(*mKha' 'gro yang tig*)，收《四部心髓》(*sNying thig ya bzhi*)，卷 3-4，伯克利：智军项目（Yeshe De Project)。

  ——1992b,《伏藏源流·大宝史传》(*gTer 'byung rin po che'i lo rgyus*)，收龙青巴 1992a，卷 3，叶 1-135。

  ——1992c,《标牌·宝树》(*Them byang rin chen ljon shing*)，收龙青巴 1992a，卷 3，叶 1-17。

  ——1992d,《句义藏》(*Tshig don rin po che'i bang mdzod*)，收龙青巴 1992a，卷 3，叶 588-633。

  ——1992e,《甚深义海云》(*Zab don rgya mtsho'i sprin*)，收龙青巴 1992a，卷 3，叶 1-683。
- 娘热·尼玛沃色（Nyang ral Nyi ma 'od zer）1976,《阿阇梨莲花生本生传·摩尼鬘 / 赤铜洲》(*Slob dpon padma 'byung gnas kyi skyes rab chos 'byung nor bu'i phreng ba zhes bya ba rnam thar zangs gling ma*)，收蒋贡·工珠 1976a，卷 1，叶 1-204。
- 衮桑班丹（Kun bzang dpal ldan)，无出版日期,《雪域唯一语狮子妙吉祥怙主米庞嘉措传记摄要与论典目录·旧译正法之美严》(*Gangs ri'i khrod kyi smra ba'i seng ge gcig pu 'jam mgon mi pham rgya mtsho'i rnam thar snying po bsdus pa dang gsung rab kyi dkar chag snga 'gyur bstan pa'i mdzes rgyan*)，加德满都：协庆寺。
- 恰译师（Chag lo tsā ba）等 1979,《破除邪密咒》(*sNgags log sun 'byin gyi skor*)，廷布：衮桑多嘉（Kunsang Topgyel）和玛尼多吉（Mani Dorji)。
- 索多巴·罗珠坚赞（Sog zlog pa Blo gros rgyal mtshan）1998,《答关于前宏期密乘的争论》(*gSang snags snga 'gyur la bod du rtsod pa snga phyir byung ba rnams kyi lan du brjod pa nges pa don gyi 'brug sgra bzhugs*)，成都：四川民族出版社。
- 蒋贡·工珠（'Jam mgon kong sprul）编,《大宝伏藏》(*Rin chen gter mdzod*)，卷 1-63，不丹巴若（Paro, Bhutan)：喇嘛俄珠和喜饶智美，1976a。

  ——《甚深伏藏与得成就之伏藏师简史·大宝琉璃鬘》(*Zab mo'i gter dang gter ston grub thob ji ltar byon pa'i lo rgyus mdor bsdus bkod pa rin chen vaiḍūrya'i phreng ba*)，1976b，收

工珠 1976a，卷 1：叶 291-759。

- 邬金林巴（U rgyan gling pa）1996，《莲花遗教》（*Padma bka' thang*），北京：民族出版社。
- 泽勒·那措让卓（rTse le sna tshogs rang grol）1979，《基于大宝阿阇梨莲花生广传之答问·显明了义》（*Slob dpon rin po che padma'i rnam thar chen mo las brtsams te dri ba'i lan nges don gsal byed*），收《泽勒郭仓巴·班玛勒珠全集》（*The Complete Works of rTse le rgod tshang pa padma legs grub*），卷 ga，叶 397-491，甘托克：宫保才旦（mGon po tshe brtan）。

非藏文文献

- 埃里克·施密特（Schmidt , Erik H）1989，《广大之门》（*The Great Gate*），加德满都：自生智出版社（Rangjung Yeshe Publications）。
- 艾蒂安·拉莫特 1988（Lamotte, Etienne）1998，《印度佛教史：从起源至塞种纪元》（*History of Indian Buddhism: From the Origins to the Śaka Era*），新鲁汶（Louvain-la-Neuve）：鲁汶大学（Universite Catholique de Louvain）。
- 安德烈亚斯·多克托（Doctor , Andreas）2002，《秋吉林巴新伏藏目录》（Catalogue of the New Treasures of Mchog gyur gling pa），西藏与喜马拉雅数字图书馆（Tibetan and Himalayan Digital Library），弗吉尼亚大学（University of Virginia）（网址：http://iris.lib.virginia.edu/tibet/index.html）

  ——2003，《西藏的伏藏文献：伏藏师秋吉德钦林巴之伏藏法研究》（*The Tibetan Treasure Literature: A Study of the Revelations of the Visionary Master Mchog gyur bde chen gling pa (1829 — 1870)*），博士论文，卡尔加里大学（University of Calgary）。
- 安妮－玛丽·布隆多（Anne-Marie Blondeau）1980，《根据西藏传统对莲花生传记所作的分析：资料分类》（Analysis of the biographies of Padmasambhava according to Tibetan tradition: classification of sources），收迈克尔·阿里斯（Michael Aris）、昂山素季（Aung San Suu Kyi）编，《纪念黎吉生藏学论文集》（*Tibetan Studies in Honour of Hugh Richardson*），沃明斯特（Warminster）：阿里斯和飞利浦出版有限公司（Aris & Phillips Ltd.），页 45-52。

  ——1988，《有关〈大宝伏藏〉收录苯教仪轨的争议：初步说明》（La controverse soulevée par l'inclusion de rituels bon-po dans le *Rin-chen gter-mdzod* : Note préliminaire），收于伯赫（H. Uebach）和强巴庞隆（J. L. Panglung）编，《藏学研究：第四届国际藏学研讨会论文集》

（*Tibetan Studies: Proceedings of the 4th Seminar of the International Association for Tibetan Studies*），慕尼黑·宫霍亨卡梅尔酒店（Schloss Hohenkammer, Munich）1985，慕尼黑（Müchen）：中亚研究委员会（Kommission für Zentralasiatische Studien），巴伐利亚科学院（Bayerische Akademie der Wissenschaften），页 59-76。

- 巴桑旺堆（Wangdu, Pasang）和海德噶·丁伯格（Hildegard Diemberger）2000，《〈巴协〉：关于佛法入藏的王室叙述》（*dBa' bzhed: The Royal Narrative Concerning the Bringing of the Buddha's Doctrine to Tibet*），维也纳：奥地利科学院出版社（Verlag der österreichischen Akademie der Wissenschaften）。
- 比肖夫（Bischoff, F.A）、查尔斯·哈特曼（Charles Hartman）1971，《莲花生对橛的创造：伯希和藏文文献 44》（Padmasambhava's Invention of the Phur-bu: MS. Pelliot Tibétain 44），收《拉露纪念文集》（*Étude tibétains dédiées à la mémoire de Marcelle Lalou*），巴黎（Paris）：亚德里安·麦松奈文出版社（Adrien Maisonneuve），页 11-27。
- 保罗·威廉姆斯（Williams, Paul）2001，《大乘佛教：教义基础》（*Mahāyāna Buddhism: The Doctrinal Foundations*），伦敦：路特雷奇出版社（Routledge）。
- 大卫·戈登·怀特（White, David Gordon）编 2000，《实践中的密续》（*Tantra in Practice*），普林斯顿：普林斯顿大学出版社。
- 大卫·杰玛诺（Germano）1998，《新中国的当代伏藏运动》（Re-membering the Dismembered Body of Tibet: Contemporary Tibetan Visionary Movements in the People's Republic of China），收戈尔茨坦（Goldstein）1998，页 53-94。

  ——2002，《七系付法与宁玛派传播的早期历史》（The Seven Descents and the Early History of Rnying ma Transmissions），收艾默（Eimer）2002，页 225-264。
- 但·马丁（Martin , Dan）2001，《西藏历史：藏文史书名录》（*Tibetan Histories: A Bibliography of Tibetan-Language Historical Works*），伦敦：西域出版社（Serindia）。
- 敦珠仁波切（Dudjom Rinpoche）1991，《藏传佛教宁玛派：根本教义与历史》（*The Nyingma School of Tibetan Buddhism: Its Fundamentals and History*），卷 1，波士顿：智慧出版社（Wisdom Publications）。
- 迪特·舒（Schuh, Dieter）1973b，《西藏的手稿与刻本》（*Tibetische Handschriften und Blockdrücke*），卷 5，威斯巴登：弗兰茨·斯坦纳（Franz Steiner）。

- 冯·谢克（van Schaik, Sam）2004，《趣入大圆满：〈龙青宁提〉中大圆满修习的顿与渐》（*Approaching the Great Perfection: Simultaneous and Gradual Methods of Dzogchen Practice in the Longchen Nyingtig*），波士顿：智慧出版社。
- 何塞·伊格纳西奥·卡贝松（José Ignacio Cabezon）与罗杰·杰克逊（Roger R. Jackson）（编）1996，《藏文文献：分类研究》（*Tibetan Literature: Studies in Genre*），纽约伊萨卡（Ithacha）：雪狮出版社（Snow Lion Publications）。
- 赫尔穆特·艾默（Eimer, Helmut）和大卫·杰玛诺（David Germano）主编 2002，《藏传佛教之诸多经典》（*The Many Canons of Tibetan Buddhism*），莱顿（Leiden）：博睿（Brill）。
- 金·史密斯（Smith, E. Gene）2001，《置身藏文文本：喜马拉雅高原的历史与文献》（*Among Tibetan Texts: History and Literature of the Himalayan Plateau*），波士顿：智慧出版社。
- 局·米庞（Ju Mipham）2004，《欢喜言教：米庞为寂护〈中观庄严论〉所造释论》（*Speech of Delight: Mipham's Commentary on Śāntarakṣita's Ornament of the Middle Way*），伊萨卡：雪狮出版社。
- 坎特维尔·史密斯（Smith, Wilfred Cantwell）1993，《何谓经典？一种比较方法》（*What is Scripture? A Comparative Approach*），明尼阿波利斯（Minneapolis）：堡垒出版社（Fortress Press）。
- 肯尼思·道格拉斯（Douglas, Kenneth）和格温德琳·贝斯（Gwendolyn Bays）1978，《莲花生的生平与解脱》（*The Life and Liberation of Padmasambhava*），爱莫利维尔（Emeryville）：佛法出版社（Dharma Publications）。
- 拉蒙·普拉特（Prats, R.）1979，《由早期伏藏师传记研究引发的一些初步思考》（Some Preliminary Considerations Arising from a Biographical Study of the Early gTer-ston），收迈克尔·阿里斯和昂山素季编，《纪念黎吉生藏学论文集：国际藏学会论文集》（*Tibetan Studies in Honour of Hugh Richardson: Proceedings of the International Seminar on Tibetan Studies*），沃明斯特：阿里斯和飞利浦出版有限公司，页 256-260。
- 黎惠伦（Lai, Whalen）1983，《汉藏两地的早期禅宗》（*Early Ch'an in China and Tibet*），伯克利：亚洲人文出版社（Asian Humanities Press）。
- 罗伯特·迈尔（Mayer, Robert）1994，《论西藏的普巴与印度的橛》（Observations on the

Tibetan Phur-ba and the Indian Kīla)，《佛教论坛》(*The Buddhist Forum*) 2，页 163-192。

——1996，《〈宁玛十万续〉中的一部经典：十二普巴》(*A Scripture of the Ancient Tantra Collection: The Phur-pa bcu-gnyis*)，牛津 & 加特莫尔 (Gartmore)：基士可岱尔出版社 (Kiscadale)。

- 罗纳德·戴维森 (Davidson, Ronald) 1990，《印度佛教经典可靠性标准导论》(An Introduction to the Standards of Scriptural Authenticity in Indian Buddhism)，收巴斯韦尔 (Buswell) 1990，页 291-325。

——1992，与史蒂芬·古德曼 (Steven Goodman) 合编，《藏传佛教：理智与启示》(*Tibetan Buddhism: Reason and Revelation*)，奥尔巴尼 (Albany)：纽约州立大学出版社 (SUNY Press)。

——2002a，《新译伪经：正统、灰色文本以及新伏藏的创造》(Gsar ma Apocrypha: The Creation of Orthodoxy, Gray Texts, and the New Revelation)，收艾默 2002，页 203-224。

- 洛本·贝玛拉 (Pemala, Lopon) 1995，《不丹的伏藏师：贝玛林巴、伏藏传统及其批评》(*The Treasure Revealer of Bhutan: Pemalingpa, the Terma Tradition and Its Critics*)，加德满都：EMR 出版社。
- 马修·凯普斯坦 (Kapstein, Matthew) 2000，《西藏对佛教的同化：转变、论争与记忆》(*The Tibetan Assimilation of Buddhism: Conversion, Contestation, and Memory*)，纽约：牛津大学出版社。
- 迈克尔·阿里斯 (Aris, Michael) 1989，《伏藏与秘密人生：贝玛林巴（1450—1521）与六世达赖喇嘛（1683—1706）研究》(*Hidden Treasures and Secret Lives: a Study of Pemalingpa (1450—1521) and the Sixth Dalai Lama (1683—1706)*)，伦敦：基根·保罗国际出版社 (Kegan Paul International)。
- 皮特·史卫国 (Schwieger) 1990，《西藏的手稿与刻本》，卷 10，《楚布寺所藏〈大宝伏藏〉》(*Die mTshur-pu-Ausgabe der Sammlung Rin-chen gter-mdzod chen-mo*)，卷 1-14，威斯巴登 (Wiesbaden)：弗兰茨·斯坦纳 (Franz Steiner)。
- 卡尔梅·桑木丹 (Karmay, Samten G.) 1988，《大圆满：藏传佛教的一种哲学与修习教法》(*The Great Perfection (rDzogs chen): A Philosophical and Meditative Teaching of Tibetan*

Buddhism)，莱顿（Leiden）：博睿出版社（E.J. Brill）。

- 斯潘·汉纳（Hanna, Span）1994，《广若虚空：现代西藏的伏藏传统》（Vast as the Sky: The Terma Tradition in Modern Tibet），收塞缪尔（Samuel）1994，页 1-13。
- 莎拉·哈丁（Harding）2003，《贝玛林巴的生平与伏藏》（*The Life and Revelations of Pema Lingpa*），伊萨卡：雪狮出版社。
- 史蒂芬·古德曼 1983，《〈龙青宁提〉：一部十八世纪的西藏伏藏》（*The 'Klong-Chen Snying-Thig': An Eighteenth Century Tibetan Revelation*），博士论文，萨斯喀彻温大学（University of Saskatchewan）。

  ——1992，《仁增·吉美林巴与〈龙青宁提〉》（Rig-dzin Jigs-med gling-pa and the Klong-Chen sNying-Thig），收戴维森 1992，页 133-147。
- 秋林仁波切（Chokling Rinpoche）2001，《莲花海：正法种子》（*Lotus Ocean: Seeds of the Sublime Dharma*），吉隆坡（Kuala Lumpur）：噶宁洲法团（Ka-Nying Ling Dharma Society）。
- 邬金多嘉（Tobgyal, Urgyen）1988，《秋吉林巴之生平与教法》（*The Life and Teachings of Chokgyur Lingpa*），加德满都：自生智出版社。
- 邬金活佛（Urgyen, Tulku）1995，《事业藏疏》（*Trinley Nyingpo Commentary*）95，加德满都：自生智出版社。
- 伊曼努尔·康德（Immanuel Kant）1960，《单纯理性限度内的宗教》（*Religion Within the Limits of Reason Alone*），纽约：哈柏火炬丛书（Harper Torchbooks）。
- 伊娃·达吉（Eva M. Dargyay）1979，《密乘佛教在西藏的兴起》（*The Rise of Esoteric Buddhism in Tibet*），德里：莫提拉尔·巴纳斯达斯（Motilal Banarsidass）。
- 义成活佛（Thondup, Tulku）1986，《西藏的伏藏：宁玛派伏藏传统解说》（*Hidden Teachings of Tibet: An Explanation of the Terma Tradition of the Nyingma School of Buddhism*），伦敦：智慧出版社。

  ——1996，《禅修与奇迹之师：藏传佛教"龙青宁提"传承》（*Masters of Meditation and Miracles: The Longchen Nyingthig Lineage of Tibetan Buddhism*），波士顿，香巴拉（Shambhala）。
- 益西措嘉（Tsogyal, Yeshe）1999，《莲花生：莲师的生平故事》（*The Lotus-Born: The Life*

Story of Padmasambhava)，波士顿：香巴拉。

- 约翰·佩蒂特（Pettit, John）1999，《决定宝灯：明示大圆满见》（*Mipham's Beacon of Certainty: Illuminating the View of Dzogchen, the Great Perfection*），波士顿：智慧出版社。
- 珍妮特·嘉措（Gyatso, Janet）1981，《唐东杰布的文献传统：西藏伏藏佛教的研究》（*The Literary Traditions of Tang-stong rGyal-po: A Study of Visionary Buddhism in Tibet*），博士论文，加州大学伯克利分校（University of California at Berkeley）。

——1986，《符号，记忆与历史：一种密乘佛教关于经典传承的学说》（Signs, Memory and History: A Tantric Buddhist Theory of Scriptural Transmission），《国际佛教研究协会期刊》（*Journal of the International Association of Buddhist Studies*）9（2），页 7-35。

——1992，《伏藏佛教中的类别、作者身份及传播：唐东杰布的文献传统》（Genre, Authorship and Transmission in Visionary Buddhism: The Literary Traditions of Thang-stong rGyal-po），收戴维森 1992，页 96-106。

——1993，《西藏伏藏传统中合法化的逻辑》（The Logic of Legitimation in The Tibetan Treasure Tradition），《宗教史》（*History of Religions*）33（2），页 97-134。

——1994，《古茹·曲吉旺秋之〈大伏藏史〉：一种关于伏藏传统的早期概述及其讨论苯教伏藏的策略》（Guru Chos-dbang's gTer 'byung chen mo: An Early Survey of the Treasure Tradition and Its Strategies in Discussing Bon Treasure），《不定期论文：人类文化比较研究所》（*Occasional Papers - Institute For Comparative Research In Human Culture*）1（1），页 275-287。

——1996，《取自西藏伏藏：伏藏文献》（Drawn from the Tibetan Treasury: The gTer ma Literature），收卡贝松（Cabezón）1996，页 147-169。

——《自我的幻影》（*Apparitions of the Self*），普林斯顿：普林斯顿大学出版社（Princeton University Press），1998。

——1999，《以毒攻毒：藏传佛教对觉受的助长》（Healing Burns with Fire: The Facilitations of Experience in Tibetan Buddhism），《美国宗教学会会刊》（*Journal of the American Academy of Religion*）67（1），页 113-147。

——2000，与大卫·杰玛诺（David Germano）合著，《龙青巴与空行母的附身》（Longchenpa and the Possession of the Ḍākinī），收怀特（White）2000，页 239-265。

——日期不明,《作为授记的伏藏文本:Byang-bu的语义转变及其在伏藏传统的运用》(The Relic Text as Prophecy: The Semantic Drift of Byang-bu and Its Appropriation in the Treasure Tradition),未发表。

原载于安德烈亚斯·多克托(Doctor, Andreas),《西藏的伏藏文献》(*Tibetan Treasure Literature*),伊萨卡(Ithaca):雪狮出版社(Snow Lion Publications),2005年,页17-51。

十二

伏藏传承的收集与整理：工珠编纂的《大宝伏藏》

史卫国 著，杜旭初 译

多年以来，我一直致力于研究工珠·罗珠塔耶（Kong sprul Blo gros mtha' yas, 1813—1899）于1855至1893年间编纂的《大宝伏藏》(*Rin chen gter mdzod*)。关于本书的第一部目录出版于1990年，其中仅包含本书楚布寺版（mTshur phu edition[1]，刊于1909至1912年间）全部63卷内容的前13卷。2009年，柏林国家图书馆（英：Berlin State Library，德：Staatsbibliothek zu Berlin-Preußischer Kulturbesitz）所藏《大宝伏藏》全卷详细目录终于完成。内容的描述涵盖逾2500部文本，编成大部头的五卷书，共2000余页。[2]对文集中每个单独文本的描述都包含完整标题与题记的转写和翻译。许多情况下，还添加了各篇内容的摘要和详细结构。独立的一卷索引即将完成。借此机会，我想重新审视这部著名文集的起源、结构与编纂，因为它已经成为当代藏传佛教宁玛派经典集的组成部分，同时也见证了工珠对其与蒋扬钦哲旺波（'Jam dbyangs mkhyen brtse'i dbang po, 1820—1892）一同发起的"利美"（ris med，译言不分派）运动

〔1〕关于该版本的历史，见史卫国（1990：页XXXIII及以后）。

〔2〕史卫国（1990）、（1995）、（1999）、（2009），艾佛丁（Everding，2008）。

的重要贡献。[1]《大宝伏藏》不仅收集了数百部宁玛派文本，而且也从噶举、萨迦、觉囊、噶当和苯教等各传承中选取了文本。由于工珠的努力，这部汇集了众多权威文献的文集自问世以来，备受好评并广泛传播，在宁玛派与噶玛噶举派的行人中尤其如此。

《大宝伏藏》选取的伏藏文本始于 11 世纪，止于本书编纂者所处的 19 世纪，由此成为宁玛派伏藏传统的一个典型代表。实际上，以相续不断的传承从 11 世纪一直流传下来的文本非常罕见，大部分归于早期伏藏师（gter ston）名下的文本都是后期在地下或禅定中重新发掘的。[2]在这一点上，蒋扬钦哲旺波的地位非常关键。与历史上通过掘藏和净相获得佛法的不同时期相比，17 世纪是一个非常突出的多产年代。尤其值得一提的伏藏师有噶玛恰美（Karma chags med, 1613—1678），米久多杰（Mi ’gyur rdo rje, 1645—1668）[3]，噶陀大伏藏师龙萨宁波（Kaḥ thog gter chen Klong gsal snying po, 1625—1692），德达林巴（gTer bdag gling pa, 1646—1714）及若必多杰（Rol pa’i rdo rje, 17—18 世纪）。

《大宝伏藏》包括所有种类的伏藏：地伏藏（sa gter）、再伏藏（yang gter）、天伏藏（gnam gter）、密意藏（dgongs gter）和净相藏（dag snang）。其中大部分是相当短的文本，其作用是充当某种特定崇拜的核心。其余的许多增补文本则是由工珠撰写，更多情况下是由其编集，他认为，这对于完善伏藏本身并将其运用于实修而言很有必要。他一再强调，他的增补并非个人的臆造（gzhung gi tshig ma bcos par, rang bzo med par）。通常，他从个别的伏藏的原文或与其相似的伏藏文本中选取一些用于念诵的段落，并用他自己的措辞和简短的实修导引加以整合。有时他也会修改咒语，以便令其符合特定的本尊崇拜。[4]工珠本人贡献了绝大部分的增补文本。因此，他的各种形式的名字在《大宝伏藏》的题

〔1〕关于利美运动的简史及其对当代藏传佛教的重要意义，见塞缪尔（Samuel, 1993: 536-543）。

〔2〕关于桑杰喇嘛（Sangs rgyas bla ma），见史卫国（1990：XXXIX，注 14）。

〔3〕参见降班桑布（Jampal Zangpo, 1988: 35-70），史卫国（1978：37-40）。根据工珠所说，米久多杰于 1668 年圆寂，时年 24 岁（参见史卫国 [1978：同上]）。根据降班桑布（1988：51），则说他于 1667 年圆寂，时年 23 岁。

〔4〕参见史卫国（1990：XXXII）。

记中出现得最为频繁。然而，在增补文本中，也有其他一些宁玛派著名作者的作品，例如达摩师利（Dharmaśrī, 1654—1717/8）和多吉扎寺（rDo rje brag）的仁增·班玛呈烈（Rig 'dzin Padma 'phrin las, 1641—1717），同时也有从其他佛教宗派中选取的文本。

《大宝伏藏》中完全略去了格鲁派。五世达赖喇嘛（1617—1682）作为一名作者出现在《大宝伏藏》中，但却不是代表格鲁派，而是被明确地视为一位宁玛行人。在此背景下，他与德达林巴及多吉扎寺班玛呈烈活佛（rDo rje brag sprul sku Padma 'phrin las）关系密切。他们之间的合作不仅载于德达林巴的传记[1]，而且也记录在《大宝伏藏》的许多题记中。

出于对某些用途——尤其是世间目的的考虑，[2]《大宝伏藏》中也收录了一些苯教文本。[3]根据工珠的传记，这似乎可以说得通。然而，当我们检视工珠所编其他大型文本集时，仅仅在《不共藏》（*Thun mong ma yin pa'i mdzod*）的第七卷中见到"大量属于西藏苯教的材料"。[4]正如布隆多夫人（Madame Blondeau）指出的，工珠必须面对因其对苯教的包容而招来的批评，而且感觉到他必须通过强调宁玛派与苯教伏藏传承的交叠来为自己的态度辩护。[5]然而，作为保存莲花生遗产的文本集，《大宝伏藏》收录的那些为数不多的苯教文本也都以某种方式与莲花生挂钩。

整个《大宝伏藏》分为大瑜伽、无比瑜伽、无上瑜伽三部分，由此在宁玛派独有的内密三乘架构中，对不同的伏藏法加以定位。与《宁玛十万续》相似，在三部分中，大瑜伽部分是迄今为止篇幅最广者。楚布寺版的《大宝伏藏》总共63卷，其中就有52卷属于大瑜伽。大瑜伽着重于生起次第的修习，其文本包括各种成就法（sādhana）：总摄一切佛部的金刚萨埵成就法，寂忿百尊集会成就法，作为加持之本源的上师（guru）成就法，作为成就之本源的本尊（iṣṭa）成就法，

〔1〕参见史卫国（1985：48-60）。

〔2〕请见2162号文本的题记。

〔3〕特别是在卷39（Ti）和40（Thi）中。见史卫国（1999：页279及以后）。

〔4〕史密斯（2001：266）。

〔5〕布隆多（1985）、（1988），史卫国（1999：XXXIII）。

以及作为事业之本源的空行母（ḍākinī）和护法（dharmapāla）成就法。这些文本还进一步广涉种种附属的事业法：保护、息灾、增益、怀爱以及诛灭，除了明确阐释这些事业法的 40 至 54 卷以外，大瑜伽的其他部分也都对其有所涉及。[1] 尤其是保护、息灾和增益三种事业法占据了大量篇幅。我们见到了保护行人不受疾病、恶灵、污染、战争、四大的灾害、冰雹、霜冻、中毒、强盗、贼人和刀兵所害的事业法，和息灭疾病、恶灵、恶咒、诅詈和罪业的事业法，以及增益寿命、智慧、功德、财富、名誉、收获、后代以及佛法的事业法。尽管无比瑜伽和无上瑜伽的层次被视为高于大瑜伽，但这里明显更需要大瑜伽文本。根据我个人的印象，其原因是，大瑜伽所包含的观想仪轨和技巧不仅可用于证觉，也可用于成办大量的世间利益，这就使得大瑜伽成为塞缪尔（Samuel, 1993）所说的藏传佛教实用取向（Pragmatic Orientation of Tibetan Buddhism）中的完美工具。

大瑜伽又细分为许多支分，这些支分的铺排顺序并未依循这一特殊文献的历史时序，而是全部基于实修。总之，《大宝伏藏》中的绝大多数文本都是纲要性的，它们只局限于特定的范畴，而且是针对仪轨和禅定修习的过程。

在宁玛派的历史上，大规模地收集分散的文本，并将其收入权威经典合集而加以传播的活动，在 15 世纪时就已经开始，当时，热那林巴（Ratna gling pa, 1403—1478）为《宁玛十万续》（*rNying ma rgyud 'bum*）的编纂奠定了基础。[2] 在很大程度上，他的首创之举是受许多宁玛派推崇的密续未被收入《甘珠尔》（*bKa' 'gyur*）这一事实所激发。时至 17 世纪，德达林巴·久美多杰（gTer bdag gling pa 'Gyur med rdo rje）在其寺院（即敏珠林寺，由其弟达摩师利 [Dharmaśrī] 支持）中延续了这一事业。1660 年，德达林巴 14 岁时，他就已经打算在达结曲林寺（Dar rgyas chos gling）中随其父研习《宁玛十万续》。位于卫地（dBus）的达结曲林寺是德达林巴的出生地，也是他的家。然而，由于该寺仅有全部内容

〔1〕 将文本划分为大瑜伽、无比瑜伽和无上瑜伽三类，并不意味着这些文本只属于某个特殊的类别，而不包含其余类别的方法或见地，而是以其中占主要地位的内容进行分类（参见艾弗丁 2008：XXXVIII）。有关其结构的详细分析，可参考其目录，尤其是史卫国（1990：XXXV-XXXVII）、（1995：XLI-XLIV）及（1999：XIX-XXII）各自的目录及介绍。

〔2〕 敦珠（Dudjom 1991：页 794 及以后）。

中的18卷，其父即于同年将其送往热那林巴的故乡——洛扎（lHo brag）。在那里的扎什曲林寺（bKa shis chos gling），他从松珠·崔臣多杰（gSung sprul Tshul khrims rdo rje）处，获得了《宁玛十万续》完整口传（lung）。此后，在1685和1686年间，他致力于编修一部新版的《宁玛十万续》。他尽其所能地收集每个单独文本的古老版本，并检视它们的来源。他将文本与当时的正字法统一起来，对这些文本进行分类，并请了17位抄经者以金银墨汁抄写。此时，文本整理的规模已近50卷。[1]到了18世纪，这部合集在吉美林巴（'Jigs med gling pa, 1730—1798）的努力下得到了保护。此外，吉美林巴还首次为此合集加上了目录，并撰写了一部旧译密续的历史。[2]

就以上提到的三位宁玛派学者——热那林巴、德达林巴与吉美林巴而言，据说他们认为"教传"（bka' ma）的相续传承面临危机，故而致力于通过编订具有经典性质的文本全集，来保护和维系这一传承。这一动机也促使工珠·罗珠塔耶决定为伏藏传承编订一部类似的全集，用以保存传说为莲花生在西藏所传并由伏藏师相继发掘的教法。至于其动机，工珠提到他自幼就对莲花生具有强烈的信心。因此，他希望巩固面临断绝的古老伏藏文本的传承，并且认为将新旧伏藏文本合编于同一个文集是有益的。[3]就该计划的定位而言，他明确地趋向于敏珠林两兄弟与其亲密伙伴——多吉扎寺班玛垦烈活佛合作完成的教传文献整理计划。[4]然而，旧译密续合集与伏藏合集《大宝伏藏》是有明显的差别的。前者可被视为宁玛派在面临新派挑战时，为构建自身坚固的经典基础所作努力的一部分，而后者则是工珠将宁玛派的伏藏传统与利美运动联系起来的工具。

在童年和青年时期，工珠接受了各种不同宗教的传统。在苯教环境下长大的他，在藏东地方的协庆寺（Zhe chen）第一次接受了系统的教育。1833年，他移居司徒班钦（Si tu paṇ chen）历代转世驻锡的噶玛噶举派八蚌寺（dPal

〔1〕史卫国（1985：XLIII，页XLV及以后，LX）

〔2〕参见冯·谢克（van Schaik 2000：页6及以后），敦珠（1991：838）。

〔3〕8号文本：页6正面。

〔4〕8号文本：3、页4背面。

spungs)，并在此接受了噶举、宁玛和觉囊派的灌顶和口传。[1]在那时，不同佛教宗派的修习明显已经在八蚌寺很好地确立起来。1840年，工珠遇到了蒋扬钦哲旺波。1852年以后，他们的关系更加密切。蒋扬钦哲旺波年轻时在著名的宁玛派寺院敏珠林寺受戒，他曾接受宁玛、萨迦、噶当和若干不同的噶举派的灌顶和传承。[2]因此，他能够很好地支持工珠的不分派立场，从而促成工珠从1852年起积极地宣传其利美运动理念。[3]利美运动的基本理念是普遍地包容包括苯教在内的各宗派的传统与修习，并承认其可靠性和权威性。但是，我们可以假定这场运动的动机带有政治性：这一理念的兴起，正值格鲁派在康区日渐强大，且对康区的噶玛噶举派打压尤甚之时。[4]在此情形下，寻求盟友的念头便自然萌生。

工珠在青年时代就已经得到了一些宁玛派伏藏传承的灌顶和口传。在1855年，他开始考虑将一些简短稀有且传承未断的重要伏藏文本编成一部专属的合集，而他本人此前已获得这些伏藏的传承。蒋扬钦哲旺波对这一想法表示支持，并提供了他本人收藏的四卷伏藏文本作为奠基之物。工珠请求钦哲旺波为这部合集撰写目录（dkar chag）。[5]翌年，工珠请三位抄经者抄写了他早先收集的伏藏文本。[6]1856年完成了十卷，工珠对其进行了校对，并给抄经者支付报酬（yon sprad）。此时，他将该合集命名为《伏藏鬘》(*gTer phreng*)。[7]

1862年，蒋扬钦哲旺波告诉工珠，他得到一个净相，该净相暗示《五大藏》(*mDzod lnga*)将成为他的特殊使命（bka' babs）。据此，他应该将该合集命名为《伏藏宝藏》(*gTer mdzod*)[8]，由此令其成为工珠一生要编完的五大宝藏

〔1〕参见巴伦（Barron 2003：页24及以后）。

〔2〕敦珠（1991：页849及以后）。

〔3〕巴伦（2003：86），舒（Schuh，1976：56）。

〔4〕参见史密斯（2001：页248及以后）。

〔5〕舒（1976：59）。工珠在自传里的相关说法被巴伦（2003：102）误译。参见工珠和噶玛（1997：181）。

〔6〕巴伦（2003：104），舒（1976：59），工珠和噶玛（1997：183）。

〔7〕工珠和噶玛（1997：186），舒（1976：60），巴伦（2003：106）。

〔8〕工珠和噶玛（1997：212），巴伦（2003：130）。

之一。[1] 接下来的一年中，工珠最终将《伏藏鬘》更名为《大宝伏藏》，并开始汇编羯磨仪轨（las byang）、灌顶仪轨（dbang chog）、导引文（khrid yid）、必需之支分（yan lag nyer mkho），由此形成完善的伏藏文本，从而为每一个崇拜提供完整的仪轨系统。[2]

1868 年，工珠首次将灌顶和口传给予一些杰出的上师与活佛，此后多年也一直如此。不过，他在接下来的数年中仍忙于为仪轨的编排撰写增补文本。1871 年，工珠完成了为《大宝伏藏》所收伏藏所写的首部传承史（brgyud yig）。1872 年，他第二次授予了整部合集的灌顶和口传，此后多年一直如此。八蚌寺的温珠仁波切（dBon sprul rin po che）承诺赞助这部新合集的刊印。他圆寂于 1874 年，故而他有能力这么做。因此，从他的私产中拿出 1300 块茶砖作为刊印的经费。为了得到更多的支持，工珠向德格王室求助。刊印这部新合集的漫长工作最终在 1875 年启动，并由管家班勒（Pad legs）负责。1878 年 2 月，工珠忙于校订其《大宝伏藏》。接下来的数年中，他继续校正和整理伏藏文本，并撰写增补的仪轨导引。1889 年，他开始写作最终的目录和教法传承史。[3] 全部编纂工作的完成，以一部针对历代伏藏师的祈请文（gsol 'debs）[4] 及一部针对授予整部《大宝伏藏》灌顶的详细指导为标志。[5] 这两部作品的题记仅提及这一情况，但没有给出年份。工珠的自传中则提到五大宝藏全都完成于 1893 年。[6] 根据《大宝伏藏》的所有题记，这也是其中提到的工珠撰写增补文本的最晚年份。总共只有 6 个题记提到在 19 世纪 80 或 90 年代的某一年。所以大多数增补文本都是在此之前完成的。然

〔1〕 其余四部是《噶举密咒藏》（*bKa' brgyud sngags mdzod*）、《教诫藏》（*gDams ngag mdzod*）、《广大藏》（*rGya chen mdzod*）、《所知藏》（*Shes bya mdzod*），简述见史密斯（2001：262-267）。

〔2〕 工珠和噶玛（1997：215），巴伦（2003：133）。

〔3〕 巴伦（2003：233）。这应该是 8 号文本。所以我在史卫国（1990：10）中提出的时间应该相应地作出修正。可能这一文本是基于上面提到的 1871 年写作的第一部传承史。

〔4〕 参见 5 号文本。

〔5〕 参见 9 号文本。

〔6〕 巴伦（2003：249），舒（1976：47）。在林谷活佛（Ringu Tulku, 2006: 27-29）中也有一段对工珠的伏藏教法收集活动的简要记载。

而，该伏藏集的收集、抄写、整理、增补和刊印总共花去了大约 37 年。[1]

有两位人物对《大宝伏藏》的创立和整理工作有着巨大影响，且在该合集中留下了他们明显的印记。一位就是上文已经提到的蒋扬钦哲旺波，另一位是伏藏师秋吉林巴（mChog gyur gling pa, 1829—1870）。再加上工珠，这三人的作品占了《大宝伏藏》的近一半篇幅。

蒋扬钦哲旺波以不同的角色出现在《大宝伏藏》中。他贡献了自己的密意藏、地伏藏、再伏藏和净相藏，此中有专门贡献给《大宝伏藏》的伏藏。[2] 他也是秋吉林巴的某些伏藏的誊抄者。他是灌顶仪轨、祈请文（gsol 'debs）及事业法（phrin las）等许多增补文本的作者或编集者。通常他也是鼓励、要求或者劝请工珠完成某个增补文本的人，又或由他作一些口授指导，而工珠则作笔录。最终我们发现他名字列于相续不绝的教法传承中。在某些情况下，传承已经中断，蒋扬钦哲旺波即直接在净相中从空行母或往昔的卓越上师处直接获得近传（nye brgyud），从而修复该传承。最重要的是，他被一再说为工珠最尊重的上师。

1858 年 1 月，秋吉林巴开始联合工珠一同掘藏。工珠修了特殊的仪轨，并直接从原始的黄卷中誊写伏藏。工珠也积极支持秋吉林巴广传他的伏藏。相应地，工珠将他目前所集的伏藏收入合集时，也请求秋吉林巴鉴定是否合适。在秋吉林巴所掘的伏藏中，工珠见到了莲花生的偈颂，该偈颂给工珠留下了莲花生已开许秋吉林巴收集和整理伏藏文本的印象。[3] 秋吉林巴的许多伏藏以及他所写的增补文本也被收入《大宝伏藏》。工珠通常被称为将伏藏文本厘定为最终版的誊抄者。

可以肯定，蒋扬钦哲旺波与秋吉林巴对工珠的伏藏收集事业产生了巨大的影响，他们不仅鼓励工珠，而且还积极地为其合集贡献了大量的伏藏文本，阐明应该收入何种伏藏文本，并暗示工珠其事业得到了莲花生的开许。然而，对工珠影响最大的人物不只限于和他同时代的人物。正如我们所料，合集中也特为有力

---

〔1〕 参见工珠和噶玛（1997：页 237 及以后，244，254，260，页 262 及以后，279，287），巴伦（2003：页 152 及以后，159，168，页 173 及以后，176，190，197），舒（1976：LXVII）。

〔2〕 例见 847 号文本。

〔3〕 工珠和噶玛（1997：页 190 及以后），巴伦（2003：106），舒（1976：页 LX 及以后）。

地呈现了大伏藏师久美多杰（又名德达林巴）和吉美林巴。然而，有点出乎意料的是其中赋予噶玛恰美（Karma Chags med，又名 Rāga asya）的突出地位。这三位的作品加起来超过了整部合集的 15%。

《大宝伏藏》提到了许多伏藏师的名字，但是对于其中大部分人而言，只选取了他们的一到三部样品，那些声名卓著的伏藏师、预言家和学者贡献了大部分文本。除了以上提及的人物，还有下面一些重要的作者：娘热·尼玛沃色（Nyang ral Nyi ma ’od zer, 1136—1204）[1]、古茹曲旺（Gu ru chos dbang, 1212—1270）、果吉登楚坚（rGod kyi ldem ’phru can, 1337—1408）、桑杰林巴（Sangs rgyas gling pa, 1340—1396）、多杰林巴（rDo rje gling pa, 1346—1405）、热那林巴（Ratna gling pa, 1403—1478）、贝玛林巴（Padma gling pa, 1450—1521）、喜饶沃色（Shes rab ’od zer, 1517—1584）、希波林巴（Zhig po gling pa, 1524—1583）、敦都多杰（bDud ’dul rdo rje, 1615—1672）、五世达赖喇嘛阿旺洛桑嘉措（Ngag dbang blo bzang rgya mtsho, 1617—1682）、噶陀仁增龙萨宁波（Kaḥ thog rig ’dzin Klong gsal snying po，1625—1692）、多吉扎仁增班玛呈烈（rDo rje brag rig ’dzin Padma ’phrin las, 1641—1717）、米久多杰（Mi ’gyur rdo rje, 1645—1668）[2]、达摩师利（Dharmaśrī, 1654—1717/8）、达香·努丹多杰（sTag sham Nus ldan rdo rje, 生于 1655 年）[3]、曲杰多杰（Chos rje rdo rje, 又名若杰林巴 Rog rje gling pa, 1682—1720）、若必多杰（Rol pa’i rdo rje）及噶陀巴·仁增泽旺诺布（Kaḥ thog pa rig ’dzin Tshe dbang nor bu, 1625—1692）。所有重要的伏藏师都出现在了《大宝伏藏》中，但这不意味着他们所有的伏藏都以或大或小的选集形式被收入其中。

噶玛恰美是康区噶玛噶举派的著名学者，同时也是藏东地区重要宁玛派寺院——白玉寺（dPal yul）首任座主仁增·贡桑喜饶（Rig ’dzin Kun bzang shes rab, 1636—1699）最重要的一位上师。噶玛恰美的名字经常与他的弟子——活佛米久

---

〔1〕有关娘热·尼玛沃色生卒年的相关争论，见多杰和凯普斯坦（Dorje & Kapstein 1991: 注 989, 995）。

〔2〕参见 5 号文本。

〔3〕关于其出生年代见史卫国（1990：299）

多杰（sPrul sku Mi ’gyur rdo rje）联系在一起。米久多杰与噶玛恰美获得和修习的教法，既有宁玛派的伏藏传承，如热那林巴和噶玛林巴（Karma gling pa，14世纪）所传的伏藏，也有噶举派的大手印法（Mahāmudrā），因此二人可被视为藏东地区利美运动的真正先驱。〔1〕在《大宝伏藏》中，有许多由噶玛恰美写作或编集的文本。其中不仅有对米久多杰的净相藏所作的增补，也有对宁玛派前代著名伏藏师的不同伏藏法所作的增补。

尽管米久多杰的一生非常短暂，但他却留下了一部名为《天法》（*gNam chos*）的合集，其中收录了数量巨大的篇幅很短的仪轨。其中有不少被收入《大宝伏藏》，且被归为净相藏。然而，其中一些也被称作密意藏，而且以伏藏句点（gter tsheg）代替了常用的分句线（shad），甚至在并非由莲花生于米久多杰的净相中为其开示的伏藏法中也是这样。净相藏与伏藏的区别不在于内容，而在于其所谓的来源。两种传统都植根于密乘佛教。大多数净相藏文本都包含与大瑜伽乘相关的仪轨导引。

一方面，宁玛派将净相藏视为教传与伏藏之外的第三种传承方式。另一方面，宁玛派又将净相藏视为与伏藏很接近的传承，甚至称其为一种特殊形式的伏藏。例如18世纪的伏藏师吉美林巴就曾仔细区分教传、伏藏与净相藏三者在灌顶、导引与口传等方面的差别。〔2〕相反，郭若扎西（Gu ru bKra shis）所作区分则如下：

“一般而言，净相藏不外乎天伏藏与密意藏。以其属于甚深伏藏类，故无需另作分类。然而，依大密宁玛派传规中远传佛语、近传伏藏、甚深净相三大传承之划分方式，甚深净相之诸部教法起源亦应纳入此中。”〔3〕

此处，这种区分看起来像是一种惯例。义成活佛（Tulku Thondup）首先提出，净相藏是地伏藏和意伏藏之外的一种伏藏，但他又补充道，并非所有净相藏

〔1〕参见史卫国（2007）。

〔2〕遍知吉美林巴（Kun-Khyen Jig-Med Ling-Pa, 1980:13）。

〔3〕郭若扎西（1990: 599）: spyir dag snang gi skor rnams gnam gter dang dgongs gter gang rung las ma ’das pas zab gter gyi phyogs su gtogs pas zur du dbye dgos pa ma mchis kyang / gsang chen rnying ma’i ring lugs la ring brgyud bka’ ma / nye brgyud gter ma / zab mo dag snang ma zhes brgyud pa’i bka’ srol chen mo gsum du dbye bar mdzad pa’i lugs bzhin / ’dir yang zab mo dag snang gi chos sde rnams kyi byung tshul phyogs sdebs su dgod par bya ba yin te //

都应该被视为宁玛派的伏藏，因为这些在净相中由本尊或上师教授的教法并不一定属于伏藏。只有由莲花生埋藏于弟子的心相续中，继而在后世由净相而得以开显的教法才能被视为伏藏。[1]然而在实践中，往往没有加以明确的区分。[2]

根据另一种观点，我们可以把工珠所收集的伏藏教法分为三类：

1. 在工珠的时代，该教法已几乎找不到抄本（dpe rgyun），而且其灌顶（dbang）与口传（lung）都很难得到；[3]

2. 传承已经中断，依靠近传——尤其是蒋扬钦哲旺波的净相而得以修复者；

3. 新伏藏，尤其是工珠的同伴——秋吉林巴的伏藏，工珠将其收入合集，以支持其弘传与修习。

最后，让我们提出一个问题：工珠是如何以《大宝伏藏》来巩固伏藏传承的呢？他用了两种方式。

第一种方式由《大宝伏藏》具体的各卷组成，这是一部方便实用的手册合集。他提供了各个仪轨的修习所需的所有内容，使用者无需去别处寻找。这就是他的理想所在，他在描述自己增补的那些仪轨导引时，最常用的一个短语就是“编排成可以念诵的”（bklags chog tu bkod pa）。

第二种方式则不限于文本本身，它包括推动和修复伏藏传统中的灌顶和口传的传承。为确保伏藏教法在未来仍是一种活的修习，且令其弘传更为容易，工珠不仅选取了伏藏传承的典型代表，他还写作了一篇关于如何一次性传授整部《大宝伏藏》的灌顶的详细导引。[4]此外，他还在一生中不懈地反复致力于推动整部合集的弘传。从那时起，这些传承的法脉再未中断。

概括说来，工珠的伏藏文本收集事业的主要成果是为以下几个方面提供了一个广泛的经典基础：对莲花生的崇拜，对莲花生在藏传佛教中的核心角色——特别是他调伏佛教敌人的角色的传播，以及对他为造福西藏而延续至今的事业的信仰。这一成果绵延不绝，而且超越了宁玛派的范围。最终，甚至一些格鲁派学

---

〔1〕义成活佛（1986：页 61 及以后，88-91）。

〔2〕请见史卫国（1990：27，注释 1）。

〔3〕参见 8 号文本，页 5 正面。

〔4〕参见 9 号文本。

者也为其所吸引。1975 年，这一进程在十四世达赖喇嘛将莲花生崇拜引入格鲁派时达到巅峰。[1]

参考文献

原始文献

- 郭若扎西（Gu ru bKra shis），《郭扎佛教史》（*Gu bkra'i chos 'byung*，全称《显明教法精华大密旧译了义甚深法源流之善说・承悦智者之希有教言游戏海》*bsTan pa'i snying po gsang chen snga 'gyur nges don zab mo'i chos kyi byung ba gsal bar byed pa'i legs bshad mkhas pa dga' byed ngo mtshar gtam gyi rol mtsho*），北京：中国藏学出版社，1990。
- 工珠・云丹嘉措（Kong sprul Yon tan rgya mtsho）和噶玛・扎西群培（Karma bKra shis chos 'phel），《工珠・云丹嘉措传》（*Kong sprul yon tan rgya mtsho'i rnam thar*），成都：四川民族出版社，1997。
- 遍知吉美林巴（Kun mkhyen 'Jigs med gling pa），《龙青宁提持明总集会供》（*The Assemblage of the Knowledge-Holders: The Inner Sadhana from Long-chen Nying thig by Kun-khyen Jig-med Ling-pa (Klong chen snying gi thig le las: rig 'dzin 'dus pa'i tshogs mchod)*），义成活佛（Tulku Thondup）译，甘托克（Gangtok）：多智钦仁波切（Dodrup Chen Rinpoche），1980。
- 5 号文本：工珠・云丹嘉措，《希有殊胜化身不分派伏藏师次第降世详细祈请文・敬信海浪》（*Ngo mtshar sprul pa'i sku mchog ris med gter ston rim par byon pa rnams kyi gsol 'debs rgyas par bkod pa mos gus rgya mtsho'i rlabs phreng*），参史卫国（Schwieger）1990：7。
- 8 号文本：工珠・罗珠塔耶，《大宝伏藏目录、具所依处之成熟解脱传承录・开启百门悉地之钥匙》（*Rin chen gter gyi mdzod chen por ji ltar bzhugs pa'i dkar chag dang / smin grol rgyab brten dang bcas pa'i brgyud yig dngos grub sgo brgya 'byed pa'i lde'u mig*），参史卫国 1990，叶 9。
- 9 号文本：工珠・罗珠塔耶，《连续传授〈大宝伏藏〉成熟解脱时之操作概览 / 布置方式

[1] 参见德莱弗斯（Dreyfus, 1998：252，256，260-262）。

见即明辨》（*Rin chen gter mdzod chen po'i smin grol dkyus gcig tu 'bog pa'i skabs kyi lag len phyogs mtshon dang / bcas bsham bya ba'i tshul mthong bas go 'byed*），参史卫国 1990：10。

- 847 号文本：蒋扬钦哲旺波（'Jam dbyangs mkhyen brtse'i dbang po），《极深大悲胜海教授・智光藏》（*Yang zab thugs rje chen po rgyal ba rgya mtsho'i gdams pa ye shes 'od kyi snying po*），参史卫国 1995：275-277。
- 2162 号文本：工珠・罗珠塔耶，《持取卦讯摩尼胜王增补文・摩尼灯》（*Phyva phrin nor bu mchog rgyal lag tu blang ba'i zur 'debs kyi yi ge nor bu'i sgron me*），参史卫国 2009：398-400。

二手文献

- 理查德・巴伦（Barron, Richard）2003，《蒋贡工珠自传：多彩宝石》（*The Autobiography of Jamgön Kongtrul: A Gem of Many Colors*），纽约伊萨卡镇（Ithaca, NY）：雪狮出版社（Snow Lion Publications）。
- 安妮－玛丽・布隆多（Blondeau, Anne-Marie）1985，《钦哲旺波：公开苯教传统中的莲花生传记及其来源》（mKhyen-brtse'i dbaṅ-po: La biographie de Padmasambhava selon la tradition du bsGrags-pa Bon, et ses sources），收入格诺利（G. Gnoli）和兰侨蒂（L. Lanciotti）合编，《纪念图齐东方学论文集》（*Orientalia Iosephi Tucci Memoriae Dicata*），罗马东方学丛书（Serie Orientale Roma）56.1，罗马：意大利中东远东研究院（IsMEO），页 111-158。

  ——1988，《有关〈大宝伏藏〉收录苯教仪轨的争议：初步说明》（La controverse soulevée par l'inclusion de rituels bon-po dans le Rin-chen gter-mdzod : Note préliminaire），收入于伯赫（H. Uebach）和强巴庞隆（J. L. Panglung）编，《藏学研究：第四届国际藏学研讨会论文集》（*Tibetan Studies: Proceedings of the 4th Seminar of the International Association for Tibetan Studies*），慕尼黑・宫霍亨卡梅尔酒店（Schloss Hohenkammer, Munich），1985，慕尼黑（Müchen）：中亚研究委员会（Kommission für Zentralasiatische Studien），巴伐利亚科学院（Bayerische Akademie der Wissenschaften），《西藏学》（*Studia Tibetica*）2，页 59-76。
- 乔治斯・德莱弗斯（Dreyfus, Georges）1998，《雄登事件：争论的历史与本质》（The Shukden Affair: History and Nature of a Quarrel），《国际佛教研究协会期刊》（*Journal of the International Association of Buddhist Studies*），卷 21.2，页 227-270。
- 敦珠仁波切（Dudjom Rinpoche）1991，久美多杰（Gyurme Dorje）和马修・凯普斯坦

（Matthew Kapstein）译，《藏传佛教宁玛派：根本教义与历史》（*The Nyingma School of Tibetan Buddhism: Its Fundamentals and History*），卷 2：参考资料，波士顿：智慧出版社（Wisdom Publications）。

- 卡尔－海因茨·埃弗丁（Everding, Karl-Heinz）2008，《西藏的手稿与刻本》（*Tibetische Handschriften und Blockdrucke*），卷 14（楚布寺所藏《大宝伏藏》（Die mTshur-phu-Ausgabe der Sammlung *Rin-chen gter-mdzod chen-mo*, 卷 52-63），斯图加特（Stuttgart）：弗兰茨·斯坦纳（Franz Steiner）(=VOHD XI, 14）。
- 降班桑布（Jampal Zangpo）、泽仁喇嘛（Tsering Lama）1988，《无死如意树鬘：宁玛派白玉传规》（*A Garland of Immortal Wish-fulfilling Trees: The Palyul Tradition of Nyingmapa*），纽约伊萨卡镇：雪狮出版社。
- 林谷活佛（Ringu Tulku）2006，《至尊蒋贡工珠之利美哲学：西藏的佛教传承研究》（*The Ri-me Philosophy of Jamgön Kongtrul the Great: A Study of the Buddhist Lineages of Tibet*），安·赫尔姆（A. Helm），波士顿与伦敦（London）：香巴拉出版社。
- 杰弗里·塞缪尔（Samuel, Geoffrey）1993，《文明的萨满：西藏社会中的佛教》（*Civilized Shamans: Buddhism in Tibetan Societies*），华盛顿（Washington）、伦敦：史密斯森学会出版社（Smithsonian Institution Press）。
- 金·史密斯（Smith, E. Gene）2001，《置身藏文文本：喜马拉雅高原的历史与文献》（*Among Tibetan Texts: History and Literature of the Himalayan Plateau*），波士顿：智慧出版社。
- 迪特·舒（Schuh, Dieter）1976，《西藏的手稿与刻本》（*Tibetische Handschriften und Blockdrucke*），卷 6（《工珠·罗珠塔耶全集》[Gesammelte Werke des Koṅ-sprul Blo-gros mtha'-yas]），威斯巴登（Wiesbaden）：弗兰茨·斯坦纳（= VOHD XI, 6）。
- 皮特·史卫国（Schwieger, Peter）1978，《一份西藏的极乐愿文》（*Ein tibetisches Wunschgebet um Wiedergeburt in der Sukhāvatī*），圣奥古斯丁（St. Augustin）：国家科学出版社（VGH Wissenschaftsverlag）。

——1985，《西藏的手稿与刻本》，卷 9（《普贤密意直透续》《本净自生自现续》和《空行密智续合集》[Die Werksammlungen *Kun-tu bzaṅ-po'i dgoṅs-pa'i zaṅ-thal, Ka-dag raṅ-byuṅ raṅ-šar und mKha'-'gro gsaṅ-ba ye-šes-kyi rgyud*]），迪特·舒编，斯图加特：弗兰茨·斯坦纳（=VOHD XI, 9）。

——1990,《西藏的手稿与刻本》，卷 10（楚布寺所藏《大宝伏藏》，卷 1-14），斯图加特：弗兰茨·斯坦纳（=VOHD XI, 10）。

——1995,《西藏的手稿与刻本》，卷 11（楚布寺所藏《大宝伏藏》，卷 14-34），图加特：弗兰茨·斯坦纳（=VOHD XI, 11）。

——1999,《西藏的手稿与刻本》，卷 12（楚布寺所藏《大宝伏藏》，卷 34-40），图加特：弗兰茨·斯坦纳（=VOHD XI, 12）。

——2007,《西藏不同佛教传统间问题关系一窥》(A Glance at the Problematic Relations Between Different Buddhist Traditions in Tibet),《印度与西藏：迈克尔·哈恩 65 岁颂寿文集》(*Indica et Tibetica, Festschrift für Michael Hahn: Zum 65, Geburtstag von Freunden und Schülern überreicht*)，康拉德·克劳斯（K. Klaus）和延斯·乌维·哈特曼（J.-U. Hartmann）主编，维也纳（Wien）：西藏及佛教研究所（Arbeitskreis für tibetische und buddhistische Studien），维也纳藏学与佛教学研究丛书 66（Wiener Studien zur Tibetologie und Buddhismuskunde 66），页 453-458。

——2009,《西藏的手稿与刻本》，卷 13（楚布寺所藏《大宝伏藏》，卷 40-52），斯图加特：弗兰茨·斯坦纳（=VOHD XI, 13）。

- 义成活佛（Tulku Thondup Rinpoche）1986,《西藏的伏藏：宁玛派伏藏传统解说》(*Hidden Teachings of Tibet: An Explanation of the Terma Traditon of the Nyingma School of Buddhism*)，哈罗德·塔尔博特（H. Talbott）编，伦敦：智慧出版社。
- 沙木·冯·谢克（van Schaik, Sam）2000,《日月耳饰：吉美林巴所得教法》(Sun and Moon Earrings: Teachings Received by 'Jigs med gling pa)，收《西藏学刊》(*The Tibet Journal*)，卷 25.4，页 3-32。

原载于安·沙叶（Anne Chayet）、谢萧（Cristina Scherrer-Schaub）、弗朗索瓦兹·罗宾（Françoise Robin）、让—吕克·阿沙尔（Jean-Luc Achard）编，《单一版本与多个版本：西藏著作的演变与形成》(*Edition, éditions: l'écrit au Tibet, évolution et devenir*)，慕尼黑（München）：印度河出版社（Indus Verlag），2010 年，页 321-335。

Great Perfection and Buddha Nature:
Contributions to the Study of the Figures, Doctrine and History of rNying-ma-pa

大圆满如来藏

宁玛派人物、教法和历史研究

下册

沈卫荣　杨杰　主编

中国藏学出版社
China Tibetology Publishing House

本书为清华大学文科建设“双高”计划——跨学科人文学术体系下
汉藏佛教语文学学科建设（2021TSG08201）
中国人民大学国家社会科学基金重大项目“西域历史语言研究”（10&ZD086）
阶段性研究成果

大圓滿如來藏

談錫永署

宁玛派传人、北美汉藏佛学研究会创办人、
中国人民大学国学院客座教授谈锡永上师题

宁玛派大德贡却巴仁波切题

十三

重塑宁玛派：敏珠林寺的经部灌顶传统

雅各布·道尔顿 著，魏建东 译

1691年9月，三百多名宁玛派最有名望的上师齐聚于西藏中部的敏珠林寺（sMin grol gling），并举行了为期十一天的供养、宗教舞蹈及复杂的仪式。出席者都获得了一个全新仪轨系统的灌顶与导引，该仪轨融合了各种与《密意总集经》（*dGongs pa ’dus pa’i mdo*）相关的传统。这一事件成为宁玛派历史上的一个转折点，两位颇具感召力的兄弟为了重塑他们的传统，在大型寺院内将分散于各地的传承统一起来，他们的努力在这一时刻到达了顶峰。二十五年后，这些上师们一一圆寂，他们的寺庙也毁于一场暴力的宗教迫害。但是时至今日，三百年前首次举行的群体仪轨仍然在宁玛派内定期修习，而这样的修习也在很大程度上界定了宁玛派的身份。本文着眼于德达林巴（gTer bdag gling pa, 1646—1714）和大译师达摩师利（Lo chen Dharmaśrī, 1654—1717）两兄弟在18世纪初对宁玛派的重塑，以及经部灌顶（mDo dbang）传统在其中所起的至关重要的作用。

一、作为政治策略的公共仪轨：达赖喇嘛的影响

17 世纪见证了经部灌顶传统的风行。为了重振整个传统，有两大举措得到实施。其一由多吉扎寺（rDo rje brag，译言金刚岩）的第二任寺主班玛呈烈（Padma 'phrin las）主持，其二则发生在与多吉扎寺隔雅鲁藏布江相望的敏珠林寺（建成于 1676 年）。与多吉扎寺一样，敏珠林寺也得到了五世达赖喇嘛新政权的大力支持。不足为奇的是，这两个同时迅速扩张的宁玛派中心有着许多共同点，但是二寺的寺主在发展方式上却有显著的区别。由于传承的前辈们曾历经数十年的困难，故而班玛呈烈在力求让多吉扎寺抗衡并超越其他宁玛派的竞争群体时，采取了更为排他的举措。而敏珠林寺的两兄弟则是以更开放的方式来统一和重新定义整个宁玛派。最终，敏珠林和多吉扎二寺都大获成功，二者不同策略的成果从如今宁玛派的整体概况上可以看出来。多吉扎寺格外强大的北伏藏（Byang gter）传承从 14 世纪的初创到今天都保存得完好无缺，与之相比，敏珠林传统虽然与任何一个传承的关系都更疏远，但其所传仪轨却几乎遍及每一个宁玛派的主寺。[1]

敏珠林两兄弟通过两个紧密相扣的策略完成了他们的计划，亦即深度的历史考察及新的大规模公共仪轨的构建，前者支撑着后者。他们精心编排了宗教乐舞，并面向广大群众表演数日。敏珠林寺的闻名不仅是因为它有众多僧侣表演的华美舞蹈，也因为它能举办只有富有的大寺才能负担得起的大型庆典集会。这些新仪轨的盛行和巨大规模帮助敏珠林传统确立了在宁玛派的中心地位。

德达林巴对公共仪轨的运用反映了同一时期五世达赖喇嘛（1617—1682）及其强大的摄政者第悉·桑杰嘉措（sDe srid Sangs rgyas rgya mtsho，1653—

〔1〕 如今的大部分寺庙，即使规模相对较小，也以自身的名字命名，而多吉扎寺的分寺却几乎无一例外地被称为“多吉扎”，这一事实进一步体现了多吉扎寺在宁玛派中的独特地位。在现存的经部灌顶传统中也存在同样的差别，噶陀寺（Kaḥ thog）和敏珠林寺对彼此都比较了解，而多吉扎寺的灌顶手册——班玛呈烈所造之《大海津梁》（*rGya mtsho 'jug ngogs*）却不为外界所用。此外，据我所知，多吉扎寺并不遵循宁玛派其他主寺的年度大会集（tshogs chen 'dus pa）惯例。

1705）的活动。正当德达林巴在辛苦操持敏珠林寺的时候，达赖喇嘛正在拉萨建立新的政权。近来学界已经注意到，达赖喇嘛采用的主要策略之一就是制定年度庆典和公共仪轨。黎吉生（Hugh Richardson）在描述每年在拉萨举行的官方庆典时注意到：

> 大多数仪式都起源于遥远的过去，但是它们在不同时期又被重新编排和细化，尤其是在17世纪五世达赖喇嘛及其同样强大的摄政者桑杰嘉措当政时期，这些仪式以最新的面貌呈现，其意图明显在于强化新政权的显赫气派……以及达赖喇嘛和黄帽格鲁派的威望与地位的稳固性。[1]

达赖喇嘛对复杂仪轨的使用是其后半生的典型特征，而这一点又被他的摄政者桑杰嘉措承继发扬。

当藏土被达赖喇嘛新制定的公共庆典统一起来时，宁玛派也因敏珠林的新仪轨而凝聚团结。[2] 德达林巴和译师达摩师利的著作可谓卷帙浩繁，尽管本文主要集中于经部灌顶在他们的计划中扮演的角色，许多其他的因素也以各自的方式发挥着举足轻重的作用，故而也不容忽视。即便如此，这两兄弟（尤其是译师达摩师利）特别关注的还是教传（bka' ma）的教法，尤其是经部灌顶。达摩师利的18卷全集（bka' 'bum）中，有5卷是关于经部的。

此外，达摩师利并不只是笼统地对经部感兴趣，而是特别关注其仪轨。这一点正是他通过仪轨来重振宁玛派之宏伟计划的典型特征。尽管达摩师利确曾着手于经部的各种仪轨——包括成就法（sādhana）、供养（pūja）等等，但他的注意力却主要集中在经部著名的灌顶仪轨上。因此，达摩师利有关经部灌顶的著作也许可以为我们了解敏珠林的宏伟计划提供一个具有启发性的窗口。

---

〔1〕 黎吉生，1993，页7。

〔2〕 值得注意的是，达赖喇嘛与敏珠林之间的影响是相互的。例如，在德达林巴的许多新的宁玛派庆典集会中占据重要地位的仪轨舞蹈就引起了达赖喇嘛的兴趣，使得他将类似的舞蹈引入总是回避这些舞蹈的格鲁派（dGe lugs）中。参见科恩（Kohn）2001，页49-50。

二、寻本溯源——敏珠林的历史调查

经部是敏珠林通过仪轨来重塑宁玛派的关键一环。达摩师利在撰写新的仪轨手册之前，曾就经部的历史展开了全面的研究，针对这一具有影响力的传统，他将其尘封已久的本源挖掘出来，并把它作为新体系的根基。由此，他剥除了宁玛派从15世纪一直持续到17世纪的内部争斗的外壳，找到了整个宁玛派都认可的共同历史基础。

达摩师利对历史的兴趣标示着宁玛派修辞学的一个转折，这一转变在他死后的两个世纪里一直在持续地进行。通过回归远古时代，敏珠林寺完成了对宁玛派的改革，其计划为后续几个世纪中宁玛派的巨大复兴拉开了帷幕，对远古的回归正是这一过程中的重要举措之一。金·史密斯（Gene Smith）指出，18世纪晚期的宁玛派学者"对古文物收藏和考古颇感兴趣"，例如吉美林巴（'Jigs med gling pa）和泽旺诺布（Tshe dbang nor bu）。[1]史密斯写道，后者"不只是满足于复述他在藏土传统认为是权威的二手资源中所见……而是力求返本溯源。"[2]对历史研究的高度重视是19世纪众多宁玛派思想家的特征，这一趋势可以追溯到17世纪晚期敏珠林寺内发生的事。

达摩师利在一篇名为《经部灌顶总义》（*mDo dbang gi spyi don*）的深度研究中提出了他对经部灌顶的见解。[3]传统上，经部灌顶仪轨的基本框架被视为9世

---

〔1〕 史密斯2001，页22。

〔2〕 同上，页20。

〔3〕 在努钦·桑杰益西（gNubs chen Sangs rgyas ye shes）的《御暗铠甲》（*Mun pa'i go cha*）之后，这是目前为止对研究经部传统的现代历史学家们最有用的资源。蒋扬钦哲旺波（'Jam dbyangs mkhyen brtse'i dbang po）认为这更像是一部史书，而不是一篇释论，他似乎是将其称为《经部灌顶教法史》（*mDo dbang chos 'byung*，关于这一点的出处，见蒋扬钦哲旺波1989，页45）。但·马丁（Dan Martin 1997，页119）认为这个标题所指可能并非《经部灌顶总义》，而是达摩师利所写的另一篇经部灌顶的历史。遗憾的是，我并未找到这个文本，也没有在别处见到提及该文本。它在标准版和新版的《达摩师利全集》以及《宁玛教传广集》中也没有出现。因此，我们或许可以认定该文本已然佚失，或者钦哲旺波所指的就是达摩师利的《经部灌顶总义》，其中确实包含了大量有关传承上师的部分，这些内容也确实具有历史色彩。我推测事实可能是后一种情况。

纪的印度上师德瓦塞泽（bDe ba gsal mdzad，译言乐作明）所定，他的一些著作近来已重现于世。其他的密乘灌顶一般只令受灌者趣入与单独一乘相关的单一仪轨系统，经部灌顶则不同，它令受灌者可以趣入宁玛派全部的九乘，因而这是一场极为庞杂的仪式，需要许多天才能完成。

仪式现场的中央安布着经部的根本坛城，其名为大会集（Tshog chen ’dus pa）坛城，它的九层结构使之显得与众不同，其中的每一层各代表九乘中的一乘，故而可以引领弟子们在其能力范围内循着坛城的九级逐级而上，甚至可以一直到达顶部，亦即阿底瑜伽（Atiyoga）那一级。事实上，一般会有两个这样的根本坛城，每一个都圆满具足九级，二者分别称为"共通"（thun mong）和"不共"（thun min）根本坛城。

达摩师利对经部灌顶仪轨进行重新设定的前面几个世纪中，该仪轨日趋复杂，其中逐渐加入了大量所谓的"支分坛城"。此中，弟子会被引入分属九乘的九个独立的支分坛城，所以声闻（śrāvaka）灌顶就以释迦牟尼为坛城的中央主尊，瑜伽续灌顶用著名的金刚界坛城，如此等等。至于摩诃瑜伽的部分，则用共通的大会集坛城，阿努瑜伽（Anuyoga）用不共坛城。

达摩师利当时面临的就是这样的复杂情况，而他的应对方式则是重返本源。在他的著作中，他以德瓦塞泽的著作为依据，用大量篇幅来重构并仔细地定义该仪轨的最初形制。在篇末部分，他阐释并强化了整个仪轨系统的历史根源。至此，他已能确定他确立的新传统将会经世不衰，他的严密考证赋予了该传统权威性，从而使之变得更加强盛有力。

三、为公众重订仪轨

就实际的仪轨形式而言，达摩师利最关心的是从整体上简化仪式。为了达到这个目的，他反复地区分了两种潜在受众：专业者和普通大众。在撰写新的手册时，达摩师利显然考虑到了在不受限制的观众面前举行的公共表演。与早期的手册不同，达摩师利的手册是有意针对一个更大、更公开化的场地而精心制定的，由于这个缘故，仪式的很多部分都需要简化，整体的层次要下降到最低的普通水平。

他的手册内容依循仪轨而逐渐导向更高的灌顶，这种简化趋势也随之变得越来越明显。例如，对于前六乘的灌顶，达摩师利摒弃了所有的支分坛城而只用根本坛城；而后，摩诃瑜伽的灌顶也依惯例用共通根本坛城，但对于阿努瑜伽的灌顶，达摩师利却解释说可以再次用同样的共通根本坛城。在此之前，这些阿努瑜伽灌顶都是另外采用不共根本坛城。但是现在：

> 聚众共修时，在很大程度上并不能依灌顶而令（受灌者）成熟、获得教授，鉴于其意义甚微，故而大会集不共根本坛城之建立实无关紧要，（阿努瑜伽灌顶）可用（与摩诃瑜伽灌顶相同之）共通根本坛城。[1]

因此，达摩师利让摩诃瑜伽和阿努瑜伽两组灌顶使用同样的共通根本坛城，从而简化了仪轨。他告诉我们，他这样做是因为他并不期望受灌者中的“大多数”获得阿努瑜伽灌顶本来要求的高层次证悟。多数人参加灌顶只是为了领受加持、“发愿或学习”。他在别处写道，基于这样的原因，人们也可能会简化仪轨，尽管这对于人群中极少数的上根者而言意味着利益的损失。后一种可能性则促使达摩师利在其关于阿底瑜伽灌顶的部分中，指导主法上师将少数上根行人从人群中抽离出来，并在主要的仪式结束之后私下给他们最高的灌顶。

所有这些对经部灌顶仪轨形制的改变都指向同一结论，亦即敏珠林更宏大的计划是通过在主要的寺院中举行大规模公开表演来重塑宁玛派。新的敏珠林经部灌顶仪式不再只是为了引导弟子趣入经部的教法，更是将该仪式作为团体建设的一项活动。至此，该仪式首先在性质上是一种表演，在这个意义上，它的重点也就从参与者转移到了观众身上，作为一项公开表演，观众的观感对其

〔1〕 班玛呈烈 1972，页 243.6-244.1：tshogs sgrub dus dbang gis smin slob mi mdzad pa shas che bas cung zad gnad chung bar dgongs nas / tshogs chen ’dus pa thun mong ma yin pa’i rtsa dkyil...bzhengs ba btang snyoms su mdzad de / rtsa dkyil thun mong ba nang dbang gi dkyil ’khor de nyid du...bskur ba //

功能而言至关重要。

敏珠林这一新的经部灌顶体系也以另一种方式体现了这一趋势：达摩师利通过将仪轨手册划分为诸多独立的短文本，进一步增强了表演的壮观与庄严。因此其中就有一篇单独的文本是指导僧人如何建造坛城的，一篇是描述灌顶卡片（tsakli）的，而另一篇则是关于奏乐（rol mo）的，如此等等。通过以这种方式分派仪轨的各项职责，达摩师利让更大的表演能更容易实现。各组僧人只需要掌握各自负责的那部分工作，一旦联合起来，他们又能创造出一场空前壮观的演出。

在增加了仪式的规模和壮观程度之后，达摩师利也必须小心地避免让观众产生难以忍受的感觉，因此他同时也明显地缩短了仪式持续的时间，故而整个仪式只需要三天，而不是通常的十天或更多。例如，噶陀寺的灌顶仪式是尽可能地填充每一个细节，而达摩师利则不同，他在宏大仪式的操办上很有效率。

四、推行新传统

德达林巴在三个场合传授过这一新的仪轨系统，这三次大型活动都有来自西藏各地的重要上师参加。其中的第一次就是本文开头提到的1691年的大法会。达摩师利对这次活动描述如下：

> 以（德达林巴之）胜子白玛久美嘉措（Padma ’Gyur med rgya mtsho）为首之我等敏珠林常住众，以及哲沃活佛（sPrul sku tre’o）、饶降巴恰巴群培（Rab ’byams pa Chags pa chos ’phel）、白日丹萨瓦（dPal ri gdan sa ba）、博沃喇嘛（sPo bo bla ma）等来访之暂住众共计三百人，于铁羊年（1691年）九月初七至十八，依照融拉杰噶（lHa rje ’Gar）、兰敦等前后诸师对根本与支分坛城之判别于一炉之传规，基于彩砂坛城，按大修法会之次第，于十一日内圆满受赐《总集经》之完整四河、付嘱、教诫、结行，遂得成熟与增胜。以此为表征，教法与众生之广

大利益得以长久相继。[1]

德达林巴还举行过两次经部灌顶，但这两次都没有详细记载，但是达摩师利确曾列出了一些更重要的受灌上师的名单。第二次灌顶是将该仪轨传授给德达林巴的亲人，以及沃确活佛（’Od mchog sprul sku，即杰敦・阿旺贡桑让卓 [lCe ston Ngag dbang kun bzang rang grol]）、唐卓活佛（Thang ’brog sprul sku，即贡桑勒珠 [Kun bzang legs grub]）、苯隆活佛（Bon lung sprul sku）等等。最后灌顶一次是授予（贝玛林巴）语化身阿旺・贡桑多杰（[Pad gling] gSung sprul Ngag dbang kun dzang rdo rje）、云波活佛（Yon po sprul sku）、康巴活佛（Khams pa sprul sku）、那波敦觉（rNa bo gdung brgyud）、绒巴佐钦活佛（Rong pa rDzogs chen sprul sku）等。[2] 达摩师利所写手册的题记还在此基础上增补了更多的名字，包括多康贡觉喇嘛南卓桑布（mDo khams Go ’jo bla ma rNam grol bzang po）、班喇嘛益西（dPal bla ma Ye shes）和多杰贡（rDo rje mgon）。

从这些名单的长度以及相关人物在地理位置上的分布来看，敏珠林明显发挥了前线的作用，新的经部灌顶体系从敏珠林传遍了西藏的各个角落。敏珠林经部灌顶的兼收并蓄性连同其创制者的魅力，吸引了来自所有新旧宁玛派寺院的上师。这些活动不仅仅是灌顶，而且还是研习性的聚会，当时宁玛派的主要上师们都来获得并学习最新的仪轨。到 1714 年德达林巴圆寂时，他的经部灌顶传统已成为整个宁玛派的典范。

〔1〕 班玛呈烈 1972，页 124.4-125.2：sras mchog padma ’gyur med rgya mtshos thog drangs smin grol gling ’dus tshogs sogs bdag cag gnyug mar gnas pa rnams dang / tre’o sprul pa’i sku / rab ’byams pa chags pa chos ’phel / dpal ri gdan sa ba / spo bo bla ma sogs glo bur lhags pa’i don gnyer can te khyon ’dus pa sum brgya bskor la / rtsa ba dang yan lag gi dkyil ’khor kyi dbye bsdu lha rje ’gar dang glan snga phyi sogs sgrol chen yan chad phyag len gyi srol gcig tu ’bab pa’i lugs ltar / rdul tshon gyi dkyil ’khor la brten pa’i ’dus pa mdo’i chu bo bzhi rdzogs gtad rgya gdams ngag bshad pa mtha’ brten dang bcas pa sgrub chen gyi las rim dang ’brel bar lcags lug khums zla’i tshes bdun nas bco brgyad kyi bar zhag bcu gcig gi khongs su rdzogs pa smin rgyas su stsal bas mtshon bstan ’gro’i don rlabs po che rgyun chags su mdzad //

〔2〕 班玛呈烈 1972，页 127.1-3。括号中补充的部分摘录在《金刚阶梯》（*rDo rje’i them skas*）的篇末题记，页 566.6-567.1。

五、结论

敏珠林寺给宁玛派带来了巨大的改变，有人甚至会认为我们今天所知的宁玛派就是由17世纪后期的德达林巴和大译师达摩师利努力创建的。空前团结一致的宁玛派获得了达赖喇嘛新政权的大力支持。在这两兄弟的一生中，西藏的中部和东部地区建起了大量的宁玛派主寺。[1]敏珠林寺永久性地改变了宁玛派的样貌，这种趋势在接下来的两个世纪里不断延续。在敏珠林寺之后，宁玛派越来越重视他们的寺院机构。

德达林巴圆寂后三年，准噶尔蒙古和清朝之间剑拔弩张的局势终于演变成了战争。1717年，准噶尔蒙古入侵了西藏中部，并导致宗派之间发生了暴力冲突。许多格鲁派人士长期对日渐崛起的宁玛派心存不满，而准噶尔就给了这些新归顺的狂热者们一个泄愤之机。准噶尔士兵们处决了大译师达摩师利，以及敏珠林的新一任寺主白玛久美嘉措和班玛呈烈。几乎在一夜之间，西藏中部的这些新的宁玛派寺院被毁之殆尽，藏经室被焚，寺院也被洗劫一空。

但是这些都不能阻挡上师们宏伟计划的大流，早在准噶尔入侵之前，德达林巴就已经通过召开像1691年那样的宁玛派喇嘛大集会来确保其新仪轨的广传。他在这些集会上传授的仪轨形成了宁玛派新寺院的仪轨主干，而这些寺院一直延伸到西藏东部。敏珠林仪轨在西藏东部的传播对宁玛派将来的身份而言至关重要，因为遍布康区（Khams）和安多（A mdo）的大型新寺院才是这些仪轨真正扎根之所在。

〔1〕参史密斯2001，页18-20。

参考文献

藏文参考文献:

- 《教传极广集》(*bKa' ma rgyas pa shin tu rgyas pa*),110卷,收于TBRC及英国国家图书馆,无出版信息,2000年后流通。
- 涅瓦德勒(dMyal ba bde legs)2000,《大集经灌顶仪轨·宝鬘》(*'Dus pa chen po mdo'i dbang chog rin chen phreng ba*),收于《教传极广集》,卷63。
- 兰敦·索南贡波(Glan ston bSod nams mgon po)2000,《依大集经修习次第之灌顶实修》(*'Dus pa chen po mdo'i sgrub khrigs bzhin dbang byang lag len*),收于《教传极广集》,卷61-62。
- 努钦·桑杰益西(gNubs chen sangs rgyas ye shes)1982,《诸佛密意总集经释难·御暗铠甲·能显钥匙之日光》(*Sangs rgyas thams cad kyi dgongs pa 'dus pa mdo'i dka' 'grel mun pa'i go cha lde mig gsal byed rnal 'byor nyi ma*),收于敦珠吉扎益西多杰(bDud 'joms 'jigs bral ye shes rdo rje)编,《宁玛教传广集》(*rNying ma bka' ma rgyas pa*),56卷,噶伦堡(Kalimpong):敦珠上师(Dubjung Lama),卷50-51。
- 蒋扬钦哲旺波('Jam dbyangs mkhyen brtse)1989,《降阳钦则文选》(*'Jam dbyangs mkhyen brtse'i dbang po'i gsung rtsom gces sgrib*),成都:四川民族出版社。
- 大译师达摩师利(Lo chen Dharmaśrī)1975a,《大集经灌顶仪轨·金刚阶梯》(*'Dus pa chen po mdo'i dbang gi cho ga rdo rje'i them skas*),收于《大译师全集》(*Lo chen gsung 'bum*),卷11,页1-569。

  ——1975b,《总集经灌顶总义·能显密续、教授、口诀关要之明灯》(*'Dus pa'i mdo dbang spyi don rgyud lung man ngag gi gnad gsal byed sgron me*),收于《大译师全集》,卷12,页1-260。

  ——1975,《大译师全集》,18册,德拉敦(Dehra Dun):廓钦活佛(D. G. Khocchen Trulku)。
- 班玛呈烈(Padma 'phrin las, rDo rje brag rigs 'dzin II)1972,《总集经灌顶传承上师传记》(*'Dus pa mdo dbang gi bla ma brgyud pa'i rnam thar*),收于《〈教传总集经灌顶传承上师传

记〉及〈仁增阿格旺波传记〉》（*bKa' ma mdo dbang gi bla ma brgyud pa'i rnam thar and Rig 'dzin ngag gi dbang po'i rnam thar*），列城（Leh）：扎西岗巴（S.W. Tashigangpa），页 1-425。

——1982，《依次第行总集经灌顶仪轨之坛城·大海津梁》（*'Dus pa mdo'i dbang gi cho ga khrigs su byas pa dkyil 'khor rgya mtsho'i 'jug ngogs*），收于《宁玛教传广集》，卷 41-43。

- 莫敦·多杰班桑布（rMog ston rDo rje dpal bzang po）2000，《康派经部灌顶·蜜流》（*mDo dbang khams lugs su grags pa sbrang rtsi'i chu rgyun*），收于《教传极广集》，卷 64-66。

其他参考文献：

- 理查德 J. 科恩（Kohn, R.J.）2001，《舞之主：西藏和尼泊尔的舞蹈节》（*Lord of the Dance: The Mani Rimdu Festival in Tibet and Nepal*），奥尔巴尼（Albany）：纽约州立大学出版社（State University of New York Press）。
- 但·马丁（Martin, D.）1997，《西藏历史：藏文史书名录》（*Tibetan Histories: A Bibiography of Tibetan-Language Historical Works*），伦敦：西域出版社（Serinda Publications）。
- 黎吉生（Richardson, H.E.）1993，《拉萨的新年仪式》（*Ceremonies of the Lhasa Year*），伦敦：西域出版社。
- 金·史密斯（Smith, E.G.）2001，《置身藏文文本：喜马拉雅高原的历史与文献》（*Among Tibetan Texts: History and Literature of the Himalayan Plateau*），波士顿（Boston）：智慧出版社（Wisdom Publications）。

原载于布里安·奎瓦斯（Bryan J. Cuevas）、柯蒂斯·谢弗（Kurtis R. Schaeffer）主编，《权力、政治以及传统的再创造：17 和 18 世纪的西藏》（*Power, Politics, and the Reinvention of Tradition: Tibet in the Seventeenth and Eighteenth Centuries*），伦敦（London）、波士顿（Boston）：博睿（Brill），2006 年，页 91-101。

十四

后吐蕃初期西藏对莲花生的描述

凯茜·坎特韦尔、罗伯特·迈尔 著，索朗卓玛 译

莲花生（Padmasambhava）这一人物最早是何时融入密教仪轨的？他今日广为人知的至高地位最早是何时开始彰显的？对西藏传统而言，答案很简单。莲花生是一位证得寿自在持明的无比上师，8 世纪时，赞普赤松德赞（Khri Srong de'u btsan, 755 / 756—797 年在位）邀请他入藏，此后他在藏土即备受尊崇，而在当时，他已作为一个活着的传奇在印度存在了数个世纪。当然，现代学者是拒绝接受这样美丽而简单的答案的。总体上，与传统的藏族史家们相比，在可以接受为可靠证据的信息方面，我们能够获得的要少得多，而与莲花生这一人物的历史证据相比，几乎没有一个问题能将这种感觉体现得更为强烈。在现代学术的运用中，有关莲花生的历史证据（甚或是对他的描述）的确非常少。然而幸运的是，随着过去十年中敦煌文本的数字化，我们最近已在密教文献中看到描述这位伟大上师的早期证据有少量的增加——即使不是针对这位神秘上师本人的。在增加的证据中，有一部分来自一份新发现的敦煌文本材料，另一部分则来自对已知的敦煌文本所作的深入分析。然而，我们既不相信这些新材料的内涵至今已得到充分的认识，也不相信它现在本该展示出的更大的图景已得到恰当的评估。在本文中，我们将呈现一个对新的证据材料所作的更为彻底的研究，加上对已知的材

料所作的进一步考察，由此而在汇集所有可用证据的情况下，针对莲花生早期描述的背景，得出一个我们现在能了知的更为完整的叙述。我们对敦煌材料中出现的莲花生所做的一些思考已在别处发表，因此这里将只对其加以简要概述，而其他材料将首次在这里呈现。[1]

在敦煌文本实现数字化和广泛传播之前，有关历史上的莲花生向现代学术界呈现为什么样的面貌，马修·凯普斯坦（Matthew Kapstein）做过一份最为便捷实用的总结。[2]其文章写于2000年，当时他能利用的材料只有四种：

（1）早期历史文本《巴协》[3]，其中介绍了莲花生入藏的经过。

（2）10世纪的敦煌文本PT 44，其中记述了莲花生把金刚橛（Vajrakīlaya）[4]传统带到西藏的经过。

（3）被归属于莲花生的一个早期文本《口诀见鬘》（*Man ngag lta 'phreng*）以及由11世纪的宁玛派上师绒宋·曲吉桑布（Rong zom Chos kyi bzang po）所造的《口诀见鬘释》（具体日期未知）。

（4）娘热（Nyang ral, 1124—1192）和古茹·曲旺（Guru Chos dbang, 1212—1270）的伏藏，其中将莲花生彻底神化为一个完全证悟了的佛。

基于这一证据，凯普斯坦总结道：

（1）《巴协》表明莲花生很可能在赤松德赞当政期间造访过西藏。

---

〔1〕见凯茜·坎特韦尔（Cantwell, C.）和罗伯特·迈尔（R. Mayer）2008b；2009；2010；2012。

〔2〕多年来，安妮－玛丽·布隆多（Anne-Marie Blondeau）在巴黎高等研究实践学院（EPHE）做了大量有关莲花生的最为重要的研究工作，继她之后，如今又出现了另一位对莲花生感兴趣的学者马修·凯普斯坦。见凯普斯坦2000：155-160。

〔3〕这一著名的早期史书有各种不同的修订版，同时也有各种不同的拼写方式，其中值得注意的是这几种写法：dBa' bzhed，sBa bzhed和rBa bzhed。

〔4〕虽然其正确的梵文名为Vajrakīla，这一传统在西藏却获得了一个新的名字：从10世纪的敦煌文本直到今天，藏人都规范而一贯地以转写Vajrakīlaya来指涉它，极少用Vajrakīla。甚至是热衷印度的梵文专家——著名的萨迦班智达贡嘎坚赞（Sa skya Paṇḍita Kun dga' rgyal mtshan，1182—1251）在其影响深远的短篇普巴密续译本（该译本被收入了《甘珠尔》，题名为《普巴本续片段》[*rDo rje phur pa rtsa ba'i rgyud kyi dum bu*]；我们能查阅到的所有版本都一律使用Vajrakīlaya）中也用的是Vajrakīlaya，而非Vajrakīla。因此，鉴于与印度这一较小传统相对，其在藏土的分支已大大扩张，我们在提到这一分支时，斟酌之下，或许应当使用其藏土的名字Vajrakīlaya，而非其印度名Vajrakīla。

（2）PT 44 表明莲花生所传密法的追随者们活跃于后吐蕃时期的西藏。

（3）绒宋的释论和一些敦煌材料表明莲花生崇拜始于 9 世纪中期吐蕃王朝解体至 10 世纪末新译密咒兴起之间的“分裂时期”。

（4）娘热和曲旺的伏藏文本表明，对莲花生崇拜规模最大的详尽阐释始于 12 世纪。[1]

自 2000 年凯普斯坦发表该文以来，有两个新的进展。首先，雅各布·道尔顿（Jacob Dalton）在为英国国家图书馆做编目工作时偶然发现了一份提到莲花生的新的敦煌材料 PT 307。道尔顿随后发表了一篇关于 PT 307 和另外一篇敦煌文本 Tib J 644 的文章。[2] 第二，本文作者依据敦煌文本 IOL Tib J 321，对其中有关莲花生的证据做了一个比以前详细得多的分析，相比于 80 年代伊士曼（Eastman）的短篇笔记，2004 年道尔顿的简要概述，或者 2007 年冯·谢克（van Schaik）的博客文章，作者的分析更为仔细（坎特韦尔和迈尔 2012 ：87-98）。本文很大程度上得益于这两份证据材料，以及对已为人所熟知的材料 PT 44 和《巴协》的重新评估。

然而，我们必须先岔开一笔来快速消除一个误解。读过雅各布·道尔顿文章的人都会注意到，他最初希望自己新发现了敦煌文本中两个（不只是一个）提到莲花生的地方，并且希望提出另一个文本 IOL Tib J 644 中有对莲花生在帕平（Pharping）的阿修罗洞（Asura Cave）中修行经过的描写（道尔顿，同前引）。然而遗憾的是，正如他本人所指出的那样，IOL Tib J 644 中没有一处提到莲花生的名字，也正如我们在别处所示，我们还有其他依据怀疑其所指必为莲花生。就本文的写作目的而言，我们最好将其暂时搁置于一旁，留待进一步的研究。[3]

---

〔1〕凯普斯坦 2000，页 157。

〔2〕见道尔顿 2004。

〔3〕有关这些问题的讨论，见迈尔 2007。诚如道尔顿所言，相关段落的确广见于这一类的文献，我们可能有望在里面发现提到莲花生的地方，因为其中涉及宁玛派所列诸乘的各个持明位。然而我们真正讨论的段落专属于事续（Kriyā tantra）所获之持明位，其名为住地持明（sa la gnas pa'i rig 'dzin），这种持明也见于其他的与事续有关的段落。其主题涉及金刚手（Vajrapāṇi）、阿修罗洞、在须弥山（Meru）和阿修罗界及龙族的地下世界（Pātāla）之间流动的神河、神奇的无死圣宴，这些都盛行于当时的事续和其他印度文学中，在汉文文本中也出现过。因此该段落是在阐释事续的名相，并未提到莲花生，它可能只是

因此，这一新的、完全可以接受的证据能告诉我们什么有别于2000年由凯普斯坦所写的东西？由于他在历史论证上训练有素，而且对于有限的证据分析得很克制而有分寸，既未过度阐释，亦未加以低估，所以我们现在能汇报的进展更多的是增补细节，而非修改他的基本框架。凯普斯坦很明智，他在处理莲花生信仰的任何一个方面时，都未试图给出一个确定的年代，只是将其描述为一个贯穿于后吐蕃时期的渐进过程，该过程在三个世纪后娘热的时代到达巅峰。本文的创新点在于，我们目前已有更为有力的证据，来证明对莲花生的崇拜、他被纳入仪轨、甚至是（似乎是）对其神化的起始时间更接近凯普斯坦所提出的时间段的开端，而非其末尾。我们的新证据表明，莲花生早已出现在宗教的神话和仪轨中，而且甚至还可能被视为密教经典的觉性起源，这比娘热要早二百余年。换言之，娘热在其为莲花生所写的传记和历史著作中描写莲花生时，显然是在已有的主题上加以发展，表面上看起来像是在创造新的主题。好在事后我们已经明白，早期神话和仪轨中纳入莲花生的情况似乎就不足为奇了：作为以佛教名义调伏、掌控了所有本土神灵的超群人物，他也出于同样的原因让皈依者安全地放弃了他们的祖神，不至于遭到神的报复。倘若莲花生没有存在过，也可能会有扮演类似角色的其他人物被引进来。一个重要的限制性条件是，我们尚不能确定新证据是否可以证明10世纪时莲花生崇拜广泛存在，抑或其规模要小得多，只有少数人追随。这是因为现有的证据能产生对莲花生的两种观点，甚至在早期宁玛派密教材料这一相对狭小的范围内亦然：

首先，在10世纪早期或者中期[1]由努·桑杰益西（gNubs Sang rgyas ye shes）所造的以大圆满（rDzogs chen）为中心的《禅定目炬》（*bSam gtan mig*

（接上页）一个普通的事续说明，而与莲花生毫无关系。道尔顿的认定是基于这样一种假设：此中提到了阿修罗洞和马耳山（Aśvakarṇa，阿毗达磨 [Abhidharma] 宇宙观中的一座山或一系山脉）的神泉，这极有可能在指涉莲花生，因为《巴协》和 PT 44 中关于莲花生的叙事部分也有类似的主题。但这种假设有一定的风险，因为他的分析并未充分考虑到这些类型的主题实际上广见于印度和汉土的佛教事续，以及印度教的“往世书”一类文献，因此，在做出更贴切的分析之前，该段落不能被视为有关莲花生的可靠证据。

〔1〕关于努·桑杰益西的年代仍有争论。目前我们更倾向于后者，对此说法的论证见卡尔梅（Karmay）1988：页101。

sgron）中，将莲花生说成一位伟大的上师，甚至将其神化，但对其强调的程度却不及他的同辈，例如无垢友（Vimalamitra），同时也没有将其整合到仪轨中的迹象（尽管此类文本可能不会出现这种情况）。

其次，在可能书写于 10 世纪的敦煌大瑜伽（Mahāyoga）写本（这些写本的创作时间可能要早得多，也可能不是）中，他并未被神化、纳入仪轨，地位未高出其同辈，甚至未被神化。现存版本的《巴协》似乎大致上与此相符。

过去五年中，雅各布·道尔顿是在早期宁玛派研究方面被引用得很多的一位诠释者，而且被广泛誉为高度进取、发人深省且富于想象力的学者。与布隆多（Blondeau）和凯普斯坦等众多其他学者此前所做的一样，他意识到 10 世纪或更早的时期就已经有莲花生的真实证据。然而，正如我们在别处所指出的那样，道尔顿在该问题上的成果（道尔顿 2004）重复甚至扩大了之前一些学术研究的疏漏之处，他并未对仪轨的领域给予充分的考虑，包括许多与莲花生有关的敦煌材料的非常显著的仪轨功能。由此，他并未注意到这些和莲花生有关的敦煌文本与当代的莲花生仪轨之间存在非同寻常的连续性，而实际上正是仪轨领域中的这些连续性为历史学家提供了最为重要的信息。[1] 如果不理解以下两点，就不能完全理解这些文本的历史意义：（1）这些文本本身与仪轨的关系非常明确。（2）它们的叙事和主题以惊人的方式延续至后来的仪轨传统中，甚至延续至其众多现今最流行的表述形式中。道尔顿并未真正认识到这两点，他只是再次将它们单纯视为历史叙事，而并未将其视为属于仪轨范畴的文本，这就导致他没有注意到它们与后来以及当今的大瑜伽仪轨之间存在显著而密切的连续性，因此我们认为道尔顿得出的一些结论并不准确。尤其是他在处理其核心而有漏洞的论点时，在很大程度上误解了支撑这些论点的证据，他的论点是这些具体的敦煌文本与后期的藏土传统在叙事结构上根本不存在连续性，而且在这些文本中，莲花生并未被描述为一个独一无二的重要人物。虽然我们完全同意他关于莲花生的角色是随时间推移而扩展的看法，但是我们不同意他认为 PT 307 和 IOL Tib J 321 两个文本视为与后期传统的叙事结构不具备相续性的看法，也不同意他说那些文本根本没有体现莲花生

〔1〕 见坎特韦尔和迈尔 2009：页 296 及以下。

已然成为一个被极力赞颂的仪轨角色。可以说，现今更加倾向于历史的一些密教学术研究可能并未充分体会仪轨的修习，此中也包括先前有关敦煌材料的一些著作。[1]事实上，就敦煌材料中有关莲花生崇拜的潜在仪轨证据而言，其重要性远远超过我们迄今为止对它们的认识，而且它们暗示的历史结论与我们已知者截然不同。

IOL Tib J 321,《方便羂索》（*Thabs kyi zhags pa*）及其释论

让我们从 IOL Tib J 321 开始谈起。这是敦煌最为重大的发现之一，该写本共有 85 叶，[2]其中包含一部内嵌于释论中的完整的宁玛派大瑜伽密续，且附有许多小注。它是一部有名的密续，而且是宁玛派经典的一个重要支柱，同时也见于几个版本的《甘珠尔》，其名为《圣方便羂索莲花鬘摄义》（*'Phags pa thabs kyi zhags pa padma 'phreng gi don bsdus pa*）。从 2006 年开始，我们就一直在编辑和研究这部密续及其释论（见坎特韦尔和迈尔 2012）。尽管依当今的古文字学来看，该敦煌文本的年代应该是 10 世纪后半叶，但借助于至少两个抄本，我们的精校本可以合理地断定该敦煌文本有一个更古老的蓝本（坎特韦尔和迈尔

〔1〕 作为人类学中一个有影响力的分支、理解仪轨的一个主要学科，它从一开始就认定其方法论的根本就是对仪轨修习的仔细研究和参与性观察的实践。任何一位真正熟悉当今宁玛派仪轨的人都会立即辨识出敦煌的莲花生文本与现代仪轨之间明显且确定无疑的连续性。然而现代学界却花了数十年的时间来确认这种联系，因为学界主要专注于其作为历史记录的一面。密教首先是一个仪轨系统，而仪轨在本质上是操作性的，因此密教的很多最重要的信息大部分都记录在其仪轨中。由此，体会密教操作性的一面对于理解密教而言是不可或缺的。对大乘佛教而言也几乎同样如此，因此斯坦福大学的保罗·哈里森（Paul Harrison）用心地研习了《金刚经》并每日背诵，由此而将一种非常必要的实践性理解引入到他对该文本的语文学研究中。如果研究密教的语文学家和历史学家能以类似的态度对仪轨手册做非常详细的研究，间或出席仪轨的表演，甚或为了获得更为完整而细致的理解而偶尔参与仪轨的修习，那么他们将会受益匪浅。

〔2〕 其叶码一直标到 84，但多出了一个没有标码的叶，因此总共有 85 叶。

2012）。[1]

该敦煌写本四次提到莲花生：在开篇部分的旁注中提到一次，在靠近结尾部分的旁注中提到两次，在靠近结尾的释论正文中也提到一次。其参考材料有点让人费解，我们在别处已发表更为详尽的讨论（坎特韦尔和迈尔 2012：91-98），因此这里我们只简要地回顾一下我们的发现。20 世纪 80 年代，伊士曼（Eastman）首次注意到了这些参考资料，并尝试性地提出莲花生为其释论的作者。道尔顿和和冯·谢克也基本上依循了他的路线，虽然其观点更为有力。[2]然而，尽管材料有难度，而其根本颂、释论及旁注的交互征引也错综复杂，上述学者中却并无一人能花精力对该文本做出深入而长久的研究，也无人在任何场合针对它写有超过几页的文章。在一番更为艰辛的研究之后，莲花生被指为该释论作者的说法也就完全无法确定了。相反，其中有一处明确的强调将莲花生描述为无上的证悟者，称他对如来的秘密教法有着超群的体证，甚至很有可能就是这一根本续的来源。

该写本提到莲花生的地方并非都清晰而明确，因为它们假定读者业已悉知这样的信息，但有一点是清晰而又明确的，那就是它们所提到的是一位超凡的、神话般的人，而不是一位普通的人类导师。在结尾处，释论的正文以偈颂盛赞莲花生是“莲花王”（Padma rgyal po），其所附的旁注中说这是寂藏（Śāntigarbha）对莲花生的赞颂。有意思的是，这些偈颂中所使用的赞颂语词，被两个世纪之后

〔1〕 此处的证据有与该文献本身相关的，包括各品的品号及其所加的旁注，这些证据表明该写本一定不止被抄写过一次。此外也有源于其文本内容的证据。这一敦煌写本有很多抄写错误，其中一些与现存传承中的某些特定部分有暗合之处，余者则不然。敦煌写本中这些抄写错误的密度和层次分布暗示出与原本之间的传承跨度，当然在绝大多数情况下，要想得出定论，在逻辑上是站不住脚的，唯一能做的只是纯粹从传承跨度上得出最为细琐的权宜结论；两个抄本可能出自同一个月，也可能相隔一个世纪或更久。汉密斯（Hemis）和巴塘的非常古老的本土《甘珠尔》或《甘珠尔》残本为我们研究该根本文的谱系提供了关键的证据，同样提供证据的还有 1699 年的达旺邬金林巴（Tawang O rgyan gling）《甘珠尔》，以及西藏中南部的三版《宁玛十万续》，包括廷结（gTing skyes）版，持明（Rig ’dzin）版和加德满都（Kathmandu）版。见坎特韦尔和迈尔，2012。

〔2〕 伊士曼本人表现出一定的谨慎，他最终的结论是：“我们似乎找到了少数几个保留下来的莲花生著作中的一个”（1983：50，这是我们强调的地方）。然而道尔顿和冯·谢克在他们的目录中只是简单地把莲花生列为 IOL Tib J 321 的作者，没有半点含糊。见道尔顿和冯·谢克 2006：51，或见其在线版目录 http://idp.bl.uk/database/oo_loader.a4d?pm=IOL Tib J 321。将莲花生明确断定为该释论作者的主张也一直贯穿于道尔顿和冯·谢克后来各自关于 IOL Tib J 321 的著作中。

的娘热·尼玛沃色和更广泛的圣传传统照搬于各自的莲花生赞颂文中，而且娘热再次将这些语词和莲花王联系起来，“莲花王”一名至今仍然是著名的“莲师八号”（gu ru mtshan brgyad）中的经典形式之一。（见图 1）[1]

《殊胜方便羂索莲花鬘义集》（*'Phags pa thabs kyi zhags pa padma 'phreng gi don bsdus pa*）释论的结颂（敦煌写本 IOL Tib J 321 [Ms], 叶 84r；《丹珠尔》（*bsTan 'gyur*）：金写版 [Gt] 密续释论部（rgyud 'grel）Bu,78321，北京版 [Qt] 密续释论部 Bu, 129b，纳塘版（sNar thang)[Nt] 续部（rgyud）Bu 228）	娘热·尼玛沃色，《阿阇梨莲花生本生传·摩尼宝鬘》（*Slob dpon padma 'byung gnas kyi kyi skyes rabs chos 'byung nor bu'i phreng ba zhes bya ba, rnam thar zangs gling ma*），主要基于加德满都国家档案馆的无头体写本（IMG_1670+1671，卷 E2703/10，叶 16r.5-16v.1）。
། དངོས་གྲུབ་མཆོག་བརྙེས་ཡ་མཚན་ཆེན་པོ་ཡིས་ [Ms འི]	དངོས་གྲུབ་མཆོག་བརྙེས་ཡ་མཚན་ཆེན་པོའི་སྐུ།
། འཇིག་རྟེན་མ་འགྱུར་ [Ms ངམ་གྱུར] པདྨའི་ [Ms པད་མ་] རྒྱལ་པོ་ཡིས་	རྟོགས་པ་བླ་མེད་པདྨ་རྒྱལ་པོའི་སྐུ།
། དེ་བཞིན་གཤེགས་པའི་མན་ངག་གསང་ཆེན་རྣམས།	དེ་བཞིན་གཤེགས་པའི་མན་ངག་གསང་ཆེན་རྣམས།
། ཀློང་ [Ms ཀླུང་] ནས་བཀྲོལ་མཛད་དེ་ལ་ཕྱག་འཚལ་ལོ།	ཀློང་ནས་གྲོལ་མཛད་ཁྱེད་ལ་ཕྱག་འཚལ་བསྟོད།
证得殊胜悉地大希有	得胜悉地广大希有身
超越世间即此莲花王	无上证悟莲花王之身
于诸如来大秘密口诀	于诸如来大秘密口诀
彼皆能解我今作顶礼	汝皆能解我今作顶礼

这一颂将（莲花）生（Sam bha ba）说为：“莲花王证得了殊胜的悉地，广大希有，超越世间，他从界（klong）内阐明了如来的大秘密口诀。”此处所附的旁注稍微有点含糊，其中解释说，寂藏在观察后，发现莲花生本人或其教法是无谬的，于是对其加以赞颂。[2] 就在文本的开头，其旁注就已告诉我们虽然佛陀已摄集了

〔1〕 伦敦大学（University of London）亚非学院（School of Oriental and African Studies）的路易斯·唐尼（Lewis Doney）曾致力于精校娘热的莲花生传记。他很有说服力地指出，时间最早、在历史上最具影响力的修订本以藏于加德满都国家档案馆（National Archives in Kathmandu）的两份写本和被他归类为 ZL 3 的两份不丹的写本为代表。此处所用的 ZL 3 版本是路易斯·唐尼于加德满都国家档案馆发现的。我们根据所有其他一切有关 ZL 3 的佐证材料，将其第二行的 rtog 修订为 rtogs。《大宝伏藏》（*Rin chen gter mdzod chen mo*，帕罗 [Paro]：俄珠和和喜饶智美 [Ngodrup and Sherab Drimay]，吉曲寺 [Kyichu Monastery]，1976，Ka 函：25）最近已经成为使用最广的版本，其中收纳了后期的材料。对于该颂，它给出的第二行有所不同（rtogs ba bla med mchog tu gyur pa yis /）。

〔2〕 slob dpon shan ting gar bas brtags nas ma nor nas / sam ba bha la stod pa'o /（叶 84r.5）。

图 1　莲花王（Padma rGyal po），此即如《莲师八相羌姆》（*Gu ru mtshan brgyad 'chams*）中所述，噶伦堡（Kalimpong）：姜萨寺（Jangsa Monastery），2009。（摄影：凯茜·坎特韦尔）

（'bu tas bsdus）根本文（的法义），但实则是由莲花生将其付诸文字（sam ba bhas byas），其意即类似于寂藏对莲花生在阐明如来之大秘密教言方面所作的赞颂。最后，就在根本续的末尾，其旁注可能对前文作了解释，亦即说明该续的教言是莲花生开显出来的，其中并未掺入他个人的臆造（rang gzo），随后又解释说，一位圣者以本觉来宣说时，其所说就是密续。[1] 如此一来，莲花生听起来就像是某种形式

〔1〕（pad ma sam ba bhas rang gz[or?] byas pa ma yin bar ston，叶 83v.6）。目前我们在想，由于该评注紧随于文本的末尾，因此其所评可能为莲花生与根本文之间的关系，而不仅仅是关于坛城消融的最后一行，尤其是因为该释论继续将最后关于自然放射与收摄的教法与该密续的出现联系起来（由于彼从平等性中展现而出，故具足觉性之士夫所宣说之一切言辞即名为“续”……）。因此，这可能意味着该续的言说是自然展现，而不是莲花生臆造的，不过需要指出的是，这一评注当然不是毫无含糊的，它也可能是指坛城本尊自然放射和收摄的过程。

图 2　本觉佛学院维基（Rigpa Shedra Wiki, rigpawiki.org）提供的一套现代版八大持明中的寂藏（Śāntigarbha, shang ting gar pa'），以及一套 12 至 13 世纪（通过碳同位素定年法及其风格来确定）的灌顶卡片中的寂藏（藏品编号 737，鲁宾博物馆 [Rubin Musem]；该卡片背面写明了所绘人物为寂藏）。

的伏藏师，而他也就与佛陀原始的密续教法密切挂钩了。[1] 这使得我们猜测，文本标题中的"莲花"（Padma）一名的所指也许可以被推想为莲花生；然而，如果这种解释事实上是释论（更不用说根本文）的意旨，那么它肯定从未被明确指出过。

接下来我们应该看看宣说这一段赞颂的寂藏（见图 2）。他是谁？道尔顿在其讨论的开篇说关于寂藏的信息非常少，而后总结说他在 IOL Tib J 321 中宣说的赞颂表明莲花生在当时肯定是不怎么重要的人物：因为如果莲花生在当时就已经像现在这么重要的话，像寂藏这样无足轻重的人物去赞颂他就不太合适了。道尔顿将他的看法总结如下："从藏土后期传统的角度来看，像寂藏那样不太重要的人的观点与具有莲花生那种地位的人发生关联，这是不寻常的"（道尔

〔1〕 掘藏之原理很可能当时就已经为藏土人士所了知。莲花戒（Kamalaśīla）在其《修习次第论》（*Bhavanākrama*）中引用过的藏文版《般舟三昧经》（*Pratyutpannabuddhasaṃmukhāvasthitasamādhisūtra*）就以这种形式的掘藏作为一个主题（其汉文版则不同，其中并未以此为主题）。该经解释说，佛陀是封藏伏藏经典者，而伏藏师则是一位在家人，佛陀已在其前世将教法印入其心相续中，此人在来世将会遇见一位提醒者，从而想起那些由鬼神守护、装在匣子中被埋藏的经典。见于保罗・哈里森 1990，尤其是第 13 章。事续类和瑜伽续的文献中也有提到伏藏，其中一些文本在早期已被译出。

图 3　忿怒莲师金刚具力（rDo rje ’gro bo lod），其上师寂藏坐于上方的中央位置。出自益西措嘉 1978，第二部分：页 437，插图 30。（照片由达磨出版社 [Dharma Publishing] 提供）

顿 2004 ：768）。这无疑是道尔顿未能把敦煌文本与其大瑜伽仪轨语境联系起来的关键点之一，因为在大瑜伽的神话和仪轨中，对于道尔顿此处所说的“藏土后期传统”而言，寂藏实际上是一个非常重要的名字，绝非无足轻重，这正是因为他在许多圣者传记和仪轨文献中都被视为莲花生最重要的上师之一，而且是他最亲近的法友之一。（见图 3）道尔顿应该下的结论是，当代这些将莲花生与寂藏密切挂钩的著名大瑜伽叙事和仪轨的架构表明，它们的有趣迹象已经以某种形式在敦煌文本中呈现出来，这种可能性需要进一步的考察。还需要指出的是，如果寂藏是莲花生的上师，或是他的某种法友，那么莲花生被寂藏盛赞一事就再寻常不过，而不是道尔顿所说的那样出格。依大瑜伽的观点来看，即使是最伟大的上师也必须有他们自己的上师，而上师们往往都喜欢赞扬他们最好的弟子——尤其是在弟子的证悟大大超过上师的情况下，这可能就是此处暗含的意思。或者，寂藏可能只是将莲花生作为一个法友来赞颂。但是无论以哪一种方式来看待这个问题，我们都不同意道尔顿认为寂藏不太重要的观点，只要道尔顿研究过仪轨记载和史传记载，他就肯定会得出一个截然相反的结论。在大瑜伽后期的仪轨分类中，寂藏被视为八大持明阿阇梨（rig 'dzin gyi slob dpon brgyad）之一，这八大持明就是大瑜伽在印度的始祖。在后来的宁玛派文献中，这八位持明是在人间最早接受八位大瑜伽本尊（yi dam）的受法者，这八位本尊就是修部八教（bKa' brgyad），由空行母（ḍākini）大自在事业母（Las kyi dbang mo che）在菩提迦耶（Bodhgayā）西南边的一个尸林内开显于世的。[1] 这八位本尊是宁玛派的主要本尊，娘热的善逝集（*bDe gshegs 'dus pa*）——一个巨大而又影响深远的早期伏藏，就是建基于这八位本尊的，它是《宁玛十万续》（*rNying ma'i rgyud 'bum*）中大瑜伽部的核心宗义架构。据后期传说所言，莲花生是在修部八教被开取时与尸林中的八位持明阿阇梨一起出现的，他依次从八位持明处获得了各自的传承，由此成为他们的第一位受法者，因此莲花生本人有时也被算作他们八位当中的一个。如此一来，包括寂藏在内的八大持明就被后期传统视为莲花生自己的密教上师，莲花生经由他们获得了他主要的密教灌顶。与莲花生一样，他们都未被视为凡人，而是被视为那些殊胜的密教本尊本身的直接化现，而且通常被说为神秘地居住于印度的八大尸林中。[2]（见图 4）有意思的是，与八大持明有关的几个名字

〔1〕 这一著名的叙事广见于宁玛派文献。有关一个可获得的、有影响力的晚近阐述，见敦珠（Dudjom）1991：457-483，尤其见页 483。

〔2〕 例见吉美林巴（'Jigs med gling pa）《龙青宁提》（*Klong chen snying thig*）之内成就法（nang sgrub）《持明总集》（*Rig 'dzin 'dus pa*），它在过去几个世纪中被普遍视为最为流行且得到广泛修习的莲花生成就法（见图 4 唐卡中所绘其核心观修境）。该成就法的名字所指为八大持明，他们被视为与修部八教密不可分，而且作为莲花生最亲近的眷属被观想为环列于莲花生周围。朗·贝吉僧格（见下文有关 PT 307 的部分）也作为莲花生二十五大弟子（后来都转世成大伏藏师）之一，在该成就法和该唐卡中居于重要的地位。

图 4　莲花生及其上方的八大持明
寂藏是程式化的八大持明之中的一员，他们环列于莲花生周围（寂藏为右数第二位）。细节来源于《持明总集》（*Rig 'dzin 'dus pa*）的唐卡，《持明总集》是当今最流行的莲花生仪轨，由吉美林巴（'Jigs med gling pa，1729—1798）取藏。该成就法的名字本身就指向八大持明。作为莲花生二十五大弟子（rje 'bangs nyer lnga）之一，朗·贝吉僧格（Rlang dpal gyi seng ge）也列于其中，可能位于最右边的倒数第二排。（感谢摩诃悉达宁玛中心（Maha Siddha Nyingma Center, mahasiddha.org），尽管他们不同意本文的主旨，仍然慷慨地允许我们以尊重的态度使用他们的图片。

在敦煌密教文本中非常突出：[1] IOL Tib J 331.1 和 IOL Tib J 1774 中的妙吉祥友（Mañjuśrīmitra）；[2] PT 44 中的光象（Prabhahasti）（坎特韦尔和迈尔 2008：60）；[3] IOL Tib J 321 中的寂藏；[4] IOL Tib J 688（有关念珠）和 IOL Tib J 644 中的

无垢友（Vimalamitra）；[5] IOL Tib J 1774 中的吽迦啰尊者（Hūṃkara，与妙吉祥友和佛密 [Buddhagupta = Buddhaguhya] 一起）（slob pon nI 'Bu ta kub ta dang / ShI rI Man 'ju dang / Hung ka ra）。这一名单并不完整，更多类似的对人名的提及可能还会浮现。显然，这些人物在敦煌文本中已经被视为伟大的上师，而且值得注意的是努·桑杰益西所造的《禅定目炬》（*bSam gtan mig sgron*）中也以高度神化的方式提到他们当中的一部分，其中记载的一些故事仍可见于当今的传统之中。[1] 很难估测对这些人物的神化能追溯至何时。正如我们从当代历史中了解的那样，有个人魅力的宗教人物往往于在世时就被神化了，更不用说一个或两个世纪之后，而且这种神化一旦确立，就能延续多个世纪。因此，这些敦煌文本的作者看待他们的方式与后期传统相比，总体上并非彼此迥异，二者的相似性并非完全没有存在的可能。与眼下的讨论更贴合的是，IOL Tib J 321 中的证据肯定会吸引我们考察寂藏是否已被视为莲花生的上师或法友之一。[2]

---

〔1〕 当然，没有人曾有信心（甚或是能够，鉴于现存的版本数量极少）为《禅定目炬》做出精校本，从而恢复其原貌，因此我们不太确定最早的版本是怎样的。不过，迪伦·埃斯勒（Dylan Esler）目前正在鲁汶（Louvain）做有关《禅定目炬》的博士论文（译注：该论文现已出版，即《禅定目炬：努钦·桑杰益西之禅定目炬，10 世纪的一份关于禅修的藏传佛教文本》[*The Lamp for the Eye of Contemplation: The Samten Migdron by Nubchen Sangye Yeshe, a 10th-century Tibetan Buddhist Text on Meditation*]，纽约：牛津大学出版社 [Oxford University Press]，2022 年），其论文收录了现存的材料能够提供的一个版本：第 6 品，277：slob（277.5）dpon chen po byi ma la bod yul du 'da' ba'i tshul bstan nas // rgya gar yul na ma 'das par bzhugs pa dang / padmo 'byung gnas gting srin po 'dul du（277.6）bzhud pa la stsogs pa rgya gar gyi mkhas pa la grangs med na / mnga' ris bod kyi rgyal khams su yang grangs med par rig 'dzin du gshigs so // "大阿阇梨无垢友于藏土示寂，却于印度继续住世，犹如未曾圆寂一般。莲花生后来前去调伏罗刹。印度及藏土之无数贤哲亦成就为持明。"努·桑杰益西提到莲花生前去调伏罗刹，这是否预示着后来与莲花生有关的铜色吉祥山（Zangs mdog dpal ri）或妙拂洲（Camaradvīpa）神话？

〔2〕 路易斯·唐尼最近确定娘热的《赤铜洲》（*Zangs gling ma*）与其早期雏形 Zl3（亦即 Zlh, Zli）最为接近，迄今为止我们所见到的各版《赤铜洲》中，莲花生的确曾于各位上师座下参学，这些上师的名录中包括了不少"八大持明上师"（Rig 'dzin gyi slob dpon brgyad）中的名字，却不见寂藏的名字。他在《大宝伏藏》版《赤铜洲》中的位置为现代读者所熟知，但在 ZL 3 中，该位置却被绒布密天月（Rombuguhyadevacandra）取代了，在这些版本中，绒布密天月为莲花生教授了与护法有关的恶咒（ngan sngags）和猛咒（drag sngags）。在《赤铜洲》的后期版本（例如《大宝伏藏》版）中，绒布密天月为莲花生教授了世间供赞（'Jig rten mchod bstod），而寂藏则为莲花生教授了恶咒，这与《敦珠教法史》(*bDud joms chos 'byung*，同上引）中寂藏所教授的内容一致。

如果跳离宁玛派的传说，而从现代平实的历史眼光来看的话，我们还可以说，唯一存世的《旁塘目录》（*'Phang thang ma*）的序文中将寂藏说为桑耶寺的开光者。然而，我们并不能完全确定该序文是《旁塘目录》原本的一部分，还是稍晚的增补。[1]寂藏还以吐蕃时期瑜伽续（Yogatantra）译师的身份为布顿（Bu ston）所熟知，他的译作中值得注意的是颇具影响力的《净治恶趣续》（*Sarvadurgatipariśodhanatejorājasya tathāgatasya arhato samyaksaṃbuddhasya kalpanāma*），这是一部与超度仪轨有关的密续，它在藏土皈依佛教的过程中发挥了非常重要的作用。

PT 307: 莲花生和朗·贝吉僧格（Rlang dPal gyi seng ge）调伏后来被称为地母（brTan ma）的女神

接下来我们必须检视的敦煌文本是 PT 307。道尔顿详细讨论过该文本（道尔顿 2004），并提出了一些出色的洞见，但是正如我们在别处指出的那样（见坎特韦尔和迈尔 2009：296 页及以下，以及坎特韦尔和迈尔 2010），我们觉得他同样误解了一些证据，并得出了错误的结论。为了简要地重述我们的论点，我们针对无处不在的宁玛派“十二地母”（brTan ma bcu gnyis）仪轨，将 PT 307 明确鉴定为其已知的最早证据。PT 307 描述了莲花生和朗·贝吉僧格以誓句约制七位女神并赐予彼等三昧耶（samaya）水，道尔顿认为这七位女神就是印度“七母神”（Saptamātṛkā）的藏土翻版，尽管他也谈到其中有些女神与现今的地母女神名字相似。虽然她们在数量上有七个，乍一看可能会让人觉得与 Saptamātṛkā 的藏文对译“七女神”（Ma mo mched bdun）相吻合，但正如艾哈德（Ehrhard）所指出的那样，PT 307 中神灵的名字以及其他特征实际上似与“七女神”并不相

---

〔1〕见于《旁塘目录》（*dKar chag 'phang thang ma / sgra sbyor bam po gnyis pa*）（北京：民族出版社，2003，图版 2，叶 1 背面 6-7；页 2：rgya gar gyi slob dpon bsam yas kyi rab gnas mkhan shaṃ ting gar bha）。我们对这些问题的详细讨论见坎特韦尔和迈尔 2012。

图5 莲花生之狮子吼(Seng ge sgra sgrogs)忿怒相，其弟子朗·贝吉僧格位于他的右下方。图片来自益西措嘉1978，第二部分：439，插图31。(达磨出版社提供图片)

图6 上面图5的局部细节，图中所示为朗·贝吉僧格正在调伏西藏的神灵。图片来自益西措嘉1978，第二部分：439，插图31。(达磨出版社提供图片)

符（艾哈德 2008：15 及以下）。依我们在别处的讨论（坎特韦尔和迈尔 2010：298）所说，PT 307 中体现的似乎应是十二地母的原型。对于这一假说，有两个证据可以支撑：第一，我们在后期的地母名单中找到了 PT 307 中出现的名字，只有一个没有找到：在 PT 307 中，每个女神都有两个名字，但是在后期文本中，两个名字则被视为两个独立的女神，这就可以解释 PT 307 中的七女神和后期的十二地母在数目上的矛盾之处；第二，莲花生专门与朗·贝吉僧格一起联合出场的二人组情景是很多后期宁玛派地母仪轨的典型特征。[1] 在当今许多十二地母仪轨（我们已给出一些例子，见坎特韦尔和迈尔 2009：299）中，出现的典型情景恰恰与此相同：莲花生在其著名弟子朗·贝吉僧格的特别协助下，以誓句约束了地母并令其饮下三昧耶水。由此，我们认为众所周知的十二地母仪轨的早期版本或原型在 PT 307 写作的时代就已经存在，这些仪轨在当时（与现在一样）就体现出了对莲花生的崇敬，对此，PT 307 提供了强有力的证据。

然而道尔顿却得出与此截然相反的结论：他没有意识到 PT 307 与当今的十二地母仪轨之间存在明显的连续性，反而认为 PT 307 与当今的宁玛派传统非常不连续，继而否认了莲花生崇拜的存在，其主要的理由就是它将莲花生与朗·贝吉僧格并置在一起。他将其论证概述如下：

> （像朗·贝吉僧格）这样的一个无名人物与莲花生一起出现是异乎寻常的。在后期传统中，莲花生作为吐蕃时期唯一一位调伏西藏本土神灵的圣者而独居一位。PT 307 表明，就佛教在西藏的确立而言，莲花生在其中扮演的角色可能是随着时间的推移而逐步扩大的，以至于令其余活动于他周围的人（尤其是一个西藏本土的人）都黯然失色了。在藏人的想象中，前佛教时期的藏土局势需要有一位境外的能手来加以调伏。一位本土的藏人所扮演的重要角色与后期的叙事并不一致，

〔1〕 然而，我们也指出过，这一类的神灵、他们的历史（lo rgyus）文本及其分类是非常多变的，尤其是在一位富有创造力的伏藏师手中更是如此，因此对叙事的二度变位重组以及与后期种类的二度关联也会出现。

因此就被遗忘了。（道尔顿 2004：768）

在我们看来，他的论点似乎没有充分考虑到 PT 307 明显的仪轨属性及其与当今仪轨传统之间明显的连续性，此外，其论点还是在他提出的两个具有明显错误的假设基础上提出来的：第一，后期传统在描述莲花生时，往往说他是单独行动，而没有任何周围的弟子坛城支持；第二，朗·贝吉僧格是一位无名人士，后期传统很大程度上已经遗忘了他参与调伏女神一事。与此相反，在绝大部分后期的仪轨叙事和观想中，莲花生往往都是被弟子们围绕，而朗·贝吉僧格在后期传统中也享有极高的知名度，因为他在十二地母仪轨中反复出现，不仅如此，他还被普遍归为莲花生最亲密的弟子之一。实际上，朗·贝吉僧格通常是被视为莲花生著名的君臣二十五大弟子（rje ’bangs nyer lnga）之一，他以调伏西藏本土神灵著称。[1]（见图 4、5 和 6）

〔1〕尽管道尔顿误将朗·贝吉僧格描述为一位无名人士，他却正确地把他和本尊“世间供赞”（’jig rten mchod bstod）联系起来了，这是通常与其相关的本尊之一。但道尔顿在没有引用任何材料的情况下，失当地将“世间供赞”说成莲花生调伏的三位世间神之一（道尔顿 2004：768）。这是对传统上宁玛派大瑜伽“世间三部”（’jigs rten pa’i sde gsum，世间供赞为其中之一）的误解。这三位本尊本身绝非世间神灵，他们实际上属于上文我们在讨论八大持明时提到的地位崇高的“修部八教”，其余五位为五智慧本尊（ye shes kyi lha lnga）。尽管有区别，这两类都被视为忿怒尊（Heruka）的不同面向，虽然其中一类是赐予智慧，而另一类则是赐予守护的。因此，虽然世间供赞表面上听起来带有世间的名字，但他实际上是被视为一种标准的佛教忿怒尊形象，他本身是一位本尊，通过制约地方鬼神来负责保护佛法。故而世间供赞本身并非道尔顿所认为的那样是莲花生所调伏的世间神灵。与之恰恰相反，他是一个重要的忿怒尊形象，是证悟的一个面向，而莲花生在瑜伽修习中正是将自身视为与该忿怒尊等同，或者将自身化现为该忿怒尊，从而调伏世间神灵。因此，宁玛派传统认为，朗·贝吉僧格通过修习莲花生所教授的这一本尊，从而令西藏的本土鬼神听其调遣（这或许有助于解释他在地母仪轨中独特的重要地位）。这一普遍原则同样也适用于世间三部的其余两部，亦即差遣非人（ma mo rbod gtong）和猛咒诅詈（dmod pa drag sngags）：他们同样不是莲花生调伏的世间神灵，而是忿怒尊的证悟形象，莲花生凭借这样的形象调伏了世间神灵。感谢强林仁波切（Changling Rinpoche），尤其感谢久美多杰（Gyurme Dorje），感谢他们对于这些问题所做出的详细而又深入的解释。

PT 44：莲花生调伏犀（bSe）女神并任命其为普巴护法（phur srung）

有关莲花生的敦煌文本中，最为人所熟知的就是PT 44。PT 44已被多次研究过，对于已知的内容在此便无须赘述。〔1〕但是，正如我们在别处所指出的那样，与PT 307类似，之前的学者均未对PT 44的仪轨语境和属性给予充分的重视。简而言之，我们认为，PT 44与PT 307一样包含一个类似“仪轨故事”（smrang）或“世系”（rabs）的叙事，而这种叙事仍然完好地保存在普巴历史（phur pa lo rgyus）的文本中。这种叙事记述了莲花生从那烂陀寺（Nālandā）取来普巴密续，并加以全面的编订，由此提炼出他需要的修习体系，最重要的是，莲花生在央列雪（Yang le shod）调伏了犀女神，并任命她们为普巴传统的护法（phur srung），继而成功地将普巴教法传入了西藏。尤其是，PT 44包含了普巴历史中一部分的最早记录，该部分正是当今普巴护法修习的依托，这些护法在绝大多数宁玛派护法的日常课诵礼赞中，扮演着虽小却不可或缺的角色，而在普巴金刚成就法中，当然就扮演了更为核心的角色。

由于PT 44与PT 307一样，在写作的时候就明显有仪轨上的考虑，〔2〕所以可推知的是，在其写作的时代，莲花生就已经被神化，并被整合到了一些仪轨的结构中。相应地，这也就暗示了他并非被视为一位普通上师，而是被视为一位具有超凡的密教神通的人，因为绝大多数上师都不是那么容易成为普遍的密教仪轨中如此重要的一部分。密教上师当然在他的弟子圈内受到尊崇，尽管当今为人所知的上师瑜伽（guru-yoga）正式修习的演变历程尚不清楚。甚至在今日，这种上

---

〔1〕关于PT 44内容最近的研究以及我们对该材料的重新分析，见坎特韦尔和迈尔2009，2008：41-68。此前关于其第一部分的研究为凯普斯坦2000：158-159。旺堆（Wangdu）和丁伯格（Diemberger）在没有引用证据的情况下，力求将PT 44描述为一份关于王朝的材料（旺堆和丁伯格2000：13）。然而，依据纯粹的写本分析，武内绍人（2004）和赤木崇敏（2011）将PT 44的年代断定为10世纪后半叶，这就与旺堆和丁伯格的看法矛盾，但却为布隆多于1980年所写的有关莲花生传记的一篇名文中所给出的尝试性断代提供了支撑。最后，据我们所知，最早出版的关于PT 44的研究是比肖夫（F.A. Bischoff）和哈特曼（Charles Hartman）1971。

〔2〕正如我们之前发表的著作中所指出的那样，这两份文本的仪轨属性和意旨是非常明确的，但是如果研究者只是通过摘取特定段落来处理这些文本的话，将会忽略掉这一点。

师瑜伽也不一定完全是密教修习，也不需要灌顶，尽管有时也做灌顶，那也是在修习形式更为复杂的情况下才做的。然而，莲花生在 PT 307 和 PT 44 中被整合进的仪轨似乎并不是上师瑜伽，而是一种更为宽泛的仪轨，这种仪轨可以构成本尊、会供（tshogs）、护法仪轨等几乎所有大瑜伽和无比瑜伽（Anuyoga）复杂的密教修习的一部分。因此，它们构成了普遍的密教修习的一部分，而不是唯一一位上师的上师瑜伽，故而不一定只属于某一个狭小的信徒圈。这是引人注目的，因为在我们迄今为止读到的敦煌文献中，还没有发现其他任何一位密宗上师被纳入任何一种密教仪轨中。就目前我们所阅读的内容来看，即便是无垢友、妙吉祥友、吽迦罗或寂藏在敦煌文本提到他们的几个地方都没有得到如此待遇。PT 44 和 PT 307 中的确也提到了莲花生的一些眷属，但是他们的出现仅仅是因为他们是他的眷属，也是他所给传承的受法者，除此之外当然也就没有扮演其他的重要角色。因此，莲花生以主角的身份进入密教仪轨，而这些仪轨甚至都不是他本人的上师瑜伽，这就使得他看起来比其同时代的人更加突出。就我们所见而言，IOL Tib J 321 也类似地赋予了莲花生一个神话般的地位，且将其视为密教教法的来源，这一地位并未被赋予寂藏，而且事实上敦煌密教文献中的任何一位有名姓的人物都无法与之匹敌。以此类推，如果将来的研究能够表明敦煌的早期宁玛派密教文献中提到的其他上师确实也有以这样的方式被纳入仪轨的，那么我们的假设当然也就不成立了。

我们提出的第二个要点与 PT 44 中描述的莲花生仪轨行为的特性有关。依据《宁玛十万续》（*rNying ma'i rgyud'bum*）中年代不明但可能比较古老的证据来看，这些不是常规的瑜伽行为。莲花生不是仅仅以常规方式调伏犀女神，或仅仅确立某种仪轨传统。更重要的是，通过这些传奇的事迹，莲花生真正首次将犀女神引入到正式的宁玛派众神体系中，从而给真正的密续经典本身带来了重大的文本革新。在神话时代的这一时期之后，宁玛派的密续经典在其章节中纳入有关莲花生所调伏的这些犀女神的仪轨和描述。能够对密续经典产生如此的影响，这不是一个普通上师可以办到的，而且这也再次表明莲花生对密教文献传统而言具有特殊的重要性。因此，在后期的一些仪轨中（并不是所有仪轨），这些女神即以智慧尊身份出现在主坛城中，由此也出现在当今的敦珠传承广泛运用的灌顶卡片上

（显然是在台湾印刷的）。[1]

她们在《本续片段》（*rTsa ba'i dum bu*）中显然是被付嘱的，该续是一个简短的普巴文本，曾被萨迦班智达（Sa skya Paṇḍita）收入《甘珠尔》，我们有足够的理由相信该文本的确非常古老。《本续片段》中的很多句子都是对仪轨中一系列本尊的协助者所作的祈请，其中三句就使用了三组广为接受的护法女神的名字，而犀女神（即大地神 sa bdag chen mo）就是其中之一。阿美夏（A myes zhabs）的释论（页 396）明确指出，此处的念诵就是针对这些女神的。[2]然而，将犀女神纳入经典的一个更长的证据便是著名的密续《十二普巴》（*Phur pa bcu gnyis*），其中的第十三、十五和十九品明确提到"犀"（bSe）是该密续本身的一个组成部分（另见迈尔 1996：128-132）。敦煌文献中也提到一个《十二普巴》，[3]所以我们知道这是一个非常古老的标题。《十二普巴》是大瑜伽的十八主续（rGyud bco brgyad）之一，因此在宗义学上居于宁玛派大瑜伽的教法与历史的核心；这不仅是因为这十八续在传统上被判为整个大瑜伽的根本续，还因为它们是敦煌文献中引用最频繁、出现次数最多的文本。遗憾的是，这十八续中只有两部在敦煌文献中被完整地保存下来，一部是我们已经讨论过的《方便羂索》，另一部是《密集

---

〔1〕 在敦珠·吉扎益西多杰（bDud 'joms 'Jigs bral ye shes rdo rje）修订的《天铁利刃》（*gNam lcags spu gri*）中，这些女神被说成位于主坛城周围的场院（该场院位于内部的尸林之外，但位于越量宫[gzhal yas khang]之内），因此，简言之，她们可被视为主尊智慧展现的一部分（《天铁利刃事业仪轨》[*gNam lcags spu gri las byang*]，Tha 函：105；《天铁利刃近诵文》[*gNam lcags spu gri bsnyen yig*]，Da 函：105）。萨迦大普巴（*Sa skya phur chen*）与此不同，其中主坛城的 51 位本尊并不包括她们，我们所见到的萨迦普巴坛城中并未描绘出她们。然而她们是否始终被排除在外尚不清楚。当然，12 至 13 世纪的扎巴坚赞（Grags pa rgyal mtshan）的普巴文本中有一篇《普巴金刚现证仪》（*rDo rje phur pa'i mngon par rtogs pa*），其中在主坛城的本尊之后提到了全部的十二位护法女神，并指出应该观想她们三个一组，分列于坛城的四隅（《萨迦全集》（*Sa skya bka' 'bum*），卷 4：170，叶 362 背面；srung ma bcu gnyis kyang gzhal yas khang gi zur bzhir gsum gsum bsam mo /）。

〔2〕 阿美夏的著作并不是专门针对《本续片段》的释论，而是有关萨迦大普巴修习的著作。然而，这一成就法纳入了《本续片段》，因此传统萨迦派对这些文字的解释是明确的："复次，由念诵'化为鲁达罗妻之大地主母——四犀王母之时已至'而催请之。"（yang ru tra'i byi mo sras mor sprul ba'i sa bdag chen mo / bse'i rgyal mo bzhi'i dus la bab ces pas sab dag ma rnams bsku /，蒋贡·阿美夏，阿旺·贡嘎索南[Ngag dbang kun dga' bsod nams] 1973：页 396）

〔3〕《方便羂索》之敦煌版释论既指一部《十二橛》（*Ki la ya bcu gnyis*），也指一部《十二普巴》（*Phur pa bcu gnyis*）（IOL Tib J 321：叶 64 背面，叶 70 背面）。

续》(*Guhyasamāja*)，但这两部文本令人惊讶的地方是，它们至今几乎都没有发生过改变。遗憾的是，我们不能确定《十二普巴》是否也是如此。我们无从知晓 Tib J 321 中引用的《十二普巴》是否在 10 世纪时拥有与今日相同的文本。但是，如果它确实像《方便羂索》和《密集续》一样在历史上保持不变，那么在敦煌洞窟关闭之前，该续就已经纳入了有关犀女神的部分，这些犀女神也就是莲花生在央列雪首先调伏的对象。

遗憾的是，我们恐怕难以获得直接的证据来证明《十二普巴》在 10 世纪的状况。我们已经做了该文本的精校本，但是至今还存在的两歧状况使得我们不能重构其原型。[1]不过我们可以说，所有现存的版本都包含有提到犀女神的部分，因此她们很有可能在这些现存文本的最早母本中就已存在。反过来说，《十二普巴》这一标题已经被用来命名过不止一个文本，所以今天的版本也有可能不同于 10 世纪的版本。但我们可以肯定的是，对于普巴历史中支撑普巴护法修习的那一部分而言，PT 44 是我们已知的最早版本，而且一个发展得很完备的普巴仪轨和经典传统在敦煌文献中可以得到证实。因此，我们可以慎重地提出一个尝试性的假设，那就是莲花生在这里可能再次与经典的革新相关联，因为他也许与《方便羂索》有关。至少，根据 PT 44，我们可以确定敦煌所见证的繁盛的普巴文献是将（莲花）生（Sambhaba）视为其修习传承的创立者、护法神的调伏者与任命者，甚至可能是其密教经典的编订者。也许正是这些因素在历史进程中的共同联合，使得他成了一个比其同辈更为重要的仪轨人物：正如我们在别处指出的那样，莲花生在西藏的崛起与大瑜伽的兴起关系非同小可。[2]最后，我们应该简要地说一下，如我们在 PT 44 和 PT 307 中所见，仪轨对莲花生的吸纳从总体上针对密教仪轨提出了有意思的问题，不过我们无法在此处理这些问题。然而，印度的上师们是否也曾以这种方式被纳入仪轨，抑或这只是藏土的一种创新？

---

〔1〕 见迈尔 1996。

〔2〕 坎特韦尔和迈尔 2008：277-314。

《巴协》中的莲花生

在本文的最后一部分，我们必须简要地回顾一下《巴协》的叙事。就像大多数藏文历史文献一样，这些叙事也是由不同的文本组合成的，它们往往是依据已有的文本片段重构而成。我们尚不清楚这些不同的文本片段到底有多古老，但是多亏了冯·谢克，使得我们知道这些文本至少有一些残片存在于敦煌出土的文献中。《巴协》的叙事有时被引用来证明，在这些文本的写作年代，莲花生并不是一个很重要的人物。这当然是不准确的：两个文本都将莲花生描写成一位卓越的密乘行人，因此更为合理的推断或许是，与大瑜伽净相修习相关联的过度虔诚（例如作为圣者传记的遗教 [bKa' thang]，邬金林巴的《五部遗教》即是一例）可能在《巴协》最早的基本材料的写作时代尚未形成一种文学样式，但是即便当时它们已经形成一种文学样式，也很难在《巴协》这样公开的历史文本中占据一席之地。[1]不过，所有版本的《巴协》都毫不含糊地显示出莲花生是一位独一无二的超凡人物。《巴协》通常被认为是年代最早的，在《巴协》的叙事中，莲花生是赞普在寂护（Śāntarakṣita）的劝说下邀请入藏的；寂护称莲花生是印度最强大的密咒士。在吐蕃，莲花生示现了令人瞩目的神迹，也显示出对地方神灵鬼怪无与伦比的统御能力，这些统御对象就包括在政治上有力量的唐拉山神（Thang lha），莲花生以誓句约束了唐拉山神，从而令其为佛法效力。莲花生示现出如此大的神通，以至于令赞普感到惶恐，他谦逊地巡绕于莲花生左右，恭敬地供养给他许多袋黄金，并请求他回家。但是莲花生对此表示不屑，他从地上抓起一袖子的沙子，瞬间将其变为黄金，显示出他对世间显现的驾驭能力。吐蕃的大臣们因为这个外国人的巨大力量而感到恐慌，害怕他夺取王权，所以大臣们想暗杀他——即便他已然在返家途中。但是莲花生有神奇的洞察力，而且不用他人告知，他就能知道将要发生的事。当那些人去暗杀他时，他使那二十个埋

〔1〕《巴协》(*dBa' bzhed*) 自称是一部“书信”（bKa' mchid），而《拔协》(*sBa bzhed*) 则自称是一部“法令”（bKa' gtsigs）。因此这两个标题都暗示了它们的语境针对的是国家的范畴，而非宗教信仰或仪轨的范畴。

伏着的暗杀者僵硬如画中人，而他则从容不迫地走了过去。出于大悲心，他一到安全之处，就立即复苏了那些本来要谋杀他的人，但他也悲哀地预见到，尽管吐蕃将永远不会受到外道威胁，但佛教群体内部却会相互斗争。赞普对于他本人和莲花生之间发生的事情则心感痛苦。我们该如何评价这种叙事呢？旺堆和丁伯格几乎是用一种相同的方式来处理的：因为该叙事没有体现出后来的“遗教”文献中的过度虔信，他们的结论就是这种叙事显示出的莲花生“被剥夺了为人熟知的魅力”。[1]我们认为他们并未准确表达出自己的意思。事实上，并不是莲花生本人缺乏魅力，而是叙事语言将他描写得失去光彩；这种叙事尚未以过度虔诚的风格表达，而这种与密教净相相关联的风格是后期读者所习惯的，它是伴随着“遗教”类文献而出现的。《巴协》中所描述的吐蕃也不像宁玛派密教中所说的“黄金时代”那样，由一位授记的君王统领，而该君王则是莲花生的卓越弟子，是文殊菩萨的化身，我们在娘热的著作中就见到了这样的描述，而娘热就相信他本人就是赤松德赞的转世（多尼 [Doney] 2011 ：140 及以下）。但在说到密教的成就或“悉地”（siddhi）时，《巴协》中这些段落的作者（们）都是坚定地把莲花生描述得独一无二。《巴协》中再没有其他任何人能拥有如此强大的力量。当然，这位印度最伟大的密咒士所具有的如此强大的力量，对于后吐蕃时期的藏人而言已有足够的魅力了！简而言之，其语言和一些叙事片段的性质可能迥异于后期具有必胜思想的圣者传记，但莲花生的确是被描写为一个超凡的人物。

最重要的是，我们不能忘记《巴协》是在试图创造和保留一个历史纪录。它当然取材于密教，但它实在可以被视为一种大不相同的文献类别，所以我们不会指望它使用相同的语言。布隆多（Anne-Marie Blondeau，1980）已经描述过关于莲花生的传统叙事如何存在于平行、互补的“胎生”（mngal skyes）与“化生”（rdzus skyes）版本中，而且她提到工珠（Kong sprul）对“胎生”的记载与“教传”（bKa’ ma）有关，尤其是与普巴历史（phur pa’i lo rgyus）有关，而与“岩传”（gTer ma）无关。布隆多认为《巴协》中的记载与“胎生”版莲花生生平的传统“教传”传承更相符。因此，将其与娘热那部为人所熟知的莲花生传记（亦

〔1〕 旺堆和丁伯格 2000：13。

即“化生”版本的来源）相比较，或者与更为详细复杂的“遗教”相比，都会不得要领（布隆多 1980：48）。[1]

事实上，我们可以将布隆多的观点推进一步，同时也提醒大家需要谨慎，避免过度阐释，以至于夸大《巴协》等文献与传统的关于莲花生的神话故事（无论是“胎生”还是“化生”类型的）之间的差异，前者旨在记录历史事件，而后者则属于宗教传承的语境。普巴教法传承中所见的“胎生”故事不仅与“化生”的记载整合在一起，而且还内嵌于密教本尊的教法和修习中，在这些教法和修行中，上师在特定情境下所示现的“胎生”或“化生”，都是为了令行者生起对上师的敬信，以及视诸法为密教坛城的净相（dag snang）。因此，就像“化生”的记载一样，这些故事都是具有高度象征性的，而且与密教意象有关，故而也就不一定代表一种更为“理性主义”的思路。例如，索多巴·罗珠坚赞（Sog bzlog pa Blo gros rgyal mtshan）的《普巴历史》(*Phur pa lo rgyus*)[2]组成了“绒宋普巴”（Rong zom Phur pa）传统文本集的一部分。它着重于“胎生”，这或可被视为在表达一种大瑜伽的净相视角，亦即视肉身等同于本尊。在这种记载中，上师以肉身形式降生，而此肉身又与普巴本尊及其坛城无二无别：他的腰是一个结，就像普巴杵的中间部分，他的下半身是一个三角锥形，也像普巴，而他的头发与普巴本尊的头发一样是赭色的，他的眼睛和嘴都是半圆形的，就像很多普巴坛城中，中央的三角形周围有三个由圆圈包围的半圆一样。[3]有个看起来非常古老的文献名为《黑色集》（*'Bum pa nag po*），这是所有教传普巴传承的一个主要来源，其

〔1〕见其著名的文章，布隆多 1980。虽然旺堆和丁伯格的确引用过该文，但他们的分析并未明确体现出他们对这一点有所考虑。正如布隆多所指出的，我们不知道胎生版和化生版莲花生传记的划分开始形成的准确时间，但我们知道胎生和化生的分类缘于阿毗达磨，我们还知道关于莲花生的两种叙事曾在西藏并存过很长的时间。

〔2〕《吉祥金刚普巴之历史·希有海浪》（*dPal rdo rje phur pa'i lo rgyas ngo mtshar rgya mtsho'i rba rlabs*）。

〔3〕全句为：“他名为寂护，肤色白里透红，具莲花部之相，其头部圆满一切技艺，其腰为一结，上半身向内缩，下半身为三角形，口与眼为半月形，头发为赭色，（因此他）生相丑陋，（但）具足普巴之性相。”（śānta rakṣi ta bya ba kha dog dkar la dmar ba'i mdangs dang ldan pas padma'i rigs kyi mtshan dang ldan zhing / sgyu rtsal thams cad rdzogs pa mgo dang sked pa rgya mdud / ro stod bcum gzhogs / ro smad zur gsum / kha dang mig zla gam / skra kham pa ste / mi sdug pa phur pa'i mtshan nyid can zhig skyes so /，页 12）

中有关“胎生”的记载是将两种降生类型放在一起的（《敦珠教传》[*bDud 'joms bKa' ma*] 版本，卷 Tha：221-225；布尔德 [Boord] 2002：113-115）。首先记述的是“胎生”，其中莲花生的身体特征与索多巴的版本略有不同，不过同样充满了强烈的密教象征意味，在其后的“化生”故事中，又有关于他早年生活的同一个故事的变体。这两个记载在莲花生后来的宏化事迹中得以融并。阿美夏在其为萨迦派普巴修习所造释论中记述了普巴历史，[1] 其中同时讨论了两种降生类型。他在这两种类型之间划出了一种列维—施特劳斯式（Levi-Straussian）的象征对立。在这种情况下，“胎生”被认为发生在萨霍尔（Zahor）的东部地区，而“化生”则发生在邬金（Urgyan）的西部地区，由此这两地的人民都视莲花生为他们的王子。他强调，此中无矛盾，因为两种降生类型都是觉性不可思议示现的例子，它们都是与所化相随顺的。[2]

与那些仍保留在当今宗教传承中的传统历史记载相比，我们还不清楚如何评价《巴协》中与莲花生有关的部分，因为我们目前还不知道何人在何时写作了它们。在我们的想象中，它们当中的一些内容让人想起分裂时期（sil bu'i dus）的一个时刻，当时贵族已开始明确表达出对旧的集权王制希望渐衰，继而将自身重新改造为独立而高贵的密教传承持有者，他们甚至参与了佛教徒之间的内战。但有一点是清楚的，那就是莲花生在这里被展现为那些心存志向的贵族在

---

〔1〕 阿美夏，《世尊金刚童教授实修大河成就法释 · 令事业莲花绽放之日光》（*bCom ldan 'das rdo rje gzhon nu'i gdams pa nyams len gyi chu bo chen po sgrub pa'i thabs kyi rnam par bshad pa 'phrin las kyi pad mo rab tu rgyas pa'i nyin byed*）。

〔2〕 shar phyogs za hor gyi yul mngal skyes kyis 'dul bar gzigs nas / grong khyer gzi brjid ldan zhes bya ba na / yab rgyal po thor cog zhes bya ba la bstun mo gnyis yod pa las / bstun mo nges ma zhes bya ba la sras thod gtsug can zhes bya bar sku 'khrungs par bzhed / brdzus skyes ltar na / nub phyogs urgyan gyi yul brdzus skyes kyis 'dul bar gzigs nas / dhana ko sha'i gling du padma'i sdong po las brdzus te 'khrungs par bzhed / de ltar mngal skyes dang brdzus skyes kyi lo rgyus mi 'dra ba las / shar phyogs za hor ba dang / nub phyogs urgyan ba gnyis mi mthun te / za hor pa na re / slob dpon padma nged kyi rgyal po'i sras yin / mngal skyes yin zhes zer / urgyan pa na re nged kyi rgyal po'i sras yin brdzus skyes yin zhes te / sprul pa'i bkod pa yin pas gnyis ka bden pa yin te /… 'dir gang la gang 'dul du sprul pa'i bkod pa bsam gyis mi khyab pa bstan pa yin pas / de'i yon tan gyi rnam par thar pa phyogs re tsam mthong ba la brten nas / lo rgyus 'chad tshul mi 'dra ba rnams 'byung ba yin te / gang ltar yang 'gal ba med do//（阿美夏：33-34）。

家密咒士们的神秘榜样。他被寂护描述为印度最伟大的密咒士，他能将泥土变为黄金，预见未来，具有他心通，能令西藏诸神带着他们的一切政治内涵受制于誓句之下，并且对古老的吐蕃对他所施加的一切都傲然处之。此外，他善良、慈悲而富有智慧。这不是一位普通的上师。毫无疑问，《巴协》的写作时代就存在一个关于强大的莲花生的神话，而《巴协》中的记载即与该神话相一致；即便我们目前还不能确定《巴协》中这些叙事层的年代，我们仍然能看得出其中关于莲花生的叙事的确具有异于后世的古老特征。所以我们的结论是，尽管娘热创造性地为西藏的莲花生崇拜赋予了信仰的、叙事的和文学的新面貌，我们仍须注意到娘热在一定程度上也是在已有的主题基础上进行构建，而不是像道尔顿对敦煌材料的诠释可能会让我们得出的结论那样，只是在创造一个几近全新的东西。

后　记

最后，我们必须回到我们最初的声明，也就是这些证据是复杂而又前后不太一致的。例如，我们在梵文材料中没有见到关于莲花生的证据，这或可（但不一定）说明他在印度并没有留下多少记载。[1]同样，虽然努·桑杰益西的

〔1〕我们在印度材料中可能找不到关于莲花生的记载，除非我们相信那个可疑的故事——多罗那他所记录的佛密的证据的确表明16世纪的康坎（Konkan）还保留有莲花生传统的痕迹。我们如何解释莲花生在印度所留痕迹的稀少？就此问题我们请教过牛津大学墨顿学院（Merton College）一位研究印度学的同事皮特·丹尼尔赞托（Péter-Dániel Szánto），他的详细答复如下：虽然我们可以推测嘿噜嘎类的文本随着《诸佛平等和合续》（*Sarvabuddhasamāyoga*）的出现而产生于8世纪后期，但现在很难确定它们当中任何一个文本的作者名字。换言之，该时期大多数这一类型的主要人物如今都已很难确定。《密集》（*Guhyasamāja*）一类的文本作者中有许多已为人所知，例如写作了《秘密悉地》（*Guhyasiddhi*）的莲花金刚（Padmavajra），但是《密集》的年代要略微久远一些，且更受推崇，其圣者派（Ārya）和智足派（Jñānapada）两个论释传统的主尊形相都是佛或菩萨，而不是颅鬘风格（kāpālika）的嘿噜嘎。如果游戏金刚（Vilāsavajra）正如当今很多学者认为的那样年代较晚的话，我们或可认定他是一个证据，《秘密藏续》的一部释论被归在他的名下，但学界通常质疑这一点，而且他的名气很大程度上源于他的其他更偏显教的著作，亦即他为《妙吉祥真实名经》（*Mañjuśrīnāmasaṃgīti*）所写的释论。

《禅定目炬》的确神化了莲花生，且提到他前去调伏罗刹（rākṣasa），但它也同样神化了无垢友等其他很多人，对莲花生根本没有任何特别的强调。在《禅定目炬》中，莲花生显然只是无垢友、吉祥狮子（Śrī Siṃha）、妙吉祥友、佛密（Buddagupta /guhya）和极喜金刚等多位大上师中的一位而已。此外，《禅定目炬》并没有将莲花生视为大圆满的上师：只是在与大瑜伽和《口诀见鬘》有关的地方才提到他（《禅定目炬》本身主要与大圆满有关）。在我们下定论之前还得检视努·桑杰益西的其他著作，但这的确表明莲花生的重要性在当时还相对狭小，在10世纪时则被强调得多一些，这可能主要见于与普巴及其他大瑜伽部类相关的文本，而非无上瑜伽的文本。[1]

征引书目

• 赤木崇敏（Akagi, Takatoshi）2011，《六枚十世纪的于阗国玺》（Six 10th Century Royal Seals of the Khotan Kingdom），收《古代西藏文献的新研究：语文学、历史与宗教》（*New Studies of the Old Tibetan Document: Philology, History and Religion*），古藏文文献在线专

（接上页）据说游戏金刚的舅舅是最胜觉（Agrabodhi），但最胜觉的著作绝不是嘿噜嘎一类的。庆喜藏（Ānandagarbha）的确写过一部基于《诸佛平等和合续》的嘿噜嘎成就法，但多数人认为他的年代是9世纪，而非8世纪。瑜伽续有许多著名的论师，例如佛密，但这些人所属的传统根本不是嘿噜嘎类的。有一位智亲（Jñānabandhu），但他的著作是关于事续部文本《苏悉地》（*Susiddhi*）的，其中不包含嘿噜嘎或颅鬘式的密教成分。寂护的《真实成就》（*Tattvasiddhi*）为唯信仰论的密教修习作了辩护，但寂护的名声无疑植根于他的中观学著作，而不是他一笔带过的密教释论。此外，正如斯坦因凯尔勒（Ernst Steinkellner）指出的，对于该文本是否为寂护所作，学界尚有极为强烈的质疑。可能还有一位吉祥名称足（Śrīkīrtipāda），他是护足（Pālitapāda）的弟子：护足可能与智足在康坎的老师（即医足 [Vaidyapāda] 在其为著名的《口授》[*Mukhāgama*] 所造释论中记载智足的旅行时提到的护足 [bSrung ba'i zhabs]）是同一人。最重要的是，我们必须注意到保留下来的只有论师的名字，而没有上师的名字。换言之，即便莲花生曾闻名于印度，他在其同辈当中也不是唯一一个没有为现代研究留下任何线索的人。

〔1〕当然，PT 44 提到了所有的乘，且具体说明了无上瑜伽及其他乘。以普巴含融诸乘的后期传统似乎在这里有所暗示（《黑色集》也提到了这一点，见布尔德：138-142），即便普巴密续一般被归入大瑜伽。

题丛书（OTDO Monograph Series），卷 3，东京：东京外国语大学（Tokyo University of Foreign Studies），页 217-229。

- 比肖夫（Bischoff, F.A）、查尔斯·哈特曼（Charles Hartman）1971，《莲花生对橛的创造：伯希和藏文写本 44》（Padmasambhava's Invention of the Phur-bu：MS. Pelliot Tibétain 44），收《拉露纪念文集》（*Étude tibétains dédiées à la mémoire de Marcelle Lalou*），巴黎（Paris）：亚德里安·麦松奈文出版社（Adrien Maisonneuve），页 11-27。
- 布隆多（Blondeau, A.M.）1980，《根据西藏传统对莲花生传记所作的分析：资料分类》（Analysis of the biographies of Padmasambhava according to Tibetan tradition: classification of sources），收迈克尔·阿里斯（Michael Aris）、昂山素季（Aung San Suu Kyi）编，《纪念黎吉生藏学论文集》（*Tibetan Studies in Honour of Hugh Richardson*），沃明斯特（Warminster）：阿里斯和飞利浦出版有限公司（Aris & Philips Ltd.），页 45-52。
- 布尔德（Boord, M.J.）2002，《碧空霹雳：决断关要之普巴金刚广释》（*A Bolt of Lightning From the Blue: the vast commentary of Vajrakīla that clearly defines the essential points*），注译，含传予益西措嘉（Ye-shes mtsho-rgyal）之《普巴释·黑色集》（*Phur 'grel 'bum nag*），柏林：柯罗洞出版社（edition khordong）。
- 凯茜·坎特韦尔（Cantwell, Cathy）和罗伯特·迈尔（Robert Maryer）2008a，《普巴传统在西藏为何如此突出？》（Why did the Phur pa tradition become so prominent in Tibet?），收奥娜·艾默吉（Almogi Orna）编，《藏传佛教文献研究，藏学研究：第十一届国际藏学研讨会论文集，科尼斯温特 2006》（*Contribution to Tibetan Buddhist Literature. PIATS 2006: Tibetan Studies: Proceedings of the Eleventh Seminar of the International Association for Tibetan Studies, Königswinter 2006*）。"中亚研究论文集"（Beiträge zur Zentralasienforschung）14，哈雷（Halle）：国际藏学和佛教研究协会（International Institute for Tibetan and Buddhist Studies），页 277-314。
- 凯茜·坎特韦尔和罗伯特·迈尔 2008b，《敦煌的早期普巴藏文文献》（*Early Tibetan Documents on Phur pa from Dunhuang*），维也纳（Vienna）：奥地利科学院（Österreichischen Akademie der Wissenschaften），2008b。
- 凯茜·坎特韦尔和罗伯特·迈尔 2009，《持久的神话：与莲花生有关的敦煌文本中的神话宣言、记述和仪轨》（Enduring myths: smrang, rabs and ritual in the Dunhuang texts

on Padmasambhava)，弗朗索瓦丝·波玛瑞（Françoise Pommaret）和让－吕克·阿沙尔（Jean-Luc Achard）编，《卡尔梅·桑木丹颂寿文集》（*Tibetan Studies in Honor of Samten Karmay*），达兰萨拉（Dharamsala）：阿尼玛卿研究所（Amnye Machen Institute），页 289-312。【2008 年的初版为《卡尔梅·桑木丹颂寿文集》，收《藏学研究杂志》(*Revue d'Etudes Tibétaines*（西藏地区的语言和文化 [Langues et Cultures de l'Aire Tibétaines]，法国国家科学研究院 [CNRS]，巴黎 [Paris]，可在线浏览：http：//www.digitalhimalaya.com/collections/journals/ret/)，卷 15，2008 年 11 月，页 289-312。】

- 凯茜·坎特韦尔和罗伯特·迈尔 2010，《西藏大瑜伽仪轨之延续与变迁：〈方便羂索〉写本及其他敦煌文本中的一些证据》（Continuity and Change in Tibetan Mahāyoga Ritual: some evidence from the Tabzhag (Thabs Zhags) manuscript and other Dunhuang texts），收荷西·卡贝松（J. Cabezón）编，《西藏的仪轨》（*Tibetan Ritual*），纽约：牛津大学出版社（OUP），页 69-88。
- 凯茜·坎特韦尔和罗伯特·迈尔 2012，《方便羂索：一部大瑜伽密续及其释论》（*The Noble Noose of Methods*：*A Mahāyoga Tantra and its Commentary*），维也纳：奥地利科学院。
- 雅各布·道尔顿（Jacob Dalton）2004，《莲花生传说在西藏的早期发展：关于 IOL Tib J 644 和伯希和藏文写本 307 的研究》（The Early Development of the Padmasambhava legend in Tibet: A Study of IOL Tib J 644 and Pelliot tibétain 307），《美国东方学会杂志》（*The Journal of the American Oriental Society*）124.4：759-772。
- 雅各布·道尔顿和冯·谢克（Sam van Schaik）2006，《敦煌的藏文密教写本》（*Tibetan Tantric Manuscripts from Dunhuang*），莱顿（Leiden）：博睿出版社（Brill）。
- 路易斯·唐尼（Doney, L.）2010，《娘热·尼玛沃色（1121—1196）之〈遗教·赤铜洲〉原本？》（The Original *bKa' thang Zangs gling ma* of mNga' bdag Nyang ral Nyi ma 'od zer (1121—1196)？），该论文发表于第 12 届国际藏学研讨会（The 12th Seminar of the International Association for Tibetan Studies），温哥华（Vancouver）。
- 唐尼 2011：《转变西藏的王权：早期历史对赤松德赞的描述》（*Transforming Tibetan Kingship. The portrayal of Khri Srong lde brtsan in the early histories*），未发表的博士论文，伦敦大学亚非学院（SOAS）。
- 敦珠·吉扎益西多杰（Dudjom Jigdral Yeshe Dorje）1991，久美多杰和凯普斯坦（G.

Dorje & M. Kapstein）译，《藏传佛教宁玛派：根本教义与历史》（*The Nyingma School of Tibetan Buddhism: Its Fundamentals and History*），波士顿（Boston）：智慧出版社（Wisdom Publicaitons）。

- 弗朗茨·卡尔·艾哈德（Ehrhard Franz-Karl）2008，《西藏西南部古日多钦传承史：红莲宝石鬘》（*A Rosary of Rubies*. The Chronicle of the Gur-rigs mDo-chen Tradition from South-Western Tibet），慕尼黑（München）：印度河出版社（Indus Verlag）。
- 保罗·哈里森（Paul Harrison）2000，《般舟三昧经》（*The Samādhi of Direct Encounter with the Buddhas of the Present*），东京：国际佛教研究所（IIBS）。
- 马修·凯普斯坦（Matthew Kapstein）1988，《西藏对佛教的同化》（*The Tibetan Assimilation of Buddhism*），纽约：牛津大学出版社（Oxford University Press），2000。
- 卡尔梅·桑木丹（Karmay Samten）1988，《大圆满：藏传佛教的一种哲学与修习教法》（*The Great Perfection: a philosophical and meditative teaching of Tibetan Buddhism*），莱顿：博睿出版社。
- 罗伯特·迈尔 1996，《〈宁玛十万续〉中的一部经典：十二普巴》（*A Scripture of the Ancient Tantra Collection: the Phur-pa bcu-gnyis*），牛津（Oxford）：基士可岱尔出版社（Kiscadale Publications）。
- 罗伯特·迈尔 2007，《地下世界的重要性：佛教中的阿修罗洞以及与后期莲花生传说有关的早期佛教密续的其他主题》（The Importance of the Underworlds: Asura's caves in Buddhism and some other themes in early Buddhist Tantras reminiscent of the later Padmasambhava legends），《国际藏学会杂志 3》（*Journal of the International Association for Tibetan Studies 3*），www.jiats.org：西藏和喜马拉雅数字图书馆（Tibetan and Himalayan Digital Library [THDL]）http://www.thlib.org/collections/texts/jiats/#jiats=/03/mayer
- 武内绍人（Takeuchi, Tsuguhito）2004，《后吐蕃时代藏语文在西域河西西夏的行用与影响》（Sociolinguistic Implications of the use of Tibetan in East Turkestan from the end of Tibetan Domination through the Tangut Period (9th-12thc.)），收德斯蒙·德金－迈斯特恩斯特（Desmond Durkin-Meisterernst）、西蒙－克里斯蒂娜·拉什曼（Simone-Christiane Raschmann）、延斯·威尔肯斯（Jens Wilkens）、玛丽安·雅尔狄茨（Marianne Yaldiz）、彼得·茨默（Peter Zieme）编，《重访吐鲁番：丝绸之路艺术与文化的百年研究》（*Turfan*

Revisited—The First Century of Research into the Arts and Culture of the Silk Road)，印度考古、艺术史、语言学丛书 17（Monographien zur indischen Archäologie，Kunst und Philologie 17），柏林：迪特里希·雷蒙出版社（Dietrich Reimer），页 341-348。

- 益西措嘉（Tsogyal, Yeshe）1978，《莲花生大士之生平与解脱：莲花遗教》（*The Life and Liberation of Padmasambhava. Padma Bka'i Thang*），第一、二部分，埃默里维尔（Emeryville）：达磨出版社（Dharma Publishing）。
- 巴桑旺堆（Wangdu, P.）和海德噶·丁伯格（H. Diemberger）2000，《巴协：关于佛法入藏的王室叙述》（*dBa' bzhed：the royal narrative concerning the bringing of the buddha's doctrine to Tibet*），维也纳：奥地利科学院。

藏文资料

- 《旁塘目录》（*dKar chag 'phang thang ma / sgra sbyor bam po gnyis pa*），北京：民族出版社，2003 年。
- 《教传极广集》（*bKa' ma shin tu rgyas pa (snga 'gyur bka' ma)*）120 函，噶陀堪布蒋扬（Kaḥ thog mkhan po 'jam dbyangs）出版，成都，1999 年。由藏传佛教资料中心（TBRC）扫描，纽约（W25983）。
- 扎巴坚赞（Grags pa rgyal mtshan），《普巴金刚现证仪》（*rDo rje phur pa'i mngon par rtogs pa*），收入索南嘉措（bSod nams rgya mtsho）编集之《萨迦全集》（*Sa skya bka' 'bum*），卷 4，东京：东洋文库（The Toyo Bunko），1968 年，卷 nya，355r-367v（=这组文本中独立页码的 1r-13v，见于西式装订本的页 175-182）。藏传佛教资料中心（TBRC）〈 www.tbrc.org 〉提供了德拉敦萨迦中心（Dehra Dun Sakya Centre）的详细刊印信息，1992-1993，据德格版卷 15 重印；卷 nya：709-734（TBRC：W22271）。
- 娘热·尼玛沃色（Nyang ral Nyi ma 'od zer），《阿阇梨莲花生本生传·摩尼宝鬘》（*Slob dpon padma 'byung gnas kyi skyes rabs chos 'byung nor bu'i phreng ba zhes bya ba, rnam thar zangs gling ma*）。文章引用了两个版本：1. 加德满都国家档案馆写本（Kathmandu National Archives manuscript），卷轴 2703/10；2.《大宝伏藏》（*Rin chen gter mdzod chen mo*）（蒋贡工珠 ['Jam-mgon Koṅ-sprul] 所编西藏所有伏藏传统的集大成著作之堆龙楚布 [Stod lung Mtshur phu] 修订本），卷 Ka：1-204。帕罗（Paro）：俄珠（Ngodrup）和喜饶智美（Sherab

Drimay），吉曲寺（Kyichu Monastery），1976。纽约藏传佛教资料中心有提供其电子版（W20578）。

- 敦珠仁波切（Dudjom Rinpoche），《敦珠仁波切吉扎益西多杰之著作与伏藏》（*Collected works: the collected writings and revelations of H.H. bDud-'joms Rin-po-che 'Jigs bral ye shes rdo rje*），25 卷，1979-1985，敦珠上师（Dupjung Lama），噶伦堡（Kalimpong）。藏传佛教资料中心有提供其电子版，标题为《敦珠·吉扎益西多杰全集》（*bDud 'joms 'jigs bral ye shes rdo rje'i gsung 'bum*），W20869 0334-0358，25 卷。本文特别参阅的文本为《天铁利刃事业仪：具密印之吉祥金刚橛意成就·摧魔天铁利刃仪轨·饮血游戏喜宴》（*gNam lcags spu gri'i las byang: dpal rdo rje phur pa bu thugs kyi sgrub pa gsang ba'i rgya can bdud 'joms gnam lcags spu gri'i las byang khrag 'thung mngon par rol pa'i dga' ston*），卷 da：77-153；《天铁利刃近诵文：吉祥金刚橛摧魔天铁利刃上部事业修证菩提口诀明示·悉地海之喜宴》（*gNam lcags spu gri bsnyen yig: dpal rdo rje phur bu bdud 'joms gnam lcags spu gri'i stod las byang chub sgrub pa'i man ngag gsal bar byas pa dngos grub rgya mtsho'i dga' ston*），卷 da：71-177。
- 《敦珠教传·宁玛教传广集》（*bDud 'joms bKa' ma. Rñiṅ ma Bka' ma rgyas pa*），敦珠·吉扎益西多杰编集，噶伦堡：敦珠上师，58 卷，1982—1987。其电子版可见于纽约藏传佛教资料中心（《旧译法藏远传不断经典广集》[*The Expanded Version of the Nyingma Kama Collection Teachings Passed in an Unbroken Lineage*], W19229, 0448-0505）。
- 努·桑杰益西（gNubs Sang rgyas ye shes），《明辨修习关要·禅定目炬》（*sGom gyi gnad gsal bar phye ba bsam gtan mig sgron*，即《瑜伽目之禅定》[*rNal 'byor mig gi bsam gtan*] 或《禅定目炬》[*bSam gtan mig sgron*]：关于佛教不同法门的修习与禅定之间关系的论著），可能是依据藏东的柯罗洞伏藏师齐美仁增（'Khor gdong gter sprul 'chi med rig 'dzin）的一个印本重印，"医药历算明藏丛书"（Smanrtsis shesrig spemdzod），卷 74，列城（Leh）：扎西冈巴（Tashigangpa），1974。其电子版见于纽约藏传佛教资料中心（W00EGS1016286）。该文本的重印本收于《教传极广集》（*bKa' ma shin tu rgyas pa*）（见上文），成都，1999，卷 phe，104：573-1077。
- 《黑色集·普巴金刚解说集·大阿阇梨莲花生为卡钦氏所授之三阿阇梨之密意 / 超胜其余之意庄严"普巴释·黑色集"》（*'Bum nag. rDo rje phur pa'i bshad 'bum slob dpon rnam*

gsum gyi dgongs pa slob dpon chen po padmas mkhar chen bza' la gdams pa / phur 'grel 'bum nag ces gzhan las khyad par 'phags pa'i thugs kyi ti la ka），有两个版本：《敦珠教传·宁玛教传广集》（见上文），卷 tha，页 215-557；《〈普巴黑色集〉和〈普巴广释·无垢甘露〉，两部由莲花生所传之稀见普巴金刚教法》（*Phur pa 'bum nag and phur pa'i grel chen bdud rtsi dri med, Two rare Vajrakīla teachings from the miraculous Lotus-born Gu-ru Rin-po-che Padmasambhava*），据阿阇梨索南旺波（Lopon Sonam Sangpo）图书馆所藏之稀见写本重印，甘托克（Gangtok）：宫保才旦（Gonpo Tseten），1976，页 1-229（TBRC W27485）。

- 《本续片段》（*rTsa ba'i dum bu*），亦即《普巴金刚本续片段》（*rDo rje phur rtsa ba'i rgyud kyi dum bu*），[1] 铃木大拙（D.T. Suzuki）编，北京版《藏文大藏经》，京都：大谷大学图书馆，续部，卷 ca: 46a-48a；[2] 德格蔡巴《甘珠尔》（*sDe dge mtshal par bka' 'gyur*），该版本是在十六世噶玛巴指导下，依据 18 世纪司徒·曲吉迥乃（Si tu chos kyi 'byuṅ nas）的修订版所做的摹本，德里（Delhi）：噶玛巴寺，佛教经典出版社（Karmapae Chodhey, Gyalwae Sungrab Partun Khang），1976—1979，（TBRC：W22084），续部卷 ca（81）：86-90；[3] 1978 年拉萨版《甘珠尔》（*lHa sa bka' 'gyur*），该版本为依据 20 世纪初完成的一份木刻版而制作的缩微胶片组，藏于新泽西州（New Jersey）豪威尔（Howell）拉喜甘比林（Rashi Gempil Ling，第一个卡尔梅克 [Kalmuck] 佛教寺院），（TBRC：W26071），续部卷 nga（82）：602-609；[4] 出自新德里国际印度文化学院（International Academy of Indian Culture）的纳塘版《甘珠尔》，纽约藏传佛教资料中心（TBRC）扫描（W22703）；[5] 洛克什·钱德拉（Lokesh Chandra）依据拉固维拉教授（Prof. Raghuvira）藏本所编订之库伦《甘珠尔》（*Urga Kanjur*），德里：国际印度文化学院和阿迪蒂亚·普拉卡杉（Aditya Prakashan）（TBRC：W29468），续部卷 ca（82）：86-90；[6] 朵宫版藏文《甘珠尔》写本（*The Tog Palace manuscript of the Tibetan Kanjur*），18 世纪初期依据一份不丹写本制作于拉达克（Ladakh）列城，109 卷，医药历算明藏丛书，列城 1975—1980（TBRC：W22083），续部卷 nga（95）：873-878。
- 索南坚赞（bSod nams rgyal mtshan，1312—1375）之《萨迦大普巴·吉祥金刚童成就法·念诵义成》（*Sa skya phur chen. dPal rdo rje gzhon nu sgrub pa'i thabs bklags pas don grub*），印度拉杰普尔（Rajpur）：吉祥萨迦法会（dPal sa skya'i chos tshogs）（藏历九九二年）。（需要注意的是，现有两个不同版本的电子版《萨迦大普巴》可下载。其中一个收于《大吉祥金刚

橛经典汇编》[*dPal chen kī la ya'i chos skor phyogs bsgrigs*]第 18 卷，成都：四川省民族研究所藏学研究室，2002 年 [http://tbrc.org/#library_work_Object-W24051]，页 137 及以下；另一个收于《续部总集》[*rGyud sde kun btus*]第 16 卷，这一版本身就有两种可用的版本：德里：隆多 [Lungtok] 和坚赞 [Gyaltsan]，1971—1972 [TBRC W21295]，页 427-505；加德满都：萨钦国际 [Sachen International] [TBRC W27883]，页 479-568。这两个版本明显都基于德格版，尽管萨钦国际版是完全用电脑重新输入的版本，而非影印版。）

- 索多巴·罗珠坚赞（Sog bzlog pa Blo gros rgyal mtshan），《吉祥普巴金刚之历史·希有海浪》（*dPal rdo rje phur pa'i lo rgyus ngo mtshar rgya mtsho'i rba rlabs*），该版本出自《敦珠教传·宁玛教传广集》（见上文），卷 nya：8-116。
- 阿美夏（A myes zhabs，亦即蒋贡·阿美夏 ['Jam-mgon A-myes-zhabs]），阿旺·贡嘎索南（Ngag dbang kun dga' bsod nams），《世尊金刚童教诫实修大河成就法释·催开事业莲花之日光》（*bCom ldan 'das rdo rje gzhon nu'i gdams pa nyams len gyi chub o chen po sgrub pa'i thabs kyi rnam par bshad pa' phrin las kyi pad mo rab tu rgyas pa'i nyin byed*），出版于《昆氏传规普巴之释论·羌姆谱备忘录：萨迦派昆氏传规所修之普巴金刚仪轨》（*'Khon lugs Phur pa'i rnam bśad, 'Chams yig brjed byaṅ, The Vajrakīla rites as practiced by the 'Khon Lineage of Sa-skya*），阿旺索巴（Ngawang Sopa）依据古代萨迦木刻版的手抄本重印，新德里，1973（TBRC W30340）。[该版本也可见于 TBRC W29307 第 8 卷]

原载于克里斯托夫·屈佩斯（Christoph Cüppers）、罗伯特·迈尔（Robert Mayer）、迈克尔·沃尔特（Michael Walter）主编，《（吐蕃）王朝后的西藏：850—1000 年之间文化、社会和宗教》（*Tibet after Empire: Culture, Society and Religion between 850-1000*），蓝毗尼（Lumbini）：蓝毗尼国际研究所（Lumbini International Research Institute），2013 年，页 19-50。

十五

普巴传统在西藏为何如此突出？*

凯茜·坎特韦尔、罗伯特·迈尔 著，杨杰 译

一、绪言

普巴（Phur pa）[1]传统在西藏和喜马拉雅地区独一无二的显著地位引发了一个有趣的问题。普巴在亚洲的其他任何地区都从未如此盛行，那它为何盛行于西藏呢？在本文中，我们希望提出一些可能的假设，而这些假设或可在尝试回答该问题时得到有效的验证。

西藏的普巴文献卷帙浩繁。作为佛教普巴传统最核心的部分，普巴密续经典包含不丹版《宁玛十万续》（*rNying ma'i rgyud 'bum*, NGB）中的大约 70 篇文本，共计近 4000 页。《敦珠版宁玛教传广集》（*bDud 'joms bKa' ma*）有 48 篇普巴文本，共计 2692 页。最近由土登尼玛仁波切（gZan dkar rin po che Thub bstan nyi

* 本文所依据的研究由牛津大学东方学院英国艺术与人文研究委员会资助，2004—2007。

〔1〕 关于我们对 phur pa, phur bu, kīla, kīlaya 这些词的运用，参见我们在本卷论文集中的另一篇文章（《敦煌的普巴金刚文献集：概述》[The Dunhuang Corpus on Vajrakīlaya: A survey]）的注 2。

ma，生于 1943 年）出版的佛教普巴文本集兼收教传（bka' ma）与岩传（gter ma）文本 1200 篇，41 函，共计 32200 页；[1]然而，这只收录了西藏普巴的伏藏文本与释论中有代表性的选篇。苯教的甘珠尔（bKa' 'gyur）收有约 48 篇普巴文本，4 函，共计约 1500 页——但这样的经典类材料远非苯教普巴文献的全部。

普巴在西藏的流行发端甚早，如我们所见，这在敦煌已得到一定程度的体现。新译密咒初现时，普巴已在旧译密咒传承中十分盛行，例如，我们已见到颇章・希瓦沃（Pho brang Zhi ba 'od，出生于 11 世纪）列出的一长串他不认可的普巴密续名单（卡尔梅 1988：33）。此后不久，宁玛派继续开始产出大量的普巴伏藏文本，这些文本时至今日也很出名——例如娘热・尼玛沃色（Nyang ral nyi ma'i 'od zer, 1136—1204）的伏藏。因为一些新译密咒的重要人物相信普巴有正统的印度来源，故而普巴在一开始也受到这些新派上师的欢迎：例如，萨迦派的昆氏（'Khon）家族就保留有他们从宁玛派继承而来的普巴修习，而我们最珍贵的早期普巴文献中，很大一部分即出自贡嘎宁波（Kun dga' snying po, 1092—1158）和扎巴坚赞（Grags pa rgyal mtshan，1147—1216）之手。[2]

同样，大约也从新译密咒初期起，苯教徒也开始编撰他们广博的普巴文献。苯教最早的普巴文献应该是 11 世纪的库察・达沃（Khu tsha Zla 'od，可能出生于 1024 年）所发掘，不过也可能有一些是辛钦・鲁噶（Gshen chen Klu dga', 996—1035）在早几年前发掘的。关于 10 世纪的苯教普巴伏藏，也有一些不太可靠的记载，据说这些伏藏文本是由三位尼泊尔瑜伽士发现并传至塔辛楚色（mTha' bzhin 'Phrul gsas）手中。因此，时至新译密咒初期，苯教普巴总体上似乎已得到良好的接受。此外，各种各样的普巴修习也见于西藏喜马拉雅南缘地区的族群中，不过这些修习非本文研究的范畴。

尽管普巴的流行纵贯西藏宗教领域如此多的部分，但它显然是专属于宁玛派（与苯教）的一个传统：无一例外的是，佛教普巴传统的根本经典都是宁玛派的。其中只有极少的一部分收录于《甘珠尔》的“旧译密续”（rNying rgyud）部

〔1〕《大吉祥普巴法典汇编》（*dPal chen kī la ya'i chos skor phyogs bsgribs*），2002。

〔2〕 例如，《普巴金刚现证仪》（*rDo rje phur pa'i mngon par rtogs pa*）。

分，而其绝大部分都收于《宁玛十万续》或伏藏文献中。因此，萨迦派的普巴释论所依据的原始密续完全同于宁玛派，亦即《宁玛十万续》中主要的普巴密续——虽然可能有证据表明其中就包含颇章·希瓦沃所批评的文本。[1]噶举派（bKa' brgyud pa）倾向于借用宁玛派的普巴传承，而不是像昆氏系统那样保留他们自己的传承。

普巴在西藏的赫赫声名与其在其他佛教文化中的低姿态形成了鲜明对比。使用普巴杵的仪轨在印度佛教密续中就已确立，但我们并未发现任何有知名度的、完善的普巴嘿噜嘎（Heruka）法汇，我们相信绝大部分宁玛派普巴密续都编纂于西藏。因此，20 世纪 70 年代，西方藏学界已达成广泛共识，即认为普巴在很大程度上是西藏本土的产物，在印度并没有明确的先例。事实上，一些早期的新译密咒论师虽然相信"橛"（kīla）传统本身出自印度，但却对其大多数的密教经典提出质疑，认为它们并无纯正的印度来源，因此，除了萨迦班智达·贡嘎坚赞（Sa skya Paṇḍita Kun dga' rgyal mtshan, 1182—1251）编辑过的一小部分以外，没有一部普巴经典被收入《甘珠尔》的主体。或许是受此先例影响，石泰安（R.A. Stein）得出了一个错误的结论，他认为西藏人是把印度的理念诠释投射到西藏本土的普巴这一工具上；约翰·亨廷顿（John Huntington）和基思·道曼（Keith Dowman）等人一开始都普遍同意他的观点（石泰安 1971—1972：499；亨廷顿 1975：vii；道曼 1984：302）。随着时间的推移，这些观点已得到纠正。

迈尔在其 80 年代末的毕业研究中指出，有大量的证据表明"橛"存在于南亚文明中。其中有不少证据出自上座部（Theravāda）材料（迈尔 1991），因为上座部非常流行的守护仪轨"护卫"（paritta）就赋予了"橛"非常显著的地位，他们通常用巴利语" indakhīla"（indrakīla）称呼"橛"，意为因陀罗橛。[2]希尔瓦

---

〔1〕 例如，《普巴涅槃》（*Phur pa mya ngan las 'das pa*）这一标题既见于颇章希瓦沃的《法令》（*bKa' shog*, Karmay 1980: 18），也见于萨迦派的普巴释论，例如（蒋贡）阿美夏·阿旺贡嘎索南（['Jam mgon] A myes zhabs Ngag dbang kun dga' bsod nams, 1579—1659）所造的一篇颇有影响的广释（21.7，24.4）。

〔2〕 正如希尔瓦（Silva，1981：57，68）所指出，尽管因陀罗橛是迄今为止最常用的称谓，但也有其他不太常用的名字，包括锡兰语的 kapagaha（显然对应巴利文的 ekatthambha）与 rājagaha，她认为后者的意思很可能是"王者之树"，不过也有可能是"王舍"。

（Lily de Silva）在其研究护卫仪式的著名专著（1981: 57-79）中用了一整章来论述因陀罗橛，其中将上座部学者对因陀罗橛的观点简括为如下几点：（i）因陀罗橛源于且同于古代吠陀祭祀用的桩或俞巴（yūpa）（页 68-73），（ii）因陀罗橛与须弥山（Meru）或曼荼罗山（Mandara）有关（页 64-68），（iii）因陀罗橛代表宇宙的轴心，是联结天地的通道（页 72），（iv）因陀罗橛代表不可动摇的坚稳性与秩序（页 61-65）；（v）因陀罗橛用于为重要场所结一不可侵犯之界（页 63-66），（vi）因陀罗橛代表王权（页 64），（vii）因陀罗橛可被神祇附住，并受供奉（页 66），（viii）包括以人来献祭的祭祀中可以用到它们（页 66）。

然而，除了希尔瓦所发现的与上座部传统有关的材料外，更多的证据也见于南亚的密教、往世书（purāṇa）及其他材料中。希尔瓦所引用的材料的确在图像学上与西藏的普布（phur pu，例如八面杵，顶部呈圆形，而且明显分为等长的顶部与底部）有一些相似之处，而其他一些材料中与西藏普布相似者也并不罕见，甚至与之更为接近。姑且从大量的例子中选出一例——《量度精要工巧论》（*Mānasāra Śilpaśāstra*），这是最著名的工巧论（古代印度关于建筑及相关学科的文献）之一，其中描述了一种通常作为宗教建筑顶部的仪式性橛 stūpikīla："此橛的纵向（亦即橛身）规定为三角形，其基底为方形，中部为八角形，顶部为圆形。橛的宽度应为一指（aṅgula），从下往上逐渐变细。"[1] 关于三角形橛的明确说明，不仅见于《量度精要》中古典的图像学定义，也见于《自在主湿婆师天本疏》（*Īśānaśivagurudevapaddhati*）等著名的湿婆教密教文本以及那罗延（Nārāyaṇa）的《密续精要集》（*Tantrasārasaṃgraha*）（豪德里安 [Goudriaan] 1978：263，374 页及以后）。[2] 此后，亨廷顿和其他艺术史家已将远至西孟加拉邦的胡格利（Hugli）、爪哇岛日惹（Yogyakarta）等地所发现的佛教金刚橛嘿

〔1〕 见《量度精要》（Mānasāra），viii, 147-149；P.K. 阿阇梨（P.K. Acharya），《〈量度精要〉中的建筑学》（*Architecture of Mānasāra*），牛津，1933，页 205 及以后，其引用见迈尔 1911：169。

〔2〕 然而有意思的是，这两个文本都明显融入了佛教的重要元素，参古德龙·布内曼（Gudrun Bühneman）1999：303-304。

噜嘎作了编目（可能基于《密集续》[*Guhyasamājatantra*]）。[1]

如今，已几乎无人质疑金刚橛的印度起源，但我们确实推测印度和西藏的金刚橛仪轨形态并不相同。目前所达成的共识是，在印度佛教（与东亚佛教一样）中，橛更多是其他密教系统中的附属仪轨元素，相对而言，我们较少见到它作为独立本尊系统的情况。相比之下，普巴在西藏则与其他系统的内容同等重要，而且成为一个非常重要、主要属于大瑜伽（Mahāyoga）系统的独立本尊。显然，普巴具有的某些因素在西藏和喜马拉雅的社群中找到了一种特殊的共鸣。在本文中，针对早期西藏对普巴传统的历史热情，我们将在一定程度上尝试性地思考或许可以解释这种热情的文化和社会因素。

二、文化上的类同

[1] 我们的第一个假设与血供的主题有关。正如我们下面将要看到的，我们相信血供（在一些情况下甚至可能是人供）是西藏的前佛教宗教的一个主要方面；在此背景下，值得注意的是：迄今为止，大瑜伽普巴仪轨最鲜明的特色是对血供的象征式图像再现。许多佛教密续都包含一些祭供意象，但普巴则最大

〔1〕 参 http://huntingtonarchive.osu.edu 上的亨廷顿档案，并搜索“vajrakila”。有一幅图像展示了一个石雕，与《密集续》的金刚橛嘿噜嘎图像相符。其条目如下：名字：胡格利：遗址：金刚橛雕像；图像：金刚橛；日期：约公元 8 世纪，公元 701-800 年；材料：灰岩石；尺寸：高约 25 英寸；目前所处位置：印度，西孟加拉邦，阿素托史博物馆；照片版权持有者：约翰 . C. 亨廷顿和 L. 苏珊；照片年份：1969；扫描编号：0005993。

在同一目录的其他地方（2005 年 4 月 26 日起允许访问），亨廷顿为西藏的普巴金刚本尊写了一个介绍：“金刚童（Vajrakumāra）是一个历史悠久的仪轨手段的具象化。在‘梵书’（公元前 1200 年至公元前 800 年之间的一系列仪轨文献）时代，祭司将橛‘铸造’成‘钉桩’的形象，从而控制天气以及邪灵。目前尚不清楚佛教的利济仪轨手段究竟是什么时候吸收了这些工具，但是到 7、8 世纪时，包括人格化的金刚童在内的一系列手段已经融入密乘的手段。”

伊恩 · 辛克莱也给我们发了一张细节非常清晰的照片，上面是日惹所发现的金刚橛嘿噜嘎像，它与《密集续》中的图像以及胡格利的雕像非常相符。辛克莱估计，这个爪哇岛的橛所处的年代大约在 8 世纪与 12 世纪之间（私人交流，2004 年 2 月 17 日和 2007 年 8 月 9 日）。

限度地采用了一个模拟的祭供作为其核心仪轨，以此将祭品供给三宝（坎特韦尔 1997；迈尔 1998）。该本尊观想中的意象反复借重于祭供的主题，这在普巴的诛杀（sgrol ba）仪轨中有进一步的呈现。基本流程通常是要用面团制作一个拟人化的人偶或祭品的林伽（liṅga），然后用普巴杵象征性地将其“诛杀”并献供予三宝，由此而将其意识迁移或“度脱”至一个更高的精神层面。具有象征意味的是，这个拟人化的人偶以魔鬼鲁达罗（Rudra）的形相呈现，鲁达罗代表了产生其他一切精神障碍的我执，由此，将该人偶的意识迁往更高的界域就代表将行者本人以及他人的无明执著度脱到本智中。对此，敦煌有大量的证据，这些证据或可表明祭供仪轨在 10 世纪时至少与今天同等重要。[1] 藏文中 sgrol ba 意为“救度式的诛杀”，其印度语形式通常涉及与核心词 mokṣa 有关的词语，正如接下来所见，《眼目续》（*Netratantra*）（…mocayanti ca…mokṣaṇa）和《安乐王》（*Kṣemarāja*）（…mukti…）就用了这样的词（哈尔布法斯 1991：101，123）；同样，《毗那悉迦续》（*Vīṇāśikhatantra*）也谈到通过以橛刺杀人偶或林伽以成办 mokṣa（豪德里安 1985：277-278）；针对印度专修此法的仪轨派别，翻译清辨（Bhāviveka）著作的西藏译师就将臭名昭著的 Saṃsāramocaka（能诛轮回派）译为 'khor ba sgrol byed pa（哈尔布法斯 1991：100）。[2] 在宁玛派的修习中，sgrol ba 与性仪轨“交合”（sbyor ba）一起共同组成一对著名的大瑜伽仪轨。

这种度脱仪轨的理念无疑源自印度，而且在大量细节上借鉴了印度的祭供

〔1〕 此如我们在本卷中发表的论文《敦煌的普巴金刚文献集：概述》。

〔2〕 语言——尤其是那些神秘的专业术语在现实生活中使用时，必须与标准辞典中给出的语言区别开来。或许有人会反驳说，印度有关 mokṣa 的同源词和异体在藏文中只有 thar pa 才是恰当的翻译；而 sgrol ba 则一定是 tāraṇa 或类似词语的对译。即便如此，与 mokṣa 有关的印度词语可能曾有很多变体，这些变体的使用是在祭供式解脱仪轨的特定意义层面，无论出于何种原因，它们的确在 10 世纪时就和藏文的 sgrol ba 有了关联，无论这在当今一些严格的辞典学分析看来有多么不正确。但是，mokṣa 和 sgrol ba 的意思毕竟不是毫无关联，因此我们对该现象并不感到惊讶。我们要补充的是，幼稚而草率地“纠正”密教和其他佛教文本中的梵文往往不太可靠，因为我们都知道这些词的原形一开始往往不是古典梵语的形式。因此，我们在其他地方倾向于使用非常有名的语义学核心词语 mokṣa，以该词作为向西方普通读者传达 sgrol ba 一词丰富内涵的最简单的印度语词。然而 mokṣaṇa 一词或许在古典梵语意义上更为准确，因而我们可能在此使用该词——只要我们的读者记住不将其具体化为一个所谓“正确”的词。

仪轨。例如，在湿婆教的《眼目续》和阿毗那婆笈多（Abhinavagupta）为其所写的释论《密续明灯》（*Tantrāloka*）中，仪轨式的诛杀被视为通过把摄受对象（anugraha，《安乐王》将 anugraha 解释为 mukti [解脱]）从过失、世间束缚以及罪恶（pāpa, pāśa, mala）中解救出来，从而达到帮助他们的目的。因此，这些湿婆教注疏家相信，这样的诛杀符合非暴力和“不杀”（ahiṃsā），也就是与普通的诛灭或杀害（māraṇa）绝对不同。[1] 从吠陀时代起，印度血供的一个一直延续的主题就是将摄受对象的意识度至更高的界域；因此，将摄受对象供给神明曾经（并且依旧）等同于赐予其强制性的、不自主的解脱或 mokṣa。尽管大部分祭供品通常都是动物，但哈尔布法斯进一步强调，从 6 世纪开始，在印度曾掀起大范围的争论，争论者往往是耆那教徒，他们反对依照字面意思来诠释救度式的诛杀，也就是对毫不知情的活人祭品实施诛杀。这些批评的主要目标是作为异端的能诛轮回派（Saṃsāramocaka），其名称就已经暗示了救度式的诛杀是他们关注的焦点。对能诛轮回派的批评见于佛教、耆那教和印度教的材料，甚至在清辨著作的藏文译本中也能见到。哈尔布法斯提出了一种可能性，亦即能诛轮回派或许从未真实存在过，而只是作为一个理论上的派别，本源上是从伊朗的一个例子虚构而来，这个例子有时用作哲学著作和辩论中的一个说明性的反面例证（哈尔布法斯 1991：页 100 及以后）。我们尚不清楚是否有人曾研究过以下问题：（1）有关能诛轮回派的争论对佛教“救度式诛杀”的社会接受产生过什么影响；（2）西藏新译密咒初期涉及 sgrol ba 的争论。不过，我们已经清楚的是，祭供仪轨对动物和人的诛杀或“度脱”是将对象的意识度至更高的界域，其原则深深植根于印度。

“救度式诛杀”也在制服非人邪灵这一相当重要的任务中扮演着主要角色。尤其是在强调普世救度的献身式宗教兴起后，一种本质上为驱魔的模式便融入此祭供的主题，正如我们下面的讨论所说，该主题可能对西藏普巴仪轨的普及非常

〔1〕 哈尔布法斯 1991：页 101 及以后。该辩解准确地反映在西藏有关 sgrol ba 的普巴文本中。在普巴的 sgrol ba 文献中，有一则随处可见的最著名的偈颂：“大悲诛杀之誓句，并非杀戮与压服，观诸蕴之金刚性，亦将识观为金刚”（snying rjes bsgral ba’i dam tshig ni / bsad cing mnan pa nyid min te / phung po rdo rje’i bdag nyid de / rnam par shes pa rdo rjer bsgom /）。换言之，sgrol ba 是将摄受对象从轮回之迷乱中救度出来，从而令其现证“金刚自性”。参坎特韦尔 1997：115。

重要。希特贝特和比亚尔多（希特贝特 1989：1）简洁地描述了印度宗教中反复出现的一个主题，亦即神灵首先诛杀恶魔，而后又令其复活，从而将其转变成他们的皈依者，并充当护法的角色。正如下面的第二部分所言，这恰好是宁玛派大瑜伽详细而近乎普遍的“调伏鲁达罗”叙事中，其 sgrol ba 所要达到的目的。在许多祈祷文和对该神话的重复叙述中，与地狱紧密相关的恶魔鲁达罗首先被诛杀，然后复活，由此而虔诚地将自己作为坐垫供养给佛教的本尊胜者，并成为大黑天（Mahākāla，或其他一些善良的护法），且安全地踏在成佛之路上。

佛教大瑜伽的“救度式诛杀”仪轨与湿婆教的许多版本一样，是象征性的，而非真正的血腥残暴，它构成了高级大瑜伽解脱学中的一个主要部分。此中，象征性的仪轨规定用面团做成的人偶来祭供，目的是为了将无明强制性地度脱到本智中。在当今的宁玛派中，普巴密续无疑是 sgrol ba 最为集中出现的地方；尽管 sgrol ba 已整合进宁玛派许多其他本尊的大量仪轨，这些仪轨仍然频频使用普巴来实现象征性的诛杀。在 sgrol ba 的结尾，用于祭供的人偶通常会被肢解，在会供中，人偶可能会被拆分，然后作为饮食供给诸佛、瑜伽士以及被排斥的低等灵体，他们都会得到各自相应的部分（坎特韦尔 1997：112-116；1989：197-205）。

与西藏的佛教徒一样，印度的印度教徒也可以用橛来实行度脱（mokṣaṇa），例如，湿婆教的《毗那悉迦续》中就有用人骨橛戳刺拟人化人偶来实施的度脱。[1]因此，祭供的意义就体现在橛或普巴的形式上，其工具则细致地再现了印度远古祭祀所用之桩的图像，我们对此不应感到惊奇。[2]事实上，在许多个世纪的时间里，橛（kīla）一直被视为与吠陀祭祀的祭祀柱俞巴（yūpa）有关。我们不确定这种情况最早是什么时候产生的，但有一点是明确的：巴利学者曾有报告说，至少在巴利藏出现的时候，俞巴和因陀罗橛就已经合并为同一个事物（希尔瓦 1978：244-246）。正如古代的吠陀文本《梵书》(*Brāhmaṇa*) 中所说，作为吠陀教核心法器的俞巴本身已被神化，故而在接下来的几个世纪中一直用于各种仪轨。吠陀

〔1〕 参豪德里安（1985：277-278）: mānuṣāsthimayaṃ kīlaṃ kṛtvā tu caturaṅgulam / kṣīravṛkṣaṃ bhage likhya liṅgaṃ vā kīlyayet tataḥ // ṣaṇḍilas tu bhavet sādhya ārdrayogo na saṃśayaḥ / uddhṛtena bhaven mokṣaṃ nātra kāryā vicāraṇā //

〔2〕 有关该问题的详细讨论，参迈尔 1991：170-182。

仪轨的法器中有一些已发展成亚洲大部分共通仪轨传统的一部分，而俞巴就是其中之一。如今，俞巴橛的图案仍在各种宗教场合下延续，包括寺庙建筑、上座部护卫仪式以及大量的往世书和密教仪轨等。因此，对西藏普巴而言，其许多标准经典特征的继承来源是俞巴或吠陀祭祀桩，以及《梵书》文献中复杂精细的释论，尽管在关系上较为疏远，但这些继承的迹象却能清晰地辨认出来：上下两部分长度相等，杵体有八面，杵体末端有结，有具龙（nāga）的摩羯鱼（makara）头，具有将所供之摄受对象度往上界的功能，顶端安住有最高的本尊，在理念上作为宇宙的轴心，有能力充当守门者，能从远处诛杀敌人，用于诛杀时下部的柄为三重。所有这些西藏普巴的特征最早见于《梵书》和相近的文献中对祭祀柱或俞巴的具体说明。[1] 因此，我们相信，任何关于将橛引入西藏的研究都必须注意到这一器具在其原初的南亚背景下所固有的祭供内涵。

本文不拟详说西藏的前佛教宗教，简言之，我们可以说：在敦煌材料、同时期的《唐书》中的汉文材料（布谢尔 1880：441，475，488）以及考古材料中，都明确显示血供是西藏前佛教宗教的一个关键特色。在很多场合都会用动物（也可能用人）作供养，例如宣誓、葬仪（图奇 1955：223；李方桂、柯蔚南 1987：10）以及山神仪轨。[2] 其中一个最有力的证据就是以大规模的血供作为葬仪的核心部分。例如，敦煌文本 PT 1289 描述了葬仪上用母犏牛（mdzo mo）做的祭供；PT 1194 描述了葬仪上用羊做的祭供；PT 1136 描述了葬仪上用马做的祭供；PT 1068 描述了葬仪上一般性的牲口祭供。尽管我们不能确定这些敦煌文本的具体年

---

〔1〕 这在迈尔 1991 中随处可见。有些作者并没有对以下二者作出区分：（1）从吠陀继承而来且象征意义非常复杂的祭供传统；（2）印度各宗教的大量文本中的一组次要且更为简单的橛主题：一种简单的非祭供式法术，亦即用橛（kīlaka）或钉桩征服敌人。这种修法通常在印度法术门类中被归为 kīlana（戳刺）或 uccāṭana（灭除），它在针对恶魔力量或论战中的论敌时尤为有效，但缺乏吠陀特有的复杂的祭供主题。与玛德琳·比亚尔多关于印度祭祀柱的里程碑式研究一致的是，我们同意在过去一千年中，一个更简单的钉桩可能在术语和概念上曾与这个更复杂的祭祀柱分离过，也合并过。不过，正如玛德琳·比亚尔多在其关于印度祭祀柱的研究《柱史》（*Histoires de poteaux*）中所指出，在印度的传统中区分所谓的"大"传统和"小"传统往往过于草率。村庄里的传统往往恰好是大寺庙中的传统的另一种形式。比亚尔多 1989 对此问题多有涉及。

〔2〕 关于佛教对杀生祭供唐拉山神（Thang lha）的仪轨的批评，参巴桑旺堆、丁伯格 2000：101。

代，但可以合理推断出它们所描述的是西藏的非佛教传统。近来对 8 到 9 世纪西藏墓葬的考古发掘为大量动物祭品的献祭与肢解提供了大量证据（海勒 2003）。

后一种特征——肢解——对西藏的祭供和其他地方的祭供同等重要。这不仅是研究西藏古墓的考古学家的发现，也在敦煌文本中有记载——例如，在《吐蕃大事纪年》第八章以及桑迪·麦克唐纳对其所作的分析中就描述了用牦牛来献祭（麦克唐纳 1980：203）。于此，我们发现古代西藏的祭供与印度典型的《原人歌》（*Puruṣasūkta*，《梨俱吠陀》（[*Ṛgveda*] 10.90）一样，包含对（祭品的）肢解以及分配，并由此反映分配对象的社会地位。迈克尔·奥普兹（奥普兹 1997：553-534）将这样的分析加入他对 PT 1068 以及 PT 1038 的讨论，其中将后来对祭品的肢解视为一种政治隐喻。这些传统的遗风仍然延续在今天的非佛教地方神仪轨中，血供对于这些仪轨而言是再普通不过的（丁伯格、哈佐德 1997：273-276），而且正如我们前面所指出的，对象征性的人偶祭品的肢解与分配也见于大瑜伽的会供轮（gaṇacakra: tshogs kyi 'khor lo）。因此，我们似乎可以做出一个有用的假设：之所以普巴仪轨一开始非常吸引藏人，其原因就是这些仪轨对祭供、肢解以及依等级而分配的主题格外强调，而这些主题对藏人而言已经非常熟悉。

事实上，现在已有一点直接的证据来支撑上面的假设。密乘佛教用于伏魔（sri mnan）的林伽或人偶画在动物的顶骨上，这与早期普巴伏魔仪轨中所规定的完全一致，[1] 而在安多发掘的两座 8—9 世纪的藏人墓葬中，就发现大量的动物祭品的残骸内有这样的顶骨，艾米·海勒（2003）对此有过报告。让这些例子变得尤为有趣的是，其中的魔是（西藏）本土魔的一个重要类别——sri，但正如诸金刚橛密续中所教，这种不见于印度的魔却成为（而且到当代也保持）一个完全来自印度的伏魔法的镇伏对象。因此，这些墓葬揭示了传统的前佛教祭供葬仪，但同时也提供了一些融合佛教的证据。有一些敦煌文本（例如 PT 239），其主旨就是宣扬以非暴力的佛教葬仪代替血腥的本土葬仪，鉴于上面的证据，这种情况也就不足为奇。

---

〔1〕 关于使用画有林伽的动物顶骨的普巴下部事业镇伏仪轨（smad las mnan pa），参布尔德 2002：234。

[2] 我们的第二个假设是在仪轨中对神话的运用：卡尔梅·桑木丹曾非常生动地指出，有大量证据表明，对西藏的前佛教宗教而言，将仪轨和神话挂钩非常重要。大瑜伽的“诛灭”仪轨以类似于西藏本土模式的方法紧密地整合了仪轨和神话，这或许推动了普巴仪轨在藏传佛教初期的飞速普及。卡尔梅·桑木丹对西藏本土宗教的一个讨论（卡尔梅 1998：245；另见页 288-289，以及他处）中解释说，神话和仪轨共同组成了一个“范例”（dpe srol）；仪轨依赖于神话记述（rabs），而且包含对过去的重演。

我们有强力的证据表明，到我们敦煌的相关文本出现时，普巴的核心祭供仪轨——sgrol ba 或“诛灭法”已经依循了神话与仪轨相融合的模式，尽管这种模式在印度和西藏的发展各占多少比例尚不清楚。例如，在 IOL Tib J 331.III 的开篇中就暗示“调伏鲁达罗”是具有 rabs 和 smrang 风格的宪章神话（charter myth），[1] 在描述调伏鲁达罗时的措辞也见于《宁玛十万续》中的一些文本，例如《十二普巴》（*Phur pa bcu gnyis*）的第七品（迈尔 1996：169）和《普布涅槃》（*Phur bu myang 'das*）的第三品（该续的主题在其第四品中有详说）（坎特韦尔、迈尔 2007：129-139）。

诛灭法仪轨的核心是将拟人化的祭品同化为鲁达罗。鲁达罗是宁玛派的一个关键人物，大量的宁玛派密续都有开示他和他在象征意义上的重要性，尤其是《宁玛十万续》中的普巴续。因此，几乎每一位宁玛派仪轨集会的成员都熟知鲁达罗长期的行状：鲁达罗一开始不服从，且具邪见，导致他长劫沉沦于地狱中，而后重生为一大力魔，最终在他第一次借诸佛密意而化现时，作为原始的大祭品而被嘿噜嘎以根本大“诛灭”法诛杀，由此而得到改造。鲁达罗只有在被诛杀后才得以复活为一个“善者”——这一伏魔主题是普巴密教系统的核心。至于鲁达罗非凡的重要性，一方面在于他本身是根本无明的化身，通过镇伏他，觉悟才得以生起；另一方面则在于嘿噜嘎最初的示现是为了调伏鲁达罗。因此，在整个宁玛派的金刚乘中，鲁达罗是其主要来源和解脱学神话的核心（迈尔 1998：271-310）。

---

〔1〕关于对 smrang 如何像在仪轨中那样用于这种原始典型神话的分析，参卡尔梅 1998：288-289。紧靠其前的部分就提到了 rabs 一词。

故而，在后来的每一个由普通佛教行者所修习的诛杀仪轨中，行者都必须观自身为鲁达罗，从而将自己视作本初嘿噜嘎（最早调伏鲁达罗者）的直系传承者。在每一个诛杀修习中，行者都要重现往昔第一次对鲁达罗的调伏。由此，正如卡尔梅所言，每个诛杀修习都要观想一个神话般的时空背景，从而重现神话般的往昔，甚至要细化到非常技术性的细节，例如会供仪轨中残余或过剩的供品。[1]

当然，任何宗教仪轨都可以作为某一神话的表现形式，这根本不足为奇——基督教的圣礼就是一个明显的例证，其他的金刚乘神话也一样——但典型的大瑜伽普巴诛杀供则在这方面体现得更为明显，且远比大多数金刚乘仪轨更有影响力。换言之，宪章神话结构在许多印度宗教系统中都有一席之地，但此处的重点是，这些神话结构在宁玛派的一部分本土化策略中是以典型的西藏方式被强调的。因此，大瑜伽的诛杀仪轨为 9、10 世纪的西藏人提供了一个非常熟悉的观念，亦即令神话在仪轨中发挥恰当的作用，这一观念在其他的佛教密宗仪轨中则没有这么明显。故而，我们提出一个有待证实的假设：宁玛派密教对“调伏鲁达罗”神话的接受极为热情，早期西藏对仪轨中神话宣言（smrang）、记述（rabs）和范例（dpe srol）的期望可以在总体上帮助解释这种热情；这一神话在普巴的诛杀仪轨中找到了它最完美、最有戏剧色彩的仪轨化表现方式，它的流行或许是借助于此仪轨。[2]

[3] 我们的第三个假设是：在圣山问题上，印度的橛仪轨和西藏的本土宗教有许多相似的宇宙论和宗教观念，这些相似之处也促成了印度的橛崇拜对藏人的吸引。在印度，橛长期以来都与宇宙中的山相关，因为在流行的吠陀、史诗以

〔1〕 因此，在普巴根本密续《普布涅槃》提供的记载中，原本是鲁达罗眷属的女尊都被整合到坛城的外围，并成为剩余供品的受用者（《普布涅槃》，第四品，《宁玛十万续》，D 卷 Zha 51r；坎特韦尔、迈尔 2007：138）。在每个日常的会供仪轨中，供养坛城外围本尊的仪轨都重复依循供养主尊的仪轨原则。

〔2〕 罗纳德·戴维森（2003：221）曾力图解释“调伏鲁达罗”神话在西藏非同一般的普及性，他认为原因只在于该神话提供了一个确证正统印度传承的载体：但人们或许会提出反驳，因为有很多更为直接的方式来宣称一个正统的印度传承。戴维森的著作可能由于面世过早，以至于他无法注意到卡尔梅关于西藏本土宗教仪轨中宪章神话系统（dpe srol, rabs, smrang 等）核心地位的著作。但最重要的是，精神上的意义和仪轨的设定才是让该神话延续至今并且保持活力的原因。

及往世书中，关于因陀罗的宇宙神话学在某些阶段会描述其著名的创世功绩，其着眼处即在于宇宙轴心曼荼罗山与因陀罗橛有关。起初，此山漂无定所，因陀罗将其固定于海底，犹如钉橛一般。由此，因陀罗令之前混乱不堪的宇宙变得井然有序，并且首次令世界变得稳定而适合生存。这也与因陀罗掌控并首次释放原始的生命之水有关，他降伏了此前霸占这些水源的恶龙弗栗多（Vṛtra）（请注意橛仍然是缚龙 [nāgabandha] 仪轨中首要的法器）。作为宇宙的轴心，这座大山在根源上建构了宇宙，沿着一个三层的垂直轴心，最上层是天，中间是地，最下层是充满水的下部世界——此三界在印度材料中非常常见。印度对地橛（ku-kīla，由 ku“地”而来，再加上 kīla“橛”）的使用即源自因陀罗和他钉住大地的神话，地橛意为大地之钉或栓，亦即一座山（莫尼尔－威廉姆斯 1899：286）。F.B.J 凯帕尔对此有过一个重要的研究，他将此神话归纳如下：

> 因陀罗将此山牢牢固定在水域之底。因为此山位于宇宙中央，是大地的核心，整个大地由此得以变得坚固而稳定。因此，这座宇宙之山不仅是大地之根，而且还作为一个钉橛为大地的稳固提供了安全的支撑。这一观念仍然存在于后来的文学作品中，其中作为宇宙轴心的曼荼罗山（= 不动者）被称作因陀罗橛（Indrakīla），以山为橛的理念在 kīlādri 一词中得到了体现。（凯帕尔 1970：110）

吠陀学者扬·贡达进一步描述说，祭祀柱或俞巴被观想为宇宙三界的轴，天界在其上，我们的大地为其可见的一段，其下则为地下的龙族水域（贡达 1965：230，147）。或许这就是我们上面所见的俞巴和橛（或因陀罗橛）常常融并为一物的原因，这种融并可见于建筑学文献（库马拉斯瓦米 1938：18-19）或许多早期的佛教文献（希尔瓦 1978：244-246；迈尔 1991：170）。

因陀罗崇拜和祭祀（yajña）崇拜共同组成了吠陀宗教信仰的两条主线（例见克劳斯特梅耶 1984，第 1 部分）。因此，对于一个融合了古代印度祭祀仪轨的核心工具（俞巴）和因陀罗神话的主要象征物（代表宇宙大山之橛）的文化制品，我们对其巨大的影响力不应感到惊奇——它在文化上不断再现，并在其后的南亚仪轨史上以多种方式得到表现。橛和俞巴的结合物正是这样一个制品，它给亚洲留下的遗产是广泛的。

作为该遗产的一个例子，西藏的普巴文献（包括敦煌文本在内）无不将橛等同于须弥山，此中将橛视为宇宙轴心之山，它和因陀罗橛一样，将世界划分为垂直方向上的三重，上层为诸佛，我们的世间位于中间，龙族位于下方。这一关联在《方便羂索莲花鬘》（*Thabs kyi zhags pa pad ma 'phreng*, IOL 321）和 IOL J 331. III 等敦煌文本中有明确体现。这一三重垂直的宇宙枢轴关联也体现在普巴的实体图形上：该法器上铸有摩羯鱼头，下面的三棱刃饰以向下的龙，由此代表下部的龙族世界；其上的八面柄代表我们中间的世界；我们上面的天界则由法器顶部的佛头或嘿噜嘎头表示。极为相似甚至相同的图像特征也见于俞巴——这一源自吠陀的祭祀柱（参迈尔 1991：页 168 及以后）。

显然，普巴与宇宙垂直枢轴的关联方式的确与西藏前佛教的宇宙观产生了深度的共鸣。它与西藏本土基本的宇宙观密切相似，甚至在术语上也是如此，西藏的三重宇宙包括天上的天（lha）界、地上的赞（btsan）界、地下的龙（klu）界：此结构也称作天、地、下（gnam sa 'og）或天、中、下（gnam bar 'og）。[1]

在印度，橛和宇宙之山相关联；在西藏，山与本土宗教信仰有复杂的联系，这两种关联也高度共鸣——在这里我们仍需谨慎地具体说明二者如何共鸣，因为学者对西藏前佛教时期有关神山的信仰尚未达成明确共识。不过，有一些普遍

---

〔1〕 敦煌文本（IOL Tib J 711）似乎将印度的三界和西藏的 gnam bar 'og 等同起来（道尔顿、冯·谢克 2005：293；2006：308-309）。道尔顿在相关条目中说道："其中提到了许多印度教神祇，并对独脚鬼（the'u rang）作了简论（见 4r1-v1）。后者出现的部分似乎将印度神话的三界（空行、地行、龙界[khecara, bhūcara, nāgaloka]）和西藏前佛教神话中的三界（gnam bar 'og）联系起来。"此中所涉及的段落并未明说这种关联，但道尔顿认为其中已作了暗示（私人交流，2007 年 3 月），他预计将在即出的一本书中公布一个分析（译注：该书即道尔顿 2011，《伏魔：藏传佛教中的暴力与解脱》[*The Taming of Demons: Violence and Liberation in Tibetan Buddhism*]，纽黑文市[New Haven]：耶鲁大学出版社[Yale University Press]）。哈尔认为 gnam 或者天界可能是在原本的两重结构上加上去的。另见哈尔"丹麦文摘要"的英译，摘录于麦凯 2003，卷 1：143，以及石泰安 1972：203-204——不过，我们认为，石泰安所描述的将西藏的山视为地普布（sa'i phur bu）和因陀罗橛等的情况（同上引，208）可能是后佛教时期的，而不是古代"无名宗教"的一部分。同样，凯蒂亚·毕菲特里耶的文章（1996）也许是对古印度神话观的重述，这些观念衍生自一个关于宇宙大山或橛在因陀罗定住它之前一直漂动的古代故事。

认同的主题的确已经浮现：例如，山是天界与地上的通道，第一个王即通过它降临人间；古代西藏曾记录有一份特别神圣的山的名单（通常是变化的），其中有一些（例如有名的念青唐古拉山 [gNyan chen Thang lha] 和雅拉香波山 [Yar lha Sham po]）仍然保留着宗教上的重要地位；[1] 山神在政治上有举足轻重的地位，因此，获得与山神的特权关系，甚或被视为统治一个地区的山神的后裔，就等同于在政治上控制该领地；过去曾经（今天仍然）通过对山神做祭祀，从而获得或赞颂这种特权关系；是山神赋予了男性政治首领在区域上的勇武、精神上的力量和保护。

此中，至少有一部分与普巴崇拜有关：西藏本土的观念认为通往天界之路就在圣山正上方，同此，在普巴仪轨中，也观想佛界位于代表须弥山的普巴正上方。由此，普巴就充当了一个联结上方天界的双向通道，一方面它将诸佛之力从上面带下来，另一方面也使得位于下界者能够接触天界。这与西藏本土神话中第一个王途经的圣山非常相似（卡尔梅 1998：页 294 及以后）。同样，或许更为重要的是，佛教的须弥山普巴与西藏前佛教崇拜中的圣山相似，它的首要功能是从上至下地传递良好的秩序与稳定性，因为金刚橛是专门的事业（'phrin las）本尊，故而其主要功能和目的就是调伏桀骜不驯和错乱失控者（例如鲁达罗），并建立起佛教的规则。此外，与西藏威猛、权威且一贯为男性的西藏山神形象一样，普巴嘿噜嘎也是威猛、权威且一贯为男性。与山神和为其效力的人间首领相似，普巴本尊在很大程度上也涉及祭供仪轨（其中一个是真实的，另一个是象征式的）。这些相似性并不是在所有情况下都极其准确，但仍然有明显的意义。[2]

一些人将西藏的墓葬和坟冢视为赞普（btsan po）和山神崇拜的进一步发展。

---

〔1〕 参卡尔梅 1998：435，关于在政治上有重要地位的山神，作者引用了敦煌材料。佛教和苯教针对这些山神的角色有过争论，关于（西藏）早期佛教对此争论的一个陈述，见旺堆、丁伯格 2000：97-103。

〔2〕 此中也有一些有意思的对比。例如，性别象征在内涵上就有细微的差别。佛教普巴的确体现了同样的阳刚和强势的形象，在某些情况下还可能涉及暴力的性支配（坎特韦尔 2005：19），但其主要的成就法（sādhana）修习则在普巴本尊与其明妃（也包括成对的男女眷属）的双运中融合了男女两个方面。此外，山神崇拜倾向于和男权相关联，而且可能为男性保留了一些重要的仪轨角色（丁伯格 1994：146-148；1998：46-47；丁伯格、哈佐德 1997：272），但高级的佛教普巴仪轨则是向女性修行者开放的，而且其神话史上的一个主题就是早期普巴传承中关键的女性典范所扮演的重要角色。这一点尤其适用于益西措嘉，

此中，墓葬代表我们的世界，其上有一柱，有些认为它代表宇宙之轴，联结各个世界，且为灵魂的收容处。这也许为引入的佛教普巴提供了一些可能的共鸣点。[1]

在普巴和西藏早期宗教之间寻找文化上的类同时，最重要的待证假设也许是：祭供仪轨的主题，三重垂直的枢轴式宇宙以及各种山神崇拜的分支。也许这些相似点足以在某些情况下暗示出共有的文化起源。不过，我们还可以尝试性地提出更多文化上的类同。

[4] 一个进一步的假设与对勇士王子形象的理想化有关。佛教普巴嘿噜嘎的正式名号为金刚童（Vajrakumāra），意即金刚王子或金刚孺童。这一名号已见于敦煌文本 PT 44（见叶 13 及 33）。金刚童被描述为佛教最重要的伏魔者，因此，他在佛教中的地位总体上与蕴童（Skandha Kumāra）在印度教中的地位相似，蕴童是一个青年勇士、诸神之将领，手持短矛，他在北印度前穆斯林时期的武士精英中非常受欢迎，其中就包括笈多王，有两代笈多王都以他的名字命名。在这个方面，有意思的是，图奇和哈尔相信西藏的赞普是通过除掉其前任或将其前任以仪轨化的方式遣返至其天界的原位，从而在年轻时（通常被象征性地说为 13 岁）获取政权。尽管大多数人类学家有理由认为这种情况不太可能在现实中发生，[2] 但这的确反映了一个有关年富力强的统治者的理想，且象征性地与土地的肥沃和人的健康相关联。同样，《唐书》对西藏文化中过分重年轻、力量而轻老年的现象表示鄙视（图奇 1955：217；布谢尔 1880：442）。如果图奇和《唐书》作者是正确的话，那么一个年轻力胜的勇猛本尊形象（与北印度武士精英中极为盛行的蕴童相似）就也可能在西藏能得到共鸣。

一些学者提出，西藏圣王的继承被视为同一个祖神在人间的一系列重现；如

（接上页）她在西藏第一批普巴上师（莲师的弟子）中是非常卓越的一位，不过人们或许还会提及印度的一位女修行人事业王母（Las kyi dbang mo），她被视为修部八教（bKa’ brgyad）传承的源头，此外还有益西措嘉的弟子觉姆属庐萨（Jo mo Cog ro bza’），她因未对莲师生起对金刚上师应有的足够信心而被人们记住，但她后来通过追随益西措嘉而弥补了自己的过失，并开创了夫人传承（lcam lugs）（例见吉美林巴《普巴传承史》中的教法源流 [chos ’byung] 部分，收《敦珠版宁玛教传广集》，Ja 函，页 13）。

〔1〕 图奇 1955：219，223-224；哈尔 1969：356；海勒 2003；关于汉文的记载，见布谢尔 1880：443。

〔2〕 多特森（即出）详细讨论了该问题。

果的确如此，那么早期普巴传承的世袭继承者们也会类似地将他们自身说为同一个本尊的连续重现——不过，这当然不是普巴独有的特征（图奇 1955：218-219；哈尔 1969：333）。

三、社会环境

除了文化上的类同外，我们还需考虑社会环境。普巴文献在西藏真正开始大量出现似乎是吐蕃王朝瓦解以后的事，此时政权分裂，战火频仍，各部落间为领地和地位而争斗。我们可以推断，这也是文化上相当高产的一个时期，尽管我们现在还缺乏可以准确说明此现象产生过程的文献（戴维森 2005：63）。在此期间，西藏中部和东部的密教传承也多在世袭的贵族集团中延续，这是因为贵族们将他们自己确立为喇嘛（岩崎力 1993）。因此，这一时期独特的思想观念就是对已崩溃的王朝昔日的辉煌充满怀旧式的崇敬（凯普斯坦 2000：页 141 及以后）。时至今日的宁玛史书都强调普巴传承的王室和贵族起源，通常将其上溯至莲师赐予赞普、王后和大臣的传承；虽然这确实也是一个更广的宁玛派话语的一部分。社会的动荡伴随着宗教文化的高产和对秩序重建的怀想，普巴与这种动荡环境的关系是明显的：正如希尔瓦所指出的那样，橛在亚洲文明中最根本的社会－政治象征意义不仅涉及王权，还涉及文明本身（希尔瓦 1981：64）：“因陀罗橛的这一象征意由与其截然相反的达苏橛（dassukīla）而得到进一步的确证。达苏橛意为混乱无纲的状态。当 indakhīla 和 dassukhīla 两个巴利词并列使用时，我们就能明白前者如何用以表征井然有序的权力和文明的法制，而后者如何用以表征野蛮的毫无纲纪的野蛮。”

[5] 鉴于这一时代的内乱和政治上的纷争，我们可以就普巴作为伏（魔）者和土地守护者的多种特定功能提出另一个假设。橛在印度的一个主要特征就是它可以作为边界的守护者，尤其是在那些神圣和重要的场所。其例证可见于数量庞大且种类多样的材料，巴利藏、往世书以及密续中都有（迈尔 1991：176-181）。

在传入西藏的密教法汇中，这一功能明显兼有象征意义和神通力上的内涵：一方面，一圈普巴可象征性地划定一个边界，除此之外，威猛的普巴本尊也能以其神通力守护行者的领域。例如，在敦煌的一些普巴祈请文以及《密集续》和此处分析的其他一些文本中，已融入事业空行母（karmaḍākinī）金刚爪（rDo rje sder mo）。她的角色是保护瑜伽士的家庭空间、家人、朋友以及同伴。与此守护功能相关的是橛在首次对某些区域建立管控时所扮演的角色，正如印度的《工巧光明论》（*Śilpaprakāśa*）等仪轨—建筑学的文本中所见的"缚龙"仪轨。[1]这两种空间上的功能构成了普巴在西藏最标准的用途，而且广见于诸多敦煌文本，例如IOL Tib J 384，其中就用普巴来守护坛城的边界。我们可以推测，这些不同的领地仪轨功能或许使得普巴对地方统治者而言非常有用，他们在纷乱的后吐蕃时期需要不断地确立、守护、重建他们的地界，并且翻新或重修城堡和寺院。

[6] 进一步的假设与普巴本尊在政治交易中的潜在用途有关。普巴本尊的修习者据说可获得非常特殊的普巴悉地，该悉地在辅助暴力时代的外交上最为有用。正如普巴密续中著名的根本颂所示，几乎每一个普巴成就法所包含的文字都无一例外地指出：在根除侵略和仇恨方面，普巴是最有效的本尊。[2]与此相类，普巴也被说为在弥补毁坏的誓约、与敌和解方面有杰出的效用——亦即那些在政治动荡时期力图建立和维护盟友关系的人所必不可少的有利条件。宁玛派大瑜伽与誓句或三昧耶（samaya）之间的紧密联系很有意思。在普巴文献中，有一种极为重要的魔——鬼蜮（dam sri），它能致人毁坏誓句，或者因人之毁坏誓句而生，有时甚至将其说为一切界中痛苦的唯一主因。 在普巴文献的神话场景中，鲁达罗发展成罪恶的典型化身的过程被描述为一个严重毁坏誓句的故事，最终他依普巴的诛杀仪轨而得到救赎——例见一部影响深远、可能属于早期普巴释论的文献《普巴黑色集》（*Phur pa 'bum nag*，布尔德 2002：129-130）。因此，囊卓堪布（1999：43）强调了普巴在调伏因毁坏誓句而产生的鬼蜮和鲁达罗方面的重要性，

〔1〕 这些仪轨通常称为"缚龙"（nāgabandha）。参迈尔 1991：167-171。关于仪轨化的普巴在这些仪轨的西藏版本中扮演的角色，参坎特维尔 2005：14-19。

〔2〕 相关的颂文为：rdo rje khros pas zhe sdang gcod（金刚忿怒断嗔恨）。这些文字或其变体几乎是每一个普巴成就法和密续的核心部分。

以及密乘行人修习此法的必要性，并且指出如果不修，则生障碍。

有意思的是，在西藏的前佛教时期，需要血祭的场合就包括发誓和订约。此中的主要的一点是，如果发誓的各方违背了誓言，那么他们就会和遭到残杀的祭品一样经历同样的厄运。第二点或许不是藏土的观念，而是更多地借鉴了汉土的观念，亦即祭品的灵魂会变成保证誓言得到执行的守护神（布谢尔 1880：441，475，488）。在逐渐形成的佛教语境中，共用普巴会供或许成为不同群体之间建立或恢复契约的一个可行的替代法，它通过在这些场合用模拟祭供的人偶或林伽代替传统的血供，从而使得文化上的连续性得到保持。在 10 世纪西藏的政治动荡中，这种契约上的功能也许显得尤为可贵。

我们相信，这一点解释了关于普巴修习的社会重要性的假设中对政治统治的过度强调。目前尚未有人尝试对这些问题仔细地做社会学上的研究。可以理解的是，学者们可能由战争和政治斗争背景下有关普巴仪轨的记载而产生一个满是冲突意味的印象。[1] 这种印象有些许的误导性，因为它忽视了普巴仪轨一个重要而迥异的维度，这一补充性的维度指向对社会不和谐因素的制伏以及对统一的促进。

[7] 我们的第七个假设与莲花生（Padmasambhava）有关。对于普巴的流行而言，极为重要的一点便是它是莲花生所选的主要本尊之一，故而颇负盛名。我们可以从 PT 44 中推断，西藏有关莲花生与普巴密切而特殊的个人关系的叙事至 10 世纪时已经确立。从《巴协》（*sBa bzhed, dBa' bzhed*，旺堆、丁伯格 2000）、PT 44 以及 PT 307（道尔顿 2005：页 764 及以后）中，我们也可得知：至 10 世纪时，莲花生已被视为本土神灵的佛教降伏者中的佼佼者。尽管在很早的材料中，这些被降伏的多为女性神灵，或者与水有关的神灵，但也有其他一些早期材料明确提到莲花生甚至曾降伏在政治上非常重要的男性主神：例如在《巴协》的

---

〔1〕 例如，在关于 9 世纪著名的早期宁玛派人物努钦·桑杰益西（gNubs chen Sangs rgyas ye shes）功绩的一份记载中，曾提到他用普巴仪轨平息劫匪肆掠带来的政治动荡，并威吓了赞普朗达玛，从而令其弟子免遭迫害（敦珠 1991：611-612）。对破坏性仪轨的考虑会更为广泛地加强普巴仪轨作为政治冲突之一部分的印象：五世达赖喇嘛的精神经历记录中就提到过以破坏性仪轨来对抗后藏（卡尔梅 1988：9，29，178-179）。这种生动的记载展示了这些仪轨对日常世界的显著影响，但它却令人忽视了这些修法可能具备的其他类型的社会重要性。

一段（旺堆、丁伯格 2000：53）中，明确提到莲花生调伏了唐拉山神，该神是九位主要山神中政治地位最突出的一位。[1]只要这种情况属实，它就一定对西藏的政教思想有极其重要的暗示意义，因为在西藏前佛教的宗教看来，用仪轨降伏这样的男性山神就是为自身真正在政治上掌控相关领地、要塞和宗族构建一个有力且必要的精神关联。例如，卡尔梅在讨论《吐蕃大事纪年》中“dwags po lha de dgug pa”（勾召达波之神）一句时研究了山神仪轨的政治重要性，他根据语境指出，这句话暗示了以勾召达波山神作为雅隆王朝收复达波的序幕（卡尔梅 1998：440）。这一用语也见于该史书的其他部分：在一段较长的叙事中，解释了较大的王如何在那些小王之上建立自己的权力，并逐个掌控他们，这一过程结合了政治计谋和军事武力，还有在最后的分析部分提到的神通咒术。[2]类似的主题也见于《第吾教法史》(*lDe'u chos byung*) 有关第一位赞普的起源神话记载，其中指出咒术是新的君王所必需的特殊条件（卡尔梅 1998：299）。

对普巴的掌握似乎为君王提供了一种恰当的神通力：它能赐予事业悉地，以及附带的掌控生死的神力，它关乎边界的守护、有情的调伏，能在有情之间建立良好的秩序和誓句。除了被越来越多的人视为莲花生制伏西藏鬼神的主要方式以外，它还有可能为后吐蕃王朝的那些渴望获得政治权力的部族首领们提供了心理和精神上的优势。

[8] 我们的第八个假设关乎普巴密教系统对西藏本土鬼神的同化能力，我们认为这种能力直接源于普巴典型的伏魔修习模式。由伏魔而形成的同化能力当然是许多密教系统的最根本的一个方面，湿婆教和佛教都有，但我们在任何时候都不可将它们简单地混淆起来（希特贝特 1989：页 1 及以后）。普巴根本的伏魔仪轨核心使得它在这种同化上比绝大多数系统更为适宜。

首先，基于印度的普巴伏魔法可以很容易地重新调用来制伏本土鬼神，同时又无需让普巴核心的佛教系统做出妥协调整。我们在前面已经提到这样的例

〔1〕 敦煌材料中有提到唐拉被视为政治上最关键的山，卡尔梅（1998：297）对此有分析。

〔2〕 参巴柯、托马斯和图森特（1940-1946：81, 85）：thun ni rje thun gyis bthun te bgug go：“至于咒术者，（彼等）因中王者之咒而受勾召”（这是我们的翻译，参考了卡尔梅 1998：440）。

子，其中西藏本土的魔 sri 就是普巴仪轨调伏的对象。通过向藏人保证这是调伏 sri 的非常有效的方法，普巴即可令自身变得盛行而合宜。时至今日，魔 sri 仍然是普巴密教系统重要的调伏对象——尤其是在其伏魔（sri mnan）的支分修习中。

普巴传统在早期曾为另一类本土神灵——守舍神（'go yi lha）做出过调整。这五种善良的守护神本来就安住在每个人身上。这些神有一些变体，但其最典型的列举形式或为：住于头顶的生命神（srog lha），住于右肩的父族神（pho lha），住于左肩的母族神（ma lha 或 mo lha），住于头前方的战神（sgra / dgra lha），住于头后方的舅神（zhang lha）。据卡尔梅所言，他们在起源上是作为前佛教神系的一个重要组成部分（卡尔梅 1998：129, 149），他们的名称和象征性的性情的确让人联想起藏族典型的亲属类别，例如在后方提供支撑的舅神。《宁玛十万续》中有一篇著名的普巴密续《十二普巴》（*Phur pa bcu gnyis*），其文本的主体部分显然来自印度，然而它还是明显吸纳了这些神。尽管普巴密续并非唯一吸收这些神的佛教传统，但《十二普巴》吸纳他们的方式、其文本可能非常久远的年代、其源于印度的主要内容都使得这种吸收非常有意思。该续的第九品主说用普巴象征性地诛魔，此中我们发现魔身上善良的守舍神在诛杀实行之前已脱离它们恶的方面，否则行者就会犯诛杀善神之罪。尽管这种观点与佛教教义完全一致——行者只是象征性地摧毁罪恶，而不是摧毁祭品的功德或佛性，而且印度仪轨似乎没什么理由在原则上反对在实施诛杀前令善的元素脱离恶的元素——但《十二普巴》在此情况下却乐于使用“'go yi lha”这一本土特有的象征语。[1]这种在实施普巴击打前隔离善意守舍神的做法仍作为常规特征保留在许多现代的普巴文本中。

因为印度标准的密教伏魔法要观想“调伏”敌者或本土神灵，并令其皈依成为有益的仆役神，故而普巴也可以用更为彻底的手段将本土神灵直接吸收到它的坛城外围，无需因之而做出任何折中妥协。该手段在印度密教中有广泛的运用，这使得湿婆教或佛教系统可以出于社会扩张而吸收原本属于外教的神灵；因

〔1〕感谢阿拉桑嘎仁波切（土登尼玛）为下面一段话所做的提议，这段话见于德格版叶 315r-v：（首先）当重视隔离（祭物之）守舍神，而后压伏并逼迫（诸邪魔）勿令其逃脱，夺其力量与神通，令其四肢不能反抗，以金刚忿怒之普巴击打之。'go ba'i lha dang dbral ba gces // 'bros kyis mi thar gnan gzir bya // mthu dang rdzu 'phrul phrogs pa dang // yan lag 'khu mi nus par bya // rdo rje drag po'i phur pas gdab //

此，将这种方式应用于西藏本土的神灵上时，既不意外也不矛盾。宁玛派接受该过程的一个很好的例子就是普巴的著名护法神，据 PT 44 和所有后续的普巴传承史（lo rgyus）所言，他们最初是在尼泊尔的扬拉雪（Yang la shod，传统上认为该地毗邻帕平 [Pharping]）被莲花生纳入金刚橛的坛城。然而，到编纂上面提到的《十二普巴》时，这一主要来源于印度的文本已将一些短语加入其中的三品，以此来代表这些作为普巴密续的护法而新加入的神——PT 44 对此就有许多描述。[1] 实际上，作为直接被莲花生调伏的女神，她们在当今的佛教普巴修习者中是非常流行的护法神，有很多赞颂和释论都是为她们写的。

[9] 第九个假设是关于在仪轨和宇宙观上都很重要的理想化赞普形象如何适应于后吐蕃时代的环境。尽管没有一个部族或集团成功重新统一该帝国，地方上的首领却沿用着吐蕃时期的赞普这一尊号，而且常常强调他们出身于王族的直系血统：在一定程度上，他们祈愿能在地方上以恰当的形式实现当年的君主曾经扮演的更为伟大的仪轨和政治角色。《吐蕃大事纪年》是我们了解吐蕃君主观的主要材料，布兰登 · 多特森在描述这一材料时曾对那种更伟大的君主角色作了极为出色的总结：

《吐蕃大事纪年》的写作方式并不像早期汉族史书那样带有明显的道德说教意味。同时，它有很明确的诠释框架：其始终如一的主题就是将赞普呈现为世界之轴——亦即天地间的纽带，以及诸神之道加之于人时所依循的有序规则。这部编年史的各章始于神话中的一位最早的赞普，终于 8 世纪末，其中阐述了统治者和百姓之间的固有关系。由此，该文献见证了赞普所依凭的契约式统治，并且为西藏早期的政治学说构建了一个纲领。所以，这是与西藏早期的特征和政治思想有关的唯一一部最重要的文献，它所包含的理念贯穿了整个西藏史，以及晚至达赖喇嘛时代及其后的政治变迁。[2]

---

〔1〕 这些女神也许是后来加入该文本的，也可能早先就已存在于该文本中，但她们后来都被认为是在藏土将其纳入普巴坛城时被降伏的，此中保留的原则是，作为与莲花生相关的女神，她们的出现在这一经典材料中是可以接受的。

〔2〕 多特森（即出）。

四、结语

鉴于我们上面讨论的大部分内容，我们可以看到理想化的赞普和普巴上师之间存在相当多的交叠。二者都与世界之轴的象征意义有关，都是神的人间化身、兼具世俗与精神上的权力，也都为混乱的世界带来精神和世俗的秩序（参考我们前面提到的希尔瓦对 indakhīla 和 dassukhīla 所做的比较）。吐蕃时期的前辈赞普将前佛教的诸神之道带给人类，与此相似，后吐蕃时期修习普巴的统治者们也为诸佛之道（佛法）扫清障碍。如果说西藏传统的王权是基于统治者和被统治者之间的契约式关系的话，[1]那么普巴传统就是格外地关注誓句——亦即密乘佛教对师徒之间固有的契约关系的理解。与古代赞普相似的是，修习普巴的贵族通过运用其独有的掌控生死的力量，以及确立受保护的领地的力量，从而打败精神和世俗的敌人，由此达到维护神圣秩序的目的。对于后吐蕃密乘佛教时代的部族首领和地方王者而言，普巴是个非常理想的保护神。能令他们获得神圣地位的密乘本尊有很多，但几乎没有一个本尊能像普巴一样，与古代赞普这么多不同的传统仪轨象征密切相关，而这些象征对其王权而言是很有价值的。

征引书目

1. 藏文著作

a. 主要的藏文文集

- 《敦珠教传：古德所传相续不断之宁玛派教法与灌顶合集》（*bDud 'joms bKa' ma. A Collection of Teachings and Initiations of the Rñiṅ-ma-pa Tradition Passed through Continuous and Unbroken Oral Lineages from the Ancient Masters*），由敦珠仁波切依敏珠林和佐钦嘉色校订版完整编辑并重组，58 函。噶伦堡：敦珠上师，1982—1987。［扫描：藏传佛教资料

〔1〕关于西藏王权原则的分析，参兰布尔 2006。

中心（TBRC），《传承不断之宁玛教传广集》（*The Expanded Version of the Nyingma Kama Collection Teachings Passed in an Unbroken Lineage*），W19229，0448-0505，3 张 CD。]

- 《大吉祥普巴法典汇编》（*dPal chen kī la ya'i chos skor phyogs bsgribs*）2002，41 函。成都：四川民族研究所，藏学研究室。[扫描：TBRC，W24051，卷 4575-4615。]
- 《宁玛十万续》（*rNying ma'i rgyud 'bum*, NGB）
- —德格版 [D]26 函（Ka-Pa），外加目录（dkar chag）A 函。[德格印经院]（sDe dge par khang）
- —禅扎寺《宁玛十万续》写本（*rGyud 'bum / mtshams brag dgon pa*）[M]46 函。廷布：国家图书馆，不丹皇家政府，1982。[扫描：http://www.thdl.org/xml/ngb/show Ngb.php?doc=Tb.ed.xml]

b. 敦煌藏文文本

- 法国国家图书馆所藏敦煌藏文写本，巴黎：伯希和藏文写本，PT 44；239；307。
- 英国国家图书馆所藏敦煌藏文写本，伦敦：IOL Tib J 321 ；331 ；384 ；711。[数字图像：http://idp.bl.uk/]

c. 其他藏文材料

- 阿美夏・阿旺贡嘎索南（A myes zhabs Ngag dbang kun dga' bsod nams），《世尊金刚童教诫实修大河成就法释・催开事业莲花之日光》（*bCom ldan 'das rdo rje gzhon nu'i gdams pa nyams len gyi chu bo chen po sgrub pa'i thabs kyi rnam par bshad pa 'phrin las kyi pad mo rab tu rgyas pa'i nyin byed*），据萨迦木刻版之手抄本重印，新德里：阿旺索巴，1973。[缩微胶片：世界宗教高等研究院，《昆氏传规普巴之释论・羌姆谱备忘录》（*'Khon lugs Phur pa'i rnam bshad, 'Chams yig brjed byang*），LMpj 012, 223]
- 扎巴坚赞（Grags pa rgyal mtshan），《普巴金刚现证仪》（*rDo rje phur pa'i mngon par rtogs pa*），收《扎巴坚赞全集》，索南嘉措（bSod nams rgya mtsho）编集，Nya 函：355r-367v（= 1r-13v 独立页码，西式装订之页 175-182），收《藏传佛教萨迦派大师全集》（*The Complete Works of the Great Masters of the Sa skya Sect of the Tibetan Buddhism, Sa skya bka' 'bum*），东京：东洋文库，1968，卷 4。
- 娘热・尼玛沃色（Nyang ral Nyi ma 'od zer），《一切善逝之事业总集・普巴本续》（*bDe bar gshegs pa thams cad kyi 'phrin las 'dus pa phur pa rtsa ba'i rgyud*），收 NGB，D 版 Ba 函，

M 版 Ya 函。

• 十二普巴（*Phur pa bcu gnyis*），收 NGB，D 版 pa 函，M 版 Dza 函。

2. 其他语言的著作

• 巴科（Bacot, J.）、托马斯（F. W. Thomas）和图森特（Toussaint）1940-1946，《敦煌本吐蕃历史文书》（*Documents de Touen-houang relatifs à l'histoire du Tibet*），巴黎：保尔·古特纳东方学书店（Paul Geuthner）。

• 布迪厄（Biardeau, M.）1989，《柱史：印度教女神的吠陀变体》（*Histoires de poteaux: Variations védique de la Déesse hindoue*），巴黎：法国远东学院（Ecole française d'Extrême Orient）。

• 布尔德（Boord, M. J.）2002，《碧空霹雳：决断关要之普巴金刚广释》（*A Bolt of Lightning From The Blue: The Vast Commentary of Vajrakīla that Clearly Defines the Essential Points*）。注译，含传予益西措嘉（Ye-shes mtsho-rgyal）之《普巴释·黑色集》（*Phur 'grel 'bum nag*），柏林：柯罗洞出版社。

• 毕菲特里耶（Buffetrille, K.）1996，《群山终将远去——浅谈西藏的飞山》（One day the mountains will go away—Preliminary remarks on the flying mountains of Tibet），收布隆多（A.M. Blondeau）和斯坦因凯尔勒（E. Steinkellner）（编）《山之思：关于西藏与喜马拉雅地区山崇拜的历史与社会意义的文集》（*Reflections of the Moutain: Essays on the History and Social Meaning of the Moutain Cult in Tibet and the Himalayas*），维也纳：奥地利科学院（Österreichischen Akademie der Wissenschaften），77-89。

• 布内曼（Bühneman, G.）1999，《印度教密续中的佛教本尊和咒语 1：〈密续精要集〉与〈自在主湿婆师天本疏〉》（Buddhist deities and mantras in the Hindu tantras 1: The *Tantrasārasaṃgraha* and the *Īśānaśivagurudevapaddhati*），收《印度—伊朗学刊》（*Indo-Iranian Journal*）42，303-304。

• 布谢尔（Bushell, S.W.）1880，《汉文材料中的早期西藏史》（The early history of Tibet: From Chinese sources），《皇家亚洲学会杂志》（*Journal of the Royal Asiatic Society*）12，435-541。

• 坎特韦尔（Cantwell, C.）1989，《有关北印度一个藏传佛教流亡寺院中宗教修习的人种志》（An Ethnographic Account of the Religious Practice in a Tibetan Buddhist Refugee Monastery in

Northern India），博士论文，坎特伯雷肯特大学（University of Kent at Canterbury）。

——1997，《观心识为金刚：宁玛派中仪轨化的“诛杀与救度”》（To meditate upon consciousness as Vajra: Ritual “ killing and liberation ” in the rNying-ma-pa tradition），收克拉塞尔（H. Krasser）、托斯滕·穆赫（M. Torsten Much）、斯坦因凯尔勒、陶舍（H. Tauscher）编，《藏学：第七届国际藏学研讨会论文集》（*Tibetan Studies: Proceedings of the 7th Seminar of the International Association for Tibetan Studies*），格拉茨（Graz）1995，PIATS 7，维也纳：奥地利科学院，卷 1，107-118。

——2005，《西藏的土地仪轨：对环境的征服与转变》（The Tibetan earth Ritual: Subjugation and Transformation of the environment），收《藏学研究杂志》（*Revue d'Etudes Tibétaines*）7，4-21。

- 坎特韦尔（Cantwell, C.）、迈尔（R. Mayer）2007，《〈普布涅槃续〉和〈金刚忿怒续〉：两个出自〈宁玛十万续〉的文本》（*The Kīlaya Nirvāṇa Tantra and the Vajra Wrath Tantra: Two Texts from the Ancient Tantra Collection*），维也纳：奥地利科学院出版社（Austrian Academy of Sciences Press）。
- 库马拉斯瓦米（Coomaraswamy, A.K.）1938，《穹顶的象征意义》（Symbolism of the dome），《印度历史学季刊》（*Indian Historical Quarterly*）14（1），1-56。
- 道尔顿（Dalton, J.）2004，《莲花生传说在西藏的早期发展：有关 IOL Tib J 644 和伯希和藏文写本 307 的一份研究》（The early development of the Padmasambhava legend in Tibet: A study of IOL Tib J 644 and Pelliot tibétain 307），《美国东方学会会刊》（*Journal of the American Oriental Society*）124（4），759-772。
- 道尔顿、冯·谢克（S. van Schaik）2005，《斯坦因所藏敦煌藏传密教写本目录》（*Catelogue of the Tibetan Tantric Manuscripts from Dunhuang in the Stein Collection*），国际敦煌项目（http://idp.bl.uk）。

——2006，《敦煌藏文密教写本：英国国家图书馆所藏斯坦因合集的描述性目录》（*Tibetan Tantric Manuscripts from Dunhuang: A Descriptive Catalogue of the Stein Collection at the British Library*），博睿藏学文库（Brill's Tibetan Studies Library）12，莱顿 / 波士顿：博睿。

- 戴维森（Davidson, R.M.）2003，《关于调伏大自在天的神话的思考》（Reflections on the Maheśvara subjugation myth），收麦凯（A. McKay）2003，卷 2：206-232。

——2005，《西藏的文艺复兴：密乘佛教在西藏文化中的重生》（*Tibetan Renaissance: Tantric Buddhism in the Rebirth of Tibetan Culture*），纽约：哥伦比亚大学出版社。

- 丁伯格（Diemberger, H.）、哈佐德（G. Hazod）1997，《西藏南部的动物祭祀》（Animal sacrifices in Southern Tibet），收卡尔梅（S.G. Karmay）、萨金特（P. Sagant）编，《“世界屋脊”的居住者》（*Les habitants du Toit du monde*），楠泰尔（Nanterre）：民族学会（Société d'ethnologie），261-281。
- 多特森（Dotson, B.）（即出），《统治与驾驭：西藏神圣王权中马与御手的譬喻》（To reign and to rein: The metaphor of horse and rider in Tibetan sacred kingship），收多特森、谢萧（C.A. Scherrer-Schaub）、武内绍人（编），《古代西藏研究 2：第十一届国际藏学研讨会论文集》（*Old Tibetan Studies 2: Proceedings of the 11th Seminar of the International Association for Tibetan Studies*），波恩，2006 年 8 月 27 日至 9 月 2 日（哈雷：国际藏学与佛学研究所）。
- 道曼（K. Dowman）1984，《空中的舞者：益西措嘉佛母之密传与道歌》（*Skydancer: The Secret Life and Songs of the Lady Yeshe Tsogyel*），伦敦：路特雷奇 & 开根保罗出版社（Routledge and Kegan Paul）。
- 敦珠仁波切吉扎益西多杰（Dudjom Rinpoche Jikgrel Yeshe Dorje）1991，《藏传佛教宁玛派：根本教义与历史》（*The Nyingma School of Tibetan Buddhism: Its Fundamentals and History*），波士顿：智慧出版社（Wisdom Publications）。
- 贡达（Gonda, J.）1965，《祭祀仪式》（*The Savayajñas*），阿姆斯特丹：艾斯维尔科学出版有限公司（Elsevier Science Ltd.）。
- 豪德里安（Goudriaan, T. 1978），《摩耶：神与人》（*Māyā: Divine and Human*），德里：莫提拉尔·巴纳斯达斯出版社（Motilal Banarsidass）。

——（编）1985，《毗那悉迦续》（*The Vīṇāśikha Tantra*），德里：莫提拉尔·巴纳斯达斯出版社。

- 哈尔（Haarh, E.）1969，《雅隆王朝：关于古代西藏史、藏王起源与本质的研究——尤其考虑到神话与传说的贡献》（*The Yar-luṅ Dynasty: A Study with Particular Regard to the Contribution by Myths and Legends to the History of Ancient Tibet and the Origin and Nature of Its Kings*），哥本哈根：G. E. C. 盖德出版社（G. E. C. Gad's Forlag）。

——2003，《〈雅隆王朝〉摘录》（*Extract from The Yar Luṅ Dynasty*），收麦凯 2003，卷 1：

142-155。

- 哈尔布法斯（Halbfass W.）1991,《传统与反思：印度思想研究》(*Tradition and Reflection: Explorations in Indian Thought*)，奥尔巴尼：纽约州立大学出版社（SUNY Press）。
- 海勒（Heller, A.）2003,《有关八至九世纪吐蕃墓葬所示葬仪的考古》(*Archeology of funeral rituals as revealed by Tibetan tombs of the 8th to 9th century*)，收康马泰（M. Compareti）、拉菲塔（P. Raffetta）、斯加西（G. Scarcia）编,《献给马尔沙克七十华诞的研究文集》(*Studies Presented to Boris Ilich Marshak on the Occasion of His 70th Birthday*)，河中网络纪念文集系列（Transoxiana Webfestschrift Series），www.transoxiana.org/Eran/Articles/heller.html。
- 希尔特贝尔特（Hiltebeitel, A.）1989,《犯罪的神与皈依的魔：有关流行的印度教中的保护神》(*Criminal Gods and Demon Devotees: Essays on the Guardians of Popular Hinduism*)，奥尔巴尼：纽约州立大学出版社。
- 约翰·亨廷顿（Huntington, J.C.）1975,《普巴——西藏仪轨中的短剑》(*The Phur-pa—The Tibetan Ritual Daggers*)，阿斯科纳（Ascona）：亚洲艺术（Artibus Asiae）。
- 约翰·亨廷顿、苏珊·亨廷顿（S.l. Huntington）1995-2006,《约翰·亨廷顿与苏珊·亨廷顿的佛教与相关艺术的档案：照片研究与教学档案》(*The John C. and Susan L. Huntington Archive of Buddhist and Related Art: A Photographic Research and Teaching Archive*)，见 http://huntingtonarchive.osu.edu/。
- 岩崎力（Iwasaki, T.）1993,《北宋时期的河西吐蕃部落与佛教》(The Tibetan tribes of Ho-his and Buddhism during the Northern Sung period),《亚洲学刊》(*Acta Asiatica*) 64，17-37。
- 凯普斯坦（Kapstein, M.）2000,《西藏对佛教的同化：转变、竞争与记忆》(*Tibetan Assimilation of Buddhism: Conversion, Contestation and Memory*)，牛津：牛津大学出版社。
- 卡尔梅（Karmay, S.G.）1988,《五世达赖喇嘛的秘密境相》(*Secret Visions of the Fifth Dalai Lama*)，伦敦：西域出版社（Serindia）。

  ——1998,《箭与纺锤：西藏的历史、神话、仪式和信仰研究》(*The Arrow and the Spindle: Studies in History, Myths, Rituals and Beliefs in Tibet*)，加德满都：曼荼罗书店（Mandala Book Point）。
- 克劳斯特梅耶（Klostermaier, K.）1984,《印度有神论传统中的神话学与救世哲学》(*Mythologies and Philosophies of Salvation in the Theistic Traditions of India*)，安大略：劳瑞

耶大学出版社（Wilfred Laurier University Press）。

- 凯波尔（Kuiper, F.B.J.）1970，《宇宙演化论与受孕：一个疑问》（Cosmogony and Conception: A query），《宗教史》（*History of Religions*）10（2），91-138。
- 李方桂、柯蔚南 1987，《古代西藏碑文研究》（*A Study of Old Tibetan Inscriptions*），台北：历史语言研究所，"中央"研究院。
- 麦克唐纳（Macdonald, A.W.）1980，《尼泊尔夏尔巴人和塔芒人中的创造性肢解》（Creative dismemberment among the Sherpas and Tamangs of Nepal），收阿里斯（Aris）、昂山素季（Aung San Sun Kyi）编，《纪念黎吉生藏学论文集》（*Tibetan Studies in Honour of Hugh Richardson*），沃明斯特（Warminster）：阿里斯和飞利浦（Aris and Philips），199-208。
- 迈尔（Mayer, R.）1991，《论西藏的普巴和印度的橛》（Observations on the Tibetan Phur-pa and the Indian Kīla），收斯科鲁普斯基（T. Skorupski）编，《佛教论坛》卷 2，伦敦：亚非学院，163-192。

——1996，《〈宁玛十万续〉中的一部经典：十二普巴》（*A Scripture of the Ancient Tantra Collection: The Phur-pa bcu-gnyis*），牛津、加特莫尔：基士可岱尔出版社（Kiscadale）。

——1998，《宁玛派密教传统中的大自在天 / 鲁达罗》（The figure of Maheśvara/Rudra in the rÑiṅ-ma-pa Tantric tradition），《国际佛教研究协会期刊》（*Journal of the International Association of Buddhist Studies*）21（2），271-310。

- 麦凯（McKay, A.）（编），2003，《西藏史》（The History of Tibet）卷 1：《早期：至公元 850 年—雅隆王朝》（*The Early Period: to c. ad 50: The Yarlung Dynasty*）；卷 2：《中世纪时期：公元 850-1895 年—佛教至上权威的发展》（*The Medieval Period: c.850-1895: The Development of Buddhist Paramountcy*），伦敦：路特雷奇・柯曾出版社。
- 莫尼尔－威廉姆斯（Monier-Williams, M.）1899，《梵英辞典》（*A Sanskrit-English Dictionary*），重印版，德里：莫提拉尔・巴纳斯达斯出版社，1979。
- 囊卓堪布（Namdrol, Khenpo）1995，《普巴金刚修习》（*The Practice of Vajrakīlaya*），伊萨卡：雪狮出版社（Snow Lion Publications）。
- 奥普兹（Oppitz, M.）1997，《公牛、阉牛、奶牛和牦牛：喜马拉雅地区对肉的分类》（The bull, the ox, the cow and the yak: Meat division in the Himalaya），收卡尔梅、萨金特编，《"世界屋脊"的居住者》，楠泰尔：民族学会，515-542。

- 兰博（Ramble, C.）2006,《圣王与神君：理论和实践中的西藏君主政体原则》（Sacral kings and divine sovereigns: Principles of Tibetan monarchy in theory and practice），收斯尼思（D. Sneath）编,《心之国：内亚的权力、地域与主体》（*States of Mind: Power, Place and the Subject in Inner Asia*），贝灵汉：西华盛顿大学，129-149。
- 希尔瓦（de Silva, L.）1978,《护卫殿中因陀罗橛的象征意义》（The symbolism of the Indrakīla in the Parittamaṇḍapa），收普利玛帝雷克（L. Prematilleke）、因陀罗波罗（K. Indrapala）、德·立芙（J.E. van Lohuizen de Leeuw）编,《南亚文化研究》（*Studies in South Asian Culture*），莱顿：博睿，卷 7，229-252。

  ——1981,《护卫仪轨：斯里兰卡佛教的和平与昌盛仪轨》（*Paritta: The Buddhist Ceremony for Peace and Prosperity in Sri Lanka*），科伦坡：斯里兰卡国家博物馆。
- 石泰安（Stein, R.A.）1971-1972,《西藏密教的一些表征（叙事与仪轨）》（Quelques représentations du tantrisme tibétain (récits et rituels)）,《法兰西学院年鉴》（*Annuaire du Collège de France*），499-510。

  ——1972,《西藏的文明》（*Tibetan Civilization*），斯坦福，加利福尼亚：斯坦福大学出版社。
- 图齐（Tucci, G.）1955,《吐蕃赞普的神圣特质》（The Sacral Character of the Kings of Ancient Tibet）,《东方与西方》（*East and West*）4，197-205。
- 旺堆（Wangdu, P.）、丁伯格（H. Diemberger）2000,《巴协：关于佛法入藏的王室叙述》（*dBa' bzhed: The Royal Narrative Concerning the Bringing of the Buddha's Doctrine to Tibet*），维也纳：奥地利科学院。

原载于奥娜·艾默吉（Orna Almogi）主编,《藏传佛教文献论文集》（*Contributions to Tibetan Buddhist Literature*），Halle（哈雷）：国际藏学与佛教学研究所（International Institute for Tibetan and Buddhist Studies），2008 年，页 277-314。

十六

宁玛派对誓句与律仪的诠释

久美多杰 著，杨杰 译

一、绪言

公元838年，佛教所遭到的迫害标志着西藏历史上一个巨大的转折点，其分水岭的作用甚至超过过去四十年中发生的事件。它预示着长达一个多世纪的黑暗时代的到来，并在869年彻底终止了强大的雅隆王朝，这一黑暗时代一直持续到953年佛教的复兴。回顾过去，史学家们都认为这一时期明确划分了藏传佛教传播史上的前弘期（snga dar）与后弘期（phyi dar）。[1]追随前弘期传承及教法者被称为宁玛派（rNying ma pa），与之相对的则为新译诸派，亦即萨玛派（gSar ma pa）。然而，宁玛派绒宋·曲吉桑布（Rong zom Chos kyi bzang po）的著作、拉喇嘛益西沃（lHa bla ma Ye shes ’od）的法令以及廓库巴拉孜（’Gos khug pa lHas btsas）和直贡巴增（’Bri gung dPal ’dzin）的猛烈抨击中显而易见的强硬态度，

〔1〕 例如廓译师（’Gos lo tsā ba）著，罗列赫（G. N. Roerich）译，《青史》（*The Blue Annals*），德里（Delhi），1976年，页60及其后。

都准确反映了印度7、8世纪的金刚乘与10、11世纪的金刚乘之间的差别。[1]前弘期所传的文本——著名的摩诃瑜伽（Mahāyoga）、阿努瑜伽（Anuyoga）、阿底瑜伽（Atiyoga）密续即名为“旧译”（snga 'gyur），与之相对则是“后译”（phyi 'gyur）的无上瑜伽续（Anuttara Yogatantra）。作为独立的佛教文献体裁，这些文本无疑在术语、风格、诗律、坛城构造方面存在差别，旧译密续在图像学上似乎多依印度大乘佛教显密传规之早期形态，而新译密续则似乎吸纳了更多的非佛教图像。[2]

对于印度佛教中的这种发展，史学家或将其解释为对印度教在印度复兴的回应，或将其解释为对伊斯兰教之入侵与迫害的回应，实际上，有趣的是印度佛教传统本身认为无上瑜伽续更适合在社会衰败时修习。[3]无论如何，宁玛派哲学与文献的内在证据表明，这种差异的产生绝非一蹴而就，而是渐进式的转变。

从藏人的角度来看，838年的事件成为分水岭的原因显然不是莲花生（Padmasambhava）、无垢友（Vimalamitra）和佛密（Buddhaguhya）的传承已经消失，而是11世纪的藏人肩负着重振佛教的重任，他们所面对的不仅有早期的传承，还有印度新一代的上师——那若巴（Naropa）、迦耶陀罗（Gayadhara）、毕瓦巴（Virūpa）、阿底峡（Atiśa）及其各自的传承。西藏宁玛派的论师有时力求以翻译风格来区别旧译与新译，而不是基于文本内容，他们认为就梵文原本而言，旧译是以意译来阐释，而新译则以直译来阐释。[4]

无可否认，翻译风格的差异的确存在，但从《声明要领二卷》（*sGra 'byor bam gnyis*）来看，抛开内续部这一明显的例外，藏传佛教的名相从吐蕃时期开始就持续经历着修订。[5]同样，这一过程也是渐变的。11世纪的学者绒宋巴似

---

〔1〕久美多杰（G. Dorje），《〈秘密藏续〉及其释论》（*The Guhyagarbha-tantra and its Commentary*），博士论文，伦敦：亚非学院，1987，页14-17，61-72。

〔2〕大卫·斯内尔格罗夫（D. L. Snerllgrove），《印藏佛教》（*Indo-Tibetan Buddhism*），伦敦，1987，页14-17，61-72。

〔3〕大卫·斯内尔格罗夫上揭书，页149-150；敦珠仁波切（bDud 'joms Rin po che），《藏传佛教宁玛派》（*The Nyingma School of Tibetan Buddhism*）。

〔4〕久美多杰，《〈秘密藏续〉及其释论》，页17，注12-13。

〔5〕同上，页28，注55。

乎对新旧两种翻译风格都颇为精通。[1] 反过来，某些新派上师则对许多宁玛派密续的可靠性表示否认，由于布顿没有见到这些密续的梵本，故未将它们收入《甘珠尔》(*bKa' 'gyur*)。然而这些争议往往随着相关梵文写本的最终发现而销声匿迹。[2]

本文不打算进一步阐释产生新旧译划分的印度背景及西藏的论争。该问题理应得到更多的关注，但非本文篇幅所能及。本文主要集中讨论宁玛派密续中誓句（dam tshig，梵文 *samaya*）的概念，以及它与显乘行人所持律仪之间的关系。

二、誓句的定义及其与律仪的差别

斯内尔格罗夫教授在其《印藏佛教》中曾指出过誓句一词的微妙涵义。[3] 藏文 dam tshig 由梵文 samaya 翻译而来，其传统定义有三：[4]

> 一、若能守护（誓句），则得利益，故将其安立为“誓句”。《幻化金刚》(*sGyu 'phrul rdo rje*)[5] 有云：
>
> 于诸圣者密意中　得诸灌顶与加持
>
> 依最胜（dam）道而行持　则能焚毁（tshig）诸违品
>
> 二、若失坏（誓句），则获过失，故而得名，同文云：
>
> 若违正（dam）士之敕令　诅咒祸害自然至
>
> 越正（dam）轨者皆焚毁（tshig）　金刚持亦不能免
>
> 三、共通誓言亦称为（誓句），《慧上菩萨问大善权经》(*Ye shes*

〔1〕敦珠仁波切上揭书，卷 1，第 2 册，页 703-709。

〔2〕例如，久美多杰上揭书，页 69-70。

〔3〕大卫·斯内尔格罗夫上揭书，页 165-166。

〔4〕久美多杰上揭书，第 19 章，页 1190-1191。

〔5〕《宁玛十万续》(*rNying ma rgyud 'bum*)，第 15 卷。

dam pa'i mdo, Jñānottarabodhisattvaparipṛcchāsutrā）有云：

> 胜者大密微妙法　为能受持不失坏
>
> 须依上师所开示　严守所发诸誓言
>
> 是即说名为誓句

通过如是定义，龙青饶绛巴（Klong chen rab 'byams pa）认为守护誓句即“以具足善分之（身语意）三门精进令‘断所应断、证所应证’之誓句不失坏。”[1]誓句与律仪之区别如下：律仪依赖于个人的心理控制，而持守誓句的方式则是令佛身、语、意不失坏。关于律仪的持守，分而成三，亦即：别解脱（prātimokṣa）律仪、菩萨（Bodhisattva）律仪以及持明（vidyādhara）律仪。凡追求个人之寂静、安乐、长寿者，须守八种别解脱律仪。菩萨律仪以道德规范约束自心，其目的有二：一是令行人通过摄集种种善法，现证菩提并获殊胜功德，二是令行人为诸有情行利他事业。持明律仪能生巨大利益，且能令诸烦恼（kleśa）转为本智（jñāna）。与之相较，誓句则是为了护持身、语、意之金刚自性，从而令行人完全投身于利他事业。

三、誓句、律仪与九乘次第见

对于佛教群体——尤其是其中那些追求证量提升的行人而言，誓句与律仪的护持极具重要性，令许多弟子不解的是，他们需要面对日常琐事，而这些曾导致僧团内部早期的分裂。[2]宁玛派传统上将不同层次的佛教经验判为九乘次第，通

〔1〕久美多杰上揭书，第 19 章，页 1191。

〔2〕关于第二次结集，参侯芬格（M. Hofinger），《毗舍离结集的研究》（*Étude sur le Concile de Vaiśālī*），鲁汶（Louvain），1946，以及那体慧（J. Nattier）和普雷维什（C. Prebish），《大众部的起源：部派佛教的开端》（Mahāsāṅghika Origins: The Beginnings of Buddhist Sectarianism），《宗教史》（*History of Religions*），1977，页 237-272。

过研究九乘次第，我们发现，于道上的每个次第，行者所持的见地都需要配合遵守特定的律仪与誓句。

宁玛派内许多专说宗义学的哲学论典都曾讨论过九乘次第的判别[1]，此处所涉及的论述出自大译师达摩师利（Lo chen Dharmaśrī）的《秘密主言教》（*gSang bdag zhal lung*）和敦珠仁波切（bDud 'joms Rin po che）的《教法安立》（*bsTan pa'i rnam bzhag*），二者都依阿努瑜伽的文本《密意总集经》（*sPyi mdo dgongs pa 'dus pa*）而于三显乘与六密乘间作出根本的判别，所谓三显乘即声闻乘（Śrāvakayāna）、缘觉乘（Pratyekabuddhayāna）以及引导集之乘（kun 'byung 'dren pa'i theg pa）——菩萨乘（Bodhisattvayāna），此三乘以因法求证觉；而其后六密乘则持果见，亦即佛性本具且超越时间，经由净除覆盖本觉之垢障即可如实现证佛性。至于六密乘，外三续——事续（Kriyārantra）、行续（Ubhayatantra）、瑜伽续（Yogatantra）名为"禁戒明觉外续乘"（phyi dka' thub rig pa'i rgyud kyi theg pa），而内三续——摩诃瑜伽（Mahāyoga）、阿努瑜伽（Anuyoga）、阿底瑜伽（Atiyoga）则名为"统御方便乘"（dbang bsgyur thabs kyi theg pa）。达摩师利强调，这样的九乘判别本身实为权益安立，因为这种架构实在可以简化，例如摄为小乘与大乘两重，或加以扩展，例如以世间的人乘（Manuṣyayāna）与天乘（Devayāna）为先导。[2]尽管这种陈述模式已陈规化，我们仍需记住，九乘次第应被视为一个唯一的动态系统，因为某种情况下的声闻或缘觉在另一种情况下却可以是菩萨或瑜伽士。

---

〔1〕 卡尔梅（S. G. Karmay），《西藏大圆满传统的起源及其早期发展》（Origin and Early Development of the Tibetan Religious Traditions of the Great Perfection），博士论文，伦敦大学亚非学院，1986，页254-314。

〔2〕 达摩师利，《秘密主言教》，页17-19。

四、因乘的誓句与律仪

声闻乘：行者因轮回痛苦而觉醒，遂通达四谛并希求寂静安乐，由是而入道。就见地而言，该乘能证补特伽罗无我（pudgalanairātmya），但不能证法无我（dharmanairātmya），以其执外境之极微与能取识之刹那在胜义上为实有且能被感知，二者或如毗婆娑部（Vaibhāṣika）所许而为互相关联，或如经部（Sautrāntika）所许而成唯一感知体。就修习而言，声闻由修寂止（śamatha）与胜观（vipaśyanā）而于十六刹那中体证十六行相，其修道首重舍离（spang ba）。为证预流果等，或确切而言——阿罗汉果，声闻行人须依循八别解脱律仪，所持之律仪为数甚多。对于高级的行者，还须遵循十二头陀行（dvadaśadhūtaguṇa），这对衣、食、住都提出了更高的限制。[1]

缘觉乘：该乘行人或为上根，或为中根，或为下根，生不遇阿阇梨，独自于一座间观修、通达缘起（pratītyasamutpāda），且逆证十二缘起，由是而入道。就见地而言，其行人能证补特伽罗与外境极微之无我，但仍执心识刹那为胜义有，故谓其通达"一个半无我"。为现证"具殊胜安乐"之阿罗汉果，他们同样需要护持声闻行人所励力遵循的律仪，因为他们已由寂止、胜观与缘起之融合令禅定能力得以增胜。然而，他们与正等正觉（samyaksambuddha）之差别即在于他们不能以语音向他人说法，唯可依表义标记而行沟通。[2]

菩萨乘：该乘行人力求以大悲（mahākaruṇā）证觉（bodhi），从而为一切有情遣除苦厄，他们依般若（prajñā）、二无我、寂息戏论（prapañca）以成现证。诸菩萨能于大乘宗义背景下通达二谛（dvisatya）。唯识宗许世俗谛（samvṛtisatya）等同于能所二取，胜义谛（paramārthasatya）等同于阿赖耶识（ālayavijñāna），而识之所取境既可独立存在，亦可依识而存在。自续派（Svātantrika）藉因明考察，依因果功用而将世俗分为正世俗和倒世俗，将胜义分为异门胜义与离异门胜

〔1〕敦珠仁波切上揭书，卷1，第1册，页223-227。

〔2〕同上，卷1，第1册，页227-231。

义。依应成派，则通达世俗包含正、倒二种显现，胜义离诸异门。而后，依大中观，菩萨即证知世俗为“实相现相不相融”，亦即空性与功德之显现不相融，而胜义则为“实相与现相相融”。[1]为能任持悲与智，且尽可能获证正等正觉，菩萨须观修三十七菩提分（bodhipakṣadharma）。作为弟子，菩萨须积累福德（即六度），作利他行，经由遮止根本堕、护持发心（bodhicttotpāda）之菩萨律仪，遂离诸恶行。

二转法轮诸经论曾列出十九或二十根本堕（rtsa ltung bcu dgu / nyi shu）：[2]王者有五定罪，即盗三宝物、惩罚具戒比丘、令他人舍弃所学正法、犯五无间罪、持邪见；大臣有五定罪，即破坏村邑城郭国土；凡夫有八定罪，即妄说空、退他菩提、令他人舍别解脱律仪、毁谤或令人毁谤声闻与缘觉乘、自赞毁他、妄说上人法、授取盗自三宝之物、夺禅修者资财给予讽诵者；舍离愿菩提心（smon pa'i sems bskyed）为共通罪。二十根本堕还包括舍离行菩提心（'jug pa'i sems bskyed）。

发菩提心须依六度（pāramitā）或十度，但声闻与缘觉所持之律仪则非强制性。[3]至于三转法轮论典，《集菩萨学论》（*Bodhisattva-saṃvaravimśaka*）提到了四十六恶作（ngan byas zhe drug）[4]，其中违犯摄善法戒之恶作有三十四种，违犯饶益有情戒之恶作有十二种。前者中违犯布施之恶作有七种，违犯持戒之恶作有九种，违犯忍辱之恶作有四种，违犯精进之恶作有三种，违犯静虑之恶作有三种，违犯般若之恶作有八种。后者包含令有情远离共、不共饶益之恶作。

---

〔1〕gnas snang mthun mi mthun。关于宁玛派对诸宗部的抉择，参敦珠仁波切上揭书，卷1，第1册，页156-186。

〔2〕《虚空藏菩萨经》(*Ākāśagarbha-sūtra*)，寂天之《集学论》第四品对此有总结；另参龙青巴《宗轮藏》(*Grub mtha' mdzod*)，页200。

〔3〕例见释迦师利（Śākyaśrī）对娘热（Nyang ral）之子的回答，敦珠仁波切上揭书，卷1，第2册，页758。

〔4〕参塔兹（M. Tatz）译，《月官的〈菩萨戒二十颂〉及其释论》(*Candragomin's Twenty Verses on the Bodhisattva Vow and Its Commentary*)，以及蒋贡工珠（'Jam mgon Kong sprul），《知识总汇》(*Shes bya kun khyab mdzod*)，卷2，页114-117。

五、外续之誓句

在佛教中，密续（tantra）一词不仅包括冠以密续之名的各种文本，还包括支撑这些文本经验的基、道、果三续，此三续即显示所证之实相（gnas lugs）、能证之方便（thabs）以及证悟所得之圆满身（sku）与智（ye shes）。宁玛派和萨玛派之密续文本都由此基、道、果之架构开演而来。[1]

密续文本在很多方面超越显经，尤其是它们可以佛果为道，且能不舍世俗显现并将其转为道用。因此，它们以无量门径、各种方便及其迅捷、大乐等等得成其殊胜。《胜乐本续》中即罗列了密续之十五种优越性。[2]

许多密续的释论都曾提出十个主题，亦即将续义之真实判别为十事（rgyud don gyi dngos po bye brag tu phye nas bcu）。[3] 此十事为：真实为见地（de kho na nyid lta ba）、决定为行持（la dor ba spyod pa）、庄严为坛城（bkod pa dkyil ’khor）、次第行为灌顶（rim par bgrod pa dbang）、不违越为誓句（mi ’da’ ba dam tshig）、游戏为事业（rol pa phrin las）、希求为修证（don du gnyer bas grub pa）、能令得果之奉献为供养（gnas su stobs pa mchod pa）、不动为等持（mi g.yo ba ting nge ’dzin）、念诵为密咒（zlos pa sngags）、结持为手印（’ching ba phyag rgya）。在此架构中，誓句乃一关键要素，能令得灌顶之行人专注于果。

事续：该乘行人由得水灌顶与宝冠灌顶并作清净而入道，彼等视本尊（yi dam）、圣物（dam rdzas）与密咒为清净对境。至于见地，行者以远离戏论（prapañca）与诸边之心性（sems nyid）或本智为胜义，其所许之世俗包含正、倒二分，正者为本尊坛城之显现，倒者为世俗显现。为能于十六生中得三部金刚持（rigs gsum rdo rje ’dzin pa）位，行者作“有相”观，即观自身为誓句尊

〔1〕敦珠仁波切上揭书，卷1，第1册，页263-267，具体例子可参《〈秘密藏续〉及其释论》（*Guhyagarbha-tantra and its Commentary*），页59-61。

〔2〕其罗列与解释见敦珠仁波切上揭书，卷1，第1册，页243-256。

〔3〕参久美多杰上揭书，页114-123，其中所说乃依据米庞嘉措（Mi pham rgya mtsho）之《幻化网秘密藏续总义·光明藏》（*gSang snying spyi don ’od gsal snying po*）。

（samayasattva），并迎请智慧尊（jñānasattva）以赐悉地；复作“无相”观，即交替观修二谛。[1]

如是修习以诸根本誓句（rtsa ba'i dam tshig）作护持：不舍三宝、菩提心、密咒、手印、金刚铃杵、本尊、上师；支分誓句（yan lag gi dam tshig）为：不食肉、蒜、萝卜，不饮酒，不卧高广大床。换言之，事续视本尊与行者如主仆，强调遵循外在之饮食、洁净、衣着、星曜辰宿等等规则。[2]

行续：该乘行人以铃、杵及名词灌顶入道。其律仪与行持皆随顺事续，其修则与瑜伽续相合，唯其更为强调密咒之念诵。其所得之果名为四部金刚持位。[3]

瑜伽续：该乘行人以金刚阿阇梨（vajrācārya）灌顶入道。就见地而言，其所许之胜义谛为内光明（prabhāsvara）、空性（śūnyatā）、离戏论（niṣprapañca）之诸法，世俗谛中，正世俗为金刚界坛城（vajradhātumaṇḍala）之显现，倒世俗为世间显现。为能于三生中现证五部金刚持位，行者以五现证菩提（pañcābhisambodhi）生起誓句尊，并以四神变（cho 'phrul bzhi）迎请智慧尊以求取悉地。[4]誓句尊与智慧尊之融合需以四印（phyag rgya bzhi）作印契——佛身大手印（mahāmudra）令阿赖耶识得成大圆镜智（ādarśajñāna），佛语法手印（dharmamudrā）令第六意识得成妙观察智（pratyavekṣanajñāna），佛意三昧耶印（samayamudrā）令末那识（kliṣṭamanovijñāna）得成平等性智（samatājñāna），事业印令前五识得成成所作智（kṛtyupasthānajñāna）。于无相观修中，无相胜义谛及其显现与加持无二无别。

为护持其观修，行者须依菩萨乘发菩提心，守护与五佛部相属之十四三昧耶，且不与失坏誓句者接触。此十四三昧耶所遮止者为：轻蔑上师，违越善逝语，金刚兄弟起纷争，于有情失慈悲心，退失菩提心，毁谤自他宗之教法，于未成熟之有情宣说密法，轻蔑本为五方佛之五蕴，疑诸自性清净法，于毒常具大慈心，于离名言之法起分别，轻蔑具信心之众生，失坏已得之三昧耶，轻蔑作为智

---

〔1〕敦珠仁波切上揭书，卷1，第1册，页348-352。

〔2〕敦珠仁波切上揭书，卷1，第1册，页350-351。

〔3〕同上，卷1，第1册，页352-353。

〔4〕关于“五现证菩提”与“四神变”，参敦珠仁波切上揭书，卷1，第1册，页353-357。

慧自性之妇女。[1]

经由上来对下六乘之概要，我们可知誓句与律仪之护持与每一次第之见地与修持紧密配合。强调补特伽罗无我之声闻乘需艰苦厉行出离之律仪。缘觉乘能对缘起作微妙之体察，可以较小之精勤护持同样的律仪。菩萨乘建基于智与悲，需持究竟利他之誓句。事续行者需对本尊作清净观，瑜伽续行者需舍离妨碍其与本尊相应之见地，同时远离失坏誓句者以保清净。

六、内续之共通誓句

内续三部在许多方面不同于外续。卓普巴（sGro phug pa）提出五种差别，亦即：内续视心性为大我（bdag nyid chen po，即坛城中央之忿怒尊），且视成就为本具，入道乃依三种至上殊胜灌顶，以善巧方便摄持轮回法，可令行者即生证果。[2]其中，摩诃瑜伽侧重于基，亦即生起次第及仪轨；阿努瑜伽侧重于道，即圆满次第与等持（samādhi）；而阿底瑜伽则侧重于果，亦即大圆满（rdzogs pa chen po，梵文 *mahāsandhi*）与见地。[3]

内续行人所持之共通誓句有随顺事续之五根本誓句，外加十支分誓句：[4]

> 根本誓句犹如树根，若能守护、培植，则成功德之源，若不守护，则不生（功德），故名根本誓句；（根本誓句）之守护方便与助伴即支分誓句。

[1] 参马鸣《根本堕集论》(*Mūlāpattisaṃgraha*)，其引用见莱辛（F. Lessing）和韦曼（A. Wayman)，《克主杰之〈密续部总建立广释〉》(*Mkhas Grub Rje's Fundamentals of the Buddhist Tantras*)，海牙与巴黎，1986，页 328。

[2] 关于该判别，见敦珠仁波切上揭书，卷 1，第 1 册，页 346-348。

[3] 同上，页 358-359。

[4] 久美多杰上揭书，第 19 章，页 1191。

五根本誓句为：不舍无上乘，恭敬上师，不断密咒与手印，于入正道者具慈心，不向他人宣说密意。[1]

所谓第一根本誓句——不舍无上乘，其义如下：就“基”而言，意为一切有情本来即住于三宝（自性），故不应舍；就“道”而言，生圆无二之自性即胜义与世俗菩提心，此二者不应舍离；就“果”而言，无上佛三身（trikāya）、包含显密经教及其证悟之佛语以及修学其法义之僧即为三宝，于此不应舍离。

第二根本誓句——恭敬上师，主要涉及上师的类别及恭敬之法。前者分五：引导行者趣入法门或出家（pravrajyā）之亲教师；解脱行者心识相续之说法阿阇梨；开示口诀（upadeśa）并传发心教授（āgama）之善知识（kalyāṇamitra）；弥补所犯誓句之阿阇梨；授予誓句与灌顶之阿阇梨。此外，还有说法列出第六种上师，其人受众人恭敬，众人能从其获得些许慈悯。[2]

至于恭敬之法，一切上师皆应被视为真实供养对境，故云：[3]

> 自我应视为疾病，法则视为药，于法作实修，则可治愈疾病，而善知识则如通达药性之（药师）。

对于金刚阿阇梨，须以三种方式行恭敬，将其视为第四宝，等同于佛甚或超越于佛。

第三根本誓句——不断密咒与手印分二：密咒为修证各各本尊悉地之方便，依五次第而行念诵。[4]此悉地由四印作印契，亦即思之法手印、言说之三昧耶印、转变之事业印以及本尊身之大手印：[5]

---

〔1〕 该部分对五根本誓句的论述源于《〈秘密藏续〉及其释论》，第 19 章，页 1192-1204。

〔2〕 游戏金刚（Vilāsavajra / Līlāvajra），《三昧耶判别》（*Samayavivyakti*），TTP，vol. 83，147.2.4-149.4.8。

〔3〕 久美多杰上揭书，第 19 章，页 1196。

〔4〕 其列举参见久美多杰上揭书，第 9 章，页 850。其中包括观自成本尊、密咒、念诵及光明之放收。

〔5〕 久美多杰上揭书，第 19 章，页 1197。

（密咒与手印）不断之最上者如水流之相续，中等者住于昼夜之座上不间断，下等者于初八、十五、三十等月与年之（吉祥）时中不间断。

第四根本誓句即于入正道者具慈心，一般而言，有六种兄弟姊妹：一切有情无始以来即自己之同胞，故为共通之兄弟姊妹；一切趣入佛法者为同一教法之兄弟姊妹；见行一致者为和睦之兄弟姊妹；上师相同者为珍重之兄弟姊妹；共同闻法者为亲近之兄弟姊妹；同受灌顶者为亲密无间之兄弟姊妹，是为金刚兄弟姊妹。[1]

第五根本誓句——不向他人宣说密意，意为不可对非器者宣说密咒之见修行果。正如《说誓句随眠》（*Dam tshig phra rgyas bstan pa*, TTP. 4745）所言，甚深见、甚深行、本尊名之总持、成就相为共通四密（spyir gsang rnam pa bzhi）。包括献新（phud）与食子（gtor ma）在内的圣物不可向他人展示。[2]守密之行为亦称为“托付”（gtad pa）。

关于守密对象，同文有云：[3]

失坏违越誓句者

无誓未见坛城者

无论亲疏悉守密

若能守密，则如《智慧威电续》所言：[4]

心中不起说法念　身作一切秘密行

---

〔1〕 久美多杰上揭书，第 19 章，页 1198。

〔2〕 有关此十类圣物之藏文名，见《〈秘密藏续〉及其释论》，第 19 章，页 1201；另见达摩师利译师，《秘密主密意庄严》（*gSang bdag dgongs rgyan*），页 410-420。

〔3〕 游戏金刚，《说誓句随眠》（*Samayānuśayanirdeśa*），第 19 章，页 1202。

〔4〕 引自《〈秘密藏续〉及其释论》，第 19 章，页 1202。

口中纵有金刚舌　语亦不作诸言说

于此五根本誓句中，前三为可令行者成就殊胜功德，故为“成就之誓句”，后二令守护行者远离违背上师心意、违背密咒（之过失），故为“守护之誓句”。

此五根本誓句已含摄于摩诃瑜伽之身语意三根本誓句中。[1]例如，在不舍无上乘、恭敬上师之誓句中，行者需以身作承侍，以语作赞叹，以意作恭敬。而后，在不断手印与密咒之誓句中，行者亦需综合运用身语意，而守密之誓句本身亦由身语意之行作护持。

十支分誓句包括五不舍（spang bar mi bya lnga）与五所取（blang bar bya ba lnga）。前者所指为五烦恼（pañcakleśa），其不舍之因有三，分别与基、道、果相配合。[2]

首先，五烦恼实为佛性之种子，自性本净，无取亦无舍。就胜义而言，彼等悉无自性，纵于世俗上亦无需对彼得作舍离，以其如阳焰故。其次，若以方便受持，则彼等悉成道之助伴。此因行者了知五烦恼之自性本为五智（pañcajñāna），依口诀作修持，遂将其转为捷道。若能正确通达，则彼等可生起佛性之功德，此因行者已将其观为本智。五烦恼并不将有情系缚于恶趣，因行者并不为过失所染。对于同一烦恼对境，声闻与缘觉将其视为所断，菩萨将其视为所行，共通密咒行人将其视为所净，不共密咒行人将其视为所取：[3]

> 譬如，由黄金所成之物，自性本唯一，然若将其作为溺器，则转污秽；若将其作为盆，则成清净；若将其制成钏镯，则成庄严；若将其制成佛像，则成供养之所依。同此，各乘行人虽依诸外缘而对（五烦恼）起不同见解，然五烦恼之自性实为本净之智。是故，于基、道、果法中，烦恼并非所断。

---

〔1〕关于身、语、意之誓句，见下文。

〔2〕该部分对支分誓句的讨论基于《〈秘密藏续〉及其释论》，第 19 章，页 1204-1211。

〔3〕同上，第 19 章，页 1208-1209。

第三，烦恼实为身与智，故不应断：[1]

痴为法界体性智，属如来部，故为毗卢遮那佛之誓句；嗔为大圆镜智，属金刚部，故为不动佛之誓句；慢为平等性智，属宝生部，故为宝生佛之誓句；贪为妙观察智，属莲花部，故为无量光佛之誓句；妒为成所作智，属事业部，故为不空成就佛之誓句。是故，五烦恼于一切有情心中显现时，已成就为身与智，故说不应断除。

至于五所取誓句，即为五甘露（pañcāmṛta）。其应取之因由如下：一、彼等乃本来无取舍之法性之展现；二、彼等为五佛部（pañcakula）之自性，此如《幻化尘》（*sGyu 'phrul thal ba*）所言：

五甘露即五佛肉　大小香并菩提心

三、五甘露为修证悉地之物（sgrub rdzas）；[2] 四、依五甘露与五肉可召集空行，并获取悉地。[3] 五甘露乃禁戒行之助伴，故应取。

此五根本誓句与十支分誓句有三百六十支分，其中有一百六十支出自五根本誓句，其余二百支出自十支分誓句。[4] 另外，此等誓句之支分数量亦不可思议，以其与有情之分别聚（rtog tshogs）等数故。[5]

---

〔1〕《〈秘密藏续〉及其释论》，第 19 章，页 1209-1210，其文基于游戏金刚，《三昧耶判别》。

〔2〕 意即通过加持五甘露从而获取悉地，见上引，页 1210。

〔3〕 五肉（pañcamāṃsa）即人肉、象肉、马肉、狗肉、牛肉（其他传规或包括狮肉、孔雀肉）。见上引，页 1211。

〔4〕 见上引，页 1211-1213，其中依智慧方便（prajñopāya）、身、语、意、功德、事业等将五根本誓句各各复分为三十二支，另外，每一支分誓句复分为二十支，包括智慧方便、五智（pañcajñāna）以及五界（pañcadhātu）。

〔5〕 见上引，页 1213，其中引用了游戏金刚的《三昧耶判别》。

七、摩诃瑜伽之誓句

该乘以十八种灌顶入道，分为“利益灌、能力灌、甚深灌”（phan nus zab dbang）。其中包括以宝冠、念珠、铠甲、宝幢、手印、华盖、宝瓶、饮食、五甘露所行之利益灌、五内能力灌（nang nus pa'i dbang lnga）以及三甚深秘密灌（gsang ba zab mo'i dbang gsum）。[1]就见地而言，行者证悟胜义谛为法尔显现之离戏论觉性（rig pa），世俗谛为此觉性之力用（rig pa'i rtsal）所现之佛身、智坛城，由是现证二谛为空分 / 觉性与现分双运。[2]

为能在生时或中有（bar do，梵文 *antarābhava*）时现证五身（pañcakāya），行者须作法性真如之无相观修，以及二次第之有相观修，后者包括生起次第（utpattikrama）与圆满次第（sampannakrama）。于生起次第中，行者依三等持（ting 'dzin gsum）渐次生起本尊，并观本尊与心念无分别，所谓三等持，即以大空（stong pa chen po）清净死有，以大悲（snying rje chen po）清净中有，以手印与坛城会聚修习（phyag rgya dang tshom bu tshogs sgrub）清净生有，亦即入胎至老年。圆满次第之观修侧重于身内之脉、气、明点（rtsa rlung thig le），或依“自身上门”（rang lus steng sgo），或依“他身下门”（gzhan lus 'og sgo）。[3]

与此等修习与断证相关之摩诃瑜伽誓句有二十八（rnal 'byor chen po'i dam tshig nyi shu rtsa brgyad），[4]此即身语意三根本誓句，以及二十五支分誓句，其中与交合和诛杀（sbyor sgrol）相关者有五，属于所行（spyad par bya ba），贪嗔痴妒慢五毒为不舍（spang par mi bya ba），肉、大小香、红白菩提五甘露为所取（blang bar bya ba），五所知（shes par bya ba）为五蕴、五大、五根与五境、被世俗视为禁忌之五肉及其清净自性之随眠，五所证（sgrub par bya ba）为身、语、意、功德、事业。

〔1〕《〈秘密藏续〉及其释论》，第 10 章，页 865-881。

〔2〕敦珠仁波切上揭书，卷 1，第 1 册，页 359-363。

〔3〕关于摩诃瑜伽之道，见敦珠仁波切上揭书，卷 1，第 1 册，页 278-281。

〔4〕此二十八誓句之列举见于游戏金刚，《三昧耶判别》，页 147-148，以及蒋贡工珠，《知识总汇》，卷 2，页 182-185。

八、阿努瑜伽之誓句

该乘行人由须得源出九乘次第（包括显乘）之三十六根本灌顶与八百三十一支分灌顶，从而入道。

阿努瑜伽之见地视诸法为本来如如坛城（ye ji bzhin pa'i dkyil 'khor），无生觉性为法尔任运坛城（rang bzhin lhun grub kyi dkyil 'khor），二者所生大乐即界智无二之菩提心坛城（byang chub sems kyi dkyil 'khor）。为于一生中现证大乐身（mahāsukhakāya）及其二十五果法，行者须修方便道（thabs lam）与解脱道（grol lam）。前者依自身或与二根双运以修脉、气、明点，后者包括无分别之法性（dharmatā）等持以及本尊之有相等持，其中本尊为顿生，犹如鱼跃出水面。[1]

为护持修习，阿努瑜伽要求行者持《密意总集经》（*mDo dgongs pa 'dus pa*）第六十六品中的九种誓句，此等誓句悉出自九乘次第，若统摄之，则分为“具守护分际之誓句”与“无守护分际之誓句”：[2]

（a）四关键决定誓句（gal mdo nges pa'i dam tshig bzhi），此即清净身、语、意及一切行境。

（b）二十八共通誓句（thun mong gi nyi shu rtsa brgyad），此与摩诃瑜伽誓句相同。

（c）四超胜誓句（lhag pa'i bzhi），此等誓句出自阿底瑜伽，于胜义中，誓句之自性离诸违越，故无守护之分际；以其超越二取，故而平等周遍；一切誓句皆摄集于唯一心性界；誓句不离法性。

（d）二十三禁戒誓句（brtul zhugs kyi nyer gsum），总体而言，此等誓句所护持者为内续道。由于此等誓句皆有形象化描述，故而笔者完整录之如下：

（1）狐（wa）困于网罟，不惜身命，自断一肢而得逃脱，同此，瑜

〔1〕 关于阿努瑜伽，见敦珠仁波切上揭书，卷1，第1册，页284-289，363-369。

〔2〕 关于此九种誓句，悉见于蒋贡工珠，《知识总汇》，卷2，页188-192。

伽士当不惜身命以守护誓句。此乃降服违品、安住于誓句力之方便。

（2）遍知骏马（cang shes）飞速疾驰，须臾间即遍历诸方，同此，般若乃于一切所知之总相与自相皆得无碍之禁戒。

（3）大力骏马（gyi ling）无处不至，同此，以恭敬之身精进于舞蹈、手印、幻轮（’khrul ’khor）之禁戒，摧毁懈怠。

（4）醉象（glang chen）但遇敌者，概不分辨，一律摧毁，同此，由了知轮回涅槃无二，遂摧毁见、行之四敌。[1]

（5）猛虎（stag）心极忿怒，暴躁不安，同此，以证悟实相之勇猛等持之具力禁戒，以及行持之禁戒，为诸凶暴所化行度脱（sgrol ba）与超荐（saṃkrānti）。

（6）大鹏（khyung chen）翱翔于天空，无需费力即可划破长空，无需专注凝视，即能明见一切，同此，以见地通达界智无二，此即无勤作之行持。

（7）熊（dom）无论缘取何物，皆能令其怖畏且撕裂之，同此，对瑜伽之见、行深信不疑，故行诛杀（mngon spyod, *abhicāra*）与交合（sbyor ba）之禁戒。

（8）大海（rgya mtsho）深处之黄金无变易，同此，堪忍甚深秘密义且能实修，遂以不退转之心行坚稳之禁戒。

（9）愚痴哑人（lkug pa gti mug can）不辨取舍，同此，以轮回涅槃无偏私之禅定证无我，此即究竟般若之禁戒。

（10）须弥无动摇（ri rab mi g.yo ba），同此，对上师与法友之恭敬不变，等持不为昏沉掉举所动，此即依止对治之方便禁戒。

（11）广大虚空（nam mkha’）无有取舍，无所不纳，同此，对同辈瑜伽士应包容大度，且具大士之见、行，此即包容轮回涅槃及一切乘之禁戒。

---

〔1〕 lta spyod kyi dgra bzhi。可能此四敌同于四魔（caturmāra），即：天子魔（devaputra）、烦恼魔（kleśa）、死魔（mṛtyupati）以及蕴魔（skandha）。

（12）霹雳（thog）降则无所不摧，同此，瑜伽士以威猛等持无碍而行摧毁一切魔怨之禁戒。

（13）金刚手（lag na rdo rje）能摧毁一切具邪见者，同此，瑜伽士由观修忿怒尊，心无犹疑而行摧毁一切中断障碍之禁戒。

（14）乌鸦（bya rog）同时监视敌者与猎物，同此，依外内誓句而常精进于同时取舍之方便禁戒。

（15）大象（glang chen）涉水，无视险夷，同此，大士之见、行具足信心，取舍无二，不择所化而行四事业之禁戒。

（16）狮子（seng ge）离群索居，同此，舍离见、行不相同之友伴，独居寂静处以行护持见修之禁戒。

（17）鸳鸯（ngang pa）雌雄不离，结伴而行，同此，行者当以悲心置有情于安乐与解脱，其禁戒不离此方便。

（18）犹如幻师（sgyu ma mkhan）所作影相，行者了知蕴界处即胜者之如幻坛城，如是观修并作开示者，即以善巧方便作诱导之禁戒。

（19）猪（phag）无论净秽，悉皆食用，同此，于圣物不作取舍，于平等性中受用即为禁戒。

（20）野狐（ce spyang）乐于无碍而杀害，同此，以见、修、行之大悲度脱邪见分别，且置其心识于无漏（界），此为圆满二资粮之方便禁戒。

（21）电光（glog）能迅速同时遍显一切，同此，由修道即可疾速成就自利与利他，此为精进之禁戒。

（22）秃鹫（bya rgod）回避杀生，以此为戒，同此，具暴行禁戒虽不适宜于他乘，然若依大士之方式而行，则成守护誓句、清净过失之禁戒。

（23）谨慎之国王（rgyal po bag ldan）统御国土，其对眷属之珍重与爱护胜过自身，同此，瑜伽士精进于通达、串习界智无二大乐之方便，统御禁戒之“国土”，证悟诸法与我无异，故为救护众生且令过失自然清净之禁戒。

（e）二十修证誓句（sgrub pa'i nyi shu），其中含摄瑜伽续之十四誓句以及内续之五根本誓句。

（f）四威仪相续誓句（spyod lam rgyun gyi bzhi），此与事续和行续相配，目的在于断除禅定中之昏睡、断酒、以表义语宣说密咒、摧毁懈怠。

（g）摧毁四敌（dgra bzhi gzhom pa），此与菩萨乘相配，所谓四敌，即于见、修、行起造作，对下等见地粗鲁毁谤，失坏根本及支分誓句，以自满及懈怠劫夺果位。

（h）舍离五魔（bdud lnga spang ba），此与声闻乘与缘觉乘相配，所谓五魔即分别、懈怠、散漫、恶语、嗔怒。

（i）最后为见地誓句（lta ba'i dam tshig），由该誓句统摄以上诸誓句。

九、阿底瑜伽之誓句

该乘行人以明觉力灌顶（rig pa'i rtsal dbang）入道，该灌顶分有戏论与离戏论二种。就见地而言，该乘视轮回涅槃一切法本初即于唯一明点（thig le nyag gcig）或法身（dharmakāya）中成正觉，于此正觉中离诸希愿与犹疑而得解脱。为能当下现证任运成就之普贤佛位，须作三部观修，即心部、界部、口诀部（sems klong man ngag sde gsum），其中最后一部包含立断（khregs chod）与顿超（thod rgal）之秘密教授，前者可证法身为“童瓶身”（gzhon nu bum pa'i sku），后者可证“大迁转虹光身”（'ja' lus 'pho ba chen po'i sku）。[1]

其行持与此果位相顺，无有约制，其誓句为：无、平常、唯一、任运。[2]

---

〔1〕关于阿底瑜伽，参敦珠仁波切上揭书，卷 1，第 1 册，页 294-345，369-372。

〔2〕关于阿底瑜伽四誓句之文本参考，见岗瑟（H. V. Guenther），《秘密藏》（*Matrix of Mystery*），波尔多与伦敦，1984，页 238。“无”“平常”二词容易让人联想起它们在世间法（laukikadharma）层面上的含义，但此处的意义与其绝不相同。参敦珠仁波切上揭书，卷 1，第 1 册，页 63-67。

十、三律仪之摄集

由知诸乘之次第相续以及各乘见地与誓句、律仪之配合，宁玛派论师力图为行人摄集并建立起一个统一的架构。此类著作中最有名的或许是阿里班钦（mNga' ris Paṇ chen）之《三律仪决定》（*sDom gsum rnam nges*）。下面的论述是以龙青巴《十方除暗》（*Phyogs bcu mun sel*）第19品为依据，其中指出别解脱律仪、菩萨律仪、密乘律仪所摄集之三学互不相违。

声闻别解脱律仪视四波罗夷法（catuḥparājikadharma，亦作“四他胜”）为必须遮止的根本违越，且主张饮酒等行为为支分禁忌，密咒誓句表面上与此相违，但其实并无矛盾：[1]

犯杀害人命之他胜时，需以四法令其圆满：基（gzhi）或人，不为他者所扰、意欲肆意杀害之嗔恨意乐（bsam pa），以武器等主体（dngos gzhi）令命根破灭，随喜（rjes yi rang ba）。于此（密咒乘）之诛灭法中，（诛灭之对象）观为 hūṃ 字，其体性为无生，此非人与畜生等众生，故基支（gzhi'i yan lag）不圆满；行者之大悲欲令（对象）远离痛苦，并无肆意杀害之意乐，故意乐支（bsam pa'i yan lag）不圆满。无所杀能杀，无命无杀，故主体支（dgnos gzhi'i yan lag）不圆满。结行并无嗔心引发之满足，故结束支（rdzogs pa'i yan lag）不圆满。

同此，犯不与取之他胜时，需有人及其所持有之物为基，然于此（密咒乘）中，已通达自他无二，所取者为如梦自显现之物。（不与取）应具备偷盗之心，然（密咒乘）中，（所取之物）无非为自心之自展自现，故无偷盗心，（不与取）之主体需悦乐（所取物）之全部价值并据为己有，然（密咒乘）之（所取物）如幻如梦无二取，故无悦乐。犯非梵行之他胜时，需以他人之妻等为基，然而于（密咒乘之交合）中，

[1] 久美多杰，《〈秘密藏续〉及其释论》，第19章，页1218-1220。

（瑜伽士与瑜伽母）皆生起为本尊，无须将宝珠头纳入密道，唯将二根观为金刚与莲花，二者之自相并不圆满。其意乐无错乱，虽欲觉受喜乐，然因了知喜乐为三坛城[1]，因此意乐支不圆满，故无过失。

妄说上人法者，为令其他众生之想（'du shes）异转（gzhan du 'gyur ba），需于自己未见本尊时说已见本尊。（然于密咒乘中），心知诸法虚妄不实，但为利益他人，可权行妄说，故无过失。

同此，（密咒行人）虽饮酒，然以（密咒）将其转为甘露，故与不饮酒之说法不相违。

声闻传统中，为了遮止四他胜，行人须出家为僧或尼，不受外境所扰，不起邪观。然依密咒乘，（其所行）与别解脱律仪无违，以诸法已转为本尊之坛城故。

虽然菩萨律仪反对伤害有情之生命，然密咒乘亦不与其相违。显乘之大萨埵（mahāsattva）与密咒乘之瑜伽士皆以大悲和方便做利他行。

瑜伽士依心识之约束与烦恼之净观而摄集所有层次之所学。瑜伽士摄集声闻律仪以约制心识，从而令其本人能脱自身之苦厄：[2]

（以度脱法）行杀生时，并无嗔恨心等恶意，为约束自身有漏行之自相，故亦摄集不杀生之律仪。同此，与其余（别解脱律仪）亦相符合。有漏行之自相已受制约，故其方便行虽似显现为粗暴，然其自性实已摄集声闻律仪。譬如有医者为发烧病人施加凉药，虽有人反对，然其治疗之利益迅速现前，故二者看似相违，实际无违。同此，道上方便看似相违，然其实与断除自相续之烦恼并成就善法者完全相符。

---

〔1〕藏文：dkyil 'khor gsum，亦即佛父坛城、佛母坛城及其双运坛城。

〔2〕久美多杰上揭书，第 19 章，页 1221-1222。

菩萨律仪之摄集方式如下：[1]

无论所行何事，肆意而为之凡庸烦恼悉受约制，故有约制之戒。依此，道上功德日益增上，故有摄集善法之戒。彼方便可利济并摄受他人，故有利益有情之戒。

利益与过失

凡成功守护其誓句者，必能成就其一切暂时与究竟之所愿，此如《三誓句庄严》(*Dam tshig gsum bkod*) 所说：[2]

凡持密咒誓句者　一切希愿皆成就
本尊恒常作护持　胜者大圣及佛子
皆视其人为己子　等持功德无穷数
成就最上普贤位

相反，则行者将退失善法，且自然令他人受过失之牵连，同文云：

行者如若违誓句　一切善妙悉毁败
种种不悦定尝受　俱胝阿僧祇劫中
恒受地火焚烧苦

誓句之弥补

关于已坏誓句之弥补与修正，龙青巴有云：[3]

---

〔1〕久美多杰上揭书，页 1222。

〔2〕同上，页 1213-1214。

〔3〕同上，页 1215-1216。

依声闻，誓句失坏后，若不生覆藏心，失坏七次亦可补救，若生覆藏心，失坏一次亦不能补，犹如破碎之陶罐。菩萨（之戒）犹如大宝器（rin po che'i snod），依止善知识即可补其所坏，犹如铁匠（mgar ba mkhas pa）能造出优于之前宝器之器。密咒乘中（所坏誓句）犹如损坏之大宝器，依自力即可修补，无需铁匠，依自力即可补正其所坏。

因此，虽说声闻认为无法修补所坏律仪，密咒乘却明显有修补所违誓句之方便。行者若能极力以自己之身语意配合佛身语意之无上誓句，从而作酬补与忏悔，则可令所失还净。《智慧威电续》有云：

所持誓句失坏时　若知承悦怙尊义
失坏转成酬补处　若讥上师与兄弟
尽此一生承悦之　猛力发露作忏悔
此即最上酬补法　上师兄弟或自己
逝于酬补圆满前　则超酬补之范限
语之誓句若失坏　则观自成金刚法
所失誓句诵万遍　意之誓句若失坏
自成金刚萨埵尊　三年之中默不语
尽己之力修禅定　支分誓句若失坏
则依各自本尊部　令所失坏得酬补

十一、结语

阿里班钦之《三律仪决定》可为进一步研究誓句与律仪之摄集提供参考，该论是今天仍在延续的宁玛派寺院传统中最实用的指导手册，这一传统还保持着邬金敏珠林寺（O rgyan sMin grol gling）及其分寺中的“下部西藏戒律传承”。

本文总体以九乘次第为背景，对誓句与见地以及誓句与律仪之间关系的一些方面作了初步的探讨。其中特别明确了摩诃瑜伽的交合与诛杀（sbyor sgrol）修习根本上与别解脱律仪和菩萨律仪相顺符。在敦珠仁波切的《宁玛派教法史》（*rNying ma'i chos 'byung*）第五品中，对诛杀修习的公众反映时时表露出焦虑感，有鉴于此，笔者想指出，龙青巴的清晰阐释可以打消这些疑虑与不安。毋庸置疑的是，虽然令行者修习这些仪轨的成就法（sādhana）和口诀须对非器者保密，但通过公开从理论立场上澄清这些修习的通论，确可扫除诸多误解。事实上，正如第五品中教传（bka' ma）上师之传记所示，这样的成就法及修法之堪能实为无数载或无数生精勤修习之果，其根基恒时植于大悲，且为世间之希有。只有极少数修行者掌握其法，而他们在九乘次第上所获成就已超越笔者这样鄙陋的世间有情之行境，我等仅凭一己之分别，纵对菩萨之初地亦不能窥得一斑。

原载于斯科鲁普斯基（T. Skorupski）主编，《佛教论坛》（*The Buddhist Forum*），伦敦：亚非学院（SOAS），1991年，卷2，页60-79。

十七

说如来藏法异门

谈锡永

顶礼妙吉祥童子

三界中现孺童相　持般若莲挥智剑
本住无色妙法身　现为诸色具吉祥

前　言

于正分中说如来藏法门已，今于后论说如来藏法异门。此即如前引吕澂之所言——

> 如来藏义非《楞伽》独倡，自佛说法以来，无处不说，无经不载，但以异门立说，所谓空、无生、无二，以及无自性相，如是等名，与

如来藏义原无差别。[1]

所以《入楞伽经》说八识、五法、三自性、二无我，实即说如来藏。吕澂说言——

八识归于无生；五法极至无二；三性归于无性；二空归于空性，是皆以异门说如来藏也。

昔年支那内学院诸大德，虽研究唯识今学，其实亦通达瑜伽行与中观，故始能为此达者之言，不若今时，唯识学人可公然说如来藏为错见、不成体系。稍为客气，则说言——

如来藏的学说只能视作大乘空有两宗思想发展过程中，为解释佛性存在问题出现的探索时期的思想，而如来藏学说后来亦消融于瑜伽行派的学说中。[2]

倘若说话到此为止，虽所言非实，但对如来藏尚可算宽容，然而他笔锋一转，却说——

此外，就思想的渊源说，大乘空有二宗均植根于阿含圣典，如来藏学说中的自性清净心观念却非渊源于原始佛教。

此弦外之音，即是说如来藏非佛说，一切如来藏经典都变成只是佛性存在问题之探索。将系列经典说为探索，那就比不了义经还不如。这种态度，恰与吕

〔1〕 吕澂，《入楞伽经讲记》，收《吕澂佛学论著选集》卷二，济南：齐鲁书社，1991 年，页 126。（下同）

〔2〕 王联章，《重印〈唯识方隅〉序》，收《唯识方隅》，香港：佛教志莲图书馆、罗时宪弘法基金，1998 年，页 5。

瀓相反。

为去除对如来藏之此等愚迷与误解，故须略明如来藏法异门，令读者知其究竟。

于种种法异门中，妙吉祥（Mañjuśrī）菩萨之“不二法门”（advayadharmamukha）尤为重要。通途以不二法门说深般若波罗蜜多，未以之说如来藏，此源不二法门由菩提心立论，学人唯以胜义菩提心为般若，而不知二菩提心双运、不一不异始为不二法门，而此亦正为法身与法身功德双运境界，说名为如来藏。

故于说如来藏法异门时，对不二法门实应别说，以示郑重。

为此本篇分为二分。初，明诸宗部见，由此令知其为如来藏法异门；次，明“妙吉祥”此真实名，令知不二法门真实义，与如来藏学说不一不异。

一、诸宗部见

佛所说法，可大分为二：一者小乘（Hīnayāna），二者大乘（Mahāyāna）。

然于大乘，又说为中观（Madhyamaka）与瑜伽行（Yogācāra）。

然而此二非唯于说大乘法时始说，于说小乘法时，其所说之中道、其所教之观修，亦可说为中观与瑜伽行。盖小乘教法与大乘教法之差别，唯在于小乘未建立菩提心（bodhicitta），大乘教法则以菩提心为基础，是故大乘之现证即名为“现证菩提”。

然现证菩提者，亦即如来藏果。行者以中观为抉择，修瑜伽行，复以中道为决定，即可证如来藏果。小乘未说菩提心，故亦未说如来藏。但其见修行，仍可说为中观与瑜伽行。此由《瑜伽师地论》（*Yogācārabhūmi*）亦说“声闻地”（Śravakabhūmi）瑜伽即可知。至于中观，则小乘亦何尝不施设中道。

但其实释迦于为小乘行人说法时，于中观与瑜伽行外，所说实亦随顺如来藏，唯未详演其义，未立此法门名相而已。未能详演，则正以未建立二种菩提心故。若不于名相中求，但依所说义理以读《阿含》诸经，则当得胜解，知释迦所说实已隐含如来藏义理，是即所谓“密意”。

此如《杂阿含经》第二十，第556至559经中所言——

> 佛告诸比丘尼：若无相心三昧，不勇、不没，解脱已住，住已解脱，此无相心三昧，智果、智功德。[1]

此中所谓“智果”，即是“法身”；所谓“智功德”，即是“法身功德”。米庞于广说如来藏时，已明法身与法身功德双运即如来藏，故知释迦于小乘教法中未尝不说如来藏义理。由此亦知，其施设“不勇不没”“解脱已住，住已解脱”，即为中道，其所行道（观修“无相心三昧”）即瑜伽行。

由经义，知释迦于此实已依如来藏义以教小乘行人，唯施设道名言不同而已，此即是所谓“法异门”。

可更引一例，以明释迦于小乘经教中已说“佛法身周遍”。此见于《增一阿含经》第三十三《等法品第三十九》——

> 是时世尊告诸比丘，彼云何名为“七神〔心〕识住处”？
>
> 所谓众生若干种身想，所谓人及天也。
>
> 又复众生若干种身而有一想，所谓梵迦夷天也。
>
> 又复众生一身若干想，所谓光音天也。
>
> 又复众生一身一想，所谓遍净天也。
>
> 又复众生无量空，空处天也。
>
> 又复众生无量识，识处天也。
>
> 又复众生无有处，无有处天也。
>
> 是谓比丘七识住处。我今已说七识处，诸佛世尊所可施行接度人民。[2]

〔1〕依求那跋陀那译，《大正藏》第2册，no. 99，页145。

〔2〕依瞿昙僧伽提婆译，《大正藏》第1册，no. 125，页730。

此处释迦以人天为范限，施设比丘住心识观修之七处所，由多种身以至一身；由多种想以至一想；由无量空、无量识以至无所有，是依人类概念（想）施设超越吾人情器世间之种种情器世间，此实说法身周遍，于佛内自证境界中有无量无边非吾人可以思议之识境自显现。若依米庞于前所说，此即所谓由果立因相依理，由种种世间为果，可以成立如来藏为因。复由法性理，可以立法身周遍一切界。故知此处，释迦实亦说如来藏，但以七种心识住处为说而已。

于小乘经教中既已由法异门说如来藏，故大乘经教中当然更无处不说如来藏，但以真如、空性、实相、菩提心等法异门作说。

大乘教法可分为二大系，即瑜伽行与中观。若将中观更分为二：一者由缘起以说空性者，为小中观（外中观）；一者由离缘起以现证“现空”者，为大中观（内中观），故说如来藏之法异门，即为说无体性之小中观，大中观则正说如来藏与不二法门。

弥勒瑜伽行派为弥勒所说教法，其教可分三科：以法相为基、以唯识为道、以如来藏为果。此如《摄大乘论》云——

如虚空无染　是无分别智
解脱一切障　得成办相应

如虚空无染　是无分别智
常行于世间　非世法所染[1]

前颂谓由证根本智，解脱一切障，是即如来藏离客尘所障义；后颂谓无间而起后得智，虽周遍一切世间而智境不为世间识境污染。此说当然亦即说如来藏。二颂所言，分别为智果、智功德。

由是《大乘经庄严论》云——

〔1〕 依玄奘译《摄大乘论释》引。《大正藏》第31册，no. 1597，页365。

一切无别故　得如清净故
故说诸众生　名为如来藏[1]

此颂与米庞据之以释如来藏理之《宝性论》颂同义，颂云——

佛法身周遍　真如无差别
具佛性有情　说有如来藏[2]

读者可将此二颂加以比较而了知，由是可见瑜伽行之所行，即观修如来藏果，于现证智果智功德时，是名究竟转依。颂云——

转依究竟净　成就一切种
住此所作事　但为利群生[3]

是即谓由转依（āśrayaparivṛtti）现证一切种智（sarvākārajñatā），复住于智境中成办大悲事业等功德。此亦即如来藏法门所言，谓法身中有识境随缘自显现。

故若宗瑜伽行教法而诽拨如来藏者，无非依一己之误解而诽拨，所拨者实为外加，非如来藏本义。其诽拨亦完全违反弥勒教法。

至于由陈那（Dignāga）建立之“唯识今学”，实亦未否定如来藏。唯识今学与弥勒瑜伽行之差别，唯在于陈那用唯识统摄瑜伽行义理。如是统摄，实为方便建立佛家之因明。因明立量须有学理支持（西藏因明称为“心学”），此学理又须为能被人易于接受之哲学思维，由是陈那只能将法相与如来藏两科都归入唯识，将法相说为唯识之事相，如来藏说为唯识之佛果。由是即易于依唯识学说立量，用以否定

〔1〕依波罗颇蜜多罗译，《大正藏》第31册，no. 1604，页604。此颂梵文：sarveṣāmaviśiṣṭāpi tathatā śuddhimāgatā / tathāgatatvaṃ tasmācca tadgarbhāḥ sarvadehinaḥ //

〔2〕依拙《宝性论梵本新译》。梵文：saṃbuddhakāya-spharaṇṇāt tathatā vyatibhedataḥ / gotrataś ca sadā sarve buddha-garbhāḥ śarīriṇaḥ //

〔3〕依波罗颇蜜多罗译，页626。此颂梵文：sarvākārajñatāṃ caiva labhate ’nuttaraṃ padaṃ / yatrasthaḥ sarvasatvānāṃ hitāya pratipadyate //

印度教不依心识作用（心与心所）而建立大梵为现量、建立声为非所作性。

陈那于《入瑜伽论》（*Yogāvatāra*）云——

既闻广论又确解　胜义真如、具净信〔1〕

此所谓“胜义真如”实可解说为如来藏。因颂文续云——

所取、能取、二、非二　所谓自我、及他身

涅槃、生死众分别　毕竟捐弃、意等至〔2〕

依此观修瑜伽行，其所得决定即为——

一切行相极美妙　离初终分、无分别

如同无垢光照耀　定破黑暗，等虚空

唯自显现内体性　观见自心本无生〔3〕

此中所谓“一切行相极美妙”，即说一切法随缘任运而得圆成。以此为法身功德，故无分别而离初中后际（可参见米庞之所说）；此一切法“唯自显现内体性”，是即同如来藏法门所说，“唯心所自见”（可参考《入楞伽经》）；“观见自

〔1〕依韩镜清译，《慈氏学九种译著》，香港：中国佛教文化研究所，1998年。下引同。韩氏译文，所据为藏译本。读者可比较梵文原颂：śrutvā śāstramudāraṃ niścitya pāramārthikaṃ tattvam / mṛdvāsanopaviṣṭaḥ saśraddho yogamārabhed //

〔2〕此二颂之梵文原文：grāhyagrāhakamubhayaṃ nobhayamahameva nirvṛtirmagna iti / bahuvidhavikalpajālaṃ pravijñāya manaḥsamāpattiḥ // jñeyaṃ vilokya sakalaṃ mā yogameva nirbhāsam / pravivācye dehe yat tattathatājñānavajreṇa //

〔3〕此三颂之梵文原文：sarvākāravivarjitamādyantavibhāgarahitamavikalpam / nimarlasahasrad-dhitinirbhinnameti sarvaṃ gaganamiva // svākāramātraśeṣaṃ paśyati cittaṃ svamādyanutpannam / yenāpi paśyatdaṃ tadapi tathaivāvalokayati // so'nupalambho'cittaṃ tathatājñānaṃ tatkoṭiñca / evaṃ tamaso'bhyāsāt prajñāveditanirodhamāpnoti //

心本无生”，即为行者之决定，等同“二种清净”（可参考《宝性论》[1]）。

故知陈那虽未说如来藏，但其所说之瑜伽行实即等同如来藏观修，无违瑜伽行古学。以此之故，当年支那内学院学者始能许可如来藏，认为无经不说此法门，唯有时则依法异门而说。现今有唯识学者极力诽拨如来藏，彼实未识陈那教法。

中观宗之小中观，落于缘起以说空性，是即堕于识边，所以可不说如来藏。

通途的说法为“缘生性空”，且取龙树之言而遗其义，故彼等但谓：既然从缘而生，当然即无自性。因彼但以“因缘和合”或“相观待”以解“缘生”，不知龙树说四重缘起；又不知对“因缘和合”及“相观待”不能机械理解，是故彼等说空最粗。

举例而言：两个氢原子与一个氧原子结合而成水，若言，由于水为氢氧原子和合，是故无水“自”性，此说法一定不足以说服化学家。

此如《入楞伽经》(*Laṅkāvatāra-sūtra*) 云——

大慧，云何相对空（itaretara-śūnyatā）？此谓一法于此无有，人即谓于彼亦空。譬如大慧，于鹿母讲堂中无有象、牛、羊等，对诸比丘众，我可说讲堂非无比丘，堂之空仅无彼〔象牛羊〕等而已。

更者，大慧，此非谓讲堂无讲堂性相，比丘无比丘种性，亦非谓余处无象、牛、羊。

大慧，于此处，人于自相共相中见一切法，然而相对而言，此法或不见于此地，由是即说为“相对空”。

……相对空最下，汝须远离。[2]

---

〔1〕拙译《宝性论梵本新译》，正分第二品，说“清净”有二：一、本性清净；二、离垢清净。

〔2〕拙《入楞伽经梵本新译》，页 74。此段梵文：itaretaraśūnyatā punarmahāmate katamā yaduta yadyatra nāsti tattena śūnyamityucyate / tadyathā mahāmate śṛgālamātuḥ prāsāde hastigavaiḍakādyā na santi / aśūnyaṃ ca bhikṣubhiriti bhāṣitaṃ mayā / sa ca taiḥ śūnya ityucyate / na ca punarmahāmate prāsādaḥ prāsādabhāvato nāsti bhikṣavaśca bhikṣubhāvato na santi / na ca te'nyatra hastigavaiḍakādyā bhāvā nāvatiṣṭhante / idaṃ mahāmate svasāmānyalakṣaṇaṃ sarvadharmāṇām / itaretaraṃ tu na saṃvidyate / tenocyate itaretaraśūnyateti / eṣā mahāmate saptavidhā śūnyatā / eṣā ca mahāmate itaretaraśūnyatā sarvajaghanyā / sā ca tvayā parivarjayitavyā //

将“此法不见于此地”即说为空，实不应理。水不见于氢原子，亦不见于氧原子，若因此即说水自性空，恰如鹿母讲堂中不见象牛羊、比丘众中亦不见象牛羊，即谓象牛羊空。

是故落于此边际以说空，释迦谓“须远离”。持此空见者，当不能信解如来藏。

龙树说“缘生性空”，由“缘生”说之为“有”，复超越此重缘起而说之为“无生”，由无生而说之为“空”，此详见于《七十空性论》(*Śūnyatāsaptati*)[1]，今不更赘。

故若依龙树法义，则由“缘生”可说水为“有”。然而当超越氢氧原子和合而说水时，此水之显现实依心识变现，由相依义，即可说由氢氧原子和合而成之水为“无生”，是故自性空。若非无生、自性不空，天人与人及饿鬼当皆见其为水，不应天人见之为甘露、饿鬼见之为脓血。然而此义仍未究竟，依《七十空性论》，此重相依又须远离，于此不赘。

由是故知，彼但说“缘生”而随即认为“性空”者实不解龙树所说。

小中观以应成派所说最为究竟。宗喀巴大士（Tsong kha pa）在《缘起理赞》(*Sangs rgyas bcom ldan 'das la zab mo rten cing 'grel bar 'byung ba gsung ba'i sgo nas bstod pa legs pa bshad pa'i snying po*）中说——

非缘起物犹如空花　故无无缘存在之物[2]

此即成立“缘生”，而且以缘生为有（非如空花）。至于如何现证“缘起物”（缘起有）为“无自性”，则须先决定所“无”者为何等“自性”。宗喀巴说——

〔1〕可参阅拙《七十空性论》，收《四重缘起深般若》附录。

〔2〕依多识·洛桑图丹琼排译，《佛理精华缘起理赞》，收《宗喀巴大师佛学名著译解》，兰州：甘肃民族出版社，2002年。此论尚有郭和兴的汉译，及 Geshes Wangyal 的英译 *The Door of Liberation,* Boston: Wisdom Publications, 1995, pp. 124-134。

自性绝对不依作用　缘起相对作用形成

故所“无”者，即为“绝对不依作用”此自性。此须由观修始能决定，并不是一说“缘生”立刻便“无自性”，而且此重观修，须由相对缘起作抉择，然后才可以决定一切法无“绝对”且“不依作用”的自性。

应成派这见地实可以说为如来藏见，但对于如来藏，持应成见的格鲁派学人却十分犹豫，他们认为，若说有情心识中无如来藏，即无成佛之因；但若说如来藏与佛自性身相同，且有情之心识相续中早已具有，则有情应早已成佛。所以他们只能有条件地承认“一切有情具如来藏”，先决条件是：如来藏非即佛自性身。〔1〕

比较起来，中观应成见实较落于粗空者为深细，所以宗喀巴于《缘起理赞》批评他们说，将有条理的缘起，弄得像马兰花草那般零乱。

中观应成派以二转法轮经为了义。二转法轮说般若波罗蜜多，亦即说智悲双运，是即等如说如来藏，其所谓“智”，即说如来法身（佛内自证智境）；其所谓“悲”，即说如来法身功德（佛内自证趣境），二者双运，即如来藏。应成派偏重于法身功德所自显现之趣境，故说之为空，然而却深知趣境之缘生理，亦深知对此理之观修与现证，故于小中观宗部中最为究竟。

大中观宗以如来藏为根本，故于古代，亦名为“极无所住宗”。何以极无所住？因其见地以超越识境为究竟，故于识境中极无所住。

然而极无所住亦非虚无，以如来藏实即如来法身与法身功德之双运，既重视功德，即不能说为虚无，以如来法身功德能成就一切识境故，是即成就一切世俗。

因此，极无所住非否定一切识境，仅不住于识境而已。落于识境则必有二取，由二取而成名言，人即生活于名言概念之中。若将识境视为法身功德，是即知一切识境皆为自显现之明相，譬如镜影、譬如电视荧光幕上影像，即知此等境界其实皆不可住。

---

〔1〕 详见拙译《密续部总建立广释》(*rGyud sde spyi'i rnam par gzhag pa rgyas par brjod*)，香港：密乘出版社，1996 年。

然则此宗以何者为究竟归依处？是即为法身与法身功德双运之如来藏。此如见日轮，必同时见日光，若以日轮喻法身，日光喻法身功德，即知唯此大日与日光之双运，始堪成究竟归依处。彼喋喋不休说日轮为空性者，实已分离日光而说日轮。

故《宝性论》颂云——

佛身不动无漏处　如梵王现诸化身
佛智如日放光明　佛意清净摩尼宝〔1〕

此颂即着重于说法身及法身功德双运，是即大中观的中道。

上来仅抉择诸宗部与如来藏之关联，非细说其宗见。由上来所说，即知如来藏思想实含容诸宗部见地而非相违，故可以说，诸宗部见诸如空性、无自性、无体性、缘生、无二、无生等，无非皆为如来藏之法异门。

二、不二法门

甲　“妙吉祥”真实名

妙吉祥菩萨所演“不二法门”，于其系列经典中未说如来藏，仅标榜菩提心，然说菩提心，实即说如来藏，此由“妙吉祥”之真实名即可知。

《圣妙吉祥真实名经》(*Mañjuśrīnāmasaṃgīti*)说如何转识成智，且所说为“转依”之究竟，此乃依瑜伽行而说。其所以称为“妙吉祥真实名”，实即说“妙吉祥”此名究竟真实，其真实，归结于菩提心，即如来藏。关于这点，于下文将有专论。

“妙吉祥”的梵文为 Mañjuśrī（故音译为文殊师利）。此中 Mañju，本意为

〔1〕拙《宝性论梵本新译》正分第四品，颂 87。梵文：anāsravād brahmavad acyutaḥ padād anekadhā darśanam eti nirmitaiḥ / sakārkavaj jñānavinihṣṛta-dyutir viśuddha-cintā maṇi-ratna-mānasaḥ //

完美，是说佛内自证智境。以身智界三无分别，故亦即说法身、法界，非唯说法智。此皆不可思议，若仅释之为完美，犹落于心识范限，故前代译师乃译之为“妙”，未知是否有取义于“妙不可言”之意。

至于 śrī，诸经有种种译文，如“妙相”“瑞相”“福德”“功德”等，最为后人接受的译文则为“吉祥”。此字若写为 śri，则有依赖、寄托之意，故知所谓吉祥，实指依于法身而成自显现的识境，以其能于相碍中随缘自显现，是为“任运”与“圆成”，故可说之为吉祥。

由是知“妙吉祥”此名之究竟真实义（妙吉祥真实名），实说法身与法身功德之双运，是即殊胜菩提心双运（不同一般之说空有双运），此即等同如来藏义理。

由是可说，“妙吉祥”之真实名即如来藏。于《圣妙吉祥真实名经》中，有颂说言——

过去佛已说　未来佛当说
现在佛今说　三世皆如是〔1〕

此即同于《入楞伽经》，说佛内自证智境及内自证趣境，为过去诸佛所说，故释迦今亦当说。释尊则答云：“未来际亦当如是”，是亦再三宣说〔2〕。故知“妙吉祥”真实名义即《入楞伽经》所宣之如来藏，故始为三世佛之所宣。

况且，《真实名经》中复有颂云——

宣扬最胜名　深广寂静义

---

〔1〕 此处引颂依沙啰巴《佛说文殊菩萨最胜真实名义经》，《大正藏》第 20 册，no. 1189，页 820。梵文：yāttair bhāṣitā buddhair bhāṣiṣyante hy anāgatāḥ / pratyutpannāś ca saṃbuddhā yāṃ bhāṣante punaḥ punaḥ // 比较藏译：’das pa’i sangs rgyas rnams kyis gsungs / ma ’ongs rnams kyang gsung ’gyur la / da ltar byung ba’i rdzogs sangs rgyas / yang dang yang du gsung ba gang //

〔2〕 参拙《入楞伽经梵本新译》第一《罗婆那王劝请品》颂 8 及颂 21。

大法无等伦　初中后皆善[1]

此中“深广”，当指法身功德；“寂静”当指法身。是知宣扬“妙吉祥”此最胜名，除殊胜菩提心双运或如来藏义理外更无他义。能通达此义，始能了知何以经中说妙吉祥体性为“大贪”“大嗔”“大痴”等。

于第42颂，复云——

大毗卢遮那　大寂默牟尼
从大密咒生　大秘密理性[2]

此颂译师限于字数，未能充分译出颂义，其余三种异译亦有同样的缺点。不妨译作长行以资比较。

大毗卢遮那佛〔大遍照佛〕
〔具〕大寂默之牟尼〔能仁〕
自大密咒义理中出现
所以具大密咒义理之自性

此中大毗卢遮那佛是报身佛，喻为“大日”，以施设其为能遍照一切界故。他是具大寂默的能仁，亦即具法身智的色身佛。他由“大密咒理”中出现，所以具“大密咒理”之自性。所谓“大密咒理”即指如来藏。此义可见于大毗卢遮那佛诸经及仪轨。此如《大毗卢遮那成佛神变加持经》云——

〔1〕 梵文：gambhīrārthām udārārthāṃ mahārthām asamāṃ śivāṃ / ādimadhyāntakalyānīṃ nāmasaṃtītim uttamāṃ // 比较藏译：mtshan ni yang dag brjod pa’i mchog / don zab don ni rgya che zhin / don chen mtshungs med rab zhi ba / thog ma bar dang mthar dge ba //

〔2〕 梵文：mahāvairocano buddho mahāmaun mahāmuniḥ / mahāmantranayodbhūto mahāmantranayātmakaḥ // 藏译：sangs rgyas rnam par snang mdzad che / thub pa chen po thub chen ldan / gsang sngags tshul chen las byung ba / gsang sngags tshul chen bdag nyid can //

我成最正觉　究竟如虚空
凡愚所不知　邪妄执境界
时方相貌等　乐欲无明覆
度脱彼等故　随顺方便说
而实无时方　无作无造者
彼一切诸法　唯住于实相[1]

此即“乐空无二”大密咒理。所谓“究竟如虚空”，离时方、相貌、乐欲、无明，即是“大寂默”；一切诸法“唯住于实相”，即是识境于智境中自显现（《入楞伽经》说之为“唯心所自见”，此不同于“唯识无境”及“一切唯心造”[2]）。由是即知此大密咒理即如来藏理。若于此仍未了知，则可更参照其另颂——

我觉本不生　出过言语道
诸过自解脱　远离于因缘
知空等虚空　如实相智生
已离一切暗　第一实无垢
诸趣唯想名　佛相亦复然[3]

颂文前四句，即说佛内自证智境不可思议，离于言说、离于因缘；其“知空”（证空），为证知空性与虚空等同。然而虚空并非更无一物，彼亦受云雾烟霞所障，此喻本初清净心亦为客尘所染，然觉者则由于生起“如实相智”故离一切暗（障碍）、一切垢（杂染）。此等障即为情器世间的“诸趣”。然而不特诸

〔1〕善无畏及一行译。《大正藏》第18册，no. 848，页4。《大毗卢遮那成佛神变加持经》的梵本已佚，可参 Stephen Hodge 校勘此密续的汉藏译本而整理出的英译 *The Mahā-Vairocana-Abhisaṃbodhi Tantra with Buddhaguhya's Commentary*, London: Rouledge Curzon, 2003。

〔2〕“唯识无境”落相依缘起；“一切唯心造”落相对缘起；“唯心所自见”则落相碍缘起。详见拙《如来藏论集》，台北：全佛出版社，2006年。

〔3〕善无畏及一行译，页9中。

趣为假名（由概念施设的名言，故又名为“想名”），即佛相亦为假施设，此即于智境中有轮回涅槃界平等自显现。

由此解说，即当了知此正是如来藏的义理。回到前文说“妙吉祥真实名”，即可了知其“深广寂静义”，即周遍一切界、不可思议的如来藏境界（如来藏智）。由是故可以说，妙吉祥“不二法门”与如来藏，非唯法异门，实即用菩提心以说“不二”，其密意即如来藏，故菩提心亦为法异门。

乙　菩提心

关于“菩提心”（bodhicitta），可略说如下。

藏密宁玛派所传“大圆满”法，为如来藏之修习，此从未有异说，由所传诸论典即可了知。然而此法门由印度传来之初，实无“大圆满”之名，唯名之为菩提心。

莲花生大士入藏传法，以所传缺大圆满法续，因遣弟子毗卢遮那（Vairocana，即遍照护）赴印度求法。由一空行母指引，得见吉祥狮子（Śrīsiṃha）。毗卢遮那向之求法，吉祥狮子感到为难，因当时王法规定，秘密法续不得传与外人。后来想出一个办法，白天，毗卢遮那向其他大师学“缘起法”（此即仍以识觉、识境为根本之经论，如唯识及小中观），晚上则于吉祥狮子处得秘密教授。及毗卢遮那学成回西藏，即将十八本（一说五本）大圆满续，蘸羊奶写于一卷白丝之上，偷带回西藏。回藏后，他译出前五续，于晚间教授国王。[1]

这五部密续的名称是——

《菩提心·觉性杜鹃》（*Byang chub sems rig pa khu byug*）

《菩提心·修习》（*Byang chub sems bsgom pa*）

《菩提心·大力震动》（*Byang chub sems rtsal chen sprugs pa*）

《菩提心·金翅鸟》（*Byang chub sems khyung chen*）

《菩提心·不落幢》（*Byang chub sems mi nub pa'i rgyal mtshan*）

这五部密续都以“菩提心”（byang chub sems）作为标题，未见“大圆满”

---

〔1〕毗卢遮那事，可参考 Namkhai Norbu, Kennard Lipman and Barrie Simmons, trans., *Primordial Experience: An Introduction to rDzogs-chen Meditation*, Boston: Shambhala, 1987。

（rdzogs pa chen po）之名。但后来无垢友（Vimalamitra）等译师译出其余诸续，则见“大圆满”的名字了。此如《一切法大圆满菩提心遍作王》（*Chos thams cad rdzogs pa chen po byang chub kyi sems kun byed rgyal po*），将菩提心与大圆满并称。由此可见，大圆满即菩提心，二者连法异门都不是，仅为突出表义而施设名言。

就在这《菩提心遍作王》续中，即有偈颂云——

> 若于无上瑜伽中　仍流因果之意度
> 则当未证大圆满
> 若仍分别二谛见　是即增益与减损
> 则当不知不二义
> 三世诸佛证一如　所证即不见有二[1]

由此颂即知大圆满的修习即不二法门的修习，亦可说名为菩提心或如来藏的修习。因大圆满所修即明说为如来藏，而不二法门所修，亦明说为菩提心。

妙吉祥不二法门系列经典之说菩提心，可引《文殊师利菩萨问菩提经论》[2]以明之。

先说菩提，经言——

> 菩提者但有名字，世俗故说，无声无色无成无行无入；不可见不可依；去来道断过诸言说；出于三界；无见无闻无觉无著；无观离戏论；无诤无示；不可观不可见；无向无字离言语道。

---

〔1〕此段偈颂由笔者译出，见29品。此处意译，为令读者易晓故。若直译，则须与全章颂文关合。又，颂中所说“大圆满”，非说教法之名，实指周遍一切时方之明相（识境）自显现无不圆满，是即平等，名为大圆满。此有英译本，译者亦取意译，然误解之处甚多，见E.K. Neumaier-Dargyay, *The Sovereign All-Creating Mind The Motherly Buddha: A Translation of the Kun byed rgyal po'i mdo*, Albany: State University of New York Press, 1992。

〔2〕《文殊师利问菩提经论》，题天亲菩萨造，二卷，菩提流支译（《大正藏》第26册，no. 1531，页329）。天亲即世亲（Vasubandhu）。此为《问菩提经》之释论。于论中，世亲未说唯识，但说离识，由是可见瑜伽行古学之风范。

世亲释论言——

经言：菩提者但有名字，世俗故说者，示现可证法但有名。用虚妄分别，其体无实故。

其后即据经文详列二十三种依世俗施设，以定义“菩提”——

一者无事，如经“无声”故。
二者过〔识〕觉境界，如经“无色”故。
三者诸法体空，如经“无成”故。
四者离诸相，如经“无行”故。
五者过一切世间凡夫境界，如经“无入”故。
六者过识境界，如经“不可见”故。
七者无可依处，如经“不可依”故。
八者不生灭，如经“去来道断”故。
九者过一切世间名字，如经“过诸言说”故。
十者善不善行诸法不可得，如经“出于三界”故。
十一者离见者，如经“无见”故。
十二者过耳识境界，如经“无闻”故。
十三者过意识境界，如经“无〔识〕觉”故。
十四者不住，如经“无著”故。
十五者如虚空，如经“无观”故。
十六者无为，如经“离戏论”故。
十七者无诸患离诸漏，如经“无诤”故。
十八者过小智境界，如经“无示”故。
十九者无量，如经“不可观”故。
二十者他不能见，如经“不可见”故。
二十一者内心无知，如经“无向”故。

二十二者无物可见，如经“无字”故。

二十三者不可说，如经“离言语”故。

由于是依世俗施设，是故一切施设未能离识境建立。然而此中亦有分别，初十三义，说菩提离识觉、识境相，后十义，则由识境言语以说菩提自相。故前者可视为世俗之世俗、后者可视为世俗之胜义。

既说菩提已，故说菩提心。经言——

世尊，若菩提如是相者，善男子善女人云何于菩提发心住？

佛告文殊师利，菩提相者出于三界、过一切世俗名字语言，过一切向无发心发，灭诸发是发菩提心住。

文殊师利，无发是发菩提心住；文殊师利，无物发住是菩提心住；文殊师利，发菩提心者，无障碍住是发菩提心住；文殊师利，发菩提心者，如法性住是菩提心住；文殊师利，发菩提心者，不执着一切法是发菩提心住；文殊师利，发菩提心者，不破坏如实际是菩提心住；文殊师利，发菩提心者，不移不益不异不一是发菩提心住；文殊师利，发菩提心者，如镜中像、如热时焰、如影、如响、如虚空、如水中月，应当如是发菩提心住。

世亲释论说此为九种清净发菩提心。略言之则为——

一者舍一切戏论。（无发）

二者舍取诸法。（无物发住）

三者如虚空。（无障碍住）

四者寂静。（如法性住）

五者舍取常无常相。（不执着一切法）

六者不毁道、不舍道。（不破坏如来实际）

七者离谤离着。[1](不移不益不异不一)

八者入一切法一相。(如镜中像等)

九者如实修行般若波罗蜜多。(经中前文已说)[2]

如是九种，实即是胜义与世俗之双运，由双运而“入一切法一相”。一相者，即法身与法身功德双运、智境与识境双运、是为不二法门，故说为“一”，是亦即如来藏义理。故于其后经文中，文殊师利即向月净光德天子广说菩萨摩诃萨如何行菩萨行，说言：以大悲为本为诸众生，而大悲则以直心为本、直心以于一切众生平等心为本、一切众生平等心以无异离异为本[3]、无异离异以深净心为本[4]；深净心以阿耨多罗三藐三菩提心为本[5]……此即广明于佛内自证智境中有识境随缘自显现之理，试将所说逆观，知其施设本源如下——

佛内自证智境 → 智境识境双运(法身与法身功德双运) → 识境与智境不一不异(法与法性不一不异) → 一切众生(识境)平等 → 直心 → 大悲

如是不二法门，试问与如来藏有何差别？然而此亦理所当然，盖不二法门与如来藏二者皆以殊胜胜义世俗菩提心为根本故。

今更引《文殊师利所说不思议佛境界经》重申此义。经言——

尔时世尊问文殊师利菩萨言：童子，诸佛境界当于何求？

文殊师利言：世尊，诸佛境界当于一切众生烦恼中求。所以者何？

〔1〕此即离增益与减损。

〔2〕经中前说离四句、过三界等。此处未引。

〔3〕此应云“以无异合为本”，即视一切众生与法身无不一不异。

〔4〕此即说本初清净心，亦即说智境与识境双运境。

〔5〕译言“无上正等正觉心”，是即佛内自证智境界。

若正了知众生烦恼，即是诸佛境界故。[1]

又如《如来庄严智慧光明入一切佛境界经》所言——

文殊师利，言空者名取戏论。文殊师利，而第一法中，无法可得名为空。

文殊师利，如说虚空，虚空而无虚空可名，名为虚空。文殊师利，空亦如是说名空；空而无法可说，名之为空。[2]

由上来两段经文，即知“空”者非佛境界，非佛内自证智境。于此智境，当于其上之识境自显现（众生烦恼）中求，是谓转识成智。如是即能究竟悟入如来藏义，亦即悟入不二法门。

三、结语

为归结本篇，兹引《大宝积经·胜鬘夫人会》[3]以归结如来藏，俾得明其所具众多法异门。

于本经，相当于求那跋陀罗译第十三章之大段经文，实归结如来藏为四义。一者，如来藏为生死之所依；二者，如来藏则不生不死；三者，由如来藏始得厌苦，乐求涅槃；四者，如来藏即本初清净心。今依次述说如下。

初，说如来藏为生死之所依，经言——

[1] 菩提流志译，二卷（《大正藏》第12册，no. 340，页108）。

[2] 昙摩流支译，二卷（《大正藏》第12册，no. 357，页246）。

[3] 菩提流志译，一卷（《大正藏》第11册，no. 310）；异译有《胜鬘师子吼一乘大方便方广经》（《大正藏》第12册，no. 353），求那跋陀罗译，分十五章。二译比较，菩提流志译虽有时节略一些名相，但较能译出本义。

世尊，生死者依如来藏。以如来藏故，说前际不可了知。世尊，有如来藏故得有生死。

此处所言生死，即一切有情之生死流转，亦即现为生灭相之识境相。已知识境依于智境而成自显现，即知“生死者依如来藏”义。

为明此义，且为未明此义者作对治，即有“缘生”“实相”“空性”“唯识（心王心所）”等法异门建立。

二，说如来藏不生不死，经言——

世尊，死者诸受根灭、生者诸受根起，如来藏者则不生不死，不升不坠[1]，离有为相。

世尊，如来藏者常恒不坏[2]，是故世尊，如来藏者，与不离解脱智藏，是依是持，是为建立；亦与外离不解脱智诸有为法，依持建立。

此即明如来藏根本义。所谓不离解脱智藏而依持建立者，即法身；所谓解脱智藏，即下来所说之“法身藏”等；所谓与非解脱智诸有为法依持建立者[3]，即由法身功德为因而成自显现之一切界。是即明法身与法身功德之双运，亦即不二法门之不二。

为明此义，且为未明者作对治，即有“真如”“实际”“法住”等法异门建立。

三，说由如来藏始得厌流转苦，乐求涅槃，经言——

---

〔1〕求那跋陀罗未译此句。所谓“不升”，即谓其唯成智境；所谓“不坠”，即谓其唯落于识境。（以下简称求那译）

〔2〕求那译为“如来藏常住不变”，较胜。

〔3〕“外离不解脱智诸有为法”句，译意含混。求那译为“断脱异外有为法依持建立者，是如来藏。”此译亦易成误导。勘藏译本，此句可译为——“如来藏者，亦为非离异而住，非解脱智，而成外有为法者之依处、住处。是为建立。”此处所据者为藏译奈塘版，Cha 字函胜友译师等译本。

世尊，若无如来藏，应无厌苦，乐求涅槃。何以故？于此六识及以所知如是七法，刹那不住不受众苦，不堪厌离愿求涅槃。

此言，若能知之六识及其所知，如是七法不受众苦[1]，是则众生当不因厌苦而乐求涅槃。然却须知，受众苦者虽为七法，但厌苦而乐求涅槃之心，却必非此七法。此理易明，如眼识，焉能依之厌苦乐求涅槃。

此厌乐之心，即佛种性，众生以具佛种性故，始得名为深心。是故经文续言——

世尊，如来藏者，非有我、人、众生、寿者。如来藏者，身见有情、颠倒有情、空见有情，非所行境。

若有我相、人相、众生相、寿者相，是即成盖障，障此甚深如来藏心。故持身见众生（凡愚）；持颠倒见众生（二乘行人）[2]，持空见众生（唯空），皆失中道而成二见，或堕“人我”（身见）、或堕“法我”（颠倒见）、或堕有无二边（空见），是皆未知不二，故如来藏非其所能理解（非所行境）。

于此，七法所受众苦，亦为由智境中自显现之识境，其自显现亦为法身功德。亦唯藉此功德，众生始有厌乐。

为明此义，且为未明此义者作对治，即有“无生”“非有非非有”“法性”等法异门建立。

四，说如来藏即本初清净心。

佛虽对二乘亦说本初清净心（自性清净心），然二乘行人不但难以了知，抑且难于接受。

有部唯能说“刹那心”，盖若非刹那生灭，心识即不能说为无常。既说刹

〔1〕 六识及其所知即是七法者，以“所知”不得更分为六故。如眼所见，非唯是眼识之所知，以此中亦有意识之运作。

〔2〕 此言二乘不知如来藏四德〔常乐我净〕，是为颠倒。见《入楞伽经》及《宝性论》。

那心，自不能认许“本初”，亦不能认许有一自性清净心常恒不变，常恒即非刹那。

经部建立种子，故可以说“相续心”，然彼建立心性与外境异离，异离而相续，故已不能说此相续心为自性清净，以其相续依外境为一类故，而外境则必不可与自性清净为一类。

故知如来藏之施设，唯能为大乘不共小乘之说。由是释迦于《阿含》中虽演如来藏义，亦仅能说为密意，若二乘行人能了知此密意，彼已趋入大乘。

由是经言——

> 世尊，如来藏者是法界藏、是法身藏、出世间藏[1]、性清净藏。此本性净，如来藏者如我所解，纵为客尘烦恼所染，犹是不可思议如来境界。何以故？世尊，刹那刹那善不善心，客尘烦恼所不能染。何以故？烦恼不触心，心不触烦恼，云何不触法而能得染心。

此正说智境与识境双运之无变易。前于正分中已说，智境中虽有识境自显现，唯智境则不受染，是为无变易。《大乘起信论》为欲令二乘对此起信，转入大乘，故施设之为“心真如门”。

经文复言——

> 世尊，由有烦恼有随染心。随烦恼染难解难了，唯佛世尊为眼、为智、为法根本、为尊、为导、为正法依，如实知见。

此段经文译得过于简略，故更引求那译以作参考。彼云——

> 世尊，然有烦恼有烦恼染心，自性清净心而有染者，虽可了知，唯佛世尊实眼、实智、为法根本、为通达法、为正法依，如实知见。

---

〔1〕求那译为“出世间上上藏”。

此承上文而言。上文说烦恼不染心，今则言，有烦恼则实有烦恼染心，自性清净心而可受染，实不应理，故难了知，唯佛始能如实知见此境界。

经文此段，实正说智境与识境双运之无异离。前于正分中已说，识境虽随缘任运而圆成，但实未尝与智境异离。是即无异离。《大乘起信论》为欲令二乘对此起信，转入大乘，故施设之为“心生灭门”。

由此双运，故为明双运义，及为未明者作对治，即有“无二”（不二）、“离四边”“极无所住”“菩提心”等法异门施设。

如上所言，应已能略明如来藏诸法异门与如来藏之关联。读者由此重按正文，对如来藏当能理解。于今末法，如来藏甚深法门故受增益与减损，唯愿结集此册之少分功德，悉皆回向予增损如来藏法门者，令其能离一己之偏见，入解脱道。

公元二千又六年岁次丙戌，秋九月，枫叶流丹，写此篇竟。无畏记。

原载于谈锡永、邵颂雄著译，《如来藏二谛见——不败尊者说如来藏》，北京：中国藏学出版社，2007 年，页 189-211。

十八

如来藏与种子字 *

谈锡永

一、前言

藏密无上密续部的观修，观种子字（yig 'bru）或种子字鬘为重要的行相。通常由种子字生起坛城（dkyil 'khor），或坛城的支分（如莲花、日轮、月轮），又由种子字生起坛城的本尊（yi dam），然后由本尊心轮的种子字鬘生起眷属，有时更生起六道有情众，此属于生起次第（bskyed rim）；在圆满次第（rdzogs rim）中，则常用种子字鬘为有情众作息灾、增益、怀爱、诛灭四种事业，或更有深义。萨迦派（Sa skya pa）的"五缘生道"，则以见种子字鬘为"密缘"，谓可得报身成就，是即不共圆满次第，同于宁玛派（rNying ma pa）修的"妥噶"（thod rgal）。

* 本文为纪念王尧先生八十寿辰而作，已于其纪念文集中发表，原题为《说种子字》。今收录于此，而《妙吉祥真实名经释论三种》（台北：全佛文化，2011 年）之导论中，对种子字有所说明，可与本文互相参考。

只如上述，已知种子字的重要，更何况于宁玛派大圆满（rdzogs chen）法要中，种子字与种子字鬘亦常成为修大圆满法行人所缘境。以此之故，本文以说种子字为主，兼说种子字鬘，由是探究宁玛派无上密续部的观修与法义。

关于法义，若持之以与汉传禅宗教法相较，则或能令人深思：汉传的禅法与藏传宁玛派的大圆满法，当有血脉相连的关系。

二、种子字的定义

最基本的种子字，是 a（ཨ，藏文字母转写，下同）字。由此派生出诸种子字。据《一切密续之根本幻化网秘密藏真实决定根本续》（*dPal gsang ba'i snying po de kho na nyid rnam par nges pa*）第四品《字鬘轮庄严》，派生种子字共四十二个，世间一切法之名皆摄于此四十二种子字内。

颂云——

住于种字花鬘中　a 字自现种种相
ka 等四十二字母　名摄世间一切法〔1〕

于说 a 及此四十二种子字之先，须了知无上密续部对“种子字”一词的定义。

龙青巴（Klong chen rab 'byams pa, 1308—1364）于《秘密藏续》的释论《十方除暗》（*Phyogs bcu'i mun sel*）中说——

“种子字”一词，由梵文 akṣara 而来，此中 a 意为“无”，kṣara 意为“动”，故种子字之体性即为“无动”。〔2〕

〔1〕 依沈卫荣译《幻化网秘密藏续》，香港：密乘佛学会，2001 年，第四品，页 42。所引颂文，皆依沈译。（下引同，简称《秘密藏续》）

〔2〕 笔者有翻译《十方除暗》的计划。本文所引，悉依笔者未完成的初译稿。

这个定义，充分显示出宁玛派如来藏（tathāgatagarbha）教法（也即是大圆满教法）的特色。如来藏的定义是——

如来法身（dharmakāya）即是佛内自证智，亦即法智界，以身智界三无分别，所以三者纯然是一个境界，是可称之为智境（jñāna-gocara）。智境中具足如来法身一切功德，是故如来色身（报身与化身）可于此智境中自显现，此即一切界（种种时空界）之随缘自显现。是为识境（vijñāna-gocara）之自显现。由是智境与识境双运，是即名为如来藏，亦可名为“智识双运界”。

这样定义如来藏，主要据《入楞伽经》（*Laṅkāvatāra-sūtra*），亦与龙树中观、弥勒瑜伽行的教法相顺，说为“大中观见”。

于此智识双运界中，又须为“双运”（zung 'jug）下一简别。即是：智境上虽有识境自显现，但智境永不受识境污染，是为“无动”（无变易）；识境虽成自显现，但与智境恒常“无异”（无异离）。

这个见地，可以说跟汉传禅宗一致。禅宗以“家常日用”即是道，以山水草木为如来法身，那即是以一切自显现的识境因与如来智境无异，是故即视之如同法身。《永嘉证道歌》[1]云（括号内为笔者的简释）——

一月普现一切水（法身普现于识境）
一切水月一月摄（一切识境摄于法身）
诸佛法身入我性（识境不异智境）
我性同共如来合（智境识境双运）

现在回头再看种子字的体性定义为“无动”，那就是将种子字比喻为如来法身及其功德，由种子字生起一切名言，则比喻为法身中有一切法自显现（法身生起一切识境），如是，当观修由种子字生起坛城与本尊及一切支分时，显然便是观修如来藏，观修如何由智境生起识境。

所以于观修种子字生起诸法时，须依声音陀罗尼门来观修。此分为三，如

〔1〕《大正藏》第48册，no. 2014，页396。

《十方除暗》所言——

> 种子字及其表出，即成为声，显现于说者及听者面前；若将此表出成为形，即写成为文字；若将此文字读出，即成声、义、形之三种显现。

此即声音陀罗尼门所说之生声、发声、表声三者。行者于见种子字组成一名言，将之读出，此名言即是“基”，是为生声；于读出时，此即是“道”，即彼发声；发声后有所指义，此即是“果”，是为表声。故观修种子字实即由声音陀罗尼门来观修如来藏。

于陀罗尼门中，a（ཨ）为智境，四十二种子字的生起是为方便（如来功德），由这种子字鬘生起声的基道果，则是方便之所生。如来藏的识境自显现，亦同样具足方便与方便生。以本尊及坛城为方便，则其所摄之眷属便是方便生。由是知声音陀罗尼门的观修与如来藏无有分别。

三、四十二种子字

四十二种子字，依《秘密藏续》，为——

a				
ka	kha	ga	gha	ṅa
tsa	tsha	dza	dzha	nya
ṭa	ṭha	ḍa	ḍha	ṇa
ta	tha	da	dha	na
pa	pha	ba	bha	ma
ya	va	ra	la	

śa　ṣa　sa　ha　kṣa

i ī u ū e ai o au[1]

此中 a 为一切种子字之源，故不在四十二数之内。这样的排列不依字母顺序，依《遍集明经》(*Kun 'dus rig pa'i mdo*)[2]的说法，其故如下——

由 ka (ཀ) 起首之五字　　表其自性为喉音

次五以 tsa(ཙ) 为首者　　其自性则表于舌

其形犹如半月形

第三首以 ṭa (ཊ) 五字　　则以舌尖表自性

第四以 pa (པ) 为首者　　说之为由唇出生

种子字 ya (ཡ) 住轮回　　由佛之眉而生起

种子字 va (ཝ) 离惑乱　　由佛之面得展现

种子字 ra (ར) 烧贪欲　　由佛之股而出生

种子字 la (ལ) 制思惑　　由佛之肩成显现

种子字 śa (ཤ) 清净见　　由佛心轮而现出

ṣa (ཥ) 字神奇而展示　　佛手辐轮光辉生

种子字 sa (ས) 贪欲源　　生自佛身之方脐

种子字 ha (ཧ) 除盖障　　佛足辐轮光所显

种子字 kṣa (ཀྵ) 大乐源[3]　　由佛密轮自性生

i ī (ཨིཨཱི) 二字自现出　　由佛双眼成展示

u ū (ཨུཨཱུ) 亦为自显现　　展示则由佛双耳

〔1〕参《幻化网秘密藏续》第四品。

〔2〕全名《一切如来心秘密智藏义忿怒金刚眷属遍集明经·瑜伽成就续大乘经》(*Sarvatathāgatacittaguhyajñānārthagarbha-krodhavajrakulatantrapiṇḍārthavidyā-yogasiddha-nāma-mahāyānasūtra, De bzhin gshegs pa thams cad kyi thugs gsang ba'i ye shes don gyi snying po khro bo rdo rje'i rigs kun 'dus rig pa'i mdo rnal 'byor grub pa'i rgyud ces bya ba theg pa chen po'i mdo*)，德格版 no. 831。

〔3〕此句意译，原句译为长行，可译为：“种子字 kṣa 为神奇展现之源。”此所谓“神奇展现”，即指智境上生起识境，是为大乐，故意译以明此义。此义见于经中余处。

e ai（𑖊𑖋）二字自现出　　由佛双足而展示
胜利王之种字 oṃ（𑖌𑖽）　　为佛头冠出生者

上来所引，即谓由佛身生起字鬘云，由是而令诸坛城显现成幻化网。经文又说，其实凡庸有情于脉道中亦自然住有彼种子字鬘，唯不成显现，故不知其生起。如是，即显平等性义理，即谓佛与有情平等，身中皆具坛城本尊，是故成佛只在于如来藏的显露（亦可说为种子字的显露），由是成佛便非新得。

萨迦派“道果”（lam ’bras）教法中，以种子字为“密缘”，成就报身，其理趣与此一致。至于成就法身，则以“藏智风轮”为“究竟缘”。此藏智风轮，即智慧气（智风）于如来藏中安住，于种子字即为 a 字。

禅宗公案云：“有佛处不得住，无佛处急走过”，[1]此即等于无上密续部以佛与凡夫都具佛智（种子字），是即一“有佛处”，这便是凡夫开悟的境界；然而凡夫却住于种子字不成显现的轮回界中，是即一“无佛处”，于此二者都不能安身立命，唯有住于非有佛非无佛的法界。这即是于心性自解脱后（见性后），唯住于法性中保任。依无上密续部的说法，心性若能自解脱，已得化身成就。

上来已略明种子字与法、报、化三身成就的关系。

此所谓心性自解脱住于法性，禅宗即说为“见本来面目”，又或名之为“道”。

僧问公畿和尚：“如何是道，如何是禅？”答云：“有名非大道，是非俱不禅。欲识个中意，黄叶止啼钱。”[2]

名言只是识境中事，然而却不可对此识境肯定（是）或否定（非），所以无论“是”与“非”皆不是禅。此识境，虽只是止小儿啼的黄叶，说为假有，故肯定之而执著者是凡夫，不过，若纯然否定而弃舍者亦非入道，以其落于法性一边，即不得住智识双运界。

〔1〕见《续藏》第 84 册，《续灯正统》，no. 1583，页 544。
〔2〕见《续藏》第 66 册，《宗鉴法林》，no. 1297，页 410。

四、《大般若经》说四十二字

四十二字非唯密乘始说，于二转法轮时佛亦已说。

《大智度论》言——

诸陀罗尼法，皆从分别语生，四十二字是一切字根本，因字有语，因语有名，因名有义。菩萨若闻字因字，乃能了其义。[1]

此中所说四十二字，见于《大般若经》(*Prajñāpāramitā-sūtra*) 卷五十三、四百一十五、四百九十。其说字门，经言——

复次善现，菩萨摩诃萨大乘相者，谓诸文字陀罗尼门。尔时具寿善现白佛言：世尊，云何文字陀罗尼门？佛言善现，字平等性、语平等性、言说理趣平等性，入诸字门是为文字陀罗尼门。世尊，云何入诸字门？善现，若菩萨摩诃萨修行般若波罗蜜多时，以无所得而为方便：

1. 入阿 (a) 字门，悟一切法本不生 (ādy-anutpannatvād) 故；
2. 入洛 (ra) 字门，悟一切法离尘垢 (rajas) 故；
3. 入跛 (pa) 字门，悟一切法胜义 (paramārtha) 教故；
4. 入者 (ca) 字门，悟一切法无死 (cyavana) 生故；
5. 入娜 (na) 字门，悟一切法远离名相 (nāma) 无得失故；
6. 入砢 (la) 字门，悟一切法出世间 (loka) 故，爱支 (latā) 因缘永不现故；
7. 入柁 (da) 字门，悟一切法调伏 (dāntadamatha) 寂静真如平等无分别故；

〔1〕 卷四十八。依后秦鸠摩罗什译，《大正藏》第 25 册，no. 1509，页 408。

8. 入婆（ba）字门，悟一切法离系缚（bandhana）故；

9. 入荼（ḍa）字门，悟一切法离热矫秽（ḍamara）得清净故；[1]

10. 入沙（ṣa）字门，悟一切法无挂碍（ṣaṅga）故；

11. 入缚（va）字门，悟一切法言音（vākpathaghoṣa）道断故；

12. 入多（ta）字门，悟一切真如（tathatā）不动故；

13. 入也（ya）字门，悟一切法如实（yathāvad）不生故；

14. 入瑟咤（ṣṭa）字门，悟一切法制伏任持（ṣṭambha）相不可得故；

15. 入迦（ka）字门，悟一切法作者（kāraka）不可得故；

16. 入娑（sa）字门，悟一切法时平等性（samatā）不可得故；

17. 入磨（ma）字门，悟一切法我及我所执性（mamakāra）不可得故；

18. 入伽（ga）字门，悟一切法行取性（gamana）不可得故；

19. 入他（stha）字门，悟一切法处所（sthāna）不可得故；

20. 入阇（ja）字门，悟一切法生起（jāti）不可得故；

21. 入湿缚（śva）字门，悟一切法安隐性（śvāsa）不可得故；

22. 入达（dha）字门，悟一切法界性（dharmdhātu）不可得故；

23. 入舍（śa）字门，悟一切法寂静性（śamatha）不可得故；

24. 入佉（kha）字门，悟一切法如虚空性（khasamatā）不可得故；

25. 入羼（kṣa）字门，悟一切法穷尽性（kṣaya）不可得故；

26. 入萨多（sta）字门，悟一切法任持处非处令不动转性（stabdha）不可得故；

27. 入若（jñā）字门，悟一切法所了知性（jñāna）不可得故；

28. 入辣他（rta）字门，悟一切法执着义性（mārtya）不可得故；

29. 入呵（ha）字门，悟一切法因性（hetu）不可得故；

30. 入薄（bha）字门，悟一切法可破坏性（bhaṅga）不可得故；

31. 入绰（cha）字门，悟一切法欲乐覆性（chaverapi）不可得故；

---

〔1〕梵 ḍamara 一般译为“恼乱”，由烦恼闹乱其心。

32. 入飒磨（sma）字门，悟一切法可忆念性（smaraṇa）不可得故；

33. 入嗑缚（hva）字门，悟一切法可呼召性（āhvāna）不可得故；

34. 入蹉（tsa）字门，悟一切法勇健性（utsāha）不可得故；

35. 入键（gha）字门，悟一切法厚（ghana）平等性不可得故；

36. 入搋（ṭha）字门，悟一切法积集性（viṭhapana）不可得故；

37. 入拏（ṇa）字门，悟一切法离诸喧诤（raṇa）无往无来行住坐卧不可得故；

38. 入颇（pha）字门，悟一切法遍满果报（phala）不可得故；

39. 入塞迦（ska）字门，悟一切法聚积蕴性（skandha）不可得故；

40. 入逸娑（ysa）字门，悟一切法衰老（ysara）性相不可得故；

41. 入酌（śca）字门，悟一切法聚集足迹（ścaraṇa）不可得故；

42. 入咤（ṭa）字门，悟一切法相驱迫性（ṭaṃkāra）不可得故；

43. 入择（ḍha）字门，悟一切法究竟处所（ḍhaṃkāra）不可得故。[1]

此中强调平等，是谓智境与识境平等。是即谓由四十二字之形音义作显示，所显示者实为智境中事，如“一切法本无生”“一切法离尘垢”，以至“一切法究竟处所不可得”等。此等事本离言说（禅宗云：“一说即不中”），今权宜而说，若直说“一切法本不生”，但此唯言说，终不能究竟表达佛之密意，犹如食糖，若说为“甜”，终非口舌所尝糖味。虽然如此，其言说表义以不离智境（识不异智），所以亦与佛密意平等。

亦正因为，虽然“言说理趣平等”，但仍然易起执着，甚或依文解义，为避免此权宜施设易起过失，故佛始施设陀罗尼法，不权宜说义，唯权宜说字，今人如龙树说，“因字乃至能了其义”，此即施设四十二字之故，亦即以四十二义以图表达智境，此即如来法身境界、如来内自证智境界、智识双运之胜义境界。

故于说四十二字门后，《大般若经》续言——

〔1〕 卷五十三。依唐玄奘译，《大正藏》第5册，no. 220，页302。

> 善现，如是字门，是能悟入法空边际，除如是字表诸法空，更不可得。何以故？善现，如是字义，不可宣说、不可显示、不可执取、不可书持、不可观察，离诸相故。善现，譬如虚空，是一切物所归趣处，此诸字门亦复如是。诸法空义皆入此门方得显了。善现，入此“阿”字等，名入诸字门。善现，若菩萨摩诃萨于如是入诸字门，得善巧智，于诸言音所诠所表，皆无挂碍，于一切法平等空性，尽能证持，于众言音，咸得善巧。……善现，若菩萨摩诃萨修行般若波罗蜜多时，以无所得而为方便，所得文字陀罗尼门，当知是为菩萨摩诃萨大乘相。[1]

此已明言，一切字离相（离所显现而成之识境），故须离相（入 a 字门）始得“善巧智”；不将任何识境中的概念加于字上，即是“证持”。

二转法轮主要是说一切法空性，此“空性”的施设即是如来藏的法异门，以识境依于智境，智境无自性可以建立，故于依此而建立之识境中，无一法得有自性。此如依于荧光幕的影像，无一影像得说为有其自性，此即“性空”之正义、甚深义。佛恐闻法者不能了达此义，故于此反复宣说。如于上引《大般若经》说陀罗尼门云——

> 诸法空义，皆入此门方得显了。[2]

此语十分关键，即如说荧光幕中的人，须能知有荧光幕，始能知自己实依荧光幕而成显现。如何能知有荧光幕，是即如何能知一切识境所依之法界，此即由不依文解义，藉观修而入佛施设之四十二字门密意而知。由此可见，今人说知“缘生”即知“性空”，是对龙树中观的误解。若如所说，一切法缘生，是故一切法性空，则何劳更入此四十二字陀罗尼门，更无须说“皆入此门方得显了”诸法之空义。

---

〔1〕卷五十三。依唐玄奘译，《大正藏》第 5 册，no. 220，页 302-303。

〔2〕卷四百一十五。依唐玄奘译，《大正藏》第 5 册，no. 220，页 302。

故释迦于二转法轮中，实未尝不说如来藏义理，唯以法异门而说耳。

经中复言——

> 又应善学一字中摄一切字，一切字中摄一字，引发自在。又应善学一字能摄四十二本母字，四十二本母字能摄一字。[1]

此说更可视为深般若波罗蜜多（如来藏）的观修，未可仍视之为泛说般若。今且一说其故。

所谓“本母”（Mātika），是将一切法加以分类的准则，此四十二字称为“本母字”，即依四十二准则观一切法，藉以了知如来法身及法身功德。此二者双运，即说为如来藏、说为如来密意、说为于大平等性中一切法任运圆成。

仍以荧光幕及其影像为喻，上来所说，即谓依四十二本母字，得令处身于荧光幕上的人，能知荧光幕及荧光幕的功能（法身与法身功德），从而知荧光幕中一切显现实如幻化。由于依种子字鬘而知，故可说为种子字之幻化。

此如龙青巴于《十方除暗》中所说——

> 一旦由自显现基之本性（ngang）生起大悲，且一切法之施设已然显露，则十方四时一切如来成唯一密意（dgongs ba gcig tu gyur），亦即本初佛意，其自性即为种子字之幻化。
>
> 复次，于自性为佛身语意之金刚法界中，或说于大平等性中，一切法皆无分别。于称为法尔种子字鬘轮，一切法本住（gnas pa）于名言而无实有，由如来身语意生起。为令大平等义及法性大圆满义得显露，于此由等持而得无有偏离，轮回涅槃一切法，于种子字体性中，悉〔证〕为本初佛性。

此所谓“自显现基”，即喻中之荧光幕；此所谓“一切法之施设”，即喻中

〔1〕 卷四百七十。依唐玄奘译，《大正藏》第 5 册，no. 220，页 378。

荧光幕上影像施设为种种名言，一切影像即依其名言而于荧光幕中成为实有。

所谓“大悲”，以其为如来法身功德故说此名，实可喻为荧光幕生起影像之功能。此功能与荧光幕恒时双运，无有异离，即说为“唯一密意”。且说为一切如来所成，是等于说，荧光幕与其功能无异离，是由荧光幕所成，盖不能说为由荧光幕功能所成。

说此唯一密意之自性为种子字之幻化，即谓密意中有识境一切法自显现，此即是种子字（一切法类）之幻化（唯名言而无实有而成真实显现）。

行者由观修种子字，因等持而无偏离，故可由种子字体性，证悟大平等性及诸法之任运圆成。

依此而言，若了达上来所说即能了达无上密续部之意趣。施设种子字以为观修之所依，目的即为依此幻化而现证如来所成之唯一密意。此密意于二转法轮，即名为深般若波罗蜜多。

五、种子字的观修

由上所说，既知种子字因何而施设，且知如是施设，实将般若波罗蜜多摄入如来藏见，得由智识双运而了知空性，从而更能上达了知智识双运如来藏境界，此境界中，识境可说为“缘生”、智境可说为“性空”，此即中观之了义。

无上密续部如何观修此了义，则见于《妙吉祥真实名经》[1]《秘密藏续》等所说。今且依《十方除暗》一说观修。

于生起次第观修，《十方除暗》说言——

> 行者作皈依已，由其意乐长养菩提心，且归入空性。于日月轮上，坚稳生起白色种子字 a 而无动。于此自性境中，无瑕白 a 澄明光耀，放出无数小 a 字，白色、如芥子百分一大。彼等以种子字 a 为源，以其光

〔1〕 可参考拙《妙吉祥真实名经释论三种》导论。

辉周遍一切有法，盈满十方一切世间。

其后收摄，令彼等融入种子字 a。种子字 a 依然无动，即于比前时既无所增，亦无所减之本性中等持。

复由种子字 a，以 ka 为首之三十四辅音字，及一切元音字，全数依其形生起而放光。散射十方一切有情众，彼有情界于此唯一光蕴中闪耀。

然后，诸种子字收摄且融入种子字中，又由〔a〕再次放出。如是一再放摄。

最后依日月轮中央莲花座，由 a 至 kṣa 诸种子字光辉，生起本尊显现。

此即以种子字鬘云，成为生起次第之因基。

上来所说，可说为七支和合（kha sbyor bdun），七支者：受用圆满支、和合支、大乐支、无自性支、大悲遍满支、利生无间支、永住无灭支。

种子字 a 生起小 a，以光辉周遍一切有法，即无自性支。更作收摄，即和合支，空有二者和合，于和合中，a 字不增不减，以智识双运本无所增减故。

又由 a 散射四十二种子字，是大乐支，由无生而生一切法类，是即如法身之大乐。诸种子字放光周遍一切有情，是大悲遍满支。令一切有情闪耀，是利生无间支。

种子字永恒不动，是永住无灭支。由种子字鬘云生起本尊，是受用圆满支。《七支和合续释》(*Kha sbyor bdun gyi 'grel pa*）以本尊金刚持（Vajradhara）之自性释七支和合，即与龙青巴之说以种子字鬘云为生起基相通。如是观修，是甚深生起法，以其抉择见及决定见实甚深故。

至于圆满次第之观修，《十方除暗》说言——

本尊光辉而显现，于其顶轮之月轮莲花，有一坚稳白色种子字 a。由彼生起无数〔小〕a 字，周遍十方一切界，令一切有情转成为 a 字，于是顶轮种子字 a 对彼等作收摄，令其融入。此际依然等持，无增无减。

由彼a字，生起复收摄诸元音辅音种子字，如是行者即于真实中等持，轮回与涅槃无二而无增减。

此即是圆满次第之种子字鬘云。

如是观修，即以根本智为因基，成就轮回与涅槃二界一切法为普贤自性，亦即本初佛性（ye nas sangs rgyas pa），以决定一切法自性故，是为圆满次第之不共观修。

六、四十五坛城自显现

复次，又可由种子字鬘生起四十五坛城。

四十五坛城者，于如来身、语、意，各自显现报身五佛部，如是即成十五。此十五身语意，又各分为身之身坛、身之语坛、身之意坛，以至意之意坛，一分为三，故共成四十五坛城。

《秘密藏续》云——

奇哉异哉真稀奇　四十五字大神变
一切名句由彼持　彼显言说诸大义〔1〕

复云——

遍入十方四时中　本智勇识身语意
即是四十五坛城　自始至kṣa众种子〔2〕

〔1〕《幻化网秘密藏续》第四品，页42。
〔2〕同上。

如是，即说五佛部四十五坛城，由四十五种子字鬘轮各各生起，字鬘轮由是即成一切坛城生起基。

然则，前既说四十二种子字，今又如何说为四十五？此则须知别有具密意之三种子字。

若依一坛城而言，本尊身语意有三种子字，即 oṃ、āḥ、hūṃ。然如是施设尚非密意，以其仅能依本尊而说。若密意施设，则如绒宋班智达（Rong zom Paṇḍita，11 世纪）于《续王秘密藏疏·宝疏》（*rGyud rgyal gsang ba'i snying po'i 'grel pa dkon mchog 'grel*）所言，今节译其意而说，以原文过长故。

于梵文（悉昙体）中，“𑖂”（i）字下截为一“ᵒ”，说为如象鼻。于“𑖁”（ā）中，其旁所加一“ʿ”，说为如利箭；于最初标号为两点“：”，说为如大自在天眼，如是三音标，即成三种子字。

唯于藏文中不能如是说，故又说为：最初标记“༄༅”（ngo）如象鼻；分音点“·”（tsheg）如忿怒尊眼；分句线“།”（shad）如利箭。如是施设实为善巧方便，否则四十五字即无从建立。

此三者密意，可分别说为——

一、最初标记如象鼻者，原意为“无过失”，表示其下所说无误（ma nor）。故可说其密意为佛心之金刚法性，可同时展示善巧方便之言说义，及如来无分别智，由是而成无二。

二、每种子字后之点（tig），说为如大自在天眼或忿怒尊眼者，原意为寂静。每音停顿即是寂静，亦即无念。故可说其密意为佛语之金刚法性。本为离言说、无可表示之佛语，但却可同时成为名言以显现一切法。此即智与识两边都不住之无分别智。

三、至于分句线，说为如利箭者，原意为便于诵读，故可说其密意为佛身之金刚法性，具大善巧方便，以大愿力怙佑一切有情，令有情众依其局限相（界相，tshigs su gcod）而成自显现。〔1〕

禅宗有一段公案，可明此施设上来三密意之旨—— 人问惟宽：“狗子还有佛

〔1〕 此即四缘中之相碍缘起。一切法于相碍中成自显现，即是任运圆成。

性否?”惟宽答:“有。”更问:“和尚还有否?”则答:“无。”于是问云:“一切众生皆有佛性,和尚因何独无?”惟宽答云:“我非一切众生。”问者追问:“既非众生,是佛否?”答言:“亦不是佛。”复问:“究竟是何物?”答:“亦不是物。”问言:“可见可思否?”惟宽答:“思之不及、议之不得,故云不可思议。”

如是惟宽已说无二、已说无分别根本智、亦已说善巧方便之具大愿后得智。由是知胜义不可思议,世俗亦不可思议。故知禅宗之施设,实同于宁玛派之施设。

《秘密藏续》中,由一坛城开展为三坛城,更开展为十五坛城,复广为四十五坛城,如是层层开展,显示由一智境可开展一切法为四十五类(本母)。于是,又再重收摄为一坛城,显示一切法类皆可摄为一智境,即如是依种子字 a 及三密意种子字,成种子字鬘而作观修,此即现见如来藏之观修。于中三密意之施设至为重要,无此即未能令字陀罗尼门具金刚性。

七、余说

上来所说,但明种子字与种子字鬘之义理及其观修之抉择与决定,未细说种子字如何显现别别坛城,以此实应依上师所教而修故。其详,可参考绒宋班智达之《宝疏》;遍智龙青巴之《十方除暗》,及大译师达摩师利(Lo chen Dharmaśrī, 1654—1717)之《秘密主密意庄严》(*gSang bdag dgongs rgyan*)。

唯由上来所说,实已明藏密宁玛派及汉传禅宗之意趣,二者或未全同,但已可见其互不相违。

本文兼藏传了义大中观与汉传禅门宗风而说,亦有意为结合中国汉传、藏传佛教之研究,略开门径。此项研究实甚为深广,此则有望于来哲。

原载于谈锡永,《如来藏三谈》,台北:全佛文化,2013 年,页 284-305。

十九

《宝性论》五题

谈锡永

小 序

《宝性论》(*Ratnagotravibhāga*)为佛家重要论典。说如来藏(tathāgatagarbha),向来受汉藏各宗派佛学家重视。然而近三数十年,如来藏之说渐被忽略,有些学者竟视之为旁枝末流,斥为不成体系,如是即造成观修大乘止观的危机。盖大乘止观的观修见地,实基于如来藏思想,汉土华严、天台、禅宗(甚至律宗);藏地宁玛派(rNying ma pa)的大圆满(rdzogs pa chen po)、萨迦派(Sa skya pa)的道果(lam 'bras)、噶举派(bKa' brgyud)的大手印(phyag rgya chen po),皆据如来藏思想而建立,若一旦受破,则"一乘佛教""不二法门"皆无建立基础。所以讨论如来藏实为关系大乘佛教存亡的大事。

笔者近年取梵藏本与勒那摩提译本《究竟一乘宝性论》对读,又复参考《大乘起信论》《现观庄严论》(*Abhisamayālaṃkāra*)等,再读如来藏诸经,如《如来藏经》(*Tathāgatagarbhasūtra*)、《不增不减经》(*Anūnatvāpurṇatva-nirdeśa*)、

《胜鬘经》(*Śrīmālādevi*)、《陀罗尼自在王经》(*Dhāraṇīśvararājasūtra*)等，凡三十余经论，觉勒那摩提之译有所未安，此未必为当年译师口授而笔录者用词不当所致。因取西藏俄译师洛丹喜饶（rNgog blo ldan shes rab, 1059—1109）所译之《大乘无上续论释》(*Theg pa chen po rgyud bla ma'i bstan bcos kyi rnam par bshad pa*)为底本，比勘梵本及勒那摩提汉译本，重行翻译。(按，今已又据梵本重译，二译足供比对。)

译事既毕，觉有余义，故草成本文略作探讨，未当之处，尚希诸大德有以教我。所谓余义者凡五——

1. 汉土相传，造《宝性论》者为坚慧(Sāramati)，又或疑为安慧（Sthiramati)，而藏土一向相传造论者为弥勒菩萨（Maitreya)，造释论者为无著论师（Asaṅga)，此中关系重大，故应讨论。

2. 汉土相传本论有二译，一为勒那摩提(Ratnamati)，一为菩提留支（Bodhiruci，又有译作“菩提流支”)。两位译师意见不合，于是地论宗乃裂为南北两派。地论宗说如来藏，影响所及，开展摄论宗及华严宗，如是史实亦涉及如来藏思想，故应讨论。

3. 汉土佛家深受《大乘起信论》影响，“慈氏五论”经俄译师译为藏文，对西藏亦生重大影响。《起信》说如来藏，五论中《宝性论》亦正说如来藏，二论见地关系到对如来藏思想的理解，故应讨论。

4. 汉土唯识家所破如来藏，实仅破《起信》之“一心二门”。而依如来藏建立之大乘止观，实依次第由“瑜伽行唯识”至“中观”而至“大中观”(瑜伽行中观)，此即为入不二法门（不可思议法门）次第。因知如来藏思想与唯识家之关系，实涉大乘止观观修，故应讨论。

5. 由于西藏格鲁派论典的传入，汉土学者知中观可分为“自续派”(Svātantrika)与“应成派”(Prāsaṅgika)，而不知宁玛派判教，仅视此二者为“粗品外中观”，复建立“细品内大中观”说如来藏。格鲁派虽主张“应成派”为了义，然于如来藏亦不破，而近代汉土学者却秉承格鲁派之说以破如来藏，其中颇有误解，此影响甚大。实则破者对宗喀巴（Tsong kha pa）之说既未全知，抑且断章取义，故应讨论。

上来五项讨论，皆与《宝性论》有关，故标题目曰《宝性论》五题。（此用“夹注”形式写成）

一、造论者与释论者

《宝性论》，勒那摩提所译具名为《究竟一乘宝性论》。然若据梵本原名，则为《分别宝性大乘无上续论》。

【注】梵文题名依 E.H. Johnston 及 T. Chowdhury，他们根据 H.W. Bailey 在中亚细亚发现的梵文断片，以及 Rahula Sāṃkṛtyāyana 在西藏发现的两本梵文抄本，整理成书，依抄本标题，定论名为——*The Ratnagotravibhāga Mahāyānottaratantraśastra*.（Patna: Bihar Research Society, 1950）。此另有高崎直道英译本及日译本。高崎氏的英译题名 *A Study on the Ratnagotravibhāga*（*Uttaratantra*）, Serie Orientale Roma, vol. 33.（Rome: Is. M.E.O., 1966），其序文甚有参考价值；日译本题名《宝性论》（东京：讲谈社，1989）。

全论实分两部分，一为根本论，一为释论（*vyakhya*）。根本论为偈颂体，而释论则为偈颂间以长行。

藏文《大藏经》有二译本。题名为 *Theg pa chen po rgyud bla ma'i bstan bcos* 者即为根本论；而题名为 *rnam par bshad pa* 者即为释论。

前者应译为《大乘无上续论》，后者可译为《大乘无上续论释》。

【注】此亦有英译本及日译本。英译有二：（1）E. Obermiller, *The Sublime Science of the Great Vehicle to Salvation, Being a Manual of Buddhist Monism: The Work of Ārya Maitreya with a Commentary by*

Āryāsaṅga（Acta Orientalia, vol. IX, 1931）；（2）Ken and Katia Holmes, *The Changeless Nature: Mahayana Uttara Tantra Sastra by Arya Maitreya & Acarya Asanga*（Eskdalemuir: Karma Drubgyud Darjay Ling, 1979）。日译本有中村瑞隆《藏和对訳究竟一乘宝性论研究》（东京：铃木学术财团，1967）。

依西藏相传，根本论为“慈氏五论”（Byams chos sde lnga）之一，故说为弥勒菩萨所造；造释论者则为圣无著论师，此于藏地向无异说。

【注】据 E.H. Johnston，中亚断片亦以为根本论乃弥勒菩萨所造，见“A Fragment of the Uttaratantra in Sanskrit”, *Bulletin of the School of Oriental Studies*, Vol. VIII（1935-1937）, pp. 77-83。至于西藏二梵抄本，当然亦以弥勒为论主。

藏传慈氏五论除本论外，余为《大乘庄严经论》（*Mahāyānasūtrālaṃkāra*）、《现观庄严论》（*Abhisamayālaṃkāra*）、《辨中边论》（*Madhyāntavibhāga*）、《辨法法性论》（*Dharmadharmatāvibhaṅga*）。本论编次居最后。

汉传五论则不取后三论，而代之以《瑜伽师地论》（*Yogācārabhūmi*）；《分别瑜伽论》（*Yogācāravibhāga*, 已佚）；及《金刚般若论》（*Vajracchedikā-prajñā-pāramitāśstra*）。——《现观庄严论》及《辨法法性论》古无汉译，而本论汉译则不以造论者为弥勒，由是遂有此差异。

然而据汉土相传，则谓造论者为坚慧，未提及谁造释论。唯勒那摩提所译实已为本论与释论之合译，故已等于将释论亦归于坚慧名下。

【注】勒那译本，《本教化品第一》所列即全为根本论偈颂，“本”者，即根本论或本论之意。后来刊本将此字删去，或系未明原意之故。——梵本及藏译《大乘无上续论释》均难分辨根本颂与释颂，幸赖有勒那汉译及藏译根本论，分辨即不为难。

勒那摩提于北魏宣武帝永平四年（梁武帝天监十年，公元511年）于洛阳主译事。而智升《开元释教录》则谓“第二译与菩提留支出者同本”，即指本论有异译，此事下题即将论及。

说造论者为坚慧，乃华严三祖法藏（贤首国师）的说法。他在《大乘法界无差别论疏》(以下简称《论疏》)中，谓马鸣、坚慧立“如来藏缘起宗”，复云：“坚慧菩萨者，梵名娑啰末底。……此是地上菩萨，于佛灭后七百年时，出中天竺大刹利种。……是故造《究竟一乘宝性论》及《法界无差别论》等。”(《大正藏》第44册，no. 1838，页63)。

依“娑啰末底”对音，梵文应为Sāramati。日本有学者疑坚慧或即坚意，对音不合，只可存疑。

法藏的说法，应系据提云般若(Devaprajñā)所言，因为他曾参与提云般若的译事（见《论疏》)，而《大乘法界无差别论》则正由提云般若译出。

西藏“慈氏五论”的说法，实亦有其根据。《宝性论》的译师为俄·洛丹喜饶。据《青史》，谓俄译师于迦湿弥罗随智谛（Sañjana）学“慈氏五论”，且谓《辨法法性论》及《宝性论》其初并未流播，后来至尊慈护（Maitrīpa）见有一宝塔于隙缝中放出光明，由是始觅出这两本论典。他祈祷弥勒菩萨，弥勒现身为其讲授。慈护得法后传与庆喜称（Ānandakīrti），再传智谛，由是广弘，并传入西藏。

【注】见郭和卿译，《青史》卷一（台北：华宇出版社，1988）。参考George N. Roerich, trans. *The Blue Annals,*（Delhi: Motilal Banarsidass, 1979）, pp. 347-348。并参考刘立千译《印藏佛教史》《土观宗派源流》（北京：民族出版社，2000）。

慈护于佛塔发现二论之说，或可视为如来藏思想在印度曾一度消沉，若据多罗那他《印度佛教史》，则谓从无著出世到法称弘法，这一段“六庄严”（rgyan drug，即龙树、提婆、无著、世亲、陈那、法称）住世时期，“有获得密咒极大成就的诸师出世，无上乘教法只在具缘者之间流传。”（张建木译《印度佛教史》，成都：四川民族出版社，1988）此或即为其消沉之故。盖无上密乘所依即为如来藏思想。若只在“具缘者之间流传”，即难以广弘。另一方面，瑜伽行派自陈那以后，因与印度教辩论之故，唯识学说一时成为主流，于是瑜伽行古学亦非显学，此即导致此二论失传。

然则本论的造论者为谁？实在很难下定论。汉藏所说皆有依据，而汉方说法且在先。

【注】法藏为7世纪中叶时代的人；慈护则为11世纪初叶时人。

但是我们却不能认为先出之说必属真实，故不妨用学术观点来研究，看弥勒、坚慧两位菩萨，谁更堪担当造论者的角色。

汉土通途将弥勒视为传出唯识学的菩萨，复认为龙树中观、无著唯识，这已经是牢不可破的观念。唯识说“阿赖耶缘起”，与《宝性论》之说“如来藏缘起”仿如隔路，不可融合，因此就很难认定弥勒是《宝性论》的作者。有此成见，实是因为未传入《现观庄严论》与《辨法法性论》，所以便只能根据《瑜伽师地论》来理解弥勒学说，如是评价弥勒与无著便偏于唯识与法相，而对“弥勒瑜伽行”一无所知，当然更不知道依“弥勒瑜伽行”观修如来藏的“瑜伽行中观”。

至于坚慧，他有一篇《大乘法界无差别论》传入汉土，此论且别名《如来藏论》，论点与《宝性论》相合，至少论题的主旨一致，因此既由法藏提出，便自然顺理成章，将他视为《宝性论》的论主。

【注】《大乘法界无差别论》有两个译本，皆题提云般若译，收《大正藏》第31册，编号分别为1626及1627。后者另有别题——一名

《如来藏论》。

对弥勒学，我们其实应该审慎研究。首先，弥勒的瑜伽行并非专谈唯识。

【注】如《现观庄严论》即说般若修证。《辨中边论》中虽用唯识名相，然于论中判别如何为中，如何为边，理趣一如龙树之说中道。至于《辨法法性论》，实说"如来藏藏识"，此皆足以证明瑜伽行古学实较唯识今学为广。

其次，唯识（Vijñānavāda）与瑜伽行（Yogācāra）并非同义词。唯识今学是理论，所以是一门学术；瑜伽行则是依心识修证的修学，所以是次第观行。

由是之故，唯识学虽包括在瑜伽行之内，但二者实非同义词。在历史上，虽有一段时期因陈那的学说成为显学，以至将"唯识"与"瑜伽行"二词混用，但瑜伽行实非专指唯识。

【注】近代西方学术研究亦有不少论著提出应正视"瑜伽行"与"唯识"的分别，而不应笼统视二者为同义词。参 John Makransky, *Buddhahood Embodied*（Albany: State University of New York Press, 1997）、Janice D. Wilis, trans. *On Knowing Reality: The Tattvārtha Chapter of Asaṅga's "Bodhisattvabhūmi"*（New York: Columbia University Press, 1979）。

此外，如密乘之"大瑜伽"（Mahāyoga）、"无比瑜伽"（Anuyoga）、"无上瑜伽"（Atiyoga）等"瑜伽行者"，他们虽不废唯识，可是却并未以唯识今学为观修见地的极限。

【注】噶瓦·拜则（sKa ba dpal brtregs，吉祥积）在《说见次第》（*lTa ba'i rim pa bshad pa*）中，有一颂云——

法相乘三种

唯识与瑜伽

经部中观师

（见沈卫荣译吉祥积《说见次第》，收《宁玛派四部宗义释》附录，台北全佛文化，2008）

将唯识师、瑜伽（行）师、经部（行）中观师，三者均列为“法相乘”，这即是因为三者所修，均以外境与内识之间的交涉为起点，是故便名为“法相”（诸法的现象，现象界）。而行者的观修证量，即无非是与诸法相应而了知其实相。由是可见，将唯识与瑜伽行等同，未免有点笼统。

又，此“经部中观师”之“经部”实指般若经，而非指小乘之经部，笔者及弟子邵颂雄另有详论，见《宁玛派四部宗义释》导论。

由以上两点可知，将弥勒菩萨归为唯识宗，实不如将他视为法相乘的瑜伽行派。这一点，在《现观庄严论》（此论先由法尊译汉，后能海重译，但改题《现证庄严论》）中表现得更为清楚。

【注】能海法师在拉萨依止康萨仁波切，专学狮子贤论师（Haribhadra）的《现证庄严论广解》，一九六二年于五台山讲授，记有《现证庄严论清凉记》（上海：上海佛学书局，1994）。

在《清凉记》中，标榜“自宗即大般若宗”（页8），未说为唯识；强调般若“理趣分”，唯关于此分的修法则说失传（页10）；又说“《现证庄严论》主要明法相次第，俗谛边事，在各各法相上指示无生，与大经合（按，大经即《般若波罗蜜多经》）。中观论多明法空，真谛边事，遮止俗谛，令悟无生。”（页11）如是，即是以弥勒教法为瑜伽行中观教法，虽入法相乘而实非专主唯识。

噶瓦·拜则为吐蕃时期大译师；《现证庄严论》的狮子贤释论，则为后弘期以来的般若观修重要论典。西藏承接印度佛学传统，由8世纪中叶的噶瓦·拜则，至11世纪的后弘期，迢迢三百年，对弥勒菩萨的看法，终始未判之为唯识宗。这种传统，显然并非西藏人自己的传统，实在是印度传承。所以对于无著论师，印藏的看法均不同汉土唯视之为唯识宗。

【注】郭和卿译《佛教史大宝藏论》（北京：民族出版社，1986）有一段文字很值得注意（页136）——

"无著菩萨不仅对慈氏五论录出文字，复又著作开示《现观庄严论》，及般若教义的《抉择分》《大乘最上要义论释》（按，此即《大乘无上续论释》，亦即《宝性论》）等……略译本的《明句释》中说：阿阇梨无著虽证得三地，然为了调伏世亲起见，而开示唯识。"

这种说法，即并不以唯识师视无著，其所以说唯识，实专为调伏世亲而开演。这说法根据为月称（Candrakīrti）的《根本中观明句释》（*Mūlamadhyamaka-vṛttī-prasannapadā*）。月称的生卒年代，约为公元600年至650年，是即于7世纪初，印度论师便有这种看法。

依西藏格鲁派所传的"宗义学"（grub mtha'），认为瑜伽行中观的特点，即为主张"究竟一乘"。勒那摩提将本论标题为《究竟一乘宝性论》，显然是视本论旨趣即为瑜伽行中观的旨趣。这样说来，视弥勒为造论者，无著为释论者，实在并非无稽的附会与依托。

【注】贡却·吉美旺波（dKon mchog 'jigs med dbang po，1728—1791）《宗义宝鬘》（*Grub mtha' rin chen phreng ba*）第八章：〈说无体性的中观宗〉，即谓"究竟一乘"为瑜伽行中观自续派的主张（陈玉蛟译，台北：法尔出版社，1988，页99）。

所谓"究竟一乘"，即说声闻、独觉均可转入菩萨道（同前引书）。藏传佛教余宗派，包括宁玛（rNying ma）、萨迦（Sa skya）、噶举（bKa' brgyud）、觉囊（Jo nang）等，都依循"瑜伽行中观"，其见地与观修的传规，与格鲁派改以中观应成见（Prāsaṅgika-Madhyamaka）为究竟见不同；他们虽不同意格鲁派宗义学中把“瑜伽行中观”归入“中观自续派”（Svātantrika-Madhyamaka），但吉美旺波以“究竟一乘”为“瑜伽行中观”的主张，却尚合“瑜伽行中观”的传规，以“瑜伽行中观”实以如来藏为修证果，亦即以说“佛性”“如来藏”“一佛乘”等大乘经典为了义教说。依观修的层面而言，瑜伽行中观亦特别强调发菩提心，以究竟圆满菩提心亦即是如来藏的现证。

宁玛派的“大圆满”，初传入西藏的五续，均用 byang chub sems（菩提心）为标题。（见拙〈六金刚句说略〉）后出诸续始用“大圆满”之名。由此可见，“大圆满”实依菩提心为见地，而菩提心即是如来藏，以如来藏具足胜义、世俗两种菩提心且恒时双运故。

坚慧的《大乘法界无差别论》，开头一颂即曰——“稽首菩提心，能为胜方便。”此论实说如来藏，由此即可说明在印度论师心目中，菩提心与如来藏实为“法异门”，即从不同角度而建立之同义词。

由上来所述，笔者主张应该维持印藏诸论师的说法，以弥勒菩萨为造论者，无著论师为释论者。

然则，为什么又有坚慧造论的说法呢？

笔者认为，目前所传的《宝性论》，实曾经过坚慧的增补。因此提云般若才会说为坚慧所造。提云般若来自西域于阗国，很可能当时西域即传本论为坚慧所造。

【注】法藏根据提云般若的说法，谓坚慧于佛寂后七百年出世（见前引《论疏》）。然而据玄奘《大唐西域记》卷十一，则谓德慧、坚慧二菩萨曾游止伐腊毗国（Valabhī）。德慧的出生年代，与世亲相约，因为据玄奘说，无著弟子安慧（Sthiramati）亦为德慧的弟子（见《成唯识论述记》卷一），如是坚慧出生年代顶多亦只能与世亲相先后，即可能为公元5世纪末，上距提云般若来华开译场，或早二百年左右，即无论如何均比无著为晚。这样，他才有增补《宝性论》的可能。

至于坚慧的见地，由《大乘法界无差别论》即可知。甚至还不妨说，《无差别论》受《宝性论》的影响很大。所以说他增补《宝性论》，至少不会有见地上的冲突。可是，我们有什么证据说坚慧增补过《宝性论》呢?

首先，我们证明《宝性论》经过增补，然后再提出坚慧增补的证据。

现在先谈第一点——

由互相比勘可知，勒那摩提翻译时所据的梵本，与晚近发现的梵文抄本及藏译本均不同，而藏译与梵文抄本则全同。所以我们可以说，勒那摩提所据的梵本，实为较早时期的流通本；而西藏俄译师所据，则为后期的流通本。两本相差三百余年（以下分别简称二译为“汉译”与“藏译”）。

它们的差别，不但根本论颂有所不同，即释论偈颂亦有所不同（以下分别简称为“论颂”与“释颂”）。

现在先谈论颂的差异。（详细差异，笔者于重译时已作校勘，见拙《宝性论新译》“校勘记”。如今且大略而谈。）

汉译《宝性论》实为《无上续论》与《无上续论释》的二合一。其卷一即是根本论，而卷二以下则为释论。原则上，释论应全部包含论颂，可是就汉译本身比较，情形却并不如此。下表即示其数目差异——

	论颂	释论中的论颂
本教化品第一	18 颂	全缺
本佛宝品第二	4 颂	4 颂
本法宝品第三	4 颂	4 颂
本僧宝品第四	6 颂	6 颂
本如来藏品第五	26 颂	26 颂
本烦恼缠品第六	60 颂	6 颂
本为何义说品第七	4 颂	4 颂
本菩提品第八	26 颂	26 颂
本功德品第九	38 颂	38 颂（唯次第不同）
本佛业品第十	73 颂	7 颂
本校信品第十一	41 颂	41 颂

此中相异最大的为第六品及第十品。因为在第六品中，论颂说如来藏九喻诸颂，于释论中全缺；第十品中，论颂说譬喻者亦全缺。可是若跟藏译比较（今传梵本同），则汉译所缺譬喻诸颂在释论中大致上齐备。它们的数量共有一百二十颂之多。

这种情形可以解释如下——

原来的论颂本，对所说的譬喻本无解释，所以后来造释论的人才用释颂来解释种种譬喻。但在释论出现之前，亦必已有一些偈颂流行，用来解释这些譬喻，这情形，在经论传播中常有出现，例如《如来藏经》《入楞伽经》的传播，都有这种情形。于是便有人将这些流行的偈颂结集为一百二十颂，加入论颂本中，这种增补的情形亦很常见。可是一旦出现了释论本，对种种譬喻已用释颂来解释，这增补的一百二十颂便会觉得重复，因此勒那摩提所依的梵本释论，便未收入，以免重复。这应即释论本的早期流行形式。

到了后来，却有人以为是释论中未包含全部论颂，有点不妥，因此便加以编次，将所缺论颂（其实是后增论颂）全部依次第排列收入释论，却删去若干意义太过重复的释颂（所删其实不多，见笔者上述《校勘记》）。俄译师当时所据的梵本即是如此，是为后期梵本的流传状态。

假如这说法成立的话，那么，《宝性论》实在经过两次改动，一为增补，一为编次。增补一百二十颂的人，可能即是坚慧；而编成后期梵本形式的人，则可能是慈护。

【注】俄译师洛丹喜饶所据的梵本，为慈护所传，见前说。既然他所据者为编次整理本，则编次的人自然可能是初传此本的慈护。

然而坚慧实亦同时增补过释论。证据是，其中有些释颂与他所造的《法界无差别论》同义。可以举出一些例子来比较（以下简称“坚慧颂”及“释颂”）——

信为其种子　般若为其母

三昧为胎藏　大悲乳养人（坚慧颂，依提云般若译）

大乘信为子　般若以为母

禅胎大悲乳　诸佛如实子（释颂，依拙梵本新译）

释颂是说，由信、般若、三昧、大悲等四种大乘对治法，可得无上清净法身，坚慧颂与此完全相同。

不净众生界　染中净菩萨

最极清净者　是说为如来（坚慧颂）

不净与染净　及圆满清净

次第相应者　凡夫菩萨佛（释颂）

释颂说观修如来藏的三种差别，分别说众生、菩萨、佛。坚慧虽说为菩提心的分位差别，实则完全相同，因为菩提心、如来藏、大圆满见，三者同义。

三昧总持法　甘雨随时降

一切诸善苗　因此而生长（坚慧颂）

具智与悲虚空住　灭与不灭无所执

禅定总持无垢水　佛云清净谷物因（释颂）

释颂是说由“禅定总持”能生起清净，坚慧颂则说由“三昧总持法”能令一切善苗生长，这是说如来藏事业九喻之一，喻为如云，由此证明坚慧颂实在是套用《宝性论》的比喻。

以上略举三例，可见二者同一意趣。其实除此三例之外，还可以举出许多例子，故可说此等释颂有可能为坚慧增入。

由是后期《宝性论》传本，可说为——弥勒造论；无著释论；坚慧增补；慈护编次。此即今传梵本，亦即藏译之所据。至于汉译所据早期梵本，只未经慈护编次，而已经坚慧增补。

再就慈护于佛塔中见光明而取得本论及《辨法法性论》的传说来看，则早期梵本流传实已沉寂，至慈护后，其编次本始广泛流行。

上来所言，未必是悬解，若就《宝性论》传播史实而言，即使是悬解亦未可说为无据。将来若能发现更多文献资料，相信此悬解必可成为定说。

二、勒那摩提与菩提留支

汉传《宝性论》题为勒那摩提所译，然而唐智升《开元释教录》卷六，却有异说，谓菩提留支另有译本。

【注】《开元释教录》记勒那摩提译事云——《究竟一乘宝性论》四卷。夹注：亦云《宝性分别大乘增上论》（“大”原误为“七”）。或三卷、或五卷。于赵欣宅〔译〕出。见《宝唱录》。第二译与菩提留支出者同本。

其后又记菩提留支译事云——《宝性论》四卷。夹注：或五卷。初出与宝意出者同本。已上并见《长房录》及《内典录》。（《大正藏》第 55 册，no. 2154，页 540-541；此云宝意，即勒那摩提。）

复记：勒那摩提于洛阳开译场，沙门僧朗、觉意、侍中崔光等笔受，“当翻经日于洛阳殿内，菩提留支传本，伏陀扇多参助”，可是后来三位译师以意见不合，竟至不相往来，于是宣武帝便命他们各自翻译。“所以《法华》《宝积》《宝性》等论各有二部耳。”（《大正藏》第 55 册，no. 2154，页 540）

如上所记，似觉混乱，既云后来各自翻译，何以勒那的“第二译”竟又会跟菩提留支“同本”？然则今传的译本，到底是第一译抑第二译？

其实这记载混乱很容易弄清。所谓第一译，应即指今本卷一，亦即根本论；第二译，则为今本卷二以下，亦即释论。这样说来，即根本论为勒那摩提独力翻译，释论则跟菩提留支合作翻译（所谓“同本”）。

在《大唐内典录》中，亦有同样的记载。记菩提留支译《宝性论》四卷；复记勒那摩提译《究竟一乘宝性论》四卷。且云：“初菩提留支助传，后相争别译”。（《大正藏》第55册，no. 2149，页269）

【注】此明记勒那摩提所译为四卷本，菩提留支所译亦为四卷本，应即今本卷二至卷五。至于卷一，则必为二人相争之后，勒那摩提复自行译出根本论，以求取胜菩提留支。释论部分虽说是二人合译，分手之后，勒那摩提亦一定据己意改动译笔。

至于两位译师的相争，不在于翻译《宝性论》，而实在翻《十地经论》之时。后来各自翻译，乃成两本，由光统律师据梵本将之合而为一，即今传译本。

【注】法藏《华严经探玄记》卷一：又，世亲菩萨造《十地论》，编释〈十地〉一品（按，即《华严经·十地品》），魏朝勒那三藏及菩提留支于洛阳各翻一本，光统律师自解梵文，令二三藏对御和会，合成一本，现传者是。（《大正藏》第35册，no. 1733，页122）

然则二人相争之点到底如何？则一向未见有明文记述，于《探玄记》中只微露消息。

【注】同上记云：一、后魏菩提留支立一音教，谓一切圣教唯是如来一圆音教，但随根异，故分种种，如经一雨所润等。又经云：佛以一音演说法，众生随类各得解等。……三、后魏光统律师承习佛陀三藏，立三种教，谓渐、顿、圆。（《大正藏》第35册，no. 1733，页110）

这位光统律师所承习的佛陀三藏，当即为起初在洛阳殿内合作译经的伏陀扇多（Buddhaśānta），即佛陀扇多，意译佛定或觉定。

大概当时三位译师意见不合，唯以勒那及菩提二人争得厉害，而伏陀则较温和。

《探玄记》中所说的“一音教”（一圆音教），即是“究竟一乘”。当然跟伏陀扇多的三乘教不合。可是关于勒那摩提的观点，《探玄记》却只字未说。然而由其将《宝性论》题名为《究竟一乘宝性论》，则可窥知他亦属于瑜伽行中观派，主张究竟一乘。所以他们两人的相争，是瑜伽行中观派的派内争异。

瑜伽行中观对于如何认识心识体性这一问题上有岐异，是故分为两派，一为“随顺真相唯识”，一为“随顺假相唯识”。至于“随顺假相唯识”，又分为两派，一为“随顺有垢假相唯识”，一为“随顺无垢假相唯识”。

【注】格鲁派的宗义学，将“瑜伽行中观”归入“中观自续派”，复定义“瑜伽行中观自续派”为“主张有自证分而不承认外境的中观宗”（依陈玉蛟译贡却·吉美旺波著《宗义宝鬘》，台北：法尔出版社，1988年），复谓——

瑜伽行中观自续派又分二支：一、随顺真相唯识的中观派（rnam bden pa dang mthun pa'i dbu ma），二、随顺假相唯识的中观派（rnam rdzun pa dang mthun pa'i dbu ma）。前者如：寂护、莲花戒、圣解脱军。后者如：狮子贤论师、杰大里、喇瓦巴。其中，杰大里随顺“有垢假相唯识派”，喇瓦巴随顺“无垢假相唯识派”。（陈玉蛟上揭译著，页96-97）

然而这安立却与教法史不符。概言之：（一）于印度佛学，“应成”（Prāsaṅgika）与“自续”（Svātantrika）仅为月称（Candrakīrti）与清辨（Bhāvaviveka）两位中观师的不同论辩方式，而非中观的两个宗派。藏传佛教亦直至14世纪才开始把中观宗分成“应成”与“自续”二派，然“瑜伽行中观”却最迟于7世纪已于印度成熟及广传，是故纳“瑜伽行中观”为“中观自续派”的一个分支，即不符史实（有关西藏宗义学自8世纪至14世纪的发展，参邵颂雄撰《宁玛派四部宗义释》的导论，收本丛书系列）；（二）所谓“假相”与“真相”，实指瑜伽行派“古学”与陈那以后的“今学”二者所指的宗见。“假相”的梵文为nirākāra（或译“无相”“虚相”），“真相”的梵文为sākāra（或译“有相”“实相”）。依据日本学者冲和史的研究，“无相唯识论的理论，是认为知觉相是‘非实在’的并且是‘虚伪’的。……惟有绝对不会被排斥的‘心的光辉’才是真实的”，而于真相唯识，则主张一切心识“知觉相”都是“不能够否定的‘实在’”（见李世杰译《唯识思想》[台北：华宇出版社，1985]第六章）。这亦即如敦珠仁波切所言——

实相派认为，眼识缘青色时，青色如实显现为青色；假相派则认为青色显现之类一切法，于外境或心识中皆无实体，故较实相派稍胜，以此实许除识外别无其他实法，因无明习气增益，心识无明始污染及执著诸显现。（见拙译《四部宗义要略》，收本丛书系列《九乘次第论集》附录）

因此，“假相派”与“真相派”的分别，其实亦即是瑜伽行派中承许“如来藏”抑或“唯识”为自宗了义见的分别，亦即是安慧与护法唯识学说的分野。因此，《宗义宝鬘》中谓寂护、莲花戒等随顺真相唯识，而狮子贤等随顺假相唯识，实无根据，且与此等论师的著作中所许的宗见不合。

假相唯识的“无垢派”与“有垢派”，分别在于心性有无污染。若认为当心缘外境之时，心识虽起妄执，而心性却不受污染者，为“无垢派”；反之，若认为心性受污染者，为“有垢派”。

然则，勒那与菩提二人，到底在宗义上属于哪方面的相争呢？

据道宣《续高僧传》卷七，因二人的争论，以致“地论宗”分成南北两派。承勒那摩提之说者为“相州南道”；承菩提留支之说者为“相州北道”。

南道的传人为慧光，即前面提过的光统律师，他起初跟伏陀扇多出家，后来改宗勒那摩提；北道的传人则为道宠。至于“相州北道”派的著作，则已全部佚失，然依南道派门下的著作可知，南道以传习《涅槃》《维摩》《胜鬘》等经为主，故知其主张如来藏；北道主《摄大乘论》其后与真谛建立的摄论宗合并。由是推断，勒那摩提属于“随顺假相唯识无垢派”的瑜伽行中观；而菩提留支则属于“随顺假相唯识有垢派”。

【注】随顺假相唯识无垢派者，说如来藏为自性清净心；随顺假相唯识有垢派者，认为心性可受污染，故亦着重阿赖耶缘起，即一切法皆依阿赖耶而缘生。

这样一来，于译《宝性论》时当然有冲突。盖本论实说自性清净心，而非说阿赖耶，勒那岂能随顺菩提留支？

关于勒那摩提，虽未见其著述，然若据其门下南道派诸师的著作来看，则可见勒那所传的如来藏思想，虽为随顺假相唯识无垢派的瑜伽行中观，唯却属“他空”见，即以如来藏为实有的本体，且说众生生而具足自性清净如来藏而且显露。

【注】南道派的慧远，在《大乘义章》(卷三）中说八识，谓阿赖耶识有八名：藏识、圣识、第一义识、净识、真识、真如识、家识、本识，故说阿赖耶为“真常净识”。(《大正藏》第44册，no. 1851，页524）

由是即可见勒那所传，实为一切法空，而自性清净如来藏则不空。说为不空，以真常故。因此慧远说：“阿梨耶者，此方正翻，名为无没。”此语有二义：无没故真、无没故常。因此便说其体性无可破、无所立。

慧远于《大乘义章》复云——“真〔识〕中分二：一、阿摩罗识，此云无垢，亦曰本净，就真论真，真体常净，故曰无垢，此犹是前心真如门；二、阿梨耶识，此云无没，即前真心，随妄流转，体无失坏，故曰无没”(《大正藏》第44册，no. 1851，页530)；此所谓“真识”者，慧远说即“所谓第八如来藏心”(页638)。“体不失坏”自为真常。

然而既立“第八如来藏”，立刻就引起了修道的问题。因为只能说成是无明与真如互相熏习，即无明熏真如而成染，真如熏无明而成净。这说法当然受到唯识家的反对，因为唯识说种子熏习，《起信》若未立种子，自不能说熏习；至于说阿赖耶识却说到心之体性无可破、无所立，那是对如来藏“不增不减”的误解，亦非中观家所可同意。——此二点将另题详说。

复次，说阿赖耶为无没识，生死不失没，无误，可是当说阿赖耶即自性清净心时，谓其生死不失没，则误，这样一来，便即等于说如来藏生而即便显露(因为不没)。

释迦说众生都有如来藏，非谓如来藏为实体，亦非谓其生而即具现，只是说如来法身具在而不成显现，但显现为藏识，即阿赖耶识。

【注】《如来藏经》云：“佛见众生如来藏已，欲令开敷为说经法，除灭烦恼，显现佛性。”

又云：“以善方便随应说法，灭除烦恼，开佛知见。”

复云：“故以方便如应说法，令除烦恼净一切智，于世间为最正觉。”(依佛陀跋陀罗译，《大正藏》第16册，no. 666，页457-458)

如是等等，释尊反复宣示，除灭烦恼后的心性始名为佛性、佛知见、一切智，此即是如来藏。

所以如来藏并非本体——绝不是有一本体名如来藏(自性清净心)为烦恼所缠，可是本体却不受污染。

质言之，如来藏只是心识不受烦恼污染时的状态；受污染的状态则名为阿赖耶识(藏识)。《楞伽》说“如来藏藏识”，即是此意，因为众生心识可呈现为如来藏的境界(如修深止观的菩萨及佛)，亦可呈现为藏识的境界(如凡夫心识)。然而，藏识之所以形成，则实为如来藏的自显现。以如来藏为智境，可说为佛的法身，法身以大悲周遍故自显现为一切界的识境，因此，凡夫的识境实为智境上的自显现（不是智境本身自显现）。故便统名之为“如来藏藏识”。（详见本书《如来藏体性与观修——〈入楞伽经〉与〈宝性论〉合论》）

这个意趣，于《大集大虚空藏菩萨所问经》卷第八中，说得很清楚。经云——

“夫心者是缘生法，譬如染缬，或处受色或处不受。有情心所（有情的心识状态）亦复如是，或起烦恼或复不起。……菩萨由证此法门，不为一切诸烦恼之所污染，亦不思惟此清净法，以不思故，则灭一切寻伺缘虑，证清净性；由证清净，则超魔境；以超魔境，则安住佛境；以住佛境，则超有情境入不动法界；以入不动清净法界，则入平等无差别境，则名一切智智。”（依不空译，《大正藏》第13册，no. 404，页643）

所以一切都是境界（状态）：魔境、佛境、有情境、不动法界、平等无差别境、一切智智皆是。故经中但言“境”，而未说之为体，因境界即无体无自性。

复次，《胜鬘经》中亦云——

“世尊，若复过于恒沙如来菩提智所应断法，一切皆是无明住地所持、所建立。譬如一切种子皆依地生，建立增长。”（依求那跋陀罗译，《大正藏》第12册，no. 353，页220）

这即是说，烦恼依习气（无明住地）而建立。所以若知习气无自性，则其所持所建立的烦恼亦无自性。以无自性故，即实不能污染心识。——说为“自性清净心”，即基于此。但“自性清净心”亦无自性，此已见前引《虚空藏经》说。

经复云：“如来藏者，是如来境界。”（同前引，页221）

说为“境界”，即是佛的智境。因此释尊实从未说过如来藏是真实的本体。

又云：“断、脱、异、外有为法依持建立者是如来藏。”（同前引，

页 222）

所谓“断脱异外”，即是如来藏这种智境，实非有为法所依持建立的习气，是即不受烦恼所染，不执一切由因缘生起的有为法为实有。如是种种，皆未尝说之为真实本体。

是故我们只能说，众生皆生而具足不受污染，本来清净的心性（能起不受污染的智境），此即“众生皆有如来藏”之意。非谓有一本净的真实本体为众生具有；亦非谓如来智境上有识境自显现，此智境为识境本体（只能说智境具识境的本性）。

此如《不增不减经》云——

“舍利弗，即此法身，离一切世间烦恼使缠，过一切苦，离一切烦恼垢，得净、得清净，往于彼岸清净法中，到一切众生所愿之地，于一切境界中究竟通达，更无胜者。离一切障、离一切碍，于一切法中得自在力，名为如来应正遍知。”（依菩提留支译，《大正藏》第16册，no. 668，页467）

心识不为所染，便即是“离”；心识有所超越，便即是“过”；心识不执一切境界（如苦乐等），便即是“究竟通达”。是故说为“离一切障、离一切碍，于一切法中得自在力”。这很显然即指如来的智境。

可是勒那摩提则执如来藏为真实本体，且视之为生而自显现，所以在翻译《宝性论》时，便时有用词不当之处。

【注】试略举数例——

1.《佛宝品第二》：“佛体无前际……”译为“佛体”不当。梵文 buddhatva，藏译 sangs rgyas nyid，是“佛性”义，非指佛之本体。

2.《法宝品第三》：“愚痴凡夫不如实知、不如实见一实性界。”此“一实性界”，于梵文为 eka-dhātu，藏译作 khams gcig，直译为“一界”或“一性”，指如来藏，故可意译为“一如界”。若译为“一实性界”，则已误认为真实本体。

3. 同上："以不取相故，能见实性。如是实性，诸佛如来平等证知。"第一个"实性"，梵文作bhūta，藏译为yang dag pa。实指"真实"，亦可意译为"本有"；第二个"实性"，梵文作dharma，即"法"。若依梵藏本，此句应译为——"以不见如是相与因，即能见本有，故如来圆满证知一切法平等。"依勒那译，则易误解如来藏为佛证知的"实性"。

4.《身转清净成菩提品第八》："向说转身实体清净……"此句完全离开梵藏本文义。梵藏本于本句实云"如来性于圆满清净境界中极清净见无差别性相"，无"转身实体"之意。

如是略举数例，即可知勒那摩提执如来藏为实体。由是影响及地论南道派，从而影响及华严宗。

视自性清净心为实体，是《大乘起信论》的观点，地论师及华严师皆受其影响。与对《宝性论》的误解一旦合流，于是"一心"便被视为真常，入"他空"（gzhan stong）见。

【注】例如慧远，在《大乘起信论义疏》卷上之上中言："心真如者是第九识，全是真，故名心真如；心生灭者是第八识随缘成妄，摄体从用，摄在心中生灭。"（《大正藏》第44册，no. 1843，页179）

此即说"一心二门"。然而却将如来藏视为第九识，是心真如门；第八识有生灭心，是心生灭门。由是《大乘义章》说"众生自实如来藏性，出生大觉与佛为本"（《大正藏》第44册，no. 1851，页472）。明言如来藏"实性"。

类似的情形在西藏亦曾出现，即主张"他空"的觉囊派（Jo nang pa）。此派后来受到西藏格鲁派的评破。宗喀巴大士用应成派说破"他空"，且视应成说的"自空"为了义。连带所及，凡主如来藏说的学派都受到怀疑，例如宁玛派的"大圆满"。——"大圆满"以如来藏为"大中观"，为了义；应成见则是粗品了义。

【注】见敦珠仁波切《四部宗义要略》，拙译《宁玛派四部宗义释》（台北：全佛文化，2008）。

又参刘立千译《土观宗派源流》及 S.K. Hookham, *The Buddha Within*.（Albany: State University of New York Press, 1991）。

宗喀巴大士及格鲁派学者的论著，经法尊译师翻译传入汉土，印顺法师即受其影响，判“真常唯心”为不了义，其破，亦即格鲁派之破“他空”，未知宁玛派的如来藏了义说，亦未知他空见实可开许。

【注】于《中观今论》中，印顺法师指出：“真常者则说妄心也空，而清净本体不空。”（页 261）此即由定义为真常而破“他空”。

然而如来藏实非本体“真常”。依宁玛派所传，自嘎饶多杰（dGa' rab rdo rje，译言极喜金刚，前 55 年—?）以来，诸续仅以如来藏为本智境界，不视之为真常本体。故离“自空”（rang stong）、“他空”（gzhan stong），称为“了义大中观”（nges don dbu ma chen po），此即不受格鲁派之所破。勒那摩提所持为他空见，由是其所译《宝性论》便时有他空见色彩。

关于自空及他空、离边、了义大中观的问题，将另题讨论。此处仅就两位译师的争论所涉及见地问题，点出此中关键。

三、《起信论》与他空见

清末民初之交，日本学者松本文三郎、望月信亨、村上专精等，发动考证《起信论》的风潮，认为此非马鸣菩萨所造，实为“支那撰述”。反对者则有常盘大定、羽溪了谛，双方激战，前后纠缠十八年。

其后我国学者亦发起讨论。

【注】故友张曼涛于其所编《现代佛教学术丛刊》第三十五册之《编辑旨趣》中，综述此次论战云——

由梁启超首先发难，理论大致与望月信亨相似，否认《起信》是马鸣的著作，不仅否定是马鸣的，也否定是印度的，他认为是梁陈间中国人的著作，当然他的立场虽是否定，但对《起信》的价值仍是肯定的，肯定是中国人一本最了不起的佛学著作。可是到了南京支那内学院一派的手里，则问题更加严重了，他们认为《起信》不仅不是马鸣的东西，且不是佛教的东西，而诋为附法外道的，这就是从唯识立场，而对《起信》所作的最严厉的批判。为反对此立场，起而替《起信》作辩护的，便是太虚、章太炎、唐大圆等此一派……此一辩论，一直到了五十年代仍有回波荡漾，此即太虚大师的后人印顺法师作的《起信平议》，和欧阳（竟无）门下的吕澂所发表的《起信与禅》。印顺法师的"平议"……他从大乘佛法三系中来抉择《起信》乃是佛教的，不过属于真常唯心，与虚妄唯识的立场不同而已，因而平定了内学院派的强烈反《起信》的意见。不过到吕澂的《起信与禅》，以其代表内学院一派的意见来说，则也可说是缓和多了。他的看法是，现在流通的《起信》乃是禅家对于旧本的改作，思想内容则与《楞伽经》有关。……

初时中日双方学者的讨论，都未留意及西藏方面的论著。后来法尊法师翻译了一些格鲁派的论典过来，说"中观应成派"义，然后才有印顺法师的著述，判《起信》为"真常唯心"。然而印顺法师却未提到西藏的中观学派有"大中观"一派，而此派又分为"了义""离边"与"他空"三家，分别以宁玛派（rNying ma pa）、萨迦派（Sa skya pa）及觉囊派（Jo nang pa）为代表。

以是之故，印顺法师研究"如来藏"思想便欠全面。他以《起信论》的思想概括如来藏思想，更根据勒那摩提的《宝性论》译本及用之来理解如来藏系列经典，由是判“如来藏”为“真常唯心”，乃佛不了义说，甚至进一步认为具外道色彩。这一批判，实在动摇了华严、天台、禅宗的地位。因为他们的理论，都以如来藏思想为基础。

【注】参考印顺法师《印度佛教思想史》《如来藏之研究》等（台北：正闻出版社）。

过去由于格鲁派主自空的影响，“他空”论典几同禁书，近年情势改异，噶举派一些上师公开在欧美宣扬“他空见”，加上中国大陆于四川、青海一带调查觉囊派寺院，且翻译该派文献，于是关于他空派种种便所知渐多，主他空见的觉囊派于今亦可公开弘法，由是学者即不限于由批判文字来加以了解。如是而知西藏大中观他空见，便即是印度的随顺真相唯识瑜伽行中观师的他空派，亦即勒那摩提的一派。

【注】可参考的书籍计有——

蒲文成、拉毛扎西著，《觉囊派通论》（西宁：青海人民出版社，1993）；许得存，《川青两省藏区觉囊派寺院调查》，收《世界宗教研究》1991年第2期；许得存，《多布巴及其〈山法了义海论〉》，收《中国藏学》1992年第2期；许得存，《觉囊派他空思想浅论》，收《西藏研究》1993年第1期；许得存，《藏传佛教“自空”、“他空”思想评析》，收《佛学研究》1994年第4期；许得存译，阿旺洛追扎巴著《觉囊派教法史》（拉萨：西藏人民出版社，1993）；刘立千，《藏传佛教各派教义及密宗漫谈》（北京：民族出版社，2000）；以及觉囊派当代法主健阳乐住（’Jam dbyangs blo gros）的多种著作。外文则有 S.K. Hookham, *The Buddha Within*（Albany: State University of New York Press, 1991）；Kenpo Tsultrim Gyamtso, *Progressive Stages of Meditation on Emptiness*（Stephen Zangmo, trans.）（Oxford: Longchen Foundation,

1986）；Cyrus Stearns, *The Buddha from Dölpo*（Albany: State University of New York Press, 1999）。

可惜这些论著未有比较汉土华严、天台与藏传觉囊派“他空思想”之异同，亦未详论宁玛派“大圆满”的“了义大中观”见与觉囊派“他空大中观”的差别。

照觉囊派所言，“自空”为不了义，“他空”始为了义。他们将源头追溯到龙树。谓龙树所造“理聚六论”说自空不了义，唯于“赞歌集”则说他空了义。

【注】“理聚六论”即《中观论》《宝鬘论》《回诤论》《七十空性论》《精研论》及《六十颂如理论》。

“赞歌集”一般指《四赞歌》(*Catuḥstava*)，包括《出世间赞》(*Lokātītastava*)、《无等赞》(*Niraupamyastava*)、《不思议赞》(*Acintyastava*) 及《胜义赞》(*Paramārthastava*) 等四篇。《四赞歌》仍有梵本传世。参 Chr. Lindtner, *Master of Wisdom*（Berkerley: Dharma Publishing, 1997），页 158-171 及 236-247。此外，龙树所造赞歌，尚有《法界赞》《三身赞》等。邵颂雄已将八篇龙树赞歌全部译出，结集为《龙树赞歌集密意》（台北：全佛文化，2015）。

然而他们更尊崇无著，认为“慈氏五论”皆说他空见。由是亦说世亲论师为他空派。不过最值得注意的是，据上揭《觉囊派教法史》，于世亲之后的印度传承即为“恒河弥底尊者”。此即前曾提及的慈护。《觉囊派教法史》说他“恢复了从很早以前泯灭的微妙难解的大仙〔善〕道，使如来经藏格言狮子之巨大声音重新响起。”

【注】此句在《觉囊派通论》中则作：“当精深难证的大善道如来藏善说狮子言长期泯灭后，复由刚噶麦智重新弘显广大。”——此中刚噶麦智即“弥底”(Maitrīpa) 之异译。

这一点非常重要。慈护的生年为公元1007年（依S.K. Hookham引），若云在他以前“如来藏善说狮子言”已“长期泯灭”，那即是说，于唯识兴起之后，如来藏思想在印度曾有一段时期受忽视。而所谓见佛塔光明发现《宝性论》《辨法法性论》，则为中兴如来藏思想的传说。

不过觉囊派的说法却有两点值得讨论：第一，在世亲至慈护这段期间（暂定为公元4世纪末至11世纪初），汉土的如来藏思想正逐渐开出灿烂的花朵，尤其是7世纪时，华严思想大成，此实由于如来藏经论陆续译出之故，足见这派系其实并未“泯灭”，否则何以尚有译师会传译这一系列经典？

第二，慈护所传实非只限于“他空见”。

关于第一点，近代欧美学者已注意到汉土地论宗、华严宗及天台宗的如来藏思想，且有学者认为极可能由于中印交通而传回印度，因而影响到印度学者的思想，发展而成为“他空派”。

【注】见S.K. Hookham及其所引资料。又可参考日本学者高崎直道的有关论著提到华严三祖法藏的如来藏思想。（法藏的思想，继承《起信》及《大乘法界无差别论》，属他空见。）

此外，传说唐玄奘法师曾应西域的要求，译《起信》为梵文，反哺印度。此未知是否属实？然亦可见当时汉地的如来藏思想确曾对印度发生过一些影响。

关于第二点却须详述。据《青史》，由慈护所传下来的《宝性论》实分二派，一为俄派，即俄·洛丹喜饶所传；一为赞派（bTsan lugs），即赞·喀沃且（bTsan kha bo che, 1026—?）。此中俄派属离边大中观，而赞派则为他空见大中观，故喀沃且亦被视为觉囊派传承祖师，列为“显教他空传承”的第八位。

【注】有关“他空大中观”的传承，参S.K. Hookham上揭书，页

152-153。

另外,《觉囊派教法史》以无著为第一位传承祖师。且说“弥勒法是从究竟佛义、不退还了义教法著成的，非常明确地提出了他空大中观的见修。无著论师掌握了弥勒佛的全部精神……”（页 5-6）。这说法，唯识学者当然不会同意，可是宁玛派却不完全反对这个说法（以下即将论及此点），这就是因为宁玛派认可俄译师的“离边”观点，而且亦认可赞译师的“他空”观点。

为什么同一师承却有两种不同的见地呢？如据《青史》，则知俄译师为智谛的亲传。喀沃且则因不通梵语，而由智谛的弟子噶维多杰（dGa ba'i rdo rje）传授——这位噶维多杰是西藏人，曾回西藏传他空见的密法，后来又返回迦湿弥罗。（见《教法史》）

或曰：噶维多杰既为智谛的弟子，那么即使由他传授，亦不应与师说有异。

这便正是问题关键之所在了。

原来印度密乘论师的传授，一向分“经说部”（bshad rgyud）与“成就部”（sgrub rgyud）两个传承。俄译师得自智谛者为“经说部”，噶维多杰得自智谛者则为“成就部”，二者可见地不同。

这可以举冈波巴（sGam po pa, 1079—1153）为例——

冈波巴为慈护尊者传下来的嫡系，兼领大手印观修传承、《宝性论》教授及观修三部传承。（比较起来，俄译师则只得《宝性论》教授传承、喀沃且则得《宝性论》观修传承。见 S. K. Hookham 引西藏所传的传承系统表：pp. 152-153。）

在《青史》第八辑中说：“〔冈波巴〕对合乎密宗法器诸人则示方便道，对虽未能灌顶然而合般若波罗蜜多法器诸人，则传播大手印教授……”（郭和卿上揭译书，第二卷，页 92）——此中所谓“方便道”即密教观修，须经灌顶始予教授，而显教大手印（mdo lugs phyag chen）教授仅属见地教授，故不须灌顶。

关于这规矩，可从《青史》、布顿（Bu ston）《佛教史大宝藏论》

等西藏史书得知。而且可以说，此传统一直保存至今日，迄未改变。

因此关于智谛所传，开为两种不同见地，便亦可以了解。此实分为方便道的“密教观修”，及般若波罗蜜多的“显教大手印教授”二系。此即分续部、修部。若依 S.K.Hookham 所说，则冈波巴的教授，“经说部”依离边见，“成就部”依他空见。以不同见地作不同教授，乃属传统。

现在回过头来，看此系上世的传授，俄译师所得者既为“经说部”，自然属于离边见，而喀沃且既由习“成就部”的噶维多杰传授，因此所得的便是他空见。

《宝性论》的两派传承，见地岐异，一般人或许会觉得奇怪，但实际上即是见、修两部的见地不同，却是很平常的事。

例如宁玛派的“九乘次第”，每一次第即有一次第的见地，据之以作观修时的抉择与决定，由是得现证。而下次第的现证果（证量），即成为观修上次第的见地（基）。

【注】见 H.H. Dudjom Rinpoche, *The Nyingma School of Tibetan Buddhism*, 说九乘差别部分，见拙编《九乘次第论集》。笔者于《四法宝鬘》导读中亦有详细说明（收“佛家经论导读丛书”，台北：全佛出版社）。

盖以实际观修而言，行者根本不可能持“离边”或“了义”大中观而入手。所以宁玛巴教授的大圆满“加行”（sbyor ba），由执我而渐修至无我，其抉择与决定的次第，即已统摄小乘说一切有部、经量部、唯识、中观、他空见大中观、离边见大中观等，而最后的“直指教授”（ngo sprod），才示之以大中观了义见。并不是因“大圆满”以了义大中观为见地，便全部观修都根据这见地来作抉择与决定。

如是，我们可以说觉囊派的“他空见”，实与宁玛派、噶举派同源，只是他们执著“他空”为了义，反认为“离边”“了义”为不了义，恰与宁玛派的观点相反。宁玛派仅视“他空”为加行中一次第的见地，行者须凭直指“了义”始能证“大圆满”。

【注】有关宁玛派对“他空大中观”的抉择，可参考米庞嘉措（Mi pham rgya mtsho）《狮子吼开许他空》（*gZhan stong khas len seng ge'i nga ro*），收入《如来藏二谛见》（台北：全佛文化，2007）。米庞论著，别有 John Pettit 的英译本，收入 *Mipham's Beacon of Certainty*（Boston: Wisdom Publications, 1999），页 415-427。

据《青史》第六辑，俄译师曾说过这样的话：“此如来藏虽说为胜义谛，然而胜义谛不仅不是文字言说和了知的真实境，就连贪欲之境也不是。”（引自郭和卿上揭译著）

这段说话，是针对阿阇梨帕巴，因为帕巴虽承认“遮止诸有法为实有”即胜义谛，却亦许文字言说所了知分别的决定为胜义（参 G.N. Roerich, *The Blue Annals*），而俄译师却谓胜义谛非文字语言所可表达判别，盖此乃诸佛内自证境界。由是可知俄译师所传者，为离边大中观见，亦与宁玛派的了义大中观无违。

因此觉囊派的说法——他空见为佛三转法轮所说，为了义，即无著所传弥勒“慈氏五论”的见地。后来传授中断，复经慈护传授。而因曾中断之故，才有不了义的自空见及唯识见流传。这说法显然便只是为本派见地找立足点。

觉囊派的他空见，该派大师朵波巴（Dol po pa Shes rab rgyal mtshan, 1292—1361）在《了义海论》中说得很清楚，谓阿赖耶识有识、智二分。此即与《起信》之一心二门合拍。识分即“心生灭门”；智分即“心真如门”。

【注】《了义海论》说：“一切诸法实相，胜义谛是常恒坚固不变的。含藏识有识、智二分，此属智分，复是胜义法性的三宝周遍一切情器世间，是界觉性无差别的天众，此与如来藏本具种性，四续部所说的

百部诸尊等，皆同一意趣。”（据刘立千译《土观宗派源流》引，北京：民族出版社，2000 年，页 117。）

既然觉囊派的他空见渊源有自，为印度弥勒学派的传承，因此就不能说《起信》为中国人的著作，而应当认为是印度顺瑜伽行中观派之中，持他空见的论师所造。由此论在汉土激起波澜壮阔的华严、天台思想，且影响及禅宗，又或由汉土反过来影响印度，再传入西藏而成为一大门派，因此我们对于如来藏的他空见实不宜轻视，不可仅据格鲁派的批评即视之为“恶见”。盖于道次第中依他空见而修止观，实无过失，问题只在于行者尚须于所现证的真如境界中，次第尽离真如相与证智相的执著，始能究竟圆证无上正等正觉。若认中观应成派为了义，大中观他空见为不了义，甚或为“恶见”，便有可能影响实际的止观观修。

【注】宗喀巴大士破觉囊派后，有魄力建立自己的道次第——包括显乘的“菩提道次第”、密乘的“密咒道次第”，是故对观修止观不生破坏。若破而不立，甚至如有些学者对如来藏思想加以轻蔑，则在修持上可谓影响甚大，因为他们除了像鹦鹉学舌之外，实一无所知。

因此我们须了知，《起信》及觉囊派的见地，并不代表全部如来藏思想。而他们的见地，若于观修层面来看亦非错误，盖亦为“道次第”中一些次第观修之所依。

至于唯识家及应成派是否能破如来藏，将于下二题中分别讨论。

四、如来藏与唯识

唯识家破如来藏，实破其“他空见”，然于如来藏思想的核心则实未尝破。何谓如来藏思想的核心？

如来藏思想实即“瑜伽行中观”之所依。对于此派，格鲁派宗义分之为二：一为“随顺假相唯识”，一为“随顺真相唯识”。前者说“如来藏缘起”，后者视如来藏完全等同阿赖耶识，故说“阿赖耶缘起”。然而，“随顺假相唯识”复分无垢派及有垢派，此于前述汉土地论宗二派时，即说前者相当于随顺勒那摩提的“相州南道派”，后者相当于随顺菩提留支的“相州北道派”。此二派又立名为“随顺假相唯识有垢派瑜伽行中观”及“随顺假相唯识无垢派瑜伽行中观”。

此名为“随顺假相唯识无垢派瑜伽行中观”者，实无非为后世研究宗义的学者所立，西藏无上瑜伽续诸派，则名之为“大中观”（dbu ma chen po），且不以之为随顺唯识。此乃用以简别中观自续、应成二派，盖以此二派但说中观外义，故说为“小中观”，自宗则说内义，故说为“大中观”。

然而大中观亦分三派。一视“他空见”为了义，如觉囊派；一视“离边见”为了义，如萨迦派及噶举派；一视“极无所住”而“大悲周遍”为了义，如宁玛派。

【注】“自空见”不入“大中观”，为外中观自续派及应成派之所依，皆不以如来藏为根本见。于藏土，此为格鲁派所依止，唯却判自续派为不了义，应成派为了义。此判别，唯宁玛派认可，余大中观派则不认可。

如是说，唯了义见大中观为如来藏思想的核心，他空见仅依核心而成立。

【注】因无上瑜伽续的观修，其道次第亦以“他空”为次第见，故不能说之为误，只能说他空次第尚非为究竟，故说其依核心而成立。此如剥果仁，有人认为带衣的果仁已是核心，有人认为需去掉果仁的衣才是核心，这便是观点的不同，后者不能说前者错误。由是宁玛派便可以开许他空。

藏土格鲁派破“他空见”大中观，依中观应成义而破，如宗喀巴大士及其传人，此将于下题讨论。汉土破《起信》者则用唯识义，如欧阳竟无大师及其支那内学院派。本题即就其所破而论述。

【注】主要参考二文——

欧阳渐《抉择五法谈正智》(此为《唯识抉择谈》中之一分),

王恩洋《大乘起信论料简》。

二文收入张曼涛编《现代佛教学术丛刊》第三十五册。(以下简称《丛刊》)

汉土唯识家当时不知西藏有觉囊派的“他空见大中观”,故乃据传为马鸣菩萨造的《大乘起信论》而破。此论所据,实即“他空见大中观”,此可用觉囊派朵波巴大师的《山法了义海论》(*Ri chos nges don rgya mtso*)比较而知。

【注】汉文资料可参考许得存译《觉囊派教法史》附录多罗那他尊者(Tāranātha)著的《金刚乘密法概论》与《中观他空思想要论》。由前者,更可了解“他空见”为道次第中一次第观修之所依的说法。

欧阳竟无否定《起信论》的“真如缘起”,是就其总体而破。他的说法是——

“真如体义,不可说种,能熏所熏,都无其事。”此即谓真如非如种子,具有能熏、所熏的作用。因此“《起信论》不立染净种子,而言熏习起用,其熏习义亦不成。”如是“真如缘起”即便不能成立。

这是坚守唯识家的立场来作抉择。盖唯识家认为唯阿赖耶识的种子才能起熏习之用,真如既非种子,即不成熏习,如是便亦不成缘起。

【注】当时跟唯识家辩难诸大德,承认“真如体义”(真如是实有的本体),因此便只能解释为什么不立种子亦可说“染净熏习”(如唐大圆《起信论解惑》,收《丛刊》)。

可是他们却离唯识而另立熏习义。如唐大圆即言:“真如净法实无于染，但以无明而熏习故，则有染相；无明染法实无净业，但以真如而熏习故，则有净用。”

“知非有漏种子熏生无漏，但以有漏现行违反无漏净法，斯名因无明熏而有染相也；亦非无漏种子熏生有漏，但以无漏现行违反有漏染法，斯名因真如熏而有净用也。”（同上揭文）

他避开“种子熏习”而说“现行熏习”，即谓有漏现行、无漏现行所起的染净即是熏习。然而现行所熏者即是种子，若不立种子，则“无明熏”“真如熏”者，所熏者究为何耶。唐大圆未能自圆其说，故此说不足以动摇唯识家的观点。

王恩洋之所破，则别别而破，他先将《起信论》要义综合，表列如次：

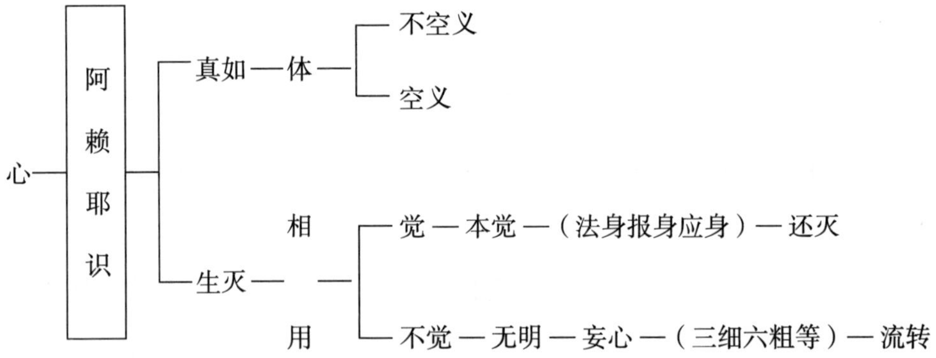

然后乃综论之曰——“如是则此论所云之真如，为一实物，其性是常，其性是一。以其常故，性恒不变；以其一故，遍一切法；以为实物故，能转变生起一切法，而一切法皆此真如之现象及其作用。”

【注】常惺《大乘起信论料简驳议》则谓王恩洋理解有误。真如非常一、真如非能生一切法之实物。然此二义正为王恩洋的观点。只不过王恩洋认为《起信》说真如常一、能生一切法，而常惺则谓《起信》中的真如非是此义。然则是亦未能破王恩洋也，盖王恩洋所据，乃向来的说法，如法藏等。因此常惺非破王恩洋，乃破法藏、慧远等古德，

诸古德皆视《起信》所说“心真如者，即一法界大总相法门体”之真如为真常。

然而后来的印顺法师于《起信平议》中，亦判《起信》为“真常”，此即同王恩洋之所论。他们的分别，仅在于王恩洋视“真常”为外道，印顺则判如来藏为佛家的“真常唯心论”，但亦有外道神我色彩。

以上所引，均见《丛刊》同册。

若“心真如”为真常，能生一切法，则正受王恩洋所破。

【注】王恩洋的“料简”说——

一者，佛法所云真如无实体，而是诸法空性。此则谓真如即体，而是诸法本质。

二者，佛法真如都无有用，性非能生，不生万法，但以有万法故，而真如之理即存。而此则谓真如能生，生起万法，以有真如故，而万法起。

三者，佛法云真如非以一常住之体故，诸法依之而有生灭，但以诸法生灭无常故，而显此无常之常性，名之曰真如。此则以有一真如常住之实体故，诸法随之而生灭。

复次，《起信》所说之“一心”，即如来藏。

【注】慧远《大乘起信论义疏》：“于一心中绝言离缘为第九识，随缘变转为第八识。”(《大正藏》第 44 册，no. 1843，页 179）

此即以“心真如”为第九识；“心生灭”为第八识，统摄于“一心”，如是即《胜鬘经》所云“如是如来法身不离烦恼藏名如来藏。”

复云：“彼《胜鬘经》宣说二识，一者空如来藏，谓诸烦恼空无自实；二者不空如来藏，谓过恒沙一切佛法。”此即如觉囊派，但立“他空”，所空者即为烦恼污染，而“圆成实善逝藏者，任何时候自性都不

空。”（多罗那他《中观他空思想要论》，引文依许得存译《觉囊派教法史》附录，页 300）

是故《起信》所说既为常一实体，说如来藏便当亦为实体。由是唯识家遂亦依此而破如来藏。

【注】如吕澂《起信与禅——对于大乘起信论来历的探讨》，即云：“《起信》理论的重心可说是放在‘如来藏缘起’上面的，而首先要解决的即是如来藏和藏识的同异问题。这些原来也是《楞伽》的主题。但原本《楞伽》是将如来藏和藏识看成一个实体。”（同上《丛刊》）

谓《楞伽》将如来藏及藏识看成为实体，乃当时吕澂之误解。若依宁玛派说，“如来藏藏识”无非只是心识境界。有情心识于受污染时，此心识境界即名藏识；若不受污染，心识境界即名如来藏。视为境界，即非实体。

不过，吕澂误解如来藏，将如来藏及藏识说为实体，只是当时的事，其后他的观点即已转变。他在《入楞伽经讲记》中已说，如来藏“开演（佛）自证心地法门，即就众生与佛共同心地为言也”，这便已经是不将如来藏及藏识看为实体的说法。

所以他接着说八识、五法、三性、二无我等“四法”，说云“四门所入，归于一趣，即如来藏。”并且强调“此义极为重要”，因为“八识归于无生，五法极至无二，三性归于无性，二空归于空性，是皆以异门说如来藏也。”那便是将无生、无二、无性、空性都看成是如来藏的法异门，这便跟其先时将如来藏看为实体的观点不同。由是他总结而言——

如来藏义，非楞伽独倡，自佛说法以来，无处不说，无经不载，但以异门立说，所谓空、无生、无二以及无自性相，如是等名，与如来藏义，原无差别。

现在汉土唯识宗的学人，由破《起信论》来破如来藏，引用吕澂早期的观点，误解《入楞伽经》说如来藏为实体，而不理会吕澂后期思想的改变，他不但肯定如来藏，甚至说佛无处不说，无经不载，这些学人可谓寡闻，未全读自宗前贤的著作；有些人已读，但因为自己已有文章否定如来藏，便依然坚持自己的偏见，那便更加不能称为学人。

勒那摩提所译的《宝性论》，确有视如来藏为实体的倾向，由是便易引起误会。

【注】如印顺法师于《如来藏之研究》中，谈到“转依”，即引《宝性论》中的一段——

“实体者，向说如来藏不离烦恼障所缠，以远离诸烦恼，转身得清净。”

由是印顺法师说——

“菩提的自性（实体），是如来藏的转依得清净……”（页 221）

实际上梵藏本皆说——

“自性清净，离一切烦恼藏。世尊，过于恒河不离不脱不异不思议佛法，成就如来法身。世尊，如是如来法身不离烦恼藏，名如来藏。”

只说“自性”（svabhāva），未说为“实体”，亦未说“转身”。印顺法师显然是受汉译误导，才会在“菩提的自性”下注“实体”二字，并用上“转依”之义。难怪他会判如来藏思想为“真常唯心”。

盖若如来藏或“心真如”为实体，则不能成立“真如能生万法”的缘起，亦无所谓“转依”。不能成为缘起，以违缘生法平等故。

心真如若为实体则不能成为缘起，可据王恩洋说而知。

【注】王恩洋于同上揭文中云：“今汝真如能生万法，万法从真如生，而真如不从余生，真如但能生而非是所生，真如性常一万法非常一。有如是等之不平等，是不平等因。因既不平等，则汝真如与诸外

道、梵天、上帝、时力、自然、世性、我等有何差别?”

至于不成转依，则以熏习义不成故，且体用相违故。

【注】熏习不成，已见前引。

体用相违，则如王恩洋所云：“复次，如此论（指《起信》）中所云真如自体，从本已来性自满足一切功德。又云一切凡夫、声闻、缘觉、菩萨、诸佛，无有增减，无生无灭，毕竟常恒等。体既如是，用亦应然。所生诸法应同一清净相，如何得有凡圣三乘、善恶业果、世出世间诸法差别?”

然若不视如来藏为实体，则不受唯识家所破。

【注】王恩洋“料简”三点，皆据真如为常一实体而破，故若视如来藏仅为离烦恼藏（不受烦恼藏所缠、所染）的心识状态（境界），则其“料简”不成。

心识含容万法，以万法皆由心识生，此即唯识所云：诸法由心识变现，万法不离识之义。非为实体，即不能说之为“不平等因”。

如来藏既为境界，故可转依。转依的意思，是说转舍烦恼而依清净，此仅为心境的变化，故可不说熏习，由是亦不必建立种子。

故对于如来藏思想，他空见视如来藏为不空的实体，乃受唯识家以“缘生”义破。若不视为实体，仅视为心清净相，则与唯识家所立“缘生”义无违，以非一心二门，故不受破。

宁玛派的了义大中观，说如来藏智境自显现而成藏识识境，斯为如来藏思想的正见。以此见地，修大圆满法，证解脱果。然加行观修却依次第各有基道果，此则绝不可笼统。

【注】许多人常常误会，一派立何见地，则其观修亦必须全依此见地。此实不明“道次第”之意。既有修道次第，则自有次第见地，岂能以一见地高高在上，笼罩全部次第观修耶？

故莲花生大士于《空行教授》云：“以见下达，令行趋上。”此即虽有了义抉择见，然仍须次第向下建立抉择见，令行人得依次第而观修，依次第得决定见而次第向上现证。

五、如来藏与中观

佛教传入西藏初期，有两件事对西藏佛学发生深远影响。一为汉僧摩诃衍与印度莲花戒（Kamalaśīla）论诤失败；一为译师益西德（Ye shes sde）著《见差别》（*lTa ba'i khyad par*）判教。

【注】摩诃衍与印度莲花戒论诤事，笔者曾有文讨论，题为《“王锡顿悟大乘正理决序说并校记”书后》（刊《内明》144期，1984年3月）。

益西德《见差别》有邵颂雄译本，收《宁玛派四部宗义释》（台北：全佛文化，2008），说——

唯识论师云：“外境无有而唯心显现为境”，依中观论师之抉择，此亦无可成立。

由是遮拨唯识。如何遮拨？则云：外境非识的自性，识则不为色法。故外境如心则不成种种境；若心如外境，则心亦应转成形色，若色法如心，则成无现，故可决定，心性显现外境即不应理。

此说未精，唯是据小中观执著自性的说法。其后益西德尚据瑜伽行中观见详说，不录。

摩诃衍与莲花戒的论诤，法国学者戴密微（Paul Demiéville，1894—1979）

有详细论述，影响所及是令西藏佛家畏谈禅宗。尤其是后起的格鲁派，对摩诃衍的指责可谓声色俱厉。

【注】宗喀巴大士在《菩提道次第广论》（上士道·奢摩他章）说：“〔《解深密经》〕宣说毗钵舍那是观察慧，最极明显无可抵赖，传说支那堪布（按，即摩诃衍）见已，谤云：‘此是经否不得而知。’用足踏毁。因彼妄计一切分别皆执实相，要弃观慧全不作意，乃为观修甚深法义，不顺此经，故用足踏毁。现见多有随此派者。”（法尊法师译文）

这是对摩诃衍所传禅法的指责，同时亦旁及宁玛派的“大圆满”、噶举派的“大手印”、萨迦派的“道果”。

后来宗喀巴的弟子克主杰（mKhas grub rje, 1385—1438），在《宗喀巴秘密传记》中，索性指斥摩诃衍的主张为“畜生修法”。

至于益西德著《见差别》唯许瑜伽行中观见，而视唯识论者为不了义，影响所及，西藏便很少学者专门研究唯识，而“瑜伽行中观派”的学者则占尽优势。益西德的判教实基于观修的抉择来作决定，而着重实修（瑜伽行），亦正是益西德所属瑜伽行中观派的特色。

在这两重影响之下，西藏学者研究“如来藏思想”便远比研究唯识为盛，甚至可以说唯识家在西藏简直不成气候。宁玛派、噶举派、萨迦派，无不以如来藏作为见地，更无论受格鲁派严厉批判的觉囊派了。

为什么如来藏思想会受到这般重视呢?

第一，印度大师传来的止观修法，为瑜伽行中观派的修法，而如来藏思想正是此派用以抉择及决定的见地。

【注】这一点，参看宁玛派大圆满诸续、噶举派的大手印诸续、萨迦派的《道果》即可知。

对诸派的见地，格鲁派说得很含糊。如《土观宗派源流》说“萨迦派对于见方面的立论”一节云：“文殊怙主萨班和绒敦等诸大德，皆以中观自续见为主；仁达瓦尊者又是持中观应成派见。释迦胜初尚中观，中持唯识，后执觉囊派见，其余还有很多人以大圆满见为殊胜者。”文中说萨迦派以中观自续见为主，却说仁达瓦大师（Red mda' ba gzhon nu blo gros, 1348—1412）持中观应成派见，那是因为仁达瓦大师即是宗喀巴主要上师之一。然后又说到释迦胜（即释迦确丹），由中观转为唯识，再转为觉囊派，最后又说萨迦派有许多人以大圆满见为殊胜，这样的说法，便等于将无上瑜伽续各派都牵涉入萨迦派见。其实，统归于如来藏见，那便简单得多。

第二，后弘期的翻译，重视如来藏系列的经论。尤其是俄译师所传，影响绝大。

【注】参《青史》及《佛教史大宝藏论》。

这两点因素也可以说是相辅相成，由是便令如来藏思想成为藏传佛教教法的主流。这情形到了宗喀巴才有所改变。

不过，宗喀巴始终重视《宝性论》，他本人虽未注释此论，然而却指定弟子必须学习。他的大弟子贾曹·达玛仁钦（rGyal tshab Dar ma rin chen, 1364—1423）所注的《宝性论释》（*Theg pa chen po rgyud bla ma'i ṭīkā*），即为格鲁派的重要典籍。

此中后弘期的翻译引入“慈氏五论”，实在影响深远。当宗喀巴十六岁离乡到卫藏求法时，他的上师顿珠仁钦撰偈颂送行，其中即有指示他如何理解此五论的偈颂。

【注】据《宗喀巴评传》（班班多杰著，北京：京华社，1995）

格鲁派对《宝性论》中所说的如来藏，可用克主杰的说法为代表，以明其见地。彼许有情心识中有如来藏，然却不许如来藏即佛法身（佛自性身）。许如来藏与佛法身同属无为、非有、常恒坚固而住，却不许如来藏具足实性。此可视为据“中观应成派”而建立的如来藏思想。

【注】参 David Seyfort Ruegg, “On the dGe-lugs-pa Theory of the Tathāgatagarbha”，收 *Prajñāpāramitā and Related Systems, Studies in Honor of Edward Conze*（L. Lancaster, ed.）, Pratidanam, 1968；拙译克主杰（mKhas grub rje）《密续部总建立广释》（*rGyud sde spyi'i rnam par bzhag pa rgyas par bshad pa*）（收《传统文化典籍导读》）。

关于如来藏，最大问题是如何用空性理论来解释。盖诸宗派无一不认许空性，然而据何承许空性、如来藏到底是空抑或不空，则成诤论的焦点。

【注】觉囊派认为如来藏不空，不但如来藏不空，即一切法所具真如实性亦不空。所须空者为污染如来藏的客尘烦恼，以及由分别心所假立、用名言表示的虚妄相。因此所空者为事物真实本体（真如实性之体）之外的“他”，亦即外加于本体的虚妄分别。由是说为“他空”。这个观点，与《起信论》的观点近似，是故觉囊派便可依附印度论师中“随顺假相唯识无垢派”持他空见者的观点，谓无著、世亲、陈那、安慧皆说他空见。（参考多罗那他《他空思想要论》，见《觉囊派教法史》附录）

宗喀巴在《菩提道次第广论》的“毗钵舍那章”中，说有三种空性见，一者太过，二者不及，三者即为其自宗。如是安立三种见地，实欲尽破当时西藏各宗派的空性见而建立自宗。

这个问题牵涉太广，必须详说。

我们先看宗喀巴大士的说法。

【注】大士的说法见于《菩提道次第广论》，本应征引，然而篇幅

太广。印顺法师于《中观今论》(正闻版)曾节录其说法，今引述如次(见第九章)。

“太过派主张一切法性空，空能破一切法，从色乃至涅槃、菩提无不能破，此为宗喀巴所不许。破坏缘起法，即是抹煞现象，是不正确的。”(页 184)

“不及派……此派以为无自性空的空性，即所破的自性，含义有三差别：一非由因缘所生；二时位无变；三不待他立。观一切法的自性不可得，即是破除于一切法上含此三种错误的自性见。依此观察，可证悟胜义空性，得到解脱。宗喀巴评此为不及者，以为他所说的‘不由因缘所生’为不及，即没有彻底破除微细的自性见。”(页 186)

“《广论》中于破太过与不及后，提出自宗的正见，即是月称论师的思想，称为应成派。应成派以为：缘起法即是空的，空是不破坏缘起的。承认一切法空，即假有法也不承认有自相，与自续派的不及不同；虽承认一切法空而不许破缘起，故又与太过派不同。”(页 189)

然而宗喀巴弟子贾曹杰于《宝性论释》中，复说谓对《宝性论》有两种错误见地，一者不理解空性的世俗谛；二者误认空性为可由智证的实有本体，如“瑜伽行唯心论者”。这就即是“太过”与“不及”。因此，“太过”实指大中观，此中包括宁玛、萨迦、噶举等派在内，因为格鲁派认为，他们所说的大中观破坏缘起法，他们说胜义谛“离缘起”，如来藏亦离缘起；至于不及派，则指唯识师与他空派，未提到自续师。

【注】印顺法师依他自己的理解，据宗喀巴之说立为三宗——虚妄唯识、性空唯名、真常唯心。此中虚妄唯识为“不及”，真常唯心为“太过”。他说(见《中观今论》)：

“唯识者可说是不空假名论师。《瑜伽论》等反对一切法性空……主张依实立假，以一切法空为不了义。”(页 190)——是故他即判之为宗喀巴大士所说的“不及”。

“真常者自以为是‘空过来的’……不空妙有者，本质是破坏缘起法的，他们在形而上的本体上建立一切法。迷真起妄，不变随缘，破相显性，都是此宗的妙论。所以要走此路者，以既承认缘起性空，即不能如唯识者立不空的缘起。以为空是破一切的，也不能如中观者于即空的缘起成立如幻有。但事实上不能不建立，故不能不在自以为‘空过来’后，于妙有的真如法性中成立一切法。此派对于空，也还是了解得不够。因为空而不得其中，太过了，以致无法成立一切，这才转过身来，从妙有上安身立命，依旧是自性真实不空。”（页190-191）——是故他即判之为宗喀巴大士所说的“太过”。

然而印顺法师说“真常唯心”为“太过”，显然跟贾曹杰所说的不同。印顺是针对汉土对《起信》《楞伽》《胜鬘》的见地而说，即指说如来藏为不空的诸宗派。这样，觉囊派的他空见当然亦包括在内，因为此派的见地，恰如汉土对《起信论》的传统见地。可是贾曹杰却不同印顺，他判他空见为“不及”，这是由于汉藏二地的历史背景不同，导致印顺误解宗喀巴之所指，故其所判亦便不合宗喀巴的原意。宗喀巴所针对的“大中观”，显然非印顺法师所知，所以他才会说“不空妙有者，本质是破坏缘起法的。”（页191）用以附会宗大士之所说。

因此若依印顺法师所判，则宁玛、萨迦、噶举派等所持的如来藏思想，实未包括在三宗任何一宗之内。其所判只触及华严及天台的见地。若依贾曹杰所判，则凡说如来藏者，不是“太过”，便是“不及”，前者即宁玛、萨迦、噶举等派，后者即觉囊派。故知其所针对者，实为主张“大中观”的一切派系，如是成立“应成派”为了义的说法，作为安立自宗的根据。

我们可将贾曹杰及印顺法师之所破立，表列比较——

贾曹杰的破立

破——太过：宁玛、萨迦、噶举派等“大中观”
　　——不及：唯识派、他空派

立——中观应成派

印顺之所破立

破——太过：真常唯心（他空派）
　　——不及：虚妄唯识（唯识派）

立——性空唯名（中观应成派）

此中贾曹杰之所破，显然比印顺所破为广，因为他之说为“不及”者，已包括印顺判为“真常唯心”及“虚妄唯识”者在内。至于贾曹杰所说的“太过”，印顺则根本未判。贾曹杰之破很直接，他空见即是真常，即是所空有所不及；大中观诸派不说因缘所生，所以是“太过”。无须如印顺法师那样，说他们要“转过身来，从妙有上安身立命”建立真常。

所以，印顺法师的三系判教虽源自格鲁派，但实与格鲁派不合，这是因为他于作三系判教时，仅看过法尊法师一些未发表的格鲁派论著，并未全面理解格鲁派为建立自宗而作的判教。

然而宗喀巴的说法，却引起宁玛派及萨迦派的反驳。到了近代，即格鲁派学者亦不完全同意他的理论。

【注】格鲁派学者根敦群培（dGe 'dun chos 'phel，1905—1951）于拉萨教授中观时，批评宗喀巴的空性见为“断见”。他的说法，给他一个学生纪录下来，写成论文，题为《中观甚深要点集萃善说·龙树密意庄严》（*dBu ma'i zab gnad snying por dril ba'i legs bshad klu sgrub dgongs rgyan*）。这篇论著流传后引起轩然大波。于1947年，根敦群培被西藏地方政府以亲汉人的罪名逮捕。这篇论著后来于1950年正式出版，根敦群培则于1949年获释。——见 Jeffrey Hopkins, *Tibetan Arts of Love*（Snow Lion, 1992）。

宁玛派的米庞蒋扬南杰嘉措（Mi pham 'Jam dbyangs rnam rgyal rgya mtsho，译言不败文殊胜海，1846—1912）在《大乘无上续论释·至尊弥勒教言》（*Theg pa chen po rgyud bla ma'i bstan bcos kyi mchan 'grel mi pham zhal lung*）中，解释为什么宁玛派的大中观见实为正见。这即是对宗喀巴大士破为“太过”的辩答。米庞据《不增不减经》，说欲于如来藏中去除那已存在的烦恼，实不应理，盖于如来藏中实无一法可减；亦不可能加以任何新施设的德性，盖于如来藏中实无一法可增。

然而烦恼却与如来藏不同。烦恼可以藉空性见而遮遣，如来藏本体虽空，却不可遮遣，因为如来藏与十力四无畏等佛的德性常俱，如日与光明常俱。一切佛的德性不可说之为空无，因此如来藏虽具空性，却不能用空性见遮遣其法尔德性。

【注】米庞的解释是说，为什么如来藏可说为“空”与“不空”而无过失（同时亦显示他空见为不了义，此处将不论）。

宗喀巴于《菩提道次第广论》中破“太过”，实破大中观之谓“觉性法尔而现，故离因果”（引敦珠仁波切《中观宗宗义》语），以其离缘起〔因果〕为不应理。米庞则解释烦恼藏为缘起法，如来藏则法尔而具佛的德性（如日法尔而具光明），既为法尔，故不能说为缘起法。因此大中观实不同拨一切法皆无因果的外道。

米庞只是答辩，并未非难宗喀巴大士的见地。萨迦派的学者则不同了，此派学者索南僧格（bSod nams seng ge, 译言福德狮子，1429—1489），在《见辨别论》（*lTa ba'i shan 'byed*）中，将中观见分为三类：一者以常边为中，如觉囊派的朵波巴；二者以断边为中，如宗喀巴；三者以离边为中，如自宗。

【注】他将此三类中观见判别如下——

以常边为中者认为：空性有二，一为自性空，一为他性空。遍计自性与依他自性是世俗谛，如梦幻等，即自性空；法性则为圆成自性，为胜义谛，故非自性空，仅污染法性的有为法（遍计所执与依他起性）为空，故圆成自性为他空。

以断边为中者认为：依正理观察时，以空性否定一切法，且以否定为真实，此绝对否定，即为胜义谛，亦是诸法的究竟实相。

以离边为中者认为："中"即说离有无、是非等一切边，故边执非舍不可。可是却不能空言离边，必须先否定被执为真实的那个客体，然后才能离否定之边。例如必须否定对"二"的执著，然后才能否定对"非二"的执著。——然而于否定之后，若执著于空，则落断见。

所以他判宗喀巴的中观见为断见，乃说其执空以为真实。索南僧格且谓自己的说法，是巴察·尼玛扎（Pa tshab Nyi ma grags, 1055—?）以来，以至仁达瓦大师的见解。尼玛扎是将月称（Candrakīrti）论著翻译为藏文的大译师，月称的中观见，即宗喀巴大士称为"应成派"的见地；仁达瓦大师又为教授宗喀巴中观的上师，索南僧格将他们提出来，分明是有意为难宗喀巴。

【注】宗喀巴其实已对被指为"断见"作出辩解，他在《菩提道次第广论》中有一段说话——

"由了诸法悉皆无我，一切法贪无余永尽，岂于少法见少可求或相可缘，故唯无我是无第二寂静之门。是故《菩提资粮论》云：'无自性故空，是空取何相，遣一切相故，智者取何愿。'此将经说三解脱门

（按：三解脱门为空、无相、无愿），与此处说唯性空见一解脱门，断相违失，以教理成为此解脱门。断性之境何须更破，以证彼者即能对治二我相执，于彼全无相执气故。若于如此分别亦见过患，善恶分别悉破除者，显然欲树支那堪布所遗教规。”（依法尊法师译文）

这番说话的主旨，即谓经虽说有三解脱门，而唯空解脱门最胜，为对治执著的善分别。若连空的境界（断性之境）都认为不应分别，那就是依从摩诃衍的主张，不作任何分别。

在这里，彼此相诤之点实在于——当以空性来对治人我、法我二执时，这种分别是否即属堕入边见？索南僧格认为若执空为实以对治，此即属边见；而宗喀巴则认为成立这样的善分别不算边见，否则即是“全无分别”，亦即是摩诃衍的遗规。

索南僧格反驳宗喀巴大士，措词严厉，他说，如果将摩诃衍的主张，跟莲花戒所主张的离边中观混淆，实为被魔所迷的说法。

他并且指责宗喀巴，当他跟仁达瓦大师学中观时，亦主张离边中观，后来他接触乌玛巴喇嘛（dBu ma pa，即尊珠僧格 brTson ’grus seng ge），乌玛巴替他请来文殊菩萨，于会见文殊之后，他才有这样的主张。这就暗示他所会见的文殊，实在是魔。

【注】据《至尊宗喀巴传》，宗喀巴曾多次会见文殊，头一次会见“系由乌玛巴作译师，宗喀巴大师作为问法者……他问至尊文殊：‘现在我的正见，应成和自续两派中，属于何一种？’文殊说：‘任何一派也不是。’由于那时宗喀巴大师的心中，仍然是承认‘一无所有’（任何也没有）以及任何都不可取执的见解。”（郭和卿译，台北：福智之声出版社，1993 年，页 157-158）

由这段传说，的确可以说宗喀巴自会见文殊之后，才怀疑离边中观，而确立执取应成派的见地。

索南僧格的指责，即据此而言。所以他说：“只执著空为真实，而否定非有非无的离戏论见，这一派，是乌玛巴喇嘛藉文殊显示的学说，与至尊圣龙树之说相违。”

然而平实而言，索南僧格判宗喀巴为“断边”，主要是从理论立场出发，而非着重由观修立场出发。盖萨迦派的“道果”建立“三现分”——不清净现分、觉受现分、清净现分，于实修时即是觉受现分，此际亦须依以空性分别以除虚妄戏论。

所以西藏宁玛、萨迦两派，及部分噶举派行者，以“非空非不空”说如来藏，实未落真常边，以其非他空故。因此宗喀巴便只能破觉囊派及部分噶举派行者的他空见如来藏。

离分别、离戏论、离边见以说如来藏，则如来藏并非本体，故不落空与不空的范畴之内。如来藏只是能藉自显现识境而成显现的智境。当心识起不受识境污染的功能时，如实现证本具之智境，那就称之为如来藏（佛及八地以上菩萨的境界）。——与此相对者则为藏识（阿赖耶识），此则为心识起受污染的功能，显污染相（凡夫的心识状态）。

【注】兹引敦珠仁波切于《中观宗宗义》的一段说话，以明其义。

“故云真实亦有两种，此即本来真实之本觉，所生之法尔根本智真实，及依禅定生起之根本智真实。前者超越世俗，为法尔根本智或根本识，此由自体本觉智而可了知胜义真实。”

此中视为真实者，只是根本智，此即不同《起信》及觉囊派，执真常而他空。因为根本智只是佛内自证智境界，对于境界，不能说为空性，亦不能说为非空，由是即不宜将宁玛等派所依的《宝性论》，因说如来藏，即视之等同《起信》。

宗喀巴显然明白这点，所以他对宁玛派的大圆满等置（见《土观宗派源流》中所说）。因大中观见无可否定，然观修时若先落见地，便反容易陷入“无分别见”的执著，而不知行者须能住入法性，然后始能入无分别。此即摩诃衍的缺失。

是故持平而言，笔者小结论诤如下——

1. 如来藏思想无过失，不落真常，亦离他空，以其非安立为本体故。亦非“太过”，仅于胜义离四边际，抑且离行者所执离边之中。

2. 然而如来藏思想仅为见地。须依次第观修始能依此见地而证。若入手即执此见地而修，反易成过患，不但为见地所困，尤易轻忽戒律。

3. 持应成派见地建立的观修体系，对入手者而言，流弊较少，故此建立亦不可视为断见。仅可视为一次第之见地，一如视他空为一次第所依见。

4. 即使依他空见或真常见建立观修体系，于道次第中亦无过失。然而却不可视为究竟，一如依应成派观修体系，亦不可视为究竟。

2017 年岁次丁酉雨水增订竟，无畏。

原载于谈锡永、邵颂雄，《如来藏论集》，台北：全佛文化，2006 年，页 189-249。

二十

十一世纪宁玛派学者绒宋·曲吉桑布著作中的瑜伽行*

奥娜·艾默吉 著，杨杰 译

一、导言

绒宋·曲吉桑布（出生于11世纪，下称绒宋巴）的宗义归属在此前仍是个尚未解决的问题。他通常被视为一瑜伽行中观师（Yogācāra-Mādhyamika）（主要是因为他从未提及应成中观 [Prāsaṅgika-Madhyamaka]），然而，笔者曾就他对佛（地）体性不同理念的论述做过一个研究，其中笔者将其明确判为“说诸法极无所住派”（Sarvadharmāpratiṣṭhānavāda）（亦即与“说如幻无二派”相对）的支持

* 感谢菲利普·皮尔斯（Philip Pierce）先生（尼泊尔研究中心，加德满都）为笔者英文所作的校对工作。

者，而并非瑜伽行中观师。[1]简言之，绒宋巴所属的中观派许诸法无所住，同时主张二谛无别。但这并不是说他不接受瑜伽行学说。相反，他在一些情况下讨论了瑜伽行派（有时也使用其他名相，诸如唯识 / 心 [Cittamātra, *sems tsam*]，说识 [Vijñānavāda, *rnam par shes par smra ba*]，说唯了别 [Vijñānaptimātravāda, *rnam par rig pa tsam du smra ba*]，以及说唯识 [Vijñānamātravāda, *rnam par shes pa tsam du smra ba*]），他的著作渗透着该派典型且核心的思想与理念，其中后者或许正是现代学者将他误判为瑜伽行中观师的原因。无论如何，作为中观与大圆满的倡导者，绒宋巴的确承许瑜伽行诸学说，但却超越它们，从而建立他所认为的究竟见。事实上，这种对瑜伽行的观点为绝大多数藏土学者所共许。[2]

在本文中，笔者将从不同角度考察绒宋巴关于瑜伽行学说的立场。为此，笔者将参考他的一些著作，包括《见地备忘》（*lTa ba'i brjed byang*）、《宗义备忘》（*Grub mtha'i brjed byang*）、《口诀见鬘释》（*lTa phreng 'grel pa*, 为莲花生所著《口诀见鬘》所写之释论）、《入大乘论》（*Theg tshul*，大圆满哲学的详细介绍）。首先（§2），笔者将研究绒宋巴著作中的两段，其中他对瑜伽行作了总陈。其后（§3）将讨论他对瑜伽行判别的理解，其中他所依据的是其各支派不同的认知理论。接下来（§4）将讨论绒宋巴对瑜伽行不共说的抉择，包括三自性说（§4.1），瑜伽行关于杂染的见地（§4.2），以及（瑜伽行）破遣他宗、建立自宗的方法（§4.3）[3]。最后（§5），笔者将概说绒宋巴关于瑜伽行与其他系统——尤其是中观之间关系的论述。

---

〔1〕 佛教在印度的最后阶段已为密教理念所深深渗透，此时，我们可见中观已分为说如幻无二派和说诸法极无所住派。据此区分，所有以某种方式依凭于瑜伽行认知理论的中观传统皆被视为说如幻无二派，而唯有那些看起来根本不依瑜伽行认知理论的中观传规被视为说诸法极无所住派。参艾默吉（Almogi 2009：39-42），其中对中观的这一判别作了简要论述，另见上引，页 226-232，其中讨论了绒宋巴的宗义归属，亦即将他判为说诸法极无所住派。关于此两系中观的判定，以及二者与西藏宗义学和其他材料内其余中观判别框架的交叠的详细讨论，参艾默吉 2010。

〔2〕 关于藏传佛教各派对瑜伽行的接受问题，参多吉旺秋（Dorji Wangchuk）发表于本书中的文章（译注：收《瑜伽修习者的根本：〈瑜伽师地论〉及其在印度、东南亚与西藏的适应性转变》，页 1316-1328）。

〔3〕 绒宋巴对阿赖耶识（ālayavijñāna, *kun gzhi rnam shes*）学说的理解是个相当复杂的问题，尤其是考虑到该学说与大圆满传统中阿赖耶（kun gzhi）学说之间盘根错节的关系，故而该问题非本文所论范畴。关于绒宋巴在瑜伽行阿赖耶与大圆满阿赖耶差别上的立场，参卡尔梅（Karmay 1988：179），其中征引并翻译了《入大乘论》中一个较短的段落。

二、绒宋巴对瑜伽行的总体评述

绒宋巴在一些情境下对瑜伽行见作出了综述，笔者在该部分将翻译两个有关该综述的段落。第一段出自其《见地备忘》，此中他着重于该派的根本见，即唯识（sems tsam: *cittamātra*）理念。经由提出一切唯心，从而成立外境无实有之见地，也就是说，往昔植入阿赖耶识之习气于今成熟，经由当下之心识遂成一切显现：[1]

有等人（亦即唯识师）认为：业力习气（bag chags: *vāsanā*）于心相续中积聚，此为真实。是故，习气之果亦理应于心相续中成熟，譬如播种于（谷底之）土，其果焉能成熟于山巅？因此，业力习气于心相续中积聚、成熟，而心本身即似（ltar）成熟为身（lus: *deha*）、处（gnas: *pratiṣṭhā, pada*）与行境（spyod yul: *gocara*）。[2]是故，但凡计度、认许为法者，皆无非为心本身。复次，由习气故，心识即似（显现为）外境，而似显现之外境仅为习气成熟（之果），故而心之对境实为习气（果）。此外，转识（'jug pa'i rnam par shes pa: *pravṛttivijñāna*，即五根识）及心所（sems las 'byung ba）之习气积聚于阿赖耶（识）(kun gzhi ['i rnam par shes pa]: *ālaya*[*vijñāna*]）中，且转为强盛、有力，此时，阿赖耶识即成熟为果之体性，由是显现为身、处与行境。此显现即成为转识之增上缘（bdag po'i rkyen: *adhipatipratyaya*）与所缘缘（dmigs pa'i rkyen: *ālambanapratyaya*），转识自身所植入之等流（rgyu mthun pa: *niṣyanda*）习气即成为因缘（rgyu'i rkyen: *hetupratyaya*）。

简言之，此等（瑜伽行）诸派皆不同于外道寻求自在天（Īśvara）、

〔1〕《见地备忘》(A，叶 $152a_4$-b_5；B，页 17_{10}-18_3）。这段引文和本文所有其他引文的藏文本精校版见本文附录。

〔2〕外境由身、处、行境（后者亦说为受用 [longs spyod: *bhoga / artha*]）组成，有关这一点，参艾默吉（2009：页 248，注 33）。

我（ātman）、自性（prakṛti）等他因，彼等皆许识本身所积之业力（种子）即生于（识）中，行者之处与行境亦（同此）而成立。此外，（彼等各派）无有大诤论处。

绒宋巴在《宗义备忘》中讨论瑜伽行时，主要集中于依瑜伽行师的立场，描述他们眼中的中道（dbu ma'i lam: *madhyamā pratipad*）。其中声称瑜伽行远离二边，其一将外境执为实有，例如声闻（Śrāvaka），其二则破遣心识之实有，例如中观师。他们认为，若心识非实有，追求证觉即毫无意义。就心相续而言，能所二取都说为虚妄，以其将心识之一分执为所取境，而将其另一分执为能取。事实上，能所二取皆为遍计。进一步而言，作为遍计之所取显现为多，而作为遍计之潜在因素的能取则显现为一。若要心识之觉知成为可能，就必须令能所二取体性相一致，更进一步，则说外境若离心识而成为有，亦即外境由极微所成而非心识之刹那，则其无法被心识觉知。总之，其中所反复宣称者，即心识为刹那相续，且为胜义有——于凡夫位为（凡庸）识，于圣者位则为智：[1]

唯识宗之传规（如下）：（彼）许唯识，故心识为胜义有。（依该传规），对全（yong gis）无之外境作增益（sgro 'dogs pa: *adhyāropa / samāropa*）者，即如声闻，大中观[2]以心识为胜义无，故成损减（bskur pa 'debs pa: *apavāda*），此二者皆需断除。若心识为胜义无，则无积集福德（bsod nams: *puṇya*）之基，求证解脱（thar pa: *mokṣa*）亦无意义。是故，心识于有情位仅为刹那识觉，当下显现之外境（无非）为心。无始以来，心之所取（gzung ba: *grāhya*）分（cha: *bhāga / aṃśa*）即妄执为外境，另一执取分则妄执为心识，此由分别而作计度，（此外）心亦包含名为习气分别者，彼唯习气尔（bag chags tsam la bag chags su rtog pa zhes bya）。是故，外境虽由心所成，然其显现为色法，心为识

〔1〕《宗义备忘》（A，叶 325b-326b$_4$；B，页 201$_{4\text{-}24}$）。
〔2〕 此处的"大中观"显然只是中观的泛指，"大"这一形容词的使用并无限定性。

之本体（dngos gzhi），故显现为明觉（rig pa）。外境依于分别计度，故显现为多，心为分别之本体，故显现为一，外境为识所变现（'phrul pa），故（二者之间）存在关联。若外境以独立于自心相续之极微尘（rdul phra rab: *paramāṇu*）形式存在，则心识与色法二者即非同类，且无关联，如是即不成了知。此外，唯能显现单一极微尘，而不能显现为多。是故，外境无有，以不悟（心性）故，心识即显现为外境。心识为胜义有，如若无有，则求证解脱即无意义，遂成过失，故不可说为无。由上述之因，心于有情位唯刹那性，依阿赖耶之相续〔1〕而成恒常，于圣者位，（亦）唯刹那性，依智之相续而成恒常。如是遣除有无二边后，（瑜伽行师）遂言其自宗住于中道，故（其传规）即许名为“唯识—中观”（Cittamatra-Madhyamaka）。〔2〕

三、绒宋巴对瑜伽行支派的陈述

绒巴美奔（Rong pa Me dpung，11 至 12 世纪）曾撰有绒宋巴著作的表册，名为《至尊法贤所造法典之名目表册》（*rJe dharma bha dras mdzad pa'i chos kyi rnam grangs kyi tho yig*），在“有关真实基（bden gzhi）之著作”类别下记录有一份通篇唯说认知学的著作，其中主要集中于有关相（rnam pa）是否存在的两个相反观点。〔3〕然而遗憾的是，这篇著作尚未找见。尽管如此，绒宋巴在一些情况下

〔1〕 常（rtag pa: *nityatā*）作为相续（rgyun: *prabandha*）的一种表达形式，实为三种常之一，另外两种即不断（mi chad pa: *asraṃsana*）与本性（rang bzhin: *prakṛti*）。关于该区分的更多讨论，见艾默吉（2009：页 329-330，注 109）。

〔2〕 一般而言，佛家传统试图离诸边，故而极力宣扬所谓的“中道”。正如其宗派名所明示，中观师声称唯有自宗才是中道的真正追随者，然而为了回应中观师，其他各派似乎觉得更有必要强调他们各自的宗派也代表中道。一个很好的例子即宝藏寂（Ratnākaraśānti）提出的唯识—中观（Vijñāpti-Madhyamaka）传统，关于这一点，参塞福特·鲁埃格（Seyfort Ruegg 1981：122-124）。

〔3〕 艾默吉（1997：248；附录 A，§ 6.1.2.4）：rnam bcas rnam med。

也曾详细讨论过瑜伽行，其中涉及依认知学而产生的支派，这就为我们提供了对这些支派非常系统的概述。笔者在他处分析绒宋巴对瑜伽行中观的阐述时，曾间接地研究过该问题，其中笔者详论了瑜伽行诸支派及其各自的认知学，包括所用名相的阐释和各支派的宗见，尤其围绕佛地上是否有智这一问题进行了研究。[1] 因此，在翻译绒宋巴直接论述瑜伽行支派的段落前，我将先简述我的发现。我曾指出，瑜伽行有有相派（Sākāravāda）/ 无相派（Nirākāravāda）或实相派（Satyākāravāda）/ 虚相派（Alīkākāravāda）之分，有假定认为这两种分法彼此等同，这一假定在现代学者中曾经十分盛行，而绒宋巴的区分则对此假定提出了质疑。[2] 绒宋巴认为有相派与无相派是两个主要的分支，而实相派与虚相派则是有相派的分支。笔者还注意到后期藏土学者通常提出一个略有不同的架构，其中实相派与虚相派为主要分支，而虚相派则进一步分为有垢—虚相派（Samala-Alīkākāravāda）和无垢—虚相派（Nirmala-Alīkākāravāda）。在讨论了每一支派的认知学后，笔者指出绒宋巴所称的虚相派实即后世藏土学者所称的有垢—虚相派，而他所称的无相派则为后世所称的无垢—虚相派。就该问题而言，绒宋巴讨论的要点之一即这些认知学如何影响了瑜伽行各支派（同样也包括瑜伽行中观的支派——他所主要关注的对象）对佛果的认识。在有相派两支派中，实相派许凡夫位所见外境（即：身、处、境）种种相皆如其显现而成为有，佛位所见清净法相（即：佛身、刹土及庄严）亦如此。由是，据该派所言，清净法相与能见彼相之清净世间智皆存在于佛位上。虚相派认为，外境虽显现于凡夫位，但并非如其显现而成为有。由是，据该派所言，尽管佛位有清净法相显现，然其并非真实，故而能见彼相之清净世间智仅为世俗有，唯无分别智是实有。无相派认为，纵于凡夫位，其心识亦光净、离二取，二取显现仅为习气所生。由是，据该派所言，佛位上既无清净法相，亦无能见彼相之清净世间智，唯有无分别智。[3]

---

〔1〕 参艾默吉（2009：34, 142-159），其中除了分析绒宋巴本人的陈述以外，还引用了印藏材料中与该问题相关的段落，同时也提供了所参考的相关二手文献。

〔2〕 有关本文提及的瑜伽行各支派名的藏文及英译，见下文对绒宋巴所说架构的归纳。

〔3〕 值得注意的是，这些瑜伽行支派的观点针对的是胜义，而中观师（他们共许胜义离诸戏论，无有丝毫余地留给心识）对佛位上是否有智的争论则针对世俗。

笔者还指出，绒宋巴承认这些支派还可以进一步区分。关于此进一步的区分，其中一个有意思的暗示无疑是他曾提及的有相派诸师中存在的两系差别，亦即是否承许存在一个共基（'dra gzhi）。这些支派的产生源自关于相是否有令其生起的共基或"客观基体"的争论。遗憾的是，对于这些次级支派，绒宋巴只是一笔带过。无论如何，他已明示这些施设的共基同样无非是心所生起的相而已，这些相是更深一层的静态的相，由它们生起种种境相。近来，这一点已得到施密特豪森（2005）的支撑，其文讨论了许多现代学者最近提出的一个观点，即瑜伽行并非完全否认外境的存在。通过分析所讨论的汉文材料《成唯识论》，他指出：这些共基绝非外在实体，而是由心转变（pariṇāma）的心所。就诸根现量而言，这些共基通常被视为自身阿赖耶识（ālayavijñāna）的行相。正如施密特豪森所言，关于阿赖耶识的共基并无共识。然而，更为普遍接受的观点则认为这些共基是植根于他者阿赖耶识的行相。[1]

绒宋巴对瑜伽行的判别架构可摄之如下：[2]

（1）有相派（rnam pa dang bcas par smra ba）

（1.1）实相派（rnam pa bden par smra ba）

（1.1.1）说行相（rnam pa: *ākāra*）有共基派（rNam pa 'dra gzhi yod par smra ba）

（1.1.2）说（行相）无共基派（[rNam pa] 'dra gzhi med par smra ba）

（……）等等。

（1.2）虚相派（rnam pa brdzun par smra ba）[= 有垢虚相派]

（1.2.1）说行相有共基派

（1.2.2）说行相无共基派

（……）等等。

（2）无相派（rnam pa med par smra ba）[= 无垢虚相派]

下面一段文字出自绒宋巴的《见地备忘》，论主在讨论诸家宗义之见地（lta

〔1〕关于这一点更为详细的讨论，参施密特豪森（Schmithausen）2005。

〔2〕需要注意的是，绒宋巴在某些情况下也暗提了瑜伽行的另外两系判别，亦即：（a）"说八（识）聚之菩萨"（byang chub sems dpa' tshogs brgyad du smra ba）和（b）"说一（识）之菩萨"（byang chub sems dpa' gcig pur smra ba，或略为 gcig pur smra ba）。

ba: *darśana*）时，对瑜伽行的判别做了系统的陈述：[1]

唯识宗分二：（1）有相派；（2）无相派。有相派内部分支（nang gses kyi bye brag）复有二：（1.1）实相派；（1.2）虚相派。此二派中又有说行相（ākāra）有共基派（1.1.1 & 1.2.1）和说（行相）无共基派（1.1.2 & 1.2.2）等众多不同说法。然彼等皆可摄入（上述门类），故予唯作如下解说：

其中，（1）至于有相派，"相"在此处意为"似显现"（'dra snang）。复次，（1.1.1 & 1.2.1）承许有共基者认为，生起与共基相似之识，即为似显现。（1.1.2 & 1.2.2）而（承许）无共基者认为，（共基）虽然根本无有，然似显现为有，（相之如是）显现即似显现。

（以上诸派）即归为有相派，彼等认为，外境（phyi rol gyi don: *bāhyārtha*）虽无，然而识本身则分为能所（两分），（外境）即似显现为有。复次，（1.1.1 & 1.2.1）承许有共基者认为，除心识外，别无外境，然而心本身可似显现为外境，此恒稳显现即为有。以此为共基，一切识即生起为其行相。（1.1.2 & 1.2.2）说无共基者认为，就外处（skye mched: *āyatana*）之显现而言，并无第二重次第，识本身即似显现有外境。

实相派认为，一切身、处、行境之显现皆为心本身之体性，故而如其显现而成真实。于有情位，（此等显现）皆为真实，同此，佛位之身、刹土及庄严亦为真实。

虚相派认为，有情位有生起能所二取之分别，此为虚妄遍计（yang dag pa ma yin pa'i kun tu rtog pa: *abhūtaparikalpa*），于真实中，（心识）无有二（取），唯有自证（rang rig pa: *svasaṃvitti / svasaṃvedana*）之性相。于佛位，清净世间智（dag pa 'jig rten pa'i ye shes: *śuddhalaukikajñāna*）亦仅以世俗谛之形式存在，而真实智（yang dag pa'i ye shes: *samyagjñāna*）

[1]《见地备忘》(A, 叶 $150b_4$-$151b_6$；B, 页 15_{16}-16_{24}）。

则唯有刹那无分别智（rnam par mi rtog pa'i ye shes: *nirvikalpajñāna*）。[1]

（2）无相派认为，于任何有情位，心（sems: *citta*）与心所（sems las byung ba: *caitta*）刹那间亦无二取相生起，唯有光净（gsal ba: *prakāśa*）、自证之性相。至于境与有境之显现，不可说为心本身或（心）外之事，唯可名为“（心）上之习气”“二取”“遍计”。凡彼既不可说为某事本身，亦不可说为某事之余外者，则彼绝非实有，故彼唯属假立而已。纵于圣者位，亦对此（心）之体性无有增胜（bogs dbyung du med pa）。然而，其差别即在于（圣者位之心相续）离诸似有之客生（glo bur ba: *āgantuka*）习气。因此，（彼等）亦不许圣者位有清净世间智。

四、绒宋巴对瑜伽行不共学说的讨论

（一）三自性学说

绒巴美奔在其绒宋巴著作目录中“有关真实基（bden gzhi）之著作”的类别下，又具体指出了一部通篇唯说三自性（即：遍计、依他、圆成实）的论，[2]然而该论也已佚失。无论如何，绒宋巴在其著作中都曾多处运用过三自性学说，正如他多处运用与瑜伽行相关的其他学说一样。在《宗义备忘》中，他以十义系统解说三自性，包括三自性的定义及其与其他佛教学说和理念的相互关系：[3]

所谓三自性，即遍计（kun [tu] brtags [pa]: *parikalpita*）、依他（gzhan dbang: *paratantra*）、圆成实（yongs su grub pa: *parinișpanna*），

[1] 关于清净世间智和无分别智的讨论，参艾默吉（2009：163-171）。

[2] 艾默吉（1997：248；附录A，§6.1.2.3）：sems tsam gyi ngo bo nyid gsum pa（唯识宗之三自性）。

[3]《宗义备忘》（A，叶 $346a_6$-$348b_3$；B，页 224_3-226_{11}）。

经教有云：[1]

遍计依计度　计度为依他

圆成实有二　无倒无变易

今以十义开示（三自性）：（1）三自性（各各）所指为何主体（dngos [gzhi]）[2]；（2）词义；（3）判别；（4）（三自性）配诸地（sa: *bhūmi*）；（5）（三自性）配合三身（sku: *kāya*）；（6）（三自性）归于唯识；（7）诸法归为三自性；（8）三种有；（9）三种无；（10）（离）一与异。

（1）（三自性）所指主体为何者？遍计所指为能所二取，依他所指为三界之心与心所之分别[3]，圆成实所指为空（性）法性。

（2）词义：遍计何以得名？于依他上起迷乱，遂显现为能所二取，然不知（二取）实为依他之自显现，妄将二取计度为离依他而有，故名遍计。依他何以得名？三界之心与心所不能自生，唯依他因他缘而生，故名依他。圆成实何以得名？于依他有法（chos can: *dharmin*）上空掉能所二分，此空性法性（chos nyid: *dharmatā*）永不转为分别之相（mtshan ma: *nimitta*）与实体（dngos po: *vastu*），故名圆成实。

（3）判别：遍计有两种，即显现｛例如诸根之对境｝之遍计与不显现｛例如空花｝之遍计。依他亦有两种，即相依之依他｛例如观待于

〔1〕第三、四两句引自《辨中边论》（*Madhyāntavibhāga*, 3.11 cd）（Q5522.45b6；D4021.42b2；Z，卷 70，页 $907_{10\text{-}11}$），《明慧宗义》（*Blo gsal grub mtha'*）也引用了此二句。关于该文本的精校本、参考资料及讨论，见御牧克己（1982：页 118, 注 344）。笔者未能找出前二句之出处，不过可以参考无性（Asvabhāva）的《摄大乘论无性释》（*Mahāyānasaṃgrahopanibandhana*）（Q5552.270b3；D4051.221a1-2；Z，卷 76，页 577_{21}-578_{2}）：rnam par rtog pas brtags pa'i don [Q add. no] // kun tu [D du] brtags pa'i ngo bo nyid // rnam par rtog pa gzhan gyi dbang // de yi stong nyid yongs su grub //《明慧宗义》中曾两次引用该颂，两处略有小异，其中一处将其归为《辨中边论》，另一处将其归为《摄大乘论》（*Mahāyānasaṃgraha*）。关于这些引文的参考资料与讨论，参御牧克己（1982：页 116, 注 337; 页 119，注 346）。

〔2〕笔者将 dngos 作为 dngos gzhi 来解释，这是基于下来所译的段落，其中对这一点有详说。

〔3〕这与《摄抉择分》（*Viniścayasaṃgrahaṇī*）中对分别（vikalpa）的定义相符。关于相关段落，见克雷默（Kramer 2005：页 69；藏文本，页 101，德文翻译）。另参艾默吉（2009：170），其中引用了《辨中边论》中传达相同观点的颂 1.8ab。

有为法（'dus byas: *saṃskṛta*）而有无为法（'dus ma byas: *asaṃskṛta*）}与生起之依他{境与根如同依种子与肥料而生（果）}。圆成实亦有两种，即无变易圆成实{指诸法之法性}与无倒圆成实{指真实智}[1]。[2]

（4）（三自性）配诸地：遍计为凡夫之行境，依他为清净世间（智）之行境，圆成实为无分别（智）之行境。何以知此？经教有云：[3]

一切缘起所生法　彼等悉皆无自性

凡彼无有自性者　一切时中皆无生

所谓依他起性者　依缘而生无分别

---

〔1〕前者是在本体论意义上指涉空性（śūnyatā），后者是在认识论意义上指涉无分别智（nirvikalpajñāna）。

〔2〕关于这些区分的详细陈述，以及对原始和二手材料的更多参考，见卡斯滕斯（Carstens 2006：176-182）。

〔3〕在下面三颂中，第一颂出自《海慧菩萨所问经》（*Sāgaramatiparipṛcchāsūtra*），略有差异（S134.69a_1; D152.48a_4）: rten cing 'brel par gang byung ba // de dag gang la'ang rang bzhin med // gang dag ngo bo nyid med pa // de dag gang du'ang 'byung ba med // 该颂似乎非常流行，且在其他一些著作被引用，其间只有些微差别，其中包括寂护（Śāntarakṣita）的《中观庄严论释》（*Madhyamakālaṃkāravṛtti*）（Q5284.70$a_{6\text{-}7}$; D3884.72$a_{5\text{-}6}$; z, 卷 62，页 $945_{16\text{-}19}$: de lta bas na blo gros rgya mtshos bstan pa las 'di skad gsung te / gang dag rten cing 'brel byung ba // de dag dngos nyid ci yang min // gang dag ngo bo nyid med pas // de dag gang du'ang 'byung ba med // ce'o //）；莲花戒（Kamalaśīla）的《中观光明论》（*Madhyamakāloka*）（Q5287.227$b_{7\text{-}8}$; D3887.206b_1; Z, 卷 62, 页 1292_{20}-1293_2: 'phags pa blo gros rgya mtsho bstan pa las kyang / gang dag rten nas byung te dag // ngo bo nyid kyis ci yang med // gang dag ngo bo nyid med pa // de dag gang du'ang 'byung ba med // ces gsungs so //）；清辨（Bhāviveka）的《般若灯论》（*Prajñāpradīpamūlamadhyamakavṛtti*）（Q5253.130b_7; D3853.$107_{a1\text{-}2}$; Z, 卷 57, 页 $1065_{12\text{-}14}$: de bzhin du / gang dag rten nas skye ba ni // de dag dngos nyid gang yang med // gang dag ngo bo nyid med pa // de dag gar yang 'byung mi 'gyur // zhes bya ba dang /）；明藏光（Vidyākaraprabha）《中观理趣心要》（*Madhyamakanayasāra*）（Q5293.54$b_{6\text{-}7}$; D3893.48b_2; Z, 卷 63, 页 $125_{4\text{-}6}$: gang dag rten cing 'brel te byung [Q 'byung] // de dag ngo bo nyid `yin pa'ang´ [Q 'ga'ang] med // gang dag ngo bo nyid med pa // de dag gang du'ang 'byung ba med //）；卓龙巴（Gro lung pa）《教法次第广论》（*bsTan rim chen mo*）（叶 424a_7: blo gros rgya mtshos zhus pa las kyang / gang dag brten nas 'byung de dag // ngo bo nyid kyis ci yang med // gang dag ngo bo nyid med pa // de dag gang du 'byung ba med ces so //）。安慧（Sthiramati）在其《辨中边论释》（*Madhyāntavibhāgaṭīkā*）（Q5534.32a_7; D4032.200$a_{2\text{-}3}$; Z, 卷 71, 页 $521_{4\text{-}5}$）中曾引用最后两颂：brtags min rkyen las skyes pa dang // rnam pa kun tu brjod med pa // gzhan gyi dbang gi ngo bo nyid // 'jig rten dag `pa'i´ [D pa yi] spyod yul lo //；同上引，（Q5534.32a_8-b_1; D4032.200$a_{3\text{-}4}$; Z, 卷 71, 页 $521_{8\text{-}9}$）：brtags pa'i ngo bo nid kyis te // shin tu stong nyid gang yin pa // yongs su grub pa'i ngo bo ste // mi rtog ye shes spyod yul lo //

远离一切言说相　清净世智之行境
所谓圆成实性者　体性恒常毕竟空
无分别智之行境

（5）（三自性）配合三身：圆成实为界与智，故为法身；依他为等持面前（ngo gang = ngo ga）[1]所显现，故为报身；遍计者，乃将无计度为有，故为化身。[2]

（6）（三自性）归于唯识：心之迷乱为依他，亦即将（心之一分）误认为外境；心之主体为遍计，亦即二取；心法性为圆成实。

（7）诸法归为三自性：法有外内、有为与无为、杂染（kun nas nyon mongs pa: *saṃkleśa*，亦即轮回）与清净（rnam par byang ba: *vyavadāna*，亦即涅槃）之分。彼亦可归为五（类），即名（ming: *nānam*）、相（rgyu mtshan: *nimitta*）、分别（rnam par rtog pa: *vikalpa*）、真如（de bzhin nyid: *tathatā*）、正智（yang dag pa'i ye shes: *samyagjñāna*）。[3]彼五者可归为三自性，名归为遍计，相与分别归为依他，真如与正智归为圆成实，一切将无增益为有者归为遍计，一切因缘所摄之法归为依他，法性既不同遍计之无有，亦不同依他之因缘所生，故归为圆成实。

〔1〕有关 ngo gang / ga 一词，参艾默吉（2009：页 259，注 58；页 398，注 53）。

〔2〕此处将三自性与三身建立起关系，而前面将三自性配合于诸地（同时暗示了三自性与诸地上证智特征的联系），这种关系明显与各种佛典中提出的三身与四（或五）智之间的关系一致。通常情况下，法身与大圆镜智（ādarśajñāna: *me long lta bu'i ye shes*）相联，报身与平等性智（samatājñāna: *mnyam pa nyid kyi ye shes*）和妙观察智（pratyavekṣaṇajñāna: *so sor rtog pa'i ye shes*）相联，化身与成所作智（kṛtyānuṣṭhānajñāna: *bya ba grub pa'i ye shes*）相联。然而在某些传统中，法身等同于清净法界，自受用身由四智组成（他受用身与化身只是色身）。有关该问题的讨论，以及对原始与二手文献的引用与参考，参艾默吉（2009：页 68, 167-168, 注 86），以及同上引，页 115，文中引用了宝藏寂的《具德女》（*Guṇavatī*）中有关三身配四智的段落。另参同上引，页 326，其中引用了龙树《入三身门》（*Kāyatrayāvatāramukha*）中的一段，其内容似乎已确定了三身与三自性（基于无分别智的三种运作）的关系。

〔3〕此五类即一些瑜伽行经典中所说的“五事”。关于《摄抉择分》中对五事的阐释，参克雷默 2005。

（8）三种有：遍计为名言有（tha snyad du yod [pa]，亦即假立有 [btags par yod pa: *prajñaptisat*]），依他为实有（rdzas su yod pa: *dravyasat*），圆成实为法性有。

（9）三种无：遍计无相，依他无自生之力用，圆成实于胜义中无实有。

（10）开示（三自性）离一与异：遍计为无有之法（故无需言其为一为异），依他与圆成实二者则说为离一与异。

难言：假定（此二者）为一，若以依他为主导（gzhan dbang brtsan par byas na），则不可能有佛，若以圆成实为主导，则不可能有有情。

答言：（二者）实离一与异，依他未离遍计时，则非一，依他离遍计二取时，则非异。经教有云：[1]

依他起自性　分别缘所生

圆成实于彼　常远离前性

故此与依他　非异非不异

（二）瑜伽行对烦恼的见解

绒宋巴所讨论的另一个核心问题即佛家各宗如何看待烦恼（nyon mongs pa: *kleśa*）的本性。在其《入大乘论》（*Theg tshul*）中，他通过运用各家宗义力图证明：根据所有宗义系统（及其宗义标准），实际上并不存在需要遣除的实有烦恼。他认为，若依瑜伽行师的主张而说心究竟离二取、唯自证，则植根于迷乱之烦恼即与心相违。为了阐释这一点，他用了两个比喻，每一个都包含与三自性相对应的三个元素。首先，他在金、土、地大与圆成实（名其为“依他之［真实］性相”）、遍计（名其为“能所二取”）、依他之间建立对应比喻关系。他认为，视

〔1〕引文出自《唯识三十颂》（*Triṃśikā*）21-22ab（Q5556.3$a_{2\text{-}3}$; D4055.2b_5; Z, 卷 77，页 $5_{8\text{-}11}$）。不过其中第一句有所不同：gzhan gyi dbang gi ngo bo nyid //；第三句写作 la snga ma po 而不是引文所写的 las snga mar grub。《明慧宗义》的瑜伽行品中也在两处引用了前面四句，每处各引两句。关于该文本的精校本与对该文本的讨论，参御牧克己（1982：页 118，注 342，345）。此处所引的第一句可能是因与另一颂混读所导致（参上引，注 20）。

金为土即成颠倒见，视金为金则为正见，同此，视依他之真实性相（换言之，即圆成实）为遍计即颠倒见，而视其为圆成实则为正见。此外，地大包含土与金，同此，依他亦包含遍计与圆成实。最后，他指出，在此情况下，依他不能同时作为遍计与圆成实而成实有。为了说明这一点，他用了另一个比喻，这次是在柴棍、旋火轮、光明与圆成实、遍计、依他之间建立对应关系。与前面相似，他指出，视柴棍为旋火轮为迷乱，视之为柴棍则正确，而光明则遍及旋火轮与柴棍。接下来他指出：既然光明遍及（旋火轮与柴棍）二者，若二者之一为实有，则光明亦为实有，且具彼实有者之性相。但旋火轮无疑只是由持续旋绕柴棍而形成，并非实有，故光明显然唯具柴棍之自性。同此，若有人依瑜伽行系统而以圆成实为实有，且依他兼具遍计与圆成实，则二取显现（亦即遍计）生起时，依他即具圆成实之自性，因此，对瑜伽行而言，同样没有需要遣除的实有烦恼：[1]

> 依瑜伽行理趣，其宗义即许三界之心与心所之性相皆为虚妄遍计，彼等既非任何事之所取，亦非任何事之能取，二取皆空，唯有自证。如是，（此无二自证之性相）即与烦恼之性相相违，以诸烦恼于外境之生起具颠倒相故（yul la skye ba phyin ci log pa'i rnam pa can）。[2] 譬如土中有金时，即有土、金、地大三者可得，若视金为土，则成颠倒见，视其为金，则为正见，地大同属于（土、金）二者。同此，若视依他性为能所二取，则成颠倒见，若视其为圆成实性，则为正见，依他同属于（遍计与圆成实）二者，此为（瑜伽行）宗义所共许。由是，依他中无法觅得无二者之实体（cha gnyis kyi rdzas），譬之如下：于旋火轮中，有柴棍（'gal dum: *ulmuka*）、轮、光明三者可得。其中，将柴棍视为轮即成颠倒见，将其视为柴棍则为正见，光明同属于（柴棍与轮）二者。如是，若将柴棍与轮皆成立为实有，而光明同属二者，则

---

〔1〕《入大乘论》（A，叶 $5a_4$-$6a_4$；B，页 420_{17}-421_{18}）。

〔2〕绒宋巴似乎暗示烦恼在“生起”（skye ba）与“见”（mthong ba）上皆为“颠倒”（phyin ci log），这就是说，烦恼的产生与演变皆基于迷乱见，故彼等在量学上永不堪成为正量。

光明亦可成立为（实）有。若将轮成立为实有，将柴棍成立为非实有，则光明亦成轮之性相，而非（柴棍与轮）两分之性相。将柴棍成立为实有而将轮成立为非实有者亦同此，是故，显现为轮时，此旋火轮即为一连续旋转（gnon pa，直译为“压制”）之对境，绝不可将其成立为轮，故而光明无非为柴棍而已，于光明中并无两分。同此，（遍计与圆成实）二者成立为实有时，圆成实成立为实有，遍计（此处实指依他）可包含（遍计与圆成实二者），当其显现为二取时，其性相实为自证（亦即圆成实）。二（取）绝不能成立，故遍计（此处亦指依他）中不可成立两分，因此，诸烦恼中并无应断除者可得。

（三）瑜伽行破遣他宗、成立自宗的方式

在《入大乘论》第三品中，绒宋巴力图显示佛教对如幻的理解如何在大圆满见中达至究竟。他指出，一切佛教与外道之宗义皆将显现（snang ba）安立为基（gzhi），诸家宗义的争论点在于究竟如何定义诸法的性相（mtshan nyid）。在他看来，每一宗都力求破遣他宗宗义（gzhan gi grub mtha'）并建立自宗宗义（rang gi grub mtha'），所采用的方式为破立四法（dgag sgrub bzhi'i tshul），亦即成立（sgrub pa）“是”（yin pa）和“有”（yod pa）之事，遮遣“非”（ma yin pa）和“无”（med pa）之事。此中的关键是“（诸法性相究竟）如何”（ji ltar yin pa）和“如何成为有”（ji ltar yod pa）。但凡他宗对“显现”所作之遍计（kun tu brtags pa），皆以无遮（med par dgag pa: *prasajyapratiṣedha*）和非遮（ma yin pa dgag pa: *paryudāsa*）之方式破除之。然而，无遮仅能破除（'gegs par byed）他者依遍计（gzhan gyis kun tu brtags pa）而执持之宗见，而非遮在此基础上还能成立自宗之真实（rang gi mtshan nyid pa）见。重要的是，每一宗都依现量（mngon sum: *pratyakṣa*）和无所得（mi dmigs pa: *anupalabdhi*）所提供的依据建立其宗见。[1] 据

〔1〕 依现量与无所得提供的依据建立自宗见地的方式也见于《口诀见鬘释》（A，叶 $230a_6$-$231b_3$；B，页 310_{12}-312_1），不过其中似乎只针对外道。此处现量与无所得之义分别为“见”（mthong ba）与“不可见”（ma mthong ba）。

称，瑜伽行破除声闻之见并建立自宗见地之方式如下：[1]

瑜伽行（破除声闻见成立自宗见之方式如下）：于内外所现实事，诸声闻许外境有自相（rang gi mtshan nyid pa: *svalakṣana*），且以所取之形式独立于识而成实有，而彼识亦以能取之形式而成实有。（瑜伽行）认为此（见地）实属遍计，根本无有（gtan med），遂以无遮（med par dgag pa: *prasajyapratiṣedha*）破除之。（瑜伽行以非遮建立自宗见地之方式如下）：虚妄遍计非彼（能所二取），虽无二（取），其性相却似显现为二（取），此由因缘所生，与共通之现量和无所得皆不相违。心与心所本身非自证现量耶？现量非正识（yang dag pa'i shes pa）耶？设若如是，又何须以他理成立正识？能破彼（正识），且势力更为超胜之第二正识又为何者？如是，瑜伽行即成立（离二取之识）于胜义中为实有。

复次，（瑜伽行）内部差别如下：

（1）实相派认为（一切相）皆如其显现而成胜义实有。

（2）虚相派认为，有具二取相之虚妄遍计生起，此确属实，但仅为世俗谛而已。于真实中，离二取之自证相为胜义实有。

（3）无相派认为，纵于刹那间，亦无三界一切心与心所以及二取相生起。二取显现既不可说为心，亦不可说为心余外，彼实为习气。仅此（二取）即名为遍计，是故烦恼等一切垢障（sgrib pa: *āvaraṇa*）皆为客生习气，其性相为遍计。纵于有情位，心之自性亦法尔光明、自证，于圣者位，彼亦无可增胜，本智安住于离相自性中。若略加区别，则说有情位因客生习气而不能明晰觉受（本智），而圣者位则可明晰觉受之。

总而言之，（瑜伽行）一切（支派）皆许离二取之无分别智与真如为胜义实有。

[1]《入大乘论》（A，叶 $44a_4$-$45a_4$；B，页 463_{24}-465_2）。

五、绒宋巴对瑜伽行与他宗关系的表述

在其《口诀见鬘释》中，绒宋巴首先讨论了外道，而后依（1）见（lta ba: *dṛṣṭi*）、（2）道（lam: *mārga*）或修（sgom pa: *bhāvanā*）、（3）果（'bras bu: *phala*）讨论了佛教诸宗部的差别。在"性相乘"（mtshan nyid kyi theg pa: *lakṣaṇayāna*）的标题下，他首先依上述三门讨论了声闻圣者（即阿罗汉）、缘觉以及菩萨，而后进一步简论了其间的分歧，其中包括（4）行境（spyod yul）、（5）解脱门（rnam par grol ba'i sgo）、（6）等持力（ting nge 'dzin gyi mthu）、（7）智慧力（shes rab yi stobs）、（8）断除垢障（sgribs pa spangs pa）、（9）了知（垢障）已尽且不生之真实菩提（zad pa dang mi skye ba shes pa'i mtshan nyid byang chub），（10）安立胜义（don dam pa rnam par 'jog pa）、（11）执著（mngon par zhen pa）、（12）究竟无执著（yongs su ma zhen pa）、（13）遣除二边（mtha' gnyis bsal ba）。

他在解说菩萨乘时，唯依最后四门（10-13）区别瑜伽行与中观。据他所言，有关此四门之差别可归结如下：对瑜伽行而言，胜义为自证，对中观而言，胜义为离戏论；前者执于识，后者执于世俗谛；前者离二取，后者离胜义；前者依三自性遣除二边，后者依二谛遣除二边。接下来，笔者将翻译有关最后四门的段落（其中略去了讨论声闻圣者与缘觉的部分）：[1]

> 复次，依安立胜义之方式与执著等差别，可将大乘分为瑜伽行与中观二者。
>
> （10）至于安立胜义方式之差别，……瑜伽行许无二取之自证为胜义性相，中观许究竟寂息一切戏论之法性为胜义。
>
> （11）至于执著之差别，……瑜伽行执著于阿赖耶识波涛所现之自心性相，中观执著于世俗谛，亦即不净性相之行境。
>
> （12）至于究竟无执著之差别，……瑜伽行于二取不起执著，中观

[1]《口诀见鬘释》(A，叶 $245a_5$-$246a_2$；B，页 $327_{2\text{-}22}$)。

于胜义不起执著。

（13）至于遣除二边之差别，……瑜伽行以三自性之方式遣除二边，中观以二谛之方式遣除二边。

在接下来的段落中，绒宋巴总结了佛家诸宗部的观点。就瑜伽行而言，他再次陈述了该宗各支派（亦即无相派、有相派，后者又分为实相派、虚相派）的见地。于此，他尤其着重于各支派在认识论上对凡夫位和佛地间差别的观点，并点出由此引出的对佛果的不同认识。他指出，无相派认为佛地上唯有无分别智，实相派认为清净法相为真实，例如佛身，由此暗示佛地上有无分别智与清净世间智；虚相派认为，清净世间智看似能于佛地上起用，然其并非真实。瑜伽行各支派的见地引发了关于佛地上智的存在这一问题，该问题反过来又导致了中观师间的激烈争论，尤其是关于如何解释佛为利生而行于世间的方式。这是因为他们与瑜伽行师相反，他们并未给心识安立任何特定的地位。鉴于笔者已在他处详论过该问题，故而不再赘述。简言之，我们可以说，瑜伽行中观师遵循他们各自所倾向的瑜伽行支派的见地（针对的是他们对世俗层面的安立，而非胜义），而中观师根本不遵循任何瑜伽行学说，故而不许佛地上有任何心识成分的存在。

就中观而言，绒宋巴指出了两个支派，即瑜伽行中观（Yogācāra-Madhyamaka）与经部行中观（Sautrāntika-Madhyamaka），二者都被后世的藏土论师纳入自续中观（Svātantrika-Madhyamaka）。该部分与绒宋巴整个著作体系一样，并未提及应成中观（Prāsaṅgika-Madhyamaka）。他指出，此二支派对胜义的见地彼此一致，唯于世俗的安立有所区别，经部行中观依循经量部（Sautrāntika）关于内法与外法之缘起（rten cing 'brel bar 'byung ba: *pratītyasamutpāda*）见：[1]

（1）瑜伽行复分为（1.1）有相派与（1.2）无相派。

其中，（1.2）无相派认为，于有情位，心（blo）亦生起为无相，以二取相生起之显现皆为习气，而不可说为心与心余外。习气清净后，

〔1〕《口诀见鬘释》(A，叶 $246a_5$-$247a_3$；B，页 328_6-329_4）。

佛地（sangs rgyas kyi sa: *buddhabhūmi*）上唯有无分别智，（此时）可依宿愿力，无分别而任运成就利生事业，恰如如意树与如意宝。

（1.1）有相派复分为（1.1.1）实相派与（1.1.2）虚相派（bden pa ma yin smra ba = rdzun par smra ba）。

其中，（1.1.1）实相派认为，外境虽无，但心本身所现之身、处与行境则为胜义有。佛地上有离二取执著之大智，彼（智）所现之（佛）身、刹土之庄严皆为胜义有。

（1.1.2）虚相派认为，于有情位，虽有现为二取相之识生起，但其并非如其（显现）而成有。于佛地上，虽有能知有情界（sems can gyi khams: *sattvadhātu*）与随眠（bag la nyal ba: *anuśaya*）等之清净世间智，然其并非真实，胜义中唯能建立刹那无分别智之性相。

（2）中观分为（2.1）瑜伽行中观和（2.2）经部行中观，此二者关于胜义之见地无有差别，于世俗上，仅依随瑜伽行与随声闻经量部而作区别。由是，经部行中观许依他相续（gzhan dbang gi rgyud）依外缘起与内缘起分为两种相续。

在其《见地备忘》中，绒宋巴继续破遣声闻的宗见以及瑜伽行和中观的见地，所采用的方式正是各宗自身的逻辑推理。他在破遣中观时，所暗示的对象应被视为那些主张二谛模式的中观师，而非那些主张二谛无分别的中观师，后者的观点正是绒宋巴本人所倾向的。他认为，声闻用以破除人我的理同样可以用于破除该宗所许的外境。与此相类，瑜伽行用于破除极微为色法终极基元之理，同样可以用于破除该宗所许的（心识）刹那为时间之终极基元。他认为，这样的终极基元不能依现量而得，唯依比量而得，为了支撑这一观点，他引用了一段他认为出自《贤护菩萨所问经》（*Bhadrapālaparipṛcchā*）的话，其中以只能依啸鸣声等证明其存在的风大为例，喻指那些现量不可得、唯有比量可得之法。由此，他阐明了一点，即心识元素不可依现量成立，唯能基于心识活动而依比量成立。而后，他总结说，既然心识都只能依比量得知，更何况时间之终极基元。中观宗许诸法于正世俗上为有，绒宋巴认为，这一观点可用中观宗成立胜义离戏论之理来

破除：[1]

简言之，声闻用以破除唯一、恒常人我（之理）亦可用于破除（该宗所许之）诸法性相。唯识宗用以破除外境极微（rdul phra rab: *paramāṇu*）方分为悖谬（之理）亦可用于破除自心与心所之相与时分，（唯识宗）认为，对作为有法之微尘，任何心识皆无法令其成立，（同此），任何心识皆不可得自心之终极刹那（sems kyi dus mtha’i skad cig ma），遑论时间之终极刹那。纵是识界（rnam par shes pa’i khams: *vijñānadhātu*）之活动亦仅为比量之对境。此如《贤护菩萨所问经·大药（Mahauṣadha）童子请问品》中所言：[2]

大药，由呼呼作响之声、草木之摇摆、风沙之飞扬、身躯之撼动，

---

〔1〕《见地备忘》（A，叶 159b_5-160b_3；B，页 26_{1-22}）。

〔2〕 笔者未能在《贤护菩萨所问经》中找到相似的段落。但该经中确有表达同样的意思，而且此处绒宋巴提供的段落似乎不是严格的引用，而是基于该经中的一些段落而对其中的思想作了演绎。例如同文（S11.39.138b_{1-4}; D83.74b_{1-3}）：bzang skyong dper na rlung gi khams gzugs can ma `yin pa’ang´ [D yin pa yin yang] bstan du yod cing gzung du yod pa dag las gzugs su snang ngo // de la bstan du yod pa ni shing ’gul zhing g.yo ba dang / sgra skad ’ur ’ur po’i sgra ’byin pa dang / grang ba dang / dro ba’i reg pa’i [S pas] tshor ba skyed pa yin yang / de la rkang lag dang mig dang / gdong dmigs par mi ’gyur te / sngo bsangs dang dkar ba zhes kha dog lhag par mi dmigs so // bzang skyong de bzhin du rnam par shes pa’i khams ’di’ang [D yang] gzugs su mi [D om.] dmigs shing gzugs su snang bar mi ’gyur te / khyod kyis rgyu’i bye brag dag gis rnam par shes pa’i khams rtogs par bya’o // ；同文（S11.39.147a_{5-6}; D83.80b_{4-5}）：…ji ltar rlung gi khams kyis shing g.yo ba dang / grang ba dang / tsha ba’i reg pa len pa’i rkyen byed pa las lung gi khams shes par ’gyur ba de [S om.] bzhin du rnam par shes pa’i khams ’di’ang [D ’di yang] gzugs can ma yin te /… ；同文（S11.39.143b_{4-5}; D83.78a_{2-3}）：dper na sa bon gyi khams sa gzhi la btab na / khams bzhi po dag sdud par byed pa de bzhin du rnam par shes pa’i khams ’di’ang [D ’di yang] dran pa rab tu ’dzin cing tshor ba yongs su ’dzin te /…《摄行明灯论》（*Caryāmelāpakapradīpa*）中引用了第一段，并称其出自某一《转识经》（*Vijñānasaṃkrāntisūtra: rnam par shes pa ’pho ba’i mdo*）。其梵文本如下（*Caryāmelāpakapradīpa*，页 45_{11-16}）：yathoktaṃ vijñānasaṃkrāntisūtre tadyathā bhadrapāle vāyudhātur arūpī anidarśanopādānād rūpī saṃdṛśyate tatra darśanaṃ vṛkṣaspandanasamudīra-ṇaravarabhasatataṭatāṭājanitanirghoṣaḥ śītoṣṇasparśajanitavedī na cāsya karacaraṇanaya-navaktropalabdhir bhavati na ca varṇādhikyenopalakṣate śyāmo vā gauro veti / evam eva bhadrapāle ayaṃ vijñānadhātur na rūpeṇopalakṣate na rūpāvabhā samāgacchati kāraṇa-viśeṣais tv ayaṃ vijñānadhātur avagantavyaḥ iti /。藏文本与上面的文本相似，只有些微差异（同上，页 244_{3-12}）。

可比量推知风界（之存在），然风界实不可见、不可觉。同此，由念（dran pa: *smṛti*）、受（tshor ba: *vedanā*）及思惟（sems pa: *cetanā*）可比量推知识界（之存在），而识界实不可见不可觉。

纵是识本身亦基于心所而由比量推知，遑论彼（识）之终极刹那。是故，色法之终极极微与时间之终极刹那俱可依理破除。

同此，中观宗认为诸法不堪受成立真实之理（yang dag par sgrub pa'i rigs pa），[1]依此离一切戏论之理，亦可破该宗许（诸法）于正世俗（yang dag pa'i kun rdzob: *tathyasaṃvṛti*）中为实有之说。于同一有法之本体上，无法成立存在两种互不相容、势力真正均等之性相。既然二者不平等，则其中之一必为迷乱境，彼迷乱者即非如其显现（而成真实），故其并无自性可得（bdag nyid thob pa: *ātmalābha*）。[2]因此，“实有”一词不可用于无法执取者（意即无有自性者）。

六、结语

在上文中，笔者试图着重强调绒宋巴阐释瑜伽行时的要点，其次讨论了他运用瑜伽行学说树立其个人见地的方式，笔者已将其见地确定为说诸法极无所住派。此外，绒宋巴的“包容主义”理路也再次得到体现，他将他所认为的“下”等不了义宗见抬升为他所认为的了义正见，并通过运用各宗自身的逻辑推理，显示他们实际上也怀持正见，这一点在他陈述各宗对烦恼的理解时体现得尤为明

〔1〕 此处的“成立真实之理”（yang dag par sgrub pa'i rigs pa）明显就是更为人所熟知的“观察胜义之理”（don dam dpyod byed kyi rigs pa）的另一种形式。

〔2〕 bdag nyid thob pa: *ātmalābha*，字面意思为“获得（亦即具有）一自性”（亦即“已存在”），该词在绒宋巴的宗见中非常重要，有关该词的讨论，见艾默吉（2009：页256-258，注56），其中提供了该词的各种藏译，且引用并翻译了绒宋巴的两段话，一段出自其《诸佛平等和合续释》（*mNyam sbyor 'grel pa*），另一段出自其《入大乘论》，两段都对该词作出了阐释。

显。另外，他在讨论瑜伽行时最富有启发性的方面即他对各支派的表述，其表述不仅与大多数现代学者的理解大相径庭，也在藏土传规中独树一帜。因此，我们希望他的阐释能对将来相关课题的研究有所助益，尤其是那些颇有影响力的瑜伽行中观师提出的观点。于此，笔者只想重申，正如笔者以前对不同佛果观的研究中所明确的，绒宋巴对瑜伽行支派的阐释甚为精妙，它有助于我们改进对瑜伽行师、瑜伽行中观师、密续师对佛果的不同见地之认识论背景的理解。对瑜伽行学说在绒宋巴之见地与宗义学中扮演的角色的综合性研究还尚待开展，正如上文所暗示，这样的研究还需要考虑到他对大圆满见的理解。

附　　录

相关藏文引文之精校本

下面数页包含了本文引用、翻译的绒宋巴著作的藏文精校版。为此，笔者参考了绒宋巴全集的两个完整版本，二者都基于20世纪初米庞南杰嘉措（Mi pham rnam rgyal rgya mtsho, 1846—1912）所校订的熙日森佛学院（Shrī seng）两卷蓝本，以及后来增编的第三卷：

A = 康区卡勒活佛白玛贡卓（mKhar legs sprul sku Padma kun grol, 1916—1984）提供的两卷木刻本，该版本明显出现于80年代初期；

B = 1999年四川成都出版的两卷本。

因二者为同一版本的抄本，故其文本并无较大差异。正如笔者在他处所指出的，成都版的拼写似乎更接近于熙日森原版，而白玛贡卓则贸然修改了他的木刻本，不过都是些小地方，比如拼写的现代化，对垂符（shad，例如在小品词ni或连引词 [lhag bcas] 之后加 /、在终结词后加 //、以 // // 代替 //）的大量运用等等。[1] 鉴于此，笔者通常依循成都版的拼写与标点，除非木刻版所见内容明显更为贴切（尤其涉及垂符的误用、明显的印刷错误等等）。标点与拼写的差异并未加以记录；大多数地方涉及古代写法中反写的 i（转写为 í），后缀 da drag，腭音化的 m，源自“连音规则”（saṃdhi）的小品词 la don（例如 du 与 tu）等等。[2] 笔者在极少数修改过标点的地方都作了标注。引文中的注释则在大括号中以较小的字体显示。在下面的校订本中，这些注释都紧跟在其所注的词后。文中提供了所引甘珠尔（*bKa' 'gyur*）的朵宫版（sTog (S)）和德格版（sDe dge (D)），至于所引的丹珠尔（*bsTan 'gyur*）则提供了北京版（Peiking (Q)）和德格版（sDe dge (D)），并附有引文在现代《丹珠尔对勘本》(*bsTan 'gyur dpe sdur ma*）中的位置。

§2 的引文

《见地备忘》(A, 叶 152a_4-b_5; B, 页 17_{10}-18_3)：

kha cig {sems tsam pa /} ni las kyi bag chags sems kyi rgyud la bsags pa ni bden na / de nyid kyi phyir bag chags kyi 'bras bu yang sems kyi rgyud nyid la smin par rigs te /[3] dper na zhing la sa bon btab pa 'bras bu ri'i rtse mo la smin pa ga la srid / de bas na las kyi bag chags sems kyi rgyud la bsags shing smin pa'i sems de nyid lus dang gnas dang spyod yul ltar rnam par smin pa yin no // de bas na ji srid du chos su brtags shing grags pa thams cad sems nyid gyur pa yin no zhe'o // de la yang bag chags kyi dbang gis sems nyid yul lta bu zhes pa dang / yul lta bur snang ba de kho na bag chags smin pa yin pas / sems kyi yul bag chags yin no zhes pa dang / gzhan yang 'jug pa'i rnam par shes pa sems las byung ba dang bcas pa'i bag chags kun gzhi la bsags pa dbang du gyur cing mthur gyur pa na / kun gzhi'i rnam par shes pa nyid 'bras bu'i ngo bo rnam

〔1〕 关于这两版绒宋巴全集的更多细节，参艾默吉（2009：363-366）。

〔2〕 这样的古代拼写法在《口诀见鬘释》和《入大乘论》中使用得尤为频繁。关于前者，米庞在其绒宋巴著作目录中明确指出，他保持了该文本古代风格的原貌，以便保留此类文本的一个样本；关于后者，他只是在需要令文义更易明了时才作出改动，除此之外，他还是让该文本的古代拼写等保持不变。参艾默吉（1997：112，115）。

〔3〕 |] *conj.*, om. AB

par smin pa ste / de nyid lus dang gnas dang spyod yul du snang ba yin no // snang ba de nyid kyis 'jug pa'i rnam par shes pa'i bdag po'i rkyen dang [1] dmigs pa' rkyen yang byed do // 'jug pa'i rnam shes rang gis bzhag pa'i rgyu mthun pa'i bag chags kyis rgyu'i rkyen byed do zer ro //

bsdus na gzhung 'di dag kun phyi rol pa ltar dbang phyug dang / bdag dang / rang bzhin la sogs pa rgyu gzhan du mi tshol te / rnam par shes pa rang gis bsags pa'i las rang la skye / rang gi gnas dang spyod yul kyang grub par 'dod par 'dra bas / lhag par rtsod sgo chen po med do //

《宗义备忘》(A, 叶 $325b_4$-$326b_1$; B, 页 $201_{4\text{-}24}$):

rnam par shes pa tsam du smra ba'i lugs ni / sems tsam gyis sems don dam par yod par 'dod de / nyan thos ltar yul yong gis med pa la sgro 'dogs pa dang / dbu ma chen pos sems kyang don dam par med do zhes bskur pa [2] 'debs pa spang dgos te / sems don dam par med pa zhig na ni / bsod nams bsags pa'i gzhi med / thar pa [3] sgrub pa'i don med pas / sems ni sems can gyi dus na / sems shes pa skad cig ma tsam du yod do // da ltar yul du snang ba 'di sems yin te / thog ma med pa'i dus nas sems gzung ba cha gcig yul du 'khrul / gzung ba cha gcig sems su 'khrul pa [4] rtog pas brtags [5] pa dang / bag chags tsam la bag chags su rtog pa zhes bya'o // des na yul ni shes pa las gyur pa yin kyang bem [6] por snang / sems ni shes pa'i dngos gzhi yin pas rig par snang / yul ni rtog pas brtags pa yin pas tha dad par snang / sems ni rtog pa'i dngos gzhi yin pas gcig par snang / yul rnams kyang shes pas 'phrul pa yin pas 'brel pa yod / yul rdul phra rab rang rgyud du logs shig na yod par gyur na ni / shes pa dang bem [7] po gnyis

[1] dang] A, dang yang B

[2] pa] A, ba B

[3] pa] B, par A

[4] pa] A, ba B

[5] brtags] A, brtag B

[6] bem] B, bems A; 然而两种写法都有可能。

[7] bem] B, bems A

rigs mi mthun pas / ’brel ba med pa’i phyir de shes par yang mi rung ngo // yang rdul phra rab gcig las tha dad par snang bar mi ’gyur ro // de bas na yul med do // sems rtogs pa nyams nas yul du snang ngo // sems don dam par yod do // med na thar pa bsgrub pa don med pa’i skyon du ’gyur bas / med ces par yang mi rung ste / gtan tshigs de bas na sems kyang sems can gyi dus na kun gzhi rgyun gyi rtag pa skad cig ma tsam du yod la / ’phags pa’i dus na ye shes rgyun gyi rtag pa skad cig ma tsam du yod do // de ltar yod med gnyis kyi mtha’ bsal nas / dbu ma'i lam la gnas pa bdag cag yin te / sems tsam dbu ma zhes ’dod pa’o //

§3的引文

《见地备忘》(A, 叶 $150b_4$-$151b_6$; B, 页 15_{16}-16_{24})：

rnam par rig pa tsam du smra ba la gnyis te / (1) rnam pa dang bcas par smra ba dang / (2) rnam pa med par smra ba’o // rnam pa dang bcas par smra ba la yang / nang gses kyi bye brag rnam pa gnyis te / (1.1) rnam pa bden par smra ba dang / (1.2) rnam pa brdzun par smra ba’o // de dag la yang (1.1.1 & 1.2.1) rnam pa ’dra gzhi yod par smra ba dang / (1.1.2 & 1.2.2) ’dra gzhi med par smra ba la sogs pa nang mi mthun par smra ba du ma grags mod kyi / mdo ’di dag tsam du ’dus pas ’di dag tsam bshad do //

de la (1) rnam pa dang bcas par smra ba zhes bya ba ni / rnam pa’i sgra ni ’dir ’dra snang la bya ste / de yang (1.1.1 & 1.2.1) ’dra gzhi yod par ’dod pa rnams ni / ’dra gzhi dang ’dra ba’i rnam par shes pa skye ba ’dra snang ste / (1.1.2 & 1.2.2) ’dra gzhi med pa ni[1] gtan med kyang yod `pa dang´[2] ’dra bar snang ba la ’dra snang zhes bya’o[3] //

bsdus nas rnam pa dang bcas par smra ba zhes bya ba phyi rol gyi don med kyang yod pa dang ’dra bar rnam par shes pa nyid gzung ba dang ’dzin pa’i rnam par dbye ba

〔1〕 ni] *conj.*, na AB

〔2〕 pa dang] *conj.*, pas AB。比较下面一句，其中有相似的短语。

〔3〕 bya’o] A, bya’ B

yod do zhes ’dod do // de la yang (1.1.1 & 1.2.1) ’dra gzhi yod par ’dod[1] pa ni rnam par shes pa las gud na phyi rol gyi don med kyang / sems nyid phyi rol gyi don lta bur snang ba brtan pa zhig yod de / des ’dra gzhi byas nas rnam par shes pa thams cad de’i rnam par skye’o zhe’o // (1.1.2 & 1.2.2) ’dra gzhi med par smra ba ni phyi’i skye mched du snang ba’i rim pa gnyis pa med de / rnam par shes pa nyid don yod par snang ba lta bu’o zhe’o //

de la (1.1) rnam pa bden par smra ba ni / lus dang gnas dang spyod yul du snang ba thams cad sems nyid kyi ngo bo yin pa’i phyir / ji ltar snang ba de bzhin du yang dag par bden pa ste / sems can gyi dus na’ang de bzhin du bden pa nyid yin la / sangs rgyas kyi sa la yang sku dang zhing gi bkod pa thams cad de bzhin du yang dag par bden pa yin no zhe’o //

(1.2) rnam pa rdzun par smra ba ni / sems can gyi dus na yang gzung ’dzin du skye ba’i rtog pa ni yod pa yin la / de ni yang dag pa ma yin pa’i kun tu rtog pa ste / yang dag par na gnyis pos stong pa / rang rig pa’i mtshan nyid tsam du yod la / sangs rgyas pa’i dus na yang / dag pa ’jig rten pa’i ye shes kun rdzob kyi bden pa’i tshul tsam mnga’ ste / ’on kyang yang dag pa’i ye shes ni rnam par mi rtog pa’i ye shes skad cig ma tsam mo //

(2) rnam pa med par smra ba ni / sems can kun gyi dus na yang sems dang sems las byung ba gzung ’dzin gyi rnam pa skad cig[2] tsam yang skye ma myong ste / gsal ba rang rig pa’i mtshan nyid tsam du gnas so // yul dang yul can du snang ba snyam byed pa ’di ni / sems dang de nyid dang gzhan du brjod du med pa ste / de nyid la bag chags zhes bya / gzung ’dzin zhes bya / kun brtags zhes bya’o // gang de nyid dang gzhan du brjod du med pa ni rdzas su yod par mi rung ste / btags pa tsam mo //[3] ’phags pa’i dus na yang ngo bo nyid de las bogs dbyung du med de / ’on kyang khyad

[1] ’dod] B, ’ded A, 这明显是由于木刻版的损坏。

[2] cig] A, gcig B。A 似乎原本写作 gcig，而后来改成了 cig，因为在 cig 前面有大约一个字母大小的空格。

[3] //]*conj.*, / A, *om.* B

par ni glo[1] bur ba'i bag chags yod pa snyam byed pa[2] de dang bral ba'o zhe'o // de bas na 'phags pa'i dus na'ang dag pa 'jig rten pa'i ye shes mi 'dod do //

§4.1 的引文

《宗义备忘》(A, 叶 $346a_6$-$348b_3$; B, 页 224_3-226_{11}):

mtshan nyid gsum ni kun brtags dang / gzhan dbang dang / yongs su grub pa'o // de yang lung las kyang /

kun tu brtags pa rtog[3] pa'i dbang //

rnam par rtog[4] pa gzhan gyi dbang //

'gyur med phyin ci ma log pa'i //

yongs su grub pa rnam pa gnyis //

zhes 'byung / de la yang don bcus bstan te / (1) mtshan nyid gsum dngos gang la bya ba dang / (2) nges pa'i tshig dang / (3) dbye ba dang / (4) sa bgo ba dang / (5) sku gsum la sbyar ba dang / (6) rnam par rig pa tsam la bsdu ba dang / (7) chos thams cad mtshan nyid gsum du bsdu ba dang / (8) yod pa gsum zhes bya ba dang / (9) med pa gsum zhes bya ba dang / (10) gcig pa dang / tha dad par bstan pa'o //

(1) dngos gzhi gang la bya zhe na / kun brtags ni gzung 'dzin la bya / gzhan dbang ni khams gsum gyi sems dang sems las byung ba'i rnam par rtog pa la bya / yongs su grub pa ni stong pa'i chos nyid la bya /

(2) nges pa'i tshig ni / ci'i phyir kun brtags zhes bya zhe na / gzhan dbang la 'khrul nas / gzung ba dang / 'dzin par snang la / gzhan dbang rang snang bar ma shes nas / gzung 'dzin gzhan dbang las logs na yod par brtags pa'i phyir / kun brtags shes bya'o // ci'i phyir gzhan dbang zhes bya zhe na / khams gsum gyi sems dang sems las byung ba rang skye mi nus kyi / rgyu dang rkyen gzhan gyis bskyed pa'i phyir gzhan

[1] glo] *conj.*, blo AB

[2] add. / AB

[3] rtog] *conj.*, brtags AB

[4] rtog] *conj.*, brtags AB

dbang zhes bya'o // ci'i phyir yongs su grub pa zhes bya zhe na / gzhan dbang chos can de la gzung 'dzin cha gnyis kyis stong pa'i stong pa nyid kyi chos nyid ni rtog pa'i mtshan ma dang dngos por nam yang mi 'gyur ba'i phyir yongs su grub pa zhes bya'o //

(3) dbye na ni / kun brtags pa la yang gnyis te / snang ba'i kun brtags pa dang {yul so so'i dbang po} / mi snang ba'i kun brtags pa'o {nam mkha'i me tog lta bu} // gzhan dbang la yang gnyis te / ltos pa'i gzhan dbang dang / {'dus byas la ltos nas 'dus ma byas yod pa lta bu} bskyed pa'i gzhan dbang ngo {yul dang dbang po sa bon dang chu lud kyis bskyed pa lta bu} //[1] yongs su grub pa la yang gnyis te / mi 'gyur bar yongs su grub pa dang {chos rnams kyi chos nyid la bya /} / phyin ci ma log par yongs[2] su grub pa'o {yang dag pa'i ye shes la bya /} //

(4) sa bgos pa ni / kun brtags ni so so'i skye bo'i spyod yul dang gzhan dbang ni dag pa 'jig rten pa'i spyod yul / yongs su grub pa ni rnam par mi rtog pa'i spyod yul lo // cis mngon zhe na / lung las /

gang gis rten cing 'brel bar 'byung //
de dag ngo bo nyid kyis med //
gang dag ngo bo nyid med pa //
nam du yang ni mi skye'o //
rtog med rkyen las skye ba ni //
rnam pa kun tu brjod med pa //
gzhan gyi dbang gi ngo bo nyid //
'jig rten dag pa'i spyod yul lo //
rtag pa'i ngo bo nyid kyis de //
shin tu stong nyid gang yin pa //
yongs su grub pa'i ngo bo nyid //
mi rtog ye shes spyod yul lo //

---

〔1〕 //] *conj.*, // // A, / B

〔2〕 yongs] A, yungs B, 显然这是一个打字错误。

zhes 'byung /

(5) sku gsum dang sbyar ba ni / yongs su grub pa ni dbyings dang ye shes yin pas chos kyi sku'o // gzhan dbang ni ting nge 'dzin gyi ngo gang la snang bas / longs spyod rdzogs pa'i sku'o // kun brtags ni med pa rnams yod par brtags pas sprul pa'i sku'o //

(6) rnam par rig pa tsam du bsdu na / sems kyi 'khrul pa〔1〕ni gzhan dbang yul du 'khrul pa yin / sems kyi dngos gzhi ni kun brtags gzung 'dzin yin / sems kyi chos nyid ni yongs su grub pa yin no //

(7) chos thams cad mtshan nyid gsum du bsdu na / chos phyi nang gnyis / 'dus byas dang 'dus ma byas gnyis / kun nas nyon mongs pa dang / rnam par byang ba'o // de yang lngar bsdu ste / ming dang / rgyu mtshan dang / rnam par rtog pa dang / de bzhin nyid dang / yang dag pa'i ye shes so // lnga po de mtshan nyid gsum du bsdu ste / ming ni kun brtags su bsdu'o // rgyu mtshan dang / rnam par rtog pa gnyis ni gzhan dbang du bsdu'o // de bzhin nyid dang yang dag pa'i ye shes gnyis ni yongs su grub par bsdu'o // yang na gang dag med pa las yod par sgro btags pa thams cad kun brtags su bsdu'o // chos gang rgyu rkyen gyis bsdus pa thams cad gzhan dbang du bsdu'o // chos nyid kun brtags ltar med pa yang ma yin / gzhan dbang ltar rgyu rkyen gyis bskyed pa yang ma yin pa ni yongs su grub par bsdu'o //

(8) yod pa gsum zhes bya ba ni / kun brtags tha snyad du yod / gzhan dbang rdzas su yod / yongs su grub pa chos nyid du yod do //

(9) med pa gsum zhes bya ba ni / kun brtags mtshan nyid kyis med / gzhan dbang rang skye mi nus pas med / yongs su grub pa don dam par dngos po med `do //'〔2〕

(10) gcig dang tha dad pa〔3〕las grol bar bstan pa ni / kun brtags ni med pa'i chos yin / gzhan dbang dang yongs su grub pa gnyis gcig pa dang tha dad pa〔4〕las grol bar bstan to // rgol ba na re / gcig na gzhan dbang brtsan par byas na / sangs rgyas mi srid

〔1〕 pa] A, ba B

〔2〕 med do //] *conj.*, med // // A, med // B

〔3〕 pa]A, *om.* B

〔4〕 pa]B, *om.* A

par rigs so // yongs su grub pa brtsan par byas na / sems can mi srid pa'i rigs so // zhes pa la / lan du gcig dang tha dad pa las grol te / gzhan dbang kun brtags dang ma bral ba'i dus na / gcig pa yang ma yin la / kun brtags gzung 'dzin gnyis kyis stong pa'i dus na / tha dad pa yang ma yin te / lung las kyang /

rnam par rtog pa gzhan gyi dbang //

rnam rtog yin te rkyen las byung //

grub ni de las snga mar grub //

rtag tu med par gyur pa gang //

de phyir de nyid gzhan dbang las //

gzhan min gzhan ma yin pa'ang min //

zhes 'byung ngo //

§4.2 的引文

《入大乘论》(A, 叶 $5a_4$-$6a_4$; B, 页 420_{17}-421_{18}):

rnal 'byor spyod pa rnams kyi tshul ltar na'ang / khams gsum pa'i sems dang sems las byung ba / yang dag pa ma yin pa'i kun du rtog pa'i mtshan nyid ni / gang gi'ang gzung ba ma yin zhing gang la'ang 'dzin par byed pa ma yin te / gnyis pos stong pa rang rig pa tsam gyi mtshan nyid yin par grub pa'i mthas 'dod la / de ltar na ni nyon mongs pa rnams kyi mtshan nyid du 'gal te / nyon mongs pa rnams ni yul la skye ba phyín ci log gi rnam pa can yin pa'í phyir ro // gang yang 'di skad du / dper na sa khong na gser yod pa la / sa dang gser dang sa'i khams gsum dmigs so // de la gser la sar mthong ba ni phyin ci log du mthong ba'o // gser du mthong ba ni yang dag par mthong ba'o // sa'i khams ni gnyi' ga'i char gtogs pa'o // de bzhin du gzhan gyi dbang gi mtshan nyid la gzung ba dang 'dzind par mthong ba ni phyin ci log du mthong ba'o // yongs su grub par mthong ba ni yang dag par mthong ba'o // gzhan gyi dbang ni gnyi ga'i char gtogs pa'o // zhes grub pa'i mtha' las grags na / gzhan dbang la cha gnyis kyi rdzas mi rnyed de / de ni 'di ltar 'gal me'i 'khor lo la 'gal dum dang 'khor lo dang gsal ba gsum dmigs so // de la 'gal dum la 'khor lor mthong ba ni phyin ci log du mthong ba'o // 'gal dum du mthong ba ni yang dag par mthong ba'o // gsal ba ni gnyis ga'i char gtogs pa'o zhes zer ba lta bu yin te / 'di' ltar 'gal dum yang rdzas su grub la 'khor lo yang rdzas su grub pa zhig na / gsal ba'ang gnyi' ga'i char gtogs pa yod par grub tu rung la / gal te 'khor lo rdzas su grub la 'gal dum rdzas su ma grub pa zhig na / gsal ba'ang 'khor lo nyid kyi mtshan nyid yin te / cha gnyis pa myed do // 'gal dum rdzas su grub la 'khor lo ma grub pa yin yang de bzhin te / de bas na 'dir 'khor lor snang ba'i dus nyid na / 'gal me gcig yul rim gyis gnon pa yin te / 'khor lo ni gtan ma grub pas / de bas na gsal ba'ang 'gal dum nyid yin par zad de / gsal ba cha gnyis myed do // de bzhin du gnyis po'ang rdzas su grub / yongs su grub pa'ang rdzas su grub pa zhig na / kun du rtog pa'ang gnyis ga'i char gtogs su rung na / gnyis su snang ba'i dus nyid na rang rig pa'i mtshan nyid yin te / gnyis po gtan ma grub pas / de bas na kun du rtog pa cha gnyis mi 'grub bo // de bas na nyon mongs pa rnams la spang bar bya ba'i rdzas rnyed par mi 'gyur ro //

§4.3 的引文

《入大乘论》(A, 叶 $44a_4$-$45a_4$; B, 页 463_{24}-465_2):

de la rnal 'byor spyod pa'i tshul las / phyi nang gi dngos por snang ba 'di dag la / nyan thos rnams kyís phyí'i yul don rang gi mtshan nyid pa shes pa las gud na gzung bar bya ba'í ngo bor[1] rdzas su yod la / shes pa'ang de la 'dzin par byed pa'i ngo bor[2] rdzas su yod do zhes 'dod pa ni / kun du brtags pa ste gtan myed zhes myed par 'gags par byed la / de ma yin pa'i yang dag pa ma yin pa'i kun du rtog pa gnyis myed kyang gnyis lta bur snang ba'i mtshan nyid can / rgyu dang rkyen las skye ba 'di mngon sum dang mi dmigs pa spyi dang yang mi 'gal la / sems dang sems las byung ba nyid rang rig pa'i mngon sum ma yin nam / mngon sum nyid yang dag pa'i shes pa ma yin nam / de lta na yang dag pa'i shes pa la rigs pa gzhan gyis bsgrub cí zhig dgos /

〔1〕 bor] B, bo A

〔2〕 bor] A, bo B

de sun ’byin par byed pa’i yang dag pa’í shes pa gnyis pa mthu stobs kyis che ba gzhan gang zhig yod zhes te / don dam pa nyid du rdzas su yod pa dang yin par sgrub bo //

de yang nang gi bye brag gis

(1) rnam pa bden par smra ba ni / ji ltar snang ba de ltar don dam par rdzas su yod do zhes `zer ro //′[1]

(2) rnam pa brdzun par smra ba ni / yang dag pa ma yin pa’i kun du rtog pa gzung ba dang ’dzin pa’i rnam par snang ba dang bcas par skye ba yod pa ni bden na’ang[2] / de ni kun rdzob kyi bden pa yin te / yang dag par ni gnyis kyis stong pa rang rig pa’i mtshan nyid ’di don dam par rdzas su yod do zhes zer ro //

(3) rnam pa myed par smra ba ni / khams gsum pa’i sems dang sems las byung ba thams cad / gzung ’dzin gyi rnam pa dang bcas par skad cig kyang skye ma myong ste / gzung ’dzin du snang ba ni sems dang de nyid dang gzhan du brjod du myed pa’i bag chags yin te / de nyid kho na la kun du brtags pa zhes kyang bya ste / de bas na nyon mongs pa la stsogs[3] pa’i sgrib pa thams cad kyang glo bur ba’i bag chags yin te / kun du brtags pa’i mtshan nyíd yin no // sems kyi rang bzhin ni sems can gyí dus na ’ang gsal ba rang rig pa’i[4] rang bzhin gyis grub pa yin la / ’phags pa’i dus na ’ang de las bogs dbyung du myed de ye shes rnam pa dang bral ba’i rang bzhin du gnas so // cung zad bye brag du na sems can gyi dus na glo bur ba’i bag chags kyis bsgribs nas mi gsal bar nyams su myong ngo // ’phags pa’i dus na gsal bar nyams su myong ngo zhes `zer ro //′[5]

mtha’ bsdus na thams cad kyang rnam par mi rtog pa’i ye shes gnyis pos stong pa[6] de bzhin nyid dang bcas pa / don dam par rdzas su yod do zhes zer ro //

---

〔1〕 zer ro //] A, zer / B

〔2〕 na’ang] *conj.*, na AB

〔3〕 stsogs] B, sogs A

〔4〕 pa’i] *conj.*, pa AB

〔5〕 zer ro //] B, zer / A

〔6〕 pa] *conj.*, ba’i AB

§5 的引文

《口诀见鬘释》(A, 叶 245a_5-246a_2; B, 页 327_{2-22}):

gzhan yang don dam pa rnam par 'jog pa'i tshul dang / zhen pa las stsogs pa'i bye brag gis ni / theg pa' chen po la'ang rnam pa gnyis te / rnal 'byord spyod pa dang / dbu' ma pa'o //

de la

(10) don dam pa rnam par 'jog pa'i bye brag ni / … rnal 'byord spyod pa ni / gzung 'dzind gyis stong pa'i rang rig pa'i mtshan nyíd ni don dam pa'o zhe'o // dbu' ma pa' ni / spros pa thams cad yongs su zhi ba'í chos nyid ni don dam pa'o[1] zhe'o //

(11) mngon par zhen pa'i bye brag ni / … rnal 'byord spyod pa ni / 'kund gzhi' i'[2] rnam par shes pa'i dba' rlabs rang gi sems snang ba'i mtshan nyid la mngon par zhen pa'o // dbu' ma pa ni kun rdzob kyi bden pa / yongs su ma dag pa'i mtshan nyid kyi spyod yul la mngon par zhen pa'o //

(12) yongs su ma zhen pa'i bye brag ni / … rnal 'byord spyod pa' ní gzung ba dang 'dzin pa la mngon par zhen pa myed pa'o // dbu' ma ní don dam pa' la mngon par zhen pa myed pa'o //

(13) mtha' gnyis bsal ba'i bye brag ni / … rnal 'byord spyod pa ni / mtshan nyid gsum gyi tshul gyis mtha' gnyis sel to // dbu' ma ni bden pa gnyís kyi tshul gyis mtha' gnyis sel to //

《口诀见鬘释》(A, 叶 246a_5-247a_3; B, 页 328_6-329_4):

(1) rnal 'byord spyod paí sgo la yang / (1.1) rnam pa dang bcas par smra ba dang / (1.2) rnam pa' myed par[3] smra ba'í bye brag gis rnam pa' gnyis te /

de la (1.2) rnam pa myed par smra ba ni / sems can gyi dus na yang blo rnam pa

〔1〕 pa'o] B, pa' A

〔2〕 kund gzhi'i] B, kun gzhi'i A

〔3〕 par] B, pa' A

myed par skye la / gzung ba dang 'dzin pa'i rnam par skye bar snang ba ni / sems dang de nyid dang gzhan du brjod du myed pa'i bag chags yin te / bag chags dag nas sangs rgyas kyi sa la rnam par mí rtog pa'í ye shes 'ba' shig mnga' ste / 'gro'[1] ba'i don mdzad pa'i tshul yang / sngon gyi smond lam gyi shugs kyis / dpag bsams kyí shing dang yíd bzhin gyí nor bu rín po' che bzhin du / rtog pa myed par lhun gyis[2] grub par mdzad par 'dod do zhes so //

(1.1) rnam pa dang bcas pa smra ba la yang / (1.1.1) rnam pa bden par smra ba dang / (1.1.2) bden pa ma yin par smra ba gnyis te / de la (1.1.1) rnam pa' bden par smra ba ni / phyí rol gyí don myed kyang / sems nyid lus dang gnas dang spyod yul gyi rnam par snang ba ni don dam par yod de / sangs rgyas kyi sa la yang gzung 'dzin du mngon par zhen pa dang bral ba'i ye shes chen po' de nyid sku dang zhing gi rgyan gyi rnam par snang ba ni / don dam par yod do zhes 'dod do //

(1.1.2) rnam pa' bden pa ma yin par smra ba ni / sems can gyi dus na gzung ba dang 'dzin pa'i rnam par snang ba'i rnam par shes pa skye 'ang / de ltar bden pa ni ma yin no // sangs rgyas kyi sa la'ang sems can gyi khams dang bag la nyal ba[3] las stsogs pa' mkhyend pa'i dag pa 'jig rten pa'i ye shes mnga' yang / de ltar bden pa ni ma yin te / don dam par rnam par mi rtog pa'i ye shes skad cig ma'i mtshan nyid tsam 'di' ni grub bo zhes 'dod pa'o //

(2) dbu' ma yang (2.1) rnal 'byord spyod pa'i dbu' ma dang / (2.2) mdo' sde dbu' ma gnyis te / 'di' gnyis kyang don dam pa'i lta ba la[4] ni bye brag myed la / kun rdzob du rnal 'byord spyod pa dang sgo mthun pa dang / nyan thos mdo sde pa[5] dang sgo mthund pas phye bar zad do // de'i dbang gis mdo' sde dbu ma pa ni / gzhan dbang gi rgyud

---

〔1〕 'gro'] B, 'gro'i A

〔2〕 gyis] B, kyis A

〔3〕 ba] B, *om.* A

〔4〕 la] A, *om.* B

〔5〕 pa] B, ba A

kyang / phyí rten cing ’brel bar[1] ’byung ba dang / nang rten cing ’brel bar[2] ’byung ba’i bye brag gis rgyud gnyis su ’dod do //

《见地备忘》(A, 叶 $159b_5$-$160b_3$; B, 页 $26_{1\text{-}22}$):

mdor na nyan thos kyi gang zag gi bdag gcig rtag bshig pas / rang gi chos kyi mtshan nyid ’jig go // sems tsam gyis phyi rol gyi rdul phra rab la phyogs cha’i gnod pa bsgrub pas / rang gi sems dang sems las byung ba’ang rnam pa dang dus kyi cha shas kyi gnod pa ’grub bo // `rdul phra rab la chos can′[3] shes pa gang gis kyang ma grub zhes brgal na’ang / rang gi sems kyi dus kyi mtha’i skad cig ma / shes pa gang gis kyang ma dmigs so // dus kyi mtha’i skad cig[4] ma lta zhog gi / rnam par shes pa’i khams kyi rgyu ba nyid kyang rjes su dpag pa tsam gyi yul te / ’di skad du / bzang skyong gis zhus pa'i mdo las / gzhon nu sman chen gyis zhus pa’i skabs nas /

sman chen rlung gi khams ni / sgra ’ur ’ur por grags pa dang / rtsi shing g.yo ba dang / sa tshub ldang ba dang / lus g.yo bar byed pa la rjes su dpag gi / rlung gi khams ni mi mthong mi rig go // de bzhin du rnam par shes pa’i khams de yang / dran pa dang tshor ba dang / sems pa dag las rjes su dpag gi / rnam par shes pa’i khams ni mi mthong mi rig go //

zhes gsungs pa yin te / rnam par shes pa nyid kyang sems las byung ba las / rjes su dpag par bya ba yin na / de’i dus kyi mtha’i skad cig la lta ci smos / de bas na gzugs kyi mtha’ rdul phra rab dang / dus kyi mtha’ skad cig[5] ma gnyis la / rigs pas gnod pa mtshungs so //

de bzhin du dbu mas chos rnams[6] yang dag par sgrub pa’i rigs[7] pa mi bzod de /

---

〔1〕 bar] A, par B

〔2〕 bar] A, par B

〔3〕 就句法而言，写作 rdul phra rab chos can la 更为妥帖。

〔4〕 cig] B, gcig A

〔5〕 cig] B, gcig A

〔6〕 rnams] *conj.*, rnams la AB

〔7〕 rigs] *conj.*, rig AB

spros pa thams cad dang bral ba'i rigs pa 'di nyid kyis / rang gi yang dag pa'i kun rdzob kyi rdzas su grub par 'dod pa la gnod de / 'di ltar chos can gyi dngos po gcig la / mtshan nyid gcig gis gcig spangs pa'i 'gal ba gnyis / bden par rtsal mnyam du ni bsgrub tu mi rung la / mi mnyam na ni gcig shos 'khrul pa'i spyod yul du 'gyur / gang 'khrul pa de ni ji〔1〕ltar snang ba de ltar ma yin pas / rang gi bdag nyid thob par mi 'gyur te / de ltar yongs su bzung bar bya ba ma yin pa de la ni rdzas kyi tha snyad mi 'jug go //

缩写及符号

A	见 *RZSB*
B	见 *RZChZSB*
conj.	推测
D	德格版《甘珠尔》与《丹珠尔》。文本编号根据宇井伯寿（Hakuju UI）等（1934），《西藏大藏经总目录》(《甘珠尔》和《丹珠尔》)（*A Complete Catalogue of the Tibetan Buddhist Canons* [*Bkaḥ-'gyur and Bstan-ḥgyur*]），仙台：东北大学
om.	省略
Q	北京版《丹珠尔》。文本编号根据稻叶正就（Shoju INABA）等（1985），《北京版西藏大藏经：目录与索引》（*The Tibetan Tripitaka. Peking Edition. Catalogue & Index*）缩略版，京都：临川书店
RZChZSB	《绒桑曲松文集》（*Rong zom chos bzang gi gsung 'bum*），两卷，成都：四川民族出版社，1999。(= B)
RZSB	《绒宋全集》（*Rong zom gsung 'bum*），三卷，康区熙日森佛学院（Shrī seng, Khams）：白玛贡卓（Padma Kun grol），[80 年代初]。(= A)

〔1〕 ji] B, ngi A，显然是由于木刻版的损坏。

S　朵宫版《甘珠尔》。文本编号根据塔德乌斯·斯科考鲁普斯基（Tadeusz Skorupski）（1985），《朵宫版〈甘珠尔〉目录》（*A Catalogue of the Stog Palace Kanjur*），佛教文献目录主丛书（Bibliographia Philologica Buddhica Series Maior）4，东京：国际佛教学研究所

Z　《丹珠尔对勘本》（*bsTan 'gyur dpe sdur ma*），北京：中国藏学出版社，1994—2005。

征引书目

原始文献

印度文献

- 无作者名，《贤护菩萨所问经》（*Bhadrapālaparipṛcchā = Āryabhadrapālaśreṣṭhīparipṛcchānāmamahāyānasūtra*，Tib. S11. 39; D83。
- 无作者名，《海慧菩萨所问经》（*Sāgaramatiparipṛcchāsūtra = Āryasāgaramatiparipṛcchānāma mahāyānasūtra*），Tib. S134; D152。
- 圣天（Āryadeva），《摄行明灯论》（*Caryāmelāpakapradīpa*），潘迪（J. S. PANDEY）等（编），《阿阇梨圣天之摄行明灯论》（*Caryāmelāpakapradīpam of Ācārya Āryadeva*），"稀见佛教文本丛书"（Rare Buddhist Texts Series）22，瓦拉纳西，萨尔纳特：西藏研究中央大学。
- 无性（Asvabhāva），《摄大乘论释》（*Mahāyānasaṃgrahopanibandhana*），Tib. Q5552; D4051; Z3280, 卷 76。
- 清辨（Bhāviveka），《般若灯论》（*Prajñāpradīpamūlamadhyamakavṛtti*），Tib. Q5253; D3853; Z3080, 卷 57。
- 莲花戒（Kamalaśīla），《中观光明论》（*Madhyamakāloka*），Tib. Q5287; D3887; Z3116, vol. 62。
- 弥勒（Maitreya，被归于其名下），《辨中边论》（*Madhyāntavibhāga*），Tib. Q5522; D4021; Z3253, 卷 70。
- 寂护（Śāntarakṣita），《中观庄严论释》（*Madhyamakālaṃkāravṛtti*），Tib. Q5285; D3885;

Z3114, 卷 62。

- 安慧（Sthiramati），《辨中边论释》（*Madhyāntavibhāgaṭīkā*），Tib. Q5534; D4032; Z3264, 卷 71。
- 世亲（Vasubandhu），《唯识三十颂》（*Triṃśikā*），Tib. Q5556; D4055; Z3284, 卷 77。
- 明藏光（Vidyākaraprabha），《中观理趣心要》（*Madhyamakanayasāra = Madhyamakanayasārasamāsaprakaraṇa*），Tib. Q5293; D3893; Z3122, 卷 63。

藏文文献

- 卫巴罗赛（dBus pa Blo gsal sangs rgyas 'bum），《明慧宗义》（*Blo gsal grub mtha' = Grub pa'i mtha' rnam par bshad pa'i mdzod*），参御牧克己（1982）。

  卓龙巴・罗珠迥乃（Gro lung pa Blo gros 'byung gnas），《教法次第广论》（*bsTan rim chen po = bDe bar gshegs pa'i bstan pa rin po che la 'jug pa'i lam gyi rim pa rnam par bshad pa*），拉萨：雪印经院（Zhol par khang）[19 世纪]。
- 绒巴美奔（Rong pa Me dpung），《至尊法贤所造法典之名目表册》（*Tho yig = rJe dharma bha dras mdzad pa'i chos kyi rnam grangs kyi tho yig*），A: 收 *RZSB*, 卷 3, 叶 324-329; B: 收 *RZChZSB,* 卷 2, 页 233-239。
- 绒宋・曲吉桑布（Rong zom Chos kyi bzang po），《宗义备忘》（*Grub mtha'i brjed byang = lTa ba dang grub mtha' sna tshogs pa brjed byang du bgyis pa*），A: 收 *RZSB*, 卷 2, 叶 323-353; B: 收 *RZChZSB*, 卷 2, 页 197-231。

  ——《见地备忘》（*lTa ba'i brjed byang = lTa ba'i brjed byang chen po*），A: 收 *RZSB*, 卷 2, 叶 139-160; B: 收 *RZChZSB*, 卷 2, 页 1-26。

  ——《口诀见鬘释》（*lTa phreng 'grel pa = Man ngag lta phreng gi 'grel pa*），A: 收 *RZSB*, 卷 1, 叶 223-267; B: 收 *RZChZSB*, 卷 1, 页 303-351。

  ——《入大乘论》（*Theg tshul = Theg pa chen po'i tshul la 'jug pa zhes bya ba'i bstan bcos*），A: 收 *RZSB*, 卷 2, 叶 1-127; B: 收 *RZChZSB*, 卷 2, 页 415-555。

二手文献

- 奥娜·艾默吉（Almogi, Orna）1997，《绒宋班智达的生平与著作》（*The Life and Works of Rong-zom Paṇḍita*），硕士论文，汉堡大学。

  ——2009，《绒宋巴论佛教学：印度文献中不同佛（地）观的研究——特别参考十一世纪藏土学者绒宋·曲吉桑布所提出的关于智是否存在的争论》（*Rong-zom-pa's Discourses on Buddhology: A Study of Various Conceptions of Buddhahood in Indian Sources with Special Reference to the Controversy Surrounding the Existence of Gnosis* (ye shes: jñāna) *as Presented by the Eleventh-Century Tibetan Scholar Rong-zom Chos-kyi-bzang-po*），佛教文献研究：研究论文丛书（Studia Philologica Buddhica: Monograph Series）24，东京：国际佛教学研究所。

  ——2010，《说如幻无二派与说诸法极无所住派：印度对中观的一个后期区分及其在西藏的接受》（Māyopamādvayavāda versus Sarvadharmāpratiṣṭhānavāda: A Late Indian Subclassification of Madhyamaka and its Reception in Tibet），《国際仏教学大学院大学研究紀要》（*Journal of the International College for Postgraduate Buddhist Studies*）14: 135-212。
- 卡斯滕斯（CARSTENS, Carola S.）2006，《西藏本土宗义特别是苯教大悲菩萨乘中的瑜伽行》（*Yogācāra in autochthoner tibetischer Doxographie unter besonderer Berücksichtigung des Thugs rje sems dpa'i theg pa der Bon-Tradition*），博士论文，汉堡：汉堡大学。
- 卡尔梅·桑木丹（KARMAY, Samten Gyaltsen）1988，《大圆满：藏传佛教的一种哲学与修习教法》（*The Great Perfection (rDzogs chen): A Philosophical and Meditative Teaching in Tibetan Buddhism*），莱顿：博睿。
- 克雷默（KRAMER, Jowita）2005，《早期瑜伽行对真实的分类：〈瑜伽师地论·摄抉择分〉中有关五事的部分》（*Kategorien der Wirklichkeit im frühen Yogācāra: Der Fünfvastu-Abschnitt in der Viniścayasaṃgrahaṇī der Yogācārabhūmi*），《藏学论文集》4，大卫·杰克逊（David P. JACKSON）编，威斯巴登：雷谢尔特出版社（Dr. Ludwig Reichert Verlag）。
- 御牧克己 1982：《明慧宗义：第九品（毗婆娑部）与第十一品（瑜伽行）之校订以及第十二品（中观）之校订与翻译》（*Blo gsal grub mtha': Chapitres IX (Vaibhāṣika) et XI (Yogācāra) édités et Chapitre XII (Mādhyamika) édité et traduit*），京都：京都大学，人文科学研究所（Zinbun Kagaku Kenkyusyo）。
- 施密特豪森（SCHMITHAUSEN, Lambert）2005，《〈成唯识论〉中关于外境的问题》（*On*

the Problem of the External World in the Ch'eng wei shih lun），佛教文献学研究不定期论文丛刊（Studia Philologica Buddhica Occasional Paper Series）13，东京：国际佛教学研究所。

- 大卫·塞福特·鲁埃格（SEYFORT RUEGG, David）1981，《印度哲学中观派的文献》（*The Literature of the Madhyamaka School of Philosophy in India*），《印度文献史》（*A History of Indian Literature*）7，扬·贡达（Jan GONDA）编，威斯巴登：奥托·哈拉索维茨（Otto Harrassowitz）。

原载于乌尔里希·蒂姆·克拉格（Ulrich Timme Kragh）编，《瑜伽修习者的基础：〈瑜伽师地论〉及其在印度、东亚与西藏的适应性转变》（*The Foundation for Yoga Practitioners: The Buddhist Yogacārābhūmi Treatise and Its Adaptation in India, East Asia, and Tibet*），哈佛大学南亚研究系出版，哈佛大学出版社（马萨诸塞州：剑桥 & 英国：伦敦）发行，2013 年，页 1330-1361。

二十一

绒宋·曲吉桑布所造《建立显现为本尊》说略

杨　杰

一

在密乘生起次第修习中，行者须观想坛城与本尊，无论何派、何种传规之修习皆不离此总纲，而这需要行者具备清净见，亦即将显现诸法抉择为清净。若不能对此清净见生起决定之信解，则于观修时难以生起坚固之佛慢，心存犹疑，最终导致见修脱节，难获其益。如何证成一切显现为清净，以及一切显现究竟是本净（ka dag）还是历经观修而转变为清净是密乘行人希望得到回答的问题，为了解决以上问题，宁玛派大学者绒宋·曲吉桑布（Rong zom chos kyi bzang po）曾造一论，全名为《依密咒金刚乘之理建立显现为本尊》（*gSang sngags rdo rje theg pa'i tshul las snang ba lhar bsgrub pa rong zom chos bzang gyis mdzad pa bzhugs*），该论篇幅不长，说理通透，其立论方式及见解独树一帜，本文即拟对其理论来源、论证方式以及其学说观点对后世宁玛派学者尤其是米庞嘉措（Mi pham rgya mtsho）所产生的影响进行逐一探讨。

二

本论作者绒宋班智达·曲吉桑布（下称绒宋巴）是11世纪宁玛派著名大学者[1]，后藏茹拉（Ru la）那隆戎（sNar lung rong）人。据史书记载，绒宋巴13岁时即以通达经典、学识优异著称，他精通因明、吠陀以及非宗教典籍，熟谙梵文，善于译经。他从多位上师处获得显密教法之传承，然而就旧译宁玛派教法而言，绒宋巴的传承来源主要有四，其一为莲花生大士的要门法系，此系传承自莲花生大士，经那囊·多杰敦珠（sNa nam rDo rje bdud 'joms）、喀钦·贝吉旺秋（mKhar chen dPal gyi dbang phyug）、札·多杰循努（sGra rDo rje gzhon nu）、尚尚·云丹扎（Zhang zhang Yon tan grags）、绒班·云丹（Rong ban Yon tan）、绒班·仁钦崔臣（Rong ban Rin chen Tshul khrims）传至绒宋·曲吉桑布，而绒班·仁钦崔臣即是绒宋巴之父，此外尚有毗卢遮那（Vairocana）法系、阿若·益西迥乃（A ro Ye shes 'byung gnas）法系以及无垢友（Vimalamitra）法系之传承[2]。

藏传佛教在历经朗达玛灭法、王权衰败之后，显乘损失惨重，一时难以为继，相比之下，密法则大行于世，引起了残余之吐蕃宗室子弟的反对，不少学者开始质疑当时既存之教法（即相对于后来的“新译密咒”而言之“旧译密咒”），从而奔赴印度寻求所谓佛法之正宗，这样的情形正是发生于绒宋巴所处的11世纪，这一时期，对旧译密咒提出质疑并猛烈抨击的人物中突出的代表即拉喇嘛·益西沃（lHa bla ma Ye shes 'od），他曾派译师前往迦湿弥罗（Kashmir）求

〔1〕 绒宋巴的确切生卒年份目前尚不明确，据Almogi的意见，廓译师·循努贝（'Gos Lotsāwa gZhon nu dpal, 1392—1481）是第一位对绒宋巴的大致生平作出考证者，参郭和卿译，《青史》（*Deb ther sngon po*），西藏人民出版社，2003年，页102，另参Orna Almogi, " Sources on Life and Works of the Eleventh-Century Tibetan Scholar Rong zom Chos kyi Bzang po: A Brief Survey," in *Tibet: Past and Present*, edited by H. Blezer, Leiden: Brill, p. 70.

〔2〕 参见Dudjom Rinpoche, Jikdrel Yeshe Dorje, *The Nyingma School of Tibetan Buddhism. Book Two: History of Nyingma school*, translated and edited by Gyurme Dorje with the collaboration of Matthew Kapstein, Boston: Wisdom Publications, 1991, pp. 703-709。

法，开启了新译密咒的时代。益西沃对宁玛派根本密续《秘密藏续》倍加诟病，对宁玛派大圆满法大肆批评，在当时影响巨大，这一时期已很少有人相信《秘密藏续》的真实性[1]。作为宁玛派的重要传承人，绒宋巴当时的处境相当严峻，他一生著述颇丰，不少著作即作为对当时诸方对宁玛派批评的回应以及对自宗教法的维护，其中著名的《续王秘密藏释·宝疏》(*rGyud rgyal gsang ba snying po dkon cog 'grel*)即反击他派对《秘密藏续》的非议，提出此旧译密咒之根本续较之新译密咒具有六大优越之处(che ba drug ldan)，而《入大乘论》(*Theg pa chen po'i tshul la 'jug pa*)则专为反击他派对宁玛派之殊胜大圆满法的攻击而作。除此之外，绒宋巴还著有《口诀见鬘释》(*Man ngag lta phreng gi 'grel pa*)，《诸见地与宗义之备忘录》(*lTa ba dang grub mtha' sna tshogs pa brjed byang du bgyis pa*)，《诸佛平等和合空行母幻化胜乐续释难》(*Sang rgyas thams cad dang mnyam pa sbyor ba mkha' 'gro ma sgyu ma bde ba'i mchog ces pa'i rgyud kyi dka' 'grel*)等广涉显密之论，他的弟子绒巴美奔(Rong pa me dpung)所撰的《至尊法贤所造法典名目之表册》(*rJe dharma bha dras mdzad pa'i chos kyi rnam grangs kyi tho yig*)中列举了360多部论作，然而其中大部分今已佚失，其现存之全部著作于1999年由四川民族出版社结集出版为《绒桑·曲松文集》(*Rong zom chos bzang gi gsung 'bum*)，本论《依密咒金刚乘之理建立显现为本尊》亦收录其中。

关于本论，据绒巴美奔所撰表册共有长短不同的七种版本[2]，足见绒宋巴本人对建立显现为本尊这一论题何等重视，遗憾的是，其中的六种今已佚失，而唯存其广本(chen po)。笔者已将此广本全论译为汉文，附于文后，翻译时主要依据四川民族出版社出版的《绒桑·曲松文集》所收版本以及噶陀寺《宁玛教传极广集》(*bKa' ma shin tu rgyas pa*)[3]中所收版本。

---

〔1〕这一历史背景详见沈卫荣，《〈秘密藏续〉与旧译无上密法于西藏的传播》，《幻化秘密藏续》，台北：全佛文化，2010年，页46-48。

〔2〕原文：snang ba lhar sgrub che phra bdun du grags pa,《绒桑·曲松文集》，成都：四川民族出版社，1999年，页239。

〔3〕此噶陀版《宁玛教传广集》由门色堪布与蒋阳堪布之弟子汇编，其规模为敦珠仁波切版《宁玛教传广集》的两倍，本论取自其第78函，页375-400。

三

本论题为《依密咒金刚乘之理建立显现为本尊》（以下简称《建》），“本尊”（lha）即为清净显现之表义，将“显现”（snang ba）建立为本尊即抉择一切显现之法皆为清净，“依密咒金刚乘之理”（gsang sngags rdo rje theg pa'i tshul las）即点明本论建基于密乘之立场。这一旗帜鲜明的论题背后的理论观点是绒宋巴之首创抑或另有所据？

在绒宋巴的全集中有一篇《口诀见鬘释》（*Man ngag lta phreng gi 'grel pa*）[1]，该论是对莲花生大士所造的《口诀见鬘》（*Man ngag lta ba'i phreng ba*）所写的释论，《口诀见鬘》中有云——

> “大圆满法”者，证悟世间、出世间无分别诸法，无始以来即身、语、意坛城之自性而作修证。[2]

复云——

> 有寂诸法本来无生，一切所作能作之幻象本来乃五方善逝佛父母之自性，故诸法自然涅槃。五大者，即五佛母之自性；五蕴者，即五部佛（之自性）；四识者，即四菩萨之自性；四境者，即四美妙天女之自性；四根者，即四菩萨之自性：四时者，即四供养天女之自性；身之根、识、境以及由彼生起之菩提心者，即四忿怒尊之自性；四常断边者，即四忿怒母之自性；意之识者，即菩提心金刚普贤佛之自性；境法之有为无为者，即法行母普贤佛母之自性。彼等本来亦乃现证等觉之自性，而非由彼道证成。如是，十方三时三界等有为、无为诸法，

〔1〕 本论见于《绒桑·曲松文集》，成都：四川民族出版社，1999年，页301-351。

〔2〕 依沈卫荣译，《宁玛派四部宗义释》，台北：全佛文化，2008年，页193。

无不出自自心。[1]

《建》论开篇提出之论点云——

依密咒金刚乘之理说“世间与出世间一切法无分别，本初即于金刚身语意坛城中成正觉，故非由道证成”。[2]

与《口诀见鬘》所言比照，很显然，绒宋巴所欲证成之论点正是《口诀见鬘》中所言之“世间、出世间无分别诸法，无始以来即身、语、意坛城之自性”，而在上引《口诀见鬘》段落之前，莲花生引用了《秘密藏续》第二品的一段——

所谓五支金刚蕴
世间共许五等觉
一切界及一切入
即是菩萨之坛城
地乃佛眼水我执
火是白衣风度母
空为法界自在母
三界无始佛净土[3]

莲花生的阐释即为对这段引文所作的开展，实际从根本来说，《口诀见鬘》本身即源出《秘密藏续》，按绒宋巴的观点，它是对《秘密藏续》的第十三品，

〔1〕《宁玛派四部宗义释》，页105。

〔2〕依拙译，下同，藏文：gsang sngags rdo rje theg pa'i tshul las 'jig rten dang 'jig rten las 'das pa'i chos thams cad dbyer med par sku gsung thugs rdo rje lta bu'i dkyil 'khor du / ye nas sangs rgyas pa yin pas da lam gyis sgrub pa lta bu ma yin no //

〔3〕依沈卫荣译，《幻化网秘密藏续》，页139。

即〔开示诸法无始以来于大圆满中任运成就相之口诀品〕所作之补充解释。通过参照《口诀见鬘》，我们很容易看出《建》论的理论来源实植根于《秘密藏续》。虽然绒宋巴并未在《建》论中明确提及《秘密藏续》，但迄今为止，宁玛派的传统中通常都视《建》论为《秘密藏续》的释论，通过上来的讨论，我们对此现象当不难理解。

由于《秘密藏续》的梵文本直到13世纪才被噶当派上师迥丹·日贝热支（bCom ldan rig pa'i ral gri）于桑耶（bSam yas）发现，因此绒宋巴当时无法通过利用梵文原本来反击他派对《秘密藏续》的批评与质疑，他能做的是通过理论的形式一方面针对各方的批评进行破斥，一方面从正面论证《秘密藏续》中的理论观点的合理性，《建》论即属于后者，我们不妨将其视作同样属于《秘密藏续》释论的《宝疏》（*dKon cog 'grel*）的补充，为了凸显《秘密藏续》中的密意，绒宋巴不惜专章立论，而本论的论证方式则备受学者们的关注。

四

本论的立场乃基于密乘，而其证成的方式却是属于共通大乘（thun mong pa'i theg pa chen po）范畴的“四理”（*rigs bzhi, yukti-catuṣṭayam*），这种以显乘的量理工具证成密乘学说的方式在绒宋巴之前并不十分常见，绒宋巴的这一手段即便谈不上标新立异，至少也相当引人注目。

绒宋巴为何以此方式立论呢？我们不妨先对绒宋巴所处的时代背景作一番考察。尽管因明学传入西藏是8世纪的事，但是因明学在西藏的大兴则是在11世纪，这一时期有大量印度因明学论著被翻译成藏文，研习因明之风盛行，通过因明论式论证自己的学说并与他人辩驳在当时是很普遍的现象[1]。绒宋巴正处于这样的背景下，他不可能不受到时代氛围的影响，而实际上绒宋巴本人也确实

〔1〕 参 Matthew T. Kapstein, *The Tibetan Assimilation of Buddhism: Conversion, Contestation, and Memory*, New York: Oxford University Press, 2000, p. 89.

精通因明，他在与论敌辩论时也每每应用因明论式将对方折服。如前所述，绒宋巴造《建》论的动机很大程度上是论证与维护《秘密藏续》中的理论见地，但是如果其所立并不依理证成，则在当时难以令他人信服，因此在《建》论中运用四理，除了绒宋巴自身对量理的热衷以外，也不失为他出于策略上的考虑。

所谓“四理”即法性理[1](chos nyid kyi rigs pa, dharmatāyukti)、作用理（bya ba grub pa'i rigs pa, *kāryakāraṇayukti*）、相依理[2]（ltos pa'i rigs pa, *apekṣāyukti*）、证成理（'thad pa grub pa'i rigs pa, *upapattisādhanayukti*）。此四理见于《解深密经》（*Saṃdhinirmocana-sūtra*）及瑜伽行派的论典，如《大乘经庄严论》（*Mahāyānasūtrālaṃkāra*），无著（Asaṇga）的《显扬圣教论》(*Prakaraṇāryavāca*）、《瑜伽师地论》（*Yogācārabhūmi*）及《大乘阿毗达磨集论》（*Mahāyānābhidharma-samuccaya*），世亲（Vasubandhu）的《十地经论》（*Daśabhūmiśāstra*）及《如实论》（*Tarkaśāstra*），以及安慧（Sthiramati）的《大乘阿毗达磨杂集论》（*Mahāyānābhidharma-samuccaya-vyākhyā*）等[3]，19世纪的宁玛派大学者米庞蒋扬南杰嘉措（Mi pham 'jam dbyangs rnam rgyal rgya mtsho, 1846—1912）所造的《义理抉择慧剑》[4](*Don rnam par nges pa shes rab ral gri*) 以及该论的自释论《义理抉择慧剑笺注》（*Don rnam par nges pa shes rab ral gri'i mchan 'grel*）中亦有对“四理”的言简意赅的解说。

在正式开始运用“四理”证成本论论点之前，论主假拟了一个对本论所立提出质疑与挑战者，对方认为若一切显现之法体性为清净，则凡夫所见亦应为清净，因此杂染轮回即成无有，此不应理。论主答言——

---

〔1〕亦作“法尔道理”。

〔2〕亦作“观待道理”。

〔3〕参谈锡永、邵颂雄，《如来藏二谛见——不败尊者说如来藏》，北京：中国藏学出版社，2007年，页49-50。

〔4〕西方学界中对“四理”的研究并不多见，较为详尽的讨论见于 Matthew Kapstein 的“Mi-pham's theory of interpretation”（收 Donald Lopez Jr. 所编 *Buddhist Hermeneutics*, Honolulu: University of Hawai'i Press, 1998, pp. 149-174），Kapstein 此文即依据米庞嘉措之《义理抉择慧剑》来解述“四理”，笔者已将米庞此论译出，下文所引即依拙译。

分别心者，以有情之行境所显现之境为量，无始以来即成迷乱，依显现而行破与立之推理不能证成甚深广大之义。然而，法性虽不可思议，亦并非无法依妙观察慧而证悟，是故，仅依信心而精进于悟入者，若以经教与口诀为量，凭信心悟入，则无任何过失。[1]

论主认为这是以分别心所显现之迷乱境为量而作的推理，并不能通达甚深广大之法性，为了对下来依“四理”论证做铺垫，绒宋巴随即指出“法性虽不可思议，亦并非无法依观察慧而证悟”，因此，依于如理的观察分析与精进的修习，终能悟入法性。接下来，笔者就绒宋巴在本论中对四理的运用逐一进行分析。

（一）

论主首先依法性理证成其说，法性理在四理中最为特殊，因为它不像其余三理依赖于逻辑推理，而是对诸法本质属性的直接描述。《解深密经·如来成所作事品》云——

法尔道理者，谓如来出世，若不出世，法性安住、法住、法界，是名法尔道理。[2]

诸法法性法尔安住，并不观待任何因缘。论主云——

诸法以法性而清净，故无些许不净之法，此为诸法之法性。[3]

---

〔1〕 藏文：sems can gyi spyod yul du snang ba'i don tshad mar byas nas thog ma med pa'i dus nas rtog pa'i blo 'khrul bas ji ltar snang ba de ltar sgrub pa dang / dgag pa byas pa'i rtog ge ni zab cing rgya che ba'i don la bsgrub par nus pa ma yin mod kyi kyang chos nyid bsam gyis mi khyab pa yin pas / so sor rtog pa'i shes rab kyis rtogs pa'i thabs med pa ma yin te / de bas na dad pa tsam gyis 'jug par spro ba rnams lung dang man ngag nyid tshad mar byas te / yid ches pa'i blo zhugs na nyes pa 'ga' yang med do //

〔2〕 依玄奘译，《大正藏》第 16 册，no. 676，页 710。下引同。

〔3〕 藏文：chos thams cad chos nyid kyis dag pas / ma dag pa'i chos cung zad kyang med pa chos rnams kyi chos nyid pas //

因此诸法本来清净，一切显现皆为“金刚身语意坛城”，这一事实并不观待于一个人成佛与否，佛与凡夫的差别即在于佛已圆满现证这一境界，而凡夫尚未现证。对此，若再追问诸法因何而清净，则如同问“火因何而热”“水因何而湿”一般无益，因为清净即诸法之法性，而法性不可思议，离一切因果推论。此如《大乘经庄严论·功德品》释论中所说——

> 法然道理者，所谓不可思议处，此法已成就故。问何故正思能起正见？此已成就，不应更思；何故正见能断烦恼及得于灭？山已成就不可更思。诸如是义悉是法然道理。[1]

至此，依于法性理之证成已告结束，该部分非常简短，因其并不需要繁琐的逻辑推理，然而若参考阅读绒宋巴的其他论典，则其本人对法性理所持的态度有几方面尚需引起注意，应予以进一步探讨。首先，在其《入大乘论》中，我们读到这样一句话——

> 若过分运用法性理作证成，则不能遮破一切实事，终将成为主张自性为（诸法之）因者。[2]

又云——

> 诸宣称实事者于成立实事时，大多依法性理与现量证成，是故我当诠说此二者之局限与过失。[3]

〔1〕依波罗颇蜜多罗译，《大正藏》第31册，no.1604，页653。

〔2〕藏文：chos nyid kyi rigs pas bsgrub pa thal drags na / dngos po thams cad mi ldog ste / mtha’ rang bzhin rgyur sma bar ’gyur ro //

〔3〕藏文：de la dngos par sma ba rnams dngos po bsgrub pa na / phal cher chos nyid kyi rigs pa dang mngon sum gyis sgrub par byed de / de bas na ’di gnyis tshad dang thal ba brjod par bya’o //

绒宋巴对法性理所持的批判性态度有别于米庞与工珠（’Jam mgon kong sprul）等人，在《入大乘论》中，他指出唯有无垢慧（shes rab dri ma med pa）方可遣除一切迷乱（’khrul pa），无垢慧含摄两个层面，一为妙观察慧（so sor rtog pa’i shes rab），二为无分别慧（rnam par mi rtog pa’i shes rab），其中妙观察慧可以遣除绝大部分迷乱，而直到法性本身也被破除（chos nyid kyi dngos gzhi log pa）方得圆满，此须凭借无分别智（rnam par mi rtog pa’i ye shes）[1]。是故，依于法性理之建立实际未臻究竟，因为此时对法性尚有实执。绒宋巴接着指出过度依赖法性理作证成的过失——

> 若过分依赖彼（法性理），则中观派之正世俗——如毒能致死之法性与药能医治之法性——即成为诸实事之法性，如是则瑜伽行派（所说）之识与智之胜义有亦成为法性，声闻之二取亦然，最终视自性为（诸法之）因，遂成一切执实事见者之护卫。[2]

绒宋巴认为将法性本身也破除是圆满断除实执之前提，因此，他对“法性”（chos nyid, *dharmatā*）的态度与“自性”（rang bzhin, *svabhāva*）的态度非常一致，认为此二者都是被遮破的对象，实际上在上面引文的语境中，法性与自性似已成为可互换的近义词。为了更进一步明确这一问题，我们可以参考米庞的《义理抉择慧剑》，其中有云——

> 凡彼缘起所生法　皆依各自之体性
> 而具不共之性相　坚硬湿热等名言

〔1〕绒宋巴于原论中虽区分出两种慧（prajñā），但他最后实际指向无分别智（avikalpajñāna）。

〔2〕藏文：de las thal bar gyur na / dbu ma’i yang dag pa’i kun rdzob dug gis ’chi ba’i chos nyid dang / sman gyis ’tsho ba’i chos nyid bzhin du / dngos po rnams kyi chos nyid yin na / rnal ’byor spyod pa’i sems dang ye shes don dam par yod pa’ang chos nyid du ’gyur / nyan thos kyi gzung ’dzin dang / mtha’ rang bzhin rgyur lta ba nyid du ’gyur te / dngos por lta ba thams cad kyi srungs mar ’gyur ro //

此即法性无诤论[1]

又云——

如是因果体性法　于真实中作观察
能生者本不可得　观待而生者亦无
各自虽现其体性　然则体性即为空
具三解脱之法界　即为胜义之法性[2]

此处，米庞在二谛层面上对法性理做了区分安立，亦即将法性分判为名言法性（tha snyad kyi chos nyid）与胜义法性（don dam pa'i chos nyid），其中名言法性是指于名言中可成立为真实之诸法自相（rang mtshan）以及一切自然规律法则，如前所说之水之湿性、火之热性，在世俗层面任谁皆不能否认。胜义法性是指于真实中依四大因（gtan tshigs chen po bzhi）中的三因对作用理、相依理以及名言法性理等涉及因果者作抉择，其中依金刚屑（rdo rje gzegs ma）于因（rgyu）上考察，则能起生果作用之因不可得，依破有无生（yod med skye 'gog）于果（'bras bu）上考察，则观待因而生之果不可得，依离一多（gcig du bral）于体性（ngo bo）上考察，则诸法各自之体性皆空。换言之，在胜义中，作用理不可得，是故因无相，相依理不可得，是故果无愿，名言法性理不可得，是故体性为空，具此三解脱门之法界离一切戏论，乃圣智境界，此即胜义法性理。

绒宋巴并没有如米庞那样将法性理作二谛上的区分，然而我们不难发现，绒宋巴诸论中所涉及的法性理实际是米庞所说之“名言法性理”，绒宋巴所说依无分别智将法性本身破除实际即为于胜义层面对名言法性作超越，他一再地大费

〔1〕依拙译，藏文：rten 'byung tshul gyis gang skyes pa'i / chos kun rang rang ngo bo yis / thun min gnas pa'i mtshan nyid can / sre gsher dro sogs tha snyad kyi / chos nyid 'di la bsnyon du med //

〔2〕同上，藏文：de ltar rgyu 'bras ngo bo'i chos / yang dag nyid du rnam brtags na / skyed par byed pa mi dmigs shing / ltos nas skye ba dag kyang med / rang rang ngo bor snang ba yang / ngo bo nyid kyis stong pa ni / rnam thar gsum ldan chos kyi dbyings / don dam pa yi chos nyid do //

笔墨指出法性理的局限以及过度运用法性理所引发的过失之目的是警告学人切勿将名言法性执为实有、切勿将名言法性过度推演而执其为胜义法性。因为在经典中法性通常是指诸法实相，因此学人容易想当然地认为凡说法性皆为真实，而忽略了“法性”一词在不同层面的含义，绒宋巴敏锐地注意到这一点，故再三解说，这一问题在米庞的论中则得到了圆满的解决，米庞明确地划分名言法性与胜义法性，即可有效防止学人将二者混淆，从而避免绒宋巴所指出的过失。至此，我们已不难理解绒宋巴对法性理所持的批判性态度。

回到本论，论中所运用的法性理并不例外，亦指名言法性理，或许有人会产生疑问，“一切显现皆为清净之金刚身语意坛城”应是胜义境界，何以用名言法性理证成呢？细读原论，应注意到绒宋巴的两句话——

> 由是，此等一切显现之法仅为迷乱，复次，遣除迷乱后，非迷乱者无可建立。[1]
>
> 无余断尽一切习气时，圆满清净之行境亦不显现[2]。

米庞的弟子拉桑·丹贝坚赞（lHag bsam bsTan pa'i rgyal mtshan）在其《义理抉择慧剑释·普照佛法之日光》（*Don rnam par nges pa shes rab ral gri'i 'grel pa thub bstan yongs su rdzogs pa'i snang byed*）中，于解释胜义法性时，有云——

> “实际”（yang dag pa'i mtha', *bhūtakoṭi*）、“真如”（de bzhin nyid, *tathatā*）等诸多名相皆为名言中之施设。[3]
>
> 除此迷乱以外之所谓“轮回”根本无有，寂息迷乱后之所谓“涅

〔1〕藏文：de bas na snang ba'i chos 'di dag thams cad 'khrul ba yin du zad de / de yang 'khrul ba bsal nas ma 'khrul ba zhig bsgrub tu med de //

〔2〕藏文：bag chags thams cad ma lus par zad pa la ni yongs su dag pa'i spyod yul yang snang ba ma yin no //

〔3〕藏文：yang dag pa'i mtha' dang / de bzhin nyid ces pa la sogs pa'i mtshan du ma tha snyad du btags pa yin te //

槃”亦根本无有，是故有寂平等性、轮涅平等性等，以及大清净平等、无作自住瑜伽等亦极为合理。[1]

丹贝坚赞所说与绒宋巴所说相合，在佛内自证境界中，已尽离清净与不净、迷乱与非迷乱、轮回与涅槃、真如与虚妄等一切相对边，因此在遣除一切迷乱与不净之后的佛地，不应更对其境界作任何安立（如“清净”“非迷乱”等），此时一切安立皆成增益，一落安立即成名言中事。然而，虽于胜义层面对佛智境界不应有任何开遮，在名言中却可施设其为“清净”“平等”“真如”“实际”等，是故，本论所证成之“一切显现皆为清净之金刚身语意坛城”同样是名言上对佛智境界的施设，何况此“建立”亦为名言下的运作，是故依名言法性理证成即为合理。

（二）

接下来，绒宋巴依作用理而证成，他首先略陈作用理之定义——

作用理者，诸事由果而知因，此如察知药能医治、毒能致死，故由其作用而了知能作者（之体性）。[2]

绒宋巴的定义与传统的定义有别，《解深密经》云——

作用道理者，谓若因若缘，能得诸法，或能成办，或复生已作诸业用，如是名为作用道理。

〔1〕藏文：'khrul ba tsam 'di las gzhan du 'khor ba zhes bya ba cung zad tsam yang med cing / 'khrul ba zhi ba tsam las gzhan du mya ngan las 'das pa zhes bya ba cung zad tsam yang med pas srid zhi mnyam nyid 'khor 'das mnyam nyid la sogs pa dang dag mnyam chen po dang ma bcos sor bzhag gi rnal 'byor la sogs pa'ang ches 'thad pa yin no //

〔2〕藏文：de la bya ba byed pa'i rigs pa ni / dngos po rnams 'bras bu'i sgo nas rgyu shes par byed pa ste / ji ltar sman dang dug gis 'tsho ba dang 'chi ba'i bya ba byed pa dmigs pas / bya ba'i sgo nas byed pa shes pa yin pa bzhin //

米庞于《义理抉择慧剑》中云——

因缘会聚若齐全 则起生果之效力〔1〕

米庞的解释与《解深密经》所说相顺，即强调因缘若圆满和合，则可发挥生果之功能效用，而绒宋巴则强调由果法推知因法，即通过观察其作用（如毒之能致死、药之能医治等）而推知因法（毒、药等）之体性。运用在本论中，则言“凡观修金刚身语意坛城者，即可证得清净身语意之悉地”，即通过抉择诸法为金刚身语意坛城而作观修，从而发挥证得悉地（dngos grub, *siddhi*）之效用，由是即可依作用理将显现之诸法“有力证成为金刚身语意之体性”。其后，绒宋巴设一譬喻，有一从未用过摩尼宝之人，偶获之而不知其为摩尼宝，经人指示后，将摩尼宝拭净而供奉之，彼宝之功德最终得以显现，此喻即指从未现证清净显现之凡夫，不知一切显现皆清净，经导师示以清净见而作观修后，最终现证一切显现为清净身语意坛城。绒宋巴举此喻尚有一层密意——摩尼宝之功德实为本具，人能否察知其功德并不能对其造成影响，同理，显现诸法本来清净，无论行者是否现证这一点，皆不能改其本净之体性，因此诸法并非因某人成佛而从不净转变为清净。

（三）

下来依相依理证成。绒宋巴在本论中对相依理之定义为——

相依理者，即诸事由因而知果，彼可成立生起，如依于种子而成立芽，彼可成立名言，如依于恶而成立善之名言。〔2〕

〔1〕 藏文：rgyu yi tshogs pa tshang bas ni / ’bras bu skyed pa’i bya ba byed //

〔2〕 藏文：de la ltos pa’i rigs pa ni / dngos po rnams rgyus ’bras bu rtogs par byed pa ste / de la skye ba grub par byed pa / sa bon la ltos nas myu gu grub par byed pa’am / tha snyad sgrub par byed pa / ngan pa la ltos nas bzang po’i tha snyad grub par byed pa bzhin //

复于《入大乘论》中云——

由因而成立者，即相依理。[1]

其说亦与传统所说不同,《解深密经》云——

观待道理者，谓若因若缘，能生诸行及起随说，如是名观待道理。[2]

米庞于《义理抉择慧剑》中云——

一切果之自性者 悉皆观待各自因[3]

通过比较可知，传统上对相依理的定义强调一切法悉皆由因缘和合而生，是故果必观待相应之因，此为由果而推知因，而绒宋巴所说与此相反，即由因而推知果。本论中，绒宋巴指出“一切显现之法即现为心性之行相（sems nyid kyi rnam pa)”，因此——

依于心之因而成立生起一切净与不净之果，是故，一切净与不净之行境皆为习气所生心之果，故二者皆合理而成立[4]。

此说有圣教为证,《维摩诘经·佛国品第一》云——

---

〔1〕 藏文：rgyu yi sgo nas sgrub par byed pa ni ltos pa'i rigs pa //

〔2〕 依玄奘译,《大正藏》第16册，no. 676，页709。

〔3〕 藏文：ji snyed 'bras bu'i bdag nyid kun / rang rang rgyu la ltos pa nyid //

〔4〕 藏文：sems kyi rgyu la ltos nas 'bras bu dag pa dang ma dag pa thams cad skye ba 'grub par byed pa yin pas / de'i phyir dag pa'i spyod yul dang ma dag pa'i spyod yul thams cad bag chags kyis bskyed pa'i sems kyi 'bras bu yin pas gnyi ga yang mtshan nyid par grub pa yin no //

> 螺髻梵王言："仁者心有高下，不依佛慧，故见此土为不净耳。舍利弗！菩萨于一切众生悉皆平等，深心清净；依佛智慧，则能见此佛土清净。"[1]

一切显现无非为心之行相，心为因，其所生起之行境为果，由因知果，是故心清净，则其行境清净，心不净，则其行境不净，然而此二者中何者为迷乱，何者非迷乱？绒宋巴指出同样可依相依理而了知，在上引《建》论对相依理的定义中，除了由因推知果的层面（如依于种子而成立芽），还包括名言上的观待（如依于"善"而成立"恶"、依于"美"而成立"丑"），因此"显现诸法为清净"与"显现诸法为不净"二者中之任一若可成立为非迷乱，则另一必为迷乱。佛智圆满清净，故其所见一切显现皆为清净，对方不能否认佛所见为实相（gnas lugs），是故"显现诸法为清净"即为真实，"显现诸法为不净"必为迷乱。

（四）

最后，依证成理证成，《入大乘论》云——

> 能使理本身无垢而成立者，即证成理。[2]

无著于《阿毗达磨集论》（*Abhidharmasamuccaya*）中言证成理乃"为证成所应成义，宣说诸量不相违语"[3]，意即令所立不违量理，因此，绒宋巴此即依证成理宣说"显现即本尊"如何不与量理相悖。

绒宋巴首先引双方共许之《智光庄严经》（*Ye shes snang ba brgyan gyi mdo*）——

〔1〕依鸠摩罗什译，《大正藏》第14册，no. 475，页538。

〔2〕藏文：rigs pa nyid dri ma med par byas te sgrub par byed pa ni 'thad pa sgrub pa'i rigs pa'o //

〔3〕依玄奘译，《大正藏》第31册，no. 1605，页687。藏文：gang sgrub pa'i don tshad ma dang mi 'gal bar ston pa'o //

恒无生法即如来　一切法与善逝等
执诸相之凡愚众　受用世间无实法[1]

明确因（gtan tshigs）为"恒时无生之法即如来"，有法（chos can）为"一切法"，喻（dpe）为"与善逝等"，所立（sgrub bya）为"诸法即如来"，其中因之三相[2]皆成立，因此可合理证成所立。

然而，对方认为此乃从诸法之体性而成立，提出须从显现角度证成其所立，因此论主即依行者对显现之执著程度而分别采用顿即成立（cig car bsgrub pa）或渐次成立（rim gyis bsgrub pa）两种方式证成，其中顿即成立乃针对对其各自之显现执著轻微（zhen pa chung ba）者，论主设一喻，饿鬼见水为脓血，有等饿鬼并不执此显现为实，而以人所见为实，彼受人所回向布施之水后，得见人所见之水相，故知水为真实显现。同理，有等人并不执其所见之显现为实，而许"于圆满清净之行境得自在者"（yongs su dag pa'i spyod yul la spyod par dbang ba rnams）所见为实，彼受此等成就者赐予悉地后，得见成就者所见之本尊行境，故知一切显现之实相为本尊，对显现执著轻微者闻此譬喻即可领悟。

然而对极其贪执各自之显现者，不能依此顿悟，故须渐次成立。第一步，首先从一切显现皆为心之行相而言，无论显现为"脓"抑或显现为"水"皆为心之行相，因此这两种显现在心之行相这一层面可成立为平等。其次，遮破脓相，脓相不净，水相清净，"凡迷乱者皆不净，凡不净者皆迷乱"，清净与非迷乱亦如是，据此周遍成立之因，故可证知脓相迷乱，水相非迷乱。同理，无论是具烦恼痛苦性相之凡庸行境抑或为清净之本尊皆为心之行相，如前可证知前者为迷乱，后者非迷乱。

第二步，从凡是心之行相皆为显现而言，柱等凡庸境相与本尊皆为心行相之显现，二者平等，而凡庸显现为具痛苦、烦恼之不净显现，故迷乱，本尊为清净显现，故非迷乱。至此，渐次成立完毕，依四理证成部分圆满竟。

总观上来四理之论证，我们发现本论之四理顺序与《解深密经》等传统经

[1] 此处依原论所引之藏文重译，说明详见附录之译注。

[2] 即宗法（phyogs chos）、同品遍（rjes khyab）、异品遍（ldog khyab）。

论中所列不同，绒宋巴将法性理调至最前，证成理移至最后，这样处理并非任意，而是依行人根基层层往下建立。绒宋巴认为法性理最为重要，乃余三理之所依，米庞之《义理抉择慧剑》亦持同样观点而言："理之究竟归法性"[1]，正理归根结底即为法性理，上根行人依法性理即可领悟，不需余三理，若不能依法性理领悟则须依作用理与相依理，绒宋巴认为依此三理成立则不需证成理，但根基最下者非用证成理不能令其生信。米庞于《狮子吼广说如来藏》（*bDe gshegs snying po'i stong thun chen mo seng ge'i nga ro*）中依理抉择如来藏时对证成理的态度与绒宋巴一致，只是米庞果断弃却证成理，而绒宋巴仍随顺当时因明盛行之风而对下根者依证成理证成所立。

五

下来为决疑部分，笔者择其要点略说之，余者详见译文。

（一）

有等行人认为，若诸显现即本尊，则凡夫所见之瓶柱等亦应现本尊相，是故清净之补特伽罗所见之本尊相与瓶柱等凡庸相为异体，显现为本尊时，观察基已发生变化，因此建立显现为本尊即犯有法（chos can）不同之过失，对此，绒宋巴则解说"相并非不同"（rnam pa tha dad pa ma yin）之理，米庞之《决定宝灯》（*Nges shes rin po che'i sgron me*）第六品（异受以何为共境）即为对此所作之广说。绒宋巴指出无论何"相"皆同为显现，"脓""水"之相实为依饿鬼与人各自之共业而对其所作之显现，因此"'基不相同'者即不应理"，基即显现，故可成立显现为有法。《决定宝灯》中亦以水为喻，详列各种对共境之错误安立，米庞一一作遮拔。首先针对执空实事师，遮破以共所取境为空，米庞云——

[1] 藏文：rigs pa'i mtha' ni chos nyid la //

> 然而水若有自性　正量非量不得立[1]

若建立“空”为水自性，执之为究竟而许“空”为共境之显现基，则不能立水、脓等为正量或非量。

次针对“空”外尚有自性建立之实事师，遮破以“湿性”为共境，此依三理而破：一、同一事（如水），若无异相则定无异受；二、空无边处天人不应见湿；三、湿与水非一非异。

复针对执唯识无境之唯识师，遮破以识为共境。米庞指出能取所取平等，所取境若立为非有，则能取境则不能立为有，意即“能所不应分有无”（yod med phye ba mi ’thad de）。

遮拔已毕，米庞云——

> 共所取境唯显现　成为共受异受基
> 否则无理如祭舞
> 唯除显现为有外　更无其余得为有
> 是故若然此不现　即无显现如虚空[2]

此即与绒宋巴所说完全相合，本论中云——

> 若言“以其为别别显现，故完全不同”而遮破共显现，则柱等皆为别别显现，故于立论者与反驳者双方皆成立（之基）不可得。[3]

以显现为共境，而能见（受）之基则有共不共，所以异类始许共取一事而

〔1〕依谈锡永译，《决定宝灯》，台北：全佛文化，2009年，页249。

〔2〕依谈锡永译，《决定宝灯》，页253。

〔3〕藏文：gal ste rang rang gi snang ba yin pas kun kyang tha dad do zhes mthun snang bkag na ka ba la sogs pa rang rang gi snang ba yin pas chos can rgol ba dang phyir rgol ba gnyi ga la grub pa gang yang rnyed par mi ’gyur ro //

各成异相，否则便如天人得见而药叉不见、或药叉得见而天人不见之祭舞般成为“别别显现”。

（二）

复次，或难言——

圆满清净之本尊非以法性与智作判别而安立乎？彼焉可显现为心之行相？[1]

米庞于《秘密藏续释论·十方除暗总义·光明藏》（*gSang 'grel phyogs bcu'i mun sel gyi spyi don 'od gsal snying po*）中亦设问云——

若轮回诸法，如是安立为清净本尊自性，则此清净本尊又为何耶？[2]

此二问本质相同，谈锡永上师于其对《光明藏》之注释中指出——

此难实问：清净本尊自性之诸法，何以为轮回法。[3]

绒宋巴以镜影喻释之——

圆满清净之本尊亦由二种理安立，譬如镜影，以其为镜之功德，故安立其为镜，以其为脸之影像，故安立其为脸之相。[4]

---

〔1〕藏文：yongs su dag pa'i lha ni chos nyid dang ye shes kyis phye ste rnam par bzhag pa ma yin nam / ji ltar na sems kyi rnam par snang bar 'gyur zhe na //

〔2〕依沈卫荣译，《幻化网秘密藏续释·光明藏》，台北：全佛文化，2010 年，页 117。

〔3〕同上引，页 119。

〔4〕藏文：yongs su dag pa'i lha yang rnam pa gnyis kyi tshul gyis bzhag ste / ji ltar me long gi gzugs brnyan ni me long gi yon tan yin pas / me long du gzhag pa dang / byad kyi gzugs brnyan yin pas / byad kyi rnam par bzhag go //

米庞为令绒宋巴所说更加明晰，故将本尊区分安立为法性本尊（亦即法性真实本尊 chos nyid don gyi lha）与法相本尊（亦即有法表相本尊 chos can rtags kyi lha）——

> 法性本尊即现空无二智，离转趋之障金刚身，于法性真如断尽最后微细习气，成就平等性正觉，具解脱一异边际之不可思议，虽离一切有〔相所行〕境，而能现一切所知之行相。与三世诸佛无别异之自然智身，为一切轮涅平等性之正等觉者。彼者，即诸部遍主胜义本尊。
>
> 法相本尊者，以离有境之智慧身现起而成有相手印，即显现为具面具臂等之寂静、忿怒尊，本尊与眷属等能依所依之相。此即如各续部中所说。[1]

法性本尊为现空无二智，故为无相，然其可任运显现为诸有相之法相本尊（色身），“依所治法名数而建立为三部、五部以至无限部”[2]，故法相本尊即可显现为心之行相而成轮回法，此即合于绒宋巴所设之喻：心识为镜，法相本尊即为法性本尊（脸）于心识上之显现（镜影），镜影既依镜而现，亦为脸之相，故法相本尊既可为心性所摄，同时亦不离法性本尊之清净自性。若就修道而言，行者于修本尊观时，法相本尊即可成为对治，以其为桥梁而令行者现证法性本尊。依道上所修之喻光明（dpe'i 'od gsal）而现证基位之胜义光明（don gyi 'od gsal）之理亦同此。

（三）

绒宋巴认为——

> 彼等显现为本尊者亦为具习气之心行相之显现，故为心性所摄。[3]

〔1〕依沈卫荣译，《幻化网秘密藏续释·光明藏》，页 117。

〔2〕此为谈锡永上师之释，《幻化网秘密藏续释·光明藏》，页 119。

〔3〕藏文：lhar snang ba de dag kyang bag chags dang bcas pa'i sems kyi rnam pa snang ba yin pas sems nyid du bsdus pa'o //

有人对此不解，故有二问：清净本尊如何可依习气显现？复次，清净本尊之自性如何可存在于凡夫迷乱心显现之自性中？

绒宋巴答言——

> 依于白业之习气（dkar po las kyi bag chags）则显现为相好（mtshan dpe）等殊胜庄严。〔1〕

此说甚为重要。具相好庄严者亦即米庞所说之法相本尊，彼实为依于白业习气而现，其所以为清净，乃相对于凡庸不净显现而言，可成立其为清净。《光明藏》中所说有助于理解这一点，如上引米庞对法性本尊之解释，法性本尊乃“于法性真如断尽最后微细习气”，而显现为法相本尊时，实尚未断尽一切习气。米庞复云——

> 然若断尽一切突然迷乱之习气，则当无由彼〔习气〕而生之显现，唯本始基任运自显现则不灭，永无断离，以不离其自性故。〔2〕

对比绒宋巴于本论中所说——

> 无余断尽一切习气时，圆满清净之行境亦不显现。〔3〕

米庞所说正可视为绒宋巴所说之注脚，习气所生显现断尽后，唯余之本始基任运自显现实离净与不净二边，故绒宋巴说此时并无一清净行境显现，本始基自显现若依胜义则离一切施设戏论，若依名言，宁玛派通常施设其为“本净”（ka dag）或“大清净”（dag pa chen po）。

---

〔1〕 藏文：dkar po las kyi bag chags kyis ni mtshan dang dpe byad la sogs pas brgyan pa khyad par can du snang bar 'gyur //

〔2〕 依沈卫荣译，《幻化网秘密藏续释·光明藏》，页 116。

〔3〕 藏文见前引。

至于清净本尊如何可于凡夫之迷乱心识中显现，依《光明藏》可知阿赖耶识可现起一切种子、一切显现，于诸根行境以种种缘显现种种相，由是显现为不净、清净、究竟清净之身、处、行境，以其具有“不真实显现、真实显现、无边显现方与时之显现种子”，故清净本尊亦可于心识中显现，只是此清净为相对清净，非本初清净，若欲证本净，则须断尽阿赖耶识一切习气垢障，此时即圆满显露如来藏。

（四）

目前，不少学者已注意到绒宋·曲吉桑布的学说对米庞嘉措的影响，本论《建立显现为本尊》即为其对米庞影响最大的论之一，在其《决定宝灯》与《光明藏》等论中已明显展露出《建》论学说的痕迹，由上来笔者屡屡征引的米庞所说即可见其一斑。米庞一方面继承了绒宋巴的理论，一方面在此基础上进一步发挥与深化，令绒宋巴的观点更加明朗清晰。

在《光明藏》中，米庞亦详说“显现建立为本尊”，不过与绒宋巴依四理证成不同，米庞依二种名言量证成，所谓二种名言量，其《义理抉择慧剑》中云——

名言之中亦有二　实相现相不相融
故为不净观现世　以及依于清净见
即此二种名言量　犹如人眼与天眼[1]

此即将名言量区分为世间现观名言量（tshul rol mthong ba la brten pa kun tu tha snyad pa'i tshad ma）与依清净所见名言量（dag pa'i gzigs pa la brten pa kun tu tha snyad pa'i tshad ma），目前学界在米庞之前的学者论著中尚未见到这种区分，

〔1〕 藏文：tha snyad la yang gnas snang dag / mi mthun snang ba yod pa'i phyir / ma dag tshu rol mthong ba dang / dag pa'i gzigs pa la brten pa'i / kun tu tha snyad tshad ma gnyis / mi dang lha yi mig bzhin no //

不过有学者指出米庞此举明显受绒宋巴启发[1]。就《光明藏》本身而言，米庞运用此二名言量之目的即解决“异受以何为正量”，论中亦依《义理抉择慧剑》而对二量作因、体、用、果四种判别，二者之差异即喻如人眼与天眼，后者（净见量）可知前者世间现观量之境，而前者却不能了知后者所见之清净境，因此，后者可抉择前者，而前者不能害后者，此如《入中论》所说——

如有翳眼所缘事　不能害于无翳识
如是诸离净智识　非能害于无垢慧[2]

以上上所见，较诸下下所见，愈上者愈能成正量，《光明藏》总结言——

有境愈清净，所见愈可以为量。[3]

人类之业障较饿鬼为轻，因此人类所见相对于饿鬼所见可成立为正量，而清净有情之业障又较人类为轻，因此其所见之刹土与本尊又可相对于人类所见成立为正量，《决定宝灯》第六品亦说此理。若唯以人所见为正量，即唯依世间现观名言量，仅能于人类共业习气范限下成立，并不能抉择广大清净境，《入中论》复云——

若许世间是正量　世见真实圣何为
所修圣道复何用　愚人为量亦非理

米庞对绒宋巴所说再作补充，点出自宗所立之究竟正量为唯一，即自生智

[1] 参见 Dorji Wangchuk, “A Relativity Theory of the Purity and Validity of Perception in Indo-Tibetan Buddhism.” In Eli Franco (ed.) in collaboration with Dagmar Eigner, *Yogic Perception, Meditation, and Altered States of Consciousness*, Vienna: Austrian Academy of Sciences, 2009, pp. 215-237.

[2] 依法尊译，下同。

[3] 依沈卫荣译，《幻化网秘密藏续释·光明藏》，页 110。

（rang byung ye shes），且明确指出此为宁玛派唯一传承，余宗未能正说之——

由是于我宗正量　一切显现之本性
悉皆建立为本尊　是旧译唯一传承
全知法贤班智达　所作善说狮子吼
余宗未能正说此　始与余宗成相违[1]

与余宗相比，宁玛派还特别强调诸法为“本净”，《建》论开篇即说：“世间与出世间一切法无分别，本初即成正觉而为金刚身、语、意之坛城”，论中之摩尼宝喻亦暗提此密意，不过绒宋巴在本论中并未对“清净”何以为本初法尔之理作广说，米庞则在其诸论中对此理趣作了更明朗化的阐发。

虽然余宗亦可抉择诸法为清净，但对“本净”之说持犹疑或反对态度者历来有之，包括绒宋·曲吉桑布、龙青巴、米庞等在内的历代宁玛派学者都曾面对这样的质疑，此问题的实质其实即牵涉到如来藏，不许本净者主张修道是令不净之法转变为清净，所证之清净为新得，此即等于许成佛是凡夫转变为佛，能证清净境之佛为新得，因此其根本原因是不许佛性如来藏为本具。米庞诸论中对此观点一方面通过揭露其荒谬而破除之，另一方面是阐明自宗成立本净之机理。其中前者可见于《光明藏》——

如是以二次第道除去污垢，即现证本性。——若自性未清净，唯修与本性相违而作意之生起次第，及以凡庸身执气等〔圆满次第〕而修，修成之诸法虽显现为自己面前本尊相，彼亦实如石幻化而显现为象、马等，现为非住真实之迷乱，执持此等〔迷乱〕之识便亦成为迷乱识。于是五毒转为道用、诸行无有取舍，亦成此〔迷乱〕义。若许彼较显宗殊胜，可谓希奇。

若谓显密二乘除方便外，实无见地上差别，然则显乘经论何以不

〔1〕依谈锡永译，《决定宝灯》，页263。

> 说大乐，何以不说离精勤之捷道方便。故知因乘中无任运成就因果之见，亦未成向其宣示方便之法器。若不知本性为法尔清净大平等，仅依方便而强欲令有情转为正觉，如是说者，当知未能建立与二次第本性相应之道，于密咒道亦为大诽谤。[1]

上来所引即指出若显现之本性非清净，仅以本尊观修为方便而强令显现转为清净，则所证之“清净”实际为行者各自所产生之幻觉，而绝非周遍一切有情之诸法实相，因此只能愈修愈迷乱，如是只能得出佛为最极迷乱者之荒谬结论。

米庞阐明自宗成立本净之机理可见于其所著《观察本元心之光明义・大圆满基道果判别・智慧光》（*gNyug sems 'od gsal gyi don la dpyad pa rdzogs pa chen po gzhi lam 'bras bu'i shan 'byed blo gros snang ba*），兹引其中二段（依拙译）——

> 证悟（法性）时，具涅槃或清净之名言，尔时，以证法性故，知一切有法皆不逾越法性，由是了知虽现种种相，然于法界真如中则成一味（ro gcig）平等性，无有二法之相。此时即证悟一切（法）本初即解脱，不逾越佛性而现起。是故，就证法性自性清净之本性而言，以见地抉择一切显现法尔成佛，此即为法性理，故无迷乱，而具二显者为迷乱，故迷乱之现相（snang tshul）永不能害（诸法）本初即佛之说。是故，证悟心法性大圆满时，一切有法皆现为清净之自性，诸有情执八识聚（sems tshogs brgyad）而不知其法性，诸瑜伽士于证悟心法性智时，（了知）一切心仅为彼（法性）之本性，除此之外，别无微尘许称为“心”者可得，一切法亦与此相同，清净而现为本智之游戏。[2]

---

[1] 依沈卫荣译，《幻化网秘密藏续释・光明藏》，页 79-80。

[2] 藏文：rtogs pa'i tshe myang 'das sam rnam byang gi tha snyad can gyi dus na chos nyid rtogs pas chos can thams cad de las ma 'das par rtogs nas rnam pa sna tshogs su snang yang dbyings de bzhin nyid du ro gcig pa mnyam pa nyid gnyis chos kyi mtshan ma med par rtogs pa'i tshe thams cad gdod nas rnam grol sangs rgyas kyi rang bzhin las ma 'das par 'char / de'i phyir chos nyid rang bzhin rnam dag gi ngang tshul rtogs pa'i dbang du byas na snang ba thams cad rang bzhin gyis sangs rgyas pa nyid du lta bas gtan la 'babs pa ni / chos nyid rigs pa yin pas

> 诸法不逾越法界清净自性之本性，皆依各自之实相而住于清净报身刹土之越量宫、天与天母、主尊及眷属等相中。当下不清净之诸显现亦不逾越与法界无异之自生智之显现，是故，无论功德现前抑或不现前，无论是否似显现为净与不净，基道果之一切法皆于如来一切种智自性身之本性中成佛。将似显现为不净轮回之诸基，抉择为于清净大智果之体性中任运成就者，乃依见地抉择本初佛密意之理，依见所决断而观，由是实修并作行持，即可发挥效益。[1]

此二段已将彻明本净理趣，无需笔者作续貂之谈。

（五）

11世纪的西藏见证了因明的盛行，也见证了新译派对旧译宁玛学说的质疑与挑战，这一背景有助于我们理解绒宋·曲吉桑布写作《建立显现为本尊》的用意及其论证的方式。由上来对本论的分析，我们可以发现绒宋巴对“四理”的解说与运用皆与传统有别，这与其论证结构的次第建立不无关系，同时需注意他对四理工具的态度非常谨慎，时时提及理之局限。无疑，绒宋巴本论在澄清宁玛派

（接上页）ma 'khrul ba dang /gnyis snang can ni 'khrul ba'i phyir ye sangs rgyas pa smra ba la 'khrul ba'i snang tshul gyis nam yang gnod mi nus so / de'i phyir sems kyi chos nyid rdzogs pa chen po rtogs pa'i dus na / chos can thams cad dag pa'i rang bzhin du 'char / sems can rnams kyis sems tshogs brgyad du 'dzin gyi de'i chos nyid mi shes / rnal 'byor pa rnams kyis sems kyi chos nyid ye shes rtogs tshe / sems thams cad de'i ngang tshul 'ba' zhig las gzhan pa'i sems zhes bya ba rdul tsam mi rnyed de / chos thams cad kyang de dang 'dra bar dag pa ye shes kyi rol par 'char bas //

〔1〕 藏文：dbyings rang bzhin rnam dag gi ngang tshul las ma 'das pa'i chos thams cad rang rang gi gnas lugs kyis longs sku'i zhing khams rnam par dag pa'i gzhal yas khang dang / lha dang lha mo dang / gtso bo dang 'khor sogs kyi rnam par gnas pa yin pas / da lta ma dag pa'i snang ba rnams kyang dbyings dang tha mi dad pa'i rang byung ye shes kyi snang ba las ma 'das pa'i phyir / yon tan mngon du gyur rung ma gyur rung / dag pa dang ma dag pa ltar snang rung ma snang rung / gzhi lam 'bras bu'i chos thams cad de bzhin gshegs pa'i ye shes rnam pa thams cad pa ngo bo nyid sku'i rang bzhin du sangs rgyas pa yin no zhes pa / ma dag 'khor ba ltar snang ba'i gzhi rnams / dag pa ye shes chen po'i 'bras bu'i ngo bor lhun gyis grub pa nyid gtan la 'babs pa ni ye sangs rgyas pa'i dgongs pa lta pas gtan la phab tshul yin la / lta bas ji ltar bcad pa ltar sgom pas nyams su blang zhing spyod pas bogs bton pas //

“建立显现为本尊”的学说上作出了里程碑式的贡献，而作为绒宋巴的追随者，米庞对绒宋巴推崇备至，在其各部论著中对绒宋巴的学说进行了继承与深化，同样作为宁玛派教法的捍卫者，二人对于“建立显现为本尊”分别采用了不同的证成方法，绒宋巴依四理证成，而米庞依二种名言量证成，方式虽然不同，但二者皆是为“建立显现为本尊”这一密乘不共见在共通大乘的量理上找到成立的根据，从而令这一学说能得到普遍的接受。其中，米庞的论述可以令绒宋巴的理论更加清晰明朗，比如他对“法性”在二谛上的区分以及二种名言量的安立等等，皆有助于我们理解绒宋巴本论。

绒宋巴的著作为后世宁玛派学者作了深厚的铺垫，本文藉《建立显现为本尊》对其学说作了一番蠡测式的探讨，目前汉土学界对绒宋巴的学说体系乏问津之人，深入的研究尚有待来者。

附：

依密咒金刚乘之理建立显现为本尊

gSang sngags rdo rje theg pa’i tshul las snang ba lhar bsgrub pa rong zom chos bzang gyis mdzad pa bzhugs

绒宋·曲吉桑布 造，杨杰 译

依密咒金刚乘之理说“世间与出世间一切法无分别，本初即于金刚身语意坛城中成正觉，故非由道证成”。

于此，或驳言：此等于一切众生之行境中显现之法，非如其显现而成真实，彼为迷乱，故不应本初即成正觉。

（答言）：（然矣，）此仅为迷乱，除有情之迷乱以外，别无他法可安立与显示，仅有称名为迷乱显现（’khrul snang）之法而已。

外道计补特伽罗之我为常有；某些毗婆娑部者许补特伽罗于无常之性相中为有；另一些说一切有部者与经量部者破补特伽罗，而许（补特伽罗）空之蕴等法之性相为有；瑜伽行派承许于依他自性相中遍计为空，依他具（遍计之）空性而成有；中观派许诸法于胜义中离有无等一切边，圆满断除一切戏论；依密咒理，二谛无分别，本初即成正觉，众生针对共显现（mthun par snang ba）之性相，各自安立其见地且生诤论，是故别无其他有法（chos can）[1]。

由是，此等一切显现之法仅为迷乱，遣除迷乱后，非迷乱者无可建立。迷乱者本性清净，故为正觉。因此，诸法本初即成等正觉，显现为种种相之诸法即为金刚身语意之坛城，如同三时佛陀，不逾越清净之体性。有情与佛之差别非依法之体性而作判别。犹如于梦中别别显现之因果，彼等仅可安立为心识依遍计力而作之别别显现。

于此，或难言：经教中虽如此说，然此为直接而说抑或为具密意而说，无可决定，故若成立法之体性为清净，则显现（种种）相之有法本初成正觉即不应理，若然如是，则绝无杂染与轮回，无有成立如是宗义之理。

（答言）：分别心者，以有情之行境所显现之境为量，无始以来即成迷乱，依显现而行破与立之推理不能证成甚深广大之义。然而，法性虽不可思议，亦并非无法依妙观察慧而证悟，是故，仅依信心而精进于悟入者，若以经教与口诀为量，凭信心悟入，则无任何过失。

难言：若不能依理证成，则不能悟入。

（答言）：于彼同样亦可（依理）证成。诸法于金刚身语意坛城中成正觉者，依法性理即可成立。如经云："色自性空，何以故？以空为其自性故。"诸法以法性而清净，故无些许不净之法，此为诸法之法性。因此，身语意三者之法性即清净，清净者即为正觉，依清净而判别之身语意实无分别，无戏论，圆满周遍，故应了知彼等即金刚身语意之坛城。如是，以法性理成立，则不需其余三理证成，以彼（法性理）为余三理之所依且为首要者故。

复难言：彼法性于我宗中不成立，故需依其余之理证成。

〔1〕 意即除共显现可许为有法外，无他法可许为有法。

答言：应如下来而成立——作用理者，诸事由果而知因，此如察知药能医治、毒能致死，故由其作用而了知能作者（之体性）。同理，凡观修金刚身语意坛城者，即可证得清净身语意之悉地。是故，显现之诸法即可依作用理而有力证成为金刚身语意之体性，此证成并非不依实事之力用而成立。此如某人过去未曾受用摩尼宝，今得之，则彼不知其为摩尼宝，且视之为普通珠宝而不见其功德。而后，有擅鉴宝珠种类者为其指示，彼则拭净此宝且供奉之，此时彼宝珠之殊胜功德方得显现，由察知其殊胜之效用，故决定其为大宝珠。同理，若不了知凡庸之身语意为本尊且不作敬奉，则不能察知其功德，若了知且作敬奉，则能察知其功德。

由相依理（ltos pa'i rigs）亦可成立。相依理者，即诸事由因而知果，彼可成立生起，如依于种子而成立芽，彼可成立名言，如依于恶而成立善之名言。同理，一切显现之法即现为心性之行相（sems nyid kyi rnam pa），由是，可成立依于心之因而生起一切净与不净之果，是故，一切净与不净之行境皆为习气所生心之果（bag chags kyis bskyed pa'i sems kyi 'bras bu），故二者[1]即真实成立，此二者中何者迷乱何者非迷乱，即由相依理安立。是故，应决定了知清净之行境为真实之显现。

若如是以三种理成立，则不需由证成理（'thad pa bsgrub pa'i rigs pa）成立，以除法性、因与果之外，于现量与比量中别无其他因（gtan tshigs）故。

或问：然则，证成理有何需要？

答言：于下根者而言，须首先成立理本身，以需依彼（理）而对（所量）义作考量故，因此，需由决定有法、所立、喻及异品遍而成立之。

复问言：有等补特伽罗仅依彼（法性理）即可成立，然于有等补特伽罗而言，若不依证成理成立，则彼等不能相信，故请汝运用证成理成立之。

答言：首先，当以（你我）双方皆许之经典证成。如《智光庄严经》（*Ye shes snang ba brgyan gyi mdo*）云：

〔1〕即指上文所言清净与不净之果。

恒无生法即如来　一切法与善逝等

执诸相之凡愚众　受用世间无实法[1]

此中，“恒时无生之法即如来”为因（gtan tshigs），“一切法”为有法（chos can），“与善逝等”为喻（dpe），所立者为成立诸法即如来。

然则，若问：此是否为现量所害？

（答言）：“执诸相之凡愚众，受用世间无实法”，犹如不熟悉名言之凡愚众执眼翳（所见）之发缕（为真实之发缕），受用旋火轮（mgal me'i 'khor lo）（以之为真实之轮）且生欢喜。如是，诸愚痴凡夫依迷乱识而执著其所计度行境之相，由是受用者即为受用无实有之法。是故，如是证成——

诸法即如来。恒时无生之法者即如来，故（诸法）与三时之善逝相同。如何相同？善逝者，不依身语意作判别，而依法性作判别，如云“依无为法作判别者乃圣者”，诸圣者由证得无为法而得成其圣。同此，诸法以得无为之自性，故为如来。有相之行境则非如是。乐于受用本来无有之法者，即受用无实有之法。

或问：若以（诸法之）体性而成立其为正觉之自性，则仅从显现角度成立金刚身语意坛城之理为何者？

答言：此亦当成立——于此，可顿即成立或渐次成立。对其各自之显现执著轻微者依于顿即成立即可领悟，于彼当首先成立譬喻。譬如诸饿鬼见水流为脓，其中某些（饿鬼）亦闻说人见之则为水。有等饿鬼以脓为真实之相，以水为虚妄分别之相，而有等饿鬼则以脓为不净显现，依人所见而以水为真实。彼等言：“诸友！于我等饿鬼共显现之为脓所盈满之河流，实应为如人所见之水流。于水

[1] 此即《佛说大乘入诸佛境界智光明庄严经》，（宋）法护译，《大正藏》第12册，no. 359，今据所引藏文重译，法护译文为：“如来无生法本常，一切法与善逝等，有所执相乃愚痴，无实法于世间转。”藏文原文：rtag tu skye med chos ni de bzhin gshegs / chos rnams thams cad bde bar gshegs dang 'dra / byis pa'i blo can mtshan mar 'dzin pa dag / 'jig rten dag na med pa'i chos la spyod //

得自在受用者若将水回向且布施（予我等），则（我等）饿鬼众亦能见其为水且得受用之，故其正如我等往昔间或所得之水。”若成立相属（’brel ba），如是成立则无过失：“若于真实之水得自在者将其回向且布施（予我等），则我等受用其为水者即为真实之水，正如我等曾间或闻说之水。”因此，“于水得自在受用者若回向且布施予我等，则我等受用其为水”之说法即可决定而周遍成立。

同理，对于此等为人所共见之身与受用之显现，有等人闻说圆满清净之补特伽罗见其为本尊之坛城，且闻说依密咒理而开示（诸法）皆为本尊之坛城。有等人许凡庸之身与受用之显现乃真实之性相，而见其为本尊者为虚妄遍计等；而有等人则许凡庸之身与受用为不净显现，应如清净之补特伽罗所见及依密咒理所共许，而许本尊为诸法之性相。彼等言：“诸友！我等共见之凡庸身与受用之显现者，实应如清净之补特伽罗所见而为本尊之坛城，于清净之行境得自在受用者若赐予我等悉地，则我等众人亦见此等行境为本尊且得受用之，故此即如我辈中有人于往昔间或获成就而证得之本尊行境。”若成立相属，如是成立则无过失：“于清净之行境得自在者若赐予（我等）悉地，则我等即可受用本尊之行境，彼等皆为（真实之）本尊，正如具成就者所证得之本尊行境。”“于圆满清净之行境得自在者若赐予悉地，则（我等）亦受用此凡庸之行境为本尊之行境”之说法即可决定而周遍成立。

此亦不为现量所害，以彼（凡庸虚妄分别所起之现量）乃为业障所障蔽故。譬如，昔日诸神为赡部洲一贫女生起大悲心而赐予其黄金，（此女视其金）却如同木炭，然于彼等具业与大悲之相属（las dang snying rje’i ’brel pa）者，（此金）可逐渐显现（其本来面目）。因此，火神所赐之金于此贫女能显现几许，则此贫女能得几许受用。

同理，凡彼极其贪执各自之显现者，若不首先成立其各自之显现为真实，则彼等将不能悟入（所观察之）基，是故，于彼等当首先成立其各自之显现（为真实），复次，令彼等次第悟入殊胜之宗义，其方式如下：譬如前文所述持不同宗义之二饿鬼，其中一方云：“于我等显现为共之脓河并非仅具脓之性相，实亦具水之性相，以显现者皆为心之行相故，此如受回向而得之水与（当前）显现之脓”，“复次，凡彼为心之行相者，其性相皆为显现，此如受回向而得之水与普通（饿鬼）所见之脓。此为脓所盈满之大河亦为心行相之显现，是故相（rnam pa）并非不同，以彼等皆具湿润之共显现，正如显现为脓者。”若如是成立，于彼等许心（之行相）即显现之诸补特伽罗则可成立此理。

如是首先成立（以上二种显现）为平等，复次，当遮破脓之性相。如是显现之二者虽同为心行相之显现，然脓之显现实为不净，故为迷乱，水之显现为清净，故非迷乱。如是，凡迷乱者皆不净，凡不净者皆迷乱，此（理）平等周遍。同理，清净与非迷乱者亦应如是观。是故，依此决定周遍之因（gtan tshig），（则可成立）脓之显现为迷乱，亦即迷乱之显现，而水为非迷乱，亦即非迷乱之显现。同理，从诸法仅显现为幻之角度而言，正如于普通有情显现之身语意所摄之身与行境并非仅为痛苦之自性，亦非仅为烦恼所生处之性相，而亦如对清净之补特伽罗显现者，其乃金刚身语意所摄、且于圆满清净行境之自性中成正觉之性相，以其为心行相之显现故，正如于获得殊胜悉地者显现之本尊，以及于凡庸者显现之瓶与柱等。

凡为心之行相者，其性相皆为显现，正如于有等（有情）显现为本尊而于有等（有情）显现为柱等。于凡夫而言，身、处及行境之显现亦为心行相之显现，相并非不同，以身语意所摄之身、处以及行境皆同为显现故，如同显现为柱等者。若如是成立，于彼等许心（行相）为显现者可成立此理。

如是，首先成立（上述二种显现）为平等，复次，当遮破苦之性相。此二种显现虽同为心行相之显现，然显现为苦及苦处者为不净显现，故为迷乱，显现为解脱及解脱处者为清净（显现），故非迷乱，迷乱者皆不净，不净者皆迷乱，此（理）平等周遍。同理，清净与非迷乱者亦应如是观。是故，依此决定周遍之因，对凡夫显现者即为迷乱，亦即迷乱之显现，而本尊之显现为非迷乱，亦即非迷乱之显现——务必如是领悟。

此中，当略说“相并非不同”。有等补特伽罗云：“若观修瓶与柱等为本尊，则彼等应显现为具身语意之本尊，然此并非柱等之性相，正如修不净观者（见）大地遍布骸骨等，同理，观修遍处（zad par gyi skye mched）等时所显现者为自在色（dbang ’byor ba’i gzugs），即法遍处所摄色（chos kyi skye mched kyi gzugs）

之其中一分支[1]，故并非真实之性相。”

或辩言：“显现为本尊时，以其为一己之显现转变，故并非共显现之性相。”

于彼等辩驳，答言：“相并非不同，以其同为显现故。”犹如于饿鬼显现为脓者乃共业于各自之显现，（于人）显现为水者亦为共业于彼等各自之显现，故不可言“基不相同”，显现为湿者于二者皆非颠倒。是故，应以河流为有法，若于彼亦作遮破，则显现为脓者亦是别别之显现（而非共业显现），故于立论者与反驳者双方皆成立之有法即不可得。同理，共显现中，身语意之不净显现与本尊金刚身语意之清净显现二者，皆为具身语意三相之界与行境之显现，二者同为显现，此非颠倒，是故安立显现为有境则合理。若言“以其为别别显现，故完全不同”而遮破共显现，则柱等皆为别别显现，故于立论者与反驳者双方皆成立之有法即不可得。是故建立显现为本尊，则无有法不相同之过失（chos can tha dad pa'i nyes pa med）。

复问言：圆满清净之本尊非以法性与智作判别而安立乎？彼焉可显现为心之行相？

答言：圆满清净之本尊亦由二种理安立，譬如镜影，以其为镜之功德，故安立其为镜，以其为脸之影像，故安立其为脸之相。同理，本尊身语意之显现，乃依本智证悟法性之力及以悲心成就所愿之力而显现，故依智与法性作判别。彼等显现为本尊者亦为具习气之心行相之显现，故为心性所摄。

或问：彼等如何依于习气之因而显现？

答言：二取习气（'dzin pa gnyis kyi bag chags）者，即显现为境（yul）与有境（yul can）。依于白业习气（dkar po las kyi bag chags）则显现为相好（mtshan dpe）等殊胜庄严。复次，依我见习气（bdag tu lta ba'i bag chags）显现我与本尊之相续为各不相同，且显现（我与）境之间彼此分裂。依意言习气（mngon par brjod pa'i bag chags）显现不同之相。依有支习气（srid pa yan lag gi bag chags）显

〔1〕 法遍处所摄色共有五：极略色（bsdus pa las gyur pa'i gzugs）、极迥色（mngon par skabs yod pa'i gzugs）、受所引色（yang dag par blangs pa las byung ba'i gzugs）、遍计所起色（kun btags pa'i gzugs）和定所生自在色（dbang 'byor pa'i gzugs）。

现生之自性。无余断尽一切习气时，圆满清净之行境亦不显现[1]。同样，当观察正觉之清净世间智为有为无，此实为不可思议法。

复问言：安立圆满清净本尊境之自性时，乃以智与法性作判别而安立，彼不能存在于凡夫迷乱心显现之自性中。

答言：非如是也。凡夫之心识亦为自性清净之性相，而智亦并非唯依于发菩提心[2]。你我双方共许之经典中皆说自生智，此如《般若经》云：

凡夫之心识　法尔具清净[3]

《华严经·升夜摩天宫品第十九》云：

譬如诸世间　劫烧有终尽
虚空无损败　佛智亦如是[4]

依密咒理所极成之（教典）则更无须赘引，是故清净一切粗重障时，大部分共显现虽不息灭，然圆满清净之界与行境亦可显现，故有法并非不同（虽可显现为净或不净）。

简言之，应如是成立："只要有圆满清净与不净之身与行境显现，则一切法仍皆以境（yul）与时（dus）等相作判别而为阿赖耶识（kun gzhi rnam shes pa）之刹那显现，故（此时所见之清净显现）并无任何本初证得之法，譬如不可依虚空

〔1〕若一切习气皆已断尽，则无净与不净之相对分别，论主认为，本智离一切边，于离边本智境界中，净与不净双边俱遣，故于此处说习气尽时，并无一清净境显现，正如论主于前面所说，遣除诸迷乱后，并无非迷乱者可得，以此时已离迷乱非迷乱二边相对故。

〔2〕此言凡夫亦本具此智，不需观待菩提心是否发起，故言"自生智"。

〔3〕此处依所引藏文而译，引文为：so so skyes bo'i shes pa'ang / rang bzhin gyis ni rnam byang can //

〔4〕原文所引标题为《华严经·须夜摩天宫转法轮品》(*'Phags pa sdong po bkod pa las / lha'i bu rab mtshe ma'i gnas su chos kyi 'khor lo bskor ba'i skabs*)，汉译题为《华严经·升夜摩天宫品第十九》，见于《大正藏》第10册，no. 279，页10。所引藏文为：'jig rten khams mang la la dag / bsam gyis mi khyab 'tshig 'gyur yang / nam mkha'i 'tshig par mi 'gyur bzhin / rang byung ye shes de bzhin no //

而建立虚空之性相。”[1]此亦为无过失之成立。

八识聚无非依功用作区分而已，其类别皆归为阿赖耶识，故无差别。自他相续亦依补特伽罗作判别，而非依法作判别。理亦有大小之分[2]，就显现而言，立迷乱显现为量者，并非无过失。然若具智慧者依此理[3]而建立（显现为本尊），则彼并非不能证成其所立。

此《广本建立显现为本尊》由法贤（Dharmabhadra）造。

善哉！

原载于沈卫荣主编，《文本中的历史：藏传佛教在西域和中原的传播》，北京：中国藏学出版社，2012年，页130-159。

〔1〕虚空本无相，因此不能依无相而建立其性相，同理，本初境界离一切边，于彼不可有落边之建立，若建立为清净，则已落与不净边相对之净边，仅于名言中，勉强可施设为本净（ka dag）。

〔2〕此处之理即指将显现立为量，然而显现则有迷乱显现与清净显现之分，因此以迷乱显现为量与以清净显现为量在层次上不同，前者狭隘而层次较低，后者广大而层次较高，后者可以抉择前者，反之则不能。

〔3〕由前注可知，此处指从显现角度，以清净显现为量。

二十二

宁玛派说“阿赖耶”

杨　杰

一

无论研究印藏佛学还是汉藏佛学，“阿赖耶”（ālaya）都是不可回避的一个重要话题，在整个佛教体系的传承过程中，它的内涵从最初的简单定义逐步得到深化和延展，并引发了历代论师持续的讨论与辩诤。本文首先对阿赖耶识学说的起源、发展以及相关诠释作简要介绍，而后通过整理宁玛派早期文献以及后续相关重要上师的阐释，系统介绍藏传佛教宁玛派（rNying ma pa）对阿赖耶与阿赖耶识（ālaya-vijñāna）的判别，及其对阿赖耶之不共安立，并通过对吉美林巴（'Jigs med gling pa, 1730—1798）、敦珠林巴（bDud 'joms gling pa, 1835—1904）和米庞南杰嘉措（Mi pham rnam rgyal rgya mtsho, 1846—1912）相关著作的检视，显明宁玛派对阿赖耶与法身的辨别，且呈现这一辨别对止观实修的具体意义。为便于读者参考，笔者将龙青巴（Klong chen rab 'byams pa, 1308—1364）之《大车疏》（*Shing rta chen po*）相关段落以及米庞之《直指心性》（*Sems ngo mdzub tshugs*）全文译出，随附于文后。

二

“阿赖耶”一词来源甚早，《阿含经》中即已出现，阿毗达磨典籍中亦加以沿用，而直至瑜伽行系列经论才开始使用“阿赖耶识”一词。关于早期阿赖耶和阿赖耶识学说的起源与流变，笔者将依次就《阿含经》、部派佛教论书和瑜伽行经论中的相关阐释，简要地整理其间的脉络。

1.《阿含经》中对阿赖耶的解说

阿赖耶识最早由瑜伽行派建立，但学界已明确注意到“阿赖耶”一词早在阿含时代就已出现，无著（Asaṅga）在《摄大乘论》（*Mahāyānasaṃgraha*）中曾提到[1]：

> 复次声闻乘中，亦以异门密意已说阿赖耶识。如彼《增一阿笈摩》说：“世间众生爱阿赖耶，乐阿赖耶，欣阿赖耶，憙阿赖耶。为断如是阿赖耶故，说正法时恭敬摄耳。住求解心，法随法行。如来出世如是甚奇，希有正法出现世间。”于声闻乘《如来出现四德经》中，由此异门密意，已显阿赖耶识。[2]

其中的引文并无对应汉译，后经日本学者月轮贤隆的比对考证，该引文相当于巴利三藏《增一阿含》（*Ekottarikāgama*）之《四法品》第128经[3]，其中的爱阿赖耶、乐阿赖耶、欣阿赖耶分别对应ālaya-ārāma、ālaya-rata和ālaya-saṃmudita[4]。通过比较汉译本《增一阿含》卷十二之《三宝品》中有关皈依法

〔1〕此外，玄奘于《成唯识论》中亦指出：“增一经中亦密意说此名阿赖耶。谓爱阿赖耶，乐阿赖耶，欣阿赖耶，憙阿赖耶。”

〔2〕《大正藏》第31册，no. 1594，页134。

〔3〕月轮贤隆，《小乗典籍に於ける阿頼耶》，收于氏著《仏典の批判的研究》，京都：百华苑，1971年，页181。

〔4〕有学者认为憙阿赖耶（ālaya-abhirāma）为后来所加，参见长尾雅人：《摂大乗論—和訳と注解》，东京：讲谈社，1982年，页119-120。

的部分和巴利文《增一阿含》之《四法品》中几乎相同的部分，我们发现巴利文中的"解脱傲慢、止息渴爱、远离阿赖耶、截断轮回、消灭爱著"，对应汉译皆摄在"无染"一项下，可知阿赖耶与傲慢、爱著等同属于遮止、舍离的对象。ālaya 一词由动词词根 lī 和表"靠近、趋近"的前缀 ā 组成，再经名词化而成 ālaya，参考《*Pali-English Dictionary*》，该词具二义，本义为"栖息处、鸟巢、住居、房屋"，引申义为"执著、欲望"，陈一标于其《有关阿赖耶识语义的变迁》一文中通过比照《中阿含》及《长阿含》相关经典，指出《阿含经》中出现的阿赖耶大多采用的是上述之引申义，亦即执著、爱著之意[1]。

2. 部派佛教对阿赖耶的解说

部派佛教经典并不重阿赖耶，相关的论述可见于《大毗婆沙论》(*Abhidharma-mahāvibhāṣā-śāstra*)：

> 云何无为阿罗汉果？谓贪嗔痴永断，及一切烦恼永断；越一切趣，断一切路，灭三种火，渡四瀑流，摧诸傲慢，离诸渴爱，破阿赖耶；无上究竟，无上寂静，无上安乐及诸爱尽离灭涅槃，是名无为阿罗汉果。[2]
>
> 若法为欲界阿赖耶所藏，摩摩异多所执，名欲界系；为色、无色界阿赖耶所藏，摩摩异多所执，名色、无色界系。阿赖耶者谓爱，摩摩异多者谓见。[3]

第一段中，阿赖耶与一切趣、一切路、三种火[4]、四瀑流[5]、傲慢、渴爱并举，其义与《阿含经》中之阿赖耶并无大异。第二段中，阿赖耶与摩摩异多并举，阿赖耶为爱，摩摩异多为见，舟桥尚哉认为摩摩异多（mamāyita）是"将

---

〔1〕 陈一标,《有关阿赖耶识语义的变迁》，收《圆光佛学学报》第四期，1999 年，页 84-85。

〔2〕《大毗婆沙论》卷六十五,《大正藏》第 27 册，no.1545，页 338。

〔3〕《大毗婆沙论》卷一百四十五,《大正藏》第 27 册，no.1545，页 746。

〔4〕 即贪、嗔、痴。

〔5〕 即欲瀑流、有瀑流、见瀑流、无明瀑流。

（某物）执著为我所者”，故而阿赖耶侧重于爱执，摩摩异多侧重于我所见。陈一标在《俱舍论》（*Abhidharma-kośa*）、《顺正理论》（*Abhidharma-Nyāyānusāra*）、《显宗论》（*Abhidharma-kośa-samaya-pradīpikā*）中发现一段几乎相同的文字，彼此稍有出入，依《俱舍论》则如下：

> 诸所有色，非汝眼见，非汝曾见，非汝当见，非希求见。汝为因此，起欲，起贪，起亲，起爱，起阿赖耶，起尼延底，起耽著不？不尔，大德！[1]

由此可见，部派佛教论典中的阿赖耶仍不出《阿含经》中呈现的意味。

3. 瑜伽行（Yogācāra）对阿赖耶识的阐释

阿含及部派佛教时代，阿赖耶并非着重讨论的对象，至瑜伽行系列经典出现后，阿赖耶识得以成立，这一成立深化并延展了其语源所原有的内涵，且为其扮演的角色赋予了重要的地位。关于瑜伽行成立阿赖耶识的因由，学界普遍认为是为了使种子有一个安立的处所，并解决部派佛教关于轮回主体之争议[2]。瑜伽行对阿赖耶识的诠释主要有三大传统，下面逐一简述之。

（a）《解深密经》（*Saṃdhinirmocana-sūtra*）中的诠释

《解深密经》中对阿赖耶的解说主要体现于“心意识相品”，其中有言：

> 于六趣生死彼彼有情，堕彼彼有情众中，或在卵生，或在胎生，或在湿生，或在化生，身分生起。于中，最初一切种子心识成熟，展转和合，增长广大。依二执受：一者，有色诸根及所依执受；二者，相、名分别言说戏论习气执受……广慧！此识亦名阿陀那识，何以故？由此识于身随逐、执持故。亦名阿赖耶识，何以故？由此识于身

[1]《大正藏》第29册，no.1545，页87。

[2] 勝吕信静、宇井伯寿、袴谷宪昭等学者对此亦各有自己的见解，参陈一标上揭文，页77-78。

摄受、隐藏，同安危义故。亦名为心，何以故？由此识，色、声、香、味、触等积集滋长故。[1]

经中将阿陀那识、阿赖耶识、心视为一切种子心识的法异门，藉此开显其不同的层面的功能，此中“一切种子心识”承继了经量部的种子学说，但不同意经量部色心互熏之说，“阿陀那识”侧重于其执持身、令身维持不坏的生命力的作用，“阿赖耶识”则侧重于摄受、隐藏义，亦即住藏于身内，与身安危共存，这已不同于早期阿赖耶定义中爱著、执著之义。胜吕信静总结说此中的阿赖耶识是“附着在肉体上的识”[2]，施密特豪森（Schmithausen）也大致接受了这一观点，他留意到阿赖耶识具执持转识种子的功能，但并不认为一切种子识是阿赖耶识的源头。

(b)《摄大乘论》中的诠释

在《摄大乘论》中，阿赖耶识的含义已偏离《解深密经》中“隐藏于身内”的意味，也不仅是前六识之所依，而是一切心所乃至于色法之所依。该论抬高了阿赖耶识的地位，使之成为“与诸法相互内藏”的识，能摄持一切种子相应。《解深密经》中阿陀那识执持身的作用，在本论中已有部分转划归阿赖耶识，亦即将摄持种子的功能归于阿赖耶识，而阿陀那识则与有色诸根同安危。

(c)《成唯识论》一系的诠释

《成唯识论》对阿赖耶的定义为：

初能变识，大小乘教，名阿赖耶。此识具有能藏、所藏、执藏义故；谓与杂染互为缘故，有情执为自内我故。[3]

《解深密经》与《摄大乘论》所关心的是阿赖耶识本身的定义，而非阿赖耶识作为识所扮演的角色，而《成唯识论》则以十门来说阿赖耶识作为识的特征，

[1]《大正藏》第16册，no.676，页692。

[2] 勝吕信静，《ア-ラヤ識の語義》，《仏教教理の研究：田村芳郎博士還曆記念論集》，东京：春秋社，1982年，页63-65。

[3]《大正藏》第31册，no.1585，页7。

阿赖耶识具备识的“了别”与“能缘”功能，其所缘即种子与根身以及外器世间。《成唯识论》将一种七现展为八识现行，并对种子阿赖耶与现行阿赖耶做出严格判别，该系的诠释虽对理解阿赖耶识作为识的特性有帮助，但其整体却陷入繁琐的理论圈坑，难免失去瑜伽行古学成立阿赖耶识之本怀。

三

上来对阿赖耶的语源及阿赖耶识学说的发展脉络作了简单的梳理，至于其间深入细微的理论差异，则牵涉问题甚广，中外学者已多有讨论，然此非本文讨论之重点，故不予进一步拓展。综观汉土学界的研究，我们发现其对藏传佛教中有关阿赖耶与阿赖耶识的讨论鲜有顾及〔1〕，这对于全面了解汉藏两系佛教对印度阿赖耶识学说的承继和发展造成了一定程度的障碍。藏传佛教在该问题上非唯耽于名相上的纠缠，而是令其见地的简别与实际的修持紧密配合，纵然其中一些派别有提出不共的安立，但也是与其自宗的修习理趣严格对应。下面将以宁玛派的诠释为核心，系统介绍其阿赖耶学说的特质。

1. 阿赖耶与阿赖耶识

在汉传佛教传统中，“阿赖耶”常作为“阿赖耶识”的缩略形式出现，二者可互相替代，藏传佛教中也同样存在这一现象，一些早期的宗义书中对此即有明确的说明〔2〕，然而自 8 世纪起，异于传统瑜伽行定义的阿赖耶开始在藏土各派论师

〔1〕 谈锡永上师为汉土学界中少数曾明确指出阿赖耶与阿赖耶识不同者，参谈锡永，《四重缘起深般若》，台北：全佛出版社，2005 年，页 382。

〔2〕 例如智军（约 8 世纪）所造之《见差别》（*lTa ba'i khyad par*）中即有言：

阿赖耶识者，乃善、不善与无记之一切法种子之基，故为“普基”（ālaya，藏）。（kun gzhi rnam par shes pa ni dge ba dang mi dge ba dang lung du ma bstan pa'i chos thams cad kyi sa bon gyi gzhi yin pas kun gzhi'o / ）

依邵颂雄译，参敦珠法王等著，谈锡永、沈卫荣、邵颂雄、许锡恩译著，《宁玛派四部宗义释》，台北：全佛文化，2008 年，页 273。

的著作中出现。就宁玛派而言，9世纪的努钦·桑杰益西（gNubs chen sangs rgyas ye shes）于其《禅定目炬》（*bSam gtan mig sgron*）中曾提出“阿赖耶菩提心”（kun gzhi byang chub kyi sems）[1]，此中阿赖耶和菩提心作为同位语，其义实同于本始基（gdod ma'i gzhi）[2]；11世纪的绒宋·曲吉桑布（Rong zom Chos kyi bzang po）所造《入大乘论》（*Theg pa chen po'i tshul la 'jug pa*）中指出下乘（theg pa 'og ma）[3]以阿赖耶为有漏法与无漏法所依，上乘（theg pa gong ma）[4]则以阿赖耶为菩提心[5]。由此，我们已不能在不明其具体语境的情况下，将阿赖耶简单地等同于阿赖耶识。

时至14世纪，龙青巴更是将阿赖耶与阿赖耶识的关系明朗化[6]，其《大圆满心性休息大车疏》（*rDzogs pa chen po sems nyid ngal gso'i 'grel pa shing rta chen po*）中开示识之分位（shes ba'i gnas skabs bstan pa）时，有解说如下（依拙译，下同）：

> 如是，于诸境皆不起分别，悠然而专注一缘者即阿赖耶之分位；了了照见显现境时，坦然而无有分别者，即阿赖耶识之分位；尔时，别别明现诸境，且觉知其行相者，即五门识（之分位）；于第一刹那即显现外境为所取者为意识之分位，于第二刹那杂诸烦恼而作伺察并现

〔1〕《禅定目炬》，Leh: S.W. Tashigangpa，1974，p. 2。

〔2〕 参 Samten Gyaltsen Karmay, *The Great Perfection (rDzogs chen): A Philosophical and Meditative Teaching of Tibetan Buddhism (Second edition)*, Leiden & Boston: Brill, 2007, p. 178。

〔3〕 即显乘。

〔4〕 即密乘。

〔5〕 参绒宋·曲吉桑布，《绒桑曲松文集》，成都：四川民族出版社，1995年，第2卷，页545。

〔6〕 实际上，藏土对于阿赖耶并没有一个统一的观点，例如，噶举派的让炯多杰（Rang byung rdo rje, 1284—1339）也对该问题提出了自己的看法，他认为如果只言“阿赖耶”而不言“识”，则阿赖耶亦可指真如：'di yang kun gzhi zhes bya ba la rnam par shes pa'i sgra ma smos na de bzhin nyid la yang kun gzhis brjod du rung ba'i phyir rnam par shes pa smos so //，参《甚深内义能显释》（*Zab mo nang gi don gsal bar byed pa'i grel pa*），收《让炯多杰文集》（*Rang byung rdo rje gsung 'bum*），西宁：楚布堪布洛亚扎西（mTshur phu mkhan po lo yag bkra shis），2006年，第7卷，页383。觉囊派的朵波巴·喜饶坚赞（Dol po pa shes rab rgyal mtshan, 1292—1361）则认为阿赖耶可分为智（ye shes）与识（rnams shes）两分：kun gzhi la ye shes dang rnam shes su 'byed pa... /，参《山法了义海论》（*Ri chos nges don rgya mtsho*），贾康巴（rGyal khams pa），无出版日期与地址，页84。需要注意的是，不但各派之间对阿赖耶意见不一，甚至于同一派别内部的不同论师、同一论师的不同著作中亦有不同安立，由下文的讨论即可了知。

为能取者为末那识之分位，以上为七识聚。《菩萨地》(*Byang chub sems dpa'i sa*) 有云[1]："与外境无关联且不起分别者为阿赖耶之分位；与外境相关联且不起分别者为阿赖耶识之分位；别别觉知外境之行相者为五门识之分位；首先分别外境者为意识之分位，随后对其作伺察者为末那识之分位，由是而生能所二取"。[2]

龙青巴复以譬喻说明二者关系，他将阿赖耶喻为镜子，将阿赖耶识喻为镜子之澄明分（dwangs gsal）[3]，阿赖耶识犹如阿赖耶发出之辉光[4]，二者虽同处无分别之分位，但前者与外境无关联，而后者则能了然呈现外境。此外，在业力积聚的过程中，二者扮演的角色亦不相同，《大车疏》对此解说如下：

积业之门为意根与五门之根及其所依，能积者为染污意、思善意（dge bar sems pa'i yid）、中性意（yid shes bar ma），积于何者之上耶？——积于阿赖耶上也，能为彼等之增加、积累、减少留有余地者则为阿赖耶识。[5]

---

〔1〕该段引文并不见于《瑜伽师地论·菩萨地》。

〔2〕藏文：'di ltar yul gang la'ang mi rtog par yengs nas rtse gcig pa ni kun gzhi'i skabs so / snang yul sa ler mthong dus lhan ner gang du'ang mi rtog pa ni kun gzhi'i rnam shes kyi skabs so / de'i tshe yul so sor gsal la rnam par shar pa rig pa ni sgo lnga'i shes pa dang / yul gang rung la dang por skad cig gis gzung bar shar ba dang / gnyis par dpyod byed nyon mongs su 'dres te 'dzin par shar ba ni yid dang yid shes kyi skabs te tshogs bdun no / byang chub sems dpa'i sa las / yul dang rjes su ma 'brel bar mi rtog pa ni kun gzhi'i gnas skabs so / yul dang 'brel bar mi rtog pa ni kun gzhi'i rnam par shes pa'i gnas skabs so / yul so sor rig pa'i rnam pa ni sgo lnga'i rnam par shes pa'i gnas skabs so / yul la dang por rtog pa dang / rjes su dpyod pas gzung ba dang 'dzin par skyes pa ni yid kyi rnam par shes pa dang / nyon mongs pa can gyi yid kyi gnas skabs so zhes so //《大圆满心性休息大车疏》(*rDzogs pa chen po sems nyid ngal gso'i 'grel pa shing rta chen po*)，噶陀版《宁玛教传极广集》(*bKa' ma shin tu rgyas pa*（Kaḥ thog)），第 100 函，页 268-269。

〔3〕同上，页 261。

〔4〕关于这一比喻，可参摧魔洲尊者造论、谈锡永导论、许锡恩翻译，《无修佛道——现证自性大圆满本来面目教授》，台北：全佛文化，2009 年，页 165。

〔5〕藏文：las sog pa'i sgo ni yid kyi dbang po dang / sgo lnga'i dbang po rten dang bcas pa'o / sog byed nyon mongs pa can gyi yid dang / dge bar sems pa'i yid / yid shes bar ma'o / gang la sog na / kun gzhi'i steng du sog go / de dag gi 'phel ba dang sog pa dang / 'bri ba la sogs pa'i go 'byed pa ni kun gzhi'i rnam par shes pa'o //《宁玛教传极广集》，第 100 函，页 263。

大卫·杰玛诺（David Germano）和威廉姆·沃尔德伦（William Waldron）于2006年曾发表《瑜伽行与大圆满中阿赖耶识之比较》（A Comparison of Ālaya-Vijñāna in Yogācāra and Dzogchen）[1]一文，作者虽已留意到龙青巴著作中的阿赖耶与阿赖耶识有差别[2]，然而在文章后半部分论述大圆满语境下的阿赖耶时仍用“阿赖耶识”代替“阿赖耶”，这显然是将阿赖耶当作识来看待，颇易引起混淆。

上述阿赖耶与阿赖耶识之差别的安立直接影响了宁玛派对诸识消融（thim pa）与重新现起之次第的描述，据龙青巴所言，该消融与现起之方式应为宁玛派之不共说，且与某些新译密咒上师的主张相违[3]。《大车疏》云：

> 欲界之地上补特伽罗（sa pa）睡眠时，五门识与末那识融入意识，意识融入阿赖耶识，顷刻即起澄明无分别（之状态）。虽然某些新派阿阇梨承许云：“辨识此（阿赖耶识）之本面，且安住于其上，由是无梦而行于光明法性”，然而（余以为）阿赖耶识融入于诸法皆不起分别之阿赖耶，阿赖耶复融入法界，遂令粗细执著皆消隐，明空离戏论之法性得以显现，若能辨认此（法性），则可破除迷乱。《秘密智慧大宝遍集续》（*gSang ba ye shes rin po che'i rgyud kun 'dus*）云：
>
> 七识聚入赖耶识　阿赖耶入净法界
>
> 尔时现起本俱生　明空双运自生智
>
> 诸瑜伽士当知此
>
> 而后又现起，从法界中现起阿赖耶，由阿赖耶现起阿赖耶识，复由阿赖耶识现起独头意识，由是显现种种梦境，此即由习气而将意之对境诸法执为我所之时。复次，分别念晃动之风息，以及依于七识聚

〔1〕 David F. Germano and William S. Waldron, “A Comparison of Ālaya-Vijñāna in Yogācāra and Dzogchen”, in *Buddhist Thought and Applied Psychological Research: Transcending the Boundaries*, London and New York: Routledge, 2006, pp. 36-68.

〔2〕 David F. Germano and William S. Waldron 上揭文，页 57。笔者认为，该文的题目本身已有不妥，kun gzhi 在大圆满语境下已不能再称为阿赖耶识。

〔3〕 譬如噶举派即认为诸识融入阿赖耶识之后，即立刻显现基位法身光明，参玛尔巴译师著，佘万治、万果译注，《藏传密宗气功——那若六成就法》，成都：四川民族出版社，1997 年，页 254。

之脉内风息经左右二脉趣入中脉时，即名为阿赖耶三等识（kun gzhi sum mnyam gyi rnam par shes pa），以三风平等汇合于一处故。而后彼识进入中脉且成一味，此为阿赖耶之时（kun gzhi'i dus），此时即沉睡而无梦境，亦有人彻夜皆无梦。复次，阿赖耶融入法界者，乃指中脉中央殊胜不变光明脉具粗分界（rags pa'i khams）、不动风（rlung mi rgyu ba）以及澄明光（dwangs pa 'od）之自性。《普明续》(*Kun gsal*) 云：

中脉中央之脉者　光明殊胜无变易

澄净无实光明界　本智住处任运成

中脉之风息精华即名为识，彼入（中脉）时，光明即显现，尔时显现明点、光、虹光等光明，显现离戏论心性之空性光明，显现觉受明觉之广大本智双运光明。其后，阿赖耶、阿赖耶识、意识现起之时，即为意念所依之命脉内风息现起之时，而后风息进入依于诸根之脉内，随即醒觉，并自然而对昼间显现之外境生起二取。[1]

---

〔1〕 藏文：de'ang 'dod pa'i sa pa rnams gnyid du 'gro ba na sgo lnga nyon yid dang bcas pa'i shes pa yid shes su thim / yid shes kun gzhi'i rnam shes su thim pas gsal la mi rtog pa dar cig 'char ro / 'di nyid rang ngo shes pa rnams kyis de'i steng du bzhag pas rmi lam med par 'od gsal chos nyid la spyod ces gsar ma'i slob dpon 'gas bzhed kyang / kun gzhi'i rnam shes chos gang la'ang mi rtog pa'i kun gzhir thim / kun gzhi chos kyi dbyings su thim pas phra rags kyi 'dzin pa nub la / stong gsal spros pa dang bral ba'i chos nyid 'char bas 'di nyid ngo shes par byas na 'khrul pa bzlog ste / gsang ba ye shes rin po che'i rgyud kun 'dus las / tshogs bdun kun gzhi'i rnam shes su / thim nas kun gzhi dbyings su dag / de tshe gdod ma'i lhan cig skyes / stong gsal rang byung ye shes so / de nyid rnal 'byor pas shes bya / zhes so / de las slar mched de / chos dbyings las kun gzhi dang / de las kun gzhi'i rnam par shes pa dang / de las yid shes gcig pu langs pas rmi lam sna tshogs su shar te / bag chags yid kyi yul chos la bdag gir 'dzin pa'i dus so / de'ang rtog pa g.yo ba'i rlung rnams dang / tshogs bdun brten pa'i rtsa'i rlung ro rkyang du chud nas dbu ma'i nang du 'jug pa'i tshe / kun gzhi sum mnyam gyi rnam par shes pa zhes bya ste / rlung sum mdo gcig tu mnyam pa'i phyir ro / de nas dbu mar chud de ro gcig pa ni kun gzhi'i dus te / gnyid mthug por song bas rmi lam med pa'o / kha cig la rmi lam med par mtshan thog thag gnas pa'ang yod do / de nas kun gzhi chos kyi dbyings su thim pa ni dbu ma'i dbus na 'od gsal mchog mi 'gyur gyi rtsa rags pa'i khams dang rlung mi rgyu ba dwangs pa 'od kyi rang bzhin yod de / kun gsal las / dbu ma'i dbus na gnas pa'i rtsa / 'od gsal mchog tu mi 'gyur ba / dwangs la dngos med gsal ba'i dbyings / lhun grub ye shes kun gyi gnas / zhes gsungs pa der / dbu ma'i rlung dwangs ma shes pa nyid la zer bas / de chud pa'i tshe 'od gsal 'char ro / 'di'i tshe snang ba'i 'od gsal thig le dang / 'od dang / 'ja' tshon la sogs pa 'char ro / stong pa'i 'od gsal sems nyid spros pa dang bral ba 'char ro / zung 'jug gi 'od gsal rig gsal nyams su myong ba'i ye shes chen po 'char ro / de nas slar kun gzhi dang / de'i shes pa dang /

由上来所引龙青巴之论述，可见其对阿赖耶与阿赖耶识判界之严，龙青巴详述了诸识消融、梦境显现、沉睡、醒觉之机理，并依无上密的观点解析了上述次第中脉、气、明点之内在运作，他认为七识聚融入阿赖耶识之后就现起法性光明之说法不确，阿赖耶识应继续消融于阿赖耶，阿赖耶融入法界，方可现起法性光明，同样，诸识再度现起直至醒觉的过程亦应依此逆推。这一过程框架的重要性在于它涉及的范围并不局限于睡梦及醒觉，而是同样牵涉临终、禅定、转生之过程，因此它实与中有（bar do）法门之理趣密切挂钩，不应含糊，后世宁玛派论师于造论时也的确谨遵龙青巴之说〔1〕。

事实上，宁玛派早期论师大多以 kun gzhi 一词统摄传统瑜伽行学说中的阿赖耶识和大圆满语境下的阿赖耶（亦译作“普基”）两重含义〔2〕，而至其中后期阶段，诸论师则普遍将 kun gzhi 与 kun gzhi'i rnam shes 区分开来。

2. 详说阿赖耶

由上来的讨论，我们已知藏土论师在共通大乘的基础上对阿赖耶作了不共的安立，学人于研究相关文献时，应谨慎考察其语境，以便明确其所指究竟为瑜伽行传统意义上的阿赖耶识，还是依无上密观点所建立的阿赖耶。接下来，笔者将逐次详析宁玛派对阿赖耶的阐释，以令其间的脉络得以初步的澄清。

在宁玛派早期的密续中，有一部续名为《大圆满明示普贤本智续》（*rDzogs pa chen po kun tu bzang po ye shes gsal bar ston pa'i rgyud*）〔3〕，该续将阿赖耶判为二，

（接上页）yid shes mched pa'i tshe / srog pa rtsa'i yid dran pa rnam rten gyi nang du rlung mched pa'i dus so / de nas dbang po so so la brten pa'i rtsa rlung zhugs pas gnyid sad de nyin snang gi yul la gzung 'dzin rang dgar 'char ba yin no //《宁玛教传极广集》，第 100 函，页 273-276。

〔1〕 这方面的例子可参米庞所造《观察本元心之光明义 · 大圆满基道果判别 · 智慧光》（*gNyug sems 'od gsal gyi don la dpyad pa rdzogs pa chen po gzhi lam 'bras bu'i shan 'byed blo gros snang ba*），收《米庞文集》（*Mi pham bka' 'bum*），成都：雪域经典抢救保护协会，2007 年，卷 24，页 57-184。

〔2〕 kun gzhi 既可以梵文的 ālaya 作为语源，也可以作为 kun gyi gzhi ma（一切之基、普基）的缩写，参 Germano & Waldron 上揭文，页 57。

〔3〕 该续收录于廷结（gTing skyes）版《宁玛十万续》（*rNying ma'i rgyud 'bum*）第 8 函以及《毗卢十万续》（*Bai ro rgyud 'bum*）第 3 函，前者的题跋中称该续由吉祥狮子（Śrīsiṃha）和努钦 · 桑杰益西翻译，后者题跋称努钦 · 桑杰益西翻译该续以令其上师吉祥狮子欢喜，然此二说皆有问题，盖因努钦 · 桑杰益西

其一为和合缘生阿赖耶（sbyor ba rkyen gyi kun gzhi），其二为本来真实阿赖耶（ye nyid don gyi kun gzhi），前者积聚有情往昔一切习气，并现起一切杂染与分别，这与瑜伽行定义下的阿赖耶识相类，以其尚未超越因缘，且为具有生灭之有为法，故名"缘生"。后者则如澄净无浊之水，不受一切习气、分别、烦恼所染，其本质为法身[1]。这一解释或为我们能查阅到的宁玛派最早对阿赖耶的判别[2]，我们可将其视为努钦·桑杰益西、绒宋·曲吉桑布等师所作的相关判别的先导，亦为后来出现的口诀部宁提（snying thig）类文献中阿赖耶与法身判别的理论根基。

努钦·桑杰益西于其为《密意总集经》（*dGongs pa 'dus pa'i mdo*）所造的释论《御暗铠甲》（*Mun pa'i go cha*）[3]中将阿赖耶分为和合真实阿赖耶（sbyor ba don gyi kun gzhi）与基位真实阿赖耶（gzhi don gyi kun gzhi），他认为前者既为唯识宗（rnam rig pa）所许之一切习气种子所依，亦为清净涅槃所依（rnam par byang ba'i rten），而后者则为本来无生、离造作之法性。这两分阿赖耶大致与《大圆满明示普贤本智续》中的两分相对应，与其略异的是努钦·桑杰益西以关联真实阿赖耶为染净之共同所依。

11世纪时，绒宋·曲吉桑布于其《入大乘论》中对阿赖耶判别如下：

> 复次，若依下乘，则说阿赖耶之性相乃安住并成熟于有漏诸法之因果体性中，犹如（逐渐）成熟之果实，彼（亦）为诸无漏（法）之所依及住处，犹如毒瓶中盛装药物。若依上乘，则说阿赖耶之性相无始以来即于菩提藏之自性中得清净，故阿赖耶即菩提心，烦恼与恶取

（接上页）生年实晚于吉祥狮子一个世纪左右，参 Dudjom Rinpoche, translated by Gyurmed Dorje and Matthew Kapstein, *The Nyingma School of Tibetan Buddhism: Its Fundamentals and History*, Boston: Wisdom Publications, 1991，pp. 497-501，608-614。

〔1〕 见《毗卢十万续》第3函，页230，廷结版《宁玛十万续》第8函，页109。

〔2〕 参 David Higgins, *The Philosophical Foundations of Classical rDzogs chen in Tibet: Investigating the Distinction Between Dualistic Mind (sems) and Primordial Knowing (ye shes)*, Université de Lausanne, 2012, p. 192。

〔3〕 全名为《诸佛密意总集经释难·能显御暗铠甲钥匙之瑜伽日》（*Sangs rgyas thams cad kyi dgongs pa 'dus pa'i mdo'i dka' 'grel mun pa'i go cha lde mig gsal byed rnal 'byor nyi ma*），收《宁玛教传广集》（*bKa' ma shin tu rgyas pa*）第93-94函。

趣之习气皆为客尘垢染，犹如锈垢覆于黄金，亦如宝珠陷于污泥，无有分毫功德得以显现，然其自性无可减损。[1]

由上可知，绒宋·曲吉桑布之说同于努钦·桑杰益西所说，而异于《大圆满明示普贤本智续》。

14 世纪时，龙青巴亦曾广释阿赖耶，归集而言，其释说可分为两个体系，第一个体系主要涉及《大圆满心性休息》(包括其释论《大车疏》)、《如意藏》(*Yid bzhin mdzod*)、《宗轮藏》(*Grub mtha' mdzod*) 等，这一系论著的见地侧重于心部（sems sde）与界部（klong sde）；第二个体系主要涉及基于口诀部（man ngag sde）十七续（brgyud bcu bdun）的《胜乘藏》(*Theg mchog mdzod*)、《句义藏》(*Tshig don mdzod*) 以及《四部心髓》(*sNying thig ya bzhi*) 等。

至于第一个体系，可以《大车疏》第四品“业力因果品”(*Las rgyu 'bras kyi le'u*) 为例，其中将阿赖耶分为和合真实阿赖耶（sbyor ba don gyi kun gzhi）与种种习气阿赖耶（bag chags sna tshogs pa'i kun gzhi），前者之本性为“本来无为、法尔任运之本觉”，且如来藏、法界、佛性、真如等皆为其异名，此与《密严经》(*Ghanavyūha-sūtra*) 之经义相合；至于后者，则为随轮回分及随解脱分之一切业力习气所依[2]。龙青巴指出这种二分法是基于有为与无为之差别，前者乃从本性无为之角度安立，后者则作为一切有为法之所依而成立，由此可知，该体系的判别实与《大圆满明示普贤本智续》相同。

至于第二个体系，可以《句义藏》第四品“抉择本觉智之安住处”(*Rig pa'i ye shes kyi bzhugs gnas gtan la dbab pa*) 为例，该品用大量笔墨辨别阿赖耶与法身，

---

〔1〕 藏文：de yang theg pa 'og ma ba'i tshul gyis / kun gzhi'i mtshan nyid ni zag pa dang bcas pa'i chos thams cad kyi rgyu dang 'bras bu'i ngo bor gnas shing smin pa yin pas / shing thog smin pa dang 'dra la / zag pa med pa rnams kyi ni rten dang gnas tsam yin te / dug gi bum pa'i nang na sman gnas pa lta bu'o / zhes bshad / theg pa gong ma'i tshul las ni / kun gzhi'i mtshan nyid ni gdod ma nas byang chub kyi snying po'i rang bzhin du dag pa yin pas kun gzhi byang chub kyi sems zhes bya la / nyon mongs pa dang gnas ngan len kyi bag chags ni glo bur gyi dri ma ste / gser g.yas g.yogs pa'am / nor bu rin po'i che 'dam du bsubs pa bzhin yon tan cung zad mi snang bar zad de / rang bzhin nyams par byas pa myed do // 绒宋·曲吉桑布上揭书，页 545。

〔2〕 有关二者的详细解说，参见本文附录 1 之翻译。

其中依体性（ngo bo）、释义（nges tshig）、判别（dbye ba）、功用（byed las）、立名之因由（sgra 'jug pa'i rgyu mtshan）五支以释阿赖耶，摄之如下：

体性：由心及心所所摄，遂成一切轮回涅槃之业与习气所依，亦即无记之无明地（ma rig pa'i sa pa lung ma bstan）。

释义：以其为诸多习气之根基，故名为阿赖耶。

判别：阿赖耶分为四分，具体如下——

①本来真实阿赖耶（ye don gyi kun gzhi），自本初以来，即与本觉俱生，观待本觉而成无明，由是而成轮回诸法之最初根本，彼与本觉之关系恰似锈斑与金属。

②和合真实阿赖耶（sbyor ba don gyi kun gzhi），乃业分之根（las kyi cha'i gzhi），于轮回涅槃中牵联并推动种种业力，由是而成无记之根本所依。

③种种习气阿赖耶（bag chags sna tshogs pa'i kun gzhi），乃心与心所中能生轮回之分，亦即种种习气与随眠之无记根本所依。

④习气身之阿赖耶（bag chags lus kyi kun gzhi），显现为肢体及其微细支分，可别别显现为粗身、澄明光身、三摩地之似显现身，其乃三种身之根本，且为无明之所依。[1]

这四个层面乃由微细分向粗分层层往下建立，然四者并非异体，龙青巴认为它们只是无记习气地（lung ma bstan bag chags kyi sa pa）之不同反体（ldog pa），同为无记之随眠分（bag la nyal gyi cha lung ma bstan）。

功用：其乃前后习气之所依，业与杂染之因，身与诸多聚合体之显现基，可与身心轮涅别别关联。

立名之因由：彼可联结前后习气，关联前后之异熟，可依因果之力而成为黑白业之所依，故为"普"（kun），能将法与非法聚于一处，故为"基"（gzhi）。

---

〔1〕这四种阿赖耶之名相于《声应成续》（*sGra thal 'gyur*）中已有提及，龙青巴于此则广说之。就显现为本基（ye'i gzhi）之角度而言，阿赖耶无论何时皆与无明同时现起；就其作为种种习气之根本而言，阿赖耶显现为不同之明相与光华；就其于心上成为习气之根本而言，阿赖耶显现为种种识聚及心所；就其于身上成为习气之根本而言，阿赖耶显现为身。关于这四种阿赖耶的讨论，可参 Herbert Guenther, *Meditation Differently: Phenomenological-psychological Aspects of Tibetan Buddhist (Mahāmudrā and sNying-thig) Practices from Original Tibetan Sources*, Delhi: Motilal Banarsidass Publishers, 1992, pp. 110-111；另见 Germano & Waldron 上揭文，pp. 55-63。

由此可见，《句义藏》中对阿赖耶的判别既不同于《大圆满明示普贤本智续》，亦不同于努、绒二师之说，其中的四分阿赖耶实可统统归摄于《大车疏》所言之种种习气阿赖耶下，遂与法身形成相对，而《句义藏》等口诀部论著中即以法身或本始基代替《大车疏》中的和合真实阿赖耶。龙青巴所作的这两种判别之间实际并无抵牾，二者只是依大圆满不同部（sde）的见地所作的安立，名相虽有异，密意实唯一。

通过上来的梳理，我们发现宁玛派所安立的阿赖耶与瑜伽行传统所建立的阿赖耶识有两点不同，其一是阿赖耶不但可作为轮回界一切业力习气所依，亦可作为清净涅槃之所依；其二是在上述阿赖耶的基础上更建立一个无为清净的阿赖耶 / 普基，该基与法身、本觉、菩提心、法界、本始基等同义，且强调其为有情所本具，依此基而建立一切修道，对该基之开显与究竟现证即修道之果，这样的基道果实为依如来藏所作之抉择，因此该建立已超越唯识之层次。

3. 阿赖耶与法身之辨别及其对止观实修之意义

宁玛派大圆满口诀部的教法，在见地上即着重辨别心（sems, *citta*）与本觉（rig pa, *vidyā*）、阿赖耶[1]（kun gzhi, *ālaya*）与法身（chos sku, *dharmakāya*）等。龙青巴于《句义藏》第四品解说阿赖耶之后，随即解说法身、心、智，由此而辨别阿赖耶与法身、心与智，至于后者，他还另造有一专论，名为《心与智之答问》(*Sems dang ye shes kyi dris lan*)[2]。这一传统在后世宁玛派上师的著作中薪火相传，其中较为典型的有吉美林巴所造之《大圆满三要辨别》(*rDzogs pa chen po'i gnad gsum shan 'byed*)，其中依次辨别阿赖耶与法身、心与本觉、止与观；至于敦珠林巴之《现证自性大圆满本来面目教授 · 无修佛道》(*Rang bzhin rdzogs pa chen po'i rang zhal mngon du byed pa'i gdams pa ma bsgom sangs rgyas*) 则开演出四重辨别，依次为心与本觉、意与般若、识与智、阿赖耶与法身。

---

〔1〕需注意此为口诀部语境下的阿赖耶，因此同于大车疏中所言之种种习气阿赖耶，亦即无记之习气地。

〔2〕噶玛巴让炯多杰亦造有一论可与该论互相参研，名为《识智辨别论》(*rNam shes ye shes 'byed pa'i bstan bcos*)，收上引《让炯多杰文集》第 7 函，页 275-282。

接下来，笔者将着重讨论阿赖耶与法身之辨别。龙青巴于《句义藏》中主要依口诀部十七续来解说法身特征，归集而言，法身为不受轮回染污之本觉，离诸戏论，明空无别，且法尔具足功德，任运成就一切事业，若依三句义抉择其性相，则可说为：体性本净（ngo bo ka dag）、自相任运（rang bzhin lhun grub）、大悲周遍（thugs rje kun khyab）。

吉美林巴于《大圆满三要辨别》中承龙青巴之《句义藏》所说，依次辨别阿赖耶与法身、心识与本觉、寂止与胜观，其中对阿赖耶与法身辨别如下：

阿赖耶为一切轮涅基　彼与浑浊之水无分别
于此随眠愚痴昏昧中　觉性本智明分成隐蔽
法身犹如无浊澄净水　本具远离客尘之自性
一切解脱功德之体性　自此即为无迷乱本智
是故法身远离无记分　犹如分离澄水与渣滓
严实持守自证法身界　澄明而观无垢本智界[1]

这段偈颂常为后世论师征引，其中点出了阿赖耶与法身最根本的差别，阿赖耶以无明之昏昧而令本智之明分受障，故而如浑水，而法身则远离客尘，且能澄明显现一切明相，故而如清水。对此，敦珠林巴于《无修佛道》中说得更为透彻[2]：

由无明而令本始基被障者，殆为阿赖耶无疑。阿赖耶如瓶中之顽空，无思亦无明相显现，有如昏睡或失知觉境界。完全沉滞于此境界者即“痴”之自性，亦即无明之广大流转显现。

---

〔1〕藏文：kun gzhi 'khor 'das kun gyi gzhi yin te / rnyog ma can gyi chu dang khyad par med / bag la nyal gyi gti mug mgo rmongs nas / ye shes rig pa'i dangs cha lkog tu gyur / chos sku rnyog ma dangs pa'i chu dang 'dra / glo bur dri ma spangs pa'i bdag nyid can / rnam grol yon tan kun gyi ngo bo ste / phyin chad 'khrul mi shes pa'i ye shes yin / de phyir chu dang rnyog ma phye ba bzhin / lung ma bstan gyi cha las ldog pa yin / rang rig chos sku'i klong du btsan su zung / ye shes dri med dbyings la ltad mo ltos // 见德格版《吉美林巴九函文集》（*'Jigs med gling pa pod dgu*），Sikkim: Gangtok, 1985 年，第 8 函，页 386-387。

〔2〕摧魔洲上揭书，页 165。

敦珠林巴复言，法身乃本始基之体性、轮回涅槃之平等清净，阿赖耶者，即不明此本净本始基之体性[1]。

上引龙青巴直至敦珠林巴一系的论典乃从见地上对阿赖耶与法身作抉择，至于该抉择见如何配合实修，则应参考米庞所造之《具证长老直指心性教授·除暗明灯》（*rTogs ldan rgan po rnams kyi lugs sems ngo mdzub tshugs kyi gdams pa mun sel sgron me bzhugs so*），该论在近现代宁玛派内享有很高的知名度，多位重要上师曾为其造释论[2]。米庞于论跋中指出造论目的乃为诸在家修习、不能精勤于闻思之瑜伽士开示直指心性之口诀。本论开篇即指出行人于自然安住于无念状态时，将生起非善非恶之中庸昏昧心识，这一心分可安立为无明与无记，是为阿赖耶境界。行人若滞于此，则唯困于无分别之识境，不能生起无分别智，且永无解脱之可能，为出离此阿赖耶境界而趣证法身本觉，米庞开示出三支口诀：

（1）“开启无明蛋壳之口诀”，意即行人于耽著于阿赖耶境界时，须“觉察此无所念且不散逸之昏昧心识”，且“将能知对境之心分与安住于无念之心分，置于自心中自然而观照”，从而趣入澄明之觉性境界，并当下即对自心作决断，如是即可自然现起本觉智，且净除昏昧之黑暗。米庞指出，昏昧黑暗之心识与澄明通透之本觉虽然都离言说，然而前者一无所知，无可决断，后者为赤裸之觉分光明法身境界，故可决断。因此，对于所谓的“平常识”“不作意”“离言说”，米庞特意警醒行人要对其仔细观察，因为其中有真、妄两个层次，差别甚大。

（2）“断除生死网之口诀”，安住心性时，行人易堕入落边之修习，若堕

〔1〕 摧魔洲上揭书，页 218-219。

〔2〕 其中包括晋美彭措（'Jigs med phun tshogs, 1932—2004）所造之《直指心性教诫略义·开启深义百门之钥》（*Sems ngo mdzub btsugs kyi gdams pa'i bsdus don zab don sgo brgya 'byed pa'i lde mig*）、《直指心性释·口诀库藏》（*Sems ngo mdzub btsugs kyi 'grel pa man ngag gter gyi mdzod khang*）、丹贝旺旭（bsTan pa'i dbang phyug, 1938—2014）所造之《具证长老直指心性笔录》（*rTogs ldan rgan po rnams kyi lugs sems ngo mdzub tshugs kyi zin bris*）、白玛格桑（Padma skal bzang, 1943—　）所造之《文殊怙主米庞嘉措之大圆满直指心性教授要点释·法王上师白玛格桑口传》（*'Jam mgon mi pham rgya mtsho'i gsung rdzogs pa chen po sems ngo mdzub tshugs kyi gdams pa'i gnad 'grol chos rje bla ma pad ma skal bzang gi zhal rgyun*），此外顶果钦哲（Dil mgo mkhyen brtse, 1910—1991）有一口头讲释，已译为英文，收 Dharmacakra Translation Committee（trans.）, *The Collected Works of Dilgo khyentse*, Boston: Shambhala, 2011, III, pp. 672-692。

"明"边，则困于心识刻意造作之澄明境界，若堕"空"边，则心识执著于顽空，二者皆为贪执二取觉受，此时当反观明与空、执明者与执空者之心相续，如是即可遣除二取执著，从而令明空双运之离边本觉现前。丹贝旺旭于其释论中指出，堕"明"边者迷失于五门识与阿赖耶识，而堕"空"边者则迷失于阿赖耶境界，正如龙青巴《大车疏》所言，无色界有情以阿赖耶为主，故而这种失去明分（gsal cha）的执空修习往往成为往生无色界的因。

（3）"安住于如虚空之平等性之口诀"，行人若于本觉已有所体证，则需护持其正念之相续，然而在证量坚稳之前，往往有种种虚妄不定之觉受，米庞罗列出其中一部分典型的代表，如乐、明、无念、粗重不悦、柔和悦意、分别杂念猛烈、不能辨别昏昧与澄明等等，此等觉受出现时，行人或因不能自辨而误入歧途，或因退失信心而放弃观修。米庞指出，此时不应烦躁，亦不可专执于这些境界，唯应不舍正念，松紧适中，护持自道。复依上师之口诀辨别本觉与无明、阿赖耶与法身、识与智，由此见地之抉择而令心识安住于本位，此时不可作意伺察自己所修者是智还是识，一作伺察，必生取舍，亦不可反复比照书本理论以作逻辑思辨，这样会令行人难脱名言句义，以致对止观造成障碍。正念之流坚稳后，则藉自性光明之止观现证大圆满密意。

上来三支口诀乃随顺行人修证之次第而铺设，盖因每一重观修皆有其正道（yang dag pa'i lam）和歧路（gol sa），此处所遮之歧路即阿赖耶，亦即《大车疏》中所说之种种习气阿赖耶。米庞这一篇论实可作为吉美林巴《大圆满三要辨别》的注脚，吉美林巴之密意于本论中已得到详尽发挥，透过本论，可知祖师对阿赖耶与法身之辨别并非是毫无根据的理论说教，而是与实修密切配合之抉择见。

四

上来通过对阿赖耶学说的起源及发展的梳理，简要呈现了阿赖耶之内涵的演变历程，并在汉土学界熟知的传统诠释基础上，介绍了藏传佛教宁玛派对阿赖耶的不共安立，笔者通过考察龙青巴等重要上师的相关论著，对阿赖耶与阿赖耶识之区别、阿赖耶之定义与判别作了系统的说明，展示了其间的脉络、关联与异同，并对其作出初步的解释。最后，通过分析阿赖耶与法身之辨别及该辨别与实修之关联，揭示出围绕阿赖耶而展开的见地抉择以及实际修持的要点。汉土学界对藏传佛教中的阿赖耶学说认识尚待深入，本文所作之探索性工作，或可作为抛砖引玉之用。

附录 1

《大圆满心性休息大车疏》节译

rDzogs pa chen po sems nyid ngal gso'i 'grel pa shing rta chen po

龙青巴 造，杨杰 译

轮回与涅槃皆以种子之形式依于阿赖耶，《文殊无垢智经》（*'Jam dpal ye shes dri ma med pa'i mdo*）云：

阿赖耶为一切基 轮回涅槃清净基

于法界真如中，将阿赖耶视为分基（dbye gzhi）[1]，以其为无有分别之无记法（lung ma bstan）故。基于其本性，从本来无为、法尔任运之本觉角度而言，即名为“和合真实阿赖耶”（sbyor ba don dyi kun gzhi）；基于无明，从轮回诸法、八识聚及诸习气皆以其为基之角度而言，则名为“种种习气阿赖耶”（bag chags sna tshogs pa'i kun gzhi），一切善不善自性之有为法皆依之而显现种种苦乐。换言之，随福德分之一切因果皆依于（阿赖耶），随解脱分之一切善法亦依于（阿

〔1〕亦译为总体、全分，亦即分别所依之总基。

赖耶），（解脱分）之离垢果（dri ma'i bral 'bras）依于佛性。

广说其理——

（随）轮回因果之不善业、（随福德分）之劣善业、随解脱分之涅槃所离因（bral bya'i rgyu）、一切现证解脱之业道悉皆依于无记之阿赖耶。复次，随解脱分之善法皆为道谛所摄之暂生有为法，故以离系因（bral rgyu）之方式依于种种习气阿赖耶，其离系果（bral 'bras）依于佛性，此如云能障日，故为所净（dag bya），而此所净亦依于清净之日。《宝性论》云[1]：

地界依水住　水复依于风
风依于虚空　空不依地等
蕴界及诸根　依烦恼与业
诸烦恼与业　依非理作意
彼非理作意　依心清净性
然此心本性　不住彼诸法

如是，如虚空般法尔清净之心性上，清净佛刹及本具之功德以二种性之方式住于离系基（bral ba'i gzhi）中，此离系基即无始善法界（thog ma med pa'i chos khams dge ba），其为涅槃之所依。于此当知离系基、离系因、离系果、所离四者。其中离系基为（佛）性（khams）[2]或（如来）藏，离系因即能净（如来藏）上垢染之随解脱分善道，离系果为如来藏尽离诸垢且功德现前，所离为依于种种习气阿赖耶之八识聚及习气。若依密咒（乘），则此四者可名为净基（sbyang gzhi）、能净（sbyong byed）、净果（sbyangs 'bras）、所净（sbyang bya），名虽相异，义则同一。如是本性中，无明之自性即种种习气阿赖耶，不净轮回之因、识聚以及随解脱分之有为善法皆以无所依之方式长久依于种种习

〔1〕依谈锡永译，《宝性论梵本新译》，台北：全佛文化，2006年，页207-208。

〔2〕关于将khams（*dhātu*）译为“佛性”之因由，谈锡永上师于其《宝性论梵本新译》中有明晰之解释，参谈锡永上揭书，页24。

气阿赖耶。

复次，就涅槃功德依于（阿赖耶）而言，则名为和合真实阿赖耶，体性为空，自相光明，大悲周遍，如如意宝般任运成就功德，无垢无离垢，亦名为本来光明、身智无离合之密意实相（ye nas ’od gsal ba sku dang ye shes ’du ’bral med pa’i dgongs pa gnas lugs）。

从自性清净之角度而言，虽可施设为如虚空、无相、空性、现前无为等，然其并非一无所有之断灭空，彼能任运成就身智光明之密意，以其解脱轮回诸法故说为空，《密严经》有云〔1〕：

皎洁之月轮　恒无垢盈满
世间以时故　分别月盈亏
如是阿赖耶　恒具如来藏
佛说如来藏　名为阿赖耶
凡愚不知此　以诸习气故
见种种苦乐　业力杂染相
自性净无垢　功德如宝珠
无迁亦无变　通达则解脱

慈氏有云〔2〕：

---

〔1〕此处所引藏文为偈颂体，对应地婆诃罗汉译之《大乘密严经》(《大正藏》第16册，no. 681，页737-738）中相关段落为长行：

诸仁者，一切众生阿赖耶识，本来而有圆满清净，出过于世同于涅槃。譬如明月现众国土，世间之人见有亏盈，而月体性未尝增减；藏识亦尔，普现一切众生界中，性常圆洁不增不减。无智之人妄生计著；若有于此能正了知，即得无漏转依差别。此差别法得者甚难！如月在云中性恒明洁，藏识亦尔，于转识境界习气之中而常清净。如河中有木随流漂转，而木与流体相各别；藏识亦尔，诸识习气虽常余俱不为所杂。诸仁者，阿赖耶识恒与一切染净之法而作所依，是诸圣人现法乐住三昧之境，人天等趣、诸佛国土悉以为因，常与诸乘而作种性，若能了悟即成佛道。

〔2〕此段引文系《宝性论》第154颂，依谈锡永译。

于法无所减　亦复无所增

如实见真实　见此得解脱

至若此阿赖耶之异名，则有和合真实阿赖耶、无始善法界、如来藏、佛性、心之自性光明、法界、实相真如义、自性清净之真如、般若波罗蜜多等。若从所依基、源头、离系因等角度而言，则有不可思议之（众多）施设。

复次，若从心性上之轮回习气角度而言，即名为种种习气阿赖耶，何以故？此因善、不善、解脱、涅槃之业本来即无自性，而（种种习气阿赖耶）可作为此等暂生（诸业）积聚之所依。善不善（业）二者皆依于彼，以其体性为痴（gti mug），故为无记法。有人认为（种种习气阿赖耶）并非痴，以其既可作为五毒之所依，亦可作为涅槃之所依故。然此仅为不智之语，何以故？此痴并非五毒中之痴，而是依最初迷乱为轮回时之俱生无明所施设之痴。至于"能作为涅槃之所依"亦需观察，佛智与如来藏为本净、净除一切客尘，且具二种清净，而（种种习气阿赖耶）不能作为其所依，以阿赖耶仍需转依（gnas gyur）故，《金光明最胜王经》（*gSer 'od dam pa*）云：

阿赖耶转依为自性法身。

《四大穷尽续》（*'Byung bzhi zad pa'i rgyud*）云：

阿赖耶净成法界

（种种习气阿赖耶）并非佛性之所依，此因作为离系因之垢染与其关系为能依所依。是故，依福智二资粮而得涅槃，（种种习气阿赖耶）仅可作为此有为修道之所依。二资粮皆为道谛所摄，故将其安立为欺惑与无常，以其亦依于种种习气阿赖耶故。

或问：若以此方式依于（种种习气阿赖耶），则又如何能害之？

答言：依于灯芯之灯焰与依于柴薪之火皆自焚，同此，凭借依于阿赖耶之二资粮道而令轮回习气自净，净除佛性之垢障后，即能令如初安住之菩提现量现前，故（二资粮道）名为清净缘，最后，能净之对治（道）亦被焚毁，以其为心识施设之遍计善法故。《宝性论释》(*rGyud bla ma'i 'grel pa*) 云：

自现证菩提之刹那起，即遣除一切道谛故。

《入中论》(*dBu ma la 'jug pa*) 云：

尽焚所知如干薪　诸佛法身最寂灭

此等经典皆对此有开示。

或问：若如是，阿赖耶上又如何能有无舍空性（dor ba med pa stong pa nyid）以及三十七道法（chos sum cu rtsa bdun）？

答言：其上有佛地所摄之无舍（空性）与三十七道法，而无道（谛）所摄之法，以其为究竟道位故。此阿赖耶之异名有：俱生无明、种种习气阿赖耶、无始无终之垢障、大黑暗、本住无明等。复次，如虚空之无始心性界中，以其为解脱之所依，故名为和合真实（阿赖耶），以其为轮回所依，故名为种种习气（阿赖耶），由是生起轮回涅槃所现之不同苦乐、功德与过失。兹引《宝性论释》所言：

无始时来界　一切法等依
由此有诸趣　及涅槃证得

于此当说阿赖耶与八识聚之差别：种种习气阿赖耶为无记法，如同明镜，阿赖耶识如同镜子之明清分，五门之识如同镜影般现起，依昔日之经历而观察外境，或于五门之显现境首先生起“即此”（之念头）者，即为意识，其后于外境相应产生贪、嗔、中性三种心者，即名为末那识。

附录 2

具证长老直指心性教授·除暗明灯

rTogs ldan rgan po rnams kyi lugs sems ngo mdzub tshugs kyi gdams pa mun sel sgron me bzhugs so

米庞 造，杨杰 译

顶礼上师与文殊智慧勇识！

无须精勤广泛之修学　依口诀规护持此心性

在家咒士大多无困难　达持明地即此深道力

自心自然无念而安住，复以正念维持此状态时，将生起中立无记且昏昧不明之心识。于此尚未生起明辨彼此之胜观时，诸多上师将此（心）分命名为“无明”（ma rig pa）；于此，将不能明辨彼此且不知言说之心分安立为“无记”（lung ma bstan）。如是，则为平庸安住于阿赖耶之状态中。

依如是之安住法，复应生起无分别智。若不生起明觉自性之智，则非修习之正行（dngos gzhi）。如《普贤愿文》（*dPal kun tu bzang po'i smon lam*）云：

丝毫无念昏昧昧　此即无明迷乱因

如是，若心能觉察此无所念且不散逸之昏昧心识，则将能知对境之心分与安住于无念之心分，置于自心中自然而观照。

远离杂念之觉性通透而无有内外，如澄明之虚空。虽能受与所受无二，然自我已对自性作决断，从而生起除此之外别无其他之心念。故可安立其名为“离边”“离言”“基位光明”“本觉”。由认识自性所现起之本智能令昏昧之黑暗得以净除，犹如天明即可见家中之物，遂于自心之法性生起决定。此即名为“开启无明蛋壳之口诀”。

如是证悟时，则知如是法性乃自然本具之无为法，非依因缘（和合）而成，且三时无变迁，除此之外，别无微尘许名为“心”者可得。

先前之黑暗昏昧虽离言诠，然其为一无所知之离言说，故不能作决断；明觉虽亦离言诠，然其于离言之义无有犹疑，故可决断。此二种离言说之情形恰似无目与有目，差别甚大，阿赖耶与法身之区别亦摄于此关要之中。是故，所谓“平常识”“不作意”“离言说”等皆有真实与虚妄二种，若于此名同而义异之要点得决定，即可对甚深法之密意获得体证。

自然安住于心性时，有人唯护持明（gsal）与觉（rig），遂住于意识造作之澄明中，有人心执于顽空，犹如心识已被空掉，此二者无非是以意识分（yid shes kyi cha）贪执二取之觉受。明与执明者、空与执空者之心识即执念之相续（dran ’dzin pa gyi rgyud），此时应观此相续之本性。将贪执二取之心识所依钉橛拔除后，即可对赤裸昭然、明空（无二）、远离中边之本性作决断，且现起清明澄澈之（境界），此即名为“本觉”，亦即赤裸显现之本觉智，远离具执著之觉受外壳。此乃“断除生死网之口诀”。

如是，本觉远离种种伺察觉受之外壳，犹如脱壳之谷粒，当依法性之本性自明对其作辨认。仅仅认识本觉并不足够，应于其状态中作串习，从而令止分（gnas cha）得坚稳。心识自然安住，护持此正念之相续，无有涣散，此极为重要。

如是护持时，或生一无所有之凡愚无念，或生胜观澄明分之通透无念，或具乐受之贪执，或无乐受之贪执，或具种种明分觉受之执著，或生澄明无垢离执著（之觉受），或生粗重不悦之觉受，或生柔和悦意之觉受，或因猛烈分别之巨大障碍而欲放弃观修，或因不能辨别昏昧与澄明而具染污（之觉受），此等觉受之生起皆因无始以来种种串习与业风之波浪无可决定与掌控。

犹如远行途中，见诸悦意与险峻之境，无论显现何种（境界）皆勿专执，而应护持自道。尤其于尚未熟练之时，种种分别如火炽燃，遂生动摇之觉受，此时不必烦躁，而应松紧适中，不舍（正念之）相续，（继续）护持，由是即可逐渐生起“得受”等后续之种种觉受。

总之，此时应依上师之口诀，于实修基础上辨识、决定本觉与无明、阿赖耶与法身、识与智之差别。水若不晃动，则可得澄净，同此，于护持之时，需令心识安住于本位，从而令其法性本智昭然自显现，此口诀当着重修持。不应伺察自己所修为识抑或为智，从而作取舍；亦不应反复对照书本而作思辨，彼于止观二者皆略有所碍。自然安住之正念流得坚稳后，将此寂止串习分与自明自觉本来面目之胜观自然融合，若以此方式串习至坚稳，则可生起自然本住、自性光明之止观，亦即本来无别之自生智、大圆满之密意。此乃“安住于如虚空之平等性”之口诀。

复次，吉祥萨罗诃所说之“能思所思尽舍离，无思而住如婴孩”乃指安住法，“专注师教精进修”意为具足指示本觉之口诀，“无疑生起俱生智”者，指生起本初即与自心俱生之心法性，亦即本觉自生智，其为原始真实之光明，与诸法之法性无异。是故，此自然安住之方式，以及护持自明之本觉、心本性或法性之方式者，乃摄百要为一之口诀，当常作护持。

串习之量应依夜间之光明作认定，正道之征相当依自然增长之信心、悲心与智慧等而了知。其方便与易行当依自身觉受而了知，其甚深与迅捷者，应由参照其他需极大精勤之道，并与其修道者比较证量而决定。观修自心光明所得之果者，即（心光明）上之分别与习气垢障自然清净时，将无劳而圆满二种智，得本初之恒常位，且任运成就三身。

甚深！秘密！三昧耶！

第十五胜生周，火马年（公元 1906 年）一月十二日，特为不能精进于闻思，又欲修持心性之在家咒士等，以易解之语言宣说诸具证长老之甚深实修窍诀。

米庞江白多杰（不败文殊金刚）造。善哉，愿吉祥！

原载于沈卫荣主编，《大喜乐与大圆满：庆祝谈锡永先生八十华诞汉藏佛学研究论集》，北京：中国藏学出版社，2014 年，页 31-51。

二十三

死亡与死者

(《〈西藏死亡书〉的隐秘历史》第一章节译)

布里安·奎瓦斯 著，李梦溪 译

开篇：古代西藏的葬仪

数个世纪以来，藏传佛教一直认为，过渡的关键时刻充满着巨大的转化性潜力，尤其是死亡与受生之间的时刻。藏文称此死后的中间状态为“中有”（bar do）。[1]这一藏文词及其所指涉的理念如今已为西方读者熟识。该词在藏文中指一切悬停的现实状态，在这些状态下，处于过渡阶段的个体与“法性”（chos nyid）相遇。据称，在死后的这段特定情境下，死者会面临一系列在当下辨认出“真如”（de bzhin nyid）的机会。与此相应，某些圈层认为，如果死者能在某些时刻正确察知那些具有迷惑性、且往往令人恐惧的中有境相仅仅是其前生的思想与行为的心理投射，那么他（她）就会证得佛果。然而，如果不能辨识这些境相，则将导致其再次受生并进一步在轮回（saṃsāra）中受苦。传统上，为了帮助死者

〔1〕 该词即 srid pa'i bar ma do 的缩写，对应梵文为 antarābhava。

（再次）获得对自身模糊状态的洞察，僧侣或者有经验的在家人将会念诵特定的丧葬文本中的导引文和祈愿文，这些文本也就是所谓的《西藏死亡书》（*Tibetan Books of the Dead*）。

以上对中有的描述相当宽泛而简单，它反映出对这一藏文概念的一种通行理解。尽管此一基本的陈述很简单，佛教有关死后过渡阶段的理论及其在西藏的发展却是个非常复杂而费解的问题，而且它尚未被完善地记录证明或者严肃地审视过。在本章以及接下来的几章中，笔者将探讨佛教传入西藏前后，藏人对死亡及死后状态的认知的转变，并尝试从中有理念在印度的起源开始追溯它的发展历程，它被引入西藏的经过，直至 14 世纪噶玛林巴（译言事业洲）所掘伏藏以及《寂忿百尊》与《中有闻解脱》的传播之前，该理念后续的重塑阶段。笔者将从所谓的雅隆（Yar klungs）王朝时期藏土有关死亡和死后状态的古老理念开始考察。

坠落世间的赞普

据后世的传说，佛教于 7 世纪末传入西藏，在佛教传入西藏以前，王室允许的宗教行为大部分集中于赞普（btsan po）本人。由于人们认为王国的福祉取决于其统治者的福祉，因此他们会举行特殊的仪轨来保护与延长赞普的寿命，并在赞普去世时，确保他能平安往生天界（dgung du gshegs）。根据敦煌发现的一些早期历史记录（其中最早的记录大约为 8 世纪末或 9 世纪初），[1] 举行这类仪轨的祭司被称为苯波（bon po），他们的信仰则名为苯（bon）。[2] 尽管人们通常认为这一古老的前佛教西藏祭司阶层形成了现在的苯教，[3] 历史证据却表明，苯教发展成为一支有组织有特色，而且只是作为有意与佛教对立的宗教，其时间不早于

〔1〕敦煌是中亚贸易道路上的聚居地，7 至 8 世纪时为藏人所控制。塞缪尔（Samuel）1993，页 442。学者们对吐蕃的大部分了解都是基于此处出土的大量写本，这些写本被保存在巴黎国家图书馆（伯希和藏品）和伦敦国家图书馆（斯坦因藏品）中。这些重要文本的研究资料可见于拉露（Lalou）1939-1961；巴科（Bacot）、托马斯（Thomas）和图森特（Toussaint）1940；麦克唐纳（Macdonald）和今枝由郎（Imaeda）1978-1979。

〔2〕卡尔梅（Karmay）1998，页 290；另见麦克唐纳 1971，页 218。

〔3〕斯内尔格罗夫（Snellgrove）1987 坚称“在早期西藏宗教中，作为神职人员，苯（bon）和辛（gshen）的活动是一回事；但建立起来的苯教则是另外一回事”。（页 403 注 47）。

10世纪晚期。更有可能的是，在前佛教时代的西藏，从未出现过一个已然完整创立起来的苯教。换言之，佛教与苯教的发展是西藏后期宗教文化史上互相独立却同时并存的进程。[1]几个世纪下来，西藏本土宗教、佛教及苯教在信仰与实践上彼此相融，几乎完全模糊了它们之间的界线。可以肯定的是，吐蕃时代的宗教本质上都是围绕着有关自然的创造力与毁灭力的观念，尤其是大地的力量，以及“灵魂”（bla）的构造与存在。[2]这些观念中的某些元素保留了下来，并且可见于苯教，甚或在某些情况下也可见于佛教文献，但是这些观念本身，根本不同于我们所知的佛教传入西藏后才创立的苯教的基本教义。学者们怀疑，在苯教以及藏传佛教（尤其是其中最古老的教派）的一些文献与仪轨较深的层面中，蕴含着藏土有关死亡与死后的一系列观念，而这些观念或多或少流传自远古的时代。[3]

敦煌写本中的证据表明，一个与佛教毫无关系却又高度精细化的葬仪传统已然在很早的时候就存在并活跃于西藏。然而，尽管有大量有潜力出成果的早期材料可资利用，我们对古代西藏关于生命与死亡、生者与死者的观念仍然所知甚少。遗憾的是，几乎没有藏学家勇于突破玛尔赛勒·拉露（Marcelle Lalou，1890—1967），埃里克·哈尔（Erik Haarh，？—1993）和石泰安（Rolf A. Stein，1911—1999）的早期研究，“去探索（即使是从表面上）古代西藏文化与历史地图上的这一空白点。”[4]对这一主题研究的匮乏表明，学者们可能对哈尔向未来研究者发出的呼吁缺乏兴趣或动力：“西藏本土的宗教史直到最近都还是块处女地，一个多世纪以来，已有大量的材料可资利用，这一事实理应可以激励并鼓舞

〔1〕学者们对佛教与苯教的区别有争议。学术圈大体接受的对苯教的诠释最早表述于斯内尔格罗夫 1967b 和 1987 两本书中。卡尔梅 1998（尤其是页 157-168）提出了一个相反的观点；对卡尔梅观点的回应见石泰安（Stein）1988b。

〔2〕卡尔梅 1991 将 bla 定义为“生命的身体与精神所依存的对象。因此它在三个生理要素（也包括‘风息’[dbugs] 与‘命力’[srog]）中被视为最重要的一个。‘命力’与‘魂’一样都是最基本的，而‘风息’由于容易失坏，与‘魂’相比就显得短暂。‘魂’作为生命要素周遍全身，但其他必须依凭‘风息’，否则无法运行。‘魂’亦与‘意’（yid）、‘心’（sems）一同被视为精神三要素。”（页 331）。

〔3〕关于敦煌所出苯教葬仪材料，尤可参考拉露 1949，1952；石泰安 1970；褚俊杰 1989。

〔4〕哈尔（Haarh）1969，页 327。

我们进一步研究该领域。”[1]遗憾的是，哈尔于三十年前发表的言论在今天对我们当前稚嫩的研究境况而言，仍然是准确的写照。

在本章中，我将回顾古代西藏葬仪风俗的相关材料，并尝试提炼9世纪中叶的吐蕃有关死亡与死后的基本理念。在后续的章节中，我想证明许多这样的观念在藏传佛教和苯教传统中的延续性，并探寻它们对后期记录得更好的理念的影响，比如中有（bardo, antarābhava）。

我注意到，在佛教的影响流入西藏之前，已有大量广为接受的信仰与途径应对由死亡与死者所产生的问题。就这些观念的早期历史而言，内容最详尽、论据最充分且最有说服力的重构，或许当属埃里克·哈尔的《雅隆王朝》（*The Yarluṅ Dynasty*），该研究在一定程度上受到了之前朱塞佩·图齐（Giuseppe Tucci，1894—1984）所作推断的启发。[2]这一庞大而令人印象深刻的著作旨在研究古代西藏的历史，其依据主要来源于后期藏传佛教史料中的神话与传说。哈尔此书的内容围绕藏土依据第一位赞普聂赤赞普（Nya khri btsan po）的来源与属性而确立的三大传统而展开。[3]按年代顺序，三个神话传统分别被称为：（1）绝密独脚鬼传统（yang gsang the'u rang lugs），（2）共许之苯教传统（grags pa bon lugs），以及（3）秘密佛法传统（gsang ba chos lugs）。[4]第一个传统将始祖赞普说为冥界独脚鬼的后裔，[5]苯教传统则主张赞普是天界（gnam）诸神（lha）的后裔，他们与地上（sa）的妖（btsan）、地下（sa 'og）的龙（klu）与祖灵（mtshun）有密切的联系。[6]佛教传统宣称始祖赞普具有印度佛教徒的身份，并将其描述成一个被流

〔1〕 哈尔 1969，页 14。

〔2〕 哈尔 1969，页 14；图齐 1949，1950。

〔3〕 卡尔梅认为，其中至少有两个传统的名相（即“共许之苯教传统”[grags pa bon lugs] 和“秘密佛法传统”[gsang ba chos lugs]）“是佛教的创造，它们对这些历史上的传统来说并没有实质性的意义。”卡尔梅 1998，页 294。

〔4〕 哈尔 1969，页 17；另见布隆多（Blondeau）1990；卡尔梅 1998，页 240-244。

〔5〕 哈尔 1969，页 413-414。

〔6〕 卡尔梅 1998 指出，关于第一位赞普的起源，苯教的说法和某些敦煌写本（亦即伯希和藏文写本 1038 与 1236 号）的说法有相似性。由此他指出，“共许苯教并不完全是 10 世纪以后的伪造”（页 259）；另见图齐 1949，页 733；哈尔 1969，页 212-217；吉布森 1991，页 107。

放的印度王子。正如吉布森（Gibson）所指出的，此中的第三个传统几乎可以确定是“通过与佛教圣域（印度）建立联系而将其合法化的公开尝试”。[1]笔者此处不拟复述哈尔对这三个传统的详细讨论，对上述起源神话（尤其是那些属于共许之苯教传统者）相关的观念特征进行评价已经足够，因为就早期阶段人们理解与处理死亡的可能方式而言，这些传统提供了重要的线索。

哈尔竭力主张每一个起源神话都反映出重要的政治过渡和宗教变迁。[2]最初且最彻底的转变保留在吐蕃第八代赞普止贡赞普（Gri gum btsan po）以及继承其王位的儿子甲赤（Bya khri 或 Sha khyi，亦名布德贡杰 sPu de gung rgyal）的神话中。[3]这一神话的各种版本现存于大量不同的材料中，[4]其中年代最早者见于伯希和敦煌藏文写本 PT 1287，亦即著名的《吐蕃大事纪年》，该书大致成书于 8 世纪末或 9 世纪初。[5]但是，14 世纪《西藏王统记》（*rGyal rabs gsal ba'i me long*）中的后期佛教化记述才流传为公认度最高的版本。[6]在该记述中，止贡赞普向他的大臣洛昂·达孜（Lo ngam rta rdzi）[7]发起挑战，争斗中，赞普的“天绳”（dmu thag）被割断，而他本人也被杀死。[8]根据共许苯教传统的宇宙论，止贡赞普以前的赞普都是通过这一特殊的绳索从天而降的。临命终时，他们也以同样的方式回归天界，而不留下任何物质遗存。然而，随着止贡赞普的死亡，统治者与天界的这一至关重要的联系被切断，如今一个遗体留在了世间。这就需要

〔1〕吉布森 1991，页 107。

〔2〕哈尔 1969，页 17-18, 168-230。

〔3〕此观点似乎在哈尔之后的学者当中普遍流行。例见柯克兰（Kirkland）1982；吉布森 1991，页 113-116；塞缪尔 1993，页 441；史密斯（Smith）1996，页 39-41。

〔4〕至于相对完整的清单，见索伦森（Sørensen）1994，页 141 注 372.

〔5〕麦克唐纳和今枝由郎 1978—1979，页 21-31；巴科、托马斯、图森特 1940-1946，页 123-124；哈尔 1969，页 402-403；吉布森 1991，页 118-123。

〔6〕该神话可见于 GLRB，页 55-57；译文收索伦森（1994），页 141-144；萨迦派上师索南坚赞（Sa skya pa bSod nams rgyal mtshan）1996，页 82-83。

〔7〕麦克唐纳曾指出洛昂（Lo ngam）在历史上是娘若（Myang ro）地区王子的名字。见麦克唐纳 1971，页 197；另见黎吉生（Richardson）1998，页 125。

〔8〕石泰安 1972 写道：“用于指称天绳的 dmu 一名，也用于指天空，亦即天界，及赞普的母系家族（所居地）”（页 48）；另见诺布（Norbu）1995，页 75-76；卡尔梅 1998，页 125。

建立（或者引入）一种处理遗体的仪轨操作，由此，一种新制定的葬仪就用来纪念止贡以及接下来的赞普们，他们最终都被埋葬于陵墓中。根据该神话的叙述，止贡赞普一死，他的三个儿子夏赤（Sha khyi）、聂赤（Nyag khri）和甲赤（Bya khri）就分别逃往工布（Kong po）、娘布（Nyang po）和波布（Spo bo）三个地区。止贡赞普的王后在梦中见到了雅拉香波（娘地区）的山神，之后生下了一个神异的儿子，名为降格布·茹拉杰（'Dzang gi bu Ru la skyes）。该子为了替父报仇，先杀死了洛昂·达孜，而后寻回其父被抛弃在年曲嘉莫河（Nyang chu skya mo）中的遗体。据说茹拉杰还在钦域（'Phying yul）[1]的达塘（Dar thang）为其父建了一座陵墓，并从波布带回了甲赤王子。甲赤后来登基成为第九代赞普布德贡杰。

敦煌所出《吐蕃大事纪年》载有该神话的一个较早的版本，其中对止贡赞普死于洛昂·达孜之手的事件有不同的记述。在该版本中，止贡赞普和洛昂的战斗以前者被天神德拉贡杰（lDe bla gung rgyal）引向天空告终，德拉贡杰之名号代表统治者的"魂"（bla），或者更确切地说，是特指其"生魂"（sku bla）。[2]洛昂·达孜用某种隐秘的手段把德拉贡杰投入神山冈仁波齐（Kailāśa）的冰川内(rum)，导致德拉贡杰和止贡赞普双双死亡。[3]同佛教的版本一样，此中止贡的遗体也是被一个血统特殊的儿子找回，该子名为普格布·昂列杰（sPus kyi bu Ngar las skyes）。这个男孩发现其父的遗体被放在龙神（klu）腹中，[4]于是二者共同议

[1] 钦域（'Phying yul）（或简写为钦瓦 ['Phying ba]）位于琼结（'Phyong rgyas）的中南部，是雅隆王朝历代赞普的驻地，也是拉萨建立前王权的主要中心。

[2] 吉布森 1991（另见哈尔 1969，页 343）写道："德拉贡杰神无疑属于一个远古层，由于某些缘故，他的功能与'魂'（bla，亦即命力）的观念相关"（页 122，注 42）。关于在此语境中"生魂"（sku bla）的含义，见吉布森 1991，页 77-82；另见卡尔梅 1998，页 441-447。

[3] 黎吉生 1991 指出，此地可能没有冈仁波齐山那么靠西，而离年曲河谷的工布更近。（页 125）。值得一提的有趣之处是，藏土早期关于底斯山（Ti se）的理念和汉土关于泰山的理念有些类似。在前佛教时代汉土的宇宙观中，人死时，向上飘移的"魂"都回归泰山。泰山中心之梁甫（译注：梁甫实为泰山下一小山）是传统上帝王祭祀无上地神"地主"的场所。在某些含糊的情况下，"地主"被视作"地下主"，而后演化成常见的"泰山府君"。因为泰山与祭祀仪式有密切的关系，而这种关系建立了生死两界之间的有效纽带，故而在后来汉土有关死后世界的观念中被赋予了核心的地位。见余英时 1987，页 389-390。太史文（Teiser）1994 指出，泰山"甚至在汉代以前就被视为掌管死者的所在地了"（页 176），后来就与佛教的地狱（naraka）观念融并了。

[4] "龙"（klu）类似于印度神话中的 nāga。

定，普格布·昂列杰必须给龙神带来一个人用以赎回遗体，而这个人必须具备特定的体征，例如要像鸟类一样从下方张开双目。他发现一个年轻女孩可以作为合适的替代品。作为酬偿，女孩的母亲要求未来必须要为已故赞普的遗体举行特定的葬仪。在保证满足这一要求后，普格布·昂列杰带走了这个女孩并将她置于蛇腹中以赎回止贡赞普的遗体，这具遗体后来由赞普的两个儿子聂赤和夏赤（佛教的记载说为甲赤）依照仪轨安葬。两个儿子中，前者成了工布的统治者，后者则驻于钦瓦（'Phying ba），成为第九代赞普布德贡杰。哈尔指出，对于遗体安葬准备仪式的起源因由，该故事的这一特殊版本给出了一个独特而前所未有的病原学（etiological）解释。[1] 同样，这个神话似乎也为仪轨中以祭供形式出现的替身（glud）提供了合理的解释。[2] 就这一点而言，值得注意的是，以温和无害的仪式呈现的替身仪轨一直活跃在西藏的丧葬仪式中，并且扮演着不可或缺的角色。[3]

对于止贡赞普之死，相关神话的不同版本都清楚地指向宗教与文化传统的变化。正如图齐所言，止贡赞普"是对西藏文化史上一个重大转变之记忆的人格化。"[4] 这一神话不仅象征着两个迥异的统治者之间观念的转变，也象征着一个旧的宇宙观向另一个全新的宗教世界观的转变，或者更确切地说，是两个有关生者与死者的不同观念之间的转变。哈尔写道：

> 图齐将止贡赞普描述成"一个观念潮流中断裂点的象征"，从更广义的层面上来看，我们或许可以说，两位赞普 [止贡赞普及其子布德贡杰] 所代表的时期体现出一个有关政治与宗教的危机，以及父子各自代表的两个文化时代之间的转变。此外，我们还可以看到，这两个时代最重要的不同之处体现在宗教观念的转变上，具体而言，是在人类对

〔1〕 哈尔 1969，页 344。

〔2〕 吉布森 1991，页 124。

〔3〕 有关"赎"（glud）这一观念及其附属仪轨的历史，见卡尔梅 1998，页 339-379；也可见内贝斯基·沃杰科维茨（Nebesky-Wojkowitz）1956，页 359-361，507-511；兰博（Ramble）1982；芒福德（Mumford）1989，页 149-157；诺布 1995，页 77-86。

〔4〕 图齐 1988，页 246。

> 死后世界的两个有着根本性不同的理念上。人类从前一直为对死亡的恐惧所萦绕，对大地的力量毫无抵抗力，而现在获得了驾驭和调伏鬼神力量的手段。我们可以假设，这一有关生者与死者相互关系的观念转变为吐蕃王朝的崛起提供了精神背景。[1]

从根本上说，这一宗教模式的重要转变就是丧葬习俗的改变，这个改变以关于止贡赞普之子——继位者甲赤（布德贡杰）的神话形式被人格化。两种模式的区别在于，后者针对死亡的含义以及死者相对于生者的地位呈现出一种新的意义。由此，这个神话即被视为一种象征性的叙事，它象征着一系列新的且可能是外来的观念，这些观念与新近亡故和早已亡故者相关，它们体现了对死者以及处理遗体的仪轨的一种特殊理解。

> 有关第二个存在的世界的观念盛行开来，这个死者的世界本质上与生者的世界对立，生者与死者的根本区别取决于是否有生魂。死亡并不意味着结束，而是人向另一种存在形式的转变，在这一过程中，死者意识到自身已失去生魂，由此对生者产生敌意，从而变得可恶或有害（gdug pa can），死者想重获他自己的生魂，或者毁掉生者的生魂。对藏人而言，这些观念导致他们对亡故的亲属、祖先或者整个冥界产生持续的畏惧，而祖先崇拜或对想象中显灵的死者的崇拜就源于这种畏惧。[2]

通过引入新颖而有几分模糊的仪轨传统（这一传统可能起源于工布附近），这类观念被引入西藏，或者更确切地说是引入雅隆河谷。[3]后来人们在追溯这一

[1] 哈尔 1969，页 309。

[2] 同上，页 314。

[3] 正如我在第一章中所说，另一种可能是，止贡的传说被哈尔视为一个集体记忆，记忆的对象即西藏本土部落与外来部落之间影响深远的冲突，其中前者是已然定居雅隆（甲赤，Bya khri，意为鸟朝）的西藏本土部落，后者依循的是工布（聂赤，Nya khri）地区截然不同的风俗，最终后者打败了前者。哈尔 1969，页 18。

新传统时，即认定其为名曰“墓苯”(也即杜苯派 [dur bon]）的苯教丧葬崇拜。[1] 由于人们相信死者和祖灵（mtshun）会持续对生者示现敌对的力量，这一新的崇拜的首要与主导功能就是为了遏制这种威胁而将他们封禁于坟墓中。有一类仪轨专职人员或殡葬祭司（即“杜辛”[dur gshen]）[2] 通常经由对遗体进行仪轨处理和各种葬仪来达到此目的。[3] 有关生者与死者间存在切实关系的相同信仰贯穿了西藏的宗教历史，并且依然盛行于佛教葬仪中，例如与《寂忿百尊》和《中有闻解脱》相关的仪轨。在这些仪轨中，我们发现一个明确的观念，亦即在世的亲属可以通过举行各种仪轨净除死者的罪障来对死者产生正面的影响。

在这一远古时代，人们也承认生者之魂可以游荡（’khyams pa）于体外，或者在更糟糕的情况下，被魔鬼或其他死者的恶意显灵引诱并带走，[4] 因此这些仪轨师进一步的目标就是勾魂（bla ’gugs）或以赎魂（bla glud）的方式进行招魂（bla ’bod）、为魂指路（lam bstan）。有关生魂易受伤害的这个相当古老的藏土信仰，似乎在疾病与死亡带来的危机面前注入了深沉而长久的恐惧感与焦虑感。这方面的证据还保留在后期佛教与苯教的仪轨文献中，这些文献主要是描述赎魂（bla bslu）、摄寿（tshe ’gugs）[5] 以及引导（’dren pa）死者通过中有险峡（bar do ’phrang）的技巧。就此我们可以确信，古代西藏仪轨信仰与后期仪轨传统所保留

〔1〕 GLRB，页 57-58；索伦森 1994，页 144-147；索南坚赞 1996，页 85-86。

〔2〕 关于苯教葬仪祭司（亦称为“斯辛”[srid gshen]），参斯内尔格罗夫 1967a，页 116-123；诺布 1995，页 87-102。

〔3〕 在一些敦煌写本（特别是拉露 1949 和 1952 中研究的 PT 1042 和 PT 239/II；石泰安 1970），以及上文提到的段落（哈尔 1969，页 344 对其有研究）中，也许能发现可能属于这些仪式的描述。在后面那个段落中，作为赎物的女子的母亲向昂列杰提出了如下要求：“别的我不需要，以后一旦有赞普去世，应将其顶髻盘为发辫，（遗体）表面应涂以朱砂（mtshal），其身应加以刮擦，赞普遗体应被切割，由于易腐故应远离他人。应享用饮食。你能照办吗？”（de blu na ji ’dod ces ma la dris na / ma na re gzhan myi ’dod / nam nam zha zhar / btsan po rje dbyal zhig nongs na / thor to ’phreng mo ni bcings / ngo la mtshal gyis byugs / lus la ni bzhags / btsan po’i spur la ni ’tshog / myi la ’phrog phom / zas la ni za ’thun / de ltar bya ’am myi bya zhas mchi nas）哈尔 1969，页 405。将遗体搬离人群，可以使其在最终仪轨举行之前能在隔离的环境下分解，这在奉行“二次葬”的社群中很普遍。对于这些习俗的经典人类学阐释，见赫兹（Hertz）1960，页 27-86。有关这一模式运用在藏传佛教仪轨语境下的实例，见兰布尔 1982。

〔4〕 卡尔梅 1998，页 315。

〔5〕 见莱辛（Lessing）1951；卡尔梅 1998，页 310-338。

的信仰之间存在切实的连续性。[1]例如我将要展示的，藏土关于“魂”的理念及其相关仪轨，并没有隐没在对远古的集体记忆中，而是被某些印度佛教观念吸收，并且只在表面上作了掩饰，最为明显的是有关死后的中有以及神识脱离肉体而游荡、寻求受生的理论。

毫无疑问，本土与外来观念的融合促使在藏土形成了一个极为独特的仪轨程式，我们可以合理地称之为“中有仪轨”（bar do cho ga）。[2]然而，尽管存在某些迹象表明此修法的部分特征或许早在11世纪就已确立，但是在13或14世纪前，这个特定的仪轨程式并没有系统化地构建起来。也许我们无法确知该仪轨程式的一些发展历程，但是已有足够的迹象保留下来，这些迹象表明即使是在最早的阶段，西藏的中有仪轨已经强调通过为死者设计的仪轨活动和祈祷来为其净除罪障，这些仪轨与祈祷会伴随死者经过中有的漫长净罪过程直至受生。中有仪轨的独特之处在于要在死后的旅途中召唤死者，在此期间他们的命运仍有被改变的可能。

游魂之径

我们在其他一些敦煌写本中进一步发现了有关古代西藏死亡观的例子，其中包括佛教对本土死亡信仰的一些同化。最值得注意的作品大概要数PT 239写本的第一、第二部分了，[3]玛尔赛勒·拉露首先研究了第一部分，石泰安继而研究了第二部分，最后由阿丽亚娜·麦克唐纳（Ariane Macdonald）对其进行了相当详细的讨论。[4]该写本共18叶，其中包含两个小文本（I-II），第一个在正面，第二个在背面。在第一个文本第十八面的结束处附有一叶，通过与相同作品另一

〔1〕 卡尔梅1998，页337。

〔2〕 有人声称印度佛教有对应的仪轨，但据我所知，目前还没有证据能够支持这一观点。尽管梵文佛教文献中大量提到“中有”（antarābhava）的理念，但我并没有发现任何文献提及真正的中有仪轨本身。对印度早期的佛教葬仪，尤可参考叔本（Schopen）1997。另一方面，我们的确发现汉土早在10世纪就有了中有的仪轨，参太史文1994。对于汉藏两地仪轨可能存在的历史关联，相关问题尚未得到解决，这是将来研究的重要课题。

〔3〕 复制本见麦克唐纳和今枝由郎1978-1979，页22，版168-175。

〔4〕 拉露1949和1952；石泰安1970；麦克唐纳1971，页373-376；另见凯普斯坦（Kapstein）2000，页7-8。

版本（包含于 PT 37）的比对，将该叶编号为 PT 733。[1] PT 733 的正面写着“天界道示”（lha yul du lam bstan pa），[2] 这可能是 PT 239/I 第一部分的标题。然而，鉴于该文本的叙事主题，其首句“亡者道示”（gshin lam bstan pa）[3] 似乎可视为一个更贴切的标题。因此，由于缺失正式指定的标题，我将这一短文本称为《亡者道示》。文本的开头显然不是全篇的起始部分，麦克唐纳因此指出，脱失前文的第一句或许表明 PT 239/I《亡者道示》只是一个更完整的仪轨的一个组成部分，而该仪轨可能与 PT 37 中所描述的内容类似。[4]

这些敦煌文本的中心主题是死者所经历的种种路径。在由两部分组成的写本 PT 239/I-II 这一特别的例子中，佛教观念的影响十分明显。西藏的本土观念认为，死者趋往的路径连接了天界（lha yul）与冥界（gshin yul）两个截然相反的境域，在 PT 239/I-II 中，我们发现这种观念已为佛教关于轮回（saṃsāra）受生的理念所吸收。[5] 今枝由郎（Yoshiro Imaeda）依循了这一观点，提出该文本可能处于西藏宗教历史新开端的边沿，亦即前佛教仪轨转化为佛教修习的第一个阶段。[6] 另一方面，派尔·克威尔内（Per Kvaerne）则采取了一种更有争议的观点：

> 在与古代的死亡仪轨斗争时，佛教的策略是至少保留一部分古代术语，同时系统化地将其内涵同化为佛教理念，由此弃用其原本的内涵。这一策略最后相当成功，以至于到 10 世纪或 11 世纪时，上述古代信仰已经明显被藏人遗忘——尽管我们会看到某些元素如今以全新的意义保留下来。[7]

---

〔1〕 PT 37，叶 8a-17a。麦克唐纳 1971，页 373，注 613；麦克唐纳和今枝由郎 1978-1979，页 37，版 27-32。

〔2〕 麦克唐纳和今枝由郎 1978-1979，版 171，叶 19.4。

〔3〕 同上，版 168，叶 1.1。

〔4〕 麦克唐纳 1971，页 373。

〔5〕 同上，页 373-374。

〔6〕 今枝由郎 1981，页 83。

〔7〕 克威尔内 1985，页 8。

遗憾的是，针对佛教抹除古代术语内涵的策略，克威尔内没能给出实例，但他的评论的确呼应了哈尔对佛教与某些本土死亡观念相抗争的论述：

> 当佛教开始在西藏传播时，其代表人物意识到，要在广泛基础上逐步改化已有的（本土）传统，以令其顺符（佛教）教义的意识形态。只有涉及死者、葬仪与祖先崇拜时，佛教似乎才奋力进行彻底的压制，因此文献对这些前佛教时期的西藏文化特征，只保留有一些残痕余迹。[1]

关于佛教对此前已存在的非佛教仪轨的压制，其背后的情况或许能从《巴协》（*dBa'/sBa' bzhed*）中窥见一二，这部颇具影响力的著作是已知的西藏最早记录吐蕃时期历史的文献之一。[2]该著作记载了 8 世纪末赤松德赞（Khri srong lde btsan, 742—约 797）统治时期藏土对佛教的接受过程，并叙述了桑耶寺（西藏第一座由王室批准修建的寺院）兴建前的争斗事件。《巴协》有许多不同的版本，其原版显然已经佚失。然而最近在拉萨发现了一个古老的写本版本，其核心部分似乎可以上溯至 11 世纪。[3]如果该断代正确，那么这一写本将是《巴协》现存最古老的版本。

这一新发现的《巴协》对笔者当前的研究有特别的意义，因为在其叙事主体的后面附有一个年代可能更早的段落，题名为《付食因缘》（*Zad gtad lo rgyus*）。这一简短的附录详细叙述了赤松德赞死后王室中的一场佛苯论争，这场论争主要是针对以何种仪轨作为合适的王室仪轨，最后以佛教的葬仪胜利入选告终。[4]我们必须在两派持续对抗的语境下看待这场特殊的辩论，根据《巴协》的

〔1〕哈尔 1969，页 316。

〔2〕图齐 1958；石泰安 1961；鲁埃格（Ruegg）1989；马丁（Martin）1997，页 23；凯普斯坦 2000，页 23-30，32-49，71-75，212 注 11；旺堆和丁伯格 2000。

〔3〕派尔·索伦森（Per Sørensen）在为旺堆和丁伯格 2000 所作序言（页 xiv）中提出了这一对年代的推算。

〔4〕索伦森坚称，就内容与措辞来看，《巴协》中《付食因缘》一节的写作年代必定为 9 世纪；见旺堆和丁伯格 2000，页 xv。

记载，赤松德赞之父赤德祖赞（Khri lde gtsug btsan, 705—755）[1]死后发生了对佛教葬仪的镇压，此时佛苯之争达到顶峰，而这一情形只比上述辩论早一代。这些名为“tshe”的（佛教）仪轨（可能是一种帮助死者的施食或斋戒仪轨）[2]早先曾由赤德祖赞之妻——汉地的金城公主（698—739）[3]引入过。[4]在大臣巴赛囊（dBa'/sBa' gsal snang）（《巴协》的核心主角之一）的两个孩子暴死之后，佛教的“tshe”仪轨最终被秘密地再次引入西藏。[5]

《付食因缘》一节始于赤松德赞死后，其子——继位者牟尼赞普（Mu ne btsan po）年纪尚幼之时。在过渡期负责行政决策的王室大臣们宣称，赤松德赞的王室葬仪应依苯教传统举行。而当数百位苯教祭司为此目的而来时，年轻的牟尼赞普向众人讲述了他前一天晚上所做的梦，梦中他看到他的父亲与毗卢遮那佛（Vairocana）、金刚手（Vajrapāṇi）和文殊菩萨（Mañjuśrī）在一起。他们都在密严刹土（Akaniṣṭha）念诵经藏及其他佛典。牟尼赞普解释说，此梦是其父葬仪不能依苯教仪轨而应依佛制举行的征兆。由此，宫廷的大臣、苯教祭司和一群佛教僧侣学者便集合起来正式地讨论这件事。为首的大臣最先发言，他简要回顾了藏地王室葬仪的历史，强调这些传统仪轨在过去确保了吐蕃的富庶与繁荣。最后他提出了警告，一旦苯教葬仪因为佛教仪轨而被抛弃，吐蕃的政治权威定会崩溃。而后轮到佛教徒作出回应，他们的发言人是著名僧人——巴果族（Pa gor）的毗卢遮那（Vairocana，即遍照护）。

毗卢遮那首先描述了佛教宇宙论的基本原则，亦即将世间的存在视为受业力支配的无尽轮回，并且力主诸佛刹土是超越生死之苦的清净喜乐之境。接着他回应了苯教见修中固有的具体问题，对此，他首先确立在强大的佛教护法神面前，苯教大神的力量简直是微不足道。继而，他通过强调资助苯教并礼拜其神祇

〔1〕旺堆和丁伯格 2000，页 92-105。

〔2〕同上，页 37-38。

〔3〕凯普斯坦（2000，页 39）依循了石泰安的观点，并指出“tshe”一词和藏文的“寿命”一语毫无关系，而是对汉文“斋”的音译，习语“打斋”即为“举行仪轨超度地狱亡灵”。

〔4〕旺堆和丁伯格 2000，页 35。有关金城公主的研究，见凯普斯坦 2000，页 26-30。

〔5〕同上，页 39。对此故事的深入分析，见凯普斯坦 2000，页 38-50。

的邻邦命运悲惨，展示了苯教葬仪的无效性以及举行该仪轨所必然导致的悲惨结局——换言之，他将这些曾经强大的王国的兴衰史作为苯教仪式具有毁灭性本质的证据。[1] 作为总结，毗卢遮那通过借助如法度般的业力运作，强调了佛教的道德权威性，并突出了善行的果报，亦即获得更好的来世。最终，他的论证成功说服了年轻的牟尼赞普，使他下决心支持佛教，并依佛制举行了其父的葬仪。

针对吐蕃王朝以佛教仪轨取代当时已有的前佛教修法这一事件背后的根本原因，这个故事在一定程度上显示了后期西藏传统的看法。有鉴于此，最合理的理解或许是，该文本的用意在于将引入外来死亡仪轨的行为合法化——不过该文本对于（佛苯）两系仪轨的具体细节都所言甚少。事实上，通篇都没有出现对该文本主题（所谓的付食仪轨）的描述，我们也几乎完全不能从该文本中了解到苯教葬仪的内容，对佛教仪轨的了解也只是一星半点。有趣的是，就后期习俗的语境来看，该文本中简要提到的佛教仪轨元素包括坛城（金刚界，Vajradhātu）的建立、密咒的持诵和经书（例如《般若波罗蜜多经》[*Prajñāpāramitā-sūtra*]）的朗读。文本的结尾部分明确了据称是从牟尼赞普起以至后来所有葬仪都使用的主要文本和坛城，亦即《净治恶趣续》（*Sarvadurgatipariśodhana-tantra, Ngan song thams cad yongs su sbyong rgyud*）[2] 和与毗卢遮那佛有关的普明（Kun rig, Sarvavidyā）坛城。[3] 在后文中，笔者还将再次对这些重要问题加以讨论。

在此，我特别关注的是困扰佛教徒的苯教葬仪（亦即前佛教仪轨）的具体内容。《付食因缘》中的一段略述表明，苯教对动物的无情诛杀可能是其与早期藏传佛教徒的一个主要争论点。[4] 尽管吉弗里·萨缪尔（Geoffrey Samuel）提出，从历史角度来看，相比于倡导佛教传统上的禁止杀生，藏人更想表明“藏传佛教

〔1〕 毗卢遮那所提到的王国包括森波（Zing po）、象雄（Zhang zhung）、吐谷浑（’A zha）、钦塔布（Mchims Dwags po）和努（sNubs）。见旺堆和丁伯格 2000，页 102-103。

〔2〕 见斯科鲁普斯基（Skorupski）1983。

〔3〕 旺堆和丁伯格 2000，页 105。有关毗卢遮那佛在藏土的早期历史，见黎吉生 1998，页 177-181；凯普斯坦 2000，页 60-65。

〔4〕 旺堆和丁伯格 2000，页 101。

比本土的前佛教神祇崇拜更具优越性”，但是早期王室祭司大多在葬仪中使用动物（也可能用人）来献祭[1]，这的确与佛教基本的道德原则背道而驰。[2]藏传佛教徒对牺牲祭供仪轨的否定和自以为是的谴责被保留下来，例如《闻解脱》核心文本中的一段就警告了亡者（以及在世的听众）——如果在世的亲属举行牺牲祭供，可能会导致（死者）堕地狱：

> 当上趣之境相显现时，生者于汝生前遗迹附近为汝回向而诛杀众多有情且作供施，则汝将见不净之境相，且生猛烈之嗔心，藉此因缘，汝将转生地狱。因此，无论（亲属）于汝遗迹处作何事，切勿生嗔心，应修慈心。[3]

正如今枝由郎所注意到的，在佛教攻击本土修法的同时，早期的藏传佛教徒“一方面试图在前佛教宗教的术语中找到符合佛教教义的含义，另一方面又将本土的观念移植到那些与之多少有点关系的佛教观念中。”[4]显然，这些古老的观念从未被全面地打压下去，事实上其中一部分已经完全同化到了佛教世界观内，仅有细微的变动，而这样的世界观很快主导了西藏文化。有关游魂（bla ’khyams pa）、赎（glud）魂仪轨、道示（lam bstam）等仅是西藏佛教化后保留下来并得到发扬的古老观念的几个代表。

到目前为止，此处介绍的特别的古代材料仅能针对有关死后的问题勾勒出一点模糊不清的意象。那些材料所重视的是利用仪轨来护送死者，令其免受某

〔1〕 唐代的汉文记载和某些敦煌文献表明，前佛教时期的藏人可能用人类作过牺牲。见斯内尔格罗夫和黎吉生 1986，页 93；褚俊杰 1989。

〔2〕 塞缪尔 1994，页 704。

〔3〕 本段见于《受生中有直指》（*Srid pa bar do’i ngo sprod*）中，现将 B1a 版本（叶 166.2-4）转引如下：mtho ris kyi snang bar shar ba’i tshe / shul du nye ba gson po rnams kyis gshin po’i don du bsngos nas / sems can mang pos srog bcad de mchod sbyin byas pas / khyod ma dag pa’i snang ba shar te / zhe sdang drag po skyes nas / des mtshams sbyor byas nas dmyal bar skye bar ’gyur bas / shul du las ci byas nas ’dug kyang khyod rang zhe sdang ma skye bar byams pa sgom shig // 相关讨论亦可见芒福德 1989，页 80-92，195 和 197。

〔4〕 今枝由郎 1981，页 84。

些侵害。我们回过头来看敦煌写本 PT 239/I《亡者道示》，其内容显然是以佛教为主导方向，其中以明确的术语描述了死后的状态。[1]此处，死者可能会趋往三恶道（ngan song）：一条导向地狱（na rag），另一条进入饿鬼界（yi dwags），第三条归于畜生道（dud 'gro）。此下三道分别与观自在（Avalokiteśvara）、虚空藏（Gaganagañja）、净治恶趣（Durgatipariśodhana）三位菩萨有关，仪轨要求亡者（tshe 'das pa）借助三者的咒语以避免对应的厄运。第四也是最后一条路通往须弥山（Sumeru）北峰阿罗迦（Ālaka），亦即金刚手所住之处。这是趣往无上幸福圆满天界之道。[2]最终，死者必须努力登上这一上界。因此，这一文本的目的显然是要确保这条上升之路的安全与成功。要达到该目的，需要念亡者的名字（ming nas smos nas 或 ming nas brjod nas），为其描述下界的具体地形，并引导（'dren pa）亡者念诵恰当的咒语等。

鉴于《亡者道示》的首要目的和净治恶趣菩萨咒的突出地位，[3]我们几乎可以确定该文本与《净治恶趣续》中的仪轨部类密切相关。[4]《净治恶趣续》这一重要密续是最早翻译成藏文的梵文佛典之一。[5]我注意到，该续提供了一个以普明本尊崇拜为中心、与毗卢遮那佛有关的独特仪轨祈祷文。[6]文中包含了大量的仪轨导引，涉及忏悔（bshags）、灵牌（byang bu）、火供（sbyin sreg）、“根除地狱”修法（na rak dong sprug）、忿怒尊观修（khro bo'i lha sgom pa）和烧尸仪轨

〔1〕相关的简要讨论见凯普斯坦 2000，页 7-10。

〔2〕bde skyid phun gsum tshogs pa'i lha yul dam par 'gro ba'i lam //

〔3〕净治恶趣菩萨咒如下：nama sarva durgade pariśodani rajaya tathagataya arihadi samyag sambudaya dadyatha oṃ śodani sarvapapaviśodhani śudde viśudde sarva karma avarana viśudde svahā. 此可比较斯科鲁普斯基 1983，页 126（5b.10-13）：sarvadurgatipariśodanarājanāmatathāgatahṛdayaṃ niścārayām āsa / OṂ śodhane śodhane sarvapāpaviśodani śuddhe viśuddhe sarvakarmāvara[n]aviśuddhe SVĀHĀ.（“（金刚萨埵）一说是语，一切有情之恶趣即被遮止，一切通往地狱、畜生及饿鬼之道皆被灭尽，剧烈苦痛得以遣除，有情普生欢喜。”页 7）

〔4〕今枝由郎对敦煌文本《生死因缘》（*Skye shi'i lo rgyus*）九个版本进行的出色研究中已经提出了这一点。见今枝由郎 1981，页 77-78。

〔5〕斯内尔格罗夫 1987，页 183。

〔6〕泽巴仁增（Tsepak Rigzin）1986，页 8；斯科鲁普斯基 1983；图齐 1988，页 197。

(ro sreg)。[1] 在这方面，这些仪轨明显与后来14、15世纪中有仪轨中发展得更完善的修法有某些相似。事实上，在《闻解脱》等藏传佛教仪轨系统化之前数世纪的藏人仪轨生活中，《净治恶趣续》所包含的死亡仪轨可能发挥了与之相近的功能。敦煌写本《亡者道示》可能是体系更庞大的《闻解脱》的早期简化原型。

后期的《闻解脱》仪轨附属文本显示，《净治恶趣续》的祭供仪轨与净治修习广泛流行于西藏的葬仪中。我们发现在《闻解脱》的核心文本《受生中有直指》(*Srid pa bar do'i ngo sprod*) 中有提到各种为亡者所举行的仪轨，其中包括动物的祭供和净罪。[2] 这一点值得注意，因为藏土死亡修法的某些组成部分在此(《净治恶趣续》)中已经体现出来，它们肯定是与《闻解脱》并存，而且很有可能早于后者。

> 复次，(修法者)虽为汝度亡而念诵《冈嘎尼》及《净治恶趣》等，然而彼等并不清净，心思散乱，誓句与律仪不净，且有放逸之行，以汝之微细神通可见(此等情景)。汝知彼等并无敬信，起诸邪见，由于畏惧害怕而造恶业，且作不净之法行与仪轨。汝思量道："呜呼！彼等皆欺吾！吾定已为其所骗！"由此，汝极为懊丧不悦，于净相不生信解，且生邪见与不敬，以此之故，汝定入恶趣。[3]

我们可以看到，此中明确提到了两个仪轨的名字，即所谓的亡者的"冈嘎

〔1〕细节请查阅斯科鲁普斯基1983，页81-97以及319-323。

〔2〕B1a，叶166.2-169.5。

〔3〕B1a，叶167.5-168.5：yang khyod kyi don du gshin po'i cho ga kang ka ni 'don pa dang / ngan song sbyong ba la sogs pa [168] khyod kyi don du byas kyang / de ma dag pa dang / g.yeng ba la sogs pa byas pa dang / dam tshig dang sdom pa mi gtsang ba dang / bag med pa'i spyod pa de khyod kyi mngon shes phya mos mthong nas 'ong gi / de la khyod ma dad pa dang / log lta skyes pa dang / 'jigs shing skrag nas las nag po la sogs pa dang / chos spyod dang cho ga ma dag pa rnams kyang shes nas 'ong gi / der khyod kyi bsam pa / kye ma 'di rnams kyis bdag bslus so / nges par bslus so snyam nas shin tu yi mug ste / mi dga' ba chen po dang bcas te / dag snang mos gus ma skyes kyi steng du / log lta dang ma dad pa skyes nas 'ong bas / des mtshams sbyor byas nas nges par ngan song du 'gro bas //

尼”（kangkani）仪轨和“净治恶趣”仪轨。尽管伊文思·温慈（Evans Wentz，1878—1965）认为“冈嘎尼”仪轨是通过念诵咒语而将牲祭食物转化为亡者能接受的供品，我目前仍然未能准确断定该仪轨所指为何者。[1] 与之相似，罗伯特·瑟曼（Robert Thurman, 1941— ）将 kangkani 译为“驱魔施食仪轨”。[2] 藏文 kang ka 是指一种鸟，鹤或者苍鹰，黑首白背，以食尸为生（别名有 kang bya 和 dur bya）。因此，作为一种仪轨，kangkani 可能指的是西藏常见的天葬或投饲秃鹫（按字面即“投 [喂] 鸟” [bya gtor]）。[3] 但是，根据马修·凯普斯坦（Matthew Kapstein）的说法，kangkani 一词更可能是指不动佛（Akṣobhya）的陀罗尼（dhāraṇi），葬仪中经常会祈请该本尊。[4] 上述引文中提到的第二个仪轨显然是指与《净治恶趣续》有关的修法，这一点支撑了我的主张，亦即与该密续有关的古老仪轨保留了下来，并在《闻解脱》等文本代表的更新、更有竞争力的仪轨发展中得以延续。

上引段落的一个显著特征是，它明确地批评了那些以不当的方式和恶劣的态度修习仪轨的人。这是否意味着其中可能也暗示出针对古老仪轨相比于《闻解脱》教授本身的有效性提出了某些质疑？在《净治恶趣续》等早期仪轨中，相比于对亡者灵魂的净治，祈祷文和仪轨更强调净治亡者——尤其是其遗体。我们看到，在敦煌写本 PT 239/I《亡者道示》中，随着仪轨的目标更倾向于将亡者安全度往上界，其着重点也稍微偏离了（亡者的）身体。后来，在所谓的中有仪轨（例如《寂忿百尊》和《闻解脱》文本所包含的仪轨）中，仍能见到有关死后所趋诸道的理念，但是其中更多的是强调亡者的神识，尤其是强调通过中有漫长的净治过程来导引神识，并最终令其融入新的一生。在西藏，有关死亡与受生之间漫长过渡阶段的观念有着复杂的历史，因此，这一观念尚待进一步的讨论，我们将在下一章中对其加以考察。

---

〔1〕伊文思·温慈（Evans-Wentz）和达瓦桑珠（Dawa Samdup）[1927] 2000，页 171 注 1。

〔2〕瑟曼（Thurman）1994，页 178。

〔3〕有关西藏“天葬”的总体历史及其可能的波斯起源，见马丁 1996b。

〔4〕不动佛的陀罗尼通常是在吃肉之前念诵，以赎杀生之罪。我要感谢马修·凯普斯坦对此问题所作的解释（电子邮件答复，2002 年 11 月 21 日）。

过渡：佛教的“中有”

尽管我们可以引用相关证据来说明，敦煌的古藏文文献在有关死亡和来世的主题上普遍存在着佛教化倾向，但我们对于吐蕃时期（7至9世纪中期）佛教中有教法的地位知之甚少。不过我们确已知道，在11世纪前几十年的某个时候，这一理念作为一种独特的教法出现在某些密教群体中。当印度佛教的中有学说从印度传到西藏的宗教舞台上时，它似乎就已经被重组并包装为一个独特的密教理念，而且首先是被佛教涌入时得以保留的西藏本土社会宗教模式吸收，之后才作为一种彻头彻尾的藏化理念呈现出来。

我们也许能猜想到，西藏最早有关死后过渡状态（或中有）的理念是由一个基于印度佛教模式的非本土原型发展而来，对这一模式的阐释见于阿毗达磨（Abhidharma）文献（特别是那些属于说一切有部 [Sarvāstivāda] 者）。该模式严格依循世亲（Vasubandhu，400—480）的主张，承许有情生命轮回中有四个阶段：（1）出生（生有，upapattibhava），（2）由生到死的中间阶段（本有，pūrvakālabhava），（3）死亡本身（死有，maraṇabhava），和（4）死亡与受生中间的阶段（中有，antarābhava）。[1]随着时间的推移，传统的阿毗达磨观点与特定的密教策略融合，使对该框架的诠释发生了改变。这一融合在理论与实践上都引发了进一步的革新。

本章中，我将回顾提出中有学说的一些主要的印度佛教文本，并从历史的角度观察该学说在西藏发生更大转变的历程，及其相较于早期印度观念的差异点。最后，针对西藏围绕中有学说建立的一套条理井然的仪轨系统，我将考察对其形成产生深远影响的主要材料。这一名为“中有仪轨”（bar do cho ga）的系统以15世纪的《中有大闻解脱》为其最佳典型，该法门归属于噶玛林巴的大型伏藏法《寂忿密意自解脱》。

---

〔1〕第四个中有——亦即印度佛教中的中有本身后来在藏土被直接表述为“受生中有”（srid pa'i bar ma do）。

印度观念

在一个较早的研究中，我试图确立佛教中有理论与吠陀及后婆罗门（post-Brahmaṇic）父系祖界（pitṛloka）在主题上的联系。[1]我希望能就佛教话语里中有观念的起源提出一些问题。其中，关于早期佛教在讨论死后中有时对吠陀乾闼婆（gandharva）概念的借用，我对可能导致这一情况发生的具体因素尤为感兴趣。此处我不想重复我之前的论点，因为我的结论很大程度是基于主观的印象。但是，我提出的主要问题仍有待该领域的专家们研究——尽管一些答案很快会出现。在这一点上，尤其值得一提的是罗伯特·克利策（Robert Kritzer）最近的一部著作。克利策利用梵、汉、日三类语言的原始文献（大部分没有西文翻译）撰写了一系列简明而论据充分的文章，为中有学说的文本历史提供了重要的基础材料。[2]针对这一主题，下文对相关印度佛教文献的总结基本上都是基于克利策以及他之前几位学者的成果。

印度早期佛教宗派对中有（字面意思即中间阶段 [antarā] 的存在 [bhava]）的地位产生过大量的争论。并非所有宗派都接受这一学说，尤其是上座部（Theravāda）。[3]正如目犍连子帝须（Moggaliputta Tissa、公元前 2 世纪）的《论事》（*Kathāvatthu*）中的论述，[4]问题似乎集中于对经文“趣往中有”（antarābhavūpagaṃ）这一表达的不同阐释。[5]一种观点认为，该短语支撑了受生之前存在一周或一周多时间中间阶段的说法。与之对立的观点则基于佛陀从未明确开示过这样的中间阶段的事实。反对者（亦即上座部论师）引用佛陀的说

〔1〕 奎瓦斯（Cuevas）1996。

〔2〕 克利策（Kritzer）1993，1997，1998a，1998b，1999a，1999b；另见迪茨（Dietz）1994 和布雷泽（Blezer）1997，页 6-13。

〔3〕 不承许“中有”的学派通常包括“上座部”“分别说部”（Vibhajyavāda）、“大众部”（Mahāsāṇghika）和“化地部”（Mahīśāsaka）。部分承许该学说的学派包括“说一切有部”“正量部”（Saṃmitīya）、“东山住部”（Pūrvaśaila）和“譬喻师”（Dārṣṭāntika）。见巴罗（Bareau）1955，页 283，291；韦曼（Wayman）1974，页 227。

〔4〕 僧护（Sangharakshita）1985，页 81-83；平川彰 1990，页 90-91，109-110。

〔5〕 苏仁翁（Shwe Zan Aung）和戴维斯（Davids）[1915] 1979，页 212-213；布雷泽 1997（附录 2，著作版本），页 19-20。

法，指出只有三界——欲界（kāma dhātu）、色界（rūpa dhātu）、无色界（arūpa dhātu），由此认为一个中间界域并不包含在这三类中，故而不存在。让问题变得更为复杂的是，说一切有部和经量部（Sautrāntika）等支持中有学说的部派，对于如何最恰当地理解这一术语往往意见不一。为此，世亲在其宏著《阿毗达磨俱舍论》(*Abhidharmakośa-bhāṣya*）中纳入了中有学说，并汇集了所有支持其存在的论点。《俱舍论》中所表达的观点本质上代表了根本说一切有部（Mūlasarvāstivāda）的立场，在后来的几个世纪中，成为了佛教初入西藏时藏人接受的关于死后过渡阶段的标准阐述。[1]

在世亲《阿毗达磨俱舍论》的第三品《分别世间品》(*Lokanirdeśa*）中包含了许多描述中有的术语，旨在证明其真实性。需要注意的是，在该语境中，“中有”一词既可指死后的过渡状态，也可指处于此状态中的微细实体。在相关章节中，世亲试图通过学理论证确立这种阈限性个体的存在及其根本特征，其表述可被归摄为五个基本点。[2]第一，经历中有者被定义为“在死亡与受生之间出现，为了获得受生而处于二者之间的个体。”[3]第二，中有必须存在，因为（1）相关经教中提到过这个名相；（2）它是一个乾闼婆；[4]（3）它被视为五种阿那含（anāgāmin，意为“不还”）之一，即离开此世间后，转生净土，并最终于其中得证佛果的个体；[5]（4）它在《善人往经》(*Saptasatpuruṣagati-sūtra*，汉译即《中阿含·七法品》）中得到确证。[6]第三，中有个体的相状与其将要受生的界域中的个体相似。第四，中有个体能为其同类及具清净天眼者所见。[7]此外，中有个体诸根圆具，无法抗拒也无法回避。因为中有个体以香为食，故

---

〔1〕图齐 1988，页 111；斯内尔格罗夫 1987，页 431。

〔2〕对世亲观点的详细研究，见瓦莱·普森（La Vallée Poussin）1988 和迪茨 1994。

〔3〕迪茨 1994，页 157；另见瓦莱·普森 1988，页 383。

〔4〕对于中有语境下的这类个体的研究，见韦杰塞克若（Wijesekera）1945；奎瓦斯 1996。针对非佛教传统中与中有平行的观念，有一颇富信息量的讨论，见克利策 1999a。

〔5〕在五种阿那含中，此处提到的是“中般涅槃者”（antarāparinirvāyin），亦即在中有阶段证得涅槃者。

〔6〕迪茨 1994，页 158；瓦莱·普森 1988，页 386。

〔7〕迪茨 1994，页 159；瓦莱·普森 1988，页 392。

名“乾闼婆”，字面意思即“食（arvati）香（gandham）者”。[1]反过来，乾闼婆是从本有（pūrvakālabhava）而来的中有个体到达其新的所趣（gati）的通路（sagamana）。[2]由此引出第五点：当神识（mati）见到其来生父母交媾，被强烈的恋母情结所影响时，它将被推入新一期的存在，受生即由此发生。[3]乾闼婆进入子宫后，若被来生的母亲所吸引而拒斥父亲，则将转为男胎，反之则成女胎。贪与嗔的纷乱念头导致该神识在子宫内与父精母血融为一体。此时，五蕴聚合，中有个体消失，胚胎萌生。[4]

在印度，世亲《阿毗达磨俱舍论》中的描述实际上并不是对中有最早的——甚至并不是最详细的教义阐释。[5]符合这两点的是鸿篇巨著《大毗婆沙论》(*Mahāvibhāṣā*)，[6]亦即公元2世纪针对说一切有部《发智论》(*Jñānaprasthāna-śāstra*) 所作的阿毗达磨注疏。[7]《大毗婆沙论》仅存汉译，对于其中有关中有的章节尚未有西文研究对其进行仔细的考察。在《大毗婆沙论》中，我们发现了针对中有的详尽描述，这些描述与世亲的解释有着惊人的相似。[8]该文本通过援引各种经文段落作证，为中有的存在提供了若干详尽的依据。其中讨论的许多主题已见于世亲本人的论述，包括结胎的三个必要条件（亦即母亲必须健康，父母必须交媾，必须有一个乾闼婆在场），五种阿那含和在中有阶段证得涅槃的个体（antarāparinirvāyin），受生的机制，以及阈限性个体的特征。[9]《大毗婆沙论》和《俱舍论》的论点也有明显分歧。克利策认为，对这些差异的研究将

[1] 瓦莱·普森 1988，页 393。

[2] 奎瓦斯 1996，页 283-284。

[3] 克利策 1999b。

[4] 对胚胎发育各阶段的研究，见诺布 1987，克利策 1998b。

[5] 克利策 1997，页 90-91。

[6] 见僧护 1985，页 91-92。

[7] 公元 383 年僧伽提婆（Saṅghadeva）与竺佛念（Buddhasmṛti）将其译成汉文。参僧护 1985，页 91；中村元 1987，页 105 注 19。克利策 1999a 指出，《毗婆沙论》对中有的阐释可能是依据《瑜伽师地论》(*Yogācārabhūmi*) 中对中有的详细描述，世亲的阐释也是如此。

[8] 参克利策 1997，页 15-28（87-74）。

[9] 克利策 1999b。

有助于学者“理解伟大哲学家世亲在多大程度上偏离了说一切有部。”[1]我们至少总结出，说一切有部及其相关派别，包括经量部和大乘瑜伽行，都安立并坚定地支持死后中有阶段的存在，而这一基本理念最晚在5世纪时就已正式确立。

在印度，关于中有的解说可见于一些经典，值得注意的是《入胎经》（*Garbhāvakrāntinirdeśa-sūtra*）[2]和《正法念处经》（*Saddharmasmṛtyupasthāna-sūtra*）[3]。两部经似乎都在演变过程中的某一点上受到阿毗达磨阐释的影响。[4]《入胎经》现存四个版本，其中最早的显然是汉译本。[5]这一汉译本并未包含许多见于《根本说一切有部毗奈耶》（*Mūlasarvāstivāda-vinaya*）中所录较晚版本的细节。这些遗漏的元素通常在阿毗达磨文本中有解释，这说明《入胎经》在其后来的发展中可能受到了阿毗达磨传统的影响。[6]简而言之，《根本说一切有部毗奈耶》中的（《入胎经》）版本详细描述了中有个体的演变进程，从死亡的最后一刻开始，到在下一世母亲的子宫中结胎，直至此后每一周内胚胎的发育。《入胎经》在以下几个层面上具有独特性。首先，《瑜伽师地论》（*Yogācārabhūmi*）对死后过渡阶段的详尽描述似乎是以该文本为本源。[7]其次，在西藏，该文本是有关人类生殖与发育科学的藏医文献最重要的经典来源之一。[8]第三，它为后来西藏对死亡、过渡以及受生的表述提供了一个标准范本。特别的是，我们发现那些最

〔1〕 克利策 1999b，页 13（89）。

〔2〕 藏文标题为 *'Phags pa tshe dang ldan pa dga' bo la mngal du 'jug pa bstan pa zhes bya ba theg pa chen po'i mdo*。《入胎经》，全名《难陀入胎经》（*Āyuṣmannandagarbhāvakrāntinirdeśa-sūtra*）。

〔3〕 该经汉译完成于542—543年，藏译则完成于11或12世纪。见林藜光 1949；中村元 1987，页175。传统上与《正法念处经》有关的译师包括：寂藏护（Śāntākaragupta）、无畏藏护（Abhayākaragupta）、释迦护（Śākyarakṣita）、明藏寂（Vidyākaraśānti）、本初月（Aḍitacandra）、善现月（Subhūticandra）以及西藏的巴察·崔臣坚赞（Pa tshab Tshul khrims rgyal mtshan，译言戒律幢）。

〔4〕 基于阿毗达磨立场对《入胎经》所作的研究，见克利策 1998a，页 12。

〔5〕 克利策 1998a，页 4-7（12-9）。

〔6〕 克利策 1998a，页 4（12）；克利策 1999b，页 4。

〔7〕 克利策 1999b，页 4。

〔8〕 诺布 1987。

倚仗印度经典依据的宗派的藏文文献中，常常引用此经。[1]

《正法念处经》这一对佛教宇宙观的描述深具影响的文献中，详细讨论了多达 17 种的中有境界。[2]该阐释的一些特征与阿毗达磨的诠释相符，且与我们在后来的藏文文献中遇到的密教描述相似。为了便于说明，我们可以看看该经汉译本的以下段落。

> 若人中死，还生人中……于临终时，见如是相：见大石山犹如影相在其身上。尔时其人作如是念："此山或当堕我身上"，是故动手欲遮此山。兄弟亲里见之，谓为触于虚空。既见此已，又见此山犹如白氎。即升此氎，乃见赤氎。次第临终，复见光明，以少习故，临终迷乱。见一切色如梦所见，以心迷故。见其父母爱欲和合，见之生念而起颠倒（viparyāsa）。若男子生，自见其身与母交会，谓父妨碍；若女人生，自见其身与父交会，谓母妨碍。当于尔时中阴则坏，生阴识起，次第缘生。如印所印，印坏文成。[3]（《正法念处经》卷 34《观天品 6》，《大正藏》第 17 册，no. 721，页 200）

文中对崩塌石山、白色、红色和光明的提及都具有密意，使人想起西藏密教对死亡过程以及并发的诸识消融过程的标准描述。例如，在经历地、水、火、风四大消融时所感知的怖畏四敌（'jigs pa'i dgra bzhi）中，石山坠落的境相通常出现在第一个阶段。[4]白色和红色描述的是诸识的微细层面消融时的觉受。白色指的是"八十自性分别"(rang bzhin brgyad cu'i kun rtog）隐没后所见的"白显现"（snang ba dkar）；红色代表在之前的"白显现道心"（snang ba dkar lam pa'i sems）

---

〔1〕 例见宗喀巴（Tsong kha pa，1357—1419）于其《具三信念》（ZBNA）中对中有的讨论；英译见穆林（Mullin）1996，页 184-198。同时值得一提的是《基位三身安立・极明灯》中极为清晰的传统格鲁派阐释；英译见拉谛仁波切（Lati Rinpoche）和霍普金斯（Hopkins）1979。

〔2〕 林藜光 1949，页 52-53；布雷泽 1997，页 11。该经亦包含了阈限性个体死亡情形的细节及其在中有阶段的心识状态等等。

〔3〕 英译见亚瑟・韦利（Arthur Waley）文章，收孔兹（Conze）1954，页 283。

〔4〕 BRDS，卷 8，叶 663；英译见埃里克・贝玛・根桑（Erik Pema Kunsang）1987，页 69。

隐没后现起的“红增上”（mched pa dmar）。[1] 光明显然指的死光明（’chi ba’i ’od gsal），亦即“法性”的最根本的层面。

佛教关于中有的密教模式与传统的显教理念相融合，由此引发了许多创新。依照《大毗婆沙论》等著作首先确立的标准模式，阿毗达磨对（中有）过渡状态的描述在5世纪时定型。在7、8世纪密教开始席卷北印度之前，对该框架的后续改变和修正并没有大规模流行。这一阶段及之后的佛教密乘成就者崇拜体系借鉴、重新诠释并润饰了早期的中有学说，旨在实现特定的形而上和解脱性的目标，而在一定程度上将这些目标定义并编纂成典的便是那些深密而极富争议性的密续经典。从11世纪开始，这些密教成就者传统通过多样而复杂的渠道被引入西藏。

对于成就者传统在西藏的引介及确立，史料的缺乏极大地阻碍了学者们解决与之相关的许多问题。尽管有大量信息丰富的著名印藏密教上师传记，但就西藏的成就者运动而言，目前尚未见到有全面而深入的历史记载。[2] 这一事实使我们难以在文献记载完善的情况下探察西藏密教中有观的发展。不过，我们可以仔细审视并重新评估现有的藏文文献（其中大多属于传记类），并开始追溯中有在观念上的多样发展和传播模式。就此而言，按年代顺序来着重考察中有观念的分类框架，同时留意与之直接相关的细节，将会在该观念于西藏的演进方面给我们一些提示。本章的剩余部分将特别着重于有关中有的密教学说在藏土的发展。

西藏密教的发展与成就者（传统）的传播

在密教对中有的重新诠释中，最引人注目的发展之一是对该术语含义的拓展，该扩展涵容了多种多样的中有。有关四“有”（bhava）的教义，以及更早的阿毗达磨中有学说与佛三身（trikāya，sku gsum，亦即法身 [dharmakāya，chos

---

〔1〕 这些次第的详细描述见拉谛仁波切和霍普金斯 1979；嘉措（Gyatso）1982；高索（Cozort）1986。

〔2〕 关于印度本土的成就者传统，见达斯笈多（Dasgupta）1976；桑德森（Sanderson）1985，1988；怀特（White）1996。对该传统于藏土的发展，见道曼（Dowman）1985；斯内尔格罗夫 1987，页 117-303；塞缪尔 1993，页 406-435。

sku]、报身 [saṃbhogakāya，longs sku]、化身 [nirmāṇakāya，sprul sku]）教义的融合，似乎已为中有语义边界的拓宽做了铺垫。佛陀三身三位一体的安立与中有观念相结合，继而被移植到后来被藏人归为“无上瑜伽续”（anuttarayogatantra）的两重复杂的瑜伽系统中，这两重相续的瑜伽即说为生起次第（utpannakrama，bskyed rim）与圆满次第（saṃpannakrama，rdzogs rim）。早在 11 世纪，这一密教修习体系的不同教法传承（parampara，brgyud）就被引入了西藏。

简而言之，依据藏土对无上瑜伽修法的标准诠释，生起次第包含了一系列禅修技巧，旨在转化行者对凡庸之色、声、分别念的觉知，令行者在了知这些都是本尊、密咒和本智（ye shes）之化现方面的能力得到强化。在此阶段，行者渐次生起一个坛城，并观想自身与主尊无二无别。据称，这一自成本尊的观想过程与“转三身为道用”（sku gsum lam ’khyer）的修法功能相似。此处，“道”指的是生起次第的观修本身，而“三身”则在概念上不同程度地与死亡（’chi ba）、中有（bar do）和受生（srid pa）的三重框架关联，具体取决于所采用的特定（修习）系统。[1] 另一方面，密教修习的圆满次第乃由一系列高阶瑜伽技巧组成，通过深度调练身、心能量（亦即微细身 [phra ba’i lus] 的脉 [rtsa] 内运行的气 [rlung] 和明点 [thig-le]），从而将心识转化至非凡境界，在许多情形下，这一境界被说为与死亡的觉受相同。（圆满次第的）总体意图是通过引发四喜（dga’ ba bzhi）来次第圆成对本智（ye shes）的现证。正是在此阶段，三身真正与道和合（bsres ba），成功的行者由此可以超越凡庸的死亡、中有和受生，证得三身无分别的佛果。中有在西藏的发展史，本质上就是这二次第密教修习框架中的观念演变史。由于依循各个特定瑜伽士教法的要门传承数量激增，随之而来的便是对中有观的种种独特重塑，这种情况似乎至少从 11 世纪（甚或更早）就开始出现了。

西藏密教对中有的诠释和描述大部分见于一类体裁名为“教诫”（gdams

〔1〕 这一三重框架并非新创。说一切有部及相关学派（包括经量部和大乘瑜伽行部）将中有安立为三重动态架构：死亡（maraṇa）、中有（antarābhava）与受生（upapattibhava）。正如我将在下文展示的，某些群体重新诠释了这一三重安立，以指涉（狭义的中有外）两种独立类型的中有，亦即将死亡说为临终中有（’chi kha’i bar do），将受生说为受生中有（srid pa’i bar do）。

ngag）的文献。[1]这一类文献由涉及多种瑜伽和禅修技巧的教法组成，据称这些技巧乃从证量高深的密教行者亲身经验中流出。大大小小的西藏（密教）传统都拥有这类文献。[2]正如马修·凯普斯坦所指出的，教诫的类别“总体上与各个传承的差异相应，同时又横跨宗派之间的差异，由此形成了各藏传佛教传统一系列重要分野的基础”。[3]在此语境下，传承和宗派的突出地位不应被夸大。在西藏（亦如先前在印度），密教教诫大多是以师徒之间口耳相传的方式进行授受。随着时间的推移，这些独立的教法传承逐渐明确，并被纳入与特定宗派和密教文本群相关的不同修行体系。11 世纪佛教复兴于藏土时，这些传承或宗教“派别”中的绝大多数开始涌现，此时正值所谓的“后弘期”（bstan pa phyi dar）之初。[4]在此前后，那些坚守前弘期（bstan pa snga dar）所确立的密教经典传统（或者至少是那些声称起源于前弘期的传统）的群体，便被称为“旧派”或宁玛派（rnying ma pa），从而与“新派”或称萨玛派（gsar ma pa）形成对比，后者依循的则是源于新译直接从印度引进的梵本且更为晚近的经典传统。

到 13 世纪时，遍弘于藏土的诸多教诫传统被归摄入一个八支框架。[5]此处不拟讨论所有八个部类，因为其中只有两个与此处相关，这两类分别为宁玛派的教授以及新译密咒中噶举派的教授。前者的一系列教授主要来自莲花生（Padmasambhava）和无垢友（Vimalamitra）。而属于噶举派各传承的教授本质上来源于印度的成就者帝洛巴（Tilopa，988—1069）、那若巴（Nāropa，1016—1100）和慈护（Maitrīpa）的教法，这些教授又传至一些著名的西藏上师，如玛尔巴·曲吉罗珠（Mar pa Chos kyi blo gros, 1012—1097）和琼波朗觉（Khyung po rnal ’byor, 卒于 1135 年）。针对掌控并净治凡庸死亡经验和后续中有过渡阶段的密教方便，许多噶举和宁玛传统的教诫文献都提供了细节和疏释。因此，这些教法传承的文

〔1〕 这一体裁因 19 世纪蒋贡·工珠罗珠塔耶（’Jam mgon Kong sprul Blo gros mtha’ yas）的大型文献集《教诫藏》（*Gdams ngag mdzod*，略作 DMDZ）而广为人知。

〔2〕 对不同传统的简要总结，见凯普斯坦 1996。

〔3〕 凯普斯坦 1996，页 276。

〔4〕 对西藏宗教史上这一时期的研究，见 GJGT，叶 169-173；GKCB，尤其是页 939-996；敦珠（Dudjom）1991，页 524-527。

〔5〕 凯普斯坦 1996，页 276-277。

本为重构中有（学说）在藏土的发展史提供了关键性的材料。在本节中，我将考察 11 至 13 世纪噶举派教诫传统中最特别且最具影响力的一些表述，从而探索藏土中有学说的早期发展情况。本章结尾部分将考察宁玛派的教诫传统。

我之前曾提到那些属于特定密教上师的教法传承在数量上的激增。尽管确实有很多早期传承弘传各具特色的中有教法，但西方学术研究尚未对它们进行明确的辨识或界定。所幸藏文材料的情况与此不同，就我所知，最早明确提到藏土所弘各种中有传承的是 13 世纪扬贡巴（Yang dgon pa，别名拉东巴 Lha gdong pa，1213—1287[1]）的著作，该师是竹巴噶举上竹巴（stod ’brug）支派的传人之一。在其所著《救度中有险峡史·答长寿母问》（*Bar do ’phrang sgrol gyi lo rgyus tshe rings ma’i zhus len*，此乃米拉日巴其中一部著名《道歌》（[*rNam mgur*] 的释论）中，扬贡巴宣称他知道至少有十五种不同的中有教诫传统，[2]并明确给出了其中八个教法传承的名字，这些名字大部分很容易识别，依年代顺序可将之粗略重排如下：

1. 娘氏王者・热巴巾（mNga’ bdag Nyang ral pa can，即娘热・尼玛沃色）之中有关要教授[3]

2. “六法” 之三种不同中有传规[4]

3. 温协坚班智达（Paṇḍita mNgon shes can，译言具通班智达）之父传教授[5]

4. 尊姆坚（bTsun mo can，译言具妃）之中有教授[6]

5. 觉姆拉杰玛（Jo mo lHa rje ma，译言医女，亦即玛吉夏玛（[Ma gcig zha ma]）之传统[7]

a. 耳传中有

b. 空行中有

〔1〕 译按：据 TBRC 给出的信息，扬贡巴卒于 1258 年。

〔2〕 YGLG，卷 2，叶 548。

〔3〕 mNga’ bdag nyang ral pa can gyi bar do gnad kyi gdam ngag.

〔4〕 Chos drug gi bar du[o] lugs mi ’dra ba gsum.

〔5〕 Pha brgyud kyi gdam ngag paṇḍita mngon shes can.

〔6〕 bTsun mo can gyi bar do’i gdam ngag.

〔7〕 Jo mo lha rje ma: (a) bar do snyan rgyud, (b) bar do mkha’ spyod, (c) bar do mngon sum ma.

c. 现量中有

6. 香波・类乌齐（Shangs po Ri bo che）之中有教授[1]

7. 祥仁波切（Zhang Rin po che）之中有直授[2]

8. 雅师・邬玛巴（dByar ston dBu ma pa）之中有除病甘露乘[3]

扬贡巴所列名目应是藏土中有传统最早的分类之一，因此我将以此框架作为范例，并相应地组织我的讨论。除了第一类，其余所有教法传承都与11世纪佛教复兴时期涌现的所谓新译密咒传统有关。就对中有的思索与创新而言，尽管某些例外可以一提，[4]但最重要的新兴宗派无疑是噶举派。因此，在接下来的部分我将主要集中讨论噶举的中有传承。

关于西藏历史上的中有，我们不难将对其最有影响力的成就者教法上溯至印度的大成就者（Mahāsiddhā）帝洛巴（Tilopa）和那若巴（Nāropa）（对应上列名目中的第二类传承）。后者编排了一个多元的瑜伽教授体系，以"那若六法"（Nā ro chos drug）之名广闻于藏土。那若巴从其上师帝洛巴处所得一系列密教教授为此六法提供了根本的依据。根据帝洛巴的传记，他曾从多位上师处获得中有传承，亦即拉瓦巴（Lavapa，即 Kambala）、游戏金刚（Lalitavajra）和苏婆吉尼（Subhaginī）。[5]苏婆吉尼是一位瑜伽女，可被同定为善慧普贤女（Sumati Samantabhadrī），以及帝洛巴《六法口诀》（*Ṣaḍdharmopadeśa*）中提及的苏卡悉地（Sukhasiddhī）。据说她与那若巴的明妃尼古玛（Niguma）是同时代人。[6]每

---

〔1〕 Shangs po ri bo che pa'i bar do'i gdam ngag.

〔2〕 Zhang rin po che'i bar do'i dmar khrid.

〔3〕 dByar ston dbu ma pa'i bar do nad sel bdud rtsi thegs pa.

〔4〕 例如觉姆拉杰玛的道果（lam 'bras）传统。

〔5〕 托里切利（Torricelli）和阿阇梨桑杰纳迦（Āchārya Sangye T. Naga）1995，页69注32；道曼1985，页179-185。根据多杰泽沃（rDo rje mdzes 'od）的说法，帝洛巴并未从拉瓦巴处直接得到中有教授，而是从其弟子游戏金刚（Rol pa'i rdo rje）处获得。见堪布贡秋坚赞（Khenpo Könchog Gyaltsen）1990，页44。该观点与道曼将拉瓦巴的年代断为9世纪中后期的说法更为一致。

〔6〕 托里切利和阿阇梨桑杰纳迦1995，页69注30。在这些传记材料中见到的女性上师（尤其是与中有传承相关者）数量之大，令人惊讶。这一较早的时期内女性成就者的影响值得进一步留意。关于女性在密教中扮演的宗教角色，见克莱因（Klein）1985，1995；肖（Shaw）1994；坎贝尔（Campbell）1996；嘉措1998，页243-264。

位上师都向帝洛巴传授了取自特定密续的教法。苏婆吉尼传授的中有教授出自母续。[1]拉瓦巴和游戏金刚的教法来自《喜金刚本续》(*Hevajra-tantra*)。可以说，帝洛巴对该传统的特殊贡献在于他成功地融汇了这些不同的教法，并将它们编排成一个连贯的体系。后来，他以该形式将这些教法传给了弟子那若巴。这个传承为那若巴著名的六法系统提供了根本的依据。

帝洛巴简短的《六法口诀》收录于一些《丹珠尔》(*bsTan 'gyur*) 的校订本，[2]由该文本可以得知他对中有的特殊理解。我们在其中见到一处与生起次第密修有关的中有的简要解说：

瑜伽行者于死时，诸根大种皆内摄，日月风息摄心间，生起种种瑜伽定。

心识趋于外境时，种种显现如梦境。七七四十九日间，一一明现诸死相，

而后行者得受生，尔时修本尊瑜伽，或安住于真如中，此后面临受生时，

---

〔1〕 特别是《吉祥空行海大瑜伽母续》(*Śrī-Ḍākārṇavamahāyoginī-tantra*)，藏译标题为《胜乐空行海续》(*bDe mchog mkha'i 'gro rgya mtsho'i rgyud*)。见罗列赫 (Roerich) 1949，页 388，390 及 497。

〔2〕 *Chos drug gi man ngag zhes bya ba*，收 TOH no. 2330。其跋尾标明那若巴和玛尔巴・曲吉罗珠译于迦湿弥罗。紧随《六法口诀》(*Ṣaḍdharmopadeśa*) 匿名文本 (TOH, no. 2332，亦见于 DMDZ，卷 5，叶 68-89) 题为《正教之量・空行母口诀》(*Ājñāsamyakpramāṇa-nāma-ḍākinyupadeśa*)，藏译本标题为 *bKa' yang dag pa'i tshad ma zhes bya ba mkha' 'gro ma'i man ngag*，传统上认为它是帝洛巴的作品。但托里切利和阿阇梨桑杰纳迦 1995，页 69 注 31 指出，该文本 (至少是收于 DMDZ 中的版本) "可以归为那若巴的著作"，或 "属于与该大成就者关系非常密切的传统"。基于对该文本两个版本的主题的比较检视，我倾向于认同这一结论。在 DMDZ 版本中，我们发现有提到三个独立的中有位：(1) 生死中有 (skye shi bar do)，(2) 梦幻中有 (rmi lam bar do) 和 (3) 临终中有 ('chi ka dus kyi bar do)。这三个状态 (原本被描述为相关的修法技巧，而非独立的状态) 分别与体认死光明、净治梦境、遮止受生三个瑜伽相关联，而每个瑜伽又各与三身 (tri-kāya) 中之一身的现证相对应。该框架不仅很好地扣合了四有教义的内容，也扣合了那若巴对中有的三重划分。TOH, no. 2331 中完全缺失描述这一系统的段落 (包括标明那若巴与玛尔巴为译者的跋尾)。我认为，这个更为详细的讨论可能是对前面偈颂 (明显是帝洛巴本人所写) 的诠释，其中分析了遮止受生 (srid pa khegs pa) 的方法，该诠释的 "作者" 可能是那若巴 (甚至可能是玛尔巴)。亨克・布雷泽针对该文本为我指向了 DMDZ 版，且帮助我在其作者的问题上改进了自己的想法，在此表示感谢。

藉于本尊瑜伽力，万有皆观为本尊，中有由此得遮止。此为苏卡悉地教。[1]

针对那些想要遮止如梦境般中有的行者，此中建议修习本尊瑜伽（lha yi rnal 'byor）。正如下文所示，在中有和梦之间建立联系，产生了具有决定性的深远影响。此外，在帝洛巴的偈颂中，“遮止中有”（bar do khegs par 'gyur）一语与后续几代弟子（始于米拉日巴和冈波巴 [sGam po pa]）所阐释的“遮胎门”（mnal sgo 'gag pa）观念相近。遮胎门对于阻止中有个体受生至关重要。这个需要借助各种密教瑜伽来成办的不共方便，似乎成了密教对早期中有理念加以重新诠释的标志之一。

中有理念在帝洛巴大弟子那若巴手中似乎变得空前复杂。事实上，大多数属于六法传统的后续藏文著作，似乎都是以那若巴创立的三重体系为标准典范。其基本模式融贯了四“有”（bhava）教义的某些方面、三身说以及无上瑜伽的生起、圆满二次第。由此确立的精密瑜伽体系强调在通常名为“转三身为道用”（sku gsum lam 'khyer）的修习中，令这些三重要素“和合”（bsres ba）。那若巴对此修轨的阐释见于收入《丹珠尔》的《耳传金刚句》（*Karṇatantravajrapada*）：

中有直指甚深真义已开显　断绝生死梦境及受生中有
见而无有所见是为最上见　本觉明空无念远离诸垢障
大乐法界本智法尔极清净　当观自性无别三身自显现
未证有情于彼三种中有中　生次幻身光明与法身和合
地水火风四大渐次而消融　八十分别停息复经历三相

〔1〕 rnal 'byor 'chi ba'i dus kyi tshe / dbang po rnams dang 'byung ba sdus / zla nyi rlung rnams snying gar 'dus / rnal 'byor ting nge 'dzin sna tshogs 'char / rnam shes phyi rol yul song na / rmi lam yul bzhin sna tshogs snang / bdun bdun dus tshe 'chi snang dang / de nas skye bar 'gyur ba nyid / de tshe lha yi rnal 'byor sgom / yang na de nyid ngang la gzhag / de rjes skye la phyogs pa'i tshe / mnga' bdag lha yi rnal 'byor gyis / snang srid lha yi rnal 'byor sgom / des ni bar do khegs par 'gyur / sukhasiddhi'i upadeśa'o //

红白二大与心汇于莲花中　辨识光明遂令子母融无二[1]

我们发现此中提到了几组“三”——三中有、三身、修习者之三次第以及死时所经历之三相。所有这些类别在概念上都存在某种根本性的相互关联，而这一中有瑜伽（bar do rnal ’byor）之目的就是令上面的这些组类的融合在禅修期间的某些时间点或者真正死亡的时刻发挥效用。

就我所知，那若巴的三重中有体系和融合其每一个要素的瑜伽是中有观念史上的开创性发展。当然有可能（事实上可能性很大）的是，这一程式在北印度的成就者崇拜中已有所发展，那若巴只是继承了这些早期群体的见地与修法，可能主要承自拉瓦巴和他本人的上师帝洛巴。就与那若巴相关的教法系统而言，无论源自何处，我们都能在后来藏土对中有的认识上发现其中引入的某些重要的创新。首先，单一的过渡阶段被扩展，其中包含了三个独立的中有——生死中有（skye shi bar do）、梦幻中有（rmi lam bar do）、受生中有（srid pa bar do）。这几个独立的状态融合了早期阿毗达磨关于三个或四个“有”（亦即本有 pūrvakālabhava、死有 maraṇabhava、中有 antarābhava）的概念特征，又结合了更世俗的眠位与醒位间过渡位（亦即梦位）的一些方面，而所有这些都被置于无上瑜伽二次第修习的广泛语境下。

我可以对那若巴体系所定义的三个中有作一个总结：生死之间表面上看似漫长的阶段被视为第一个中有，名为“生死中有”；眠位与醒位之间虚幻的间隔被恰当地称为“梦幻中有”；[2]死亡与再生之间的过渡阶段，亦即最原始和常见

---

〔1〕《耳传金刚句》(*sNyan rgyud rdo rje'i tshig rkang*)，梵文标题为 *Karṇa-tantra-vajragāthā*，收于 TT, no. 4632（亦见于 TOH, no. 2338）：bar do ngo sprod yang dag zab don bstan / skye shi rmi lam srid pa bar do gcod / ltar med ltas pas mthong med mthong ba'i mchog / rang rig gsal stong mi rtog sgrib g.yogs bral / bde chen chos dbyings ye shes rnam par dag / rang bzhin dbyer med sku gsum rang shar ltos / ma rtogs lus ldan bar do rnam gsum la / bskyed rim sgyu lus ’od gsal chos skur bsre / sa chu me rlung ’byung ba rim kyis thim / brgyad cu ’gag nas snang ba gsum ’das te / dkar dmar sems gsum chu skyes nang du ’dzom / ’od gsal ngos zin ma bu dbyer med ’dres //

〔2〕根据扬贡巴的记述，那若巴对梦幻中有的发展是受到了《金刚持续》(*rDo rje ’chang gi rgyud; Vajradhāra-tantra*）中一段引文的启发，其文如下：“如梦亦如幻，中有亦如是”（ji ltar sgyu ma rmi lam dang / ji ltar bar do'i srid yin pa)。YGLG，卷 2，叶 547.3-4。

的中有本身，被命名为“受生中有”。据称，这三个中有都为瑜伽修习提供了机会，其修习之目的是要令佛之三身与这些过渡时刻相合。在后代的传承中，这一中有的三重归类引发了更进一步的细分和阐释；可能性似乎是无穷的。但也有坚守那若巴基本的三重系统者，如琼波朗觉（Khyung po rnal ’byor）和祥仁波切（Zhang Rin po che，1123—1193），他们分别对应前文列表中的第六与第七个传承。[1] 二者提出的禅修程式都是围绕一套三中有系统而构建，而该系统即与那若巴教法所铺排者相似。[2]

我们在同时期的冈波巴[3] 及其弟子帕木竹巴·多吉杰布（Phag mo gru pa rDo rje rgyal po, 1110—1170）的著作中见到了其他的三重中有分类法。[4] 扬贡巴所列名目中提到的觉姆拉杰玛据说是帕木竹巴（以及冈波巴）的上师之一，因此帕木竹巴的著作或可视为觉姆拉杰玛耳传（对应第五个传承）的代表。[5] 觉姆拉杰玛（别名玛吉夏玛 [Ma gcig zha ma]，1062—1150）是玛译师（rMa Lo tsā ba，1044—1089）的一位性放荡的弟子，也是其明妃，她是萨迦派（Sa skya pa）“道果”（lam ’bras）教授的早期传人。[6] 她的上师是琼波朗觉的弟子，因此她的中有体系相比于那若巴明妃尼古玛的体系，即便不完全相同，也可能相似。

在帕木竹巴的中有文本以及冈波巴的《中有直授教诫》（*Bar do’i dmar khrid kyi zhal gdams*）中，“过渡阶段”被进一步分为三段，但其名称与描述则在一定程度上异于那若巴的模型。其中的三重体系并非如那若巴设置的那样围绕心识的三个微细层面（醒位、眠位与中有位）建立观修，而是基于密教圆满次第的特定

〔1〕对琼波朗觉三重中有体系的介绍见 BDNS。相关的简要评述见凯普斯坦 2000，页 9。祥仁波切的中有体系见 NPBD。关于祥仁波切的生平与著作，见马丁 1992。

〔2〕据称琼波朗觉在净相中获得了苏卡悉地（帝洛巴的女性上师）的中有传承，并直接从那若巴的明妃尼古玛处直接获得了尼古玛本人的中有传承。见凯普斯坦 1980，1991。

〔3〕见 BDZH。

〔4〕见 PHMO。感谢但·马丁提供这一信息。

〔5〕罗列赫 1949，页 226；堪布贡秋坚赞 1990，页 208。

〔6〕根据传说，玛吉夏玛曾因同为数众多的男性瑜伽士共修而得了一种似乎无法治愈的性病，她因此向当巴桑杰（Dam pa Sangs rgyas）求助。可能由于玛吉夏玛与当巴桑杰的这层关系，使罗列赫将她与玛吉拉准（Ma cig Lab sgron ma）混淆了。见罗列赫 1949，页 220-226；罗勃（Lo Bue）1994；艾杜（Edou）1996，页 111；亦可见丁伯格和哈佐德（Hazod）1994。

修法而展开。因此，对帕木竹巴和冈波巴而言：第一中有（bar do dang po）与体认光明（'od gsal la ngos bzung ba）相关，第二中有与体认幻身（gnyis pa sgyu lus ngos bzung ba）相关，第三中有与遮胎门（gsum pa mngal gyi sgo dgag pa）相关。

在后来的甘丹派（dGa' ldan pa）或格鲁派（dGe lugs pa）上师（如格鲁派创始人宗喀巴（Tsong kha pa，1357—1419）[1]以及18世纪僧侣学者央金·噶维罗珠（dByangs can dGa' ba'i blo gros, 别名阿迦经师 A kya Yongs 'dzin，1740—1827）[2]的著作中对中有也有类似表述，这一点并不奇怪。众所周知，冈波巴是位备受尊崇的噶当派（bKa' gdams pa）僧人，也是第一位将阿底峡（Atīśa, 982—1055）的不共修心（blo sbyong）教法[3]与帝洛巴、那若巴和慈护所传教授（后来被称为“大手印”[Mahāmudrā]）融合起来的噶举派学者。这两系不同教法传承的融汇（被称为“噶当、大手印二河合流”[bka' phyag chu bo gnyis 'dres]）成为达波噶举（Dwags po bka' brgyud）的特征，而达波噶举是噶举世系四大派、八小派的源头。冈波巴之徒帕木竹巴的上首弟子是止贡噶举（'Bri gung bka' brgyud）的创始人吉登贡布（'Jig rten mgon po，1143—1217）。[4]经由这一传统，宗喀巴从夏鲁（Zha lu）的萨迦派上师处获得了那若六法的传承。[5]由是，宗喀巴及其格鲁派后学即持有了源自帕竹和止贡两系噶举传统的融合性中有体系。

此前，我注意到个别密续（尤其是那些无上瑜伽部的密续）的重要性，它们是各类藏传成就者中有教法的根基。在这些最早且最著名的密典中，有一部就是《密集续》(*Guhyasamāja-tantra*)，该续被视为11世纪开始出现的新译密咒内最权威的密教文本之一。[6]我们从后期历史记载中得知，那若巴从帝洛巴处得到《密集》的传承，后者则在更早的时候得自龙觉（Nāgabodhi）。[7]但这一传承并不是进入藏土的《密集》传承中主要的一系。根据格鲁派学者班钦·索南扎巴（Paṇ

[1] 见ZBNA；英译见穆林1996。

[2] 见YANG；英译见拉谛仁波切和霍普金斯1979。

[3] 有关该体系的概况，见斯威特（Sweet）1996。

[4] BDGR，页62-105；GKCB，页966；LRCB，页352-365。

[5] 穆林1997，页14。

[6] 见韦曼1980；中村元1987，页332-334。

[7] 罗列赫1949，页361。

chen bSod nams grags pa, 1478—1554）的说法，主要的一系乃由两位与那若巴同时代的上师传出，二者分别是孟加拉学者具通（mNgon shes can, *Abhijñā*）和萨霍尔（Zahor）学者具妃（bTsun mo can，*Zahor Yoṣa*）。[1] 该系传承最终传至玛尔巴·曲吉罗珠（Mar pa Chos kyi blo gros），并由其引入西藏。与该系《密集》传承相关的特殊中有教诫即上列名目中之第三与第四两支。在母续（ma rgyud）和父续（pha rgyud）两大密续部分类中，具通和具妃的中有教授被归为父续部，该部以《密集续》为代表。班钦·索南扎巴等后期的藏土宗义论师主要依据侧重点的不同来划分父续和母续。这些区分可以很繁琐，但总体上都认为父续着重于成就幻身（sgyu lus）之方便，而母续则着重于体证光明（'od gsal）。[2] 因为中有与梦位形式上相似，所以在这种情况下通常被视为幻身瑜伽的支分，由此而与父续的关系最为密切。

遗憾的是，我们已无法在现存的藏文文献中追溯具通和具妃二师具体的中有教授。二师的教法传承可能已为他们共同的弟子玛尔巴所继承（尽管他更以那若巴弟子的身份闻名），但是没有见到与玛尔巴直接相关的特殊中有教授可供我们研究。尽管如此，他的一些理念还是可以从其弟子的著作中复原出来。虽然具通和具妃的表述似乎并非明确承自那若巴，但也可能与那若巴对中有的基本阐释相近。因此，这一父续中有教诫可能包含了“三和合”（bsres ba）教授和“转三身为道用”的修习。在玛尔巴的时代，这一中有瑜伽的三重框架无疑一度备受青睐。

前面我已提到那若巴的上首西藏弟子是译师玛尔巴·曲吉罗珠，但对玛尔巴中有教法的具体特征，我们并不完全清楚。从玛尔巴主要弟子（即楚敦旺额[mTshur ston dBang nge，别名旺格多杰（dBang gi rdo rje）][3] 与米拉日巴）的一些有记载的教法来看，我们可以推知玛尔巴的体系当名为“以心决断中有”（bar do blos chod pa 或 bar do blo nas gcod pa）。[4] 这一名称所表达的理念让人想起帝洛巴的“遮止中有”（bar do khegs pa）修习，亦即通过各种瑜伽方便遮止或封闭导向下一生的胎门，此中最有效的是本尊瑜伽，也就是生起次第的观想。有一篇

〔1〕布尔德（Boord）和洛桑诺布措那瓦（Losang Norbu Tsonawa）1996，页 63-64。

〔2〕布尔德和洛桑诺布措那瓦 1996，页 46-54；另见格西格桑嘉措（K. Gyatso）1994，页 49。

〔3〕关于楚敦旺额，可见 LRCB，页 68-69；罗列赫 1949，页 414-416。

〔4〕见 BDLC 和 MLAM。

题为《以心决断中有之口诀》(*Bar do blos chod kyi man ngag*)的著作被视为玛尔巴(在该文本中称其名为至尊洛扎巴 [rJe btsun lHo grags pa])的不共教授之一,尽管该著作可能出自楚敦本人之手,但它肯定代表了玛尔巴的传规,[1]其中基于宗义学上的"基"(gzhi)、"道"(lam)、"果"('bras bu)三分架构而将中有判为三重。此处的"基"指的是对"真如"(de bzhin nyid)的正见(lta ba),"道"代表观修(sgom pa)该见地的方便,"果"则是证得修习之标的。[2]令人费解的是,尽管没有相应的明释,文本中仍然提到了四中有、五中有乃至六中有的不同传统。[3]这种对不同中有传规的罗列让我意识到,该文本的写作时间实际上可能晚于楚敦旺额,亦即 12 世纪初期中有分类明显扩增之后。

文本的第一部分表述为"抉择见地—基中有"(lta ba gtan la 'beb pa gzhi'i bar do),此中强调在临终时结合(sbrel)上师针对"本觉"(rang gi rig pa)与"法性"(chos nyid)所说教授的重要性。这里的前提条件是,弟子在生前身体康健时就已经通过教法心要之直指(ngo sprod)获得了这样的教授。第二个主题"实修—道中有"(sgom pa nyams su len pa lam gyi bar do)乃依据各各修习者的根器而划分,修习者要么属于利根顿悟者(rab cig car ba),要么属于中根渐悟者('bring rim gyis pa)。值得注意的是,此处并没有提及下根行者(tha ma)。对于利根行者(亦即已成功体认死光明者)而言,中有的境相根本不会生起。另一方面,中根行者必须依于"观修无相空性"(mtshan med stong nyid bsgom pa)或"观修有相本尊"(mtshan bcas lha sgom pa),从而以幻身取代中有,并最终转化为佛身之相。[4]最后的主题"现证标的—果中有"(don mngon tu gyur pa 'bras bu'i bar do)复分为三:(1)直接体认之补特伽罗(gang zag dngos su bzung ba),(2)三中有

---

〔1〕《以心决断中有》出自篇幅更大的文本 DMDZ,叶 206,该文本呈现的传承世系如下:玛尔巴、楚敦旺额、堆龙噶热(sTod lung 'Ga' ras)、阿阇梨·尼玛龙瓦(sLob dpon Nyi ma lung ba)、德协仁波切(bDe gshegs Rin po che)。因此,该文本的真实作者可能是德协仁波切,但这一点并不确定。

〔2〕 霍普金斯(1996,页 177)提出,大体上,藏土的基、道、果宗义学类别架构可能是基于中观宗的特征,尤其是二谛(世俗与胜义)、二修习(方便与智慧)以及二身(色身与法身)等相互协调的组合。

〔3〕 DMDZ,卷 8,叶 227。

〔4〕 在此语境中,"相"(mtshan)指的是观想之所依,例如想象中的或实体绘制的图像、物体以及其他观想的辅助手段。

之生起方式（bar do gsum gyi ’char lugs），（3）提示教诫之方式（gdams ngag gdab lugs）。与我的研究目的关系最为密切的是第二部分，亦即关于三种中有如何生起的部分。其中，第一个中有说为“法性光明”（chos nyid ’od gsal）；第二个中有，死者现为意生身（yid kyi lus）；第三个中有，出现轮回之“迷乱显现”（’khrul snang）。我们不难将这三个中有与那若巴的三重框架联系起来，不过此中有一个重要的变化。在临终的最后一刻，法性突然现前时，即出现第一个中有。这个中有令人想起阿毗达磨文本中的“死有”（maraṇabhava），后来宁玛派特别提到它，并名之为“临终中有”（’chi kha’i bar do）。玛尔巴及其亲炙弟子是否发展了这一中有分类？对此我们只能猜测，但值得注意的是，这一表述似乎并未体现那若巴的“生死中有”（在概念上对应阿毗达磨文献中的“本有”），不过那若巴的“梦幻中有”与“受生中有”则确与该中有框架中的第二、第三中有密切对应。

米拉日巴让我们看到了对中有各阶段所作划分的激增，这些分法本质上源自那若巴的教授传承，复由玛尔巴传与米拉日巴。一篇名为《以心决断道·中有直指甚深教诫》（*Lam blo nas gcod pa bar do ngo sprod kyi gdams ngag zab mo*）的文本记述了米拉日巴赐予其弟子热穹·多杰扎（Ras chung rdo rje grags, 1083—1161）的教授，其中阐明了三个首要的中有：（1）具身基中有（lus ldan gzhi’i bar do）；（2）决定相中有（nges shes rtags kyi bar do）；（3）直指果中有（ngo sprod ’bras bu’i bar do）。[1]

此处不拟讨论这一重要文本所述中有众多支分的复杂架构和修习细节，但是我要指出的是，这一详尽的表述在当时藏土的中有传统中似乎是空前的。如此看来，到12世纪上半叶时，在两种心识状态中间存在过渡阶段这一宽泛概念的启发下，相关的理念就已明显激增，以至于对米拉日巴那一代人而言，每一个重要的觉受或“有”（bhava，srid pa）似乎都可以划分成一系列有次第的中有。

亨克·布雷泽（Henk Blezer）做了类似的研究，但其角度略有不同。为了显示阿毗达磨的传统框架在米拉日巴的密教程式中的延续性，布雷泽指出，藏文术语 bar (ma) do 在其早期历史中就可以指涉一个相当宽泛的理念——亦即

〔1〕 MLAM，叶 48。

任何类型的中间存在，因而在语义上可对应阿毗达磨语境下的梵文 bhava。[1] 事实上，早期的西藏译师有时确实用术语“有”（srid，对应梵文的 bhava）来翻译一般性的术语 antarābhava。[2] 需要强调的是，将藏文术语 bar do 的含义泛化以对应 bhava 一词，可能为大体上依传统四“有”框架而衍生出多种中有的创造性构想提供了最初的灵感火花。由此，在后续的一些藏土模式中，“生有”（upapattibhava）就变成了“处生中有”（skye gnas bar do），“本有”（pūrvakālabhava）变成了“生死中有”（skye shi bar do），“死有”（maraṇabhava）变成了“临终中有”（'chi kha'i bar do），同时“中有”（antarābhava）本身则仍保留为“存在之中有”，或者更确切地说是“受生中有”（srid pa bar do）。在藏土以外，那若巴于其六法中发展出的早期系统里面已明确将四有学说中的某些元素应用在了有关过渡状态的一般化概念上，但我们仍不能确定印度对中有的理解是否与上说相同。

无论如何，早期的分类从未被废弃，它们只是融入了这一迅速发展的框架中。例如，在米拉日巴的《以心决断道》中，那若巴原本的三支架构在名相稍微变动后就呈现为第一类中有——“具身基中有”（lus ldan gzhi'i bar do）的支分：“显现生死中有”（snang ba skye shi'i bar do）、“习气梦幻中有”（bag chags rmi lam gyi bar do）和“暗相受生中有”（snang mun srid pa'i bar do）。[3] 此外在第三类中有——“直指果中有”（ngo sprod 'bras ba'i bar do）中，可见到“和合道”（bsre ba lam）的核心教法与三身理趣的交融。[4]

---

〔1〕 布雷泽（1997）写道：藏文用 bar ma do'i srid pa 翻译 antarābhava，可能是将 bar ma do 或者 bar do 用作《阿毗达磨俱舍论》中 bhava 的对等词，然而在 antarābhava 的翻译中，bhava 则被译为 srid pa，而非 bar ma do。由此明显可见，在藏土传统中，所有的 bhava 都以同一 bhava 为原型，在其观念中，它代表了核心和原始的 bhava，亦即中有（antarābhava，bar ma do'i srid pa，或简写为 bar ma do）的原型，因此被翻译为 bar ma do 或 bar do，而非 srid pa。

〔2〕 平川彰（1973-1978，页 29）明确指出了这一点。其他的对等词包括 srid pa bar ma，srid pa'i bar ma 以及 bar ma。

〔3〕 考虑到“本觉”（rig pa）与“无明”（ma rig pa）是一对标准的二元概念，故而我们并不清楚将短语 snang mun srid pa'i bar do 译成“明暗受生中有（bardo of becoming, illumination and darkness）”是否更为恰当。

〔4〕 米拉日巴的弟子热穹·多杰扎（Ras chung rDo rje grags）可能是《转中有为道用截断轮回涅槃流之教诫》（*Bar do lam khyer 'khor 'das rgyun gcod kyi gdams ngag*）的作者，该中有文本的写作受到了这些“和合道”教法的启发。见 MKGR，叶 129-142。

我们还有另一篇有关米拉日巴中有教授的文献，此即《救度险峡关要中有问答表义道歌·塔座金鬘》（*'Phrang sgrol gnad kyi bar do la dris pa lan dang bcas pa'i brda don glur blangs pa mgur chu gser gyi phreng ba*），或简称《金鬘歌》，该道歌收录于15世纪藏宁嘿噜嘎（Gtsang smyon He ru ka, 1452—1507）著名的《米拉日巴道歌集》（*Mi la'i mgur 'bum*，下称《道歌集》）中。[1]在大多数情况下，仅以四百年后创作或编集的文字为据去为11世纪的观念下历史的论断是有问题的，《道歌集》中的绝大多数（创作于1488—1495年间）当然也不例外，但《金鬘歌》似乎有些特殊。

这一关于救度中有险峡的短篇著作是给予五位长寿母（Tshe ring ma）的四篇教授道歌之一。从篇末题记中我们得知，这篇道歌为米拉日巴的两位弟子——上师菩提王（Guru Bodhirāja，亦即昂宗热巴 Ngam rdzong ras pa）和沃吉塔坚（'Od kyi mtha' can，也即瑜伽士希瓦沃 rNal 'byor pa Zhi ba 'od）所集。[2]这四篇与长寿母有关的道歌是藏宁嘿噜嘎之《道歌集》中唯一标明编集者名字的篇目。查尔斯·范图尔（Charles D. Van Tuyl）基于文本分析提出了具有说服力的观点，亦即包括《金鬘歌》在内的五篇是作为一个独立的文学单元被植入到《道歌集》更广大的叙事中去的。此外，这一组连贯一致的道歌的年代看起来比该道歌集的其余部分早很多，甚至有可能早至12世纪初，从而如其各自的题记所言，与菩提王和希瓦沃有关。就此而言，我们应当强调的是，13世纪扬贡巴所著释论《救度中有险峡史·答长寿母问》中几乎逐字引用了《金鬘歌》。因此毋庸置疑，这一关于"中有"的小品至少比《道歌集》早几个世纪。事实上，《金鬘歌》中对中有的描述甚为古老，甚至可能与米拉日巴本人大致属于同一时代。

《金鬘歌》第三十品与五长寿母的首领吉祥长寿母（bKra shis tshe ring ma）有关，她曾被当地牧人纵火烧伤。严重烧伤的吉祥长寿母非常愤怒，她请求米拉日巴救治自己以免除性命之忧，并将病魔逐出体外（该病魔最后席卷了当地）。

〔1〕 MLGB，页489-517；英译见张澄基1962，页333-356。

〔2〕 见MLGB，页516；张澄基1962，页354；另见罗列赫1949，页435。上师菩提王（昂宗热巴）和沃吉塔坚（瑜伽士希瓦沃）的略传分别见于LRCB，页151-152和页166-167。

米拉日巴答应了，他举行了一场净治仪轨（khrus chog），使吉祥长寿母恢复了健康。为了对这位瑜伽士表达感激之情，五个姐妹誓愿效忠佛法，并将自己作为明妃供养给他。米拉日巴为其虔诚所感动，于是唱出了遮止死亡痛苦与中有险境的教授——《金鬘歌》。这篇道歌提到了常见的三身教义，三和合以及许多独立的中有，这些中有都源自那若巴的原始三重体系，只是观念的主题有所变动。[1]米拉日巴所描述的每一个不同的过渡位都和一个特定的瑜伽修习有关，经由这些修习，可将行者成功地从中有险峡中救度出来（bar do 'phrang sgrol）。

"救度中有险峡"（bar do 'phrang sgrol）这一特定的藏文表述（可能源自米拉日巴本人）在后期文献中被视为那若六法传统的别名。[2]该短语也常见于伏藏师噶玛林巴（Karma gling pa）[3]和热那林巴（Ratna gling pa，译言宝洲）的仪轨文献[4]，以及当巴让卓·益西坚赞（Dam pa rang grol Ye shes rgyal mtshan, 1149—1206）的苯教伏藏[5]和洽当·南喀伦珠（Bya btang Nam mkha' lhun grub）的著作[6]。在格鲁派传统中，我们甚至发现，该表达甚至以中心语的形式见于第一世班禅洛桑·曲吉坚赞（Blo bzang Chos kyi rgyal mtshan, 1567—1662）*所作的祈请文，以及18世纪央金·噶维罗珠（dByangs can dga' ba'i blo gros）为该文所作之释论。[7]我们在一个不太学术的情境下，发现有提到亡魂穿过紫玛角乌康（Tsi'u dmar lcog dbug khang）窗户的艰难过程，该处是西藏第一座佛教寺院桑耶

〔1〕 MLGB，页509中列举了六个"中有"：（1）暗相受生中有（snang mun srid pa'i bar do），（2）今生轮涅中有（da res 'khor 'das bar do），（3）自性道中有（rang bzhin lam gyi bar do），（4）梦幻睡眠中有（rmi lam gnyid kyi bar do），（5）下等受生中有（tha ma srid pa'i bar do），以及（6）处生相续中有（skye gnas brgyud pa'i bar do）。

〔2〕 穆林1996，页34，112；1997，页21和156注6。

〔3〕 例如《救度中有险峡祈愿》（*Bar do 'phrang sgrol gyi smon lam*），这可能是《中有闻解脱》（Bar do thos grol）法汇中最早的根本祈愿文之一。参见第7章。

〔4〕 GRLP和BDRL。

〔5〕《闻解脱·中有险峡大解脱》（*Thos grol bar do 'phrang grol chen po*），收BPCT。

〔6〕《生灭起没之祈愿·救度中有险峡》（*'Byung 'jig 'byung thim gyi smon lam bar do'i 'phrang sgrol*），收ZKGK，叶757-779。

[* 译注：他本人实为第一世班禅，因承认他为扎什伦布寺首任座主克主杰的转世，故而追认克主杰为第一世。]

〔7〕 LZBP；英译见洛佩兹（Lopez）1997a，另见YANG。

寺的紫玛（Tsi'u dmar po）忿怒护法殿。此处可以重复一下亡魂穿过此窗户的过程之可怕描述：

> 根据流行的信仰，紫玛护法就坐在这间屋子审判人类的灵魂，这一任务在传统上本来是由地狱主阎魔（Yama）担当的。这间屋子据说只有一个极为狭窄的窗户，传说中，亡魂为了来到紫玛护法面前，需要在晚上通过这个缝隙挤进去。因为有些亡魂难以挤入，所以就如传说所讲的那样，人们可以在窗户周围看到这些不幸的亡魂用指甲划出的抓痕。有人甚至声称这个窗户会飘出强烈的血腥味儿，因为在屋内，受完审判的亡魂将被紫玛护法的助手切成碎片。[1]

西藏一直以来都存在着险峡间危险通道（'phrang lam）的意象，它不仅与死后之旅有关，也与某些尤其危险的圣地的地理特征相关。安全通过这些险峡与死后成功度过中有很相似。[2]因此我们可以看到"救度中有险峡"（bar do 'phrang sgrol）的观念在西藏宗教文化中有着漫长而多变的历史。后来，对于过渡阶段的体验和自身脱险技巧的特征而言，这一观念似乎也成了十分通行但又容易让人产生联想的表述。在这一观念中，我们看到了某种清晰的延续性，它介于古代西藏关于死亡与脆弱的亡魂通道的仪轨信仰，和保存在后期藏传佛教传统中的关于漫长而危险的死后过渡期的观念之间。

米拉日巴的《金鬘歌》为13世纪扬贡巴所造关于中有教法及其附属修习的

〔1〕 内贝斯基·沃杰科维茨1956，页167-168。关于护法神紫玛，参见拉章格桑（Ladrang Kalsang）1996，页114-116；波玛瑞（Pommaret）1998b，页83-85。

〔2〕 有关朝圣文献中的"中有险峡"，尤可参GANG，页55；ZHAB，页500；BYNG，页29-31；石泰安1988，页11，注34；道曼1997，页127，195；休伯（Huber）1999，页233注28。感谢托妮·休伯（Toni Huber）热情地为我指出这些参考文献。

释论提供了核心参照点，扬贡巴的著作在整个这一部分中都有涉及。[1]在由六篇释论组成的一个系列中，扬贡巴围绕救度险峡这一主题展开了讨论。他依循米拉日巴所建立的传统，在整个这一系文本中提到了各种中有，并对其中的大部分作了详细描述。然而对于扬贡巴的阐释而言，应该确实存在一个标准名目列表作为其所依据的蓝本。扬贡巴的《救度中有险峡论之教授》（*Bar do 'phrang sgrol gyi gzhung gdam pa*）对六个独立的中有位描述如下：（1）自性住中有，[2]（2）异熟生死中有，[3]（3）等持禅定中有，[4]（4）习气梦幻中有，[5]（5）逆序临终中有，[6]以及（6）顺序受生中有。[7]

在最后两类中，“逆序”与“顺序”的方向性表述指的是西藏无上瑜伽续中常见的一个宇宙论理念，主要涉及死亡与受生的微观过程，在此过程中，心与物的元素要么以逆序方式向内瓦解消融（如死亡时），要么以顺序方式向外重建（如结胎时）。此处的六中有明显与米拉日巴道歌中的六中有不同。如我所示，该道歌中的分类代表了围绕日常生活、梦境和死亡之过渡位的三大基本主题的变化。另一方面，扬贡巴在这一分类中加入了“等持禅定中有”（令人联想起楚敦旺额的“实修—道中有”），并在生、死和受生的中有位之间作了更精细的区分。

扬贡巴的名目列表迥异于《金鬘歌》所言，这意味着他可能依据了与其同时代的人中广为流行的其他诠释。举例而言，我们知道扬贡巴生于董族（sDong / lDong）的一个宁玛派家庭，并曾受教于不同宗派的多位上师。比如，他于1223年从宁玛派上师桑杰·米觉多杰（Sangs rgyas Mi bskyod rdo rje）处领受了大圆满

〔1〕在17世纪泽勒·那措让卓（rTse le sNa tshogs rang grol）的《普显一切中有总义·念镜》（*Bar do spyi'i don thams cad rnam par gsal bar byed pa dran pa'i me long*）中，米拉日巴的文本扮演了十分重要的角色，该论频频将其与《中有大闻解脱》并提。显然，对该作者而言，两个文本在各自的传统中都是典范，噶举派的典范是《救度中有险峡》，宁玛派的典范则是《中有大闻解脱》。

〔2〕rang bzhin gnas pa'i bar do, YGLG，卷2，叶564.3-567.6。

〔3〕rnam smin skye shi'i bar do, YGLG，卷2，叶567.6-587.5。

〔4〕ting nge 'dzin bsam gtan gyi bar do, YGLG，卷2，叶587.5-594.5。

〔5〕bag chags rmi lam gyi bar do, YGLG，卷2，叶594.5-600.2。

〔6〕lugs zlog 'chi ka'i bar do, YGLG，卷2，叶600.2-617.5。

〔7〕lugs 'byung srid pa'i bar do, YGLG，卷2，叶617.5-643.2。

教授和娘热·尼玛沃色（Nyang ral Nyi ma 'od zer, 1124—约 1192）的伏藏，从萨迦派的果扎巴·索南坚赞（Ko brag pa Bsod nams rgyal mtshan, 1181—1261）处获得了觉姆拉杰玛的道果教授，而且估计也得到了她的中有传承。[1]扬贡巴关于中有的著作或可被视为对不同传统的整合。

扬贡巴与宁玛派的关系尤其有趣。正如我即将展示的，宁玛派大圆满经典常含有对“中有”的描述，这些描述至少在名相上与扬贡巴所列六支相似。这一相似性或许在充满大圆满色彩的《大悲观音·中有除暗明灯教授》(*Thugs rje chen po bar do mun sel gyi sgron me'i gdams pa*) 中最为明显，该文本出自兼收并蓄的《玛尼全集》(*Ma ṇi bka' 'bum*) 传统中的《开显隐义》(*Gab pa mngon byung / phyung*)。[2]这一有趣的著作所示之六中有与扬贡巴的编排几乎相同，不过相关名相的含义却十分特别。[3]如我们所料，《玛尼全集》中对中有的阐释是建构在与大悲观音（Thugs rje chen po, Mahākāruṇika，“大悲者”即最重要的菩萨观自在 [Avalokiteśvara] 的别名）相关的形而上学基础上的，这一点不见于扬贡巴写作的文本。但是我倾向于认为两种表述大致属于同一时期，且都代表了当时流行于藏土的中有观念。[4]这或许仍意味着，到 13 世纪中叶时，一个关于中有的六支架构已成为宁玛派和噶举派行人青睐的模式——尽管我们不能确定每一个具体时段的六中有确切所指为何。我们可以毫不犹豫地说，扬贡巴所说六中有中的四个（在《开显隐义》中名相有所不同）在接下来的几个世纪中都相对保持不变，这种情况一直延续到了噶玛林巴的《中有大闻解脱》。这四个中有是：（1）禅定中有，（2）梦幻中有，（3）临终中有，（4）受生中有。另一方面，自性住中有和生死中有则有点不确定，二者似乎可以互换。在这一时期，大圆满文献中常见的一个特别的中有——法性中有（chos nyid bar do）也开始出现在包含众多中有的名

〔1〕有关扬贡巴的生平，见 LRCB，页 700-715；罗列赫 1949，页 688-691。

〔2〕GBNG；凯普斯坦 1992，页 90-91 和 2000，页 145-146；索伦森 1994，页 585-588。

〔3〕其中所确定的六中有依次为：（1）rang bzhin gnas pa'i bar ma do，（2）skye shi'i bar ma do，（3）shes pa snga phyi'i bar ma do，（4）rmi lam gyi bar ma do，（5）'chi kha'i bar ma do 和（6）srid pa'i bar ma do。

〔4〕虽然该文本被普遍认为是活跃于 13 世纪的释迦桑布（Śākya bzang po，亦即宿巴希·释迦沃 Zur Pakṣi Śākya 'od）所作，但索伦森 1994 却认为《开显隐义》的“重现”时间是 1150—1160。

目列表中，不过我们不清楚这一情况最早出现的准确时间。下一节将集中讨论这一有趣的话题。

大圆满的创新

自公元 842 年起，随着朗达玛（Glang dar ma，即乌冬赞 Khri 'U dum brtsan，生于公元 803 年）被刺杀，佛教在吐蕃被正式剥夺了官方宗教的地位。这代表着藏文记载中提到的“前弘期”（bstan pa snga dar）的结束。然而佛教并没有完全从西藏的宗教舞台上消失。尽管缺乏官方的支持，它仍在动荡而分裂的卫藏地区之外延续下来。在宽松的环境中，佛教逐渐形成了多种样态，其发展不受集中控制。在游方瑜伽士和以通士自居的宗教行者的努力下，形色各异的宗教活动在整个地区广泛流布，这些瑜伽士与行者大多声称自己的传承源自“真实可靠的”印度、汉土以及中亚的佛教上师。学者们推测，在这个所谓的“黑暗期”（9 世纪中期至 10 世纪末），这些宗教群体中的一部分（后来被冠以“宁玛派”与“苯波”[Bon po] 之名）构建了自身的思想体系，并详细阐释了 8 世纪至 9 世纪初吐蕃王朝兴盛时期确立的早期传统。[1] 事实上，我们拥有的历史证据还非常少，仍无把握对所谓的黑暗期运动以及 11 世纪之前与之相关的宗教体系作出准确的断代。

在藏传佛教复兴时期，新的竞争宗派开始涌现（一定程度上是制度化佛教复兴的结果），而宁玛派和苯教则作为有别于这些新群体（新译密咒）的传统被隔离出来。尽管新、旧二者的差异主要被说为教义的分歧，但政治和经济因素亦不容忽视。特别是藏地西部的一些王国，它们强有力地吸引了来自印度和克什米尔的上师，并大力提倡密集的学术活动，此中即包括对重要的印度佛典的大量引进和翻译。同时，这些王国也有足够的能力为寺庙经院的修建提供支持。该环境下的许多新兴传统否认未在制度上受赞助而发展起来的早期宗教体系的合法性。他们坚称，由于无法证明早期文本译自梵文原典，故而“旧派”的文本并不可靠，它们只是藏人的伪造。由此，这些争议性的经典后来就被拒斥在新译密咒

〔1〕 关于这一模糊的时期，见怀利（Wylie）1964a；斯内尔格罗夫 1987，页 463-470。11、12 世纪的其他群体或盛行的宗教运动可能就发源于这一时期，马丁 1996c 考察了这些群体和运动存在的证据。

“官方”的藏文大藏经之外，而其热衷者则将之收入名为《宁玛十万续》（*rNying ma'i rgyud 'bum*）的宁玛派经藏合集中。这一组密续及其相关注疏文献的特别之处主要在于其宗义体系，作为其教法主体的“大圆满”（rdzogs chen）即建基于该体系。由于一些学者已就此特殊体系的发展有过详细讨论，[1]此处便不必再深入研究它在西藏漫长而复杂的历史。但为了明确宁玛派（或苯教）对中有的特殊阐释的背景，我们仍有必要简单检视一下大圆满基本的概念框架。此处的重点是一个独一无二的中有概念，其名为“法性中有”（chos nyid bar do）。如下文所示，这一概念在本质上源于特定的大圆满观念和出自大瑜伽（Mahāyoga, rnal 'byor chen po）传统之“寂忿百尊”（zhi khro rigs brgya）坛城的融合。对该问题的讨论可以为后面分析噶玛林巴的大圆满伏藏《寂忿密意自解脱》和《中有大闻解脱》做一个良好的铺垫。

我们在大圆满的关键文本《遍作王续》（*Kun byed rgyal po*）中见到了一些重要的密教创新，这些创新可能发展于黑暗期之前，但也可能就发生在黑暗期。这部续典据说是在 8 世纪的某个时期，由印度学者吉祥狮子（Śrī Siṃha）和僧人毗卢遮那[2]从梵文翻译过来并加以修订的。但是该文本的来源并不完全清楚，这一模糊性在西藏引发了旷日持久的争论。[3]我们至少能知道的是，11 世纪佛教复兴和宗派群体发展起来后不久，该著作就已存世。大圆满的“宁提”（snying thig）或言“心髓”传统也正是在这一阶段开始成型。[4]

《遍作王续》中所阐述的教法立场后来为 11 世纪兴起的宁提体系所修润，这一立场提供了一个完整的宇宙论，其核心为“本始基”（gdod ma'i gzhi），作为法界之基，能令法界的种种明相得以显现。据该见地，本始基是一个显现基（'char gzhi），一个具足生机、融然一味的界，万有诸法皆从中显现。本始基究竟离诸

---

〔1〕特别参见卡尔梅 1988a；艾哈德（Ehrhard）1990；杰玛诺（Germano）1994。

〔2〕见 NGB（Mtshams brag, 禅扎版），卷 1，叶 2-262；另见达吉（Dargyay）1985，1992；雷诺兹（Reynolds）1996，页 236-248；卡尔梅 1998，页 69-75。这与我们在第二章所讨论的《巴协》中的僧人毗卢遮那是同一人。

〔3〕见卡尔梅 1998，页 71-73。

〔4〕杰玛诺 1994，页 272。

戏论分别，故为“本净”（ka dag），其法尔生机或“任运”（lhun grub）则为一切法之显现基。此外，本始基含藏无碍，为本智（ye shes）所遍满。该基被说为体性（ngo bo）、自相（rang bzhin）与大悲（thugs rje）三无分别，并与传统且至今仍常见的三身说相关联：法身（chos sku）体性本空，报身（longs sku）自相光明，化身（sprul sku）之示现与大悲周遍世间。因此法界从无始以来即恒常与佛之圆满觉性之双运。

在此，我们应该先简单介绍一下著名的龙青巴（Klong chen pa, 1308—1363）等后世的大圆满宁提上师所发展的大圆满宇宙论的基本框架。而后笔者将描述13世纪末14世纪初大圆满的典型表述，这一表述在一个世纪后即成为噶玛林巴之仪轨和文献传统最主要的理念基础。尚乞读者包涵的是，我后面只是叙事化地概述大圆满的宇宙论，并且直接借用了该传统自身的名相与行文风格。我之所以这样做，是为了在介绍大圆满理念体系自身专有的细节时，能就其五花八门的世界观，呈现出一些令人回味的多彩样貌。[1]

本始基之（体性、自相、大悲）三无分别，本自圆满、含藏万有，故喻之为“童瓶身”（gzhon nu bum pa sku）。在此比喻意象中，童身指本始基尚未被现证之光明、任运。这一本净而充满青春生机之身，光鲜灵动、离诸外在之实有戏论，无法观见，且含容于其自身之本净界中。于一不定之时，由无可了知之因，此“瓶”之封印为本智风（ye shes kyi rlung）所吹开，该风之力用令本觉（rig pa）从本始基上跃起，整个法界即从本始基之唯一本净含藏界向外螺旋形展开。这个含容无量光华的法界显现为一个三重架构，该架构即说为本觉力用的外现，亦即本始基之“自显现”（rang snang）。若从三身角度而言，法身（dharmakāya）如无云晴空现于上方，正前方乃周遍广大虚空之报身（saṃbhogakāya）刹土，其下为化身（nirmāṇakāya）之种种示现，再往下则为六趣（rigs drug）。这一逐渐展开的过程，依道名言则说为本始基之“内光明”（nang gsal）转为“外光明”（phyir

〔1〕 杰玛诺（1994）对大圆满的宁提体系做了详细的探讨。笔者陈述的宁提体系的宇宙论正是基于大卫·杰玛诺的研究。大卫慷慨分享了他的著作，且在过去多年中和我就该问题以及相关主题进行了令人获益良多的交流，在此表示感谢。

gsal），由此至少开启了两条道：一条为导向涅槃（nirvāṇa）之清净道，另一条为导向轮回（saṃsāra）之杂染道。在这一点上，潜在的演进轨迹完全取决于源自本始基大悲之自证力。

在本始基任运外现的当下，凡所显现立即为螺旋形五色虹光所围绕。从本始基上放出光华，光华中现起觉性之力用，由此提供了体认这些光华为自显现以及现证本觉之机会。若不能如是体认，则由“无明”（ma rig pa）而生二取“迷乱”（’khrul pa）。最初体认自身本来面目及五色光明者乃普贤王如来（Samantabhadra, *Kun tu bzang po*），亦即人格化之本始觉悟——“本初佛”（Ādibuddha）。在体认的第一刹那，即于本始基中“圆满”（rgyas）“觉悟”（sangs）空性为佛之现证境界。普贤王如来之顿证于圆满内自证中达至究竟，经由八个阶段而逆转演进历程，每个阶段都与本始基最初显现之各个模式相对应。这一法界消融之过程即返归本始基之本净源头的过程，在此过程中，本始基保持其内自证，行者得以现证佛果。在大圆满经典《遍作王续》中，此佛陀被说为法界的造作者（byed pa po），若更依字面，则如其标题所示之“遍作王”（kun byed rgyal po）。

另一方面，于第一刹那未能体证法性，则趣入轮回。尔时，由于不识自性，故而生起迷乱之能所二取。由二取而生起五毒（痴、贪、嗔、妒、慢）习气，继而执取对应之五根对境（色、声、香、味、法）。本始基之本初光华被骤生之迷乱能取障蔽，一个有情个体就此成型。之前现为五色光明的本始基光华，此刻开始凝结固化，最终生成构成器世间之五大（地、水、火、风、空）。随着迷乱之心、物诸要素齐具，导向出生之不净门裂开，由此开始心与物之孕育演变。此刻，已无法避免螺旋形向下堕入六趣之一。

依于这一典型的大圆满视角，生与死即喻为法界的游戏。由此，凡庸的死亡与受生被明确说为法界本身的潮落与潮起。有情死后进入过渡阶段（中有）时，粗分之心、物元素开始消融于本始基之本净光明，此时，本始基的外现及其自我体认的能力得以在轮回界之迷乱位上重现。正如上述的法界演进过程所说，若未能体认法性光明（chos nyid ’od gsal），则将由不净道而趣入新一期的生命，如若能体认，则将趣往本初佛普贤王如来之佛果。因此，我们看到死亡过程与法界显现返归本净境界的内融过程直接相关。对于有情从轮回中解脱成佛而言，在这一时刻体认自身本来面目的能力至关重要。

若未能觉悟，则重新于轮回（saṃsāra）中受生。这一观点暗示，受生的循环及其痛苦是心识之能所二取的功能，由二取而产生有情之经验。因此，大圆满的解脱论要求在形成二取之前令本智重新现前。继续用该传统的名相则说，因为产生痛苦的过程源于无明（ma rig pa），所以如果能成功除（无明）暗（mun sel）而体证恒时安住于法性本净境界之本觉，就有可能逆转该过程，由此即可令有情脱离轮回的束缚。通过特定的大圆满修法（例如“立断”[khregs chod] 与“顿超”[thod rgal]），可以即生解脱（grol ba），也可以在整个法界的消融自然重现的死亡及死后的中有阶段成就。对于这一特别的死亡与中有模式，最独特的阐释见于大圆满宁提（rDzogs chen snying thig）类文本《宁玛十七续》（*rNying ma'i rgyud bcu bdun*）中，传统声称这些续典由大圆满的人间初祖嘎饶多杰开取于印度。与之相同的理念模式也体现在噶玛林巴的《寂忿百尊》——特别是《中有大闻解脱》所包含的文本中，这一事实表明，噶玛林巴的文献与仪轨传统是在早先由大圆满宁提类文献确立的类似的宇宙论框架下开展的。

《宁玛十七续》是大圆满宁提核心经典，通常被收于宁玛派更大的经典合集《宁玛十万续》中。这十七部相互关联的大圆满宁提经典被该传统视为上文提到的神秘人物嘎饶多杰所获之伏藏。[1] 不过，《宁玛十七续》也透露出在长时间内由多人编修的迹象。这些未知编辑者的确切身份仍是个谜，我希望能尽快得到解决。无论如何，我们必须承认该密续合集如今呈现的面貌实际上包含了多个历史时期的印迹，于中反映出其所受的种种影响。大卫·杰玛诺（David Germano）认为，《宁玛十七续》的文本“几乎可以确定是 11 世纪藏人的创作”。[2] 回想一下，这其实也是大成就者那若巴、玛尔巴等尤为新译密咒各派所拥护者所处的时代。由《宁玛十七续》《遍作王续》等经典中的典范文本可以明显地看出，密教的创新并非局限于新译密咒。宁玛派（以及苯教）也对早期印度的中有学说进行

---

〔1〕 关于嘎饶多杰的生平，尤可参见 GKCB，页 111-117；敦珠仁波切（Dudjom Rinpoche）1991，页 490-494；雷诺兹 1996，页 177-189。

〔2〕 杰玛诺 1994。

了重新阐释。与噶举派成就者的教诫传统一样，宁玛派也发展出多种中有体系。许多实例可见于大型密教文集《宁玛十万续》，其中我们发现了提到一中有、三中有、四中有、五中有乃至六中有的传统。[1]但是，我们在《宁玛十七续》中见到的说法可能是在神秘的黑暗期之后，藏土首次系统化地依据大圆满对中有理念所作的独特重释。[2]

在这十七个文本中，就中有观念而言，最重要的无疑是《日月大和合秘密续》（*Nyi ma dang zla ba kha sbyor ba chen po gsang ba'i rgyud*）。[3]这一续典的基本情景布局乃围绕金刚持（Vajradhāra）和菩萨无分别能仁（Mi rtog thub pa）的对话而构建，后者就有情获得解脱所采用的方法问了一系列问题。金刚持通过系统地描述个体在各种中有阶段中的体验作答，并于适当的时候教授无分别能仁菩萨如何领会其上师之口传诀要。其中列举了四种中有：（1）自性住中有，[4]（2）临

〔1〕 相关文献难以胜数，但我能够提供一份标准划分的名目。三中有：（1）自性中有（rang bzhin bar do），（2）梦幻中有（rmi lam bar do），（3）受生中有（srid pa bar do）。四中有：（1）自性中有（rang bzhin bar do），（2）禅定中有（ting nge 'dzin gyi bar do），（3）法性中有（chos nyid bar do），（4）受生中有（srid pa'i bar do）。五中有：（1）自性中有（rang bzhin bar do），（2）禅定中有（ting nge 'dzin gyi bar do），（3）梦幻中有（rmi lam bar do），（4）生死中有（skye shi bar do），（5）受生中有（srid pa'i bar do）。六中有：（1）自性中有（rang bzhin bar do），（2）禅定中有（ting nge 'dzin gyi bar do），（3）梦幻中有（rmi lam bar do），（4）生死中有（skye shi bar do），（5）法性中有（chos nyid bar do），（6）受生中有（srid pa'i bar do）。

〔2〕 我并不是说在《十七续》中最早的文本之前就没有大圆满对中有的其他阐释。相反，我只是想说，《十七续》中包含了对已完全整合的中有体系的最清晰的阐述，这些阐述与当时新兴的大圆满基本学说相顺。我瞬间想起相关的大圆满文本中的两个例子，它们可能比《十七续》更早，一个是《大宝受生中有自显现续》（*Rin po che srid pa bar do rang snang ba'i rgyud*）（又名《金刚萨埵续》（*rDo rje sems dpa'i rgyud*），见于 NGB（禅扎版），卷 4，叶 609-632.6；NGB（廷结版 [gTing skyes]），卷 4，叶 416-434；VGB，卷 3，叶 387-411（此中名为 *Rin po che srid pa bar ma do snang ba'i rgyud*）；另一个是《大圆满中有秘密续》（*rDzogs pa chen po bar do gsang ba'i rgyud*），见于 NGB（禅扎版），卷 4，叶 526.5-531.6；VGB，卷 4，叶 68.3-72.4。

〔3〕 在 NGB（禅扎版），卷 12，叶 491-559；NGB（廷结版），卷 9，叶 386-435。该续的部分翻译见奥罗菲诺（Orofino）1990，页 31-59。

〔4〕 rang bzhin gnas pa'i bar do，NGB（廷结版），卷 9，叶 394.6-416.1。

终中有，[1]（3）法性中有，[2]以及（4）受生中有。[3]

这一叙事的潜台词是实践性的。通过如法的供养，依循必要的禅修导引，体证历代上师所示之真谛，即可在这四中有期间获得解脱。《日月和合续》的元叙事表明，该文本不仅仅是有关中有旅程的文献材料，其中还提供了一系列修法的操作程式，包括观察死相（'chi brtags），[4]赎命仪轨（'chi ba blu ba'i cho ga），[5]以及长寿法（tshe thabs）。[6]文本的叙事及其仪轨（因无更恰当的说法而姑且称之为仪轨）间存在着灵活的关系。我在噶玛林巴《寂忿百尊》的案例中将更明确地展示，《日月和合续》将教义与仪轨二者的元素整合在一起，由此形成一个完整的仪轨系统，其目的即在于确保亡者与生者的吉祥命运。话虽如此，但该文本并未像后期的《中有大闻解脱》等文本那样提供一个全面的仪轨导引。尽管宁玛派的大圆满死亡仪轨确实基于更早的模式，但这些仪轨的完善结构在14世纪之前尚未编定出来，《日月和合续》即是明证。

在此语境下，我们可以提出，大圆满宁提最特别的创新之一就是发展出了一个独特的中有概念，这一概念将关于法界之展现和消融过程的大圆满宇宙论（一个也运作于人类微观层面的动态过程）与有关多种心识状态之间过渡阶段的理念结合了起来。这一新的“中有”概念被称为“法性中有”（chos nyid bar do），对应于《日月和合续》中列举的第三个中有，该中有是对更早且更宽泛的密教概念——光明（'od gsal）进行细化与修饰，所有人都会在死时短暂地体验到光明，高阶的瑜伽士在圆满次第究竟位也能体验到，而诸佛对光明的体验则恒无间断。有趣的是，尽管这一非常微细的光明很少被觉察到，但据称在晕厥、打喷嚏、性高潮时以及梦前梦后第一刹那等更世俗的时刻，人们也能体验到。[7]在《日月和

〔1〕'chi kha ma'i bar ma do，NGB（廷结版），卷9，叶416.1-425.5。

〔2〕chos nyid bar do，NGB（廷结版），卷9，叶425.5-431.6。

〔3〕srid pa bar do，NGB（廷结版），卷9，叶431.6-435.1。

〔4〕NGB（廷结版），卷9，叶417-419。

〔5〕NGB（廷结版），卷9，叶419-420。

〔6〕NGB（廷结版），卷9，叶423-424。

〔7〕此前，睡梦的觉受就已经被纳入到了扩展后的中有教义中。例如上文提到的那若巴的梦幻中有（rmi lam bar do）。

合续》及其他宁提经典中，与光明相遇的短暂瞬间被延长，以此拓展出一个全新的概念空间。这一被拓展的光明体验是基于一个独立的过渡阶段来描述，该过渡阶段不同于上文检视过的噶举教诫传统通常阐释的那些中有。

就大圆满的“法性中有”理念而言，其重点在于将光明等同于本始基上的本净光辉。随之而来的死后所见场景即反映出本始基外现的过程以及普贤王如来的本觉。在这一刹那认识本来面目的能力决定了亡者未来命运的方向与路径。据称，本觉（rig pa）导向顿证佛果，而无明则引发下一期中有，亦即受生中有（srid pa bar do），最终导致转生为六道中其中一道的有情。这一阐释明显充满大圆满的意味，它让我们看到宁玛派中有学说与新译密咒传统的阐释相比的独特之处，后者的中有理念缺乏一个深入而完整的宇宙维度，或者更确切地说，是宇宙演进的维度。

就大圆满所说的法性中有与新译密咒及部分宁玛派传统所说之其他中有而言，最大的区别即在于前者所包含的寂忿尊（zhi khro）教义。在其最初的概念形态中，我们找不到在法性中有阶段自然显现寂忿尊境相的观念——尽管有充足的文本证据证明，这一语境中包含了标准大乘论典中常常提到的五方佛或五导师（ston pa lnga）的显现。[1]我们可以看看下面这一出自《日月和合续》法性中有部分的段落：

复次，彼等光明亦自然显现为（佛）身之相，彼等身亦非大非小，平等一如，具足庄严、色彩、坐姿、宝座及手印。彼等身复各各包含五种形相，五者为一组，每组皆具光环。持父分之部、持母分之部、

〔1〕他们通常是（1）毗卢遮那佛（Vairocana），（2）不动佛（Akṣobhya），（3）宝生佛（Ratnasambhava），（4）阿弥陀佛（Amitābha），（5）不空成就佛（Amoghasiddhi）。

男女菩萨及一切坛城悉皆圆满安住。[1]

我们并不十分清楚寂忿百尊坛城最初纳入此模式的确切时间。亨克·布雷泽曾对该主题做了一些初步的研究，但其结果目前尚非定论。[2]无论确切的历史细节到底如何，可以肯定的是，到14世纪时，这组特定的本尊已被纳入大圆满的法性中有教义中，而且一被纳入，就成为该理念的典型特征。

寂忿百尊坛城系统似乎源于8世纪的“幻化网”（藏文 sGyu ’phrul drwa ba，梵文 Māyājāla）一系教法，尤其是其核心经典《秘密藏续》（*gSang ba’i snying po*）。[3]宁玛派将内续（nang rgyud）分为三个文本类别，即大瑜伽（Mahāyoga）、无比瑜伽（Anuyoga）以及无上瑜伽（Atiyoga）或大圆满，《秘密藏续》为第一类的代表。有人认为大瑜伽续典是在8到9世纪由印藏学者从印度原本译出的，其中包含了当时流行于印度的某些教法与修习，但是几乎没有证据能支撑这一观点。不过我们仍能有把握地讨论这些密续的内容。大瑜伽文本的解脱学主题主要集中于特定的生起次第密修，比如为融入“殊胜无二圣谛”（lhag pa’i gnyis med bden pa）而建立的本尊瑜伽。在广本《秘密藏续》的八十二品中，前二十八品

---

〔1〕 NGB，叶 222: yang snang ba de dag sku’i rnam par rang shar te / sku de dag kyang mi che ba / mi chung ba / cha mnyam pa / rgyan dang / kha dog dang / bzhugs tshul dang / gdan khri dang / phyag rgya dang bcas te / sku de dag kyang lnga lnga’i gzugs kyis khyab pa / lnga tshan re re la ’od kyi mu khyud dang bcas pa / yab kyi cha ’dzin pa’i rigs dang / yum gyi cha ’dzin pa’i rigs dang / sems dpa’ dang / sems ma dang / dkyil ’khor thams cad gcig la rdzogs par gnas so // 值得注意的是，《中有闻解脱》之“明观法性中有”（chos nyid bar do gsal ’debs）中也有同样的文段，仅有细微的变化，此处依 Bla 版，叶 63.1-4 翻译如下：“噫！善男子，彼等身非大非小而平等，具庄严、色彩、坐姿、宝座及各自之手印。彼等皆各为五对所遍，五者一组，各组皆为五色光团所围绕，持父分部之男菩萨、持母分部之女菩萨及一切坛城皆同时圆满显现，彼为汝之本尊，故当辨识之。” [kye rigs kyi bu / sku de dag kyang mi che ba / mi chung ba cha mnyam pa / rgyan kha dog bzhugs tshul dang / gdan khri rang rang gyi phyag rgya dang bcas te / sku de dag kyang lnga lnga’i zung gis khyab pa / lnga tshan re re la ’od lnga’i tshom bus mu khyud dang bcas pa / yab kyi cha ’dzin pa’i rigs kyi sems dpa’ dang / yum gyi cha ’dzin pa’i rigs kyi sems ma dang / dkyil ’khor thams cad gcig la rdzogs par ’char du ’ong bas / de khyod kyi yi dam kyi lha yin bas ngo shes par gyis shig]

〔2〕 布雷泽 1997，1998。在我看来，布雷泽对该问题的评述相对薄弱，他所选的材料大部分都晚于14世纪，而他对所用材料（亦即大圆满宁提体系）的观念背景的考察又不充分。

〔3〕 见 NGB（禅扎版），卷14，第3，叶 152-218。该续无梵文版本存世。久美多杰（Gyurme Dorje）1987 对该文本进行了编辑与翻译。

说寂静尊的显现，剩余五十四品则详说忿怒坛城。[1]这组寂忿本尊代表了大瑜伽对密乘佛教共许的标准五佛部（rigs lnga）的独特阐释。五方佛在本质上是被视为五智（ye shes lnga）[2]的示现，以及有情的五蕴所聚合的宇宙与精神关系的展现。《秘密藏续》将五方佛的基本体系扩充一个寂忿本尊群，并为其错综复杂的关系制定了严密细致的细节。该文本的结构建基于对坛城眷属的供养、放出、收摄之复杂过程的详细论述。尽管发生了一些显著的变化，但《秘密藏续》的坛城本质上与后来邬金林巴（O rgyan gling pa, 1323—约 1360）[3]、噶玛林巴[4]、喜饶沃色（Shes rab 'od zer, 1518—1584）[5]及嘉村宁波（'Ja' tshon snying po, 1585—1656）[6]等所掘伏藏中所奉坛城是一致的。

将大瑜伽系统的元素（包括无上瑜伽和大手印传统的其他一些密教特征）同化到完整的大圆满范畴，导致了大圆满传统的扩张，使其包含了一系列全新的复杂创新，11 世纪开始出现的“宁提（心要）”运动则极好地吸收了这些创新。前文提到的龙青巴上师曾于 14 世纪系统地编纂了大圆满传统体系庞大的文献，正如杰玛诺所言，他颇具影响力的大圆满宁提著作代表了：

> 首次明确由西藏本土作者为（大圆满宁提）所作的系统阐释。他（龙青巴）不仅以经典的形式呈现了该传统，且成功地将其教义与修习整合到日渐成为标准的新译密咒论述中，后者的形成乃基于同时期的印度佛教因明、中观、瑜伽行以及 10 世纪末至 13 世纪的密教传统。[7]

---

〔1〕 久美多杰 1987，页 50-56。

〔2〕 一般而言，标准的五智名目如下：（1）法界体性智（chos dbyings kyi ye shes），（2）大圆镜智（me long gi ye shes），（3）妙观察智（so sor rtog pa'i ye shes），（4）平等性智（mnyam nyid kyi ye shes），（5）成所作智（bya ba grub pa'i ye shes）。

〔3〕《寂忿佛语总集》（*Zhi khro bka' 'dus*）。收 RCTD，卷 23。

〔4〕《寂忿密意自解脱》（*Zhi khro dgongs pa rang grol*），参考征引书目。布雷泽（1997，页 128-129）指出，尽管噶玛林巴的《寂忿密意自解脱》可能源出《秘密藏续》，但其坛城与《秘密藏续》的坛城并不完全雷同。

〔5〕《寂忿解脱滴》（*Grol thig zhi khro*）。收 RCTD，卷 4 和 11。

〔6〕《寂忿了义藏》（*Zhi khro nges don snying po*）（ZKND）。

〔7〕 杰玛诺 1994，页 274。

龙青巴对整个宁提体系的阐释主要包含于篇幅巨大的《四部心髓》（*sNying thig ya bzhi*）及其本人所著之《七宝藏》（*mDzod bdun*）中，事实上，这些阐述以其重要性与影响力，已然成为宁玛派的典范。尤其是，龙青巴对中有的种种阐释在宁提传统中是独一无二的，后续的绝大部分对中有的解说皆将其奉为圭臬，且视之为主要依据之一。[1]

话虽如此，我仍要指出的是，尽管龙青巴对大圆满传统的系统化处理无疑影响了噶玛林巴伏藏这一典型的宁提类仪轨与文献传统，但是在该伏藏及噶玛林巴的后继传承者著作中却从未明确提到龙青巴及其著作。另一方面，噶玛林巴的文献则广引乃至专引《日月和合续》以及《宁玛十七续》中的其他续典。或许龙青巴的著作在18世纪被重新开取之前并不那么声名卓著。[2]

起源于龙青巴的独特宁提传统经由一系列重要的藏土上师传为两系，其中包括龙青巴之子活佛扎巴沃色（sPrul sku Grags pa 'od zer, 生于1356年）。不足为奇的是，这两系教法传承都包含了在噶玛林巴教法传承中突出而活跃的人物，这就为噶玛林巴传承的教义倾向提供了另一种线索。其中一系传承为南喀多杰（Nam mkha' rdo rje）的弟子（也是其儿子）沃色龙洋（'Od gsal klong yangs）所领受。[3]这一传承最终传至佐钦·索南旺波（rDzogs chen bSod nams dbang po, 1550—1625）和阿旺·益西珠巴（Ngag dbang Ye shes grub pa）。前者成为泽勒·那措让卓（rTse le sNa tshogs rang grol）的上师，而后者则成为五世达赖喇嘛主要的宁玛上师宿钦·秋英让卓（Zur chen Chos dbyings rang grol，1604—1669）之师。第二系传承由扎巴沃色直接传下，为贡嘎坚赞·班桑布（Kun dga' rgyal mtshan dPal bzang po，别名嘉玛·米久瓦 [rGya ma Mi 'gyur ba]，1497—1568）所领受。[4]这一传承传至达杰曲林寺（Dar rgyas chos gling）的创建者那措让卓活佛（sPrul sku sNa tshogs rang grol, 1494—1570），该寺是敏珠林寺（sMin grol gling）

〔1〕杰玛诺1997。

〔2〕关于伏藏师吉美林巴（gTer ston 'Jigs med gling pa, 1730—1798）对龙青巴著作的开取，见古德曼（Goodman）1992；嘉措1998。

〔3〕GKCB，页225。

〔4〕GKCB，页238-239。

的祖寺以及16世纪中期至17世纪晚期中、南部藏地的大圆满主要的活动中心。那措让卓活佛传承的继承人包括驻锡于洛扎（lHo brag）拉隆寺（lHa lung）的贝玛林巴（Padma gling pa）之语化身（gsung sprul），以及德达林巴（gTer bdag gling pa）的父系传承。此处我想强调的是，这些人不仅是龙青巴之大圆满宁提传统的护持者，同时也是噶玛林巴之宁提类教法的直接维系者与传播者。我将在第9至第11章中进一步研究这些不同的传承脉络。

在结束对藏土有关死亡与死者的观念所作的广泛讨论时，请允许我就死后中有教义在说一切有部文献中的标准表述之后的总体发展方向，总结一下我的观点，并特别提及其在藏土的后续发展史。公元5世纪，《大毗婆沙论》和世亲的《阿毗达磨俱舍论》等代表性著作中首先确立了中有的标准模式，此后阿毗达磨对中有的描述就固定下来。8至9世纪的佛教成就者崇拜首次在独特的密教解脱学语境下吸收了这一传统学说，并对其含义加以拓展，从而包罗了多种中有阶段。这一多层级的密教模型最初源于阿毗达磨的四有（bhava）教义，以及原始中有观念与三身教义的融合。该模型被引入西藏后激发了进一步的创新。纯密教的中有理念在藏土得到发展，它被镀上了前佛教时期的古老仪轨和有关宇宙演化之信仰的外壳，在11世纪时，随着各种成就者传承的整理编纂而达到顶峰，其中一些传承被合称为“那若六法”。最终，种种传统兴起，由此不仅有主张三中有者，还有主张四、五乃至六个独立中有者。

同时我们发现，有证据表明在（苯教和）某些古老的藏传佛教传承——亦即宁玛派中，有另一种对中有教义的发展。14世纪时，法性中有（chos nyid bar do）这一极为独特的中有从上述传统中出现，这些传统结合了大圆满宁提系统的宇宙演化模式和借自大瑜伽续（尤其是《秘密藏续》）的寂忿百尊坛城。

14至15世纪之间，宁玛派和新译密咒的各种教法传承以往的理念创新开始被系统化，从而形成了完整的仪轨程式，这些程式在很大程度上是为了导引亡者通过中有的险峡。在这些仪轨中，我们看到了新旧观念的分层。其中，不仅有对印度佛教原始中有观的创造性发明和对藏土流行的险峡（’phrang lam）理念的吸收，也有对本土古代传统仪轨信仰的保留。在接下来的几个世纪中，绝大多数后续对教义和仪轨的贡献都或多或少源于这些早期的成果，这些成果到15世纪末时已经是藏土的某种标准化的权威典范。正是在这一时期，《寂忿百尊》和《中有大闻解脱》的葬仪首次确立。此后，这一仪轨很快就成了西藏及周边地区最完整且流传最广的中有仪轨形式。对于许多已在藏土普传数个世纪的有关死亡与死者的文化观点，噶玛林巴的仪轨提供了平衡而令人信服的表述，这无疑是噶玛林巴传统最终盛行的原因。下一章将对这一针对死亡与死者的仪轨程式作一综述。

参考文献

藏文文献

- BDGR 旦增白玛坚参（bsTan 'dzin padma'i rgyal mtshan），《直贡法嗣》（*'Bri gung gtan rabs gser phreng*，亦即《了义教藏怙主大直贡巴历代法嗣源流·金鬘》[*Nges don bstan pa'i snying po mgon po 'bri gung pa chen po'i gdan rabs chos kyi byung tshul gser gyi phreng ba*]），拉萨：西藏藏文古籍出版社，1989。
- BDLC 楚敦旺额（mTshur ston dBang nge [dBang gi rdo rje]），《以心决断中有口诀》（Bar do blos chod kyi man ngag），出自《至尊洛扎巴之不共教诫耳传四卷史·根本文及补遗》（*rJe btsun lho brag pa'i khyad par gyi gdams pa snyan gyi shog dril bzhi'i lo rgyus gzhung lhan thabs dang bcas pa*）。收《教诫藏》，卷 8，叶 226-233。
- BDRL 热那林巴（Ratna gling pa），《救度中有险峡祈愿·迅捷使者》（*Bar do 'phrang sgrol gyis gsol 'debs pho nya mnyur mgyogs*），收《热那林巴选集》（*Selected Works of Ratna gling pa*），印度阿鲁那恰尔邦，德苏（Tezu, A.P.）：西藏宁玛派寺院（Tibetan Nyingmapa Monastery），1973，卷 1，叶 661-667。I-Tib-1041; 73-901830。
- BPCT《苯教通行经典》（*Bonpo Popular Canonical Texts*），印度喜马偕尔邦多兰吉（Dolanji H.P.）：西藏苯教寺院中心（Tibetan Bonpo Monastic Center），1974，I-Tib-1240；74-900987。
- BRDS 泽勒·那措让卓（rTse le sNa tshogs rang grol），《普显一切中有总义·念镜》（*Bar do spyi'i don thams cad rnam par gsal bar byed pa dran pa'i me long*），（1）尼泊尔：索

卢（Solu），1983，N-Tib-4294；84-901065；收（2）《策勒果仓巴贝玛勒珠全集》（*The Complete Works of rTse le rGod tshang pa Padma legs grub*），锡金，甘托克：宫保才旦（mGon po tshe brtan），皇家寺院，1979，卷 8，叶 569-689。I-Tib-1982；79-904985；（3）《泽勒·那措让卓全集》（*[gSung 'bum] of rTse le sNa tshogs rang grol*），新德里：桑杰多吉（Sangje Dorji），1974，卷 2，叶 139-233。I-Tib-1274；74-901176。

- BYNG《小西天》（*Byang bya dur*，神山名录 [*gNas ri byang bya dur dkar chag*]），成都：四川省松潘县夏尔东日文明印经院，1993。
- DMDZ 蒋贡工珠·罗珠塔耶（'Jam mgon Kong sprul Blo gros mtha' yas），《教诫藏》（*gDams ngag mdzod*），德里：阿旺隆多（N. Lungtok）和阿旺坚赞（N. Gyaltsen），1971-1972，12 卷。依八邦寺木刻版重印。I-Tib-763；76-921818。
- GANG 冈日瓦·曲英多吉（Gangs ri ba Chos dbyings rdo rje），《冈底斯山、玛傍湖、白热达圣地之简史》（*Gangs mtsho gnas gsum gyi lo rgyus skal ldan shing rta*），北京：《西藏佛教》编辑部，1990。
- GBNG《大悲观音·中有除暗明灯教授》（*Thugs rje chen po bar do mun sel gyi sgron me'i gdams pa*），收《开显隐义：玛尼全集合编》（*Gab pa mngon byung: A Collection of Ma ṇi bka' 'bum Texts*），印度喜马偕尔邦，多嘉（Thobgyal）：西藏苯教寺院中心，1973，叶 260-284。I-Tib-1058；73-903023。
- GJGT 敦珠·吉扎益西多杰（bDud 'joms 'Jigs bral ye shes rdo rje），《敦珠教法史》（*Gang ljong rgyal bstan yongs rdzogs kyi phyi ma snga 'gyur rdo rje theg pa'i bstan pa rin po che ji ltar byung ba'i tshul dag cing gsal bar brjod pa lha dbang g.yul las rgyal ba'i rnga bo che'i sgra dbyangs*），收《敦珠仁波切全集》，卷 1，no.2。I-Tib-1905；79-901972。
- GKCB 郭若扎西（Guru bKra shis Ngag dbang blo gros），《郭扎佛教史》（*Gu bkra'i chos 'byung*，亦即 *bsTan pa'i snying po gsang chen snga 'gyur nges don zab mo'i chos kyi byung ba gsal bar byed pa'i legs bshad mkhas pa dga' byed ngo mtshar gtam gyi rol mtsho*），北京：中国藏学出版社，1990。
- GLRB 萨迦·索南坚赞（Sa skya bSod nams rgyal mtshan），《西藏王统记》（*rGyal rabs gsal ba'i me long*），北京：民族出版社，1981。
- GRLP 热那林巴（Ratna gling pa），《上师热那林巴之梦境自显迷乱解脱·救度中有关要险峡之库藏第九品》(*Guru ratna gling pa'i rmi lam rang snang 'khrul grol bar do gnad kyi 'phrang grol zhes bya ba mdzod khang skabs dgu pa*)，收《热那林巴选集》，卷 1，叶 545-557。I-Tib-1041; 73-901830。

- LRCB 达察·次旺杰（Ri bo che dPon tshang, rTa tshag Tshe dbang rgyal),《洛绒史籍》(*lHo rong chos 'byung thub bstan gsal byed*，亦即 *Dam pa'i chos kyi byung ba'i legs bshad lho rong chos 'byung ngam rta tshag chos 'byung zhes rtsom pa'i yul ming du chags pa'i ngo mtshar zhing dkon pa'i dpe khyad par can*)，雪域文库（Gangs can rig mdzod）系列 no. 26，拉萨：西藏藏文古籍出版社，1994。
- LZBP 洛桑曲吉坚赞（Blo bzang chos kyi rgyal mtshan),《救度中有险峡》(*Bar do 'phrang sgrol*)，I（Sik）-Tib-39；71-909698。
- MKGR 第四世竹巴法王遍智白玛噶波（Kun mkhyen Padma dkar po, 'Brug chen IV）编，《空行耳传古籍》(*mKha' 'gro snyan brgyud kyi yig rnying*)，西孟加拉邦，大吉岭：噶举经典修缮室（Kargyud Sungrab Nyamso Khang），1982，I-Tib-22249；82-902170。
- MLAM 米拉日巴（Mi la ras pa),《以心决断道·中有直指甚深教诫》(*Lam blo nas gcod pa bar do ngo sprod kyi gdams ngag zab mo*)，收（1）MKGR，卷 2，叶 99-128；（2）《白玛贵类乌齐杰仲藏书馆所藏噶举派稀有文本》(*Rare dKar brgyud pa Texts from the Library of Ri bo che rJe drung of Padma bkod*)，印度阿鲁那恰尔邦，德苏：西藏宁玛派寺院，1974，叶 47-76。I-Tib-1293；74-901474。
- MLGB 藏宁嘿噜嘎（Gtsang smyon He ru ka Sangs rgyas rgyal mtshan),《米拉日巴道歌集》(*Mi la'i mgur 'bum*)，达兰萨拉：文明出版社（Sherig Parkhang），1990，I-Tib-2436；83-907128。
- NGB《宁玛十万续》(*rNying ma rgyud 'bum*)，（1）禅扎版（mTshams brag），46 卷，不丹：廷布，1982，I（Bhu）-Tib-313；82-902165；（2）廷结版（gTing skyes），36 卷，不丹：廷布，1973，I（Bhu）-Tib-9；73-903590。
- RCTD 蒋贡·工珠，《大宝伏藏》(*Rin chen gter mdzod*)，I（Bhu）-Tib-124；77-900739。
- TOH 宇井伯寿、铃木宗忠、金仓圆照、多田等観（编),《西藏大藏经总目录》(《甘珠尔》和《丹珠尔》)(*A Complete Catalogue of the Tibetan Buddhist Canons* [*Bkaḥ-'gyur and Bstan-ḥgyur*])，仙台：东北帝国大学（Tōhoku Imperial University），1934。

- TT 铃木大拙（编），《北京版西藏大藏经》（*The Tibetan Tripṭaka: Peking Edition*），东京—京都：西藏大藏经研究会（Tibetan Tripiṭaka Research Institute），1957-1958。
- YANG 央金・噶维罗珠（dByang can dGa' ba'i blo gros），《〈救度中有险峡祈愿・救度怖畏之勇士〉疏・教诫明灯》（*Bar do 'phrang sgrol gyi gsol 'debs 'jigs sgrol gyi dpa' bo zhes bya ba'i 'grel pa gdams ngag gsal ba'i sgron me*），收《阿迦经师全集》（*Collected Works of A-kya Yongs-'dzin*），卷 1，叶 336-364，新德里：喇嘛古如德瓦（Lama Guru Deva），1971，I-Tib-836；74-926906。
- YGLG 扬贡巴坚赞（Yang dgon pa rgyal mtshan，亦即拉东巴 lHa gdong pa），《扬贡巴坚赞贝文集》（*The Collected Works of Yang dgon pa rgyal mtshan dpal*），廷布：衮桑多嘉，1976。
- ZBNA 宗喀巴・洛桑扎巴（Tsong kha pa Blo bzang grags pa），《甚深道那若六法导引次第：具三信念》（*Zab lam nā ro'i chos drug gi sgo nas 'khrid pa'i rim pa yid ches gsum ldan*），收（1）《无比至尊宗喀巴・洛桑扎巴全集》（*The Collected Works [Gsuṅ 'bum] of The Incomparable Lord Tsoṅ-kha-pa Blo-bzaṅ-grags-pa*），德里：1978，卷 9，叶 84.5-98.5，I-Tib-1809；及（2）《至尊宗喀巴・洛桑扎巴全集》，德里：阿旺格勒德莫（Ngawang gelek demo），1979，卷 13，编号 9，叶 489.3-503.6，I-Tib-1481；75-905462。
- ZHAB 夏嘎巴・措珠让卓（Zhabs dkar ba Tshogs drug rang grol），《浊世众生之怙主夏嘎大金刚持广传・满足善缘化机解脱愿之如意至宝》（*sNyigs dus 'gro ba yongs kyi skyabs mgon zhabs dkar rdo rje 'chang chen po'i rnam par thar pa rgyas par bshad pa skal bzang gdul bya thar 'dod rnams kyi re ba skong ba'i yid bzhin gyi nor bu bsam 'phel dbang gi rgyal po*），西宁，1985。
- ZKGK《寂忿成就法类》（*Zhi khro sgrub skor glegs bam gyi dbu'i rdul len thar lam 'dren byed*），德里，1968，I-Tib-761；76-924678。
- ZKND 嘉村宁波（'Ja' tshon snying po），《寂忿了义藏》（*Zhi khro nges don snying po*），收《持明嘉村宁波伏藏法》（*Rig 'dzin 'ja' tshon snying po'i gter chos*），印度：拜拉库比（Bylakuppe），1997。

西文文献

- 阿丽亚娜・麦克唐纳（Ariane Macdonald）1971，《敦煌吐蕃历史文书考释》（Une Lecture

des Pelliot Tibétain 1286, 1287, 1038, 1047 et 1290），收《拉露纪念文集》（*Etudes tibétaines dédiées à la mémoire de Marcelle Lalou*），巴黎（Paris）：亚德里安·麦松奈文出版社（A. Maisonneuve），页 190-391。

- 阿丽亚娜·麦克唐纳和今枝由郎（Yoshiro Imaeda）1978—1979，《法国国立图书馆所藏藏文文书选刊》（*Choix de documents tibétaines conservés à la Bibliothèque Nationale*），2 卷，巴黎：国家图书馆。
- 爱德华·孔兹（Conze, Edward）编 1954，《历代佛教文本》（*Buddhist Texts through the Ages*），牛津：牛津大学出版社（Oxford University Press）。
- 埃里克·哈尔（Erik Haarh）1969，《雅隆王朝》（*The Yar-luṅ Dynasty*），哥本哈根：盖德出版社（Gad's Forlag）。
- 埃里克·贝玛·根桑（Kunsang, Erik Pema）1987，《正念之镜：四中有》（*The Mirror of Mindfulness: The Cycle of the Four Bardos*），波士顿：香巴拉出版社（Shambhala）。
- 安德里·巴罗（Bareau, André）1955，《小乘佛教宗派》（*Les Sectes bouddhiques de Petit Véhicule*），西贡（Saigon）：法国远东学院（École française d'Extrême-Orient）。
- 安妮·克莱因（Klein, Anne）1985，《本初清净与日常生活：崇高的女性象征与西藏女性》（Primordial Purity and Everyday Life: Exalted Female Symbols and the Women of Tibet），收阿特金森（C. W. Atkinson），布塔南（C. H. Budhanan）与迈尔斯（M. R. Miles）编，《无瑕与具力》（*Immaculate and Powerful*），波士顿：灯塔出版社（Beacon Press）。
- 安妮－玛丽·布隆多（Anne-Marie Blondeau）1990，《共许苯教传统的认定》（Identification de la tradition appelée *bsGrags-pa Bon-lugs*），收《印藏学：斯内尔格罗夫教授对印藏学所作贡献的纪念文集》（*Indo-Tibetan Studies: Papers in Honour and Appreciation of Professor David L. Snellgrove's Contribution to Indo-Tibetan Studies*），塔德乌斯·斯考鲁普斯基（Tadeusz Skorupski）编，英国佛教全书系列（Buddhica Britannica Series Continua）2，英国，特灵（Tring）：佛学研究所（Institute of Buddhist Studies），页 37-54。
- 巴桑旺堆（Wangdu, Pasang）和海德噶·丁伯格（Hildegard Diemberger）2000，《〈巴协〉：关于佛法入藏的王室叙述》（*dBa' bzhed: The Royal Narrative Concerning the Bringing of the Buddha's Doctrine to Tibet*），维也纳：奥地利科学院出版社（Verlag der österreichischen Akademie der Wissenschaften）。

- 比肖夫（Bischoff, F.A）、查尔斯·哈特曼（Charles Hartman）1971,《莲花生对橛的创造：伯希和藏文文献 44》(Padmasambhava's Invention of the Phur-bu: MS. Pelliot Tibétain 44)，收《拉露纪念文集》，巴黎：亚德里安·麦松奈文出版社，页 11-27。
- 布里安·奎瓦斯（Cuevas, Bryan J.）1996,《前身与原型：佛教中有的观念史》(Predecessors and Prototypes: Toward a Conceptual History of the Buddhist Antarābhava)，《神秘者》(*Numen*)，43.3，页 263-302。
- 查尔斯·兰博（Ramble, Charles）1982,《地位与死亡：一个藏族村落的丧葬仪式与对尸体的态度》(Status and Death: Mortuary Rites and Attitudes to the Body in a Tibetan Village)，收《冈仁波齐》(*Kailash*)，9.4，页 333-360。
- 褚俊杰 1989,《吐蕃本教丧葬仪轨研究——敦煌古藏文写卷 P.T.1042 解读》,《中国藏学》1989 年第 3、4 期。
- 达斯笈多（Dasgupta, Shashibhushan）1976,《模糊的宗教崇拜》(*Obscure Religious Cults*)（第三版），加尔各答：菲尔马·马克巴迪亚（Firma K.L. Mukhopadhyay）。
- 大卫·杰玛诺（Germano, David）1994,《大圆满密教史中的构建与缺失》(Architecture and Absence in the Secret Tantric History of the Great Perfection [*rdzogs chen*]),《国际佛教研究协会期刊》(*Journal of the International Association of Buddhist Studies*)，17.2，页 203-335。
- 大卫·塞福特·鲁埃格（Ruegg, David Seyfort）1989,《比较视角下的佛性、心识与渐悟问题：论佛教在印度与西藏的传播与接受》(*Buddha-Nature, Mind, and the Problem of Gradualism in a Comparative Perspective: On the Transmission and Reception of Buddhism in India and Tibet*)，伦敦：伦敦大学亚非学院。
- 丹尼·高索（Cozort, Daniel）1986,《无上瑜伽续》(*Highest Yoga Tantra*)，纽约：雪狮出版社（Snow Lion）。
- 但·马丁（Martin, Dan）1996b,《喜马拉雅高原天葬仪式的文化生态学》(On the Cutural Ecology of Sky Burial on the Himalayan Plateau)，收《东方与西方》(*East and West*)，46.3-4，页 353-370。

  ——1996c,《星王与白哈尔护法之四子：11 至 12 世纪西藏盛行的宗教运动》(The Star King and the Four Children of Pehar: Popular Religious Movements of Eleventh-to Twelfth-Century Tibet)，收《匈牙利科学院东方学报》(*Acta Orientalia Academiae Scientiarum Hungaricae*),

49（1-2），页 171-195。

——1997，《西藏历史：藏文史书名录》（*Tibetan Histories: A Bibliography of Tibetan-Language Historical Works*），伦敦：西域出版社（Serindia）。

- 敦珠仁波切（Dudjom Rinpoche, Jigdrel Yeshe Dorje）1991，《藏传佛教宁玛派》（*The Nyingma School of Tibetan Buddhism*），久美多杰（Gyurme Dorje）和马修·凯普斯坦译，两卷，波士顿：智慧出版社（Wisdom）。
- 法布里奇奥·托里切利（Torricelli, Fabrizio）和阿阇梨桑杰纳迦（Āchārya Sangye T. Naga）译 1995，《玛尔巴曲吉罗珠所造〈大成就者帝洛巴传〉》（*The Life of the Mahāsiddha Tilopa by Mar-pa Chos-kyi Blo-gros*），达兰萨拉：西藏档案文献图书馆（Library of Tibetan Works and Archives）。
- 弗朗茨－卡尔·艾哈德（Ehrhard, Franz-Karl）1990，《"大鹏振翅"：论一部大圆满道歌集的文献史与思想史》（*"Flügelschläge des Garuḍa": Literar- und Ideengeschichtliche Bemerkungen zu einer Liedersammlung des rDzogs-chen*），斯图加特（Stuttgart）：弗兰茨·斯坦纳（Franz Steiner）。
- 弗朗索瓦丝·波玛瑞（Pommaret, Françoise）1998b，《伏藏师：不丹的地方神与灵媒》（Maîtres des trésors (gter bdag): Divinités locales et médiums au Bhoutan），收《西藏山神，其崇拜与体现：第七届国际藏学研讨会论文集（奥地利格拉茨，1995）》（*Tibetan Mountain Deities, Their Cults and Representations：Proceedings of the Seventh Seminar of the International Association for Tibetan Studies, Graz 1995*），安妮－玛丽·布隆多（Anne-Marie Blondeau）编，维也纳：奥地利科学院出版社，页 79-97。
- 格伦·穆林（Mullin, Glenn H.）1996，《宗喀巴之那若六法》（*Tsongkhapa's Six Yogas of Naropa*），纽约伊萨卡：雪狮出版社。
- 格西格桑嘉措（Gyatso, Geshe Kelsang）1982，《大乐光明：佛教金刚乘之大手印》（*Clear Light of Bliss: Mahamudra in Vajrayana Buddhism*），伦敦：智慧出版社。

——1994，《密乘之基与道》（*Tantric Grounds and Paths*），伦敦：解脱出版社（Tharpa）。

- 怀利（Wylie）1964a，《玛尔巴之碉楼：论西藏地方霸权》（Mar-pa's Tower: Notes on Local Hegemons in Tibet），收《宗教史》（*History of Religions*），3.2，页 278-291。
- 怀特（White）1996，《炼金之身：中世纪印度的成就者传统》（*The Alchemical Body: Siddha*

Traditions in Medieval India），芝加哥：芝加哥大学出版社。

- 亨克·布雷泽（Blezer, Henk）1997，《噶林寂忿：一个密乘佛教概念》（*Kar gliṅ Źi khro: A Tantric Buddhist Concept*），莱顿（Leiden）：亚洲、非洲与美洲研究所（Research School CNWS）。

——1998a，《早期（象雄）耳传文献中的（苯性）光明与寂忿中有初探》（A Preliminary Report on Investigations into *(Bon nyid) 'Od gsal-* and *Zhi khro bar do* in Earlier *(Zhang zhung) sNyan rgyud-* Literature）。本文发表于第八届国际藏学研讨会（Seminar of the International Association for Tibetan Studies），印第安纳州，布卢明顿（Bloomington）。

——1998b，《对〈噶林寂忿〉的进一步思考：但·马丁评述〈噶林寂忿：一个密乘佛教概念〉所引资料研究》（Some Further Reflections on *Kar gling Zhi khro*: A Study of Sources Referred to in Dan Martin's Review of *Kar gling Zhi khro: A Tantric Buddhist Concept*），《西藏学刊》（*The Tibet Journal*），23.4，页 134-143。

- 基思·道曼（Dowman, Keith）1985，《大手印上师：八十四大成就者之道歌与历史》，（*Masters of Mahamudra: Songs and Histories of the Eighty-Four Buddhist Siddhas*），奥尔巴尼：纽约州立大学出版社。

——1997，《西藏的神圣人生》（*The Sacred Life of Tibet*），伦敦：托森斯出版社（Thorsons）。

- 杰罗姆·艾杜（Edou, Jérôme）1996，《玛吉拉准和断法的基础》（*Machig Labdrön and the Foundations of Chöd*），纽约伊萨卡：雪狮出版社。

- 拉塞尔·柯克兰（Kirkland, J. Russell）1982，《山神：前佛教时期西藏的神话与邦国》（The Spirit of the Mountain: Myth and State in Pre-Buddhist Tibet），《宗教史》21，页 257-271。

- 林藜光（Li kouang, Lin）1949，《正法念处经》（*L'aide-mémoire de la vraie loi (Saddharma-smṛtyupasthāna-sūtra)*），《吉美博物馆研究年报》（Annales du Musée Guimet, Bibliothèque d'études），54 期，巴黎：亚德里安·麦松奈文美洲和东方书店（Librairie d'amérique et d'orient Adrien-Maisonneuve）。

- 马丁·布尔德（Boord, Martin J.）和洛桑诺布措那瓦（Losang Norbu Tsonawa）1996，《班钦·索南扎巴之〈密续部总建立：善缘意乐〉》（*Overview of Buddhist Tantra: General Presentation of the Classes of Tantra, Captivating the Minds of the Fortunate Ones by Panchen Sonam Dragpa*），达兰萨拉（Dharamsala）：西藏档案文献图书馆。

- 玛尔赛勒·拉露（Lalou, Marcelle）1939-1961，《法国国立图书馆藏敦煌藏文写本文献目录》（*Inventaire des manuscrits tibétains de Touen-houang conservés à la Bibliothèque Nationale*），3 卷，巴黎。

  ——1949，《高地亚洲信仰中的死亡之路》（Les chemins du mort dans les croyances de Haute Asie），《宗教史评论》（*Revue de l'Historie des Religions*）。

  ——1952，《王室葬仪中的苯教仪轨》（Rituel Bon-po des funérailles Royales），《亚洲学刊》（*Journal Asiatique*），240.3，页 339-361。
- 杰弗里·霍普金斯（Hopkins, Jeffrey）《西藏宗义学类别：世界观的构建》（The Tibetan Genre of Doxography: Structuring a Worldview）1996，收何塞·伊格纳西奥·卡贝松（José Ignacio Cabezón）与罗杰·杰克逊（Roger R. Jackson）编，《藏文文献：分类研究》（*Tibetan Literature: Studies in Genre*），纽约伊萨卡：雪狮出版社，页 170-186。
- 杰弗里·塞缪尔（Samuel, Geoffrey）1993，《文明的萨满：西藏社会中的佛教》（*Civilized Shamans: Buddhism in Tibetan Societies*），华盛顿：史密森学会出版社（Smithsonian Institution Press）。
- 今枝由郎（Imaeda, Yoshiro）1981，《生死轮回史：一份敦煌藏文文献研究》（*Histoire du cycle de la naissance et de la mort: etude d'un texts tibétaine de Touen-houang*），日内瓦：德罗兹图书馆（Librarie Droz）。
- 堪布贡秋坚赞（Khenpo Könchog Gyaltsen）1990，维多利亚·赫肯帕勒（Victoria Huckenpahler）编，《噶举上师：黄金传承宝藏》（*The Great Kagyu Masters: The Golden Lineage Treasury*），纽约伊萨卡：雪狮出版社。
- 拉谛仁波切（Lati Rinpoche）和杰弗里·霍普金斯 1979，《死亡、中有与转生》（*Death, Intermediate State and Rebirth*），纽约：雪狮出版社。
- 拉章格桑（Ladrang Kalsang）1996，《西藏的护法神》（*The Guardian Deities of Tibet*），达兰萨拉：小拉萨出版社（Little Lhasa）。
- 罗伯特·赫兹（Hertz, Robert）1960，《死亡与右手》（*Death and the Right Hand*），罗德尼·尼达姆（R. Needham）与克劳迪娅·尼达姆（C. Needham）译，纽约：自由出版社（Free Press）。
- 罗伯特·克利策（Kritzer, Robert）1993，《世亲论"行缘识"》（Vasubandhu on *saṃskārapratyayaṃ*

vijñānam)，收《国际佛教研究协会期刊》(*Journal of the International Association of Buddhist Studies*)，16.1，页 24-55。

——1997,《毗婆沙论中的中有》(Antarābhava in the Vibhāsā)，收《圣母女子大学基督教文化研究所通讯》[马拉纳塔] (*Nôtom Damu Joshi Daigaku Kirisutokyô Bunka Kenkyūjo Kiyô* [Maranatha])，3.5 期，页 69-91。

——1998a,《〈入胎经〉：两个版本的内容比较研究》(*Garbhāvakrāntisūtra*: A Comparison of the Contents of Two Versions)，收《圣母女子大学基督教文化研究所通讯》[马拉纳塔]，3.6，页 3-12。

——1998b,《精、血与中有》(Semen, Blood, and the Intermediate Existence)，收《印度学佛教学研究》(*Journal of Indian and Buddhist Studies*)，46.2，页 1025-1031。

——1999a,《"我"之别名："中有"的两个非佛教平行概念》(An *Ātman* by Any Other Name: Two Non-Buddhist Parallels to *antarābhāva*)，手稿。

——1999b,《四种入胎方式》(The Four Ways of Entering the Womb [*garbhāvakrānti*])，手稿。

- 罗伯特·瑟曼（Thurman, Robert）1994,《西藏死亡书：中有闻解脱》(*The Tibetan Book of the Dead: Liberation through Understanding in the Between*)，纽约：矮脚鸡出版社（Bantam Books）。
- 马修·凯普斯坦（Kapstein, Matthew）1996,《教诫：西藏关于自我的术语》(gDams ngag: Tibetan Technologies of the Self)，收何塞·伊格纳西奥·卡贝松与罗杰·杰克逊编,《藏文文献：分类研究》，纽约伊萨卡：雪狮出版社，页 275-289。

——2000,《西藏对佛教的同化：转变、论争与记忆》(*The Tibetan Assimilation of Buddhism: Conversion, Contestation, and Memory*)，纽约：牛津大学出版社。

- 斯坦罗亚尔·芒福德（Mumford, Stan Royal）1989,《喜马拉雅的对话：西藏喇嘛和尼泊尔的古隆萨满》(*Himalayan Dialogue: Tibetan Lamas and Gurung Shamans in Nepal*)，麦迪逊（Madison）：威斯康星大学出版社（University of Wisconsin Press）。
- 米兰达·肖（Shaw, Miranda）1994,《激情的证悟：密乘佛教中的女性》(*Passionate Enlightenment: Women in Tantric Buddhism*)，普林斯顿：普林斯顿大学出版社。
- 米歇尔·斯威特（Sweet, Michael J.）1996,《修心：一个西藏本土的宗教文献类别》(Mental Purification (*Blo sbyong*): A Native Tibetan Genre of Religious Literature)，收何塞·伊格纳西

奥·卡贝松与罗杰·杰克逊（Roger R. Jackson）编，《藏文文献：分类研究》，纽约伊萨卡：雪狮出版社，页 244-260。

- 内贝斯基·沃杰科维茨（Nebesky-Wojkowitz, Réne de）1956，《西藏的神灵与鬼怪》（*Oracles and Demons of Tibet*），荷兰海牙：穆顿出版社（Mouton）。
- 派尔·克威尔内（Kvaerne, Per）1985，《西藏苯教：西藏苯教的死亡仪轨》（*Tibet Bon Religion: A Death Ritual of the Tibetan Bonpos*），莱顿：博睿出版社（E.J. Brill）。
- 平川彰（Hirakawa, Akira）1973—1978，《阿毗达磨俱舍论索引》（*Index to the Abhidharmakośabhāsya = Abidatusuma kusharon sakuin*），东京：大藏出版株式会社（Daizo Shuppan）。

  ——1990，《印度佛教史：从释迦牟尼到早期大乘佛教》（*A History of Indian Buddhism: From Śākyamuni to Early Mahāyāna*），保罗·格罗纳（Paul Groner）编译，火奴鲁鲁（Honolulu）：夏威夷大学出版社（University of Hawaii Press）。
- 乔治·罗列赫（Roerich, George）1949，《青史》（*The Blue Annals*），再版，新德里：莫提拉尔·巴纳斯达斯。
- 琼·坎贝尔（Campbell, June）1996，《空行：藏传佛教女性身份研究》（*Traveler in Space: In Search of Female Identity in Tibetan Buddhism*），纽约：布拉齐勒出版社（Braziller）。
- 卡尔梅·桑木丹（Karmay, Samten G.）1988a，《大圆满》（*The Great Perfection*），莱顿：博睿出版社。

  ——1998，《箭与纺锤：西藏的历史、神话、仪式和信仰研究》（*The Arrow and the Spindle: Studies in History, Myths, Rituals and Beliefs in Tibet*），加德满都：曼荼罗书店（Mandala Book Point）。
- 僧护（Sangharakshita）1985，《永恒的遗产：佛教经典文献导论》（*The Eternal Legacy: An Introduction to the Canonical Literature of Buddhism*），伦敦：解脱出版社。
- 斯科鲁普斯基（Skorupski, Tadeusz）1983，《大乘观想曼拏罗净诸恶趣经：净治恶趣》（*The Sarvadurgatipariśodhana Tantra: Elimination of All Evil Rebirths*），德里：莫提拉尔·巴纳斯达斯。
- 斯内尔格罗夫（David Snellgrove）1967a，《朵波的四位上师》（*Four Lamas of Dolpo*），重印本，尼泊尔：喜马拉雅出版社（Himalayan Book Seller）。

  ——1967b，《苯教九乘次第》（*The Nine Ways of Bon*），伦敦：牛津大学出版社。

——1987,《印藏佛教：印度佛教徒及其后继者》(*Indo-Tibetan Buddhism: Indian Buddhists and Their Successors*)，2 卷，波士顿：香巴拉出版社（Shambhala）。

- 斯内尔格罗夫和黎吉生（Hugh Richardson）1986,《西藏文化史》(*A Cultural History of Tibet*)，波士顿：香巴拉出版社。
- 索伦森（Sørensen, Per K.）1994,《藏传佛教编年史——〈王统世系明鉴〉：14 世纪藏族编年史译注》(*Tibetan Buddhist Historiography-The Mirror Illuminating the Royal Genealogies: An Annotated Translation of the Fourteenth Century Tibetan Chronicle：rGyal-rabs gsal-ba'i me-long*)，威斯巴登（Wiesbaden）：哈拉索维茨出版社（Harrassowitz Verlag）。
- 苏仁翁（Shwe Zan Aung）和卡洛林・戴维斯（Caroline A. F. Rhys Davids）[1915] 1979,《争论点或论述之主题："论藏"中"论事"的翻译》(*Points of Controversy, or, Subjects of Discourse: Being a Translation of the Kathā-vatthu from the Abhidhamma-piṭaka*)，巴利圣典协会（Pali Text Society），第五辑，再版，伦敦：路特雷奇和基根保罗出版公司（Routledge and Kegan Paul）。
- 石泰安（Rolf A. Stein）1970,《有关西藏苯教葬仪的一份古代文献》(Un document ancien relatif aux rites funéraires des Bon-po ṭibétains)，《亚洲学刊》257，页 155-185。

——1988a,《东亚的子宫洞和女神圣地》(*Grottes-matrices er lieux saints de la déesse en Asie orientale*)，巴黎：法国远东学院（École française d'Extrême-Orient）。

——1988b,《敦煌写本中的本土宗教与苯教》(La religion indigène et les *bon-po* dans les manuscrits de Touen-Houang)，《法国远东学院学报》(*Tibetica Antiqua V. Bulletin d' École française d'Extrême-Orient*)。

- 史蒂芬・古德曼（Goodman, Steven D.）1992,《持明吉美林巴与〈龙青宁提〉》(Rig 'dzin 'Jigs med gling pa and the Klong Chen sNying Thig)，收《藏传佛教：理智与启示》(*Tibetan Buddhism: Reason and Revelation*)，罗纳德・戴维森（Ronald M. Davidson）和史蒂芬・古德曼编，奥尔巴尼：纽约州立大学出版社，页 133-146。
- 托德・吉布森（Gibson, Todd）1991,《从赞普到赞：西藏神圣王权的妖魔化》(*From btsanpo to btsan: The Demonization of the Tibetan Sacral Kingship*)，博士论文，布卢明顿：印第安纳大学。
- 太史文（Teiser, Stephen F.）1994,《〈十王经〉与中国中世纪佛教冥界的形成》(*The*

Scripture on the Ten Kings and the Making of Purgatory in Medieval Chinese Buddhism)，火奴鲁鲁：夏威夷大学出版社。

- 韦杰塞克若（Wijesekera）1945，《吠陀语中的 Gandharva 和巴利语中的 Gandhabba》（Vedic Gandharva and Pali Gandhabba），收《锡兰大学评论》（*University of Ceylon Review*），3.1，页 73-107。
- 海德噶·丁伯格（Diemberger, Hildegard）和恭特朗·哈佐德（Guntram Hazod）1994，《玛吉夏玛的康复：藏南卡塔和帕竹地区的古代历史与神话遗迹》（Machig Zhama's Recovery: Traces of Ancient History and Myth in the South Tibetan Landscape of Kharta and Phadrug），《西藏学刊》，19.4，页 23-45。
- 西格林德·迪茨（Dietz, Siglinde）1994，《阿毗达磨〈因施设〉中的化生与中有品》（The Chapter on *Nirmatta (sprul pa) and Antarābhava (bar ma do'i srid pa) in the Abhidharmaśāstra Kāranaprajñāpti (rgyu gdags pa)*），收《藏学研究：第六届国际藏学研讨会论文集（挪威法格内斯，1992）》（*Tibetan Studies: Proceedings of the Sixth Seminar of the International Association for Tibetan Studies, Fagernes 1992*），派尔·克威尔内（Per Kvaerne）编，奥斯陆（Oslo）：人类文化比较研究所（Institute for Comparative Research in Human Culture），卷一，页 154-167。
- 休·黎吉生（Richardson, Hugh）1998，《高峰、净土：西藏历史与文化著作选集》（*High Peaks, Pure Earth: Collected Writings on Tibetan History and Culture*），伦敦：西域出版社。
- 雅克·巴科（Jacques Bacot）1940，弗雷德里克·W. 托马斯（F.W. Thomas）和查尔斯·图森特（Ch. Toussaint），《敦煌本吐蕃历史文书》（*Documents de Touen-houang relatifs à l'histoire du Tibet*），巴黎：保尔·古特纳东方学书店（Librairie Orientaliste Paul Geuthner）。
- 亚历克斯·韦曼（Wayman, Alex）1974，《佛教有关中有的争论》（The Intermediate-State Dispute in Buddhism），收兰斯·塞尔温·考辛斯（L. Cousins）编，《伊莎林·布卢·霍纳佛学纪念文集》（*Buddhist Studies in Honour of I. B. Horner*），荷兰，多德雷赫特（Dordrecht）：里德尔出版公司（D. Reidel），页 227-239。

  ——1980，《密集本续瑜伽：秘密教诫四十颂》（*Yoga of Guhyasamājatanta: The Arcane Lore of Forty Verses*），纽约：塞缪尔·维瑟出版社（Samuel Weiser）。
- 亚历克西斯·桑德森（Sanderson, Alexis），迈克尔·卡里瑟斯（Michael Carrithers）、史蒂

文·科林斯（Steven Collins）、史蒂文·卢克斯（Steven Lukes）编 1985,《克什米尔婆罗门的清净与权力》(Purity and Power among the Brahmans of Kashmir)，收《人的分类：人类学、哲学、历史》(*The Category of the Person: Anthropology, Philosophy, History*)，剑桥：剑桥大学出版社，页 191-216。

- 艾尔伯托·罗勃（Lo Bue, Erberto F.）1994,《身份混淆之例：玛吉拉准与玛吉夏玛》(A Case of Mistaken Identity: Ma gcig Labs sgron and Ma gcig Zha ma)，收《藏学研究：第六届国际藏学研讨会论文集（挪威法格内斯，1992）》，派尔·克威尔内编，奥斯陆：人类文化比较研究所，卷一，页 481-490。
- 伊娃·达吉（Dargyay, Eva K.）1985,《一个宁玛文本：〈遍作王续〉》(A Rñiṅ-ma Text: The *Kun-byed rgyal-po'i mdo*)，收《西藏文明的回响：哥伦比亚大学 1982 年国际藏学研讨会论文集》(*Soundings in Tibetan Civilization: Proceedings of the 1982 Seminar of the International Association for Tibetan Studies Held at Columbia University*)，芭芭拉·尼姆利·阿奇兹（Barbara Nimri Aziz）、马修·凯普斯坦（Matthew Kapstein）编，新德里：马诺哈尔（Manohar），页 283-293。

  ——1992,《遍作王续：如母之佛》(*The Sovereign All-Creating Mind：Motherly Buddha*)，奥尔巴尼：纽约州立大学出版社。
- 伊文思·温慈（Evans-Wentz, W. Y.）和达瓦桑珠（Kazi Dawa Samdup）[1927] 2000,《西藏死亡书》(*The Tibetan Book of the Dead*)，再版，牛津：牛津大学出版社。
- 约翰·米尔丁·雷诺兹（Reynolds, John Myrdhin）1996,《金字》(*The Golden Letters*)，纽约伊萨卡：雪狮出版社。
- 泽巴仁增（Tsepak Rigzin）1986,《藏英佛教术语辞典》(*Tibetan-English Dictionary of Buddhist Terminology*)，达兰萨拉：西藏档案文献图书馆。
- 中村元（Nakamura, Hajime）1987,《印度佛教：概述及书目说明》(*Indian Buddhism: A Survey with Bibliographical Notes*)，德里：莫提拉尔·巴纳斯达斯公司。
- 朱塞佩·图齐（Giuseppe Tucci）1949,《西藏画卷》(*Tibetan Painted Scrolls*)，3 卷，罗马：国家书店（La Libreria Dello Stato）。

  ——1950,《藏王墓考》(*The Tombs of the Tibetan Kings*)，罗马：意大利中东远东研究院（Insituto Italiano per il Medio ed Estremo Oriente）。

• 珍妮特·嘉措（Gyatso, Janet）1998，《自我的幻影：一位西藏伏藏师之秘密自传》（*Apparitions of the Self: The Secret Autobiographies of a Tibetan Visionary*），新泽西州，普林斯顿：普林斯顿大学出版社（Princeton University Press）。

原载于布里安·奎瓦斯（Bryan J. Cuevas），《〈西藏死亡书〉的隐秘历史》（*The Hidden History of the Tibetan Book of the Dead*），纽约：牛津大学出版社（Oxford University Press），2003 年，页 27-68。

二十四

《六中有自解脱导引》* 导论

谈锡永

一

《寂忿密意自解脱深法》(*Zab chos zhi khro dgongs pa rang grol*，以下简称《寂忿密意自解脱》）中之《六中有圆满次第导引》(*rDzogs rim bar bo drug gi khrid yig*)，为这个伏藏法（gter ma）的一个重要组成部分。

整个《寂忿密意自解脱》，以寂静尊及忿怒尊为观修的对象，从而开发行者的本觉光明，以及能令行者证认本来清净的境界（如来藏），所以标题为“寂静忿怒密意”。

至于“自解脱”(rang grol)，则为宁玛派大圆满法门的意趣。敦珠林巴(bDud 'joms gling pa, 1835—1904) 的《无修佛道——现证自性大圆满本来面目教授》(*Rang bzhin rdzogs pa chen po'i rang zhal mngon du byed pa'i gdams pa ma*

---

* 谈锡永译注，《六中有自解脱导引》，台北：全佛文化，2011 年。后文所言“本书”均指该译注。

bsgom sangs rgyas bzhugs so，原简名《净治明相》，*sNang sbyang*），对此已有阐释。大圆满口诀部（man ngag sde）在见地上视轮回、涅槃一切法均依“本始基”（gdod ma'i gzhi）而“自显现”（rang snang），此如明镜的镜像，均依明镜而自显现，并非由明镜抉择其显与不显。若能证知一切法“自显现”，则即能“自解脱”（rang grol）。《寂忿密意自解脱》所提供的，即是令行者能证知“自显现”的次第修习。

全部法典分七部分，主要两部分，即“生起次第”（bskyed rim）与“圆满次第”（rdzogs rim）。于“生起次第”中，以《法行・习气自解脱》（*Chos spyod bag chags rang grol*）一论最为重要，教授行人于身坛城内如何生起寂静、忿怒一百本尊；于“圆满次第”则为本论，只不过在法典中分成六篇而已。

研究《寂忿密意自解脱》全部法典，须与德达林巴・久美多杰（gTer bdag gling pa 'Gyur med rdo rje, 1646—1714）的岩传法典《吉祥金刚萨埵意成就》(*dPal rdo rje sems dpa' thugs kyi sgrub pa*）互相参阅。然而二者都互有详略，《意成就》详于“生起次第”，《寂忿密意自解脱》则详于“圆满次第”。本论既为《寂忿密意自解脱》的“圆满次第”全部内容，因而在宁玛派大圆满修道上，即为一极其重要的法典。

复次，本论所谓“圆满次第”，实已包含“彻却”（khregs chod，立断）与“妥噶”（thod rgal，顿超）二大法门。于18世纪前，只将此二法门称为“不共圆满次第”，其后才渐渐将它们视为“大圆满正行”。

全部法典除了莲花生大士岩藏的“根本论”外，尚有后代祖师的“释论”及增补。例如根本论原缺“调伏自心识”及“清净自心识”的导引，后代祖师已予以增补，即是一例。

至于法典中的“解说”部分，共19篇，包括与眼、耳、鼻、舌、身相应的色、声、香、味、触“自解脱”法门，此中最重要的即为“中有闻”的“自解脱”法门，即藉耳及声而令死者在中有（bar do）中得成就法、报、化三身的“闻解脱”。

“中有大闻解脱”（*Bar do thos grol chen mo*）法门，在西方传播甚广，后来汉土又根据英文译为汉文，传播亦极广泛，但其实这个法门并非《寂忿密意自解脱》的精华，因为色、声、香、味、触的法门都需依靠他力，而法典的精华则在于教授修习，而令行者成就“自解脱”。

由上来所说，读者即知本论在全部法典中的位置。

二

《寂忿密意自解脱》法典，为莲花生大士所造并岩藏，于 14 世纪末为噶玛林巴（Karma gling pa）取得伏藏，由是建立了噶玛林巴岩传系统。[1]

噶玛林巴世寿不长。他取得的岩藏除《寂忿密意自解脱》外，尚有《大悲莲花寂忿本尊》(*Thugs rje chen po padma zhi khro*)。于圆寂前，付法与 14 位主要弟子者即为此法，而《寂忿密意自解脱》则唯传与其独生子尼达确杰（Nyi zla Chos rje），而且嘱咐须单传三代然后始得普传。于是尼达确杰传尼达沃色（Nyi zla ’od zer），尼达沃色传南喀曲吉嘉措（Nam mkha’ Chos kyi rgya mtsho），然后由南喀曲吉嘉措普传。因此在《寂忿密意自解脱》法系中，南喀曲吉嘉措是一位很重要的上师。

关于噶玛林巴的生年，只知道他生于藏历第六“胜生”（花甲），即由公元 1327 年至 1387 年此 60 年之间；[2] 依莲花生大士的授记，他应出生于龙或蛇年；[3] 他取得伏藏时，年 15 岁，[4] 此外即无更具体的资料。

不过，我们不妨根据另外一些资料片断，研究一下噶玛林巴到底是在哪一

〔1〕 现在传译为中外文字的《中有闻解脱》，有将“噶玛林巴”误为地名，并意译之为“业地”(Karma land)，实属错误。

〔2〕 Dudjom Rinpoche, *The Nyingma School of Tibetan Buddism,* trans.G. Dorje and M.Kapstein, Boston: Wisdom Publications, 1991, pp. 800-801（以下简称 NTB）.

〔3〕《莲师伏藏师预言及传承次第》(*Zab chos zhi khro dgongs pa rang grol dang thugs rje chen po padma zhi khro las lung bstan bka’ rgya*, 以下简称《次第》)，已译，未定稿。

〔4〕《密意自解脱深法传承史略宝鬘》(*brGyud pa’i lo rgyus mdor bsdus nor bu’i phreng ba*，以下简称《宝鬘》)，已译，未定稿。

个龙年或蛇年出生。

首先是关于噶玛林巴之子尼达确杰。于噶玛林巴圆寂时，他年纪甚幼，所以噶玛林巴要将《寂忿密意自解脱》用黄纸包裹，交一信守誓言的弟子保管，吩咐他说："于吾子之稚儿心性未尽前，你应妥善保存，日后交付给他。"又说："莲师授记三传弟子名字为日月，此法最终要交托给他。"这位名字为日月的三传弟子，即尼达沃色（日月光），出生于"牛年"。他于遇到尼达确杰之前，已经追随过许多上师，其中最著名的一位为杰尊扎巴坚赞（rJe btsun Grags pa rgyal mtshan）。

尼达沃色精通外内密。尼达确杰依梦兆前往隆波拜会他，并将《寂忿密意自解脱》交付给他，且嘱咐说："依照授记，你当为此法系的三传弟子。此法须单传三世，三世之后始能广传。你于得法之后亦须修习六年然后始可传授给弟子。"[1]

尼达沃色的弟子是南喀曲吉嘉措。由这位上师起，此法系始予以广泛流传。他出生于"铁狗年"（庚戌），[2]应是公元1430年（明宣德五年庚戌）。这是本法系上代祖师中唯一可以确定的年份。而且这确定十分可靠。因为南喀曲吉嘉措于依止尼达沃色求法前，曾追随过五十余位上师，其中一位竹巴嘉旺确杰（'Brug pa rGyal dbang chos rje）出生年份为1428年；另一位大岩传师热那林巴（Ratna gling pa）出生于1403年，所以只有1430年的庚戌才能适合，绝不能向上推或向下推60年。[3]

另一可靠年份，是南喀曲吉嘉措于"土羊年七月"向弟子根敦坚赞（dGe 'dun rgyal mtshan）开示传承历史。[4]由其生年1430年起算，只有一个"土羊年"（己未）合理，即是公元1499年（明孝宗弘治十二年己未），是年南喀曲吉嘉措

〔1〕此依《宝鬘》。但《宝鬘》中的说法较为含糊，所以有些学者以为由第三传尼达沃色即可广传，此与《次第》中的莲师授记，及噶玛林巴的遗嘱不合。所谓经三传始可广弘，系由尼达确杰主起算，故至南喀曲吉嘉措为止。

〔2〕参《宝鬘》，此为南喀曲吉嘉措的自述。

〔3〕还可以补充的是，热那林巴卒年为1478年（NTB p. 790），由是更可确定南喀曲吉嘉措的生年非为1430年不可。

〔4〕《宝鬘》中根敦嘉措的记述。

已 69 岁，年事已老，难怪要郑重其事地详述法系的四种传承。这个年份，亦绝不能向上或向下推 60 年，因而亦可确定。

现在试推论噶玛林巴的生卒年份。

于藏历第六“胜生”的 60 年间，属龙属蛇的年份只有四组：1328 / 1329；1340 / 1341；1364 / 1365；1376 / 1377。

他到底是在哪一年出生呢？应该是愈接近南喀曲吉嘉措生年（1430 年）愈比较合理。为什么呢？因为南喀曲吉嘉措于向日月光求法时，已追随过五十余位上师，是则其年龄绝不可能太轻，即使假设其求法时为 40 岁，跟最近一组年份相比，亦已相距 94 / 95 年，倘相距更大便不合理。下面将论及此点。

现在我们先根据这个原则，假设噶玛林巴生年为公元 1375 年（明洪武八年丙辰）或翌年。然后再推断他的卒年。

噶玛林巴于 15 岁取得伏藏，[1] 不久即预言自己将得重病，翌年果然示疾，旋即圆寂，是则其世寿可能只得 18 岁。则其卒年当为 1394 / 1395 年（明洪武二十七 / 二十八年，丙戌 / 乙亥）。

他圆寂时，其子尼达确杰当出生不久，所以噶玛林巴才会说其为“稚儿心性”，假设其为 2 岁，则生年应为 1392 / 1393 年。

至于尼达沃色则为“牛年”出生。他的生年当在尼达确杰与南喀曲吉嘉措生年之间。在 1392 年至 1430 年间的“牛年”只有两个，即 1409 年、1421 年。

现在我们试比较一下，两个“牛年”跟尼达确杰生年（1392 / 1393 年），及南喀曲吉嘉措生年（1430 年）的岁数差距——

（1）若为 1409 年，则少于日月法主 17 / 18 岁、长于南喀曲吉嘉措 21 岁。

（2）若为 1421 年，则少于日月法主 29 / 30 岁、长于南喀曲吉嘉措 9 岁。

两组岁数差距都有可能，笔者较倾向于 1409 年（明永乐七年己丑）。因为尼达确杰较少可能向一位比自己年轻 30 岁左右的上师传法。

由于当时尼达沃色已是著名的上师，他自己已到处传法，年纪应已不轻，若其时年龄已为 40 岁，则尼达确杰当已为 70 岁，颇嫌年龄过大。

---

〔1〕 NTB，p. 801。

幸而，不确定尼达沃色在哪一个“牛年”出生也没有关系，我们只想据此论证一点，假如将噶玛林巴的生年愈往上推，则尼达确杰的生年便应愈推前，那么，跟尼达沃色的年龄差距便愈大；假如将尼达沃色的生年推前来迁就，则变成他跟南喀曲吉嘉措的年龄差距增大。这都不很合理。

根据这些零碎资料，似可论定，伏藏师噶玛林巴的生卒年份，为1376 / 1377年至1394 / 1395年。

噶玛林巴是莲师授记的八大持明之一。因此噶玛林巴世寿虽短，可是他的宗教地位却很高。他从状如山神起舞的冈波达山（sGam po gdar gyi ri）取出莲花生大士的伏藏。其时当为公元1391年顷。

伏藏取出之后，可能曾引起很大的是非，因为在南喀曲吉嘉措口述的《传承宝鬘》中说及：“（关于）堆龙尼姑之预言，征兆错乱，故有流言蜚语。”虽语焉不详，似有忌讳，但我们读到《莲师伏藏师预言及传承次第》时，发现《预言》开头一段说——

于彼未来末法浊世时
比丘暗中怀抱女情人
尼姑生慢偷偷来杀生
贤淑姑娘嫁作和尚妻

那么，我们或者可以猜测到，这一段提到末法时代现象的预言，因为提到淫行，又提到尼姑，很可能当时便传说噶玛林巴与尼姑有染。噶玛林巴当时是一位少年上师，蜚语流言自然造成打击。历史上不少宁玛派的大圆满祖师多有法难，尤多谣谤，噶玛林巴的遭遇亦是一个例子。

噶玛林巴的法系经三代单传后，至四传弟子南喀曲吉嘉措时广泛传播，尤其是《中有闻解脱》法如今已广传于欧美，译为多种文字，这或者算是应验了莲花生大士的预言：“由彼传一，渐次至西方。”

《中有闻解脱》虽然是一本对死者念诵的经，指导死者如何应付死亡，以及于一旦进入“中有境界”时如何自解脱，其实，它亦向行人提供了生前修习的基础。也即是说，有许多修习的境界，跟死亡及中有时经历的境界完全相同，如果行人了解死亡与中有境界，则于观修时便容易掌握全部观修的脉络。

所以在《中有闻解脱》中，时时提到《导引次第》，谓生前曾依此修习的死者，听闻上师诵经时当立即解脱，因为上师提醒了死者，令他忆起生前的观修。

这里所说的《导引次第》，便即是本论。本论次第教授六个“导引”，是故简称为《导引次第》。全部六个次第修习，贯串了生死，所以又称为《生与死之禅法》——也可以说是“生与死的观修”。

三

佛家对生死的看法，跟世俗不同。佛家认为，生命只是在一特定时空的一段段“显现”，世俗执每一段显现作为“一生”，在此一生中结下不少恩怨情仇，然后又将恩怨带归黄土。其实，整个生命流程不断延续，我们之所谓“生”，只是“显现”；我们之所谓“死”，只是“不显现”。而且，我们还执著我们自己这个世界，作为显现或不显现的标准，而不知道整个有情世间以及器世间，实在无非有如电视荧光幕中的情器世间。

在电视荧光幕中的有情，有他们的物用，有他们的际遇，有他们的恩怨，一切俨然真实，但我们在电视外观赏，却知道他们如幻。

佛看我们这个世间，以及跟我们同一层面的世间，即所谓“六道”，就等如我们看电视中的世界。我们一切都觉真实，而佛则视之如幻。

所以佛称为“觉者”，我们却称为“迷乱有情”。——也许我们可以将自己当成“觉者”，而电视荧幕中的有情，则相对而成“迷乱”。这是一个层次上的比喻。所以能成比喻，正因为一切都只是显现。电视中的情器世间依附着荧光幕而显现，我们六道有情则依附着法界而显现。

倘如我们能够打破显现与不显现的世间执著，将眼光从一段一段的显与不显（生与死），转移为观看整个生命过程的流转，那就叫做“生死一如”了。

“六中有”就正是以“生死一如”的眼界，将人的一段“显与不显”，分成六个次第。在我们看来，就是一次在生死的过程了。因此，可以将这全部过程称为“六中有次第”。

这六个次第是——

（1）处生中有（skye gnas bar do）

（2）梦幻中有（rmi lam bar do）

（3）禅定中有（bsam gtan bar do）

（4）临终中有（’chi kha bar do）

（5）法性中有（chos nyid bar do）

（6）受生中有（srid pa bar do）

“处生中有”即是我们这一生。在我们这一生中，实际上我们白天在如幻的世界中活动、晚上则在如梦的世界中活动，所以便有贯串日夜的“梦幻中有”。

修道的人修习“禅定”（观修），因此我们有时会进入一个禅定世界（观修的境界），这时的心行（心的境相）便是“禅定中有”。

于死亡时，经历一个死亡过程，这过程有些人长些、有些人短些，但最重要的是临死的一弹指顷，这短暂的刹那，即是“临终中有”的境界。

于死者正式进入“中有”，亦即这一期的生命完全结束而尚未取得下一期的生命，这个中间阶段，称为“法性中有”。

然后中有身便随着业力的牵引去投胎，以接受一段新的“处生”，是故这投胎前以至投入母胎的境界，便称为“受生中有”。

将我们的生死都称为“中有”，也许我们很难接受。明明说人死以后才会变生“中有身”，例如说在“法性中有”阶段，这一期生命已尽，下一期生命未得，这种“中间状态”，可以接受将它说成是“中有”，那么，我们眼前不是正在活着吗，为什么却将它说成是“中有”呢？——事实上，若站在“生死一如”的立场上来看，称我们的“生”为中有，亦正如称我们的“死”为“中有”一样合理。

我们试画出一根生死的连环——

生→死→生→死→生→死……

生与死的环节间，介乎两个“生”的“死”，既然可以站在“生”的立场，说之为“中有”；那么，将介乎两个“死”之间的“生”，说成为“中有”，又有什么过失呢？

而且，我们最重要的，不是去争论哪一个环节才是“中有”，最重要的是，如何打断这根生死无尽的锁链。因此，我们与其去研究“中有”的定义与境界，倒不如依着“生死一如”的建立，切实修道，由六个中有境界的修习，令自己可以像佛及圣者一样，能如实证得轮回的世界如幻。依前比喻，即是能令自己跳离电视荧幕，去看荧幕中的恩怨情仇、悲欢离合、名利得失。

这即是学习《六中有导引次第》的意义。

四

在正式修习《六中有导引次第》之前，先需修两个前行法，即是“清净心识”与“调伏心识”。

噶玛林巴岩传六中有法，有前行之目，而无前行实修导引。唯有《祈愿三身》及《三身上师瑜伽祈愿》二祈祷文，此实已为“清净自心识”之前行作补充；此外噶玛林巴四传弟子南喀曲吉嘉措造有《前行调伏心识补述》，则为“调伏自心识”之补充。

噶玛林巴三传弟子尼达沃色另造有《密咒金刚乘法行四座瑜伽·心性自解脱》之念诵仪轨，即摄集前行中“调伏自心识”及“清净自心识”二法精要，已译出收作附录，学人可以使用。

所谓“清净”，主要是除障。

除障并不是为人生除去障碍，而是为了清除夙生业障。一个生命在不断流转，在流转的过程中不断作身语意业，这些业力又形成“习气”，所以便成为推动我们继续轮回的力量。除障，便即是清除习气，同时由于不作恶缘，是故令恶因不起，这就为解脱建立了基础。

然而“清净心识”除了除障以外，还有“皈依发心”和“献曼达”（献供坛城）。

皈依是基础，因为唯有以皈依上师三宝为基，然后修道才有依据。这是无论修习小乘、大乘、密乘的行人都要依止的基石，所以称为“共修道基”。

发心是“发菩提心”。所谓“菩提心”，包含两个因素：智慧与方便。智慧是“胜义菩提心”，那是我们修道时所须证得的心识境界；方便是“世俗菩提心”，那是我们所须建立的心识行相，即是大悲。因此，“菩提”（bodhi，觉）便即是智慧与大悲，无智则不能证悟，无悲则缺乏生机，是故“菩提心”的体性，便称为“智悲双运”。这是唯有大乘行人才有的修道基础，故说“发心”为“不共修道基”。不共，是不与小乘行人相同的意思。

至于“献曼达”，即是献供坛城。坛城是我们观修皈依的对象，通过对坛城献上实设或意显的种种供养，由是积集福德资粮；献供同时需要生起三轮体空的觉受，由是积集智慧资粮。这可以说是发菩提心引申而来的实际观修。积集二种资粮，有助于我们清除次第修习上的一切内外障碍。

最后是修习“上师瑜伽”。上师是佛法僧三宝总集的具体表征，亦即将前面的观修摄集为一。“瑜伽”（Yoga）意思是“相应”。通过修习于心境上与上师三宝相应，进而依止上师真实引导指示，次第修习，最终得以解脱。这里非常强调“信心”，上师的加持力大小，端视我们能够生起多少信心而定。信心将会是以下各项修习的基础，否则必定无法由上师的指导而历次第止观实修。

至于“调伏自心识”，主要是增强出离心，以断除对世间的种种执著。本论需观修三种思维。

首先“思惟轮回苦”。开宗明义即谓：“若不能发厌离轮回心，任何修习皆难离对于今生之执著。”对轮回现象中无穷过患，应当感同身受，决志出离，如是确立修行解脱之见。

继而“思惟暇满难得”。由八无暇及十圆满的抉择，得知人身难得，今生再不精进于修习佛法，岂非白白浪费。如是远离为下堕之因的贪着，速求解脱之道。

然后“思惟死亡无常”。虽得人身，亦已修法，如果一日尚未生起证量，无常死主随时到来，势必再度轮回。因此，现在实不应该懈怠放逸，当于佛法勇猛勤修，以期早日获得解脱之果。

这三种思惟虽然以出离心为关要，于引导观修之际，非常强调缘境发心，时刻不忘受苦有情，菩提心亦必能同时生起。如是，我们的心识得以调伏，渐入佛道。

通过“清净心识”与“调伏心识”的前行真实观修后，才算具备了解脱的基础，可以开始正行的六个中有次第修习。

五

六个中有修习，涵括密法的精要。

宁玛派在见地上，视轮回生死与涅槃解脱一切法，唯依“本净本始基”而“自显现”。诸佛圣者因能证知“自显现”，于是“自解脱”，则为觉醒；六道有情不能证知“自显现”，遂于显现生种种“能所分别”，即为迷乱。由“自显现”而“自解脱”实为迷悟关键，密法中不同施设，无论生起次第或圆满次第的修习，亦实于此机理中建立。

由是依身、语、意三门，方便设立应机的止观修习，进而据微细的脉、气、明点，以得大乐、光明、无念为手段，求证法、报、化三身解脱果，是名“成佛之道”。此由轮涅“自显现”（相用）趣入“自解脱”（体性）境界的法门，即《辨法法性论》所云：转舍“法”而依得“法性”的具体观修。莲师传下的《六中有次第导引》，实即此机理最为殊胜、最为直接的修习。

六个中有的次第，由“生死一如”的观点来看，实不应分割。但依修习重点而言，则可分为“生”的三中有与“死”的三中有以作止观修习。

“生”的三中有，即“处生中有”“梦幻中有”“禅定中有”；“死”的三中有，即“临终中有”“法性中有”“受生中有”。二组修习都依能得法报化三身的解脱果而建立。三身本为一体不可分，但依修习方便而言，则可以说为化身解脱、报身解脱、法身解脱三种观修。读者需知此意，否则必将堕入支离割裂的过失，是则解脱无期。

“处生中有导引”，为我们自出生后至临死前所修习，分作寂止与胜观二大纲领。寂止观修，首需安适身语意三门，继而由有相寂止修到无相寂止；然后正式修胜观，并着重于“本净”心性的指示。从这施设，我们实可将密法一切修习统摄为止观二门。因此，全部生起次第观修，皆可视作前行准备，而收束于此；向后其余五个导引，则为于此基础下的开展而已。由以是关要，所以本导引特别详尽，并且引经据典来论证，唯恐我们见修不能确立。行人依此可以证得化身“自显现”境界。

“梦幻中有导引”，为我们于座下日常生活中行止的修习，视一切活动如幻，分作幻身、睡梦、光明三大纲领。由处生中有导引修习所得的证量，于下座后，希望能够延伸到生活中，重点在末后详示的四种光明修习，实为后四中有奠定基础。行人依此可以证得报身“自显现”境界。

“禅定中有导引”，为进一步的甚深禅定修习，主要观修“三虚空禅定”，以除去前二修习的微细执著，进而得“四大解脱”的证量。行人依此可以证得法身“自显现”境界。

上来三个中有修习，即“立断”（彻却）法门的精要。分摄化报法三身的证量，实为后三中有作准备。说分证三身，实就重点而言，非谓三身可以割裂而证，此前已说，读者于此切忌断章取义。

“临终中有导引”，上根者可于死光明出现之际证得法身“自解脱”，对中下根者则教导五种迁识往生法门，此已涵括为观死相、赎命、摄集等辅助方便的指示。

“法性中有导引”，上根者可于生前修习四种显现（四现分），为得即身成就的究竟道——大圆满。若未能证得，则可以通过《闻解脱》以忆念寂忿诸尊密意，证得报身“自解脱”。

“受生中有导引”，主要教授六种遮胎门的方便，随修其一，即能证得化身“自解脱”。

以上三个中有修习，即“顿超”（妥噶）法门的精要。

有关这六个中有的导引教授，本书论述极为详明，不赘。希望有缘得阅的人，持之向具德上师请求指示，并依之以实修实证。

六

藏传佛教的中有教授，远承自印度佛教《入胎经》(*Garbhāvakrāntinirdeśasūtra*)及《正法念处经》(*Saddharmasmṛtyupasthānasūtra*)、瑜伽行派的《瑜伽师地论》(*Yogācārabhūmi*)，以及部派佛教的阿毗达磨论。此如世亲（Vasubandhu）的《阿毗达磨俱舍论》(*Abhidharmakośa-bhāṣya*）所言："于死有后、在生有前，即彼中间有自体起，为至生处故起此身。二趣中间故曰'中有'。"[1]对于印土论师所说的中有阶段，可归纳为四：

生有（upapattibhava）：指初受生时之刹那

本有（pūrvakālabhava）：指已生以至未死之间

死有（maraṇabhava）：指临命终一刹那

中有（antarābhava）：指已死以至未生之间

此四中有的定义，与六中有的建立略有不同。此中所说本有，略同于六中有之处生中有；所说死有，略同临终中有；至于中有与生有的定义则较含糊，约相当于六中有之法性中有与受生中有。

然而，从这些印度佛典中，我们只能看到生命流转过程的描述，却并未见到如何于中能作佛家止观修习而得解脱的教授。若相信佛教的教法都是有说、有修、有证的话，那么现存的印度佛教经论，就仅保留了说法的部分，而未曾对修法的部分作出同样的结果。

现今所谓《西藏死亡书》(*The Tibetan Book of the Dead*）闻名于世，令许多人以为中有教法乃藏传佛教的文明产物。可是，中有的修习却无疑是源自印度佛教。于藏传佛教后弘期把中有教法传入西藏的帝洛巴（Tilopa）上师，他的传记便有提到他从甘巴喇（Kambala）、游戏金刚（Lalītavajra）及善母（Śubhaginī）等大成就者（mahāsiddha）处，得到中有教授的传承，便将之结集为他的《六法口

〔1〕《大正藏》第29册，no.1558，页44。同论复依中有之不同状态而举出五名：（1）意成，（2）求生，（3）食香，（4）中有，（5）起。详见《俱舍论》卷十。

诀》（*Ṣaddharmopadeśa*）中的一部分；其后，他即把教法传与那若巴（Nāropa）。那若巴著名的《那若六法》（*Nāro chos drug*），即可视为对帝洛巴《六法口诀》的重新整理、补充与编订。六法中，拙火出自《胜乐本续》（*Cakrasaṃvara-tantra*）与《喜金刚本续》（*Hevajra-tantra*）；幻身与光明出自《密集本续》（*Guhyasamāja-tantra*）；梦境与中有出自《大幻化续》（*Mahāmāya-tantra*），迁识出自《正相合续》（*Saṃpuṭa-tantra*）。[1]

由此可见，有关中有的实修与解脱法门，不论于印度还是中国西藏，都是保存于无上瑜伽密的教法。此印藏佛教所传的中有法门，不但有次第的实修观想，最重要的是所有修习都与佛家的见地配合，以六法或者是六中有的观修为方便，来圆证三身如来藏果。如是以瑜伽观修现证究竟中道，正是瑜伽行中观的传统。

宁玛派的六中有教法，于14世纪才由噶玛林巴传出，由文献学的角度而言，此法汇的成书年代不可能早于14世纪；然而，对宁玛派的学人而言，此法汇却是莲花生大士于8世纪埋下的伏藏。与那若巴的六法比较，两个法门虽然传承不同，但亦有相近之处。例如，六法中之幻身法、梦境法与光明法的部分修习，即见于六中有法之梦幻中有；迁识法也有部分修法与临终中有的观修相同。而且，二者于噶举派和宁玛派，都属于圆满次第的修法。然而，两个法门的建立意趣，却亦有着根本差异。

此如六中有的系统，以自解脱为教法建立的重点，此即与那若巴的六法建立不同。诸法本自解脱，以一切法皆为本始基上的自显现故。本始基体性空而非实有，然自相任运而有周遍的大悲显现——此即宁玛派口诀部所说的三句义：体性本净（ngo bo ka dag）、自相任运（rang bzhin lhun grub）、大悲周遍（thugs rje kun khyab）。由三句义所摄，即如来的三身，以初句摄法身、次句摄报身、末句摄化身。整个六中有法门，其实都是环绕着此三句义来建立。

由总而言，即如上一节所言，六个中有可分成三对，分别为处生中有与临终中有、梦幻中有与法性中有、禅定中有与受生中有，而此三对中有修习即分摄

〔1〕 全名 *Saṃpuṭodbhavasarvatantranidāna-mahākalparāja*，参 George Robert Elder, *The Saṃpuṭa Tantra: Edition and Translation Chapters I-IV*, Unpublished Ph.D. Dissertation, Columbia University, 1978.

法报化三身的修习。

从别而言，处生中有里面所作言词决定的胜观、禅定中有里面的三虚空禅定、临终中有里面的三身座握要等等，都不离三句义的意趣，而三句义的法义，其实亦已包含自显现、自解脱的深义。由此交替总别两方面以观六中有的修习，不难看见主修法身成就的中有导引中，有法报化三身的修习；主修报身成就的中有导引中，有法报化三身的修习；主修化身成就的中有导引中，也有法报化三身的修习。

此即如法汇中《祈愿三身广大自解脱》一篇，为大圆满法系中极重要的祈请文，在实修噶玛林巴岩传法时，虽用此祈祷文作为“皈依发心”修习，然其密意，实不同于一般皈依发心。祈祷文分别依佛、法、僧的次第作祈愿。关于佛的祈愿，主要是对法报化三身中的法报化三身作祈请。此中即有密意。

所谓“法报化三身中的法报化三身”，即谓法身可开为三身，报身、化身均同样可开为三身，如是即有“法身法身”“法身报身”……以至“化身报身”“化身化身”等等。

何以三身中又有三身？

这亦是依大圆满“三句义”而作安排。

“法身法身”，所表征者即为本来法尔清净之体性（如来藏）；“法身报身”，所表征者即为此本净体性所显现之法尔光明；“法身化身”，所表征者即为此本净体性之方便。因此在祈祷文中，便分别以“无作广大界”“生灭无二界”“觉空无二界”来表示别别表征。

同理，“报身法身”所表征者为自显现（相）之本净体性；“报身报身”所表征者即为法尔光明中诸法自显现；“报身化身”所表征者即为报身佛宣说密意。次分别为“现空无二”“明空无二”“闻空无二”。

至于“化身法身”，所表征者为佛作大悲事业之本净体性；“化身报身”所表征者即为大悲自显现种种功德；“化身化身”所表征者为佛功德事业之无休无止。此分别说为“念空无二”“法尔自解脱”（因其为“自显现”，是故即“自解脱”）、“诸念自解脱”（化身佛随机而说“诸念”），即种种法门、种种概念，本无可执著之真实，故可离法执、离法缚而自解脱。

以下赞颂上师及空行等（由“无垢莲花光明广域中”一颂起，至“基界清净自显广域中”一颂止），仍不离“三句义”。

再下则为赞“法”三颂：赞“僧”三颂，随文易知，不需细说。

由“无缚圆满无生离戏论”一颂起，为行者祈愿，此亦不赘。

要之，本祈祷文要旨在“三句义”，而由“三句义”可得法界性相用之交错，因而性相用三者并非一一孤立，正因性中有性相用，以至用中亦有性相用，法界始非为一绝缘之无机体，此中生机充满，故一切法均为一基界（本始基）之自显现。依此义理，行者若能依法界一切功能（用）而证法界性相用，则为“心性自解脱”，得成化身佛之条件；若能依“自显现”（相）而证法界性相用，则为“法性自解脱”，得成报身佛之条件；若能依法界本始清净（性）而证法界性相用，则为“平等性自解脱”，得成法身佛之条件。

由上来讨论，即可窥见《寂忿密意自解脱深法》的建立，与《那若六法》仅为貌似而实不同。

至于六中有导引法中有关三虚空禅定、椎击三要、四大解脱、四光明、四现分，以至立断与顿超的观修，都属于宁玛派大圆满的不共修法。《寂忿密意自解脱》的法汇中，亦有《法行・习气自解脱》一篇，建立文武一百本尊以作生起次第的修习，并以之为观修圆满次第的六中有修习的基础。这亦为此法汇与其他法系的不共之处。《寂忿密意自解脱》依《秘密藏续》（*Guhyagarbha-tantra*）与《圣妙吉祥真实名经》（*Mañjuśrīnāmasaṃgīti*）的教法以建立生起次第的修法，为行者现证清净大平等性打下稳固基础，于圆满次第修习六中有时，便能易于现证轮涅一切法为自显现、自解脱。

七

本法自持明噶玛林巴岩传五百余年，早已普传各地。再经由历代传承祖师整理、注释、演绎，遂形成许多不同的木刻本及手抄本流通于世，其中内容详略、字句差异等情况，比比皆是。

本书的汉译，乃据敦珠仁波切珍藏手抄本《寂忿密意自解脱法集》而翻。此抄本经由仁波切校订增补，如"生起次第"部分第二篇《密咒道金刚乘法行四座瑜伽·心性自解脱》，传承祈请中历代祖师名号，即增补至仁波切这一代，显然跟其他版本不同，由是益见此抄本与仁波切的关系而弥足珍贵了。

此抄本曾于公元1975年至1976年，由喜饶喇嘛（Sherab Lama）分三函影印出版于印度德里。[1]当时印量不多，至20世纪80年代初期已经难得。

三函共收70篇法要（总目作66篇，因其中有1篇重复，3篇则合为一题），属于噶玛林巴根本伏藏的，占了44篇，余外26篇则为重要的增补资料，是现今噶玛林巴伏藏法传世诸本中，收罗最为齐备者，已包括单行流通的《中有闻解脱》各篇在内，全目见本书附录。

37篇法要，虽曾聘译师翻译，今发表者，实已经重译。于1999年12月在香港初版发行时，未将此实情交代，实以译师要求，以照顾其成果记录。原译稿俱在，与今译绝不相同。现在将属于"圆满次第"部分的各篇，连同辅助资料先行发表。至于《中有大闻解脱》部分，则许明银先生已译出大部分，单行发表。

当今对于《中有闻解脱》的各种文字翻译虽多，但有关噶玛林巴以及《寂忿密意自解脱》的学术研究却少，就笔者所知，仅有Henk Blezer[2]与Bryan J. Cuevas[3]两位学者曾认真做过这方面的研究。此外，便只有Alan Wallace的英

---

〔1〕此抄本出版时，标题如下：*Źi khro dgoṅs pa raṅ grol gyi chos skor: A collection of źi khro texts revealed by Gter-ston Karma-gliṅ-pa with Liturgical works by Ñi-zla 'od-zer and Rgya-ra-ba Nam-mkha' chos kyi rgya-mtsho.* Reproduced from a manuscript collection from the library of Dudjom Rinpoche, vol.I to III, 1975-1976.

〔2〕Henk Blezer, *Kar gliṅ Źi khro: A Tantric Buddhist Concept*, Leiden: Research School CNWS, 1997; "Some Further Reflections on *Kar gling Zhi khro*: A Study of Sources Referred to in Dan Martin's Review of Kar gling Zhi khro: A Tantric Buddhist Concept," *The Tibet Journal*, 23.4 (1998): 134-143; "Karma gling pa: Treasure Finder or Creative Editor?" in *Reading Asia: New Research in Asian Studies*, Frans Küsken and Dick van der Meij, eds. Richmond, England: Curzon (2001): 292-338.

〔3〕Bryan J. Cuevas, *The Hidden History of the Tibetan Book of the Dead*, New York: Oxford University Press, 2003.

译本。[1]汉文方面，除本译外，笔者亦曾据此法汇中《六中有圆满次第导引》的教法，写成通俗的《生与死的禅法》一书，但毕竟以汉文发表有关这课题的研究，实在不足，唯盼有读者能对此甚深法门多加留心。

刊版之际，祈愿噶玛林巴六中有教授能遍传世界，直至轮回未空，弘演不休。

原载于谈锡永译注，《事业洲岩传法：六中有自解脱导引》，北京：华夏出版社，2011 年，页 3-24。

---

〔1〕 B. Alan Wallace, trans. *Natural Liberation: Padmasambhava's Teachings on the Six Bardos* (with Commentary by Gyatrul Rinpoche), Boston: Wisdom Publications, 1998.

二十五

二十世纪一部文本集的创作与传播：《无死命滴》（*'Chi med srog thig*）*

凯茜·坎特韦尔、罗伯特·迈尔 著，杨杰 译

西藏传统一般会将伏藏（gter ma）文本的形成与发掘该伏藏的伏藏师（gter ston）联系起来，现代学者大多依此传统。同时，人们也往往意识到，问题或许比这要复杂得多。因此，借助单个文本的导论或卷末题记、灌顶文本等部分所提供的解释，或许可以更清晰地阐明该文集早期传承的上师们在其创作、编订或出版准备方面所作的贡献。通常认为，刚被发掘的伏藏只有几行空行（ḍākinī）文字，这些文字可以触发伏藏师的记忆，由此，唯有其本人才能将其解读并写出完整法本。在此阶段，该法本作为精神修习之本，其权威性与实用价值取决于诸多因素，尤其是该伏藏师及其弟子的智慧、学识之修养与潜质。西藏传统与现代西方的藏传佛教徒所写的书不同，它倾向于以伏藏师来为伏藏分类，而不是以这些文本过去的原作者来分类，其中一个原因无疑是伏藏师以其个人的

---

* 我们感谢英国艺术与人文研究委员会为我们提供资金，从而让我们能从事本文所依据的研究。我们在卡迪夫大学（University of Cardiff）与杰弗里·塞缪尔（Geoffrey Samuel）教授合作从事该研究（2006—2009）。另外，我们也感谢该项目的外部顾问洛本邬金丹增仁波切（Lopon P. Ogyan Tanzin Rinpoche）。

表达方式为其伏藏作出了贡献，而藏人对其贡献表示认可。伏藏师不一定是很有成就的学者，如果不是，大量的文本整理工作就将由其第一代受法者来完成，无论如何，其中第一步可能需要有人在伏藏师讲话时，迅速将其所说笔录写下来，即使伏藏师本人很有学问，也需如此。[1] 近来，对伏藏传统的学术研究已包括对伏藏师的净观与取藏的个案研究（例如雅各比博士论文 2007；博格林，IATS 2006）。这里，我们想对后续阶段作进一步的深入研究，主要涉及最终法本的印刷、编辑、增补及其在一个延续的传承中的确立，至少要研究在后续上师努力下，以上阶段的一部分是如何完成的。

我们所选的这个有意思的个案即《无死命滴》（*'Chi med srog thig*）及其所属的法汇。这是一个以无量寿佛形相的莲师为主尊的长寿法，由斯隆·南开多杰（Zil gnon Nam mkha'i rdo rje，生于 1868 年）于木龙年（1904）取藏，该法是作为其普巴伏藏法《普巴金刚极密事业精华》（*rDo rje phur pa yang gsang phrin las bcud dril*）的支分修习，其中含有一张普巴金刚本尊像，以及用空行表义文字写成的经典伏藏“黄卷”[2]。水虎年（1902），此师于南迦巴瓦（gNam lcags 'bar ba）[3] 取出这一法汇，尽管其食子（gtor ma）灌顶文（收《敦珠全集》，*bDud 'joms gsung 'bum*，Pha 函：58）中指出这一伏藏在初期应秘密封印，其间，伏藏师本人需通过修法领悟其心髓。后来，《无死命滴》连同普巴密集闭关仪轨一起在不丹的益西措嘉（Ye shes mtsho rgyal）岩洞中被公开取出。很明显，这一支分法的文本集在 20 世纪已被如此大规模地扩充，以至于令其原本所属的法汇黯然失色。《极密事业精华》的文本也有增补，不过敦珠的《全集》中略去了一些原始文本，因此很难评估其增补的实际效应。在《无死命滴》部分，我们所见的不

[1] 杰楚吉美仁波切（Gyetrul Jigme Rinpoche）在谈到其家庭生活时，曾提及手里随时准备着纸和笔是多么的必要，因为在任何时候，他的父亲——伏藏师南喀饶绛直美仁波切（Terton Namkha Rabjam Drimed Rinpoche）都有可能开启意伏藏，当场就会有 10 页、20 页乃至 30 页的内容从其口中奔涌而出，而且没有任何错误（2008 年 3 月 30 日开示于伦敦香巴拉禅修中心）。

[2] shog ser：该词用以指代原始的伏藏文本。

[3] 此地位于白玛岗（Padma bkod）和工布（Kong po）的交界处。敦珠 1991 卷 2 地图 8 有标示，其海拔显示为 7756 米（标为 Namcak Barwa）。

仅仅是对文本的简单扩充，[1]而是将其扩充成一个完整的综合性仪轨文集，后来的学人甚至专修此法而忽视了围绕该法的《极密事业精华》架构。因此，收纳该法的法汇似乎变成了一个只具有普巴伏藏象征意义的外壳，而这外壳对一个重要的伏藏师而言实属必要，且有助于将《无死命滴》与其发掘处所在的具力圣境（益西措嘉佛母获证其主要本尊普巴金刚之处）联系起来。敦珠仁波切为《无死命滴》所写的释论，更是明显增加了将此长寿法本尊嵌入普巴法汇的重要性。敦珠仁波切在描述长寿法正行前修习忿怒前行仪轨进行除障的重要性时，将其比作保护庄稼免遭灾害，或旅行中的商人需有武装卫士护送。他指出，出于此因，长寿法修习往往配有马头金刚（Hayagrīva）或普巴金刚等忿怒尊修习。[2]《无死命滴》与先于其掘出的伏藏有一些共同点，例如共用一组伏藏护法，[3]然而《无死命滴》的本尊坛城却根本不依《极密事业精华》的文本，它有完全独立的一套灌顶仪轨。

要想了解该伏藏法的发展与修习、与之相关的出版物及其当代传承的特征（例如海报、卡片等画像的制作），其中一部分关键即在于该伏藏师及其付法对象之间的关系，尤其是和该法的首要法主（chos bdag）敦珠仁波切（bDud 'joms

---

〔1〕 与《极密事业精华》文本不同的是，敦珠《闻法录》（*Thob yig*, Wa Āḥ 函：506-508）所列的所有《无死命滴》作品都可以在敦珠仁波切或十五世噶玛巴的《全集》中得到同定。

〔2〕 char 'bebs pa la rlung mnan pa'am / lo tog bskrun pa la gnod pa srung ba'i bya ba gtsor 'don dgos pa ltar / 'dod pa'i don sgrub pa la thog mar bar chad nges par zhi par ma byas na 'bad pa don dang mi ldan pas /... tshong don gnyer du 'gro ba la skyel ma'am grogs stobs chen dang 'grogs pa bzhin tshe sgrub spyi la 'di kho na gal che bas / gsar rnying gi man ngag 'gar tshe rta zung 'ḅrel dang tshe phur sgrags ma sogs 'byung ba'ang don 'di la dgongs pa'o /（《无死命滴》的《念诵文》（bsnyen yig）部分，Pha 函：页 452-453）。

〔3〕 尽管敦珠仁波切《全集》中所收的《极密事业精华》并未收入专说伏藏护法的部分，显然，《无死命滴》部分提供的伏藏护法法本（页 209-212）实际上是针对《极密事业精华》整个法汇的。该文本中的内在证据（出现在《极密事业精华》传承谱而未出现在《无死命滴》传承谱的成员名单，页 209）以及此标题在敦珠《闻法录》中《极密事业精华》部分（而非《无死命滴》部分）的出现，支持了这个结论。可能因为更多的学人专修此法，而敦珠仁波切也力求为此长寿法提供一组完整的法本，故而将其匆忙收入《无死命滴》。也可能是它被视为更适合纳入《无死命滴》的文本组，因为伏藏师是在发掘《无死命滴》的同时写作了该文本。该文本提到（页 212）它是伏藏师在发掘《无死命滴》原本时写作的，当时众人正在共修普巴。此外，我们还注意到斯隆本人为《极密事业精华》造有一食子供养仪轨（Pha 函：页 43-46），其中（页 45）列举了四位伏藏护法，他们与较长的伏藏护法法本用更大篇幅描述的四位完全相同。

'Jigs bral ye shes rdo rje, 1904—1987）之间的关系。更进一步而言，还涉及《无死命滴》对敦珠仁波切的一生以及他与弟子之间关系的重要性。

在西藏的文化背景下，伏藏的发掘并非奇事，而修行者们也往往承担着许多重要的密乘修法，这些修法都需要立誓。一个新的伏藏法要想被接受且长远流传，其伏藏师就需要有较高的地位，而且他所掘之法应受到广泛共许。但是，与此同等重要的或许是该法的传承，其所传予的弟子应该既积极又拥有足够重要的身份，从而确保该法的文本能长久保存。斯隆·南开多杰在这个方面非常幸运，这归因于该法的两位主要受法弟子。[1]其中一位是第十五世噶玛巴卡恰多杰（mKha' khyab rdo rje, 1870—1921），他是公认的具证上师，而且是噶玛噶举派的首领，该派以十足的热忱和雄厚的实力来保护历代噶玛巴的著作。因此，第十五世噶玛巴关于此伏藏法的文本已收录于其《全集》中，[2]此《全集》刊印于藏东的噶玛噶举派八蚌寺（dPal spungs）。[3]斯隆的后期弟子——敦珠吉扎益西多杰是20世纪最重要的西藏上师之一，他在海外藏胞的文化遗产抢救与重建工作中起着举足轻重的作用。作为宁玛派的领袖，他也是保护、传播宁玛派巨大文献遗产的主要人物之一，参与了教传（bka' ma）文本的编订与传播。他开启了自己的伏藏，且于国际上广为流传，但在人们眼中，他的主要贡献是编辑、修订前代上师的伏藏文本。[4]因此，他对斯隆伏藏文本的编订成为他毕生工作的核心部分，

---

〔1〕 值得注意的是，其他弟子也为《极密事业精华》增补了文本，例如贝玛协贝旺波（Padma bzhad pa'i dbang po，敦珠仁波切的《闻法录》[Wa Āḥ 函：页 506] 提到了他的 4 篇文本，其中一篇收于敦珠的《全集》[Pha 函：页 41-42]）与贝玛确斯嘉措（Padma mchog gzigs rgya mtsho）（见下文注释）。

〔2〕 需要注意的是，即使是最为杰出、地位最高的上师也不一定将其著作付梓。索比希近来有一关于 17 世纪阿美夏（A mes zhabs）全集写本的著作（2007），其中明确指出，尽管该师拥有学者与宗教导师之声望，而且还因出身萨迦世系、并在格鲁派政权早期的动荡年代充当调解人而具有政治上的重要性，他的全集却从未有木刻版刊印，事实上，他的著作中付梓的根本就不多。

〔3〕 这一点在 TBRC 网页（http://www.tbrc.org）上 10 卷本卡恰多杰《全集》（*gSung 'bum*）的条目处有标注，此 10 卷本于 1979—1981 年在不丹重印，所依据的是八蚌寺的木刻版，这些木刻版被带到了锡金的隆德寺（Rumtek）。该《全集》的电子扫描版现已可以从 TBRC 上获得。

〔4〕 例如，敦珠仁波切之子仙潘达瓦仁波切的网页上有《至尊敦珠仁波切略传》，该传记乃依据于纽修堪布蒋阳多杰（Nyoshul Khenpo Jamyang Dorje）的一部藏文著作，其中写道："因为他致力于保护旧伏藏，故未花大力气开启新伏藏……他重组了很多法本。"（http://www.tersar.org/biog.html）

在敦珠《全集》的第 Pha 函中就收录了敦珠仁波切编订的斯隆的原始文本、15 世噶玛巴的文本以及敦珠仁波切自己的增补。

这两个修法最初的文本是由其伏藏师在掘藏后的数年中写出。他在木龙年写下了《无死命滴》的《长寿法甚深心要》（*Tshe sgrub yang zab snying po*），但其主要的修习仪轨（las byang）则是在掘藏后第四年——吉祥土猴年（1908）写成。[1] 在接下来的年月中，一些早期的受法弟子为此伏藏传承的发展作出了贡献，尤其是第十五世噶玛巴卡恰多杰在 1910 年代写出了大量的文本，包括《极密事业精华》与《无死命滴》的灌顶文。其中约四分之三函的部分都已收入卡恰多杰的《全集》。

木鼠年（1924）斯隆遇见敦珠仁波切后，该法汇得到了更为重大的发展，其文本数量也激增，而敦珠仁波切对该文本的编订并未终止于 20 世纪初期，而是一直延续到他晚年，以至于一些文本直到《敦珠全集》于 1979 年至 1985 年在噶伦堡出版前不久才写出。斯隆认定敦珠是有授记之法主（lung zin chos kyi bdag po），根据授记，敦珠可以掌持并传播他的教法。关于《极密事业精华》，斯隆曾嘱托敦珠负责写出主要的修习法本，而在《无死命滴》中，敦珠写出了绝大部分支分法轨及释论，或者汇集伏藏师的一部分原话，并摘录包括他本人伏藏在内的相关伏藏传承中的文字作增补。在收入敦珠仁波切的《全集》时，与斯隆两个伏藏法相关的文本占据了一整函，其中有 35 叶是《极密事业精华》，而约 240 叶则是《无死命滴》。

首先，我们看一下敦珠仁波切对《极密事业精华》的贡献。在《敦珠全集》所收的相关文本中，有几叶增补修法为斯隆所写，有一叶为贝玛协贝旺波（Padma bzhad pa'i dbang po）所写，其余两大主要文本都是敦珠仁波切晚年在尼

---

〔1〕 猴年通常被视为与莲师相关之修法的吉祥年，因为诸多的记载都称此年为其神奇降生之年，此外，据说还是他承诺返回并亲临人间之年。关于这一广为接受的传统，有许多材料。宫保才旦（mGon po tshe brtan）引用了许多相关的伏藏，其中指出莲师承诺将于每月初十回到其虔诚弟子身边，尤其是在猴年的猴月（例如：yang bla ma sgrub pa'i gnad yig las / sprel lo sprel zla'i tshes bcu'i nyin zhag la: o rgyan bdag nyid bod yul thams cad du: nges par 'byon pa nga yi tha tshig yin: zla re'i tshes bcu byung ngo cog la yang: sprul bas bod khams khyab par mi 'byon re / dam tshig yin no pad 'byung ba slu mi srid:, 宫保才旦：20-21）。

泊尔（从70年代至80年代初）所编著。其食子灌顶文在结构上与第十五世噶玛巴所写者有些共通处，但仍有很明显的区别。敦珠仁波切在跋尾中提到他如何被斯隆本人确证为有授记的法主，如何经灌顶而得到“成熟与解脱”，以及如何编写出这样一份既简单易修、又能表达出伏藏根本文密意的法本。[1]关于敦珠仁波切如何想到要写30页的主修仪轨，其讲述更为有趣，文中展示了一个创造性的过程，该过程借重于他与此伏藏师之间特殊关系所长养出的禅修证量，以及他把伏藏根本文嵌入一个较长文本的学术专长，该文本依据的是其他伏藏文本，而敦珠仁波切本人即拥有这些伏藏的传承。他写道：

> 虽然此（伏藏）中有与广大现证相关之深广上下修习与事业集，然其并未依黄卷[2]作校订。后来，从部主大伏藏上师处，（余）亲获其伏藏法之圆满成熟与解脱，犹如甘露注满瓶中。尔时，余殷切祈请师尊厘订（法本），师云：“且看到时是否可行。总而言之，凡吾之伏藏法中所需者，汝应知之。”[3]除此答复外，补订工作并未实行。伏藏师之弟子贝玛确斯嘉措（Padma mchog gzigs rgya mtsho）[4]虽编有主修仪轨集，然自成（本尊部分）仅有主体，[5]难以支撑修习之广轨。是故，应借助同类伏藏为其作增补。了知（伏藏师）实际上已开许后，（余）心实不能容忍如此之利生深法被密藏不宣，故于准确观察到增广事业之顺缘时，即从那囊·多杰敦珠（sNa nam rdo rje bdud ’joms）与朗钦·贝吉僧

〔1〕 zab gter gsang ba’i mdzod ’khyab bdag gter chen chos kyi rgyal po gang gi zhal snga nas bka’ bab lung zin gyi chos bdag tu dbugs dbyung ba dang bcas smin grol bdud rtsi’i dga’ ston dgyes par stsol ba’i bka’ drin thob pa ’jigs bral ye shes rdo rjes gter gzhung rtsa ba’i dgongs don ’jug bde’i mtshams sbyor gyis brgyan te /（Pha 函：72-73）。

〔2〕 参注3。（译注：前文836页注〔2〕）

〔3〕 这一引语亦见于才旺东嘉堪布（Kenpo Tsewang Dongyal）之记述（才旺东嘉2003：50；2008: 89）。

〔4〕 需要注意的是，敦珠的《闻法录》（*Thob yig*: Wa Āḥ 函：509-510）中提到一名叫确斯嘉措（mChog gzigs rgya mtsho）的弟子（与本文所说可能是同一人），因为他为斯隆的金刚萨埵和胜乐金刚法汇贡献过相关文本，敦珠也曾从斯隆处获得这些文本。

〔5〕 也就是说，只有主尊，而不见其余化现部分。

> 格（Rlang chen dpal gyi seng ge）之相关伏藏中取出眷属修证仪轨等部分，从而编集出易于修习之仪轨。基于此，若欲修习下部（助修）仪轨，可从三种利刃法汇[1]之任一中取出（相关部分），或为易于修习之故，亦可从《利刃触灭》（*sPu gri reg phung*）中取（相关部分）。[2]

因此，敦珠仁波切解释说，他借用了传承相近的伏藏法以扩充其根本文，将其补为完整全轨。那囊和朗钦是传说记载中佛教在西藏初兴时期的人物，二者都是莲师的代表性弟子。斯隆被视为那囊的化身，据说该师是以普巴修习而示现成就，[3]而朗钦则以协助莲师调伏棘手的藏地女神而著称（因为这个角色，他在不同本尊的常修仪轨中都持续受到赞颂），同时也与普巴传承关系密切。[4]他尤

---

〔1〕 spu gri rnam gsum: 这是对一系列普巴伏藏法的称谓。我们尚未能确定此处所指之三种究竟是其中哪些，不过洛本邬金丹增仁波切提示说其所指对象可能是敦珠的普巴法汇——两函《天铁利刃》（*gNam lcags spu gri*，《敦珠全集》之 Tha 函与 Da 函），古茹曲旺（Guru chos dbang）之普巴法《极密利刃炽燃》（*Yang gsang spu gri 'bar ba*），以及贝玛林巴（Padma gling pa）的普巴法《极密普巴命之利刃》（*Phur pa yang gsang srog gi spu gri*，其文本保存于《敦珠全集》，Cha 函）。

〔2〕 'di la mngon rtogs rgyas pa dang 'brel ba'i stod smad kyi sgrub phrin las tshogs zab rgyas su bzhugs par snang yang shog ser las gtan la 'bebs grub pa ma byung 'dug cing / phyis rigs bdag gter chen bla ma dngos las rang gter zab chos yongs su rdzogs pa'i smin grol bdud rtsi bum pa gang byos su nos pa'i skabs gtan la 'bebs grub par gsol ba nan du btab kyang bka' las rim gyis 'bebs e thub bta yong zhing spyir na nga'i gter chos rnams la gang dgos khyed rang shes zhes bka' stsal ba tsam las ma byung bar lus / gter slob padma mchog gzigs rgya mtshos mdzad pa'i las byang khrigs bsdebs yod kyang bdag bskyed lus dkyil tsam gyis sgrub phrin rgya che'i sa khongs 'dzin ma bde bas gter kha rigs mthun las kha skong khrigs bsdebs bgyi bar 'os pa don gyis gnang ba stsal bar shes nas zab chos 'di lta bu'i 'gro don bag la zha ba blos ma bzod cing phrin las spel ba'i cha rkyen du yang dag par dmigs te / sna nam rdo rje bdud 'joms dang / rlangs chen dpal gyi seng ge'i dbang skal gter kha dag las 'khor gyi mngon rtogs sogs blangs te 'jug bde'i las byang khrigs su bsdebs pa yin la / 'di la brten nas smad las kyi rim pa sbyor bar 'dod na spu gri rnam gsum gang rung nas len pa'am / 'jug pa bde ba'i phyir spu gri reg phung las blang yang rung bar yod do /（Pha 函：36-37）。

〔3〕《黑色集》（*'Bum nag*）普巴传承史及其释论对此有提及，参布尔德 2002: 126。

〔4〕 参吉美林巴（'Jigs med gling pa）之《续部传规普巴》（*Phur pa rgyud lugs*），敦珠之《教传广集》，Ja 函：16；另见敦珠 1991：839。

其与不丹的帕罗达苍（sPa gro stag tshang）圣境颇有渊源，[1]此处即敦珠仁波切《利刃触灭》的掘藏地，另外，他也与门卡狮子宗（mon kha seng ge rdzong）的岩洞有关，此处为益西措嘉观修普巴而得成就处，也是斯隆《无死命滴》的掘藏地。[2]敦珠主要的普巴法汇《天铁利刃》的主修仪轨中明确指出朗钦·贝吉僧格、多杰敦珠联合莲师、益西措嘉和卓班译师（'Brog ban lo tsā ba，据说敦珠仁波切是其化身之一）共同开启了门卡的普巴坛城。[3]从某种意义上来看，参考与那囊和朗钦相关的文本似乎对斯隆和敦珠而言都有非常具体甚至是个人的指向性，尽管与此同时，与这些人物相关的伏藏和净相普巴传承为数如此之多，这就意味着敦珠仁波切在编辑与润饰该文本时可参考的资料范围非常广。[4]

洛本邬金丹增仁波切提出，敦珠仁波切在这项任务上可被视为"伏藏师中的伏藏师"，他采集、摘录、创造性地重编、整合来自不同伏藏的文本。此外，

〔1〕他在修世间供赞（'jig rten mchod bstod）时将一切世间鬼神压服于此处，而世间供赞正是他在修部八教（sgrub pa bka' brgyad）中所获的主要传承（关于这八位 [莲师]）弟子，参敦珠 1991：535；关于八大圣地，见里卡尔之《地理词汇表》[http://rywiki.tsadra.org/index.php/Geographical_Glossary_from_Matthieu_Ricard]]）。

〔2〕此外，《无死命滴》的主要灌顶文中已明确指出，狮子宗与吉祥达苍为"莲花光（Padmakāra）为具缘王臣授予《金刚长寿续》之灌顶、密续解说及口诀"之特殊地点（slar bod yul dbus kyi sgrub gnas g.ya' ma lung lho brag mkhar chu sogs dang khyad par seng ge rdzong dang dpal gyi stag tshang rnams su 'chi med bla ma padma kā ras las can rje 'bangs rnams la rdo rje tshe'i dbang bskur rgyud bshad man ngag tshang sprugs su bstan pa；Pha 函：365.3-4）。

〔3〕"bar gyi dus tshig gsum pa la: mon kha ne'u ring seng ge rdzong gsum du: slob dpon chen po padma 'byung gnas dang : ye shes mtsho rgyal 'brog ban lo tsā dang : rlangs chen dpal seng rdo rje bdud 'joms kyis: rdo rje phur pa'i dkyil 'khor zhal phyes tshe: "（《敦珠全集》Tha 函：139-140）。

〔4〕不过这些可能指涉更为具体的材料。尽管《极密事业精华》仪轨中所描述的本尊坛城没有敦珠的《天铁利刃》中那么精细，但其中也有一些重要的共通特征，例如五重普巴（Kīlaya）（有些普巴坛城中为四重）、心间智慧尊（jñānasattva）与咒字的特殊形相（不同的材料差异较大）看起来相似。然而我们很难断定敦珠仁波切为原始材料添加了多少内容，因为收录在敦珠仁波切《全集》或十五世噶玛巴《全集》中的《极密事业精华》早期文本（正如敦珠仁波切的《闻法录》[Wa Āḥ 函：505-506] 所列）是如此之少。例如，我们已见不到长灌顶文《宝光炽燃》（*Rin chen 'od 'bar*）、《口诀秘密成就常修瑜伽》（*Man ngag gsang sgrub rgyun gyi rnal 'byor*）以及贝玛协贝旺波的《事业编次·饮血言教》（*Phrin las khrigs bsdebs khrag 'thung zhal lung*）和《广酬补文·饮血尊发笑自然流露之歌》（*bsKang ba rgyas pa khrag 'thung bzhad pa'i thol glu*）等等。现存的文本以极少的描述简括了本尊坛城的名目，显然，这限制了比较的可能性。

鉴于《极密事业精华》只有主修，敦珠仁波切建议那些可能还想修习助修仪轨（smad las）等其他部分的行者，可以整合其他相近的普巴伏藏法汇中的法本。他在段末特别推荐的《利刃触灭》即是他本人的伏藏。敦珠仁波切与该伏藏师的关系以及他与本法的甚深渊源允许他发展该伏藏法，并将与他本人有关的其他伏藏法（包括他自己的）整合于其中。

在《敦珠全集》中出版的《无死命滴》上，我们看到了类似的扩充过程。事实上，有关敦珠仁波切在此方面的角色，有两件描绘《无死命滴》相关上师的艺术作品中就有清晰的表现，这两件作品位于噶伦堡敦珠传承的蒋萨德钦确林寺。其一为壁画，其二为招贴画，二者布局相似，仅在艺术风格上有所不同。[1]在两件作品中，莲师与益西措嘉位于同一水平线上，分列于画面上方左右两侧，位居法身佛阿弥陀佛之下，接下来是以莲师弟子与本法之源而著称的那囊·多杰敦珠与毗卢遮那（Vairocana），这是因为本法的伏藏师被认证为二者的化身，[2]而且他的伏藏是在重振二者在神话般的往昔从莲师和益西措嘉处所获之传承。[3]

最后，在上述诸尊的下方，斯隆列于左，他所认证的法主敦珠仁波切与其

---

〔1〕感谢杰弗里·塞缪尔提供该壁画的照片，并为我们获取那幅招贴画。

〔2〕敦珠仁波切为《极密事业精华》所造食子灌顶（gtor dbang）文中包含了有关斯隆的授记，其中有一授记将他说为毗卢遮那与多杰敦珠的双重化身（kha byang gsang ba snying gi me long las / bdag dang dgongs mnyam bai ro tsa na dang : rdo rje bdud 'joms ye shes sgyu ma'i gar : bde chen zil gnon nam mkha'i rdo rje'am : rten 'byung rab 'bring tha ma dang sbyar ba'i : gsang mtshan gsum ldan dpa' bo he ru ka : zhes sogs rdo rje'i lung gis bsngags pa bzhin he ru ka dpal padma thod phreng rtsal gyi byin rlabs thugs bskyed rmad du byung ba dus su sad pa las / lo tsā ba chen po bai ro tsa na dang rig sngags 'chang ba'i rgyal po sna nam rdo rje bdud 'joms zung gi gsang gsum ye shes kyi rol gar gter chen chos kyi rgyal po bde chen zil gnon nam mkha'i rdo rje de nyid kyis rim par gnas dus grogs 'khor yo byad phun sum tshogs pas sna drangs te bar chad gang gis kyang brdzi ba med par gter gnas tha dad pa dag nas sku gsungs thugs yon phrin las kyi rten dang dam rdzas myong reg mthong thos tshor ba tsam yang srid pa mtha' can du mdzad pa'i zab gter dpag tu med pa spyan drangs；Pha 函：56-57）。

〔3〕莲师的伏藏授记收于斯隆《无死命滴》仪轨的末尾，其中具体提到毗卢遮那从益西措嘉处领受了该法汇的传承，并将其埋藏于门岩（gsang chen bka' gnyer mkha' 'gro ma : mtsho rgyal khyod kyis mi brjed pa'i : gzungs su zungs la yi ger thob : zab mo'i smon lam bden tshig bcas : phrin las phur pa'i zab tig dang : lhan cig mon kha seng rdzong gi : gsang ba'i brag la gter du sbos :..... de ltar gu ru'i bka' lung rnams: kho mos ji ltar smras rim bzhin : lo tsā bai ro tsa na yis : nai pā la yi 'phrul shog la : mkha' 'gro gsang ba'i brda ris su : btab ste lho mon brag la sbas :；Pha 函：142）。

图 1

等高而列于右。[1]图中斯隆（见图 1）手持伏藏箧（gter sgrom），其中包含有用于提取法本的伏藏精要，而手持法本的则是敦珠仁波切（见图 2），是他负责了法本的制作与传播。

《无死命滴》最早发掘于木龙年（1904），该年为敦珠仁波切的生年。他在将近 21 岁时遇见了斯隆并获得了传承。他的记述如下：[2]

〔1〕 除了该寺为此壁画清晰标注了 gter ston zil gnon nam mkha'i rdo rje 和 'jigs bral ye shes rdo rje（招贴画上也有细小的标题，但实在无法辨认）以外，通过斯隆所着内袍为红色而敦珠所着为白色也可辨别二者。洛本邬金丹增仁波切指出西藏中部与南部地区的密咒师（sngags pa）流行着白衣，而东部地区则更多着红衣。

〔2〕 需要注意的是，这则故事的大部分，以及其他有关斯隆将传承赐予敦珠（例如工珠 [Kong sprul] 的多杰卓洛 [rDo rje Gro lod]）的细节有被复述，见才旺东嘉堪布 2003：49-51；2008：89-90。

图 2

此甚深伏藏掘出后，木鼠年（1924—1925）神变月上弦一吉祥日，于扎囊[1]丁波切（Grwa nang sdings po che）寺上，具乐莲花漩宫（bDe ldan padma 'khyil ba'i pho brang）[2]中，遍主伏藏师金刚持王依甚深伏

〔1〕TBRC 将扎囊（宗 rdzong）的地理位置标注于洛卡区（lHo kha khul）。如西藏地图（http://www.tibetmap.com/tib01.jpg）以及敦珠 1991 卷 2 地图 6 所示，扎囊（Dranang 或 Tranang）位于拉萨南面，毗邻敏珠林。那里的寺院为竹巴噶举（'Brug pa bKa' brgyud）的道场。Nitartha 网站上也有条目指出扎囊是叶儿巴的一个地区，位于雅隆东面，北面为多康，而仙潘达瓦仁波切（1992：88）指出此次会面"就在敏珠林寺的山背后"，因此该地理位置已然明确。才旺东嘉堪布进一步证实敦珠仁波切在那段时间住于敏珠林寺（di skabs skyabs rje bdud 'joms o rgyan smin grol gling du bzhugs，2003：49；2008：89）。

〔2〕上师的居所通常位于山坡上，高于寺院主要的集会大殿。

藏之目录[1]，认证余——吉扎益西多杰（无畏智金刚）为持有授记之法主，授予以成熟解脱之教诫，如将甘露注满瓶中。师确证余能作掌持、弘扬此深法之事业，故为余授权，并作赞许。[2]

这一段并非只是敦珠仁波切对上师功德的称颂，也不只是对他本人在该传承中角色的合法化；与这位著名的前辈上师会面应该是敦珠仁波切生命中有决定性意义的一个点。斯隆赐予敦珠“卓堆林巴”（’Gro ’dul gling pa，参仙潘达瓦仁波切 [Shenpen Dawa Rinpoche] 1992: 88）一名，此名即敦珠之化身名（nirmāṇakāya）与伏藏密名。该名被纳入《遥启上师赞颂：自性流露祈祷文》（*rGyang ’bod kyi gsol ’debs gnyug ma’i thol glu*，A 函，页 34-36）第一颂中，此祈祷文乃敦珠仁波切为其弟子所造之日常念诵，同时也用于其他场合，例如敦珠的莲师伏藏《海生心滴》（*mTsho skyes thugs thig*，Ma 函，页 573）中的传承祈请文。这些都无疑暗示了敦珠仁波切对斯隆伏藏法价值的领会，以及他对保存与传播其法的责任感，因此，他甚至在 73 岁高龄（1977）时仍坚持完成《极密事业精华》主修仪轨的写作，虽然在那时他不一定是出于压力而完成此事，但他确实荷担着许多迫切的任务，以确保整个宁玛派的宗教遗产能传给下一代。我们未见有文字提及任何弟子催促他写作此文本（Pha 函：38），事实上，该修习似乎已被那些乐于修习敦珠普巴法的后人忽视。

除了敦珠仁波切对《无死命滴》修法的个人兴趣或对其重要性的体悟以外，其文本的扩充与流行在一定程度上还归因于它对敦珠仁波切之健康与寿命的可见

〔1〕 gter gyi kha byang：此即伏藏之目录，其中可包括传承的细节以及主要的法主等等，一般都收于伏藏内。据洛本邬金丹增仁波切所言，伏藏师通常会将其严格保密，尤其是在一开始的时候，因为他不希望有弟子谎称自己的出生日期与目录中指定的（法主）生日相吻合，故而他会在晚些时候公布细节。

〔2〕 zab mo’i gter ’dis steng du thon nas mi lo nyi shu dang rang lo nyer gcig pa’i ngo mthong shing cho ’phrul zla ba’i yar tshes dge bar grwa nang sdings po che’i gtsug lag khang gi yang steng bde ldan padma ’khyil ba’i pho brang du khyab bdag gter ’byin bla ma rdo rje ’chang dbang dngos kyi zhal snga nas kho bo ’jigs bral ye shes rdo rje la zab gter gyi kha byang bzhin lung zin chos kyi bdag por ngos ’dzin dang ’brel smin grol gdams pa’i bdud rtsi bum pa gang byos su bstsal zhing / zab chos ’di nyid ’dzin spel phrin las kyi byed por dbugs dbyung mnga’ gsol gzengs bstod par mdzad pa（Pha 函：645）。

利益。敦珠仁波切强调了该法对其长寿的直接影响。他在《无死命滴》的念诵文（bsnyen yig）中写道："余曾渡过五个（寿命）险关，内心深知如斯长寿唯赖此极为殊胜之深法加持。"[1]他的弟子们铭记了这一点，故热衷于修习此法以便进一步延长敦珠仁波切的寿命，并踊跃祈请他写出更多法本。敦珠仁波切曾在噶伦堡建立铜色吉祥山寺，1958—1975年间该寺是他的主要道场，寺院主殿屋顶绘有十个坛城（maṇḍala），其中一个就是《无死命滴》的坛城，这充分说明了《无死命滴》在敦珠传承中的核心地位。

斯隆为《无死命滴》造了主修仪轨，以及"内"常修简轨，并应十五世噶玛巴之请，类似地造了"密"常修简轨，这三个部分组成了根本文[2]，在敦珠的《全集》中约占73叶。该伏藏师还造有伏藏护法简轨，以及大约18叶主要与"极深"（yang zab）修习有关的内容。本函所收的十五世噶玛巴所造文本包含一篇短的传承祈请文，《无死命滴》所有修习部分开头都需念诵此文，此外还有主要的灌顶文、长寿灌顶文（但是他本人《全集》所收的最长的百叶灌顶文并未收于此处）、两篇酬补念诵（skong ba）（可并入会供[tshogs mchod]日的主修仪轨）以及半页药供（sman mchod）念诵（可并入主修仪轨的恰当位置）。在这些文本上，敦珠仁波切扮演的角色本质上是一位编辑者，就噶玛巴贡献的文本而言，他也选择了其中他认为对该修习最有用的部分。

该函剩余部分包含敦珠仁波切本人所造的文本，这份最长的独立作品（长

[1] rang nyid tshe 'phrang lnga las brgal te yun du 'tsho ba 'di lta bu yang khyad par 'phags pa'i zab chos mchog 'di'i byin rlabs kyi mthu kho nar nges shes（Pha 函：508）。关于为上师而修此仪轨的原则，已明确嵌入敦珠仁波切在《仪轨次序笔录》部分中的仪轨教授（Pha 函：199, 200, 207），其中具体指出上师的长寿祈祷文应于第一日的晨座、午座以及最后一日的晚座之末念诵。这一点似乎可由我们从洛本邬金丹增仁波切处获得的信息得到实际的印证（私人交流，2008年6月9日），他和他的共修者们一起在白玛岗为"两位敦珠转世活佛的长寿与学问"修了"无死命滴"的全轨。

[2] 经由噶伦堡蒋萨德钦确林寺的衮桑多杰喇嘛介绍，我们第一次注意到根本修习分为外、内、密三部分。敦珠仁波切的长子听列诺布仁波切为本函内容列出了目录，其中对根本文的三部分以及助修支作了清晰的判别（tshe sgrub 'chi med srog thig gi rtsa gzhung las byang ldeb 35 nang sgrub rgyun khyer ldeb 2 gsang sgrub sbas sgom ldeb 3 bcas gzhung rtsa ba dang / yan lag kha skong skor la..，Pha 函：1）。敦珠仁波切在其释论（bsnyen yig: 页471及以后）中详论了这三重判别，以及第四类极密长寿法（bzhi pa yang gsang tshe sgrub）。

达40叶的仪轨释论，bsnyen yig）由两部分组成，第一部分为长寿法修习原则的理论描述，第二部分为修证该仪轨的口诀，其中包括对主修仪轨的详释。在跋尾中，敦珠仁波切解释说，他在撰写此释论时，主要依据他从伏藏师本人处所获口诀以及仪轨根本文所包含之密意。但他还补以前代同类伏藏中的相关口诀，以及前辈大金刚上师的精当教授，而这些上师都是大学者、大成就者。[1]敦珠仁波切为《无死命滴》另造有32叶的修习框架（sgrub khog），这是一组专用于大修习法会（sgrub chen）的教授。其跋尾中重申了其原则乃依据于伏藏根本文的原本密意，但也加入了前代同类伏藏中的增补念诵。他补充指出，他通过借助共通的密乘教授令其关要得以阐明，并以易于操作之方式作了解释。[2]

敦珠仁波切所作贡献的特点进一步体现在他为主修仪轨所添置的附加部分（zur 'bebs）。一个仅有5叶的文本，在十五世噶玛巴的《全集》中则长达28叶。敦珠仁波切提醒人们注意噶玛巴的文本，指出该文本适合于依根本文作细致完备的修习，但对于"像我一样懒惰的行人"则需要另一个更为精简的版本。[3]类似的想法还体现在他剔除了噶玛巴极为冗长的灌顶文，而且他的酬补文（skong ba）也远远短于本函所收之噶玛巴的长酬补文。既然如此，我们也就能理解虽然噶玛巴的法本适合于长时间的大型共修法会，但敦珠仁波切的法本则更为常用。[4]尽管依非西藏的标准而言，敦珠仁波切的仪轨可能很难归为简轨，但人们至少已隐

〔1〕 gter gzhung rtsa ba'i dgongs pa khyab bdag rig 'dzin bla ma'i man ngag gis rjes su gdams pa'i don nyid gtso bor bzung / rigs mthun gter kha gong ma'i man ngag skabs su babs pa dang mkhas shing grub pa brnyes pa'i rdo rje slob dpon chen po rnams kyis legs par bkral ba'i cha shas ji ltar rigs pas kyang gsal bar byes te /（Pha 函：508）。

〔2〕 gter gzhung rtsa ba'i dgongs pa las ma g.yos par rigs mthun gyi gter kha gong ma dag las ngag 'don kha skong du bsdes shing gsang ba spyi'i man ngag gi zab gnad lag len rnam gsal 'jug pa bde ba'i lugs su bkral te /（Pha 函：295.4-5）。

〔3〕 tshul 'dir rgyal dbang mkha' khyab rdo rje'i zur 'debs bzhugs kyang rtsa ba'i gzhung rgyas pa la mtshams sbyor rgyas pa spros pas ma lcogs te rang 'dra snyoms las mkhan gyi mos blo dang 'tshams pa'i gsal byed 'jug pa bde ba'i yan lag tu 'jigs bral ye shes rdo rjes so //（Pha 函：191-192）。

〔4〕 这一点不应被过于夸大：本函也收有十五世噶玛巴所造的一篇短的酬补文（页183-184），敦珠仁波切在其为仪轨修习所写的注释（Pha 函：201）中提到了该文，并指出该文可作为他本人所造长版本的代替品。然而，此文对群体/寺院的共修而言似乎过短，故而敦珠仁波切的文本可以说补足了这一酬补念诵，同时又不至于过于冗长。

约意识到当代的条件对于冗长而精细的修习具有实践上的限制性。

敦珠的酬补文体现了文本发展过程的另一个有趣的维度。其文收入了斯隆本人的原作，故而敦珠仁波切所创作的是由上师之“金刚语”所加持的仪轨。此前，斯隆曾为另一个完全不同的伏藏造有一酬补文，该伏藏是内乌齐寺（Ri bo che）第七世杰仲仁波切强巴迥乃（rJe drung Rin po che Byams pa 'byung gnas）[1]的《莲花密滴》(*Padma gsang thig*)。杰仲仁波切也是敦珠仁波切的主要上师之一，该师同样将其伏藏授予敦珠仁波切，因此，他就有可能取出其中的酬补文用于斯隆的伏藏。然而，他不可能原封不动地照搬原文，因为《莲花密滴》与《无死命滴》的本尊坛城大不相同。因此，敦珠解释说他需要重订传承谱以及所列本尊，并加以辅助说明。[2]

在该法汇中，敦珠仁波切所加的其他部分展现了他对同类伏藏措辞的修订在主题上的差异，也展现了他是利用学问（包括有关根本续[3]、伏藏与释论的知识）、净观证量以及编辑技巧来撰著文本。对于由此产生的文本而言，其关键点在于《无死命滴》中斯隆的伏藏根本修习被内嵌于一个文集，此文集还包括所有补全该法汇的必要助修。因此，其中收录的部分有：重启修法的自入灌顶（bdag 'jug）部分，该部分通常一年修一次，可纳入主修仪轨的完整修习；仪轨次序之笔记（khrigs zin）；火供（sbyin sreg），该部分乃为祈请上师住世（bstan bzhugs）而作替身供养；赎命法（'chi bslu）；摄生法（bcud len），出自北伏藏（Byang gter）传统的“意成就”（thugs sgrub）法；摘自贝玛林巴传承中长寿法修习的幻轮（'khrul 'khor）短轨。这些后来插入极密修习的必要部分填补了该修习，使之成为一个完整自足的系统，不过在实际操

〔1〕 该师亦以其伏藏师名敦珠·南开多杰（bDud 'joms Nam mkha'i rdo rje）闻名。他处于19世纪至20世纪初，但我们尚未能确定他确切的生卒年。遗憾的是，我们也未能在《莲花密滴》法汇中找到斯隆的酬补文，可能它是单独另存他处。

〔2〕 khyab bdag gter chen bla ma bde chen zil gnon nam mkha'i rdo rje'i zhal snga nas padma gsang thig gi kha skong du stsal ba nyid byin rlabs kyi bab che ba'i phyir rdo rje'i gsung sor bzhag la rang gter 'chi med srog thig gi brgyud rim lha grangs su zhal bsgyur kha skong cung zad kyis gsal bar byed pa po ni gter slob lung zin chos kyi bdag por dbugs dbyung thob pa 'jigs bral ye shes rdo rje'o //（Pha 函：182）。

〔3〕 此就如火供部分的跋尾中所明示（Pha 函：315）。

作中，它实际上很短，只简要点出了必要的修习，故需补以详尽的口头讲解与示范。在极密修习的恰当位置，可能需要借助更多其他敦珠法汇中的脉、气（rtsa rlung）修习，例如《空行心滴》（*mKha' 'gro thugs thig*，Ma 函）或《天铁利刃》（Da 函）中的相关部分。但该短轨对于那些已经熟稔于这些瑜伽修习的行者而言已经足够。

总结而言，面对这个对敦珠传承的追随者有特别重要意义的伏藏文本集，我们见到了它产生与逐渐扩增的过程。敦珠仁波切在编订其上师斯隆卡恰多杰的伏藏时，获得了授权并撰著出了更多殊胜的念诵文本。作为一名伏藏师、相关伏藏传承的持有者，以及拥有渊博密教学问的学者，敦珠仁波切有能力创造性地撰写材料，从其他修习中借用殊胜法语，并以他的编辑技巧塑造与制定这些文本。

参考文献

藏文材料

- 十五世噶玛巴（Karma pa），卡恰多杰（mKha' khyab rdo rje），《佛王卡恰多杰全集》（*Collected Works: rGyal dbang mkha' khyab rdo rje'i bka' 'bum*）（据隆德寺所藏八蚌木刻版重印），1993 年印于德里（Delhi），贡秋·拉折巴（Kongchog Lhadrepa），曼久卡迪拉（Majnu-Ka-Tilla）。第 2 函，德里 1994。TBRC 编号：W22081-0361-eBook。
- 宫保才旦·仁增呈烈沃色（mGon po tshe brtan Rig 'dzin 'Phrin las 'od zer），无出版日期，《初十释·优昙花束》（*Tshes bcu'i rnam bshad u dum wa ra'i chun po*），加利福尼亚（California）：智慧藏出版社（Yeshe Nyingpo）（a mi ri kha'i grong khyer ka li phon nya'i ye shes snying po'i chos tshogs）。
- 吉美林巴（'Jigs med gling pa），《续部传规普巴》（*Phur pa rgyud lugs*），收敦珠吉扎益西多杰《宁玛教传广集》（*Rñin ma Bka' ma rgyas pa*），噶伦堡，敦珠上师出版，58 函，1982-1987。《续部传规普巴》收于 Ja 函。CD 版可从纽约藏传佛教资料中心（http://www.tbrc.org）

获得《传承不断之宁玛教传广集》[*The Expanded Version of the Nyingma Kama Collection Teachings Passed in an Unbroken Lineage*]，W19229,0448-0505, 3CD）。

- 敦珠仁波切（Dudjom Rinpoche），《至尊敦珠仁波切吉扎益西多杰全集与伏藏》（*Collected Works: The collected writings and revelations of H. H. bDud-'joms Rin-po-che 'Jigs bral ye shes rdo rje*），25 函，1979-1985，噶伦堡，敦珠上师。其电子版可从藏传佛教资料中心获得，标题为《敦珠吉扎益西多杰全集》（*bDud 'joms 'jigs bral ye shes rdo rje'i gsung 'bum*，W20869,0334-0358. 25 函）。

《敦珠吉扎益西多杰全集》中具体参考的文本有：

- 《具密印之吉祥金刚橛意成就·摧魔天铁利刃仪轨·饮血游戏喜宴》（*dPal rdo rje phur bu thugs kyi sgrub pa gsang ba'i rgya can bdud 'joms gnam lcags spu gri'i las byang khrag 'thung mngon par rol pa'i dga' ston*），Tha 函：77-153。
- 《索引·极喜多闻子》（*bZhugs byang rab dga'i dpal ster*，听列诺布 [Thrin las nor bu] 造），Pha 函：1-3。
- 《吉祥金刚橛极密事业精华仪轨编次·大吉祥密意庄严》（*dPal rdo rje phur bu yang gsang phrin las bcud dril gyi las byang khrigs su bsdebs pa dpal chen dgongs rgyan*），Pha 函：5-38。
- 《普巴金刚极密事业精华·座间食子瑜伽》（*rDo rje phur pa yang gsang phrin las bcud dril las: thun mtshams gtor ma'i rnal 'byor*），Pha 函：43-44。
- 《普巴金刚极密事业精华之食子真实灌顶本智净瓶语诵次第·大吉祥密意庄严》（*rDo rje phur pa yang gsang phrin las bcud dril gyi gtor ma'i don dbang ye shes spyi blugs kyi ngag khrigs dpal chen dgongs rgyan*），Pha 函：47-73。
- 《普巴金刚极密事业精华·无死命滴长寿法》（*rDo rje phur pa yang gsang phrin las bcud dril las: tshe sgrub 'chi med srog thig*），Pha 函：75-143。
- 《无死长寿事业酬补·不坏金刚云聚》（*'Chi med tshe phrin gyi skong ba mi shigs rdo rje brtsegs pa'i sprin phung*），Pha 函：179-182。
- 《无死命滴长寿法附注摄要·宝璎珞》（*Tshe sgrub 'chi med srog thig gi las byang zur 'debs mdor bsdus ratna'i do shal*），Pha 函：187-192。
- 《无死命滴长寿法仪轨次序笔录明释·成满心愿》（*Tshe sgrub 'chi med srog thig gi cho ga'i*

khrigs zin rnam gsal yid kyi 'dod 'jo)，Pha 函：193-208。

- 《伏藏护法供养法 · 意愿任运成就》（*gTer srung mchod thabs 'dod don lhun grub*），Pha 函：209-212。
- 《无死命滴长寿法大修习大纲 · 无死甘露游戏海》（*Tshe sgrub 'chi med srog thig gi sgrub pa chen po'i khog dbub 'chi med bdud rtsi'i rol mtsho*），Pha 函：233-296。
- 《无死命滴长寿法事业相关火供之广轨 · 寿自在大乐炽燃》（*Tshe sgrub 'chi med srog thig gi phrin las dang 'brel bar rgyas pa'i sbyin sreg gi cho ga tshe dbang bde chen rab 'bar*），Pha 函：297-315。
- 《新伏藏普巴极密事业精华支分 · 无死命滴长寿法灌顶修习略释 · 无死妙宝瓶》（*gTer gsar phur pa yang gsang bcu dril gyi cha lag tshe sgrub 'chi med srog tig gi dbang gi mtshams sbyor nyung ngur spros pa 'chi med nor bu'i bum bzang*），Pha 函：359-406。
- 《无死命滴长寿法口诀义念诵法与甚深导引文 · 无死妙道》（*Tshe sgrub 'chi med srog thig gi man ngag go don bsnyen thabs zab khrid dang bcas pa'i yi ge 'chi ba med pa'i lam bzang*），Pha 函：431-509。
- 《普巴利刃触灭部》（*Phur pa spu gri reg phung gi skor*），Ba 函：459-621。
- 《甚深广大妙法之见闻录 · 宝灯第二函》（*Zab pa dang rgya che ba'i dam pa'i chos kyi thob yig rin chen sgron me'i glegs bam gnyis pa*），Wa Āḥ 函。
- 才旺东嘉堪布（Khenpo Tsewang Dongyal）2003，《三世诸佛之共相 / 大伏藏师敦珠吉扎益西多杰卓堆林巴匝根本传 · 本智金刚之光》（*Dus gsum rgyal ba'i spyi gzugs / gter chen bdud 'joms 'jigs bral ye shes rdo rje 'gro 'dul gling pa rtsal gyi rnam thar ye shes rdo rje'i 'od zer*），沙尔那斯（Sarnath）：莲花桑耶法轮洲宁玛佛学院（Pema Samye Chokhor Ling Nyingmapa Buddhist Monastery）。（英译本见才旺东嘉 2008）

其他语言的著作

- 博格林（Boglin, B.）《铜色吉祥山之净相》（Visions of the Glorious Copper-Colored Mountain），2006 年提交于波恩（Bonn）国际藏学会的论文（译注：正式发表版见博格林 2013，《秋吉林巴的铜色吉祥山净相之旅》[Mchog gyur gling pa's Visionary Journey to the Copper-Colored Mountain] 收《藏学研究杂志》[*Revue d'Etudes Tibétaines*]，第 27 期，页 55-79）。

- 布尔德（Boord, M. J.）2002，《碧空霹雳：决断关要之普巴金刚广释》（*A Bolt of Lightning From The Blue: The Vast Commentary of Vajrakīla that Clearly Defines the Essential Points*），注译，含传予益西措嘉（Ye-shes mtsho-rgyal）之《普巴释·黑色集》（*Phur 'grel 'bum nag*）。柏林：柯罗洞出版社（edition Khordong）。
- 敦珠仁波切，吉扎益西多杰（Dudjom Rinpoche, Jikdrel Yeshe Dorje）1991，《宁玛派教法史》（*The Nyingma School of Tibetan Buddhism: Its Fundamentals and History*），卷 1：久美多杰（Gyurme Dorje）与马修·凯普斯坦（Matthew Kapstein）合作编译；卷 2：参考资料（久美多杰与马修·凯普斯坦），波士顿（Boston）：智慧出版社（Wisdom Publications）。
- 加德纳（Gardner, A.），《同一事件的不同描述：1886 年冬康区的三个伏藏发掘》（Differing Depictions of the same Event: Three Treasure Extractions in Khams in the Winter of 1886），2005 年提交于伦敦国际佛学会上的论文。
- 雅各比（Jacoby, S.）2007，《藏东地区的明妃与伏藏：伏藏师色拉堪卓（1892—1940）的自传 / 传记》（Consorts and Revelation in Eastern Tibet: the Auto/Biographical Writings of the Treasure Revealer Sera Khandro [1892—1940]），博士论文，弗吉尼亚大学（University of Virginia）。
- 纽修堪布蒋阳多杰（Nyoshul Khenpo Jamyang Dorje），《至尊敦珠仁波切略传》（A Short Biography of His Holiness Dudjom Rinpoche）<http://www.tersar.org/biog.html>。
- 里卡尔（Ricard, M.），《地理词汇表》（*Geographical Glossary*）<http://rywiki.tsadra.org/index.php/Geographical_Glossary_from_Matthieu_Ricard>。
- 仙潘达瓦仁波切（Shenpen Dawa Rinpoche）1992，《遥启上师赞颂》（Calling the Lama from Afar），收敦珠仁波切，《敦珠新宝藏前行》（*Dudjom Tersar Ngondro*），智慧镜出版社（Yeshe Melong），纽约：83-104。
- 索比希（Sobisch, J.-U）2007，《17 世纪萨迦派大藏书家阿美夏·阿旺贡嘎索南之生平、传承与著作》（*Life, Transmissions and Works of A-mes-zhabs Ngag-dbang-kun-dga'-bsod-nams, the Great 17th Century Sa-skya-pa Bibliophile*），斯图加特（Stuttgart）：弗朗茨·斯坦纳出版社（Franz Steiner Verlag）。
- 才旺东嘉堪布（Khenpo Tsewang Dongyal）2008，《无畏金刚智光：至尊敦珠仁波切之生平与遗产》（*Light of Fearless Indestructible Wisdom: The Life and Legacy of H. H. Dudjom Rinpoche*），

桑耶翻译组（Samye Translation Group），纽约伊萨卡（Ithaca, New York）：雪狮出版社（Snow Lion Publications）。

原载于安·沙叶（Anne Chayet）、谢萧（Cristina Scherrer-Schaub）、弗朗索瓦兹·罗宾（Françoise Robin）、让—吕克·阿沙尔（Jean-Luc Achard）编，《单一版本与多个版本：西藏著作的演变与形成》（*Edition, éditions: l'écrit au Tibet, évolution et devenir*），慕尼黑（München）：印度河出版社（Indus Verlag），2010年，页65-83。

二十六

近代西藏宗派融和派大师米庞尊者传略

沈卫荣

米庞蒋扬南杰嘉措（Mi pham 'jam dbyangs rnam rgyal rgya mtsho, 1846—1912）是19世纪西藏最著名的宁玛派佛学大师之一。在宁玛派的历史上，他与绒宋班智达（Rong zom paṇḍita，约11—12世纪）、龙青饶绛巴（Klong chen rab 'byams pa, 1308—1362）齐名，是该派最著名的三大学者之一。于整个西藏之历史言之，米庞则可与萨迦班智达、宗喀巴大师等相提并论，被视为集三世诸佛之智慧于一身的文殊菩萨之化身、正法之大车（shing rta chen po）。他既是一位兼通显密，尤擅中观、大圆满法，讲、辩、著作皆不世出的学者；亦是一位无畏的斗士，不但常挺身而出，为弘扬、捍卫宁玛派教法之精义而回击外派上师诘难，而且致力于打破藏传佛教各派之间根深蒂固的门户之见，积极参与由其师长率先宣导的宗派融和运动（ris med）；更是一位修行有道、成就不凡的密乘行者，一生清贫，却显现了种种不可思议之稀有宏化与殊胜密行。然而，一生笔耕不倦的米庞却没有留下一部自传，现存的几部藏文传记内容大同小异，未能对尊者一生行迹按年代顺序作具体交待。相对于萨迦班智达、宗喀巴等大师而言，米庞尊者算是近人，迄今为止华文世界对藏传佛教之研究尚很少涉及近代，像近代康区之宗派融和运动这样重要的课题亦尚鲜有研究者问津；宁玛派传统以秘密修持为重，不轻易外传其密法，故米庞之著作亦很少有被译成汉文而流布者，[1]是故，米庞之嘉言懿行虽曾于康区藏人中间脍炙人口，然知其行状与著作之详者委实有限。为表其行持、彰其功德，此略述其生平著述于前，译注其共通传记于后，有志于深究米庞之甚深密意者或可以此为基础勇猛精进。

一、宁玛派的复兴与19世纪康区之宗派融和运动

若要理解米庞一生之成就及其于西藏佛教史上的地位，当有必要先对19世纪时发生于以德格为中心之康区、有藏传佛教各宗派大师参与的宗派融和运动有所了解。不但是米庞服膺的几位根本上师，皆为这一运动的主将，而且作为他们的衣钵传人，他本人毕生所作学者三事亦基本围绕这一运动的主题展开，而最终成为这一运动的杰出代表人物。

宗派融和运动，藏文称为ris med，字面意义为“无偏袒”“不分派”“公正”，西方学者习惯将它翻译成“eclectic”，意为“综合、折中的”“自各处随意取材的”。实际上，正如国际著名佛学家Seyfort Ruegg所指出的那样，“宗派融和运动并不只是综合、折中的，而是普世的（和百科全书式的），ris med pa（与ris chad pa相反）意为越界离境、包罗万象、无拘无束，因而也是公平无私的。”[2]这一运动的中心是康区的德格，全盛时期为19世纪，参与这一运动的有宁玛、噶举、萨迦、觉囊、噶当等派之大师，其中最著名的代表人物是噶玛噶举派的蒋贡工珠·罗珠塔耶（’Jam mgon Kong sprul Blo gros mtha’ yas, 1831—1899）、萨迦派的蒋扬钦哲旺波（’Jam dbyangs mKhyen rtse’i dbang po, 1820—

〔1〕 晚近有邵颂雄先生译注米庞所造《辨法法性论》之释论问世，见弥勒菩萨造论、不败尊者释论、邵颂雄翻译，《辨性法性论·不败释论》，香港：密乘佛学会，2000年；笔者亦已将米庞所造《秘密藏续释论十方除暗之总义光明藏论》（*gSang ’grel phyogs bcu’i mun sel gyi spyi don ’od gsal snying po bzhugs so*）翻译成汉文，已由香港密乘佛学会作为宁玛派丛书之一种出版。

〔2〕 Seyfort D. Ruegg, “A Tibetan’s Odyssey: A Review Article”, *JRAS* 1989, 2, p. 309.

1892）与宁玛派的巴珠吉美曲吉旺波（dPal sprul 'Jigs med chos kyi dbang po, 1808—1887）等；其兴起的缘由既是对西藏历史上屡屡出现、现实中仍然不绝如缕的宗派斗争与宗教迫害之反思，亦是各非主流教派联合起来，抵制格鲁派在宗教、政治与经济各方面的绝对霸权地位的一种表现形式，其中心内容是呼吁各宗派互相尊重与容忍，号召各派学人平等相待、深入认识其他宗派的教理与修持，尽量消除因宗派之争而引发的政治及经济上的冲突，将藏人的宗教生活提升到一个更理性、理想的高度。这场运动的结果虽然没有完全消除宁玛、萨迦、噶举、觉囊等非主流派之间的此疆彼界，但显然极大地增进了它们之间的相互理解，减少了冲突，达成了宗派间的基本融和。从此形成了近代西藏佛教历史上壁垒分明的两大营，即主流的、正统的格鲁派与非主流的、激进的融和派。格鲁派重学，讲究寺院内的严格的说法授受与清规戒律，融和派重修，讲究个人的成就而不拘形式、教条。人类学家 Geoffrey Samuel 将这两种传统形象地总结为牧师式的（clerical）与萨满式的（shamanic）。[1]

于今日之西方，传统的西藏社会被理想化为一个和平的、非暴力的人间净土，而事实上与世界历史上任何宗教社会一样，西藏并非只是一个慈悲与智慧之化土，藏传佛教的流行并没有消除现实中的冲突与流血。在西藏的历史上，不但出现过“朗达玛灭佛”这样空前的法难，而且藏传佛教各宗派之间的冲突、排

〔1〕 西方学者中最早研究“宗派融和运动”的是博学的百科全书式藏学家 Gene E. Smith 先生，他的相关著作有：*Introduction to Rang grol skor gsum and Byang chub kyi sems kun byed rgyal po'i don khrid rin chen gru bo, Sources for the Understanding of Rdzogs-chen Meditation by Klong-chen rab-'byams pa 'Dri-med 'od-zer* (Ngagyur Nyingmay Sungrab, vol. 4), Gangtok: Sonam T. Kazi, 1969; *Preface to The Autobiographical Reminiscences of Ngag-dbang-dpal-bzang, Late Abbot of Kah-thog Monastery*, Gangtok: Sonam T. Kazi, 1969; *Introduction to Kongtrul's Encyclopedia of Indo-Tibetan Culture,* ed. Lokesh Chandra, New Delhi: International Academy of India Culture, 1970. 而迄今为止对“宗派融和运动”从宗教学、人类学角度所作之最系统的描述则见于 Geoffrey Samuel, *Civilized Shamans: Buddhism in Tibetan Societies*, Washington and London: Smithsonian Institution Press, 1993, 27. Tibet: Gelugpa Power and the Rimed Synthesis, pp. 525-552. Samuel 先生此书被人认为是继 G. Tucci 先生《西藏画卷》（*Tibetan Painted Scrolls.* 3 vols. Roma, Libereria dello Stato 1949）之后西方藏学研究的又一座里程碑。它不仅集迄今为止西方藏学研究之大成，系统地总结了西方对西藏历史与宗教的研究成果，而且以人类学家独有的慧眼，将西藏之宗教文明之种种形式总结为“文明的”与“萨满的”两种最典型的特征，并从这两大特点出发，深入细致地分析西藏宗教社会之历史发展的轨迹。

斥、甚至迫害，可谓史不绝书。五世达赖喇嘛开始建立起来的格鲁派的至尊地位，本身就是引入蒙古可汗之军事力量对外派势力，特别是噶玛噶举派，进行迫害与镇压的结果。[1]就是于格鲁派内部，俗世的、教法的冲突亦同样屡见不鲜。达赖喇嘛与班禅长时间的水火不容，大寺院内各扎仓之间的壁垒森严，[2]无不说明藏传佛教内部宗派之争达到了何等严重的程度。藏传佛教各大宗派都是经历了"朗达玛灭佛"的劫难之后，于佛教之后弘期星火燎原而形成的。每个教派不仅在教法上各有千秋，而且基本上都有一个强有力的施主家族为其后盾，各不统属。因教法上的差异而引起的冲突往往受对俗世利益之争夺的刺激而变本加厉。因受蒙古君主之器重与利用，萨迦派是藏传佛教各派中最早获得了显赫的特权与丰厚的利益，为各派之龙头老大达近百年之久。而曾与之于蒙古可汗前争宠而败北的噶玛噶举派则成为明朝皇帝之最爱，受封"大宝法王"之尊号，成为明封西藏八大法王之首。而于乌思藏本土，则因继萨迦派之后为西藏最有实力的帕竹噶举派地方政权的青睐，由宗喀巴大师及其弟子新创立的格鲁派渐渐在前藏坐大，他们先与萨迦派在后藏争雄，后又与受到取代帕竹派的仁蚌巴势力支持的噶玛噶举派展开了长期的拉锯，最终借助蒙古和硕特部头领固始汗的武力，压倒了噶玛噶举派及其施主家族的反抗，建立了其在卫藏地区的独尊地位。在藏传佛教各宗派几百年间的你争我斗中，作为其中最古老一派的宁玛派虽然并没有处在风口浪尖上，但也一直身受其害，长期处于防守的地位。大概是因为重秘密修行的缘故，宁玛派教法似一直不得时君之喜欢，于其背后似从未有一个强大的施主家族为其后盾。早在 10 世纪末、11 世纪初，吐蕃王朝宗室之后、人称上师菩萨之拉喇嘛・益西沃（lHa bla ma Ye shes 'od）就率先对宁玛派之大圆满法及其双修、药修、尸修、食供、诛杀等特殊修法提出激烈批评，并对宁玛派之根本大续《秘

〔1〕参见 Elliot Sperling, "'Orientalismus' und Aspekte der Gewalt in der tibetischen Tradition", *Mythos Tibet: Wahrnehmungen, Projektionen, Phantasien, Herausgegeben von der Kunst- und Ausstellungshalle der Bundesrepublik Deutschland in Zusammenarbeit mit Thierry Dodin und Heinz Raether*, Koeln: Dumont, 1997, pp. 264-273.

〔2〕P. Jeffrey Hopkins, "Tibetische Klosterkollegien: Die Spannung zwischen Rationalitaet und Gruppenzwang", *Mythos Tibet*, pp. 254-263.

密藏续》(*dPal gsang ba'i snying po de ko na nyid rnam par nges pa'i rgyud chen po*)之真实性提出了怀疑。[1]直到13世纪噶当派上师迥丹日贝热支(bCom ldan rig pa'i ral gri)于桑耶寺发现了《秘密藏续》之梵文原本为止,宁玛派必须为捍卫其所传教法之真实性而努力不懈。蒙元王朝统治西藏期间,藏传佛教各派均与朝廷有不同程度的往来,宁玛派上师亦曾出入宫廷,[2]但终元之世,乃至于继元而起的明朝,没有任何宁玛派的上师得享萨迦、噶玛噶举派上师所得之殊荣与利益,亦没有出现一座规模庞大的宁玛派寺院。龙青巴大师作为一名显密兼通的大学者虽然名重一时,就是格鲁派也承认他是"宁玛派之持法者中间唯一达贤者之极顶者"(rnying ma ba'i bstan 'dzin gyi khrod du mkhas pa'i rtse mor son pa gcig pu),[3]然显然不为权贵所喜,与他同时代的西藏最有权势的人、帕竹派的大司徒绛曲坚赞(Byang chub rgyal mtshan)就公开称他为其宿敌"止贡派之上师",毫不掩饰对他的厌恶之情。[4]同样受到这位大司徒无端非难的宁玛派上师还有伏藏师邬金林巴(O rgyan gling pa)等。[5]然而正是这种无所依傍、遭人打击的恶劣的人文环境,造就了一代代身处逆境而奋发有为的宁玛派上师。当17世纪中期开始,其他曾经显耀一时的教派在格鲁派打压之下萎靡不振之际,向来寂寞的宁玛派却渐渐中兴,最终成为19世纪以反抗格鲁派霸权为重要内容之一的宗派融和运动的主力。

尽管宁玛派是藏传佛教中最古老的一派,可直到17世纪为止,依然只有一些

[1] 参见 Samten G. Karmay, "The Ordinance of lHa Bla ma Ye-shes-'od", *Tibetan Studies in Honour of Hugh Richardson, Proceedings of the International Seminar on Tibetan Studies*, Oxford 1979, edited by M. Aris and San suu kyi Aung, Warminster, 1979, pp. 150-162.

[2] 参见 Pema Tsering, "rNying ma pa Lamas am Yüan Kaiserhof", *Proceedings of the Csoma de Körös Memorial Symposium*, Budapest, 1978.

[3] 语见土观·罗桑曲结尼玛(Thu'u bkwan Blo bzang chos kyi nyi ma),《土观宗派源流》(*Thu'u bkwan grub mtha'*),兰州:甘肃民族出版社,1984年,页67。

[4] 参见 Dudjom Rinpoche, Jikdrel Yeshe Dorje, *The Nyingma School of Tibetan Buddhism. Book Two: History of Nyingma School*, Translated and edited by Gyurme Dorje with the collaboration of Matthew Kapstein, p. 592.

[5] 参见 Dudjom Rinpoche, *The Nyingma School of Tibetan Buddhism. Book Two: History of Nyingma School*, pp. 777-778.

小庙与秘密修行的所谓山间茅棚（ri khrod）星星点点地分散于雪域蕃地，从未出现任何与格鲁派或噶举派相类似的大寺院中心。今日所谓宁玛派六大主寺中，有四座建于1656年与1685年之间。[1]1717—1720年间，敏珠林与多吉扎二寺复于准噶尔之乱中被毁，寻被修复。[2]1734年，六大主寺中的最后一座寺院协庆寺建成，从此宁玛派有了能够维持其教法与僧职传统的基地，渐渐成为康区最有影响力的教派。宁玛派的中兴无疑与五世达赖喇嘛与宁玛派的特殊渊源，以及18世纪初期卫藏的世俗领袖颇罗鼐相对厚待宁玛派有关，而更重要的原因是他们得到了远离格鲁派统治中心的康区德格土司的大力支持。德格土司位于康区西北部，下辖邓柯、德格、白玉、石渠、同普五县。传统为宁玛派信徒，13世纪时接受萨迦派之教法与修行，建德格更庆寺（sDe dge dgon chen dpal lhun grub steng gi chos grwa，译言德格更庆・吉祥天成上经院），并以此为其治地。自17世纪开始，德格土司之势力渐渐扩大，于18、19世纪达到顶峰。在此期间，德格土司采取了相容并蓄的宗教政策，除了萨迦派势力继续增长，境内出现了宗萨（rDzong gsar）等其他萨迦派寺院外，其他宗派的发展亦得到了德格土司的宽容与支援。1656年旧的宁玛派中心噶陀寺得以重修，其他三座宁玛派主寺白玉（1665）、竹庆（1685）、协庆（1734）亦相继在其领地内建立起来。与此同时噶玛噶举派于康区的根本道场八蚌寺（dPal spungs）亦于1727年于德格建成。这五所寺院被德格土司认定为其五大家庙。此外，德格境内亦还有苯教之中心杂登大寺（rDza steng chen），德格之北部亦还有石渠（Ser shul）等好几座格鲁派寺院。[3]这种兼容并蓄的宗教政策，成了培养藏传佛教历史上意义深远的宗派融和运动的温床，并导致了这一运动于19世纪中期的最终爆发。

除了这些外在原因之外，宁玛派的中兴亦与其内部传统中的伏藏开展有直接的关联。17世纪初，宁玛派内部出现了一批具有广泛影响的伏藏师，如德达

[1] 宁玛派六大寺为前藏的敏珠林（sMin grol gling dgon pa，译言成熟解脱洲）、多吉扎寺（rDor rje brag dgon po，译言金刚岩寺）与康区的噶陀寺（Kaḥ thog dgon）、竹庆寺（rDzogs chen dgon）、白玉寺（dPal yul dgon）、协庆寺（Zhe chen dgon）。其中噶陀、白玉、敏珠林与竹庆四寺建于17世纪中后期。

[2] 详见《土观宗派源流》，页78-79。

[3] 参见杜永彬，《德格土司辖区的政教关系及其特点》，《中国藏学》1989年第3期，页85-99。

林巴久美多杰（gTer bdag gling pa 'Gyur med rdo rje）、仁增嘉村宁波（Rig 'dzin 'Ja' tshon snying po, 1585—1656）、噶玛洽美（Karma chags med，1613—1678）及其弟子米久多杰（Mi 'gyur rdo rje, 1645—1667）等，分别由嘉村宁波与米久多杰上师新发现的伏藏《三宝总集》（*dKon mchog spyi 'dus*）与《天法》（*gNam chos*）等为宁玛派的发展增添了新的活力。新建立起来的宁玛派寺院中心分别以所谓"南藏""北藏"或宿氏传规等一、二种伏藏传规为其修、学之重点，如白玉寺以其《天法》之传承著称，噶陀寺则以传"南藏"为其重点等。这对寺院内的修、学活动无疑是一大推动，造就了一些杰出的宁玛派学者，而其中最著名的当数吉美林巴（'Jigs med gling pa, 1730—1798）。吉美林巴是一位伏藏师，他于净相中自龙青巴上师处获得了大量甚深密法，其中最重要的即是《龙青宁提》（*Klong chen snying thig*，一译《广大心髓》），此伏藏之传规成为近世大圆满法传承之基础。[1]吉美林巴所传大圆满法有两大特点，一是强调瑜伽行者的自我约束、内在的守戒，而不是寺僧之外在的、强制的持律；二是强调成正等觉之清净与显明，超越任何逻辑思维与传统思想之束缚。这第一个特点使大圆满法与15、16世纪于西藏噶举派中出现的外表放浪、内心专一的"癫僧"现象异曲同工；而其第二个特点又使大圆满法成为一种所有显密教法传统以其为旨归的终极之法。早在13世纪，噶玛噶举派第二代活佛噶玛八哈失（Karma Pakshi，1204—1083）就已经尝试整合噶举派的大手印法与宁玛派的大圆满法。这一尝试复于17世纪为噶举派上师泽勒·那措让卓（rTse le sNa tshogs rang grol, 1608—?）、噶玛洽美等人发扬光大，最终使旧密大圆满法与新译密法合流。噶玛洽美本人还参与了白玉寺的创建，使该寺所传之教法从一开始就融和了噶举派与宁玛派两派的教法。[2]经过吉美林巴与噶玛洽美等上师的努力，宁玛派与噶举派之间已基本达成融和，他们是日后宗派融和运动的先驱。

而真正大张旗鼓地倡导宗派融和运动的是吉美林巴于康区的精神传人。吉

〔1〕 参见 Steven D. Goodman, "Rig-'dzin 'Jigs-med gling-pa and the kLong-chen sNying-Thig", *Tibetan Buddhism: Reason and Revelation*, Ed. by Steven D. Goodman and Ronald M. Davidson, Albany: State University of New York Press, 1992, pp. 133-146.

〔2〕 参见 Geoffrey Samuel, *Civilized Shamans: Buddhism in Tibetan Societies,* pp. 533-536.

美林巴本人住于卫藏，而其所传教法精义却主要在东藏传承，其融和宗派之精神亦在康区开花结果。吉美林巴的教法于康区得到热烈的欢迎，其全集于1790—1798年间于德格刻印，其所传《龙青宁提》教法之主要衣钵传人一世多智钦活佛吉美赤列沃色（rDo grub chen rin po che 'Jigs med 'phrin las 'od zer, 1745—1821）与吉美嘉卫纽古（'Jigs med rgyal ba'i myu gu, 1765—1798）皆为康区之著名上师，前者还是德格土司之母的精神导师。[1]吉美林巴的三位转世蒋扬钦哲旺波、巴珠吉美曲吉旺波与多钦则·益西多杰（rDo mKhyen brtse ye shes rdo rje, 1800—1866）等则均积极地投入了宗派融和运动，其中蒋扬钦哲旺波还是其最初的发起人之一。这场运动的中心是德格的八蚌、白玉、竹庆、协庆与萨迦派的宗萨等寺，但很快于安多、康区等所谓东藏地区蓬勃发展起来，且波及全藏，其影响甚至深入到后藏西部的定日等地。

如前所述，宗派融和运动的主旨首先是要打破各派之间的门户之见，反对厚此薄彼、唯我独尊，主张兼容并蓄、美美与共。为此主张宗派融和的各派上师每每身体力行，令人读其传记往往难辨其所宗。例如，蒋扬钦哲旺波上师为萨迦派寺院宗萨寺主，理当为萨迦派上师，准确说来，其所宗为萨迦派支系俄尔派，乃萨迦派内萨钦泽（gNas gsar mKhyen brtse, 1524—?）与塔孜强巴南喀齐美（Thar rtse Byams pa nam mkha' 'chi med）之转世。然其又被宁玛派确认为吉美林巴之佛身转世，于前藏宁玛派主寺敏珠林受近圆戒，复得七种应机（bka' 'babs bdun），为《龙青宁提》等宁玛派密法之重要传人，其主要修行又是《龙青宁提》之上师瑜伽，似为地道的宁玛派喇嘛。实际上，蒋扬钦哲旺波出家前后十三年间所学之法囊括包含格鲁派教法在内的一切显密经续，其所从师尊共百五十余人，圆满所学者“乃宁玛经典伏藏、新旧噶当、萨迦、俄尔、擦尔三支、噶举冈仓、止贡、达隆、竹巴、觉囊、希解、博东等一切保存完好之旧传规之成熟［灌顶］与解脱［指引］，以及《幻化网秘密藏》《时轮》《胜乐》《喜金刚》《密集》等密续及其现存之释论，听闻总计约达七百卷西藏不分宗派之论典，其中主要有《大宝甘珠

〔1〕关于《龙青宁提》之传承及这几位上师之生平，见 Tulku Thondup, *Masters of Meditation and Miracles: Lives of the Great Buddhist Masters of India and Tibet,* Boston and London: Shambhala, 1999, pp. 118-172.

尔》(*rGyal ba'i bka' 'gyur rin po che*)、《宁玛十万续》(*rNying ma rgyud 'bum*)与现存之《丹珠尔》传承等。”[1]其传记中还说:“雪域所传承之大车共许为八,即由师君三尊(即赤松德赞、寂护与莲花生大士)之恩所传之旧译宁玛派,至尊主具德阿底峡之佛语传规四尊三藏噶当派,大成道者毕瓦巴(Virūpa)之佛意精华乃具德萨迦师徒所传之教诫道果法,四部佛书所传教诫,玛尔巴、米拉日巴与达波拉杰三人所传之四大八小支噶举派,贤哲琼波朗觉之金法香巴噶举,一切密续之王吉祥时轮之圆满次第着重金刚瑜伽之六支加行,大成道者当巴桑杰之佛语传规妙法断除[希解]诸苦支分之断域,金刚佛母亲赐予大成道者乌坚巴之三金刚念修等诸不曾间断、失坏之旧传规等,于彼各各皆以无量信解,不辞辛劳、勇猛精进,自于各各之源头相联之诸经师圆满无误地听闻成熟解脱之完整次第。”[2]不仅他本人学法时坚持不分宗派、兼容并蓄,他授徒传道亦同样坚持有教无类的不分派原则,所以他的弟子亦同样包括以上各宗派之僧人,甚至亦有苯教的持法者。

总而言之,经过这一宗派融和运动,至少在康区实际上只存在格鲁派与宗派融和派两大阵营,各种传统宗派之间的差别已经变得十分的不明显,与其说蒋扬钦哲旺波上师乃萨迦派或宁玛派的上师,倒不如说他是一位宗派融和派的上师。当然宗派融和运动并没有完全消灭传统各教派之间的此疆彼界,它并没有形成为一个有其特殊的、固定的教法传统,或拥有自己独立的寺院中心的新宗派。迄今为止,那些维持宗派融和传统的上师依然来自宁玛、萨迦、噶举等不同的派别,在进行一般的宗派融和实践的同时,继续维持其所属寺院之特殊的教法传承与修习。同样为宗派融和运动的倡导者,却可保留各自不同的教法立场。例如工珠活佛积极赞同觉囊派的“他空”理论,而其弟子米庞却批评“他空”说,坚持维护自宗大中观学说,[3]而这丝毫不影响他们同为宗派融和运动的大师。

---

〔1〕参见 Dudjom Rinpoche, *The Nyingma School of Tibetan Buddhism. Book Two: History of Nyingma School*, pp. 850-851.

〔2〕参见 Dudjom Rinpoche, *The Nyingma School of Tibetan Buddhism. Book Two: History of Nyingma School*, pp. 852-853.

〔3〕详见弥勒菩萨造论、不败尊者释论、邵颂雄翻译,《辨法法性论·不败释论》,导论,页 54-66。

如前所述，宗派融和运动的兴起与各非主流教派试图联合起来对抗格鲁派于政治与宗教两方面的霸权地位有直接的关联。历史的发展往往有相当的戏剧性，当年宗喀巴大师创立的格鲁派的兴起，是对萨迦、噶举、宁玛等派之部分喇嘛不守戒律、不事教法授受与研究之反动。据称当年各旧派之上师："或以为显密二宗若水火不能相容，纯净、诚心的持法戒律遭到诘难；特别是持三藏者，于坐禅之后即耽于酒食，不知餍足，且不为其行为感到羞耻。大寺院中的大部分僧人竟然认不出沙门之资具，如打坐用的坐垫与化缘用的钵盂等。他们甚至没有听说过上衣与下衣是由小幅的布条拼合而成的。佛法于雪域蕃地只剩下一个影子。"〔1〕西藏喇嘛的离经叛道甚至殃及宠信他们的元朝皇帝，据说他们于元朝宫廷中传播的所谓"大喜乐法"是导致元朝骤亡的重要原因之一。于此情形之下，宗喀巴大师倡导宗教改革，提倡严守戒律，建立有计划、有系统的寺院教育与修行方案，欲挽狂澜于既倒。然而格鲁派的发展很快走向了另一个极端，其对寺院内严格的守戒与苦行的重视，自然地将在家人与其他教派所重之成佛之道排斥在外，其对讲辩、授受经论的过分强调，明显地忽略、贬低了密宗修行的功德和意义，其寺院内的系统、冗长的学经制度亦渐渐趋于教条和僵化。再加上其政治上的过分得势，势必造成教法上对他派的不宽容，甚至压迫，致使他派的存在空间越来越小，不得不起而反抗。因此，虽然亦有一些格鲁派上师参与了这场宗派融和运动，但总的说来，它是对一枝独秀的格鲁派的反动。

首先，宗派融和运动的上师们并不像格鲁派的上师那样强调出家修行的重要性，理想的宗派融和派行者既可以是出家的苦行僧，亦可以是不曾受僧戒的瑜伽行者。尽管大部分参与宗派融和运动的上师是出家持律的僧人，但亦有许多重要的宗派融和派大师不是苦行僧，不少对这场运动有很大影响的转世喇嘛亦都拥有明妃（gsang yum），例如十五世噶玛巴卡恰多杰（mKha' khyab rdo rje, 1871—1922）、十世珠庆喇嘛吉美米庞曲旺（Grub chen 'Jigs med mi pham chos

---

〔1〕语见克主杰（mKhas grub rje dGe legs dpal bzang po），《宗喀巴传·信仰津梁》（*rJe btsun bla ma tsong kha pa chen po'i ngo mtshar rmad du byung ba'i rnam par thar pa dad pa'i 'jug ngogs zhes bya ba bzhugs so*），西宁：青海民族出版社，1982 年，页 112。

dbang, 1884—1930）等。宗派融和派教法之根本就是不重此抑彼，条条大路通罗马，出家的僧人能成佛，在家的行者亦能得正觉，只要目标明确，不同的化机可以选择适合于自己的道路。所以，有如20世纪初著名的宗派融和派上师米庞之弟子释迦室利（Śākyaśrī, 1854—1919），虽是已婚的行者，同时精熟大手印与大圆满法。他随类教化，根据各弟子之根器与需要，分别教授大圆满或大手印之法。而其弟子虽然所学各有专攻，但各人皆以不同的方式获得成就。当代最早于西方世界传播藏传佛教并取得非凡成就的仲巴喇嘛（Chogyam Trungpa Rinpoche, 1940—1987）即是宗派融和运动的典型产物，其表面的行为不仅不重戒律，也典型地反映出了宗派融和运动的特点。[1]在不像格鲁派一样强调出家持戒之重要性这一点上，早在宗派融和运动兴起以前，西藏就曾出现过不少像汉地之济公和尚一般的疯僧，他们表面上漠视清规戒律，放浪形骸、恣意妄为，而实际上并没有妨碍其圆成佛之真性，因此藏族百姓习惯于将这类疯僧直接视为游戏人间之佛陀。

于藏传佛教发展史上，一直存在两种不同的传统，一种是重显宗（Sūtra）、重学、重戒律、重义理的传统，另一种是重密宗（Tantra）、重修、重密咒、重体验的传统，前者以格鲁派为代表，后者则以宁玛派为典型。虽然这种截然的划分并不见得完全符合藏传佛教各宗派之历史发展的事实，但若笼统言之，则这两种不同传统的存在当是不争之事实。于宁玛派历史上虽亦有像绒宋班智达、龙青巴与米庞这样的大学者，然与其他教派相比较，其殊胜之处显然在修不在学。反之，于格鲁派的历史上亦不乏有大成就的行者，然其过人之处仍在于学而不在于修。到了宗派融和运动时，这两种传统的分野开始被打破。因为这场运动对格鲁派的冲击不仅仅在于否定其坚持唯有寺院苦行才是成佛正途的主张，而且亦对其教条的教学方式与释义传统提出了挑战。倡导宗派融和的大师并不只是一些重修轻学的成道者，而且也是可与圣地之“二胜六庄严”媲美的大学

[1] 有关仲巴活佛之生平详见其自传《生于西藏》（*Born in Tibet*）, Boston and London: Shambhala, 1995, Fourth Edition; Rick Fields, *How the swans came to the lake: A narrative history of Buddhism in America*, Third Edition, Revised and Updated, Boston and London: Shambhala, pp. 308-338, 359-362.

者。宗派融和运动的主要代表人物如蒋扬钦哲旺波、工珠罗卓塔耶、米庞等都享“蒋扬”（译言妙音）或“蒋贡”（译言文殊怙主）之类的称号，表明他们都被认为是三世诸佛之智慧的总集妙吉祥文殊菩萨之化身，换言之，皆为杰出的学者。宗派融和运动的兴起表明学术传统于非格鲁派诸教派中的复兴。自17至19世纪，格鲁派的学术传统日趋教条僵化，其著作鲜有显示原创和新意者，大部分只是根据宗喀巴大师及其主要弟子之作品改写的释论、概要或者教本（yig cha）。对量学的重视、程式化的辩经制度，以及在密宗实修上的滞后，使得格鲁派的教法越来越缺乏活力。寺院内各扎仓提供的供辩经用的手册详细地规定了本派之立场与辩驳的程式，寺僧只需要将其背个滚瓜烂熟，就可以成为一个辩经的高手，至于是否真正理解了经论之甚深密义则另当别论，更不用说去直接研读、体会印度圣者之原著了。〔1〕而宗派融和派之上师们则以回归印度圣者之原著为号召，要求他们的弟子直接阅读原典，而且亲自动手为这些经论作注释（mchan 'grel）。其目的在于使弟子理解论中所立观点之意义，而不是随意地给它们贴上标签、判定立场。通过回归原典，使许多几个世纪以来各派从各自立场出发随意注疏而引起的诤论得到了解决。工珠活佛与米庞等对如何才能正确地读经、释经亦提出了一个系统的指导。〔2〕

宗派融和运动的一个最明显的成就是将过去千余年中于西藏得到发展的种种不同的密宗瑜伽修持传统结合起来。蒋扬钦哲旺波与工珠活佛二人仔细梳理了康区各教派中种种有名的、无名的灌顶仪轨与口传传规，然后由工珠活佛与他的助手们一起编纂了一系列旨在汇总百家学说精华的、百科全书式的经、续、仪轨总集。其中最著名的有汇总噶举派密续经论之《噶举密咒藏》（*bKa' brgyud sngags mdzod*），汇总宁玛派所掘伏藏宝法的《大宝伏藏》（*Rin chen gter mdzod*

〔1〕 有关此类辩经手册之详情参见 Guy Newland, “Debate Manuals (Yig cha) in dGe lugs Monastic Colleges”, *Tibetan Literature, Studies in Genre*, Edited by José Ignacio Cabezón and Roger R. Jackson, Ithaca, New York: Snow Lion, pp. 202-216.

〔2〕 参见 Matthew Kapstein, “Mi-pham's Theory of Interpretation”, *Buddhist Hermeneutics*, Edited by Donald S. Lopez, Jr., Honolulu: University of Hawaii Press, 1988, pp. 149-174.

chen mo）[1]，包罗宁玛、噶当、格鲁、玛尔巴噶举、香巴噶举、萨迦与觉囊诸派教法的《教诫藏》（*gDams ngag mdzod*），[2] 以及囊括各大教派之仪轨文书的《成就法总集》（*sGrub thabs kun btus*）等。此外工珠活佛还著作、发掘有《知识总汇》（*Shes bya kun khyab mdzod*）、[3]《不共秘密藏》（*Thun min gsang ba'i mdzod*）等卷帙浩繁的巨著。这些著作一旦被收集到一起，只要一个人获得其灌顶与随许，它们就可以作为一个整体而得到播传。例如，尽管《大宝伏藏》有 111 卷之巨，但若有人已得其灌顶，则此人即可以修持其中所包罗的成千上万种修法、仪轨。凭依这种方式，宗派融和派的大师打开了千年来雪域各派大师所积累的所有修持正法之财富。从今往后，每一位修持正法之化机皆可以从中挑选适合自己之根器的修法，实现成佛之目的。这些包罗万象的作品不仅成了宗派融和派大师之弟子们学法的标准教材，为推动宗派融和运动作出了巨大贡献；而且亦因此而使一些当时已行将失传、日后更经历无数劫难的教派传规和经典仍然能够完整地保存至今。

当然，宗派融和运动亦不仅仅是局限于藏传佛教界精英分子范围内的学术运动，它亦有其很强大的群众性。该派亦有不少善巧的大师致力于在平常百姓中用

〔1〕 *Rin chen gter mdzod.* 111 vols. Stod lung mtshur phu redaction, with supplemental texts from the dPal spungs redaction and other manuscripts. Reproduced at the order of the Ven. Dingo Chhentse Rinpoche. Paro, Bhutan: Ngodrup and Sherab Drimay, 1976. 德国波恩大学中亚语言文化研究所 Peter Schwieger 教授多年来从事对柏林国家图书馆所藏楚布寺版《大宝伏藏》的编目、整理工作，至今已出版有详细题解的目录三册：*Tibetische Handschriften und Blockdrucke, Teil 10, 11, 12, Die mTshur-phu-Ausgabe der Sammlung Rin-chen gter-mdzod chen-mo, nach dem Exemplar der Orientabteilung, Staatsbibliothek zu Berlin-Preussischer Kulturbesitz*. Beschrieben von Peter Schwieger, Stuttgart: Franz Steiner Verlag, 1990, 1995, 1999.

〔2〕 *Gdams ngag mdzod: A Treasury of Instructions and Teachings for Spiritual Realization.* Compiled by 'Jam-mgon Kong-sprul Blo-gros-mtha'-yas. Reproduced from a xylographic print from the Dpal-spungs blocks. 12 vols. N. Lungtok and N. Gyaltsan, Delhi, 1971.

〔3〕 亦译《所知藏》《遍及所知》等，全称为《普摄乘门经教宝藏三学善说论》（*Theg pa'i sgo kun las btus pa gsung rab rin po che'i mdzod bslab pa gsum legs par ston pa'i bstan bcos shes bya kun khyab*）。著于 1864 年，凡三函，内容含十品四十分之本颂及释论二部。其十品为：所化刹土情器世间立因品，能化大师云何兴化品，圣教正法建立品，契经、真言、明处弘传源流品，增上戒三律仪广辨品，明处乘等听闻品，思惟发起增上慧品，观修成就增上定理趣品，证受地、道行趣品与究竟解脱果位品等。参见 E. Gene Smith, *Introduction to Kongtrul's Encyclopedia of Indo-Tibetan Culture*, Parts 1-3, Edited by Lokesh Chandra, pp. 1-87. New Delhi, IAIC.

他们喜闻乐见的形式与通俗易懂的语言来传播佛法。例如被认定为吉美林巴的转世之一的巴珠活佛曾是一位游方的瑜伽行者，行状有类于15世纪的疯僧，他曾造《大圆满龙青宁提前行导引·普贤上师言教》（*rDzogs pa chen po klong chen snying thig gi sngon 'gro'i khrid yig kun bzang bla ma'i zhal lung*），用通俗的语言解释《龙青宁提》之前行，成为一部解释大圆满法前行修习的普及类经典之作。[1]巴珠活佛还曾造诸如《始中末善说》《答阿卜室利》等短篇，以简明、通俗的方式阐发大圆满法之甚深密义以及宗派融和运动的本质，其中《始中末善说》以藏人最基本和普遍的宗教行为，即念诵六字真言的方式，概述整个佛法。

宗派融和运动吸引公众之注意力的另一个方式是充分利用民间资源，即游牧民、农民的民间习俗，特别是安多、康区农牧民对格萨尔王史诗的热衷。通常说来，格鲁派对格萨尔王史诗采取排斥的态度，而噶举派与宁玛派则视其为佛法之乘，将格萨尔王的故事视为莲花生大师之宏化的一种表现形式。早在17世纪，就有噶玛洽美等上师曾尝试将当地的民间信仰结合到佛教的信仰体系中去。以后宗派融合运动的上师们发扬、光大了这一传统，力图以史诗为弘扬佛法、特别是大圆满法之方便。多钦则益西多杰上师首次以格萨尔王史诗式的语言与风格，著作了一部解释大圆满法的释论。在此方面用力最勤的当数米庞，此容后述。其后，当代一些著名的喇嘛、宗派融和运动的传人如竹巴噶举派上师八世康珠活佛敦月尼玛（Khams sprul Don yod nyi ma, 1929—1980）、卡卢仁波切（Kalu Rinpoche, 1906—1989）[2]等上师，依然遵循这一传统，著述了不少格萨尔王史诗的新篇章。

---

〔1〕此书乃巴珠活佛根据吉美林巴最著名的弟子之一、大圆满法《龙青宁提》之传人吉美嘉卫纽古（'Jigs med rgyal ba'i myu gu, 1765—1843）之口传写成，意在圆融无碍地阐发藏传佛教四大教派之教法精义。此书已有一英文全译本：Patrul Rinpoche, *The Words of My Perfect Teacher*, Translated by the Padmakara Translation Group, Revised Edition, Boston: Shambhala, 1998. 参见 Tulku Thondup, *The Dzog-chen Preliminary Practice of the Innermost Essence: The Long-chen Nying-thig Ngon-dro with Original Tibetan Root Text Composed by the Knowledge-Bearer Jig-me Ling-pa (1729—1798),* Dharamsala, 1982.

〔2〕当代于西方影响力最大的藏传佛教喇嘛之一，为噶玛噶举派活佛，被认定为工珠活佛之转世。有自传传世：Kalu Rinpoche, *H. E. The Chariot for Traveling the Path to Freedom: The Life Story of Kalu Rinpoche,* Translated by Kenneth I. Mcleod, San Francisco: Kagyu Dharma, 1985.

二、米庞尊者之生平

米庞于藏历第十四胜生之火马年（1864），生于四川德格土司辖下雅砻江畔之定琼，当即今石渠县之扎溪卡地方。此地位于西康之极西北，与荒漠相连，四时皆雪，六月成冰，不产五谷，唯事畜牧。其地辽阔、其人强悍，虽然自然条件极为严酷，却是出佛学大师的地方。巴珠活佛的故乡就在此地，周围有各派寺院多座。尊者父名局·贡布达杰（’Ju mGon po dar rgyas），传为望族后裔；母名星琼玛（Sing chung ma），亦出身于当地官宦之家。其名讳米庞嘉措（Mi pham rgya mtsho），乃其伯父班玛达杰（Padma dar rgyas）上师所赐。尊者天生聪颖不凡，六七岁始受正规教育，读诵《三律仪》等启蒙经书，且初习阴阳历算之学。十岁已能读写无碍，十二岁于康区宁玛派六大主寺之一协庆寺之分寺局美霍尔密咒法洲寺出家为僧，因其博学多才，人称其为“小沙弥学者”。年十五，始于山间茅棚静修十八个月之久，主修妙吉祥文殊菩萨语狮子，且作丸药仪轨，得殊胜祥瑞。据称曾亲见本尊文殊菩萨，故自此以后不管是显密经续，还是大小五明，皆能过目成诵。自此以后，人习称其为蒋贡米庞，意即文殊怙主不败尊者。

19 世纪 60 年代，受所谓瞻对（Nyag rong）变乱之累，米庞于其十七岁那年随众迁往果洛避乱。约于 1863/4 年，复随其舅父居桑往卫藏地区朝圣，先于格鲁派最著名的大道场甘丹寺住了近一月，然后继续往山南朝圣。于遍布宁玛派胜迹之洛扎噶曲朝圣时，受圣地之加持得暖乐之体验达数日之久，寻常显现皆转化为空乐双运。据称尊者自幼即以文殊菩萨为其本尊，格萨尔王为其护法，此后十五年间，米庞更对藏族史诗《格萨尔王传》显现出极大的兴趣，曾造《格萨尔金刚寿王之经文与口诀》（*Ge sar rdo rje tshe’i rgyal po’i gzhung dang man ngag*）、《召请格萨尔王之财运》（*Ge sar rgyal po’i g.yang ’bod*）、《格萨尔王之祈供·速成事业》（*Ge sar rgyal po’i gsol mchod phrin las myur ’grub*）、《格萨尔王之祈供》（*Ge sar rgyal po’i gsol mchod skor*）等多部有关格萨尔王崇拜的仪轨文书。作为宗派融和运动的代表人物之一，米庞踵迹前贤，试图复兴将格萨尔王作为战神来崇拜的传统，为此曾亲自将一些口传的格萨尔王史诗记录成文，并试图将其标准化。现于海外流行的林葱版《格萨尔王传》就是在其主持下编辑、刻印的。[1]此外，他还用心钻研过卜卦、历算、医方、工巧、欲论、诗学等学问。据称他自幼对阴阳历算之学有浓厚的兴趣，十五岁时，获《长音律占星经》(*dByang 'char gyi rgyud*)之古本，即贯通无余；自十七岁始，即以通星算勘舆之学而闻名。后复于净相中获《普见大长韵律水晶镜》(*Kun gzigs dbyangs 'char chen mo shel gyi me long*)，亦曾造《时轮续》之释论二卷与其他有关星算之学的短论。他所造《诗镜释论妙音喜舞海》(*sNyan ngag me long gi 'grel pa dbyangs can dgyes pa'i rol mtsho*)广泛引证印度史诗《罗摩衍那》(*Ramayana*)与《摩诃婆罗多》(*Mahābhārata*)，是理解18世纪与19世纪初诗学于西藏之发展的最好的资料。[2]

米庞幼年学法时，康区的宗派融和运动方兴未艾。按照他自己的说法，当时"有众多新、旧密咒之善知识住世，乃一转法轮之时代"。虽然严格说来，米庞是一位宁玛派的上师，但与同时期康区的大部分学僧一样，他所接受的训练是普世的、不分派的。他的几位根本上师就是名噪一时的宗派融和运动的领袖人物蒋扬钦哲旺波、工珠活佛罗卓塔耶、巴珠活佛吉美曲吉旺波等。按其传记的说法，"米庞随新、旧[译密咒]之众多善知识听闻远传至今未曾间断之一般经续密意疏解，特别是宁玛派之大多数经典、伏藏，殊胜之《中观庄严》与《辨中边论》《辨法法性论》、无垢友尊者之《妙吉祥真实名经释》、莲花生之《口诀见鬘》与[修部]八教总别部等一切智上师之近传不共通之续。"然而或许是现存传记所载不详的缘故，米庞所依止的上师似并不太多，与蒋扬钦哲旺波曾随一百五十位上师学法相比，米庞似更是一位无师自通的天才型学者。除了曾去前藏朝圣外，其学法、修法的主要基地不出康区，所随上师亦都是康区的大德。他曾说过："本人除于巴珠活佛座前听闻《入菩萨行》智慧品之经教传承外，其余

〔1〕参见 Geoffrey Samuel, "Gesar of Ling: the Origins and Meaning of the East Tibetan Epic", *Tibetan Studies: Proceedings of the 5th Seminar of the International Association for Tibetan Studies*, Narita, 1989, Ed. By Shoren Ihara and Zuiho Yamaguchi. Narita, Japan: Naritasan Shinshoji, 1992, pp. 711-722.

〔2〕参见 Gene Smith, *Introduction to Gzhan gyis brtsad pa'i lan mdor bsdus pa rigs lam rab gsal de nyid snang byed, By Mi-pham rgya-mtsho: An Answer to Blo-bzang-rab-gsal's Refutation of the Author's "Sher le nor bu ke ta ka" and Its Defense, the Brgal lam nyin byed snang ba,* Cangtok: Sonam T. Kazi, 1969, p. 7.

未曾与闻也。其后，端赖上师与本尊之恩情，不曾需要花大力气，凡经书只要念诵一过，即通达彼等之难解要义。于初学之时，觉新译派之经书易懂，而旧译派之经典难解。然即使不懂，仍深信于此等持明所传之甚深经典中一定有悟解其义之大要义存焉，于此未曾有须臾之疑惑。是故，自己之智慧遂得完全成熟。以后再读经书时，则见所有甚深要义唯存于旧译派诸大宝传规所传之教法传统中，遂于彼生起殊胜定解。”可见，米庞作为宁玛派上师之立场十分明确。

尽管如此，米庞之根本上师乃萨迦派的蒋扬钦哲旺波，据称后者“视其为唯一心传弟子，先赐以修玛底系白文殊菩萨之随许，为其打开法门。随后即将众多共与不共之经论、近传显密经续中殊胜之部、大密金刚乘一切经典、伏藏与净相所传为成熟解脱所依之法，一切口诀、修规、直接传授等悉数赐予，状如满瓶倾泻。”如前所述，蒋扬钦哲旺波上师是贯通藏传佛教各派教法精义、获八种大车之传承，得七种应机之典型的不分派大师，亦是一位多产的伏藏师与大圆满法之重要传人；虽然米庞之传记中并没有提供师徒作教法授受之具体细节，故对尊者随其所学内容不得其详，但可以想见的是，追随蒋扬钦哲旺波这样一位学贯八大传规的大师亦就等于同时追随不同教派的几十位上师，可以学到藏传佛教所有教派之殊胜之法。据称蒋扬钦哲旺波上师曾选良辰吉日将包括大小五明在内的显密经续中凡属流传不广而又意义重大者请供于一供桌之上，再于供桌之前置一高座，座上画有五行历算图，请米庞上座，对他说：“是等佛典之教诫，今全托付于尔。从今往后尔当行讲授、辩论与著作等智者三事以弘扬之，俾其世代相传而不失坏。”说毕即为尊者灌顶，封其为法主，且以自己的长耳通人冠相赠，确立了米庞为其衣钵传人的地位。如前所述，于宗派融和派之教法授受传统中，人若一次得到了经论总集之灌顶，便得到了修持、传播经集中所包罗的所有义理、修法之随许。是故，米庞随蒋扬钦哲旺波一位上师，就不但已经学到了藏传佛教中的诸子百家之学，而且也获得了修持、传授这些学说、修法之合法许可。亦正因为如此，尽管米庞之生平事迹与学术见地无不显示出明显的宁玛派色彩，然而却仍然与其根本上师齐名，被普遍地认为是一位宗派融和运动的领袖人物。米庞之著名弟子中包括了宁玛、噶举、萨迦、格鲁等各派之上师。

当然，米庞所依止的上师远非蒋扬钦哲旺波上师一人，他亦曾随工珠活佛学习旃陀罗波声明论、西藏医学著作《洗练水银传规》等共通明处与《妙吉祥文殊》《寿主》《似铁毒蝎》等不共成熟解脱部之经教；随巴珠活佛听闻《入菩萨行》之经教，特别是其中的第九品智慧品，巴珠活佛是当时西藏最有名的《入菩萨行》专家，平生曾传此法上百次，虽无自造《入菩萨行》释论传世，然其心传弟子土登曲吉扎巴所造《入菩萨行释论·佛子功德妙瓶》（*sPyod 'jug 'grel bshad rgyal sras yon tan bum bzang*）被认为是藏地同类释论中最殊胜者之一；米庞亦曾随萨迦俄尔派上师洛德旺波（Ngor pa dpon slob Blo gter dbang po, 1847—1914）听闻萨迦班智达所造《量理宝藏论》（*Tshad ma rigs gter*）；随竹庆寺堪布班玛多吉听闻《龙青宁提》等大圆满法与其他显密经续；随司膳班玛听闻《慈氏五论》《菩萨地》等显乘经教传承；随局温·吉美多吉听闻《集经》之经教传承、随本赛格西·阿旺琼鼐（'Bum gser dge bshes Ngag dbang 'byung gnas）听闻《入中论》等经教；随格鲁派上师石渠拉然巴格西土登听闻《俱舍论》之经教等。虽然限于资料，我们无法知道米庞学法之详细过程，然而可以肯定的是，其所学内容已远远超出宁玛派一家之法。与宗派融和派的其他大师一样，米庞抛弃门户之见，于各家不厚此薄彼，而是兼容并蓄。其所随学法之上师中有不少实际上是他的外派弟子，这充分反映了尊者虚怀若谷、从善如流的高尚品德。他的博学得到了时人之肯定，其三位主要上师皆给予极高的评价。蒋扬钦哲旺波曾说："于此时此土，无有比米庞更贤善之人。"博学如工珠活佛者，亦不但称其为"摩诃班智达米庞嘉措"，而且反过来向米庞求得其所造《释量论》与《修部八教》释论之教授传规。有人曾问巴珠活佛说："米庞上师与尔二人孰个更为善巧？"巴珠活佛答曰："于显乘经部我俩不分轩轾，于密乘续部则仅有眼睛开合之差别，米庞上师比我善巧。"三位当时最卓越的上师都如此推重米庞，其中缘由当不只是出于自谦与对其高足之厚爱而已。青出于蓝而胜于蓝当是事实。竹庆寺堪布班玛多吉活佛甚至以为，若论智慧之力、证悟之功德、教理之殊胜，则谁亦无法于米庞与一切智法王 [龙青巴] 之间分出高低。于宁玛派的历史上，米庞与绒宋班智达、龙青巴齐名，是该派的三大学者之一。其贤名显然盖过了其同时代的所有其他学者。

按照西藏的传统，评论一位上师是否是一位好学者的标准是要看其如何实践讲授、辩论与著述等所谓智者三事（mkhas pa'i bya ba gsum），即看其是否有娴练理路的智力、以经义为教诫之行持，以及擅长辞令的口才。众所周知，米庞的名著之一就是指导读者如何成为一个佛教学者的《智者入门》(*mKhas pa'i tshul la 'jug pa'i sgo zhes bya ba'i bstan bcos*)，当深谙个中之理，其一生之事业、成就即于雪域树立了一座理想型学者之丰碑。除了博学多闻、著作等身以外，米庞之口才亦常为人称道。其著作虽具鲜明的打破门户、兼容百家的宗派融和运动色彩，但于许多关键的问题上仍然旗帜鲜明地捍卫宁玛派的根本大法，为此亦曾引起不少诤论，特别是与格鲁派的激烈对峙。其中最典型的例子是其因造《入菩萨行》第九智慧品之释论而引发的与格鲁派上师的口舌之争。印度著名佛学大师寂天所造《入菩萨行》阐述如何发菩提心、修六度万行、以布施、守护、净化与增长身、财、善根等方式利济众生等菩萨行之大乘道次第，共十品，深得藏地学僧喜欢，尤为格鲁派所重。迄今共有十一部藏人所造释论传世，其中五部出自格鲁派上师之手、包括第十四世达赖喇嘛所造一种，两部出自萨迦派，三部出自宁玛诸派，分别出自贤潘塔耶（gZhan phan mtha' yas, 1800—？）、米庞与其弟子贡桑班丹之手 。这些释论中对前八品的解释大同小异，主要的宗见差别于第九智慧品中始见分晓。[1]米庞随巴珠活佛听闻《入菩萨行》之第九智慧品，时虽仅五日，然融会贯通一切词、义之分，于 1878 年 9 月于噶陀寺造《智慧品词义易明疏 · 澄水宝珠》(*Shes rab kyi le'u'i tshig don go sla rnam par bshad pa nor bu ke ta ka*)，前后仅花了十一天时间。该论以巴珠活佛所说为基础，辩驳内外诸宗之偏执与过失，抉择开示了中观应成派究竟了义之善说。其主要特点是将《智慧品》用作教人如何打坐修持之基础，并将它解释为“一种对于完全证悟无分别智中获大圆满顿悟修法的说明”(an exposition of the Dzogchen methods of immediacy in the total realization of non-conceptulization)。[2]然当此释论传至格鲁派诸寺时，却于墨守宗喀巴学说之格鲁派上师们中间引起了巨大非议。据传拉萨三大寺甚至曾集合僧众，修大威德金刚“六十铁城”等威猛诛法及“心经回遮”等显密降伏法，大有必欲置其于死地之势。这充分反映出教法见地之差别所引起的门户之间的冲

〔1〕 详见释如石，《入菩萨行导论》，台北：谛听文化事业有限公司，1997 年。

〔2〕 语见 Gene Smith, 1969, p. 5.

突、仇恨可以尖锐到何等程度。然而，米庞并没有被格鲁派之气势所吓倒，面对格鲁派上师的口诛笔伐，他坚持己见，沉着应战，最终赢得了对手们的敬重。首先就此论与米庞唇枪舌战的是一位名为贾巴朵阿（'Ja' pa mdo sngags）的格鲁派学者。他认定尊者所造智慧品释论多有不合理之处，故央巴珠活佛作中人，于 1878 至 1880 年之间的某个时间，与米庞大开法诤。辩诤时，双方各执己见，针锋相对，然未决胜负。随后，二人复应巴珠活佛之请，就贾巴朵阿所造《大圆满智慧总色》（*rDzogs chen ye shes spyi yi gzugs*）作辩论，这回米庞获胜。此后，复有另一位来自哲蚌寺的格鲁派上师哲霍扎噶活佛罗桑班丹丹增念扎（Tre hor Brag dkar sprul sku Blo bzang dpal ldan bsTan 'dzin snyan grags, 1866—1929）[1] 与米庞重开论诤。1889 年，米庞收到了扎噶活佛题为《说甚深中观要义・明慧欢喜之语》（*Zab mo dbu ma'i gnad brjod pa blo gsal dga' ba' i gtam*）的书面进攻，米庞马上造《答辩・日光》（*brGal lan nying byed snang ba*）予以反击，无异于火上浇油。扎噶活佛的再次回应题为《再答米庞南杰之诤论・发邪见内血之催吐剂》（*Mi pham rnam rgyal gyis rtsod pa'i yang lan log lta'i khong khrag 'don pa'i skyug sman*），仅从这标题读者就不难嗅觉其血腥味。以致于米庞不得不退出与其之论战，改为与甘青藏地有名的格鲁派上师、第十三世达赖喇嘛的副经师罗桑绕赛（Blo bzang rab gsal, 1840—1910，亦作 dPa' ris rab gsal，时汉音译作华锐热布萨）进行尖锐而不失友善的辩论。二人虽以笔为剑，轮番出击，见地之差异无法完全消除，[2] 然彼此间已成了心心相印的朋友。罗桑绕赛称赞米庞为"大宝佛法，特别是旧译密法之唯一庄严"。另一位曾亲见尊者辩经的格鲁派格西、来自哲蚌寺的康玛尔巴（Khang dmar ba）亦对米庞之无碍辩才甚为佩服，称其为"智者之王""最胜佛子妙吉祥勇识智慧幻化之化现"，说他理应被请上为名列圣地六庄严的陈那与法称法师所设的狮子座。显而易见，虽然米庞之见地并不完全为格鲁派接受，然作为一名杰出的学者则是世人共赞，有口皆碑。

当然，若只是一位好的学者还不足以成就为一名杰出的大师，藏传佛教之

〔1〕 其简传见于《西藏历史人物简介》，页 968-970。

〔2〕 参见 Gene Smith, 1969.

大师必须同时具备贤、正、善三种成就（mkhas btsun bzang gsum），即于为才识精湛、于一切所知明处不迷乱的学者的同时，还必须是一位德行谨严、于三门之律仪戒清净的正者[行者]，一位心地善良、具利他之清净增上意乐的善者。由于宁玛派特别重视修行，认为仅以闻思而非由实修体会，则难知胜者之究竟密意，是故不仅要学，而且更要修，于以闻思断除增益后就应当追随往昔之圣者作解脱之修行，只有学修结合才能造就真正的大师。米庞之所以被称为大师，即是因为他不仅学有所长，而且修有所成。当他年仅十五六岁时，就已经于局努山间茅棚中一次潜修其本尊文殊菩萨仪轨长达十八个月之久，得开智慧之门。其后随上师听闻学成之后，更于其名为噶摩达仓（dKar mo stag tshang）之修行处，一次连续潜修达十三年之久，据称其间之"大部分时间每日只享用供茶两回，一心唯以念修为主课，于无偏无私之唯一僻静处，远离杂乱散逸与世间八法之戏论，毕生竖起了修行之胜幢。"于其各种长短不一的传记中，都记载有尊者修行中所显现之种种不可思议之祥瑞与功德，如因亲见本尊而圆通经续要义；修长寿仪轨令寿水夏日不腐、冬日不冻；为德格公主招魂，令其起死回生；于石渠修阿底瑜伽三年，成无影之身，自由出入墙石之间；修护法仪轨时，格萨尔王现身护持并作供养等等。而其修行所得之最殊胜之功德当为其意伏藏之发掘，米庞并没有像他的上师蒋扬钦哲旺波、工珠、巴珠活佛等一样，开取众多地下之伏藏，然而他亦被公认为是一位杰出的伏藏师，甚至被尊称为"伏藏导师之王"，只是他所发掘的不是地下之伏藏，而是心间之意伏藏。据称，因修持光明大圆满本净立断（ka dag khregs chod）与任运顿超（lhun grub thod rgal）之究竟，故一切甚深密意，如生起、圆满、诀窍、事业等以前所无之甚深法要，自然从米庞之意伏藏中流出，于是不需作大修正、花大力气即可造一部部殊胜释论。从这个意义上说，米庞所造大论与龙青巴所造《三休息》《七宝藏》等密意宝藏论典一样，原本乃伏藏之一种——意伏藏，其需要与功德殊胜于普通之论典。换言之，米庞所造诸大论本身就是诸佛密意之自然流露，只不过是借其手笔披露人间而已。据称他曾告其同门法友曰："凡我所造之念诵仪轨之类，无一乃随己意所造而不具有殊胜意义，是故，孰个若念诵之，则定得巨大之功德与加持。"

今日，米庞早已声名远扬，其于教法之非凡成就亦常为人所津津乐道。然于其有生之年，尊者却始终与清贫为伍，未曾得享一日之荣华富贵。虽然尊者于世出世法事事留心，亦曾为德格土司阿旺·绛班仁钦（Ngag dbang ’jam dpal rin chen）等权贵之上师，甚至有《王道论·统治四方之美饰》（*rGyal po lugs kyi bstan bcos sa gzhi skyong ba’i rgyan*）一类的著作传世，与其他宗派融和运动之领袖人物一样，于康区的世俗政治，米庞亦有一定的影响力。然而尊者以利益正法、有情为生命之所归，于个人则八法一味。据称尊者生活极为俭朴，常年身穿一件被烟熏黄的老皮袄，饮食则满足于糌粑粗茶，一生四处云游，居无定所，生活习惯有类于其上师巴珠活佛。他没有建立属于自己的寺院，其最固定之居处即是其炼洞噶摩达仓，身边亦常寂寞，无众多弟子、眷属围绕侍应，还常年受疾病折磨。于其圆寂前几天，尊者向其弟子透露他是乘愿再来的菩萨，本期对正法、有情，特别是旧译密法作大利益，然而生不逢时，因宁玛派诸子福分浅薄，故令其遭遇不少障碍，故不敢思想曾作过任何利益。唯一可以告慰自己的是曾造种种释论，或可利益正法、有情。毫无疑问，米庞于藏传佛教之最大功德莫过于其留下的上千卷著作，它是藏传佛教千余年发展之精华所在，是尊者留给后世最宝贵的精神财富。除此之外，米庞亦是一位有教无类、诲人不倦的上师，生命不止，说法不息。当其写好遗嘱，准备往生净土之时，见弟子贡桑班丹携噶陀寺新版《时轮续》来访，当即坚持要为其传授时轮续之传规，连续八天说法授受，至其圆满时离其圆寂只剩最后四天时间。是故，尊者一生培养弟子无数，当时康区宁玛、噶举、萨迦，乃至格鲁等各派之大寺院，如噶陀、八蚌、白玉、竹庆、协庆、德格更敦、格芒、宗萨等寺之住持、说法上师，以及多珠、司徒、木若、阿冲徒、古如、噶玛阳赛等当地著名的转世活佛等几乎都曾是弟子，而这些弟子中的绝大部分秉承尊者宗派融和的主张，继续其未竟之事业。他无疑是蒋扬钦哲旺波、工珠、巴珠活佛等首倡宗派融和运动的诸大师之后，承上启下，踵事增华，为该运动的进一步深入与发展提供了可靠保证的最重要的大师。

米庞圆寂于藏历水鼠年四月二十九日，公元 1912 年 6 月 14 日。身后至少有三位转世被认定，他们是米庞之侄孙儿协庆米庞，末代德格土司才旺敦都（Tshe dbang bdud ’dul, 1915—1942），以及琼波米庞（Khyung po Mi pham）三人。

三、米庞尊者之著述

如前所述，米庞于西藏佛教之最大功德莫过于其留下的上千卷著作。于藏传佛教历史上，各个教派中都曾出现过很多杰出的学者，他们或翻译、或著作，留下了成千上万卷的藏文佛经翻译与释论，现存藏文大藏经从数量上远超汉文大藏经，是佛学研究的宝库。而于宁玛派的传统中，虽亦曾出现过像绒宋班智达、龙青巴这样的大学者，但总的说来他们不以学、而以修见长，从来没有形成像萨迦、格鲁派这样严格的以寺院为载体的经院制度。就像格鲁派以严守寺院戒律与擅长阐发佛教哲学义理闻名，宁玛派则以金刚密乘之修法，特别是大圆满法知称。宁玛派中修行有术的大成道者层出不穷，而被他派共许之杰出学者却寥寥无几，而米庞是个明显的例外。拜宗派融和运动之赐，他所学所修皆远远超出了宁玛派传统之局限，他对因明、中观等显乘义理之精熟不逊于任何同时代的格鲁派学者，他的无碍辩才更是有口皆碑，他所造诸显密经续之释论关涉藏传佛教义理与实践的每个方面，虽数次引起诤论，然而它们不仅捍卫、发扬了宁玛派自身的修、学传统，而且也为减少与萨迦、噶举，乃至格鲁派在教法精义方面的差异，创造一个各派求同存异、美美与共的宗派融和气氛作出了极大的贡献。正因为有了米庞，宁玛派的传统才获得了重新界定，它不只是一个只重修行、不问义理的山林隐士派，而且也是一个讲法、辩经、著述样样在行的经院大师派。米庞之后当代著名的宁玛派大师如敦珠仁波切、顶果钦哲仁波切等亦无不一身兼具山林隐士与经院大师两种风采。

米庞之著述大致可以分为如下四大类：一、加持入门起信之赞颂、传记类，如《文殊赞·加持大库》《八圣吉祥颂》《释迦牟尼本生·白莲花》《八大菩萨传》等；二、断除普通所知增益之共通明处类，如《梵藏对照大论》《医方四续释论》《工巧明·宝匣论》等；三、解脱道入门之甚深广大内明类，如《智者入门》《别解脱经讲义》《三戒一体论》《俱舍论句疏》《中观庄严论疏·文殊上师欢喜教言》《中观见甚深导引》《时轮金刚续疏》《般若摄要颂与现观庄严论合解》《辨法法性论释·辨别本智显现》《量理宝藏论释》《密集五次第释论·双运摩尼宝灯》

《修部八教总义》《口诀见鬘释·摩尼宝藏》《金刚七句释·白莲花》《大圆满见歌·妙音悦声》等；四、正法住世、安乐常遍、任运缘生之回向发愿祝福类，如《旧译密法弘扬愿文》《吉祥山愿文·智慧密道》《极乐愿文》《文殊大圆满基道果无别之愿文》。[1]其中之精华为第三解脱道入门之甚深广大内明类。尽管宁玛派与格鲁派等其他教派相比重修轻学，然而其寺院内学僧所学的内容与其他各派相比实际上并没有很大的区别，都是以二胜六庄严等印度佛学大师所造诸大论为基础，其不同之点只不过在于其所用教本之不同。于宁玛派寺院中，所用教本以本派学者之原著为主，兼用他派与早期印度学者之释论，虽亦有辩经，但不经常举行。而于格鲁派寺院中，所用教本皆为本派上师根据宗喀巴及其主要弟子所造诸论改编，学僧只需背诵这些教本而不需要学习原著就可以应付日常的辩经，这些

〔1〕 米庞著作之收集与出版于其身后不久就已开始，米庞生前曾指定其弟子、协庆寺摄政班玛南杰（Zhe chen mchog sprul rGyal tshab Padma rnam rgyal）负责为其整理文稿。班玛南杰于1926年圆寂，其后米庞的另一位弟子、竹庆寺住持贡桑班丹开始接手这项巨大工程，不少米庞未完成的著作，如《俱舍论》与《入中论》之释论等实际是由其弟子们根据其所列纲目补充而成。自1928年开始，米庞的著作于德格印经院刻印，其间几经周折，它不但得到了德格土司之全力支持，而且亦得到了拉萨政府的资助。至1937年，米庞之全集基本刻印完成。但是迄今为止实际上并没有一个完整的《米庞尊者全集》，所出几种全集版实际上都不完整。1940年，末代德格土司、米庞转世之一才旺敦都授命刻印1937年德格版米庞尊者全集之cha函。目前收集最全的当数于20世纪70年代于海外陆续出版的《文殊怙主局·米庞嘉措著作全集》（*Collected Writings of 'Jam-mgon 'Ju Mi-Pham rgya mtsho,* Gangtok: Sonam Topgay Kazi）。晚近顶果钦哲仁波切重版了德格版《文殊怙主局·米庞嘉措著作全集》（*Collected Works [gsung 'bum] of 'Jam mgon 'Ju Mi pham rgya mtsho,* Ed. Dilgo Khyentse Rinpoche. Kathmandu: Dilgo Khyentse, c. 1990）。此外亦有两部米庞之著作目录，一部是绛阳罗卓嘉措哲玛美巴班（'Jam dbyangs blo gros rgya mtsho dri ma med pa'i dpal）所造《语狮子米庞确列南杰著作目录——稀有宝镜》（*sMra ba'i seng ge mi pham phyogs las rnam rgyal gyi gsung rab rnams kyi bzhugs byang ngo mtshar nor bu'i me long*），见于*Materials for a History of Tibetan Literature*, Part I,（New Delhi: International Academy of Indian Culture, 1963）与Sonam Topgay Kazi版《文殊怙主局·米庞嘉措著作全集》，卷八，页643-673。这部目录完成于1937年，即是德格印经院于是年完成之米庞全集刻版的目录。另一部是贡桑班丹所著米庞传记之一部分，题为《雪域唯一语狮子文殊怙主米庞嘉措传记摄要与论典目录——旧译正法之具美庄严》（*Gangs ri'i khrod kyi smra ba'i seng ge gcig pu 'jam mgon mi pham rgya mtsho'i rnam thar snying po bsdus pa dang gsung rab kyi dkar chag snga 'gyur bstan pa'i mdzes rgyan zhes bya ba bzhugs so*），见于Sonam Topgay Kazi版《文殊怙主局·米庞嘉措著作全集》，卷七，页665-731；乃贡桑班丹根据散见于协庆、竹庆、噶陀、宗萨、阿宗曲噶（A 'dzom chos sgar）、班觉岗（dPal 'byor sgang）、霍尔拉噶（Hor La dkar）等寺院中的米庞之各种著作撰成。

教本不但渐渐成为死板的教条，而且也成为判定不同寺院间之不同学法传统的严格分野，甚至同一寺院内不同扎仓之间也因为有这些不同的教本存在而人为地划分出此疆彼界。就像宁玛派以密宗修法、特别是大圆满法为其传统之认同一样，格鲁派即以其教本为确定其教法与社会认同之基础。为了打破这种僵化、教条的学经模式，消除各派因对某种义理之不同解释而引起的激烈冲突，宗派融和运动的领袖们即以回归原典为号召，鼓励其弟子直接研读二胜六庄严等印度大师之原著，并重造释论。在这种大背景下，米庞奋勇精进，笔耕不倦，所造释论几乎覆盖了印度佛学大师们留下的有关大乘佛法的所有重要大论。

关于其造诸论之动机、过程与方法，米庞自己曾给予明确的交待，他说："彼时，怙主金刚持钦哲活佛令我造自宗之论典（bstan bcos），为完成上师之命，且串习自己之智慧，一心唯以大宝佛法为念，遂造几部显乘等之论典。于彼之时，我强调自宗之主张，略作解释。他派以此为能破，故后来出现不少他派对此等释论之辩论文章。事实上，本人之动机只为完成上师之命，复念今日之旧译密法已成画中之油灯，模仿他宗之传规者多，而有意分别、追究自宗之要义者鲜有其人，故思造此等论典或可有所利益。除此之外，若嫌憎外派、自吹自擂之念头则于梦中亦未曾生起过。虽于具慧眼者众目睽睽之下，亦无有羞愧。于此等论辩文章之著述，本人既未得圣人之法，何以能够证悟一切甚深所知，此如所云：论议所依不定故，不遍假有具厌离。然凡合理与不合理，本人皆依止善逝之无垢佛语与彼之密意注疏，即圣地与雪域诸大师之语灯。若自己于合理与不合理之相稍作伺察，虽尚不可说孰个利益于孰个，然亦可于他人有所利益。倘若自己不能证悟，或作邪分别，则必沾染佛语与甚深密意注疏，遮断自己之解脱道门不说，还将众多他人引入歧途，令其永久遭殃，罪恶之大，莫此为甚。诸具法眼者若与清净教、理随顺而破斥他见，即乃我之所依，如同医生一般。若因嫌憎而起破斥，则万不可作。是故，我以公正之心，发如许议论。"米庞这段话，无疑为宗派融和运动派上师所号召的重回原典、依止佛语与圣地诸大师所造大论之本意重新解释佛经，以解决各派之间的诤论提供了一个很好的注脚。汉土习惯于以所谓"读书破万卷，下笔如有神"来形容读书与著作的因果关系，只有孤灯只影，读书万卷，方能文思泉涌，笔走龙蛇。事实上，于西藏佛教学者而言，光读书万卷还不足以给其以动笔造论的资格。只有在修证时于净相中亲见本尊、获得造论之许可后方可伸纸捉笔，亦只有如此才能达到“下笔如有神”的境界，因为此时之作者已与其本尊合二而一，他所充当的角色不过是其本尊之传声筒而已。藏传佛教史上的名篇巨著无一不声称是在得本尊加持之后才隆重推出的，于这一点上，旧派新派概莫能外。例如宗喀巴大师之名著《中论释・正理海》就是于文殊菩萨显圣消释一切疑难之后才写成的。米庞平日手不释卷，且过目成诵，曾前后七次通读甘珠尔，读书神速，近侍弟子常常来不及为其搬书，据称于侍奉一壶茶之功夫，米庞可将一部丹珠尔逐卷阅过。每次听闻说法授受之后，即能从头到尾复述一遍。其造论之经过同样神速、稀有，据称其造阐发宁玛派大圆满法之名著《决定宝灯》(*Nges shes rin po che'i sgron me*) 时，年仅七岁；他造《入菩萨行智慧品释论》前后仅用了十一天时间。按照他自己的说法，“于彼前后各经卷之殊胜等诸不共甚深要义者，亦于住于不观经书等念修之时打开明根，复赖上师与本尊之加持自然于心中现起，故唯有造论一途，无法不写。”其传记作者称赞其“于具有改救之稀有功德之论典，从不沾染相违、重复、不相关、不圆满等过失之污垢，声韵、辞章、缀文等句之所诠皆称完美，教、理与诀窍之一切甚深要义亦尽善尽美。以琐小论议之理作长时间思量亦难通达之所诠甚深、坚实、广大。其所造诸密意大论可与圣地之大阿阇梨二胜六庄严等，以及雪域之善言大狮子一切智龙青巴与绒宋班智达等所造诸大论媲美。然当其著作之时，则不须观思他人之作，亦不观待笔记，造论之速如变魔术，此可明见于其各部大论之跋尾中。此等甚深、敏锐、广大、不可思议之智慧与辩才，勿论如今之普通善知识，即便于雪域蕃地迄今为止实亦未曾出现过可与其比量者。”且说：“这位圣者所说以三部内续瑜伽为主之诸大论者，文义并妙、不共圆满、清净纯熟，其对大觉佛陀所说、开许与加被之正语与彼之密意之甚深释论，与圣地之二胜六庄严以及八大成就持明等所造诸大论于文义实无丝毫之不同。”米庞所造诸论所获评价之高于此可见一斑。

米庞的著述于其生前曾引起轰动，至今亦引起了越来越广泛的注意。自 20 世纪 70 年代其全集于海外出版以后，他的不少著作已被西方学者译解。最早对米庞的著作作研究的西方学者是 Gene E. Smith 先生，他不仅率先注意到 19 世纪于康区展开的宗派融和运动的意义，而且亦对米庞于此运动中的作用予以特别的关注。他对米庞与罗桑绕赛之间就《入菩萨行智慧品释论》进行的笔战作了详细的介绍与评论。其后，德国藏学家 Dieter Schuh 先生，为其所收集到的米庞之著作编目，并根据各书之跋尾撰写了简短的题解。[1]米庞的著作亦已开始被翻译成英文，以供西方学佛弟子修法之参考，例如达塘活佛翻译的《净治心行各各伺察修轮》（*Sems kyi dpyod pa rnam par sbyong ba so sor brtag pa'i dpyad sgom 'khor lo ma zhes bya ba bzhugs so*）、《中观见甚深导引》（*dBu ma'i lta khrid zab mo bzhugs so*）等。[2]美国学者 Steven D. Goodman 以研究米庞之生平著述为其学位论文主题，发表有专文全面介绍其生平、著述。[3]在米庞之著作中，较早为人注意的有《智者入门》，此书是继萨迦班智达贡嘎坚赞（Sa skya Paṇḍita Kun dga' rgyal mtshan, 1182—1252）所著《智者入门》（*mKhas pa rnams 'jug pa'i sgo*）之后唯一的一部同类著作，萨班的著作按讲授、辩论与著述等所谓智［学］者三事分成三个部分，教导出家的僧人如何学而有成，成为一名智者。而米庞的著作虽然亦分成三大品，然其所及内容要广泛得多。其三品分别是：一、广说广大所知十明处之目（rgya che ba mkhas bya'i gnas bcu'i rnam grangs rgyas par bshad pa）；二、如理抉择甚深大乘四纲之义（zab pa theg pa chen po'i sdom bzhi'i don rigs pas gtan la phab pa）；三、以四无碍解善持如是各各甚深广大之法（zab cing rgya che ba'i chos de lta bu so sor yang dag par rig pa bzhi'i sgo nas legs par 'dzin tshul）。早在 1963 年，此书之单行本就已于海外出版，[4]其后又出版了由噶陀寺堪布努丹（mKhan chen Nus ldan）所造《智者入门释》。[5]不仅 Goodman 曾在其论文中罗列了《智者

〔1〕 Dieter Schuh, *Tibetische Handschriften und Blockdrucke sowie Tonbandaufnahmen Tibetischer Erzaehlungen*, Bd. 5, Wiesbaden: Franz Steiner Verlag, 1973.

〔2〕 *Calm and Clear*, Translated from the Tibetan with commentary by Tarthang Tulku, Dharma Publishing, 1973; 还有 Leslie S. Kawamura 翻译的 *Golden Zephyr*, Dharma Publishing, 1973 等。

〔3〕 Steven D. Goodman, "Mi-pham rgya-mtsho: An account of his life, the printing of his works, and the structure of his treatise entitled mKhas pa'i tshul la 'jug pa'i sgo", *Wind Horse*, Proceedings of the North American Tibetological Society, Vol. One, Ed. Ronald M. Davidson, Berkley, 1981, pp. 58-78.

〔4〕 *Mkhas-pa'i tshul-la 'jug-pa'i sgo*, Ka-sbug [Kalimpong]: gSung-rab nyams-gso rgyun spel-bar khang, 1963.

〔5〕 Mkhan chen Nus ldan, *Mkhas-pa'i tshul-la 'jug-pa'i sgo'i mchan-'grel legs-bshad snang-ba'i 'od zer*, Delhi: Lama Jurme Drakpa, 1974.

入门》一书之细目，而且还有 Leslie S. Kawamura 亦于同一论文集中发表文章，详细分析米庞的《智者入门》一书之内容与结构。[1] 在同一论文集中还收录有 Kennard Lipman 对米庞之《中观庄严论疏》(*dBu ma rgyan gyi rnam bshad*) 一书的研究论文，此文之附录为米庞《入菩萨行智慧品释论》第二节的英译文。[2]《智者入门》之英文全译本晚近亦已于香港出版。[3] 米庞的《辨法法性论——辨别本智显现》(*Chos dang chos nyid rnam par 'byed pa'i tshig le'ur byas pa'i 'grel pa ye shes snang pa rnam 'byed bzhugs*) 依宁玛派"了义大中观"见地，诠释弥勒菩萨瑜伽行中观密义，且着重由实修层次来理解论旨，令《辨法法性论》与密乘修习无间配合。此论不仅是可与世亲等上师所造《辨法法性论》之释论相媲美的一部重要哲学著作，而且亦反映出了宗派融和运动调和、联结哲学与实修之尝试。迄今已引起了多位学者的注意与研究，除了上述邵颂雄先生之汉译诠释外，亦有 Raymond Robertson 先生之未刊英译文，[4] 以及德国学者 Klaus-Dieter Mather 的德文译注本。[5] 除了这些印度圣者所造大论之释论外，米庞专论宁玛派根本大法——大圆满法，及其藏传佛教中中观哲学之解释传统与大圆满法之关系的重要著作《决定宝灯》(*Nges shes rin po che'i sgron me*) 亦已由美国学者 John Whitney Pettit 翻译成英文出版，Pettit 先生的著作围绕米庞之生平、著述以及《决定宝灯》一书，对藏传佛教传统与大圆满法作了全面的描述，对米庞之佛学思想于整个西藏佛教哲学中的地位作了明确的总结。[6] 谈锡永上师亦已将《决定宝灯》翻译成汉文，并从实修角度对此书所述的有关中观哲学与大圆满法的各个重要议题作了

[1] Leslie S. Kawamura, "An analysis of Mi-pham's mKhas-'jug", *Wind Horse*, pp. 112-126.

[2] Kennard Lipman, "A Controversial Topic from Mi-pham's Analysis of Santaraksita's Madhyamakalamkara", *Wind Horse*, pp. 40-57.

[3] *Gateway to Knowledge: The Treatise entitled the Gate for Entering the Way of a Pandita by Jamgon Mipham Rinpoche* (Vol. I to IV), Hong Kong: Rangjung Yeshe Publication, 1997.

[4] *Distinguishing Primordial Awareness and Appearance: A Commentary on the Verse of Discrimination of Thematic Meaning and Realkity-itself.*

[5] Klaus-Dieter Mather, *Unterscheidung der Gegebenheiten von ihrem wahren Wesen* (*Dharmadharmtavibhaga*), Swisttal-Odendorf: Indica et Tibetica Verlag, 1996.

[6] John Whitney Pettit, *Mipham's Beacon of Certainty: Illuminating the view of Dzogchen, the Great Perfection,* Boston: Wisdom Publications, 1999.

深入的阐发。笔者受谈上师鼓励，亦斗胆翻译了米庞解释旧译密咒之根本续《吉祥秘密藏真实决定大续》（*dPal gsang ba'i snying po de kho na nyid rnam par nges pa'i rgyud chen po*）之著名释论《秘密藏续释论十方除暗总义·光明藏》（*gSang 'grel phyogs bcu'i mun sel gyi spyi don 'od gsal snying po bzhugs so*），此释论与绒宋班智达的《秘密藏续释论宝疏》（*dKon cog 'grel*）、龙青巴尊者的《秘密藏续经义十方除暗》（*gZhung don phyogs bcu mun pa sel ba*）齐名，为西藏最著名的三部以阿底瑜伽解释《秘密藏续》的释论之一。此论先总说建立基道果三续，然后特别解释道续之真义。于真义中，宣说了见、等持、行、坛城、灌顶、誓句、修证、供养、事业、手印、密咒等十一续事，对每一续事复从本性、类别、修彼之理、需要等四方面，全面、系统、有序地讲述了密咒道之不共学处。

米庞尊者之著述是藏传佛教的一个宝库，迄今已被开发者尚是九牛一毛，有心入库探宝者当不畏艰深，勇猛精进！

原载于《民族学报》，第24期，台北：政治大学民族学系，2005年，页11-45。

二十七

谈锡永上师的如来藏学说

邵颂雄

前　言

谈锡永上师于近二十年出版的佛学丛书，皆以如来藏（tathāgatagarbha）思想为主轴，判定此为佛家的究竟见，并由此辐射出大小诸乘的次第宗见，成一辐轮。如是以如来藏统摄印度小乘《增支部》（*Aṅguttaranikāya*）的“心极光净”说、大乘中观（Madhyamaka）的空性见、瑜伽行派（Yogācāra）的观修次第，并由此旁及汉土所传《大乘起信论》的“一心二门”、藏传中观宗对“自空”（rang stong）和“他空”（gzhan stong）的诤论，以至宁玛派最高大圆满（rdzogs pa chen po）法门所依的大中观见等，博而不杂、专而不滞，可说是谈上师的佛学思想体系的特质之一 。

其佛学体系的特质之二，在于对于梵藏文原典的重视，诠释上严谨处理佛经原典用语，并倡导对汉藏佛学的比较研究，不但打破学术传统上西藏佛学与汉土佛学独立研究的疆界，亦令汉藏佛学研究能与国际学术界已广受注意的印藏佛学研究，并驾齐驱。

谈氏学术体系特质之三，为强调以实修角度来了解佛家的思想见地，结合“佛学”与“学佛”，并对如来藏境界的现证，竖立起见地与修持配合的道次第架构。由此三点，可以概括谈上师佛学研究独树一帜的学风。

由此学风建构出专研如来藏思想的学术论文、经论注释，以及梵藏文本的校勘、重要论典的翻译等，令汉语世界重新审视对此佛家思想的诠释。近年谈锡永上师获邀到多所大学，或作访问学者、或主持讲座，都是围绕着如来藏的见地与修持而论，而两岸三地研究大乘佛家思想的博士论文，亦多以谈氏的论著为参考书目。本文即分两节，探讨谈锡永上师的学术成就，其中第一节纵说其学说中的首两种特质，厘清如来藏的见地及大乘佛法的体系；第二节则集中讨论第三种特质，建立如来藏的观修次第。

一、文字般若

近代汉土专研如来藏思想的学者甚少，而且亦以批判的声音居多。实际而言，汉藏两地对如来藏说的轻视，甚至蔑视和贬抑，已是几百年来的传统。于汉地而言，虽然如来藏为天台、华严、禅、净土等宗派的根本见地，但论师对如来藏思想的探讨，兴于真谛（499—569）、元晓（617—686）、法藏（643—712）等诸师，而以延寿（904—975）的《宗镜录》为一总结，前后仅约五百年。此后的一千年，如来藏思想却一直隐晦，至20世纪初的民初时期，才由章太炎（1869—1936）、梁启超（1873—1929）等人，把日本村上专精（1851—1929）、望月信亨（1869—1948）等学者对《起信论》的考辨引进中国，激起支那内学院与武昌佛学院对《起信》真伪的笔战，由是才再次兴起对如来藏思想的重视。两院争辩的焦点，在于《起信》思想是否违反印度瑜伽行古学的教义，以及此论是否为汉人依据魏译《楞伽》编造的伪论。

虽然支那内学院的欧阳竟无（1871—1943）和吕澂（1896—1989），悉认为全体佛法不外乎依各种异门反复申明如来藏义，并以如来藏为佛法究竟[1]，然他们对《起信》的批判却常令人误解为专唯识、抑如来藏的论战，而汉土对如来藏的诠释，亦大多围绕着《起信》而演，是故一般即以为支那内学院勠力批判为非印度佛学正宗的，就是如来藏本身。

另一方面，武昌佛学院虽然极力回护，太虚大师（1890—1947）甚至把武院门人论释《起信》的文章，结集成《大乘起信论研究》一书，以《起信》与唯识学说融通的观点作出反驳，且批评欧阳竟无、王恩洋（1897—1964）等人对《起信》的诋毁，无非是为了彰显唯识法教。然而，内院的立场，始终认为真如、无明互熏实有违法性本义，而且论中不立种子而成熏习及缘起，亦有违唯识宗见，由是乃有王恩洋的《大乘起信论料简》《起信论唯识释质疑》[2]，吕澂的《大乘起信论考证》《起信与楞伽》[3]等文章，对《起信》的历史和法义作出猛烈抨击。

纵观太虚的治学管见，实以中观传统佛教的立场为基础[4]，与武院坚持运用印度唯识宗义的立论而作笔战，其实是有点自说自话、对方的观点都听不进去。两院的师生多番笔战，由最初义理及史料的探讨，以至后来出现“梁陈小儿伪造”“夺佛慧命”等谩骂的意气之争。其后，印顺法师（1906—2005）以较持平的笔调，写成《起信平议》一文[5]，算是结束了这场笔战。

然而，印顺法师虽为太虚大师门人，义理抉择上却不同太虚以如来藏思想为一切佛法之根本。太虚约于1912年，把中观佛教诸宗派，归纳为“法性空慧宗”“法相唯识宗”“法界圆觉宗”三者。其中，法界圆觉的如来藏说，不仅为学

---

〔1〕见拙文《略谈近代汉土学术界对如来藏的诠释与研究》，收谈锡永、邵颂雄著《如来藏论集》，台北：全佛文化，2006年，页252-309，并参考欧阳竟无，《谈法界》《楞伽疏决》，吕澂《入楞伽经讲记》《楞伽如来藏章讲义》《法界释义》等文，分别收入《欧阳竟无文集》，台北：文殊出版社，1988年；及《吕澂佛学论著选集》，济南：齐鲁书社，1991年。

〔2〕上来两文，收入张曼涛编《现代佛教学术丛刊》第35种《大乘起信论与楞严经考辨》，台北：大乘文化，1979年，页121-132、151-158。

〔3〕上来两文，收入《吕澂佛学论著选集》卷一，页292-369。

〔4〕参太虚，《佛法总抉择谈》，收《太虚大师全书》第六编“法相唯识学”，页1271-1274。

〔5〕收《大乘起信论与楞严经考辨》，台北：大乘文化，1980年，页283-298。

人信解的依据，且亦为究竟圆满的佛果，故云：“在实证由加行位入通达位，宗在通达法性之空慧；由通达位入修习位，宗在贯持法相之唯识；由修习位入究竟位，宗在印证法界之圆觉。在初心则依法界圆觉以生信，依法相唯识以成解，依法性空慧以修行。”[1]印顺在此基础上，于1941年提出其三系判教，判别印度大乘佛学为“性空唯名论”“虚妄唯识论”“真常唯心论”[2]，原非太虚所能接受，故大师先后写了《议印度之佛教》及《再议印度之佛教》两篇文章[3]作批评。批评的部分原因，在于三系之中，印顺以“性空唯名”所摄的般若无自性空思想，比“虚妄唯识”的“执有滞空”更为究竟、更合中道之义，而“真常唯心”之如来藏说，为源自印度教的后期佛家思想，令人难以与《吠陀》（*Veda*）思想之梵我（ātman）作一区别，不过是开引外道之方便而已。

印顺以后，把如来藏视为“真常”思想，几成定论。于此期间，亦陆续见有日本批判佛教的文章译本，把如来藏定义为“场所哲学”（topos philosophy）、“基体论”（dhātuvāda），将之理解成创造宇宙万物的真实本体和本源，并总结谓此既非佛说，是故依此思想建立的禅宗、天台宗等，都不能视为佛家宗派。[4]

于西藏方面，格鲁派（dGe lugs pa）自16世纪末，已确立其于政治和宗教上的领导地位，于佛家见地上，改以应成中观（Prāsaṅgika Madhyamaka）为究竟，而把其余宁玛、萨迦（Sa skya）、噶举（bKa' brgyud）、觉囊（Jo nang）等派的瑜伽行中观（Yogācāra-Madhyamaka），一统归纳于格鲁认为次第较低的自续中观（Svātantrika Madhyamaka）之下，并由是锐意发展其独有的宗义学（grub mtha'），由是余派视为究竟的如来藏见，亦在宗义学的判摄下沦为不了义见。[5]政治层面

〔1〕 太虚，《再论大乘三宗》，收《太虚大师全集》第四编“大乘通学”，页841-843。

〔2〕 见印顺，《印度之佛教》，台北：正闻出版社，1988年。

〔3〕 收《太虚大师全集》第十六编“书评”，页48-68。

〔4〕 见松本史朗，《缘起与空：如来藏思想批判》，东京：大藏出版株式会社，1989年；松本史朗，《禅思想之批判的研究》，东京：大藏出版株式会社，1994年；袴谷宪昭，《本觉思想批判》，东京：大藏出版株式会社，1989年；袴谷宪昭，《批判佛教》，东京：大藏出版株式会社，1990年；Jamie Hubbard and Paul Swanson, eds., *Pruning the Bodhi Tree: The Storm Over Critical Buddhism*, Honolulu: University of Hawaii Press, 1997。

〔5〕 见谈锡永、邵颂雄，《宁玛派四部宗义释》，台北：全佛文化，2008年，页14-76。

上，力主如来藏他空见的觉囊派，于第五世达赖喇嘛阿旺洛桑嘉措（Ngag dbang blo bzang rgya mtsho, 1617—1682）主政期间，亦于一夜间被下令全部改宗格鲁派。至18世纪时，有关格鲁应成见与如来藏见的争论，仍见于宁玛派米庞嘉措与格鲁派诸论师的笔战。

由此可知，不论于汉土及藏土，曾为大乘佛家显学的如来藏思想及修持，近几百年已甚具争议。无独有偶，汉藏两地反如来藏者都尊龙树的空性见为佛法究竟，而如来藏则被视为与空性相忤、执持不空本体的见地。谈锡永上师在这股倒如来藏的风潮下，欲逆流而上、重树如来藏为佛家正见，便需要撰著大量文字、注疏，并且循序渐进地次第道出如来藏的法义。

谈锡永上师几十年来为佛学研究笔耕不断，从20世纪70年代开始，已为张曼涛编纂的《现代佛教学术丛刊》发表多篇学术论文，并于多份报章杂志的专栏撰写通俗佛学文章。于80年代，则出版了多部通俗著作，包括《观世音与大悲咒》《谈佛谈密》《西藏密宗占卜》《细说轮回》《密宗名相》等，对象为普罗大众，不论文化程度高下亦能了解到基本的佛家思想。

至90年代初，谈上师联合佛学名宿罗时宪教授（1914—1993）、冯公夏先生（1903—2000），以及李润生（1936— ）等人组成一编辑委员会，选出佛家经论20种，出版一套《佛家经论导读丛书》，指导文化基础较扎实的读者如何自己研读佛典，为他们点出每一经论的主要思想，以至产生该思想的背景、交代其思想发展的来龙去脉，令读者能循序而入，对佛学发展的脉络了然，并能亲自体会经论的法味，认识到佛说诸经的用意、菩萨演绎诸论的用心。谈氏并以主编身份，以如来藏思想为主干来编排梳理整套丛书，并为每一经论撰写别序，悉以如来藏见作为贯串。此中一再强调的观点，即以如来藏为一境界，方便称之为一种“心识”或“心理状态”，而非传统汉地佛学那样视之为本体。此如《维摩诘经》的导读，即提出：

> 如来藏的定义本来很简单，即是如来的种性，亦即是佛的种性。因此，佛性、佛界、如来种，以至法性、真如等等，有时都可以视为一系列同义词。在佛经中，这类词汇可谓无处不在。

学佛，其实无非是对心识的改造。凡夫与佛的分别，实在亦只是心识的分别。佛的心识清净，凡夫的心识则污染，所以我们就用两个名相来分别两种不同的心识。清净的心识，名为“如来藏”；污染的心识，则名为“阿赖耶识”，这亦即是唯识家所说的第八识。

……

可是，大圆满的法义则高一层次。

……

佛的清净心识却无能所。因为此清净心识乃是法尔（自然而然就清净），既然法尔，当然就没有能清净与所清净这一回事。

是故在能所的层次上去认识，就不能说既离能所“法尔清净”的“如来藏”，可跟有能所的“阿赖耶”相对。[1]

如是简别，可说是谈氏重新厘定如来藏法义的先行工作，以通俗浅白的文字，轻松摆脱体用、能所等汉土佛教常用以理解如来藏的架构，而把着眼点抽离于本体、实体的讨论，以“不受污染的证智境界”作为贯串整套导读丛书的脉络。

90年代中期编译的《宁玛派丛书》，乃谈锡永严肃佛学研究的开展，着重对藏文原典的校译及整理，为其对如来藏重新定义找出经论根据，而且不但把宁玛派许多从未有汉译本的论典迻译为汉，亦为汉藏佛学研究奠定了基础。丛书的编纂，分见、修两部分，亦突出了谈上师以实修观点来治佛学的特色。见部阐述宁玛派的九乘次第、四部宗义、二谛见，以及依大中观见详释宁玛派的如来藏见地；修部则译注宁玛派的重要密续及论典，同样以如来藏见加以疏理。为佛家密乘提供如斯规模及架构的佛学丛书，于汉土佛教史上，实叹未曾有。千禧伊始，谈上师精益求精，则更推出了另一套《大中观系列》丛书，除了点出藏传大中观的成立，实即以如来藏统摄小中观而成一系统外，亦着重梵文原典的运用。又逾十年，再推出的《离言丛书》，立足于先前两套丛书的基础上，化繁为简，直指

〔1〕 谈锡永导读，《〈维摩诘经〉导读》，香港：密乘佛学会，1996年，页4-5。

各部经论依各种法异门所透露的如来藏密义。

结合此三套丛书，谈锡永依据梵本重译的经论，包括《入楞伽经》（*Laṅkāvatarasūtra*）、《如来藏经》（*Tathāgatagarbhasūtra*）、无著的《宝性论释》（*Ratnagotrvibhāgavyākhyā*），以及重校弥勒菩萨的《辨中边论》（*Madhyāntavibhāga*）；依藏文新译的，则包括《圣妙吉祥真实名经》（*Mañjuśrīnāmasaṃgīti*）、龙树（Nāgārjuna，2世纪）的《法界赞》（*Chos kyi dbyings su bstod pa*）、世亲（Vasubandhu，4世纪）的《辨法法性论释》（*Chos dang chos nyid rnam pa 'byed pa'i 'grel pa*）、龙青巴（Klong chen rab 'byams pa, 1308—1364）的《大圆满心性休息导引》（*rDzogs pa chen po sems nyid ngal gso*）、米庞嘉措（Mi pham rgya mtsho, 1846—1912）的《决定宝灯》（*Nges shes rin po che'i sgron me*）及《狮子吼广说如来藏》（*bDe gshegs snying po'i stong thun chen mo seng ge'i nga ro*）、噶玛林巴（Karma gling pa, 1376/7—1394/5）的《六中有自解脱导引》、妙吉祥友（Mañjuśrīmitra）的《妙吉祥真实名诵教授》（*'Jam dpal gyi mtshan gdon pa'i man ngag*）等。

此外，谈氏亦指导门人学生译出《幻化网秘密藏续》（*gSang ba snying po*）及《圣入无分别总持经》（*'Phags pa rnam par mi rtog par 'jug pa zhes bya ba'i gzungs*）；无垢友（Vimalamitra，8世纪）、阿底峡（Atiśa, 980—1054）、吉祥狮子（Śrī Siṃha）及莲花戒（Kamalaśīla，8世纪）等4篇印度论师所造的《心经》释；月官（Candragomin）、妙吉祥友（Mañjuśrīmitra）、月贤称（Candrabhadrakīrti）3位印度论师所造的《妙吉祥真实名经》释论；米庞嘉措的《狮子吼开许他空》（*gZhan stong khas len seng ge'i nga ro*）、《秘密藏续释论十方除暗总义·光明藏》（*gSang 'grel phyogs bcu'i mun sel gyi spyi don 'od gsal snying po*）及《辨法法性论释·辨别本智显现》（*Chos dang chos nyid rnam par 'byed pa'i tshig le'ur byas pa'i 'grel pa ye shes snang pa rnam 'byed*）；敦珠林巴（bDud joms gling pa, 1835—1904）的《现证自性大圆满本来面目教授无修佛道》（*Rang bzhin rdzogs pa chen po'i rang zhal mngon du byed pa'i gdams pa ma bsgom sangs rgyas*）；敦珠仁波切吉扎益西多杰（'Jigs bral ye shes rdo rje, 1904—1987）的《密咒旧译宁玛派教法安立简论·善说显现喜宴》（*gSang sngags snga 'gyur rnying ma ba'i bstan pa'i rnam gzhag mdo tsam brjod pa legs bshad snang ba'i dga' ston*）及《敦珠新伏藏》（*bDud 'joms gter gsar*）前行仪轨及赞颂。

如是等新译经论，都附上谈上师的导论或注疏，清晰厘定如来藏的法义。就此而言，谈氏除发扬其自敦珠仁波切学得之大中观见以外，于学术理论的铺排上，可说得益于西方几十年来对如来藏学说的学术研究甚大。

西方学术界对如来藏的研究，始自1931年俄国学者Eugène Obermiller（1901—1935）把藏译本的《宝性论》译成英文出版〔1〕。引起学界关注的，还有四年后，学者Edward Hamilton Johnston（1885—1942）和Harold Walter Bailey（1899—1996）于中亚细亚发现了《宝性论》的梵文断片〔2〕，其后Johnston更找到了全部《宝性论》的完整梵本，其校订本于1950年出版〔3〕。由此，乃掀起了如来藏经论的研究热潮，计有日本的高崎直道依梵本详注的英译本《宝性论》〔4〕、David Seyfort Ruegg（1931—2021）对藏传如来藏诠释的研究〔5〕、Alex Wayman（1921—2004）的《胜鬘经》英译及研究〔6〕、Sallie B. King的《佛性论》研究〔7〕、Michael Zimmermann对《如来藏经》的梵本研究及对勘〔8〕等，以及Whalen Lai、William Grosnick、John Keenan、Peter Gregory、Robert Gimello、Liu Ming-wood

〔1〕 E. Obermiller, "The Sublime School of the Great Vehicle to Salvation: Being a Manual of Buddhist Monism," in *Acta Orientalia*, vol. IX, 1931.

〔2〕 H.W. Bailey and E.H. Johnston, "A Fragment of the Uttaratantra in Sanskrit," *Bulletin of School of Oriental and African Studies* 8-1,1935, pp. 77-89.

〔3〕 E.H. Johnston and T. Chowdhury, ed. *The Ratnagotravibhāga Mahayanottaratantraśāstra*, Patna: The Bihar Research Society, 1950.

〔4〕 Jikido Takasaki, *A Study of the Ratnagotravibhāga (Uttaratantra): Being a Treatise on the Tathāgatagarbha Theory of Mahāyāna Buddhism*. Istituto Italiano per il Medio ed Estremo Oriente, Roma, 1966.

〔5〕 David Seyfort Ruegg, *La theorie du Tathāgatagarbhas et du Gotra*, Paris: Publications de l'École Française d'Extrême-Orient, 1969; *La traite du Tathāgatagarbha de Bu ston Rin chen grub*, Paris: Publications de l'École Françaçise d'Extrême-Orient, 1973; "The Jo-nang-pas: a school of Buddhist ontologysts according to the Grub-mtha shel-gyi me-long," *Journal of American Oriental Society*, vol. 83, pp. 73-91.

〔6〕 Alex Wayman and Hideko Wayman, *The Lion's Roar of Queen Śrīmālā*, Delhi: Motilal Banarsidass, 1974.

〔7〕 Sallie B. King, *Buddha Nature*, New York: State University of New York Press, 1991.

〔8〕 Michael Zimmermann, *A Buddha Within: Tathāgatagarbhasūtra, The Earliest Exposition of the Buddha-Nature Theory in India*, Tokyo: The International Research Institute for Advanced Buddhology, 2002.

等人发表有关如来藏学说的论文。这些论著，偏重对原典的校勘、整理与翻译。然而，这类文本的整理工作，也为厘清汉土佛教长期依赖汉译本中一些误译来诠释如来藏，还是意义重大的。例如，梵本《宝性论》中的buddhatva一词，于勒那摩提的译本，则作“佛体”，是即加深了汉土以体用论来理解如来藏的传统，以为如来藏为实有的本体。谈锡永此批评特别受到日本学者高崎直道的注意，乃为谈氏依梵本重译的《宝性论》作序，并提出所谓buddhatva，乃指“诸佛及有情皆具有的佛自性，亦即buddatā、佛的证境（于旧译则译为佛菩提）”，由是乃建议把buddhatva改译为“佛体性”[1]，再以梵本《宝性论》为例，当中括引《胜鬘经》及《不增不减经》等，都清楚定义如来藏为诸佛“境界”（gocara），而非实体，如《不增不减经》所言，如来藏“乃是如来智慧境界，亦是如来心所行处。舍利弗，如是深义一切声闻缘觉智慧所不能知、所不能见、不能观察，何况一切愚痴凡夫而能测量。唯有诸佛如来智慧，乃能观察知见此义。舍利弗，一切声闻缘觉所有智慧，于此义中唯可仰信，不能如实知见观察。舍利弗，甚深义者即是第一义谛，第一义谛者即是众生界，众生界者即是如来藏，如来藏者即是法身。”[2]

所谓如来智慧境界，即是法身。西方学者John Makransky于*Buddhahood Embodied*一书中，详释大乘佛典中提到无形无状、无生无灭、本来清净的法身，何以即是说诸佛现证的智境。[3]此法身既非本体，亦非独立存在，而必同时显现为色身，是即法身之功德。《不增不减经》乃进一步解说：

> 舍利弗，如我所说法身义者，过于恒沙不离、不脱、不断、不异不思议佛法如来功德智慧。舍利弗，如世间灯所有明色及触不离不脱。又如摩尼宝珠所有明色形相不离不脱。舍利弗，如来所说法身之义亦复如是，过于恒沙不离、不脱、不断、不异不思议佛法如来功德智慧。[4]

---

〔1〕见谈锡永，《宝性论梵本新译》，台北：全佛文化，2006年，页14。

〔2〕《大正藏》第16册，no. 668，页467。

〔3〕John Makransky, *Buddhahood Embodied*, New York: State University of New York Press, 1997，p. 5.

〔4〕《大正藏》第16册，no. 668，页467。

是故法身与其功德，无可分割，犹如大日与其光辉。此义理于《胜鬘》，则归纳为如来藏智的两分：

世尊，此如来藏空性之智，复有二种。何等为二？谓空如来藏，所谓离于不解脱智一切烦恼；世尊，不空如来藏，具过恒沙佛解脱智不思议法。〔1〕

由是可见，如来藏的“空”与“不空”，皆与本体无关，亦与龙树空见无违，因为所指涉者无非为如来空智境界（法身）及不离不脱不异而法尔显现之功德（法身功德）。然而，凡夫却执持体性空的法性功德自显现境界为实有，依各各之业习气而变现为识境。是故，从凡夫的角度而言如来藏，乃谓“智境唯藉识境显现”，是即行者唯由识境而证入智境、唯由法而证入法性、唯由分别而证入无分别；更者，复须证得智境识境平等、法性与法平等、无分别与分别平等，由是证得“唯一”（gcig pu）。谈锡永上师由是于其《四重缘起深般若》总结如来藏的体性如下：

如来藏不是一个实体，只是一个境界。这个境界，在凡夫称为识，在圣者则称为智。

在《密严经》和《胜鬘经》中，明白指出，如来藏是佛智、如来藏是智境。因此，根本不存在有自性、无自性的问题。

……

如来藏是佛智境界，藉一切有情的识境而成显现。这些显现，便即是密智庄严。

……

若依宁玛派的说法，虚空喻是说如来藏的空性，由尽离缘起是故为毕竟空；常住是说佛智功德，恒时周遍，故一切界皆具足生机，是

〔1〕《大宝积经胜鬘夫人会》，《大正藏》第11册，no. 310，页677。

为大乐；无变易则说乐空双运的境界，虽周遍大乐而无变易，虽无变易而能周遍。此境界尽离缘起而不离缘起，故为唯一。[1]

于此回顾上来所说，批判如来藏思想为“基体”“场所哲学”“真常”，以至汉土经院传统以体用论作释，其实都不能于印度大乘经论中找到任何根据，仅为后世外加于如来藏的种种学理描述。此如龙树于《中论》第二十四《观四谛品》，开首即列出难者对其空性思想之质疑，以为若一切皆空，则无有四谛，亦无四果，由是既无僧宝亦无法宝，则佛宝亦无，如是批判龙树之说空，为破坏三宝。龙树的回护，却特意提出：

汝谓我著空　而为我生过
汝今所说过　于空实无有

复言：

汝今自有过　而以回向我
如人乘马者　自忘于所乘[2]

此中所言，即谓问难者对龙树说空之批判，其实都无其事，全为难者臆造之过失而回向于龙树。若以各种哲学概念来定义如来藏，然后又加以否定其为佛家思想，其实亦与责难龙树空观者无异。

更者，法身为智慧境界、法身功德为大悲示现，两者双运，实与无上殊胜菩提心（bodhicitta）之法义无异，此可参见龙树的《菩提心释》（*Bodhicittavivaraṇa*）。此亦即究竟的智悲双运，是为大乘的证果。换言之，就如来藏的本义而言，其发扬的法义，无非即大乘佛教最根本的精神、最究竟的法

〔1〕 见谈锡永，《四重缘起深般若》，台北：全佛文化，2005 年，页 372-380。
〔2〕《大正藏》第 30 册，no. 1564，页 33。

义，所证亦无非为甚深般若波罗蜜多。依此，如来藏学说不可偏废，否则损害的不独是如来藏此一教法，还是整个大乘佛教的根本。

上来提到，如来藏成为近代佛学研究的批判对象，结果却是割裂大乘佛教的教法，于贬抑如来藏教法之余，或以中观为了义、唯识为不了义，或举唯识为三转法轮的胜义法门、中观仅为二转法轮的方便说，如是而成宗见上的争辩。谈锡永上师的治学，虽以如来藏为究竟说，却强调法义如何与中观及瑜伽行两派大乘佛学融摄，而非独专如来藏而贬抑中观或唯识。由是，对如来藏的抉择，经中观的二谛或四重缘起而悟入，而对其现证，则通过瑜伽行古学的离相四加行而通达。对于如何由瑜伽行入如来藏，见下一节的讨论。

由中观二谛而抉择如来藏体性，即依宁玛派的了义大中观见，建立殊胜二谛，当中以佛内自证智为殊胜胜义谛、以佛内自证智之力用为殊胜世俗谛，如是依证觉境界、离名言量来作二谛建立，故说为殊胜。是故二谛建立，实以现证大平等与大清净之双运为要义。若以现空双运、离迷乱之证智境为胜义有、以虚妄分别成立之似显现境为世俗空，则已落他空（gzhan stong）层次。至于格鲁派应成见以观察究竟之量（mthar thug dpyod byed kyi tshad ma）来定义胜义、以观察名言之量（tha snyad dpyod byed kyi tshad ma）来定义世俗，则判为更下的方便建立，以未离识境故。[1]

至于以四重缘起悟入，则依业因、相依、相对、相碍等四重对缘起的建立，层层超越以深入对空性的现证。四重缘起虽为宁玛派的不共教授，然其义理与清辨、阿底峡等印度中观诸师所传的四大抉择（gtan tshigs chen po bzhi）并无二致。[2]究其内容，实为次第建立由资粮道以迄修道的二谛抉择，故为甚深教授，可配合上来所说的殊胜二谛而成与如来藏相融的大中观系统。[3]

由是，谈上师乃总括所谓三系佛学，以中观所说者为体性、瑜伽行所说者

〔1〕 详见谈锡永注疏米庞嘉措的《决定宝灯》《狮子吼广说如来藏》《狮子吼开许他空》等论。

〔2〕 参 Christian Lindtner, “Atiśa’s Introduction to the Two Truths, and Its Sources,” *Journal of Indian Philosophy* 9 (1981), pp. 205-211；江岛惠教，《中观思想展开 Bhāvaviveka 研究》，东京：春秋社，1980年，页 18-23，30-32，240-246。

〔3〕 详见谈锡永，《四重缘起深般若》。

为修证、如来藏所说者为证果，是即以中观为“基”（gzhi）、瑜伽行为“道”（lam）、如来藏为“果”（'bras bu）。就修学次第而言，依宁玛派的用语，此三者的分别，亦说为“外义”“内义”与“密义”。此间义理，谈上师于其《心经颂释》说得最为透彻：

般若波罗蜜多心　总摄般若经义理
说体性亦说修证　般若义理即此二
修为现观诸庄严　证则究竟无分别
今此心经说修证　证无分别第一义
然而此义实甚深　故分三义而说此
外义内义与密义　学人次第而认知

外者一切相体性　是即说为蕴处界
十二因缘及四谛　佛所建立不能坏
是故但空其自性　依龙树说生胜解
由缘起故说为空　了义唯许应成派
于其自相亦不许　无性相故相即败
一切显现皆世俗　执此即堕生死海
……

内义所说为修证　故其所重非为理
龙树之说法界赞　喻修证如月生起
初际溟蒙渐见光　渐圆至圆四次第
此即弥勒四瑜伽　其说依于解深密
毗钵舍那奢摩他　由是而至事边际
所作成办即圆成　经历五道同一例
……

心经密义无可说　总摄则为无分别
入无分别陀罗尼　佛设四喻明其说
见银见金见宝石　明初三道而喻设
修道犹如掘矿泥　菩萨九重除障热
及至无间道上时　掘得摩尼光似雪
此喻即同密咒道　亦同观自在所说
……

如何是无分别境　假名之为如来藏
此因功德而立名　已断业风转识浪
……

经言现起平等觉　即如来藏之机理
故亦说为证智境　此境唯佛始能知
生机周遍为大乐　周遍平等即唯一
是故若判如来藏　乐空唯一最相宜
如是平等性相用　始为佛证自然智〔1〕

于此，谈锡永从修持角度，总结如来藏智境（法身）之所证为平等、唯一，而与此同时俱起的法身功德，其现证觉受则说为生机周遍的大乐。有别于已广为流通把如来藏判为“真常唯心”而言，谈上师则改判之为“乐空唯一”。如是抉择如来藏的体性，不但依足经教，却亦不废佛家修持的重要性。是即谈上师所着重依实修观点来治佛学的特色。

〔1〕 见谈锡永，《心境内义与究竟义》，台北：全佛文化，2005 年，页 156-181。

二、观照般若

谈锡永上师为宁玛派的金刚阿阇梨，对如来藏的回护，有其宗教上的情操。然而，上引《心经颂释》亦已申明，所谓如来藏，假名安立而已，所指无非是无分别境，是即如来证智境界。因此，佛经中论及甚深般若、无分别智、无所得境、自然智等，即使未有提出“如来藏”此名相，法义上实无二致。故亦可知，如来藏的观修，实亦即般若的修证、无分别的修证。

由是，谈上师整理观修如来藏的系统，其实亦即离分别的过程，并大致将之分为四个次第。其所依的理据，广见于诸大乘经论，而谈上师特别选出详加注疏的，便包括《圣入无分别总持经》及《辨法法性论》。

《入无分别总持》一经，以掘宝为喻，于坚牢岩石之下，层层掘出银宝、金宝、琉璃宝及如意珠大宝藏，分别表征离所对治分别、离能对治分别、离真如分别及离证智分别四重次第。离此四相，即入无分别，即证深般若智，其境界即如来藏。

此四种离相，跟《辨法法性论》中悟入法性的四位配合。谈锡永上师总结此间配合如下：

（1）于抉择位上，资粮道时知所对治、知能对治，于是于加行道时修习对治，复修离所对治与离能对治相。

（2）于触证位，由离所对治与离能对治，由是离能所二取，触证真如，于是登入初地。

（3）于随忆念位，既触证真如已，即应修离真如相，如是于随忆念位上，得次第证智相，复须次第离所缘真如与证智，以层层上达。

（4）于通达位，离所缘真如与次第证智相，由是究竟转依，证法与法性平等，一切法之显现唯是真如，入通达位。

故实质而言，四种离相者，无非于对治则为离所对治、能对治；于证智则为离所证及能证（每地能证智皆有所证真如与之相对，是故次第离十地障，即须次第离真如相）。

故此四种离相，实周遍四位，即每一道位中的修习，都须离此四相，但有着重与非着重的分别。这即是修习上的交替。[1]

如是将《入无分别总持》的四重离分别，与瑜伽行派《辨法法性论》中悟入法性的四位以及五道配合，其义理亦同见于《解深密经》。[2]更细致一点而言，《解深密经》中提到的止观次第，与此离分别的修行过程相通。当中，谈上师以第一重的寂止（śamatha）与胜观（vipaśyanā），配合抉择位的资粮道、复以两重寂止配合抉择位的加行道；然后，以甚深胜观悟入触证位的见道；随忆念位的修道，以止观双运得次第离真如分别；最后现证无二，悟入通达位的无学道。如是，经中所说的“有分别影像”与“无分别影像”，所指为资粮道和加行道的观修；“事边际性”，为见道的观修；于此基础上作随忆念，为修道的行持；最后“所作成办”，即为通达位的现证：

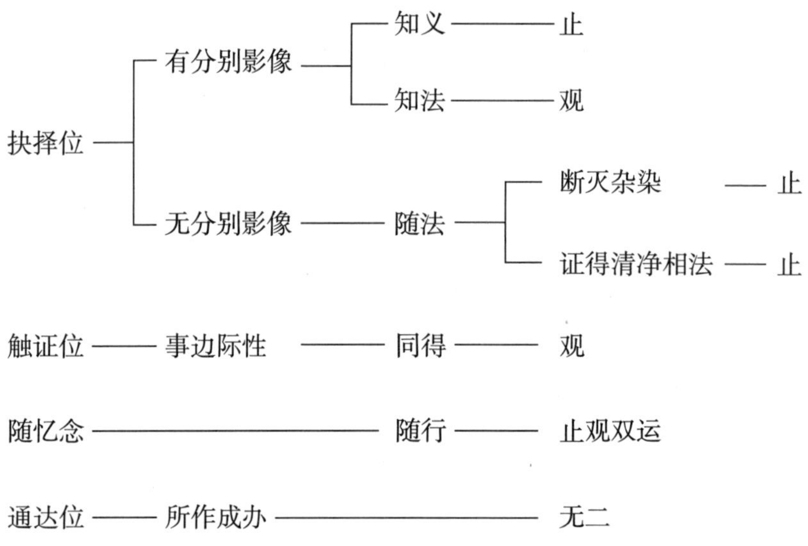

此中所说，仅就显乘的经论作讨论。但谈锡永上师却不以佛门的显密两乘

〔1〕见谈锡永，《由弥勒瑜伽行与宁玛派修证说入无分别》，收《圣入无分别总持经对勘及研究》，台北：全佛文化，2005年，页295-296。

〔2〕谈锡永，《解深密经密义》，台北：全佛文化，2012年。

为异，亦不以显为卑、密为尊，又或以显为正、密为邪，而仅为同一离分别系统的不同建立。谈师强调佛家的教法“有说、有修、有证”：凡有所说，必有与之配合的修法；凡有所修，亦必有此修习所依的经论根据。是故藏密无上瑜伽的建立，其实亦非离开显乘经教而另作建立；相反，其中的各各次第修法，都与大乘经论所说紧紧配合。就此而言，谈锡永上师乃依敦珠仁波切的教授，把宁玛派的所有修法归纳为外、内、密及密密四部加行：

> ……宁玛派一切修习，无不与四部加行法相应。故不能将四部加行分为四截，将之别别孤立。
>
> 如是，内加行之随顺生起次第、密加行之随顺圆满次第、密密加行之随顺大圆满果，又皆可分为四义，与四部加行法配合。
>
> ……
>
> 但实际修法则并非如此机械，一仪轨中实不必皆具足四种义理之实修，四义可以互相融合而修，所谓口诀，即教授如何依仪轨修习时体会义理，及义理之互摄，则已四义具足。
>
> 是故此四部加行法，仅为总纲，其实际修习则为念修四支（bsnyen sgrub kyi yan lag bzhi）。[1]

所谓念修四支，即念支（bsnyen pa）、近念支（nye ba’i bsnyen pa）、修支（成支，sgrub pa）及大修支（大成支，sgrub pa chen po），为莲花生大士（Padmasambhava）于《口诀见鬘》（*Man ngag lta ba’i phreng ba*）的教授，为宁玛派教法的重要基石，米庞嘉措于其《光明藏》中，也有特别详注，于此不宜岔笔细述。但值得留意的是，谈上师于此同样解释此念修四支为引导行者证入无分别的方便，且将之配合瑜伽行派的教法来理解：

---

〔1〕 谈锡永，《由弥勒瑜伽行与宁玛派修证说入无分别》，收《圣入无分别总持经对勘及研究》，页 336。

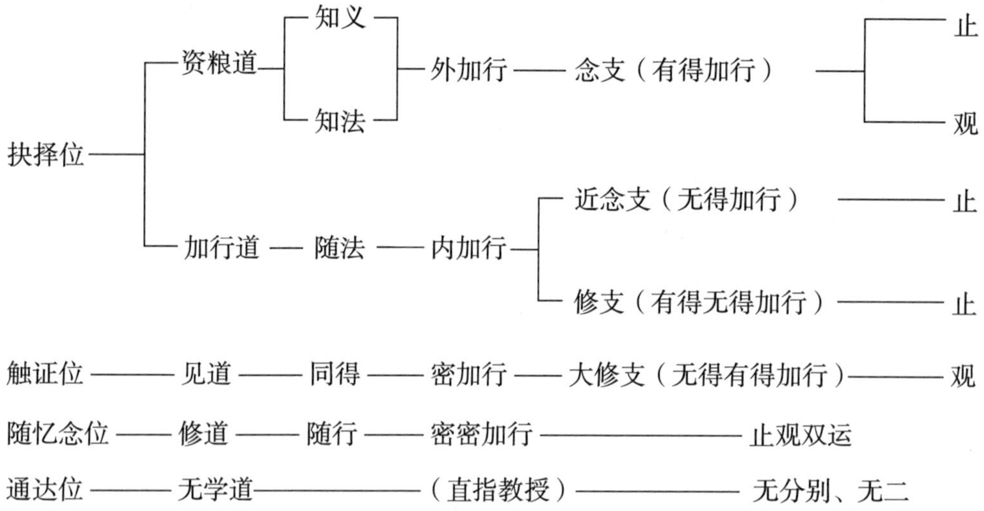

由此论述为基础，再读上师为《圣妙吉祥真实名经》、《幻化网秘密藏续》、噶玛林巴的《六中有自解脱导引》、龙青巴的《大圆满心性休息》、敦珠林巴的《现证自性大圆满本来面目教授・无修佛道》、米庞嘉措的《光明藏》等密续及无上瑜伽论典的导读及注疏，即可理解他如何把佛家见地配合修持、如何将一般视为不具“学术价值”的修持仪注纳入严肃的学术讨论层面之上。然而，这并非将佛家修持理论化，而是以经教作为修持的基础，不作盲目的机械观修。

近代西方建立佛学研究的模式，偏重历史及哲学思维，其实仅得佛法之一隅，因为佛家思想从来都是见地与修持并重的。学术界的这份偏颇，可能源自西方学界传统上对神学（Theology）与宗教学（Religious Studies）作严格区分的历史因素使然。佛学研究（Buddhology）作为宗教研究的一支，崇尚客观的资料分析，自然对修持方面加以漠视，是故研究的选材上，亦只得避重就轻，只挑部分可以就哲学思辨作深入讨论的经论来作研究。可能因为这个原因，对如来藏的认知，也摒除了经中说为“如来智慧境界”的界定，而改以各类哲学概念加以定义。而对于例如《大宝积经・无边庄严会》一类说陀罗尼门修持的佛典，更是无从入手。谈锡永将此经阐释为依无上陀罗尼、出离陀罗尼、清净陀罗尼三者，分说密乘的基续、道续、果续，依次摄境、行、果，引导行者证得法性的“本性自性”，便是结合见地与修持来治佛学的另一例子。[1]其实西方学界也不是没尝试过突破唯重理论的研究模式，而发展出可以把佛家修持纳入研究体系的所谓Buddhist Theology[2]，但传统的治学思维倾向保守，进展举步维艰，或许谈上师的研究成果可以作为佛学发展的一个新方向。

结　论

谈锡永上师的佛学研究，虽然以如来藏思想为主轴，但旁及印度、汉地与藏地大部分的大乘法教及宗派，而且方法学上亦丰富多样，有不同佛家体系的比较研究、有传统的经论注疏、有细致的历史考证、有梵文藏文的原典翻译、有把旧汉译依原典重行校注，亦有学术论文体裁的导读文章，横说直说，以多重角度道出如来藏的体性与修持。或许，对于一种湮没千年、广受曲解的思想，真的需要如此规模的文字解读，始能得以匡扶。当中揭示的，不单是如来藏的认知，还整理出大乘（一乘）佛学的见修体系、独特的学术风格；对于学人而言，诸如《生与死的禅法》等文字透露出淡然隽永而生动盎然的境界，更是一份可堪传诵千古的宝贵“身教”。

原载于沈卫荣主编，《大喜乐与大圆满：庆祝谈锡永先生八十华诞汉藏佛学研究论集》，北京：中国藏学出版社，2014年，页15-30。

〔1〕见谈锡永，《无边庄严会密意》，台北：全佛文化，2012年。

〔2〕参 Roger Jackson and John Makransky, eds., *Buddhist Theology: Critical Reflections by Contemporary Buddhist Scholars*, London: Rouledge Curzon, 2000。

人名对照表

转写	音译	意译
A mes lha srung	阿美拉松	阿美天护
dBang chen dGyes rab rdo rje	旺钦·杰绕多吉	大自在·极喜金刚
dBang phyug dpal ba	旺秋贝瓦	自在吉祥
dBang ye shes	旺益西	自在智
Bla ma dam pa bSod nams rgyal mtshan	喇嘛丹巴·索南坚赞	圣上师·福德幢
Blo gros 'bum pa	罗珠蚌巴	十万慧
Blo gros grags pa	罗珠扎巴	慧称
Blo gros seng ge	罗珠僧格	慧狮子
Blo gros mtshungs med	罗珠聪美	无比慧
Blo gter dbang po	洛德旺波	慧藏王
Blo bzang Chos kyi rgyal mtshan	洛桑·曲吉坚赞	善慧·法幢
Blo bzang mDo sngags chos kyi rgya mtsho	洛桑·多昂曲吉嘉措	贤慧·显密法海
Blo bzang dpal ldan bsTan 'dzin snyan grags	罗桑班丹丹增念扎	贤慧具德持教誉称
Blo bzang rab gsal	罗桑绕赛	善慧极明
dBon po Shes rab 'byung gnas	温波·喜饶迥乃	温波·慧源
Bra'o chos 'bum	扎沃曲蚌	扎沃十万法
'Bri gung dpal 'dzin	止贡巴增	止贡持吉祥
'Bro ston bsam grub rdo rje	卓敦·桑珠多杰	卓师·如意金刚

续表 1

转写	音译	意译
'Brog ban Khye'u chung	卓班车琼	卓僧童
'Brog mi dPal gyi ye shes	卓弥・贝吉益西	卓弥・吉祥智
'Brom ston pa rGyal ba'i 'byung gnas	仲敦巴・嘉维迥乃	仲敦巴・胜者源
'Brom bza' Byang chub sman	仲萨・绛曲曼	仲氏女・菩提药
'Brom bza' bSod nams rgyan	仲萨・索南坚	仲氏女・福德严
'Brug pa rGyal dbang chos rje	竹巴嘉旺确杰	竹巴佛王法主
'Brug pa Thams cad mkhyen pa	竹巴・汤杰钦巴	竹巴・遍知
'Bum gser dge bshes Ngag dbang 'byung gnas	本赛格西・阿旺琼鼐	十万金格西・语自在源
Bu ston Rin chen grub	布顿・仁钦竹	布顿・宝成
dBu ma pa brTson 'grus seng ge	乌玛巴・尊珠僧格	乌玛巴・精进狮子
dBu 'od Ye shes 'bum	邬沃・益西蚌	邬沃・十万智
dBus pa Zhig po	卫巴希波	卫地证空者
Bya btang Nam mkha' lhun grub	洽当・南卡伦珠	避世者・虚空任运
Bya bral Sangs rgyas rdo rje	夏扎・桑杰多杰	遁世・觉金刚
Byams pa 'bum	强巴蚌	十万慈
Byams pa 'byung gnas	强巴迥乃	慈源
Byams pa nam mkha' 'chi med	强巴南喀齐美	慈氏无死虚空
Byang chub blo gros	蒋秋罗珠	菩提慧
Byang chub rgyal mtshan	蒋秋坚赞	菩提幢
Byang chub 'od	降曲沃	菩提光
Byang chub dpal ba	蒋秋贝瓦	菩提吉祥
Byang chub seng ge	蒋秋僧格	菩提狮子
dByangs can dGa' ba'i blo gros	央金・噶维罗珠	妙音喜慧
lCe ston Ngag dbang kun bzang rang grol	杰敦・阿旺贡桑让卓	杰师・语自在普贤自解
lCe btsun Seng ge dbang phyug	吉尊・僧格旺秋	吉尊・狮子自在
Cog ro Klu'i rgyal mtshan	属庐・鲁依坚赞	属庐・龙幢
bCom ldan rig pa'i ral gri	迥丹日贝热支	有坏明剑
Chag lo tsā ba Chos rje dpal	恰译师曲杰贝	恰译师・法主祥
Che bTsan skyes	切赞杰	威严生

续表 2

转写	音译	意译
mChog dbyangs	确央	胜音
mChog gyur gling pa	秋吉林巴	殊胜洲
Chos grags rgya mtsho	曲扎嘉措	法称海
Chos rje rdo rje	曲杰多杰	法主金刚
Chos rje Mi pham bkra shis blo gros	曲杰・米庞扎西罗珠	法王・不败吉祥慧
Chos kyi ’byung gnas	曲吉迥乃	法源
Chos kyi grags pa	曲吉扎巴	法称
Chos skyong mgon po	曲迥贡布	护法怙主
Chos dpal rgyal mtshan	曲班坚赞	法吉祥幢
Dam pa rang grol Ye shes rgyal mtshan	当巴让卓・益西坚赞	正士自解・智幢
mDa’ Śākya ’phel	达・释迦培	达・释迦增
Dar rje dPal gyi grags pa	达吉・贝吉扎巴	达吉・吉祥称
bDe ba gsal mdzad	德瓦赛泽	乐作明
mDo sngags bsTan ’dzin nor bu	多昂丹增诺布	显密持教宝
mDo ston Seng ge	朵敦・僧格	朵师・狮子
Dol po pa Shes rab rgyal tshan	朵波巴・喜饶坚赞	朵波巴・慧幢
rDo grub chen ’Jigs med bstan pa’i nyi ma	多智钦・吉美丹贝尼玛	多智钦・无畏教日
rDo rje mgon	多杰贡	金刚怙
rDo rje grags	多杰扎	金刚称
rDo rje mdzes ’od	多杰泽沃	金刚妙光
rDo rje rgyal po	多吉杰布	金刚王
rDo rje rin chen	多吉仁钦	金刚宝
Don yod nyi ma	敦月尼玛	不空日
Dran pa nam mkha’ rin chen mchog	占巴・南喀仁钦确	占巴・虚空宝胜
Dran pa Ye shes rgyal byang	占巴・益西嘉绛	占巴・智胜菩提
Dri med zhing skyong mgon po	直美信雄贡布	无垢护土怙主
Drin chen Rin chen rnam rgyal	珍钦・仁钦南杰	大恩・宝尊胜
bDud joms ’Jigs bral ye shes rdo rje	敦珠・吉扎益西多杰	摧魔・无畏智金刚
bDud ’joms gling pa	敦珠林巴	摧魔洲

续表 3

转写	音译	意译
bDud 'joms Nam mkha'i rdo rje	敦珠・南开多杰	摧魔虚空金刚
Dung phreng can	冬呈坚	具螺鬘
Drung chen Rin chen dbang rgyal	仲钦・仁钦旺嘉	仲钦・宝自在王
'Dzam ston 'Gro ba'i mgon po	赞敦・卓维贡波	赞师・众生怙主
rDzogs chen Padma rig 'dzin 'Gyur med theg mchog bstan 'dzin	佐钦班玛仁增・久美特确丹增	大圆满莲花持明・不变胜乘持教
Ga ston Shes rab 'od zer	噶敦・喜饶沃色	噶师・般若光
dGa' rab rdo rje	嘎饶多杰	俱生喜金刚 / 极喜金刚
dGa ba'i rdo rje	噶维多杰	欢喜金刚
sGam po pa bSod nams rin chen	冈波巴・锁南仁钦	冈波巴・福德宝
dGe 'dun rgyal mtshan	根敦坚赞	僧幢
dGe rtse paṇḍita 'Gyur med tshe dbang mchog grub	格泽班智达・久美泽旺确珠	善顶班智达・不变寿自在胜成
Glan ston bSod nams mgon po	兰敦・索南贡波	兰师・福德怙主
Glang Nya tshal pa bSod nams mgon po	朗・聂蔡巴・索南贡波	朗・聂蔡巴・福德怙主
Glang Śākya bzang po	朗・释迦桑布	朗・释迦贤
rGod tshang pa mGon po rdo rje	郭仓巴・贡波多吉	鹫巢者・怙主金刚
dGong pa rab gsal	贡巴绕赛	密意极明
'Gos Khug pa Lhas btsas	廓・库巴拉孜	廓・库巴天护
'Gos Lotsāwa gZhon nu dpal	廓译师・循努班	廓译师・童吉祥
sGra rDo rje gzhon nu	扎・多杰循努	扎・金刚童
Gra dPal gyi snying po	扎・贝吉宁波	扎・吉祥藏
sGro phug pa Śākya seng ge	卓浦巴・释迦僧格	卓浦巴・释迦狮子
rGya kong mkhan po gZhan phan chos kyi snang ba	甲贡堪布・仙潘曲吉囊瓦	甲贡堪布・利他法明
rGya sprul Padma mdo sngags bstan 'dzin	甲珠・班玛多昂丹增	甲珠・莲花显密持教
rGyal sras Rin chen rnam rgyal	嘉色・仁钦南杰	佛子・宝尊胜
rGyal sras gZhan phan mtha' yas	嘉色・仙潘塔耶	佛子・利他无边
rGyal tshab Dar ma rin chen	贾曹・达玛仁钦	贾曹・法宝
rGyal tshab 'Gyur med padma rnam rgyal	嘉察・久美班玛南杰	绍圣・不变莲花尊胜
Gye re mchog skyongs	吉热・确迥	吉热・胜护

续表 4

转写	音译	意译
'Gro 'dul gling pa	卓堆林巴	伏趣洲
'Gyur med Kun bzang rnam rgyal	久美・衮桑南杰	不变・普贤尊胜
'Gyur med Phan bde 'od zer	久美・潘德沃色	不变・利乐光
'Gyur med Theg mchog bstan 'dzin	久美・特确丹增	不变・胜乘持教
'Gyur med mThu stobs rnam rgyal	久美・图朵南杰	不变・威德尊胜
Gu ru Chos dbang	古茹曲旺	法自在上师
lHa lcam Padma gsal	拉姜・班玛萨	公主莲花明
lHa rje Hūṃ chung	拉杰吽穹	天王小吽
lHa rje Zur po che	拉杰宿波切	天王大宿
lHa bla ma ye shes 'od	拉喇嘛・益西沃	天喇嘛・智光
lHa lung dPal gyi rdo rje	拉隆・贝吉多杰	拉隆・吉祥金刚
lHa sras mChog grub rgyal po	拉色・曲珠嘉波	天子・胜成王
lHo brag gsungs sprul	洛扎松珠	洛扎语化身
'Jam dbyangs blo gros rgya mtsho Dri ma med pa'i dpal	绛阳罗卓嘉措・哲玛美巴班	妙音慧海・无垢吉祥
'Jam dbyangs mKhyen brtse'i dbang po	蒋扬・钦哲旺波	文殊・智悲王
'Jam dbyangs bSam grub rdo rje	蒋扬・桑珠多杰	文殊・如愿金刚
'Jam dbyangs bzhad pa	嘉木样协巴	妙音笑
'Ja' tshon snying po	嘉村宁波	彩虹藏
'Jig rten mgon po	吉登贡布	世间怙主
'Jigs med Blo gsal dbang po	吉美・罗萨旺波	无畏・明慧自在
'Jigs med chos dbang	吉美曲旺	无畏法自在
'Jigs med gling pa	吉美林巴	无畏洲
'Jigs med mi pham chos dbang	吉美米庞曲旺	无畏不败法自在
'Jigs med rgyal ba'i myu gu	吉美嘉卫纽古	无畏佛芽
'Jigs med 'phrin las 'od zer	吉美赤列沃色	无畏事业光明
'Ju mGon po dar rgyas	局・贡布达杰	局・兴盛怙主
rJe btsun Grags pa rgyal mtshan	杰尊・扎巴坚赞	至尊・名称幢
rJe btsun Mi 'gyur dpal sgron	杰尊・米久班准	至尊・不变吉祥灯
'Jigs bral Byang chub rdo rje	吉扎・蒋秋多杰	无畏・菩提金刚

续表 5

转写	音译	意译
sKa ba dpal brtregs	噶瓦·拜则	噶瓦·吉祥积
Kaḥ thog pa Dam pa bde gshegs	噶陀巴·当巴德协	噶陀巴·正士善逝
Karma chags med	噶玛恰美	事业无贪
Karma gling pa	噶玛林巴	事业洲
Klong chen bKra shis rnam rgyal	龙青·扎西南杰	大界·吉祥尊胜
Klong chen rab 'byams pa	龙青饶绛巴	大界无央
Klong gsal snying po	龙萨宁波	明界藏
Klu'i dbang po	鲁依旺波	龙王
dKon mchog 'gyur med	贡却久美	宝不变
dKon mchog rgyal mtshan	贡却坚赞	宝幢
dKon mchog 'jigs med dbang po	贡却·吉美旺波	宝无畏自在
dKon mchog bstan pa'i sgron me	贡却·丹贝仲美	宝教灯
Kong sprul Blo gros mtha' yas	工珠·罗珠塔耶	工珠·无边慧
bKra shis tshe brtan	扎西才旦	吉祥寿固
Kun dga' 'bum pa	贡嘎蚌巴	十万庆喜
Kun dga' rgya mtsho	贡嘎嘉措	庆喜海
Kun dga' rgyal mtshan dPal bzang po	贡嘎坚赞·班桑布	庆喜幢·吉祥贤
Kun dga' 'od zer	贡嘎沃色	庆喜光
Kun dga' bSod nams chos 'phags	贡嘎·索南曲帕	庆喜·福德法胜
Kun spangs Thugs rje brtsun 'grus	衮邦·图杰尊追	普舍·大悲精进
Kun bzang legs grub	贡桑勒珠	普贤善成
Kun bzang dpal ldan	衮桑班丹	普贤具德
Kun gzigs Chos kyi rgya mtsho	衮斯·曲吉嘉措	普见·法海
sKyo ston Śākya ye	鸠敦·释迦叶	鸠师·释迦智
Kha ba dkar po ba Nam mkha' rgya mtsho	喀瓦噶波瓦·南喀嘉措	白雪·虚空海
mKhan chen O rgyan bstan 'dzin rdo rje	堪钦·邬金丹增多杰	大堪布·邬金持教金刚
mKhan po 'Byor ldan	堪布觉丹	堪布具财
mKhan po Nus ldan	堪布努丹	堪布具力
mKhar chen dPal gyi dbang phyug	喀庆·贝吉旺秋	喀庆·吉祥自在

续表 6

转写	音译	意译
mKhas grub Ye shes rgyal mtshan	克珠·益西坚赞	贤哲·智幢
mKha' khyab rdo rje	卡恰多杰	遍空金刚
'Khon ston dPal 'byor lhun grub	昆敦·班觉伦珠	昆师·富饶天成
Khri chen Padma dbang rgyal	赤钦·班玛旺嘉	赤钦·莲花自在王
Khri chen Phrin las rnam rgyal	赤钦·呈列南杰	赤钦·事业尊胜
Khro shul 'Jam dpal rdo rje	绰休·江白多杰	忿痕·文殊金刚
Khu lung Yon tan rgya mtsho	库隆·云丹嘉措	库隆·功德海
bKra shis rin chen	扎西仁钦	吉祥宝
La gsum rGyal ba byang chub	喇宋·嘉瓦降秋	喇宋·胜者菩提
Lam mchog dPal gyi rdo rje	朗确·贝吉多杰	朗确·吉祥金刚
Lo chen Chos rgyal bstan 'dzin	洛钦·曲嘉丹增	大译师·法王持教
Lo chen Dharmaśrī	洛钦·达摩师利	大译师·法吉祥
rMa Rin chen mchog	玛·仁钦确	玛·胜宝
Mang thos klu sgrub rgya mtsho	芒托·鲁珠嘉措	多闻·龙树海
Mar pa Chos kyi blo gros	玛尔巴·曲吉罗珠	玛尔巴·法慧
Mes ston mGon po	梅敦·贡波	梅师·怙主
Mi 'gyur Nam mkha' rdo rje	米久·南喀多杰	不变·虚空金刚
Mi bskyod rdo rje	米觉多杰	不动金刚
Mi pham 'Jam dbyangs rnam rgyal rgya mtsho	米庞·蒋扬南杰嘉措	不败·文殊胜海
sMin grol rdo rje	敏珠多吉	成熟解脱金刚
sMin gling khri chen Sangs rgyas kun dga'	敏林赤钦·桑杰贡嘎	敏林赤钦·觉庆喜
rMog ston rDo rje dpal bzang po	莫敦·多杰班桑布	莫师·金刚吉祥贤
gNam chos Mi 'gyur rdo rje	南确·米久多杰	天法·不变金刚
Nam mkha' Chos kyi rgya mtsho	南喀曲吉嘉措	虚空法海
Nam mkha' rdo rje	南喀多杰	虚空金刚
Nam mkha' rin chen	南喀仁钦	虚空宝
Nam mkha' sde	南喀德	虚空军
Nam langs bu khrid	南朗普赤	天明招弟
rNam grol bzang po	南卓桑布	解脱贤

续表 7

转写	音译	意译
sNa nam rDo rje bdud ’joms	那囊・多吉堆迥	那囊・金刚摧魔
Nor bu bstan ’dzin	罗布丹增	宝持教
gNubs chen Sangs rgyas ye shes	努钦・桑杰益西	努氏・佛智
gNubs Nam mkha’i snying po	努・南凯宁波	努・虚空藏
Ngag dbang chos grags	阿旺曲扎	语自在法称
Ngag dbang Chos rgyal dbang po	阿旺・曲嘉旺波	语自在・法主王
Ngag dbang ’jam dpal rin chen	阿旺・绛班仁钦	语自在・文殊大宝
Ngag dbang Kun dga’ bsod nams	阿旺・贡嘎索南	语自在・庆喜福德
Ngag dbang Kun dzang rdo rje	阿旺・贡桑多杰	语自在・普贤金刚
Ngag dbang bkra shis	阿旺扎西	语自在吉祥
Ngag dbang dpal ldan	阿旺班丹	语自在具德
Ngag dbang Ye shes grub pa	阿旺・益西珠巴	语自在智成
Nges don bsTan ’dzin bzang po	俄顿・丹增桑布	了义・持教贤
rNgog Blo ldan shes rab	俄・洛丹喜饶	俄・具觉慧
rNgog Byang chub dpal	俄・蒋秋班	俄・菩提祥
Nus ldan rdo rje	努丹多杰	具力金刚
Nus ldan mkhyen brtse’i blo gros	努丹钦哲罗珠	具力智悲慧
gNyags Jñānakumāra	聂・阇那古摩罗	聂・智童
mNyam med lha rtse ba	娘美拉泽瓦	无比天顶
gNyan chen dPal dbyangs	念庆・白央	念庆・吉祥音
Nyang ban Ting ’dzin bzang po	娘班・定增桑布	娘班・定贤
Nyang ral Nyi ma ’od zer	娘热・尼玛沃色	娘热・日光
Nyang so Klu’i dbang phyug	娘索・鲁依旺秋	娘索・龙自在
Nyang Shes rab mchog	娘・喜饶却	娘・胜慧
Nyang Ye shes ’byung gnas	娘・益西迥乃	娘・智源
Nye ston Chos kyi seng ge	涅敦・曲吉僧格	涅师・法狮子
Nyi ma grags pa	尼玛扎巴	日称
Nyi zla Chos rje	尼达确杰	日月法主
Nyi zla ’od zer	尼达沃色	日月光

续表 8

转写	音译	意译
’O bran dPal gyi gzhon nu	俄瞻・贝吉循努	俄瞻・吉祥童
O rgyan mDo sngags chos kyi nyi ma	邬金・多昂曲吉尼玛	邬金・显密法日
O rgyan bstan ’dzin	邬金丹增	邬金持教
O rgyan bsTan ’dzin rdo rje	邬金・丹增多杰	邬金・持教金刚
O rgyan chos ’phel	邬金曲培	邬金法增
O rgyan grub mchog	邬金珠确	邬金胜成
’Od kyi mtha’ can	沃吉塔坚	具光际
’Od gsal klong yangs	沃色龙洋	广明
Pa tshab Nyi ma grags	巴察・尼玛扎	巴察・日称
Padma dbang rgyal	班玛旺嘉	莲花自在王
Padma dbang phyug	班玛旺秋	莲花自在
Padma dar rgyas	班玛达吉	莲花盛
Padma ’gyur med rgya mtsho	班玛久美嘉措	莲花不变海
Padma dkar po	白玛噶波	白莲花
Padma las ’brel rtsal	班玛・勒哲匝	莲花业缘力
Padma gling pa	贝玛林巴	莲花洲
Padma skyid	班玛吉	莲花喜
Padma nor bu ’jam dpal grub pa’i blo gros	班玛诺布・绛班竹贝罗珠	莲花宝・文殊成就慧
Padma ’od gsal mDo sngags gling pa	班玛沃色・多昂林巴	莲花光明・显密洲
Padma phrin las	班玛呈列	莲花事业
Padma rig ’dzin	班玛仁增	莲花持明
Padma mchog gzigs rgya mtsho	班玛确斯嘉措	莲花胜见海
Padma bzhad pa’i dbang po	班玛协贝旺波	莲花笑王
dPa’ bo gTsug lag chos kyi rgyal po	巴沃・祖拉曲吉嘉布	巴沃・经法王
dPa’ bo gtsug lag ’phreng ba	巴沃・祖拉成瓦	巴沃・经鬘
Pakshi Śākya ’od	巴希・释迦沃	巴希・释迦光
dPal ’byor bzang po	班觉桑布	富贤
dPal gyi dbang phyug	贝吉旺秋	吉祥自在
dPal sprul Padma dbang rgyal	巴珠・班玛旺嘉	巴珠・莲花自在王

续表 9

转写	音译	意译
dPang lo Blo gros brtan pa	邦罗·罗珠丹巴	邦译师·坚慧
sPang rgan Sangs rgyas mgon po	旁根·桑杰贡波	旁老人·觉怙主
dPon slob Nam mkha' 'od gsal	本乐·南喀沃色	长老·虚空光明
Phya pa Chos kyi seng ge	恰巴·曲吉僧格	恰巴·法狮子
sPrul sku Grags pa 'od zer	珠古·扎巴沃色	名称光活佛
sPyan snga Mang phu ba bSod nams 'bum pa	金厄芒普瓦·索南蚌巴	近侍芒普瓦·十万福德
Rang byung rdo rje	让炯多杰	自生金刚
Rang grol Nyi z1a sangs rgyas	让卓·尼达桑杰	自解脱·日月觉
Ratna gling pa	热那林巴	宝洲
Red mda' ba gzhon nu blo gros	仁达瓦·循努罗珠	仁达瓦·童慧
Rig 'dzin bDud 'dul rdo rje	仁增·敦都多杰	持明·伏魔金刚
Rig 'dzin rgod kyi ldem 'phrul can	仁增·果吉登楚坚	持明·具雕翎者
Rig 'dzin Kumārāja	仁增·古摩罗阇	持明·童王
Rig 'dzin Kun bzang shes rab	仁增·衮桑喜饶	持明·普贤慧
Rig 'dzin Ngag dbang dpal bzang	仁增·阿旺贝桑	持明·语自在吉祥贤
Rig 'dzin Padma 'phrin las	仁增·班玛呈烈	持明·莲花事业
Rig 'dzin dPal 'byor rgya mtsho	仁增·班觉嘉措	持明·富饶海
Rig 'dzin Tshe dbang nor bu	仁增·泽旺诺布	持明·寿自在宝
Rig 'dzin bzang po	仁增桑布	持明贤
Rin chen rgya mtsho	仁钦嘉措	宝海
Rin chen Tshul khrims rdo rje	仁钦崔臣多杰	宝戒金刚
Rin chen bzang po	仁钦桑布	宝贤
Rol pa'i rdo rje	若必多杰	游戏金刚
Rong ban Rin chen tshul khrims	绒班·崔臣仁波切	绒班·宝戒律
Rong ban Yon tan	绒班·云丹	绒班·功德
Rong zom Chos kyi bzang po	绒宋·曲吉桑布	绒宋·法贤
Sa paṇ Kun dga' rgyal mtshan	萨迦班智达·贡嘎坚赞	萨迦班智达·庆喜幢
Sa bzang Mati Paṇ chen	萨桑·玛底班钦	地贤·智慧大班智达
bSam grub rin chen	桑珠仁钦	如意宝

续表 10

转写	音译	意译
gSang sngags bstan 'dzin	桑昂丹增	密咒持教
Sangs rgyas bla ma	桑杰喇嘛	觉上师
Sangs rgyas gling pa	桑杰林巴	觉洲
Sangs rgyas grags pa	桑杰扎巴	觉称
Sangs rgyas rgya mtsho	桑杰嘉措	觉海
Sangs rgyas Mi bskyod rdo rje	桑杰・米觉多杰	觉者・不动金刚
Sangs rgyas rin chen	桑杰仁钦	觉宝
Sangs rgyas 'phel	桑杰培	觉增
Si tu Padma nyin byed dbang po	司徒・班玛宁杰旺波	司徒・莲花作昼王
bSod rgyal	索甲	福德王
bSod nams dbang po	索南旺波	福德王
bSod nams chos 'grub mchog	索南曲珠确	福德法成胜
bSod nams grags pa	索南扎巴	福德称
bSod nams rgyal mtshan	索南坚赞	福德幢
bSod nams seng ge	索南僧格	福德狮子
bSod nams stobs rgyal	索南多嘉	福德力王
bSod nams bzang po	索南桑布	福德贤
gSang bdag Phrin las lhun grub	桑达・呈列伦珠	秘密主・事业任运
gSal ba rgyal	赛瓦嘉	光明王
gSal ba'i rgyan	赛维坚	光明严
gSung sprul Tshul khrims rdo rje	松珠・崔臣多杰	语化身・戒金刚
Sog po dPal gyi ye shes	索波・贝吉益西	索波・吉祥智
Sog bza' bSod nams mtsho	索萨・索南措	索氏女・福德海
Sog bzlog pa Blo gros rgyal mtshan	索多巴・罗珠坚赞	索多巴・慧幢
Śākya mchog ldan	释迦确丹	释迦具胜
Shar rdza bKra shis rgyal mtshan	夏扎・扎西坚赞	夏扎・吉祥幢
Shes rab 'od zer	喜饶沃色	般若光
rTa nag bdul 'dul	达那・敦都	黑马・伏魔
rTa nag sGrol ma ba bSam grub rdo rje	达那卓玛瓦・桑珠多杰	黑马度母・如意金刚

续表 11

转写	音译	意译
rTa ston Jo ye	达敦・觉耶	达师・尊智
rTa ston gzi brjid	达敦・斯吉	达师・威光
bsTan pa srung	丹巴松	护教
bsTan pa'i sgron me	丹贝仲美	教灯
sTag bla Padmamati	达拉・班玛玛底	达师・莲花慧
gTer bdag gling pa 'Gyur med rdo rje	德达林巴・久美多杰	伏藏主洲・不变金刚
Thogs med bzang po	陀美桑波	无著贤
gTsang nag 'od 'bar	藏那・沃巴	藏那・光燃
rTse le sNa tshogs rang grol	泽勒・那措让卓	泽勒・众自解脱
Tshe dbang bdud 'dul	才旺敦都	寿自在伏魔
Tshe dbang nor rgyas	泽旺诺杰	寿自在增财
Tshe ring g.yang mtsho	泽仁央措	长寿福海
brTson 'grus grags pa	尊追扎巴	精进称
gTsug ru Rin chen gzhon nu	祖茹・仁钦循努	祖茹・童宝
Tshul khrims blo gros	崔臣罗珠	戒律慧
Thag bzang dPal gyi rdo rje	塔桑・贝吉多杰	塔桑・吉祥金刚
Thang stong rgyal po	唐东杰布	荒原王
Thar lo Nyi ma rgyal mtshan	塔译师・尼玛坚赞	塔译师・日幢
Thub bstan Chos kyi rdo rje	图丹・曲吉多杰	圣教・法金刚
Thu'u bkwan Blo bzang chos kyi nyi ma	土观洛桑曲吉尼玛	土观・善慧法日
Yar rje O rgyal gling pa	雅尔结・邬金林巴	雅尔结・邬金洲
Ye shes sde	益西德	智军
Ye shes rgya mtsho	益西加措	智慧海
Ye shes rol pa rtsal	益西若巴匝	本智游戏力
Ye shes mtsho rgyal	益西措嘉	智慧海王
Yon tan gzungs	云丹松	功德总持
g.Yu sgra snying po	玉扎宁波	玉声藏
g.Yu sgron ma	玉珍玛	玉灯母
g.Yung ston pa rDo rje dpal	云敦・多杰贝	云师・金刚祥

续表 12

转写	音译	意译
bZang sgom Shes rab rgyal po	桑贡·喜饶嘉波	桑贡·慧王
Zil gnon Nam mkha'i rdo rje	斯隆·南开多杰	镇伏·虚空金刚
Zur Byams pa seng ge	宿·强巴僧格	宿·慈狮子
Zur chen gZhon nu don grub	宿钦·循努顿珠	大宿·童义成
Zur Chos dbyings rang grol	宿·秋英让卓	宿·法界自解脱
Zur chung Shes rab grags	宿琼·喜饶扎	小宿·般若称
Zur haṃ Śākya 'byung gnas	宿航·释迦迥乃	宿航·释迦源
Zur Nyi ma seng ge	宿·尼玛僧格	宿·日狮子
Zur po che Śākya 'byung gnas	宿波切·释迦迥乃	大宿·释迦源
Zhabs drung Nor bu rgyan pa	沙布隆·诺布坚巴	近侍·宝庄严
Zhabs drung Yid bzhin legs grub	沙布隆·益新勒珠	近侍·如意善成
gZhan dga'	贤嘎	他喜
Zhang rGyal ba'i yon tan	尚·嘉维云丹	尚·胜者功德
Zhang zhang Yon tan grags	尚尚·云丹扎	尚尚·功德称
Zhe chen rgyal tshab Padma rnam rgyal	协庆嘉察·班玛南杰	协庆绍圣·莲花尊胜
Zhe chen rab 'byams bsTan pa'i rgyal mtshan	协庆饶绛·丹贝坚赞	协庆饶绛·教幢
Zhi ba 'od	希瓦沃	寂光
Zhig po bDud rtsi	希波堆孜	证空甘露
Zhig po gling pa	希波林巴	证空洲
gZhon rdor	循多	童金刚
gZhon rgyal	循嘉	童王
gZhon nu don grub	循努顿珠	童义成

（杨杰 整理）

编后记

《大圆满与如来藏：宁玛派人物、教法和历史研究》是迄今所见藏传佛教宁玛派研究内容最丰富、选题最精良的一部巨著。它汇集了世界各国藏学学者二十余年来研究宁玛派之人物、教法和历史的最前沿和最有代表性意义的 27 篇研究论文。它既是对迄今为止世界宁玛派研究最全面的展示和总结，也是今后我们进一步推进宁玛派研究的新起点。

这部著作从开始设计、选题，到组织翻译、修订，至今最终编辑完成，我们前后花费了十余年的时间，历经艰难曲折，备尝酸甜苦辣，正所谓如人饮水，冷暖自知，但今天终觉我们的一切努力都是值得的，都是对学术有利益的。大概是在 2012 年初，鉴于当时国际藏学界藏传佛教研究形势大好，比较而言国内的状况却不如人意，我召集当时在中国人民大学国学院在读的一批学生，商量编集一套系统介绍海外藏传佛教研究最新成果的论文集，议定或按专题、或依教派，选定最优秀的学术论文，大家分头翻译，然后集成、修订，最后分专册一一出版。当时大家兴致高昂，干劲冲天，很快就编成了《何谓密教？关于密教的定义、修习、符号和历史的诠释与争论》和《他空见与如来藏：觉囊派人物、教法、艺术和历史研究》两部著作，并分别于 2013 年和 2014 年由中国藏学出版社和北京大学出版社出版。这两部著作出版后，在学术界和社会文化界都引起了不小的反响，受到了普遍的好评。当时，我们的编译计划中至少还已经具体选定了三部著作，分别是宁玛派、萨迦派和噶举派的研究论集，并且一鼓作气，很快就把有关宁玛派研究的论文收集、翻译完成了。遗憾的是，这个宏大的计划因为骨干人员的人事变动，以及具体编译的学者们各自负担的其他教学和科研负担过重等缘故，很无奈地被搁浅了，至今尚未能够完全重启，这是一件非常令人遗憾的事情。

这部《大圆满与如来藏：宁玛派人物、教法和历史研究》由于在2014年前后就已经初步完成了编集、翻译等大部分工作，故虽千呼万唤始出来，但有幸在十年之后终于编辑完成，很快能与广大读者见面了，可喜可贺！这部巨著最终能够完成全赖本书的主编之一、中国人民大学国学院杨杰博士的巨大付出，他几乎凭借一己之力，将一部百余万字的著作初稿，一字一句、一章一节地修改、重译、润饰、完善，最后统阅全稿、规范体例、统一编定，他于此十年间为这本书的完成所付出的时间和辛劳是常人难以想象和忍受的，是他对藏传佛教研究，特别是对宁玛派教法特有的学术情怀和精益求精的语文学家精神支撑着他担负起了如此沉重的学术担子，圆满地完成了这部巨著的学术编辑任务。

与《何谓密教?》和《他空见与如来藏》不同的是，《大圆满与如来藏》中并不是单纯收录西方学者研究宁玛派的优秀论文的译文，而是加进了多篇我们自己撰写的有关宁玛派研究的学术论文，即分别由谈锡永、沈卫荣、邵颂雄和杨杰等撰写的专题学术论文，这记录了一段在谈锡永上师发起和指导下，我们共同进行宁玛派研究的学术小史。这部文集最初的编选也曾经受到谈锡永上师的指导和支持，并很早就为本书题写了标题，今日这部文集最终出版之时适逢谈先生九十寿诞，我们愿以这部文集作为献给先生九十大寿的一份薄礼，感谢他长期以来对我们从事汉藏佛学研究事业的有力支持。

这部文集最终能够出版我们也要感谢中国藏学出版社对我们编辑、出版“汉藏佛学研究丛书”的长期支持，特别是要感谢这套丛书和这部文集的主要责任编辑徐华兰博士，她为这部文集的出版付出了远远超出一位编辑应该付出的努力，她不但十分专业、细致地做好了对这部文集的文字编辑工作，而且为提高这部文集的学术质量，减少各种有可能的差错，并为在作者、译者和出版部门之间沟通、协调，付出了巨大的努力，在本书出版之际，我们谨向徐华兰博士致以衷心的感谢！

近年来，我们的汉藏佛学研究事业得到了贡却巴仁波切的大力支持。贡却巴仁波切是藏传佛教宁玛派的一位大德，他对我们从事藏传佛教研究给予的有力支持将为我们今后继续从事宁玛派研究提供强大的助力，他亲自为本书题写了藏文书名，为本书增色不少，于此，我们谨向贡却巴仁波切表示衷心的感谢！

最后，愿以此书的出版作为一个吉祥的缘起，希望致力于汉藏佛学研究的师生们努力发心、锐意精进，早日圆满我们当初的学术心愿，完成《他空见与如来藏》“续编”以及萨迦、噶举和其他教派之研究文集的撰写、编译与出版工作，以感谢广大读者对我们所从事的汉藏佛学研究事业的热情关注和有力支持。

沈卫荣

2024 年 5 月 15 日于维也纳寓所